中华山河心影录

A Mind Tour to Landscapes & Ancient Buildings in China

汪之力 著
WANG ZHI LI

中国建筑工业出版社
China Architecture & Building Press

图书在版编目(CIP)数据

中华山河心影录 / 汪之力著. —北京：中国建筑工
业出版社，2003

ISBN 7-112-05727-2

I.中… II.汪… III.①风景区 – 简介 – 中国
②名胜古迹 – 简介 – 中国 IV.K928.7

中国版本图书馆 CIP 数据核字(2003)第 081868 号

责任编辑：王雁宾、张振光
总体设计：蔡宏生
正文设计：王 可

中 华 山 河 心 影 录

A Mind Tour to Landscapes & Ancient Buildings in China

汪之力 著
WANG ZHI LI

中国建筑工业出版社出版、发行(北京西郊百万庄)
新 华 书 店 经 销
北京广厦京港图文有限公司制作
北京佳信达艺术印刷有限公司印刷
*
开本：889 × 1194毫米 1/16 印张：33 1/2 插页：68 字数：1480千字
2003年10月第一版 2003年10月第一次印刷
印数：1—2,000册，定价：**138.00** 元
ISBN 7-112-05727-2
 TU · 5025(11366)

《中华山河心影录》读后

刘东生

读了汪之力所著《中华山河心影录》，使我想起了《徐霞客游记》。在我国游历过名山大川的人很多，写过游记的人不少，但系统的写游记的人则不多。而长时期的系统的写游记的人则更少。汪老把他多年来在祖国各地的游历写成的"心影"和徐霞客"游记"颇有一致之处。他们的这种精神都是非常令人钦佩的。

时代不同了，两位著者的情况也不一样，但他们探索祖国秀美山川的热情则是相同的。他们对良辰美景、风土人情观察也十分相近。但汪老书中在写景抒情之外对我中华民族鉴证和国计民生的关怀则是我们时代的强烈的反映。

我是一个地质工作者，因为工作的关系去过不少书中记述的地方。读了汪老的书后除给我以旧地重游之感外，使我很受启发的是他对每一个地点的自然发展的历史、人类演化的历程和历代兴衰的得失以及未来发展的前景，都讲得生动感人。他把这一游记题为"心影录"，是十分恰当的。"心影录"写得生动，不仅使我们能够回忆以往，展望将来，还使我们获得许多新的知识。这种感知除我之外我想也会是许多读过本书的人共同的收获吧！

我对风景学是一个门外汉，但从汪老的书中认识到了这种风景学。它不同于单纯的描述自然之美的科学性的论述，也不像那种触景生情的心理述说。它是从风景名胜畅谈历史的轨迹，发扬了我国地学和史学的优良传统的新风景学。它把自然之美和历史之情结合起来。它是把时间之事和空间之物交织在一起构筑起来的一种立体的风景学。

这种立体风景学把自然科学中风景形成的地质历史和风景构成的地貌特征与人类活动的记录，历代社会发展的过程，结合起来启动了一个动态的、立体风景学。汪老所著的《中华山河心影录》除了给我们以游记的享受之外，还使我们更进一步认识风景本身所存在的深邃的道理，发人深思。

著者在"心影录"中还从建筑学和民俗学的角度探讨了古代和现代民居的形成和特点，并从城市规划的深度研究风景的布局和发展，不同于其他游记。这是《中华山河心影录》对风景学建设很有价值的另一个内容。

"心影录"记载了汪之力同志几十年来在祖国各地游历的过程。这一经过反映了祖国几十年来各方面建设的变化与进步。它也述说了中华民族大家庭的团结和成长。当这本倾注了汪老多年心血的《中华山河心影录》即将出版之际，希望它早日与读者见面。趁此机会谈一点个人的体会，向汪老表示祝贺。

1999年12月6日

祝贺《中华山河心影录》问世

杨鸿勋

值此新世纪、新千年开始之际,人类正面临环境危机的严峻问题,汪公之力先生的巨著《中华山河心影录》问世了。这是他献给人们最好的礼物,它将启迪人们关心环境、热爱大自然、热爱生活、竭力治理环境污染、恢复生态平衡、建设一个适于人类健康发展的生态化、文采化的生存乐园。

之力先生是建筑界的老前辈,是著名的党内老专家。早在建国之初,担任东北工学院第一副院长、党组书记期间就特别关注建筑教育和建筑学术的发展。1956年在建筑工程部创立建筑科学研究院,担任首任院长、党委书记期间,更是亲身钻研建筑学术,尤其是对建筑学的基础——建筑历史与理论,特别予以重视,在他的直接领导下,建筑工程部建筑科学研究院作为学科的前卫,于20世纪五十年代末、六十年代初叶,曾极大地推动了建筑史学事业的发展;之力先生本人在当时成为当之无愧的学科带头人。

之力先生对风景园林的造诣尤深。自20世纪六十年代以来直至20世纪末,凡40年,不辞辛劳、亲自考察祖国河山;又以近90之高龄,仍然伏案著述,治学之勤奋实属感人!他为吾辈学人树立了敬业的榜样。

《中华山河心影录》不但涉及园林学科,之力先生更提出"风景学"的概念,这对于未来人居环境的生态化、园林化,将起到积极的作用。此书还涉及地理、历史、文物、考古以及经济建设等诸多学科领域,它可与《徐霞客游记》相媲美,对诸多学科的学术研究具有一定的参考价值,必将成为传世的佳作。

我衷心祝贺汪公巨著《中华山河心影录》的问世!并祝汪公之力健康长寿!

2000年1月5日

风景名胜——壮丽山河的缩影

谢凝高

汪之力先生遍历祖国大地,尤其对风景名胜情有独钟。他畅游神州, 深入考察,悟其精华,凝铸于笔墨,非一般游记所能及。

我国风景名胜区,源于古代名山大川,相当于现代欧美的国家公园,是祖国壮丽河山的缩影;是以具有美学、科学价值的自然景观为基础,与特有的历史文化融为一体以主要满足人们对大自然精神文化需求的地域空间综合体。其卓越者已成为国家级或世界级的自然文化遗产。

我国风景名胜区是祖先几千年来与大自然共同创造的杰作。自然美是古人选择著名山水的重要条件,它包括景观的形象美、色彩美、线条美、特质美、动态美、静态美、嗅觉美和听觉美等等。这种自然美与人们的审美心灵交响成曲从而使审美者获得最大的精神享受。

在中国传统的山水审美中,首先注重景观的整体形象美,例如"泰山天下雄"、"黄山天下奇"、"峨眉天下秀"、"青城天下幽"、"武陵天下奥"、"普陀天下旷"等等。宏观形象是由许多丰富多采的微观形象及其相应的植被、气象、水文等因素构成和谐的有机综合体。

中国人对自然山水的审美,总是从整体到局部,在俯仰宇宙,观照万物之外,又常常钟爱一草一木,一泉一石。动观飞瀑流云心随去,静悟千岩万壑情自来。林中听鸟语,山野闻花香。饮清泉于山涧,卧长石于洞穴。周围景物无不在观赏体验之列。风景审美是一种全方位,全身心的审美活动,是主体融入客体,情景交融的审美活动。名山大川的自然景观给人以强烈的美感和灵感,使人留下永不忘怀的印象。汪老具有很高的审美素养,深厚的山水灵感,现将其采访所得凝铸于笔墨图像之中,提供读者共同欣赏,实为难得之作。

风景区的形象特征和相应的景观要素都是在不同的地理环境中形成的,要研究其成因规律必涉及诸多的自然科学,如地质、地貌、水文、气候、气象、生物、生态等学科。其中具有突出典型意义的景观就有很高的科学研究价值,这也是近现代国家公园首先要确定的标准。今天,我们从科学角度来审视我国传统的名山风景区,它们许多典型景观特征都具有突出的科学价值;例如五岳都是典型的断块山;桂林山水、路南石林都是典型岩溶地貌;五大连池是典型的火山地貌;而武夷山、丹霞山、八角寨都是红色沙砾岩的"赤壁丹霞"景观。生物多样性是世界自然遗产强调的重要内容。我国是世界上生物多样性的最主要国家之一,植物类型极为丰富,不少风景区是地带性植被典型分布区,或珍稀动植物分布区,或生物多样性集中区 。对此,汪老都有详细的纪录和评述,突出了现代风景区的科学内容与价值。

我国风景区无不融入炎黄子孙对大自然的深厚情怀,积淀了丰厚的山水文化。山水的精神文化永不停息地流向人间,滋润人们的心田并萌发着对"壮丽河山的爱心"。山水的物质文化凝固成为风景区的人文景观,它反映出中华民族崇尚自然,热爱山水的传统,表现在寺院、楼台、亭榭、佛塔、摩崖、造像等等作品中。所有人文景观的创作都以自然为主体而融于自然,正如徐霞客所言"点缀得宜,不掩其胜"。工程建设亦在"山体本身分毫不要修动"的原则下进行(明朱棣圣旨)。这样既保持了自然山水的完整,又点缀了人文景观之美,充分体现"天人合一", 协调发展的哲理。

今天世界已进入生态文明时代,走上可持续发展的轨道,风景区成为科研、教育、游览、观赏、创作体验与启发智慧的天然博物馆和生态环境实验室。因此,保护好风景名胜区,使其世代传承,永续利用,正是汪老的热切希望。

前 言

汪之力

我真正接触和进入风景建设事业是20世纪五十年代末在桂林开始的。当时动机来自两方面，首先是桂林奇幻清丽的山水和内涵丰富的历史文化打动了我。随后我们在勘察中发现了芦笛岩。这些有待探知、有待开发的祖国风景资源，又诱惑着我。其次是由于我们工作中的政策失误和认识偏颇使无法再生的风景资源遭受严重破坏。例如当时桂林正在风景区内建没有严重污染的钢铁厂和水泥厂。为保护祖国的珍贵风景资源及优秀传统园林，更强有力地激励着我。

文化大革命时期在破旧立新的名义下，全国发生了一场极为普遍的毁灭历史文化遗产的浩劫。为了兴无灭资，许多领导干部都把风景事业划入资产阶级的享乐范畴。

文化大革命后，我国进入改革、开放、有中国特色的社会主义建设的新时期。拨乱反正，正本清源，使文化大革命中许多错误思想与行为得到纠正和制止。旅游事业的开展又促使人们进一步对各种风景资源加以重视并逐渐得到保护与开发。但随着商品经济的发展，巨大的商业利益刺激某些人士强占与控制城市中心与风景区，兴建超高层、大体量、大面积的成片建筑，全然不顾城市和风景区的历史文化和整体景观，造成环境污染和交通拥挤，出现所谓"建设性的破坏"。新时期的社会主义建设实际证明，随着全民文化程度的提高和国民经济的发展，环境与风景建设日益受到人们的重视，但建设中的问题也在不断发生。正确与错误的交叉，将随建设事业的发展而发展，前途遥远，正未有穷期。

我自1956年到建筑科学研究院的十年间，先后主持桂林与济南风景区的资源勘察与规划设计，并在国内一些知名风景点进行考察，有效行程达14 973公里。1980年我从中国科学院工作岗位离休，得以集中精力从事全国风景资源调查。截至1996年底的17年间我先后主持圆明园遗址保护与整修的学术与社会活动，参与江西景德镇、庐山、少华山(三清山)，云南大理，辽宁庄河冰峪、长海海王九岛、本溪太子河风景区的勘察与规划设计；同时在全国考察了千数百个等风景点，有效行程84 520公里，其中重点考察了辽宁、山东、山西、陕西、宁夏、浙江、江西、广东、福建、海南等省区。从1990年开始，我着手整理笔记和照片，按地区编辑成书，到1996年底我的考察基本结束，八卷"心影录"脱稿。1997～1999年的3年间，我一面充实书稿，一面去港澳、浙南、皖南和冀西、平西抗战根据地作些补充的考察。这样我前后30年间在全国除西藏、台湾外，共考察了899个市县特区，总行程为107 796公里（内含有效铁路行程10 596公里和新疆空航3 400公里）。

在考察过程中我曾得到各地省区市县政府的鼎力支持和专业人员的密切协助，没有他们的支持和协助，我的考察是不可能实现的。其中有协助我作系统考察的江西省府、山西省委及省府、福建军区及省府、山东省府、陕西省府、宁夏建设厅、广东建设厅、辽宁旅游局、西安冶金建筑学院、贵州、新疆及杭州市设计院等单位。我谨在此向他们（附表中列名的和漏记的）表示深挚的谢意。此外我还要感谢在我编书过程中曾给我提供大量资料的国家旅游局的沈受君局长。书成之后我曾邀请富有实际工作经验的中国科学院院士、地学专家刘东生，中国社会科学院研究员、古建筑与园林专家杨鸿勋，清华大学教授、园林史专家周维权，北京大学教授、地理与风景学专家谢凝高审阅，承他们提了一些很好的意见；刘、杨、谢又各自写了短文，在付印前又得到建设部部长汪光焘为本书作序，我也在此向他们致谢。

人类在前进，社会主义在前进，我们祖国在前进，我相信我国环境与风景事业也一定会不断前进！

谨以此书献给我国新世纪的风景建设事业，献给我最关心的圆明园遗址与中国建筑学会！

2003年9月　北京中关村

十万公里之行

绪论一

我自20世纪五十年代投身建筑科学事业以来，主要是1980年到1999年脱离公职后的20年间，在全国各地除西藏、台湾外，走过各个省区的899个市县和特区，行程十万公里以上，考察风景资源，虽属浮光掠影，所获得的最突出印象，约有以下诸端：

一 祖国风景无限美好

在世界各国中，我国以悠久的历史、众多的民族、深厚的文化、广阔的国土和富饶的物产而享有最雄厚、最丰富的风景资源。五千年前创造人类古代文明的几个古国中只有中国的历史连绵不断并历代相传保持统一的帝国，因而积累了哲学、宗教、文学、艺术、伦理、道德等等思想观念持续发展的深厚基础。在世界几个疆域广阔、人口众多的大国中，中国地处温带，西有帕米尔高原居世界之最高处，东临太平洋有18 000公里的大陆海岸线；在亚洲大陆最复杂的地形地貌中有丰富壮丽的山水、森林、草原与生物。无数古老氏族经过几千年的战争、迁移、交往、通婚、同化及融合，开始形成华夏族及蛮夷羌狄等少数民族，再演化而成今日的人数占92%的汉族与其他的55个少数民族所构成的中华民族。他们经历元明清三代连续在统一帝国中共同生活有700多年的历史，相互形成交往频繁日趋团结的紧密关系。

我国的丰富风景资源虽经历代不断开发，许多景点早已名闻世界，但受历史条件限制，有许多尚未开发，甚至不为人知。最近时期女神庙、商城、兵马俑、马王堆、九寨沟、张家界、龙宫、水洞、金石滩等的发现就是明证。为了迎接人类社会发展的新需要及我国社会主义建设发展的新形势，对我国风景进行理论研究和资源普查与保护实为最迫切的任务。我在三十年中考察风景，历经全国1/3以上的市县，地区虽相当广泛，但我却越来越感觉我看过的风景点只是祖国极其有限的一部分，而未看到的却是无限的。我不但登泰山未小天下，连登上天山、长白联想到昆仑，喜马拉雅山也未敢小天下。我国著名风景杭州西湖虽极其妩媚，但清奇雄伟、超尘出世又无法和东西天池相比。以往史家认为黄河是中华文明的发源地，但辽西女神庙的发现却把中华文明史提前一千年。人们习惯说万里长城西起嘉峪关东止山海关，而很少人知道汉长城西过敦煌，明长城东过鸭绿江，辽宁是历代长城最集中的地方。因此我认为祖国风景蕴藏无限，美好无限，为了发现它，认识它，掌握它，利用它，需要我们今后几代人持续不断的努力。

二 人类诞生地与五千年文明古国

过去世界人类学者认为非洲是人类诞生地，现在随着史前考古及生物分子学的不断进展，证明亚洲南部也是人类的主要发源地。中国云南出土的古猿及猿人化石数量多而类型完备，其序列为1 400万年前的开远腊玛古猿-800万年前的禄丰腊玛古猿-400万年前的元谋腊玛古猿-250万年前的东方猿人-170万年前的元谋猿人。最近四川巫山又发现200~180万年前的猿人。在全国各地陆续发现与距今60~70万年的北京猿人相当的猿人，有陕西兰田，安徽和县，湖北郧阳、郧西，河南南召等地。发现距今30万年猿人进化为古人，使用工从旧石器进入中石器的地区，有辽宁营口金牛山，本溪庙后山，山西襄汾丁村，阳高许家窑，陕西大荔，湖北长阳，广东曲江马坝，贵州桐梓等。发现3~4万年前古人进化为新人，使用工具从打制进化为磨制的新石器，除采集、狩猎外还会捕鱼、取火、熟食，开始出现原始母系氏族公社的地区有北京山顶洞，吉林榆树，辽宁建平，山西朔县，内蒙河套，四川资阳，江苏泗洪，广西来宾、柳江、都安、柳州、灵山、荔浦，云南西畴、丽江等。这些发现充分证明中国各地是人类诞生极为重要的地区。

人类从母系氏族公社繁荣时代起进入文明时期，以后母系转为父系，再由氏族发展成部落、部落联盟，出现国家。过去中国、埃及、印度与西亚古亚述巴比伦号称世界四大文明古国。但中国因商前历史缺乏考古资料，有些人便怀疑夏朝是否存在？五帝是否仅为传说？近年来各地考古不断有重要发现，特别是在辽西发现祭坛、女神庙和积石冢，外国学者誉为可与金字塔相比的世界性发现，把中国文明史提前一千年，和其他三个古国相同，都有考古实物证明是五千年文明古国。而且中国古代文明发源地不限于黄河，至少有苏秉琦教授所主张的六大文化区系：以红山文化为代表以燕山及长城为中心的北方，以山东北辛、大汶口文化为代表的东方，以仰韶文化为代表的关中、晋南、豫西的中原，以良渚文化为代表的太湖周围的东南，以大溪文化为代表的四川盆地及洞庭湖的西南和以石硖文化为代表的鄱阳湖至珠江三角洲的南方。中华文明诞生地是多元而非单元的。

三 华夏、汉族、中华民族

距今五六千年前，我国处于原始社会向奴隶社会过渡时期，各古老的原始民族业已形成和初步发展。根据历史传说，三皇-燧人、伏羲、神农之后为五帝-黄帝、颛顼、帝喾、尧、舜，当时的民族有炎帝族定居长江以北，黄帝族在黄河流域，东夷族在山东半岛，蛮夷族在长江下游，三苗、九黎均为其一支。其中以黄帝族最强，尧舜禹都是黄帝酋邦的继承者。夏王朝建国，商周继之，我国进入奴隶社会。春秋时代以周族为主体的华夏族分布在黄河中下游，人口最多，经济文化最发达，政治势力南过长江，西抵甘肃，东滨海，北过辽宁，成为我国古代各民族的中心，而自称中国。周围民族泛称为夷狄戎蛮，据《礼记》记载有"九夷、八蛮、六戎、五狄"，许多民族与华夏族共居杂处而逐渐同化。至秦汉我国建立起统一多民族的封建的中央集权大帝国，人口多达五千余万。其中以华夏族为中心与周围民族相融合，乃开始称为汉族。

两汉时期北有强大的匈奴，与汉时战时和，最终北匈奴灭亡，南匈奴附汉。东北有涉貊、肃慎、东胡。西北有氐、羌。西南有西南夷包括夜郎、滇、邛都等农业民族和昆明等游牧民族。江汉有诸蛮。南方有瓯越、闽越、南越、骆越等百越各民族。这些民族有的隶属于郡县，有的在郡县之外，均与中原保持密切的政治经济联系。三国两晋南北朝是我国各民族大迁移、大融合时期。东胡族之鲜卑先据北匈奴故地，后入主中原；南匈奴及东胡之乌桓南移并开始与汉族同化；西北氐羌东进和汉族南迁珠江，北出东北。隋唐时中国再度形成统一的大帝国。北方先有突厥，后有回纥；西南有吐蕃与南诏；东北有靺鞨与室韦，各族虽与唐不断有战争，但仍称臣纳贡。唐末有五代十国，北宋时期除西州回纥与吐蕃诸部外与辽、西夏、大理对峙，南宋除吐蕃诸部外与金、蒙古、西辽、西夏、大理并立，中国又处于分割状态。至元蒙古入主中原并建立世界空前规模的地跨欧亚大帝国，明清两朝继续保持由汉满先后统治的统一局面，前后七百多年，各民族进一步建立起更为稳定的密切关系。新中国建立后，全国少数民族经济文化迅速发展，人口比例由7%增至8%，与汉族共同组成社会主义大家庭，构成新时代的中华民族。

四 新疆天空上的祖国情思

我在新疆空中有过八次飞行。1960年从乌鲁木齐飞过天山沿着塔克拉玛干大沙漠的北缘，斜向西南去喀什。1995年先从乌鲁木齐飞往伊犁，后从乌鲁木齐飞回北京。我先后看到满目荒凉的戈壁和沙漠，看到天山和阿尔泰山晶莹夺目的半山积雪，也看到点缀其间的城镇和绿地，看到乌鲁木齐、伊犁与风沙争地的成就。使我极为深刻地认识到祖国西部土地上大自然巨大无穷的塑造能力和新疆各族人民及建设兵团在极其困难条件下与自然奋斗的勇气和力量。我从眼前无垠的荒漠，从高昌和交城的古城遗址，从高昌左卫大将军张雄的千年干尸想到秦汉时期西域曾存在过三五十个城廓之国，想到汉开通新疆往返欧洲的丝绸之路，古代西域曾有过繁荣的经济和文化。我前后飞行相隔三十多年，过去看到方圆32万平方公里号称死亡之海的塔克拉玛干大沙漠，现在已修通公路并正在开发成为大规模的油田。今后新疆现代化建设蓬勃发展，究竟会变成甚么模样，目前还难以预料。

新疆西跨帕米尔高原，有海拔7 000米以上高山十余座，号称世界屋脊；南界喀喇昆仑山和西藏喜玛拉雅山相连，那里有世界最高的珠穆朗玛峰。看到天山和阿尔泰山的雪峰，使我联想到帕米尔冰雪世界和我国勇士几次攀登珠穆朗玛的录像情景。如从我国新疆、西藏的地球最高雪峰地带瞭望世界，便会使人立刻记起毛泽东写《昆仑山》的词"不要这高，不要这多雪。安得倚天抽宝剑，把汝裁为三截，一截遗欧，一截赠美，一截还东国。"祖国，啊！伟大的祖国！过去我们曾为人类创造出五千年的灿烂历史文化，今后我们又为人类作些甚么贡献，才能达到"太平世界，环球同此凉热"呢？

五 同沙漠及戈壁争土地

我国有沙漠71万平方公里，戈壁57万平方公里，占全部国土

13%，其中新疆占55%，内蒙占31%，最大的沙漠为天山南塔克拉玛干33万平方公里，其次有天山北古尔班通古特5万，内蒙巴丹吉林4万，腾格里3万平方公里。此外青海的柴达木有沙漠2万，戈壁4.5万平方公里。我两去内蒙时曾路过伊盟的库布齐沙漠和相邻的乌兰布和沙漠并从乌审旗到鄂托克旗深入毛素乌沙地的内部。在毛素乌沙地中一般沙漠比较固定并有些草地可以放牧，但当我看到大片不毛之地，毫无生命迹象的连绵沙丘和充满赤红菌类的积水潭时，才更深刻地体会人类在这样环境中生存的困难。这里仅是较小的沙地，假如去到大得几十倍的塔克拉玛干，那里遍地都是60～70米高的沙丘，狂风起时，飞沙蔽日，人畜尽为掩没，正如古书中所记"上无飞鸟，下无走兽"，真正成了死亡之海。此外流沙肆虐，还夺走人们赖以生存的土地，据宁夏沙坡头记载，腾格里沙漠东南流沙地带沙丘平均每年向东南移动2～4米，现沙丘下面发现河道及鱼类化石，证明过去曾是田园村舍。内蒙与陕西交界的统万城曾是匈奴赫连勃勃的夏国首都，但存在不过400年，即为流沙淹没摧毁。

近日报载专家朱震达进入塔克拉马干大沙漠的事迹，他曾在沙漠内部发现有250户与世隔绝的村落，长期生活在有水的绿地上，但16年后他再去时，村落荒芜只余100户，因缺水使土地沙化3 260亩，林地沙化200万亩。原因是塔里木河上游修水库蓄水灌田，当地虽增加水田520亩，但因小而失大，却使整体遭受重大破坏。因此人类如何与土地沙化，与流沙作斗争是保护生态、保护土地的重要环节。解放以来我国在沙漠接壤地区普遍实行植林绿化、努力制止流沙，业已取得不少成就。宁夏沙坡头在著名的流沙地带固定流沙，造成40公里绿化带，保护铁路不受沙漠侵害，就是突出的成功事例。

六 长白山天池和天山天池

长白山天池和天山天池位于我国北部，同处北纬40度左右而分列东西相距3 300公里，是我国自然风景最为神奇壮丽的两个高山湖泊。长白山是巨形复式火山，经外营力作用形成独特奇异地貌，有罕见的原始状态山地植被垂直景观。天池高踞白头山巅，为国内最高最大的高山湖泊，水面海拔2 189米，面积9.2平方公里，平均水深204米，因山上降水量大，从此发源的河流竟达230条。环绕天池周围有16座高峰，最高的白云峰高出水面497米，它们都由灰白火山灰和淡黄浮石构成，又因处于高山苔原地带，空气纯净无尘，天空云雾散开时，即使没有阳光照射，池内深水也是蓝湛湛的晶莹透亮。放眼望去，这广阔的奇山异水，其神奇、雄伟、清新，都是人世间所罕见的。可惜这里年平均雾日265天，风速11.7米/秒，气温比我国最北的漠河还低两度，气温低、山风大、云雾多为全国之首，大半年山顶全是冰雪，夏日登山又多为云雾笼罩。我去时云开雾散，真是十分难得地见到天池真面目，但不到一小时，风卷云来，顷刻又雾满天地，使长白天池越发显得神秘。天山天池位于天山东部，海拔5 445米终年积雪的博格达峰山腰，水面仅为海拔1 980米，因此它有深藏在高山腹地的气氛，与长白天池极为不同。其次天山为褶皱山及陷落盆地没有火山景色却有大片的杉树林。天山天池长3 400米，水面呈半月形，水深40米，面积4.9平方公里，为天然冰蚀冰碛湖，它虽不如长白天池那样神奇、雄伟，却十分清幽、雅静。我初次来到寒冷清冽的湖水中荡舟，除了远望雪山近看森林外，周围了无人声，在这极端寂静的山谷里，竟使得我们不愿再往深山划去。三十多年后我

再来，虽然山中多了毡包、建筑，但我走进铁瓦寺上的山林，眺望层叠的山谷，深蓝的天池，仍有无穷的幽深情趣。两处天池都有著名的古老神话，长白天池高踞天上雄视宇宙，是清代始祖吞卵成胎的地方，天山天池深入地腹奥藏仙府，是西王母宴请周穆王的所在。

七 浩瀚无涯的青海湖

多年来我曾走过敦煌到玉门关的戈壁滩和千多公里河西走廊的长路；曾在新疆戈壁沙漠和雪山的上空飞越三千公里，已经对祖国广阔的国土产生过无限爱恋与自豪。1996年在我的系统风景考察将告结束之际，特意去了一趟青海湖，使我更进一步体会到祖国的领土是多么辽阔广大。这次我是第二次来青海，在参观塔儿寺之后，便特意沿唐朝文成公主去西藏走过的路，经过日月山，顺着倒淌河过大草原来到青海湖边。青海湖在高原上，水面为海拔3 196米，有五台山台顶那么高，面积为1 583平方公里，有两个太湖那么大，望着风起浪涌浩瀚无涯的水面，应该说青海湖像海而不像湖。我们顺着青海湖的南岸和南山间笔直的新铺青藏柏油公路，开着快车跑了一个多钟头，才跑完湖南岸百多公里的路。因为我们去时已过了放牧季节，沿路只看见拆了帐篷的遗址和不多的牦牛和羊群，除了有限的几个湖岸小居民点外，草原中也绝少人烟。我在车上右望蔚蓝的海水，左望起伏的南山，车前是无边的枯黄草原，景色虽单调而空间却无限。1990年国内人口密度，江苏每平方公里为654人，而宁夏为90人，甘肃为49人，新疆为9人，青海却只有6人；这海，这山，这草原已经给我们古老民族纵横驰骋提供广阔的活动天地，它还要为我们社会主义现代化建设供给不尽的资源与场所。

八 雪山上的佛国五台

我国最雄奇壮丽的终年积雪海拔4 000~6 000米雪线以上高山我没有去过，天山博格达峰、祁连山、玉龙雪山、大理点苍山，我都到了山边但没有上去。海拔两千米以上只长苔藓，不生树木的积雪高山，我除了到过长白天池外，就是五台山海拔2 795米的东台顶了。五台山为华北地区最高山峰，原为剥蚀平原，以后地壳上升，形成高山深谷，但五个山顶仍保存平坦的原貌，夏季冰雪融化形成冻涨丘，生长矮草与山花，形成冰缘地貌的特异景观。但声名卓著的五台山风景不限于自然，更主要来自佛教。五台在四大佛山中以历史悠久、规模宏大及在佛教中的地位，居峨眉、九华、普陀之首。明清以来，建青黄庙十大寺，清廷设置大喇嘛，五台山更成为汉藏佛教共有的圣地。而值得特别称道的是宗教建筑结合山间地势，配置殿堂塔楼，不论从进香路中仰望，或从黛螺顶上俯视，台怀寺庙都结成有机的整体。山下入口塔院寺建大白塔；显通寺前建钟楼，七进殿堂之后建轻巧的铜殿，和地处高台的藏经楼；在灵鹫峰上建菩萨顶；在黛螺顶上建文殊殿；都是整体布局中画龙点睛的妙着。

九 五岳——封建王朝的神山

我国古代崇拜自然，除天地日月外还祀奉山川为神，从秦始皇泰山封禅起到清乾隆七上泰山止，两千多年中。历代封建王朝都尊泰山为神山，把各种封号不断加到那个东岳大帝身上。在全国也建了不少的东岳庙。此外还在全国各方位选择西岳华山、南岳衡山、北岳恒山、中岳嵩山，连同泰山号称五岳，古书写全国山川常以五岳四渎为代表。

泰山位于鲁中，虽高只1 545米，但它是平地拔起，直插云霄的断块山，有山水林木岩石云雾之胜，有丰富的历史文化遗迹，其周围为大汶口、龙山文化发源地，有战国时期的齐鲁文化，历代赞誉之词，推崇备至。华山为秦岭分支，亦为古老花岗岩构成的断块山，五峰对峙，最高的南峰海拔2 161米，周围有洛、渭、黄河及关中平原，其山体蕴藏地层变化之无穷奥秘，而裸露岩石浑然一体插天直立具雄伟奇险的生气。唯一登山道路有许多险中之险如千尺幢、百尺峡、擦耳崖、上天梯等，苍龙岭的石峰脊背宽不及一米，两旁为万丈悬崖。衡山属五岭支脉，位于湖南湘江与资水之间，亦为断层花岗岩，祝融峰海拔1 290米，群山丛中多云雾，七级以上大风常年达126天。我在山上获得最为深刻的印象是风卷云飞、瞬息万变。嵩山属伏牛山脉在河南中部，主体由太室、少室山组成，峻极峰海拔1 440米，我去时忙于参观中岳庙、少林寺而未得登临嵩岳塔。此四岳均有独特的自然风景和丰富的文物古迹，都有规模宏大的神庙。唯位于山西浑源的恒山与众不同，我虽未登上2 871米的天峰岭，但已爬到山上北岳庙，庙中除面宽五间进深三间的恒宗殿外，两旁是不大的钟鼓楼，无法和其他岳庙相比。山前广大地面，除山下水库对面悬空寺外，也看不到突出的自然风景与历史文物。那么，为甚么恒山封为北岳？据清《恒岳志》说"山以泉石幽奇，物华精美则恒绌；以攻守要害，障邦蔽国则四岳亦绌"，这样取舍之间又另有标准了。

十 谁是天下第一山

我国许多历史名山都有"第一山"的刻石，谦逊点的刻"东南第一山"，傲气点的刻"天下第一山"，那么在我国领域占2/3的山地中，许多已出名未出名的雄奇瑰丽的高大山峰中究竟谁是第一呢？试就我访问过的几座高山加以比较：黄山以峰林、怪石、奇松胜，尤其是变化多端的铺天云海与漂浮群山，最为画家所钟爱。庐山雄峙江湖之间，以夏季气候凉爽、瀑布水瀑布云、花树雾茶、古寺书院著称，五老峰上周览山岩江湖，李白誉为俊伟诡特天下壮观。至于多层次的山体北有辽西的医巫间，南有浙东的雁荡、天台。医巫间我虽四访而未睹全貌，只北端海棠山上累累块石与虬曲矮松的明清摩崖造像和南端北镇的古城、古寺、古塔及辽墓，已足显露其丰富内涵。雁荡奇景有大小龙湫的瀑布，观音洞的九层楼台，灵峰、铁嶂和九座牌坊的章纶故居。天台山有石梁飞瀑和诞生天台宗的国清寺。此外四川峨眉山上，我止宿在海拔3 099米的金顶接连看到佛光、圣火、日落和月出，走下2 000多米的陡坡，在满山动植物王国中和猴群戏耍，中午沿山路顺手扑捉飞不动的大蝴蝶。湖北武当山，因明成祖以真武大帝自托，从均州到天柱峰的70公里间，修了8宫2观36庵堂72座岩庙，丹墙翠瓦160万平方米建筑群。山上紫金城有铜殿。山下郧县发现50万年前的猿人牙齿。甘肃崆峒山奇峰怪石，林海流韵，上有轩辕问道和秦皇汉武巡狩处，登上370级高台阶的天梯，有雷声峰轻巧别致的重重楼阁。云南鸡足山海拔3 240米，悬崖峻岭，花树繁多，金顶寺铜殿虽无，但楞严白塔仍洁净明亮，大面积的杜鹃花丛布满山头。远望洱海及雪山。过栈道、石门靠太子阁，听山谷狂风呼啸，使人感觉四大皆空。以上是久已著称的名山，现今还有新发现而立即引起国内外所重视者，如赣东少华山(三清山)。我从昼到夜循德兴山路爬上海拔1 817米的玉京峰，沿路"奇峰异石，云海变灭，有类黄山。但原始森林，黄杉成片，老松结发；益以花木珍贵，飞泉流响，石屋茅庵，古朴野趣，是黄山所不及"。相继我又从玉山南进深山，在云雾中见到拈花女神和昂首巨蟒，其形象与神态更远胜黄山的松鼠和鳌鱼。如湘西张家界，在索溪海拔1 200米的黄狮寨上看成排的峰林已令我叹为观止，但到了面积65平方公里，高达1 258米的天子山，俯视西海中像竹笋般密得数不清的峰林，简直不敢相信人间有此绝景。那么，这些高山究竟哪个第一呢？从各自特长看都是第一，如相互比较就很难说谁是第一。其实这空洞的第一封号在风景学资源评价中是毫无意义的，而科学地寻出每个名山的优势与特色，却是十分重要而极为关键。

十一　岩溶地区的峰林与溶洞

我国岩溶地区大，分布广，类型多，居世界各国之首。世界著名的南斯拉夫岩溶地区只有9万平方公里，我国只裸露及覆盖岩溶即有137万平方公里。西南与华南为我国岩溶主要地区，广西气候炎热潮湿，碳酸盐类岩石分布占全区41%，桂西北红水河上游巨大石山因溶蚀而形成峰林，其基部互相联结形成峰丛，相对高度可达600米。峰丛之间，洼地、漏斗、落水洞极为发育。广西盆地四周石灰岩层厚达3 000～5 000米，峰林密集，有的倾角小成锥或园柱形，有的倾角大成单斜式，以桂林、阳朔为代表有山水甲天下之称。而且溶洞极为发育，几乎无山不洞。孤峰散布在岩溶平原，如黎塘一带，一般比峰林低矮，地表多有串珠式落水洞，地下常有暗河。此外还有散布各地的残丘。广东岩溶多零星小片，唯肇庆七星岩为典型峰林地貌。贵州中南部及云南东部有典型峰林、石林等热带岩溶地貌。碳酸盐类岩石分布贵州占全省面积80%，云南占50%，在海拔2 000米以上的高原面上主要为洼地、漏斗、落水洞。在海拔1 000米左右的山盆地面上则以大型洼地、丘陵及不高的峰林为主，砚山平远长30多公里的洼地中有出水入水洞百余处。乌江、红河、南盘江有深切的峡谷，一些支流常以暗河形式潜入地下，出现如黄果树等一些瀑布群。在云南东部厚石灰岩层由巨大裂隙溶蚀分割成石柱群，著名的有路南石林。

长江中下游鄂北、川东及两湖西部，碳酸岩中以白云岩为主要成份，岩溶程度较弱。江浙皖灰岩分布更为零星，多为孤立的岩溶丘陵。华北地区洼地、洞穴、暗河不发育，在山地、平原与盆地接触处常有大型岩溶泉出露，济南号称泉城。因河水下漏常出现干谷，山东淄河十八漏，干谷长达85公里。干燥地区如柴达木盆地西部岩溶只是小的岩溶漏斗。岩溶地貌作为自然风景资源有其独特地位，地上桂林、阳朔兼山水之胜，路南石林得造型之奇，黄果树瀑布群有变化之妙。地下溶洞的钟乳石千姿百态，色彩绚丽；暗河与洞穴构成种种神话世界。而洞穴之内又藏有古人类及古生物的遗迹，如北京、广东、广西先后发现北京人、马坝人、柳江人及麒麟山人。风景的规划设计与经营管理都应发挥岩溶地貌的自然特色与优势，切忌将一般地区造景套路强加于岩溶地区，解说景物与景观应提高科学与文学趣味，避免封建、迷信及一般化。

十二　黄土与黄河

我国黄土高原西起乌鞘岭，东至太行山，北抵长城，南接秦岭，地跨甘肃、陕西、山西、河南诸省，面积广达63万平方公里。黄河从甘肃、宁夏间北入内蒙，再东行而后南经陕西与山西边界至潼关折入河南、山东入海。黄河源出青海，我在龙羊峡看到的都是清水，入甘肃境掺入流失的黄土始成黄水，其中游流经黄土高原长达千余公里，沿途生态破坏，水土流失，黄河挟带大量泥沙下流，至下游平原地带泥沙沉淀淤积，致使河床增高，河道迁移以至水患频仍。我曾在济南黄河岸观察黄河，见水流冲击河岸，每隔十分钟便有桌子大的泥沙块塌落一次，河道的变化极为迅速。三千年中黄河改道26次，决口1 500次，因此治理黄河是历代王朝的大事。

黄河全长5 464公里，它流域内的耕地占全国40%，几千年中养育着以汉族为主的中华各古老民族，诞生仰韶与龙山文化，是我国古代奴隶与封建社会历代王朝的首都所在，号称中原，长期是中国的政治、经济、文化中心。我虽然没有到黄河的发源地和出海口，但我西到青海，东到山东，先后到黄河岸边或跨越黄河23处。在黄土平原我见到广阔平稳的河水，在宁夏沙坡头我坐过充气的羊皮筏。在晋陕交界山岳地带的壶口，我看到汹涌澎湃的黄色奔流和雾气喷薄响声如雷的瀑布。下游黄河的形象是桀傲不驯的浑黄浊流，到处抛撒它所携带的泥沙，在开封淤积的泥沙竟堆平了城墙。它的景色，它的声势，它的力量都是震撼人心的。如何使黄河驯服，变害为利，河套一带早已取得成功。新中国成立后，利用水力修筑电站，引黄灌溉发展农业，基本控制了它，今后如在上游植树造林，保持水土，更好与全线水利工程相配合，则国人长期梦想的黄河变清，定能成为现实。

十三　长江三千公里航程

长江全长6 300公里，是世界第三大河，它有700多条支流，流域面积180多万平方公里，居住着3亿人口，有耕地4亿亩，和黄河、珠江、汉水、松花江等都是生长培育中华民族的发源地。长江发源于青海唐古拉山雪山群，初名沱沱河、通天河长1 185公里，从玉树南下云南再东至四川宜宾长2 308公里为金沙江。金沙江从云岭雪山中夺路而出形成险峻的峡谷和高深的落差，我在丽江去泸沽湖的路上两过金沙江，深深领略激流流过深山峡谷的险情。从重庆至东海长江主流有3 000公里为常年通航的河道，我在八十年代先从九江去武汉，看开始兴建的九江大桥和业已完工的首建长江武汉大桥；后从重庆到武汉，过著名的雄险风景三峡和宜昌拦江船闸葛洲坝，两次航行已超过长江常年航程之半，三峡中历代名人描写的生死险滩，经过整治已不复存在，现在三峡水利水电工程正在进行，将来水库蓄水位达到175米时，三峡更有雄无险只有群山起伏开合的峡谷风景，而下游江面将是江流浩荡，两岸平畴无际，间有古城孤峰而极目楚天舒了。

最近二三十年考古及历史研究的进展充分证明长江中下游是中国古人类活动及古代文明的发源地。四川巫山、安徽和县、繁昌、湖北郧西、郧县发现猿人化石及石器，湖北长阳、安徽巢县发现古人及新人化石。湖南湖北长江中游发现的旧石器遗址成为中国古人类及古文化由西南向北方传播的通道。新石器时期长江流域经济与文化的发展和黄河流域相当而略早些，其不同处是长江以稻作经济文化为主而黄河以粟作经济文化为主。距今8 000～5 000年间长江中游从彭头山文化、石门皂市文化、城背溪文化、经大溪文化到屈家岭文化；长江下游从马家浜文化、河姆渡早晚期文化、到良渚文化；都与黄河新石器文化相互影响，相互渗透。新石器晚期长江文明萌芽中心为洞庭湖平原、江汉平原和太湖流域。两湖平原发现的古城，城垣周长达1 000～2 000米，比黄河流域古城不但规模大而且设有水门，城之周围还有许多小部落。战国时期七国之中以楚最大，七国人口两千万中楚有五百万，华夏族、苗族和其他民族使巫文化和华夏文化相互融合而成为楚文化。

十四　两千湖泊和八万水库

我国地面水资源除万千条江河溪流外，还有2 300个面积一平方公里以上的湖泊和84 000座大中小水库，像明珠般散落在祖国各地。青藏高原因构造运动和冰川作用而成构造湖，因泥石流阻塞河流而成堰塞湖，湖面高，湖水深且多为咸水湖或盐湖。西藏湖泊面积3.6万平方公里，占全国52%，青海湖面积最大为4 200平方公里，水深平均17.7米，藏北喀顺错湖面最高为海拔5 556米。我国东部江淮黄河流域有湖面积2.1万平方公里，占全国30%，多为构造运动及水力冲积形成的淡水外流湖。著名的鄱阳、洞庭、太湖、洪泽、巢湖五大淡水湖，均为调节江河水量的吞吐湖，湖水深度多在3米以内，所谓'枯水一线，洪水一片'，水位变化极大。现由于气候及人为的原因，湖泊缩小的趋势，日益严重。青海湖古代湖堤之最高层比现在湖面高100米，据推算当时湖面比现在大三分之一。洞庭湖1949年水面为4 350平方公里，由于连年围垦到1977年已退缩到2 740平方公里，鄱阳湖面也缩小了2/5。为保护湖泊应进行全面的经济规划与正确的开发政策。

新中国建立后为取得灌溉、防洪、发电、工业供水、水产养殖等效益而大力兴建水库，据20世纪80年代末统计，全国八万多水库中有库容量10亿立方米以上的大型水库58座，中型水库1 899座，库容总量为2 763亿立方米。著名大水库除百亿多立方米的鸭绿江水丰、松花江丰满为解放前建成外，200多亿立方米的龙羊峡、新安江、丹江口；100多亿立方米的新丰江、三门峡；50多亿立方米的东江、柘林、白山、刘家峡；30多亿立方米的密云、东平湖、云峰、桓仁、松涛、西津、柘溪等16座都是新建的。这些湖泊与水库在祖国各地闪闪发光，成为自然风景重要组成部分。凡水面辽阔如太湖、滇池多就沿岸港湾岛屿，构筑景点；而面积不大能了望对岸者如杭州西湖、济南大明湖、西昌邛海则环湖设点组织全湖风景。一般水库多拦截河流，水面成树枝状，水面不宽且多岛屿，更利于建设相互呼应的景点群。湖泊建设中过去有些失败的教训：如北京北海不顾整体环境，临湖修建体量过大，层数过高的建筑；如昆明的滇池盲目围湖造田，使风景遭受严重破坏等，必须认真吸取。

十五　保护生态与造林运动

森林的生物群体以乔木为主和各种灌木、藤本、草本、羊齿、苔藓植物、菌类、昆虫、飞禽以及哺乳、爬行、两栖动物共同生活。其中树木和其他绿色植物是唯一能通过光合作用把二氧化碳、水和无机元素制造成糖类和淀粉等食品。森林是地球上的最大生态系统，它占据空间大，寿命长，生产量高，更新、繁殖能力强。它能保持水土，涵养水源，防风固沙，护土保田，调节气候，增加降水，保护环境，净化大气以及提供各种生产生活用品，为人类生活所必需。

我国现有林业用地为40多亿亩，约占国土27%，其中林地面积

为17亿亩，森林覆盖率为12%，此外有疏林2.6亿亩，灌木林4亿亩，森林活立木总蓄积量为102.6亿立方米，对于我们这样大国来说资源是不足的。但树种丰富，经济林多，竹林遍布大江南北亦有自己的特点。我国森林因气候差异而分为几个地带：东北北部大兴安岭为以落叶松为主的寒温带针叶林，森林面积2.2亿亩，覆盖率54%；南部小兴安岭及长白山为以红松为主的温带针叶与落阔叶混交林，森林面积3亿亩，覆盖率44%。东北、华北平原及西北高原，为暖温带落叶阔叶林，由于长期遭受人为破坏，森林少，林相差，全区只有森林1.2亿亩，覆盖率只有8%，除秦岭中段有成片天然林外都是次生林。西南高山峡谷亚热带为常绿阔叶林，森林面积8.3亿亩，覆盖率29%。南海沿岸为热带季雨林、雨林地区。在内蒙、新疆广大地区很少天然林，覆盖率不到1%。为改变我国林木资源不足与水土流失的严重情况，解放以来政府将植树造林作为重要建设任务，不断发起全民造林运动。到1981年止全国人工造林已郁闭成林的有3.3亿亩，因封山育林而生长起来的天然次生林1亿亩，飞机播种成草面积7 000万亩，在东北、华北、西北营造防风固沙的防护林4 000万亩，在东南沿海营造木麻黄防护林，均有显著成绩。

十六　滨海城市与海中群岛

在我国近两万公里的海岸线上，我先后到过38个滨海城市。滨海地带受风浪、海流、潮汐、生物的作用和地壳构造运动、岩性及入海河流的影响而形成海蚀与海积地貌。岩石海岸受海水侵蚀形成海蚀台地、海蚀洞、海蚀崖等美丽景色，有些花岗岩、变质岩坚硬耐蚀，海水退后，岸边留下各种奇形异状的孤立岩石，类人肖物极为耐人寻味；有些古地质露头层次丰富，色彩绚丽，如辽宁金州金石滩有世界罕见的龟背石。山地丘陵、平原沙岸及淤泥因海水作用及入海河水冲积而形成沙石滩、沙石坝、沙嘴及泻湖。滨海城市因受海洋调节，炎热季节比大陆凉爽湿润，寒冷季节比大陆温暖；海水比河水含盐量多，浮力大，适合游泳并有医疗作用；因此常成为避暑、疗养及海浴圣地。

滨海城市多建在海岸曲折有港湾可供船只停泊避风之处所，因而成为海外贸易的出入口。我国古代的海上丝绸之路，在汉唐宋明各朝都有过光辉的历史。但近百余年来却成为帝国主义炮舰入侵的门户，清廷及军阀政府先后被迫订立无数丧权辱国条约，开辟通商口岸，强行租借甚至强占我国领土，其著者有旅大、青岛、香港、澳门等。解放后的新中国在改革开放时期，有意开放一些沿海城市，成立特区，使其走在我国社会主义现代化建设的最前面，因而这些沿海城市就呈现出完全崭新的面目。

久居大陆的人临海观海，面对这变化无常，广阔无涯的新奇世界，很自然产生无限神秘感。我国历代流传海上神山的故事，秦皇、汉武都曾派人入海求仙。因此登上与大陆隔离而孤处海中的岛屿就更增加这种神秘感。在面积较大的岛屿中近岸临海其感觉与大陆海滨相似，只有面积小的列岛与群岛，彼此眺望能看到群体形势，才能形成岛群风景。我国沿海6 500个大小岛屿中，北有辽宁、山东，南有浙江、福建多列岛与群岛。我曾去过普陀山与舟山群岛、厦门鼓浪屿，阳江海陵岛和海南岛并在辽东半岛与山东半岛之间访问隔开黄海与渤海的长山列岛和庙岛群岛，其中风景最佳的应推长山列岛中的海王九岛。

海王九岛有三个大岛分踞南北，中间一列为六个小岛，彼此斜

向交叉。各岛都有自己的特殊形态，远望如龟、如象、如蛙，近视岛上岩石，环岛礁砣，有的黑白色调迥异，有的形象如斗狮，有悬崖罗列的海蚀洞，有潮水隐现的连岛坝，有临岸的海上石林、海积泻湖与沙尾，有海鸟群集的鸟岛，有鱼虾索饵的通道。环岛沙滩可随风向与海浪的变化而选择海浴场所。海产与海上养殖，可供应最新鲜的海中食品。海岛风景随气候变化而变化，除风和日丽外即使阴雨多云薄雾天气，景物若隐若暗，忽远忽近，也更增加风景层次与神秘感，使肖生形象更为生动。

十七 汉唐长安与明清北京城

中国封建社会是延续两千多年的中央集权制的大帝国，其京都建设自然以皇帝所在的宫城为中心。周礼考工记写京都规划"匠人营国方九里，旁三门，国中九经九纬，经涂九轨。左祖右社，面朝后市"，历朝建都大致以此为准。汉长安城周26公里，相当于同时代的三个罗马城，其中未央宫等宫殿占全城2/3，后汉武帝又在城西修建章宫周15公里，在城南重建皇家苑囿一上林苑，苑墙长达130～160公里，内关关中八水及150公顷的昆明池。唐长安城方形，周长35.5公里，面积84方公里，为汉长安2.4倍，明清北京城的1.4倍，拜占庭的7倍，巴格达的6.2倍，乃古今中外最大的都城。宫城及皇城在北部正中，皇城内东建太庙，西建社稷坛，圜丘、方丘、日、月、先农、太乙诸祭坛分散四郊。宫殿除太极宫在宫城内，又在城外建大明宫与兴庆宫。宫城面积4.2方公里，依周礼实行三朝，在承天门举行大典为外朝，在太极殿处理朝政为中朝，在两仪殿会见大臣为内朝。宫城南为皇城面积5.2方公里。皇家苑囿在宫城附近有东西苑，北郊之禁苑最大，周长60公里。全城东西14条，南北11条大街，划出网格状104个里坊，作为民居，里坊中间设东西二市。全城人口盛时曾达百万。

明清北京城在元大都城基础上略加改造，它依据周礼吸收汉唐长安及历代京都建设经验，建成古代世界最恢弘最精美的城市，历经700年而完整保存至今，被誉为"伟大文明的顶峰"，"地球上人类最伟大的工程"。北京内城周长26公里，外城周长14公里，内外城整个周边33公里。皇宫紫禁城周长2.7公里，位于内城南部，中轴线上以高台为基础建前廷三大殿及后寝三宫。皇城周长9公里，在紫禁城外，前面左为太庙右为社稷坛，后面为高47米的万岁山，西面是御苑三海。此外中轴线上，内城天安门南千步廊两侧为文武衙门，外城永定门内有天坛和山川坛；内城地安门北有钟鼓楼，全城形成高低宽窄不断变化8公里长的空间组合线。这条线和四周城墙、城楼、角楼以及寺庙、园林的高塔、水面、林木相结合形成天下一统、雄伟壮丽的城市风景。在城市功能方面建纵横交叉棋盘式道路系统；以宫殿、衙署为中心，周围布置民居并严格限制规格；均匀布置商业网点、集市；于外城偏僻地区安排工场、作坊、仓库；于西北郊依靠西山和河水建设三山五园风景区。

解放以来进行社会主义现代化经济文化建设，使这座历史文化名城有极大的发展，但由于决策者缺乏全局经验和远景考虑而拆毁城墙，修建过多高层、超高层建筑，商业旅馆过多拥入市中心及主要干道，使名城的历史文化大为失色。如何接受教训而力求亡羊补牢实为今后严重任务。

十八 宫殿、陵寝及坛庙

皇帝的宫殿、祭坛、陵寝，寺庙的高塔、殿阁以其巨大的体量，高耸的姿态而引人注目，如依山就势形成群体，远观已有雄伟、壮丽、神秘的感人气势，入内则层次重叠，空间变化无穷，更使人扑朔迷离，惊奇敬仰。这些大型建筑及建筑群为风景构成的重要因素。皇家宫廷及地方衙署居京都及省城之中心，而宗教寺庙多选址在最佳山林之中，其影响尤为重要。我国自古有"好山好水僧占尽"之说，著名风景区之自然景观大都与寺庙道观结合。传统建筑的复杂技术和高超艺术也主要保存在这些大型建筑之中。秦始皇陵车马坑不仅车马人物的塑造有高度艺术水平，而且从皇帝仪驾队可以看出当时东方大帝国的声势与军威。汉陵、汉墓留存许多精美石雕与画像砖。南北朝有登封嵩岳寺高39.5米的密檐砖塔，有云岗、敦煌、麦积山、龙门等地的石窟造象。隋唐遗存的五台南禅寺与佛光寺；唐陵；赵州桥以及西安的小雁塔、登封法王寺塔、大理三塔、南京栖霞寺塔、济南四门塔、平顺明惠大师塔等方形的楼阁式、密檐式、单层式的砖塔。至于宋以下有千数百年历史的大型建筑留存至今则多不可数，只明清北京就有宫殿、坛庙、寺塔、陵墓等各种类型建筑。现代中国如何珍惜这些遗产，继承与发扬其建筑的优秀传统，这才是建设有中国特色的社会主义现代化建筑必由之路。

十九 万里长城

闻名于世界的中国万里长城，体现着中华民族各民族间，特别是北方各民族相互战争、和解、交往、迁徙、同化的关系史。我国从军事防御的城堡、烽燧联结为长城始于春秋战国时代，其中以燕、赵、秦为防御匈奴、东胡而修建的长城最长。秦统一中国后，在这三国长城的基础上，建西起临洮东至辽东的秦长城，总长五千余公里，因号万里长城。汉朝长城、亭障、烽燧，西过敦煌深入新疆西部，总长万余公里。以后北魏、东魏、北齐、北周、隋、辽、金均对长城续有修建。现存长城是明代修建的，西起甘肃酒泉嘉峪关，东至辽宁丹东鸭绿江畔，全长7 300余公里，前后200余年，陆续增修加固，其中山海关至居庸关段全用砖石砌筑，八达岭段城墙平均高7～8米，底厚6～7米，顶宽5米，尤为坚固险要。明沿长城设置九边十一镇，驻守官兵97万，其防御工事分为镇城、路城、卫所城、关城、堡城、城墙、敌台、墙台、烟墩等。筑城则因险制塞，因地制宜，就地取材，分区分片包修；在高山深谷中运输成吨巨石，一段200米工程曾用2 000军工，其艰苦可想而知。如将历代长城合计，其长度可达五万公里，秦汉明三代长城从西到东几乎横亘中国，像一条最坚固的纽带从西北过华北、华中到东北国境，通过高山深谷，把我国众多民族、悠久历史、广阔国土紧密的联成一体。抗日战争时期我在平西多次经过内长城的沿河城、插箭岭，并在紫荆关附近歼灭日寇的一支运输队；在晋东北又频繁往来于晋冀交界的龙泉关，严冬伏击敌人在长城上。从事建筑与风景事业后，我更多与北长城接触，从金山岭、八达岭看长城的气势，从司马台、角山看长城的险峻，在嘉峪关看关口的平地布局，在山海关看周围防御体系，在老龙头看入海石城，在九门口看旱水两门，在敦煌去酒泉的大戈壁滩中看汉长城的墩台，在河西走廊与明长城并行看军工驻扎的水井。不论我走到那里，不管我在东方的渤海边还是在西方的戈壁滩，尽管是多么荒凉而杳无人迹，我总是感觉东西万多公里是相通的，我们祖国是天下一统的，这就是长城在我国各族人民心目中所起的长期作用。

二十 种类繁多，丰富多采的民居

我国民居因所处地域广阔，气候与自然条件复杂，民族众多，生活习惯不同，因而种类繁多。民居不仅与人民生活息息相关，而且筹划与施工多直接完成于劳动人民之手，因此它最能发挥劳动人民智慧、技巧与艺术才能，最讲究经济与节约，最不受程式拘束而灵活组织空间，利用空间，最能适应地方气候与自然条件，最充分表现民族与地方特色，最能反映不同历史时期的社会意识形态和精神面貌，因而极为丰富多采。环境与建筑的空间关系是研究民居的核心。基于中国传统崇尚自然的思想，考察环境与建筑空间关系应包括天空与大地，室内与庭院。我以地理气候与功能需要为基础，以空间布局为中心，适当结合材料、结构、社会、民族、土地利用及总体规划等方面，将我国传统民居分为以下各类：(1)北方单座平房，(2)北京四合院，(3)东北大院及满族民居，(4)回族、撒拉族及达斡尔族的套院，(5)朝鲜满屋炕民居，(6)南方单座楼房，(7)南方封闭式天井院，(8)南方开放式天井院，(9)云南一颗印与白族三房一照壁，(10)南方山地民居，(11)客家五凤楼及围垦，(12)福建土楼，(13)西北窑洞，(14)维族密封地铺民居，(15)藏族方室、碉房与彝族土掌房，(16)壮、侗、苗族干栏木楼，(17)傣族干栏竹楼，(18)井干民居，(19)蒙古包，(20)广东竹筒屋与茶阳多层高密度民居，(21)广东侨乡炮楼与低层高密度民居，(22)上海里弄。

二十一 遍布全国的少数民族

据1990年全国人口普查统计，全国30个省区市的总人口为11.3亿(加港澳台湾为11.6亿)，其中汉族为10.4亿人，占人口总数92%。少数民族55个，其中人口四百万以上的有壮、满、回、苗、维吾尔、彝、土家、蒙古、藏9个；四百万以下百万以上的有布依、侗、瑶、朝鲜、白、哈尼、哈萨克、黎、傣9个；百万以下十万以上的有畲、傈僳、仡佬、拉祜、东乡、水、佤、纳西、羌、土、锡伯、仫佬、柯尔克孜、达斡尔、景颇15个；十万以下的有撒拉、布朗等22个。少数民族人数虽不多，但分散于祖国大部国土，有各自的特殊历史文化、风情习俗、几千年来与华夏族、汉族血肉相连，共同创造中华民族伟大的中国历史与文化。这些少数民族中，满族980万人，源出肃慎，明称女真，分布在东北各地，建立清王朝后，满汉间长期混居，互通婚姻。蒙古族480万，源出东胡，分布在内蒙自治区及与他省区接壤地带。13世纪成吉思汗曾横扫欧亚，以后在中国建立元王朝。维吾尔族720万人，集中在新疆维吾尔自治区，源出回纥，明代曾建吐尔羌汗国，信奉伊斯兰教。满、蒙、维族同属阿尔泰语系，满为满通古斯族，同语族有锡伯、赫哲、鄂温克、鄂伦春。蒙古为蒙古语族，同语族有达斡尔、东乡、裕固、土、保安。维吾尔为突厥语族，同语族有哈萨克、柯尔克孜、乌孜别克、塔塔尔、撒拉、裕固各族。蒙古征服中亚时驱使大批中亚民族及波斯人、阿拉伯人参军，先到西北、西南，后遍及中国，当时称为色目人，以后与当地汉族人结婚，至明代形成回族。因此回族亦信奉伊斯兰教，除集中在宁夏回族自治区外又分布于中国各处与汉族共处并说汉语。

藏族唐称吐蕃，今有人口460万，聚居在西藏自治区及青海、四川接壤地带，信奉喇嘛教，实行政教合一。藏语属汉藏语系藏缅语族之藏语支。藏文来自梵文，为横写的拼音文字。同属汉藏语系的还有壮侗语族和苗瑶语族。同属藏缅语族的还有彝、白、羌、景颇、土家语支。彝族660万人，主要聚居在川滇边的大小凉山及云南各地。唐代曾建南诏国存在200余年。彝语方言有六种，彝文名爨文，有千年的历史。与彝族同语支还有哈尼、傈僳、纳西、拉祜等族。土家族570万人，长期定居在湘鄂西和四川交界地区，与汉族交往密切。哈尼族130万人，聚居在云南红河一带。白族160万人，久居洱海附近，曾建大理国与宋共存前后316年。壮侗语族分壮傣语支、侗水语支及黎语支。壮族1 550万人，为人数最多的少数民族，原为百越之一支，汉唐为僚、俚，宋称僮，集中在广西壮族自治区，因与汉族长期交往，多用汉语、汉文。同语支之傣族100万人，聚居在云南南部热带地区，有文字，信小乘佛教。布依族250万人，集中在贵州西南地区，汉代曾夜郎国。侗水语支之侗族，人口250万，居住在贵州东南及广西北部，同语支有水、仫佬、毛南。黎语支之黎族110万人，集中在海南岛。苗瑶语族分苗瑶两语支，苗族740万人，主要聚居在贵州东部及湖南、云南接壤地区。瑶族210万人，主要居住在广西山区。

二十二 浓缩自然的中国园林

清朝的皇家园林以北京的城中的三海，城外的三山五园和承德的避暑山庄为代表，继承我国历代园林精华取得很高的成就。清末虽迭遭帝国主义的焚烧与破坏，但大部还能保存下来。北海以琼岛白塔为中心环以水系。圆明园在洼地挖湖堆山，按照人的尺度，平地造景，园中有园，百多景点，各有特色。避暑山庄半山半湖，因地造景而又远借四周群山，树立外围景观。皇家园林地域广阔，许多组景造园手法，都可以适用于现代园林及风景区。

私人园林盛于明清之江南，今遗存于苏州、扬州、南京者数目亦复不少。其面积虽不大且多依附住宅，但其立意造景，巧于比附，巧于因借，开合收放，小中见大，为我国造园艺术创造无数优秀范例。如南京瞻园、煦园，无锡寄畅园，扬州瘦西湖、个园，苏州拙政园、留园、网师园、环秀山庄、耦园、怡园、虎丘、沧浪亭，上海豫园，杭州三潭印月，湖州莲花庄等皆是。

我国造园的主导思想是崇尚自然，天人合一；既浓缩大自然的优秀景色，又力求将人类追求真善美的思想境界和自然风景相融合。因此外师造化，再现自然；以当地自然地理条件为基础，因地制宜，突出特色；再立意造景使情景交融，因借对比丰富空间，开合收放以组织序列；更合理布置风景建筑；充分利用综合艺术。可惜我国当前造园有不少地方缺乏这种指导思想，只盲目照搬西洋一些造园手法，推丘陵为平地，修直路，植绿篱，堆花坛，造喷泉。因此如何继承与发扬我国优秀造园传统，适当学习国外园林，不断提高我国造园水平，还有待各方继续努力。

(一九九七年一月脱稿，二○○二年一月定稿)

风景与风景学

绪论二

一 风景 风景区 风景学

人类随着物质与文化生活的不断改善与提高，对休闲娱乐、游览观光、优化环境的需要亦日益增强。世界各国新建的风景区、风景点正在急剧扩展，有关风景的科学已迅速兴起并将发展成为一门独立的学科。构成风景的资源大致有两类：一为自然资源，如山石、水体、植被、动物、气象等；一为历史文化资源，如建筑、艺术遗存、历史遗迹、文化遗址等。

风景学应用的主要范围是风景区、点及园林的规划、设计、施工及管理；城乡环境的美化绿化及有关的风景建设事业。风景学既是科学又是美学，具有多学科的综合系统。风景学包括自然风景学、造园学、环境优化学，它和其他科学结合又衍生出生态风景学、建筑风景学、城市风景学等。风景区乃既有良好生态环境，又有休憩、疗养、游览、科学、历史、文化、艺术价值，使人能得到美的感受及德智体的培育的较大地域范围的自然空间。风景区应以保护现有风景资源为首要任务，然后根据突出特色，发挥优势的原则，进行选景、组景及全面规划设计。没有经过批准的规划设计不可擅自开发，风景资源受到破坏是难以补偿的。

凡在较大区域内有几个具有风景资源的地区，其距离能当日车行往返者，均可合组风景区。以便在统一领导下，组织旅游及安排生活、疗养和生产用地。为便于分散管理，风景区下可组成若干风景小区。自然保护区可以全部或局部开放作为风景游览区，但必须采取措施认真保护森林及自然资源。在独立的较小地域内有自然及历史文化景观或以人工造园手段建成的景点通称为园、园林及各种风景点，如山林、岩洞、湖泊、水库、宫殿、寺观、陵墓、园林等。

位于城市乡村周围及街道、企业、机关、住宅的内外空地及庭院，适当布置花木、水池、草坪、叠石、雕塑而以配置植物为主，用以改善人们的工作与生活环境，统名为城乡美化与绿化。

风景学中探讨的规划设计通常以范围较大的风景区及园林为主要对象，但建设经营则不论范围大小，保护与改善生态环境需要全人类的共同理解与努力。

二 风景建设

风景建设是现代人类社会的物质与精神文明建设中的重要组成部分。风景建设的中心环节是保护及培育森林与水面，保护清洁的空气、水质，与土壤，合理整治国土，防止水土流失与环境污染，维护与改善城乡的人类劳作与生活环境。

风景建设是发展旅游事业的基础。旅游为新兴的文化与经济事业，近半个世纪有迅速的发展。旅游收入在国民经济中的比重日益增加。我国地大物博，山河壮丽，有众多民族几千年延续发展的历史文化，有独具特色的园林与建筑，具有发展旅游的优越条件与广阔前景。目前我国尚有大量历史文物与自然风景资源未被认识与发现。在风景与旅游事业不断发展的刺激下，我国文物与自然风景资源的保护、开发和利用将在广泛群众基础上获得新的发展。

风景园林对精神文明的建设有特殊的作用。它使人们在清新的气候与美丽的景色中与自然同化，提高自然、环境与生态意识，得到身心的休息与美的享受；从遗址遗迹中受到历史与革命教育；通过考古、地质、生物与建筑工程的参观，增长科学知识与对祖国的热爱；从诗词、雕刻、美术作品中得到艺术欣赏；从徒步、登山、游水、滑雪中得到意志与身体的锻炼；通过国际与人际交往，培养公共道德与纪律，增强国际主义与爱国主义思想。

三 生态环境

人类早期社会的自然环境是清新、美丽而富饶的。大自然以物资、能量和信息服务于人类，按着生物圈、大气圈、水体圈、土壤圈、岩石圈的环境结构，保持着生态平衡。人类进入工业社会，人口激增，森林减少，水土流失，土壤沙化，水源枯竭，噪声增加，气候反常，灾害频仍；大气、水质及土壤遭受污染，生态平衡被严重破坏；人类健康与生存受到日益增长的威胁。正如马克思所说："文明如果它是自发的发展而不是自觉的，则留给自己的只是荒漠"。因此当前世界各国的共同任务是保持并恢复大自然的生态平衡，保护人类的生存环境。

四 风景美

人类在大自然中生活劳动，终生受大自然的哺养与培育，既从大自然的物质、能量与信息中获得美的功能满足，也从大自然喜见乐闻的表现形式中获得美的心理感受。

风景美首先表现于良好的生活环境：阳光明媚，空气清新，周围宁静，山青水秀，林木繁茂，鸟语花香，风韵泉音，大自然的天然状态常是最美的风景。

自然风景资源所表现的形式特色常诱发人们产生对应的美感，如高大、广阔、兀突有开朗、雄伟之美；封闭、深奥、荒僻有幽静、神秘之美；玲珑、疏朗、纤细有技巧、清秀之美；生动、活泼、茂盛有生机、运动之美；交错、攒聚、层次有含蓄、丰富之美；对比、均衡、韵律有形体协调之美；险峻、危岩、激流有克难、探险之美；肖生、奇形、异状有比附、猎奇之美。

自然风景美常使人触景生情，超脱现实生活引起人生的、社会的与哲学的联想及遐思，在回归自然中进入更高的思想境界，因而得到领悟哲理，品味人生，净化欲念，提高修养，陶冶情性的益处。

历史文化风景美使人们从我国悠久而宏伟的历史成就，著名的历史事件与革命、创新的英雄人物活动中受到历史与爱国主义教育；从珍贵的艺术遗产中得到艺术与美的的享受；从科学考察与发掘中增进科学知识；经过实地验证，深化文学作品的感染力。

风景建筑与山水林木同为构成景观的基本要素，其繁多的式样与奇巧的结构是风景美的重要表现。风景美虽因民族、地域、历史、文化、时代与社会的不同，使人们的美感有所差异，但典型而又合乎人类共同生活规律的风景美对不同人的美的感受则基本是相同的。凡具有良好生态环境，丰富的历史文化内涵与奇特而罕见的自然景观对不同地区、民族、国家的人们都会产生强烈的吸引力。

五 风景资源

（一）山

我国山地、丘陵占国土的43%，为最广泛的风景资源。山之美在于登高眺望，开阔视野与心胸。既欣赏朝夕云霞、日月出没、大自然无穷景色，又周览城市楼台、田园庐舍人世间种种动态。

山之美在于丰富大地的立体构造，以高障低，区分地域；由近及远，增加层次，使自然景观既富内涵又多变化。山之美在于山峰姿态、山体造型与群山走势。岩石之美在于质量、纹理、色彩、形态、位置，大则结成山体地貌，小可提供案头清赏。

山之特异景色，一有高山。相对高度通常在千米以上，有垂直的气象及植被带谱，随高度上升而有气象及植被的变化。由断层切割而隆起的断块山，多有可供观赏的相对形势。高山大都是避暑、疗养、远足、登山及考察地质、气候、珍稀动植物的基地。我国西部高原号称世界屋脊，高山多在雪线以上，冰河四溢，雪岭横空，赋有特异的气象与景观。

二有峰峦。岩石构造或尖锐或浑圆，多有奇异山形及山色。江南丹霞地貌由红色砂砾页岩交互成层，山形千姿百态，类人肖物者如圭峰、太姥；赤壁临江、色彩斑斓者如武夷、龙虎；质软易刻、摩崖造象者如乐山、通天岩。沿海花岗岩质地坚硬、节理发育形成椭圆球岩、壁立悬崖者如普陀、万石、天涯海角等。

三有岩溶。石灰岩经水冲刷溶蚀形成石林、溶洞，钟乳石奇异多姿，色彩缤纷。我国岩熔地区有130万平方公里，大多集中在西南、华南，其著名者有桂林、肇庆、路南、龙宫、瑶琳、本溪等。四有峡谷。位于江河激流地带，两岸为陡壁峭嶂，水流多石碛险滩；知名者有金沙虎跳、长江三峡；不知名者横断山脉的江河中尚多。五有火山。其山口积水成火山湖者有长白天池，其溶岩堆积成堰塞湖者有吉林镜泊，黑龙江五大连池，均由火山灰、岩构成特异景观。

（二）水

水也是最广泛的风景资源。我国河流流域面积在100平方公里以上的有5 000条，1 000平方公里以上的有1 500条。湖泊面积在100平方公里以上有124个。领海面积388万平方公里，海岸线长18 000公里，大小岛屿6 500个。从涓涓溪流到江河湖泊，水是最普遍、最活动、最有穿透塑造力的风景资源。

水之美在于滋养生物、调节气候。

水之美在于流动通畅、扩大与丰富空间。水的平面反映山光、云影、天色、林貌各种活泼的生态；反映朝夕、阴晴、春秋、雨雪不同的光度与色调。水的流动有泉滴、涧流、瀑布、叠水、激浪、狂涛不同声势与音响。

水之美在于清泉沏茶、温汤入浴、游泳冲浪、乘筏荡舟，使身心得到休息锻炼的无穷乐趣。山水结合，山静而水动，宋画家郭熙认为"山以水为血脉""故山得水而活"，水曲山绕，风景最佳处常在山水之间。沧海桑田、地壳升降、沿海多保留地层露头、冰川遗迹及倒转、剪切、断裂等地质构造现象，不仅为科学提供珍贵资料，而其纹理、色彩多美丽入画，如金石滩的龟裂石已成国家瑰宝。地壳运动和营力作用又为大自然塑造了绚丽多姿的海积与海蚀地貌。水库、运河诸种水利工程更为自然环境增添明媚风光。

（三）动植物

植物在整个生态系统中占优势地位。生态系统的运动能量主要来自植物的光合作用所固定的太阳能。植物决定生态系统的形态结构也强烈改变周围自然环境，因此保持生态平衡最关键措施是保护及恢复植被。植树造林是组景造园的根本手段。唐画家荆浩认为"山藉树为衣，树藉山为骨"。山林相依，水木亦相亲，山需林围护，林需水养生。林木之美首先在于为人类造成优越的生态环境。

林木之美在于树干、枝叶、花朵、果实的形状、姿态、色彩、芳香与适口。

林木之美表现于合理而艺术的配置。自然的生物圈中原有高大乔木、丛生灌木、多色花卉、攀缘藤本、覆地草皮和地衣的自然结合，为各种生物提供生息的处所。植物的人工配置亦须掌握品种的多样性和统一性，适应地形，划分空间，分别主次、高低、疏密与层次并注意季节、色彩的变化。陆地动物多活动在森林，因之鸟兽昆虫在林区、草原、园林中凭借不同条件可发挥燕语莺啼，蜂飞蝶舞，独特生机之美。

（四）气候

大气中的风云雨雪霜雾以及天体中的日月星辰，密切接触人类生活，同为重要的风景资源。

我国属温带季风大陆性气候，由南到北地跨寒温热六个热量带。地貌由西至东，从高原、平原到海洋迭降。气象条件十分复杂，可供旅游活动范围广阔。

气象与天体经常处于变化与运动状态，给自然风景注入无限活力。如山水林木得云烟雾霭之笼罩便增加层次的神秘感；得其飘浮便造成隐显的生动态。清画家唐岱论四季之云，"春云闲逸，夏云阴郁，秋云飘扬，冬云玄冥"。

气象与天体如与人的社会活动与心理感受相联系就构成风景效应与美观的最高层次，产生种种情感、想象、意境和理念。如楹联中写"秋月春风常得句，山容水态自成图"（清高宗－北海），"爽借清风明借月，动观流水静观山"（赵之谦－拙政园），'放开眼孔，看朝日才上，夜月正圆，山风欲来，溪云初起；洗净耳根，听林鸟争啼，寺钟檐响，渔歌唱晚，牧笛催归"（龚正谦－邵武熙春山）"。

（五）建筑

建筑反映人类不同历史时期的科学技术、社会生活与文化艺术特色。

古代建筑包括城市乡镇、衙署宫殿、陵寝墓葬、寺观佛塔、府第民居及各种工程，均依据其本身历史、科学与艺术价值及所处地位分别组织在风景区、点之中。

风景建筑包括亭、台、楼、阁、轩、馆、厅、堂、舫、榭、桥、廊、院、塔、碑、墙各种类型，根据功能需要，选择适当位置、体量、结构、材料、型式及色彩使其本身成为风景有机构成部分，与自然风景相互配合而相得益彰。

建筑如何与山水林木共同构风景美取决于设计师的主观能动性。

（六）艺术遗存

艺术遗存包括敦煌、云岗、龙门等地石窟，筇竹、灵岩、晋祠、乐山等地造象，敦煌、永乐宫等地壁画，以及岩画、雕塑、刻石、碑碣、墨迹等；也包括考古发掘出土的石、铜、陶、玉器及著名的秦陵兵马俑等文物。有些遗存占据相当广阔的空间，须连同周围环境加以保护与整修。

（七）历史、文化遗迹、遗址

历史文化遗迹、遗址包括史前人类活动遗迹、历代历史遗存、各民族发展史迹、古代工场作坊、著名战争与事件发生地、历史人物故居、墓葬及活动场所、著名文学传说故事有关地址、革命活动与革命人物纪念地及各少数民族特殊生活、风俗、文化、艺术风貌。有些遗址遗迹缺乏环境景色,应结合主题以造园手段增加其周围的自然景观。

六 风景资源的评价与风景区的规划

对风景资源进行全面的实地调查是进行风景区规划设计的出发点。既要广泛收集与研究历史、地理、民族、文化、宗教等文献资料，也要进行地质、地貌、水文、气象、生物、建筑、考古的实地勘测。调查工作完成后，应延请有关方面专家进行、自然、科学、历史、文化、建筑、艺术方面的分项与综合评价。风景区的综合规划是风景建设的依据。应着重解决以下问题：（一）对风景资源的综合评价。（二）以风景资源的自然联系与历史关系为主，适当照顾现存行政区划，确定风景区的范围。风景区应有较大范围，以便各风景小区相互支持，既可满足旅游者看到更多景点的愿望，又能分散安排游客住宿，有较多的游览出发点与游览程序以便平衡车流与人流，分散游览高潮时的压力。分散生活与生产区可带动各地经济的普遍发展并得到更多乡镇的支援。(三) 风景区建设应从自己的具体条件出发，发挥优势，突出特色。没有特色的风景就没有强烈的吸引力。(四) 根据风景区的具体条件确定风景区的性质。在以自然风景为主的风景区内，配置建筑切忌在位置、体量、色彩上挤压、遮挡及破坏自然风景。(五) 苏轼写庐山"横看成岭侧成峰，远近高低各不同"，景物的景色与景观常因观赏位置的变化而变化。风景区地域辽阔，景点分散，为使游人在有限时间内欣赏到更多更好的风景，就必须选择观赏点与观赏路线。为使游者能保持饱满的游览情绪，游览路线上的景观应有适当联系与变化，应有序幕、高潮与结尾；根据步行距离与攀登高度设置休息点，如休息点兼观赏点，将更增加游览兴趣；对于不同要求的游人，应有不同游览路线与重点；为避免走回头路，应尽量组织环行路线。(六) 生活区、疗养区及生产区应在风景点外安排。风景点周围应有绿化隔离带，禁止在周围兴建造型、体量、色彩与风景不协调的建筑物，保证风景点不受烟尘、污水、噪声的侵害。(七) 明确风景区在地区经济规划中的地位。估算旅游客源与旅游容量，合理利用国土，适当安排各

类用地。根据工程项目，做出资金投入及经济效益估算，确定实施步骤。

七 管理体制

风景区根据风景资源的质量及建设条件可分为国家、省市、县区三级管理。其风景区、点的设置，综合规划及重点项目设计，均须政府有关部门审批，方可进行开发及施工。

由于我国广大地区的风景资源尚未开发而各种建设事业正急剧发展，各地区应尽早进行风景资源普查并根据初步评价，对有价值的资源尽快采取保护措施。

同一风景区内风景、旅游及有关经济事业应实行统一管理。

八 造 园

园（园林、公园、风景点）是以人工造园手段表现自然风景于有限地域范围以供人们经常与便利地欣赏自然的美好景象。它和以天然风景为主的风景区和以植树造林为主的城乡绿化有所不同。世界造园最佳成就体现于中国延续几千年的传统造园科学与艺术。它在有限地域内集中、浓缩、与精选自然山水林木的典型美与当地特色而后加以艺术的创作与再现，如计成园冶中所谓"虽由人作，宛自天开"。然后以奇巧多样的园林建筑配属其间以达到法国作家雨果所称颂的"集人类想像力之大成的灿烂宝窟"，"月宫似的仙境"。

世界除中国式自然园林外，还有规整式园林。它起源于古代西亚、埃及与希腊，发展于文艺复兴时代的意大利与法国，当时主导政治思想是"突破神的束缚，强调人的价值"，因而发展了强调建筑与人工艺术的规整式造园。它以人们居住的建筑为主体，平整起伏的土地，修建放射式的笔直道路和几何形图案的水池、花坛。所有人行道旁、绿篱、林丛的树木都经过人工修剪，甚至将其塑造成各种物体造型。常以裸体神及人像为构图主题，布置在道路交叉口或喷泉中心。其造园的指导思想是强调一切自然物均应臣属于人，如法国的布瓦索即主张"人工美高于自然美"，主张井然有序，均衡对称，以直线和方角为基本形式，不种高大树木，使整个园林成为一览无余的图案。西洋规整式园林将丰富的自然景物变成人工编织的图案，其主旨和中国造园完全不同。

日本山水园渊源于中国，某些手法如散石处理虽有发展，但以卵石、散沙象征湍流、小溪的枯山庭，已将自然山水抽象化而成为别种格调。

九 中国园林的优秀传统

中国传统造园植根于中国几千年悠久而丰富历史文化。它的主导哲学思想是"崇尚自然"与"天人合一"。

中国造园既科学地保护生态环境又艺术地将人类追求真善美的思想境界与自然风景相互融合。其优秀传统值得我们继承与发扬的约有以下诸端：（一） 外师造化，再现自然。中国造园有类绘画都是汲取大自然的精华，集其典型，浓缩其风貌而非单纯的摹拟，如圆明园"上下天光"取景云梦，"西峰秀色"模写匡庐。（二） 因地制宜，突出特色。我国幅员辽阔，地貌复杂，民族众多，历史悠久，造园从本地自然地理、民族文化与社会经济出发，自然形成本地特色。特色是艺术的生命也是造园的精华。（三） 立意造景，情

景交融。以自然景色造成人的心理感受进而导向人生的、社会的、哲学的联想与遐想，是为意境，为情景交融。大自然中充满真善美而阶级社会中充满炎凉、虚伪与丑恶。用自然净化人的思想，是中园林意境中的主题。人们常将高尚的品德、情操、理念比附于自然，如"仁者乐山，智者乐水"（论语），"水能性澹为吾友，竹解心虚即吾师"（白居易），"品峻于山，怀虚若水，风清在竹，气静如兰"（云南飞云阁）。人们在自然景物中托灵性，寄情赏，以求净化身心。(四) 因借对比，丰富空间。挖池堆山，改变地貌为造园的常用手法。利用曲折、迂回、阻隔、屏障等手段，划分景区空间而各赋以不同主题，甚至园中有园以造成内涵丰富的总体景观。选用小尺度，仿照绘画之"丈山、尺树、寸马、分人"的原理，按比例以小见大，在小范围内造出高大、深远的景观。借用景区外围景物以扩大景区内部空间，即园冶之"巧于因借"。在景区之间利用透、漏、流、通手法实现整体风景的联系和统一。(五) 开合收放，组织序列。利用空间的开合、收放、大小、长短、横竖、宽窄、高低、起伏、疏密、虚实与光度的明暗、色彩的冷暖，组织有次序、有韵律、有重点、有对比的空间序列与总体气势，并力求丰富、自然而多变化。观赏风景除静观外还应注意动观。随总体序列在行动中用多方位、多角度、多视点的透视并与时空结合，以观赏景物的不断变化，所谓"步移景异"，使游人得到更多美的享受。欲扬先抑，欲高先低，由收到放，由实到虚，以暗求明，以险求夷，是强化美感刺激，进行空间组合的常用手法。功能多样、人流集中的动区和田野山林、水湾山曲以休息为主的静区的相对配置也是造园的基本格局。(六)合理布置风景建筑。根据总体功能需要，分别主次，适当安排建筑与自然物。住宅、游乐场及专用建筑应和园林有所区分。风景建筑应如园冶所说"花间隐榭，水际安亭"，与山水林木有机结合；力求经营得体，虚实互应，疏密相间，曲折尽至，高下相称，形神兼备；力避堆砌庞杂，雕饰繁琐，照搬模式，一览无余。(七) 充分运用综合艺术。将各种文学艺术如诗文、题词、匾额、楹联、绘画、雕塑等注入园林，可强化风景意境及历史文化联想，强化风景对人的艺术感染力。

十　城乡美化与绿化

为了改善人类生活环境，除大面积绿化大地，建防风林、绿化带、森林公园外，用绿化为主要手段来美化净化城市乡村已为世界各国现代化的主要趋势。绿化是现代化建筑必不可少的环境建设，是城乡风景构成的主要手段。所有城乡空闲土地都应普遍实行绿化，广植花草树木，街道边角，住宅庭院，或叠石、或引水、或平铺花草、或垂直绿化，须根据当地条件灵活规划设计。一二湖石、三五松梅可绘成天然图画，假山丛竹、鱼缸盆景亦能得山水之乐。

（注：本文曾在1992年6月在《建筑学报》刊登，今经重新整理再次发表）

目 录

东北卷（辽宁、吉林、黑龙江、内蒙东部） 1990~1992年

北京卷（北京、天津、河北北部） 1993年

华北卷 （山东、冀西、冀南、山西、内蒙西部） 1994年

西北卷 （陕西、豫北、甘肃、宁夏、青海、新疆） 1994年

江南卷（江苏、浙江、上海） 1995年

华中卷（安徽、江西、豫南、湖北、湖南） 1995年

西南卷（四川、贵州、云南） 1996年

华南卷（广西、广东、福建、海南、香港、澳门） 1996年

珠江与南海的热带风景 ………………………………………………………………………… 435

彩　图

CONTENTS

Northeast China

(Liaoning, Jilin, Heilongjiang and East Part of Inner Mongolia) 1990-1992

Beijing Region

(Beijing, Tianjin and North Part of Hebei Province) 1993

North China

(Shandong, Southwest Hebei, Shanxi and West Part of Inner Mongolia) 1994

Northwest China

(Shaanxi, North Hehan, Gansu, Ningxia, Qinghai and Xinjiang) 1994

Southern Yangtze

(Jiangsu, Zhejiang and Shanghai) 1995

New Patterns of Architecture in Towns and Villages in Southern Yangtze 247

Central China

(Anhui, Jiangxi, Hubei, Hu'nan and South Part of Henan Province) 1995

Yangtze River and Chu Culture - the Red Revolutionary Base 309

Southwest China

(Sichuan, Guizhou and Yunnan) 1996

South China

(Guangxi, Guangdong, Fujian, Hainan, Macau and Hong Kong) 1996

Color Pictures

东北风景的新探索

近百年来，有着白山黑水的东北，在祖国人民的心目中，占有特别突出的地位。1895年日本在中日战争中消灭了清朝的北洋海军并割去台湾。十年后它又掀起日俄战争，从沙俄手里夺去南满铁路和旅顺、大连、关东州。从此日本帝国主义的经济侵略逐渐渗透到东北的各个角落。1931年9月18日，日军炮轰沈阳并陆续占领我东北四省，使四千万东北同胞在其极端残暴统治下过了十四年的亡国奴生活。1937年日本更以东北为跳板，发动侵略全中国的战争。中国人民为了救亡图存，英勇地进行八年抗日战争。中华民族在生死斗争中觉悟与奋起，"收复东北失地""打到鸭绿江边"成为当时最震动人心的口号。解放战争中，东北是争取全国革命胜利的根据地。辽沈战役后，东北有百万雄师进关，参加平津战役，然后配合各野战军，南渡长江，解放全中国。

新中国成立后，东北是全国社会主义建设初期的工业基地，直到现在仍是全国工农生产的先进地区。东北包括辽宁、吉林、黑龙江及内蒙东部呼伦贝尔三盟和赤峰，土地占全国13%，人口占全国10%。东北经济发达，交通便利，城市化程度高，科技力量雄厚。东三省工业在全国占很大比重。钢铁有鞍山、本溪、抚顺、大连、齐齐哈尔五大基地。机械制造可配套生产大中型冶金、矿山、化工、建材、运输设备。石油以大庆为首包括吉林、辽河形成开采、加工、制造、集输的完整体系。东北农村是林业和商品粮的基地。呼伦贝尔及科尔沁是著名的畜牧区而辽宁的渔业为我国八大产鱼区及三大海水养殖场之一。全国20个百万人口以上的大城市中有东北的沈阳、鞍山、抚顺、大连、长春和哈尔滨。1985年东北有52市，3 981镇，市镇人口占总人口61%。

从风景角度看，我国历史文献、文艺作品多出自中原。东北地处边陲，其风景资源，鲜为人知。我虽生在辽宁，先后在东北生活及工作过26年。从20世纪五十年代起，我又从事建筑及风景园林的科学研究。但对东北风景资源仍然缺乏了解而未能重视。八十年代中东北考古不断有重要发现，我又趁离休之便，得以集中精力从事风景事业。从1982到1991年，我先后对东北风景资源进行15次的考查并参加几个风景点的规划，这才使我对东北风景有了全新的认识。1989年我曾著文介绍辽宁风景，相继又去吉林及黑龙江考察。虽然我只接触局部地区，蒙东尚未造访，但根据东北业已获得的资料如：金牛山智人及牛河梁女神庙的发现，鲜卑、高句丽、渤海、契丹、女真、满族的史迹，历代长城的遗址，中日及日俄战争，日寇殖民地统治的血泪瘢痕等，已足证明东北风景的历史文化资源是非常丰富的。

东北地貌由三面中低山环绕，中为大平原；南临大海，西有呼伦贝尔、科尔沁草原；是一个比较完整而相对独立的自然地理区域。东北地处中纬度，大部为温带季风气候，四季分明，阳光充足，雨量适宜。建筑气候属严寒区，有较长雪期。东北地层发育完全，从太古到新生界均有露头。山石、林木、河海、生物等自然风景资源丰富。虽开发较迟，但开发部分已足令人称羡不已。如占东北一半面积，长满红松、白桦、落叶松的兴安岭、长白山森林；闪烁着五颜六色北极光的漠河；火山熔岩有长白山天池、镜泊湖，五大连池的奇景；峰石险峻的凤凰山，林木繁茂的千山和自然与文化内涵还不能穷其究竟的医巫闾山；可开展国际旅游的黑龙江、鸭绿江；环绕渤海、黄海的避暑圣地；庄河、本溪深山中的山林野趣；扎龙、盘锦的沼泽是候鸟天堂；金石滩的龟裂石为古地层构造的珍品；神秘的海王九岛有海洋奇特风光。丰富的多民族古代历史文化，壮烈的现代革命斗争，方兴未艾的社会主义建设和类型繁多的自然风光相结合，东北风景不能不在全国占有特殊的地位。

一 营口金牛山古人类(注)

随着史前考古和现代科学测定技术的进展，我们对于人类起源与进化，即从南方古猿经早期猿人（能人）、晚期猿人（直立人）、早期智人，到晚期智人－现代人的进展情况有了更多的了解。据云南省博物馆材料，1975～1988年间开远、禄丰、元谋陆续发现距今300～1 400万年前的腊玛古猿化石及250万年前的东方人的化石(注1)。距今170万年的元谋猿人是我国迄今发现的最古的晚期猿人。猿人以能直立行走并能制造工具为准，至今我国发现距今20～160万年的猿人化石地方有陕西兰田、洛南、北京周口店、安徽和县、南京汤山、山东沂源、河南南召、淅川、湖北郧县、郧西、建始、云南元谋等。距今13～31万年的早期智人化石有陕西大荔、广东马坝、湖北长阳、山西丁村、许家窑、北京周口店、安徽巢县、贵州桐梓、大洞等。距今1.6～3.5万年的晚期智人化石有广西柳江、四川资阳、北京山顶洞、内蒙河套以及山西、陕西、甘肃、云南、贵州、山东、江苏、浙江、福建、广东、台湾等地。(注2)

东北地处北亚，是否有古人类？过去是个谜。20世纪七十年代地方考古队在营口金牛山发掘出大量古代哺乳动物化石及人类用火遗迹。1984～1986年北京大学和地

金牛山智人遗址

庙后山智人儿童左股骨

方配合连续进行发掘，终于发现55块比较完整的早期智人化石：包括头骨、脊椎骨、肋骨、手脚趾骨、尺骨、宽骨。古人类学家吴汝康认为"北京猿人没有这么完整"，"手骨、足骨、尺骨、脊椎、肋骨过去没有，在国内外都是第一次发现，""颅底部分国际很少发现，像这样完整的更少。"（注3）与早期智人同时发现的还有20万年前业已绝灭的肿骨鹿、三门马、梅氏犀、中国鬣狗、硕猕猴、和更新期的剑齿虎。洞内还有烧骨和打制石器。经测定其堆积层为20～60万年，智人化石为31万年。

营口地处辽河口，面对渤海辽东湾，从牛庄至港口为历代通海要道。东北沦陷时期，我曾化装从这里乘船回关内。最近几年我虽多次从这里路过，但未停留。1990年7月我为专访金牛山，特意从沈大高速公路转向铁路东侧，走了一段土路，才远远望见这黄白斑驳类似卧牛的孤山。敌伪时期日寇曾在这里开采镁矿，以致山形被破坏。智人遗址在东北角的山洞里，发掘时由上而下开了八层，智人化石出在第七层，下面还有洞穴，待继续发掘。现在遗址已列入国家文物保护单位并建了展室。

辽宁早期人类活动遗迹，除金牛山外，还有本溪庙后山。该地在1978～1980年先后发现两颗古人牙齿及幼儿股骨化石，测定为14～24万年。此外在13米多的堆积层中发现中晚期更新世72种哺乳动物化石，石器及用火遗迹。周围还有冰碛地貌和冰水沉积物，对研究第四纪冰川很有价值。（注4）再晚些时期有喀左鸽子洞10多万年前的文化层和一棵小孩牙齿，建平南地出土五万年前古人的上臂骨，东沟前阳出土的一万八千年前分属两个人体的头盖骨，下颌骨、股骨、六枚牙齿。

内蒙满洲里扎赉诺尔曾出土两个人头骨、一个下颌骨及更新晚期动物化石。哈尔滨市郊发现距今两万年的古人头骨化石及生物化石。五常也发掘出三万年前的女性左胫骨及儿童顶骨化石。吉林最近也发现了一万年前的人类化石。所有这些都充分说明东北地区是前期智人、后期智人的一个重要的人类发源地。截至本世纪末，我国已发现后期猿人化石及早期智人化石各十余处，晚期智人化石四十余处，旧石器地点千余处。其地域北至黑龙江，南抵云南，东达吉林，西迄西藏。这充分证明中国与非洲、欧洲、东南亚与澳洲同为古人类的发源地。中国古人类皮肤黄白，面部扁平，鼻梁塌陷，有铲形上门齿等特点和现代黄种人一脉相承，保留自己蒙古等人种的基因。虽在漫长的历史过程中与其他地区有基因的交流，但只能起次要的作用。

（注）本节系1999年根据科研最新成果改写的
（注1）文物出版社：文物考古工作十年（1979—1989）
（注2）吴汝康，吴新智主编：中国古人类遗址1999
（注3）1984-11-21北京晚报
（注4）本溪博物馆：庙后山人

二　女神庙——中华文明的曙光

距今一万年左右，人类社会由采集狩猎进入牧畜农业经济，使用的石器由打制进化到磨制，考古学称这个时期为新石器时代，人类在各个地区逐渐形成不同的文化。六千年前我国出现铜器、玉器、漆器、养蚕、缫丝、快轮制陶技术和进一步发展建筑技术。过去人们长期认为中华文明发源于黄河流域。最近一二十年的考古新发现，特别辽西祭坛、女神庙、积石冢的发现，极大地修正了这个观点。考古学家苏秉琦认为当时中国已存在相对稳定的六大文化区系：即以红山文化为代表的燕山及长城为中心的北方，以山东北辛、大汶口文化为代表的东方，以仰韶文化为代表的关中、晋南、豫西的中原，以良渚文化为代表的太湖周围的东南，以大溪文化为代表的四川盆地及洞庭湖的西南，和以石峡文化为代表的鄱阳湖至珠江三角洲的南方(注1)。中华文明的起源应是多源而非单源。

红山文化最早于1935年在内蒙赤峰发现，其范围东起辽河流域西至燕山南北，迄今已发现遗址千余处。1979年考古界又在辽西喀左东山嘴发现60米长40米宽的石砌祭坛遗址.祭坛前圆后方象征天地并有中心和对称的两翼。1983～1985年在距祭坛50公里的建平与凌源交界的牛河梁又发现有主室、耳室和后室的女神庙，发掘出大小

女神庙遗址——摘自《人民画报》

不等的妇女裸体陶质像及泥塑残块，最大的有真人三倍。其中有一个和真人大小相当的彩塑女神头像，轮廓为典型蒙古人种，用晶莹碧绿的玉石镶嵌的眼珠，使健美的造型神采飞扬。从这些因年龄而发育不同的乳、肩及手指看，牛河梁曾是女神成队而气韵生动的艺术宝库。女神庙前有方向一致，形制各异而联为整体的积石冢群及四万平方米类似城堡与广场的石砌围墙遗址。这些遗址经测定距今为5 600年。最近在牛河梁又发现金字塔形的巨型建筑，土外包以巨石块，直径近40米，此外还有首领的大型墓葬及积石冢中大量精美的玉器。

上述发现说明这里的先民已超越自然图腾崇拜而进入文明社会，其庞大建筑群已超越部落而进入联盟组织。我国商前历史，过去缺乏考古资料，可以实证的历史只及4 000年前。有了这次发现，才能证明我国和埃及、印度、巴比伦是同时代的世界文明古国。苏秉琦认为"这些考古发现，说明我国早在5 000年前有了凌驾于公社之上的社会组织。""把中国的文明史提前了一千年"(注3)。女神庙及积石冢出土的龙形玉饰是以龙为图腾的最古遗物，苏秉琦据此探讨，认为"中国古文化有两个重要区系，一是源于渭河流域的仰韶文化，其标志为玫瑰花；一是源于大凌河流域的红山文化，其标志则为龙；两者形成的时间约距今六七千年"(注4)。总之，红山文化为中华古代文明的重要发源地而且最早以实物展现

喀左积石大墓——摘自《人民画报》

海城大石棚

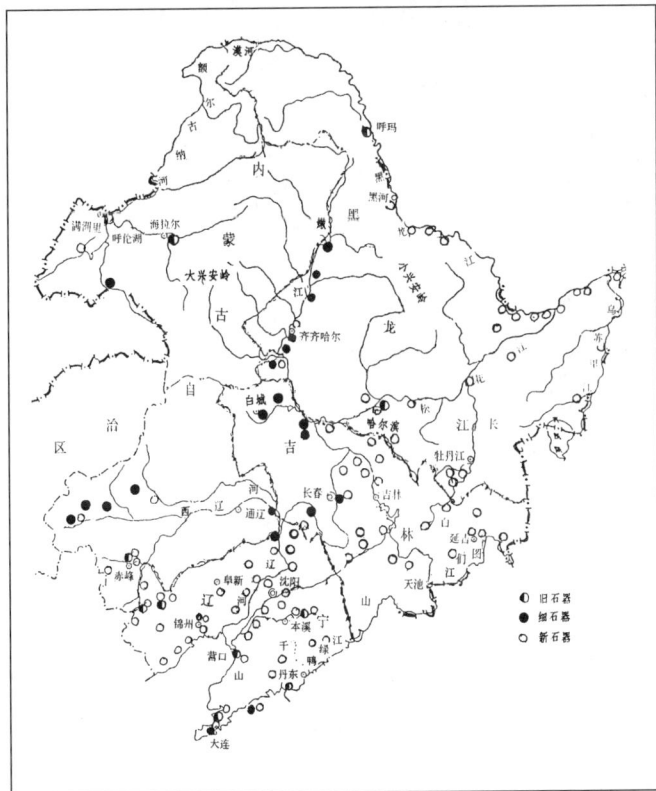

东北地区新旧石器遗址分布图

女神庙孕妇陶俑——摘自《人民画报》

中华文明的曙光。对于规模宏伟、气势非凡的金字塔型建筑，中国专家认为它给中华文明起源提供极为重要的资料，而在现场的美、法、日、印的学者则认为红山遗址可与埃及金字塔、印度莫恩乔达罗相比，是世界性的发现。

东北地区的新石器遗址各地均有发现。以辽宁为例有沈阳新乐遗址，在五公顷范围内，有十余处半地下房址群，已具有村落模样，出土石、骨、玉、木器及煤精制品，年代距今为7 000年。阜新查海有大面积原始村落遗址及陶器，距今为8 000年。北票丰下有半地下方、圆、长方形房址18处为木，石，土坯混合结构和西安半坡不同。建平水泉窖穴中有粟、黍及甲骨、卜骨、骨制口簧琴。本溪在太子河水库建设区发掘出新石器遗址50余处。岫岩北沟发现纹陶的图案有百种之多，为国内所罕见。丹东后洼发掘出40余件动植物形、人形、和人兽合一形的石雕、陶塑的原始图腾，反映对祖先和生殖的崇拜。旅顺郭家村有万余平方米文化堆积及11座房址的村落，距今约5 000年。

巨石文化是新石器晚期的一种文化，以巨石砌成石棚、石圈为特征。中国的巨石文化主要分布在辽东半岛。1990年夏我特意去海城东25公里的姑嫂石村看大石棚。原石棚有二，在村旁小山上者名姑石，山下者名嫂石。大跃进地方为修路，将嫂石棚炸毁，数千年前的珍贵文物毁于一旦，实令人痛心。现姑石已列入文物保护单位，她由六块大石板支架筑成，上盖石板长宽各5米，四壁及下垫石长宽各 2 米多，结合严实合缝。我们前去探望时，雨后初晴，山绿天青，嫂虽不在，小姑仍雄踞山头守望着辽东半岛。盖县九寨镇近年清理了五座石棚，发现火化人骨碎片及随葬品，考古界证实石棚是古墓葬。

(注1) 1991-9-21 人民日报
(注2) 1990-3 新华文摘
(注3) 1986-7-25 光明日报: 中华文明史的新曙光
(注4) 苏秉琦: 华人、龙的传人、中国人; 1987-7 中国建设

三 秦始皇的碣石宫

在1982~1986的五年中，东北接连发掘出三处有重大历史意义的古代文化遗址。

除金牛山智人和女神庙外，还有秦始皇的碣石宫。据现有考古资料判断，秦始皇在位时除在咸阳周围百公里内修建了200所离宫别馆外，又在他孜孜求仙的渤海边，从现在绥中万家到北戴河的金山咀长达50公里的海岸线上，修建了以碣石宫为标志的宫殿群。据史记记载，秦始皇统一中国后，他到辽东"之碣石－刻碣石门"。正如秦二世所说"先帝巡行郡县，以示疆，威服海内"，此后二世也到"碣石并海"，再后汉武帝又到"碣石观海"并重修阙楼。曹操也在这里写下有名的碣石篇："东临碣石，以观沧海。水何澹澹，山岛疏峙。树木丛生，百草丰茂。秋风萧瑟，洪波涌起。日月之行，若出

其中。星汉灿烂，若出其里"。此后北魏文成帝、北齐文宣帝和唐太宗都来过这里。但这名传两千年的碣石究竟在哪里？历来无从考定。

1982年考古队在辽宁绥中万家乡的渤海边发掘了范围达14方公里的六处秦汉遗址，在墙子里村南正对传说中的孟姜女坟（海中耸立的巨石，原为两块，后一块断裂成为三块）有长宽各300米的夯土台基，其中心土台高7～8米，边30米，为一所宏伟的多级高台建筑的遗址。现有成排的柱础和屋顶倒塌后仍保持原来排列次序的瓦垅。主体建筑的两翼有角楼，后面还有一批建筑。从遗址中发现巨型菱纹瓦当，直径为52

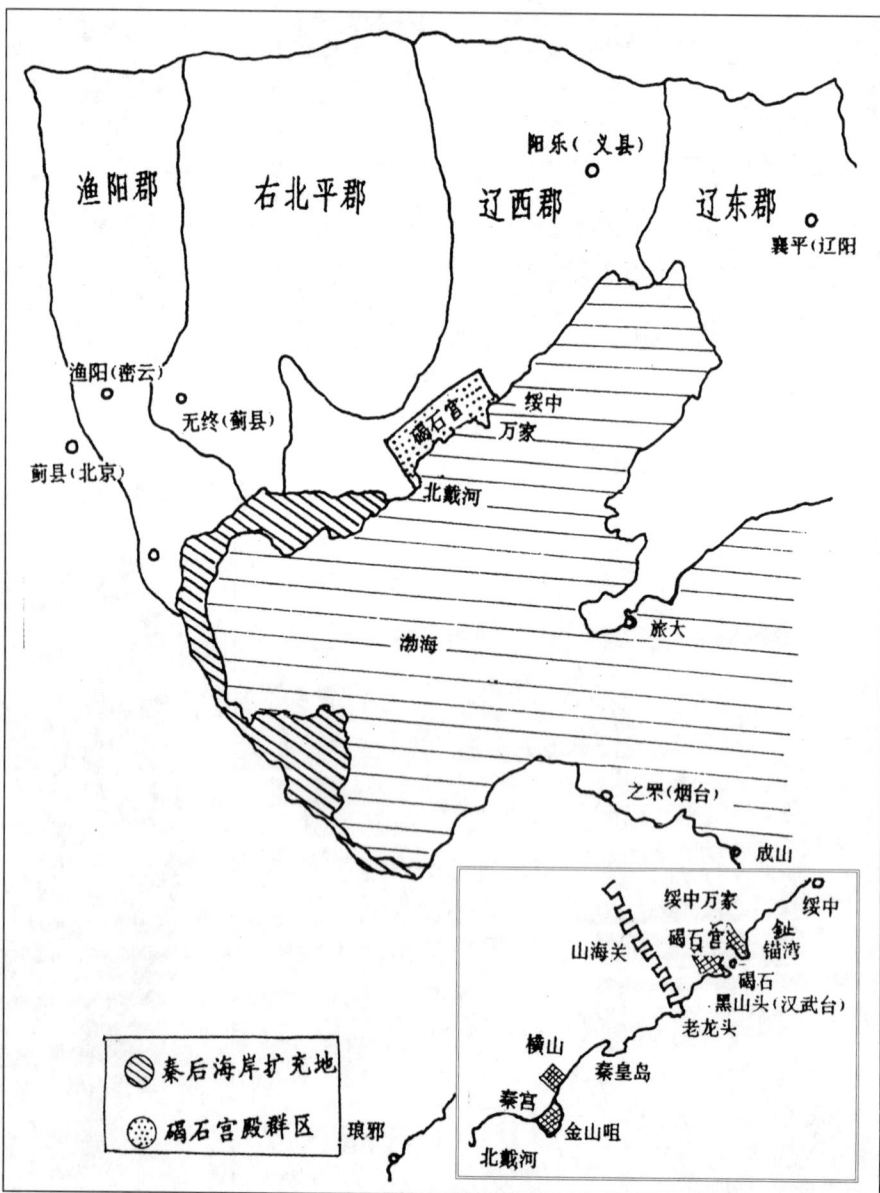

秦始皇渤海碣石宫殿群位置图

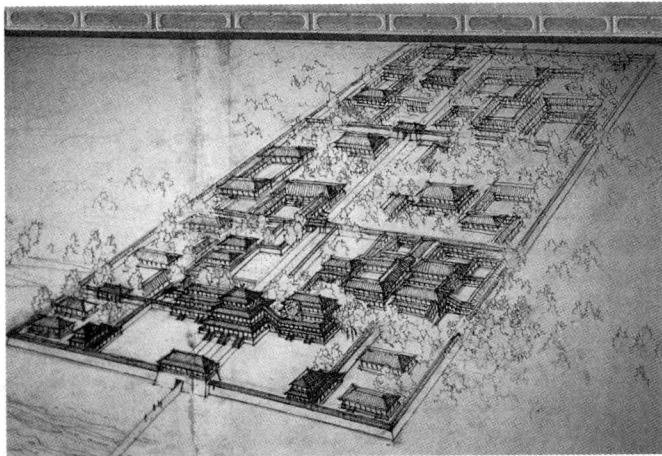

绥中碣石宫复原图——杨鸿勋绘

碣石宫瓦当

厘米，这样大型构件过去只见于秦始皇陵，而其规模宏大的台基也只有阿房宫可比。这所宏伟建筑与海中巨石南北相对，中有铺石甬路连接，构成中轴线；宫殿、大海与巨石联成一体，造成雄伟磅礴的非凡气势。经杨鸿勋等专家鉴定，认为这两块海中巨石应是史书所指的碣石门，而这所遗址是秦始皇刻碣石门时修建的行宫。在墙子里西、贺家村南与遗址遥遥相对的黑山头也发现一组包括前、中、后、侧殿和回廊的大型宫殿遗址，面积为 2 500 平方米。现有成排的柱础、倒塌的屋顶、排水管、贮水池和空心砖踏步。据考证这遗址南与海中龙门石，遥相对峙，为汉武帝重修的碣石宫东阙楼。秦汉遗址在这一带分布的面很广，止锚湾、金丝屯、杨家、周家都发现有带戳记的板瓦及瓦当。

1986～1988 年考古队在北戴河的横山发掘了 9 000 平方米秦代建筑遗址，连同以前在附近金山咀发现的遗址，于其中发现与碣石宫相同的大瓦当、空心砖及陶水管道。苏秉琦著文称"从绥中止锚湾到北戴河金山嘴发现的秦汉宫殿群，两头临海石角相距几十公里，规模之大，令人吃惊"，并名秦汉碣石宫为"中华统一国家的象征"。陕西最近在兴平、武功一带发现许多用木架成复道或挖地壍以连通的大型高台建筑，如与碣石宫殿群相互印证，使我们对秦代建筑的伟大规模有了进一步的认识，说明史书300 里阿房宫的记载是可信的。

我于 1987～1988 年三次造访碣石宫，并两度面对碣石，在林木明丽，海水蔚蓝，沙质洁净的海湾中游泳。每当我倘佯在充满阳光的海面时，缅怀秦汉，遐想未来，总是恋恋不愿离去。1991 年冬我踏着冰雪察看北戴河的横山和金山嘴秦宫遗址后，使我对碣石宫殿群获得自己的实证。

继新石器时代之后，东北地区出土更多青铜时期文物，辽宁尤为普遍。辽宁出土的剑、戈、镞、盔、刀、凿、斧、锥、车马用具种类之多，做工之巧为国内所少见。其中曲刃青铜短剑尤具特色，它出现于西周而盛于春秋，战国后消失，前后600 年间，从辽西传到辽东并远及朝鲜。

春秋战国时代分布于东北各地的民族，东有肃慎，西有东胡，南有山戎及涉。燕昭王袭破东胡及山戎，筑长城，置上谷、辽东、辽西等五郡；辽东郡城在今辽阳，辽西郡城在今义县。秦设北平、辽东、辽西三郡。西汉时辽东、辽西两郡37县有人口12万多，铁器已普遍使用。辽阳三道壕汉代农村遗址发掘出6所住宅、7 座窑址、11眼水井、铺石路及汉墓群。大墓长宽8米×6米，内有主室、回廊、耳室为家族合葬墓。墓内彩画内容包括车骑、宴饮、乐舞、杂技、仓廪、庖厨；色彩以朱、白、黑为主。现辽阳汉墓已列入国家重点文物保护单位。此外朝阳袁台子汉柳城遗址出土燕至汉的文物有房址、窖穴、窑址、玻璃及铜铁器皿、货币等。丹东瑷河尖为汉辽东郡西安平县址，出土有"安平乐未央"字样的瓦当。

四　鲜卑与龙城

秦汉时期东北各民族，有肃慎名挹娄居黑龙江下游及乌苏里江、牡丹江一带。有岁貊分为朝鲜、夫余、高句丽、沃沮活动在松花江、辽河及鸭绿江周围。东胡则分为乌桓与鲜卑两部。汉武帝破匈奴后，乌桓臣属于汉，与汉人杂居于边缘十郡，其骑兵常为汉所征发。东汉末年乌桓蹋顿统一上谷、辽西四郡，人口超过 20 万户，所居柳城(今朝阳)人烟稠密，经济繁荣。公元207年乌桓为曹操击灭，迁降众 20 余万人内地，此后与汉族融合，不复见于史册。

鲜卑初分两支，跖跋鲜卑原居大兴安岭，后由匈奴故地迁和林格尔。1980 年曾在内蒙鄂伦春自治旗大兴安岭上的嘎仙洞发现北魏时鲜卑祭祖铭刻。东部鲜卑原居辽河上游西拉木伦河流域，后迁蒙古草原，对汉时降叛，与匈奴、乌桓更相互攻击不已。以后檀石槐统一各部在弹汗山(今商都)建主牙帐，势力强盛，拒丁令，却夫余，击乌孙，尽据匈奴故地；建立南起河套，北至贝加尔湖，地域辽阔的强大国家。檀石槐死，东部宇文氏、中部慕容氏、西部跖跋氏三部并立。东晋时慕容氏强大，公元337年慕容皝建前燕，先后击败段辽、宇文、后赵、于公元341 年选地柳城北，傍龙山建新都，名为龙城(今朝阳)。乃东征高句丽，直捣丸都，迫使称臣，开境三千，户增十万。再将宇文氏驱入漠北，开地千余里，迁其民五万余至昌黎。更东房夫余王及部众五万余凯还。慕容皝死，子慕容儁更进军中原，伐赵，灭冉魏，乃迁都于邺(今磁县)。至此前燕北控匈奴故地，西括河套，南抵淮河，东临大海，拥有人口数十万户，中原除符秦外全归前燕所有。不久又在襄阳击败东晋桓温。前燕三代共85年，拥有157郡990万人口，成为当时群雄并立中的大国。后因内

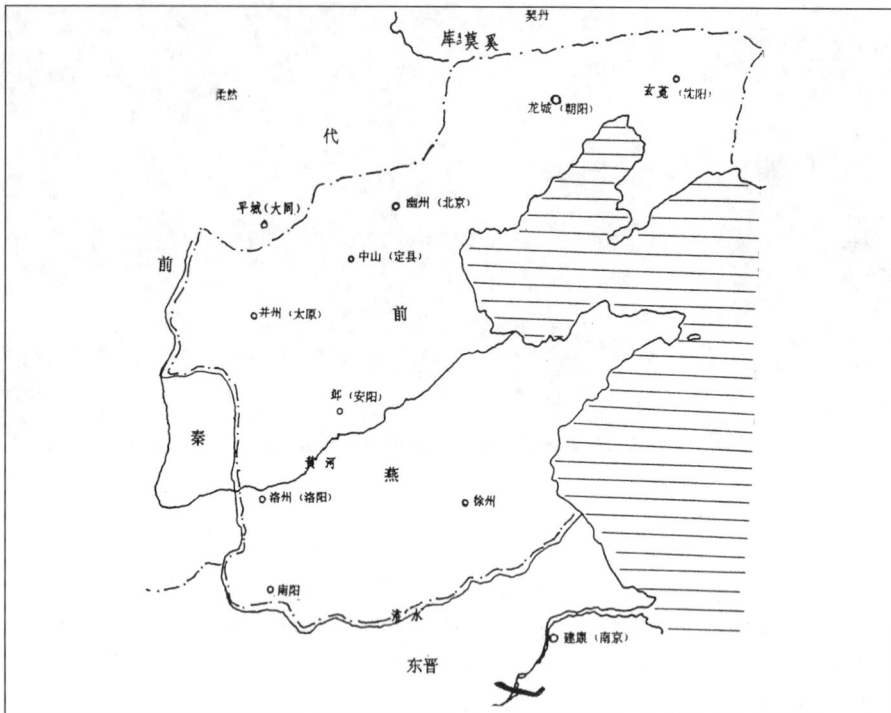

前燕地域图

乱于公元370年为前秦所灭。淝水战后，慕容垂趁前秦瓦解时复国，先都中山，后回龙城，是为后燕。20年后，后燕为北燕所代替。再过30多年，北燕于公元436年为北魏灭亡。鲜卑另一支跖跋氏迁居漠南，公元315年称代王，都平城(今大同)，前后61年为前秦所灭。前秦灭亡后，跖跋珪复国，建北魏。

从柳城到龙城即今之朝阳市，曾是辽西建郡数百年来东北与中原交往的中心，几度繁荣发展成为当时的有名胜地。北魏攻灭北燕时，强迫居民内迁，龙城为助战的高句丽所烧毁，大小凌河流域只剩下1 022户，地广人稀，一片荒凉。明清以来辽西走廊成为关内外交通要道，朝阳愈难恢复往日景象。1987年我访问朝阳，乘汽车走大凌河。路过义县参观奉国寺后转赴万佛堂石窟，石窟开凿于北魏，背山面河，位置极佳。但窟内造像已污毁不堪，只有以书法著称的元景造像碑尚为完好。到朝阳后我先

义县万佛堂石窟

朝阳凤凰山

汉柳城拓片

晋墓牛车图

去凤凰山。山在朝阳市东5公里，古名龙山，龙城即因此得名。远望山形，左右高峰如凤双翼，中峰微伏，有塔耸起，如凤昂首，清改龙为凤，名称颇合乎实际。辽代在山上建许多寺院及有名三塔，现已大部塌毁，只有中寺塔尚为完好，我登上山巅，环视山峰腾跃，大凌横流，回忆鲜卑、契丹七百年间两度在此惨淡经营，今虽面目全非，但塔影山岚使往昔盛事仍令人不能忘怀。回到市内参观南北塔，北塔创于唐，经辽整修，为砖筑方形空心13级密檐式，高41.8米，塔身各面均有浮雕佛像，因层层内收而显得玲珑秀长。南塔外貌有类北塔，但塔顶已颓。随后到清康熙时所建喇嘛庙佑顺寺，寺共五进，大殿外墙嵌有石刻佛像为国内少见。今后朝阳如大力发展经济，使其与优美自然风光和雄厚历史文化资源相结合，则前途当大有可为。

鲜卑文物现在发掘尚少，1982年在朝阳袁台子发掘前后燕的壁画墓，有墓主人家居图、四神图、偏幅牛车出行图、门吏图都表现鲜卑与中原文化的相互影响。1965年发掘北燕要人冯素弗墓，有长方石椁及柏木画棺，出土陶、玉、漆、铜器、铁工具、兵甲、马具、仪仗、车器、文具、印章400余件。其中有玻璃鸭形注、桑木心外包鎏金铜片的马镫和步摇冠的饰件。鲜卑上层人物喜戴步摇冠，冠分花树、花蔓、顶花状及山、泡、月牙形，以黄金为山题，贯白珠为贵枝，行则步摇。鸭形注有人考证系来自罗马，说明当时鲜卑已与欧洲交往。

五　高句丽与山城

当鲜卑活跃于辽西和华北时期，控制辽东和鸭绿江一带的是高句丽。自纪元前37年朱蒙在纥升骨，今之桓仁五女山城建立王朝，后传28代，国统延续705年。高句丽在绵长的历史中遗留至今的文物十分丰富。高句丽在桓仁建国不久，即将王都迁至鸭绿江边的国内城(今集安)，同时在附近山上建丸都山城。汉武帝以其地置高丽县，属玄菟郡。二百年中国内城一直是高句丽政治、经济、文化中心。至南北朝高句丽势力强大，国土扩及辽东及朝鲜，第20代王朝将王都迁至平壤。隋朝曾多次进攻高句丽，兵力最多达百余万人，但均遭失败。唐太宗亲征，亦无功而返。公元668年唐高宗与新

罗联合，先克百济及夫余，而后下平壤，高句丽乃亡。北魏时肃慎称勿吉，隋唐时名靺鞨，其活动地区在高句丽北。

1985年冬我初访桓仁，在水库的冰封与雾凇奇景中，眺望过五女山的丰姿。1990年夏我再来桓仁水库，从不同角度看五女山峰，有满山柞树的朵朵绿芙蓉为其衬托，或砥平如断树，或仰卧如妇人，山形随船行而起伏变化。我们航行一小时，五女山始终是风景的中心。离桓仁前我们更离城东北行8公里至五女山麓，五女山海拔820米，山巅全是一二百米高的悬崖陡壁。我们上山须攀登悬崖间仅有的一条狭窄通道，其最宽处不过10米，但长达450米，仰角近50度，举首仰望，异常险峻。现山上有电台，顺通道铺窄轨，用卷扬机运送食物，有时人也随机上下。因最近出事，地方同志坚决不让我们搭乘。我只得拄杖爬坡，半途靠山歇了五六次，才爬上山顶。山顶地势平坦开阔，长1500米，宽300米。高句丽建山城时虽设东、西、南三门，但只有西门，俗称天门的隘口，即我们爬上来的通道可以上下。现

在山上松、楸、槐、柞与野草杂生。我们拔开林木，过玉皇庙遗址，寻觅天地，原是一泓清泉，乃山城水源地。再南登绝顶，名集仙台，遥望浑江水库，岛屿棋布，烟波浩渺，令人胸襟顿开。顺山城南门、东门绕行，城墙均依山势用石块分段砌成。现残存一段高8米，顶宽3～4米，我国少数民族中的山寨如此雄伟坚固，当以高句丽为首。环行时从崖隙下窥，森森然不知底蕴，急回身远望，则田畴村舍，炊烟四起，恍如隔一世界。这时我这才初步领略到古老民族据险自保的心理状态。

随后我离开桓仁沿浑江转鸭绿江去集安，路程为176公里。在两江即将会合的沙尖子乡船营沟，发现一片冬出热气、夏冒冷风的怪土地，宽约25米，长不知尽处。我进入老乡院内厢房的一间小屋，时方盛夏而屋内满结冰溜。据老乡讲这里冬季菜长势极好，山楂树结果比别的地方大一倍，吃这里的水可以治病延年，他的一家人都活到90岁以上。集安背靠长白山，面临鸭绿江，山青水秀，气候温和，土地肥跃，号称吉林的

太王碑铭文

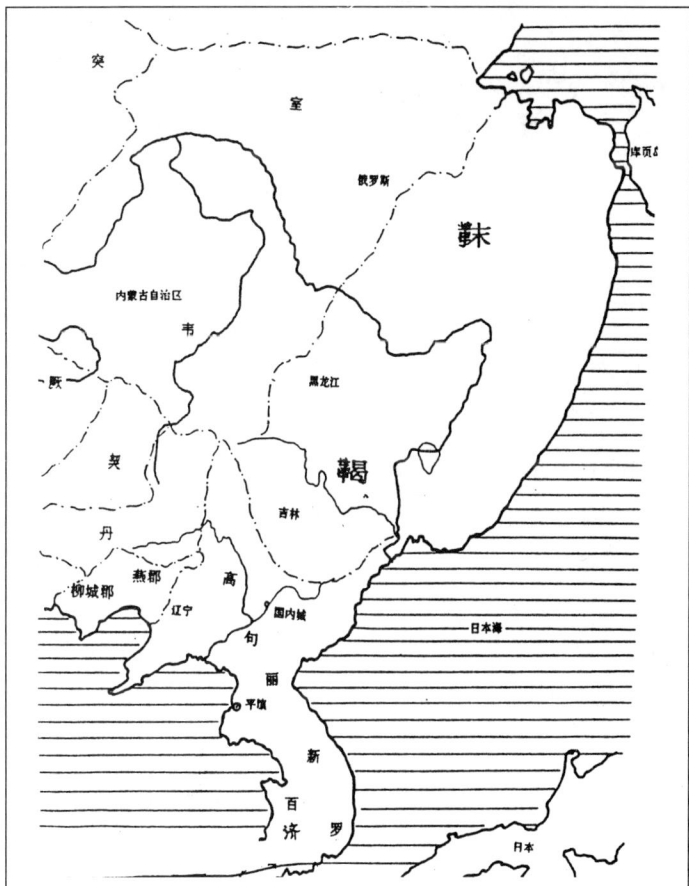

高句丽及靺鞨地域图

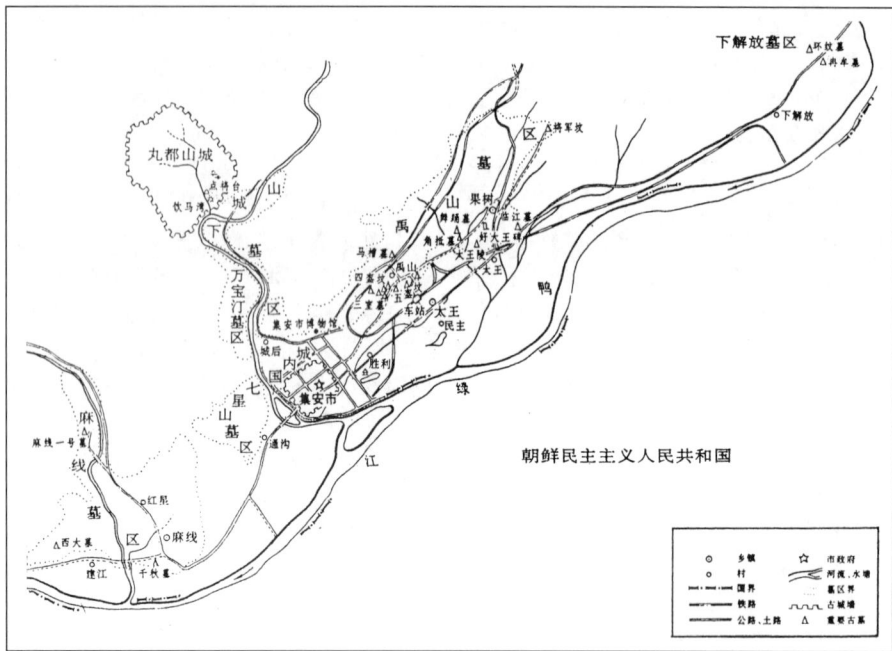

集安洞沟古墓群古遗址分布示意图

小江南。国内城地处洞沟河谷，遗址今尚完好。城墙在花岗岩基础上用云块石垒就，周长2 713米，六门均有瓮城，四隅有角楼，隔一定距离有马面墙。丸都山城在国内城西北2里许，外临绝壁，内抱缓坡。城周长7公里，城墙充分利用山脊，险要处砌石，平缓处筑城，上有女墙排成方形柱垴。城有门5，南门为进入洞沟通道，有瓮城及11米高的了望台。我登台望两城中间山川形势，确是一目了然。丸都是军事守备城，只有紧急情况下才进入城内。后汉攻高句丽，第三代王入城固守，得免灭顶之灾。244年魏遣幽州刺史毋丘俭于太子河击败高句丽，曾登丸都勒石记功。342年前燕再陷丸都，毁城郭，坏宫室，高句丽不得不移都平壤。在丸都附近还修有三道关马墙的关马山城和周长1 260米的霸王朝山城。史书载高句丽民族衣布帛毛皮，善歌舞，居高山深谷。高句丽山城曾在辽东构成大系统，其遗址至今仍遍布各地．从西丰城子山、铁岭催阵堡、开原龙潭山、沈阳塔山、抚顺高尔山，到辽阳白岩城、海城英城子、盖平建安城、复县龙潭山、新金吴姑山、金县奢卑城、岫岩娘娘城和凤城乌骨城，顺辽河东岸建成一条战略屏障。其中抚顺高尔山城周4公里，为多城联合体。唐兵攻城，七月末下。在国内城周围，集安洞沟有高句丽古墓近万座。著名的阶坛式大墓将军坟，7 级高31米，正方底边长31米，有东方金字塔之称。太王陵为19代永乐太王之陵，为

尖角方锥阶坛形，底边66米，墓顶出土"愿太王陵，安如山，固如岳"文字砖。稍晚时期多为石砌封土大墓。内有穹隆式或四角、八角形藻井及绚丽多彩的壁画，绘有四神、天象、飞天等。著名的有舞踊、角羝、三室、五盔坟。好太王碑有重要的历史文物价值，碑高6.39米，无碑额，方柱形，四面环刻汉字碑文记载高句丽王朝建立以来至好太王时期，即由奴隶制转向封建制450年的历史。共1 775字，字体介隶楷之间，为书法珍品。

(注1) 1999 年五女山上发现有新石器晚期、两汉、春秋战国、魏晋、辽金五个时期的文化遗存及文物千余件。

(注2)1997 年通化发掘高句丽的早期遗存，有土坑墓、石椁墓、石棺墓、大盖积石墓，早起新石器时期，至汉为大型村落。

六　渤海国和镜泊湖

肃慎远古文化，据镜泊湖莺歌岭出土文物判断，距今已达三四千年。肃慎隋唐时称靺鞨，有数十部落分布于黑龙江及松花江流域。以后北部落逐渐归附于黑水，南部落归附于粟末。高句丽亡国后，大柞荣联合粟末及高句丽贵族于698年在敖东城(今敦化)建立震国。接着南征北战将领土扩大到西接契丹、东濒日本海、南至新罗、有人口十余万户，号称海东强国。但大柞荣仍对唐称

蕃，派次子到唐入侍。712年唐派崔忻到震国，册封大柞荣为郡王，国号渤海，至今旅顺黄金山下有崔忻勒石及挖下两口井为历史作见证。大柞荣死，子大武艺继位，迁都至中京显德府(今和龙)，再传子大钦茂又迁都至上京龙泉府(今宁安)。这里地处牡丹江上游盆地，有火山溶岩河湖群，土地肥沃，气候温和，雨雪充沛，定都之后，国力进一步发展，人口曾达300 余万。762年唐进封大钦茂为渤海国王，并在东北设都督府以加强联系。渤海仿唐制建五京15府62州130县，五京除中上京外，还有东京龙原府(今珲春)，西京鸭绿府(今浑江)，南京南海府(今朝鲜德原)。渤海与周围国家采取睦邻政策，开通往中原、契丹、新罗、日本的海陆交通线五条，只专使访问日本即达34 次，最多一次有 359 人，船只17 艘。唐文化在渤海广为传播，渤海饱学之士与唐及日本文人唱和，留下不少诗篇。温庭筠有送渤海王子归国诗："疆里虽重海，车书本一家，盛勋归旧国，佳句在中华，定界分秋涨，开帆到暑霞，九门风月好，回首即天涯。"

1990年8月，我由哈尔滨乘火车到牡丹江，在参观海林杨子荣墓和牡丹江畔八女投江群雕后，改乘汽车，南下宁安访渤海上京及镜泊湖。上京在今宁安东京城旁的渤海镇，其规划模仿长安，外城周长17.5公里，有护城河，城墙由夯土及土石结构筑成，现残高尚有 2～3 米，有门10，中央大街宽110 米，内有纵横11条街道，把城区分成许多方块的坊。内城在外城正中偏北，周4.5公里，城垣石筑。宫城在内城北半部，周2.5公里，有南北二门。南门通称五凤楼，现存40 米长、26 米宽、6米高的台基，上有70厘米直径的柱础石，台基两旁各有4米宽

渤海上京八宝琉璃井

兴隆寺的石灯塔

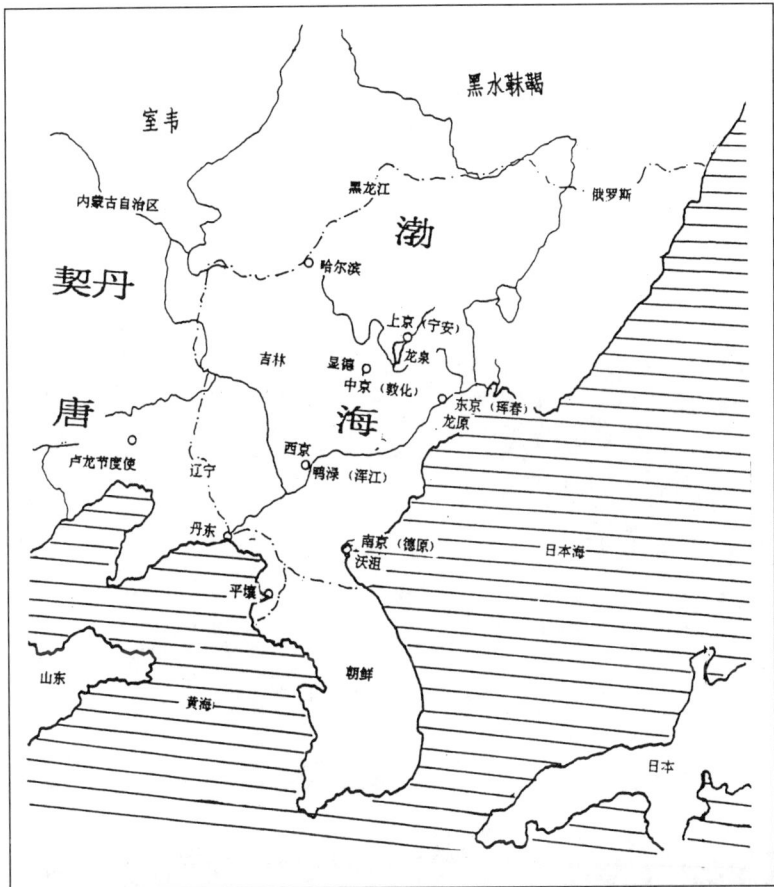

渤海国地域图

的门洞。宫城轴线上，由南往北依次排列五座殿基。第一座殿基东西长56.5米，南北宽25米，高3米，上有54块大型石础。五座殿的两侧有长廊相联。第二殿东北侧有八宝琉璃井，今存。我依次登上大殿及五凤楼遗址，瞻望石础的分布和殿基的层次，遥想往昔王朝宏伟的规模与气势，上京的面积虽仅及长安之半，但比当时日本的平城京却大的多。

渤海文物遗留至今的首推兴隆寺的石灯塔。寺虽在渤海原址，但多次兴废，现存者为清建。殿中石佛系渤海原物，但头为后配，今又描目画眉，粗俗不堪。室中出土展品有七层舍利函，外为石、铁、铜、漆、内为两层银盒，玻璃瓶中装5颗舍利子。石灯塔系用12块玄武溶岩叠落而成，高6米，上为塔刹相轮塔盖，塔室亭形莲花托、八角攒尖、八窗镂空16孔灯室，中为圆柱形灯柱，下为覆莲幢座和础石，刀法精细，质地浑朴，为渤海佛教的艺术杰作。

镜泊湖唐称忽汗海。喜马拉雅造山运动，使这里断陷为湖盆地带。西北火山群在万年前喷发出大量溶岩，堵塞了牡丹江的河道成为堰塞湖－镜泊湖。我到镜泊山庄的下午，未待主人安排，急乘公共汽车赶3公里路到吊水楼瀑布车站，步行约20米，立刻被这火山溶岩堵塞河道的景色所吸引，我立定脚跟，贪婪地注视这为赭黑色溶岩块塞满了的大地。这是我第二次进入火山地质区，黑色的环境和长白山的火山灰的色调与质感完全不同，开始使我惊奇，但还未产生美感。于是我一步步走向江边，江里大片黑色溶岩上缓缓流着泛满白沫的江水，江心和两岸有疏有密地分布着游人。我沿着江边小路，走走停停，一面注视瀑布景色的不断变化，一面在寻找更好的眺望点。一直到我攀上观瀑亭，这才看见近一公顷方圆的吊水楼瀑布的全貌。我俯视这宽广深奥的黑石潭，周围全是由黑色溶岩凝聚的高达二三十米陡峭悬崖，正面几十米宽的江水呼啸奔腾，跃下深潭，声如雷鸣；而瀑布下降似定定素练，上涌如朵朵芰荷，在黑色背景中显得格外洁白和清净，既有声势又有色彩的美，加以水雾弥漫，晚霞辉映，

更增光照和气氛的美。据说，水旺时瀑布宽达200米，全潭为江水充满，翻腾的水流，冲击两岸溶岩层，江面或激荡，或湍流，或环回，或倾泻，真是千种动态，万般气势。有词"飞落千堆雪，雷鸣百里秋，深潭霞飞雾漫，更有露侵岸秀。"颇为得当。留连往返约一时许，我才走下观瀑亭，拣了几块轻若浮石的溶岩，踏上归途。次日下午，船游镜泊湖，往返三小时，南抵珍珠门并登上城墙砬子。因山势平缓，湖面开阔，船行其中，吸人景色不多。湖西北有火山口地下森林及溶岩隧道，因急于北返未去。镜泊湖夏季凉爽，来避暑者甚多。

七 辽和中京

辽属契丹族，源出于鲜卑宇文的一支，北魏时游牧于今辽河上游。唐初契丹八部依附唐朝。唐末阿保机于916年统一契丹各部，在潢河北定都，(后名上京即今巴林左旗)

9

建契丹国。925年西进甘州迫回鹘遣使进贡；再东灭渤海，回师时，阿保机病死。耶律德光继位为太宗，率兵南下，夺取燕云十六州。更于947年进军开封灭晋，乃改国号为辽。北宋建国后曾攻辽之南京，(今北京)为辽击败；986年萧太后及圣宗率辽军在瀛州又大败宋军。辽宋订檀渊之盟，北宋逐年向辽纳银输绢，换取辽军北撤，此后两国

无大战事。辽又向回鹘及高丽用兵，两国均向辽纳贡请和。这时是辽的鼎盛时期。圣宗在今之内蒙宁城建中京城，合上京、南京、东京(今辽阳)、西京(今大同)统称五京。实行经济的封建改革，重用汉人，开科取士。 当时契丹等族居辽之北部，汉人渤海人居南部，辽太宗将官制分为两大系统，采取"以国制治契丹，以汉制待汉人"的

政策。圣宗以后 ，辽渐衰弱，西北有鞑靼，东北有女真兴起。辽屡败于女真，1 125年辽亡，前后建国209年。

辽虽有契丹大小字，但对外通用汉字。文学艺术受中原影响，宗教盛行佛教华严宗。圣宗重修云居寺，续刻石经；兴宗至道宗刊印大藏经。辽在各地建造许多有独特风格的寺院和佛塔。辽上京由汉城、皇城、

义县奉国寺大殿

锦州广济寺塔

奉国寺大殿佛像

义县嘉福寺辽塔

大内三部分组成,周约14公里。汉城在南为汉、渤海、回鹘等人居住区,皇城在北为契丹族居住区,大内在皇城中央为宫廷所在。上京虽毁于兵火,今遗址尚存,城墙残高6米,皇城建筑及街道均依稀可辨,附近残存南北塔,南塔残高20米,八角七层密檐式,第一层半圆雕刻佛像,刀法精致。上京南30公里有辽祖陵奉陵邑祖州遗址。城依山造,周2公里,内城有明殿及仪殿,西北隅有7块石板砌成的石房子,高4米,有类古代大石棚。祖州城北的祖山,峰峦叠翠,古木参天,幽谷流泉,风景绝佳,谷内为辽太祖阿保机陵墓所在,现享殿及宫墙遗址尚存,石翁仲及经幢隐于林间,山上有契丹大字残碑。上京西南20公里有辽石窟真寂寺。中窟宽6.5米,圆雕释迦涅盘像,卧榻伺立弟子17尊,四壁浮雕千佛。南北窟雕坐佛。国内光头跣足的佛像,到了这里都入境随俗,穿

长靴,戴冠帽;至于供养人则是典型的契丹人了。巴林右旗现有庆州城遗址,城北10公里之庆云山为辽之庆陵,内葬圣宗,兴宗,道宗,从随葬文物中发现契丹小字榜题人物像及四季山水壁画,证实契丹髡头及捺钵习俗。庆州城周4公里,亦奉陵邑,周围山色秀丽,水草丰美,又为辽游猎之地。城西北舍利塔,通称白塔,建于1049年,为八角七层楼阁式砖塔,塔高近50米,台座较低,以上逐层内收,每层外镶人物及图案花砖,并有乐舞、宴饮画面,为辽塔中所罕见。塔上悬有铜镜数百面与鎏金铜制塔刹、觥兽、受日光照射灿烂夺目,再与白垩土粉饰的塔身共相辉映,草原数十里外均可望见。

檀渊之盟后,辽圣宗为便于与中原交往,在老哈河畔今之宁安,仿宋汴梁建规模宏大的中京城。中京亦分外城、内城及皇城,外城周15公里,内城周7公里;外城南门

朝阳南塔

凤凰山中寺云接寺塔

云接寺塔身细部

0　　　9厘米

沈阳舍利塔铜佛

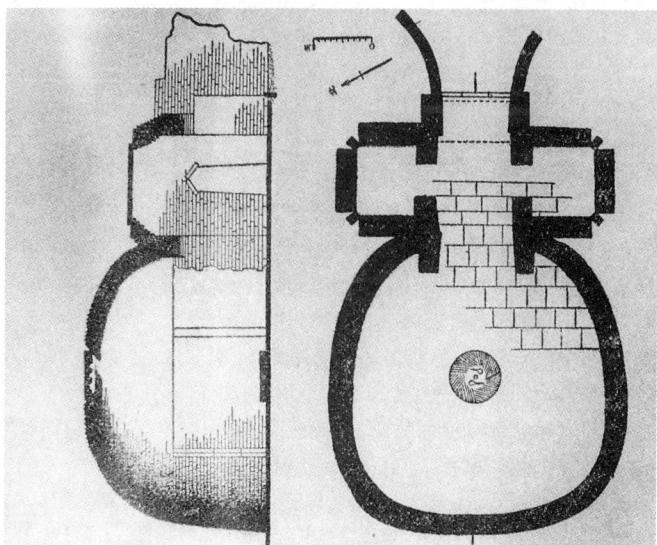

新民巴图营子辽墓

11

北镇崇兴寺双塔之一

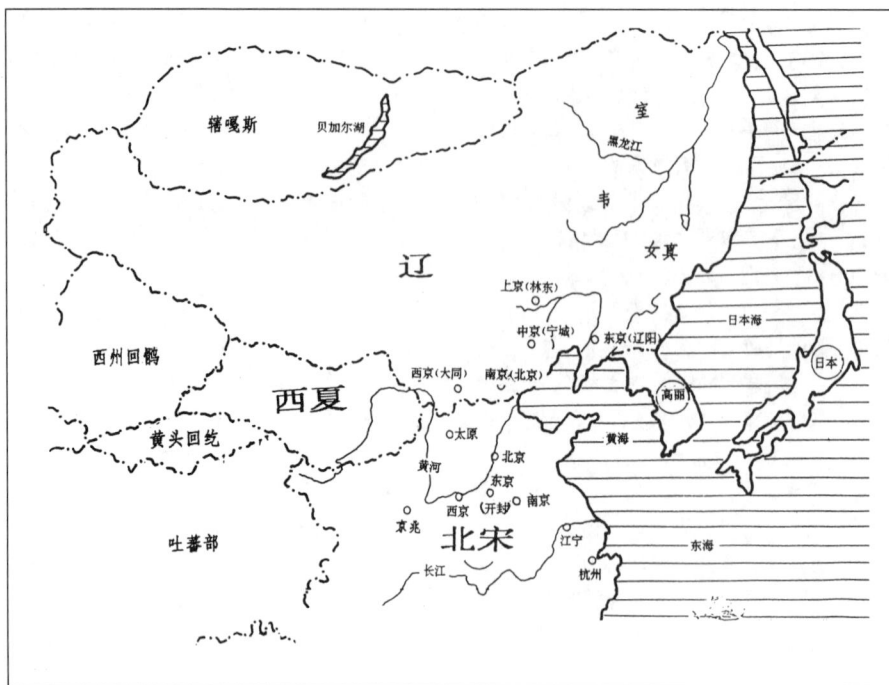

辽与北宋接壤图

直通皇城有宽64米的大道。中京建于1007年，明初被毁，前后存在392年。城中最大的辽塔为大明塔，高74米，八角13层密檐式，造型雄伟。塔筑于6米高的夯土台基上，底层各面有起券的佛龛，内趺座各不相同的佛像，旁有力士，上有飞天，均雕饰精美；转角柱砌成塔形上刻塔铭及佛名。中京遗址现已列入国家文物保护单位。

朝阳地区，联接中京，辽代遗存较多。朝阳市三塔、凤凰山三塔、安德州塔、北沟大宝塔、八棱观塔、木头城子双塔，其中有些方塔比一般八角辽塔不同，显系受唐塔影响。凤凰山顶的上寺凌霄塔，高45米，今已毁。中寺云接寺塔为42米高的13级方形密檐塔，其须弥座四周刻力士像，塔身雕坐佛，两侧有胁侍及方形小塔，小塔上有小佛；第一层檐有砖雕斗拱，以上各层为砖叠涩成，此塔造型挺秀，雕刻精美，为辽塔杰作。北票莲花山有耶律仁先家族墓15座，规模宏大，壁画富丽，有长达5000字契丹文墓志。喀左北岭及建平张家营子出土鸡冠壶、方铁炉、铁马镫、铜镜、及铜银面具，靴底等辽代文物。

锦州地区有著名的义县奉国寺大殿，辽1020年建；五脊单檐庑殿式，面阔九间49米，进深五间26米，高21米，内塑七尊8米高的佛像，是我国现存辽代建筑最大的单层木结构。其梁枋彩绘、石雕柱础及佛像均为辽代稀有的艺术珍品，现为国家级文

物。还有一些高层八角13级实心密檐砖塔：如北镇崇兴寺双塔高43米，义县嘉福寺塔高43米，兴城白塔高43米，锦州广济寺塔高57米。兴城白塔须弥座四面雕佛语，地宫由17块刻有密宗经文石板砌成。沈阳地区有沈阳高50米八角13级空心砖塔，无垢净光舍利塔，下有地宫及腹宫。辽阳金厂辽画像墓有孝悌故事雕刻。新民巴图营子辽墓出土鎏金铜面具、铜胸牌。法库叶茂台萧氏家族辽墓有雕12生肖的石棺及绘"山水楼阁图""竹雀双兔图"的绢画，均为极有价值的文物。此外海城、复县、铁岭、昌图、康平亦有辽墓或辽城遗址。赤峰出土带有"官、新官"字样的辽地方瓷器，颇值得重视。东北北部辽的遗址较少，吉林农安为辽黄龙府所在，辽圣宗曾在此建有高33米的八角13级实心砖塔。前郭尔罗斯有塔虎方城为辽帝春季捺钵(行在)进行狩猎之地。

八 金和上京

金乃女真族建立的王朝。辽灭渤海后将其豪右数千家，迁于辽阳南，编入辽户，称为熟女真。而仍居住在松花江以北的黑水靺鞨则称为生女真。从十世纪起，完颜部逐渐强大。阿骨打完颜旻于1115年称帝，在今

黑龙江阿城建都，名为上京。因其民族色尚白，故称金朝。1120～1122年金接连攻下辽之上、中、西、南京。太祖阿骨打病死，完颜晟继为太宗，于次年灭辽，1126年攻下开封，虏北宋钦、徽二帝北返。不久高宗在南京建南宋，金兵又分兵南下，过长江，下杭州。1141年，南宋请和，金宋议定两国以淮河为界，宋向金称臣纳币。当时中国，辽金与南北宋对峙，强者在北而不在南。金海陵王于1153年迁都至燕都(今北京)是为中都。九年后又移都开封，率大军攻宋。各地农民纷纷起义反金，金世宗废海陵王，再度与南宋议和，此后两国维持40年的休战状态。当时女真人大批南下屯田，逐渐接受汉族文化，与汉族通婚，加速了民族的融合。1206年蒙古成吉斯汗崛起于漠北，1227年灭西夏，1234年灭金。金建国前后共119年。

女真进入中原后一切以汉制为依据。解放奴婢，行租佃法，使封建制农业及冶铁、印刷、纺织、制瓷等手工业都有相应的发展。金虽创有大小金字，但汉、契丹字亦通用，金尊崇儒学，以词赋取士，州县均建孔庙。女真崇拜萨满教，然佛、道教亦有发展。金上京历经太祖至海陵王四代，为金初期38年的都城，有横竖相接的南北二城。南城周7.2公里，北城周6.6公里，共城门9，瓮城7，城墙有角楼，马面。1990年秋我从哈尔滨乘汽车东南行40公里，到阿城南2

阿城金上京午门

辽阳白塔

公里的白城子即原上京北城西侧,见城墙残
高尚有 4～5 米,外为城壕;现已沿城植树,
一行望不见头的绿荫掩映着这八百年前的古
城。城外是平铺的田野,散放的羊群在城壕
上下悠然吃草。我们在豁口登上城头,见民
居还远在城里,近城处是空旷的菜地,真是一
片幽静景象。突然一座用整块石头雕成的小
土地庙出现在城根,40 多年来早已被土改
和社会主义教育消灭了的迷信活动,现在又
公开出现。车沿北城西侧进入南城内的皇城
区, 遗址保存完好,五重殿址均立有标志,
树木萧森肃穆,给游者以难忘印象。因道路
难行,未去太祖墓,在午门摄影后即回阿城
博物馆。在馆内得知附近五道岭发现完整的
炼铁基地。由于金朝重视冶铁,现今北方各
地尚遗存许多金代的铁狮。

金为防御蒙古而建的边境长城,挖地
为沟,屯土沟南,称为“堑壕”;起自今内
蒙莫达力瓦达斡尔自治旗经兴安、锡林郭
勒、哲里木盟、赤峰市、至乌兰察布盟武川
县大青山北麓,横贯蒙东约 2000 公里。黑
龙江各地的金代遗迹有:克东屯蒲与路故
城;依兰五大部族会盟的五国头城,北宋徽、
钦二帝曾囚禁于此,现存城址周 2.2 公里;
肇东八里城为金肇州城,现存城址周 4 公
里。金代后期政治中心移往华北及中原,上
京以南,遗留文物远不如辽代丰富。吉林扶
余有金太祖誓师伐辽的得胜陀纪念碑,用

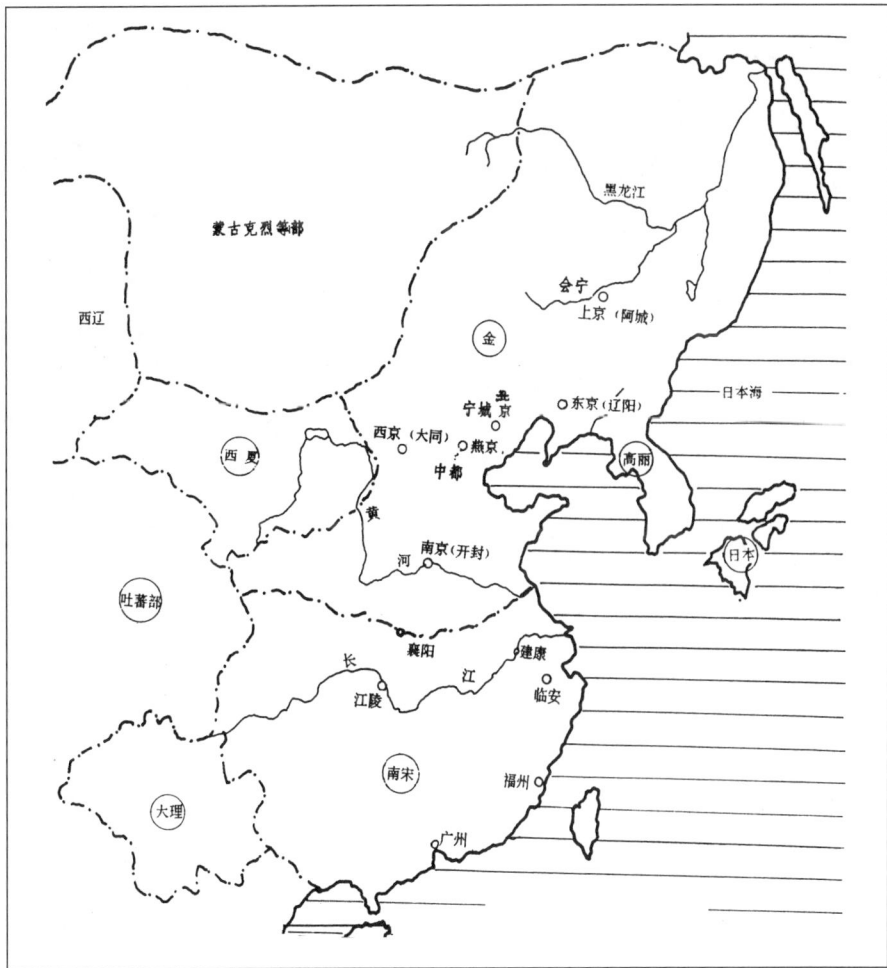

金与南宋对峙图

13

汉及女真文记事，颇有历史价值。舒兰有女真文创造者完颜希尹家族墓，墓前石人、石羊、石虎雕刻古朴，碑文2 800字，为研究金史重要资料。 辽金两代东京城辽阳有著名的白塔。塔为八角13层密檐实心砖筑，高71米，塔身各面有坐佛、胁侍、飞天，各层悬有风铃、铜镜，造型及雕刻艺术水平都很高。过去认为此塔是金世宗为其母建垂庆寺时所建，但近有辽塔新说。此外医巫闾山的北镇庙亦为金建。内蒙敖汉旗有金塔，八角13层空心密檐，高41米，型近辽塔。锦西龙山石塔，金1206年造，六角五级，高4.7米，用10块石料筑成，型式比较别致。

九 历代古长城最密集的地区

闻名于世的长城，已成了中国古代历史文化的象征。但人们所熟悉的长城只是"西起嘉峪关，东至山海关"的一段明长城。其实从春秋战国起，秦、汉、隋、明以及北魏、北齐、辽、金都修过长城，其地域遍及北方及中原的16个省区。而东北的辽宁和内蒙呼和浩特附近为中国历代古长城最密集的地区。

东北地区的长城始建于燕。燕长城有南北两道，南长城从河北易县到文安，用于防御秦赵及齐。北长城从滦河到辽东修建于昭王击败东胡后，先修赤峰南的内线，后修赤峰北的外线。现存内线长城从围场经建平到北票、阜新。建平境内多为夯土版筑，现存基址宽4～5米，残高1～2米。沿城有城堡10处，阜新西营子城堡长宽 500米，存高5米，都和长城连为一体。燕外线长城在内线之北，相距百里，由围场、赤峰经敖汉到牤牛河，因河为塞，北移20公里，从库伦旗进入阜新、彰武。此段地貌复杂，长城由山地跨越河谷，迂回曲折，许多报警的墩台和戍守的城堡，都在长城南面，只内蒙境内就有十余处。阜新以东，铁岭、新宾、桓仁、宽甸均发现燕国文物，长城走向可能即秦以后沿袭的线路。

秦始皇发数十万人修筑长城，正如史记所载"筑长城，因地形，用制险塞，起临洮至辽东，延袤万余里"，乃是利用秦赵燕三国北部长城，加以联缀。秦长城东段即是以燕的外线长城为基础加以整修完成的。它从围场、赤峰进入阜新、彰武、过法库、铁岭越辽河东走新宾、桓仁、宽甸再跨过鸭绿江直抵平壤。两千多年前的燕秦长城在今之东北，尚有大量遗址可寻，实属难得。赤峰蜘蛛山的燕秦长城遗址中出土刻有秦始皇诏书的陶量。朝阳老虎山长城遗址中发现燕秦货币及秦铁权。

汉武帝驱走匈奴后，沿燕秦长城南移，以墩台形式修筑新长城，从隆化起沿承德、宁城入建平。大约每隔2公里筑一墩台，因地势不同，以能见度为准，墩台为方形底边各长30米，台顶有建筑，墩台间以壕沟相连。建平境内汉长城长65公里，有墩台50座。现虽已"荆棘没荒台"但登高一呼，群山响应，仍有非凡气势。

现在峙立于祖国北方的是明代长城。从嘉峪关到山海关是关内部分，近千公里的辽东长城是关外部分。明长城始建于洪武，1 3 6 8 年先建居庸关段，后建山海关段，1506～1521在大同段筑烽堠3 000所，直到万历，前后延续200年才告完成。西起祁连山，

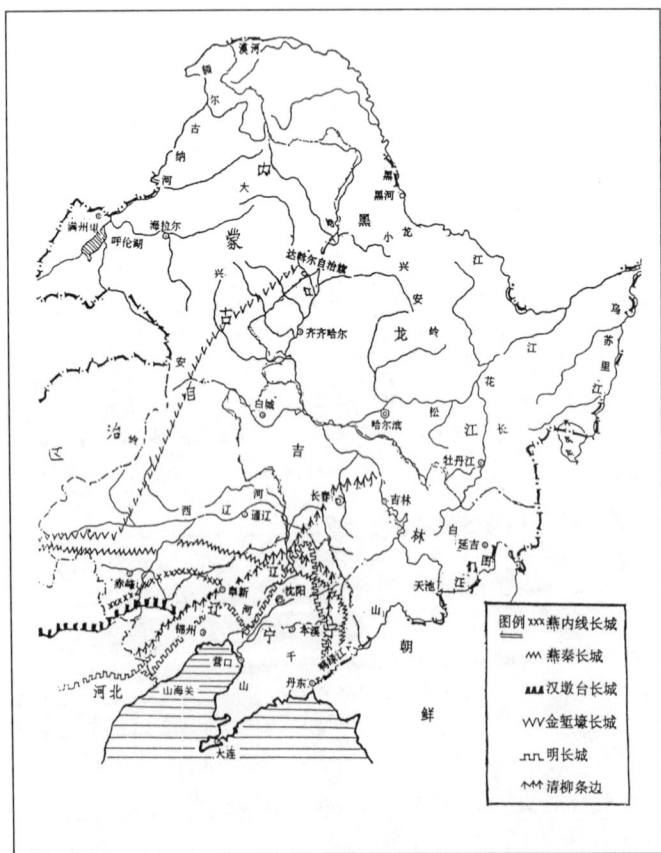

东北境内历代长城走向图

绥中金牛洞——摘自《辽宁古长城》

朝阳建平交界燕秦长城遗址——摘自《辽宁古长城》

建平汉墩台长城——摘自《辽宁古长城》

东到鸭绿江，进入朝鲜段不计，全长 12 790 华里，是名符其实的万里长城。辽东长城从绥中吴明口起经兴城、义县过大凌河东去阜新、北镇，折向东南再经台安过辽河去辽阳、沈阳、铁岭、昌图又南过抚顺、本溪、新宾、凤城直达宽甸鸭绿江畔虎山，全长 1 960 华里。明长城的位置比秦长城南移很多，建筑技术有很大的提高。从甘肃到山西为夯土版筑，墙基宽 4 米，高 5 米，上有垛口。从山西到山海关侧墙全用砖筑，中间填土夯石，八达岭以东长城底部均砌以巨石，墙基宽 6 米，垛口高达 2 米，内砌女墙。辽东段为夯土墙、石砌墙、山险墙、劈山墙、木栅墙则随地取材，形式多样。明长城每隔一段距离有突出于墙外的墙台和有两三层高的敌台，供战守、储藏及驻防之用。建于城墙两侧负责瞭望、传递信息的又有烽火台。烽火台分烽燧、烽堠、烟墩、狼烟台，均建于高阜，白日燃烟，夜间举火，以报军情。关、塞、隘口是

长城军事防御据点。辽东长城设城堡 279 有墩台 2710；边堡 98 有墩台 849；著名关口有九门口关、魏家岭关、三义关、新安关、镇北关、抚顺关、鸦鹘关，共驻兵 95 000 人。明朝为进行有效防御，将长城分为九段，设九镇总兵府，分负边防。这九镇是辽阳(后改北镇)的辽东镇，蓟县的蓟州镇，宣化的宣府镇，大同的大同镇，太原的山西镇，榆林的延绥镇，银川的宁夏镇，固原的固原镇和张掖的甘肃镇。辽宁博物馆现藏明地理学家许纶绘制的"九边图"对长城关台位置、山川形势、民族分布、记载无遗，为研究长城的珍贵史料(参考冯永谦、何溥滢:《辽宁古长城》)。

清朝未修长城，只修了柳条边墙，由凤城经新宾、开原至山海关为老边，由开原东北去吉林为新边，以防止汉蒙人进入满族的龙兴之地。东北处于民族交往与战争频繁的地区，历代修建的长城最多、最密集，现存的史料最丰富，在祖国风景全

局中占有特殊的地位。

十　龙兴之地——赫图阿拉城

如果人们从沈阳和抚顺工业区污染严重的空气圈里钻出来，乘船荡漾在青山绿水的大伙房水库里，或乘车缓行在具有江南风光苏子河沿岸的无涯稻田旁，将使人们从大自然里获得清新、舒展、洒脱美的感受。这片抚顺新宾风景带，不仅具有浓郁自然美而且是统治中国二百余年的满族的发源地，即清史所谓"龙兴之地"，具有深厚历史文化渊源。

满族本名女真。明初生女真形成建州、海西与东海三部。建州在长白山，海西在松花江中游，东海在松花江下游及黑龙江一带

赫图阿拉山城——摘自《辽宁古长城》

大伙房元帅林

15

分别居住。明在黑龙江下游设奴尔干都指挥使司管辖西起斡难河，东至库页岛，北括外兴安岭，南临日本海的广大地区，下设卫所400余，任命女真人为长官。明末建州女真逐渐强大，1587年努尔哈赤在新宾永陵筑佛阿拉(意旧山岗)城。外城周5公里，块石内布木橡然后涂泥。内城有雉堞，城门上有露顶板屋。城内以木栅为墙分筑东西两院。东院处理政务、宴饮、祭祀，西院为居住之寝宫，均为草房，今有遗址可寻。

努尔哈赤在老城住了16年，在这期间他统一了海西女真四部，招抚了东海女真。"修边备，重农耕，开矿炒铁"。首创政治、经济、军事统一的八旗制度，使军队走向正规。以蒙文为范，创造老满文，又订法制，使文治与武功并行，于是声威大振。因于1603年建面积更大的赫图阿拉(意横山岗)城，历时三载竣工。赫图阿拉后改兴京(今永陵东)距老城2公里，环山面水，康熙诗："潆洄千曲水，盘叠百重山"风景颇佳。阿拉外城周4.5公里，内城周2.5公里，城墙亦木石杂筑，除西临断崖外，其余三面开门。内外城容居民3万户，现尚存有尊号台、望楼、文庙及八旗衙门等遗址。1616年努尔哈赤在赫图阿拉即大汗位，国号后金。1618年努尔哈赤誓师侵明，攻下抚顺，俘获人口30余万，然后在浑河与苏子河交界处建界藩城、萨尔浒城及清河城大小城堡500余。次

年明从全国调9万大军联合女真叶赫部及朝鲜，分兵四路伐后金。努尔哈赤集中6万八旗兵先在萨尔浒攻破明军主力，后破开原、辽阳两路明军，进入明之边墙。此后后金对明转入持续进攻阶段。

界藩及萨尔浒为努尔哈赤的临时行都和前进阵地。界藩城在狭长的山冈上，分东西卫城及宫城三部分，外部利用周围的悬崖峭壁，内部为土石建筑。皇帝寝宫仅为三套间小屋，努尔哈赤在界藩住一年多即迁往萨尔浒。萨尔浒规模较大，内外两重城，周3.5公里，城为版筑及土石筑。1954～1958年东北在浑河上游兴建大伙房水库，其面积为110平方公里，蓄水量21亿立方米，年发电量5 000万度。库区群山环抱，水面辽阔，东岸有大片苍松元帅林，原为张作霖的陵园，后因"9.18"事变遗骸未得迁入，现用作明清石刻陈列室。陵园对面有铁背山、界藩山及萨尔浒山，上有两城遗迹。

十一　三代东京城与千山

辽阳是战国至秦汉时代的辽东郡址，是辽金两代五京中的东京，努尔哈赤又在这里三建东京城，它在我国古代两千多年历史中，一直是东北与中原的联系枢纽，是辽东

的政治与军事中心。现在还保存着西汉村落遗址，东汉到魏晋的壁画墓，金代白塔等许多重要历史文物。1621年努尔哈赤乘萨尔浒大捷的声势，继续发动辽沈战役，连下沈阳、辽阳七十余城，并迁都到辽阳。然不久即发现老城在战时难于固守，乃在太子河东修筑新的东京城，前后九个月，完工后立即迁入新都。新城规模虽不大，城周仅3 814米，但已摆脱赫图阿拉的原始状态，开始以砖石筑城及宫殿。当时辽阳窑业发达，海城侯家能为皇家烧制黄绿琉璃瓦件。东京城用石砌基础，青砖贴面，内实以夯土碎石，现残存南城墙高12米，宽8～10米；城门宽4.6米，进深17.6米，三块门额名德胜、天佑、抚近。城内有八角形的大衙门，在城西南高岗上，面对天佑门，内有排柱16根，黄绿琉璃瓦顶，殿内及丹墀满铺六角形绿釉砖。皇帝寝宫在殿西7米高的土台上，努尔哈赤迁沈阳前曾在这里住了三年多。在辽阳东3.5公里阴鲁山上有东京陵，原努尔哈赤迁都时曾将其祖先陵墓同时迁于此地，后又迁回，现仅存努尔哈赤诸弟及其长子墓，构制比较简易。

太子河从本溪流过辽阳，在两市交界处有参窝水库，入辽阳界有汤河水库、龙山及温泉组成的汤河风景区。鞍山南有著名汤岗子温泉。千山在鞍山东25公里，风景区面积44平方公里，为古代海洋隆起形成的峻岭峭岩、深沟狭谷地貌，峰峦重叠无

千山双塔

千山龙泉寺屏藩独峙

辽阳东京城门

东京陵

数。清人诗称"明霞为饰玉为容，山到辽阳峰峦重，欲向青天数花朵，九百九十九芙蓉。"主峰仙人台海拔708米，绝顶有十余米长的鹅头石向外伸出，下临深涧，形势奇险。千山林木茂盛，花草繁密，植物覆盖率达90%，其中常绿树又占40%，松树树龄百年以上的有万株。春季梨花成香雪海，秋季红叶胜二月花。千山有14条溪水从密林中流出，地表水条件良好。千山自古就有寺庙，明清佛道并盛，号称五寺、八观、九宫、十二茅庵。著名的如无量观、祖越寺、龙泉寺、大安寺、中会寺、香岩寺等均已整修。但目前导游不尽合理，人流车流麇集北路，尚需今后改进。

十二　沈阳城与清故宫

努尔哈赤在辽阳建东京城时，不仅正面与明对峙，而且北有蒙古，东有朝鲜，海上有毛文龙盘据皮岛，处于腹背受敌的态

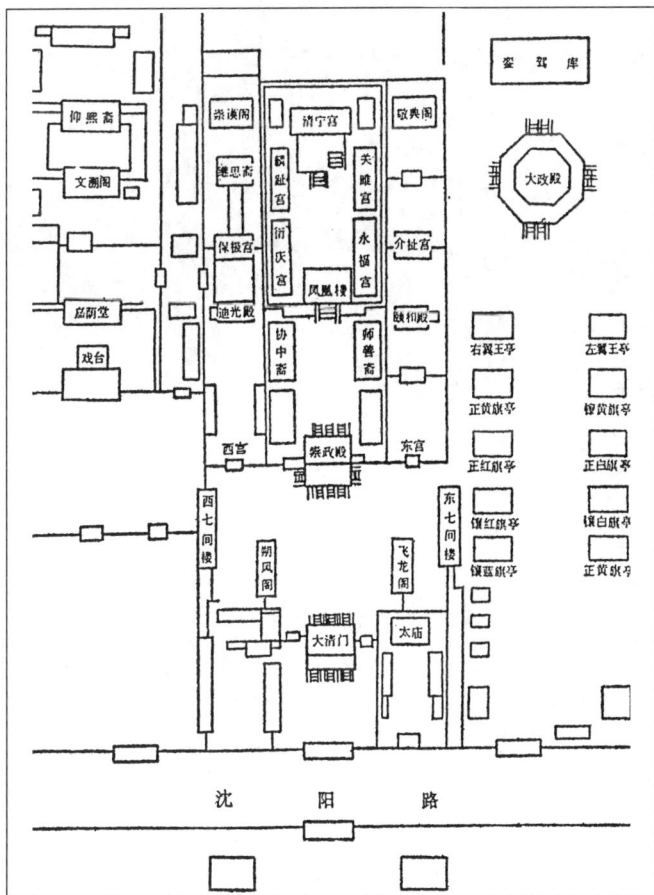

沈阳故宫平面图

沈阳故宫大清门

文溯阁

势。因此在辽阳不及四年即匆忙迁都沈阳以便凭借原有根据地，进可攻而退可以守。沈阳在原始社会时期即有人类居住，战国秦汉时期属辽东郡。辽在沈阳曾建土城，金元时毁。元再在沈水之北建新城，名为沈阳。明初将土城改为砖城，努尔哈赤迁都沈阳后立即着手改建沈阳城并修建办事衙署－大衙门和八旗亭即今之大政殿和十王亭。汗宫在北门里为两进院，比较简陋。此外又分期修了11个王府，亦为青砖瓦的两进院。

努尔哈赤在沈阳仅一年多即因伤逝世。皇太极继位，十年内征服朝鲜及内蒙古，招抚汉人编汉军八旗，然后侵入长城，掠取大量人口与财物，国力因而大增。乃于1625～1632年重建沈阳城，城墙由8.3米增高到11.6米，城门由4增至8门，设城楼角楼，改十字街为井字街。又参照周易八卦，中心以太庙为太极，钟鼓楼为两翼。两翼生四象，在城关外分建四寺四塔即：东塔永光寺、南塔广慈寺、西塔延寿寺、北塔法轮寺。四象生八卦，即八门：南门德盛、天佑，北门福

盛、地载，东门抚近、内治，西门怀远、外攘，门额外书满文，内书汉文，均与辽阳东京城同。四寺四塔构造相同，各寺山门内中为天王殿，左右为钟鼓楼，后院两旁为配殿及碑亭，中为五楹大殿。因方位不同，大殿及塔身供奉之佛像亦不同，东为地藏王，西为长寿佛，南为千手千眼佛，北为天地佛。塔基坛为二层阶梯式，基座方形砖砌，二层各面有两个砖雕立狮，上为三层梯形圆坛，再上为藏式塔身。塔身内供镀金佛像，周围摆满麻雀木乃伊，一把木制斧头和泥塑大小舍利塔。相轮为青铜13轮重盖及日月宝珠。塔高33米。日俄战争中塔寺均遭严重破坏，现仅存南塔、东塔及北塔北寺。康熙19年筑沈阳城外关墙，墙高2.5米，周16公里，关墙到城墙地带名为关厢，内设八关，后人称为边门。1636年皇太极即皇帝位，改后金为大清，名沈阳为盛京。今沈阳城墙及关城均废。

沈阳故宫在城的中心，占地6公顷，有房舍300间。除北京故宫外，沈阳故宫是世界现存最完整、最宏伟的宫殿群。沈阳故宫分三路：东路即努尔哈赤所建大政殿与十王亭。大政殿为重檐攒尖式八角亭，在石栏杆围绕的台基上，屋顶铺黄琉璃瓦绿剪边，乃皇帝举行大典的地方。殿前左右各有五座方亭乃左右翼王及八旗大臣议事的处所。以群亭组成宫殿，君臣同院议政是满族皇宫特有的布局。中路从大清门、崇政殿到凤凰楼、清宁宫系皇太极即位后所建。崇政殿是皇帝日常临朝听政所在。其北为内宫，宫前为三层高的凤凰楼是宴饮的地方，当时的沈阳城以此楼最高，"凤楼晓日"是沈阳八景之一。宫内清宁宫居中，关雎、麟趾、永福、衍庆四宫分列东西，乃皇帝后妃住所。院内"索伦杆"为满族祭天所用。清宁宫东南开门，室内三面大火炕，对门炕设宰牲案子及煮肉大锅，火地取暖，一室多用，充分表现满族的传统生活习惯及居室特色。清宁宫比崇政殿地平高4米，"宫高殿低"反映满族居高临下的心态，和北京故宫"殿高宫低"象征皇权至上的汉族意识，迥然不

朔风阁

清宁宫

沈阳实胜寺大殿

长安寺

同。西路文溯阁系乾隆增建，文溯阁内藏四库全书是宫内图书馆有名的四阁之一。阁外二层内三层，屋顶用黑琉璃瓦镶绿边寓防火之意。整个故宫都用黄琉璃瓦镶绿边和北京故宫一色明黄琉璃不同。

实胜寺与沈阳四寺同时修建亦为喇嘛寺。大殿西南有玛哈噶拉楼，上供皇太极西征蒙古掠来的千两金佛，前有碑亭用满汉蒙藏四种文字记载金佛的历史，皇太极每年来寺，藉以笼络蒙古王公。现金佛早已被盗，寺院在修缮中。长安寺传为唐建，明重修。塔湾有辽塔。太清宫，四进院为清建道教建筑。蒲河永安大桥清入关前建，长32米，雕工精巧，为辽宁现存较完美的拱桥。

现今沈阳经四十多年的社会主义建设，和清之盛京相比已发生根本的变化，现建成区面积164平方公里为盛京内城的一百倍，市区人口已达303万。沈阳是全国有名的重工业基地，它和周围城市鞍山、抚顺、本溪相结合又构成重工业地带。相随而来的是环境污染。沈阳城区如何改善环境，现行措施最值得重视的有两项，一是绿化辉山并与棋盘山水库结合建立风景区，二是在市区南部联接小河沿、南湖等水泊，建立南运河带状公园。从东塔引浑河水，西至龙王庙流回浑河，全长14.5公里，占地3平方公里，现已植树15万株，栽草坪10万平方米，种花204万株，设置18个各具特色的小公园，绿树成荫，清水长流，极受居民欢迎。

十三　清初关外三陵

清代皇陵在关内的帝后有遵化的东陵与易县的西陵。在关外有三陵即新宾的永陵，葬努尔哈赤的远祖、曾祖、祖父、父；沈阳的福陵葬努尔哈赤，昭陵葬皇太极。永陵在新宾永陵镇的启运山南麓，为1598年努尔哈赤创业时所建，占地只有一公顷，但背靠郁郁葱葱的青山，面临蜿蜒西流的苏子河，风水所谓既有龙头又有玉带，气势极好。陵区由碑亭、方城与宝城组成，四周围以3米高的红墙，正中为矮小的正红门。前院横列清代先祖四帝的碑亭。两侧有祝版房、齐班房、茶膳房。过前院即到缭墙围砌的方城。正门名启运门，配有左右照壁，环廊明柱。方城正北的启运殿为陵墓主建筑，单檐九脊歇山顶，正脊有八游龙，日月鸱吻，下有垂脊坐兽，斗拱错落，两面有配殿。殿后即半圆多角高墙围筑的宝城。墓地就山势建二级平台，并列六座陵墓。整个陵墓古朴肃穆，挟山带水与兴京两个老城遥相呼应，显示满族初兴的气象。努尔哈赤迁都辽阳时，曾将永陵中祖父、父、子、弟之墓迁于东京陵，顺治时又将其祖父、父墓迁回永陵。故东京陵未计算在关外皇帝陵内。

福陵在沈阳东北11公里，俗称东陵，葬努尔哈赤及叶赫那拉皇后，初建于1629～1951年，康熙、乾隆时续有增建。福陵占地19公顷，前临浑河，后依天柱山，殿阁凌云，万松耸翠，具有浑厚与雄伟的气势。山下正红门的侧墙嵌有蟠龙琉璃，门前有石

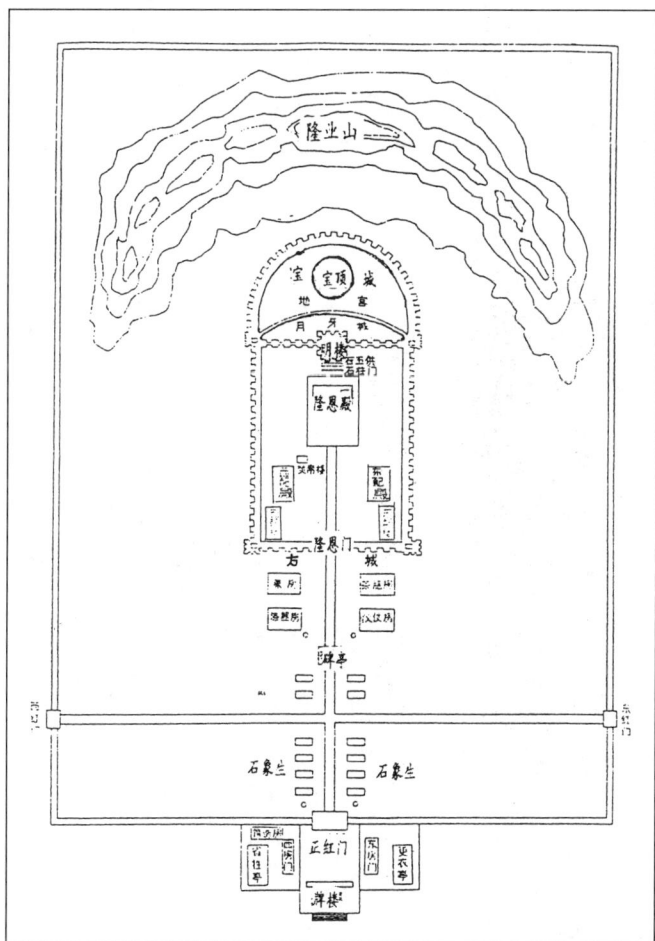

沈阳昭陵平面图

东陵大门

东陵隆恩殿

狮、华表，东西分建石牌坊，门内依次排列狮、马、骆驼、虎、石象生。然后陵随山势逐步升高，须登上108级台阶，才到功德碑亭。再北是陵园的主体，城堡式的方城。中为隆恩门，上有三层城门楼，四角各有角楼，游人可登城游览。方城正中高台上有三楹隆恩殿，台周绕以透雕荷叶、净瓶石栏杆。通往月台的御路上有工艺精美的巨石雕龙。殿内有木制暖阁，殿前两侧有焚帛楼，东西有配殿，殿后为石柱门、石五供和洞门。洞门之上为明楼，内树"太祖高皇帝之陵"石碑。紧接方城为月牙形的宝城，在突起的土丘宝顶下的地宫内安放努尔哈赤夫妇。

昭陵在沈阳城北俗称北陵，建于1643~1651年，康熙、嘉庆时续有增建。陵墓原占地18公顷，以后陵前开辟水域，陵后扩充松林，整个面积已达450公顷，与沈阳城区联成一片，和人工运河南北呼应，极大地改善工业城市的环境面貌。陵前三孔石桥内为嘉庆建立的四柱三楼单檐歇山的石牌坊，雕工精细，玲珑透剔，为艺术珍品。正红门两壁五彩琉璃蟠龙亦十分生动。门内参路两旁有华表4，石兽12，望柱2，其中石马仿皇太极生前坐骑"大白"与"小白"。石象生北为碑亭，碑亭北为带有角楼的城堡式方城。隆恩门上有三层门楼，高台上建隆恩殿，方城后为宝城均与福陵同。不过昭陵建于平地，建筑前后联成一片，登高望远，层次分明和福陵依山就势的立体气派有所不同。沈阳为改善周围工业区的环境除加强北陵东陵建设外，又开发辉山林区及南运河带状公园。在沈阳外围城市建大伙房水库、本溪水库、汤河水库，加强永陵、千山风景区建设，均取得了相当的成就。

十四 明清争夺战的热点
——辽西走廊

今锦州地区所属北镇(广宁)、义县、锦州、兴城(宁远)、绥中至山海关200公里的狭长地带，处于长城与渤海之间，为关内外交通要道，通称辽西走廊。满清自1621年攻占辽阳、沈阳后直至1649入北京定都的20余年间，在这个地区或通过这个地区向明朝进攻作战竟达十余次。1622后金兵入广宁，陷义州，明经略熊廷弼下狱。1626努尔哈赤攻宁远，为辽东巡抚袁崇焕所阻，

受伤身死。次年皇太极再攻宁远又为袁崇焕所败，损失甚重。1628崇祯即位，升袁为兵部兼督蓟辽，次年中反间计，捕杀袁崇焕，后金乃陷滦州、良乡。1631金兵攻大凌，降祖大寿，以后几年陆续攻察哈尔，兵至归化；陷旅顺，收降孔有德、尚可喜、耿仲明；攻掠大同、五台，陷平鲁、代、忻、崞县。1636后金改国号为清，进攻朝鲜，迫使称

臣。1638清军攻掠京师附近，大总督卢象升战死，次年破济南等60余城，俘40余万，但因攻松山不克，乃由关内退回。1640~1641蓟辽总督洪承畴会八镇兵13万守宁远、锦州，明清再多次接战。1642~1643清军入犯河间、兖州、临清、进抵江苏丰、沛，连下88城，俘36万。直到皇太极死后，1644年多尔衮在一片石击败李自成，由吴

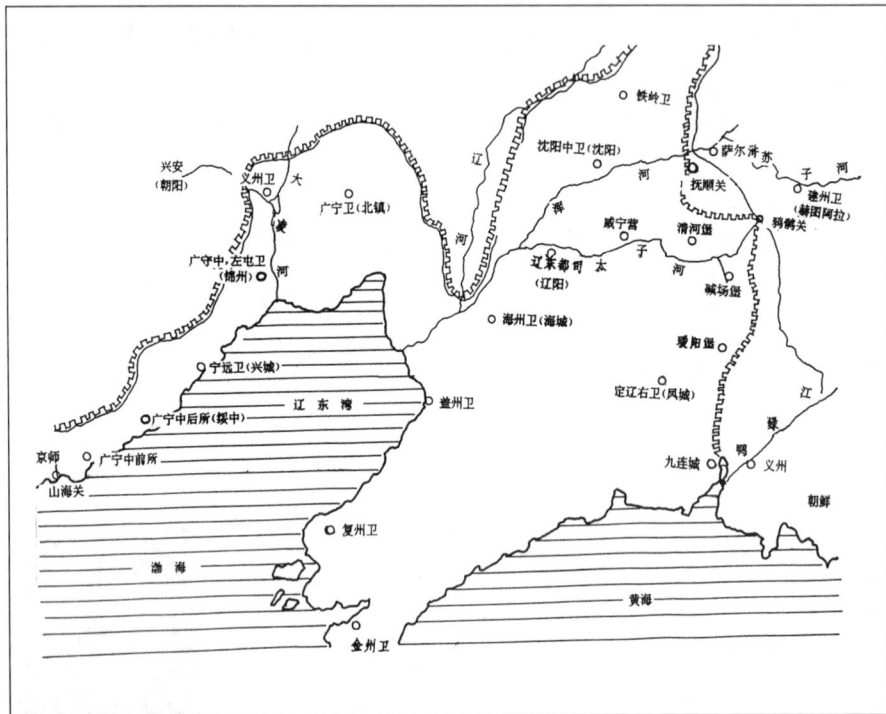

辽西走廊位置图

兴城西瓮城

锦西灵山寺

三桂迎入北京。当时明清争夺战的热点,今天都已成为历史陈迹。兴城原为明加强山海关外军事防御而于1430年筑成的宁远卫城。是现在我国保存的少数完好古城之一。宁远原有外城清乾隆时废。内城方形,南北825米,东西803米,城墙底宽6.8米,上宽4.5米,高10米。四角有角楼,四门有城楼及瓮城。城墙以条石为基,外砌青砖,内衬巨石,中实夯土,极为坚固,努尔哈赤及皇太极两次强攻,均遭失败。城中心为鼓楼,南街有祖大寿、大乐兄弟两个石牌坊为四柱五楼式,高11.5米,二人以后降清,乾隆有诗讽之"若非华表留姓名,谁识元戎事西朝"。城东南有文庙,城西北14公里的白塔峪有辽代白塔。兴城为渤海湾中避暑胜地现正开发为旅游城市。城南首山,三峰并立,上筑烽火台,登上330米的山头,海滨全貌如在眼底。海滨有14公里沙滩可供海浴。菊花岛距海9公里,上有唐王洞、大悲阁、城子里等历史遗迹。最近几年兴城改市,一面复建城南明代一条街,一面兴筑

通往海滨的大道,立牌坊,辟公园,进行大量建设。但9万人的小城,骤然有许多单位投资兴建,以致土地紧张,市政设施跟不上,待决问题尚多。

北镇原广宁卫城,亦应军事需要而建,可惜此城在文化大革命中被毁。现城内鼓楼及李成梁石牌坊保存尚好。李系辽东总兵,石坊系1570年万历为表彰其守御功劳而建。坊用青花岗石仿木构四柱五楼式,高9米,饰有鱼龙、花卉、人物浮雕;柱脚前后各立石狮,都有较高艺术水平。当时从广宁卫到山海卫共建了十余处卫所城,如锦州的松山为广宁中屯所,绥中的前所为广宁中前所。松山城周1.5公里,高7.5米,3门,4角楼。前所现在绥中去山海关的公路旁,我过路时曾去探望,现除鼓楼已毁外,城墙、城门、瓮城均尚完好。其规模大体与松山相当。绥中长城九门口系李自成与清军决战处所,关城周1公里,城高7.5米有旱水门9,敌台7,烽火台2,哨楼2,防御设施完善。此处风景不仅有最雄伟

的水关,而且两岸险峰对峙,长城倒挂,形势绝佳。

辽西走廊风景资源极为丰富。除兴城、北镇、义县与医巫闾山另作介绍外,锦州有辽代的广济寺与辽沈战役纪念馆,有满地清凉的观音洞。锦西除金代石塔,军港葫芦岛外,尚有偏处北部造形别致的灵山寺,寺内有前为三层,后为五层的楼阁,中间为钟鼓楼的奇特布局。锦县有著名的笔架山系近海的孤岛。有近千米的连岛坝(俗称天桥)与海岸相连。潮涨坝隐则路断,潮落坝现则路通,格外增加游览兴趣。岛上远望海近观山,自然风光丰富。几进砖石建筑虽尚可观,但内部供奉儒道释迦、雷公电母、关公土地,不仅类别庞杂而且塑像低劣。绥中除碣石宫、九门口外尚有三山将军湖、塔子沟双塔、朱梅墓地等。长城遗址遍布于辽西各县,如绥中西沟等均有风景佳处。而滨海各县亦均有海浴沙滩,其沙质洁净与宽度适宜首推绥中,如今后开发,其前途绝不会逊于兴城。

北镇鼓楼

北镇李成梁石牌坊

九门口水门

绥中前所西门

十五 人民的灾难与革命遗迹

鸦片战争后，帝俄最先进入黑龙江下游及库页岛。1858年天津条约迫使清廷开放沿海，辽宁牛庄辟为商埠，广大人民与封建统治及外国侵略的矛盾日益剧烈。太平天国兴起，清廷从东北征调骑兵并加重对人民的剥削，因而激发了1860~1866年的农民大起义。起义军先后攻下朝阳、义县、赤峰、梨树、伊通、开原、铁岭、凤城、昌图、农安、扶余、新民等县城。其中以马傻子、李维藩所部最强，他们先后围攻长春、吉林及奉天，影响极为广泛。1891年朝阳、凌源、阜新一带再发生"金丹道教"起义，烧教堂，抗官军，苦战经年，失败后有两万群众遭到镇压。

1894年日本出兵朝鲜，挑起中日战争。日军北占安东、凤城、宽甸，南占金州、大连、旅顺，在黄海歼灭清朝的北洋舰队后又攻占海城与牛庄。日军在战争中焚烧掠夺，惨杀无辜的罪行，令人发指；在旅顺接连三昼夜屠杀群众两万以上，以至外报称日军为"蒙文明皮肤，见野蛮筋骨之怪兽"。当时辽东人民到处奋起抗击，如在安东歼敌200人，连克宽甸、长甸的英勇事迹，一直流传至今。

不久帝俄进占旅大并在哈尔滨至大连间筑铁路，东北人民又展开反占地，反筑路的斗争。1900年义和团几乎全部焚毁帝俄在东北修筑的铁路、车站、和桥梁。以后八国联军进占北京，帝俄亦占领吉林与沈阳，辛丑和约签订后辽宁仍有刘永和的忠义勇军继续抗俄，进取通化后连克新宾、桓仁、宽甸、凤城、安东，人数多达20万，一直活动到1907年才结束。

1904年日俄战争爆发，双方在沈阳决战时兵力竟达60万人，大炮2 000门。在将近一年的争夺战中，辽宁人民的生命财产遭受重大损失。战后日本取得帝俄在长春以南的一切特权。1906年日本改旅大租界地为关东州，设关东都督府，相继又成立南满铁道株式会社。在短短五六年内，日本在东北新设57家工厂，魔爪伸入各个经济领域。

清朝覆灭后，张作霖奉系军阀在日本帝国主义支持下与关内直系、皖系军阀时而勾结，时而战争。北伐战争中由英美支持的蒋介石进入北京。日本因张作霖表现动摇而将其炸死，张学良在东北易帜。1931年日本发动"9.18"事变，公然占领东北，相继又与德意结盟，掀起第二次世界大战。从1937年开始，中国为抵抗日本侵略进行了八年艰苦的抗日战争。在此期间，东北地区一直是日寇侵华及进行太平洋战争的基地，东北人民遭受了极端残酷的奴役与压榨。但东北人民从未屈服，在极端困难条件下坚持进行抗日游击战争，前赴后继，直至最后胜利。

抗战胜利后，代表大地主大资产阶级

旅顺关东厅

长春伪满皇帝寝宫

旅顺白玉塔

旅顺中苏友谊塔

牡丹江八女投江群雕

虎林杨子荣烈士墓

利益的国民党政府挑起了全国的内战。经过三年的解放战争，东北人民完成土地改革，摧毁了两千年的封建统治，发展与壮大了人民解放军，首先歼灭东北地区的国民党军队，然后百万雄师入关配合其他兄弟部队，解放全中国。

在这将近百年的历史长河中，东北的各个角落都留下了人民遭受灾难与英勇革命斗争的遗迹，这是进行历史与爱国主义教育最生动的教材。现经各地初步整理开放的有：哈尔滨的东北烈士纪念馆，平房日军731部队细菌工厂；牡丹江八女投江群雕；虎林杨子荣烈士陵园；长春伪满帝宫；通化杨靖宇烈士陵园；沈阳"9.18"事变陈列馆，苏军烈士陵园，抗美援朝纪念馆；锦州辽沈战役纪念馆。在抚顺有纪念1932年日寇以通匪名义夷灭平顶山全村3 000人口的殉难同胞遗骨馆。在东沟大鹿岛有中日黄海海战纪念遗址。在营口有中日战争遗存的西炮台。在旅顺对日俄战争中几个著名的炮台如鸡冠山北堡垒、望台炮台、后石山炮台。为纪念中日战争中被日寇屠杀的两万同胞而建造了万忠墓。旅顺监狱253间牢房、暗牢、拷问室、绞刑室，新设展室更陈列出爱国志士们的被害史迹，如刺杀日相伊藤博文的朝鲜英雄安重根就是在这里被处死的。此外日寇的重要机构如关东厅等亦予保存。所有这些只是无数史迹的极少部分，我们相信随着社会主义精神文明

建设的展开，将有更多的史迹被整理出来。

十六　松花江畔哈尔滨

哈尔滨虽有古老的历史，两万年前即有人类活动遗迹，但它却是新兴城市。十九世纪末，沙俄建设中东铁路，以此地为经营中心，才逐渐发展起来。现在人口已达260万，工业经最近四十年的建设，已成为轻重协调、门类齐全的工业城市。它是东北五条铁路干道的汇合点，有现代化的飞机场通往国际与国内；有34条公路四通八达，内河通航7 000公里。黑龙江省的农产品春小麦、大豆、亚麻、甜菜；奶及奶牛；石油及木材均居全国首位。兴凯湖的大白鱼，黑龙江及乌苏里江的鳇鱼、鲟鱼、大马哈鱼及松花江的三花——鳌花、鳊花、鲫花为著名的特产。历史文化有金及渤海的古都。风景资源有镜泊湖、五大连池火山地貌、扎龙水禽保护区、桃山、玉泉等狩猎场，大小兴安岭森林区及鄂伦春、达斡尔和赫哲族的民族风情。这都是哈尔滨外围游览的优越条件。

哈尔滨是中国最北面的一个省会，一月平均气温为−21℃，每年的结冰期长达半年以上。近些年来每逢新年过后，它面向全国举行为期一个月的冰雪节。宽阔的松花江从哈尔滨北部流过，结冰后冰层厚达

70～80厘米，为人们准备了极好的天然冰上活动场所。冬泳、溜冰、打冰球、打冰猴(冰陀螺)之外，从堤岸高台坐冰撬(冰爬犁)沿斜坡冰道飞驰而下直抵江心，锻炼勇敢者冒险精神。冰帆形似帆船，船下装刀，船上装帆，靠风力行驶。如有四级风每小时可滑行30多公里，能顺风也能逆风，舵手可随意调换方向，沿江乘风滑向远方别有一番情趣。至于园内冰雕冰塑，逐年花样翻新，前途更是无限。距哈尔滨百余公里的尚志有国内最好的滑雪场，高山雪道长3050米，宽40米，山形起伏，坡度为20度，可以进行国际高山及越野比赛。哈尔滨以冰雪著称，在国内有其独特的地位。

哈尔滨城市风景线首先表现在松花江两岸。南岸沿江绿化，辟为公园，1954年沿十里长堤建60米宽绿化地带，开四条游览路，名为斯大林公园。在江边设一些俄国玩具式小建筑及花坛并有江上俱乐部船形建筑。1958年为纪念防洪胜利，在江边面对中央大街，建高22.5米的纪念塔并围以20根擎天柱连成弧形的罗马式回廊。松花江中有江心岛。江北有太阳岛是著名的野游与夏季避暑胜地。其次是在现代建筑群中分布着为数众多的欧式建筑，有的是古朴俄罗斯形式，有的是新艺术学派，使得这个城市富有国际色彩。再次，哈尔滨是当代革命的城市，抗日时期战争是共产党与抗日联军的联络中心，解放战争时期是东

哈尔滨极乐寺

哈尔滨烈士馆

哈尔滨东正教堂

防洪纪念塔

北解放军指挥部所在地。市内庙宇有极乐寺及文庙都建于二十年代。前者有高 30 米的八角砖塔与地藏殿、钟鼓楼毗联的格局。后者已改用于民族博物馆，其中有极富特色的展品，令人流连不舍。

十七 长春、吉林、松花湖

日本夺取中东路南段后，曾在长春建车站和附属地。1935 年苏联将中东路出售给伪满，日本又在长春搞大新京都市规划，建三倍于旧区的新开发区，以南火车站为中心向四周辐射十几条 28～60 米宽的大干道，在新建皇宫之前排列八大部，整个规划用地 100～200 平方公里。今日长春增建了汽车城与电影城；人口由 1949 年的 37 万增至 138 万；但长春中心区仍然保持当年的格局。抗美援朝初期，东北工学院部分迁往长春，我在那里断续地住了两年，当时印象是长春虽遭受战争破坏但以十公里长、54米宽的大街和直径300米的人民广场为中心的新市区是非常整齐、清洁、宁静而优美。以后我们留下的地质系扩建成地质学院，即在伪满皇宫未完的基础上修建了教学楼。1954年省会由吉林移往长春，这里乃成为省的政治、经济与文化中心。

从清康熙调宁古塔将军移驻吉林时起，近300年内，吉林一直是清朝统治东北的北部中心。新中国成立后吉林又建成以化工、电力、冶金为重点的工业城市，人口已达110余万。1937～1943年建成的小丰满，装机容量55万千瓦，为我国第一座大型水电站，现在我们在松花江上游续建白山、红石两发电站，其装机容量为小丰满的三倍，吉林在东北电力网中的地位也将日益重要。吉林三面临江，四面环山，风景秀丽，因康熙"松花江放船歌"有"乘流直下鲛龙惊，连樯接舰屯江城"之句，而又名江城。吉林文化历史悠久，新石器时代的"西团山文化"遗存，已发现百余处。北郊猴石山有战国时期半地下村落遗址，东郊龙潭山有周长2 396米的高句丽山城，东南阿什哈达有明代摩崖碑。1976年吉林上空曾降落一场面积达500平方公里的殒石雨。其中最大的一块重1 770公斤，是世界最大的殒石，为研究天体的珍贵资料。

吉林北43公里的乌拉镇是明朝海西女真扈伦四部一乌拉，辉发、叶赫、哈达的政治及军事中心。努尔哈赤统一四部后，乌拉镇被清朝视为"远迎长白，为五城镇钥；环绕松花，乃三省通衢"的战略要地，其周围500里盛产人参、鹿茸、貂皮及上等贡品"东珠"，又被视为龙兴之地。辽金时期这里曾建有三重城郭的乌拉城，但因城池不断遭受洪水冲击，乾隆乃在现址选高敞而向阳之地，夯土另建四周八里的新城。现乌拉镇的古建筑除一座王府的四合院，和几段内外土城遗址外，只剩下点将台，台长50米，宽28米，高7米，南面有43级石阶，登台环视，城外山川田畴，尽收眼底。现在乌拉街有15万人口，是当地富裕的鱼米之乡。

吉林周围风景虽多，但最有发展前途的首推松花湖。我们从长春来吉林，地方同志未容我们在市停留，立即把我们领到的地方也是松花湖。松花湖乃小丰满水电站拦断第二松花江所形成的水库，位于吉林市东南17公里，长180公里，最宽处有5公里，湖水面积为550平方公里，有14条河流汇集入湖，蓄水量达108亿立方米。松花湖山水清秀，峰峦连绵曲折，港湾幽深，林木葱郁茂密，视野开阔，层次深远，风景资源丰富，交通便利，建设区域广阔，如逆第二松花江直上长白山，则可构成山水风景的完整体系。湖区七月平均气温为21～23℃，湖岸沙滩平缓，夏季适于避暑、游泳；冬季结冰，周围有高山及滑雪场，可进行冰雪运动。现松花湖已设风景区管理局并编制了风景区规划大纲。将大坝到石龙壁段划分为八个景点，各以山峰、港湾、岩石、沙滩、湖面为其特色。湖区之外另设青山及摩天岭两个高山滑雪场。至于南至桦树林子，东至蛟河的风景点还待继续规划。

松花湖曾是满族鱼猎与采集的基地，林密人稀号称"窝集"，清初列为禁地。清末开禁后汉人纷纷进入采伐木材及采集山珍药材，第二松花江乃成为流放木材的水运航道。丰满大坝建成后，原始森林采伐殆尽；解放后政府封山育林，大量植树，使森林覆盖率恢复到60%，已能涵养水源。现在广阔的森林里生长着人参，五味子等百余种野生植物，栖息着猞猁、水獭等百余种野生动物。松花湖鱼类繁多，有"三花、五罗、十八子"之称。我们游湖时，船上即以多种做法的活鱼为午餐，鲜美之味，他处难得。两小时的航途中又有前李市长就景吟诗，为旅游生色不少。待船返航时，驶入五虎岛，港汊出入，山峦掩映，花木交错，才开始领略湖边风景的佳妙。登上高阜，眺望四方，见山坡顺势蜿蜒，探入水中，有几处裸露土色的浅坂，真似下山几只猛虎在伏首饮水；远处山水，在林荫山岚中又安静地漂浮着两三只渡船，远和近，动和静，虽有几笔，已画出大自然的无穷神韵。离湖登岸，再过大坝时，同游者相告，从这里直到市区十余公里的江边树丛是冬季雾凇的最佳观赏地带。这里和桓仁一样，水电站高温水雾受冷结成粒状或晶状的冰雪挂在树上，银装素裹的垂柳似匹练轻摇，苍松如白菊怒放，形成极特殊的美丽冬景。可惜我这次来的不是冬季，看不到这"一夜寒风来，千树银花开"的景致。

十八　长白山和天池

长白山以其自然的奇特外貌与丰富内涵，成为我国众多名山中特出的瑰宝。长白山是巨形复式火山由地壳间歇抬升及火山多次喷发物堆积而成。它包括中低火山、丘陵、溶岩高原和台地，在总面积7万平方公里中火山地貌占1/7，其火山锥体即有8千平方公里也超过千余平方公里的黄山。天池是国内最高与最大的高山湖泊，湖面海拔2 189米比天山瑶池高209米；水面面积9.2平方公里，池边周长13公里，为瑶池3倍；平均水深204米，总蓄水量为瑶池15倍。长白山由于降雨降雪量大而水量充沛，发源于天池的大小河流有230条，最后汇集到鸭绿江、图们江及松花江，河流总长约2万公里。长白山区林地占74%，有天然林517万公顷，立木蓄积量7亿立方米，其中7千万为原始森林。

长白山是自然生态处于原始状态的山，有国内罕见的山地植被垂直景观。海拔1 100米以下，气候温和，森林茂密，是以红松为主的针阔叶混交林。这里有植物社会的完整的生态；最高的红松与略低的云杉、冷杉、落叶松组成林冠；水曲柳、紫椴、春榆组成第二乔木层；再下是忍冬、刺五加等灌木；最下为绵马、银线草茎叶翠绿的草本植物。这种自然排列能充分吸收阳光，利用地力及抵抗病虫害。红松为珍贵木材，原始红松林在世界其他地区早已绝迹，只有长白山还保存完整一片。海拔1 100～1 700米，常年云雾笼照，气温冷湿，为云杉、冷杉在上红松在下的针叶林带。冷杉又名白松，为建筑、造纸用材。落叶松又名黄花松，生长快、质坚耐腐，用途更为广泛。美人松，枝叶集顶端，赤红的树干撑起墨绿的树冠，在青天白云陪衬下显得十分妖娆。紫杉和南方的水杉都是世界快要绝灭的活化石。令人惊奇的是红楼梦中提到的绛珠草也生长在这里，当地叫露珠草，它受不得一点风吹日晒，只能在树荫下生长。海拔1 700～2 000米为火山锥体下部为岳桦林带，气温低、降水多、风力大、林木稀疏，只有低矮弯曲的岳桦在顽强生长。海拔2 000以上为高山苔原带，在火山锥体中上部，气候属寒温带，土层薄，只生长矮小灌丛及地衣、苔藓生命力强的高原植物。仙女木虽高只5厘米但根却长达100厘米。高山罂粟有枝叶密集的垫体。圆叶柳则贴着地面生长。这样植被分带景观在平地需走几千公里才能看全，而在长白山从下到上只要6公里。长白山有许多珍贵野生动物，如东北虎，黑熊，棕熊，梅花鹿与紫貂。如著名的林蛙——哈什蟆，冷水细鳞鱼。鸟类有鸳鸯、黄鹂；有长长的美丽尾巴的寿带；有名贵的贡品松鸡。长白山的山珍，首推世界闻名的人参，过去进山采参流传着无穷的故事，现在山中县县养参，均以参乡自豪；山葡萄、猕猴桃、覆盆子、五味子各种浆果之外尚有元蘑、冬蘑、松覃和大猴头。

长白山的火山湖除天池外有小天池在二道白河西，周500米；天女浴躬池在天文峰东，传说为清始主成胎的地方；辉南龙湾有断续相连的8个小湖。长白山多瀑布及温泉。其著者为长白瀑布，天池水经过天豁峰与龙门峰中间的豁口，流入乘槎河峭壁千仞的峡谷，激荡奔腾，中途突然从68米高的悬崖上分为两股巨流，像玉龙般飞跃而下，水气弥漫，如烟如雾，钟鼓雷鸣，声震天地，

在水柱猛烈冲击下，形成20米深的水潭然后流入二道白河。县志有诗"疑似龙池喷瑞雪，如同天际挂飞流。不须鞭石渡沧海，直可乘槎问斗牛。"恰当地描写出这个瀑布的气势。 河水流近落笔峰又有几十处地热温泉涌出，此起彼伏，似群龙戏水，因名聚龙泉。夏天茂林芳草中铺满被温泉染成五颜六色的砂石，冬季冰天雪地中热水铮淙，岳桦枝头，挂满雾凇，各有一番风景。温泉温度一般在60℃以上，游山归来，到此休憩温浴，其乐无穷。此外还有锦江瀑布与温泉，梯河高70米的二级瀑布，岳桦瀑布，洞天瀑布，抚松仙人桥温泉，长白十八道沟温泉等。

长白山有火山特殊的岩性与构造，经各种外营力作用塑造成各种独特而奇异的

地貌景观。环抱天池周围的十六峰有岩龛、凹穴、嶂谷、自鸣壁、倒石堆、石流伞等。白云峰临池耸立高出水面497米，峰顶由灰白与淡黄浮石构成，晴时它峰毕现，此峰独云雾缭绕。天文峰尖如雄鹰俯伺，登山踏步如在鼓上，声咚咚然。玉柱峰如五条玉柱倾向天池，流泉泻入池中有如金线。鹿鸣峰有热气喷口，隆冬它峰白雪皑皑独此处黄草遍地，西大坡夏秋花草繁茂，溪流纵横，群鹿互逐，鸣声呦呦。天池年平均气温比最北的漠河还低2.4℃。山顶雾日年平均265天，雾凇年平均165天，年大风日数≥8级为269天，风速年平均11.7米／秒，风大雾多为全国之首。从天池北望，环山有缺口名黑风口，即高山风造就的奇迹；从白河峡谷吹

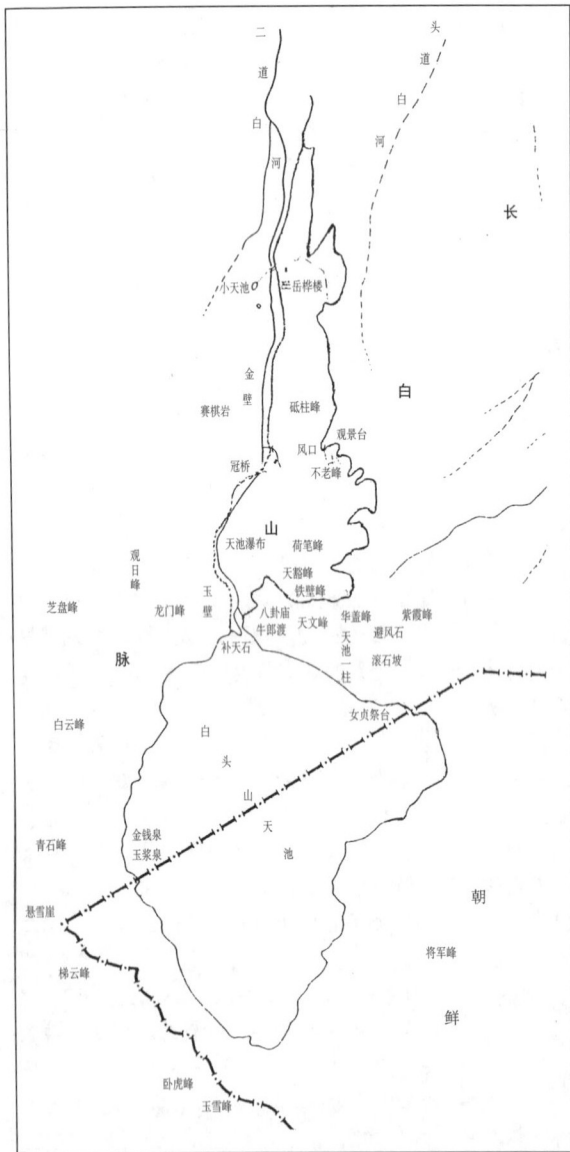

长白山天池景观图

长白山二道河瀑布

浑江石人血泪碑

来的强风使裸露岩石不断崩裂，先出沟槽，后成缺口。天池的气候，瞬息万变，所谓"天无一日晴，风无一日停"，"一山有四季，十里不同天"。有人上山几次，不得一见天池。（参考王季平主编：《长白山志》及张国仰著：《长白山奇观》）

1960年我国将长白山划为第一个自然保护区，1980年联合国又将其列入国际生物保护圈。1990年7月29日我趁勘察高句丽史迹之便，专门探访长白山，由集安到浑江，始知去长白山有三条路。一走安图二道白河乘车上山。二走长白须经过朝鲜。三走抚松林区，此路虽捷便但人雨过后，路情不明。我到抚松后正巧有人从山上归来，说道路可通，乃决定次日登山。清晨六时，车出县城，爬上东南山岗，在蜿蜒的绿山丛中，不时出现墨绿的松林，林下山村笼罩着淡淡的白色晨雾，车在高处行走，颇有人间天上之感。车到松江河林区入口行程50公里，距白头山尚有60公里，这里解放前仅有几家林户，现在发展成为十几万人的大镇；全镇均为红砖瓦房，已找不到我想看的井干木屋。进入林区，土路尚平坦易行，在管理局交费领证后即开始登山，正想仔细欣赏森林景色，不料满山树木成排倾倒，有些连根拔起，带着黑色泥土，横七竖八，奇形怪状，好似山火烧过，遍地似倒死的野兽。问地方同志方知这是1986年台风横扫的结果。看来非有十多年的时间难以恢复旧日的景象。车行到高山苔原带停在边防站，再

换证交费，然后开始步行爬坡。只见山坡大片苔原铺满低矮的花草，没有树木遮挡，山峰毕露，晴空万里，周围空间显得十分宽广，令人心胸顿开。望山顶似不太远，但我因年老不敢急行，不过300～400米的距离，我却用了一个小时才爬上去。山上风疾，不敢直立，坐着挨到山边，边端着气边放眼去，啊！从未见过的景象使我忘了一切，在这么高的山上有这么大的蓝湛湛的湖，阳光照耀，显得青天和湖水是极端的清洁、透明和晶莹。周围的山没有树木的绿色，只有砂岩的棱角，这不是通常的世界而是原始的宇宙。金朝阿骨打在此拜天留下女真祭台，我们到这里又能看见和看懂什么？过了好一会，气喘平了，环顾周围，原来我们正坐在中朝界碑旁，这边有中国边防军，那边有朝鲜边防军，可是游人却在界碑两旁随便走出国界而自由走来走去。我们在天池的西面可以看到天池的展开面，山下湖边有很宽的湖岸，顺着火山灰石的山坡可以下到湖边，可惜我们时间有限，不能下去。停留约一刻钟，正在听人讲天池无鱼而有水怪，环山无树而池边独活一株的奇闻，忽然云从东南飞来，山峰逐次为云雾所笼罩顷刻天池已不能再见，只好和它告别。下山无心脏负担，苔藓有如毡毯，柔软而富弹性，奔跑跳跃，仅半小时可回到边防站，乃乘车走上归途。从抚松回通化路过浑江石人矿，为纪念敌伪统治时期把头残害大批工人的罪行，用铁铸成三个把头像跪在万人坑前，这是

极好纪念方式，使人永远不要忘记过去。

十九　四探医巫闾山

医巫闾为东胡语巨大之意。医巫闾山古称于微、广宁，据周礼记载在五大镇山之内，(注)屈原楚辞有'夕始临乎于微闾'之句，说明当时已知名全国。《全辽志》誉为东北三大名山之首，山下葬有辽代几个皇帝。历代帝王对闾山都有封号，唐辽封广宁公，宋金改公为王，元封桢德广宁王，明清更尊为医巫闾山之神。康熙至道光五代皇帝都亲到闾山致祭，乾隆更四游闾山作诗颂为"海旭凝螺黛，罡风削玉蓉。灵奇径览乍，圣迹蹑寻重"。注：五大镇山为北镇辽宁医巫闾山，西镇陕西吴山，东镇山东沂山，中镇山西霍山，南镇浙江会稽山。

东北这样一座历史名山，现在却鲜为人知。我的初次访问也是出于偶然，1987年6月我为东北大学彭达烈士像揭幕后，受学校邀请，乘车前往。车过新民、黑山、行驶180公里，直到闾山东麓的北镇庙。下了车立刻叫我吃了一惊，在东北我首次看到庙宇有这样因山就势的雄伟气势和开朗布局。北镇庙座落在小山坡上，南北长240米，东西宽110米，右倚连绵的山峰，左对古城、双塔和河流。山门前石牌坊两旁分列四个石兽，均蹲踞翘首，面部分别呈喜、怒、哀、乐四种表情，为国内所罕见。登数十石级进山门，再拾级而上，至神马门，周围有第二道围墙，门旁两墙角为钟鼓楼。其主要建筑为五重人殿建在工字形的高台上，白石为栏，雕工精美，布局严整。御香殿后为五间大殿，殿内墙面绘有常人大小的36个星宿人物。殿右侧有告祭、记事、题咏的石碑58方，其中元碑12方，明碑18方，清碑28方，堪称东北碑林。大殿后有更衣殿、内香殿及寝殿，再后有仙人岩、翠云屏等景点。北镇庙始建于金，现存为明永乐1421年重建，弘治1495年扩建。清因皇帝不时来此致祭，又在庙东建了庞大的行宫。

出庙后迳去观音阁，阁在闾山下为现时开放游览中心。从山脚登山约300米，过山门到圣水桥、万人碑、观艺亭，有方圆100平方米大板石。再上经"从善如登"石至"道隐谷"，俗名大石棚，辽太子东丹王耶律倍曾在此隐居。石长43米宽20米，泉水从上流下成垂挂水帘。下有青石琢成的圣水

盆，传为金太祖破辽时所置。棚前古树参天，绿阴匝地。棚内有清石刻"天然幽谷"，棚上有明石刻"水石奇观"。谷旁观音阁仅有前后两座三间殿。循路上行至旷观亭，上有巨石参差，下可纵目骋怀，我未多停留，急攀登亭后石崖险坡，过吕公岩，抵望海楼，登高望远，视野开阔，楼下有明长城从此经过，城墙用块石砌就，旁为南天门，形势极为险要。门旁长着两颗高大的万年松，姿态奇异，风涛飒飒。此处建有白云关、老爷阁，登关了望片刻，即出门下山。出观音阁西转至玉泉寺，沿路石阶800余级为当地群众集资新建。我循石阶缓步登山时游人极少，周围十分幽静，充满天然情趣。玉泉寺前有玉泉砌小池蓄水，泉上石壁绘飞龙并线刻关公勒马回首像，倒影入池，清净别致，有联"鱼跃池中隐约浮沉停赤兔，泉生海底光明活泼照青龙"颇为传神。寺内建筑已残毁，现正在重建。随后折返北镇城内参观李成梁石坊、鼓楼及双塔，傍晚回沈阳。

1988年6月，我参加庄河冰峪规划评议

会，会后因辽宁旅游局张树檀副局长倡导，由沈阳到阜新，在参观露天矿后去海棠山，从北面再探医巫闾。出阜新东南行45公里过大巴沟山洞，经大板抵海棠山。远望山形参差，河边旷野虽多沙石，但岸上绿化极好，不时出现大片树林。山麓喇嘛洞原有清建普安寺，已在文化大革命中被毁。从寺旁起，怪石嶙峋，层叠直上山头。在块石丛中有罕见的明末清初摩崖造像，刀笔刚健，颇有特色。四周松树从石缝中生出，虽低矮但枝干虬曲舒张，表现顽强的生命力。登山头眺望医巫闾北部高峰，起伏竞秀，层次浓淡，其山形山势之雄浑，不逊南部，而松石诡异则尤过之。阜新地近蒙古，到处有大片沙荒，近来连年治沙，彰武植树三千万株，使全县80%沙荒得到绿化。我们过路时，在满目沙丘中亲自看到绿化林带的活泼生态，使人十分激动。彰武千佛山亦有清代摩崖造像200余尊。塔城子有辽塔。阜新市虽为煤电之城，但城市建设中着意园林，矿工儿子的塑像亦有新意。

同年8月我在兴城参加锦州地区旅游规划研讨会，会中安排参观北镇，我又有机会由南往北第三次探访医巫闾。车近北镇，在公路上远望南部诸峰，山色氤氲，玉簪骈立，层次错落，宛然桂林，激发我进一步寻胜探幽的愿望。次日晨起出游，先看新建观音阁山门，用雀替相拼，形式新颖，有创造性，惜体形略大与观音阁处处小景不相谐调。然后未入大阁及玉泉，毅然去爬鹅头峰。山路两旁多树，走走停停约一小时才到山顶。上有小块平坡，鹅头探石突出十余米，伏视悬崖千尺，令人心悸。环顾四围，无数山头皆在眼下，瞭望无极，真是一片天上世界。坐下休息时为了领略山景，将身体一段段移向鹅头。虽不敢向下俯视，但可环顾三面，尽情欣赏亿万年地层升降的岩石纹理，微风吹过似乎也能听到医巫闾山的心声。午点用过，急下山连日赶回兴城。研讨会结束，有回沈阳者7人，张树檀和我都推崇医巫闾并觉得了解不够，因而决定绕道北镇回沈从南面三探医巫闾。不料车抵北

阜新海棠山摩崖造像

北镇庙五重大殿

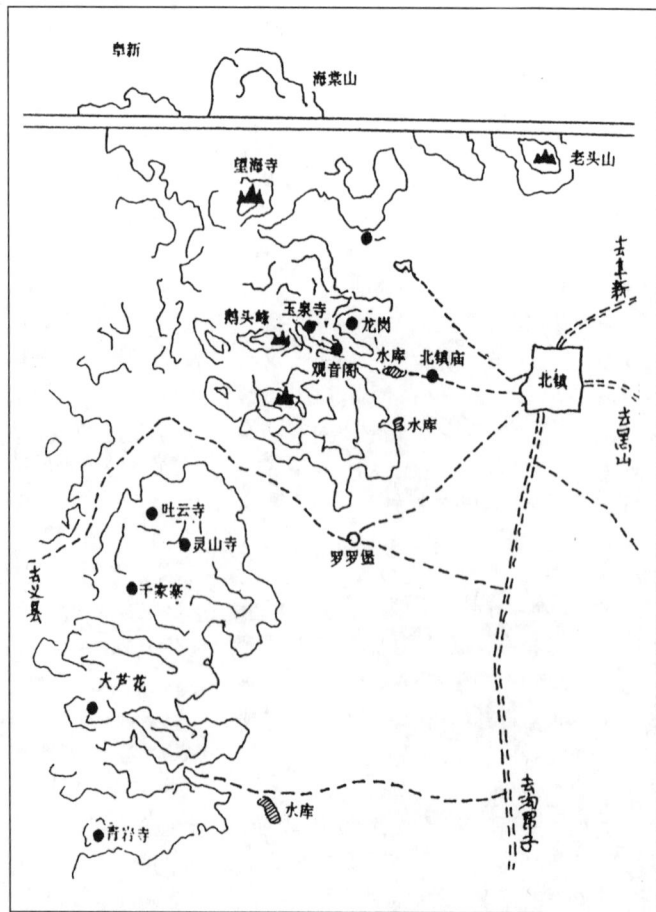

医巫闾山风景点分布图

镇时，天色阴沉，只好把上山安排在明天。下午参观龙岗。龙岗三面环山，中间为一片坡地，下有30公顷的大阁水库。这里遍植葡萄及梨树，阳春梨花盛开有香雪海之名。辽墓在闾山者有世宗、显宗、天祚帝及后妃皇族十余座，分布在望海山及龙岗两地。现在龙岗已打开东丹王五世孙等三座墓，我们参观陵墓后即登陵上高地眺望，见山光水色与片片果林相辉映，为闾山别具特色的风景。次日天气不但未晴反而更阴，为了不错过机会，仍开车去大芦花。西南行20余里到山下，立即从五峰寺登山。但爬行不

久，即降小雨，幸亏带来一批伞，赶快打起以保护相机。可是愈向上爬，雨下的愈大，伞遮不过来，加上高草灌木从侧面淋灌，身上衣服湿了大半。好在山的北坡比较平缓，很快到了山上，有建筑残留的石券门洞，我们进去避雨。大雨下了一刻钟才慢慢小了，大家赶快从南面下山。南坡较陡，走两步滑一步，下到山脚，雨已全停。略事休息，回顾山巅，险峰并峙，山腰为大片松林覆盖，新雨过后，浓翠欲滴，此山的风景面在南而不在北，知情游者应从南进山。至此我已四探医巫闾，但未登绝顶看佛光，未到望海寺，

未访辽墓主要部分，更未探明山内风景。地方的旅游事业刚刚开始，从北镇到阜新近百公里的风景资源还未全面调查。根据业已了解的情况虽然可以判断闾山是优秀的风景区，但对其完整估价尚待继续勘查后才能作出。

二十　本溪太子河

辽宁的河流除辽河与鸭绿江两支干流外，浑河与太子河是最大的河流。太子河的上游横贯本溪山区近百公里，然后流经辽阳、鞍山、海城在牛庄与浑河会合，过去与辽河相通，现已断流而单独从营口入海。太子河长413公里，除供应沿途农业用水外，还要供应几个工业城市的工业用水。现在随着工业发展与生态破坏，太子河夏季防洪，冬季供水都非常紧张，为此国家批准在观音阁修建本溪水库，并于1988年开始主体工程的施工，预定在1993年建成。这个水库容量为21.6亿立方米，面积81.4平方公里，控制流域2 795平方公里，与大伙房容量相同，均为国内大型水库。

本溪庙后山人及几十处新旧石器、青铜文化遗址的发现，证明太子河上游是古代人类长期活动的地区。战国时本溪属燕之辽东郡。传说燕太子丹派荆轲刺秦王未成，秦攻灭燕，太子丹避居辽东，后人以其避难之河名太子河。明辽东长城从本溪经过，长达70余公里，有清河城、马家城、碱厂、孤山四个边堡，以清河城为指挥中心，管辖66个墩台及烽火台，有常驻官兵4 600人。

日本帝国主义统治东北时期，抗日联军杨靖宇的部队以桓仁为中心不时进出本溪，现在老秃顶大山尚有抗联营地遗址。解放战争时期本溪山区是我们坚持敌后游击战争的前沿阵地，地方武装在严寒冬季前后八个月中与主力配合作战，六进五出碱厂、田师付，八进七出小市，斗争十分艰苦，到处都流有同志们的鲜血。

本溪市是著名的煤钢铁水泥重工业城市，城内工厂成天冒着黑烟，城市污染十分严重。政府为治理污染，除努力解决烟尘污水外又着手建设环城森林公园。1989~1991年本溪市多方筹措资金，植树1 500万株，建成平顶山、滴水洞、四方台、兴隆水库等风景点，初步改善城市周围环境。解放战争中

阜新市矿工儿子的塑像

北镇庙石兽

海棠山摩崖造像

北镇观音阁

本溪温泉寺卧佛山

本溪明长城清河城南城址

我在本溪，曾跨过许多山山水水，对本溪情况有些了解。观音阁水库动工后，我向市领导建议，设法摸清水库周围风景资源的底。经市同意后，我和工作组于1988年10～11月对太子河上游地区进行勘查然后经市政府开会决定着手规划太子河风景区。1989年9月我和工作组再度复查各景点并制定出规划大纲。大纲规定太子河风景区以小市为中心，由十八湾、水库及关门山三部分组成，规划范围共270平方公里。

（一）太子河十八湾　从牛心台东三家子起到观音阁水库大坝止，太子河共有18道湾，两岸有16个冈滩。沿河走公路不过25公里，下河乘船就要航行55公里。在山环水绕中的每个冈滩上都有自己独特的风景。小夹河山岚浓淡，堤柳飘摇。西山还有深洞待探。从偏岭爬山到松树台，红叶虽已凋残，然逆视丛林，仍似花团锦簇；层岩堆石，又类古城遗址。山下养树圈与碱厂堡周围山头起伏、山腰明暗，山脚曲折，峭壁似不断的围屏，平铺的河水象盘旋的锦带穿过白沙绿树的冈滩。冈上有恬静的小村和四散的牛羊。一长列的火车从山角洞口钻出，无声地喷吐着青烟，又隐没在丛林中。这一切真是绝妙的天然风景画。顺公路横过太子河，爬上西山坡，就到了历史有名的温泉寺，努尔哈赤攻兴城负伤后曾在此疗养。这里温泉水温49℃，每天出水240吨。山坡面对笔陡的石壁，壁下太子河有一段平稳的水面，日光浴可与温泉并行。从温泉向东南大山望去，自然又现奇景，一位卧佛仰面躺在山巅，头部口鼻与身体轮廓十分清楚。过迎水寺看同江峪西渡口，有峻急河水冲

击石滩所激起的白色浪花，有山曲环抱暗蓝的水潭映照出远山、冈滩、灌木的倒影，两相对照，景色十分神秘而激动人心。转过山角到了与本溪公路的汇合点，乃进入著名的水洞景区。本溪水洞为奥陶纪古喀斯特水溶洞，水源来自汤河，流

程估算为6 000米，入太子河。洞口内为宽高各20多米长达50米的大厅旁通300米长的旱洞，在洞内曾发掘出新旧石器到金元时期的许多文物。水洞内钟乳琳琅满目，水质清澈见底，冬夏常温保持在12℃左右，空气清新无郁闷之感。截至1991年止水洞已

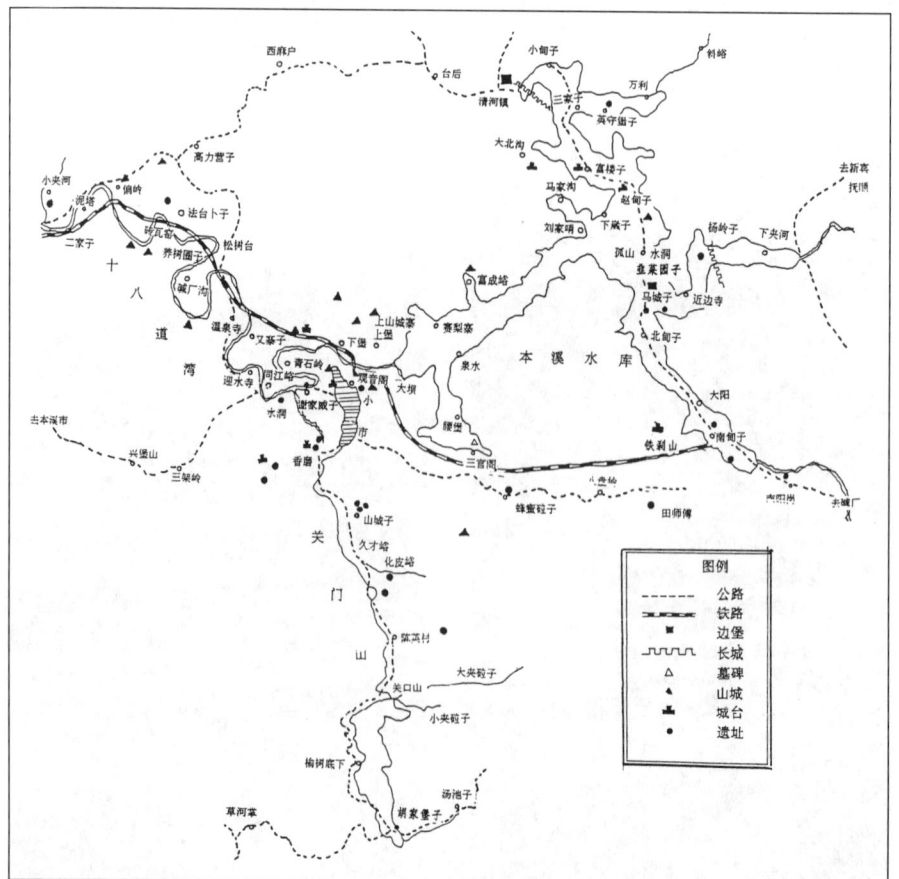

太子河风景区规划示意图

开发 3 000 米,水深平均 2 米,内有 70 余景点,其形象如雪山、梯田、瀑布、峡口、暗河、深潭; 其姿态如剑悬、幔垂、熊踞、龙腾、塔叠、云飞、种种形状随行速、光照、角度的不同而千变万化,游者可以心得之。洞内游览电船往返需一小时,如安排 60 只船,每日可容纳万人。将来全洞开通,单程航行,容量可成倍增加,在太子河风景区中有其独特地位。

(二)本溪水库　位于水库北端的清河城是辽东长城线上的一个重镇,明朝在此设关城,清朝重修,城周 2 000 米,高 6 米,现存东及南城遗址。水库建成后, 清河城到英守堡子将形成宽阔水面,英守堡子南山有清秀的山景。水库的中心将在赵甸子、孤山水洞至刘家哨之间,库面纵横各约 5~6 公里,双丫山及水洞有极好的山势与水景。马家城的城堡及石器文化遗址处于淹没区,如何发掘及保护是个急待解决的问题。附近还有以道教闻名于东北的铁刹山。泉水至大坝之间有 T 形的宽阔水面,周围林木繁茂、山景秀丽。现在大坝即将完工,风景及生产建设如何安排尚有许多文章待作。

(三)关门山。庙后山人遗址所在的山城子位于汤河口。汤河沟是解放战争中敌我拉锯战最频繁的地方,沟内人烟稀少,林深树密,山势极为险峻。久才峪至关门山一段尤为奇险。但秋季却红叶满山,有绝佳风景。现在关门山筑坝蓄水,水库长 8 公里,更为山林增色。1988 年我初进关门山附近的大夹砬子,时当秋末,红叶凋残,但我仍摄得一卷绝妙风景照片。当时我说这山沟里有国画的笔墨皴法,也有油画的光线色调,这里是中西画家临摹自然风景的理想地方。是否如此,我选了几幅照片,请读者自己判断。汤河上游有尚未开发的汤沟温泉。水温 76℃,每天出水 800 吨,数倍于温泉寺。

这三部分都以小市为中心,小市是本溪县政府所在地,距沈阳、抚顺、本溪市都不过几十公里,为附近铁路公路枢纽。本溪其他地区也有很好的风景资源,因为本溪一直重视绿化,现在森林覆盖率很高,几片大面积的红松林业已长成。山多石灰岩,溶洞亦不断发现,如市内本溪湖旁新开的怪石洞即是一例。今后太子河风景区建设如与整个本溪的历史文化及自然风景资源的开发相结合,小市将成为本溪另一个经济文化中心和沈阳、抚顺的风景、旅游依托点,前途大有可为。

二十一　凤凰山与乌骨城

凤凰山属凤城县,为长白山余脉,面积 36 方公里,主峰攒云峰海拔 836 米。因奇峰突起,山势险峻,泉洞清幽,花木秀丽,自古即以风景著称。凤凰山原名乌骨山,高句丽在山之东南,曾建乌骨城。唐初因“峰峦高矗,势若翔凤”改称凤凰山。唐太宗远征高句丽,曾到达岫岩、凤城一带,因此民间留下薛仁贵在凤凰山射通箭眼的故事。明朝在凤凰山北建凤凰城,为辽东长城前沿最大城堡。

1984 年我从岫岩来凤城,过了岫岩西山,就远远望见凤凰山的雄姿险态,晚间听县里同志讲山里情况又增添不少神秘趣味,急想探知究竟。 第二天清早乘吉普车沿军队修建的简易山路,逶直爬上攒云山军事瞭望哨所。在了望台上纵观周围形势,西山神马、箭眼、将军、诸峰壁障剑立,岩石有箭眼、石穴,已是不凡,而天然阴刻鹤影尤为罕见。东山骆驼峰下杜鹃花期虽过,松柏林木仍郁郁葱葱。而攒云峰与高丽山间乌骨城的景色给我的印象尤为深刻,在攒云峰悬崖陡壁下竟有一大片竹笋般林立的奇峰异石,宛然是天生的大盆景,特别令我往返留连,不忍即去。中午天转阴雨,在紫阳观吃家乡饭,观虽不大,但供奉神像种类却不少。饭后雨稍停,急急进山,上至斗母宫又降暴雨,被迫到碧霞宫避雨,有顷,雨停,乃爬进大块花岗岩堆成的观音洞。洞内无路,从这块石头爬上那块石头,斜向走进 30 米左右,出洞口到观音阁,阁单间两层建筑在陡立岩石上。山上有三教堂,刻道、佛、儒教祖像。再上,到凤凰洞口,关于此洞有许多传说,如洞内有凤凰蛋,洞外有凤凰泪,凤凰曾在这朝拜唐太宗,洞旁有 50 米高的片石紧贴山崖,中间仅容人侧身收腹挤过,被封为一品洞天等等。进洞须斜行爬上 200 米,方可到山顶的罗汉峰及烽火台。 但在洞口业已将附近山势观察清楚,刚才爬洞已略感艰辛,本不想再进洞,不过已走到半山,不好半途而废,还是爬进去看看。洞内石头垒石头,比观音洞更陡更难走,有的地方凿出石级,有的地方镶上铁环,难以跨越的地方只能跪着爬。我的衣服扯破了,小腿也碰伤了,爬了 60 米到仙人座,听众人劝阻,才爬出旁边洞口,在附近休息。眺望路,虽有树木掩映,仍可看到单猴朝圣、大

石棚等景。雨过天晴,彩虹悬西岭上,坐在岩石上边休息,边赏景,待天色近晚,始循原路下山回城。

第三天先参观清真寺、孔庙及民居,后去看乌骨城。城建于南北朝高句丽全盛时期,唐人《高丽记》说“东西二岭,壁立千仞,自足至巅皆是苍石,远望诼岩状类荆门三峡;其上别无草木,唯生青松,撄幹云表。高丽于南北峡口,筑断为城。乌骨全城长 16 公里,由 87 段天然屏障及 86 段城墙组成。最长的天然屏障是庙沟山口 800 米长的光秃秃的悬崖。最高的天然屏障是攒云峰下 450 米长而高达 800 米的石壁。现在保存比较完整的城墙有 2 355 米,我们在黑沟看到 300 米的一段,高 5~7 米,宽 3~4 米,平顶,全用楔形石叠压砌成,十分坚固。全城有东、南、北三门,南北相对均有瓮城。南门城墙高 13 米,门宽 5 米。城门之外全城有山口 50 余;北门西山有圆形烽火台,直径为 12 米;南门西山根有点将台,台为高 8 米,长宽各 10 米的巨大岩石,上有明龚用卿题“攒云岩”三字。高句丽全境数百座山城,乌骨在辽宁为大城之冠,明《辽东志》称“城随山铺砌,可容十万众”。乌骨城既凭借两山骈立,自身又起伏奔放因而有非凡气势,惜因时间关系,未得探其究竟,当日返丹东。

1986 年秋为参加凤凰山中心区规划评议会,我再来凤城。会后我同凤凰山庄的设计者王庭蕙总工程师一起攀登凤凰西山险峻的山峰。这次从朝阳寺遗址走清虚宫直上老牛背,看箭眼及几处最险山景。两年间管理部门已在这些地方加了一些保护措施。朝阳寺周围地势比较开阔,作为几条游览线的汇合点比较适宜。附近有 3 米高的忽必烈石塔、石壁鹤影、点将台、丹泉等景点。顺山坡到清虚宫,即开始攀登壁陡的石崖,幸亏凿有石蹬,落足不难,但需要心脏有坚强的承受能力,我已上了年纪,只得爬爬停停。爬上约 200 米,快到老牛背,天突然下起雨来。高山无避雨处,停下只有挨淋,下山比上山危险并且已离山头不远,只有冒雨攀登。一步一步地终于到了老牛背。雨愈下愈大,山顶又有大风,温度骤然下降。老牛背系联接叠翠与箭眼二峰的两块巨大岩石,如卧洞之牛,牛脊长 30 余米,两侧为斧劈刀削般的光滑石壁,其深不可测,牛脊仅宽 20~30 厘米并有斜棱,其危险程度超过黄山的鲫鱼背。难得近来立铁柱,悬铁索并凿出石阶。我们到时风雨交加,不容片刻迟疑,

31

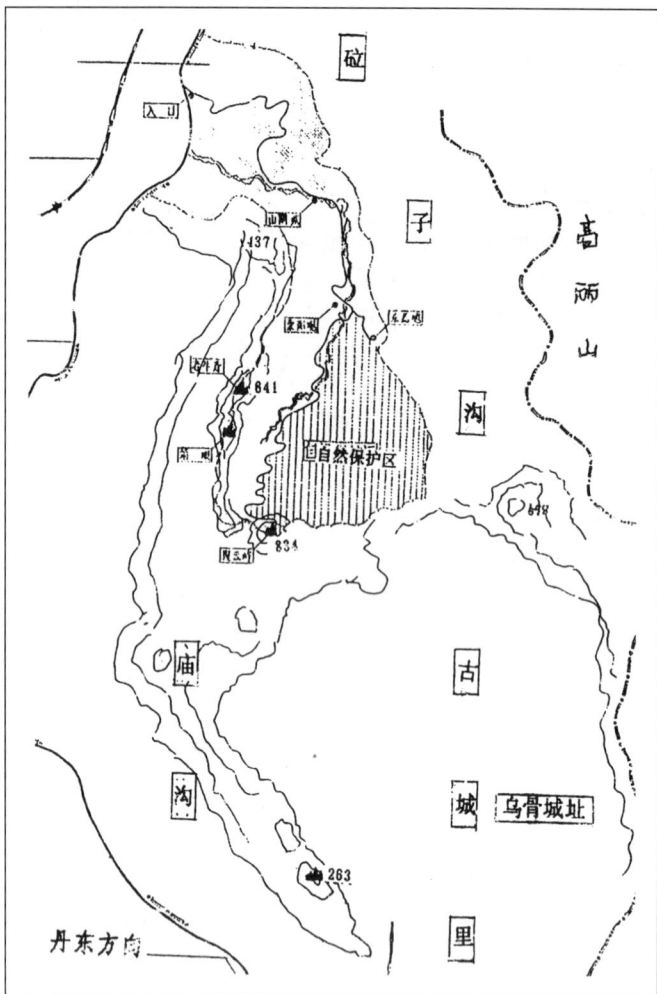
凤凰山风景区全图

凤凰山城

凤凰山紫阳观

乃牵铁索,曲身探足,一步步地爬过去。转过峰石,立足之地较为宽裕且有树木及石壁可避大风,略事喘息,眼界顿开。西望可见去岫岩、丹东的铁路、公路与河川,南望攒云峰则完全为云雨所笼罩。再前为百步紧,风更骤,雨更狂,幸有几十台阶紧贴绝壁下到天然石门,旁生古松高数丈,此处名三云台。去箭眼须经过300米长的石崖断带横裂缝,缝深3～4米,高仅1米,人须屈身蹲行,远望好似山峰被拦腰砍断一般,因名天下绝。我们走到这里,大雨倾盆而下,我们只好蹲坐在石缝中避雨。陪同我们上山的蒙族青年,因为衣服单薄,禁不住山上风寒,乃冒雨下山。我和王总一直等到雨小了,才钻出断崖南进,我在路上一个悬崖转弯地方,水滑失脚,打了个前失,头额碰到路旁铁索石柱上,破了一块,近视眼镜掉在路边,也幸亏有这一碰,否则不堪设想。最后转过山湾终于到了箭眼。在这里遇见几

个中学生,是我们上山后遇见的仅有的游伴。箭眼系神马与箭眼两峰岩石交拱而成,高5米,宽4米,远望如洞。停了片刻,风雨稍减而不止,乃沿箭眼下的山谷下山。下山因无心脏负担,只须腿脚用力,虽无正路,但能在山水冲下的落石中跳跃滑行,不到一小时回到紫阳观。回城后,羽绒服外雨内汗,全部湿透。近几年难得这次遭遇,对凤凰山之奇与险也有了更深的体会。

二十二　中朝边界鸭绿江

鸭绿江发源于长白山流经长白、集安、宽甸、丹东注入黄海,全长795公里,是中国和朝鲜的界河。唐初高句丽亡,原在朝鲜北部的居民与百济、新罗合建新罗,十世纪称"高丽",十四世纪改称"朝鲜"。明朝建

州女真强大,1467年朝鲜曾派兵助明合击女真。1592年日本入侵朝鲜,占领汉城及平壤,明亦派兵助朝收复失地,迫日求和。1597～1598明军又两度援朝,最后击败日军。清朝也和朝鲜一直保持友好关系。日本吞并朝鲜后,朝鲜爱国志士始终以中国为根据地进行复国斗争。抗日战争时期,朝鲜和中国并肩作战。抗美援朝时中朝人民子弟兵又是生死与共。中朝人民的友好情谊,经过六七百年血与火的培育锻炼,日益巩固而坚强,正如鸭绿江大桥一样,虽受美机无数次的狂轰滥炸,但它却永远把中朝两国联在一起。

1946年夏我从本溪山区走灌水坐小火车来安东开会,第一次到鸭绿江边。坐在桥头望江水,想起战争生活中的许多往事,自己暗自叨念,"我们斗争十几年现在终于来到你的身边"。1986年我来丹东开会,得便乘船游鸭绿江,开始北行至沙河口,最先映

入眼帘的是30米高，223米长，的单孔钢筋混凝土拱桥跨越山谷有如长虹高悬，十分壮丽。然后返航南行，见威化岛及下游岛屿几乎全部都划归朝鲜，两国并不以江心为界。因此在鸭绿江中航行即是在国境线上航行，异国心情油然而生。不久船过鸭绿江大桥，桥有老桥及新桥，老桥长942.5米，共12个椭圆形桥墩，中间为圆形，供开闭式钢架使用，桥体为弓形钢架所联结，系1909～1911建成，现已为侵朝美机所炸毁。新桥建于1940年，为铁路公路两用桥，全长940米，现为中朝共管。船从桥下过，旧桥残骸再现战火纷飞年代，新桥繁忙景象反映当前中朝关系，都成了现代历史的反射镜。过桥，船靠近新义州，我们都是不出国的出国。江边停泊着朝鲜的客货轮，江岸绿化带中最触目的是歇山坡顶的楼房餐馆，附近有些人坐在岸边，看见中国游船驶近，都站起来向我们欢呼招手，好似见着久别亲人一般，我们也热情招手相答，大家都为国际

友情所激动，游船盘旋了好一阵才慢慢向南驶去。离开新义州我们又为西岸帽盔山的优美山势所吸引，船到浪头，离江口尚有相当距离，乃折回。江游匆匆，单程不过20公里，但我们从中朝国界线上获得深刻的精神感受，是其他地方难以得到的。

丹东兴起较晚，明建辽东长城时，在今沙河镇筑镇江堡，1907年清政府宣布安东为贸易港，1905～1911年日本始建安奉铁路。现在的丹东市已发展成为背山面水，风景秀丽，气候温和，人口有55万，并以轻纺、电子、仪表等轻工业为主的新兴城市。鸭绿江及其支流有巨大发电潜力。早建的水丰发电站，装机容量为63万千瓦，在建的太平湾水电站为19万千瓦，虎山水电站为11万千瓦，这些都是中朝合营的。浑江也在分六级开发，只已建的桓仁、太平哨水电站，装机容量即有61万千瓦。所有电站水库，使江水面积扩大，都有利于风景建设。

几日后我又乘车溯江北上。沿路江水

忽分忽合，围成大岛颇多，这些大岛均归属朝鲜，有的距西岸极近，跨步即可上岛。虎山为我国境内辽东长城的终点，周围山川形势颇佳。附近又有汉西安平县遗址，明九连城遗址。再前到太平湾，电站工程已近完工，我走上1 185米长的大坝，眺望水库风景并和朝鲜守卫人员互相招呼。下坝后我极力称赞水库周围的气氛和形势，当地同志告我拉古哨的水丰水库长159公里，平均宽2～3公里，最宽处达10公里，沿江又多港汊，风景更胜太平湾。可惜我这次无时间去。1991年我看过桓仁、集安的浑江和鸭绿江上游之后，急欲了解鸭绿江更多情况，特地从本溪来丹东。在太平湾水库船游一周后迳去拉古哨，两地相距约30公里，车行土路，往返共两小时。水丰大坝高百米，形势过太平哨，但水库过宽风景比较平淡，反而不及太平哨。拉古哨以北无正式公路，情况尚不可知。总之鸭绿江流程过长，水库风景建设须与当地具体条件结合，始

拉古哨大坝

朝鲜新义州餐厅

大孤山天后宫外景

鸭绿江新旧桥

为相宜。

1986年开会期间，我又抽空访问东沟大孤山。车出丹东28公里，西过前阳，这里曾发现一万八千年前的古人头、股及牙齿化石。附近的后洼发现五、六千年前的村落遗址及艺术水平很高的陶塑女人头像。再前行10公里到大东镇，今东沟县政府所在地。清末东北开放后，因安东港处于江内，只能进出千吨轮，无法满足国际贸易要求，因此日伪时期已开始筹备在大东沟兴建冬季不冻的深水港口——大东港。最近几年当地政府已开始动工兴建。1991年我造访拉古哨后，特地来此参观。这时码头的八个驳位已建成了两个，港口初有眉目。从这里了望鸭绿江入海处，一片汪洋中，浊黄江水与清青海水界线分明，饶有趣味。过东沟9公里到长山，这里是清朝长950公里的柳条边起点。当时边内禁止满族以外任何人居住、耕种、采伐及渔猎。200余年后始开禁。从长山西行沿海平原有温泉17处，

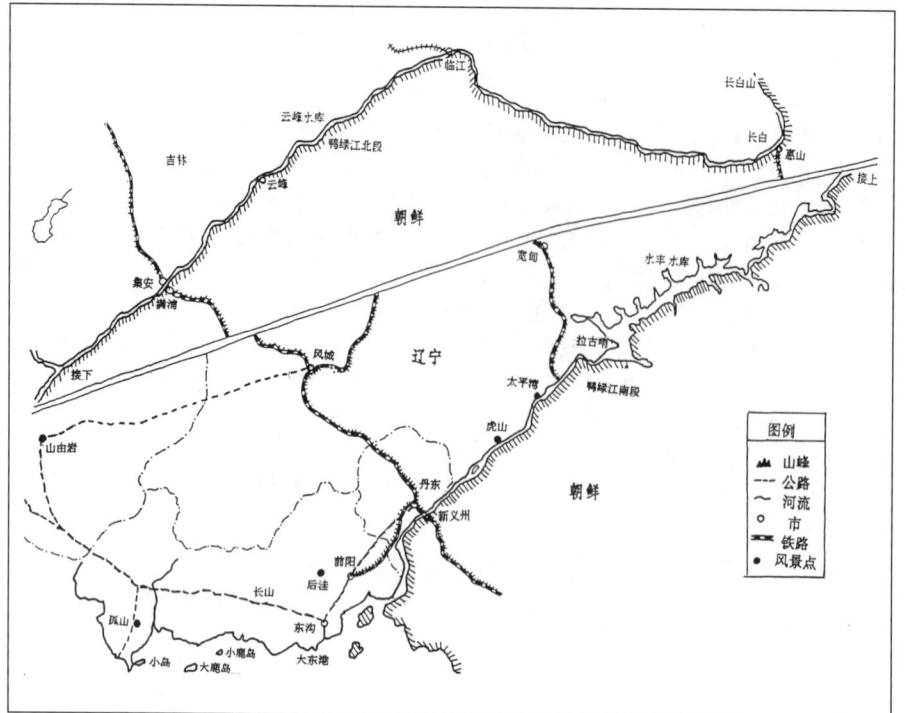

鸭绿江风景分布图

丹东元宝山

大孤山

大孤山下寺戏台

大东港

亦是当地一大特色。

大孤山镇久擅山川之胜，地滨黄海，距丹东100公里，有人口两万；孤山海拔337米，为火成岩构成，峰奇石怪；气候温暖湿润，植物茂盛，古树众多，银杏有的达600年树龄。大孤山又以古建筑群在附近闻名，山中有上下庙两组。下庙并列天后宫与地藏寺。天后宫三进院供海神娘娘，地藏寺五进院，供奉天王、地藏、大佛、财神、关公，旁有文昌宫，山下有戏台。循路上山，路旁有吕祖亭，再上有佛塔与观海亭。山上为上庙，在山岩下依次横列药王殿、玉皇殿、龙王殿、罗汉殿及三霄娘娘殿。山岩之上有圣水宫。山门有千里眼与顺风耳塑像，半山有九尾狐仙洞。184 间清代建筑供奉内容和吉林北山，锦州笔架山相类似，都是五花八门、三教九流并陈，这和东北地区宗教传播晚，历史短，群众有三教合流思想密切相关。孤山上下寺的宗教地位不高，但建筑布局却很有特色。它利用高低山势，错落重叠，虽分院落而联系紧密，前有戏台提总，后有上庙收尾，中有亭塔呼应。至于大孤山整个风景，清碑有诗："石笋凌云插碧霄，巍巍佛寺倚山椒，河随岸曲盘雄镇，峰逼澜回挽怒潮"可概括其特色。如登临远眺，黄海烟波浩渺，獐岛鹿岛皆在眼底；山上探瀑、听松、饮泉、观日、可尽游览之乐。孤山南行15公里到海岸，有海岛14，在6个较大岛屿中建 10条海堤将其联成一体。内滩建大型对虾养殖场，年产对虾5万斤，此外有盐场、水貂场及苹果园。前阳海滩，水清沙平，为优良海浴场，青山环抱，石坨隐现，白帆点点，风光怡人。大鹿岛距此 19 海里，为黄海北端最大岛屿，有崇祯重修望海寺，记载毛文龙抵抗后金的英勇事迹。清末在岛外海域进行中日海战，丁汝昌、邓世昌官兵500 余人壮烈牺牲的英雄故事，至今流传。

二十三 旅顺、大连、金石滩

大连位于辽东半岛的最南端，海港三面环山，有三山岛屏障港口，水深港阔，是我国北方最优良的不冻港。1984 年吞吐量达 4 000 多万吨，和60 多外国港口直接通航。现在又在大窑湾开辟新港，有纵横交错的原油管线通向码头，已成为我国原油对外出口的重要基地。大连虽是有151万人口和优良工业基础的大城市，但它又和青岛、北戴河齐名，同是北方夏季避暑胜地。大连八月平均气温24℃，和青岛相比，七月少雾是其优点，岸边窄狭多石是其缺点。大连海滨依山面海，由西往东，在24 公里长的海岸上建成12个风景点。从满布黛青礁石的黑石礁起，紧接靠近市区的星海公园海水浴场，有800米长的沙滩与公园结合，从山沟隧洞下去又有黄金海岸之称的金沙滩，是游人最集中的地方。东上白云山为新建的丛山公园， 这里是登高望海的最佳去处。新植银杏、水杉、枫树等百种名贵树木，若干年后，可以倘佯在这30 多山头中间，恣意欣赏林泉之美。下山东行到付家庄，则集中了山海岛礁的各种风景，有500米长的弓形海滩，配有各种服务设施；朝夕人静，坐在螺女像下，可聆取海浪松涛的无穷天籁。过燕窝岭到老虎滩，海浴场处崖石间，以水清取胜，而另有情趣， 唯公园内比较杂乱，不太协调。过石槽林，最东为棒棰岛，有别墅式宾馆。大连市区建设基础较好，解放以后注意绿化，市容始终保持清新秀丽，有不少成功的经验。

旅顺是日俄曾长期控制过的军港，经过中日、日俄战争的激烈争夺，经过日本关东州的长期统治，留下许多战争和历史遗迹，现经政府整理开放为历史教育的极好场所。旅顺又是我国古代东北与内地、朝鲜、日本的海路交通枢纽，也是古代文化比较发达的地区。著名遗址有营城子汉墓壁画，老铁山郭家村新石器遗址，刘家村汉代牧羊城址等。旅顺博物馆亦藏有甲骨文、青铜器及各种古今文物 3 万余件。老铁山在辽东半岛最南端，海拔465米，为渤海与黄

旅顺老铁山灯塔

大连老虎滩

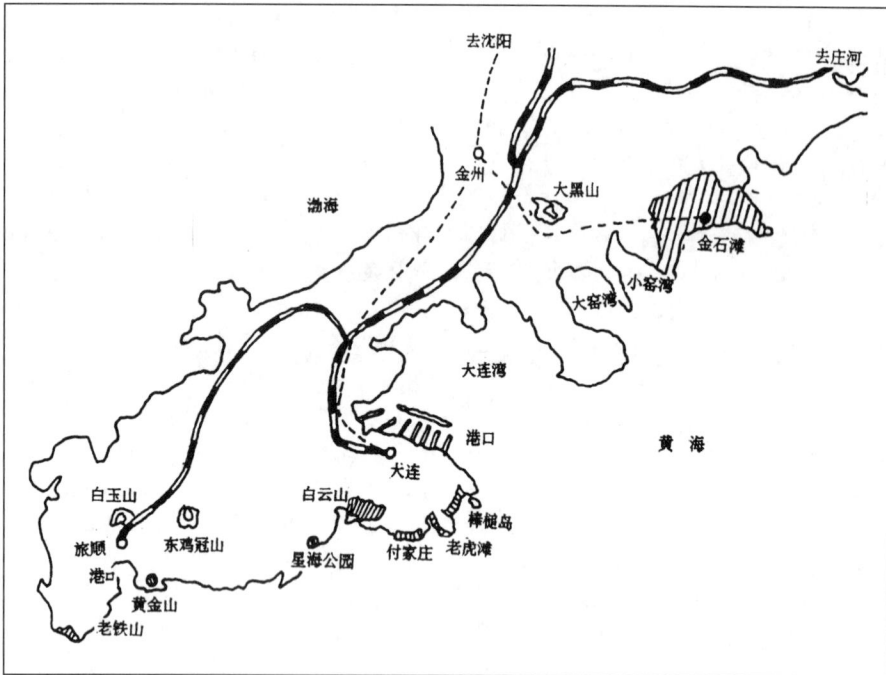

金州金石滩风景点分布图

二十四　山林野趣的冰峪

1986～1990 年为开发冰峪我曾五来庄河。现东路建设虽初有眉目，但全局发展还存在一些问题。庄河发源于千山而流入黄海的河流有碧流河、英纳河和庄河。冰峪和小峪为英纳河之上游。冰峪沟内北为云雀山，南为龙华山，均在海拔 600 米以上；河谷有东西北三个出口，南山有仙人洞自然保护区。冰峪地层为元古界的石英岩，质纯性脆，垂直节理极为发育，河谷幽深曲折，两岸岩石陡峭。有的学者基于峭壁擦痕及河床堆积认为这一地带有冰川遗迹。冰峪因地近海洋，气候温和湿润，森林资源丰富，阳坡多赤松，阴坡多柞林。珍贵树木有三桠钓樟、海州常杉等。鸟类及昆虫种类繁多。河流水质清洁，含有微量元素，为极佳的饮用水。

冰峪风景区的规划面积为47方公里(包括自然保护区 17 方公里)，区内有 5 个小村，人口共300余。整个风景区内以清新幽静的山林野趣为特色，山回水绕，层次重叠，林木茂密，溪流清澈，石峰类人肖物，色彩斑驳。风景区外从三架山到英纳水库，从仙人洞到蓉花山，处处可以欣赏龙华山群峰并峙的雄伟姿态，周围还有拐角楼水库、英纳水库、朱家隈子水库互为倚托。蓉花山一带有大片果园和院内种植葡萄的民居。风景规划应充分保持原有山林特色。并需注意防止人流与车流的集中而堵塞交通。为此要求合理组织东西北三个出入口及内部游览路线，禁止外部交通工具进入风景区，内部只通行特备的游览车、马匹及船只，尽量不走回头路，景区建筑及设施应适合山林特点，不搞大型游乐场所。具体安排建议如下：

南路，由林场的下庙起，爬龙华山从仙人洞过岭到小峪宏真茔。明朝曾在仙人洞建有寺院，规模不大，文革时已彻底破坏，无恢复必要；然洞前有高大银杏树及浅井两眼，可建爬山休息点。下寺现已修复并设碑林，注意保护周围山姿生态及大片珍稀树种赤松林。南路爬山比较费力，可不作主要游览路线。

东路，修通仙人洞至姜家堡子公路后，沿英纳河逆流入山已是目前主要入口。入山后英纳河旁有色彩斑斓的龙门孤峰矗立，映入水中的倒影使河水也成为明暗相间五

海的分界线，每年秋季西伯利亚、蒙古和东北地区候鸟南飞都以此地为中间站，常有多种珍禽出现。附近的蛇岛在1.2平方公里内生存着 3 万多条蝮蛇，已全国知名。

金县金石滩以独特的岩石特性、地质构造及因强烈、持久的海蚀作用而形成的雄伟瑰丽的岸壁及海石地貌景观为其特色。名虽新出，已列入国家级风景区。金石滩是我国难得的天然古地质博物馆。而海岸下高10米宽5 米的世界最大最完整的龟裂石是这个博物馆中的稀有珍宝。金石滩地层由震旦系金县群及下寒武统组成，其露出的岩石是距今7～5亿年在海洋中沉积形成的。金县群含有丰富的叠层石和微古植物。叠层石由藻类聚合形成，根据其构造形态可以对比地层并了解其沉积环境。金石滩叠层石有的柱状、锥状混生，表面有瘤、檐、刺、连层及芽根；有的色泽鲜艳，纹样华丽，为大理石奇珍；有的叠层细小，分呈短柱、花朵、灌木形状；有的具放射形并带藓、檐刺；其数量众多，群类丰富，是国内罕见的。金石滩下寒武纪出露完整，对于研究地壳演化，地层对比，普查找矿，都有重大意义。金石滩的三叶虫丰富而完好，对古地理、地层、气候及环境的研究提供优良标本。金石滩有地质现象良好的露点，整个半岛有五条小断层，局部地层倒转引起一些牵引褶曲是研究小构造的理想地带。由于长期的

海洋作用，形成多种多样的沉积构造及地带现象。龟裂纹即乾裂构造，泥沙沉积物暴露地表在干燥炎热气候中收缩成上宽下窄的裂缝，再由新的沉积物填充而成网状龟裂，又因沉积物色泽不同而形成色彩美丽的图案。此外还有密集岩盐假晶、波痕、交错层理、斜层理、包卷层理、鸟眼等，金石滩也是研究沉积构造的理想地带。金石滩的海蚀地貌，特别碳酸盐的海蚀洞、柱及种种肖生形象是百万年来大海辛勤加工的结果。

金石滩的风景规划将两个半岛长30公里的海岸分为三个区。东区凉水湾有海藻石林的揉皱、叠逆断层；海龟、万笏朝天等海石景物。有"龙宫"的擦痕、褶皱、倒转、直立岩层；层面揉流无光擦干裂石，辉绿岩九龙壁地质构造及象鼻、大鹏等海石景物。有"南秀"的溶沟、倾斜地质构造及犀牛、寿星等海石景物。有"鳌滩"的龟裂石、雨痕、海旋、小壳化石等地质构造及熊猫等海石景物。有"三叶虫化石园"。中区海滩以海浴、海上运动为内容。西区小窑湾建旅游服务区。现已大致成型。金石滩去金州路上有海拔663米辽南第一高峰——大黑山，上有高句丽时期的卑奢城遗址，今尚完好。半山有明建观音阁，林木葱郁，空气清新，亦风景佳地。最近沈阳至大连的高速公路已完工，内地和旅大的联系当更加便利与迅速。

光十色的天然画图。再前为小峪与冰峪两河汇合的双龙汇。这里山谷比较开阔,河水平稳,周围山峰千姿百态,北峰笋石作人之俯仰、倚立、奔走、踞卧不同姿态有七十二洞神仙赴会之说。我们初来这里,黄昏已过,从狭窄的小峪沟来到宽阔的河口,在朦胧的夜空中,透视这些石像,确有无穷神秘的感觉。现在旅游部门在这山坡里搭了一些草亭、帐蓬也还适合周围环境。

北路为冰峪沟,冰峪河从双龙汇到三架山一段长约8公里,是风景的主要地段.从双龙汇进冰峪沟先要过河爬过一个小山坡,从这里回顾双龙汇和龙门,有极丰富的风景层次,现在这里已建了望亭。过山到只有两三户人家的上冰峪。1986年我首次进冰峪沟是爬龙华山,上了山便下雨,下山时山陡路滑,还要寻景觅名,到了宏真垄,外雨内汗,已浑身湿透,真是疲惫不堪。沟里杳无人迹,只能见到几条小鱼在河里游动。出沟也无正路,有的地方须从崖石面上探身

擦过。幸亏路上绝妙景观不少,"虎回头""罗汉会""唤夫石""鹰嘴石"随形赋名,议论纷纷,分去疲劳不少。勉强走了五六公里,快到河口,天近黄昏,在山脚发现一所看林人小屋,急忙钻进屋里,爬上炕头,就一动也不想动了。正当我躺着休息并和守林人谈话的时候,今晚准备留宿我们的上冰峪小学李老师特地赶来迎接我们。在这荒寂的山沟中遇见当地人,好似黑夜见着灯光,精神为之大振,急忙起身赶路。李老师身高体壮,路上除了介绍情况外,遇着险要都搀扶着我,在他家门前他把我背过河,使我能多些精力欣赏这两河景色。李家一排六七间房,经常留出客房给画家、作家们用。这天晚上我们拖着十分疲劳而又湿又冷的身体,爬上暖和的热炕头,品尝有浓厚家乡风味的黄米饭、炖鸡汤,真是最美好的享受。次日早起,步行爬坡,逆冰峪河北上去三架山镇,当我们最先遇到一个景点时,朝阳初升,阳光将陡岩石壁上色彩灿烂的

影像映照在宽阔平静的河面上。背后山上老僧石像低着头在专心默念。周围空气是那么清新,环境是那么安静,我们坐在那里真似与天地同化而超尘出世,因拟名为"静心湖"。再上行至中冰峪,两三人家各有四五间草房,支摘纸窗下卩满装玻璃,羊群放牧在山坡,鸡犬闲散在庭院,又是一番桃源景象。到上冰峪,也只有几家临河,村舍对面的山麓有类盆景般的岩石丛,我们听群众讲唐太宗过这里远征高句丽的故事,便给这石丛取名"试箭峰"。再前又应景留名为"渔樵石""指路鸽",中午到三架山。

西路为小峪沟,从西口到双龙汇长8公里,为另一条主要游览路线。1988年我曾走蓉花山专访西口,小峪河源分叉,入口的南叉风景最佳,但当地正在开山取石,急需保护。正叉入内,河中有小孤山成为西路的屏障,前进不远就到了我们曾从南路过山下来的宏真垄。

自三架山沿冰峪河旁新建庄河至盖县

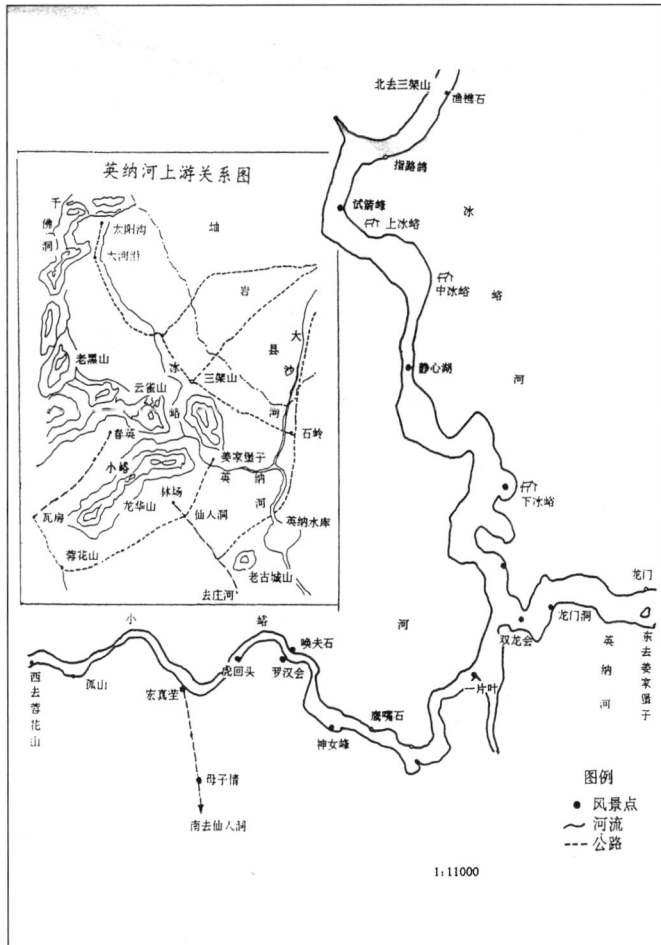

冰峪风景点分布图

蓉花山南沟

英纳河

小峪夫妻会

冰峪南山仙人洞

的公路北上15公里到大河沿，由此往北即进入群山绵亘、壮丽奇秀的千佛洞风景区。它位于庄河、岫岩、盖县交界，东西15公里，南北10公里，包括千佛山、猫耳岭、韩家沟、大阳沟、关门沟等广大地区，过去一直是偏僻闭塞，人迹罕到的地方。千佛洞上下两洞有石雕佛像600余尊，寺院虽遭破坏，但古松清泉尚在，周围有九重天、小西天、山水长廊、玄门胜境等景点。猫耳岭有三米宽几十米长悬崖峭壁构成的天然雄关，城子沟是天女木兰的大本营。冰峪发源的河谷奇峰夹岸，秀水泻玉其山林野趣不逊冰峪，将来庄盖公路修通，彼此相互支援，两者声名当会更加卓著。

二十五 海中神奇世界
——海王九岛

　　海，对住在大陆的人们具有强烈的吸引力。而位于大海深处的岛屿，更是令人神往的世界。在海岛中容易组成风景的当推列岛与群岛。我国海域中岛群较多的，南有浙江、福建，北有辽宁、山东。然海域过大，常有类似海滨的感觉，而岛距过远，又难形成整体的气势。故小岛成群，彼此眺望，有联系、有层次、能形成整体风景者，比较难得。在黄海与渤海之间，长山列岛与庙岛群

岛之中，自然风景最为优美者当推海王九岛(原名王家岛)。长山列岛现属长海县，位于辽东半岛东侧的黄海领域，共有岛礁112个，分大长山、小长山、广鹿、獐子、海洋、石城、王家七个乡镇，有人口7.6万，南与山东长岛县即庙岛群岛，东与朝鲜半岛隔海相对。长山列岛年平均气温10.3℃，最冷一月平均气温－3.8℃，比北京及大连高0.9℃，最热七月平均气温22℃，比北京低3.8℃，比大连低1.3℃，可称为避暑圣地，阴天日数年平均25天，同南方海岛相比，台风少，晴天多，又有旅游优势。

　　25亿年前长山群岛与辽东半岛是一片汪洋大海，以后经多次海陆升降，2亿年前海洋重新成为陆地，2万年前第四纪更新世末，由于冰川消融，海浸扩大，才形成今日长山列岛的地貌。长山列岛保存着不同时期的地质构造现象如鞍山运动的肠状褶皱、尖棱褶皱、石香肠构造；辽河运动的倒同斜褶皱、隔档式箱形褶皱及韧性构造、剪切断裂构造等，其纹理及色彩均美丽如画。长山列岛为大陆岛，有海蚀、海积地貌。海蚀如海蚀柱、穴、洞、门、桥、崖；海积如沙石滩、坝及泄湖等。当地群众把沙石坝称为"岗"，潮涨则隐，潮落显显，其中拦湾坝类似老虎的尾巴，连岛坝接连两岛长达千米以上，均由海积砾石及粗沙构成。列岛经2万年地壳运动与海洋营力作用，为大自然雕塑了绚丽多姿，类人肖物的种种形状，其景

色又随角度及光线的变化而表现无穷的风光与意境。据发掘资料远在六千年前长山列岛即有人类活动，新石器及青铜时期的文化类型大都与山东大汶口和龙山文化有关，长山列岛的经济以渔业为主，近年发展迅速.1987年平均年收入每人1985元为全省之冠。(注：参考1987年辽宁地质局考察报告)

　　海王九岛北距庄河15海里，东北距丹东60海里，西南距大连80海里。因有大岛大海王、小海王、瘦龙和小岛团圆、双狮、观象、井蛙、海龟、元宝共九个岛屿并和海王的传说故事相联系，而称海王九岛。九个岛中三个大岛在外围，南北相距不过几海里，是主要的观景点与衬景面；六小岛成一线排在中央，与大岛斜向交叉，构成风景的许多层次，是组景的中心。观赏者可从不同的观赏点看到远近不同的景色与岛屿形体的不断变化。各岛坨都有相应的高度与特殊的形体，悬崖陡壁及礁石群大都在东面，西面则是起伏的土石坡，分别造成峻急高耸与柔和伸展的不同气势。中心四岛又有连岛坝相互通连，随潮水起落与视点及光照的不同而组成变化万端的画面。

　　1988～1990年，我前后四次，费时三月和省市旅游局及县镇负责同志勘查九岛并制定风景及旅游规划大纲。我们对九岛风景作如下选择。

　　神猫关和海上石林　均在石城岛东南部，为庄河去九岛必经之路，是九岛的前沿。我初次由庄河入海，于微雨中航行近一时许，首先见到的是这座方方正正水上雄关和左右卫士，近看却在卫士旁出现一位猫将军，它的耳目面孔十分逼真，神态威武并带微笑，它的后面有通往关内的吊桥。在茫茫大海中突然出现这组景物，首先就给九岛罩上了浓厚的神秘色彩。神猫关后是海上石林，当时因雨大，船一掠而过。以后，我们专门去采访，才看清这石城岛东岸36公顷号称"银窝"的白色石林，它和云南石林有很大的不同。虽因背靠海岸景深不足，但它有海水陪衬，有受海蚀作用形成的海柱，海洞及各种形状的礁石，可因角度及光照的变化构成种种神话与故事。例如我所摄的藩王夫妻反目，吓得龟犬告急，狮虎赶快去保护王子就是一例。

　　进出岛的路线　从北至南去大海王岛的进出路线可有两条：一是走瘦龙与元宝岛之间的西线，一是走小海王岛与元宝岛之间的东线。除阴雨雾天外，晴天以逆光观

岛为佳。我初进九岛为雨雾天气，走的是东线，在迷蒙的海气中看龟、蛙、元宝，人牵象，子跪棺已是令人神驰魂溶，而远望黑白石、龙爪尖云笼雾罩、岛屿出没，层次无穷、更认为是迷茫缥渺的神仙世界。天晴时从西线过海龟岛，则随船行驶可见龟头伸缩，礁石居然能够活动。

杨湾、老龙头和黑白石　大海王岛是九岛中最大的岛，面积4.9方公里，九岛共有1 400口人，95%集中在这里。岛上三座高山：南大山、(海拔148米) 望海楼及灯塔山都是眺望九岛的极好地点。南大山还可远望石城、海洋诸岛，上有多层次的国防工事。望海楼有清代烽火台及报警铁钟。灯塔山有1939年建的国际航标灯塔，造型美观，晚间光柱远射40海里。大海王岛相传是海王的住所。沿岛的风景由北向南首先是杨

湾，这里有两石对立的海王门，人头石、鞋底石。然后是老龙头，面海为大面积的陡峭悬崖高几十米，长几百米，岩面色彩纹理，地层走势，既美丽又雄伟，使人对自然产生无限崇敬心情。山上林木茂密，花草丛生，有自然形成的天梯十八盘道，使山峰与崖底相通，半山有深不可测的海王洞，相传为大海王的住处。由南向东，过灯塔山，到黑白石。东山角下，两组礁石，黑白分明，远望近观，都成奇景。这也是传说中海王处理人间不平事的一个遗迹。黑白石是黑白蛇的家族在鼎盛发达，西面有一块弯腰曲背的石头远望黑白石者是许仙，靠岸有一块光秃秃的圆石头，水涨则没，水落则显者则是法海。

一坝相连的双狮、观象、井蛙与海龟岛以双狮岛面积最大，南北两端及中部山头均

有两石相对如斗狮。北端山头似巨斧劈开，有三十米高直裂缝，为眺望礁石群及连岛坝绝妙地方。东部礁石群以上马石最著名。西部有十余户的小村，下为宽阔的浴场。一旦晴空万里，潮落坝出，双峰和群礁对照，白沙与碧波交辉，四岛相连，礁石杂列，晨曦晚霞，云笼雾罩，有无穷的气氛与形态。如在坝上串行，须防潮水回涨，否则被困孤岛，只好等船救援。蛙岛有古井，水质极好，因名井蛙。龟岛头部由三块岩石构成，船行岩石相交，角度随之变化，故能伸缩。东北罗汉礁有东倒西歪的醉罗汉群，西面有大面积草坡，既可观赏列岛又能进行日光浴。

鸟岛与国防前哨　登上元宝岛双峰相连的山腰可以观鸟，岛南姊妹礁是海鸥和海鸭集中栖息的地方，船过鸣笛，鸟群漫天飞起，令人兴奋不已。礁石聚集的地方是垂

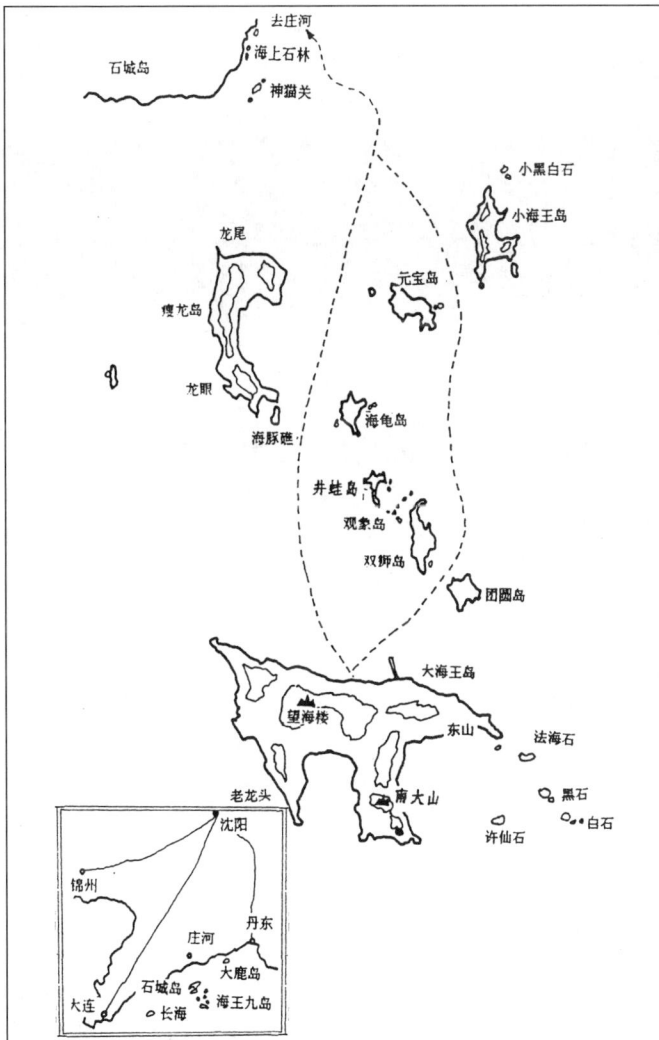
海王九岛风景区分布图

大海王岛杨湾鞋底石

老龙头

观象岛与双狮岛

双狮岛上马石

海龟岛

瘦龙岛龙眼

钓的好去处，只要半天一般都有5～10公斤的收获。小海王岛传说是海王的儿子镇守的领域，现在是我们的海防前哨，为边防军长期驻守的地方。指战员们为建设海岛付出巨大劳动已实现全岛绿化，现在我们能散步在北京路的浓荫下花丛中，就是享受他们的劳动成果。在路旁清代石雕小龙王庙下有战士们建设的花园，里面有贝壳塑造的两米高的天安门，表明他们身在海岛，心在北京。岛上还有小龙头、小黑白石、三水洞等景点，岛的南岸及西岸都有宽阔的海浴沙滩，可随风向变换而选择浴场。东岸有随处可以捡取的带有美丽花纹的卵石。

瘦龙岛 乃九岛中第二大岛，面积1.07平方公里，有40户居民。西南石岩为瘦龙头，头上有两石孔名龙眼，西北有1.5公里长的拦湾坝名瘦龙尾，东南有海豚礁，东北老船坞岸上有龙泉水，岸边石滩为落潮时

赶海的极好场所。岛上高山南眺九岛，北望石城，为北端最佳了望点。

海王九岛的渔业经济极为发达。由于距海岸近，河川入海冲积成巨大浅海海域，鱼虾饵料丰富。九岛礁石分散所形成的畅通水道，是鱼虾回游索饵必经的路线。捕捞季节，这里是全国四大渔场之一，有一次我们渔船经过，鱼虾跃起，有如暴雨，许多落入船中，我依海岛同志嘱咐，将活虾剥皮生吃，味极鲜美。九岛盛产刺参、牡蛎、对虾、贻贝、扇贝、海螺、鲅鱼、鲽鱼、黑鱼、鲫鱼、海燕鱼、银针鱼、牙片鱼等，当地渔民喜欢净水清煮名为吃海鲜。我曾于清晨参加出海捕捞，当时主船前导，两翼拖船撒开大网，缓缓前行，待合拢后，将满网活蹦乱跳的鱼倾倒船中，人人喜笑颜开；而满天海鸥也尾随船后，恋恋不肯离去，在茫茫大海中人禽同逐鱼群，此情此景给我极深刻的印象。近年来九岛又

开展海水养殖，57万亩海湾面积，现在虽用不到十分之一，已获巨大经济收入。我调查两个个体户，他们当年收入约为10～20万元。渔民住宅全为新建，电视、冰箱极为普遍，冰柜亦为数颇多。架设海底电缆，修建港口码头均系渔民自己集资。

我在规划中曾将九岛风景归纳为十六字"神奇壮丽、新鲜清凉、海石岛礁、人间仙境"。有全国专家学者参加的"海王九岛风景旅游规划大纲评议会"一致认为"海王九岛应列入国家级风景区"。

二十六 东北传统民居

东北各地传统民居与华北、西北大体相类似，但因地理条件不同也有许多特殊

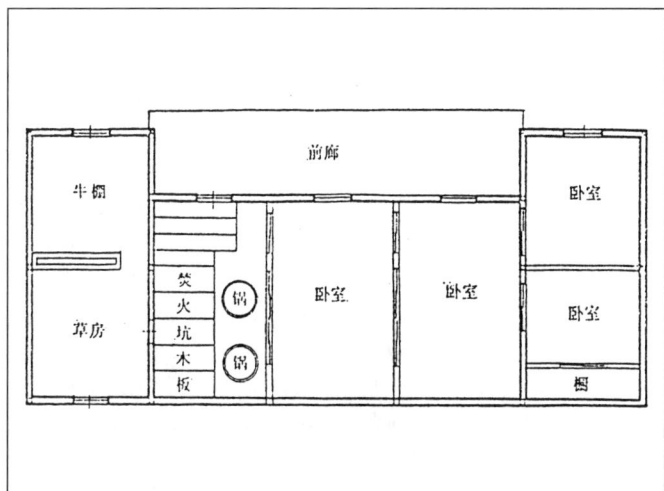

延边朝鲜族中廊式房平面图——选自《吉林民居》

岫岩满族大院

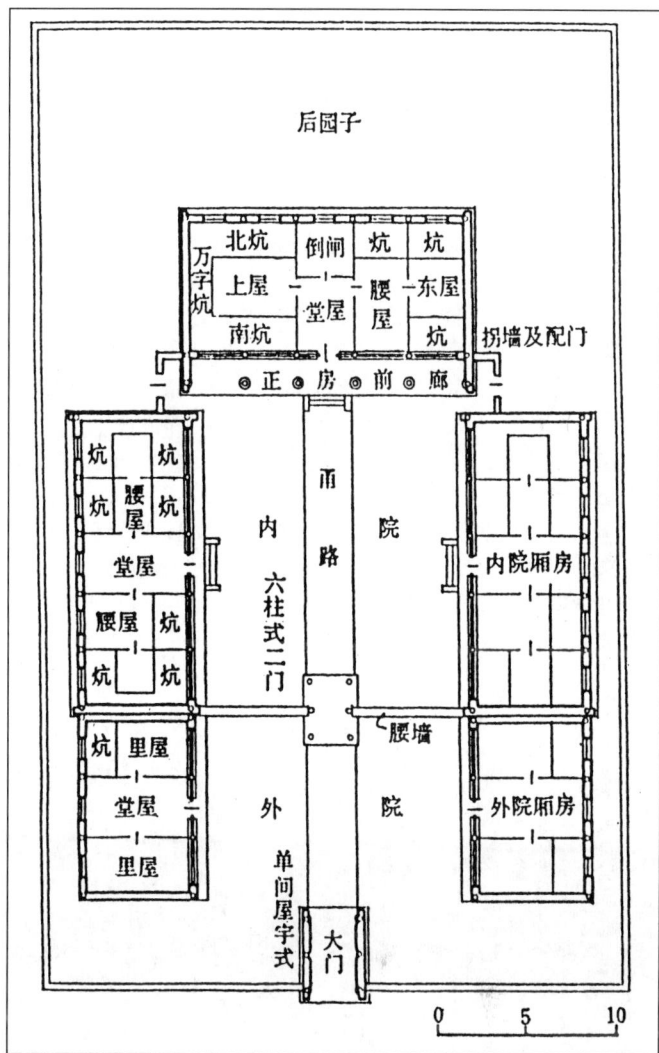

吉林市满族住宅平面图——选自《吉林民居》

之处。民居在各类建筑中与人们生活关系最密切，最能反映各地不同民族、社会、经济、历史、文化、宗教、艺术、地理、风俗。民居建筑的优秀传统对于创作有中国特色的社会主义的现代建筑，特别对于风景建筑有极为重要的参考价值。

在傍山、滨水地区与分散的住户多建单座平房。这是能维持低级温饱生活的数口乃至十数口人的农家的主要民居类型。这种民居和处于饥寒线上劳苦人民的原始窝棚、马架子以及赫哲族地窖挖地立柱的"胡加布"，木架苦草的圆锥体"撮罗昂库"，鄂伦春与鄂温克的圆锥形窝铺"歇人柱"相比，当然进步很多。这种平房以平顶、囤顶及一面坡的土顶土墙者为多，而以坡顶的草房、砖瓦房者为少。其平面通常为横向长方形，分3～5间，门多在中间开.结构以梁柱承重木构抬梁式为主，也有以墙承梁檩

的。东北冬季长达6～9月，气候寒冷，一月平均气温在－9℃至－30℃之间。为了防寒保温，房间的进深不大，高度较低，以紧缩内部空间；屋顶及外墙亦极为厚重。为更多吸取阳光，遮避北风，屋的正面多南向，南窗大而多，北窗小而少，甚至完全不开。为避免构造及采光的困难，很少用转角的平面。东北民居室内取暖，普遍搭盖火炕，火焰及热烟气通过回环盘旋的烟道将大面积的炕面熏烤温暖，然后废烟气从烟囱排出。烧热的火炕不仅提高室内温度而且以被褥毡毯覆盖亦可长时间蓄热。一般人家用灶火做饭兼烧炕取暖，灶坑多设在外间，以保持里间卧室清洁。火炕多盘在南窗内，以便家庭妇女在暖炕上做活计时能有充足光线。火炕之外也有用火墙、火炉取暖的，但为数不多，而用火盆盛灶坑余火取暖的却很普遍。外屋房门多在双扇板门之外再设风门。

里屋隔墙更设里门。人们平时多在里屋活动，外屋就成为里屋保温的冷间。还有的人家在里屋糊纸天棚，封窗缝，设双层窗。因此东北的冬天虽冷但室内仍保持温暖。单座平房一般没有院落围墙，有的用石块、秫秸拦成简易矮墙；有的只用粮囤、柴草堆、鸡窝、猪圈布置成无界限的庭院并在房前栽上两颗花果树与宅前流水，宅后山林组成大自然的生活空间而自得其趣。

单座平房的进一步发展，就有两合、三合、四合的合院，也与北方其他地区相类似。不过东北农村富裕农户经营的土地多，备有车马；需在院内储存粮食并饲养较多畜禽，种植蔬菜，设碾房、磨房以便进行粮食加工；而一般宅地比较宽余；故房屋配置松散，正厢房完全错开，形成宽大院子。此外为防备盗匪袭击均建高大院墙并在四角设炮台。

41

满族民居基本属于上述合院类型，只是按照满族传统习惯，正房不带耳房，如为五间房门开在正中，如为三间门也可开在一边。室内多设圈炕，两间卧室南北大炕相连，而以连接的西炕位置最尊，上供祖宗牌位，名万字炕。两间大炕中间多用活动格扇隔开，炕沿上面悬挂幔帐，晚间放下，一家老少四股可对面歇息。外间设锅灶，做饭兼烧炕，有在外间设半间"暖间"住人而将东屋北半间隔出作厨房。院内有祭天的"索罗杆"及系马的石桩。草房为了防火烟囱多离开山墙，下有横砌烟道与火炕相通，名"坐地烟囱"。内外院之间因房屋位置分散，少用回廊隔墙及垂花门而多用院心影壁以屏障上房。大门外常设外影壁。院内多有畜圈、草棚、碾房、磨房、库房，后院多辟为菜园并设粮仓。院内房屋配置比较自由并不组成完整的三合、四合形式。满族大院历

年破坏较多，我遍访新宾、本溪、凤城、岫岩、桓仁各满族自治县已难找到完整的院落。

朝鲜族集中居住在辽宁、吉林的东部地区，过去养牛种稻者多，其传统民居通常为四间长方形平面，其中一间为牛舍草库，两间为满屋铺设的火炕，另一隔壁间设锅灶，做饭兼烧炕。民居门窗多不分，进门即上炕，其席地而坐的习惯有类日本。火炕多用砖石砌就，上铺木板，涂黄色油漆或满糊高丽纸，周围墙面则用油纸装裱，内部间壁用活动拉门。室外正中或靠卧室一侧设前廊，因进门需脱鞋，前廊廊板用以放鞋及杂品，夏天又可在廊下乘凉。烟囱多为落地式，位于房屋两端，因火道途径长，烟气升入烟囱已无热量，常用木板拼成方筒烟囱。屋顶多为四坡水的草房，当地称为"四斜面"，在很厚的苫草上涂泥或用草帘将屋顶

盖满，用木杆将屋脊及屋檐压住以防风吹。现瓦屋顶已逐渐增多。朝鲜民居的屋脊两端及檐角均向上起翘，但屋面坡度却比较平缓，因而形成自己独特的风貌。

蒙族民居除游牧生活中的蒙古包外，在定居区多仿汉式造房。比较特殊的有马架房，因缺少木材，梁架细小，上为椭圆顶由7~17根檩条承重，门开在山墙面，内开三间，西屋与满族同设南北炕以西炕相连，名拐把炕。

改革开放以来，农村经济发展，东北民居在大量重建，新民居以砖瓦房占绝对优势，并趋向加大进深，分前后间，开北窗，增添采暖及卫生设备，取消火炕改换床铺，增建楼房。但多数农村还保持火炕，不过已作许多改良。

庄河草房

延边朝鲜民居

建设有中国特色的社会主义现代化的北京

北京是新中国的首都,祖国的心脏;她过去曾是中国封建社会六代王朝千余年的古都;今后应该是社会主义的有中国特色的现代化人民新都。四十多年来北京面貌发生了根本变化。1949年北京总面积为100多平方公里,有人口100多万,建筑2 129万平方米;1992年北京城规划面积为1 040平方公里,固定人口530多万,建筑 1.8亿平方米。新北京的建筑相当于八九个旧北京。我先后在农学院读书,在城里搞救亡活动,在西郊组织抗日游击队,在建筑科学研究院及中国科学院工作,84岁时在北京渡过了40年,亲自经历了从旧到新的变化。北洋军阀、日伪、国民党三十年的统治并未改变清朝末年北京的残败衰落景象。新中国成立时北京只有铁路3条, 有轨电车54辆,自来水每天只能供水5万吨。发电只有石景山,设备为7万千瓦, 抗战一周年我们游击队在电厂扔了几个手榴弹,北平全城当晚就一片黑暗。

现在北京市区已扩大到定福庄、石景山、清河、南苑,而环绕其周围还有北苑、酒仙桥、定福庄、南苑、丰台、清河等十个边缘集团和通州、良乡、房山、昌平、延庆、密云、平谷等14个卫星城。铁路直通沈阳、广州、承德、包头、原平、通辽。市内地下铁道已建成40公里。市区公路有4条环路,25条放射线及贯通旧城9条干路。有些快速路已在交叉口建几十座立交桥。自来水厂增至7座,修建了官厅、密云、怀柔及84座中小型水库,开挖永定河及京密引水渠。至于能源的供应,已新建3个电厂,增180万千瓦的设备,又进一步与晋冀内蒙联网,以满足城市电力需要。热源过去是煤球时代,现在发展集中供热与煤气、天然气。关于通信与广播正在发展具有现代技术装备的多种通信方式与多功能的数字化电信网。发展无线电通信,扩建卫星地球站,开辟多路微波电视,建立有线电视,实现邮件处理转运机械化。

北京的环境质量,过去西北多荒山秃岭,冬春风沙为害,干旱严重;夏季雨水集中,又多洪涝。解放后修建大小水库,农田灌溉增至500多万亩。普遍地植树造林,市区增加绿地800多公顷,公园绿地40余处。计划至2000 年要消灭荒山, 山区林木覆盖率要由17%达到55%,并与三北防护林衔接, 建自然保护区,风景游览区;市区建绿化隔离带、森林公园、花圃;覆盖率要达到35%,人均公共绿地7平方米。全市基本控制水污染。

北京的社会主义建设同全国形势一样,40多年来有成功的经验,也有失败的教训;以党的十一届三中全会为契机可分前后两个时期。有关的指导思想问题,集中于四个方面:

一、关于经济建设1957年规划的指导思想是变消费为生产城市,首都是政治、文化与科技中心,也必须是大工业城市,必须有现代产业工人的群众基础。于是开始建设东北郊工业区,并于1958年开始将石景山、房山、南口、周口店等地建成大型工业基地,在城区办起小工厂,三年间建成厂房300万平方米。结果招致布局过宽、用地紧张、水源缺乏、污染严重、交通混乱。1982年北京制定新规划,根据中央指示,首都不一定要成为经济中心,因而决定基本不发展重工业,调整产业结构,积极发展外向型经济,要以高新技术为先导,第三产业为主体,第一二产业为基础,协调发展社会主义市场经济体系,把北京建成为国际旅游城市。

二、关于历史文化名城 建国初期已有人指出古都有完整系统的布局,是世界无与伦比的有极高历史与艺术价值的古城;国家行政中心不应放在城里。但当时决策认为旧城可以利用,适当改建有利于古城面貌,建新区受当时财力物力限制,难以兼顾。以后关于是否拆城墙有过争议,最后决定拆除的理由认为城墙防碍交通、利用城墙基址建环路可少拆迁房屋及少占土地。但这个理由并不充分,当时城墙外面绝大部分是空地,在护城河外岸修环路,在城门附近扒豁口、修立交、建快速路是不困难的。时至今日我们应该认识到乘车环行于有护城河环绕的古城墙外,和失去城墙到处是一片高楼,完全是两种不同的境界,城墙的拆除是对历史名城极大破坏。为保护历史名城在特殊情况下拆迁古建筑应十分慎重,周总理亲自审定北海大桥改建方案,是很好的榜样。但有些人总把古建筑看作是落后的封建残余, 力图加以消灭。文化大革命后,学术界还不得不为保存德胜门箭楼、圆明园遗址而奔走呼号。改革开放以来历史文物逐渐受到各方重视。国家公布以北京为首的历史文化名城名单,北京市将文物保护单位扩大到209项,区级近800项。最近又确定25 个历史文化保护区。在规划中保护8公里的传统中轴线,并重点保护皇城。 为弥补拆城墙的缺陷,沿原城址建宽的绿化带。南北池子、南北长街与紫禁城之间除保存古建及较好民居外均划为绿地,控制建筑高度,故宫景山周围250米内建筑只限3层,皇城内建筑最高限5~6层,并要求体量、形式、性质与古城景观协调。

三、关于城市风貌 四十多年来北京规划的实施,经历许多的波折。解放初期许多单位圈占大院。1958年大办工业,全城开花。文化大革命前后见缝插针和干打垒。前三门高层住宅的"新城墙",都严重影响城市风貌。改革开放后在执行新的城市规划过程中也存在一些问题。首先是过多高层与超高层建筑的兴起,1992年的城市规划已对此做出总结,规定今后二环路内侧只允许建部分高度在30米以下的高层建筑,旧城以外建筑高度也不得超过60米。其次是高级饭店抢占市中心,王府井南口的北京饭店经两次增建业已体积巨大,但它的西面贵宾楼硬是抢占规划绿地,接在北京饭店西头造成"四代同堂";王府井北口,狭窄的金鱼胡同中,和平饭店大肆扩充,悍然毁了有名的那家花园,接着又有台湾饭店和王府饭店挤进这条小胡同,上百辆的出入汽车经常把胡同堵得死死的。过去我登景山看北京市容,是灰瓦绿树围绕着黄琉璃瓦的紫禁城;20世纪八十年代初已出现斑斑点点的灰白色高楼;现在去看北京已是一片灰蒙蒙白茫茫的高楼群,最显眼的东边有京广大厦等三座超高层建筑,全城面目巨变,故宫虽然存在但已不那么醒目了(九十年代中在长安街干道上新建的大型建筑对北京历史文化名城影响如何,更值得北京城市规划决策者深思与及时总结经验和教训。—著者出版时补注)。

四、关于新建筑的探索 中国的现代化建筑要随着新中国的政治经济、科学技术、文化艺术、社会生活的发展而变化。四十多年来中国有理想、有能力、有志气的建筑师与工程师们,不赞成在中国现代化建筑设计中对中国古建筑食古不化的复古主义倾向;也不欣赏照搬国外现代化建筑而否定中国有自己特色的观点。他们一直在探索着走有中国特色的社会主义的现代化建筑创作之路。20世纪五十到八十年代的新建筑如人民大会堂、北京图书馆等建筑都是他们边摸索边创作的结晶,取得了各自的成就,只要沿着这条路走下去,我们的新建筑一定会不断取得新的更大的成就。

北京东和天津,秦皇岛,北和承德,西北和张家口,西南和易县都有密切的历史与现代的政治经济联系。在这片地区里有北长城蜿蜒通连,有极优越的自然风景与丰富的历史文物,在战略上与首都有密切的整体关系。

一 北京猿人、黄帝涿鹿之战

迄今所知我国最古的猿人为云南元谋的猿人,距今约为170万年,周口店的猿人通称北京猿人,距今约为60～70万年,因发掘较早,20世纪二十年代即闻名于世。周口店当时气候温暖、湿润,西北高山长着松、桦、朴树,有剑齿虎、犀牛、熊、豹出没,东南是无边的草原,有成群的肿骨鹿、羚羊、三门马到处奔驰,沼泽中有水牛和水獭。周口店的遗址中共发掘出比较完整的猿人头盖骨5具和分属40人的肢骨及牙齿,几万件石器,百多种动物化石。北京猿人上肢发达和现代人十分相似,头盖骨低平,头骨较厚,眉脊隆起,吻部突出,牙齿粗大,缺少下颏,脑容量平均1 075毫升比现代人1 400毫升小三分之一。他们把砾石打成石片用来刮皮割肉,已进入考古学的旧石器时代。猿人为生存而猎取野兽,几十人在一起劳动,共同消费,乱婚,这种原始人群即早期社会组织。人们生活极其艰苦,生命短促,发掘出的40个体中,有三分之一年纪不到十四五岁。

在周口店猿人遗址上面的山顶洞里又

北京猿人头部复原图

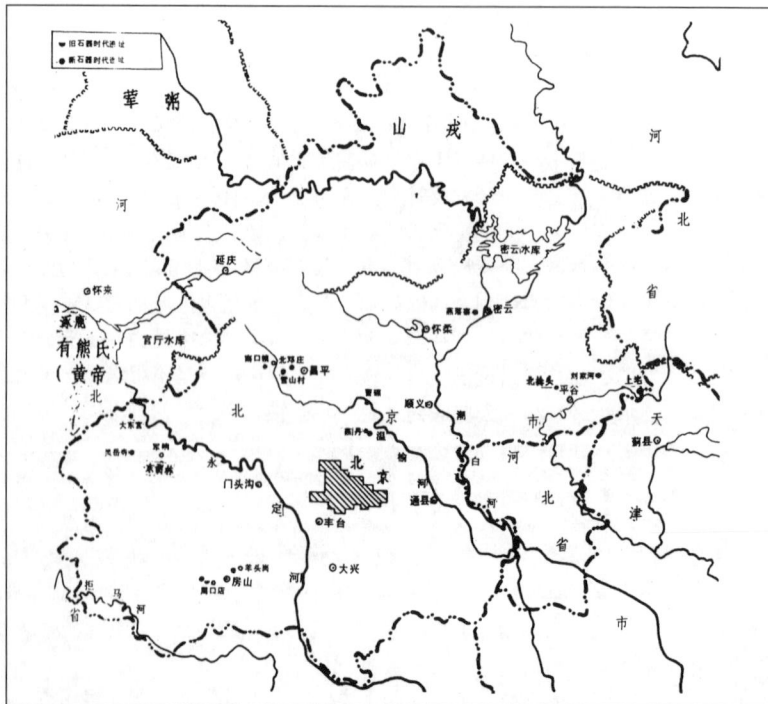

北京地区石器时期遗址图

发现古人化石，距今约2~4万年，其脑量为1 300~1 500毫升，已达到现代人的水平。山顶洞人改善打制石器，掌握钻孔技术，除采集与打猎外已开始捕鱼，又学会摩擦取火，能缝制兽皮衣服，并相对定居，已进入母系氏族社会。这时在中国各地已出现不同的氏族社会文化，山顶洞人氏族属于北方长城内外的红山文化而又与东方大汶口文化、中原仰韶文化密切相关。

距今一万年左右，人类已从古人进化为现代人，学会磨制石器，进入考古学的新石器时代，畜牧业及原始农业逐渐发展；从游牧转向定居，从山麓走向平原；男子在生产中渐居主导地位；对偶婚逐步发展，母系氏族公社转为父系氏族公社。现北京地区发现的新石器遗址有：门头沟东胡林的黄土台地古墓葬中发现两男及一少女的化石，少女佩有螺壳项链及牛骨手镯，距今约一万年。昌平雪山村发现距今六千年的人骨及原始陶器。平谷北埝头和上宅新石器遗址，发现半地下房屋遗址及石器陶器数百件。根据这些考古发掘，证明北京是人类产生和发展的一个重要地区。

在原始社会末期，各部落开始组织部落联盟。据我国历史文献记载：黄河上游曾有炎帝及黄帝，黄河下游先有太昊、少昊，后有颛顼、帝喾，东南有蚩尤等部落联盟。当时先后发生三次有名战争，先是炎帝与

蚩尤作战，为蚩尤所败。随后炎帝族向黄帝求援，炎黄部族联合与蚩尤在涿鹿激战，蚩尤战败被杀。最后炎帝族因利害冲突与黄帝三战于阪泉之野，也以失败告终。战后黄帝与炎帝族结成部落联盟，并逐渐与周围部落融合，构成以后的华夏族，再发展成为汉族。这几次历史有名战争都发生在北京附近地区，东汉文颖汉书注"涿鹿在上谷，今有阪泉地、黄帝祠"。唐陈子昂诗"北登蓟丘望，求古轩辕台"。说明北京在远古传说与历史中曾占有重要地位。

二　商周遗址与燕都

通过夏商两王朝，我国进入奴隶社会。在这千余年的历史中，手工业与农业进一步分工；实行水利灌溉，农业有极大的发展；成批的奴隶投入青铜冶铸业；国家统治的范围从山西、河南、河北交界地带扩充到北至燕山、西到陕西、南抵长江、东滨大海的广阔区域。商的四周有许多方国。记载历史的文字，大量铭刻于甲骨及铜器上。纪元前11世纪到8世纪为历史上的西周时期。周初封家族及功臣为71国的诸侯。土地为封建领主所有制。社会以土地所有者天子诸侯、附着土地的农夫庶人和农奴阶级所组

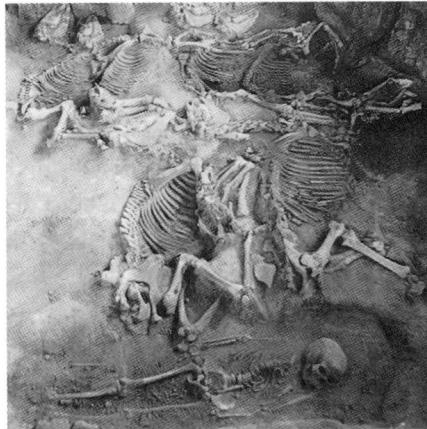

琉璃河西周墓车马坑

成。所谓"无君子莫治野人，无野人莫养君子"(孟子)。因此有的历史学家认为西周已进入封建社会。周代东征东夷、淮夷，南伐楚，北与肃慎交往，西败鬼方，统治范围更大于商。

据《史记》记载：武王封召公于燕，封尧之后于蓟。蓟在今北京广安门西，燕在今北京南之琉璃河。这两座城都在太行山东，河北稠密的沼泽和淀泊以西，中原去东北及蒙古的交通线上。最近在琉璃河发掘商周遗址，在左岸台地上有用土夯筑的长方形古城墙，东西长830米，南北约600米，墙厚4米，有内附墙和护城坡，外有护城河。城东几百米处有300余座西周墓葬。出土陶器、

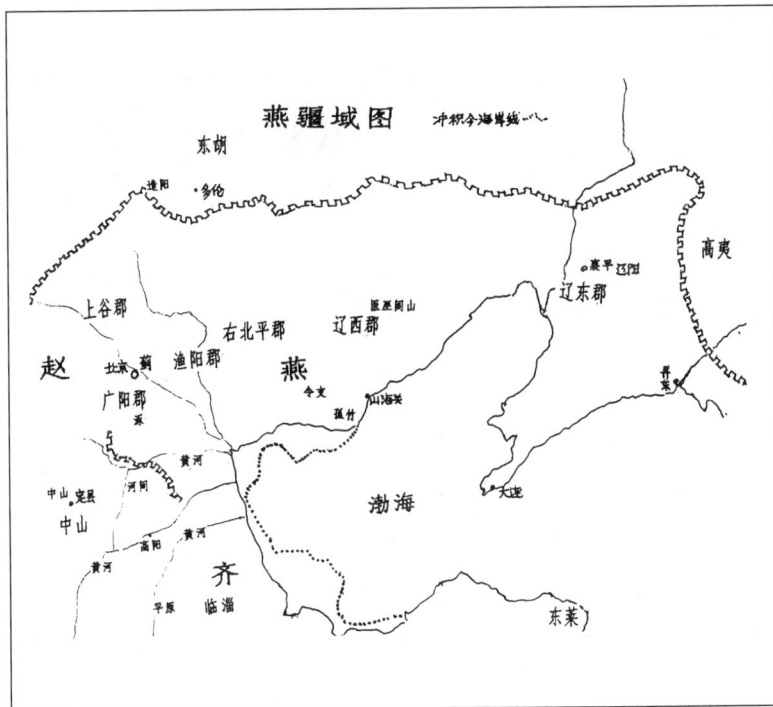

燕疆域图

燕侯堇鼎

青铜礼器、兵器、工具、车马器、玉石器、骨角器、原始青瓷器、漆器及货贝等总数超过万件。253 号西周墓出土的堇鼎，通高63厘米，重41.5公斤，是北京出土的最大的青铜礼器，乃极为珍贵的文物；内有铭文26字意为燕侯命堇去周，向召公献食物，受赏，因铸鼎纪荣。西周1193号墓，四角有四条墓道，形式罕见。这些出土文物证明琉璃河遗址即周初封燕都邑所在。东周初年，燕并蓟，迁都于蓟，今之北京乃成燕之新都。

纪元前770年，周平王迁都洛阳，是为东周。前期史称春秋时代，周王势力只及洛邑周围，政治经济依附于强大的诸侯。领主经济逐渐为地主经济所取代，工商业进一步发展。后期各诸侯国相互兼并，只有齐、楚、燕、韩、赵、魏、秦七国为大，史称战国时代。铁工具逐渐为农业普遍使用，耕作技术提高，耕种面积扩大。制铁业、盐业、商业发展，货币流通量增多。各国相继变法，实行征兵，战争规模不断扩大。初期

燕虽为北方大国，但正如史记所说"北迫蛮貉，内措齐鲁，崎岖强国之间，最为弱小"，曾受山戎攻掠，借助齐兵始解围。后齐国攻破燕都，国力更为衰微。燕之兴起在燕昭王当政的卅余年中(纪元前311—279年)。昭王筑黄金台求贤，重用乐毅、邹衍等改革政治、军事，国力骤强，先后攻占赵中山之地，连下齐70余城，攻陷临淄。昭王死，燕由盛转衰。后燕太子丹派荆轲刺秦王，未成，纪元前226年，秦攻破蓟城，燕亡。

燕都蓟城为当时南北贸易中心，内有宏大的宫殿群，燕国带有"明"字的刀币，通行广大地区。现广安门南700米辽金宫城夯土台基下，叠压战国文化层出土的饕餮纹半瓦当，即燕都宫瓦。燕昭王即位前，为防御齐赵强秦修筑西起太行山，经易县、徐水到文安西境的南长城。即位后，秦开大破东胡，东胡北走千余里，燕在新扩边境线上修北长城并在长城内设上谷、渔阳、右北平、辽西、辽东五郡。北长城又分两道，先

修从赤峰南到阜新西的内线，较短。后修的外线则从围场以北过赤峰、彰武、铁岭转向东南之新宾、桓仁、直越鸭绿江畔。这个千公里长的伟大工程即以后秦建长城的基础，其遗迹在今之内蒙、辽宁还处处可见。当时又在易水上的武阳(今易县)建下都，城东西长8公里，南北宽4公里，现有城阙、宫殿、下水管道、炼铁、制陶作坊等遗址，可以窥见当时的雄伟规模。

三 辽南京和金中都

秦统一中国后，将燕都辟为广阳郡，修长城，开辽东驰道。西汉封诸侯王。20世纪七十年代在北京西南15公里的大葆台发掘西汉燕刺王刘旦或广阳顷王刘建的墓(纪元前117年或45年)，为我国首次出土西汉诸侯王的地下宫殿和车马殉葬遗址。此墓

北京大葆台汉墓

蓟县独乐寺山门

昌平银山塔群

独乐寺观音阁

三棺二椁为黄肠题凑。凡柏木黄心称"黄肠",柏木头内向称"题凑"。此墓环绕棺椁的黄肠题凑用 10 厘米见方、90 厘米长的柏木 15 880 根,砌成高 3 米、长 42 米的木墙,其规格为古墓所罕见。汉武帝时将中国划为 13 州,北京地区属幽州。十六国时期,前燕在蓟建都只 5 年即为前秦所灭。南北朝时期,北齐修长城起自山西临汾经南口达渤海。现在温泉附近的车儿营有北魏太和 489 年的石造佛象,高 2.2 米,庄严自然。隋修榆林至蓟御道,曾三次用兵东北。名僧静婉在云居寺刻石经。唐将地方政府分为道、州、县三级,北京属河北道,下置幽州、檀州(密云)、沩州(怀来)及管理内附奚族的饶乐都督府。在城东建悯忠寺。

阿保机于 916 年建契丹政权,十年后灭东邻渤海"得地数千里,兵数十万",乃进窥中原。石敬塘割燕云 16 州,以父礼事契丹;契丹乃改国为辽并在幽州城建陪都南京。北宋统一中原后,979 年宋太宗进军河北,与

辽军会战于高粱河,宋全军溃败;七年后宋再分兵三路北进,又遭败北;乃在河北中部,遍开塘泊,以阻辽之骑兵。1004 年辽军兵临檀州(河南濮阳)以后继不利乃与宋议和,宋真宗输绢纳银,后未再发生战事。辽建南京,周 18 公里,墙高 10 米设 8 门。长春宫居城之西南附有果园、湖泊。城中分 36 坊,商业区在城北,现门头沟龙泉务发现辽的烧瓷窑址。契丹传统,皇帝须四时巡视各地,就地议政,名为"捺钵"。辽圣宗以后春夏多在南京。南京日益繁荣,人口达 30 万人,与北宋开封同为全国的政治中心。

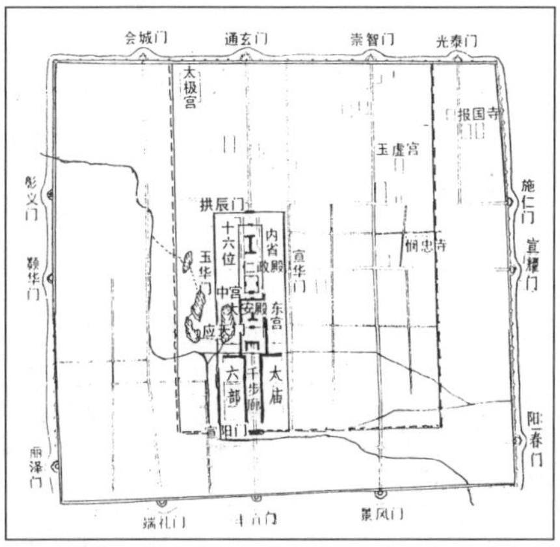

辽代盛行佛教,现广安门有辽建天宁寺塔,高 57.8 米,八角 13 层密檐,造型挺拔雄伟,浮雕力士菩萨形象生动。辽通理大师在云居寺建南北两塔,于塔下埋石刻经版 8 000 块。蓟县西门有唐建的独乐寺,其山门及观音阁为辽 984 年重建。山门五脊四坡为我国最早的庑殿顶山门,正吻鱼尾向内与明清鱼尾不同。观音阁上下两层

金中都图

中间设暗层,通高 23 米;梁柱接榫因位置与功能不同有斗拱 24 种;结构技术高超,经多次地震,仍完好如初;为我国现存最古的木构高层楼阁。阁内有高 16 米的 11 面观音,两侧胁侍及山门天王均为辽代泥塑珍品。四周壁画为明代作品。寺南 500 米有观音

独乐寺观音像

蓟县观音寺白塔

47

良乡多宝佛塔

北京天宁寺塔

寺白塔亦辽建，后经明清及现代重修，高30.6米，八角，塔身上出三层砖檐，再上为喇嘛塔式的圆肚体、十三天和铜刹，在辽塔中形式最为奇特。良乡有辽建多宝佛塔，高47.5米，为八角五层楼阁式空心砖塔；涿县辽建南北塔，北塔八角六层，南塔八角五层，形式均不同于东北辽塔。

1123年金攻下辽之南京，驱走居民两万户。未几灭辽。1126年破汴梁城掳徽钦二帝及宫室臣僚3 000余人并国书典册、工匠娼优，席卷而去东北。南宋偏安立国后，金军更南下中原，渡过长江，破建康、下临安。1141年南宋向金纳贡称臣，划西起大散关东至淮河为两国界，广大中原地区，全为金有。当时两国相峙，金虽为强者，但其政治中心仍留上京(今黑龙江阿城)。十年后金主完颜亮夺取政权，为控制中原进取南方，乃迁都燕京并改名中都。先后动员工匠80

万，兵工40万，将辽城向东西南三面扩展，共筑城三重。外城周18 690米，每边三门。宫城位于中央，从应天门到宣阳门东西并列千步廊各200间，北端有文武楼各百间，中间构成T形广场；街道宽阔，两旁水沟植柳，形成壮观的林阴大道。皇宫有殿九重，36座楼，不仅规制参照汴梁，即建筑材料如北海的艮岳太湖石也多从东京拆来。当时将莲花池及洗马沟凿成护城河并将水引入皇城构成鱼藻池。于东北郊高粮河水灌注的洼地，建大宁离宫，建大明朝日坛及夜明夕月坛。金征调粮食均集中天津经通州漕运，每年多至百万石。为解决中都供水，金重开曹魏时的车厢渠，引水入护城河，名金口河；北开闸河通潮白河。后因卢沟水涨，威胁中都，而将金口河关闭。现存金代重要建筑卢沟桥及昌平银山宝塔群等。现丰台之凤凰咀残存金中都南城一段遗址，

有100米长，3米高。1990年发现南城水关，为中都遗存重要标志。

四　元大都和明清北京城

1206年铁木真统一蒙古各部被推为皇帝称成吉思汗。他把所属人民按十、百、千、万户加以组织，平时生产，战时作战，国力骤然强大起来。乃开始向金及西夏进军，陆续占领了黄河以北的广大地区。1215年蒙古骑兵攻破金之中都，将一代名城纵火焚烧，顷刻化为废墟。此后因成吉思汗用兵中亚，金帝得以苟延残喘，直到1234年，窝阔台攻下汴梁，金乃亡。1260年忽必烈称大汗，1271年在北京改国号为元，称世祖。1276年元军攻下临安，南宋亦亡。

正阳门箭楼

东南角楼

拆毁前的安定门

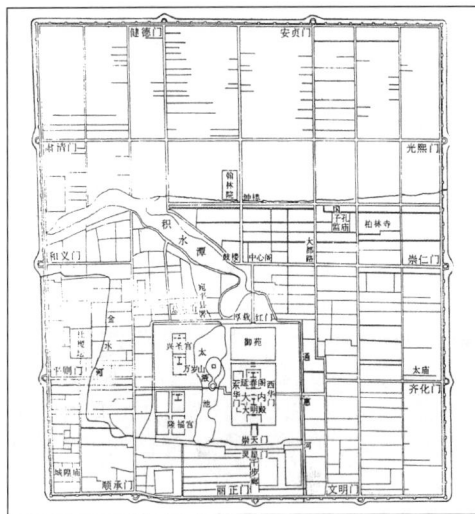

元大都图

中都被毁45年后，忽必烈再来北京，因无法在宫殿废墟中安身，只好住在东北郊离宫中的大宁宫。1267年元朝开始重建国都－大都时，又不得不放弃从燕到金已有千五百年建城历史的莲花池水系地区，而改建在以高粮河水系为中心的离宫新地区。大都设计者刘秉忠及郭守敬先进行地形测量然后制订总体规划，其布局充分体现"匠人营国，方九里，旁三门，国中九经九纬""左祖右社，面朝后市"我国古代"周礼"的理想。宫城萧墙不仅位置于城之中央前沿而且三组宫殿都列在太液池的两岸。全城有显明的中轴线，丽正门为起点，宫城北端有中心阁为结束。大城为长方形，周28.6公里，除北墙两门外，其余三面均为三门。街道为棋盘式，纵横各有干道九条，一般宽18～25米，中央大街宽37米，胡同宽9米。居民区共50坊，各有门书坊名。宫城东有太

庙，西有社稷坛。中心阁之西有钟鼓楼。主要市场位于东西北城要冲之地。大明殿在宫城南居中，为会朝正衙，殿基高十尺，陛分三级。寝殿在后与大明殿联成工字形，绕以120间的周庑，四隅有角楼。"凡诸宫周庑并用丹楹、彤壁、藻绘，琉璃瓦饰檐脊"（《缀耕录》）。后廷在宫城北部与前廷设计基本相同。宫城之后为御苑，西有石桥通太液池，原琼华岛改称万岁山，为全城最高点，广寒殿等建筑经扩建后，"山皆玲珑石为之，峰峦隐映，松桧隆郁，秀若天成"（《缀耕录》）。宫前有千步廊构成的T形广场与金代同。大都建成于1285年，前后历时18年，其城市构架大体为明清所承袭，在我国城市发展史中，有重要的贡献。郭守敬又擅水利，元都征粮每年海运达300万石，郭亲自勘测西山水道，引白浮泉水转瓮山泊入积水潭，下游经闸河至通州入白河，共长80公里，以

解决漕运。元史载忽必烈"过积水潭，见舳舻蔽水，大悦"因命名通惠河。元代晚期大都人口达40～50万，其繁华景象为当时从威尼斯来的马可波罗所惊叹，称为世界无与伦比的伟大城市。

1368年明军陷大都，元亡。徐达为加强防御，在北城墙内5里筑新墙并开德胜门与安定门。明成祖在北京即皇帝位后于1406～1420年的15年中役使工匠23万、民夫百万及无数士兵重建北京。北依新城而废旧墙及有关4门，南城墙南移2里，将元之夯土墙一律用砖包砌，新城高13.7米，基厚20米，顶厚18.8米，保留9门，将护城河上的木桥改为石桥。1436～1439年修9门城楼。1553嘉靖为加强防卫又修建外城，城高8米，有门9。内城周长26公里，外城周长14公里，内外城整个周边约为33公里，面积62方公里。明紫禁城沿用元大内旧址而

49

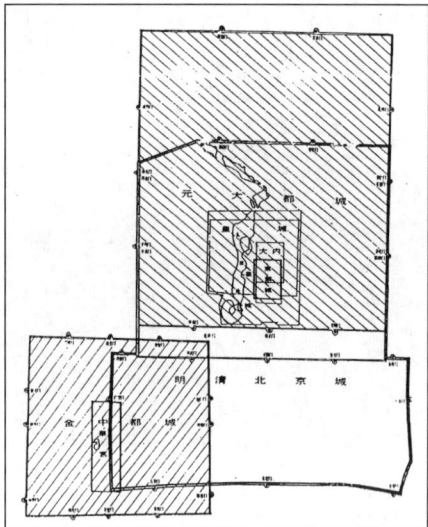

金元明清北京城址变化图

稍向南移,城周长2.7公里,有门4。午门位置相当于元皇城南门,金水桥北为皇极、中极、建极三大殿,是为外朝;在元大明殿基础上建后廷乾清宫、交泰殿与坤宁宫,后通御花园。宫城北用南海及护城河挖出之土堆筑万岁山,山高46.67米为全城的最高点。午门至承天门(清改天安门)的御道两侧,布置太庙与社稷坛。在太液池南开凿南海。扩大东、西、北的皇城面积,皇城周达9公里,南有承天门,北有北安门,东西有东、西安门。承天门前开辟远比金元更为宏伟的T形广场并用宫墙封闭三面,东西开左右长安门,正门名大明门。沿宫墙内侧建千步廊,外侧则为文武衙门。中轴线南端永定门内东西两侧兴建规模宏大的天坛和山川坛,北端将钟鼓楼移置正中。整个布局比大都更为紧凑、雄伟与合理。明代北京的居民区分36坊,人口曾达30余万。明初通惠河年久失修,重建北京城时将原有水系破坏,江南船只只到通州;但大运河中常年仍有12万运粮军丁及万艘漕船往来。明初兴修廊房数千间召民经商,又建"会同馆"招待外商,工商业日渐发达。

清入主中原,承受明都的完整遗产,于北京无大改变。清初废坊,内城只许满族及旗人居住,归八旗管辖,汉人只能住在外城;以后这种限制逐渐废弛。城外盛行圈地,近畿500里方圆有132所皇庄,圈去土地达16万公顷。明清北京城充分吸收我国历代都城建设经验,建成古代世界最恢宏、最精美的伟大城市,经历了七百年而完整保存至今,实为人类难得的珍贵历史文化遗产。国外专家誉为"伟大文明的顶峰""地

球上人类最伟大的工程""为今天城市提示丰富的思想源泉"等等。而其城市建设的优秀传统足资后人学习参考的,主要有以下诸端:

(一) 有中轴线及纵横并列的棋盘式道路系统和适合时代需要的宫殿、衙署、坛庙、街坊、广场、作坊及市场的布局和功能分区。

(二) 商业网有前门、鼓楼、东西四牌楼贸易中心;花市、灯市、珠市、米市、菜市、骡马市、果子市等专业市场及为供应市民日常生活而广泛分布的小店铺。

(三) 建设完整供水体系及排水系统。

(四) 从实际出发建设西北郊三山五园,城内积水潭至三海及护城河环城的园林绿化带,使城市有净化、美化的优良环境。

(五) 大圈套小圈的三环城墙及众多的城楼、角楼,不仅在当时起着坚固的军事防御作用,而且直至今日它对整个城市面貌一直起着高度美化与鼓舞精神的作用。

(六) 全长8公里的中轴线上建筑有绝妙的空间组合。从南端的永定门起,两旁配有巨大空间的天坛和山川坛,中为狭长的前门商业大街,到正阳门,进内城,面对高大雄伟的城楼与箭楼,造成人们心理变化的第一个高潮。进城越棋盘街通过大明门又进入千步廊的狭长纵向空间到长安街突然转为横向空间,在豁然开朗的心态下瞻望皇城和堂皇巍立的天安门、金水桥及红墙环绕的整个广场,人们会自然升起第二心理高潮。经过端门到午门,有太庙及社稷坛的狭长通道,人们心理,由收到放再到收以迎接紫禁城内更复杂的空间变化和以太和殿为代表的皇宫建筑所造成的心理变化的最高潮。过御花园出皇宫,登上全城最高的万岁山是高潮的延续。下山再经后门商业大街至钟鼓楼最终结束。

(七) 以紫禁城为中心,城墙城楼为环围。以中轴线建筑为主干。以坛庙、佛塔、牌坊为点缀。以棋盘式道路为经络。以串通全城的园林、水系为血脉。以钟鼓楼为声音。以有瓮城控制的各城门为出入口。北京城有紧密的结构体系,丰富的艺术造型和雄伟壮丽的风貌。

北京城城墙拆毁后新的北京规划正采取措施以尽量保护这历史文化名城的几处遗存:(1)元土城 现有12公里长的北城遗址,夯土版筑,基宽15米,最高残存6米。(2)正阳门城楼及箭楼 城楼为永乐1421年建,通高42米,面阔7间,灰筒瓦,绿剪边,歇山重

檐,上层有菱花格扇门窗,下层为涂朱砖墙。箭楼通高38米,清朝两次失火,八国联军时又遭炮击,现为1916年重修,屋顶形式与城楼同,北出抱厦,其余三面开箭孔94个。(3)德胜门箭楼 通高31.9米,面阔7间,前楼后殿,有箭窗82。(4)东南角楼 通高29米,曲尺形平面并列20根金柱,铺楼板3层,有144个箭孔。(5)西便门一段城墙。

五　天安门广场——祖国的心脏

在五星红旗照耀下由齿轮和稻麦穗环绕的天安门,是中华人民共和国的国徽。天安门广场是祖国的心脏,亿万人民的心在天安门前跳动。六百年来明清皇帝在这里丹凤衔诏发布命令或举行征讨与祭祀大典。天安门前的T形广场有红墙围绕,禁军把守,号为天街。广场两边各有144间联檐、通脊、黄瓦、红柱的千步廊而南端结束

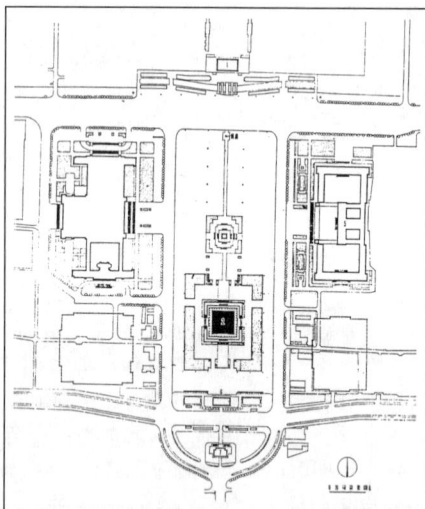

天安门广场平面图

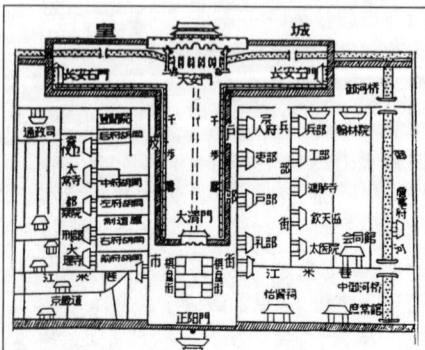

清代天安门广场图

正阳门

人民英雄纪念碑

天安门广场

纪念碑浮雕

于中华门。千步廊东有吏、礼、户、工部，西有太常寺、锦衣卫、大理寺、都察院、刑部等衙署。按当时科举制度，殿试选取进士，黄榜张贴在长安左门外；最高司法衙门秋审判处罪犯死刑，布告贴在长安右门外；因此群众称长安左右门为"龙门"与"虎门"。当时天安门广场是封建皇帝行使其至高无上统治权所在地。

人民觉醒，革命频起，封建王朝覆灭，社会主义中国出现于世界。百余年来天安门前经历过多少慷慨悲壮、可歌可泣的历史事件。1900年义和团勇士们抗击八国联军，现在天安门城楼上尚留有三颗标写英文的炮弹。1919年数千工人与学生为外争国权，内惩国贼，反对巴黎和约及廿一条而游行示威，掀起了成为新民主主义革命序幕的五四运动。1925年为支援"五卅"运动，北京有五万群众举行示威。

1926年各界群众五千人为帝国主义制造大沽口事件向执政府请愿而遭到残酷镇压，死伤200余人，造成"三·一八"惨案。

1935年为反对日寇侵略华北，要求停止内战、抗日救亡，从这里爆发了"一二·九"学生运动。1947年为反抗国民党暴政，这里又举行过反内战、反饥饿的群众示威。1949年人民解放军正在解放全中国，毛主席在天安门上庄严宣布中华人民共和国的成立。此后天安门便成了国庆大典与重大节日的检阅台，广场便成为千万群众的狂欢歌舞场所。文化大革命的十年里，这里始终是全国动乱的号令中心。1976年数不尽的革命群众像海浪般涌进天安门广场，用白花和诗词悼念周总理及声讨四人帮；为时不久狂欢群众又在广场庆祝"四人帮"的覆灭。

天安门是皇城正门，有五阙带汉白玉基座的城门，上面耸立九间黄琉璃瓦歇山重檐顶的高大城楼，通高33.7米，城墙垛口上配以汉白玉石栏杆。天安门前有金水河环绕，河上横跨七座汉白玉石桥。门内外各有雕满云龙的汉白玉华表一对，在横插着的云版上蹲着内外向的石犼。正门前还有石雕戏弄绣球的雄狮和抚摩幼子的雌狮。

金碧辉煌的色调和庄严雄伟的气势构成天安门完美的建筑风貌。与天安门联成一体的南面皇城红墙现尚保存完好。天安门东邻太庙(现为劳动人民文化宫)过南池子止于南河沿；西接社稷坛(现为中山公园)过南长街与中南海相连。太庙与社稷坛的入口均为随墙低门，不建门楼，以突出天安门横向景观。从旧中国到新中国，天安门广场有了根本的变化。明朝的T形广场与元大都体制相同，只把太庙和社稷坛集中在门之两侧并将长安街展宽为80米，广场面积从12.4公顷增至13.5公顷以增强广场的气势。民国初年，为解决交通障碍先拆长安左、右门，1915年又拆千步廊与三座门附近宫墙，打通长安街；相继拆除正阳门的瓮城并在正阳门两侧开豁口。不久将东、西、北三面皇城拆除，这样就冲破了封建王朝的封闭格局为市中心打开几条重要通路。新中国成立十年，中央决定在天安门前修建人民大会堂和革命与历史博物馆的同时改造天安门广场。1958年经过25个方案的

51

选择确定现行方案。广场范围东西 500 米，南北 860 米，面积 40 公顷，大会堂及博物馆左右相对，中间是人民英雄纪念碑，拆除中华门，保留正阳门及箭楼。1976 年毛主席逝世后，中央决定在纪念碑与正阳门之间建纪念堂。现在除两块预留地外，广场的新格局业已定型。新的天安门广场不仅以宽广的面积与辽阔的视野居世界之首，而且在新老建筑协调方面也取得一些成就。当然也留下一些有待解决的课题，如空旷广场使新老建筑雄伟姿态降低，大面积水泥地面有强烈的反射热等。但从功能方面看，天安门广场已成为我国亿万群众的政治活动中心，百多年的革命斗争使天安门广场成为革命的广场，人民的广场，英雄的广场。

人民英雄纪念碑于 1952～1958 年建立在广场中心，北距天安门 460 米。方碑立于两层平台上，通高 37.94 米，两层须弥座之下段束腰镶嵌八幅浮雕，分别表现虎门禁烟、金田起义、武昌起义、五四运动、五卅运动、南昌起义、抗日战争与胜利渡江，上为盝顶，碑心长 14.7 米，上有毛主席题写的"人民英雄永垂不朽"，背面是周总理写的碑文。毛主席纪念堂于 1977 年落成，高 33.6 米，面宽 75 米。方形枣红花冈岩基座每边 105.5 米，上有 44 根石柱擎起金色琉璃重檐平屋顶。建筑共三层，北大厅有毛主席石像，正厅停放用水晶棺装殓的毛主席遗体，南大厅展览毛主席生前遗物，建筑总面积为 3.387 万平方米。

六 故宫——紫禁城

故宫当年称紫禁城是明清两代的皇宫，乃我国现存最宏伟、最完整的宫殿群，为世界建筑的瑰宝。故宫始建于明永乐 1408 年，

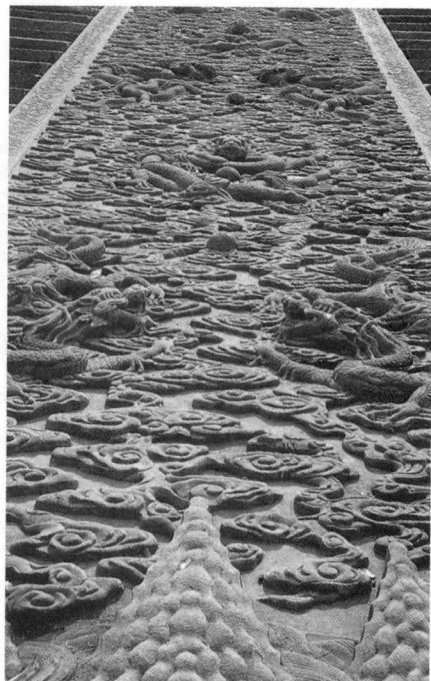

保和殿九龙丹陛高浮雕

北京故宫全貌

文渊阁

故宫通道

西北角楼

历时 18 年才基本建成。共占地 72 公顷,有屋宇 9 000 余间,建筑面积约 15 万平方米。周围宫墙长 3 400 米,城高 10 米,底宽 8.6 米上宽 6.6 米,四角有 9 梁 18 柱 72 条脊,结构复杂,形式别致的角楼,宫墙外环绕以 52 米宽的护城河,形成壁垒森严的独立世界。皇宫分外朝与内廷。外朝是皇帝临朝听政、举行典礼的场所,以太和、中和、保和三大殿为中心,文华、武英殿为两翼。内廷是帝后嫔妃及皇子公主们居住生活的地方,有乾清、交泰、坤宁及东西六宫。

宫城正门为午门,高 37.95 米,平面呈门字形。下为高大的砖石墩台,前围垛墙,后砌宇墙,三座门前为长方,后为券洞形。墩台上建楼 5 座,主楼重檐庑殿顶旁联钟鼓亭,东西楼重檐四角攒尖。三面殿角起翘如凤飞舞,俗称五凤楼。午门内为方形广场,弯曲的内金水河横贯东西,上有五座单孔桥,桥北为外朝正门——太和门,门阔五间,重檐庑殿顶,旁配昭德、贞度两门。门内在 8 米多高的三层工字形汉白玉砌就的台基上,排列着三大殿。太和殿俗称金銮殿,原建于明永乐 1420 年,清康熙 1695 年重建,面阔 11 间,宽 63 米,进深 5 间,面积 2 377 平方米,高 35.05 米;殿内 72 根楠木柱外有沥粉金漆柱、蟠龙藻井和金漆雕龙宝座,为全国最大木构殿堂,乃皇帝临朝及举行大典场所。殿前丹陛陈设日晷、嘉量、铜龟、铜鹤,台阶上有 9 对鼎式铜炉,周围台基有浮雕白石螭首 1 142 个,名千龙吐水。庭院中间巨石御路,雕以江海云龙,两旁为海墁砖地,东西各百余块仪仗墩石及铜制品级山,临朝时所有官员按自己身份,文东武西分别跪在品级山旁。大典时銮仪卫设仗马,布法驾卤簿,陈列在广场,前为数千仪仗人员。建筑的气势结合仪式的排场,造成无限庄严与崇高的气氛。中和殿纵横各 3 间,高 27 米,单檐方形攒尖屋顶,内贮皇帝玉玺,为皇帝典礼前休息的地方。保和殿面阔 9 间宽 50 米,深 20 米,重檐歇山顶;为宴饮及殿试场所。殿后丹陛长 16.57 米,宽 3.07 米重 250 吨,高浮雕九龙配以山海瑞云,为艺术珍品。三大殿四周廊庑相联,两厢有体仁阁、弘义阁,四隅有崇楼;极富高低大小及屋顶造型的多种变化。

内廷比外朝规模小,建筑低。宫墙之外有狭长的横向空间,正中为乾清门,左右八字琉璃照壁,排列成对的金狮、金缸,阳光照射,金光四溢。入门有高台甬道通乾清宫,为皇帝居住处所。因嘉靖时曾发生宫女勒杀

乾清宫垂脊仙人走兽

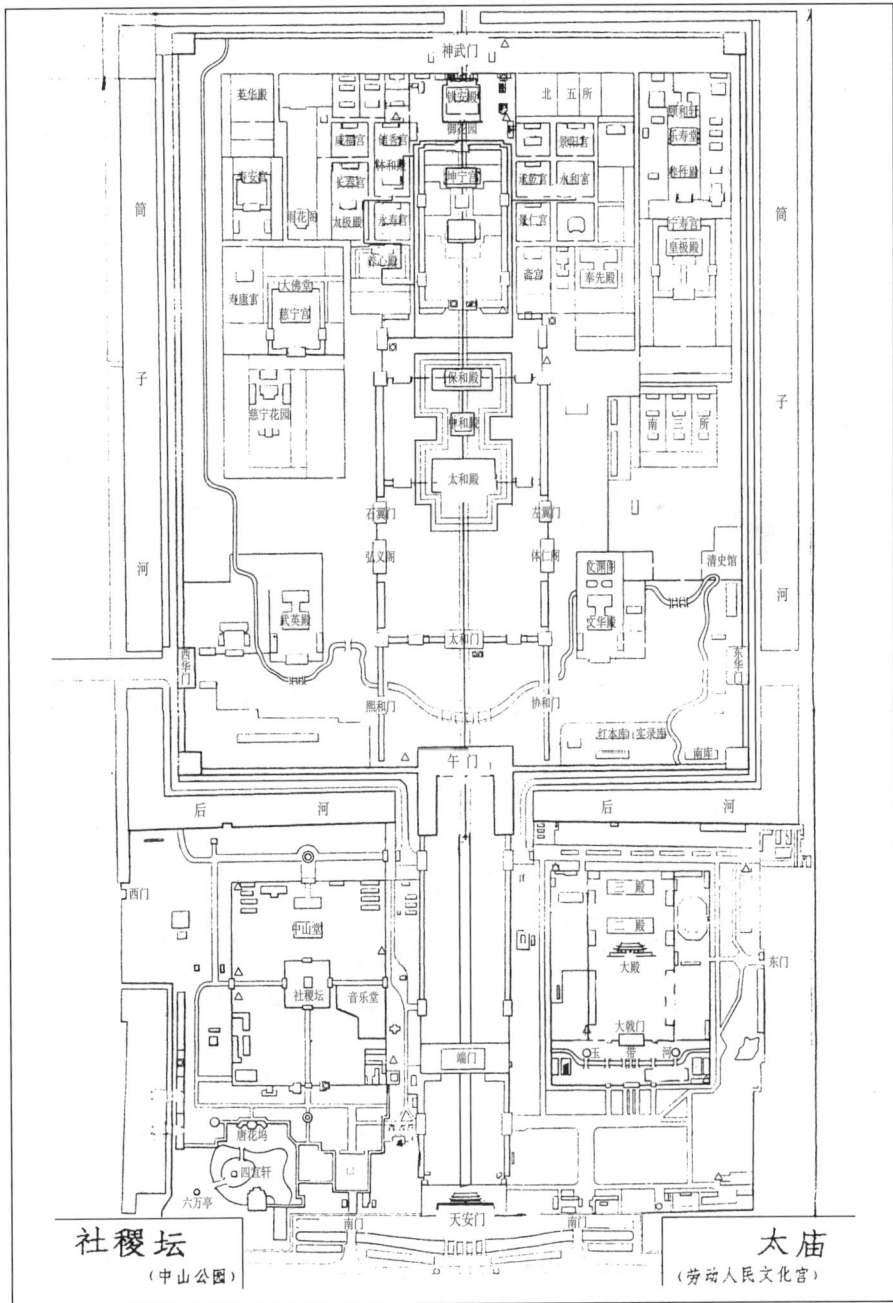

故宫及紫禁城平面图

皇帝事件，后宫内设暖阁9间，每间分上下两层置床3张，供其任意选处。清代在宫内正大光明匾后有秘密立储匣。工字形台基之后为坤宁宫乃皇后居住处所，东暖阁为皇帝大婚洞房。两宫之间有三开间方形的交泰殿，内贮铜壶滴漏。乾清宫东西开日精与月华门，象征日月；东西六宫象征十二星辰。清制皇帝有皇后1皇贵妃1贵妃2妃4嫔6，其他贵人、常在、答应无定额，分居东西六宫。各宫自成院落，均由前后殿，东西庑组成。西六宫南有养心殿，清雍正以后皇帝均在此居住，乾隆在此集三王字帖名其书室为三希堂，慈禧在此垂帘听政。东西宫外西有供皇帝母后居住的慈宁、寿康、寿安宫及庙宇雨花阁。东有宁寿宫原为康熙母后居住，后为乾隆养老之所。其东南有畅观大戏台，三层崇台及地下室的空间为普通戏台的九倍。

内廷之北为御花园，东西130米，南北90米，有山石树木、花池盆景及结构精巧的建筑20余所，钦安殿居中，供玄天上帝，左右叠石假山上筑御景亭及延辉阁。宁寿宫花园为乾隆退居时修建又名乾隆花园，南北长160米，东西仅宽37米，在此狭长地带，于层叠山石及曲折游廊中，布置错落有致的建筑，空间构思虽具匠心，但堆砌过多，终嫌局促。慈宁宫花园因建筑集中，山石不多而有清旷之趣。

故宫集中空间组合艺术的精华。午门外为狭长空间，入内却为横长方形，有金水河穿过，为经太和门进入三大殿的序曲。三大殿的层层高台及太和殿前之最大广场，为空间组合的高潮。过中和及保和殿，出后门，又从高台走下平地。乾清宫内的三宫虽同处工字形高台上，但整个位置较低，尺度较小，距离较近，进宫门即是高台甬道，无需先下后上，三宫又无横墙分隔，最后接以御花园。因此前朝庄严崇高，后廷亲切平和而各有特色。整个布局疏密相间，起伏错落，主从分明。建筑装饰又极其精巧华美，力求超俗，如太和殿的垂脊就有骑凤仙人、龙、凤、狮子、海马、押鱼、狻猊、獬豸、斗牛、行什(猴)11种。故宫因是皇帝居处，也是全国珍宝古玩，字画图书最集中的地方。

七 景山、钟鼓楼与观象台

景山位于北京城的中轴线上，是内城的几何中心。明永乐建城时将挖河掘海的余土堆成此山，山高42米，为全城制高点。景山东西400米，南北220米，占地20公顷，山坡遍植松柏，山下鹤鹿成群。1644年，李自成攻进北京，明朝崇祯皇帝在此悬树自缢。1749年清乾隆在山北扩建寿皇殿，殿门外设置三面精致牌坊，内戟门殿堂规制仿太庙，用以供奉清皇室祖先。后二年又在景山上建五亭。中为方亭名万春，三重檐、黄琉璃瓦、四角攒尖。东西周赏及富览两亭均重檐、绿琉璃瓦、八角攒尖。外侧东西两亭名观妙与辑芳则为重檐圆亭、蓝琉璃瓦。五亭原有铜佛，为八国联军劫走。景山是了望全城景色的最佳地点，南面是层次重叠、大片金黄色的故宫及正阳门外的商业大街；北面透过地安门看钟鼓楼耸峙尽端；西面有三海的白塔挺立与波光映照；东面是一片灰瓦绿树掩映下的四合院住宅群。现在的北京虽然高楼四起，外围景色在不断变化，但故宫、三海、景山与钟鼓楼仍然控制着北京的中心。

鼓楼是中国古代城市传统的中心建筑物。不仅大城市，即在中小城市的中心也常设鼓楼或钟鼓楼。清代用时辰香定更次，有鼓24面，由銮仪卫派旗鼓手击鼓，钦天监则兼管焚香。现存鼓楼系明永乐1420年建，通高45.7米，建筑面积5 500平方米，城台前后三座券门，左右一座，券洞十字相通。二层为木结构，面阔5间，内有36根大柱，中悬大鼓，屋顶为歇山黄琉璃瓦绿剪边。

钟楼在鼓楼北百米处，为元代万宁寺的中心阁旧址。现存为清乾隆时重建，通高47.95米，全部砖石结构。底部为高大的砖石平台，十字形交叉。平台上楼高33米，重檐歇山、灰筒瓦绿剪边。顺直跑石砌多级楼梯上至二楼，四周有汉白玉栏杆。楼的正中立八角木框架，下悬高大铜钟，两边吊2米圆木，用以撞钟。每日清晨五更及每晚黄昏报时两次。所谓"紧十八慢十八不紧不慢又十八"，先鼓后钟共敲108下。横鼓楼，直钟

景山五亭

钟楼

古观象台

玑衡抚辰仪

楼均为中轴线上对景,西有什刹海为其陪衬,山岚倒影风景颇佳。

北京天文台历史很久,金代曾在今白云观附近设过候台,破汴梁后又将北宋天文仪器全部迁来。元世祖1279年在今建国门内重建司天台,由郭守敬等制造新的仪器。明初司天台建筑被毁,曾将残存仪器运往南京。正统年间在今址即元大都东南角楼旧址,修建观象台,台上陈列大型铜制天文仪器如浑仪、简仪和浑象(天球仪),台下有紫微殿、漏壶房、晷影堂内设圭表、漏壶。清初采用西法,另铸天体仪、赤道经纬仪、黄道经纬仪、地平经仪、象限仪和纪限仪。康熙1715年又装设大型地平经纬仪,乾隆时再制成玑衡抚辰仪。现在这八件仪器仍陈列在天文台上, 明代仪器已运往南京。北京天文台以仪器设备齐全,观测历史悠久而早负国际盛名。

八 祖、社、祭坛

中国从古代社会起一直保持着祭祀自然和祭祀祖先的传统。明清两代即按周礼王城"左祖右社"之规定将太庙和社稷坛分置皇宫前的左右两侧。地方大族多建有宗祠,即小门小户也设祖堂,而无论大镇小村几乎村口都有城隍土地庙。

太庙 明清太庙在天安门东侧,占地18.4公顷,共有围墙三重,系永乐时建,乾隆大修,乃明清皇室祖庙。跨过金水桥,进南正门,只见满院古柏森森,顿生肃穆之感。二道院有3间琉璃砖正门。进门过玉带河,上有七座石桥,过桥为内院的三座门,正中大戟门内外原陈列大戟120支,八国联军入侵时被盗。主体建筑为三层大殿,前殿面阔11间,黄琉璃瓦重檐庑殿顶,内部构件为楠木,梁柱全包镶以沉香木,殿顶、天花、四柱皆贴赤金花,不施彩画。清代前殿为祭场,大祭时将帝后神牌集中致祭。两庑有配殿供奉功臣。中殿,后殿均为黄琉璃瓦庑殿顶9间大殿。中殿供奉太祖、太宗、世祖以下历代皇帝。后殿供奉远祖。太庙每年有多次祭典,岁末大祭。

中山公园保卫和平坊

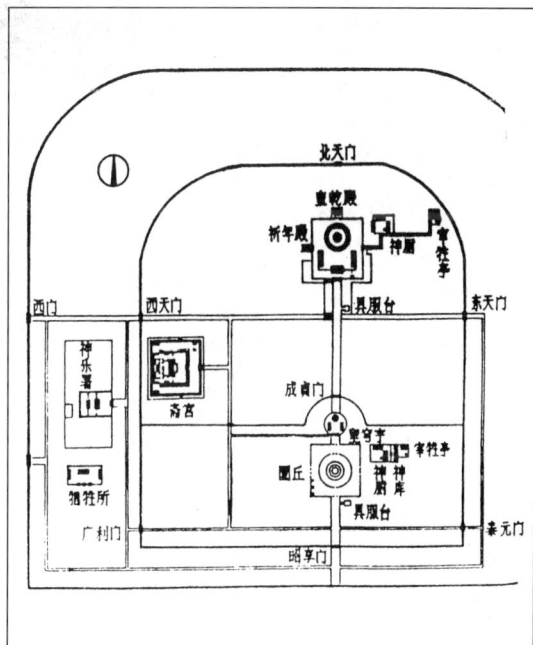

天坛平面图

社稷坛 是祭祀太社(土地神)与太稷(五谷神)的地方。白虎通称"人非土不立,非谷不食。土地广博不可遍敬也,五谷众多不可一一祭也。故封土立社,示有上尊;稷五谷之长,故封稷而祭之也"。社稷坛在天安门西侧。方方形三层,上层每边长16米,下层17.8米,高近1米,四面每层有石阶四级。坛上铺五色土,中黄、东青、南红、西白、北黑,象征土木火金水,坛的四面边墙也覆以相同颜色的琉璃瓦,坛的中央埋方形石柱名江山柱,象征江山永固。坛的四周有三重围墙,内称"壝墙",四面有汉白玉的棂星门,中称"坛墙"。在坛墙与外围墙之间,北有拜殿和戟门,西有神厨、神库和宰牲亭。拜殿黄琉璃瓦单檐歇山顶,面阔5间,内彻上明造,外朱色门窗,白石台基。戟门为坛墙北门,三门洞各列大铁戟24把,三米多长的银镦红杆金龙戟分别插在朱红木架上;八国联军入侵时,全部掠走。皇帝自认受命于天,社稷象征国家,每年春秋仲月来此祭祀,如遇出征、班师、献俘也在此举行仪式。

清朝覆亡后,社稷坛于1914年改为公园,增建了许多风景建筑:如来今雨轩、绘影楼、唐花坞及水榭、长廊等。又将各地散在文物迁入园内,最著名的有圆明园的兰亭八柱和兰亭碑,碑上刻兰亭修禊曲水流觞图及乾隆兰亭诗,八柱刻历代书法褚、虞、柳、董等人写的兰亭序及诗。亭的形式为重檐蓝瓦八角攒尖顶,亦十分别致。又有八国联军入侵时,德国在东单为其被杀公使修建的石坊,第一次世界大战后,我将其移入公园重建,改称"公理战胜"坊,现为"保卫和平"坊。孙中山在京逝世后曾在拜殿停灵,因此将拜殿改为中山堂,将公园命名为中山公园。园中古柏与太庙、天坛齐名,他处均为明永乐时所植,唯有这里为辽遗物,树龄达千年以上者有九百余株,其中七株腰围在六米以上,实为难得。

天坛 天坛与长城、北京城、故宫齐名,同属世界建筑中最珍贵的遗产。明永乐时曾在永定门内建天地坛以祭天地。嘉靖时有大臣奏称"古者祀天于圜丘,祀地于方丘。圜丘者南郊地上之丘,丘圜而高以象天也。方丘者北郊泽中之丘,方方而下以象地也"。因在原址建圜丘以祭天名天坛,在北郊建方泽坛以祭地名地坛。现天坛有两重垣墙,分内外坛,北墙圆而高,南墙方而低,东西1 700米,南北1 600米,占地273公顷。为突出天的象征,在长360米、宽30米、高2.5米的神道轴线上,修了大小11个圆形平面建筑。最南的圜丘为露天的三层圆形祭坛。中国古代以单数为阳,以九为阳极,表示天体至高至大。因此圜丘层数、台面直径、墁砌的石块、四周的栏版均以九为基数;上层台面径为9丈,中层15丈,下层21丈,均为单数。上层台面中央嵌一块圆石板,名太极石,在上高呼有很大回音。四周围以扇形石板,一层9周由9块增至81块;二层由90增至162块;三层由171增至243块。每层四面各有9级台阶,其栏版上层为72块,中层为108块,下层为180块,共360块。圜外有两重矮墙,内圆外方,每重四面均有6柱3门。圜丘以东有神厨、神库、

天坛全貌

皇穹宇回音壁

先农坛太岁殿

祭器库、宰牲亭。

皇穹宇在圜丘北，为供奉"皇天上帝"神牌的地方。原建于嘉靖，乾隆1752年重建，为一座单檐亭子式的殿堂。皇穹宇蓝瓦攒尖圆顶上有鎏金宝顶，高19米，径15.6米，有高近3米的石台承托，不仅形式色彩别致，而且8根檐柱、8根金柱环转交接，殿脊木构成圆形的奇异藻井，紧密牢固，结构复杂，技术高超。皇穹宇有东西庑，外围以径61.5米，高3.72米的圆形墙壁；内墙壁面整齐平滑，面对墙壁悄声讲话，别人俯耳在对面墙壁，即可清楚听到，这就是著名的回音壁。

从皇穹宇北行至祈年殿，须在高高的神道上步行300米。人们在祀天之后，信步而行，纵目四望，下有森森柏林，上接茫茫苍穹，确有遨游天上之感。祈年殿与皇穹宇同为著名的精美圆形建筑，它建于明嘉靖，光绪时为雷火焚烧，后依原样重建。祈年殿下为三层圆坛，底层直径80余米，三层共高6米，坛面上铺金砖，周围石栏，南北三出陛，东西一出陛，上中石阶9级，下层10级。坛上大殿净高32米，直径32.72米，中央4根龙井柱高19.2米，代表四季，中间12根金柱代表12月，外围12根檐柱代表12时辰。殿顶三层檐、攒尖圆顶，逐层收缩，上冠鎏金宝顶，原铺琉璃瓦为蓝黄绿三色代表天君民，乾隆时全部换成蓝色。殿顶全部重量由28根柱和36根枋桷支撑，在木结构的历史中，堪称杰作。殿内上装九龙藻井与地下圆形带龙凤纹的大理石相呼应，四周立柱原为沉香木，后换楠木全部涂朱绘龙，极为富丽堂皇。祈年殿除东西配殿外北墙外有皇乾殿贮祭天器物，东门外经长廊至神厨与宰牲亭。

圜丘之西有斋宫，是皇帝祭天前斋戒住宿的地方。两重围墙，外有池水环绕，东面有三座门，角楼上悬太和钟。宫内有正殿5间。祭天前皇帝要住在斋宫，祭日日出前，举火点烟，斋宫鸣钟，皇帝出宫，至坛前钟声停，奏鼓乐，大典开始。皇帝由南门登上中层平台拜位，柴炉焚牛犊迎帝神，奏始平之章。皇帝到上层主位及配位上香、三跪九拜，奠玉帛，进俎，行初献、亚献礼，撤馔，送帝神，皇帝再行三跪九拜礼，将祭品送燎炉内、走下拜位，大典结束。

地坛、日坛、月坛与先农坛　地坛、日坛与月坛均系明嘉靖与天坛同时兴建的。地坛在安定门外为方形祭坛，两层高3.8米，下边33.9米，四面各有8级台阶。坛南左右设五岳、五镇、五陵山石座，坛北左右设四海、四渎石座，座下凿池，贮水以祭。日坛在朝阳门外，方形边16米，高1.9米，单层，四面各有9级台阶，坛面砌红琉璃砖，清改方砖。每年春分致祭大明神。月坛在阜成门外，方形边12.8米，高1.5米，单层，四面各有6级台阶，坛面砌白琉璃砖，清改方砖。每年秋分致祭月明神、28宿及周天星辰。先农坛在永定门内与天坛相对，占地110公顷，明初名山川坛。嘉靖时改为天神、地祇二坛，祀云雨风雷、五岳五镇五陵、四海四渎以及天下名山大川。同时在山川坛北建先农坛，坛为砖石砌成，方形各边为15米，高1.5米，四面出陛8级。坛北有殿5间，供先农神牌，东房为神库，西房为神厨，各有井亭一座。在先农坛东北建太岁殿，正殿7间，祀值年及四季神。在先农坛西南建观耕台，方形边16米，高1.5米，四围砌黄绿琉璃砖绕以白石栏杆，台前有耤田1亩3分，每年三月皇帝来此亲耕，耕后上台观耕，台北有神

仓及收谷亭。清亡，北洋政府拆北坛墙使坛北变为街道；20世纪三十年代又将东南角辟为体育场，先农坛今已面目全非。

九　国子监、孔庙、皇史宬

国子监与孔庙同在安定门内成贤街，按左庙右学古制，国子监在孔庙西。国子监为元明清三代国家最高学府。在国子监学习的有各省荐举的"贡生"也有输银纳捐的"监生"。学生结业后，可以直接或通过科举作官。地方分设府、州、县学，在其中学习的称"生员"俗称"秀才"。明清科举制度把知识分子的思想束缚在孔孟之道和程朱理学，埋头于四书、五经、八股文之中，乃文化专制的集中表现。科举考试分乡试、会试、殿试三级。参加考试者须取得生员及监生资格。乡试每三年在省举行，考中者通称"举人"俗称"孝廉"，第一名称"解元"。会试于乡试次年在礼部举行，中者称"贡士"，第一名称会元。殿试在会试后举行，由皇帝主考，中者统称"进士"用黄纸写榜称金榜题名。进士分三甲，一甲三名，赐进士及第，一二三名称状元、榜眼、探花。二甲赐进士出身，三甲赐同进士出身。明制一甲授翰林，其余分别授与不同官职；非翰林不得入内阁，明代宰辅十分之九为翰林出身。

元代初建国子监名"北平府学"，明改今名，其最高领导为祭酒、付司业，执教的有监丞、博士、助教，元明清的学生有汉满蒙各族及高丽、暹逻、交趾等留学生。国子监大门名集贤门，二门名太学门，内有清建

历代帝王庙

皇史宬

的琉璃牌坊，上为黄琉璃瓦庑殿顶，南题"圜桥教译"，北题"学海节观"。过牌坊即为辟雍，系皇帝讲学之所，建于乾隆1784年，为纵横各18米方形建筑、黄琉璃瓦重檐攒尖顶，四面开门廊，外环以池水，名泮水。三辅黄图载"如璧之圆，雍之以水，象教化流行也"，辟雍泮池乃成太学定制。辟雍北为彝伦堂，堂前有典籍、典簿、绳愆、博士四厅，为教学行政办公处所。辟雍两侧各有房33间为六堂乃监生听讲的地方。彝伦堂后为敬一亭，祭酒和司业在内办公。南学为监生宿舍。清蒋薇用12年的时间写成十三经，共63万字，乾隆令人刻成189块石碑，竖在六堂里。现国子监改为首都图书馆，石经移到东夹道供游人参观。当时除官办学校外还有书院与社学，金台书院为康熙时顺天府尹创办，有两进院落，是北京现在仅存的书院。

自汉武帝独尊儒术以来，孔子被历代帝王尊为先师、先贤，尊号不断加封，晋隋称先圣，唐谥文宣王，宋加至圣，元号大成。北京孔庙建于元1302~1306年，诏命孔子为"大成至圣文宣王"，准孔庙配享宫城规制，四隅得建角楼。明嘉靖增建崇圣祠以祀孔子五代先祖。清乾隆亲谕孔庙用黄琉璃瓦，光绪将祀孔升为大典。北京孔庙占地2公顷，为全国除曲阜外的最大孔庙。孔庙共三进院，大门名先师门，门前有琉璃影壁两侧有下马碑及彩绘木牌楼；门内东有神厨、井亭、宰牲亭，西有神库、致斋所，有持敬门与国子监相通。院内立碑亭三座及进士题名碑198座，载明清进士51 624名，为研究科举制度的珍贵史料。内院大成门，三出陛，中为螭陛，两侧各13级石阶，门内悬钟置鼓并存放石鼓十枚。原石鼓出现在前秦，上刻十首四言游猎诗，为秦统一文字前的籀文称石鼓文，乃极珍贵历史文物，唐出土于陕西，宋移至开封，金又迁入燕京，现存于故宫。孔庙石鼓乃乾隆仿制品，旁有乾隆制鼓碑及张照草书韩愈石鼓歌碑。

大成门有甬路通大成殿，路旁古柏森森，两侧有明清纪功碑亭14座，均方形重檐攒尖顶，碑高7米，内容有康熙平定朔漠、雍正平定青海、乾隆平定准噶尔、平定大小金川告太学等碑，均为重要史料。大成殿建于永乐，光绪将7间3进扩为9间5进，重檐5脊4坡，前有白石月台，四周围以栏杆，石阶中铺7米长的青石浮雕，左右各16级石阶。殿内正中供奉孔子牌位，两边配享复圣颜子、述圣孔伋、宗圣曾子、亚圣孟子；东西

两侧又有闵损、冉雍、端木赐、仲由、卜商、有若、冉耕、宰予、冉求、言偃、颛孙师、朱熹十二贤人，上悬康熙以下九代皇帝题匾。大成殿后为崇圣祠，屋顶用绿琉璃瓦。

历代帝王庙，在阜成门内，嘉靖时建，乾隆重修，将绿琉璃瓦换成黄色，乃明清祭祀历代帝王及名臣的地方。门前有琉璃照壁，大殿名景德崇圣为9间重檐庑殿顶，殿前有月台。明时大殿分五室，中祀三皇－伏羲、神农、黄帝，东祀五帝－少昊、颛顼、喾、尧、舜，西祀三王－禹、汤、周武，外东祀汉高、光武，外西祀唐太宗、宋太祖、元民祖。两庑祀名臣风后、力牧、皋陶、夔、龙、伯夷、伯益、伊尹、傅说、周公、召公、太公、召虎、方叔、张良、萧何、曹参、陈平、周勃、邓禹、冯异、诸葛亮、房玄龄、杜如晦、李靖、李晟、郭子仪、曹彬、潘美、韩世忠、岳飞、张浚等32名。清顺治至乾隆陆续增祀辽太祖、金太祖、金世宗、元太祖、明太祖及所有在位皇帝共188人，名臣亦增至79人。这反映当时的君臣观。关岳庙为醇亲王祠堂改建的，原三进院落格局未变。

皇史宬 即皇家档案库，始建于嘉靖1534年。另古代有"金匮石室"制度，明清在皇史宬储存历代皇帝的宝训、实录、玉

牒等史册以及明成祖编辑的《永乐大典》副本，清《大清会典》、《朔汉方略》内阁副本等珍贵史料。皇史宬由主殿、配殿及御碑亭等组成与宫殿形式相似，但为防火、防盗、防潮、防蛀采用砖石券式结构，主殿台基高2米，墙厚6米开石窗；殿内筑有1米多高、雕有海水游龙的汉白玉石座，上置152只镏金铜皮樟木柜，即保存档案的金匮。

十 什刹海和西苑三海

什刹海和三海同属高粱河水系，竖向穿过北京，成为元明清三朝国都风景中心地带。什刹海原名积水潭为高粱河的一段宽阔河身。金建成中都时开拓积水潭，在南段东岸堆起有名的琼华岛，岛上建太宁宫，成为金朝的离宫园林。又为解决漕运，先引白河水经高粱河开渠入中都北护城河，后开车箱渠引永定河水入北护城河，均因泥沙淤积而废。至1205年，从玉泉山下瓮山泊开渠引水入高粱河，才有了充沛的水源。元建大都时将湖泊分开，南部圈入皇城的名太液池，隔在北部的仍为积水潭。1291年

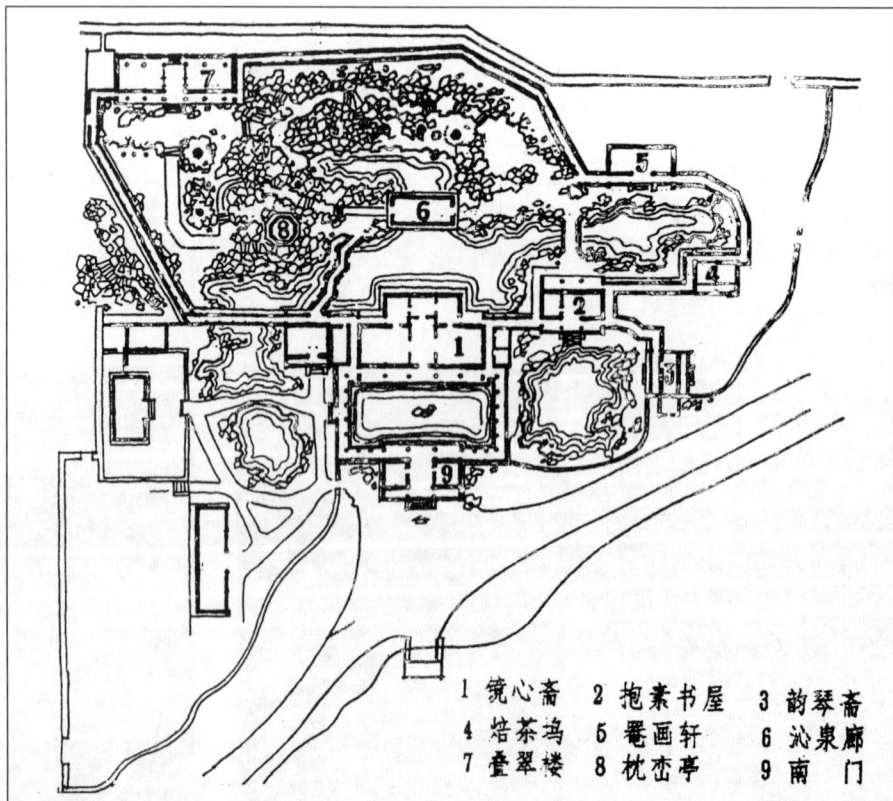

1 镜心斋　2 抱素书屋　3 韵琴斋
4 焙茶坞　5 罨画轩　6 沁泉廊
7 叠翠楼　8 枕峦亭　9 南 门

北海镜心斋平面图

为开凿大都至通州的运粮河，郭守敬引昌平白浮泉水西折南转入瓮山泊以充实高粱河水源，仍入积水潭。又凿渠东下，从皇城东南流与闸河故道相接，疏浚河道，设立船闸，至通州入白河，即今之通惠河。于是南来漕船直接入城，停泊在积水潭。以后将积水潭与太液池水断流，而另开新渠引高粱西河水入太液池。明建北京城将大都北墙内移，积水潭上游及坝河旧渠成为北护城河。又开水关分水入积水潭，并重开水道引潭水入太液池。不久开南海，于是太液池有北中南三海之称。而元代所开白浮泉及金水河渠均断流，通惠河漕运不能入城，积水潭面积缩小过半，其名渐为什刹海所代替。现什刹海分为西海、后海、前海，水面只有34公顷。积水潭在元代是运河终点码头，商业繁华，河岸均用条石砌筑。明清漕运虽不通，但鼓楼仍是繁华商业区，什刹海周围也是集贸市场，并有恭王府、庆王府、醇亲

王府、广化寺、净业寺、普济寺、汇通寺等，水边可以远眺西山景色，近观钟鼓楼倒影，岸边杨柳摇曳，春踏青，夏乘凉，是极受群众欢迎的场所。

元建大都将积水潭南部划入皇城，在两侧建宫殿，这片地区乃成为帝王禁苑。当时依照汉武帝太液池三山的传统，以琼岛为蓬莱，团城为瀛洲，中海的犀山台为方丈。明开南海后，成三海，统称西苑。1651年顺治在广寒殿建白塔，至乾隆在北海进行更大规模建设，除漪澜堂外在北岸建蚕坛、镜清斋、西天梵境、阐福寺、万佛楼、极乐世界，东岸修濠濮间、画舫斋。三海水面为82公顷，其中北海为39公顷，中南海为43公顷；占地面积约为164公顷，其中北海为68公顷，中南海为96公顷，西苑布局及造园艺术以北海最为复杂与高超。

团城 乃金元小岛，明在西侧建金鳌玉蛛桥，环岛建围墙及东西门。岛中承光殿

原为圆形建筑，康熙改为9梁18柱72脊的歇山重檐四出抱厦类似角楼的奇特形式。殿内供1.5米高的玉佛，头上及衣褶内镶有红绿宝石，光彩夺目，左臂有刀痕，系八国联军所砍。殿前有玉瓮高0.7米径1.5米重3 500公斤，为忽必烈用墨玉雕成的酒器，周围有鱼龙出没的图案，极为精美，名"渎山大玉海"。乾隆从广寒殿迁于此处并造玉瓮亭，作歌刻于瓮内。殿之周围有敬跻堂、古籁堂、余清斋缘墙环抱；殿前松柏茂盛，有油松顶圆如盖，乃金代所植。沿城环游可观三海全景。

琼岛 琼岛的建筑布局与体形设计极为周密与精巧。从团城过永安桥进永安寺，登山经普安殿至白塔，下山穿过曲折的山洞到漪澜堂，这是游览琼岛的主轴线。此外东有半月城、智珠殿，西有庆霄楼、阅古楼是为两翼。永安桥为曲尺形三孔券洞，两端有堆云、积翠牌坊。永安寺顺治时建(1651年)，依

什刹海

北海白塔

团城

团城承光殿

山就势，山下有法轮殿及钟鼓楼，上山通过龙光紫照牌坊，东有引胜亭，西有涤霭亭，内有乾隆御笔白塔山总记，塔山四面记碑，亭北有昆仑、岳云两石。再上有云依、意远两亭，可眺望周围景色。有碑刻乾隆律诗：

"飞阁流丹切颢空，登临纵目兴无穷。北凭太液平铺镜，南接金鳌侧饮虹。"

"冬已半时梅馥馥，春将回处日融融。摩娑艮岳峰头石，千古兴亡一览中。"

穿过正觉殿，为普安殿，再上即白塔。塔与永安寺同时建，高39.5米，塔基为砖石须弥座，塔身为直径14米的圆肚，上层为相轮又名十三天，顶部为铜制镏金华盖，上有挂满铜铃的地盘及天盘、日、月、火焰。塔身南面有红底黄字藏文图案，意为吉祥如意，名金刚如意门。整个塔身有306个通风孔，内有30米高的通天柱，柱顶金盒装两颗舍利，塔下藏井盛衣钵法物。塔前有上圆下方

琉璃善因小殿，内供36只手36只眼的"大威德金刚像"，周围墙壁镶有455尊小佛。白塔以下，琼岛北部尽是陡崖峭壁、重岩复洞，攀石穿洞而行，又有飞廊精舍亭阁交错，其叠石及建筑技术的高超，结构及布局的精巧，为我国造园所罕见。山石之间在蟠龙石柱上，立铜铸仙人，双手托盘向天承接甘露，乃乾隆仿汉武帝故事建立的高5.4米的"铜人承露盘"。下至水边有长弧形建筑，东起倚晴楼，西至分凉阁，前为游廊，雕梁画栋，绚丽多彩；后为两层延楼，东名碧照，西名远帆，其后东有漪澜堂，西有道宁斋；前后各60间。沿海围以300米长的白石栏杆，乃乾隆于1771年仿金山江天寺建造的。远远望去，长廊、延楼与白塔相联接，岛上所有建筑便成为一个整体。琼岛东之半月城为半圆砖城，上有智珠寺，下有精致的四柱三楼牌坊，在琼岛春阴碑下又有极为生动的石

雕望天虬龙。琼岛西的阅古楼为25间半圆形两层建筑，四壁嵌满乾隆时摹刻的"三希堂石渠宝笈法帖"包括从魏晋到明的134人，340件作品共9万多字。从东西两面看琼岛，建筑与山林交错，景色也是丰富多彩的。

濠濮间、画舫斋 濠濮间由矮山围起水池，台榭三面临水，曲桥与外相通，造景虽简单而极有特色，景点取名于《世说新语》"会心处不必在远，翳然林水，便自有濠濮间想也"；牌坊有联"蘅皋蔚雨生机满，松嶂横云画意迎"，关键在于借景与会意，妙处在于联想。画舫斋为一组水殿回廊、结构精巧的建筑。正殿画舫斋之东为镜香室，西为观妙室，南名春雨林塘殿，中为条石垒就的方塘。斋之东侧为古柯庭，西侧为小玲珑，水与回廊相通，画舫斋犹如一只大船，漂浮水上，处处充满诗情画意。蚕坛在画舫斋之北，中有四面殿堂，北有水池，其水

北海仙人承露盘

濠濮间

五龙亭

经过浴蚕河通往画舫斋。河东小院有蚕署、井亭及蚕妇工作间。

镜心斋、天王殿、九龙壁　镜心斋为北海中造园艺术较高的小园林，面积4 700平方米。前院有5间前廊后轩的镜心斋与东西各9间的廊房环抱方形水池，均不施彩画而十分雅净。通过两侧夹道进入以沁泉廊为中心的全园最大空间，这充分体现出以小衬大及先规整后自然的我国传统造园手法。后院池水东西100米，南北30米，有四面轩廊环绕，假山横峰侧岭，气势轩昂，一片山水皆顺乎自然。位于西北角的叠翠楼，接东西62间高山垂带廊，形成环状建筑群，既可登高望远，又能作为园内山水对景。水中沁泉廊与枕峦亭增添风景层次，北面大片假山堆得气势轩昂，在横贯山谷的通道中穿行，颇多寻幽探胜之感。明建天王殿，前有精美的琉璃牌坊，南额华藏界，北额须

弥春。山门内有二经幢，左雕金刚经，右雕药师经。中院为大慈真如宝殿，系楠木结构。乾隆在后院增建七佛塔、塔亭、琉璃阁，两层阁上嵌带佛像的琉璃砖。九龙壁原为大圆镜智宝殿前的照壁，乃我国雕塑艺术珍品，系乾隆时仿大同明王府制造的。壁高5米，厚1.2米，长27米，采用彩色琉璃砖瓦镶嵌，两面各有不同颜色的蟠龙九条，飞腾戏珠于惊涛骇浪之中，夭矫蜿蜒，姿态各异。壁西端嵌海水流云明月，东端嵌山石流云朝日。故宫皇极殿前亦有九龙壁但与大同之壁同为单面。

五龙亭、阐福寺、小西天　五龙亭位于北海北岸，为一组眺望琼岛的精巧建筑，初建于明万历1602年，后为顺治改建。中间上圆下方的名龙泽亭，左澄祥、滋香，右涌瑞、浮翠均为方亭。五亭有带栏杆的石桥曲折相连，有如一条巨龙与琼岛的水光塔影遥

相呼应。阐福寺在五龙亭北，系乾隆于1764年仿正定隆兴寺修建的。殿内供有楠木雕成的千手千眼佛，为八国联军所捣毁，以后大殿又被焚。阐福寺西原有三层的万佛楼乃乾隆为其母祝寿而兴建的，墙壁上有盛金佛的大小佛洞一万个，大佛重588.8两，小佛重58两，均由各地方各大臣捐献；八国联军来时劫掠一空，后楼亦被毁。现存妙相亭，为48根圆柱构成亚字形建筑，上为八角重檐攒尖顶，灰筒瓦绿剪边，亭中有八角须弥座，上为16面石构佛塔，刻唐贯休画的16应真像及乾隆写的像赞，为石刻艺术珍品。元代遗物铁影壁北有澄观堂乃乾隆游憩别馆，1779年得快雪法帖石刻，乃增建快雪堂把石刻嵌在东西走廊上，和阅古楼石刻同为我国书法珍品。五龙亭西有观音殿，1770年建，面积1 200平方米，为全国最大的方亭。殿内有泥塑普陀山，上塑观音及八

北海积翠牌坊

九龙壁

镜心斋

小西天

中南海新华门

瀛台

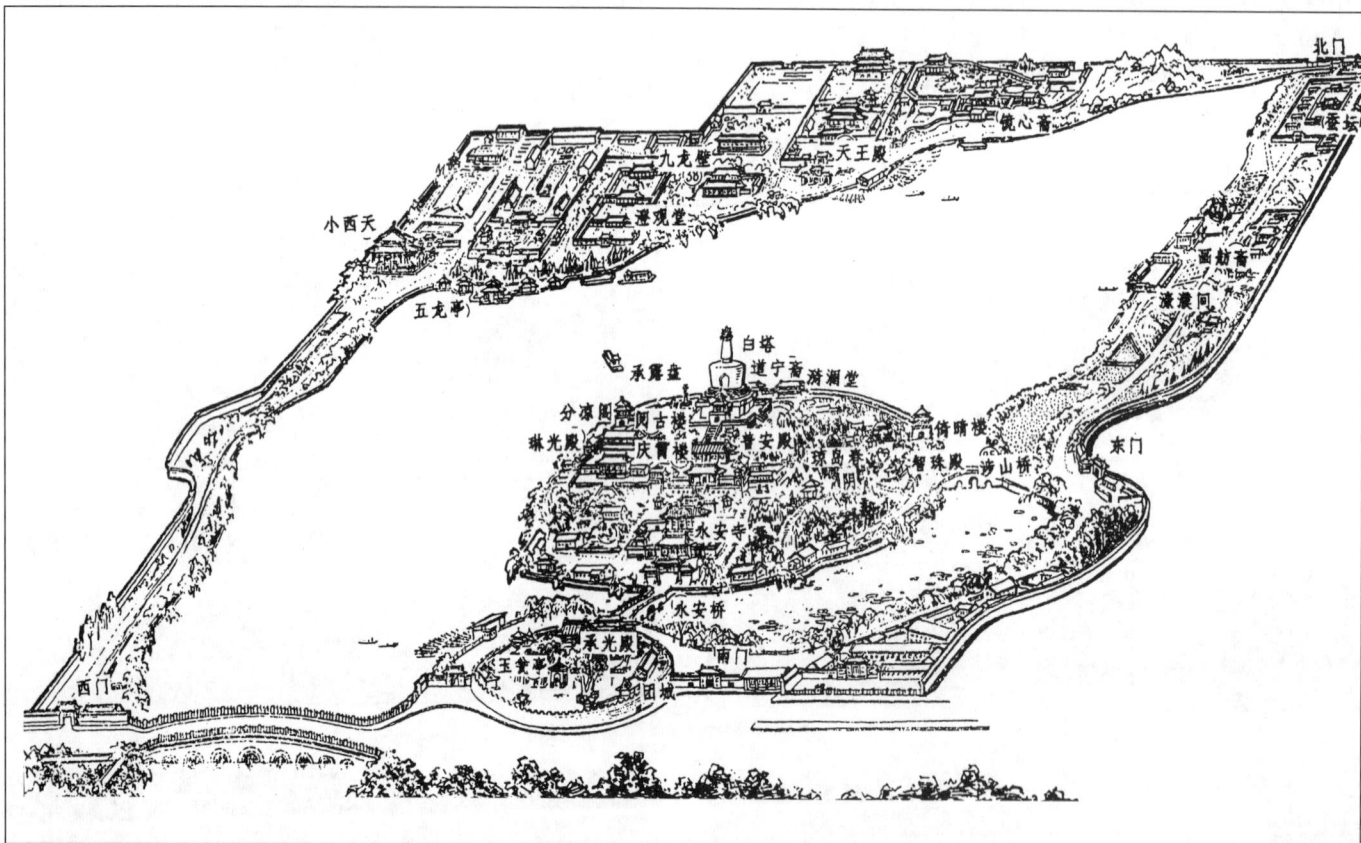

北海透视图

百罗汉，下绘海水，额题极乐世界，俗称小西天。殿四周环水，上有石桥，四面各有琉璃牌坊，四角各有方亭，整个气势极为雄伟壮观，惜已颓废，现在重修中。

中南海　清时三海正门为西华门外之西苑门，袁世凯将南海之宝月楼改为大门名新华门。中海西岸有仪銮殿为慈禧寝宫，八国联军入侵时瓦德西统帅部在此驻扎，1902年慈禧回京改为西式楼房更名佛照楼，1911

年又改为怀仁堂。宝光门外有平台上建黄顶小殿左右各4间，南北接斜廊，下临射苑，名紫光阁，阁内绘功臣图。阁后有武成殿，东西庑各15间。阁北有时应宫供龙神。中海东岸有万善殿供三面佛，后为千圣殿内有用紫檀雕成的7级千佛塔。殿西亭出水中，名水云榭，内有太液秋波碑。中元在此放河灯。南海中心大岛为瀛台，由北过桥进翔鸾门面对7间的翔鸾阁及左右各17间的回抱

楼，后为涵元殿，与香宸殿构成较大院落。最南有迎薰亭隔水与新华门相对，亭有联"相于明月清风际，只在高山流水间"。藻韵楼东小院内有补桐书屋，其山石曲台名八音克谐。慈禧囚光绪于瀛台十年。出瀛台西行为勤政殿，再西为丰泽园，院内迎面名颐年堂，旁为菊香书屋乃毛主席居住及工作所在地。丰泽园西为春耦斋地面全铺紫绿石，其北有居仁堂在水池两旁分立十二属兽头人身像。

十一 新园林

解放初期北京有公园绿地12处面积772公顷，经过30多年的建设，现在公园绿地已发展到55处面积达1 647公顷，如连同城市绿化，总面积已达7 000公顷。一些旧时庭园及荒芜地区已建成新的公园如钓鱼台、陶然亭、龙潭湖、紫竹院、玉渊潭等。根据规划，今后十年还要继续建设及开辟新的公园绿地：东郊有水碓、团结湖、朝阳公园，东南郊有窑洼湖，东北郊有酒仙桥、南湖渠公园，北郊有双秀、柳荫、久大、青年湖、北护城河及北郊公园，西北郊有圆明园遗址公园接清河绿化带，西郊有莲花池、金钩河，南郊有南苑、南郊公园，南菜园与南护城河。此外又要发展街道小绿地，扩大植物园、花圃、苗圃，建防护林，保留宽阔的绿化带，城市绿化覆盖率由现在20%提高到45%，北京面貌将有极大的改观。

这些新园林有：(1) 陶然亭 原是明清的砖瓦窑场后在慈悲庵内盖房取名陶然亭。清末民初因为这里偏远荒僻，就成为革命者秘密集会的场所，康有为、谭嗣同、章太炎、李大钊、周恩来、邓中夏等都在这里活动过，锦秋墩里埋葬老共产党员高君宇和石评梅。解放后挖湖堆山，建成公园。岛上高台仍保存着慈悲庵与陶然亭，西南有从中南海迁来的云绘楼与清音阁。公园总面积为59公顷，水面占1/3。(2) 紫竹院 古时为高粱河源头，金元时昆明湖水经此入积水潭。解放后扩大水面，建成公园，共占地47公顷，水面占1/4，园内广种青竹、紫竹、斑竹、石竹、寿星竹。(3)龙潭湖 原为苇塘坟场，解放后开始治理龙须沟，取得经验后，便着手挖掘龙潭洼地，共成水面48公顷，然后广植树木，全园面积达120公顷，为京中有数的大园。全园布局虽较粗略，但三十多年来，树木已蔚然成林。现在附近又建游乐园，原来荒凉地带已彻底改变面貌。龙潭湖北有袁崇焕祠。(4)钓鱼台 金章宗曾在此

紫竹院

钓鱼台养源斋

钓鱼台溪石

陶然亭

恭王府

垂钓，乾隆浚治玉渊潭，临潭建砖台，下辟
三门，额题钓鱼台，乃成行宫。解放后圈附
近地区建国宾馆，除保持原有风景建筑如
养源斋、潇碧轩、澄漪亭外，扩大面积达42
公顷，引水开湖，穿插楼馆，而不再开放。
(5)玉渊潭过去为低洼地，乾隆时整治成湖，
解放后在旧湖南挖新湖，建实验水电站。
1960年密云水库建成后又修水渠，经昆明
湖引水至罗道庄与永定河引水渠汇合，同
经玉渊潭再入护城河。现在湖岸添设游艺
设备，湖北植大片樱花。整个公园占地137
公顷，半为水面。此外在卧佛寺前建成面
积为220公顷的植物园，整修与扩大了动物
园，整修了恭王府一些私家宅园，参照红楼
梦模造大观园，以绿化为主围成土城公园，
开发水碓、柳荫、青年湖、北郊、南郊等公
园，在街道边缘、三角地建成许多小块绿地
等等。现已绿树成荫，粗具规模。

过去北京的园林建设虽然取得巨大成
就，但如何提高园林规划与设计水平及如
何继承与发扬中国造园的优秀传统，还有
一些问题需要继续探讨。例如如何使周围
建筑与景观协调，如何增加文化内涵减少
低级趣味与游乐商业活动，如何在中国园
林中正确采用西洋园林手法，如何因地制
宜，创造特色等。

十二 城区宗教建筑

北京城区的宗教建筑除元明时期遗留
下来的佛教、道教、伊斯兰教外，还有清朝
增建的喇嘛教、基督教建筑。现存情况如
下：

法源寺 原名悯忠寺，建于唐初696年，
乃北京久负盛名的古寺。当时规模宏大，建
筑巍峨，有"悯忠高阁，离天一握"之称。
后受火焚及地震，明再次修葺，清初改名法
源寺。山门殿内塑两大护卫金刚手持金刚
杵，名执金刚，俗称哼哈二将。再内为天王
殿，前供笑容满面的弥勒菩萨，后供手持降
魔杵的韦驮，两旁供四大天王：持宝剑南方
增长天王、持琵琶的东方持国天王、持雨伞
的北方多闻天王、持龙蛇的西方广目天王。
现法源寺中路为四进院，山门内有高大繁
茂的文官树，旁为钟鼓楼，唐曾建有砖塔，
明时毁。二门两侧有成片竹林。天王殿旁有
千年以上的白皮松，周围遍植丁香。过天王
殿为大雄宝殿，殿前有明清6座石碑，殿内

法源寺

法源寺毗卢佛

法源寺自在观音像

广化寺大殿

高台供释迦、迦叶、弥勒三世佛，分别代表现在、过去与未来；东西两壁为廿圣僧像。大殿后为悯忠台又称观音殿，墙上嵌有唐宝塔颂及辽金石碑。再后有净业堂，曾藏有玄奘骨灰盒。最后为藏经楼，藏贝叶经及楞严经。东西两庑有数百间寮房，北宋两帝被掳后曾囚禁在这里。现为中国佛学院及佛学图书馆。

柏林寺、广化寺 柏林寺元建明清重修，现基本完好。有殿阁五重：山门、天王殿、圆俱行觉殿、大殿及维摩阁。原藏清刻龙藏经版78 230块，现移智化寺。历代佛经刻版：北宋有开城藏，南宋有迹砂藏，辽有契丹藏，金有赵城藏，元有南藏，北藏，而以龙藏最为名贵。它包括历代佛学名著，全

部用上好梨木，每块经版长18厘米，宽13厘米，两面刻字，雕刻及字体艺术水平极高。广化寺在后海，创于元而重修于光绪，寺分五路，占地1.4公顷，寺内藏有明版大藏经、日本的续藏。 始建于金元的西城护国寺与创建于明的东城隆福寺均为明清两代著名的大寺，又是常年庙会活动的两大集中地。戏曲杂耍，风味小吃，日用百货，猫狗鸟兔，应有尽有，京师竹枝词"东西两庙货真全，一日能消百万钱，多少贵人闲在此，衣裳犹带御炉烟"。现两寺均废，已改为商场。

广济寺、智化寺 广济寺1848年明成化重建，四进院占地2公顷，主轴建筑有大殿、圆通殿、多宝殿与藏经阁，弥勒殿有明铸弥勒铜像，大殿前有清铸八宝纹青铜鼎，

殿内有十八罗汉铜像。寺内藏经十余万册，现为中国佛教协会所在地。智化寺原为明太监王振家庙，寺院规模较大，共为三路，智化殿原有雕刻精美的天花藻井为美国人盗去。西配殿内有八角转轮藏，造型极为优美。如来殿遍塑佛龛，有高13厘米的佛像万尊。楼上供三身佛，表示释迦牟尼不同身分：中间名毗卢遮那佛， 表示绝对真理为法身佛；左名卢舍那佛，表示自受法慧为报身佛；右名释迦摩尼， 表示教化众生名应身佛。楼下供楠木制成的如来佛，上有比智化殿更为精美的三层藻井，亦为美国人盗走。后院有大悲堂、万佛堂。

万寿寺、大钟寺 均在今三环路西北方。万寿寺原为明太监家庙， 乾隆为母祝

广济寺天王殿

大钟寺大殿

智化寺万佛堂

慈寿寺塔

大钟寺永乐大钟

65

寿时重修。寺滨长河，占地3公顷，分中东西三路，中路有大殿、万寿阁、大禅堂以及在假山上的大士殿和山北的无量寿佛殿，现除大殿外各殿佛像均毁，近经整修后已用作艺术博物馆。东路为方丈院。西路为行宫院，北有慈禧的梳妆楼，旁接游廊，现为中国文学馆。大钟寺雍正时建，原名觉生寺，六进，后因移入永乐大钟，遂以大钟著称，通称为大钟寺。大钟高6.75米，外径3.3米，唇厚18厘米，重46.5吨，为铜合金制成，钟声深沉洪亮，远及50公里，尾音持续两分钟，其体积、重量、造型、铸工均为世界之冠。钟壁内外铸满御制经文共23万字，内壁梵文，外壁汉文，字体秀丽为名家手笔。现全寺经过整修已开辟为大钟陈列馆。

此外古寺有创于北魏的天宁寺，现寺已毁只余辽塔。报国寺始建于辽，为明清名刹，高达36级的毗卢阁可远眺宫阙及西山，惜毁于八国联军，只余4殿及顾亭林祠。西直门外有明建大慧寺的大悲殿，两侧28尊3米高的明代彩塑诸天像及其后面的壁画，均为明代艺术精品。广渠门内明建的隆安寺中有古柏与北京罕见的楸树。北河沿明建的嵩祝寺有番经场字样的铜钟及云板。海淀明建慈寿寺塔，高50米，为八角13层实心密檐砖塔，仿天宁寺塔，塔身雕刻精美，檐椽挂有铁风铎3 000个，每层檐下有24个佛龛，为北京现存精美古塔之一。

雍和宫　清康熙时建，乾隆改为喇嘛庙。南北480米，东西120米，规模宏大，建筑华丽，有融合各族艺术为一体的特殊风格。宫分三路，中路七进，空间由低到高，由宽到深，黄琉璃瓦笼罩下的各层殿堂，不断变化其形式。最前为三座精致牌坊及影壁构成的牌坊院，入内有华丽的琉璃昭泰门及左右高旗杆，进门后为宽敞整齐的长院，在参天古老槐林中有钟鼓楼及两碑亭。雍和门相当天王殿，南北有造型奇特的铜狮，和4.2米高的铜鼎炉。由碑亭转过铜铸的须弥山，即到面阔7间的大殿，中供三世佛，两侧为十八罗汉。其后永佑殿内奉无量、药师三佛，均为檀木刻制，西壁有用4 000块不同颜色的布绣成的绿度母像。再后为十字歇山顶的法轮殿，上有五个带鎏金小喇嘛塔的小阁，使汉式宫殿与藏式装修相结合而

雍和宫牌坊

永佑殿

法轮殿

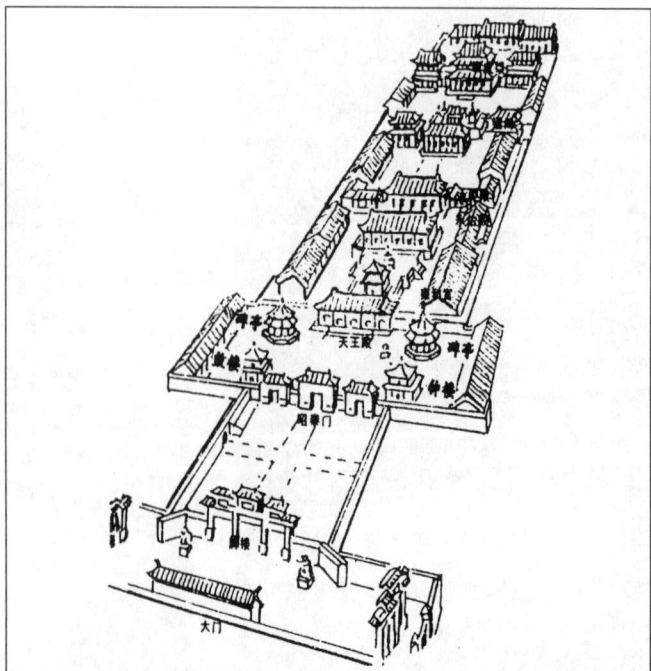
雍和宫透视图

雍和宫弥勒佛像

白塔寺

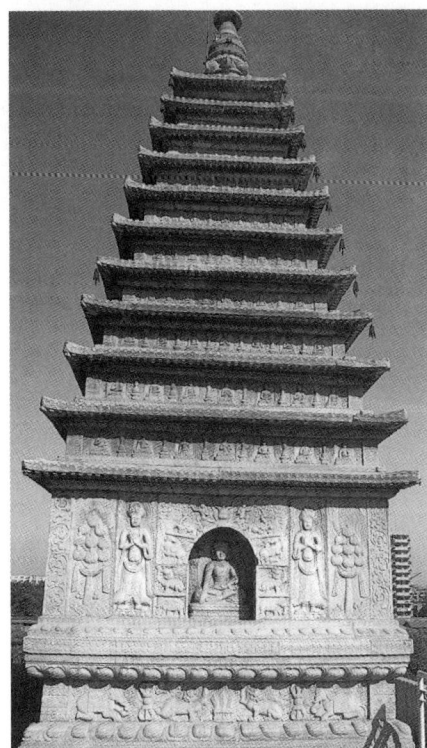

五塔寺

别具一格。殿中供6米高的宗喀巴像,像后为檀木雕成的罗汉山,山上五百罗汉均用金银铜铁锡做成,造型生动,色泽鲜艳。山前有乾隆用金粉写就的两部藏文经卷,经前有楠木雕成的鱼化龙盆,为乾隆降生后的洗三盆。两壁绘佛教故事,两旁木架盛大藏、续藏经300余部。最后为万福阁,阁三层高30余米,东西两侧为两层的永康、延绥阁,有飞廊相通。阁中有独根白檀木雕成的弥勒立像,高26米,像后有大型木雕观音山,雕工精细。万佛阁前院东侧有照佛楼,楼下为乾隆母用佛堂,楠木佛龛内外三层雕盘龙99条,生动活泼,姿态各异,为雕工上品与弥勒大佛,五百罗汉山共称雍和木雕三绝。雍和宫历史虽不久,但以建筑及文物著称,在北京宗教建筑中有突出的地位。

白塔寺、五塔寺、黄寺 白塔寺为元创建明重建,名为妙应,现存四殿。塔为我国现存最大藏塔,通高50.9米,塔基三层,方座高9米,上承覆钵形塔身,径18.4米,再上为节节拔起的十三天-相轮,顶端承托直径9.7米的华盖,四周悬挂 36挂流苏和风铃,

黄寺牌坊

67

黄寺塔上部

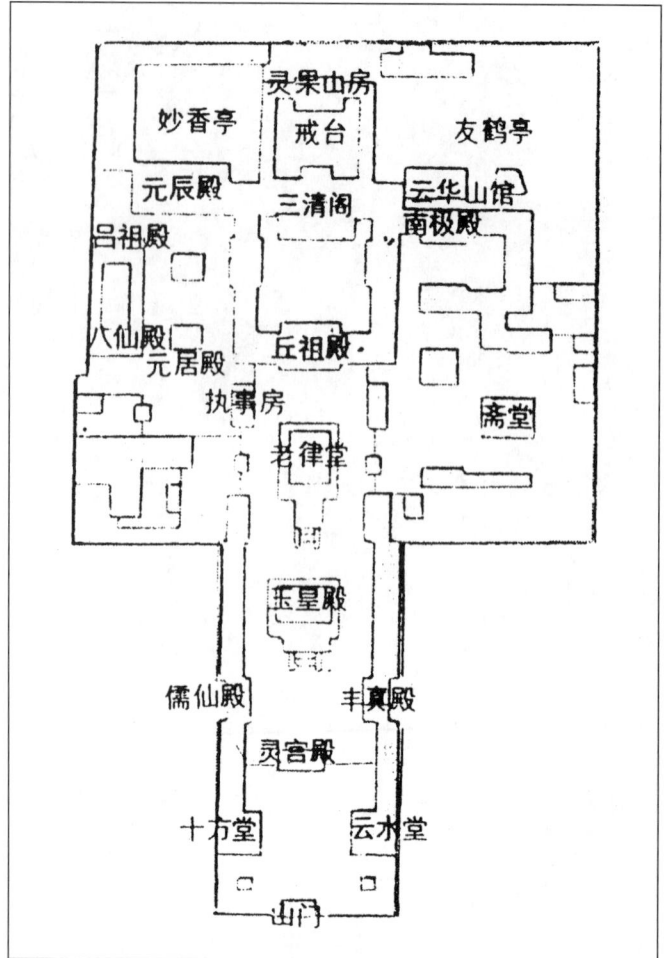

白云观平面图

黄寺塔座力士

白云观灵官殿

中央竖起5米高,4吨重的鎏金铜宝顶,在阳光照耀下与洁白的塔身相辉映,显得十分壮观。五塔寺乃明永乐为安置西方进贡金佛而建。寺原名真觉,乾隆改正觉寺。清末寺毁仅有塔存。塔为金刚宝座式,建于明成化1473年,仿印度菩提伽耶大塔,宝座连台基8.2米,下为须弥座,上为五层座身,每层

出挑檐并刻满佛龛,龛内原有佛像已失去。宝座上有上圆下方的琉璃罩亭。自宝座南门入东西两侧,登台上石级44,盘行绕至台面罩亭内。宝顶上用青白石砌就五个密檐式小塔,中塔高8米,13层。周围四塔11层,高只7米。五塔分盛进贡的金佛,代表金刚界的五部:中为佛部大日如来佛,宝座

为狮子;东为金刚部阿閦佛,宝座为象;南为宝部宝生佛,宝座为马;西为阿弥陀佛,宝座为孔雀;北为不空成就释迦佛,宝座为迦楼罗(亦名金翅鸟)。金刚宝座塔不仅造型奇特而且在宝座和小塔四周充满精美的雕刻,其内容有佛像、佛足迹、宝座、八宝、金刚杵、法轮、花瓶、菩提、卷草、天王、罗

东岳庙牌坊

基督教北堂

南堂

牛街清真寺

东四清真寺

汉、梵文等，多属密宗题材。八宝乃喇嘛教常用图案，包括法转不息的法轮，具菩萨妙音的法螺，曲覆众生的宝伞，净一切业的白盖，无所污染的莲花，福至圆满的宝罐，活泼解脱的金鱼，回环贯彻的盘长。黄寺在安定门外，原顺治为达赖五世来京时建，后班

禅6世病逝于此，1780年乾隆为之建衣冠塔及塔院，名清净化城。塔院三进占地1.2公顷。塔全用白石砌成，为印度五塔及我国喇嘛塔的混合式样。塔台高3.4米，塔身高20米，南北两侧有汉白玉牌坊，台阶左右设石辟邪。台中央为喇嘛塔，四角为塔式经幢；

正面佛龛雕三世佛，旁雕八菩萨。塔基为八角形，须弥座各面雕有佛经故事。转角处又雕力士像，力士筋肉饱满，形象生动，为艺术杰作。

白云观 在西便门外，为道教在京主要建筑。观始建于唐739年，名天长观。金改太

极宫，元因邱处机居此，改名长春宫。明初毁于兵火，清又重建，现只占地1.3公顷，依次为照壁、牌楼、山门、灵官殿、殿内供木雕灵官像。再后为钟鼓楼，西钟东鼓和佛寺相反。玉皇殿供奉百神之君"昊天金阙至尊玉皇大帝"身穿九章法服，主宰三界(欲、色、无色)十方。阶前有侍臣及天师，殿内两壁挂南斗6星，北斗7星，28宿，36帅八幅彩绘。老律堂原名七真殿，供全真教主王重阳七个弟子。邱祖殿供长春真人邱处机。最后为两层楼阁，上为三清阁，供玉清圣境元始天尊、上清真境灵宝天尊、太清仙境道德天尊，下为四御殿供神界玉皇、紫微北极、南极长生及天皇四大帝。殿后假山环绕，花木繁茂为戒台与云集山房。白云观藏有明道藏及续道藏五千余卷，现为中国道教协会所在地。此外的道教建筑还有大高玄殿，在北海东，为明清皇家道观。东岳庙在东城，元建明重修，奉泰山神，大门前有琉璃牌坊，巍峨壮观，三进院内有元明清碑百余。

牛街及东四清真寺、南堂及北堂　伊斯兰教建筑牛街清真寺建于辽996年，清大修，礼拜殿由三个勾连搭屋顶和一座六角攒尖亭式建筑组成。有元代阿拉伯文墓碑及明敕赐礼拜寺记碑。东四清真寺明建，礼拜殿前木构后砖拱，拱门内刻古兰经文，字体及刻工精美，现为北京伊斯兰教协会会址。基督教堂南堂原建于顺治年间，附有天文台等建筑，后为地震及义和团所毁，现为光绪时重建。北堂历经搬迁最后于慈禧时代定居西什库。除以上各种宗教建筑外，还有火神庙、都城隍庙以及皇家为祭祀风雨雷神而建的昭显庙、宣仁庙等都有相当规模并有遗址留存。

十三　北京四合院

中国传统民居民，最充分表现民族与地方特色，最直接反映当时的社会意识形态与精神面貌。北方传统民居最基本的类型是横向长方形3～5间的单座平房。这种平房大多是以梁柱承重的木构抬梁式，门从中间开，以平顶、囤顶及一面坡的土顶土墙者为多而以坡顶的草房、砖瓦房者为少。北京许多屋面使用青灰棋盘心的做法就是屋脊附近及梁柁上面用阴阳瓦，中心用青灰。为更多吸收阳光及保温，通常房间进深不大，高度偏低，以尽量紧缩内部空间；屋顶及外墙较为厚重，房屋正面争取南向，南窗大而多，北窗小而少。室内取暖多搭火炕。

单座平房横向与竖向结合，外围以墙，内联以廊，构成三合、四合的庭院，这是我国传统民居最基本的群体单元形式。这种合院单元前后左右联接，可以扩充组合成为几进、几套院以满足大家庭团聚的需要，同时又各给各股小家庭以独立生活的空间。有的富裕家族更在日常生活院落之外建宗祠、佛堂、书房、花园以满足特殊的需要。北京四合院经明清首都几百年发展历史所陶冶与定型，业已成为全国最有影响的传

慕田峪单座平房

曹雪芹故居

曹雪芹故居室内

按院胡同四合院影壁

统民居类型。北京的四合院大多是内外的两进院，内院南向3～5间正房为主人燕寝会客的处所。两旁附耳房，体积小于正房，多用为厨房厕所，前面留有小的外部空间。内院两侧为厢房，进深及高度均小于正房，其前沿一般不超过正房边沿线。面对正房设过厅及垂花门或只设垂花门及花墙以分隔内外院，并以回廊联接正厢房。前院倒座为一排房间，在其东南角留出一间开大门。外院可建可不建厢房。这样的平面布局与空间组合，非常适合封建家庭尊卑次序、内外有别的礼法要求。从建筑艺术角度考察，人们从重点装修的大门进入门厅、对面的山墙影壁与外院隔墙组成封闭空间。然后左转上下几级台阶，通过隔墙小门进入有狭长横向空间的外院。再右转面向正面通过过厅进二门或直接进入有油漆彩画、挑檐垂柱、重点装饰的垂花门。登上廊台，转过屏门，这才看到花枝疏密、树影婆娑、回廊环绕、屋檐错落的方整内院。北京四合院是通过空间的阻隔与通敞，大小长宽

的对比，上下升降及视野中形象、色彩、与光影的变化给人以次序、崇敬、奥秘与丰富的精神感受。而内外墙分隔与封闭院内外空间，既可防风沙，防外部声音的干扰，又能增强与改善院内独立生活情趣。在人口密集的城市中，四合院显露出特别的优越性。

四合院的重点装修与装饰在于大门、垂花门、影壁、屋顶、檐廊、门窗、门罩、格扇等。以大门为例：可分屋宇式及随墙式两类(注)。屋宇式俗称门楼又分(1) 王府大门，其分间有严格等级限制，清顺治时规定亲王五间启三间，贝勒三间启一间，屋顶可用大屋脊，垂脊，仙人走兽。(2)广亮大门，只一开间，应用比较广泛，但亦需有一定官品。大门立在脊檩位置，双扇门装在比门道狭窄的门框上。下有门槛，周围有走马板，上面可悬挂匾额。门枕石外侧常做成抱鼓或石狮。大门两面山墙墀头多用砖雕，上面的戗檐雕动物，中为花卉，下为荷叶墩。门内檐柱做吊挂楣子加花牙子或安装四扇屏门。大门两

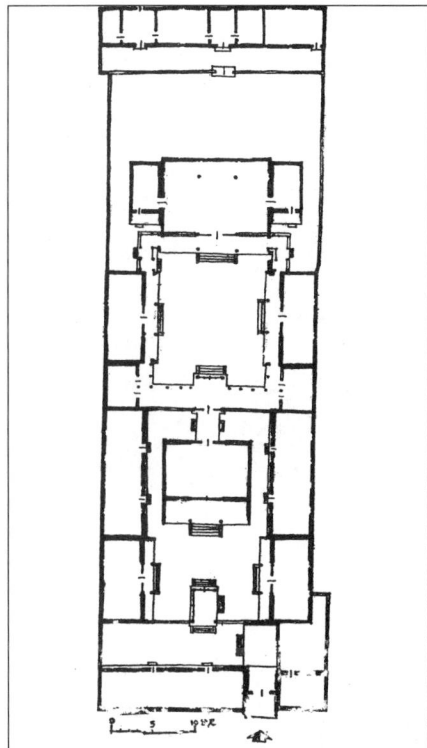

帽儿胡同四合院平面图

按院胡同四合院大门

前院

垂花门

摄政王府大门

茅盾故居

模式口石板瓦屋顶

北京东城胡同

鲁迅故居

侧内设懒凳，外设上马石。屋顶做清水脊或元宝脊。(3)金柱大门，蛮子门，大门立在金柱上为金柱大门，立在檐柱上为蛮子门。如有车马则不装踏垛而装马尾蹉槎。(4)如意门，门立在金柱或其他位置，比广亮大门小，不受官品限制，为民间普遍采用。随墙式，门与墙齐，门的顶部可高或低于墙。北京小门楼用双门扇。四合院影壁多靠厢房山墙做跨山影壁，影壁下有须弥座，上有瓦脊，中有硬心或软心。硬心用砖摆，有中心四岔带檐、素面带柱枋，带雕砖匾额等式样。雕砖有凤凰、牡丹、松、竹、梅、兰等图案，匾额常用鸿禧、平安、迪吉等字样。北京屋脊有清水脊、元宝脊、皮条脊、鞍子脊等式样。脊中有脊花，脊端置花草砖，元宝脊在山尖处做披水挑山或玲珑挑山。四合院的庭院虽封闭，但人们多在院内植几颗果木树，种满庭花草，竖几块石头，放一缸金鱼，使人们始终能和自然接触，这正是中国传统文化思想天人合一，崇向自然的普遍表现。

近十几年来北京市对一些比较完整保存下来的优秀四合院定为文物保护单位加以保护，如怡亲王、礼王、庆王、摄政王等王府；康有为、梅兰芳、茅盾等名人故居；湖南、汀州等会馆以及南锣鼓巷一带民居等，实为保护我国文化遗产的重要措施。(参考王其明，王绍周：《北京四合院》)

十四　明代北长城、金山岭

著名于世的中国万里长城是明代修建的长城。北京以北的明长城共有三道。第一道为外边，西起嘉峪关经过甘肃、宁夏、陕西、内蒙、山西、北京、河北到山海关，再出辽宁，国内止于鸭绿江的虎山，共长7 230公里。第二道为内边，起于内蒙清水河，东过雁门关、平型关经涞源、房山直达居庸关再北转到延庆四海冶与外长城相接，长1 000公里。第三道为内三关，起自居庸关，南接紫荆关、倒马关止于井陉关。我们所指的北长城乃从山西河北交界起到山海关止，这段长城是明朝对外防御的重点，大量使用砖石，有别于以夯土版筑的西长城和土石杂用的辽东长城。在这三道长城线上，我在抗战期间曾几次往来于内三关及内长城，在北京工作时期除多次造访八达岭及山海关外，20世纪九十年代初又去慕田峪、金山岭、司马台、黄花城、将军关、黄崖关，对北长城有过多次接触。我深深觉得明朝国都北京的安全是和北长城的修建与加强分不开的。在蒙古兵不断进犯的情况下，朝廷将抗倭名将戚继光从南方调到蓟州镇任总兵。他在1569~1571的三年间，加固从居庸关到山海关绵延1 000公里的外长城，增设了1 017个敌台。他自赋"南北驰驱报国情，江花边月笑平生，一年三百六十日，多是横戈马上行。"他镇边16年，边疆得以相安无事。

(1)居庸关、八达岭　居庸关居内三关之首，为华北去蒙古高原之通道，明成祖称为北京襟喉，"百人守之，万人莫窥"。居庸关位于太行山脉与燕山山脉的衔接地带，山南有南口镇，山之高处为八达岭。从南口至八达岭名为关沟，长达18.5公里，两侧层峦叠嶂，山谷幽深，松柏成林，怪石参差。金章宗钦定"居庸叠翠"为京都八景之一。因为山行坡度陡，詹天佑设计人字线路，先推后引，解决高坡行车，修通京张铁路而著名于世。关城现有国家级文物保护单位－云台，乃元建过街塔的底座，全部用白石砌成，中开券门，券洞，券门刻金刚杵、象、狮、卷叶花和金翅鸟，券洞刻四大天王。这种由石块拼成的大幅浮雕，十分精致传神，为难得的艺术珍品。浮雕之间又有梵文、藏文、蒙文、维吾尔文、汉文、西夏文六种文字刻写的经文和咒语，造塔功德记及元代年号。券洞顶部刻十佛及曼陀萝，也都是元代雕刻的杰作。八达岭有不大的关城，关门东额题

八达岭长城

八达岭长城

居庸关云台

居庸外镇，关门西额题北门锁钥。长城城墙一般高7.5米，底宽6.5米，上宽5.8米，路面用三四层方砖铺盖，可容五马并进。墙顶里建宇墙，外置垛口，有了望孔及射口；一般间隔300～500米建城台。城台分三种，最简单的称墙台，两层者下住人上守望并置烟火称敌台，三层者中有箭孔并储存兵器物资、上有了望楼橹及垛口者称战台。突出墙外的长方城垛用以消灭死角敌人者称为马面。在长城内外易于瞭望地点设烽火台，有敌情白天燃烟曰燧，夜里点火曰烽，明朝规定一烟一炮敌来一百，二烟二炮敌五百，三烟三炮敌一千，四则五千，五则万人以上。解放后残破的八达岭长城经过整修，国内外游人登上南北四台，便可纵目欣赏周围景色。有些险要地段长城梯道从高峰至峡谷，直上直下，势若游龙。我在历览北长城多处景点后，总觉得20公里关沟的幽深，云台雕刻的精美和八达岭长城起伏于群山的开阔气概是这里风景的特色。最近我乘缆车登上这里长城最高点北八台，

又增加了人间天上之感。近几年秋天八达岭满山红叶已能与香山比美，使长城显得格外壮丽。

(2)黄花城、慕田峪 长城出延庆入怀柔从县境内横向穿过，全长59公里，有城台258座，10处关口要塞中著名的西有黄花城，东有慕田峪。长城修建因势定点，尽量利用天险，抢占制高点，加强关塞，不留空隙。慕田峪因受敌面多，其长城都是双面垛口，有些地方还在两侧山梁修建一段支城并筑敌台，俗称刀把边；有段长城从山峰转回山腰，俗称牛犄角边；有的敌台伸出三段城墙，俗称秃尾巴边；其主要关隘有三敌台并列称正关台；皆他处所罕见。

(3)古北口、金山岭、司马台 长城由怀柔进入密云，县境内多崇山峻岭，有长城212公里，城台666座，是历代修建北长城的重点。华北与蒙古及东北的交通要道有三条，西为居庸关，东为山海关，而古北口居中，蒙古俺答进攻北京曾三过古北口，地位最为重要。这一带长城工事有许多特

点，如敌台密集，通常距离为100米，险要处40～50米；敌台适合地形需要而形式多样，结构复杂；关隘多，大曰关，小曰口，大小有61个，如古北口就有三道城，三道关；戍堡多，大为城，小为堡，大小城堡共57座。戚继光加固长城时非常重视敌台，他的继任者总督刘应节总结敌台有十大好处；"军以台为家，内有薪水刍粮之备外，无风雨霜雪之苦，一也。多贮火器，给用不绝，二也。贼弓矢不能及，钩杆不能施，我之炮铳矢石皆可远击，三也。军依于台，身既无恐胆自壮，即若兵可兼而用，四也。偏坡壕堑，恃台为固，五也。因台得势，因事至今节制可施，六也。即有狡贼乘高而逾险，出吾不意，而台制高坚，八面如一，彼即不能仰攻，而步贼又不敢深入，七也。相持可久而援兵可待，八也。贼谋其入，必谋其出，来可俱阻，归亦可击，九也。即贼攻一台，溃一墙，虏马不能拥入台，兵亦得肆力无恐，十也。"

古北口东段长城西起龙峪口，东止望京楼，全长10.5公里，有关隘5处，城台67

居庸关云台浮雕

慕田峪

黄花城

司马台

戚继光像

金山岭

金山岭库房楼

金山岭长城图

座。其西半部有大小金山称金山岭长城，现属河北滦平巴克什营乡，游者须出古北口从北面登长城。东半部有司马台关称司马台长城，属北京密云县。1988年6月我乘车专访司马台及金山岭，过白龙潭到司马台

堡，正值水库施工，车不得近前，我只得下车跑到堡边田埂上去眺望雾灵山长城的整体形势。山影刚从树丛旁闪出，我的目光立刻被它紧紧吸住，悬崖峭壁，奇峰怪石，敌台密集，布满山头；长城上下，此起彼伏，蜿

蜓奔腾，结成一体；似初绽的花丛，似升天的游龙。这样险奇、雄伟、浑厚、开阔而有生气的高山矗立在面前，使人兴奋不已的情况，我只在桓仁五女山下有过。司马台关门现在修了水库，将长城分为两段，西长城

黄崖关城门

黄崖正关

水门

太平寨

有敌台18座，有一段未与明长城重合的北齐长城，长约3~4公里，西与金山岭相接，尚独立存在。　水库因西侧有温泉，冬不结冰，在薄薄的雾气中，两侧城台倒影常年映照水中，似乎山名从水中来，可称雾灵湖

了。东长城有敌台16座，此段长城建于十分陡峭的峰巅危崖之上，有的地方耸立的岩石面近90度，爬城有如上天梯，长城在山下可宽达5~6米，到山上利用岩背为墙，宽只有40厘米，通称天桥。在海拔千余米的最

高峰顶上修筑的敌台名望京楼，夜间可望见北京灯火。这一带城砖都刻有文字，如山东左营，宁夏营和古北路营修造等，可见这些险要工程都是军工建造的。敌台式样，因地而异，　有用白石建成的仙女楼，有又高

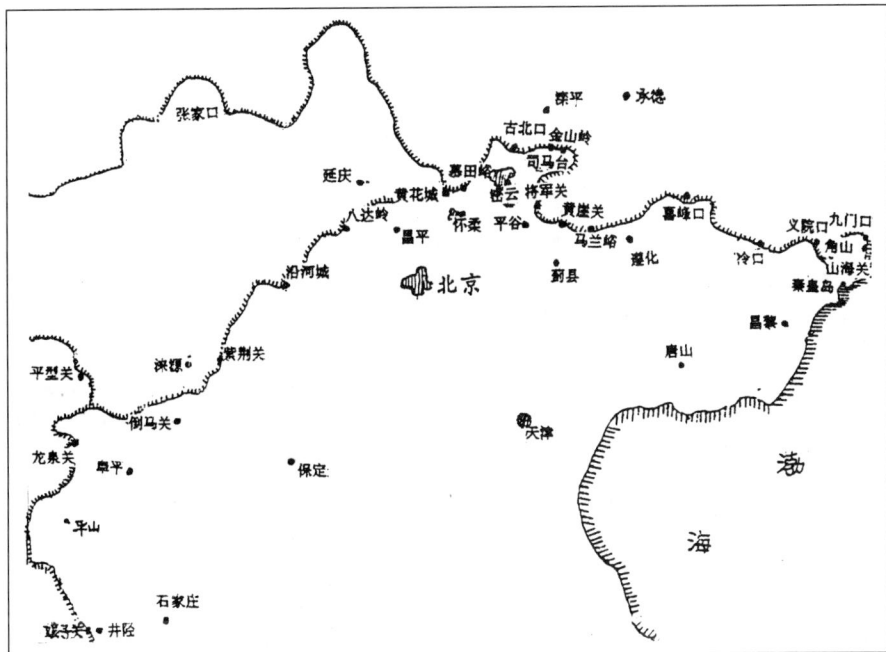

明代北长城图

又细的棒槌楼。我因距离太远无法看清，乃步行到水库附近，拍得几张照片才尽快赶往金山岭。

古北口有北京至承德公路新开隧道，车从中穿过，转眼即到巴克什营子，再东行八公里到金山岭脚下，这里离北京虽只有130公里，但因知名度不高游人稀少。我们午饭后即开始爬山。没有多高，就从砖垛口登上长城。才钻出楼洞，眼光刚与前方景色接触，近处看到库房楼一段长城的各种形式构造，远处看长城蜿蜒曲行爬向大小金山高峰的活跃姿态，再远处又可朦胧望见司马台望京楼高耸入云的险峻身影；满目是峰峦起伏，长城纵横，城台林立；在阳光映照下，层次重迭，光影交映，色彩斑斓；立刻使我惊喜万分，心头不禁喊出"这才是长城最雄壮、最丰富、最美妙的地方"。我反复拍了许多照片才慢慢向库房楼走去。这里的城墙都以巨大条石为基础，用砖包砌，每块砖重达12公斤。墙上除望孔、射孔外，垛口下还设擂石孔。敌楼下即箭孔每面2～5不等，相应称为几眼楼。敌楼上外筑垛墙，中有铺房，上下以梯道或带软梯的竖井相通。库房楼下城墙因坡度过陡而建有台阶，并在台阶上建2.5米高的一排排障墙，墙上有望孔和射孔，能封住大部墙面，这是金山岭长城特有的设施，库房建在山脊南侧，北侧又筑百米城墙加以保护。我沿城墙巡视这些坚固奇巧的防御工事，不能不惊叹戚继

光设思的周密和刘应节立论的精确。登上库房楼，眺望周围景色，缅怀中华各民族争斗和融合的历史，我们炎黄子孙不能不加倍爱护和尊重我们伟大的长城。离开了金山岭，我还在反复思量要看长城的总体气势和复杂结构，还是到这里来！

(4)将军关与黄崖关 1992年秋我去平谷金海转将军关，长城从东侧斜坡降至村旁，西山下两三人家，前后尽植柿树，秋叶落尽，枝头挂满红透了的柿子，河中群鸭戏水，雄关不见，只有野景。1993年我两去黄崖关，蓟县长城东接遵化马兰峪，西连平谷将军关，共长41公里。这一带山势陡峭，有16.5公里险山及劈山墙，有敌楼52，墩台14座，主要工事集中在黄崖关。3月我从县城北行28公里到黄崖关八卦城，5月去盘山再到黄崖关太平寨。黄崖关沟河峡谷，关城在河西王帽顶山下，面积2万平方米，南北修子墙一道将城分为两部分，东北建小瓮城，北面沟河上有水门三座。水门西有黄崖正关，在9米高的平台上建关楼名北极阁，内供玄武大帝。南门外建"蓟北雄关"牌坊。城内40多条丁字形街道成八卦形排列，生人易进难出，因名八卦城。敌人入关，正关无门可进，只能从北水门入瓮城，再进外城走东城墙另一水门。敌人如进内城还要通过子城障眼门，在八卦中转来转去，最后找到一片空场，蜂拥进去，弄得人仰马翻，原来空场到处都是陷马坑。城内现设长城展览馆，有邓

小平题写"爱我中华，修我长城"的石碑。黄崖关亦是此次长城整修的重点，1985～1987年三年中修复黄崖关、太平寨及3 020米墙体，20座楼台。5月我从黄崖关东行5公里，爬上半山到太平寨堡，先见戚继光高8.5米的花岗岩雕像，后进太平寨瓮城，重点参观与山险墙衔接的东段北齐及明长城与西段长城寡妇楼、凤凰楼的整体形势。前次在黄崖关仰望凤凰楼，高悬天际神秘莫测，至此始一目了然。

十五 山海关、秦皇岛、北戴河

今之秦皇岛市包括山海关、秦皇岛港、北戴河三区和抚宁、昌黎、卢龙、青龙四县。山海关曾发现龙山后期陶器，证明原始社会这里有人居住。春秋战国时期碣石港是当时沿海五大港口(碣石、之罘、琅邪、宁波、会稽)之一，在今之卢龙曾建有孤竹方国，从燕至秦这里属辽西郡。秦始皇东巡在今绥中万家钲锚湾至北戴河金山咀沿海地带修建规模宏大的行宫群，在绥中行宫前碣石上刻辞颂功，在秦皇岛港派燕人徐生入海求仙。汉武帝从之罘入海至碣石登岸在绥中黑山头重修东阙楼。魏武曹操伐乌桓，返辽西，至碣石赋诗观沧海。553年北齐高洋筑长城，西起大同，东至山海关，长1 500公里。唐太宗征高丽，驻此作春日望海诗，有"积流横地纪，疏派引天潢。仙气凝三岭，和风扇八荒。"之句。明重筑长城，徐达在此建关设卫，定名山海关。戚继光加固长城工事，在山海关增筑东罗城，在长城入海处修筑20余米的石城，在九门口修筑九洞城桥一片石。吴三桂引清兵入关，李自成与之决战，失败在石河。清历代皇帝出关祭祖，辄登老龙头的澄海楼观海，先后建海神庙、天后宫。八国联军攻占山海关。破坏长城城防，烧澄海楼，毁入海石城。

长城从山海关老龙头起西北过抚宁、卢龙至青龙杏树岭共长245公里，有三道关、九门口、义院口、冷口等18个关口。山海关号称"两京锁钥无双地，万里长城第一关"，它是北长城的终端，西距北京280公里，西南距天津220公里，东北距沈阳400公里，军事上，枕山依海，扼辽蓟咽喉，为兵家必争之地。从现代经济、交通关系上看，它和秦皇岛结为一体，有东北管道输

油,有大秦铁路输煤,并有高速公路通往北京。北戴河避暑胜地主要为京津服务。因此从风景旅游方面考察,这块地区和北京是不可分割的。原山海关城土筑砖砌,墙高14米,厚7米,周4.3公里,方形,有四门:东名镇东,西迎恩,北威远,南望洋,均有城楼及瓮城,城四周有水环绕, 出长城还有水关,城中心有钟鼓楼,东西二门外有罗城,周1.9公里,今仅存东门及东罗城。西城外有南北翼城,周长1.2~1.4公里。此外欢喜岭上有威远城, 老龙头有宁海城,都与关城彼此策应,成犄角之势。山海关东城楼高13.7米,宽19.7米,进深10.1米,两层,重檐歇山顶,南北东三面有箭窗68个,檐桁枋心均有明式彩绘。城上陈列崇祯时铸造铁炮两门各重2 500公斤,号称神威大将军。城楼四周有四座建筑。靖边楼在关城东南角毁于民国初年,1985仍按明初式样恢复,上下有箭窗56个。 牧营楼与临间楼位于关

城与罗城相接的南北隅,两层有箭窗20个,为守关屯兵之所,1986年复建。威远堂在关城东北角今已毁,待恢复。登上城楼,北望角山长城远从天际奔驰而来,南望老龙头长城越过树丛直入海中,近处城楼雉堞错落,远处欢喜岭威远城耸立东方,真是天然要塞,壁垒森然。明萧显在山海关东城楼上题"天下第一楼",一米见方的大字浑厚有力,并咏诗"八窗虚敞堪延月,重槛高寒可摘星;风鼓怒涛惊海怪,雷轰幽谷泣山灵",更增加山、海、关的威严气势。

老龙头为北长城入海处,距山海关5公里,其防御系统包括宁海城、澄海楼、南海口关、靖卤一号等三敌台及圈城,在八国联军入侵时受严重破坏,1987年集资重修。宁海城在澄海楼下为连接南海口关的防卫城,现城高5米,周长900米,有西北二门,门上有箭楼。澄海楼雄峙于老龙头长城上,北枕燕山,南襟渤海,登临其中,可眺望长城内

外万千气象,澄海楼为九脊歇山顶,面阔15.7米,高14.5米,楼上悬复制明孙承宗书雄襟万里匾额,楼下悬乾隆书元气混茫匾额,内墙遍刻诗词,只康熙"危楼千尺压洪荒,骋目云霞入渺茫",雍正"才经一阵风过槛,倏起千堆雪卷花",乾隆"漫言今后难为水,试看当前不辨天"几句,已可见当地风景的一斑。 从澄海楼下入海石城,过戚继光所书天开海岳碑,遥望海中靖卤台巍然耸立,台为砖砌四拱的敌楼,高17.3米。入海石城据考证长约30米,宽10米,用块石接礁石砌筑,块石边缘有燕尾槽,用铁楔联结,浇铁汁加固。现修复石城伸入海中22.4米,宽8.3米,高9.2米,用9层条石砌筑,城上海墁青砖,三面树垛口,立足城头,看阵阵海潮冲击,浪花碎沫飞溅,倍觉城关之巩固。老龙头的海口关已废,但海神庙却新近修复。 现有牌楼、山门、钟鼓楼、大殿、寝宫等建筑,延伸入海124米,冲波劈浪,气势

山海关

老龙头靖卤台

海神庙

角山长城

北戴河

南戴河

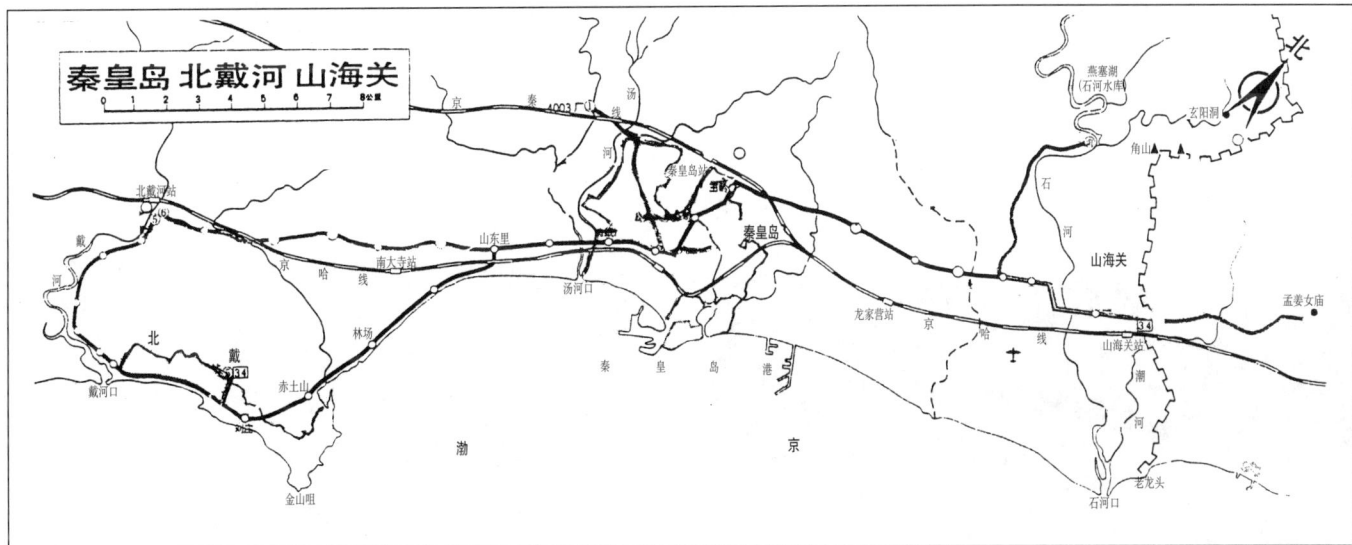

秦皇岛，山海关附近风景点分布图

不凡。

孟姜女庙在山海关东6.5公里的小山上，需登上108级石阶才能进入山门，殿后有望夫石，庙内建筑比较简陋，但正如楹联所写"秦皇安在哉，万里长城筑怨，姜女未亡也，千秋片石铭贞"，万古留芳的故事却时时撼动人心。此外还有一联"海水朝朝朝朝朝朝朝落，浮云长长长长长长长消"其不同读法又为搞文字游戏者所感兴趣。东南距庙5公里的绥中海边有石三块，俗称孟女坟，据考证实为秦之碣石。

山海关防御系统除关防及老龙头海防外，明代划老龙头至九门口26公里长城为山海路，设南海口关、南水关、山海关、北水关、旱门关、角山关、三道关、寺儿峪关、滥水关、一片石关。在这段长城上有敌台37座，烽火台14座和周围7座卫城相结

合组成长城体系。此外还有远至宁远卫(今兴城)的前所、中后所、前卫、永安堡、铁厂堡、李家堡等外围防御设施及47座墩拨，以了望敌情。海口则从老龙头到金山咀15公里间筑有墩台，并于老龙头、南海口、秦皇岛、白塔岭分汛防守。1991年冬我来秦皇岛，初登角山。角山不甚高，海拔仅519米；长城高7~10米，宽4~5米，窄处亦有2.7米；但因山势过陡，特别近山巅处，长城成梯形，最后还要从铁梯爬上敌台顶。我虽然十分吃力，但歇歇喘喘，终于爬上山头，近望燕塞湖，角山寺，不显其大，远望北部山峰起伏，险峻处长城倒挂，直插云天；向南回顾则山海关防，苍茫一片，原是几百年间的有名战场。

秦皇岛港阔水深为不冻良港，古代虽以贸易著称，但久已荒废，1912年英商经

营丌滦煤矿，开始修路建港，然解放前仍为临榆县下的一个镇；秦皇岛成为今日之规模，市区人口达50万并与山海关、北戴河相结合成为包括海港经济、休养旅游、历史文化与自然风光等丰富内涵的现代风景区，实开始于解放后特别是近十余年的改革开放年代。北戴河七月平均气温为24℃与大连、青岛相仿佛，同为避暑胜地，但这里沙细滩平，晴天多，而少鲨鱼之害，海浴又胜一筹。现有床位八万余张，仍不敷需要。最近又开发抚宁南戴河及昌黎黄金海岸，黄金海岸长达26.8公里为北戴河之3.6倍，不仅沙滩平缓，海水清洁而且有20~40米高的沙山，可作滑沙游戏。西接防风林带，现已长成郁郁葱葱，将有广阔发展前途。古代文化遗址以秦汉行宫遗址最堪注意，现在秦皇岛市新建秦代文化展览馆是非常正确的

决策。在旅游高潮中搞些知识性、娱乐性的展厅，也是可以的。如北戴河对怪楼的利用颇具匠心。但南戴河西游宫中有些场景却过于荒诞、迷信、恐怖，如地狱酷刑等，则很不妥当。1992年夏我参观烟台秦皇宫时又见白骨骷髅，高挂宫中，不知制作这些的美术家们为什么一定靠这些东西赚钱？

十六　张家口与宣化

明建外长城在延庆与内长城汇合后即折向西北，顺山之走势延伸到张家口与大同然后进入内蒙。张家口距北京仅209公里，其北部为草原与沙漠，从外蒙到内蒙，一片旷野，战时无险可守。张家口之长城入口为大境门，门之左右为东西太平山，两山夹峙，形势险要，为防守京都的极为重要的天险。战国时代，赵武灵王修长城"自代并阴山下，至高阙为塞"，即从张家口地区到内蒙巴盟北二狼山。燕之长城"西起造阳，东达襄平"，造阳也在张家口一带。北魏长城经张家口东北的赤城西至内蒙的五原。北齐长城起自西河总秦戍也是经张家口而东至于海。明修万里长城沿城设九边，其中之一为宣府镇，即设在张家口东南30公里的宣化。宣府镇辖区东从四海冶起西至怀安的西洋河共1 023公里，有53个关城。明朝初期，北方蒙古尚不断与之作战，1449年土木之变，明英宗在怀来被俘，就是突出事例；直至鞑靼俺答时代采取民族和解政策，才臣服于明，明在张家口外设来远堡，从事蒙汉贸易，张家口才从军事重镇转为商业中心，成为有名的马匹与毛皮市场。

宣化府段长城均依山就势，就地取材，用石或土筑成。大境门为条石基础的砖筑拱门；墙高12米，底宽13米，门楣上有"大好河山"四个苍劲颜体字，今尚保存完好。大境门内西山风景点有建于乾隆时代的水母宫，林木森森，禅扉寂寂，内有纪念察北抗战的吉鸿昌纪念馆。有明初建立的赐儿山云泉寺，寺之西崖有风、水、冰三洞，山之绝顶有蠹霄亭，登临其上，风卷云浮，长城与洋河，尽入眼底。张家口市解放以来，建设事业有极大发展，已成为河北北部的重要城市。

明清时宣化乃长城边防重镇，现存许多重要历史文物。唐时土城至明朝扩建为下石上砖，墙加雉堞高11米多，周长12公里，4门均有瓮城，环城挖隍堑设吊桥，防备周

张家口大境门

宣化南门

张家口西太平山

密。现南门尚完好，城楼题额"拱极楼"，连城墙共高 24 米。从南门起，位于中轴线上最前面为清道光建的"古上谷郡"的牌坊，惜最近已拆毁。牌楼北 50 米有鼓楼"镇朔楼"，重檐九脊歇山顶，面阔 5 间，通高 24 米，系 1440 年明正统时建。 清在楼南题"镇朔楼"北题"神京屏翰"。鼓楼北为钟楼'清远楼'1482 年明成化时建，外为三层檐多角十字脊，内为两层，正面突出山墙，下有 8 米宽的十字券门洞，通高 25 米，造型奇特，当地有第二黄鹤楼之称，乃国家级文物保护单位。清远楼四门通衢，其门额为昌平，广灵，定安，大新；楼内悬明铸铜钟，高 2.5 米，重达万斤。目前在中小城市中能保存古城与中轴线上成组的古建筑者，颇为难得，可为今后风景建设奠定极好的基础。此外宣化在国子祭酒张世卿的辽墓中发现彩绘星图，既有

龙庆峡

宣化镇朔楼

张家口水母宫

中国古代的28宿又有起源于巴比伦的黄道12宫,直径为2.17米的大幅中西合璧天文图。沿宣府镇外长城内线散在的风景点还有龙庆峡、官厅水库等各以山水取胜。

十七 明十三陵

中国历代帝王都重视死后陵墓的经营,除宋朝外,大都在生前即选址选材兴工营建。商周时期多为土坑木椁大墓,不封不树。战国时期出现地上建筑。秦汉陵墓既广且大,秦始皇陵周1.4公里,高43米,外围重墙长6公里;汉武茂陵比秦皇陵虽小而高,周围有重臣陪葬,规模与气势又胜于秦。东汉开始多用砖石,不仅墓室构造形式增

多,而且有画像砖石,艺术表现力亦大为提高。此后陵墓演变,地下与地上结合,陵体由大变小,神道由短变长,陵前石雕与石建筑逐渐增多。石表(神道柱)在神道前,石阙石碑在陵墓前。唐太宗以山为陵,凿山为墓,使陵墓与自然结合,是陵墓建筑的又一发展。

明陵集中历代精华,把陵墓建筑推向高峰。明十三陵的主要成就:(1)把山的群体和陵墓群体用最艺术的空间组合手法组成有机的整体。明陵封天龙山方圆40平方公里,不及唐陵1/5,却安排13代皇帝在山脚环形地带上,彼此呼应,联系紧密,其整体气势,远远胜过汉唐陵阙的分散局面。群山的环形入口有高低不等的两个小山,神路靠近低山,使两山在行人视野中得到平衡,犹如大门的双阙。神道正对最高山峰的主

陵为明成祖的长陵。神道的路线又非直线,随山水形势而曲折,使行人处处能得到最佳的观赏点。至于各个陵墓的布局亦能巧妙适应所在的山势。

(2)延长神路的距离,增加神路上的建筑,丰富空间的层次,使神路成为联系各陵墓的主干。大红门及门前的五间石牌坊是神路的起点。大红门红墙黄琉璃瓦,有门洞三。牌坊面宽29米,高14米,通体雕刻精美,夹杆石上龙腾狮跃,尤为生动。门北有高大的方形神功圣德碑楼,四角各立有雕刻细致的华表。过碑楼有石像生分列两旁,石表之后为狮子、獬豸、象、骆驼、麒麟、马,各有立卧象一对。然后是武臣、文臣、勋臣各四尊,共18对等距排列在800米长的神路上。 其中獬豸为传说中的神兽,形似牛而头生一角,遇人相争必触不正之人,古代

明十三陵大红门

神路石牌坊

石牌坊基座雕刻

法官头戴獬豸冠以示扶正抑邪。这些石雕均用整块石料刻成，形象逼真，结构准确，刀法简练，刻工精细。碑楼及石像生均为1435年宣德时建。石像生的尽头为棂星门又称龙凤门，三座门柱之间用红墙联接；门柱有云板，顶上蹲望天吼，形似华表；各门的额坊中央有石雕的火珠，因此又名火焰牌坊，乃传说中的天门式样。整个9公里长的神路充满红白相间，形式多样的建筑和体态稳重的石象生因而形成一条特殊的风景线。

（3）陵前建筑宫殿化。长陵葬明成祖，仿南京明孝陵体制，共三个院落于1409～1413年建成。前院有神厨、神库。棱恩殿在二进院，重檐庑殿黄琉璃瓦顶，面阔9间67米，进深5间29.3米，总面积1 956平方米，梁柱斗拱全部为香楠木，60根柱中有32根为金丝楠木，中央4柱高14.3米，直径1.17米，乃仿北京宫内奉天殿而建，为古建筑中最大的楠木殿。棱恩殿为举行祭礼的地方，天府广记"棱祭而受福之名也，恩者罔报之恩也"。内红门至明楼为三进院。院中有棂星门，为夹山式两根石柱，门楼斗拱穿插，下有门簪两扇。封土周围用砖墙砌成高大的圆形城堡，名为宝城，其前有高大城台，上筑城楼名为方城明楼。楼内石碑刻"大明成祖文皇帝之陵"。在整个陵墓中棱恩殿与明楼为主体，相当于皇宫中的前朝与后寝。地宫情况以业已发掘的定陵为例，位于宝顶下27米，后室有两厢，通过甬道与中室、前室相连，总面积为1 195平方米。其中以后室最大，净长30.1米，宽9.1米，高9.5米，全为石拱券砌成，棺椁置棺床上。各室之间用高3.3米，重4吨的石门，门上有青铜大梁重10吨。中室有品字形的石宝座及用作长明灯的青花云龙纹储油石缸。

明十三陵按顺序为长陵－永乐、献陵－洪熙、景陵－宣德、裕陵－正统、茂陵－成化、泰陵－弘治、康陵－正德、永陵－嘉靖、昭陵－隆庆、定陵－万历、庆陵－泰昌、德陵－天启、思陵－崇祯。长陵东侧有碑亭，碑座刻龙首鱼脊龟足遍身鳞甲的异兽名鼍龙。裕陵葬英宗，从他起废除殉葬制度。明太祖曾用妃嫔宫女46人殉葬。永陵仿长陵外加罗城一周，并将明楼改作石材，定陵随之。因十三陵距京都较近，我曾多次来游，有时倘佯在石像生旁的梨花丛中，听蜜蜂飞鸣；有时漫步在宝城周围，赏山林景色。晚秋橡树老枝横出，橡实与黄叶杂陈；清夏浓密绿荫匝地，空间广阔深奥，可随意

神功圣德碑楼

骆驼

神路

长陵棱恩殿

长陵棂星门

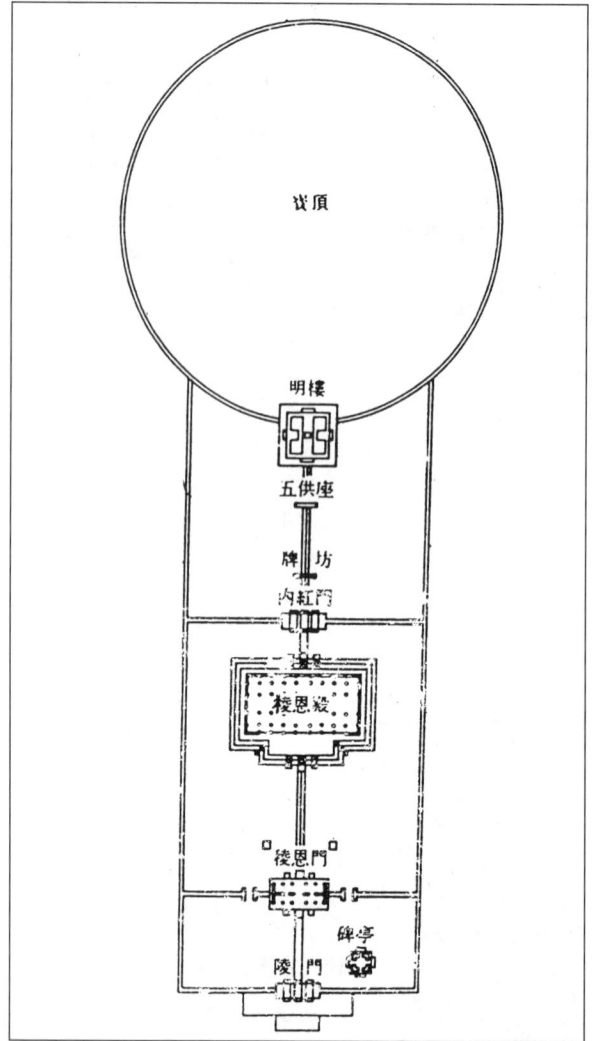

明长陵平面图

定陵地宫

清东陵神路石牌坊

乘凉探幽，比之城市公园更多天籁生机与清静遐想之趣。

金建中都后，海陵王于1115年在房山北始建金陵，先将上京太祖、太宗陵墓迁来，于1156年又将始祖、德帝等十帝陵一并迁葬，以后除海陵王外，熙宗、世宗等五帝也葬于此。明天启年间降旨平毁金陵，清顺治重修太祖及世宗陵，已不是原来规模，现破坏严重，多已不存。

十八　清东陵、西陵

清帝关内陵墓均仿明制，顺治选址在京东125公里的遵化，是为东陵，雍正选址在京西120公里的易县是为西陵。东陵北依昌瑞山，山上原有长城，建陵园时将长城以南划为前圈，修20公里长的围墙，将长城以北的群山划为后龙，因长城妨碍风水而将其拆除。又将前圈后龙方圆40方公里的居民全部逐出，周围设红白桩与火道，不准百姓入内。

孝陵葬顺治居陵区之中，神路长5.5公里，前为石牌坊，大红门。神功圣德碑楼高30米，四角各立华表。华表起源于谤木，古时以横木交柱头类似桔槔，树于路口既标路途又供人书写谏文，汉称桓表，以后逐渐演变为标志物。孝陵华表高12米，上下巨

龙盘绕，上镂雕如意云板，柱顶承露盘上蹲踞石兽，汉及南北朝多用辟邪，宋用对鹤，明清又演变为望天吼。孝陵望天吼与天安门同，面北者名望君出，面南者名盼君归。华表立于须弥座上，须弥为印度传说中的佛山。碑楼北为石像生及龙凤门与明陵同，然后越过一孔桥、七孔桥、五孔桥、三孔桥才到隆恩门。七孔桥长100米宽10米，每边有栏桩62根，用手抚摸石栏板因石料含铁量有多少而发出银铃般不同音响，故此桥又名五音桥。神路两侧按规制植紫柏10行名为仪树，隆恩门前有神道碑亭，碑身用满汉蒙三种文字刻上历代皇帝不断追加的谥号，至乾隆时止顺治的全谥号是"体天隆运定统建极英睿钦文大德弘功至仁纯孝章皇帝"真是挖空心思去堆砌好听的文字。隆恩殿重檐歇山黄琉璃瓦，面宽5间，进深3间，每年清明、中元、冬至、岁末及忌辰皇帝亲临大祭；每月朔望有各陵郎中小祭。隆恩殿

后有琉璃门为陵寝门，两侧接红墙。进寝门后又有二柱门，门北在石雕祭台上列石五供，中为香炉，旁为炉台、花瓶。明楼在方城上，方城联宝城，上为宝顶下为地宫。方城南有洞门，门内为月牙城，城内琉璃照壁掩盖地宫入口，东西两侧有转向蹬道上明楼及宝顶。明楼为重檐歇山方形碑亭。宝城外建垛口，内有马道、宇墙。孝陵东侧为孝东陵，葬顺治皇后，神路左右分葬7妃，明楼西侧葬4福晋，17格格。

康熙景陵在孝陵东南。康熙在位61年，文功武事，极为显赫，不称宗而称祖，功德碑文过长，不得不立双碑。乾隆裕陵在孝陵西，其规模虽逊于孝陵，但建筑及工艺的精美却为清陵之冠。由九券四门组成主字形的地宫，所有券顶和石壁布满佛教题材的雕刻，为石雕艺术的宝库。咸丰定陵在裕陵西。慈禧、慈安两太后陵在定陵东称定东陵。同治的惠陵在景陵东，清东陵共葬清朝5代皇

清东陵裕陵琉璃门

裕陵地宫

清西陵崇陵回顾隆恩殿

裕陵明楼

清西陵定陵石像生

帝。慈禧为同治、光绪两代的实际统治者，其陵制虽不敢逾矩，但用料及工艺，不仅超越祖陵，而且连皇宫也不能及。慈禧陵隆恩殿的丹墀与栏板上均刻凤引龙，以表现她的女权思想。三殿梁枋架木全用海南檀，彩画龙云蝠寿锦纹以赤黄两色金叶子直接沥粉贴成，三殿共有行卧升降各种姿态的龙2 400条。太和殿明柱贴金只有6根，而慈禧陵三殿却有64根；并且用铜镂刻成立体的盘龙，然后在铜上鎏金，不仅光彩夺目，龙须还可自然摆动。殿内30块雕花砖墙，都用黄金叶子贴底。仅贴金一项即用黄金4 592两。至于慈禧的装殓，其奢侈的程度更令人无法想象。据李莲英《爱月轩》笔记载：棺内先铺三层金丝串珠绣花锦被，头上放翠荷叶，脚下放粉红碧玺荷花，头戴珍珠凤冠，其中最

大的形如鸡蛋，重4两，值千两白银。手镯用钻石镶成菊花及梅花。身旁放金玉翠及红宝石雕成的佛像各27尊，脚下放翡翠制成的西瓜、白菜、甜瓜，宝石制成的桃、李、杏、枣，白菜绿叶白心，上面伏着绿蝈蝈，极为贵重。靠身还有一枝红珊瑚树上绕 青根绿枝红蟠桃，树顶停落一只翠鸟。此外还有玉制18罗汉、8匹骏马，装殓时又倒进大小珍珠3 700颗和红蓝宝石2 200块。这满满一棺珍宝，不算皇亲王公的奉献，只皇家陪葬，据当时估价即达5 000万两。正是这些宝物，引起1928年军阀孙殿英盗墓，他炸开了乾隆和慈禧的地宫，盗走所有宝物（参考于善浦：《清东陵大观》）。

西陵建自雍正，他以东陵"规模虽大而形局未全，穴中之土又带砂石，实不可用"

为名，另在易县西15公里永宁山下选址。西陵在紫荆关东，为丘陵地带，占地百余方公里。雍正的泰陵居陵区之中，规模最大。其南端有五孔桥及三座石牌坊，过大红门接2.5公里的神路，过碑楼及七孔桥为石像生，只有石兽及文武大臣10 尊。再北过小山为龙凤门、小碑亭、三孔桥进入陵前广场，陵内建筑与他陵同。嘉庆昌陵在泰陵西。道光慕陵在昌陵西。按乾隆遗训，东西两陵轮流分葬。道光已在东陵开建，后因地宫浸水，乃改在西陵，又因国事多艰，略去碑亭、石像生、明楼；室内外不施油彩；但隆恩殿全为楠木并有精致的雕刻，在整个明清陵墓中别有朴素、淡雅、清新的特色。光绪崇陵在泰陵东，规模也较小，没有碑亭及石像生。西陵共葬清朝4 代皇帝。西陵附近之大小龙华、狼牙山都是抗战时期晋察冀有名战场。1938 年夏我们五支队在紫荆关至涞源路上曾歼灭日军的一支运输队，击落一架飞机，西陵对于我们也是特别可纪念的地方。

十九 万园之园—— 圆明园遗址

北京西北郊有西山诸峰绵亘，玉泉万泉水系交叉，原是辽金元明历代园林荟萃地区。清盛时曾在此建三山五园——香山静宜园，玉泉山静明园，万寿山清漪园及畅春园，圆明园，而以圆明园居其首。圆明园本是康熙给雍正的赐园，雍正即位后扩充至3 000亩，号称28景。乾隆时增建景点，于1745年完成40景，命宫廷画家唐岱、沈

圆明园万春园大门

福海

西洋楼远瀛观

谐奇趣

观水法

海晏堂

源绘成绢图并亲自逐景题诗，其御制图咏流传至今，使我们得以了解昔日的盛况。1749～1951年他又在圆明园东建长春园，1760年更吸收西洋建筑形式建成大水法十景，俗呼西洋楼。1772年再收长春园以南私家诸园建绮春园，1809年嘉庆又囊括西部几个赐园合成30景，道光时改绮春园为万春园。当时三园统归圆明园总管大臣管理，因此相沿至今尚合称三园为圆明园。圆明园继承中国历代造园的优秀传统，吸收南方风景园林的精华，堆山导水，移天缩地，在有限的面积内构筑了千姿百态的众多风景点，以园中有园的艺术结构，组织诗情画意于变化万千的景象之中，这是清朝鼎盛时期最宏伟最优美的皇家园林，是中国历代园林中最杰出的创作。

18世纪末欧洲资产阶级革命正在蔓延，传教士将中国自然式园林介绍到欧洲，其传统的人工规整园林立即受到猛烈冲击，一

时形成中国园林热，称誉圆明园为"万园之园"。法国画家王致诚称之为"人间天堂""一切造园艺术的模范"。英国建筑师钱伯斯认为中国园林所表现的意味是"英国长期追求而没有达到的"，"从大自然中收集最赏心悦目的东西，组成一个最动人的总体"。当时伟大思想家卢梭甚至声称，他死后要把他这个"属于自然和真实的人，埋在有自然风致的中国园林中"（窦武：《中国造园艺术在欧洲的影响》)）。圆明园当时不仅以园林著称，还是清朝几代皇帝临朝听政，统治国家的政治中心。满族皇帝来自关外，在皇宫里很不习惯北京的夏季气候，乃不断修建离宫园林，1690年修畅春园，1703年修避暑山庄，接着又修圆明园。清初几代皇帝，只是到了冬至大祀前夕才进宫，翌年新正郊礼后即出宫，大部时间在园而不在宫。圆明园存在150年间，清廷的重大决策几乎都是在园里定下的。正因为圆明园是清代

皇帝长期生活所在，不仅有极为精美的陈设与装修又收藏着全国罕见的珍宝古玩、字画及工艺品。文源阁是全国著名的十大皇家图书馆之一。圆明园聚集当时文化与艺术精品，实际成为全国最高的文化艺术博物馆。

不幸这个享有人类历史文化盛誉的世界名园竟毁于帝国主义侵略战争。1860年英法联军攻入北京，10月6日占领圆明园，千军万马立即公开进行劫掠，连续十日搜括一空。为了掩盖罪行，英国远征军司令格兰特提出"只有焚毁圆明园一法最为可行"，10月17日起侵略军火烧圆明园及西郊诸园，接连三日，黑烟成云笼罩京城，这人类文化瑰宝终于遭到彻底毁灭。帝国主义者这种极端野蛮的罪行当即遭到世界所有进步人士的谴责。1861年法国伟大作家雨果在信里写"在世界的一隅，存在着人类的一大奇迹，这就是圆明园。艺术有两种渊源：一为理

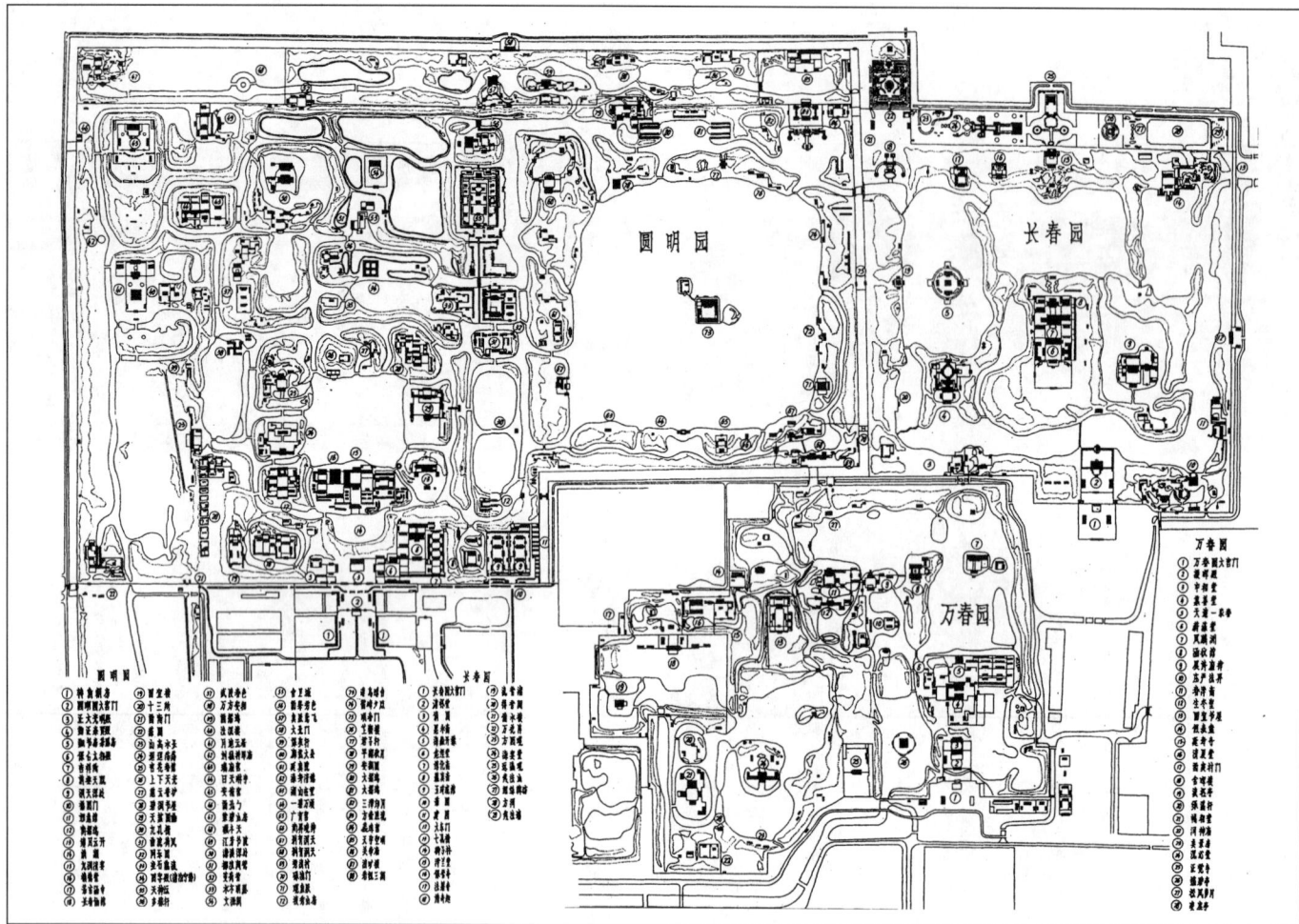

圆明、长春、万春三园全图

念，从中产生欧洲艺术；一为幻想，从中产生东方艺术。圆明园属于幻想艺术，一个近乎超人的民族所能幻想到的一切，都荟萃于圆明园"。"只要想像出一种无法描绘的建筑，一种如同月宫似的仙境，那就是圆明园"。"艺术大师、诗人、哲学家都知道圆明园"。"人们一向把希腊的巴特神庙，埃及的金字塔和东方的圆明园相提并论"。雨果在极度赞美圆明园之后痛斥英法政府："两个强盗闯进了圆明园。一个强盗大肆劫掠，一个强盗纵火焚烧。""两个胜利者一个装满了他的口袋，另一个看见了，就塞满他的箱子"。"这两个强盗：一个叫法国，一个叫英国，对他们我们要提出抗议"。"统治者犯下的罪行同被统治者是不相干的。政府有时会是强盗，可是人民永远不会"。"法兰西帝国将圆明园辉煌的掠夺物拿出来展览。我渴望有朝一日，法国能摆脱重负，洗清罪恶，把这些财物归还给被掠夺的中国"。

1900年八国联军入侵北京，劫余圆明园再遭毁灭，1904年清廷裁撤圆明园管理机构，从此圆明园遗址完全陷于无人管理状态。北洋政府及国民党统治时期，官僚、军阀及破坏分子又不断挖掘盗运，连残垣断壁也平毁无余。全国解放后，周恩来总理提出"圆明园遗址要保存，以后有条件可以恢复"，北京市政府将遗址划为规划用地，并栽种树木。但在公社时期又将土地借给农民，农户纷纷迁入园内，十年动乱，一些单位及园内外群众更肆意侵占土地，砍伐树木，遗址已临彻底毁灭的绝境。1980年我国进入改革开放的新时期，社会各界组织中国圆明园学会发起"保护、整修与利用圆明园遗址"的倡议，在短短两个月内有宋庆龄、沈雁冰等十余国家领导人及各界人士1 583人在倡议书上签名。当即引起国际国内的巨大反响。1984年经圆明园管理部门与在园农民协商采取联合开发的方针。1985年在政府拨款、单位集资、群众募捐与义务劳动的支援下，终于修复了福

海及附近的山形水系，开始了整修活动。圆明园基本格局为：

（1）宫门区　进大宫门及出入贤良门，在小院中迎面即见7间卷棚歇山顶的正大光明殿。殿后有玉笋嶙峋的寿山石。东有游廊通勤政亲贤及太和保和。这几处是皇帝处理政务的地方。再东过山岗有溪水环绕的前垂天贶为皇家子弟读书的所在。东南角的几所四合院名如意馆为宫廷画家作画的画院。从寿山西绕过小山可到水环山萦的长春仙馆乃皇太后膳寝之处。

（2）九洲区　九个景点的空间组合和景观内涵各有不同，为全园造园精华。前后湖最远距离不过200米，各景点彼此相望，有亲切之感；湖水内绕各景点，外通各景区，仿佛浔阳九派，具流畅之情。正南九洲清晏为帝后燕寝之所与正大光明保持前朝后寝体制。东南镂月开云，依后山建琉璃瓦顶的楠木方阁，以观牡丹。东岸天然图画，借助山势，南凿池北筑院，突出沿湖楼阁使其

成为后湖中最惹人注目的风景建筑。东北角碧桐书院四面环山，八九个小院满为桐荫所笼罩，幽与静为其特色。北岸东有慈云普护，背山抱水，前有带荫棚的欢喜佛场，中为龙王殿，后为两层的慈云普护阁而以长廊相连。最北的山坳中有三层六角的钟楼，楼虽不高，但山坳比湖岸高5米，而湖岸又比九洲清晏高6米，从大宫门经前后湖800米长的中轴线笔直望去，这钟楼就成为周围风景的集中点。西为上下天光，内有土山环绕，南出湖岸建水阁，曲桥。西北角杏花春馆，除广种杏树外更有矮屋疏篱、水井菜田的乡村风味。又在高山上建城关成为附近的制高点。南面的坦坦荡荡是大型的观鱼池，以平阔开朗见长。西南角的茹古含今又是完整的居住建筑群。

(3)西北景区 是功能与景色各异的分散景区。西南角的山高水长有一片空旷场地，乃角抵校射之所，其南端为独立的小园－藻园。杏花春馆之西有水中万字亭樗名万方安和，北有仿陶渊明《桃花源记》的意境而建的山环水曲并有桃源洞口的武陵春色。西北有鸿慈永祜，乃奉祀康熙、雍正的家庙为园中最富丽的琉璃建筑；有日天琳宇和月地云居两组佛寺，布局自由，富有园林特色。北部偏西有汇芳书院，建筑三面临水，东端眉月轩为半月形的水庭。在水庭平台上可眺望东山笋石，登山则有跨越深涧的垒石断桥，乃仿西湖景的断桥残雪。濂溪乐处在山水环绕中，面对花神庙，亦有水榭伸入水面，暑夕乘凉，菡萏香飘，自有无穷乐趣。南接水木明瑟，水转风扇，发泠泠之声；映水兰香，黄云黍雨，飘稻米之香。澹泊宁静，田字为房，视之静而听之远，均有田园农事之乐。在另一西湖景柳浪闻莺之旁有藏书著名的文源阁。

(4)北部景区 横亘园之北部，有围墙分界，为长1 660米，宽110～120米的狭长地带，与扬州瘦西湖及颐和园后湖相类似而长过之。西端紫碧山房的石山可南望全园景色，北眺西山诸峰。其东去一片田园直到多稼如云。这里建筑跨界墙、顾两面，南则堤水互环，堤上种桑，水中植荷，两旁山坡尽栽桃树；北向隔水相望，仍然蓑笠往来，一片田家风光。再东至鱼跃鸢飞田野尽而楼阁出，两层方楼横跨水上，畅观北部风景，曲水周遭，村舍鳞次，蓊郁平林，苍茫田野，尽收眼底。但山村野舍间骤现高楼则略嫌兀突。东邻北远山村跨河与若帆之阁相对，又重现乡村本色。

(5)中部景区 为东西两大景区的过渡。南端曲院风荷有300米的狭长湖面，中建九孔石桥。桥西有牌坊，东有高阁，曲形桥面满是精雕的白石栏杆，湖内多荷，长虹摇影，红衣映波。湖北有跨水楼台接曲折院落。景区中部为舍卫城，四周围以护城河及城墙，上有城楼，前有牌坊，内有内城，城中为三进琉璃佛殿，殿内珍藏数以万计的金玉佛像。佛城之南为十字交叉的买卖街，南北有街道，东西有水巷，中有双桥。遇有庆典时，由宫人扮市民造成闹市气氛。街之东南有同乐园，为园中最大的戏台。街西为坐石临流，临水有兰亭使山涧流水从亭中回旋穿过形成曲水流觞，八角柱间遍刻兰亭禊帖。舍卫城之北为西峰秀色，在含韵轩之西，隔水有巨石砌成的小匡庐，山上青松瀑布，再现庐山景色；山腹有巨大的三仙洞可容二百余人，登山可远眺西山，近观北园。山北有花港观鱼，港内多红鱼莲花，对面小岛有剑石配植青松俨然天然盆景，名长青洲。

(6)福海区 福海面积28公顷，与北海大小相当，是圆明园最大水面。沿海只布置零星建筑。外层却建造了几个范围较大、内涵较多的景点。西岸澡身浴德以北的廓然大公为独立的园中园。北部有纵深40余米的叠石山洞，东南山巅为福海的制高点。山湾有湖，环湖亭榭与起伏游廊有绝妙的结合。南部为鹤群栖息的松林柳丛，极富山林情趣。福海北岸西有平湖秋月和双峰插云其北有"春宜花、夏宜风、秋宜月、冬宜雪"的四宜书屋，系模仿海宁安澜园建造的。东北在较大的内湖后为金碧辉煌的海神祭祠方壶胜境。北有六栋楼阁组成的封闭空间，南在二栋楼阁前突山二座方亭。整个黄琉璃瓦顶

的建筑群坐落在3米高的石台上，在阳光照耀下与湖水辉映，极为灿烂夺目。西过涌金桥及廊桥进入更小水面，内有三潭印月及水帘洞。福海东岸北为涵虚朗鉴，南为接秀山房，均石砌驳岸，露台及楼阁，依山面水，可眺望西北远近两重山色。东南角别有洞天，又是个有特色的园中之园。在平顶上建方亭的水木清华之阁有曲桥与对岸著名湖石青云片相联系，行船须经过水关才能荡进陡峭石壁夹持的后河。福海南岸的主要建筑为南屏晚钟西面的广育宫，它建在山体用青石叠成悬崖陡壁的南山上，既使后河增加无限幽深情趣，又使海边景观出现雄关气势。其下有虹桥曲拱合倒影成圆，崖间悬瀑滴青石作响，名夹镜鸣琴。福海中筑蓬岛瑶台仿古意蓬莱、方丈、瀛洲三岛，从造园角度看，有增加层次的效果。

长春园突出水的地位，以矮山土堤将全园分成几块大的水面。东南岸上有茜园、如园、鉴园三园，水中有淳化轩、玉玲珑馆、思永斋及海岳开襟四组建筑，北岸除狮子林外只有泽兰堂、法慧寺、宝相寺。除海岳开襟崇坛高阁及法慧寺琉璃宝塔以形体色彩夺目外，大都在山树掩映下为水面起陪衬作用。水面虽有独立范围而彼此呼应，相互通联，纵目骋怀到处是水色天光；这和圆明园山水建筑交错，主客互易，变化多端，大不相同。长春园的造园也颇有特色。茜园有水湾三桥及南宋遗石－青莲朵。如园有模仿南京瞻园的临水平台和石山高树。淳化轩内有阁帖石刻，外有买卖街。思永斋有模仿杭州小有天园的八角鱼池。海岳开襟有天坛模样的两层圆坛。泽兰堂前有百米长的青石山涧。绮春园虽系先后集合而

福海景区鸟瞰——选自《圆明园》何重礼作

成，但在建设过程中仍以水联系各景点使之成为整体。西洋楼的景点由西往东为谐奇趣、万花阵、方外观、海晏堂、远瀛观、线法山、方河及线法墙，大都以水法为主，为中西建筑交流做出贡献。

圆明园继承与发展中国造园优秀传统，有许多成功之处：(1) 周密考虑功能需要。(2)因地制宜，发挥优势。以水为主，造集锦园。(3)以山分割，以水贯通，山水交叉，互为主次。山不高而水不宽，平地走去，使人感觉空间无限，风景无穷。(4) 远处借景西山，扩大园内空间。(5) 园内建筑"不雕不斫，不油不画"，民间小式，变化多端。(6)花草树木，种类繁多，单植丛栽，各得其所。(7) 山水林木与建筑相互结合，此主彼从，此多彼少；或前或后，或高或低；随地形地势，随功能需要而千变万化。三园百六十景，各有特色，绝不雷同，是为真艺术。

在十年保护整修圆明园的社会活动中，

国务院将圆明园遗址列为国家文物保护单位，北京市总体规划确定建设圆明园遗址公园。近几年又整修了绮春园，清理了西洋楼，1988 年将初步整修的东部遗址正式开放。现每年游人已达 200 万，公园已有可观的经济收入，参加共建的 1 500 农民已转为园林工人。保护整修的倡议初步达到目的，联合建设的方针已取得成功。但圆明园西部遗址尚未收回，圆明园遗址整修尚有许多工作待继续完成。我们热切希望圆明园遗址在我国社会主义建设中能逐渐发挥其巨大的作用。

二十 清漪园——颐和园

颐和园为我国现存比较完整而最大的皇家园林，位于城西北 11 公里，由万寿山及昆明湖组成，共面积 290 公顷，水面占四分之三，万寿山高达59米，如此高山广水之造园基础和圆明园根本不同。万寿山本名金山，金海陵王最早在此建行宫，章宗又将玉泉水引来，聚成金水池。元兴漕运，扩大金水池，挖土堆山，更名瓮山与瓮山泊。明孝宗在山上建圆静寺，1506～1521 正德皇帝建好山园。1750 年清乾隆以为母庆寿及练海军之名，拆圆静寺改建大报恩延寿寺，改山名万寿；扩展湖面，名昆明湖；前后历时 15 年，始成今日之规模，称清漪园。以后英法联军入侵北京，清漪园与圆明园同遭焚毁。1887～1896 年慈禧挪用海军经费加以修复，改名颐和园。1900年再遭八国联军破坏，慈禧从西安回京，立即动手整修并在此后的大部时间一直在园内居住。

乾隆修建清漪园以杭州西湖为范本，充分利用自然山水。除万寿山昆明湖外，更远借西山，近借玉泉，有极丰富的风景层

颐和园东宫门

扬仁凤

玉澜堂与夕佳楼

谐趣园

次。湖上近有西堤六桥，远则东堤杨柳飘拂，稻田连绵，处处显出无限自然情趣。慈禧重建时，为了满足长住的需要，沿东堤及西湖岸建围墙并在宫门区增建不少生活用房，使面貌略有改变。但还是保持了清漪园原有的基本格局：

(1)东宫门 为颐和园主要出入口，内为清帝后宴寝听政之处，建筑比较密集。宫门正面仁寿殿内设宝座，座后有226个不同寿字组成的寿字屏风。院内有龙头、狮尾、鹿角、牛蹄、满身鳞甲的铜铸四不像，即传说中的麒麟，乃圆明园之遗物。门之两旁为九卿六部值房。南向转过仁寿殿的封闭空间，过耶律楚材祠，突然豁然开朗，整个万寿山、昆明湖的美丽景色呈现眼前。为了更好欣赏风景，建有深入湖中的知春亭和高踞湖边的文昌阁。在沿湖地带建玉澜堂、宜芸馆及乐寿堂三组庭院。玉澜堂为光绪住所，变法后他被因于此。宜芸馆为

光绪后隆裕住所，有惠山园遗物乾隆摹写名家法帖石刻移此。乐寿堂为慈禧住所，前后两进合院建筑。正门南临湖畔，为穿堂殿，名水木自亲，前有雕栏码头，沿湖步道南通夕佳楼，均为观赏湖景极好场所。在门之两侧游廊粉墙上装什锦玻璃灯窗。门内有著名的8米长、4米高的房山青石－青芝岫，传说为明米万钟遗物。院内植玉兰、海棠等名贵花木。在乐寿堂西北有极为精致活泼的园林小院，因山坡砌扇形石台，名小院为扬仁风。在宜芸馆东北有德和园三层大戏楼，高21米、台面宽17米，上有机具，人物可从天空升降；底层有井，可造水景，与山庄清音阁、皇宫畅音阁合称清代三大戏台。离开这片密集建筑区北行至万寿山东麓，过门额标有紫气东来与赤城霞起的城关便到了谐趣园，这是与北海静心斋齐名的园中之园。乾隆建园时仿无锡寄畅园，以水为中心，制成八景。全园有13

座楼台，环水以百间游廊及5座石桥联结，其建筑形式及组合手法极为丰富，逶迤宛转，上下高低，面积虽不大，但空间变换多端，极尽其妙，在造园艺术中有极高成就。倚坐洗秋厅，观建筑层次；横过知鱼桥，诱游鱼争食；俯首玉琴峡，听跌水滴响；尤为领略风景之最佳处。

(2)万寿山前 建筑沿山之坡度以排云殿、佛香阁、智慧海为上下中心轴，宝云阁及转轮藏为两翼，沿湖以千米的长廊为前缘，山坡遍植长青松柏，并分散布置亭阁楼台，均以观赏湖景为目的。排云殿原为大延寿报恩寺。排云殿外列铜狮及象征十二属相的太湖石均畅春园遗物，湖边码头新建"云辉玉宇"牌楼。门内长方莲池上架金水桥，左右有配殿。进二门，排云殿在高台上，歇山重檐黄琉璃瓦，两侧有耳殿，中间有复道，横列为明5暗10外带暖阁共21间的大殿，其规模为宫殿建筑中所少见。两侧配殿

赤城霞起

长廊

北宫门望后山

及后殿有游廊联系。过排云殿，在半山中有大面积块石砌就的墙壁，通过八字形高台阶到达台上。佛香阁建在20米高的台基上，八面三层四重檐，结构精巧，气势轩昂，通高41米，楼上围廊可观赏全湖风景，也是全园风景的中心。从佛香阁越众香界牌坊到万寿山顶上的智慧海，建筑用石券砌成，外嵌五彩琉璃砖，砖上满刻观音像，英法联军毁园时虽得幸存，但八国联军来时终将佛头全部捣毁。转轮藏位于佛香阁东侧，为帝后礼佛诵经之所，正殿及两侧八角亭均为双层，绿琉璃瓦，亭中贯以八面木塔分贮经书佛像，中有轴可旋转，手推轮转代替诵经。转轮藏前有9.87米高的乾隆手书万寿山昆明湖碑。宝云阁位于佛香阁西，在高大的汉白玉台基上，用铜仿木构铸成佛殿，高7.55米，重207吨，通体呈青色。周围用曲廊联结成五方阁。佛香阁与两翼建筑有假山石洞联系，游人从洞中钻出可以纵览周围风景。

长廊东起乐寿堂的邀月门西至石丈亭共273间，有留佳、寄澜、秋水、逍遥四个八角亭分布在中间，象征四季并在结构上起联结作用，东西两段各有短廊与临湖建筑对鸥舫、鱼藻轩相通，西段还有一段短廊北与听鹂馆后山的三层八面山色湖光共一楼相联系。乾隆曾派如意馆画师到杭州写生，画出西湖景546幅，将其摹写于长廊的梁枋间，加上其他人物、花鸟、历史故事长廊彩画多达14 000幅，游人走过等于参观美术展览。分布在山林间的点景建筑东有景福阁、意迟云在、瞰碧台，西有云松巢、湖山真意、画中游等，均各具特色。在山之西端以石舫为中心建五圣祠、寄澜堂及听鹂馆。石舫船身用巨石雕造长达36米，上建木构两层舱房，原为中式，被焚后改为西式并装五彩玻璃，虽不伦不类，却代表当时风尚。

(3) 万寿山后　与前山排云殿轴线相对，后山从北宫门三孔桥从下向上为松堂、须弥灵境、香岩宗印之阁、四大部洲、直接山巅智慧海。这组建筑仿西藏三摩耶式与承德普宁寺形式相同。后山东西赤城霞起及贝阙两城关为入口。开人工河名后湖，西起荇桥东至谐趣园共长一公里，湖面时宽时窄，两岸山路盘旋，古树参天，景色极为幽静。此湖之开辟使后山枯燥而又狭窄的空间变为活跃而又深奥的景区，实为我国造园极为高超的手笔。惜当时在北宫门建苏州式的买卖街，与后山环境不相谐调。慈禧重建时对后山寺庙与苏州街均未恢复。解放后游颐和园，前山游人摩肩接踵，后山却人迹稀少，小船荡入河湾，居然有出尘之感。一山隔成两世界，这也是中国园林的妙处。近年来陆续恢复四大部州，喇嘛庙以其独特形式与色彩为后山风景增色不少。

(4)昆明湖　乾隆建清漪园时，建东西二堤及西北短堤，将扩大的水面划分为三个区域。在水面最大的南湖中间建南湖岛以十七孔桥与东堤相连，成为湖景的中心，在湖之南端建凤凰墩与紧扼湖水出口的高

昆明湖碑

文昌阁

幽风桥

铜牛

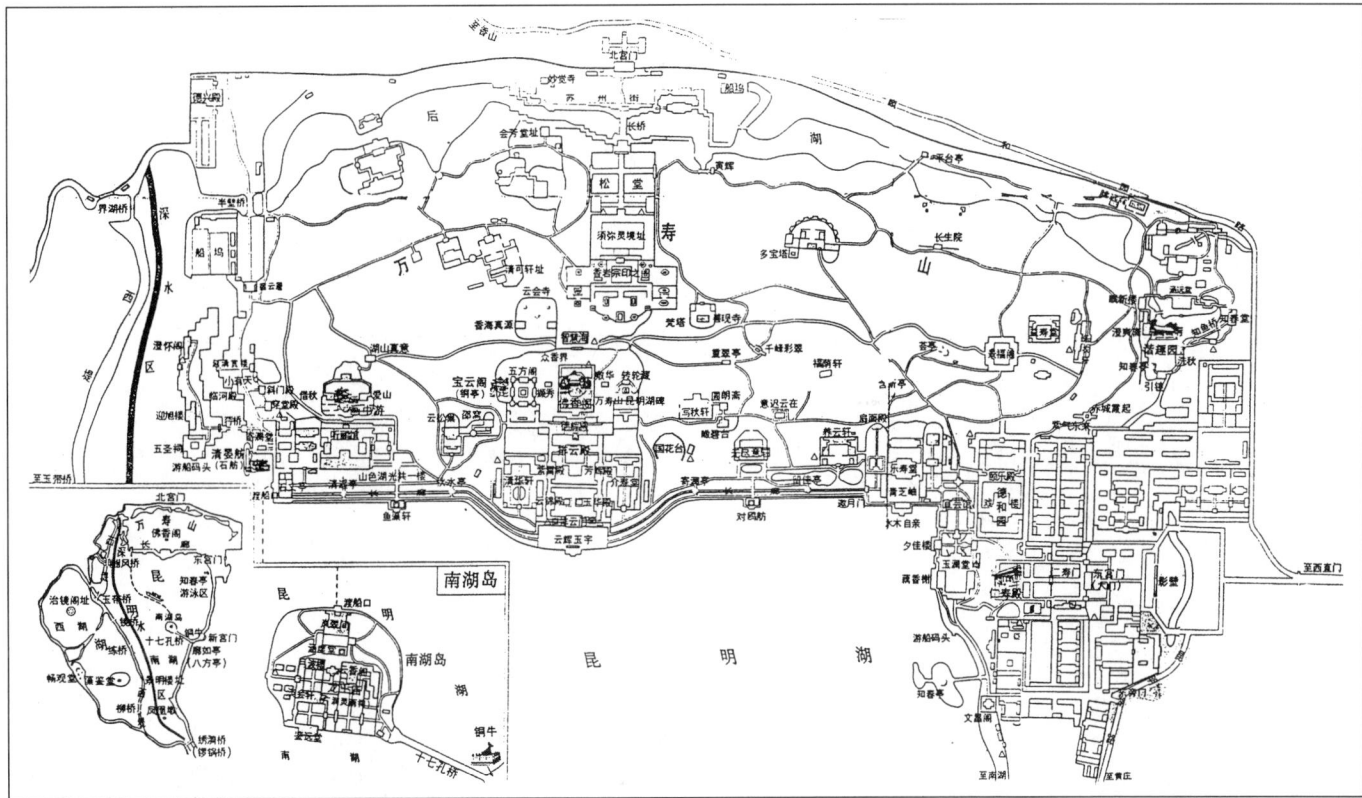

颐和园平面图

颐乐殿

铜亭

曲石拱绣漪桥相呼应。在长达2.5公里的西堤上仿杭州苏堤建六座形式不同的桥，界湖桥、豳风桥之南为高而薄的石券拱桥——玉带桥，半圆桥洞与水中倒影相合，成一轮满月，景色极为动人。再南为镜桥、练桥、柳桥，与景明楼。这些建筑与林木结合构成湖中极为美丽的风景带。在西湖南部与景明楼相对建湖中大岛——藻鉴堂和湖西岸畅

观堂共同构成与西堤交叉的横向风景线。西湖北部有冶镜阁，在两层圆形城堡之上建三层楼阁，遥与西湖北端的耕织图、水村居相呼应。东堤与西堤斜向相对，出文昌阁至廓如亭，中有俯卧铜牛，回首西向，乾隆篆刻金牛铭称义重安澜，又符合昆明湖象征天河，以铜牛及耕织图象征牛郎织女的天汉故事。廓如亭位居东堤之中，当时园之

周围稻田千顷，登临纵目，寥廓无极。过桥进南湖岛，北有假山，上建三层望蟾阁，用以观看水军操演，现毁后重建，改为两卷殿。原南湖岛设计以岛比月，以亭、桥、岛比鼋龙之头、颈、身，因在十七孔桥之额栏上刻"灵鼋偃月"。

玉泉山因清泉密布，晶莹如玉得名。金元在此建有行宫，清乾隆以三个山峰为主

1—南宫门 2—廓然大公 3—芙蓉晴照 4—东宫门 5—双关帝庙 6—真武祠 7—竹起山房 8—龙王庙 9—玉泉趵突 10—乡望塔诗态 11—圣因综绘 12—福地曲居 13—华藏海 14—漱琼斋 15—溪田课耕 16—水月庵 17—香岩寺 18—玉峰塔影 19—翠云嘉荫(华滋馆) 20—甑心斋 21—湛华堂 22—碧云深处 23—坚固林 24—裂帛湖光 25—含晖堂 26—小东门 27—写琴廊 28—镜影涵虚 29—风篁清听 30—书画舫 31—妙高寺 32—崇霭轩 33—峡雪琴音 34—从云宝 35—含远高 36—采香云径 37—清凉禅窟 38—东岳庙 39—圣缘寺 40—西宫门 41—水城关 42—含漪湖 43—玉泉湖 44—裂帛湖 45—镜影湖 46—宝珠湖

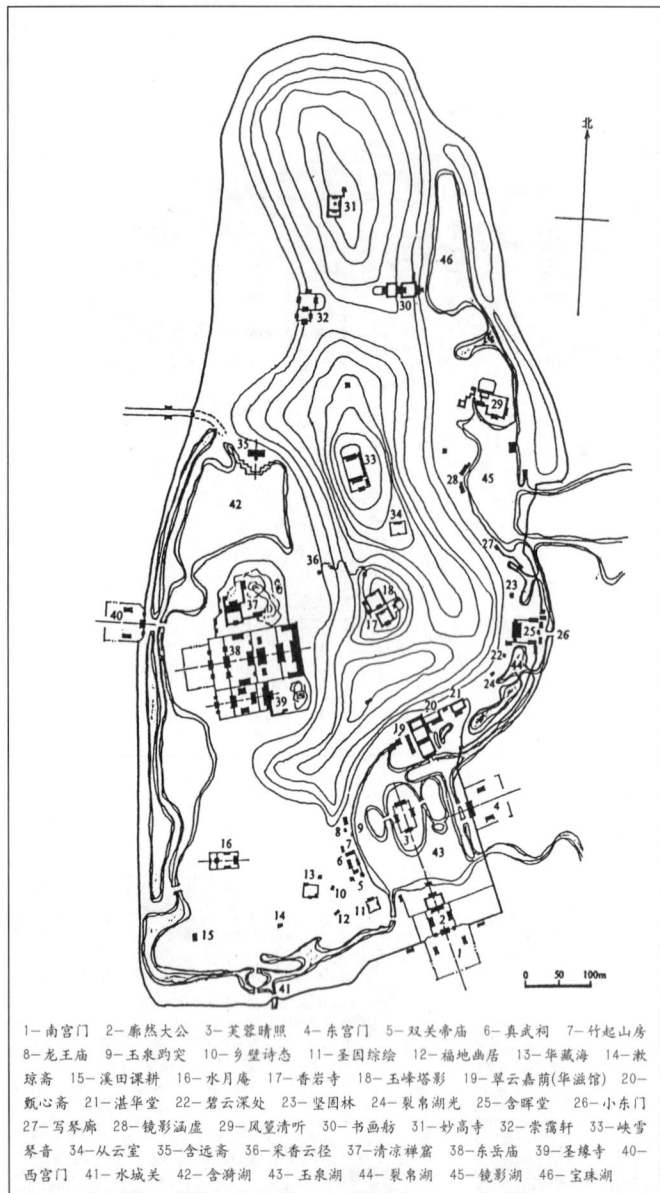

玉泉山静明园平面图——选自周维权《中国古园林史》

玉泉山

体，将水系整理成五个较大水面，在65公顷范围内建成40多个景点，命名为静明园。玉泉山主峰居南，原有香岩寺已毁，现只有仿镇江金山而建的八面七层琉璃砖塔－玉峰塔雄踞山头，高瞻四方。它与南面的华藏塔，北峰的妙高塔互相呼应，使三山联成一气。玉泉湖在山下，面对南宫门，湖中三岛相联，湖西岸有泉名玉泉趵突，旁立乾隆题"天下第一泉"的石碑，他曾评出天下九大名泉，而以"质轻、味甘、养人"之玉泉为第一。三山之东有裂帛、镜影与宝珠三湖。镜影湖为水景园，楼阁错落，曲廊纡回，四周植竹成林，满地清凉。面对宝珠湖之西山上有妙高寺，院落跨溪涧，夏听涌泉，冬

观峡雪，以山泉景观为特色。三山之西有东岳庙及圣缘佛寺，佛寺之后有琉璃砖塔。清凉禅窟之北为含漪湖，香山之水经湖北水门引入玉泉，再经南宫墙水门引出高水湖以灌溉农田。颐和园附近现存园林还有达园、乐家花园等。

二十一　从百望山到妙峰山

北京郊区风景点多数集中在西部山区，游览西山可走三条路线。北线从红山口绕

过百望山，经温泉去大觉寺上妙峰山。中线由玉泉山过卧佛寺先到香山，后到八大处。南线由石景山去戒台、潭柘寺或经斋堂、清水去龙门涧与灵山、百花山。此外由芦沟桥经周口店去上方山、或去云居寺、十渡。

百望山原名望儿山，从这里到妙峰山，原属昌平县。1937年8月日寇占领北平城，我们新组成的西山抗日游击队就在望儿山、黑山扈与日军首次作战，击落一架敌机。十月初敌人集中兵力对平郊各抗日武装举行大规模兜剿扫荡，望儿山是他们的临时指挥所。望儿山为西山伸向东部平原最突出部分，站在山头可以瞭望北京西郊整个形

势。最近几年西山林场在望儿山经营建设，将原有气象观察台扩建为百望阁，阁上供游人眺望，阁下建西山游击队黑山扈战斗纪念碑。现在山头高阁矗立，短垣回旋，花树相间，极有气势。山角下公路旁有森林公园牌坊，因此处邻接圆明园、颐和园，它将很快成为西山新的名胜。

转过百望山，傍寿安山北麓，顺京密运河西行，沿路河水平铺，杨柳拂岸，使人渐渐心旷神怡，行数公里而至黑龙潭，山下小潭，环境清幽，明清之际建黑龙王庙，殿宇层层上升，规模虽小而颇别致。再西到温泉，山上松柏之间建有辛亥革命滦州起义纪念塔，上有冯玉祥题字。过温泉再西行数公里即到妙峰山下的大觉寺。大觉寺距城20

妙峰山

大觉寺

百望山

大觉寺大殿

百望山向西北望

七王坟阴宅

95

余公里，为西山著名风景点。寺初建于辽
(1068 年)，名清水院，因辽有朝日之俗，主
要建筑均东向，大殿、无量寿佛殿之后为龙
王堂。金代这里是西山名胜八院之一。明宣
德扩建后改今名。清康熙时增建四宜堂院。
乾隆时在大悲坛后建舍利塔。大觉寺规模宏
大，布局谨严，建筑依山势层层上移，既宽敞
而又幽深。泉水从山石中流出，然后汇成碧
潭，顺人工石槽回旋于寺内，汩汩水声使全
寺充满生机。有八百年历史的银杏依然枝繁
叶茂。辽台山清水院藏经碑记载建寺的历
史。抗战开始时这里曾驻扎我们游击队的指
挥部，以后一直是平西抗日的根据地。

从大觉寺沿山北行不远到七王坟，这里
也是观赏西山风景最佳的处所。七王是道光
七子醇亲王奕譞，他的儿子是光绪，孙子是
宣统，在清朝末年地位十分显赫，死后配享
太庙，祀以天子之礼。他的坟墓分为阴宅与
阳宅。园寝坐西朝东，顺山建成。登上 123
级石阶，迎面是黄琉璃瓦碑亭，亭后为月牙
河，上建石拱桥。然后再上一列高台阶为隆
恩门及南北朝房，中间享殿已毁，现存基础及
两旁白皮松，最后为宝顶，中葬奕譞和他的福
晋－慈禧胞妹，周围亦遍植白皮松。墓之北
侧有门通阳宅"退潜别墅"，为五重院落，亦
随山势而步步升高。北跨院内有小花园，假
山石上建六角亭，五间敞厅有一带溪水环
绕，石窟前飞瀑倾泻。最后的院内植藤萝，列
石凳，为纳凉地方。这个宅院构筑精巧，富园
林之美。宅上原为金代西山八院之一的香水
院，今已废。大觉寺北行经杨家及贝家花园
可到鹫峰，因山峰远望如大鹫故名。山间有
古老的白皮松，虬枝盘曲，黛色参天；山上
无寺院，只有十几间民房，但当地却呼之为
"消债寺"，山泉从石隙中流出，声铮铮然。

妙峰山面对沙河冲积平原，海拔 1 291
米，山上有碧霞元君祠，过去以庙会著称。每
逢阴历四月上半月京城士女纷纷进香，有远
至数百里亦结队徒步前往。当时上山进香有
正道、中道、北道和老北道，沿途设有许多
茶棚，不仅招待香客吃住，而且设神位，为
香客击着磬，唱着茶歌。如现存琉璃渠村
"万缘同善茶棚"遗址，中为茶棚和供殿，左
为车马店，右为井院。供殿三间，卷棚绿琉
璃瓦顶，内供琉璃观音像，悬大铁磬，殿前
有两米高的铁香炉。车马院则准备换轿或爬
山虎。残破的八字墙上"万古""长春"黑
字尚清晰可辨。1937 年 10 月敌人扫荡平郊
抗日武装，用 12 架飞机轰炸妙峰山顶的我
军，当将碧霞祠完全炸毁。前几年我们几个

战友重访妙峰山时，只见山岚浩瀚，苍松成
片，纵目东望，平畴无极。将来与山下结合，
可进一步建设西山北部风景区。

二十二　香山风景带

清盛时从阜成门、西直门至西山，曾有
名园四十、寺观三百。而乾隆中期建成的三

山五园中距京城最远的香山不过二十公里，
既擅山水林木之趣，又富历史文化之胜，历
代游人荟萃，因而成为京都风景的中心。香
山东接京城，香炉峰海拔 557 米，登其上天
高地阔，昆明、玉泉历历在目，永定、芦沟
隐隐可见。过去因山高路陡，人们呼为鬼见
愁，近来新建缆车，使怵于登山的人们也有
了登高的机会。远在金大定1186年，香山即
建有香山寺及行宫，至 1745 年清乾隆更大
兴土木，建成静宜园28景。不幸清朝末年两

李大钊陵园

碧云寺金刚宝座塔

温泉滦州起义纪念塔

演武厅

碧云寺山门

香山饭店

度遭受帝国主义侵略者的严重破坏。现在香山东脉还有卧佛寺，樱桃沟，植物园；南脉山下有演武厅，松堂，旭华之阁，山上有八大处，在十公里内仍保持一条内涵丰富而各具特色的风景带。

香山静宜园占地160公顷，为山坡峡谷间的大型皇家园林，与圆明园的水景园、清漪园的山水园并享胜誉。静宜园以南山角为内垣区，以北山角为别垣区，而以广阔的高山坡为外垣区，遍植常青与秋景树，香山红叶已成为京都最知名的景观。从东宫门进园前为宫廷区，有勤政殿，丽瞩楼，致远斋乃清帝听政、宴寝之所；西南为别宫－中宫，内有轩廊、池水、花木，及曲水流觞亭，建筑今皆不存。20世纪八十年代初在宫廷旧址建香山饭店，由世界著名建筑师贝聿铭设计，庞大的白色建筑群，控制香山最触目的位置。国内专家对之誉毁参半，誉之者称道其采用传统民居风格，有设计特色；毁之者谓其位置不当，破坏香山风景。出中宫走向东

山坡，过城关通屏水带山、翠微亭、下有湖现名静翠，上有看云起时，下有青未了为东山风景的观赏点。这一带是红叶集中地，又因豢养鹿群取名驯鹿坡。现在除建筑已受破坏外，自然面貌还大致保存。出中宫南行过璎珞岩、知乐濠到香山寺。寺建于金永安寺故址，康熙增建行宫，乾隆时始扩充为更大规模。香山寺坐西朝东，上下五进院落，依山势层层高叠，每上一进须攀登二三十个陡台阶。第一进在山门外有数株干屈枝虬的听法松，山门内有钟鼓楼和戒坛，还有一株高大的娑罗树，康熙乾隆曾为之作颂刻石。二进有正殿，三进有后殿，四进有六角三层楼阁，最后为两层的后照楼。寺之北为"观音阁"，阁后为"海棠院"，其旁为"来青轩"、"半山亭"。这些建筑经过两度焚毁，业已破坏净尽，今日登临遗址，除令人痛恨帝国主义的野蛮行为外，也深为整个建筑布局的雄伟气势及山川林木的幽深景色所震撼。在香山寺之南原有"蟾蜍峰"和"松坞山庄"—

—又名"双清"的小园林，1949年毛泽东和中共中央曾在此指挥解放军横渡长江，因而成为重要的历史纪念地。从香山寺西北洪光寺登山有九曲十八盘的山道，秋季满山红叶，层林尽染，因名"绚秋林"。

位于北山角的别垣区有"昭庙"与"见心斋"，昭庙为乾隆安排班禅居住而修建的汉藏混合式佛寺。庙前有琉璃牌坊，庙内有三面四层大白台环绕的前殿、后殿之后的藏式四层大红台，庙后高处有六面七层的琉璃塔。"见心斋"为乾隆利用别墅旧址建成的小园林，园墙随山势及三面涧水而自然弯曲，东有游廊及透窗围绕椭圆水池，见心斋居山之中，旁有游廊通楼上正凝堂，位于北侧的"畅风楼"则是全园最高观赏点。见心斋面积虽不大，但山水相间，建筑离合，表现出极为高超的配置艺术。至于外垣的高山坡，虽南有"白松亭"、"阆风亭"、"森玉笏"；中有"玉华山庄"、"多景亭"、"平台"；北有"芙蓉坪"、"重翠亭"、

"西山晴雪"等景点，但满山的松柏与秋叶树仍是风景的主体。香山红叶以十余万株的黄栌为主，杂以柿、枫、野槭等，每逢霜降秋深，叶转杏黄丹红，满山如火似锦，再以常青的松柏为陪衬，其大面积色彩之美，在气势上着实胜过春天的万紫千红。人们远离市井，在偌大的高山密林中，随便寻个去处，枫林、红叶、青天、白云、鸟语、松涛处处助人超脱尘思杂念，陶情冶性与自然同化，这就是难得的香山风景之美。

卧佛寺与植物园、樱桃沟　卧佛寺创建于唐初，元朝扩建十年始成为西山大刹，明朝于寺前建如来宝塔，清初将塔拆除建琉璃牌坊及西路行宫院，并定名为十方普觉寺。现卧佛寺占地4公顷，东西三路，前后五进院落。从"智光重朗牌坊"起，至寺前的琉璃牌坊，有150米长的石砌坡道，道旁植有六七百年树龄的古桧柏，枝干参天，浓阴蔽日，构成寺院少见的景观。琉璃牌坊四柱七楼，白石拱门，彩色琉璃砖拼花，造型精美，有乾隆的"同参密藏"及"具足精严"

题字。牌坊后有半月池及钟鼓楼。入内天王殿额题十方，表示可以开堂传戒，接待外僧。大殿内供横三世佛，释迦与东方琉璃世界药师佛，西方极乐世界阿弥陀佛，与法源寺的纵三世佛不同。佛像两旁有十八罗汉，后面塑海岛观音像。大殿后为卧佛殿，面阔三间，黄琉璃瓦绿剪边歇山顶，门额"性月恒明"为慈禧所题。殿中有1321年元代铜铸释迦牟尼卧像，右手曲肱，左手平放腿上，长5.3米，重5.4吨。佛后环立十二弟子。卧佛通常表示佛之涅槃(逝世)。卧佛殿后为藏经楼。大殿两侧东为迦蓝殿，西为祖师殿。大殿前原有两株合围的娑罗树。因佛死在娑罗树下，信徒乃尊此树为圣树。《帝京景物略》对殿前娑罗描写为"皮鳞鳞，枝槎槎，瘿累累，根拏拏，花九房峨峨，叶七开蓬蓬，叩之丁丁然，周遭殿墀数百年不见日月"。惜古树今已不存，补种的七叶树又枝繁叶茂了。寺之东路原有禅、祖、斋堂等六院。西路行宫院共五进，二进为水泉院，有山池松竹，环境幽雅，叠石采用流云式，技巧高超，

其他各进亦有园林并以游廊相通。最后有五间敞厅及方形大水池，院后为山崖，无墙，直通西花园及寿山亭。花园中有万松亭、观音阁、龙王堂等建筑。从1956年起，市园林局将卧佛寺南部900亩荒坡开辟为植物园，收集植物三千余种，业已取得很大成就，春夏两季，玉兰、碧桃、丁香、牡丹繁花似锦，平时有盆花展览、宿根化石、烧瓷壁画可观。园之周围有曹雪芹纪念馆，梁启超、刘半农、梅兰芳、马连良等名人墓地。远处有李大钊陵园与科学院植物园。樱桃沟在卧佛寺西北，过去泉水旺盛，金有"看花台"，清有"退谷"建筑，一时颇有声名。但今日泉已衰微，山谷狭窄，虽有花树可观，炎夏有清凉可乘，且有"一二·九"运动造型极好的一组纪念建筑可欣赏，但只能与卧佛寺结为整体，成为园林风景的结尾。

碧云寺　寺依山建，紧接香山北门，共占地4公顷，中路六进院，与左右回环串连，极尽曲折变化之妙。寺创建于元，乾隆时增金刚宝座塔与罗汉堂。入寺须跨过山涧

八大处灵光寺佛牙塔

碧云寺石牌坊

旭华之阁

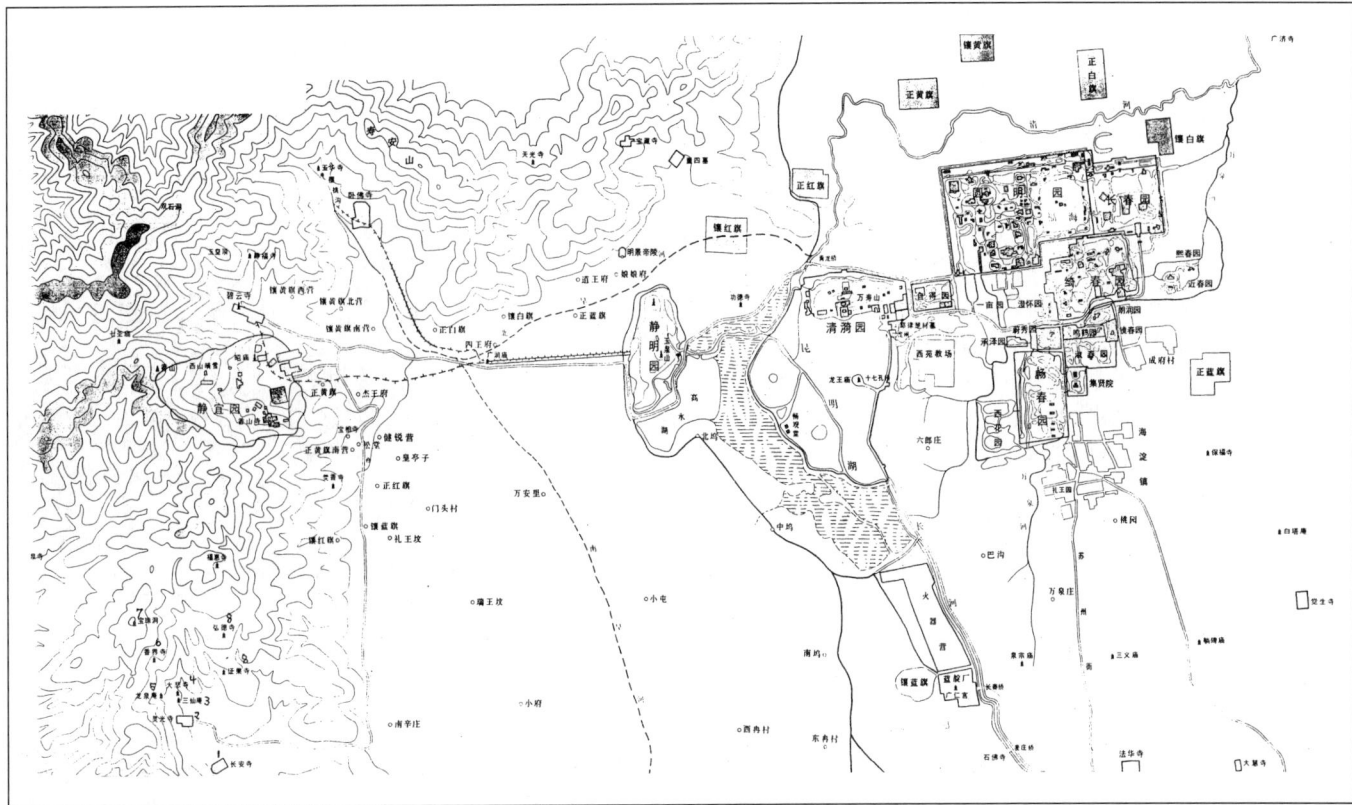

三山五园总平面图——选自候仁之：《北京市历史地图》

的高石桥，天王殿内的执金刚与弥勒铜像，体态生动，为明代艺术珍品。大殿内释迦佛旁有文殊、迦叶与普贤、阿难像，两壁塑罗汉与取经故事。殿后过碑亭至菩萨殿，内奉观音、文殊、大势、普贤、地藏五大士，其周围房屋现用作孙中山纪念展室。塔院在殿堂后而另成局面，先有四柱石牌坊，两侧照壁刻忠孝廉节人物浮雕。过石桥，左右有碑亭，再前为砖石结构的三间七楼牌坊及金刚宝座塔。此塔建于1748年，比五塔寺晚，因而规模更为宏大，工程更为精巧。塔分两层，下为塔座，中开券门，左右有石级盘旋而上。座上出口罩方塔，左右及前方各建圆形喇嘛塔，其后建五座十三层密檐方塔。在所有塔上刻满精致浮雕，其内容有大小佛像、力士、天王、龙、凤、狮、象等。都是极其珍贵的艺术品。寺之西跨院有田字平面的罗汉堂，正面出轩，置四天王像，其余三面有抱厦，堂内顺序排列500罗汉，另有17尊神像及梁上济公，都是木制涂金，唯造像略嫌呆板。东路为行宫院，有水泉园林。

团城演武厅、松堂及旭华之阁　均在香山去八大处的山脚下。乾隆为征讨大小金川而修建的团城乃有南北对峙城门楼及护城河的椭圆小城，城内为空地，有马道通城

上，城墙外侧有箭垛。演武厅在城之南侧，面阔三间，黄琉璃瓦歇山顶，前有宽大的月台，为皇帝阅兵之处，厅前为练兵的大操场。团城周围建有67座10米高座大顶小的石碉堡，上有箭眼箭垛，分兵攻守以操练飞虎云梯健锐营。松堂原为焚香寺的小敞厅，乃乾隆在团城阅兵休息用膳的地方，结构全为汉白玉，厅内宝座后面的石屏风上刻有乾隆手书赞美云梯营的诗序。敞厅周围古朴的叠石和近百株的白皮松，遮天蔽日，环境清幽。旭华之阁在松堂之南，原为乾隆仿五台山殊像寺而建的宝相寺中的无梁殿。

八大处　在香山南端有卢师、翠微、平坡三山相互环抱而南接永定河谷，过去曾有不少名胜，大都为战乱所毁，现在山中只残存八座寺庙，附近环境虽受工业烟尘一定影响，但山高水盛，花木繁多，仍为旅游者所爱好。一处长安寺在山下，有两进院落。二处灵光寺规模较为宏大，始建于唐，金明重修。1900年八国联军将寺焚毁。以后在清理招仙塔遗址时发现金代沉香木匣中珍藏的佛牙，并有"释迦佛灵牙舍利"文字，为释迦火化后留下的四颗牙齿之一。因此在缅甸迎取供奉之后，中国佛协于1959年建成51米高的八角13层密檐佛塔供奉佛

牙。三处三山庵，地处三山之间，敞亭可眺望周围风光。四处大悲寺，殿内十八罗汉极为传神，据说是元代名家刘元用檀香末和细沙塑成的。五处龙泉庵以幽静流泉为特色。六处香界寺，有行宫院，为历代帝王登山休歇的重点寺院，绿荫蔽日，环境清爽，适于纳凉避暑。七处宝珠洞，位于平坡山巅，洞壁嵌有无数黑白相间的圆石子。八处证果寺在卢师山，有石室称秘魔崖。

二十三　西山腹地东灵山和潭柘三寺

永定河横断西山，其上游来自桑乾河、洋河、妫水河，到官厅进入西山峡谷。这条峡谷坡度极大，从官厅到三家店110公里，河床由海拔440米降到100米，其中付家台、青白口以上的几十公里，最为险峻。永定河水量无常，暴涨暴落，枯水时流量只有一、二秒立方米，水涨时流量可增至千倍以上。每到夏秋雨季，山洪暴发，经常造成严重灾害。解放后兴修官厅水库，才解决了水患。相继为改善平绥交通又修丰沙铁路，使这条河谷

成为铁路运输的捷径。但全线105公里中修了隧道65座,火车每走一公里要通过270米的隧道,因此河谷上段至今还难通公路。不过这条河谷中的自然风景却极为壮丽,由矽质灰岩构成的山大都峰峦峻峭,河岸悬崖绝壁高达数百米;有些古代深海沉积的岩层裸露,累积有如砖砌。河流处在这样险峻的山谷中,仰首观天只余一线,峰回水转波浪翻腾,险滩激流奔吼如雷,也多形成奇景。

从京都去蒙古的主要通道是从石景山去三家店,顺永定河至付家台、青白口再沿清水河经军响、斋堂、清水、杜家庄,过东灵山下西入涿鹿境,出山分往张家口或大同。东灵山距北京120公里,海拔2303米,山巅积雪,半年不化。山势雄伟,山坡绵长数公里,土质肥沃,植物垂直分布明显。山上覆盖浓密牧草,野韭菜、黄花菜、鹿蹄草、七瓣莲等花草繁茂,成片桦树林伴生山樱桃、红丁香等灌木,阳春鲜花如云,完全是高山草甸风光。山顶有长城遗址,石砌城墙及烽火台依稀可辨。 抗战初期斋堂清水一线曾是我们抗日根据地,我去晋察层冀也曾路过东灵山麓,但山内腹地的情况我一直未得机会了解。1993年我专去东灵山探访,从齐家庄离开公路北转登山,约行七八公里,在江水口附近,见一片山峰直立如列屏,峰面层石与青苔灌木相间如画,峰顶石笋耸立,状人肖物,车转位移,形象多变。回顾百花山与南部诸山,逶迤起伏,真个是层峦叠翠,气象万千,自谓已见西山腹地之美。车行15公里至江水河村,距山顶尚有5公里,气温骤然低了许多,着单衣已觉微凉。 而周围山头大片草坡衬以矮林树丛的高山草甸风貌和半山又有不同,方知西山腹地更有新景。但因时间限制,未登山顶即匆匆下山赶往龙门涧。

法海寺壁画

东灵山

江水河灵山顶

龙门涧

戒台寺卧龙松

选佛场

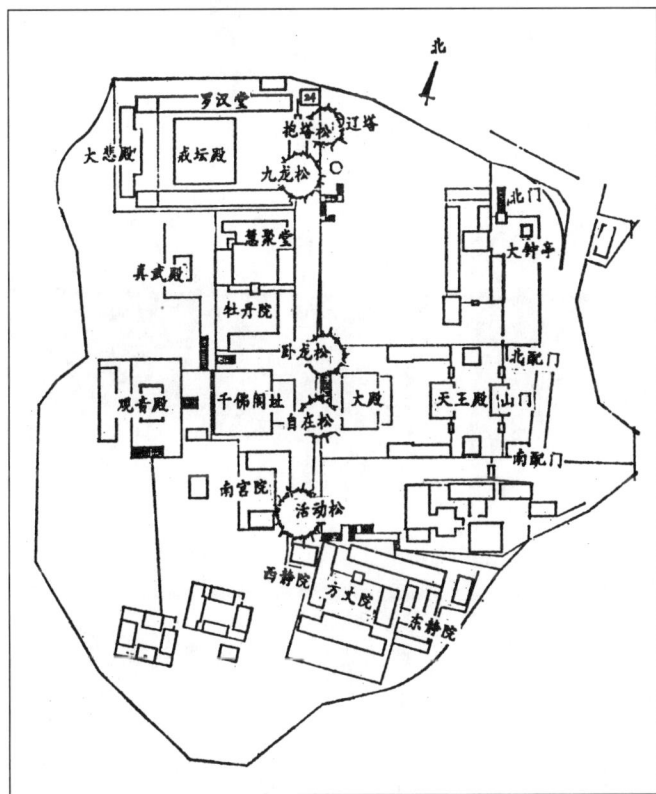

戒台寺平面图

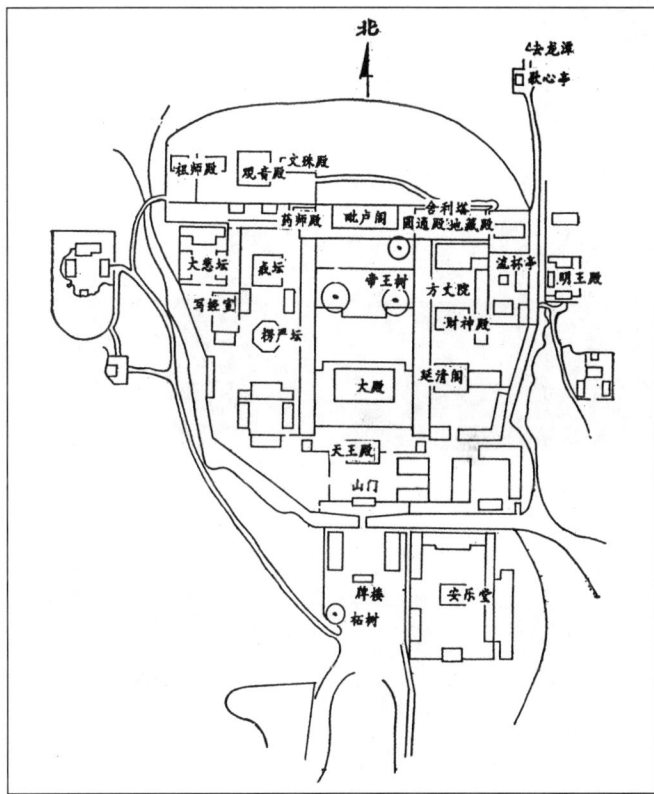

潭柘寺平面图

车从清水进北山行 15 公里到燕家台,沿途没有吸人风景。正当我有点失望时,车已绕到涧口。我立即为两岸陡直的悬崖与狭窄的溪流所形成的石壁景色所吸引,石壁有裂缝、有层次、有凹凸、有高低;背阴处黑暗阴森,向阳处明亮开朗。人行涧中,在狭而高的立体空间对比下,显得十分渺小,感觉非常孤单,当四面为阴影笼罩时又有些恐怖;待突然见了阳光,心情豁然开朗又有些激动和惊讶,这时谁也不怕冒险,都想探个

究竟。可惜天色已晚,从涧中回来的人又劝我这孤身老者不要深入,我才依依不舍地折回。我未想到西山腹地的深谷也是如此具有魅力。龙门涧距北京 100 公里,有东西两条峡谷,东涧长 15 公里,西涧长 10 公里,海拔高度为 1 100～1 500 米,地质构造系 10 亿年前由高镁碳酸盐岩石形成。东涧内有龙门、大、二将军石、无字碑、张公洞、千佛岩、九龙瀑布、梦笔生花等景点。西涧石壁多内倾,更形惊险,有青龙潭、塔园峰、北西天

等景点。曾出土商代贝币,式样独特。两涧溪流源出灵山,泉水清甜。燕家台东 30 公里通沿河城,尚保存明代长城与敌台。

从门头沟登马鞍山,附近有三座名寺:即法海寺、戒台寺、潭柘寺。法海寺在翠微山南麓模式口,1443 年明建,当时规模比较宏大,并以壁画著称。现建筑多遭破坏,壁画只存大殿山墙上画的十方佛众和飞天仙女,后檐墙画的礼佛护法图,扇面墙后画的三大士。人物虽多而神态各异,线条流畅而

101

工整有力。使用传统的叠晕烘染技法，增加烟云飘渺的神秘气息。三大士中的水月观音画的尤为出色，有极高的艺术水平，为明代壁画的代表作。法海寺前有冰川擦痕，百万年前我国大陆气候寒冷，山岳终年积雪，每逢夏季，底层溶化，大量冰雪挟砂石从岩石表面滑过而留下擦痕。这种现象全国皆有，但像这里在基岩上留下大片而集中的清楚擦痕者则绝少。

戒台寺在马鞍山东麓，距市区30公里，为京郊少数古寺之一。寺创建于唐初，扩建于辽，高僧法均曾在此设戒坛。明朝知幻和尚主持重建成今日规模，并以戒坛俗称选佛场说戒、传戒而知名全国。春初庙会，游僧毕集，商贾辐辏，冠盖相望，芦棚满山"耍戒坛秋坡"的民俗，延续达数百年。全寺依山布局，座西朝东，虽有中轴而不甚规整。戒台殿在西北院，为琉璃的方形建筑，由盝顶与攒尖木构相结合，上下檐又有风廊，造型奇特，别具风格。殿内有汉白玉三级戒台，高3.25米，每层须弥座束腰处小佛龛内有大小不等的戒神，三层共113个。戒台明建，台上原有释迦佛铜像，像前放沉香木椅十把。戒台前有石桌及左钟右鼓。夜半受戒时，诵经烧香，钟鼓齐鸣，坐在木椅中间的为主持僧、教化师、教师名三师，两侧为七位老僧名七证。每次三名受戒者为一坛，均已落发烧痂，披袈裟跪在地下，由坛主讲戒律，然后由受戒者表示遵守，乃得戒。然后由寺院发给度牒，即有资格外出云

潭柘寺

大殿罗汉

帝王树

通理塔

下塔院

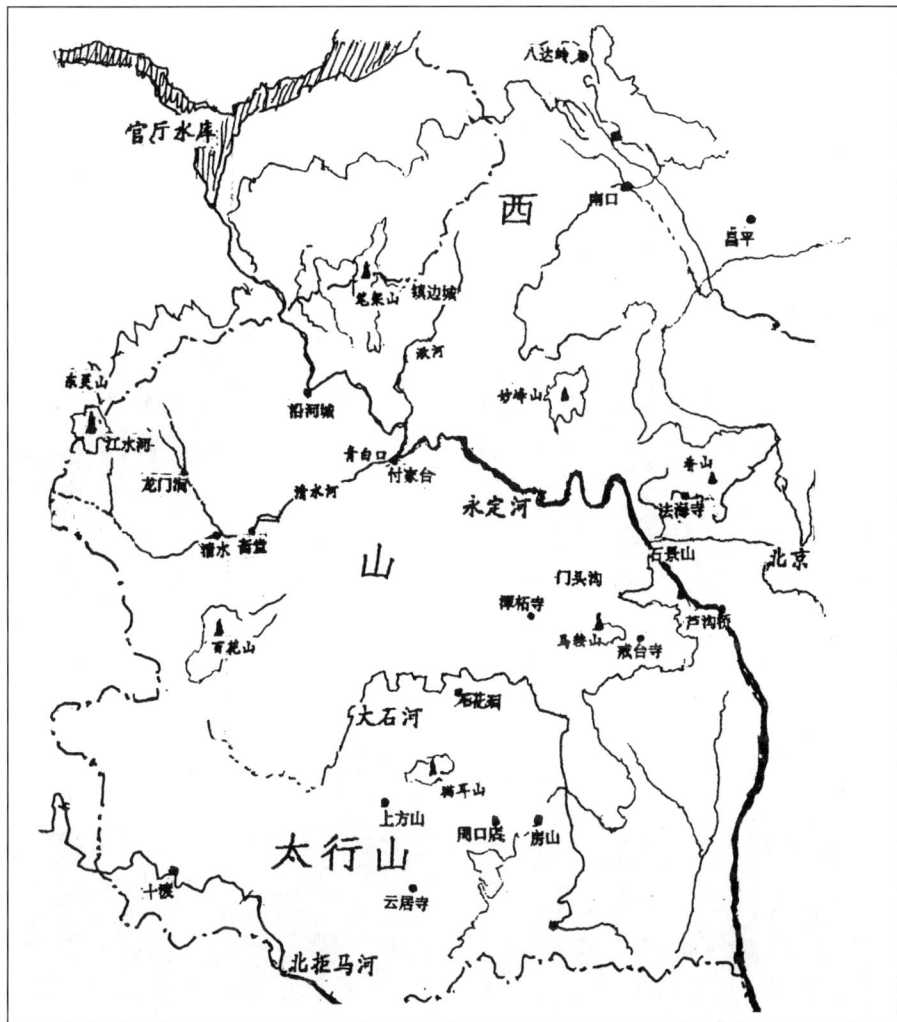

西山内部形势图

游。戒台寺又以古松著称，在千佛阁旁有"鳞甲含秋雨""薜剥横偃身"的辽代卧龙松。在山门右侧有九干齐生的白皮松和高达数十米称辽代千岁爷的九龙松。在山门辽法均和尚墓塔旁有五米驱干伸出两条长长的枝杈抱住墓塔的抱塔松。

潭柘寺　寺在马鞍山西，距戒台寺10公里，为京都最古寺院，人称先有潭柘寺，后有北京城。相传寺创于西晋，以后各代屡有修建，因山有龙潭及柘树，人们通称为潭柘寺。寺坐北朝南，占地6.8公顷，周围有九座山峰似玉屏翠幛，山间有清泉流水，翠柏苍松，环境极为清幽。山口有上下塔院，共有僧塔72座。其规模之大与少林、灵岩齐名。寺院中路琉璃牌坊后为大殿、三圣殿、毗卢阁；西路有戒台、大悲坛；东路有方丈院、圆通殿、地藏殿、舍利塔；而高台阶之上西有观音殿、祖师殿、东出院墙有明王殿。大殿重檐庑殿顶，黄琉璃瓦绿剪边，

额有康熙乾隆书题。三圣殿左侧有千年树龄的辽代银杏树，高30余米，号称帝王树。两层毗卢阁为中轴最高建筑，上供三身佛，下供五方佛。阁前有玉兰名二乔。宽敞的院落因有壁立的山崖高墙遮挡，显得格外严紧，花繁叶茂时在院内游赏，颇有家居风味。观音殿据全寺最高处，殿外有能发出各种声音的石鱼。此外"潭柘以泉胜，戒台以松名"流杯亭中可饮龙潭流出的清泉；天王殿旁的大铜锅能供四方游僧粥饭。舍利塔为明越靖王祈求延寿而建的藏式白塔。

二十四　卢沟桥、上方山、云居寺

北京西南山区风景线，先从卢沟桥起至房山，然后分路北至上方山、云水洞；南至云居寺、石经山；再南抵拒马河去十渡，已距清西陵不远。这片山区均出西山界，已属太行山脉。卢沟桥跨永定河，距北京15公里，以中国抗日战争的起点而闻名于世。自古以来这里是华北沿太行山麓去蒙古及东北的重要渡口。金建中都时，因交通过于频繁，乃于1189～1192年建11孔石拱桥。桥长266.5米，宽9.3米，桥墩距离最宽为21米，迎水砌4.5～5.2米长的分水尖以抗水流及冰块冲击，拱券用纵联砌筑，桥上用六层压面石，厚达1.83米，极为坚固。桥的两边石栏望柱上雕有各种式样的石狮，俗谚"卢沟桥的狮子－数不清"，因为有许多小狮子隐藏在大狮身下，不好发现。雕刻艺术极为精美。惜当时珍品多已损坏，后代所补，优劣互见。最近清查有大狮281，小狮198共485个。桥之两头原有四座碑亭，两座已毁，余者东有乾隆题写的"芦沟晓月"及咏卢沟桥诗；西为乾隆视察永定河碑，碑亭四柱雕有盘龙，形式优美。桥东有拱极城，乃明崇桢于1640年为保卫京城所建，城只东西门有瓮城及城楼，南北只有中心台及敌楼。日寇侵略，炮击宛平城，至今尚留有枪眼炮痕。现在城内建抗日战争纪念馆。

上方山、云水洞距京城75公里，主峰拔海882米。这里峰石险峻，古木参天，号称9洞12峰。佛寺盛于辽，当时有以兜率寺为中心的百余寺庙群，金末衰微，至今所存不过二十余且残破不堪。1980～1992年，我先后两次从周口店进孤山口，登上方山。自接待庵起进入峡谷，左右山崖耸立，头上青天一片，登山路狭而曲折，过峭壁转弯处有石裂缝称天王洞，再上行经发汗岭到欢喜台，有小建筑及平台可供休息眺望。山谷对面有大面积的直立石壁名雷劈石，回顾来路有山岚树色浓淡不一的层峦叠翠。但向山上望去，陡坡上石阶望不到头。这段路叫云梯，共262级蹬道，为明永乐时砌筑。十余年前我初次攀登，只觉得新奇，现在虽有铁索可扶，但人老心力差爬坡不能求快，路上停了七八次，才到达顶端云梯座。过山门，坡势平缓，漫步走向兜率寺。寺中建筑虽已整修，然规模小，文物不多，稍作停留即匆匆西去。前次曾在山上参观过一些小的庵庙遗址和知名的古树，印象均不深。这次来，满山的树已生长成林，枝叶繁茂，那些遗址也都难于寻找了，只好在丛林中走完4公里的小路，赶往云水洞。至于周围的山峰，因受时间限制，两次都未攀登。云水洞在上方山西南坡，全长600米，过去号称北京第

103

卢沟桥

卢沟桥石狮

卢沟晓月碑

上方山云梯

云水洞口

一大溶洞,内分六厅,钟乳石有黑龙潭、说法台、雪花山等景。前次入洞,导者曾叩响一块悬垂的钟乳石,奏成东方红曲调,印象颇深。这次来,洞已被地方控制,在洞内添设佛像,入洞索费甚高。我到洞口望望然掉头离去。下山新修石阶路,虽不及东面云台高但坡度之陡则过之。

石花洞在大石河南的东营村,距北京50公里。明朝曾在洞口雕地藏十王菩萨像。1981~1984年政府进行初步开发。现已探知洞有5层,共长2 500米。已开放的1~2层

长1 362米,为云水洞的一倍,洞内体积宽阔,有63个支洞,11个大厅,且水量丰富,空气流通。钟乳石有石笋、石柱、石幔、石瀑、流石、鹅管、晶花、云盆、吊枝、石珠等,形态多姿,清新完整。新建三层洞天楼,其下层直通二层洞口。3~5层还在继续开发中。

云居寺在水头村,距北京75公里,始建于唐初,而盛于辽,依山布局,坐西朝东,中路殿宇六进,两侧为帝王行宫及僧舍,后院有南北两塔,规模宏伟,气势轩昂。石经山在寺东2公里,海拔459米,古时因山顶突起五座

高台,僧人以之比印度五天竺,后以石经著称,乃名石经山。佛教传入中国后,北魏武帝、北周武帝曾两次毁寺焚经,勒令僧尼还俗。佛教徒为使其免遭法难,乃刻石经。最早北齐唐邕曾在武安北响堂山刻大乘经。相继隋唐之间,静琬和尚在今之石经山,"凿岩为石室,即磨四壁,而以写经。又取方石,别更磨写,藏诸室内。每一室满,即以石塞门,用铁锢之"(唐临:《冥报记》)。静琬在世,共刻满七洞。以后弟子相继续刻,五代因战乱停,至辽复兴,1027~1117年中,依契丹

云居寺石经馆

云居寺古塔

藏续刻更多经版。因石经山八洞已满，乃在寺建舍利塔，于塔前挖地穴。辽金两代曾三次瘗埋石经。1956～1958年，佛教协会对前后延续千余年所藏石经，进行全面发掘及整理研究。据目前所得结果，九个石洞共藏完整大小石经版4 196块，外有残石版782块，大者长2.5米，小者长0.76米。云居寺地穴南北长19米，东西宽10米，深5米，面层以方砖铺砌，周围为砖墙；南北分两室，北室藏石经6 295块，南室藏3 787块，总计10 082块。这一万五千块石经版乃是中国文化的无价之宝，不仅所用底本为绝世不传的善本佛经，而且经文及题记等资料都反映当时社会的政治、经济、文化、艺术的真实情况，对历史研究也有极高价值。如题记中所列商业行会的名称即有三十余行，充分说明唐代幽州经

济的繁荣景象。为了保存这些石经，文物部门已在寺内建立石经馆，并着手恢复寺内建筑。此外云居寺又以隋唐及辽代古塔著称，为日寇击毁的南塔13层20米高，形式与天宁寺塔相同；北塔下部为楼阁式乃隋唐时建，上部覆钵、相轮为辽建，其四角的小石塔均为唐建。如东北角小石塔建于唐开元722年，方形重檐六层。檐部线刻腾空的奔象、驰鹿，刀法纯熟，造型生动。塔门龛内为佛和胁侍，门外两力士，肌肉凸出，威武刚毅。东西两壁供养人中有高鼻深目，丰髯浓须的胡人形像及大唐李公石浮图铭，均为唐代雕刻珍品，其他三塔亦与此相类。石经山上原有五台，台上各有小石塔。现只有南塔、东塔尚完好，南塔七层重檐方形，外观颇似人理三塔，后壁刻"山顶石浮图后记"。云居

寺现存辽塔五座，其一为续秘藏石经塔，与南塔为邻，俗称八棱碑压经塔，高5米，造型甚美，浮雕人及动物，栩栩如生，碑面刻续秘藏石经塔记，亦为辽代艺术精华。十渡在北拒马河中游，距北京115公里。山高水浅，浑圆的山峰，裸露地层，由多层石台构成的望佛台，登其上可望见龙山岩石上刻出的佛字。

二十五 黑龙潭、盘山、天津

京东地区有潮、白河两大水系在密云汇合为潮白河，然后经怀柔、顺义、通县入

怀柔水库

白龙潭

平谷金海水库

盘山天成寺舍利塔

天津天后宫

海。过去夏秋之际，洪水为害，经常断绝交通，淹没庄稼。1958~1960 年政府修建密云水库，才彻底解决十几个县的水患。水库蓄水总量为43.75亿立方米，水面面积188平方公里，现在既供应北京的用水和用电，发展养鱼，又利用周围秀丽山川与广阔水面，发展风景旅游事业。

黑龙潭　白河主流从北部山区流过东部峡谷经鹿皮关东入密云水库。鹿皮关是长城从古北口到慕田峪中间的重要关口，周围崇山峻岭，古木参天，白河从东西高山直落谷底，有似二龙戏水。站在新修的大桥上可以充分欣赏黑龙潭瀑布逐层下跌的奇异景色。1987年国庆节，我经怀柔水库来游黑龙潭。到鹿皮关的山下，已望见层次重叠的山头和敌台起落的长城雄姿。进入黑龙潭谷口，又见清澈的汪汪潭水和白练高悬的瀑布。我攀崖过岭，从瀑布旁走过木栈道，鞋袜皆湿。黑龙潭山谷多悬崖，河水不断下跌，上下共成18个潭。因为时间限制，

我爬过两个山梁只看到接近谷口的沉潭和悬潭，已显出风景特殊的魅力。上游还有更多潭水与瀑布，如天仙瀑、京都第一瀑，声名更早传出。黑龙潭外有白乙化烈士陵园，他是中国大学学生，和我曾在北平一起从事抗日救亡活动，抗战后他在平北抗日，经历大小百余次战斗，1941年在鹿皮关附近作战牺牲。

白龙潭　距北京 97 公里，乃地下潜流在龙潭山谷汇成溪涧，然后从悬崖峭壁间三跌三落而入潮河。潭之四周，群山环抱，怪石林立，苍松翠柏，点缀山谷。潭虽不大，但深不可测；夏秋之际，潭上云积雾罩，潭中水声震耳；宋苏辙咏龙潭诗："白龙昼饮潭，修尾挂石壁，幽人欲下看，雨霰晴相射"；千余年来历代视为风景佳地。元明清前后在此修建不少寺庙，如龙泉寺、龙峰寺、五龙祠等。龙泉寺有前后大殿，六株明柏及戚继光刻写的龙潭诗。清代皇帝曾在潭之西侧建行宫，现正整修并增建古堡式

宾馆。登附近山坡望密云水库，但见浩渺烟波，苍茫一片。独惜龙潭水库，筑有 100 米长，200 米高的大坝，水枯时大面积水泥面十分触目，我去参观时还有两条假龙贴在上面，更不协调。

盘山　位于京东 90 公里的燕山南麓，东距蓟县城 12 公里，有五峰三盘之胜，号称京东第一山。盘山由花岗岩构成，峰峦耸秀，水石清奇，苍松翠柏，天然图画。其最高峰为挂月峰，海拔 864 米，南北接紫盖峰与自来峰，东西连九华峰与舞剑台，有东五台之称。从三国直到清末历代皇帝如魏武帝、唐太宗、辽太宗、圣宗、金世宗直至清康熙、乾隆、嘉庆、道光，都曾入山游幸与礼佛。清时全山有佛塔百余，庙宇号称七十二，乾隆时又建宏大的行宫——静寄山庄，他谒陵回来前后驻跸达二十余次。山庄周围有内外十六景，依山傍水，因借自然，涧泉流经垣内，极富田园情趣。　乾隆在苏州见寒山千尺雪，十分钟爱；回北方后游盘山晾甲

石，见"汇万山之水而归一壑，淙淙之湍奏石面，谡谡之籁响松巅，众溪怒勃，暴涨砰訇，挟石以奔，鞺然铿然"（乾隆：《盘山千尺雪记》），极为欣喜。因就地结庐，望流泉，听松涛石籁，再名千尺雪。古人把盘山分为三盘：自来峰一带，劲松苍翠，虬枝翳天，是为上盘以松胜；古中盘一带，凹凸叠落，嶙峋嵯峨，是为中盘以石胜；晾甲石一带，瀑落涧鸣，泻玉喷珠，是为下盘以水胜。清朝末年盘山衰落；抗日战争时期，盘山为我根据地。日寇多次进攻扫荡，实行三光政策，寺庙尽遭破坏，行宫被夷为一片瓦砾。千余年的名胜古迹，业已面目全非。近几年开始整修，天成寺业已复原，万松寺正在修复。今春我先去黄崖关，下午过盘山，匆匆进去，由入胜过四正门径到元宝石，石上刻"此地有崇山峻岭怪石奇松"。前面大石桥旁有迎客松，同游者大都坐在桥上休息，我和三五人急步登上天成寺，寺之周围四山回合，有如天然城郭，回顾山麓，清涧苔石，林峦攒簇。寺门东高台上有卧云楼，门内有江山一览阁，经四十余米曲廊通向宽敞的内院，正殿背靠翠屏峰陡峭壁立的石崖，崖上有历代题词、石刻。殿前有两株八百年树龄的银杏。殿之西侧屹立着1111~1120年建造的辽代舍利塔，塔为八角十三层密檐式高23米，塔基为花岗岩须弥座，密檐为砖雕斗拱，悬挂104个铜铎，山风吹来，叮咚作响。塔前古柏亦千年树龄。塔西有彻公和尚灵塔及飞帛涧。清戏剧家洪升诗："云抱塔影孤，天垂四面削，两山当寺门，一水泻崖脚"，颇为确切。盘山之北不及十公里有平谷金海的水库风光，可与将军关、黄崖关、蓟县组成一个风景旅游线。

天津　地处海河入海口，为海河冲积平原，地势低洼，开发较晚。唐在幽州驻重兵，开始从海上运输粮饷，海河称三会海口。宋辽对峙，海河成为界河，宋沿河修水长城，设一系列寨铺，屯兵扼守。辽建佛寺，亦分布在蓟县、宝坻一带。金元时期，京都供应，内河量大，金在运河与海河交叉口设直沽寨，元改为海津镇。明永乐在小直沽设卫筑城，并因成祖由此济渡沧州靖难，而赐名天津。1900年八国联军侵入中国，平毁天津城，二十世纪初，天津始逐渐发展成为工商业的大城市。因此遗留至今的古建筑不多，比较重要的有：(1)天后宫　坐西朝东，从前至后为戏楼、幡杆、山门、牌楼、前殿、大殿、藏经阁、启圣祠。多年来早已残败，1985年政府建古文化街，始将毗联的天后

宫重加整修。(2)广东会馆　清末建，有大跨度的戏楼，采用罩棚顶式，藻井用悬臂结构，装修精美。(3) 文庙。

二十六　避暑山庄与外八庙

康熙皇帝在位中期，全国统一局面已定，乃着手建设京郊园林；1677 年建香山行宫，1680年建玉泉山御苑。1684年康熙首次南巡，对江南风景园林极为欣赏，归来立即利用明清华园废址兴建大型皇家园林——畅春园。畅春园占地60公顷，以堤岛划分前后湖。宫廷区由前朝五进院开始，延伸到中心洲上后廷的三进院，而以三层的延爽楼为结束。后湖以水面为中心，周围环以厅阁为读书、游乐、骑射及观赏的所在。全园"依高为阜，即卑成池"，布局疏朗，轩楹雅素，

不事藻绘雕凿；土阜平陀，不尚奇峰怪石；园林以植物和水景为主，在京都造园中有较高的成就。可惜园如今已全废，无法窥见昔日面目。

畅春园建成20年后，康熙在承德兴建规模更为宏大的离宫御苑——避暑山庄。康熙为团结蒙古各部及训练部队，曾于1681年建木兰围场，面积达 1.5 万平方公里，每年秋，皇帝率万余军队会同蒙古王公进行围猎，然后以宴会、比武、赏赐、封赠来团结他们。围场距京350公里，皇帝北巡时，因路途遥远不得不沿途设置行宫。承德避暑山庄距北京230公里，就是当时最大的行宫。康熙选择这里建离宫，因为山庄座落在河谷盆地，夏季比较凉爽；周围群山环抱，可避冬季寒风；湖区有山泉、武烈河、热河温泉三大水系的充分水源；远山多奇峰异石，有极好的借景。山庄共占地564公顷，其中山岳占3/4，湖泊及平原各占1/4之半。康熙建设山庄，极力推崇自然，广植林木，

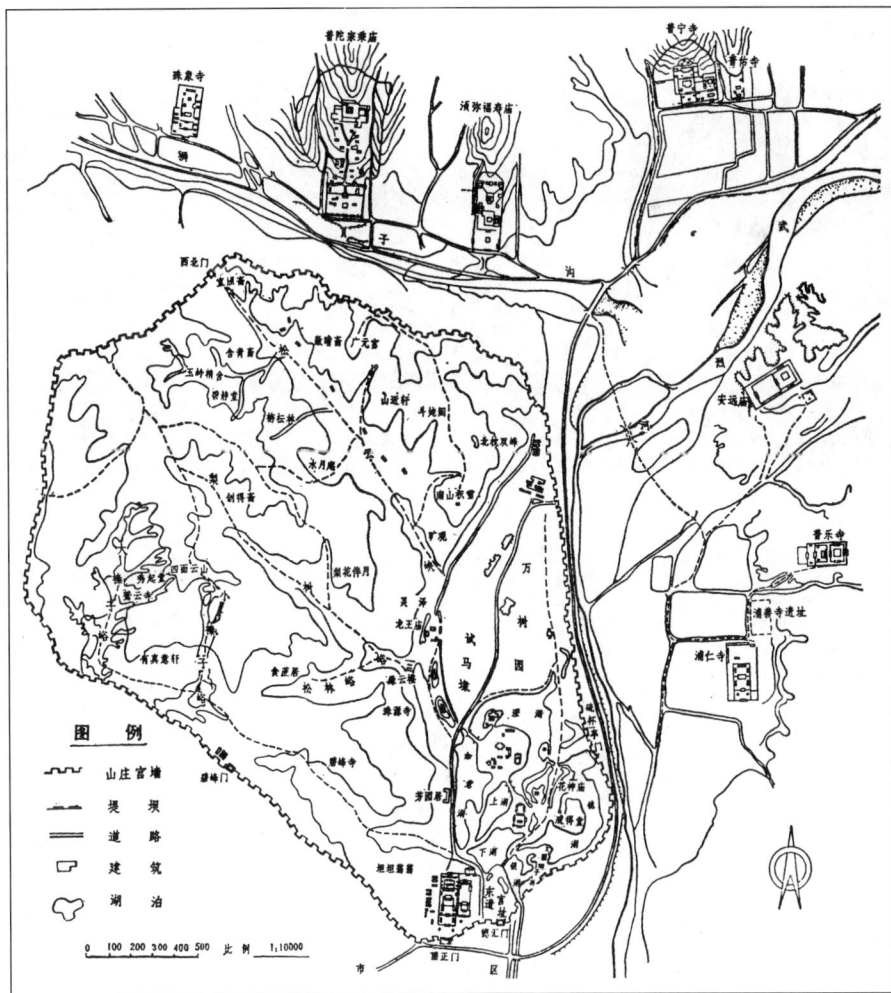

避暑山庄、外八庙总平面图

扩充水面；建筑则力求布局疏朗，体量小巧而外观朴素，所谓"楹宇守朴""宁拙舍巧""无刻桷丹楹之费，有林泉抱素之怀"。山庄从1703年起用时六年建成。 康熙时有36景，乾隆增建10景，新命名26景，共成72景；使山庄成为清代大面积，高技术而类型完备的皇家园林。相继康熙、乾隆为加强民族团结，又在山庄外围先后修建外八庙，把山庄整体风景水平与气势，提到国内绝无仅有的新高度。

避暑山庄的布局仍按前宫后苑体制将宫廷区设在最南端。整个山庄的围墙均设有雉堞，五座园门亦设门楼，颇有关城气势。从丽正门入园，正宫，松鹤斋，东宫为宫廷三组平行院落。正宫前后九进，前朝午门额题避暑山庄，正殿澹泊敬诚全用楠木，但外形与尺度却与民居相当。院内散植古松，其环境气氛和北京皇宫完全不同。后廷两层的云山胜地用楼外叠石蹬道，以游廊联系前后，更富园林气息。万壑松风在最后院落，高据台地，可以远眺苑林风景。东宫内有三层楼的大戏台——清音阁。

湖泊面积约为43公顷。西部以水为主，有如意湖、澄湖及上下湖环绕的大岛如意洲；东部以陆为主，有弯曲狭窄的湖水穿插其中。金山亭仿镇江金山，下以临水曲廊周匝环抱，上以殿阁亭台错落穿插，最高处为八角三层的天宇咸畅阁，即金山亭，在全园起点景和观景的作用。湖区游览，东路由东宫出发，过银湖与镜湖中间由三座亭桥组成的水心榭，这里是观赏棒锤山的最佳处。其旁有著名的园中园——文园狮子林。北行过金山，抵热河泉，泉水四季涌流，寒冬热气蒸腾。中路始于万壑松风，经过曲折有致的芝径云堤，水与堤平，有近岸丝柳，远水红荷相伴，直达如意洲。洲上有无暑清凉、延薰山馆多进院落及水芳岩秀的临水建筑，洲中栽种各类奇花异卉，组成绚丽花圃。洲北有摹仿嘉兴建造的四面临水烟雨楼。西路由正宫后门起，经驯鹿坡北行，左

依山，右傍湖，观坡上珠原寺全部建筑的倒影，听大小瀑布溅落的音响。沿路有千尺雪、观瀑亭等小景点，而以庋藏四库全书的文津阁为终点。

平原南缘即湖的北端，建莆田丛樾、濠濮间想、莺啭乔木、水流云在四个亭子，作为两区的衔接。在平原的北端，用黄绿琉璃砌就的八角九层永佑寺舍利塔为全园最高建筑物。平原东半部为万树园，有成群的麋鹿奔逐于榆林中。西半部的试马埭则是一片如茵的草坪，清帝在这里举行野宴、摔跤、赛马等活动。

山岳在园之西部，峰峦相对高度都在百米左右，山谷无悬崖绝壁而沟壑颇多，厚厚土层培育着满山的密林，建筑比较隐蔽与分散，整个山区呈现幽深浑厚的外貌。在山头高处建亭，作为点景与观景的制高点。南山积雪与北枕双峰为平原与湖泊向北瞭望的主要对景。四面云山在山区之西，诸峰环列，特然独起，天晴远瞩，百里风光尽入眼

避暑山庄文津阁

普宁寺大乘阁

溥仁寺

安远庙

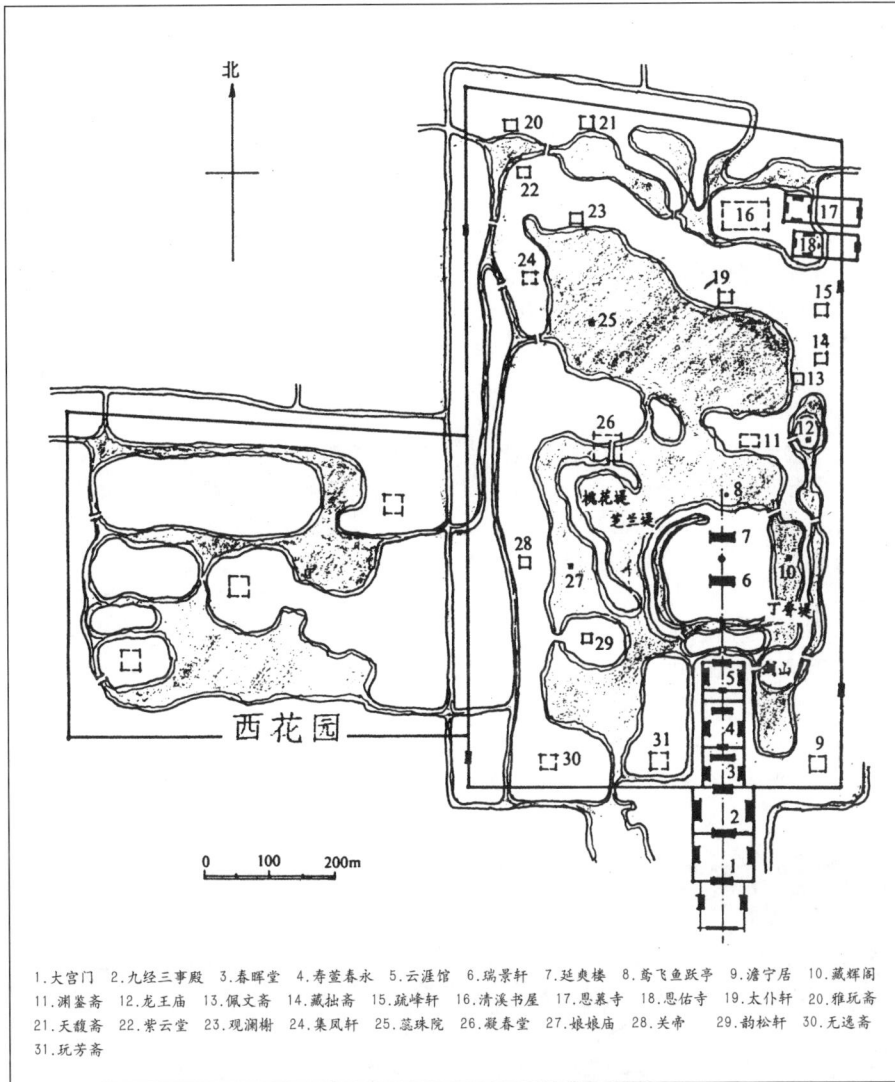

1.大宫门　2.九经三事殿　3.春晖堂　4.寿萱春永　5.云涯馆　6.瑞景轩　7.延爽楼　8.鸢飞鱼跃亭　9.澹宁居　10.藏辉阁
11.渊鉴斋　12.龙王庙　13.佩文斋　14.藏拙斋　15.疏峰轩　16.清溪书屋　17.恩慕寺　18.恩佑寺　19.太仆斋　20.雅玩斋
21.天馥斋　22.紫云堂　23.观澜榭　24.集凤轩　25.蕤珠院　26.凝春堂　27.娘娘庙　28.关帝　29.韵松轩　30.无逸斋
31.玩芳斋

畅春园平面示意图——选自周维权:《中国古典园林史》

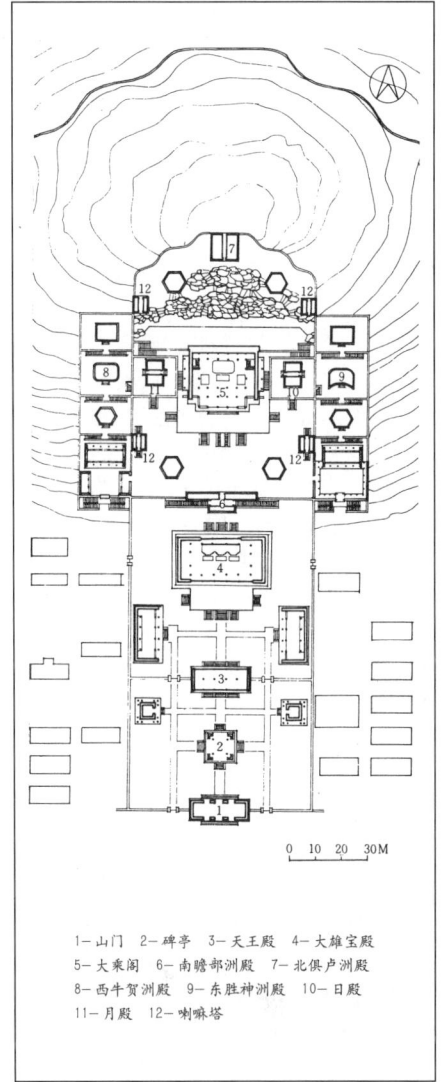

1－山门　2－碑亭　3－天王殿　4－大雄宝殿
5－大乘阁　6－南瞻部洲殿　7－北俱卢洲殿
8－西牛贺洲殿　9－东胜神洲殿　10－日殿
11－月殿　12－喇嘛塔

普宁寺平面图

普乐寺佛母

本尊神

中。锤峰落照在山区西南,为欣赏棒锤峰的观赏点。山庄主要寺院号称内八庙,有七所建在山谷。松云峡郁郁苍苍的松树,梨树峪中的梨,榛子峪中的榛,均各有特色(参考周维权:《中国古典园林史》)。

在山庄外面东过武烈河,北过狮子河的山坡地带,康熙与乾隆为加强对少数民族的团结先后修建了八座庙宇,今通称为外八庙。这些庙宇既融合汉藏建筑的民族特色,又巧妙利用地形与山庄相互呼应,还敢于突破对称格局,大量使用彩色琉璃,显现劳动人民高度智慧与技巧,为当代的建筑杰作。1713年康熙为蒙古王公来承德庆寿,在河东兴建溥仁寺与溥善寺,今仅存溥仁寺大殿。1755年清政府平定准喀尔叛乱,乾隆在山庄宴赏蒙古四部王公,然后下令依西藏三摩耶式,在山庄东北5公里处建普宁寺。前部从山门至大殿采用汉寺布局,后部在充满雕刻的9米高石台上，建内三层而外六层，高达36米的大乘阁。阁中供高22米、重1100吨，全国最大的木雕密宗神大悲金刚菩萨佛像。他头顶上的立像和帽子镶嵌的坐像都是他的老师无量寿佛；他有三只眼能观察过去、现在、未来；有42只手，每只手有一只眼并手持刀、枪、箭、戟、轮、螺、伞、盖各种法器。阁的两旁有日殿及月殿，周围有象征四大部洲、八小部洲的小殿与白塔。这个寺院既体现佛国的完整世界，有严密的宗教内容；又融合汉藏建筑艺术，创造新的建筑风格，现为国家重点文物保护单位。寺中石碑还用满、汉、蒙、藏四种文字记载平定准喀尔的经过。1764年因准喀尔达什达瓦部迁居承德，为满足他们宗教要求，按原地固尔扎式样，在普仁寺北建安远庙。中心建筑为三层普渡殿，黑琉璃瓦，内供大型木雕地藏王像。庙之内外有三层围墙，最内层有64间房，形成都纲法式建筑，可容数千僧人在内念经。

1766年乾隆为各少数民族首领来承德朝觐又建普乐寺。普乐寺俗称圆亭子，位于武烈河边，正对棒锤峰，朝夕日出日落，从山庄望去，在阳光与彩霞映照下，山头棒锤石和水旁圆亭子构成非常美丽的图画。普乐寺前面也按汉式布局，但山门朝西以表示拱卫山庄。天王殿后为宗印殿，屋顶装饰用的琉璃水波、云气、龙、塔，工艺十分精致。殿内彩画、雕像、石刻色彩斑斓，亦属艺术杰作。后面三层坛城乃仿西藏萨迦寺建造的，下层原有廊房一周，四面设门，中央石砌城台名阇城，墙上有雉堞。从前面踏道上到中层，有八个五色琉璃喇嘛塔分置四面。再由左右踏道上至三层，也有石砌城墙，顶上覆黄琉璃瓦檐并围以石栏杆，四面也分布八个琉璃塔。三层中央建圆形重檐攒尖宝顶的旭光阁。阁内在石须弥座上建大型立体"曼陀罗"，用37块木头代表佛的37种学问，上供铜铸密宗本尊神(欢喜佛)及佛母。阁顶有二龙戏珠的藻井，雕刻精美，艺术价值很高。

普陀宗乘之庙南隔狮子沟与山庄相望，当时为迎接蒙古与维吾尔王公来承德给乾隆祝寿，于1767～1771年，仿西藏布达拉宫

建成的。此庙占地22公顷，在外八庙中面积最大。庙建成后，有蒙古土尔扈特部不堪沙俄压迫，从伏尔加跋涉万里归国，庙前碑刻记载此事。从碑亭进庙过五塔门，有红黄蓝白绿五座喇嘛塔代表佛教五个教派，有两个坐像代表大乘教派。再前进至琉璃牌坊，可见分散于山坡间的各式白台、塔台与苍松、翠柏相互掩映成趣。沿山坡攀登不远，庙中主体建筑大红台赫然展现在眼前。大红台下为石砌白台，高17米；上为砖砌红台，高25米；下宽60米，上宽55米。壁面中部有六层琉璃佛龛，内供无量寿佛。满墙开九行藏式梯形窗，有真有假，名真假窗。大红台内有重檐攒尖鎏金铜瓦顶的万法归一殿；四周围有三层楼及东西殿。可惜这些建筑今已全毁，独大红台重加粉饰，略有新意而已。

须弥福寿之庙西邻普陀宗乘之庙，建于1780年，乃六世班禅居住讲经的处所，建筑仿日喀则的扎什伦布。此庙依山建筑，山门之内亦有碑亭、琉璃牌坊，唯三层的大红台位于庙之中央，四面围合的藏式群楼角

上建护法神殿，高墙上开汉式长方窗。极为难得的是大红台中央妙高庄严殿，至今保存完好；殿为重檐攒尖顶，上盖鎏金铜瓦，每个屋脊上有两条巨大鎏金青龙，形态极为生动，中间为鎏金宝顶。大红台西北有金顶楼阁式的吉祥法喜殿为班禅住所。庙后有绿色琉璃八角七层宝塔。在普陀宗乘西南有殊像寺，系乾隆于1774年仿五台殊像寺兴建的汉寺。天王殿后在高台上建会乘殿。假山上有宝相阁，内供12米高的文殊像今已不存。

避暑山庄与外八庙，风景区域宽广，自然条件优越，历史文化丰富，引人入胜之处，多不可数。但我在20世纪六十、八十年代，三去承德，每次都专门造访并特别留连的地方却是山庄的北城墙。这里墙内林木苍苍，极端幽静。墙外山川空阔，西面几个大的寺院，形势雄伟，色彩壮丽；东面平原与河湖苍茫无极。而我曾在棒锤山上仔细看过的高达38米的棒锤石，在300万年悠久历史长河中更永远上指苍天，使人遐思万千。这就是承德风景特别吸人的所在。

普乐寺旭光阁

二十三个黄河渡口

黄河发源于青海玛多，流经四川、甘肃、陕西、宁夏、内蒙、山西、河南从山东垦利入渤海，全长5464里，流域的耕地占全国40％。几千年来养育着以汉族为主的各民族的生存和发展，诞生仰韶文化、龙山文化，同其他地区各族人民共同创造绵远的辉煌的中华民族历史与文化。在有文字历史的古代社会中黄河流域是历代王朝的首都所在，号称中原，是中国长期的政治、经济、文化活动中心。黄河又是最桀傲不驯的河，她在三千年中曾改道26次，决口1 500次，最大受灾面积达25万平方公里，受灾人口达8 000万。十余年间我曾先后造访或跨越的黄河渡口有23个：山东的滨州、济南、阳谷，河南的开封、郑州、洛阳，山西的芮城、风陵渡、龙门、壶口，内蒙的清水河城湾、喇嘛湾、包头、磴口、乌海，宁夏的银川、青铜峡、中卫沙坡头、中宁，甘肃的兰州、河口南、刘家峡，青海的龙羊峡，初步地了解黄河流域的一些风貌。山东、河北、山西都是属于建筑气候区的华北寒冷区，而西蒙中部则属于东北严寒区。抗战时期我虽在晋察冀接壤的边境和五台山区，经历了八年的战斗生活，但对风景却了解不多。20世纪五六十年代因为有风景规划任务，我去山东济南、泰山一带的次数较多，而山东烟台滨海地带、冀鲁边、冀南、山西、内蒙西部都是最近考察期间作一次性的全面探访。考察的重点首先是黄河。其次是中原和东北各民族相互贸易与战争，融合与同化，剧烈变动的过程，长城是最生动的历史见证。此外山东有著名的孔孟之乡与五岳之首泰山，有几个最佳海滨风景城市－青岛、烟台、威海卫。冀南和豫北有古都邯郸、安阳和邺城。山西是全国古代历史文物保存最多的省份，有著名的佛山五台，石窟云冈，唐朝佛寺，宋明彩塑，琉璃制品，传统民居质量好、数量多和浙江、福建、云南、江西各省齐名。内蒙的蒙族风情和沙漠草原，均各具特色。

一 泉城——济南

1981年在沂源发掘出40万年前的猿人化石后，连同以前的新泰智人和沂沭旧石器文化的考古成果，已可充分证明山东也是中国古人类的一个发祥地。在新石器时期与中原地区的仰韶文化相当，山东先后发掘出距今7300～4600年的北辛(滕具)文化与大汶口(泰安)文化。至于较晚时期的章丘龙山文化其范围更扩及到苏皖冀豫及辽东半岛，并在后期出现铜器、夯土城垣、地面排房、悬殊的殉葬品及大量的胎薄磨光的黑陶器。证明山东又是中华古文明发源地之一。春秋战国时代，山东大部地区属于齐，齐都临淄(淄博)前后630年，苏秦著文称："临淄之中七万户...临淄之途，车毂击，人肩摩，连衽成帷，举袂成幕，挥汗成雨"。据20世纪六十年代发掘，临淄城周长14 158米，有13门，门道宽10米以上；贵族居住的小城在西南角，周长7 275米。城之东北，环绕石椁大墓有210米长，5米宽的殉马坑，全部殉马达600匹，均昂首侧卧，排列整齐。所有这些都反映这个千乘之国的强大国力。此外以曲阜为都城及其周围领土则属于鲁。

济南初名泺后改历下，相传东夷部落联盟首领舜曾在历山耕田，至今千佛山下尚有舜井遗迹。史书载纪元前694年"齐鲁侯相

大明湖北极阁

黑虎泉

会于泺"。齐筑长城起于长清东过济南止于黄岛以防燕。汉文帝封济南国,都于章丘东平陵,晋时迁都济南。宋升县为府。金开挖小清河。明清以济南为山东省会,明修砖城设四门;清咸丰时为防捻军在城外修土围子,同治时又改土为石,筑成外城。1904年设商埠。1948年经人民解放军八昼夜的激战最终济南获得解放。济南北有黄河横亘,小清河调剂于中。南为泰山余脉,地质为古老的花岗片麻岩并有广泛分布的石灰岩,地层由南向北倾斜,下渗的降水及地下水,北向渗流,遇到东北西三面的火成岩阻隔而无从宣泻,乃从覆盖层薄弱处喷薄而出

成为涌泉。泉域面积达 1,500 平方公里,泉水资源日达70万立方米。水质甘美而清冽,经化验证明为绝佳饮用水。泉水汇集成湖,其著者济南有大明湖,章丘有白云湖。因之济南及其附近除有丰富的历史文化古迹外又是湖山泉水汇集的地区。

1958~1959年我三来济南及泰山,当时建筑科学研究院选定桂林阳朔及济南泰山为风景规划及设计的试点区。经过适当的调查研究我们提出有关济南城市规划的基本主张:(1)保持原有环城水系,努力恢复四大泉群,以大明湖为中心建设以泉水为特色的风景城市。(2)市区工业应以高精尖为主。

钢铁工业重点放在原料产地莱芜,市钢铁厂应缩小规模,迁往远郊区。停建或拆迁有污染的工业。(3)可在珍珠泉南建城市广场,周围安排文化单位而不放政府及军区。(4)城区现有人口108万,今后应控制到160万,建筑向新区发展,控制老城区建筑高度与体量,保持良好空间景观。这些主张经省市领导同意后,由建研院协助地方制定新的规划,并进行金牛山、解放阁、趵突泉等地建筑的设计,当时我对市区风景点有以下考虑:

(1)大明湖 有如济南古城的头,她的面孔决定全城的美丑。1953年我路过济南,初游大明湖,曾获得极为美好的印象。开始游

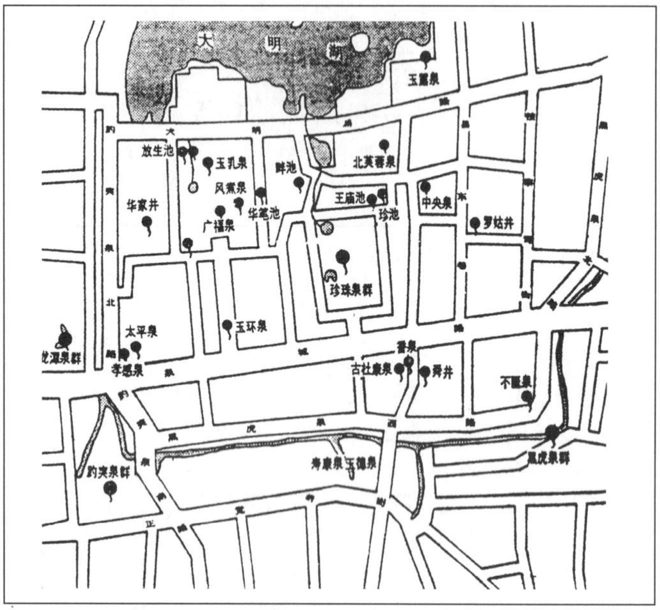

济南市泉水分布图

黄石崖造像

千佛山牌坊

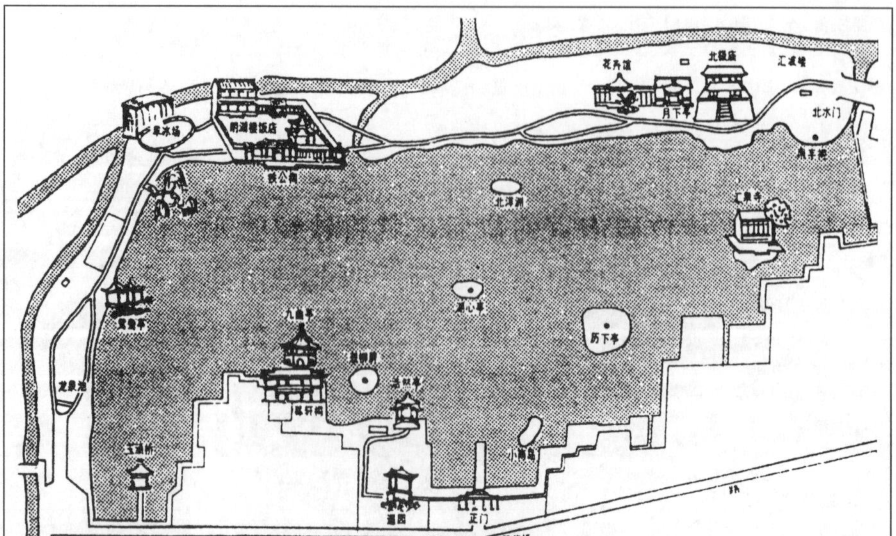

大明湖平面图

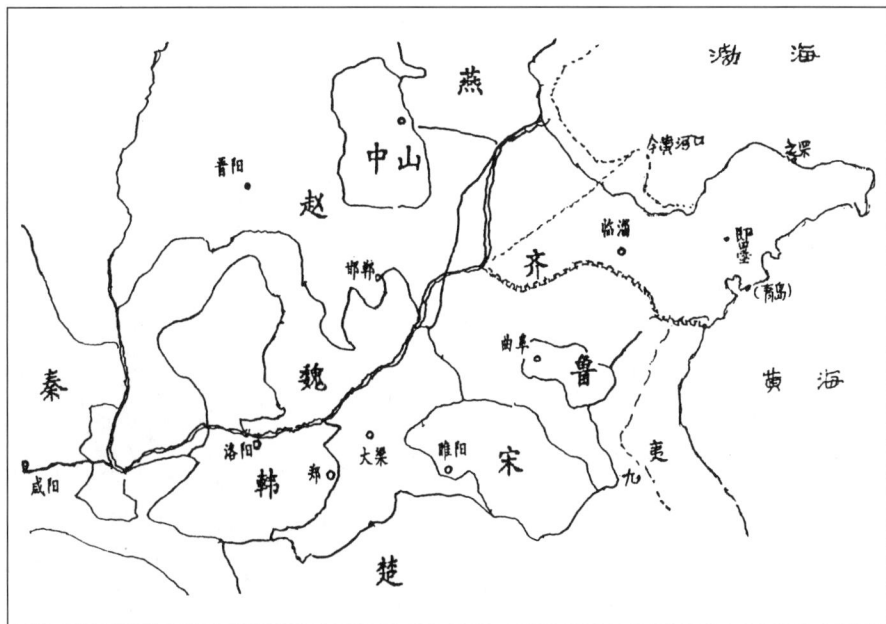

战国时期中原各国位置图

船钻进荷花荡里,北眺城外远山,南望环岸杨柳,建筑错落有致而绝不闻市声,周围环境十分寥廓清静。而后步行在铁公祠的轩庑回廊中又觉得湖岸是无限深邃与奥秘。这种环境和市区残破杂乱的景象构成鲜明的对比。大明湖面积为46.5公顷,占古城四分之一;远在北魏,水经注中已有记载;宋时曾疏浚河道使湖水流入大清河;明初筑城改北水门为汇波门,城中各泉群之水均汇入湖中经此门流出。大明湖南有牌坊为其导入口但周围不设墙垣门扉。走进牌坊,左名遐园,内为山东图书馆,乃仿宁波天一阁设计,藏有汉画像石等珍贵文物,廊壁嵌石刻岳飞写的前后出师表。假山上有浩然亭,可眺望湖中景色。继续左行有三进院落,原为李鸿章祠现改为辛弃疾祠,祠东新开花木清幽的幼安广场。进牌坊右转,乘船下湖,不远到历下亭,亭之两侧悬对联"海右此亭古,济南名士多",原为杜甫"陪李北海宴历下亭"诗句,为清书法家何绍基手书镌刻的。亭额历下亭三字为乾隆亲笔。亭北五间厅堂为宋曾巩题额的"名士轩",墙上镶嵌杜甫像及历下亭诗碑。出亭东北行,过汇泉堂上岸抵南丰祠。乃纪念宋文学家曾巩任济南太守而建。祠北汇波门上有汇波楼,旧者已颓,新建重檐高13.6米。循岸东行,高台上有道观北极阁,创建于元,内供真武,为湖北岸主要景点,登临其上,湖光山色、泉城风貌,尽收眼底。过林阴路,岸之东北有铁公祠, 其西南角有小沧浪亭。刘鹗在

老残游记中描写这里风景,远眺千佛山,近观大明湖"彷佛宋人赵千里的一幅大画";清刘凤诰"四面荷花三面柳,一城山色半城湖"的绝句为书法家铁保写下,刻在小沧浪的壁上。这里造园手法采自苏州沧浪亭,有许多成功之处,可惜1958年清整大明湖时,为了畅观,将园内许多障景隔断拆除,力求大明湖通体的开放,于是含蓄幽深的趣味完全丧失,而偌大的大明湖反而显得缩小了。1991年我因审议"中国民居建筑"五来济南,距当时规划已过30余年,湖中增加许多新的建筑,但风景大开放的思想仍无丝毫变化,得失之论只得任后人评说。

(2)七十二泉与趵突泉 济南泉水多如繁星,"家家泉水,户户垂杨"是老残游记对泉城风光最概括的描写。两千多年前"春秋"已有记载"齐多甘泉,甲于天下"。元于钦"汇波楼记略"更称"济南山水甲齐鲁,泉甲天下"。金人立碑,列举名泉72。解放后1964年调查,只市区内尚有泉108处。按其位置可分趵突、珍珠、黑虎、五龙四大泉群。趵突泉位于名泉之首,水经注载"泉水上奋,水涌若轮"。元赵孟頫诗:"泺水发源天下无,平地涌出白玉壶。谷虚久恐元气泄,岁旱不愁东海枯。云雾润蒸华不注,波涛声震大明湖。时来泉上濯尘土,冰雪满怀清兴孤。"写出趵突泉的形象与声势。现泉水位于石栏围砌的方池中,水深两米,清澈见底,有三股泉如沸水翻腾,五十年代时水头尚高尺许。池西有观澜亭,亭后碑上刻

"第一泉",池中明碑刻"趵突泉"。泉北三座殿堂原为吕祖庙,现改为泺源堂用以陈列文物。现公园范围扩大,将金线泉、漱玉泉扩进并新建李清照祠,垒石植树,对改善周围环境收益良多;唯拆去趵突围墙,使方池相形见小,游人任意穿梭,失去"最宜静里一凭栏"的静赏雅趣。更为难堪的是泉水枯竭,无景可赏。四大泉群于六十年代尚有出水量日30~35万立方米,1972年开始断水,初为季节性,1988年大旱则全年断流。当前措施应在市区停采地下水,减少工业区特别西部的开采量,引河补水,南山植树,节约用水,否则济南将完全失去泉城特色。

(3)珍珠、五龙及黑虎泉 珍珠泉水有成群气泡不断上涌如颗颗珍珠, 自古即为名泉。独惜明清以来一直为王府所占据,现为人大内院,游人难以进入,而兴衰更迭,园林荒芜时多。五龙潭面积6公顷,泉奔涌壮观,潭水深十余米,呈墨绿色,垂柳四围,风景清幽。传说这里是唐名将秦琼出生地,现有"唐左武卫大将军胡国公秦叔宝故宅"石碑。园内草亭朴实,表现济南造园小品之匠心。黑虎泉位于环城水系东南角,水从陡崖岩穴中涌入,由三个石雕虎口中喷出,降落于水池中有如三股瀑布,高流急下,夜阑人静,水声如风吼虎啸。周围护城河水缓缓流过与沿河民居泉群相沟通。对面高耸的城基上有1965年新起的解放阁,登上百余台阶,跨进11米高的建筑,远眺全城山水,为眼界最开阔的观景点。

(4)千佛山 在市东南,山不甚高,海拔仅284米,但位置绝佳。 半山牌坊题额为"齐烟九点",遥望北部平原,有卧牛山、华山、鹊山、金牛山、药山、无影山等块山突起。山上有兴国寺,供舜及鲁班像,建筑及布局无特色,一览亭亦以"山色独怜华不注,水光遥见大明湖"眺望远景为其主要功能。山门内千佛崖原有隋代60多尊佛的造像,可惜在文化大革命中全遭破坏。现极乐洞中尚残存16尊佛像。千佛山南佛慧山的半腰有7米高依山雕刻的大佛头和黄石崖的北魏摩崖造像均保存完好,为山东重要佛教史迹。

二 济南外围风景线

济南外围50公里以内,隶属章丘、历城、长清,有一系列重要风景点。

(1)黄河 过去我看黄河都是乘火车从铁桥上匆匆驰过，捕捉的只有辽阔灰黄的浊流影像。20世纪五十年代来济南考察，蹲在黄河边细细地观察，才注意到河岸的黄土被水冲刷，每隔三五分钟就有一大块塌落在河里，这样一块接着一块，好像不要多久，黄河两岸会被河水冲光似的。大自然沧海桑田的变迁，在这里感觉最为敏锐。爬上鹊山看砾口山村一片黄土平房与周围土地浑然成为一体，无数的中华儿女就在这般黄色的山河中为生存而搏斗了几千年。1982年在这里又架起2 022米长的公路大桥，人们可以漫步桥上更充裕地全面地观察黄河和鹊华两山。如何在黄河沿岸建设风景区已提到规划的日程上来了。

(2)百脉泉 明水为章丘县城，西距济南50公里，有百脉泉与趵突齐名，曾巩齐州二堂记称"西则趵突为魁，东则百脉为冠"。1991年因济南泉枯，当地同志引导我来找明水。见百脉泉水虽围为方池，但依然"沸腾若贯珠，历落可数"，泉水流入东麻湾在城内辟为明水湖，延伸成为绣水，水质优良，两岸出香稻米。泉另一股为西麻湾，泉头名梅花泉，水势汹涌，大股喷发，有如油井，流入河渠，立即澎湃奔腾西去。为保护泉头，密封加盖并筑有泉亭。李清照故居即在其旁。如明水与济南联合经营，枯了西方有东方，就不再愁无泉可观。

(3)白云湖 在济南与明水之间，经1958年整修扩充，环湖村庄多获苇藕鱼鸭之利。1984年地方进一步开发，建20流量的引黄大闸及20公里渠道，引黄河水入湖，将湖面扩至600余公顷。又遍植林木，增设亭台楼榭，在湖之两岸建度假村。最近联合国更投资养鱼，今后发展正未可限量。

(4)东平陵、齐长城、城子崖 由白云湖南行过大城后村即到东平陵城遗址。东平陵原为齐之平陵邑，汉设济南国后改济南郡。曹操曾在这里任济南相，晋时始将郡治迁往济南。平陵故城方形，各边长1 900

黄河塌岸

柳埠四门塔

慧崇塔

灵岩寺千佛殿

灵岩寺塔林

宋塑罗汉

灵岩寺辟支塔

灵岩寺宋塑罗汉

米，面积为36公顷，有冶铁中心，出土文物甚多。从济南出发东过王舍人庄，有埋葬鲍叔牙的鲍山及明李攀龙的故居，行30公里即到紧邻平陵的龙山，这条路是西周为从中原去山东半岛而修的东西大道名周道。龙山镇西的城子崖即出土精美黑陶的龙山文化遗址。傍晚我从平陵赶到这里，看见考古人员正在夕阳残照中发掘殷代的谭国城；附属窑场正试制新的黑陶器。齐长城位于章丘与莱芜分界线的长城岭上，现有42公里长的残墙遗存(注：2000年章丘洛庄发现西汉初年诸侯王墓，只青铜编钟编磬等乐器即有150件之多)。

(5)龙洞　在市东南15公里，属历城县。北山入口有凤凰台与老君崖，内为龙洞峪，原有寿圣院，于文革中被毁。寺两侧峭壁上有东西龙洞，内有东魏雕成4米高的大佛三尊及隋代佛像50余。寺西有金沙、白龙泉均在72泉之数。鹫栖岩上有七级报恩塔。佛峪内有般若寺遗址及隋唐造像20余尊。1959年我去龙洞，除参观造像泉水外，给我印象最深的是悬崖陡壁间黄栌赤枫、绛柿紫楝、赭槐翠柏合成的秋色，其大片红叶斑驳绚丽不逊于北京香山而以险岩秀峰为载体的整个景观则过之。

(6)柳埠　位于泰山之背，距济南35公里，为佛塔及摩崖造像最集中、保存最完好

的景区。千佛崖主要石窟有五，南北绵延60余米，内造像210尊，大都为唐代祈求福寿而作。雕刻精美，神态生动者甚多。南平长公主为唐太宗造像尤为出色。千佛岩东有神通寺故址，旁有唐代建造的龙虎塔，方形、高11米，塔身由四块完整方石构成，上刻龙虎、天王、力士、飞天，极为传神。塔北有墓塔群。过桥到青龙山下，有著名的四门塔。塔为隋611年建，系方形单层石塔，全部用雕有几何花纹的大青石砌就。塔的四门中有方心柱及石佛。塔顶用石板叠缩砌成方锥体。此塔为我国最古的单层石塔，列入国家级文物。灵鹫山麓九塔寺遗址有唐建九顶塔，塔高7米，砖木结构，塔身八角形，塔顶除主塔外有八座小塔环立，造型奇特。柳埠多柿，我们深秋造访，见遍山秃枝，红果累累，煞是好看。

(7)灵岩寺　位于济泰公路上，北距济南45公里，南距泰山70公里。传说前秦朗公和尚在此说法，顽石为之点头，因名灵岩。寺创于北魏，唐有僧众500，宋曾达千人，当时与江苏栖霞、浙江国清、湖北玉泉合称"域内四绝"。现存唐建千佛殿及大殿，宋建辟支塔及证盟殿。总面积24方公里，林木茂密，百年古树之多为国内寺院所罕见。我前后三次来访。寺前有灵岩胜境石坊，进两道山门，有钟鼓楼及大殿，在院中可望见

朗公石。过摩顶松可望见千佛殿。殿建于唐627~649年后经历代重修，现有殿阔7间，迎面为高大的铜铸三身佛，四周环立40尊彩塑罗汉像，塑于宋1124年，高102~120厘米，造型优美，个性鲜明，表现不同的心理世界极为生动逼真，梁启超誉之为"海内第一名塑"，为我国珍贵的艺术品。殿之西北矗立在半山上有辟支塔建于唐741~755年，宋重修，为九层八角十二层檐砖结构，高52.4米，塔顶铁刹周围有八个金刚扯链环立，设计独特。塔东有御书阁，门洞上生长一颗盘根错节的千岁檀，院内高大汉柏下立苏轼诗碑，上写"醉中走上黄茅岗，满岗乱石如群羊，岗头醉倒石作床，仰观白云天茫茫，歌声落谷秋讪长，路人举手东南望，拍手大笑使君狂。"狂放的字体与意境使周围山林生色。塔之西坡为墓塔群，其宏大规模仅次于少林，其中有创建本寺的慧崇墓塔，有元朝日本和尚邵元撰写的息庵禅师道行碑。此外在济南周围还有长清孝堂山郭氏墓石祠，五峰山造像，章丘赵八洞元明摩崖，均因时间所限，未及走访。

(8)狮子楼、景阳岗　1959年10月为探问在鲁西下放劳动的干部，过黄河，经聊城去阳谷，当地黄土漫漫，旅途中有许多水浒故事的遗迹。我到了武松打死西门庆的阳谷县十字街和狮子楼，楼是新盖的没有

115

特色,十字街倒有小说气氛。到了武松打虎的景阳岗,只是个小山坡,周围没有树,坡上有个托儿所,找不出三杯不过岗的模样。为了看看梁山,我特意赶到黄河边,竟无船过渡。据说梁山泊没有水了。虽然当地找不出小说中描写的景致,但我看过的地方,至今还是十分吸引着我。这也许是小说的魅力吧。因此如何把这些地点建设得更接近小说,岂不更增加旅游的吸引力!

三 三上泰山

泰山是五岳之首,列入"世界自然和人类历史文化遗产",它在人们心目中有无可争议的特殊地位。这首先由于泰山有极好的自然条件,它位于鲁中,海拔虽只有1 545米,但因有纵横两组断层切割,而形成平地拔起,直插云霄的断块山。地层为25亿年的古老杂岩及变质岩,多垂直裂缝,为植物生长创造良好条件。它地处温带季风气候,年降水量1 132毫米,在426平方公里面积中,水量蕴藏丰富,植物生长茂密而且垂直变化明显。因此泰山擅有山水林木岩石云雾之胜。其次泰山附近有丰富的人类古文化遗址,它既是原始社会大汶口、龙山文化发源地又是齐鲁800年奴隶及封建初期文化发展中心。而最为重要的是泰山集中了历代封建王朝历史人文的胜迹。从秦始皇泰山封禅起,历代皇帝如秦二世、汉武帝、东汉光武帝、唐高宗、玄宗、宋真宗、清康熙、乾隆等等,都登上泰山封神祈福,或修建祠庙,或留下碑刻。汉武、乾隆先后七次登山。影响所及,东岳庙遍于全国,对泰山的歌颂除大量典籍文字外,名人学士的摩崖石刻,在泰山几乎到处可见。孟子说"孔子登泰山而小天下",汉武帝称赞泰山"高矣,极矣,大矣,特矣,

泰山红门宫

龙山文化发源地遗址

岱庙石坊

岱庙宣和碑

岱庙汉柏

壮矣,赫矣,骇矣,惑矣",东方朔衡量泰山"盖将吞西华,压南衡,驾中嵩,轶北恒,微九河其线,委小七泽其杯,盈彼王屋、太行、终南、五老、岷、嶓、雁荡之秀,拔天台、会稽之奇"。明太祖"岱山高"中写"岱山高兮,不知其几千万仞;根盘齐鲁兮,不知其几千百里;影照东海兮,巍然而柱天"。李白诗"凭崖望八极,目尽长空闲",杜甫诗"会当凌绝顶,一览众山小"。泰山正是因为不断受到赞美而日益著名。

1958年10月我由济南抵泰安,先参观岱庙。岱庙始建年代不详,唐宋以来历代整修。据1124年宋宣和碑文记载,当时规模宏大,有殿舍813间。后经三次大火,焚烧殆尽,现有建筑多为明清新建。1928年日本在济南制造惨案,国民党的省政府迁往泰安,天贶殿成为马厩,城楼拆作燃料,岱庙再遭严重破坏。岱庙现有城围1.5公里,南有五门,北有三门,东西有东西华门,总面积10公顷,占原泰安城的四分之一。南门

外有遥参亭,遥参门,遥参坊,这组建筑是古代帝王在大祭前作预祭的地方。从遥参亭进岱庙须过岱庙坊、正阳门、配天门。配天门之东炳灵门内跨院称汉柏院,现存汉柏五株及乾隆诗图碑,新建汉柏亭。据最近调查泰山有古树34种约万余株,从汉武帝植柏千株开始,历代王朝均有大量栽植,并封山护林。现存著名古树有佛爷寺、岱庙的银杏,中天门望人松、五大夫松,普照寺六朝松,对松山、后石峪的油松,岱庙的汉柏、唐槐,万仙楼的三义柏以及柏洞2 000米的古柏等。岱庙汉柏树龄均逾2 000年,其中桧柏与侧柏合生者,名"古柏老桧";侧柏一枯一荣,生者高11.5米,冠幅10米者,名"双干连理";树高13.5米,旁有万代瞻仰碑者,名"昂首天外"。配天门北为仁安门,门内大院古柏森森中有九块玲珑石,再北在800平方米的大露台上,耸立着面宽九间,高达22.3米,重檐黄瓦的宋代建筑天贶殿,祀东岳大帝。殿内墙壁绘有宋代的东岳大帝启

泰山中天门

泰安铜亭

泰山岱宗坊

泰山一天门

枕流漱石

泰山南天门

踔回銮图,其场面恢宏,人物众多,为国内罕见。天贶殿后为寝殿。庙内碑石,数以百计,李斯小篆现存十字为稀世之宝,汉张迁衡方碑为隶书珍品,孙夫人碑属晋三大丰碑之一,唐宋以下几乎各体书法兼备,为国内著名的碑林(参考泰山管委会:《泰山古树名木》)。

午后趋车至岱宗坊,这里海拔高度为190米,至岱顶高差为1 355米,登山路程为9公里,登山石阶有6 293级之多。山路虽难,但我们慕名已久,仍精神抖擞趁初冬天凉开始迈步登山。不多时,到红门宫,这里有一天门、孔子登临处、天阶三重石坊与两旁宫门构成的空间广场极为古朴自然,为观赏泰山风景绝妙的序幕。红门宫祀碧霞元君,为三元君庙之中庙。在盘道开始处有树龄500多年的桧柏名"汉柏第一",树冠南北二枝头相距30米。一天门路旁有5米高

的联接花岗岩与石灰岩的断层,为泰山属断块山之佐证。红门宫北行500米到明建万仙楼,旁有三株并生的古柏名"三义柏"。桃花涧刻"听泉",罗汉崖刻"虫二"两字意为风月无边,构思颇巧。 自然风景中题词的妙处可以画龙点睛,提高意境,使人联想翩翩。再前到斗姆宫,殿房不多,但西有卧龙槐,东有三叠悬瀑,听泉山房中,可以汲取天籁。从盘路转往东北,过小山到著名的经石峪。在溪水不时漫过的大石坪上雕刻金刚经全文,每个字50厘米见方,现存尚有1 067字,字体篆隶兼备,笔力雄健,传为北齐人所书,历代尊为大字鼻祖、榜书之宗。1572年明朝在经石峪西岸建石亭名"高山流水",周围石上宋元明刻字如"跳珠溅玉""枕流漱石"等甚多。再北过水帘泉、歇马崖进入浓荫蔽日的柏洞,游人多在此休憩。柏洞北端有数株古槐,号称唐槐,上接乾隆

五大夫松

纪泰山铭

玉皇顶新貌

丈人峰

泰山百丈崖

普照寺

时扩建的壶天阁，阁上门联"登此山一半已是壶天，造极顶千重尚多福地"。阁北为回马岭石坊， 据传东汉光武帝曾至此回马。再上两旁片石林立，名"万笏朝天"，约行1公里到中天门。这里是登山中西两条路线的汇合点，海拔847米，相当泰山高度之半，从这里北望岱顶，南天门下，天梯直立；南视则萦绕山谷，汶河如带。

出中天门去五松亭，因路途平坦，名"快活三里"，此处有刻石名斩云剑，为山之上下晴雨分界处，我们穿行时，果然有飞云从眼前飘过，山下云雾迷漫，而山上却阳光满天。过步云桥北抵御帐坪、有悬崖飞瀑，康熙诗称"悬崖千尺响奔湍""仿佛青天有风雨"。五松亭旁有五大夫松，因秦始皇登泰山时曾在松下避雨乃封此树为五大夫。古树早枯死，现存者为清雍正时补种，亦虬枝横出，荫人蔽日与山坡之望人松并擅胜名。过此上行到对松山，两峰夹峙中松林重叠，号称松海，浮云时隐时现，风涛轰鸣如雷，乾隆誉为"岱岳最佳处"。从对松山到南天门是断块山的大断层，在800米的游程内，需爬高400米，登上1 594个既陡且高的石阶，有三个十八盘道，即"紧十八，慢十八，不紧不慢又十八"，人们已经登山走得很疲乏，还要爬这么多的陡台阶，使人不能不踟蹰蹰躇。可是任何人到了这里，都没有退路， 再困难也得爬上去。这就是泰山旅游锻炼人们的体力和意志的所在。我登山

时刚修过石阶，加了扶手墙，还得走走停停，爬了近一个小时，才登上南天门。青年们在山下说上山要走两个小时，而我们却用了四个多小时。这时天色已晚，山上天寒风大，到处见雪，想找个避风处略事休息，但南天门无人管理，杂乱不堪，连铁香炉都掀翻在地，我只好匆匆拍张落日照，赶快上路找宿。过碧霞祠不及细看，上到天街只见昏黄的几点灯光映照一排矮小的平房，等到爬上玉皇顶，天已全黑。我们钻进号称岱顶宾馆的东厢两间小屋，无电无火，外面的温度估计有零下十多度，急忙点灯生火，弄汤饭吃。饭后找来两床被子和两件棉大衣，因为山上雾大，衣被都是潮的，可是我已十分疲劳，穿着带汗的衣服，拉拢被子，就囫囵地睡熟了。

为看日出夜间醒来几次，六时天将破晓即披衣外出，跑进日观峰天文台，早晨气温零下七度，风力二级，比昨晚暖和许多。天空多云，但未布满，从早霞透红到日出，我在拱北石旁等了二十多分钟，红日才在云霞中慢慢露脸，老实说这次观日出远不如我在北戴河海滨看的绚丽多采，但在初冬风雪中，我能连续看到日落和日出，也还是幸运。更未料到在我转回岱顶的路上见到山下层层白云翻滚，天又赐我以云海。早饭后，天气转晴，我们先看玉皇顶上的玉皇庙，庙前有5.2米高的无字碑，为汉武帝所立。庙西北有古登封台，东有观日亭，西有

望河亭， 在岱顶上可以北望黄河，南望徂徕山及汶河。岱顶有大水池，水常年不竭，东南平顶峰上有"五岳独尊""登峰造极"刻石。然后转至岱阴，从北天门到后石坞，道路崎岖，寺庙荒芜，游人少去。然山后多松林奇石，我们看到著名的丈人、天烛等峰，景色幽绝。最后又转回日观峰，从东天门到舍身崖，旁有瞻鲁台，其西在两座对峙的悬崖中间，有三块石头相抵成桥，名仙人桥，亦为罕见。

九时许开始下山，天渐转阴，先到大观峰看石刻，其中726年唐玄宗"纪泰山铭碑"高8.8米，字大25厘米，连同篆额共一千字，文词雅训，字体俊逸，与经石峪大字并称国宝。周围还有宋真宗功德碑等许多石刻。再下过天街，看这里联接岱顶及天门位置极佳，建议地方修建食宿、文化、商业、旅游一条街。将至碧霞祠，见整个祠院错落有致，金碧辉煌，这组雄伟壮丽的高山建筑群无异岱顶上一颗明珠。祠始建于宋，供奉碧霞元君，分内外两院，因山高风大，正殿盖瓦、鸱吻、檐铃均为铜铸，配殿、山门则为铁件。香亭内有明朝铜碑，甬道旁有明朝铜制千斤鼎与万岁楼。山门外有三座神门及钟鼓楼，南神门下有火池，供香客烧纸，对面石墙刻万代瞻仰四字。出碧霞祠至南天门，因无昨晚大风，可从容观察。南天门建于元初，上有摩空阁，门联写"门辟九霄仰步三天胜迹，阶崇万级俯临千嶂奇观"，颇

泰山游览路线图

迁入岱庙。1959年我又两次来泰山。此后三十余年我再无机会重来，文革后旅游事兴，泰山是否建缆车，各界曾有激烈争论。1991年我来济南开会，乘汽车直上中天门，等了一个多小时，才坐上缆车，到月观峰。然后步行过南天门，走上天街，见迎面新建牌坊，街上坡顶楼房错落有致，昔日理想今已实现，令人欣慰。再前攀上碧霞祠，看大观峰的碑石，周围环境清整绿化，面目一新。最后我走到玉皇顶下观赏山上风景，又值天阴，除玉皇顶下，日观峰旁，增加许多楼房外就是游人熙熙攘攘。因赶时间又从原路返回，在缆车旁再等半小时，到中天门立即开车回济南，也是用了一整天时间。但是这一天和我32年前第一次登泰山那一天相比，我觉得这次好像根本没去泰山似的，不知为什么？

四 孔孟故乡——曲阜、邹县

孔子(552～479 B.C.)生于东周鲁国曲阜，创立儒家学说。孟子(372～289 B.C.)生于战国鲁南邹县，继承孔子为儒家大师。汉董仲舒发展儒学使其更适合于封建统治，汉武帝乃罢黜百家，独尊儒学。宋朱熹等提倡理学，倡导三纲五常，仁义道德；编注四书使其成为官方教材，尔后元明清三代又将其规定为科举取士的范本。因之儒家学说一直成为中国两千年封建社会中的指导思想，而孔子则为历代帝王不断加封，元号"大成至圣文宣王"，明清尊为"至圣先师"。孔庙大成殿与岱庙天贶殿、皇宫太和殿并称三大殿，使圣贤与天神、皇帝并居至高地位。现在儒家许多圣训已随封建社会的崩溃而逝去，但作为中国历史文化的主流，儒家学说还有许多有益于社会主义新文化的因素，需要我们继承与发扬。孔孟是中国的伟大的思想家与教育家，理应受到中国及世界的尊重。

鲁国故城是我国发掘的第一座西周古城，它建于周公封鲁时，城周长12.8公里，共11门。城中心的宫殿与南门外的祭坛构成中轴线。宫城东有宗庙，西有社稷坛，后有市肆，均符合《考工记》记载。此外城内有贵族区、居民区、冶铜、炼铁、烧窑遗址；城西南有孔子讲学的杏坛，习武的矍相国和他的故居阙里。故城有十余处古台现存

为写实。下天门路，直上直下，好像随时会滑下去，我边走边试探，最后左右盘行走八字步到底。到升仙坊回头仰望，游人下面的头好似顶着上面的脚，真象一座天梯。直到五松祠，走进快活三，我们才似乎从天上回到人间。到中天门我们走西路下山，这条路准备行车，比较平坦。西南行约3公里到黑龙潭瀑布，水流至百丈崖，从坚硬而光滑石崖上凌空飞下，坠至深潭。崖上石坪深黑色片麻岩受浅色花岗岩侵入，成一条白线，因人行石上容易滑落故名阴阳界。为保障过河安全，以前在崖上建长寿桥。最近又在

桥之两端修亭，并刻联"龙跃九霄云腾致雨，潭深千尺水不扬波"从此桥瀑潭乃成为西路三景。到普照寺，有车来接，看过六朝松及一品大夫松，乘车到虎山水库、王母池，经岱庙回宿处。

第三天三去岱庙并考察市情、民居，得便访灵应宫，意外地在铁工厂的仓库里发现有精美的明铸铜亭及18尊铜佛，雕塑传神，绝非王母池塑像可比。晚间与县长谈泰山规划。建议保护中路风景；在山脚植林而禁建有污染的工厂；开通西部登山公路；建设天街；整修岱庙；保护古树及将铜亭迅速

有舞雩台、伯禽台及西观台。少昊陵在城东北角，相传少昊为五帝之首，建都曲阜，葬于曲阜。其陵墓几经改建，宋真宗时，用一万石块砌成金字塔形，与集安高勾丽的将军墓相类。当时又在陵南为黄帝建景灵宫，规模浩大，可惜工程未完，金兵南下。1978年在陵西发现大汶口文化遗址。

孔子逝世后，鲁哀公曾以家为庙，加以奉祀，东汉魏晋立庙树碑，唐宋扩大孔庙规模至318间，唐并诏令各州县立孔子庙。明清重修重建孔庙达35次，最后仿宫廷体制将其扩大为466间及门坊54座，乃成今日规模。1522年明嘉靖以孔庙为中心重筑曲阜城，其面积只有鲁城的1/7，而孔庙位于城之西部，南北长达1公里，面积20公顷，相当县城1/6，加上孔府、颜庙使其城中地位十分突出。孔庙九进院，红墙黄瓦，雕梁画栋，配有角楼。参观孔庙时，须先

进曲阜城的仰圣门，上有乾隆"万仞宫墙"的题额，后过金声玉振坊，即可看到层层深入的棂星门、太和元气坊、至圣坊；棂星门内又有"德侔天地""道冠古今"左右两木坊。由这些砖石木框架诱导与围合而形成的空间似乎无限深远，无限奥秘；再加上额题的提示因而形成对至圣孔子仰之弥高，望之弥深的气氛。这是孔庙建筑造成的第一个情感高潮。进三拱的圣门，院内古柏森森，有三桥璧水横陈，桥南有"快睹"与"仰高"两门。桥前汉石人亭内有石人二，峨冠者高2.54米腹间篆字"汉故乐安太守麃君亭长"，握枪者高2.2米刻"府门之卒"，其字为历代金石学家所重视。二石人原在汉鲁王墓前，因风雨侵蚀，1953年移入孔庙。璧水桥北为宏道门，内藏有珍贵碑刻，汉墓铭文及画像。宏道门北为大中门原为宋代孔庙大门，大中门内为同文门，

孔庙十三碑亭

孔庙万仞宫墙

孔庙金声玉振坊

道冠古今坊

璧水桥

孔林孔子墓

其后有高 23.5 米的奎文阁，童柱直达顶层，平座自童柱中间伸出，因整体受力虽经过多次大地震仍保持完好。奎文阁为孔庙的藏书楼，前有明碑亭及著名的成化碑。西院斋宿墙嵌有宋金元明清五代谒庙碑 120 余块。过奎文阁为六进院，有 13 碑亭，内藏各代皇帝谥封、祭祀、整修的御碑 53 座，其中两座正方形金代碑亭藏唐高宗、唐玄宗最古庙碑。此院南部有两片丛林式的碑林，北墙亦布满历代大臣谒祭庙碑。院的东西两侧有毓粹及观德门，为孔庙的第三道腰门。这一带高阁崔嵬，在绿荫满院中，黄瓦鎏金，辉煌夺目；在如林碑碣中，书法精品，目不暇接；更有珍藏典籍，可供终日流连；这种浓厚的文化气氛为参观孔庙者造成第二个情感高潮。

第七进院乃孔庙的中心，前有三间大成门，中有方形重檐十字脊的杏坛，是孔子教授弟子的地方。最后为供奉孔子的大成殿，重檐九脊，高 24.8 米，广七间 45.8 米，四周环立 28 根雕龙石柱，两山及后檐又有 18 根八棱石柱每面线刻 9 条团龙。殿内原有高 3.2 米孔子夹纻漆雕像，文革中毁，现为临摹的吴道子画像；左右有颜曾孟及子思四配，冉耕、朱熹等十二哲。殿前有 45 米 × 35 米的大露台，1985 年我来曲阜，适逢孔子周年祭，曾在此听演奏古乐。东西两庑共 80 间，原供奉儒家先贤，现陈列碑刻，其中最为珍贵的有五凤、史晨、张猛龙碑等汉魏六朝石刻 22 块；此外还有罕见的汉画像石百余块；解放后又移入"玉虹楼石刻" 584 块。孔庙、孔林共有汉以下碑刻 3 000 余块，各种书体具备，并有满蒙文字，在国内与西安并称两大碑林。大成门内原有三株"先师手植桧"，现为清植。"老桧曾沾周雨露，断碑犹是汉文章"，在这里瞻仰儒家代表人物及著名历代碑刻，造成动人情感的最后高潮。大成殿后为寝殿供孔子夫人，最后院落为圣迹殿有明

孔府

孔林万古长春坊

孔林洙水桥坊

孟子故里坊

孟庙

荒王坟墓道

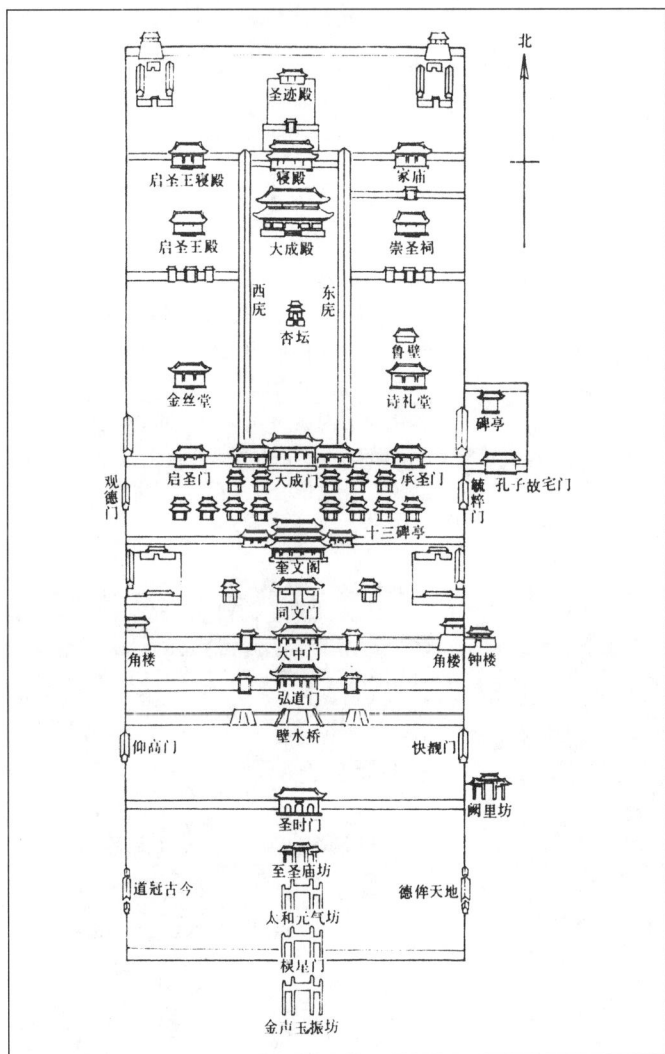

孔庙平面示意图

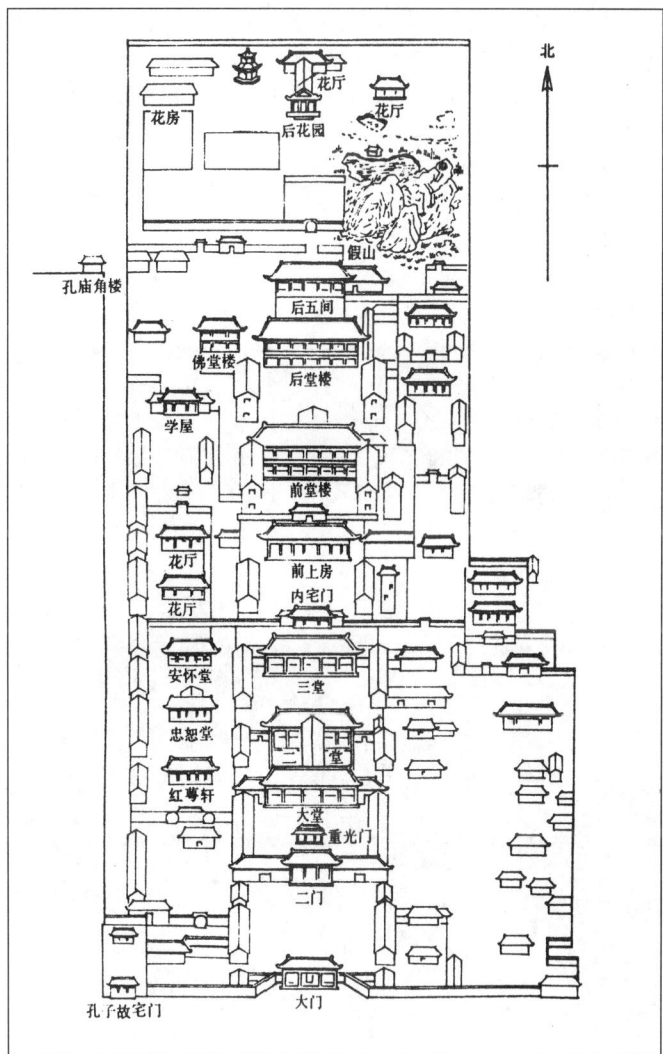

孔府平面示意图

代120幅圣迹刻石，顾恺之夫子小像，吴道子孔子凭几像，米芾篆书大哉孔子赞。孔庙东路有孔子故宅，内有仿造的"鲁壁"，纪念孔鲋藏书的不朽功绩。

孔府为孔子嫡长孙世袭衍圣公的府第，

始建于宋，明清续有扩充，今位于孔庙与鼓楼之间，占地12.5公顷，有房屋463间。府内分为三路，东为家庙，西为客房，中路前为官衙，有大二三堂，陈列公案、仪仗，后为住宅及花园。大门上悬圣府额匾，门联写

"与国咸休安富尊荣公府第，同天并老文章道德圣人家"。这是一座典型封建贵族地主庄园，现在保存的仍是77代衍圣公时代的原貌。

孔林是孔子及其后代的墓地，占地200

123

公顷,有柏桧楷槐两万余株,古树参天,浓荫遍地。从曲阜北门到孔林要经过1 200米的林阴神道,中有明建的文津桥、双碑楼和雕刻精美的万古长春石坊。孔林大门为三间绿瓦朱栏门楼,前有至圣坊为两重飞檐、多层斗拱的木牌坊。大门内有400米的甬道通高大的观楼,门额篆书至圣林。过楼有环路分向东西,西行至洙水桥及石坊,洙水本鲁国护城小河,后因经过孔林而受到重视。桥北有绿瓦三楹的挡墓门,经甬道直通享殿,甬道旁分列华表、文豹、角端均为宋代遗物,文武两官则为清制。享殿五间,黄脊绿瓦,前有明制石香炉。东侧两小院,用为更衣及神庖。殿后即孔子墓,墓成隆起马背形,名"马鬣封"为尊贵墓体。墓前明制巨碑篆刻大成至圣文宣王墓,石台系唐朝用泰山封禅石砌就。孔子墓东有其子孔鲤墓,南有其孙孔伋墓,孔林东北角有桃花扇作者孔尚任墓。

颜庙颜林在城东北原陋巷故址,占地十余公顷。周公庙,宋真宗立于鲁太庙旧址,占地5公顷,其东北有伯禽台。孟子庙祀、府居、林墓均在邹县,建筑依孔子而低其规格。孟子生于邹县凫村,现村中尚保存故居及故里牌坊,在村东马鞍山建孟母林,占地35公顷,安葬孟子父母及其后代。邹县位于洙泗流域,周初邾国在此建都。孟子死后葬于县城东北四基山麓,现为孟林有墓田260公顷。孟庙原在墓旁,宋宣和时迁于县城南郊,前后五进院落,庙藏石刻270多块,其中以前汉莱子侯刻石,元仿李斯峄山刻石最为珍贵。孟府在孟庙西,共七个院落有房148间。此外有孟母二迁处、孟母断落处、孟母三迁祠。邹县北还有明鲁王朱檀的荒王坟,地宫已开放。

五 蓬莱仙岛

春秋战国以来民间早已传说海上有仙山,方士们神其说谓山中有不老之药,秦皇汉武曾遣人入海求之不得。史记封禅书载:"自威、宣、燕昭使人入海求蓬莱、方丈、瀛洲。此三神山者,其傅在勃海中,去人不远;患且至,则船风引而去。盖尝有至者,诸仙人及不死之药在焉"。"未至,望之如云;及到,三神山反居水下。临之,风辄引去,终莫能至云"。三神山之说历代相传,实际这神山就是蓬莱与长岛间的海市蜃楼。每当春夏、夏秋之间的晴朗天气,海水水温低于水面空气层而温差较大时,从蓬莱阁望庙岛列岛,其影像通过密度不同的空气层而发生折射或全反射现象。使岛的形状在水平线上曲折变化或产生倒影并因海水波动而影象飘浮摇摆。正如古书记载"遍观诸岛,咸非故形,卑者抗之,锐者夷之""时分时合,乍隐乍现,真有画工之不能穷其巧者"。蓬莱唐为登州,登州海市自古有名,至今仍称蓬莱胜景。我在蓬莱看1987年的海市录相,其飘渺之状与我在敦煌曾见者同。

1989年我从海王九岛到大连,特意经烟台,蓬莱去长岛。据唐通典记载,汉武帝入海求仙,登上山东半岛的丹崖山,命名蓬莱;唐在此设登州,当时港内"日出千杆旗,日落万盏灯"与广州并称两大海口。宋设刀鱼寨,1060年郡守朱处约在丹崖顶建蓬莱阁。明建水城,设帅府,戚继光训练水师以抗倭寇。直至近代烟台建港,蓬莱地位才为烟台所代替。丹崖山虽不高,但怪石穿空,悬崖倒挂,通体赤赭,布满岩穴,从海上望来既兀然矗立,又斑驳灿烂。游蓬莱阁须从弥陀寺拾级登山,过丹崖仙境牌坊,再分三路,左去龙王宫,右去白云宫、三清殿,中过戏楼到天后宫。蓬莱阁面阔三间,阁上有明廊。阁后壁有"碧海清风"石刻。登临其上,北临渤海及庙岛列岛,东南有城墙从灯塔起顺山逶迤南下直通水门、小海,整个山上建筑,体量虽不大,但高低重叠,相互衔接,颇有气势。卧碑亭有苏轼的海市诗,苏公祠有苏轼像,苏轼在此为太守五日却给当地留下许多纪念。蓬莱水城与蓬莱阁同为国家文物保护单位,系明朝在宋刀鱼寨基础上两次加筑而成。总面积为25公顷,小海约占三分之一,水

蓬莱戚继光牌坊

北长山岛猴面鹰

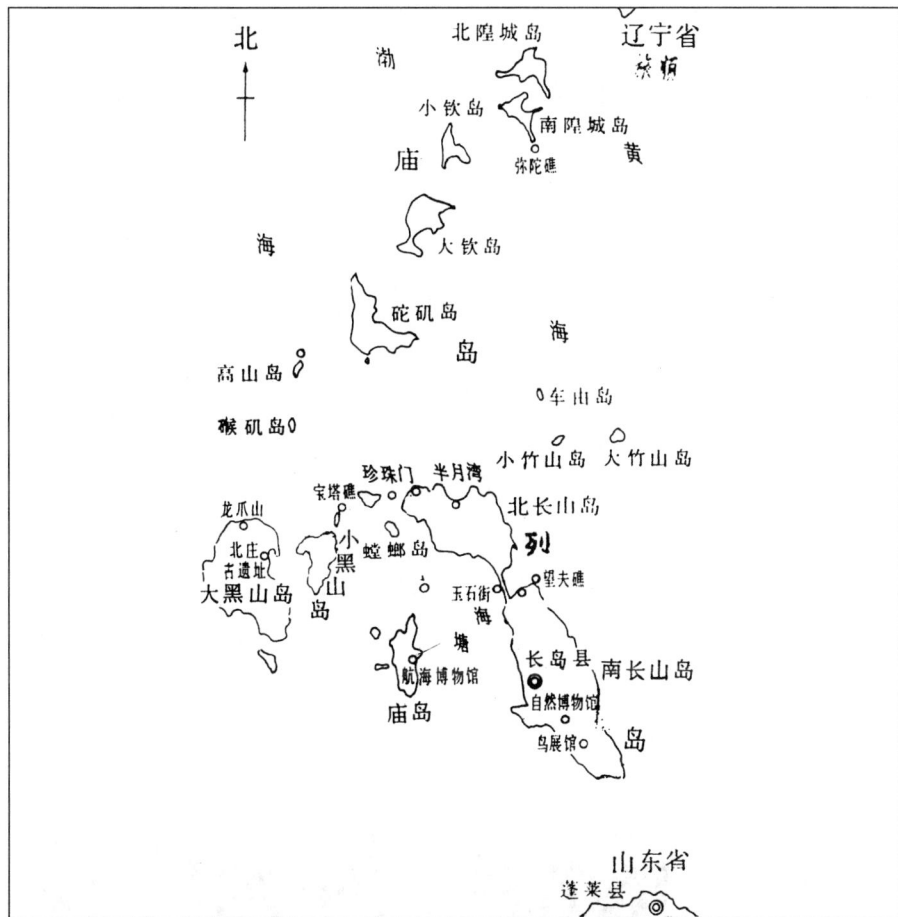

庙岛列岛位置图

黑山与南北长山诸岛环绕，见海面上铺满养殖的浮标，海港已由避风良港转为养殖圣地。船近岛的东岸码头，迎面见海神洁白立像和岛上黄琉璃牌楼门，门内又有一排白墙民居及几栋黄瓦建筑，足使旅客精神振奋。博物馆内新塑八仙，与蓬莱塑像相比似胜一筹。八仙过海的故事，据蓬莱传说是为探访三神山而酒后逞能，据长岛葛书记讲系沙门岛的囚犯越狱逃跑渡海求生而各尽其能，两说似以后者更接近真实。船离庙岛向北绕到小黑山岛抵珍珠门看宝塔礁。礁高21米，逆光审视，如塔，如船，如城，上有人物、碉堡参差，这是我在这几个岛屿中看到的最诱人的景物。我参观长岛后和长海相比，最显著的差异是长岛开发历史久、文物多、有海市蜃楼、经济比较富裕，新式建筑多，外地投资多，绿化成绩显著；但庙岛列岛南部诸岛面积较大，距离较远，很难找出类似海王九岛的景色。

六 烟台、威海与青岛

烟台既有古老历史又属新开发地区。四千年前，夏分中国为九州，胶东半岛属青州，住在胶东的部落称东夷或莱夷。周初有莱子国存在500多年，建都于今之黄县莱山，擅鱼盐之利及强大的手工业。烟台港的西北有一个很大的陆联岛，形状像灵芝，名芝罘岛。秦始皇为示强海内及求不老之药，曾三次东巡，三登芝罘。秦皇周游天下曾建庙祭祀天、地、兵、阴、阳、日、月及四时八主，其中有三主在胶东。古代海上交通以蓬莱为重点，直至清末开港，烟台才迅速向近代城市发展。最近我国实行改革开放，将烟台列入第一批沿海开放城市。1989年我初到烟台，新开发区基本还是旷野一片，1992年我却能住进开发区，倘佯在新的海滨浴场，烟台的面貌真是日新月异，现在已是接近50万人口的城市了。

从烟台港登岸，首先进入眼帘的是烟台山。山高42米北出海中，危岩陡峭，其下有自然形成的岩石，形似小船倚托于石壁间，船帮上刻清刘九标诗：谁将石壁劈成舟，屹立山腰海上头。纵有风涛惊不到，虽无桨舵势能悠。难供利客奔南北，止许高人夏秋。却笑胶舟游楚水，问王空自动齐侯，烘托此造化奇观，生色不少。明初为防倭寇，山上筑烽火台，因名山为烟台。原

面南宽北窄呈葫芦状，纵长655米，有城墙、防浪坝、水门、炮台、空心台、平浪台、码头，结构严密，气势雄伟。威继光17岁继父任登州卫指挥佥事，26岁升任总指挥佥事，负责登州海防12年后调往浙江。至今蓬莱有"父子总督""母子节孝"牌坊和威武毅公祠以永久纪念他。

庙岛列岛原名长山列岛，位于辽东半岛与山东半岛之间，为渤海与黄海的分界线，北接旅顺，南联蓬莱，有大小21个岛屿。其主要岛屿为南、北城隍岛，大、小钦岛，砣矶岛、大、小黑山岛，南、北长山岛，庙岛，南北相距60公里。现属长岛县，县治在南长山岛。长岛历史悠久，亿万年前曾与大陆相连，旧石器晚期已有人类活动，大汶口文化，龙山文化出土文物极为丰富。大黑山岛北庄发掘出大村落遗址，有72座半地下房屋，两座40～50人的合葬墓。商周时期已是人烟稠密的"仙岛"。唐朝海运发达在南城隍岛的弥陀礁上留下"南心济宅地阿弥陀佛"九个一米见方的大字。南宋在庙岛建烽

火台，从那里发现的铜铳是世界最早的火炮。元明清南粮北运，海外贸易发展，当时庙岛港"帆樯林立，商贾如云，入夜十里灯火，光明如昼"。我到长岛后，车过玉石街，原为连接南北两长山岛中间的天然沙石岗，随潮涨落而隐现，现建成宽8米，长2.5公里的混凝土拦海坝，车行其间，海风吹拂，海鸥盘旋，远胜海中快艇。坝东有礁石如妇人伫立名望夫礁。半月湾在北长山岛东北部为极好泳区，过去以卵石著称，苏东坡有《北海十二石记》谓其"五彩斑斓，秀色粲然"，现经多年采拾，佳者已难得。地方在海湾建公园，岗上长廊已建成，唯园林布局尚待改进。回南长山岛接连参观候鸟馆及历史博物馆。见猴面鹰及6000年前的泥塑女面像与辽宁女神庙塑像有异曲同工之妙。

次日清晨乘船去庙岛，庙岛古称沙门岛为流放囚犯的地方，唐开海运才逐渐繁荣起来。宋时在庙岛凤凰山下建海神庙，后经扩充成为四进院落。最近重修改为航海博物馆。我们的船驶近庙岛港，四周有大小

青岛湛山古寺

有龙王庙，现只余清崔汉东的诗刻石，"崆峒踞左，之罘横前，俯临渤海，镇接齐燕。吁嗟群夷，蚕而食之，唯台岌岌，一石巍然。谁守此者，保有万年"？烟台开埠后，各国纷纷在山上建领事馆，诗碑巍然耸立其中，闪现出强烈的爱国主义光芒。我们出烟台山接连参观玉皇顶与南山。玉皇顶高70米，前有小蓬莱牌坊，上有玉皇庙，三进，山门联接钟鼓楼，飞檐方阁，颇为别致。庙内有600年的石榴，老枝曲干，居然开出朵朵红花。邑中八景有芝罘日出，烟台海市，玉皇顶兼而得之。海市不常见，唯东海朝暾则经常可观。南山群山重叠，郁郁苍苍，新建栖云阁，可眺望黄海及全市。山下博物馆原为清建天后行宫，有大殿、后殿、戏楼，闽式装饰精细而繁琐，与当地建筑有明显的区别。西炮台山在市西，有清末建的炮台和半地下指挥所，气势非凡，为难得看到的古代海防工事。

我到烟台的第四天乘车访问烟台以东

90公里的威海。威海是个有人口20余万的滨海城市，清末曾为英国强行租借，统治了40多年才被迫归还。三十年代我读书时，曾短期来威海度假，当时刘公岛还有英海军驻扎。现旧地重游，除初学游泳的海滩尚能认出轮廓外，城市已完全陌生。站在环翠楼山下，遥望山上建筑与林木参差，邓世昌铜像巍然矗立；环视周围街道，小型楼房，形式多样，街旁花树，色彩丰富。据地方介绍威海已连续多年夺得省环境卫生锦旗。市内未多停留即乘船驶往刘公岛，水程虽只5公里，却因初访而倍觉兴奋。刘公岛以中日海战著称，先在黄海有我管带邓世昌冒死冲击敌舰中雷身亡，以后退守威海，敌我相持近月，提督丁汝昌以身殉职，北洋舰队全部覆灭。抗日战争中，刘公岛伪军400余人起义，投奔解放区。我怀着对英雄业绩的崇敬心情登上码头，过石牌坊转向西去，远远望见水师衙门的角楼、旗杆和瞭望台。走近后见衙门雄踞高台，紧邻海岸，朱红大门上

烟台天后宫后殿

烟台西炮台山大门

烟台西炮台山炮台

威海卫环翠楼山下

有李鸿章写的海军公所门额；两侧有飞檐翘角的角楼，乃为庆典时奏乐鸣金而设；角楼两侧有东西辕门；大门前立旗杆；西角楼前设了望楼，气势十分轩昂。院内正面厅堂分为三进，分别作议事、宴会、祭祀之用，与左右跨院有长廊联系。现院内均布置为中日海战的史迹展览。出衙门往西有龙王庙，庙前有戏台及老朴树。庙西为丁汝昌三套院的寓所。再西有水师学堂已被战争摧毁，现只余辕门、照壁。学堂前为铁码头，长205米，现可停靠万吨轮船。刘公岛面积3.1方公里，主峰高153米，北洋舰队驻在时全岛有炮台6座。英帝国主义在岛40余年最终只给岛上留下一座教堂，一座监狱。从威海回烟台路上，过牟平养马岛，车子匆匆绕行一圈，见海堤及岛上建筑、绿化投资规模浩大，服务人员何止数千，但休疗养及避暑的主人们却寥寥无几，不知何故？

刘公岛码头石牌坊

刘公岛铁码头

青岛栈桥

章丘民居

牟平民居

南长山民居

青岛有人口142万与济南并称山东的两大工业城市，它与大连齐名是北方著名海港及风景旅游避暑的圣地。清朝末年曾为德国强行租借，第一次世界大战中又被日本侵占，经过五四运动及全国人民不断的斗争始将其收回。我于1954、1958及1977年曾三次来岛，但对风景资源未作深入考察。给我印象较深是海浴场的周围。在北方几个著名的海浴场中，青岛以浴期长，沙质好，沙岸平，浴场开阔，海岸有鲁迅公园和海产博物馆的园林造景和科学展览而独占优势，不论入海或出海都能使人身心得到充分的自然享受。缺点是雾期较长又要防范鲨鱼。青岛疗养区的建筑绿化和海岸的规划设计也十分幽静得体。太平山下公园面积辽阔，花树繁多，是国内种植大面积樱花较早地区。湛山古寺峙立在绿树丛中亦别具风趣。前海栈桥深入海中440米，于海中建两层八角亭，名为回澜，隔海与东南之琴岛遥遥相望。晚间萤灯

映照，使海景更加缥渺幽深。青岛东北40公里有方圆200公里的崂山，其中奇岩与飞瀑相间，山色同海浪呼应，可惜我两次只匆匆经过，只摄得一二镜头，而未窥全貌。

七　牟氏庄园和冀鲁民居

牟氏庄园位于山东栖霞北郊古镇都村，是我国北方规模较大而又保存完好的地主庄园，为当前人们了解过去封建地主生活的活教材，已列入国家级文物保护单位。牟氏始祖于明洪武以栖霞县主簿起家，后代继任知县共四世为官；以后转而务农，三世止于中小地主。庄园鼎盛于清嘉庆年间的牟墨林(俗称牟二黑)，他和他的子孙利用清末的战乱灾荒，以贩卖粮食，吞并土地为主要手段，逐渐积累财富，百余年间已拥有土地6

万亩，山岚12万亩，佃户村155个；并在一些城市开设油房、杂货、药房等27处产业。庄园始建于清雍正，牟二黑的子孙们在发家之后陆续扩建乃成今日规模。庄园共占地2公顷，有房屋480间，分为三组六个多进大院，四周环以附属用房及围墙。现有庄园只是几个纵长院落的集合体和福建民居大院相比缺乏整体的严密布局与雄伟的气势，院落比较狭窄，房屋进深较浅，装修比较简单。以东北院中间的"西忠来"，即牟二黑的三子牟擢的宅院为例，它采用河北南宫官宅式样，第五进是五间楼房，前面设一堵錾墙代替四进房舍。在台基下设地窑作储藏用。西山墙外三米高的地方修一个小形的烟囱，上有遮雨帽，形式颇为奇特。东北三院两旁建条形廊房，分别作碾房、粮仓、库房等使用并有围墙的实效。

山东及河北的民居和华北、东北广大地区相类似，大部为土平房，少数为砖瓦坡

牟氏庄园

济南万竹园

牟氏庄园山墙

顶平房及草房。其平面布局以3～5间的单幢及一正一厢较多，而经济较为富裕的家庭则修建三合、四合院。绝大部分用火炕取暖。除山地外一般均筑有院落围墙，设大门。处于中原交通要道地区，因战祸灾害较多，建筑比较简单而少装饰，例如大门少建屋宇式，山墙不见山花等等。现在农村经济比较富裕，住宅多是新建，但这种习俗仍然存在，各地民居，几乎大致相同。1992年8月我从烟台回京，为了考察渤海湾山东及河北民居，特地乘汽车准备用两天的时间来采访，但结果我一 天跑了一千公里经过21个市县，除了在滨州黄河桥下拍照外，其余的时间都在跑路。因为沿路民居实在没有甚么特色。济南趵突泉旁有万竹园为明代官宦府第，清康熙时改为二十四泉草堂，民国初年山东督军张怀芝据为私宅，现改李苦禅纪念馆。宅第占地1.2公顷，有小院落13个，互相通联，有泉水通院内，在院中

建水厅，院西别附花园，形成独特景色。这种附有园林的宅第在山东、河北并不多见。

八　正定隆兴寺与四塔

河北省会石家庄，有人口近百万，但它的历史却极短，汉以后长期成为郡府治所及历史重镇的是它北面相距15公里的正定。正定现存文物很多并有重要历史文化价值。已发掘的原始社会遗址有南杨庄的仰韶文化彩绘红陶，有小客龙山文化磨光黑陶及新城铺青铜器等。春秋战国时期有鲜虞国在新城铺定都，中山国的东垣邑在东古城村设治所，至今均存有城墙遗迹。北周在真定垒石城，唐拓为土城，宋、金、元历有修葺，至明改为砖城，遗留至今。城周12公里，四门均有城楼及瓮城。唐宋寺庙发达，清之中叶

正定隆兴寺毗卢殿

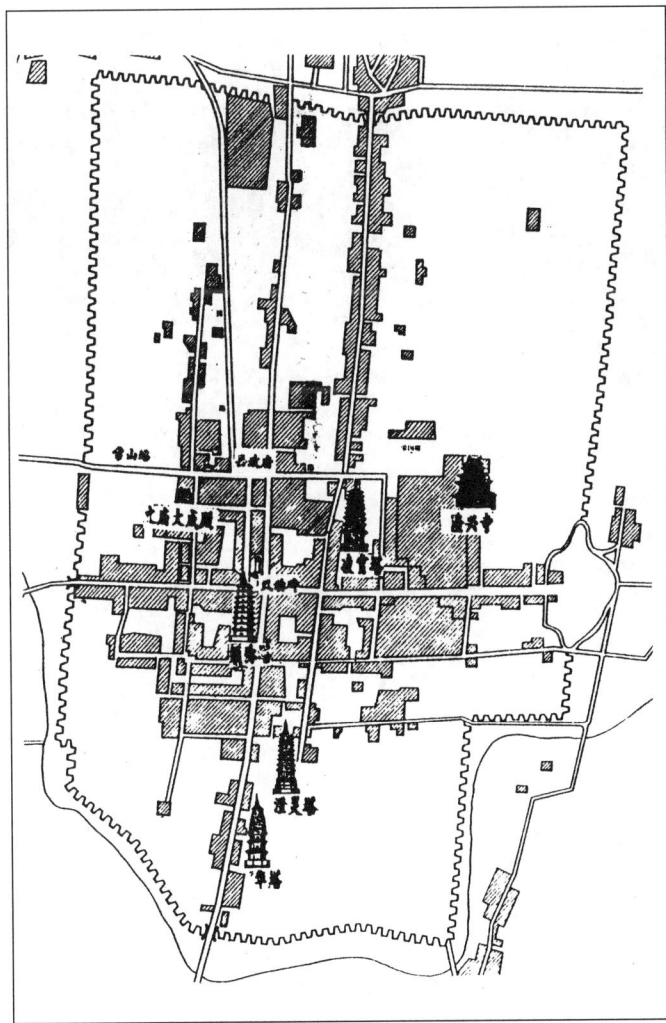

正定古建筑分布图

隆兴寺戒台

隆兴寺弥陀殿

隆兴寺摩尼殿

须弥塔钟楼

隆兴寺戒坛两面铜佛像

澄灵塔

须弥塔力士

尚以"九楼四塔八大寺"闻名于北方。

隆兴寺位于正定城内,为我国完整保持宋代寺院格局与形制的重要遗存,其建筑、雕刻、塑像、壁画都有极高的艺术价值,因此隆兴寺及华塔、凌霄塔、钟楼同被列入国家的文物保护单位。隆兴寺俗称大佛寺,始建于隋代公元586年原名龙藏寺,唐改为龙兴寺。宋太祖于971年建大悲阁,铸铜像,扩建为今日规模,平面呈长方形,占地5公顷。在南北中轴线上依次为天王殿、大觉六师殿、摩尼殿、戒坛、大悲阁、弥陀殿。1959年又将城内崇因寺的明代毗卢殿迁于弥陀殿后。山门即天王殿,外有琉璃照壁及三道单孔石桥。大觉六师殿建于宋,宽52.8米,高28.3米,原为寺前之主殿,废于民国初年。摩尼殿建于公元1052年,平面呈十字形,面宽进深各

5间,重檐歇山顶;四面出两间九脊抱厦并以山面向外;这种造形奇特,富于变化的结构,是国内罕见的孤例。殿内有明成化绘制的佛教故事壁画,篇幅宏伟,色彩富丽,线条流畅,形态生动。殿中为宋塑三世佛像。其后之须弥山上有明代悬塑的五彩观音,头带宝冠,身披缨络飘带,圆润胸臂裸露在外,适度的身材一足踏莲,一足屈起,双手抱膝,面貌安详恬静,姿态优美端庄,艺人取材真实突破偶象格式,为非凡的美术作品。四角戒坛为清代重建,内有明制两面铜佛像,正面为阿弥陀佛,背面为药师佛,亦较罕见。戒坛后面西侧为转轮藏阁,东侧为慈氏阁。慈氏阁两层单檐歇山顶,青瓦心,绿琉璃瓦剪边,方形,前出副阶,上出平座。解放后落架重修,删去明代所增腰檐,恢复宋代形制。慈氏阁

内有宋代独木雕制的彩绘弥勒菩萨像。转轮藏阁的外形与慈氏阁同,阁内下层置上圆下八角直径7米的转轮藏(即转动的藏经橱)。为适应特殊需要,在梁架结构上作出下弯梁与上叉手,成为木结构中稀有的杰作。阁内上层佛龛置木雕佛像三尊。

大悲阁高33米,三层五檐,为全寺主体建筑,始建于宋开宝公元971年,现存建筑系1944年重修,殿基比原来缩小三分之一。阁内供奉宋时原铸千手千眼观音铜像,连须弥座高23.5米,为我国现存最高的铜佛。佛像分七段浇铸,比例适度,庄重大方,除两手在胸前合十外,其余40只手分执日、月、净瓶、宝镜、金刚杵。但原有40手已早被锯断,现为重建时安装的木臂。明建弥陀殿有明塑佛像;毗卢殿有高6.27米造型独特

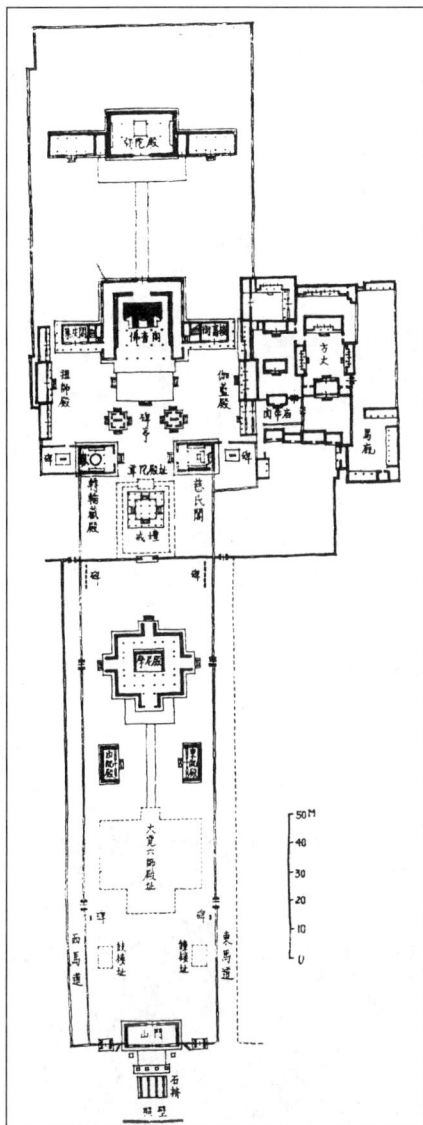

正定隆兴寺平面图

的毗卢佛铜像，三层莲座各有四尊毗卢佛，头戴四佛冠，手作智拳印，莲座的每瓣莲花上各雕一尊小佛，总数达千尊。比北京法华寺复杂的多，亦为艺术精品。隆兴寺内还有数十座古碑，其中最为名贵的是隋代龙藏寺碑，朴拙遒劲，为研究隶楷过渡的重要资料。

正定城现存四座古塔，始建于唐而由金代重修的广惠寺华塔在城南。它在国内十余座花塔中，造型最为奇特。塔四层高40.5米，一至三层为八角形，四层为圆锥体下有力士承托，上塑人物及狮象虎豹，刻工精细。主塔四周各建六角玲珑小塔。全塔造型十分华丽。塔有拱门可登至三层平座以眺望四方。天宁寺凌霄塔在隆兴寺西，创建于唐，宋重修，今寺废塔存。塔九层为八角楼阁式，高41米；下三层为砖仿木制，上六

层为木构，楼梯环绕木中心柱直通塔顶。开元寺须弥塔在城西，寺始建于东魏，唐改建，天王殿后西为宝塔，东为钟楼，后为法船殿，体现唐代寺院布局的特色。砖塔为方形密檐九级高48米，始建于唐公元636年，明重修；塔身底层砌石板，四角浮雕八力士，表现孔武有力；券门门楣上书"须弥峭立"，此外无装饰；通体简洁朴素，其风格与西安大雁塔相类似。钟楼为方形单檐歇山二层楼阁，其大木结构，柱网配置，均属唐式，楼上悬钟亦为唐物，为研究唐代建筑的重要遗存。法船殿已不存。临济寺澄灵塔在华塔北，最为玲珑清秀。临济寺是佛教禅宗五家之一临济宗的祖庭。寺始建于东魏，854年唐义玄禅师创临济宗；义玄死，弟子收其衣钵于寺中建塔，皇帝赐名澄灵，金代曾大修，雍正有谕旨刻塔上。临济宗在日本影响较大，近年来不断有信徒来寺参拜。塔高34.47米，为八角九级仿木构密檐式砖塔，以斗拱承托并悬挂风铃，须弥座刻三周仰莲及奇花异鸟，刻工精致，均为塔中上品。文革之后，正定小城，有此众多古代建筑及文物珍品遗存，在全国实为难得，可惜周围环境，比较杂乱又缺乏绿化，如能加以改善，将来以历史文化为特色的旅游事业可有极大发展。

冀中民谣"沧州狮子定州塔，正定府的大菩萨"。现沧州南有后周铸造的40吨重，5.48米高的铁狮子，1992年我从烟台回京时本拟参观，因赶错路而失之交臂。这次我决心接受教训，宁肯多赶些路，一定去看看定州的塔。在高速公路上我一面了望平原的麦收，一面回忆抗战初期破袭平汉路的往事，很快驶进定州城南的古塔旁。定州塔名开元寺塔，建于北宋，历时54年建成。塔八角13层，高84.2米，为我国现存最高的砖塔。当时定州北与辽接壤，地处边防要地，登塔可了望敌情，因之又名料敌塔。此外冀西地区在抗日战争时期留下许多革命与战争遗迹。比较著名的有党中央驻扎的平山西柏坡，华北军区烈士陵园，白求恩国际和平医院，冉庄地道战遗址，狼牙山烈士纪念塔，晋冀鲁豫烈士陵园等。

九 赵都邯郸与魏齐邺城

从三国分晋赵自晋阳迁入邯郸起，至秦灭赵章邯迁走居民夷灭城郭止，邯郸作为

赵国都城前后达178年(386B.C.～208B.C.)。赵的疆界南隔漳水与魏紧邻而西北却远远深入内蒙，从杭锦后旗之高阙塞至呼和浩特东之卓资山修筑长城，以防匈奴。邯郸是当时经济发达的大都市，冶铁业尤为著名。汉后逐渐衰落，解放时只有人口三万，但现在又发展成为84万人口并具有现代轻重工业的新型城市。赵故城遗址距市4公里，现已列为国家级文物。故城分赵王城与大北城两部分。赵王城是宫城，总面积为512公顷，由东西北三个小城组成。现遗址保存着残高3～8米的蜿蜒起伏的夯土城墙，城内有布局严整的土台，上有十几处建筑基址；正方形的西城中有最大的夯土台，面积265米×285米，高19米，是当时的王宫基址，现称龙台。东城有南北将台，北城也有夯土台及建筑基址。大北城为居民城，有制骨、制石作坊及炼铁、铸造、烧陶遗址，城址在今邯郸城下5～9米深处，面积1357公顷，比王城大得多。在赵王城以北还有同时兴建的梳妆楼、照眉池、插箭岭等，也有遗迹可寻。

赵武灵王是赵的第八代国王，他用战车与北方民族短服骑兵在山地作战深感不

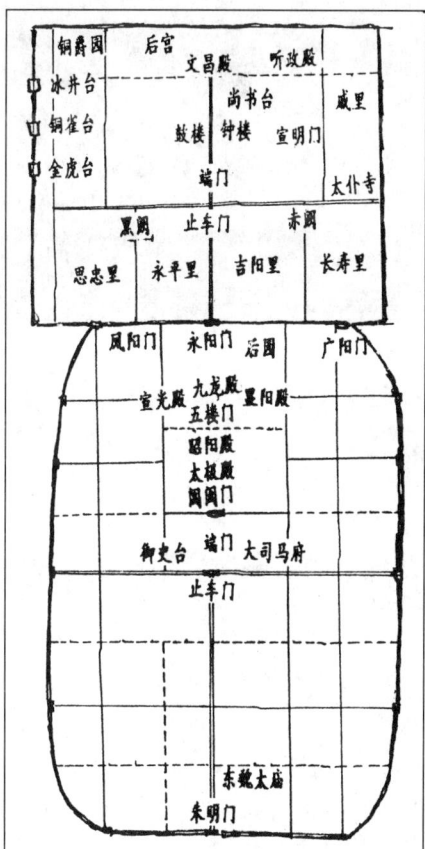

曹魏至北齐南北邺城示意图

便，乃进行"胡服骑射"的改革，终于国势渐强而灭中山，占云中，服林胡。他建丛台为检阅军队及游乐之用，古诗称"天桥接汉若长虹，雪洞迷离如银海"，曾极一时之胜。以后颓败，至明又在台上重建亭阁，今存两层砖台上的建筑及周围池水，构成市区风景中心，业已辟为公园。此外市内还有蔺相如为廉颇回车的"回车巷"，寿陵人至邯郸学步未得而又失去故步以致匍匐而归的"学步桥"以及市北十公里吕祖庙内卢生偃卧中之"黄粱梦"，当地民间流传许多历史故事，人称邯郸是谚语乡。

当地谚语"邯郸有三宝，煤多铁厚棉花好"。邯郸西35公里有全国著名的峰峰煤矿，全国文物保护单位响堂石窟也在这里。1993年6月我来邯郸，先到峰峰，沿滏阳河水库了解鼓山周围形势，然后到矿区南鼓山下看滏阳河源黑龙泉，泉水从洞中喷出，涌腾如沸，因名滏水。洞上有唐建黑龙庙，清

改风月观，居高临下，俯视市区。旁有洞门，名为滏口。古代太行山纵断冀并二州，山中河流横切山谷而形成的交通孔道称为陉，从河北昌平到河南济源共有军都、蒲阴、飞狐、井陉、滏口、白陉、太行、轵关八陉。北齐统治中心北在太原，南在邺城，因在往来要道滏口的鼓山中凿窟建寺而成南北响堂。我们从黑龙泉西行不远即抵鼓山南麓之南响堂，距地面不及百米，有两层石窟大小七座。窟外空间比较局促，佛像已破坏得十分严重，只石窟外佛塔略为完整。北响堂须绕鼓山行15公里至另一侧面，石窟高在山之中部，山顶有耸立的岩石，周围有常乐寺及古塔，整个山形及建筑布局很有气势。北响堂有石窟九座，其中有高达3.5米的坐佛。响堂佛像主要塑于北齐，肌肉丰满，细腰宽肩，衣服宽松，富有时代特征。雕刻精美可与洛阳、云冈相比。可惜不断为帝国主义份子盗窃劫掠，现已遭受严重破坏。

邺城始筑于齐桓公，战国时属魏，汉为魏郡所在地，三国袁绍据此统治冀青幽并四州。公元204年，曹操破袁绍，重新营建邺城，称魏都，挟洛阳天子以争霸天下。直至220年操死曹丕称帝，始迁都洛阳。以后历经后赵、冉魏、前燕、到东魏、北齐经营邺之南城，均以之为国都，前后历时1200年，直至北周彻底毁灭邺城。几代王国版图洛阳均在其内，然定都于邺而非洛阳者，以关西局面未定而邺都可以西据太行以御敌而东有平原水陆交通之利，运货运兵可以北通渤海，南抵淮河。正如《读史方舆纪要》所说"河北之襟喉，天下之腰脊"有利于控制河北，驰骋中原，进而向关中发展。早在战国时期，邺县令西门豹发动漳河两岸群众，修渠引水，灌溉农田，为当地农业兴旺奠定基础。曹操开利漕渠及白沟以通漳、洹、淇水及黄河，又进一步发展农业，振兴经济。曹魏邺城东西长3.5公里，南北长2.5公里，辟

邯郸赵王城

邯郸北响堂全景

黄粱梦卢生入梦像

邺城金凤台远景

金凤台上展望北面平原

邯郸峰峰滏阳河

门七，城北置宫殿衙署，城南为居民及工商业区，城西建苑囿，在西北隅以城墙为基础建金虎、铜雀、冰井三台，居高临下以阅军旅，三台东南凿玄武池以练水师。210 年铜雀台最先完工，台高30 余米，有室百余间，曹操率诸子及建安七子孔融、陈琳、王粲等登台吟诗作赋，建安文学曾名噪一时。

西晋八王之乱，汲桑火烧邺宫，旬日不止。十六国时期，333 年后赵石虎继位，迁都于邺，乃大兴土木重建邺城。据水经注载，邺城"饰表以砖，百步一楼，凡诸宫殿门台隅雉，皆加观榭，层甍反宇，飞檐拂云，图以丹青，色以轻素，当其全盛之时，去邺

六七十里，远望苕亭，巍若仙居"。又崇饰三台，甚于魏初，于铜雀台上建五层楼，去地120 米。起内外殿堂九，台观四十余所；筑华林苑及长墙广袤四十里。邺都宫室志载，宫中银楹金柱，珠帘玉壁，石虎尤侈心不已，更徙洛阳九龙、铜驼置诸殿庭。他如此荒唐，在位仅十余年而国亡。以后兵战频作，宫室半毁。前燕慕容氏357 年迁都于邺，亦十余年亡于前秦。慕容垂反攻曾引漳水灌城，使邺都更为残破。以致东魏北齐都邺时不得不增筑南城。534 年高欢迁都将洛阳40 万军民及仓储粮粟一起运往邺城，并发民工20 万人拆除洛阳宫殿，将所有建筑材料用作

邺城营建。南城周长12.5公里，吸收北城及洛阳城市建设经验并加以发展，扩大居民区，增设东西市，增加城门至 14 座，由纵横街道组成坊里，结构谨严，布局合理。从最南之朱明门到宫殿区的止车门、端门、闾阖门、太极门而止于北面的永和门，构成中轴线。城南三门有高大的楼阁。闾阖门上清都观可容千人，观下三门均用金铜作区钉，门楼高昂，飞檐峻宇，宝铎铿锵。门前御路两旁有成行槐树及流水石渠。太极门内太和殿，建于3 米高的台基上，周围有130 根殿柱，门窗用金银饰件，椽袱斗拱用沉香木，砖石构件隐起花纹，顶瓦用油浸制，光彩夺目。再北为朱华门，门内为昭阳殿是与太和殿同样辉煌的主要殿堂，两旁有长廊通殿后之内宫。546 年高欢又将洛阳由汉蔡邕等书写的熹平石经运来邺城。550 年高洋建北齐，扩建三台，更大修苑囿。只游像园即周达21 公里，内有四海五岳，各式建筑及奇珍异宝。557 年北周灭北齐，宇文帝诏令拆毁三台、东山、南园，凡瓦木之物，悉以赐民。580 年又下令将邺城烧毁，将居民南迁，邺城从此名存而实亡。至明朝中叶，三台又遭漳河洪水冲毁，现只存金凤台，地属临漳，距县城17.5 公里。我从邯郸去安阳，回来顺公路行十余公里过漳河沿北堤东行4 公里，走近三台村远远即可望见金凤台的轮廓。现台南北长 122 米，东西70 米，高12 米。清时在台上建三间文昌阁，我登上台阶53 级，到阁后空地，眺望东南邺城遗址和北面广阔平原，缅怀历史，很想从中看出点什么，可又看不出什么。从台上下到河堤，堤下沙石无垠，古代声名喧赫的六代王都仍然找不出踪影。车回邯郸，路过磁县，东方原野上有自古以来盛传的曹操死后72 疑冢，宋俞应符

南响堂佛像

南响堂佛塔

诗"生前欺人绝汉统，死后欺人设疑冢"，今经发掘，原是东魏北齐的王公贵族墓群116座，根本不是疑冢，千年诗文都是妄谈，在40余公里的归途中，我们尽谈论这个问题。

十 晋阳、晋祠和太原

太原位于山西中部汾河中游的河谷地带，这条河谷北起阳曲南至灵石长达200余公里，而东西有太行吕梁两山夹峙，宽仅十余公里。通过古交等旧石器文化遗址及义井等龙山文化遗址的发掘，证明这里十余万年前已有人类生息，六千年前已是人口稠密的部落聚集地。殷商时期太原属唐，周初成王封其弟叔虞于唐，后叔虞子改唐为晋。春秋末期，晋大权属于四卿，赵鞅经营晋阳随后以为都城百有余年，直至三国分晋，赵始迁都邯郸。秦始皇设太原郡以晋阳为郡治。北齐虽建都邺城仍以晋阳为别都并建晋阳宫、大明殿及十二院。隋封杨广为晋王，他也在晋阳筑汾阳宫并修大道通宁武。唐李渊以晋阳起家，五代的后晋石敬瑭，后汉刘知远均在此称帝。宋初两次围攻晋阳不下，979年宋仁宗第三次攻下城池时，愤而将晋阳烧毁，相继引汾晋两水灌城加以彻底毁灭，乃选城北20公里的唐明镇另建新城，以后发展成为今之太原。晋阳先后存在1400年而太原之历史也已超过了1000年。现在太原已发展成为山西的政治、经济、文化中心，有人口150万的现代工业大城市，而古代晋阳只有南北土城遗址及晋祠尚存。

晋祠位于晋阳遗址西南5公里的悬瓮山下，乃晋水之源头，山环水绕，殿堂丛集，古树森森，既有丰富历史文物，又多自然情趣。《水经注》载"沼西际山枕水，有唐叔虞祠。水侧有凉堂，结飞梁于水上。左右杂树交荫，希见曦景""于晋川之中，最为胜处"。北魏前建唐叔虞祠，北齐起楼观、筑池塘；隋增舍利生生塔；唐太宗立碑；宋仁宗为叔虞母邑姜建圣母殿及鱼沼飞梁；金续建献殿，明建水镜台、水母楼始成今日规模。唐太宗在晋祠之铭并序中写"金阙九层，鄙蓬莱之已陋；玉楼千仞，耻昆阆之非奇"，"崇山亘峙，巨镇参墟；襟带边方，标临朔土。悬崖百丈，蔽日亏红；绝岭千寻，横天耸翠。霞无机而散锦，峰非水而开莲。石镜流辉，孤岩宵朗；松萝曳影，重豁昼昏。碧雾紫烟，郁古今之色；元霜绛雪，皎冬夏之光。"描绘出当时的盛景。

晋祠布局虽因历代增建而略嫌杂乱，然顺山水及建筑位置亦有适当秩序。进大门沿东西轴线先到水镜台，是前卷棚后歇山的戏台。再经智伯渠的会仙桥，到金人台，方台四角各立一个两米多高的铁人，位于西南角者为宋铸，虽经九百年雨雪仍然光亮耀人。再前穿过对越坊及钟鼓楼到献殿，其结构只在四椽栿上置一层平梁，既简

晋祠水镜台

鱼沼飞梁

圣母殿

水母楼

太原崇善寺

太原纯阳宫

晋祠智伯渠

太原双塔寺之一塔

天龙山9窟佛像

单又坚固；四周筑槛墙上装直棂栅栏，外观非常通透空灵，为金代建筑的珍品。殿西过鱼沼飞梁去圣母殿，鱼沼为方形水池中立34根石柱上架斗拱及梁木承托十字形石桥面，正面通殿堂，侧面两端下斜有如鸟之双翼，因名飞梁，这种桥梁形式北魏已有，然晋祠现存为北宋所建乃我国之孤例。轴线尽端为圣母殿，背依悬瓮山，面对鱼沼，晋水两源难老及善利泉分列左右。大殿面宽7间，进深6间，高19米，重檐歇山顶。殿之四周有围廊，其檐柱略向内倾，角柱显著升高，使殿角高高翘起有如展翅欲飞，与鱼沼

下伏双翼，遥相呼应。前廊进深两间，廊柱上刻蟠龙；殿内结构用减柱法，檐柱廊柱承托梁架使室内空间十分宽敞。座上共有泥塑彩绘人像43尊，除龛内两小像为后补外，都是宋代原塑。圣母邑姜在龛内，龛外有宦官5尊，女官4尊及服侍翰墨、梳妆、起居、饮食、歌舞等侍女33尊。塑像准确掌握人体构造，充分表现每个人的不同年龄、姿态与神情，尤其是侍女们特有久居深宫的幽怨韵味，具有极高艺术水平，在我国美术史中占有重要地位。圣母殿南之难老泉为晋水主要源头，现于泉东筑不系舟引水通出

智伯渠，于泉西建水母楼，楼下石洞三窟引出泉水，中置水母铜像，楼上神像两旁有明塑8个侍女，造型亦属上乘。晋祠南端有隋建舍利生生塔，八角七层，高38米，旁有小山横亘及晋溪书院、胜瀛楼、三圣祠等建筑与树木花草结合，富有园林趣味。北部地区，善利泉东为唐叔虞祠，再向东依次为唐碑亭、关帝庙、东岳庙、文昌宫，间杂有周柏、隋槐名贵古树。唯这片地区过于杂乱。什么玉皇、文昌、三圣、三清、东岳、关公、财神，都挤进这座名祠，似应作必要清理。智伯渠水流枯竭问题，亦需尽快解决。

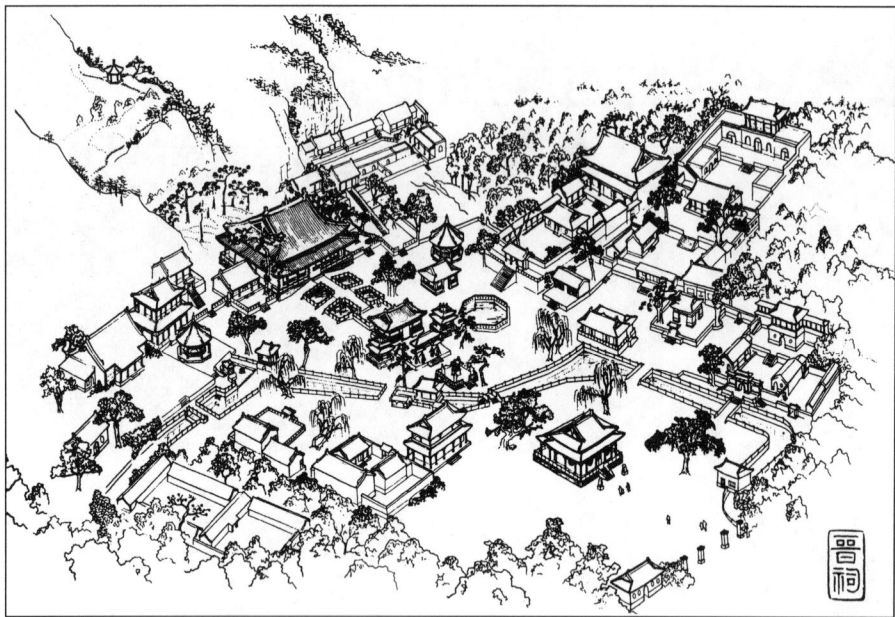

晋祠鸟瞰图

天龙山位于太原西南36公里,地属清徐。从东魏起历经北齐、隋唐、五代,共在山东西峰凿石窟21座,佛像造型优美,有极高艺术价值。20世纪二十年代中帝国主义份子盗买天龙山石像先后达150件。我们去时见建筑坍塌,洞窟破碎,石像断头残肢,破坏极为严重。有名的唐代第九窟原为上下两层,上层为8米高的弥勒坐像,下层为11米高的观音立像,弥勒容貌端庄,观音体形丰满,姿态秀丽,身披罗纱及璎珞似在微风中飘动,活灵活现,左右骑象的普贤和挽狮的文殊亦十分生动。可惜我们走到下面,原有的漫山阁已荡然无存,观音的头和两只手臂全被砍去,破坏的彻底使我们无法为弥勒拍张完整的照片。山下天龙寺于1946年亦为阎锡山军队焚毁。天龙山昔日面貌已无法恢复,令人无比痛恨。交城玄中寺为佛教净土宗的祖庭。寺距太原70公里,背依石壁山,三进院落中有大殿、七佛殿、千佛阁,乃北魏高僧昙鸾创建,他们宣扬净土教义,唐时道场已与长安灵感坛、洛阳会善坛齐名,号称国内三大戒坛。其教义传到日本,名声远播海外。寺中建筑多次遭受毁坏,现只存明建天王殿及寺东宋建两层白塔,其余均为解放后所补修。

永祚寺双塔,位于太原东南的郝庄,为明代高僧妙峰创建。双塔8角13层,全高54.85米,塔身挺拔古朴,为明代砖雕精品。明李溥诗:"三晋楼层俯首看,一声长啸依栏杆,振衣绝顶青云湿,酌酒危峰白日寒。

矗矗苍龙擎宇宙,绵绵紫气发林峦,我来欲把星辰摘,到此方知世界宽。"永祚寺大殿全部用砖石发券砌成为面阔三间的两层锢窑下供铁铸三世佛,上为三圣阁。两旁有十座禅院,为总面积达14万平方米的全晋大寺。不幸清同治大火将全寺焚烧殆尽,只留下大悲殿一角建筑,现为省佛教协会所在地。大悲殿面阔7间,重檐歇山黄绿琉璃顶。殿中塑千手千眼十一面观音像。左边塑千臂千钵千释迦文殊菩萨,胸前六只手捧着大金钵,背后伸出千只手,每只手内有一只带释迦像的金钵。右边塑普贤菩萨。三大士像高8.5米,眉目传神,体态自然,均明塑精品。寺内藏有三万册宋、元、明版佛经和明成化用宝石粉末绘制的"释迦世尊示迹84龛","善财童子53参之仪"名贵画册。钟楼内悬挂明正德铸造的9999斤重的大铁钟。清末张之洞将市文庙迁入崇善寺废址,仍为三进院落,现为省博物馆。纯阳宫在崇善寺西,现为博物馆分馆原为道教庙宇,初建于宋,明清重建,共四进院落。大门前有木牌坊,主殿为方形吕祖殿在二进院,殿后有石洞,洞上建楼,额题瀛洲妙境,入内为第三进院,院内建中心阁,下层方形,上层却为八角攒尖亭,有飞桥通四面楼房,在楼房四角又建九角攒尖亭,统名八卦楼。第四进院为两层楼的四合院,正房底层为发券的窑洞,在其背后建三层高阁,名小天台。这几进院有假山怪石,花木交错,使人在参观文物时能享受园林之趣。

十一 平遥的彩塑、介休的琉璃

1982年4月28日我从太原出发,开始山西全省的环游考察。首先沿汾河南下去晋西南,因当日须到平遥,次日赶到介休,路上一些重要文物如榆次响堂寺北魏石窟,太谷50米高的宋代白塔,平遥镇国寺的五代万佛殿,都不能去看。在这两三天内,从榆次、太谷过祁县、平遥到介休、灵石百余公里地带,驱车高速奔驰,对造访的文物,虽走马观花,仍目不暇接,美不胜收。过去这一带人在外经营商业、金融者多,地方经济富裕,因此寺庙建筑既多而精,如平遥即有宋至清代文物72处。我们探访所得最为突出的是太谷祁县的大院民居,平遥的彩塑和介休的琉璃建筑。

车过榆次,匆匆看过城隍庙和清虚阁即赶到太谷,上午看孔祥熙宅,下午看城外曹家和祁县乔家大院,晚上宿在平遥。清晨早起,独自参观民居、清建城隍庙和金建文庙。饭后看清虚观,过牌楼山门、进中门两旁有青龙白虎,正殿为纯阳宫,两侧为三官四圣、五岳四渎,后有三清殿,旁为九曜星君、九天圣母,最后为玉皇阁,均系明清遗物。然后登上市楼,眺望街道景色,见一片灰瓦砖房,充满古色古香与太谷相似。最后过金井楼,登城看城墙。平遥城为目前国内难得保存完好的县城之一。砖城为明洪武时建,城墙高近11米,宽5米,周长6.5公里,上有72座敌楼,门有城楼、瓮城,四角有角楼。从城上下来即去城西南7公里桥头村的双林寺。双林寺创建年代尚无确考,重建于北齐,现存多为明代建筑。全寺东为禅院,西为殿堂,围以城堡式围墙。从天王殿起依次为释迦殿、大殿、娘娘殿,共三进院;罗汉殿、阎王殿及千佛殿、菩萨殿分列一二进院之两侧。在这些殿堂里共有宋元明清大小彩塑2 052尊,现尚完好的1 566尊,大小、高低、浮雕与圆雕相结合,形式多样,内容丰富,而数以千计的明代悬塑尤有特色,因此双林寺在国内有"泥塑艺术宝库"之称。天王殿廊下有3米高的四大金刚,殿内有2米多高的四大天王、八大菩萨都塑得庄严生动,不落俗套。罗汉殿内十八罗汉塑得

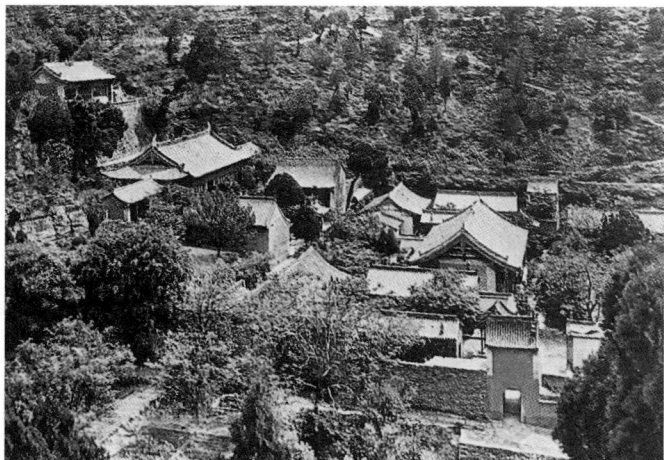

交城玄中寺

榆次城隍庙

太谷安禅寺大殿

平遥城

更接近世俗，个性鲜明，神态逼真。如多言罗汉闭不上口而哑罗汉有口难言，只能在瞪直了的双眼中表现他心中的激动和耿直的性格。如病罗汉双目微闭，面带病色，一手拄着拐杖，一手扶着矮罗汉，从外面挨进家门，两人都在高兴可是笑容大不一样，雕塑的技巧真是出神入化。释迦殿内有16尊者护持观音普渡苦海的群雕，观音裸胸侧身，单腿盘坐，姿态端庄，表情恬静；但背景却波浪滔天，海风劲吹，动中有静，体现出巧妙的构思。东西两壁以山水建筑云石花木为衬托，悬塑200余尊40厘米高的各种人物，表现释迦牟尼白象投胎、鹿原说法等一生故事。在塑造中不仅生动的表现出不同人物的种种特征并把印度的人物和环境完全中国化。菩萨殿内正中的千手观音，眉目含情，手姿多变，四周墙壁塑造400多尊各种姿式的立式菩萨，也是神态各异，琳琅满目。千佛殿内四壁彩塑坐式菩萨多达500余尊，主像观自在菩萨的姿态尤为优美，其右侧韦陀像，挺胸侧立，右手握

平遥市楼

介休后土庙

太谷鼓楼

平遥双林寺千手观音

平遥文庙

平遥清虚观

拳，以高超的手法刻划出勇武刚毅的个性为国内所罕见。即窗下30多供养人像，表现市民衣着、生活与神态，亦唯妙唯肖。双林寺彩塑均为明前或明代重塑的作品，在狭窄的宗教体裁中，以现实人物为蓝本，用各种雕塑手法，区别不同年龄、身份与环境，突出心态、性格与表情，取得极高的成就，实为我国古代艺术的瑰宝。

中午抵介休，下午先看后土庙，后出城十余公里看北辛武翼家，回来又看文庙，这几处建筑均以琉璃著称。琉璃乃以铅硝为助熔剂所烧成的带釉陶器。我国远在东周即已出现；汉代多用于日常器具，为红泥质胎烧成褐绿或瓜皮绿釉，彩翳较厚；北魏在大同修建宫殿已开始应用于屋脊及鸱尾；唐代琉璃有进一步发展，因胎质细致洁白，添加锰、钴等原料，提高火温以加强琉璃化程度而获得黄绿蓝白赭等鲜艳颜色，宋辽金应用愈加广泛。明代特别是嘉靖、万历时期，山西随寺庙之兴建，使琉璃得到空前的发展，不仅数量多，品种全，而且技术精，质量高都超过前代。以琉璃饰件为主或全琉璃建筑如楼阁、宝塔、牌坊、照壁、香亭、神龛等遗存之丰富亦远为我国其他省份所不及。山西省中又以晋中介休等地发展较早，元大都及明清北京、沈阳宫殿的琉璃饰件都是从晋中调去的琉璃匠人制作的。这些工匠流落当地，至今尚有北京苏家，沈阳侯家等。后土庙的创建年代不详，经南北朝及元代重建，现为明清建筑。共五进院落，从影壁山门开始为献殿、东西廊房、三清殿、后殿。三清殿为三重檐歇山顶，前出抱厦，后联戏棚，系扩建时将两种建筑合一的独特结构。寺内建筑全用琉璃瓦件装饰，金碧辉煌，光彩夺目，这些瓦件都是明正德至清道光时期制造，质精形美，品种复杂，色彩鲜明，因此人称后土庙为"三晋琉璃宫"。介休城隍庙从照壁、山门、过殿、乐台、献棚到大殿、后殿、配殿、廊房均装配华丽之琉璃。大殿前联卷棚、顶瓦为黄绿釉，脊端有1.6米高的龙吻，正脊中间置两米高的楼阁，左右为力士牵引的狮

双林寺千佛殿悬塑

双林寺渡海观音

双林寺病罗汉

双林寺天王殿

介休后土庙千佛堂

子;博风板和悬鱼间也用人物花鸟琉璃装饰。清代嘉庆道光时期山西琉璃制作再起高潮,如北辛武冀家有全用琉璃构件装修的道教牌坊。

30日南下临汾,早饭后先去县东南20公里之绵山。绵山又名介山,为春秋介子推避晋文公被焚之处。山势巍峨险峻,树木茂盛,景色秀丽。抱佛岩上有两座石峰俯罩,下有90米宽、60米深的露天大洞,内建佛寺。因时间限制,我们只到山边,见山石微红并杂青白颗粒,拾了几块,进回銮寺。寺因唐太宗访绵山到此回銮而得名。现寺已残破,只有宽大庭院可纵观山景。出寺后车转公路去灵石。

十二　洪洞、丁村及尧都临汾

车过灵石在冷泉隔河遥见一座四层土建筑,在石柜子孙庙参观双斗拱,中午抵霍县。饭后先看知州大堂,这是我国现存稀有的完整元代衙署。包括大门、仪门、甬道、牌坊、界石亭、内宅、静怡轩、西科房等建筑。大堂面阔五间,前设敞厅,气势轩朗。后看祝圣寺及谯楼,寺系明建,现为粮库占用;谯楼为鼓楼俗称,下砌砖石十字拱道,上为两层十字歇山楼阁,四周围墙雕有花

卉鸟兽图案,瓦顶安装28宿琉璃造像和三彩琉璃脊兽,总高29米,登临眺望,山川市容,尽收眼底。楼内存谯楼模型,节日抬出,巡回游行。出县城路过千佛崖,有唐至明代造像,唐雕本尊大佛高达8米,下有贞观、天宝题记。下部小佛破坏严重,现因铁路穿过,计划搬迁。

下午五时过赵城到洪洞广胜寺,这一带民居多用土坯砌窑洞和介休砖窑有所不同。寺在县城东北17公里的霍山上下,分为上下两寺。我们爬上半山,老远就望见全部为琉璃装嵌的飞虹塔,与寺门红墙古树相辉映,十分美丽动人。走到近处才看清这47.3米高的8角13层的砖塔外部全为黄绿

蓝三色琉璃饰件所包砌，三层以下尤为出色。举凡出檐、斗栱、角柱、栏板、佛龛、佛像、菩萨、金刚、盘龙、花卉、走兽等各种构件及图案，均极精巧，颜色鲜明，称得起我国古塔之珍品。塔与寺始建于汉，屡经后代重修，现存者为1512～1527年明嘉靖时重建，并在底层增建围廊。1695年清康熙时临汾盆地有八级地震，此塔独安然无恙。寺依轴线为山门、塔、弥陀殿、大殿、观音殿、地藏殿，仍存元制。弥陀殿有门无窗，殿内佛像俊秀，为元塑佳作；在藏经木柜中珍藏金刻大藏经，俗称赵城藏经，共七千余卷，写刻纸印精良，为历代所重视。赵经在此已保存800余年，抗日战争时期，赵城沦陷，日寇企图掠取，我太岳专署急将其运走，藏入民窑，解放战争时，我又将其运往涉县，解放后始转入北京图书馆。大殿木雕佛龛佛像亦甚精致。庑殿式毗卢殿的两山用大

霍县州府大堂结构

霍县祝圣寺

霍县谯楼

千佛崖

洪洞广胜寺毗卢殿

广胜下寺明应王殿

霍县州府大堂

爬梁为元代的奇特结构，内供铁铸佛像35尊。此外寺内尚存碑碣数十。

下寺与水神庙紧邻，由山门、前殿、后殿、垛殿组成。山门即天王殿；前殿五间，悬山，梁架用大爬梁，后殿七间，单檐悬山；亦为元代建筑。原有极精彩的大幅壁画为人盗运出国，现藏美国堪萨斯艺术馆。水神庙由山门兼戏台、明应王殿及两侧厢房窑洞组城。明应王殿为元代重建，五间见方，重檐歇山，四周围廊，内塑水神明应王及侍者像11尊，四周有197平方米的精采壁画，无异元代社会写真，南壁东侧描绘一个戏班正在登台演出，所有服装、道具、化妆、乐器、舞台、布景一应俱全，充分反映元杂剧兴盛时期的情景，构图严谨，人物传神，为元代壁画的佳作。如将这里壁画和临汾魏村牛王庙元代戏台比较研究，当可对元代杂剧有更全面的了解。山下有分水亭，亭下用铁柱分隔十孔，霍泉之水由此奔涌而出。千余年来赵城与洪洞两县农民共用此水，虽协议以七分与赵城，三分与洪洞，但在用水时经常发生纠葛，甚至大规模的械斗。直至解放后两县合并才最后解决。

因赶路过洪洞，连著名的大槐树和关苏三的监狱也不能去看。明永乐时期曾七次将晋中居民向外迁移，都在这颗大槐树下办手续，因此这成千上万的移民就到处为大槐树扬名。我国史书关于尧舜的记载，大体相当原始社会末期的部落联盟时代。有些史学家对于尧舜禹的传说甚至夏朝的存在一直持怀疑态度。但近年来随着考古文物的大量出现，越来越证明史书的记载还是可信的。史书载尧都平阳，即今之临

汾，地处汾水下游河谷，历代为晋南重镇，现有人口十余万。五一节前后我留在这里先参观尧庙。庙创建于晋，现为清代建筑，山门内有五凤楼、尧井亭、广运殿、寝宫。楼中有尧及四大臣像；殿面宽九间，三重檐歇山，高27米，有尧及侍臣像。后看大云寺，寺始建于唐，今为清康熙时建，有山门、献亭、正殿、方塔、藏经阁。方塔六层最上层为八角，各层均有琉璃构件镶成佛像枋心，底层供6米高的铁铸佛头，为唐代制作，均为国内所少见。

5月2日我去襄汾丁村，一看古人遗址，二看明清民居。1953~1954年考古队在丁村汾河两岸开始发现人齿三枚，旧石器2005件，梅氏犀、纳玛象等动物化石28种。1976年又发现儿童顶骨化石，经过人类学家考证，这种人门齿有铲形特征，接近蒙古人种，介于猿人与现代人之间，属于古人，其石器属于打击的石片系统，命名为丁村文化。在我国古人类发展史中占重要地位。

十三 地狱、天宫、黄河壶口大瀑布

古代庙宇和现代游乐宫有个引起人们争论的问题，就是要不要塑造面目狰狞、形象丑陋、情景恐怖的妖魔鬼怪、地狱酷刑？赞成的认为轮回报应、威胁恫吓用于惩恶制罪；涉险猎奇，能有更多经济效益。反对的认为人的正常心理是欣赏美与善而厌恶丑与恶，这种塑像只能引起人的本能反感，

而迷信轮回难以达到警恶劝善的目的。千余年的社会实践证明，塑造美的佛像者极多而表现鬼怪魔窟者绝少。蒲县东岳庙就是全国绝少的特例。

五一节后我从临汾出发经蒲县、隰县到吉县，深入晋西吕梁山，直达黄河边。4日上午车西北行50公里到蒲县柏山，看规模宏大的东岳庙，从山下向上依次为山门、凌霄殿、乐楼、议事厅、献亭、东岳大殿、后土祠、圣母祠、清虚宫、地狱连角楼游廊共60余座建筑，有房屋280间。全寺结合山势，高低错落，主次分明，斗拱飞檐，琉璃映照；周围有层峦叠翠，满山松柏。庙之创建年代在金前，元重建，现虽残破不堪但其布局与形势仍足令人惊奇。大殿为有围廊的方形结构，殿脊有琉璃装饰，石柱刻木兰花词五首，殿内有黄飞虎象。殿后地平线下凿下沉式地窖15孔，组成18层地狱，内有五岳大帝、十殿阎罗、六曹判官、各种鬼像及刀山、油锅、锯解、磨碎等等阴森森行刑场面。有介绍材料说：这120尊神鬼都是"我国现存寺庙中稀有的明代泥塑佳作"，我仔细观察，无不丑陋不堪，谈不上雕塑艺术，远不如南戴河阎王殿，烟台秦皇宫的鬼卒们，实难找出一尊佳作。

下午过蒲县、隰县城去小西天。这里距临汾120公里，寺院修在一座孤立的小山顶上。顺着山谷小溪漫步走进群山环抱的山凹里，骤然看见这座黄土孤山，崖壁有如刀削，殿堂据险修筑，透过树丛望去，寺院为炊烟暮霭笼罩，瓦顶飘浮其间，就好像从山上自然生长出来的似的。周围景色如画，环境清幽宁静，确使人有飘然出世的感觉。登山要先过登天桥，然后沿着险峻的小路，爬上240多个石阶，穿过十多米长的土洞，才能到小西天的山门。小西天原名千佛庵，建于1634年明崇祯时期，规模不大但布局却很别致。寺分上下院，下院无梁殿内有数十尊铜佛，对面有韦驮楠木雕像，半云轩藏明代佛经7,000卷。两侧有钟鼓楼，上行入"疑无路"，进"别有天"，见山侧断崖深达50余米，俯瞰紫川，满目田园风光。更前为孤相峰，峰顶建摩云阁，内有观音塑像。最后进入上院，左右有文殊、普贤两殿对峙，正中为大雄宝殿，殿内仙宫佛阁，金碧辉煌。在三十三重天内，有大小悬塑佛像数千尊，多姿多态，栩栩如生，构成宏伟绚丽的天宫世界。我进入殿内，简直是眼花撩乱，目不暇接，越看越觉得塑像的奇妙，内容的丰富，需要用更充分的时间来欣赏，当时天色

已晚，摄影不便，好在距县城只有 1 公里，乃决定回县，明日重来。

次日清晨再登小西天，东方朝阳，映照殿堂，室内十分明亮，我边欣赏，边拍照。大殿正面有五个相互通连的大佛龛，中间排列释迦、弥勒、毗卢、弥陀、三大士佛像，两侧为十大弟子，各佛龛内都有尺寸较小的侍者，神态各不相同而又极其生动。佛龛上部桁枋斗拱、雕梁画栋；间隔佛龛的方柱为四层楼阁。五大佛龛及两大弟子龛上面，悬塑四大天王、十大金刚、十二明王和乐伎菩萨。再上接联屋顶部分，中间悬塑西方胜境、金色世界、龙华三会、极乐世界、明王宫殿，两旁塑琉璃胜境及六欲之天，共七大仙界场面。云龙、禽兽、花木、建筑与各种

动态人物不仅布满佛龛内外上下，而且延伸到殿内梁架、天棚。整个绘彩悬塑其面积之广，数量之多，种类之繁，结构之巧，动态之美与雕塑之精在我国内恐无出其右者。诚无愧天宫之名，实我国雕塑艺术又一宝库。小西天有联"果有因因有果，有果有因，种甚因结甚果；心即佛佛即心，即心即佛，欲求佛先求心"，道出佛教本义。

出小西天，车在山中急行百公里，过大宁，午间赶到吉县。下午看金代建筑圣母庙及窑洞民居。5日上午车走45公里黄土路到黄河边上著名的壶口。黄河穿出河套平原，转而向南流入晋陕峡谷，到壶口河道骤然变窄，河水从400～500米宽的河面紧缩到30～50米宽的陡峭坚硬石槽内又突然降下

50米，其奔流的蓄势可达20万匹马力。每年夏秋之际，含沙30%的黄河浊流，汹涌而来冲挤在这狭窄的壶口，有如几条黄龙在多级河底中奔腾跳跃，激起的水柱高达数十米，浪花翻腾，水珠喷射，远望有如团团白雾笼罩在层层瀑布之上，阳光映照，彩虹四起。水落崖底，声如阵雷。我到达时正是枯水季节，也是未见其面，已闻其声；在黄河怒吼声中走近河岸，陡峭的河岸下距河槽约百米左右，当我看见这滔滔河水以排山倒海之势奔腾澎湃而来，满眼是狂澜，满耳是雷鸣，我才亲自领会"黄河颂"中所描绘的英雄气概、宽广胸怀与无穷活力。只有这样的母亲才哺育出伟大的中华民族。最初时刻，面对汹涌河水我并未想去接近她，以后

隰县小西天全景

吉县黄河壶口瀑布

吉县圣母庙

黄河壶口瀑布

我看到河槽中有人活动，我们也就沿着河岸慢慢走下去，因为水枯，上流虽然汪洋一片，下游已分流多处，我们从最窄河槽临时搭起的便桥跨到对岸，绕到河心，在瀑布激起的水雾旁往返流连约半小时，一会看看瀑布心随雾气与涛声而俱化，一会看看河槽思索岩层与水力而存疑。因为下午还要赶路，终于不得不恋恋不舍地离开这难得进来的黄河槽。上岸后匆匆去看旱地行舟的便道。古时黄河是运输的要道，船行到壶口无法通过，只得在上游停船卸货，将空船拴上绳索，用人将船拉上岸，然后旱地行舟将船拉过瀑布再下水装货。船有时多至千只，附近就有千百个专门拉船的拉船工。

十四 龙门、飞云楼、秋风楼

从吉县到河津有90公里山路，预计两小时可到，但因中间修路，车在山中绕行，两次走错路，一直跑到天黑，还在找人问路，半夜到了河津，在大山里足足转了六个小时。6日上午去县西北12公里的龙门。龙门是黄河从峡谷流往平原的枢纽，千余年来它以大禹治水及鲤鱼跳龙门的故事而脍炙人口。原来黄河在壶口到龙门的65公里的峡谷中奔腾，遇到洪水季节，水势增加，便从龙门受阻处冲往两岸平原因而泛滥成灾。传说大禹治水主要是开阔龙门水口。现今龙门以

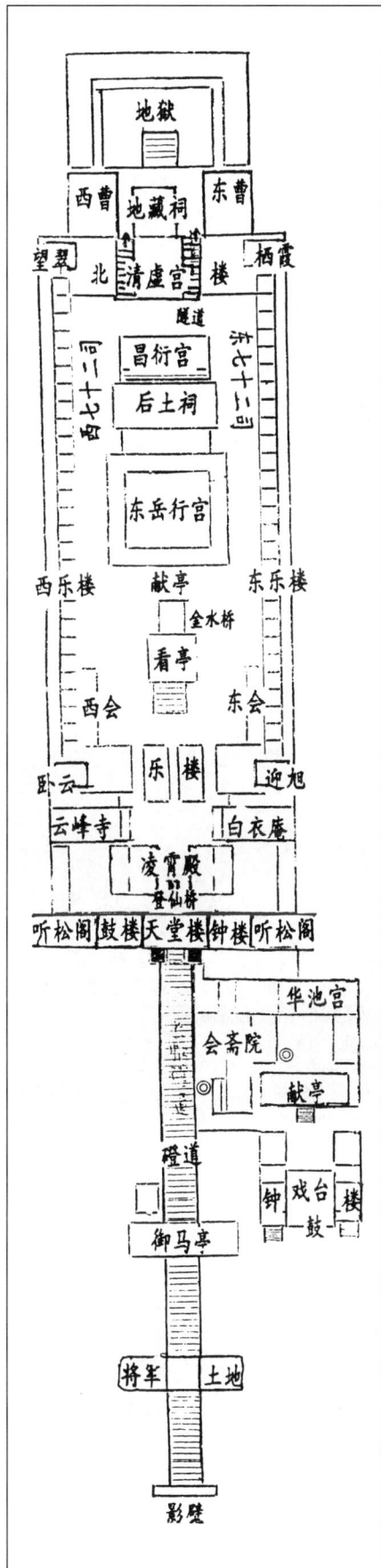

上水势虽然依旧汹涌澎湃，但龙门以下却水面放宽4～5公里变成一片汪洋的平流了。龙门的黄河气势虽不如壶口，但正如古诗所形容"龙门三激浪，平地一声雷""峡疏洪流起怒涛，乱翻晴雪与云高"，亦以浑厚雄壮夺人耳目。龙门东岸原有禹庙一群宏伟建筑，汉唐以来历代整修，每年庙会游人如云，不幸日寇侵略时将建筑物加以彻底毁灭，我们到时已一片瓦砾，令人不胜愤慨。据古书记载，尧舜禹时代，河津为"甸服"（今之京畿）之地，商祖乙都此名耿，后传七世。战国时期此地为晋秦交通要道，后属魏。汉名龙门县，属河东郡。宋始改名河津。汾河在侯马由南转西在县之南部流入黄河。河西为陕西之韩城。现有铁路从西安过韩城经龙门去侯马。我们在龙门目睹这座长达148米的钢筋悬索吊桥和相距不远的黄河公路桥的雄姿，不能不为几千年无数渡船与黄河拼死斗争的苦难历史终告结束而欢欣鼓舞。现靠铁路桥还保留一条过去的铁索软桥，三桥横列，今昔对比，越发显出我国社会主义建设的伟大气魄。

河津为黄土地带，黄河及汾河都在冲刷很深的河槽中流动，洪水来时泛滥成灾，洪水过去塬地又苦于缺水。如王勃故里通化村打井深达30余米才能见水。俗谚"河槽水成灾，两岸水如油"，遇到旱年要"驾驴赶车下河槽，三十里外驮水喝"。解放后当地人民从龙门渡口往南筑起大堤，全县打了两千多眼深井，现在绿阴遍地，清流潺潺，面貌已有极大改变。从龙门回来到城北

蒲县东狱庙平面图

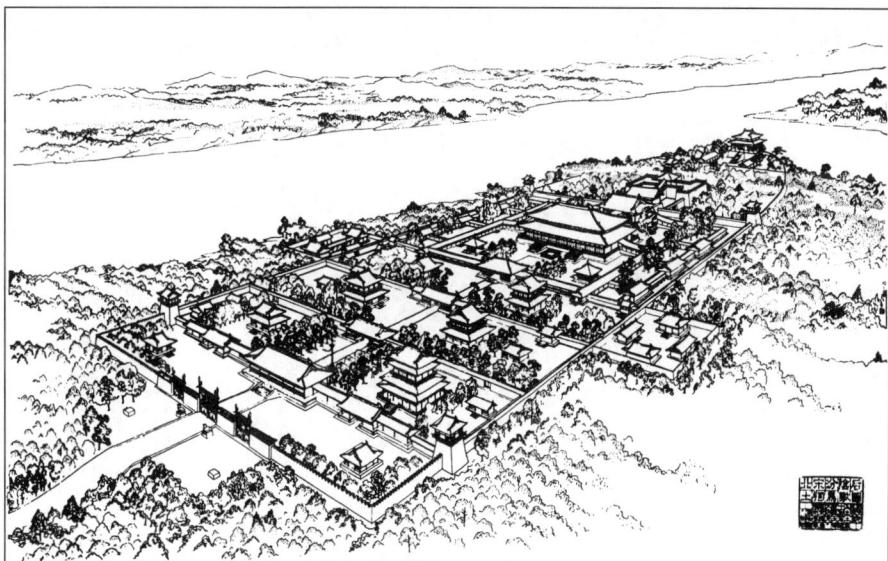

万荣后土庙鸟瞰图

看九龙头。有真武庙在中峰鳞岛上，山势险峻，须登上360台阶才能到达山门，上有舞亭、玄帝正殿、中殿、献殿、香亭。院内碑碣林立，古柏参天。转向西北，顺山脊步步爬高，在曲廊掩护下过纯阳洞、药王庙、纯文阁、玉帝阁、紫微帝宫、三宫、三皇洞更经天门栈道至山顶朝天宫。这座庙布局宏伟，楼阁宫殿俱依山势而高低错落，登高四顾，西瞰龙门，南望汾水，东临虎冈，北依紫金，冀雍胜景，尽收眼底。此庙存有明清碑刻，但不知创于何时，解放后庙已残破，最近群众集资整修，才面目一新。

午饭后去万荣，车行30公里过稷山看青龙寺。寺创建于唐，现存前后院有天王、罗汉、地藏、大殿、腰殿及后殿、垛殿，多为元明遗构。现各殿塑像均毁，只残存腰殿、大殿元代壁画185平方米，上有6尊2米多高的大佛像，绘法奇特，技术精练，与永乐宫有异曲同工之妙。腰殿为明代水陆画，有佛道儒的神像及各种社会人物，画工有

元代遗风亦属上乘。寺内又陈列15座金墓的出土文物，有砖雕建筑模型及浮雕戏剧人物，表情生动，线条简单，颇近现代技法。上午到万荣后立即去参观东岳庙飞云楼。庙创建年代不详，唐初业已存在。我国早期寺庙规制，楼塔设在中轴线的前面，现有次序为飞云楼、午门、献殿、享亭、大殿及阎王殿，多为元建明修。飞云楼为寺中主要建筑，清乾隆时重修，高22米，方形平面，三层四滴水，十字歇山顶，露明三级，平座内隐层两级。底层左右筑墙，前后贯通。四根立柱直通楼顶，上两层带勾栏，各面出抱厦，山花向外，下用穿插枋和斜材挑撑，结构奇巧，玲珑剔透。各层斗拱。位置不同，形状各异，与32个檐头翼角交织，如凤飞翅展，使建筑格外轻盈秀丽。而檐下悬铃，屋面五彩琉璃饰件又增声添色，使这座古代木构楼塔成为我国珍贵文化遗产。寺内享亭又名八卦亭，亦以石柱、栏板的雕工精细著称。

7日去运城，先到县城西南45公里的庙前看后土庙与秋风楼。水经注载后土庙原在万荣汾水入黄河之汾阴睢(高地)，为汉武帝所建，他因祀土前后来汾阴四次，以后汉朝各代皇帝陆续来祭达11次，唐宋时期也不断修庙祀土，当时后土庙规模宏大，名扬海内。至明清黄河水发睢陷，庙宇全颓。1870年将庙迁建于庙前镇的高崖上，占地2.5公顷，其规模虽不及以前宏伟，亦颇可观。现有山门、舞台、献殿、正殿、秋风楼及东西五虎殿。献殿与正殿为黄绿琉璃瓦顶，额枋雕刻精细。后院有宋真宗书写的萧墙壁，庙内还有金铁缸，明铁钟及阴刻平面图。庙后为著名的秋风楼，楼高32.6米，下部为砖砌方形高大台基，南北有券门相通，东西厢有匾额题瞻鲁与望秦，四周围以花栏。楼身三层，结构大致与飞云楼同，登楼远眺，黄河汾水尽在目前，对岸司马迁祠亦遥相呼应，汉武帝曾在此作词："秋风起兮白云飞，草木黄兮落雁归。兰有秀兮菊有

河津龙门铁路桥

出了龙门的黄河

稷山青龙寺

万荣后土庙品字戏台

万荣秋风楼顶部构架

秋风楼

芳，携佳人兮不能忘。泛楼船兮济汾河，横中流兮扬素波。箫鼓鸣兮发棹歌，惟乐极兮哀情多。少壮几时兮奈老何！"，楼因以秋风名。现三楼上有元秋风词刻石，徘徊其中，顿增"树色浮秦晋，河声荡古今"之情。

后土庙有品字戏台三座，如与临汾牛王庙、蒲县东岳庙等地戏台结合研究，可以更多了解中国戏剧发展历史。宋金时期称戏台为舞亭、舞台、露台、勾栏、看棚，当时晋西南古平阳地区已有砖木结构的舞台，前台三面敞开，观众三面看戏。到元朝杂剧兴起，从杂艺混合发展成为歌舞唱白结合的独立艺术，戏台亦改为三面围墙，正面看戏的形式，并普遍于农村；平阳更成杂剧的重要活动地区及元曲作家的产生地。明清

当地蒲剧发展，成为山西梆子最古老的剧种。

十五　关帝庙、永乐宫与风陵渡

我离开秋风楼即南下运城，天气变热，车行黄土路上，尘土飞扬，过临猗遥见双塔，车未停，到运城急急入浴，一洗数日疲劳。运城位于晋南平原中心，为中国古代文化发达较早地区。芮城遗址有180万年前与蓝田猿人同时代的烧骨灰层。相传黄帝妻子嫘祖养蚕于夏县，后稷教民稼穑于稷山，

舜都蒲坂，禹都安邑，都在运城地区。此地处晋陕豫交通枢纽，为各代兵家必争之地，当地名人有关羽、郭璞、薛仁贵、王维、柳宗元、司马光、裴度等。运城原为安邑小镇，自元朝起逐渐发展，今已成为有十余万人口的城市，产盐已有千余年的历史，现有盐湖130平方公里，年产盐5万吨。我们到运城后先看盐湖和池神庙。庙坐落在盐湖北岸的卧龙岗上，面对中条山。冈下有歌薰楼及牌坊，上60台阶进山门，前有过殿，中有三座戏台，后为献殿及三座并列的大殿，这是国内少见的布局形式。中大殿供东西池神，东大殿供风洞神，西大殿供武安王。庙创建于唐，现存为明代建筑，今已残破。殿下有碑碣记盐利及池神封号甚详。出庙后

运城池神庙三殿

解州关帝庙东门

关帝庙崇宁殿

芮城大禹渡电灌站

参观盐化二厂见周围烟尘污染严重。下午看市内公园,总面积近20公顷,有很大的水面,但笔直的马路从中间穿过,整齐的绿篱排列两旁,据园林工程师讲,当时不敢说修公园,是以修排洪蓄水池名义建起来的。

9日去永乐宫前先到城南20公里的解州关帝庙。关羽是国内设庙受祭最多的一位历史名人,与孔子并称文武二圣,他的故乡是解州常平里村,后人在常平和解州建了两座关帝庙。常平为家庙,始建于隋,现沿前朝后宫体制,有六七进院落及金代八角七层砖塔。解州关帝庙与常平同时兴建,清康熙毁于火,重建经十余年始完工。现庙在解州西关,占地1.8公顷,分南北两部分。南为桃园名结义园,由牌坊入内为君子亭藏有线刻结义图,亭后为三义阁,周围布置假山,遍植桃林。北为正庙,分前后两院,前院中轴线上有端门、雉门、午门、御书楼、崇宁殿,两侧为钟鼓楼、崇圣寺、及碑亭、钟亭、牌楼。崇宁殿面宽七间,重檐歇山琉璃饰件,四周回廊有石雕盘龙柱26根,前有月台及勾栏,内塑关羽坐像,有康乾咸三代帝王题匾。后院过气肃千秋牌楼,正中为春秋楼,两翼为刀楼与印楼。春秋楼面宽七间,高30米,颇有气势。楼内塑关公读春秋像亦生动传神。登楼望远,盐池闪光如银,中条翠若屏障,庙内古柏森森,风铃叮叮,虽为庙堂,却极幽静。

车离解州不久即开始爬中条山,山不太高,路比较平缓,过山到永乐宫,行程约50公里。永乐宫原在芮城西20公里的永乐镇,相传为吕洞宾生宅,金末改为道观,元升观为宫,现宫内龙虎殿、三清殿、纯阳殿、重阳殿均为元代原建。三清主殿位于最前与

其他寺观布局略有不同。各殿之元代壁画总面积达960平方米,题材丰富,形态生动,技法高超,为我国壁画的杰作,在绘画史上占重要地位。解放后兴修三门峡水利工程,1975～1981年将全部建筑及壁画迁往芮城北三里的龙泉村,其中壁画的揭割、搬运、复原的技术十分困难,但终于取得成功。我们参观复原后的壁画,简直难以看出拆迁的痕迹。三清殿四壁无窗,因减去前檐金柱而显得空敞开阔,壁画高4.6米,长94.7米,为1325年元泰定时期洛阳画工所画的朝元图,在八个帝后周围有金童、玉女、天丁、力士、帝君、星宿等290多尊画像。龙虎殿壁画内容为神荼、郁垒、神将、神官、城隍、土地。纯阳殿壁画内容为纯阳帝君仙游显化图,描写吕洞宾从降生到成仙的神化故事,共52幅。画面有山水园林及建筑,有学士、达官、商贾、市民、农夫、乞丐所组成的各种社会活动场面。这些画都是构图严谨,场面开阔,重彩钩填,线条流畅,人物生动,题材丰富。不仅是美术瑰宝,也是社会缩影。

出永乐宫,到芮城午饭,饭后去城东南5公里位于黄河北岸的大禹渡。这里是山西去河南的古渡口,相传大禹开凿龙门后曾在北岸柏树下休息,在河对岸小村住宿,因此取名神柏峪、大禹渡、禹店村并在柏树旁建禹王庙,在山崖上刻"舟于此,出水得"六个大字。现庙废,遗有庙碑,神柏长大,树围达3.83米,仍巍然挺秀。三门峡水库建成后又在此处建电灌站,周围已形成园林式风景点,沉沙池旁可见茫茫一片碧绿清水,仰望提水设备有如爬山铁路直上山头,附近绿杨成林,凉风飒飒,极为清静。此处

距有名的风陵渡只有40公里,极思绕道一观,但因时间急迫,道路不佳,径回运城而未得如愿。1991年10月我从西安回北京乘下午火车,傍晚抵洛河与渭水交汇的孟塬,再前为二水横流之灌口,然后车进山洞过黄河桥到风陵渡。这回我终于得偿宿愿。河水流得很平缓,两岸亦不见奇险。车转向东北,经韩阳、蒲州到永济,行一小时。我目不转睛地看中条山,山虽不高,但平地拔起,峰峦重叠,山势起伏,颇类终南山,有丰富的观赏趣味。车过蒲州,遥见万固寺释迦塔和普救寺莺莺塔,沿途民居出檐亦有特点。车上观光虽属浮光掠影,终于补足一课。

十六 夏晋遗迹、沁水阳城

根据最近时期考古发掘,愈加证明史书关于夏代的记载大体是可信的。夏代是我国古代社会从原始公社转为奴隶社会的重要时期,前后有400多年的历史。晋南素有夏墟之称,夏初禹子启都安邑,即在今之运城附近。20世纪70年代发掘夏县东下冯遗址及襄汾陶寺遗址,发现古城址、圆形建筑群及大量龙山文化墓葬对于研究夏代历史都有重要贡献。对春秋大国晋的都城,经近期考古发掘,亦有重大发现。曲沃曲村周代遗址出土周天子赐给唐叔虞的殷祖庙命器,证明该处可能是晋国早期都城唐的所在地。而在侯马汾河及浍河交界处发掘出牛村、台神、平望、马庄、呈王五座城址及北坞、台神二号两大夫城址,包括宗庙建筑群,和各种手工作坊,总面积达33平方公

里。并出土重要历史文物晋定公时期与各诸侯签订的"侯马盟书"。又可证明这里是晋国晚期都城新田的所在地。

1982年5月10日我由运城北返新绛，先过安邑，其北有禹王城，现有古城遗址三座。大城出土春秋、战国及汉遗物，经考证认为是战国时代的魏都安邑。中城在大城西南，出土有"海内皆臣，岁丰登熟，道无饥人"的文字砖，可能是秦汉时期的河东郡治。小城毗联中城，旁有青台、铸铜作坊遗迹及五铢钱泥范。车进夏县，见公路两旁遍植杨树，从比较燥热污浊环境中出来，顿觉身心清凉。过郭道村，民居为土平房小院，村中除街道两旁充满树木外，家家院内

都是绿荫匝地，据地方介绍，方知夏县为全省绿化模范。邻近闻喜县境在公路旁有司马光墓，两侧翁仲分立，前有宋哲宗题额，苏轼撰文的"忠清粹德之碑"，后因文字斑驳难识，明复制并建碑亭保存。墓地之东有宋建香火寺余庆禅院，大殿现存佛像3尊，罗汉8尊，历代碑石20余通。过闻喜同小学老校长查看文庙残存琉璃牌坊，随后北行抵裴柏村参观裴氏祠堂。裴氏为汉唐望族，只出任宰相者即有69人，执掌六部者已近百人，祠堂始建于唐，后屡遭战乱，建筑已毁，只余碑刻数十，内有北周裴鸿碑、唐玄宗裴光庭碑。

晚抵新绛，次日先看隋代园林绛守居

遗址，建筑已湮没，只有范仲淹诗所说"绛台使君府，亭台参园圃，一泉西北来，群峰高下睹"，的布局轮廓尚清楚可见。园旁有绛州府衙大堂，为元代重建，尚存唐代遗风。出园即转到城中心高地参观绛州特有布局钟楼、乐楼、鼓楼三楼并列。钟楼十字歇山顶，无券门，北宋建，明重修，内悬万斤巨钟。乐楼为明代建筑，面对城隍庙，中有看戏的广场。鼓楼近州衙，共三层，下有东西券门，为元代建筑。随后又上龙兴寺，寺内现存佛殿、佛塔而以碧落碑著称。碑文为大篆体，书法奇古精绝，名闻全国，刻于670年，系唐高祖之子孙为先人造像祈福而作。出寺后参观美术工艺厂，见刻漆着色屏

夏县郭道村

新绛绛守居遗址

闻喜司马光墓碑亭

新绛龙兴寺佛塔

曲沃过街楼

新绛乐楼及钟楼

风，颇为精致。

下午过侯马，东去曲沃，有过街楼，造型奇巧。再东往翼城，开始进太行山，气候转凉，夜宿于沁水。沁水虽是小城，街道都用水泥铺盖，两旁植树，商店门前.清扫干净，整个城市给人以十分清洁整齐的印象。加上山区空气新鲜凉爽，虽只一夜休憩，然美的享受甚多。第二天降雨，想去看西文兴民居，山间土路车不好走，只好在室内整理笔记。战争时期过去，久别山区根据地，这半天生活几乎重温山居旧梦，颇有游子归乡的味道。午饭后雨少停，为赶路只能看路边窦村寨子，规模虽不小，但寨墙已拆毁殆尽。傍黑到阳城，晚上看上党梆子"皇帝与门官"，地方戏接近民间，很活泼。13日上午到沁河旁的润城看民居，有东岳庙残存的琉璃亭，屋顶各种琉璃饰件，质量极佳。下午看海会寺，寺创建于唐，金重修，背依樊山，面临沁河，内有殿堂60余间，以琉璃双塔著称。一塔8角10级，建于唐末，高20米，各层有拱门，壁面满镶小佛，造型古朴；一塔建于明嘉靖，8角13层，高50米，底层方形置栏墙，上层辟门，有斗拱出檐，各面镶琉璃佛像及花纹图案，第10层设平座栏杆，整体造型及色彩显得十分秀丽。我登上10层平座，眺望沁河山川，与西部汾河周围相比，更有高深雄厚气势。出寺后接连参观皇城和陈家寨子，收获极丰，这一带民居是太谷、平遥之外山西的另一重

要地区，当另立专题记载。

十七　巍巍太行山

人对风景美的感受和主观条件密切不可分，我进入晋东南沿着漳河，走过红旗渠，

在平顺登上太行山，山虽非高耸险峻，但我却深深地感觉巍巍太行山的中心就在这里。因为八年抗战，我们的前线总指挥所——八路军总部设在这里，朱彭的电令从这里发出，百团大战时我们夹击正太路，南北旌旗相望，鼓角相闻。因此探访这块地区，山觉得特别高，树觉得特别绿，人也觉得特别亲。

我于5月13日晚，由阳城抵晋城，因为白天看民居走得太累，洗个热水澡，熟熟地睡了一夜。次日上午去县城东南17公里的硖石山，由高坡走到崖下看古青莲寺，建筑与山石结合，周围有极佳景色。北齐高僧慧远在此开设道场，唐代重修寺院，寺前有藏式佛塔，高25米，为明代所建。寺内正殿及南殿，虽经后代修补，唯殿内彩塑佛像仍是唐宋原物。殿内有"硖石寺大隋慧远法师遗迹记"唐碑，碑头线刻弥勒讲经图，内有山门、围廊、佛殿、讲坛完整的唐代寺院布局，为难得的历史资料。正殿有唐代彩塑佛像7尊，体格丰满，表情自然。出古青莲寺上山约数百米到青莲寺，此寺与古青莲寺原为一寺，至宋始分二。寺内除宋建大殿外有地藏殿、罗汉殿、文昌殿、玄帝殿、藏经阁、慈氏阁等建筑及唐宋以下各代石碑数十通。下午去城东15公里府城村的玉皇庙，这是道教诸神总汇，山西塑像的又一宝库。庙始建于1076年宋神宗时期，现有三进院落，110间房屋，依山势而逐渐升起，错落参差，富丽

晋城古青莲寺唐碑佛殿图

晋城玉皇庙侍女

长子法兴寺佛像

古青莲寺

平顺唐明惠大师塔

红旗渠

平顺太行山的顶峰

堂皇。前院为方丈及神堂；中院殿堂供奉东岳大帝、地藏王、王道将军等等；后院正殿供玉皇大帝、普天星君，东配殿供三元、四圣、九曜星君，西配殿供28宿，举凡道教诸神应有尽有。在这些塑像中玉皇殿的侍女们仍有晋祠宋塑风采，而元塑的28宿尤为精绝。28宿本是中国古代天文学对星宿的总称，代表天空28个星座，计东方苍龙7座角、亢、氐、房、心、尾、箕；西方白虎

7座奎、娄、胃、昴、毕、觜、参；南方朱雀7座井、鬼、柳、星、张、翼、轸；北方玄武7座斗、牛、女、虚、危、室、壁。唐代道人袁天罡创造家禽数，给各星宿按上不同的动物名称乃成为道教的神宿。玉皇庙的工匠根据28宿不同动物属象分别塑成年龄、身裁、性别、职业、服装、姿态、性格、表情及携带动物各不相同的人物，既生动又逼真，有极高的艺术水平。晋城古寺

尚多，因时间限制不及造访。来晋城时曾过西门沁河的金代景德桥，为我国著名古桥之一，用25道立券石砌成，桥面长30米，券高3.7米，宽6米跨度16米，两端各附有小券，历经多年洪水冲击，仍完整保存至今。

由晋城去长治路过高平之长平，这里是秦将白起击破纸上谈兵的赵括而活埋赵国降卒45万的地方，后人将这被血染红的河名为丹河。从晋城车行90公里到长子东

漳河与太行山

平顺太行风岭山头

南慈林山上的法兴寺，寺始建于北魏，现有舍利塔、圆觉殿及后殿。舍利塔又名石楼，为673年唐建，造型奇特，似塔非塔，似殿非殿，全部用沙石板结构，为我国极为罕见的建筑。平面为正方回字形，每边长8.8米，各安拱门，整体为重檐楼阁式。墙身用石板叠砌，内部构成四方藻井，上为四坡，出檐三层，用檩椽斗拱构成四角攒尖顶。室内有人物壁画，塔后有石雕长明灯，仰莲圆座上为四门空心八角灯亭，雕工精细，系唐大历年间制造。圆觉殿五间为清重建，但殿内佛像仍为宋塑，其中两次间的12尊圆觉像尤为出色，高髻秀眉，面目丰满，上身半露，服饰飘逸。法兴寺现在矿区煤层上，省里已计划将其迁往他处。出寺行十余公里到长治。

长治在秦汉为上党郡治，唐后分为潞州、泽州。北魏、北齐及唐盛行佛教时这里也凿过一些中小石窟，建了不少佛寺。当地石构筑物较多，塔亦多为石塔。山门建楼阁及大殿两旁带小殿的垛殿制度是这里寺庙的特点，明代建筑使用琉璃也较为普遍。我到长治的当晚，有几位家是晋东北的地方负责同志共谈抗战往事甚欢，经他们策划，我们第二天沿漳河去探太行山。15日上午东北行42公里直抵漳河边，看潞城凤凰山上的原起寺。寺始建于747年唐天宝时期，佛殿三间，琉璃九脊，虽不大而颇雅致。院内有八角青石经幢，刻陀罗尼经及建祠铭记，基座各面分雕伎乐人像，均生动活泼。殿西挺立1087年宋建的青龙塔，8角7级高17米，层层雕出檐斗拱，塔顶装8个铁人，闪闪发光。殿前香亭，有4根方形石柱，前后檐柱刻有两副对联"雾迷塔影烟迷寺，暮听钟声夜听潮"，"飞阁流丹临极地，层峦耸翠

出重霄"，将这座踞山面水，紧凑幽静的小小古寺风光基本刻画出来。下山有平顺同志来，相偕去龙门山看龙门寺。此地山峰耸峙，悬崖陡壁，谷内有怪石突起，状如龙首，寺在山腰创建于北齐。寺虽不大，然西配殿为五代后唐公元925年所建，三开间悬山式，柱上出华拱一跳，无补间铺作，殿内无柱，此为我国极为罕见的五代建筑孤例。大殿1096年宋建，广深各三间，单檐九脊，屋顶琉璃脊兽为元代烧制。天王殿元建，其他殿堂为明清重建。一个寺院集中后唐宋元明清五代建筑，为我国现存古代建筑所稀有。

出寺到石城午餐，然后顺河水东行到红旗渠与浊漳河接口处。漳河水势大，水流急，横切太行山腹，造成宽阔山谷与雄浑的声响与五台滹沱河的景色相类似。红旗渠引晋水入豫，为近期完成的一项巨大水利工程。我们沿着渠道慢慢驶出平顺山谷进入河南境，在渠水快要和河水分离的所在，是山西平顺、河北涉县与河南林县交界处，所谓一泡尿尿三省的地方。车子出山，向东望去，尽是坡地平原，心胸顿觉开阔。为了欣赏冀南风光，我下车顺着方石块砌就的渠岸向南走了一大段路，然后上车开进另一条名虹梯关的山谷。这条山谷东向林县任城，西向平顺茅兰岩，谷口两旁为40~50米高的直立石崖，十分险要，真有一夫当关，万夫莫入的形势。进谷后在河滩走了很久才开始爬山，回到平顺界。据说太行山里平顺一个大队只有150户人家，却分布在南北30公里，东西10公里，面积比潞城还大的山区内。我们过路看到的真是这面山坡一家，那面两家，实在分散。路过虹霓大队看唐明惠大师方塔，塔高3米许，造型优美，塔身

雕金刚像，姿态丰满，塔背有后唐关于明惠大师事迹刻记。山中民居多用石材，带红色的片石不仅用作屋瓦，也用于垒墙。汽车连过新凿的五个山洞，爬上杏城附近的风岭，山头海拔1 876米，比谷口高出1 500米，是附近太行的顶峰。我走下车在山巅徘徊，见周围群山，诸峰骈立，下是百丈悬崖，上则绿草平铺，相望似乎不远，走通需上下深谷。这形势和五台山的混沌苍茫一体迥然不同。抗日战争时期八路军总部就设在漳河上游的武乡地区，副总参谋长左权将军就是牺牲在这一带，联想及此，这无数山峰就好像太行山区千百万抗日军民，令人产生无限崇敬的壮烈豪情。下山后当晚回长治，次日经襄垣、武乡、榆社回到太原。

十八 稀世唐刹——
南禅寺与佛光寺

五台南禅寺始建年代不详，从大殿平梁下墨书题记得知大殿重建于782年即唐建中3年，因它处地偏僻，唐武宗毁寺灭法时幸免于难。佛光寺创于北魏（471—499年），灭法时被毁，以后重建；根据东大殿梁架题记，该殿是857年即唐大中11年在弥勒大阁旧址上重建的。这两所唐代佛殿是我国现存最古老的木结构建筑。千余年来历经天灾人祸而能保存至今，实为我国稀世珍宝，在世界建筑中享有重要地位。

1982年5月18日我从太原出发去五台，开始山西北路考察。车行 32公里到阳曲，又45公里到忻州，再23公里到定襄城，走进

了我在抗日战争时期曾战斗过七八年的老根据地。周围山川人物，风土乡音是熟悉的，看见路旁麦浪起伏，杨柳飘摇，心里倍感亲切。不过当时敌占城镇我在山村，今天走过的地方，名字虽然耳熟，但面目却是陌生。定襄城不大，位于滹沱河南岸，有铁路从忻州经过这里到阎锡山老家河边村。滹沱河北来到此转弯东去，在五台山与云中山之间穿过，使两岸形成一条小平原，物产丰富，人口集中，河边两千户，宏道三千户，千户大村即有7个。我和定襄的同志匆匆看过城里关帝庙即出城过蒋村、神山、芳兰直趋河边。河边原属五台，今划归定襄，村口有两座碑亭，阎锡山住宅分东西两套院落，各有几进房屋，建筑上无何特色。离开河边，过滹沱河大桥，进入五台境内，先到宏道的北社东看宋代宏福寺大殿的塑像与壁画，后回到东冶转入同川沟看南禅寺。

南禅寺在五台西南22公里的李家庄，由罗汉殿、伽蓝殿、观音殿、护法殿、围成四合院。大殿面宽进深各三间，单檐歇山屋顶，前有宽敞月台。整个结构由粗壮斗栱承托屋檐，梁架简单，举折平缓，有明显唐代建筑风格。殿内佛坛布满唐塑，释迦结跏趺坐，手作禅宗拈花印，周围有菩萨、天王、弟子及赤足的撩蛮、佛霖、童子17尊，均面貌丰满，体态自然，衣饰流畅。出寺又折回相距7公里的东冶再北上9公里到黄土坡。此地为上下五台的分界处，从此往北过五台城，进入五台山区，气候变寒，麦田少见。五台是晋东北的大县，有人口38万，境内山地丘陵占80%。以五台顶为中心分出四条河谷，四块盆地，地形复杂，气候复杂，物产亦复杂。北部高山海拔三千米以上，积有万年之冰，山地种莜麦、蚕豆；南部坪上山岗只有海拔624米，常年无霜，滹沱河两岸种稻谷莲藕；东部清水河产花椒、核桃；西部小营河出红枣梨果；中心牧场放养大批牛羊。当晚我们止宿于五台城，城不大，睡前匆匆看过日伪政府、司令部、宪兵队和新民会。19日早起看城内元代广济寺及王靖国住宅，后趋车去五台东北28公里的豆村，路过南大贤。这是我1943年在封锁线外亲自参加袭破的两个据点，40年后重来这里，当然有许多今昔之感。

佛光寺北魏时创建，位于豆村北山腰，坐西朝东，群山环抱，松柏四围，环境极为清幽。寺之中心有弥勒大阁，面宽7间，高32米，为当时著名的佛寺建筑。唐末灭法，全寺被毁，但不久即行重建。唐代佛光寺是五台山华严宗十大佛寺之一，在佛殿建筑艺术与结构的统一和平面空间艺术处理方面表现高度水平。全寺依山坡地形平整为三层平面。下层北为金代复建的文殊殿，面阔7间，单檐悬山，檐下有宽大斜拱，殿内用类似人字桁架结构，屋脊有元代烧制的琉璃宝刹，殿内6尊佛像为金塑，500罗汉为明代作品，均有重要文物价值。中层南有观音殿已毁。上层为唐末灭法后在弥勒阁址重建的大殿。现在保存完好，大殿面宽仍为7间，

五台南禅寺

佛光寺文殊殿

南禅寺大殿结构

五台松岩口白求恩纪念馆

佛光寺山门

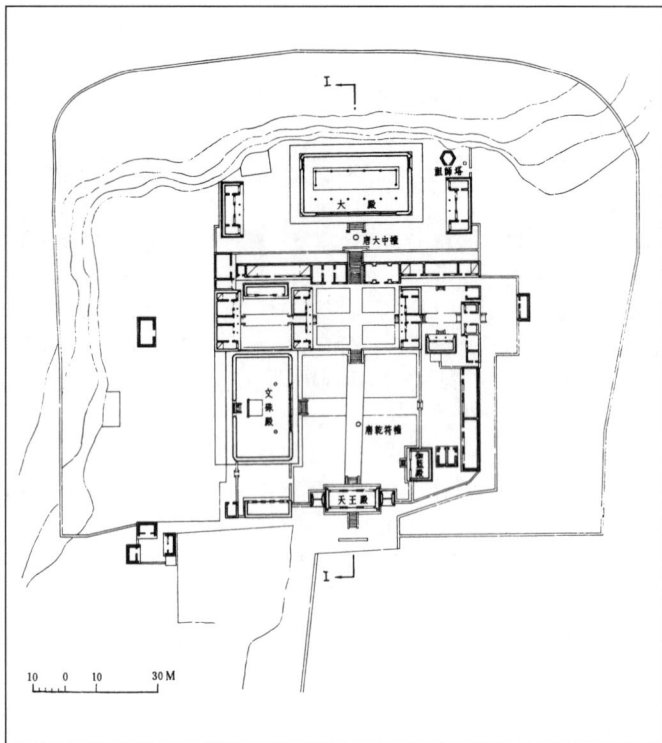

佛光寺平面图

进深4间,单檐四阿顶,当中5间安大型板门,两尽间及两山后间安直棂窗。殿内外柱头有古朴粗壮的斗拱承托上部的梁架和深远的屋檐。天花将梁架分为露明的明栿和隐蔽的草栿。殿顶全用板瓦仰伏铺盖,黄绿琉璃鸱吻及脊兽使屋面更加典雅壮丽。佛坛5间,供养唐塑35尊佛像,中间为释迦、弥勒、弥陀、普贤及文殊,两旁为胁侍及供养菩萨,均体态丰满,线条流畅。大殿两旁五百罗汉为明代补塑,亦生动传神。整个寺院建筑虽不多,但上下空间错落使大殿雄伟气势格外突出。假如原弥勒大阁不毁,保留唐代楼阁结合形式,则大阁气势必将更加辉煌。大殿南侧有北魏遗存的两层高8米的祖师塔。寺内有唐经幢两座。周围山腰有几座唐代墓塔。出寺后车返豆村,然后东南行28公里,经南茹村,石盆口到河口,进入清水河谷,又转向东北行14公里经高洪口到耿镇午饭。1939年春分区部队在这一带整军,我们驻在东沟屋腔一带,本想去看看故地,因赶路不能去,只得在耿镇串串门聊聊家常,同时欣赏这附近的曲折山势。饭后到松岩口看白求恩纪念馆后即加油爬坡,急行50公里山路,经门限石、石咀转向西北过原军区驻地金刚库,傍晚赶到五台山的台怀镇。

十九 汉藏佛教圣地 ——五台山

五台山位于山西五台,四周延及繁峙、代县与河北阜平,边缘达250公里;其中心有华北屋脊之称的五大高峰,相互联系于北者为高2 773米之西台挂月峰,高2 894米之中台翠岩峰,高2 795米之东台望海峰和最高达3 058米之北台叶斗峰;独立拱卫于南者为高2 485米之南台锦绣峰。五台顶地势虽高却宽阔平坦,据地质考证,远古时代五台本是一片剥蚀平原,以后由于地壳运动,恒山及五台地块上升,滹沱河地块下降而形成今之山川地貌;其中山坡不断受流水切割而成峻岭深谷,独山顶少受影响仍保留古代的平原面。五台山气候寒冷,虽地处华北但气候却和东北大兴安岭相似,中台年平均气温为-4.2℃,极端低温为-44.8℃,台怀镇夏季最高气温只有27℃。中台和北台至今尚有冰川遗迹,保留常年的冻土层;夏季在台顶上可以见到一些散在的浅水塘,乃地下冰融化、土层下陷而成的热融湖。在山坡上有密密麻麻的小土包,上面布满五颜六色的矮草与山花,是为冻胀丘;还有徐霞客游记所写"乱石数万,涌起峰头"的龙蟠石;所有这些都是冰缘地貌的珍姿奇态。

自古以来,我国名山有三山五岳之称,所谓三山即山西五台、四川峨眉及浙江普陀,以后又增安徽九华,号称佛教四大名山。汉通西域,佛教传入中国,东汉在洛阳建白马寺,同时在五台建大孚灵鹫寺。北魏孝文帝添设12院,北齐更"建寺200余所,割八州租税以充香火之需"。隋文帝于五台顶各置寺设文殊像。至于五台山被公认为文殊住处并成为佛教圣地则应从唐始。唐太宗曾说"五台山者,文殊闷宅,万圣幽栖,境系太原,实我祖宗植德之所,切宜祗畏""是年台山建十刹,度僧数百"。武则天从天竺迎高僧重译华严经,内称"东北方有处名清凉山。从昔以来诸菩萨众于中止住。现有菩萨文殊师利与其眷属诸菩萨众一万人,俱常在其中而演说法"。佛全称佛陀,义为觉者知者,大乘教所指佛除释迦牟尼外尚包括三世十方一切觉行圆满者如弥陀佛、阿弥陀佛等。菩萨指自身觉悟并能利众生将来修成佛位的修行者,佛经中有文殊、普贤、弥勒、观世音、大势至等。文殊为释迦佛的左胁侍,普贤为右胁侍,观世音为阿弥陀佛的左胁侍,合称佛教的三大士,而以文殊为最尊。因而五台山也居于四大名山之首。以后更衍义峨眉为普贤，普陀为观世音，九华为地藏菩萨的住所。武则天重建清凉寺，命名僧感法师为住持，并封为昌平县开国公，食邑一千户，为掌管全国佛教事务的最高僧官，五台山的地位乃更为突出。以后又规定全国寺院均须供奉文殊菩萨。外国佛教徒来五台参拜者亦日渐增多，如日本从天皇到公卿都乐于施舍黄金为五台文殊供养。唐盛时五台山有宏大佛寺 70 余所，僧尼达万人之众，高僧云集，其著者有华严宗四代祖师澄观、密宗创始人不空，天台宗名僧志远等。但北魏至后唐前后有四次全国规模的毁佛寺灭佛法，五台山亦屡遭浩劫。北宋扶持佛教，宋太宗重修五台真容、华严、金阁、灵境等十寺，全台内外又有佛寺 72 所，僧尼 5 000，基本恢复唐时面貌。

公元十世纪，西藏原始宗教与佛教结合形成喇嘛教。忽必烈封西藏名僧八思巴喇嘛为国师，在五台山为其建衣冠塔。又封胆巴为金刚上师驻五台寿宁寺，五台山开始有喇嘛教并多次建规模宏大的喇嘛寺院如南山寺等。明清两代五台山中除汉地佛教常盛不衰外，喇嘛教又发展成为西藏以外的全国中心。清凉志载明代“台内佛刹凡 64 所，台外佛刹凡 36 所”，由朝廷任命的僧官都纲兼五台提督，驻显通寺统管番汉僧寺。清代宗喀巴的格鲁派黄教兴起，从康熙皇帝起，实行“特兴黄教以绥柔蒙古”的政策，将五台山的罗睺寺等十个寺院改为喇嘛寺。当地僧侣通称喇嘛寺为黄庙，称汉寺为青庙；汉寺多汉族，男僧称比丘、沙弥、和尚，女僧称尼、尼姑、比丘尼，穿青色或灰色僧衣，遵守汉地佛教清规戒律，学汉文佛经，生活食素；而喇嘛寺多为藏、蒙、满族所信奉，男僧称格隆、喇嘛，女僧称格隆玛、喇嘛尼，学习藏文佛经，戴黄帽穿黄色僧衣，遵守黄教的清规戒律，可以食肉。此外不论青庙、黄庙凡为游方僧设立，供十方僧人住宿及修行的称十方庙；庙的财产不准任何人占有，权力不准任何人垄断，在院僧人都要分担一项职务，住持由全体僧人选举，定期改选，这种庙为数较少。大部寺庙为子孙庙，财产归本寺所有，由本寺管理，本寺僧人必须由本寺剃度，住持或方丈只能由本寺僧人担任。康熙延请西藏达赖喇嘛的堪布到五台山诵经传戒并建立由达赖提名清廷任命大喇嘛的制度。扎克隆大喇嘛驻菩萨顶为台山黄教教主，统管台山黄庙。清朝先后委任的大喇嘛共有 19 人。民国初年 19 世章嘉活佛驻台山镇海寺并将文殊寺、广化寺等五寺变为他的下院，统管北京、青海、五台等地黄教。清朝皇帝还频繁进谒台山，在台山建行宫。有清一代蒙藏教徒对台山崇拜已达狂热程度，每逢夏秋两季，内外蒙古驱赶驼马牛羊竭诚贡献之王公牧民，不绝于途。解放前山上青黄庙各有十大寺；青庙为显通寺、塔院寺、圆照寺、广宗寺、殊像寺、碧山寺、南山寺、凤林寺、金阁寺、

五台山圆照寺大殿

俯视塔院寺

菩萨顶文殊殿

黛螺顶望北台顶

153

灵境寺；黄庙为菩萨顶、台麓寺、罗喉寺、玉花池、寿宁寺、金刚窟、七佛寺、三泉寺、普安寺、镇海寺；每年四月十大寺轮流主持道场。七百年来五台山真正成为汉藏佛教共有的圣地。

我前后四次登临五台山；1938年5月我调二分区工作，从金刚库爬上台山去繁峙，那时满山大雪，下山时狂风怒吼，上有飞雪扑面，下有雪窝陷脚，走过这段山路使我毕生难忘；1939年初我代表军区陪南京访问团在显通寺住了几天，初步了解寺院生活；1943年春我到封锁线外穿过台山无人区。40年后的今天再见台山，显然已有很大变化。据1956年调查，五台山上下有青庙99，

黄庙25所，经过文革的破坏，现在只存寺庙58所，残留僧尼166人。四上台山给我印象最深的是五个台顶的雄伟浑厚气势和因山就势的塔庙建筑整体布局。20日清早我先去杨林街为白塔及灵鹫山拍照，然后过钟楼进显通寺。钟楼明建内悬万斤铜钟无异寺之前导。高大山门在寺之东侧，门前两石碑草书龙虎二字。寺内轴线由南向北排列七进殿宇为观音殿、文殊殿、大殿、无量殿、千钵殿、铜殿、藏经殿，两侧为众多僧舍客堂；全寺占地8公顷，现有房舍400余间。观音殿与文殊殿之间常用为举办水陆法会场所。无量殿为明建砖拱结构，内供无量寿铜佛。千钵殿供铜制千钵文殊，千手中每手

一钵。铜殿明万历时以紫铜铸成，高6米，宽深各4米，内外涂金，内铸万尊佛像，外铸花鸟图案。殿外原铸五座铜塔，日军盗走三座藏式塔，现只余两座八面塔。藏经殿地处高台，现陈列珍稀文物。出显通寺转进塔院寺，寺原为显通寺的一部分。现存大白塔重建于1578年明万历时代，连基座通高75.3米，塔台为正方形，四周碑垣有角亭，八角形塔基，环以围廊，内设经轮123个；塔基上砌瓶式塔身，其最大直径为20米；再上为13层的相轮，承托周长23米的铜华盖，周边悬挂36条铜制垂檐悬挂 风铃252个，每逢山风吹过，丁零之声从天际传遍四方；华盖之上为5米高的铜宝瓶。这座国内罕见的藏式

龙泉寺汉白玉牌坊

东台顶石塔

紫螺顶

龙泉寺墓塔

南山寺

高塔，耸立在台怀镇上，既能远接天际台顶，又可近摄周围寺庙，不仅在风景构成上起绝妙组织作用，而且有力加强佛教建筑的信仰功能。五台山中还有各代修建的各种形式，各种材料的塔，为全国古塔最集中的地区。塔院寺虽占地1.5公顷但建筑不多，塔前置天王殿、大殿，塔后设藏经殿，西侧有山梁围护，东侧起山海楼，长廊尽头雕山云水月四字，登楼眺望，周围景色正如古诗所写："浮图何缥缈，卓出梵王宫。远带青山色，孤标紫塞雄。金瓶涵海月，宝铎振天风。自是藏灵久，神邦万古崇"。藏经殿内有10米高的转轮藏，藏经书两万册。

台怀镇海拔1 695米，镇北灵鹫峰为1 789米，出显通寺仰望灵鹫峰不过是94米高的小山，但古人却利用这山头建菩萨顶使其与台顶和白塔相呼应，充实与丰富台怀寺庙群风景，实是高明的布局手段。上菩萨顶先过圆照寺，内有藏式五塔，再

过广宗寺，有明建铜瓦殿及铁铸18罗汉；从下面大照壁到上面灵峰胜境木牌楼，要爬108级陡峭的石阶。上到菩萨顶山门，环望四周，台山台怀的景色，尽入目中。菩萨顶建自北魏，重修于明初，占地近3公顷，有房400余间。山门内有天王殿、大殿、文殊殿，院内有三口施斋用的大铜锅，后院有用四种文字书写的方形御碑，相传水浒传中的鲁智深就在这里剃发出家。罗喉寺西邻塔院寺，唐建明清重修，供奉佛弟子罗喉罗。有唐雕石狮及活动莲台之开花献佛。与显通、塔院、菩萨顶、殊像共称台怀五大禅处。十方堂为罗喉寺属庙，清末为招待外来喇嘛及信徒而建。塔院寺西南有水质极佳的般若泉，元在泉边凤林谷口建殊像寺。大殿内有明塑9.3米高的文殊驾狻猊像，极为生动活泼；周围墙壁悬塑500罗汉。黛螺顶在台怀东，它和北之菩萨顶、西之寿宁寺、南之灵应寺及大白塔称"台内五峰"。黛螺顶

上明建四重殿。隋文帝在五台顶曾建五寺分供五种文殊像。过去皇帝朝拜台顶有许多困难，至乾隆时因黛螺顶既可遥望五顶，又能近观五峰，乃在黛螺顶建五文殊殿，将五文殊像合塑于殿内，朝拜黛螺顶等于朝拜五台顶，名为小朝台。

香客朝拜五台，有四条进山路：北路走鸿门岩，风大雪多；东路走龙泉关、石嘴到南山寺；南路走五台、豆村到灵境寺；西路走峨峪岭，从蒙古来多走此路。佑国寺创于元代，民国初年普济和尚将其与极乐寺、善德堂、合称南山寺，募捐扩建，直至七七事变尚未完工。建筑因山就势以石著称，从大影壁上108级台阶到石牌楼，极乐寺大殿有石雕文殊及送子观音，木雕多臂普贤及泥塑18罗汉像，都有较高艺术水平。从极乐寺登高穿过善德堂到佑国寺为三进高台建筑，满是传说故事的石刻浮雕。出南山寺西去镇海寺，有三重殿，周围丛林茂密，风景深

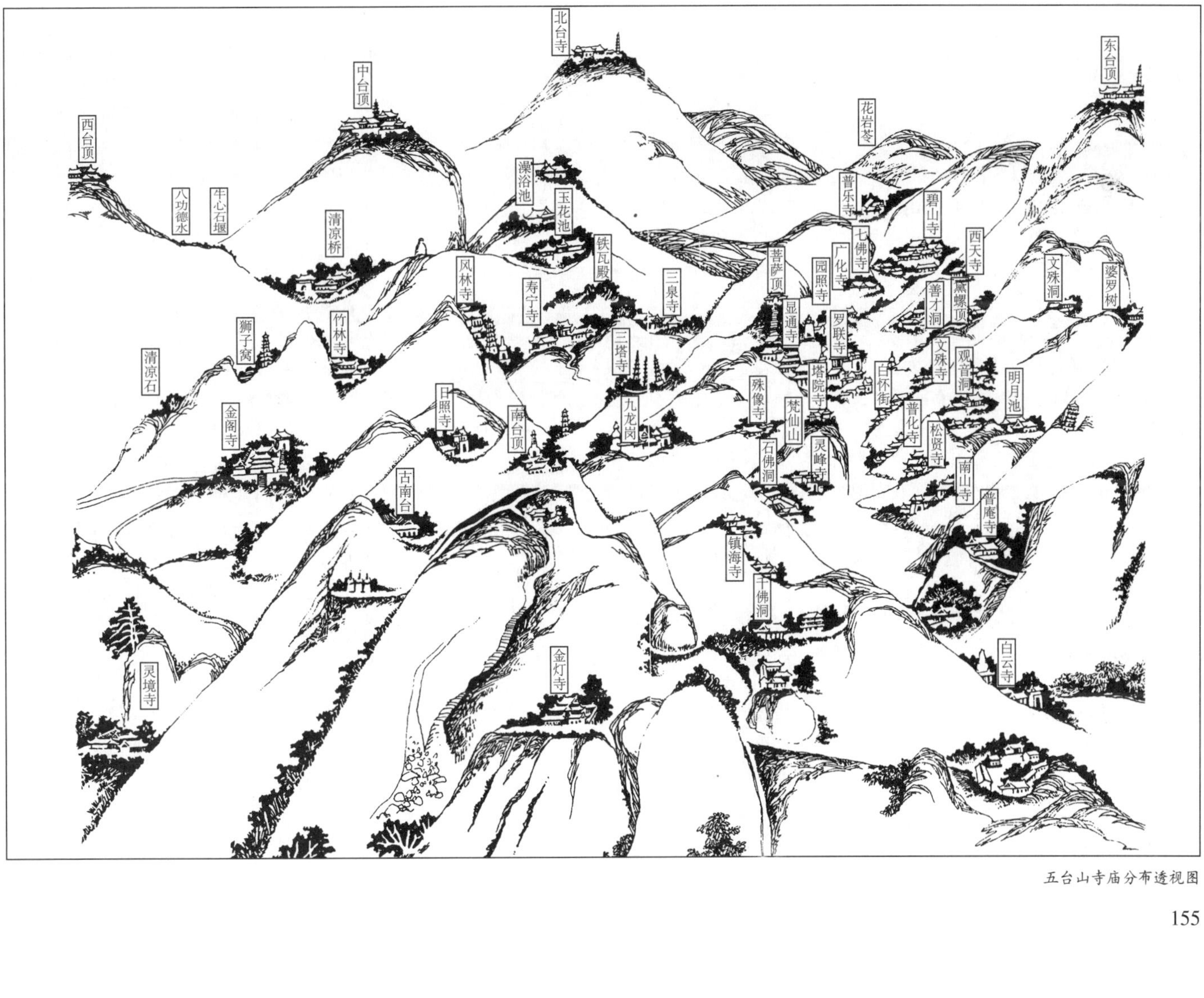

五台山寺庙分布透视图

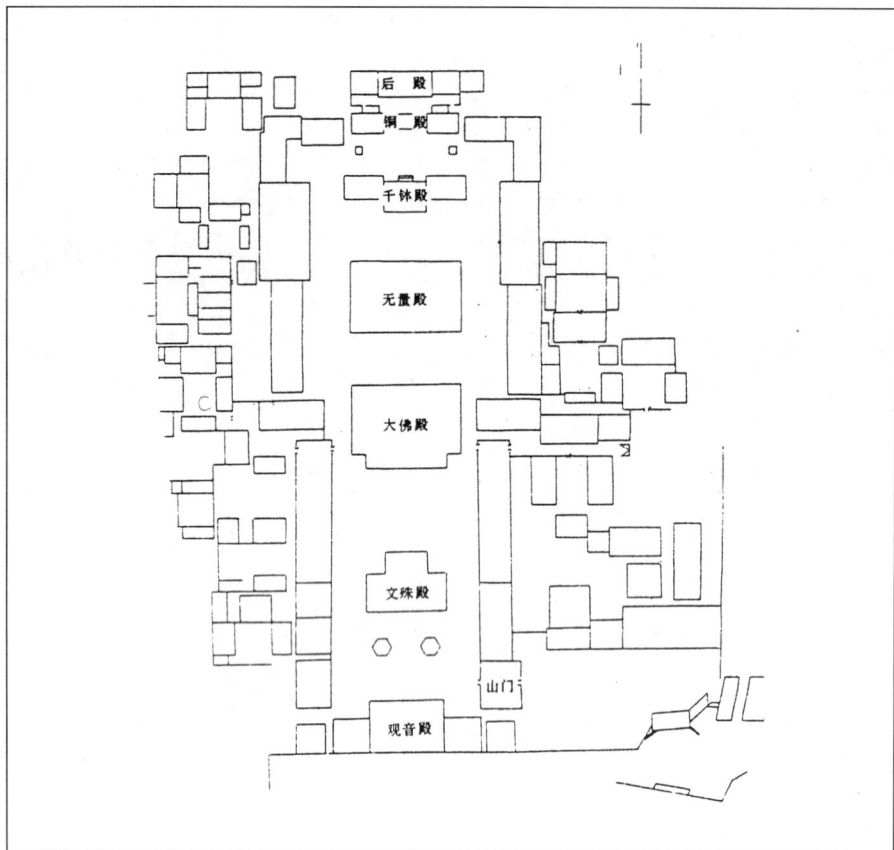

五台山显通寺平面图

遂。出寺转过西山，车行5公里到龙泉寺。创于宋，普济重建，以为南山寺的下寺。山下大照壁中嵌汉白玉雕刻的台山形势图，上108级台阶到四柱三门的汉白玉牌坊，旁有石狮石幡杆，工艺细腻，造型生动。这些石雕款识为定襄宏道胡姓，共用工150人，经过10年，于1920年造成。全寺三座院落横列并各有山门。中院有普济和尚墓塔。寺外西北山坡有3级6角15米高的杨令公墓塔并碑记

21日清晨我乘车过碧山寺去东台顶。碧山寺创于北魏，明重修，背山面水周围有高大的白杨林，民国时设广济茅蓬，改为十方常住。寺内有台山唯一的戒堂殿，内供玉佛和漆纱罗汉。国内外信徒来来往往，常有著名法师开座讲经，为台山僧人最多的佛寺。东台顶距台怀19公里，有去繁峙沙河公路从旁经过，台顶比台怀镇相对高出1 100米，气候悬殊极大，通常四月化冰，九月见雪。我们登顶时天气温和晴朗，机会十分难得，但鸿门岩仍有积雪，顶上微风还使人寒颤。台顶无树木，一片融冻土，上有卷曲的枯黄苔藓，踏上去有很大弹性。台顶建筑已毁，只余一座石塔，我们只能在残墙断壁中避风寒兼观赏风景。元好问有诗"西北天低五顶高，茫茫松海露灵鳌，太行直上犹千里，井底残山枉叫号"，说出五台山的气势和特色。

二十　北岳恒山和应县木塔

历代帝王以五岳四渎为江山象征，但五岳之称各代不同。现在流行之说，始于西汉，如以现代风景的自然与文化标准衡量，则恒山远不如五台。恒山之所以被尊为北岳者，正如清"恒岳志"所说"山以泉石幽奇、物华精美则恒细，以攻守要害、障邦蔽国则五岳亦细"。恒山是桑乾河与滹沱河流域的分水岭，东西长达250公里，内长城蜿蜒其间，有宁武、雁门、平型、紫荆、倒马诸名关，自古为兵家必争之地。恒山地质属断层山，其断层面对桑乾河，从北仰望，则山形险峻，危岩耸峙。恒山主峰天峰岭位于浑源，海拔2 817米，其西为翠屏峰，两山之间有万丈峡谷名金龙口，有浑河源头唐峪河

流过。平时水枯，只见怪石嶙峋，陡崖万仞；其最窄处不过10米，古时高空架桥，名云阁虹桥，现桥虽废而栈道遗孔及云阁二字尚存。一旦雨季水涨，则见洪峰卷石，激浪击崖，黄浊河水汹涌澎湃，奔腾怒吼而来，真似一条发狂的金龙。悬空寺上李白题写"壮观"二字，徐霞客称"伊阙双峙，武夷九曲，俱不足以拟之"，恐均指此峡口。1939年夏连日暴雨，洪水入浑源城的三层楼，有四千人葬身，成万亩良田变成荒滩。恒山既属五岳，历代帝王不断对其巡狩祭祀，周成王狩巡至北岳，北方诸侯朝于明堂；秦始皇过恒山；汉武帝祭山封神，汉宣帝时因长受匈奴骚扰改在曲阳遥祭；北魏奠都大同，祭祀仍归恒山，并大兴土木，建北岳庙及悬空寺。唐朝亦祀北岳于曲阳，元因之，并在曲阳建北岳庙。明以恒山为上庙，建恒宗殿，然仍祀在曲阳以为下庙，清始禁祀曲阳，复归恒山。

我于20日离台山过沙河直趋应县看木塔，晚抵浑源，21日早出城去恒山，距离10多公里，走隧洞本有捷径可通，现因故堵塞，只好爬坡绕道翠屏山。过大磁窑，附近有发电厂，见流入水库的小河，全部变成黑色，污染十分严重。车到恒山脚下，有车路可上到半山，南面山坡比较平缓，坡间梯田种旱作物，小煤窑极多，因缺少树木，满目黄褐土石，实无风景可看。车到青石岭，下车步行，走过四大夫松，山峰开始陡峭，树木亦渐增多，有小建筑物出现，待我慢慢爬近山顶，才遇见朝殿、纯阳宫、会仙府比较像样的道观，然均已残破不堪。过去号称十八景现已难寻踪影。朝殿名恒宗殿，即恒山北岳庙之主殿，面宽5间，进深3间，供恒山之神，殿旁有钟鼓楼及耳殿，前有南天门牌楼及103石阶，但规模均不大。至于会仙府三间破房缩在山凹内则更为局促。这几所道观实无法同其他四岳相比，在朝殿饮杯山茶后即从原路下山。车至山麓，嘱我绕过水库去翠屏山等。我们下车步行走到大坝上，大坝长130米，高50米，水库1958年建，现虽蓄水不多，但雨季防洪却能起极大调剂作用。

悬空寺紧接大坝下游，背靠翠屏山崖壁而面对金龙口，从大坝俯视，寺庙显得体量不大而单薄，当地民谣"悬空寺，半天高，三根马尾空中吊"，人们见了寺庙总要为它的坚固担心，为人们进庙的安全担心。以前进寺须攀登崖壁险径，现在从大坝修了一条水泥小路到悬空寺的南门。我们顺着这

恒山会仙府

浑源永安寺大殿

条路走进庙里，穿过暗廊到了前院，院内仅长 10 米宽 3 米，背崖建一排二层小楼，下层为和尚食宿禅房，上层为三佛殿、太乙殿、关帝殿，院子南北两端各建一座方阁。在三殿之上南北两端又起配殿两间，分别为伽蓝殿、送子观音殿和地藏王殿、千手观音殿。在寺院之北的崖壁外更凿石槽用斜柱支撑上承梁架，建两座三层九脊悬空飞楼，两楼之间用架空栈桥连通，楼内主祀释迦、观音、三官、纯阳，还有合祀释迦、老子、孔子的三教殿。整体建筑虽因地势逼窄而十分拥挤，但利用构造与空间的变化，使生活环境比较丰富而外貌亦轻巧活泼。有些塑像也比较生动。寺原建于北魏现存建筑历经金元明清多次重修，因位于悬崖间且结构奇巧而著称于世，成为恒山现存的主要风景。明汪应爵诗："划石成香地，凭虚结构工。梵宫依碧巘，栈阁俯丹枫。涛壮磁窑雨，僧寒谷口风。跻攀真不易，遥望意无穷。"颇为写实。

应县木塔原名佛宫寺释迦塔，建于辽代 1056 年，是我国现存最古的木塔，经过多次大地震，至今仍完好无缺。塔前为山门，后有大殿，基本因袭南北朝佛寺制度。塔八角楼阁式，外观五层，内有四暗层，实为九层。通高 67.31 米，六层檐，底层重檐径 30 米，虽体形庞大，因各层有走廊与平座加上攒尖塔顶而不显笨重。全塔结构为双层套筒式，内外两槽立柱，槽间有梁架、柱角有水平构件联系，暗层用斜撑起圈梁作用，有极好的刚度与整体性。塔的立面比例适当，虚实相间，显得十分雄伟华丽，是我国木结构建筑中的杰作，世界建筑的珍宝。塔内明层置有佛像，底层内槽壁有六尊如来画像及其两侧飞天，画得神采飞扬，为美术佳作。三层

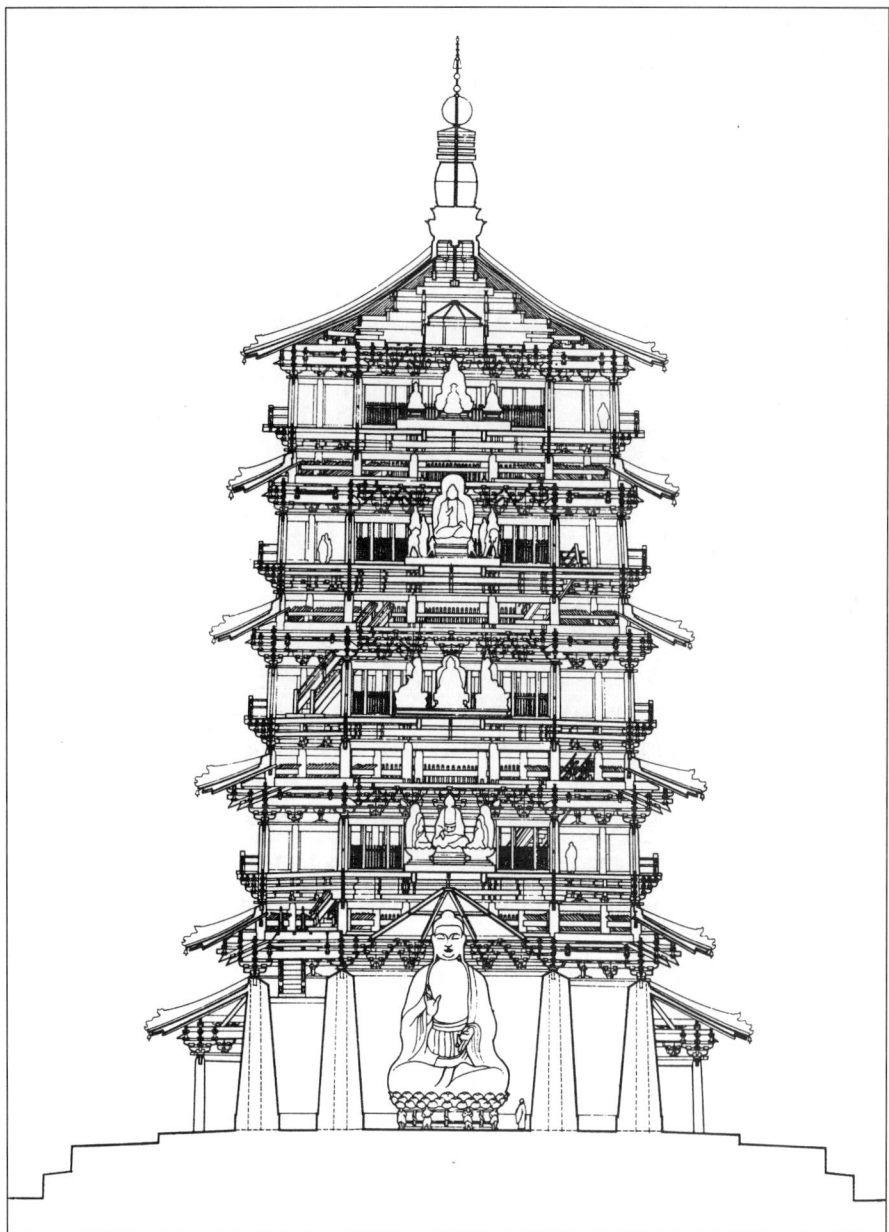

应县佛宫寺释迦塔剖面图——选自《中国古代建筑史》

恒山朝殿

金龙峡，恒山水库

塑四方佛，面向四方。五层除中心佛像外，有八大菩萨分列八面。所有这些都是功能与结构结合的典范。我在应县除木塔外又参观金代建筑净土寺，大殿内有金代藻井和楼阁模型，有清代壁画，都很精美。

恒山归来的次日参观浑源的古建筑。先看栗毓美墓，栗浑源人，清道光时为河东河道总督，治河有功，封太子太保。墓地一公顷，桥、狮、牌坊、华表、祭厅及石像生均为一色汉白玉，墓志铭为林则徐撰写。接着看永安寺，寺始建于金，元建大殿面宽24米，庑殿顶，饰明制黄琉璃瓦件，殿内有长达56米的元或明代壁画，内有800余人物，刻画细致、色彩绚丽。再看圆觉寺，寺毁于日寇，现只有明塔尚存，塔8角9层，塔基满刻人物浮雕、塔北有金鱼池。浑源对于风景资源的保护与利用太不重视，古建被单位占用，塔旁修起浴池。行前和县谈了这些情况。

二十一 云冈石窟与大同辽金建筑

大同三面环山，内外长城分别从南北通过，为我国北方历史名城与军事重镇。大同历史悠久，遗存历代文物及遗迹极多。汉初高祖曾在城东白登山被匈奴围困七日。公元398～494年鲜卑族拓跋珪，在黄河以北建立北魏王朝，以平城（今大同）为京都前后近百年，始迁往洛阳。辽金两代以大同为西京，前后亦达二百余年。云冈石窟及辽金建筑均闻名于世。明修万里长城，大同为九边重镇之一。

云冈石窟与敦煌、洛阳石窟并称中国三大石窟，属于世界艺术宝库之珍品。它位于大同西16公里的武周山南麓，范围长达一公里。现存较大洞窟53座，大小佛像5万余，主要完成于北魏在平城建都文成帝兴佛教的40余年（453～495年）间。石窟共分三个地区。东区1～4窟为塔式洞，中央有方形塔柱，柱的四面及洞窟四周均满雕佛像。第3窟为云冈最大石窟，前面断崖高25米，凿有长方石孔拟建较大殿堂但未完工，后室雕有大佛及2菩萨像，其风格晚于北魏。5～13窟为中区，长方形平面，分前后两室。第5、6窟相互毗连，清顺治时期曾在窟前建5间4层琉璃瓦顶楼阁，现成为云冈的代表建筑。第5窟有两腿盘坐的本尊佛，高17米，座宽15.8米，为云冈最大的佛像，其前壁上层有一尊佛的头像俯首微笑，神态极为动人。第6窟高20米，塔柱上有3000大小佛像，东西两壁满雕佛的生平故事，为云冈艺术精华所在。第7、8窟吸收国外雕刻，除莲花、棕榈雕饰外，还有多头多臂神如湿婆、毗奴的坐像和生翼的门神。第9～13窟藻井天花拱门内容丰富，清代曾加以彩绘。11窟塔柱下部的左右胁

侍雕得十分生动，壁上的北魏造像铭为研究石窟史的重要资料。12窟顶雕伎乐天手持各种乐器为音乐史提供珍贵线索。13窟有13米高的交脚弥勒菩萨，右臂下雕出4个托臂力士为他处少见。西区14～15窟因沙岩崩塌而严重破坏。16～20窟系沙门都统县曜为供养北魏五帝而开凿的，在云冈石窟中开凿最早，气魄最大，利用整块岩石全用圆雕手法，雕成模仿帝王身躯的大佛像。18窟为身披千佛袈裟的立佛，高15米多，刻划细致。19窟为佛坐像，高16.7米，为云冈第二大佛。第20窟亦为佛之坐像，高13.7米，袈裟右袒，面目丰润，两耳垂肩，两手交叠，含情微笑，整体造形极为和谐匀称，背景丰富，又因窟前塌毁，全像露天，视野开阔，因而吸引游人最多，成为云冈的石刻代表。21窟以后的编号均为小的洞窟，开凿亦较晚。我初来云冈为1957年，此次再来见石窟环境已有很大改善，但还有不少空地与河滩可以利用（注：2000年大同发现北魏墓群、墓室中央有长宽各三米多的仿三开间木结构的石椁，椁内有石棺）。

辽金建筑集中于大同市西南的上下华严寺和善化寺，辽代佛教华严宗盛行，1062年建华严寺，后兵火中毁，金再重建，元时仍不失为云中巨刹，至明始分为上下寺。现在上寺前院为佛堂，后院为僧舍，大殿1140年金重建，位于4米高的台基上，坐西朝东，面阔9间，进深5间，面积为1599平方米，庑殿顶檐高9.5米，脊高1.5米，殿顶北端琉璃鸱吻高4.5米，整个建筑浑厚雄壮，极有气势，为现存金代最大殿堂。殿内五方佛为明代作品，佛传壁画887平方米为清大同董姓工匠所绘。画幅宏伟，技法细腻，用色鲜艳，有较高水平。下寺薄迦教藏殿为藏经的殿堂，系1038年辽代建筑，面宽5间，进深4间，单檐歇山顶，举折平缓，出檐深远，有唐代建筑遗风。殿内佛坛有辽代泥塑31尊，中间为三世佛，两旁分列弟子、菩萨、供养童子，都在听佛讲经，或专注，或思索，或了悟，姿态不同，神情各异，极为生动，其中一尊合掌露齿的胁侍体态尤为优美，都是艺术精品。殿内四周有38间辽代木制两层楼阁式藏经柜，在后窗有用拱桥连接的天宫楼阁5间，雕工精巧，式样玲珑。阁内藏明永乐佛经及清龙藏18000册。善化寺始建于唐，辽毁，1128～1143年金代重建，现存山门、三圣殿及普贤阁为金建，大殿为辽建金重修。整个寺院高低错落，主次分明，为全国辽金佛寺保存最完整的一座。大殿面宽7间，进深5

云冈 12 窟顶

朔县崇福寺

11 窟左胁侍

云冈 5 窟佛头

间，梁架结构及斗拱形制均为辽遗构，殿内5尊佛像和24诸天塑像神态各异，性格鲜明，为金代雕塑佳作。三圣殿面阔5间，庑殿顶，左右次间出60度斜拱有如花朵，金代建筑盛行斜拱，而华丽以此为最。普贤阁3间见方，重檐歇山，外观结构精巧，比例匀称，采用平座暗层与应县木塔相似。

明代盛行琉璃制品，大同有著名的九龙壁，还有五龙壁、三龙壁。九龙壁为明太祖子朱桂代王府的照壁，建于1392年，长45.5米，高8米，厚2米，为清建北海九龙壁体积之4倍，现在已成为大同市的风景中心。姿式不同的九条龙由426块五彩琉璃拼成，中间杂以山石水草，下部浮雕马、牛、羊、兔、鹿、狗、狮、象、麒麟、狻猊，，整体图案严谨，色彩协调，装砌精致，为国内琉璃建筑的稀有珍宝。善化寺普贤阁南有五龙壁，佛字湾的观音堂前有三龙壁，均脱胎于九龙壁。观音堂内还有辽雕石佛及供奉儒释道的三真殿。我在大同来去共四天，最后一天去朔县参观新开的露天煤矿，先驱车过怀仁，山阴直抵神头电厂，后去朔县城看崇福寺。寺创建于唐，金又增建，现寺内有千佛殿、三宝殿、弥陀殿、观音阁，占地2.3公顷。千佛殿原为藏经阁位于各殿之前其体制为国内所罕见。三清殿内有清代壁画。弥陀殿为全寺主殿，建于金代1143年，单檐庑殿顶，面阔7间，额枋用斜材支撑，门窗格扇，图案多样，工艺精致，为国内少有的金代完整建筑。殿内有西方三圣塑像，面目清秀，表情娴雅，四壁绘画亦技法纯熟，用色富丽，均金代艺术精品。观音殿亦金建，佛像为元塑。参观后与省里同志分手，他们回太原，我回大同，当晚回京，结束这次为期一月的全省考察。

大同善化寺普贤阁

8 窟拱门佛像

159

二十二 山西民居、 大院、寨子

山西民居多为单座、合院形式的土木砖石混合结构的单层、二层的建筑，与华北、东北地区大致相同。在晋中南及晋北部分黄土地区，则以各种形式的窑洞为主。四合院中以太谷上官巷1号乔宅最为典型，大门从中间开，厢房8间内5外3，中有花墙及垂花门分隔前后院，正房5间带廊只有3间面对庭院。锢窑在山西比较普遍，在合院正房为2～3层时，底层多为锢窑。崖窑、地窑在晋中南地区最为普遍，其占有的比例为永和、浮山80%，临汾太平头，平陆槐下98%的农户；平陆76%，阳曲、娄烦80%的人口。临汾张店也有95%的农户住在地窑里。山西山区坡顶瓦房远比冀鲁平原为多，用石垒墙极为普遍，甚至以石片代瓦。因煤产

丁村明清民居楼层院

丁村明清民居巷道过门

太谷古街

太谷民居外院

万荣二层民居

太谷民居内院

祁县乔家堡乔家大门

祁县乔家堡乔家

润城寨子

陈家寨皇城

河边阎锡山宅大门

四大八小式民居

丁村民居

祁县乔家堡乔家屋顶

介休北辛武冀家

丰富，室内砌地下炉灶，烧煤做饭兼暖火炕，炕面及炕围糊桐油彩纸，亦有在墙围上彩绘花鸟人物。建筑装饰以砖雕为多。

太谷至介休的汾河河谷不仅农业发达，出外经商者亦多，由于经济富裕，城市街道严整，店铺门面富丽，而巨商大贾又多在家乡修建深宅大院。其最著名者有四大家：即太谷北洸曹家，祁县乔家堡乔家，平遥达堡李家和介休北辛武冀家。这些大院多为两进院横向拼联，如太谷北洸曹家正院为三套两进院拼联，正房三层，顶上有看楼，厢房两层内5外5共20间，对面还有副院－双喜堂；此外还有花园、场院、附属住房。祁县乔家堡乔家是六个拼联的两进院，外有带垛口的高大围墙，墙内有一周平顶房及带枪眼的角楼可周回巡视及防御，建筑质量较高。介休北辛武冀家厢房带廊，格式与曹乔两家相仿。

襄汾丁村民居多明清建筑，起家为明代一个在甘肃、宁夏、河南经营典当、药铺、房产的商人。明代民居格局和太谷相仿，因当时官家限制较多而比较简易，但用料却材大质高，拆一所旧房木料可盖三所新房。清代民居门柱装饰较多。

晋东南的阳城有几座汉族地区少见的山寨。沁河边的润城寨墙周围有一公里，利用山崖据险筑墙，高达10余至40米。城内街道成丁字形，各户院落相互通联，有几所5~6层的高楼用作炮台，一切布置都为了防御盗匪的攻掠。润城杨家多在国内各地经商，民居多建于明末清初，有名为四大八小，即四合院的四面各为三间，转角两间或分开或连通，楼梯在外或在内，均能巧妙利用空间。自称中道庄的陈家寨，俗称皇城，

却以官宦起家，从清康熙时起有五代历任吏、兵、刑、工四部尚书。寨子分内外城，从外城进去最前是康熙题额"午亭山林"的牌坊，旁书赐予告经筵讲官文渊阁大学士兼吏部尚书加三级陈廷敬。内城门额题"斗室可居"。内部建筑与润城大同小异。陈家寨之西有更大寨子郭峪，城墙蜿蜒，寨楼高踞，旁有龙泉寺七层砖塔，俨然县城模样。五台河边有阎锡山宅第，号称东西花园，大门外有影壁遮挡，内部庭院虽较宽敞，也是院套院无何特色。

二十三 蒙古、内蒙古、呼和浩特

战国时期在近代蒙古地区出现匈奴与东胡两个部落联盟，纪元前209年匈奴单于冒顿东并东胡，西破月氏，南降白羊、楼烦，北服丁零、鬲昆，拥士卒30余万，控制今长城以北广大地区。汉武帝三次用兵，迫单于庭从阴山迁往漠北，以后匈奴内乱，南匈奴归汉，内迁云中、朔方等地，逐渐与汉族融合，残唐十六国时代曾建前赵(304-329)，北凉(401-439)，夏(407-431)政权。北匈奴部分西迁，部分融入鲜卑及南匈奴。匈奴衰落后，代之而起的为鲜卑，檀石槐尽有匈奴故地，势力盛极一时。以后鲜卑南下，柔然在蒙古地区崛起，疆域东接夫余、高句丽，西抵天山，南至阴山，北达贝加尔湖，与北魏对抗约一个半世纪，552年为突厥所灭。突厥本柔然部，立汗国后疆域曾东至辽河上游，西达里海，南抵沙漠，北接贝

加尔湖，582年为隋击败，分东西两汗国。西突厥统治中亚，于659年为唐所破，于其地置州府。东突厥曾有半个世纪归唐，745年为回纥所灭。回纥与突厥同语族，建汗国后尽有突厥故地，百余年间经济文化有很大发展，曾助唐平安史之乱，840年为黠戛斯攻破。十世纪辽建国，蒙古地区许多部落臣属于辽，1125金灭辽，又取北宋，疆域东北到日本海、鄂霍次克海，西北尽有蒙古地区，西与西夏接壤，南与南宋对峙。千余年来蒙古地区各民族或往或来，都未能在当地生根成为主体民族。

隋唐时期蒙古原为室韦——鞑靼逐渐突厥化的民族，以后突厥灭亡，回纥西迁，契丹远征，他们便进入漠北草原与漠南西部。十二世纪蒙古各部经济由狩猎向游牧发展，氏族为阶级关系所取代，最后形成蒙古、塔塔儿、克烈、蔑儿乞、乃蛮五大部落集团。1206年蒙古铁木真统一各部，控制兴安岭、阿尔泰、贝加尔湖、阴山间广大地区；在鄂嫩河畔被推为大汗，号成吉思汗，建立蒙古国。在内部推行全民皆兵的千户制。先灭西辽及灭花剌子模，1227年又灭西夏。同年成吉思汗病死，窝阔台继汗位，于1234年灭金，又向欧洲进军，相继进入俄罗斯、波兰、匈牙利、直抵维也纳。后窝阔台死，蒙哥继位，继续进军印度、克什米尔、巴格达；派忽必烈攻取南宋，灭大理国，分兵进攻安南；1259兵至武昌、长沙，蒙哥战死。忽必烈即汗位，1264迁都燕京称大都，改国号为元。1276年灭南宋。五十年间蒙古骑兵横扫欧亚，统一中国，创世界战史的奇迹。成吉思汗分封他的儿子统治西方广大领土。长子术赤建钦察汗国，领土北抵俄罗

斯、南至高加索、东迄鄂尔齐斯河，西接多瑙河。在伏尔加下游建萨莱城。十五世纪分裂为克里木、喀山、阿斯特拉罕、西伯利亚等汗国，1480年为莫斯科公国所灭。次子察合台建察合台汗国，领西辽旧地，都今新疆霍城，1370为帖木儿帝国所灭。三子窝阔台建窝阔台汗国，封地包括额尔齐斯河上游和巴尔喀什湖以东地区，都今新疆额敏。后代因与忽必烈争帝位，兵败封地并入察合台。孙旭烈兀建伊儿汗国，领土东起阿姆河、西至地中海、北自高加索、南抵印度洋，1388年为帖木儿帝国所灭。元帝国存在时间和各汗国相差无几，于1368年为明所灭(参考1985年版《蒙古族简史》)。

明以诸亲王镇藩，设卫所，迁归附蒙民入内地，北部蒙古对明时战时和，至1389年为明瓦解，辽东、漠南、甘肃、哈密均为明所控制。残余封建主实行割据，东部蒙古称鞑靼，游牧于大漠南北；漠西称瓦剌；兀良哈三卫居大兴安岭南，散在内地有蒙人数十万。1446年瓦剌也先势力强大，统一漠之南北，南下侵明。也先死，势力衰落。1480年达延汗再统一蒙古，调整封建秩序，结束赛特领主的专横。此后蒙古形成漠南、漠北喀尔喀、漠西瓦剌三集团。十六、十七世纪间蒙古内部稳定，漠南俺答势力最强，他对明友好，在边境开辟16处贸易市场，互市马、茶、木材，收容汉人，奖励农耕，发展土默特经济，明封他为顺义王。他死后他的妻子三娘子当政30年，继续他的政策，边境一直相安无事。蒙古信喇嘛黄教也始于俺答，他的曾孙又成为四世达赖，宗教与汗结合，使喇嘛教更风靡全蒙古。清初对蒙古采取联合政策，1636年漠南蒙古16部尊皇太极为蒙古可汗，漠北三汗亦朝贡于清。1697年青海蒙古投顺，后叛，清于1724年平定之。1686年阿拉善和硕特并入清。1720年康熙三征准格尔，控制西藏，册封达赖六世。1755年乾隆攻取天山北路，最终征服准格尔，连同唐努乌梁海，整个蒙古并入清之版图。

清政府设理藩院，外地设将军、都统、大臣管理蒙古。在蒙古地区则建立盟旗制度，漠南24部分建哲里木，卓索图，昭乌达，锡林郭勒，乌兰察布，伊克昭6盟49扎萨克旗。漠北土谢图，三音诺颜，车臣，扎萨克图四汗编为3盟89旗。旗是在原鄂托克基础上改建的，既是封建主世袭领地又是国家行政、军事单位。旗的首领扎萨克由有功的封建主中任命，有政府授与的行政、司法、军事权。盟不是行政机构，盟长只有监督权。这样封建主的权力大受限制。此外清廷实行封禁政策，禁止各旗互相往来及与汉人往来。取消原蒙古封号改亲王、贝勒、台吉等清朝封号。此外清又利用宗教及联姻政策以笼络蒙古贵族。因而在清代200余年中蒙古一直保持安定和平。现外蒙古已成立人民共和国(1971年有土地156方公里，人口151万)。内蒙古在新中国成立后，先后取消热河、绥远、察哈尔省，1947年成立内蒙古自治区。现辖8盟4市84旗、县，

呼和浩特五塔寺雕刻

昭君墓

乌素图召法禧寺

大青山

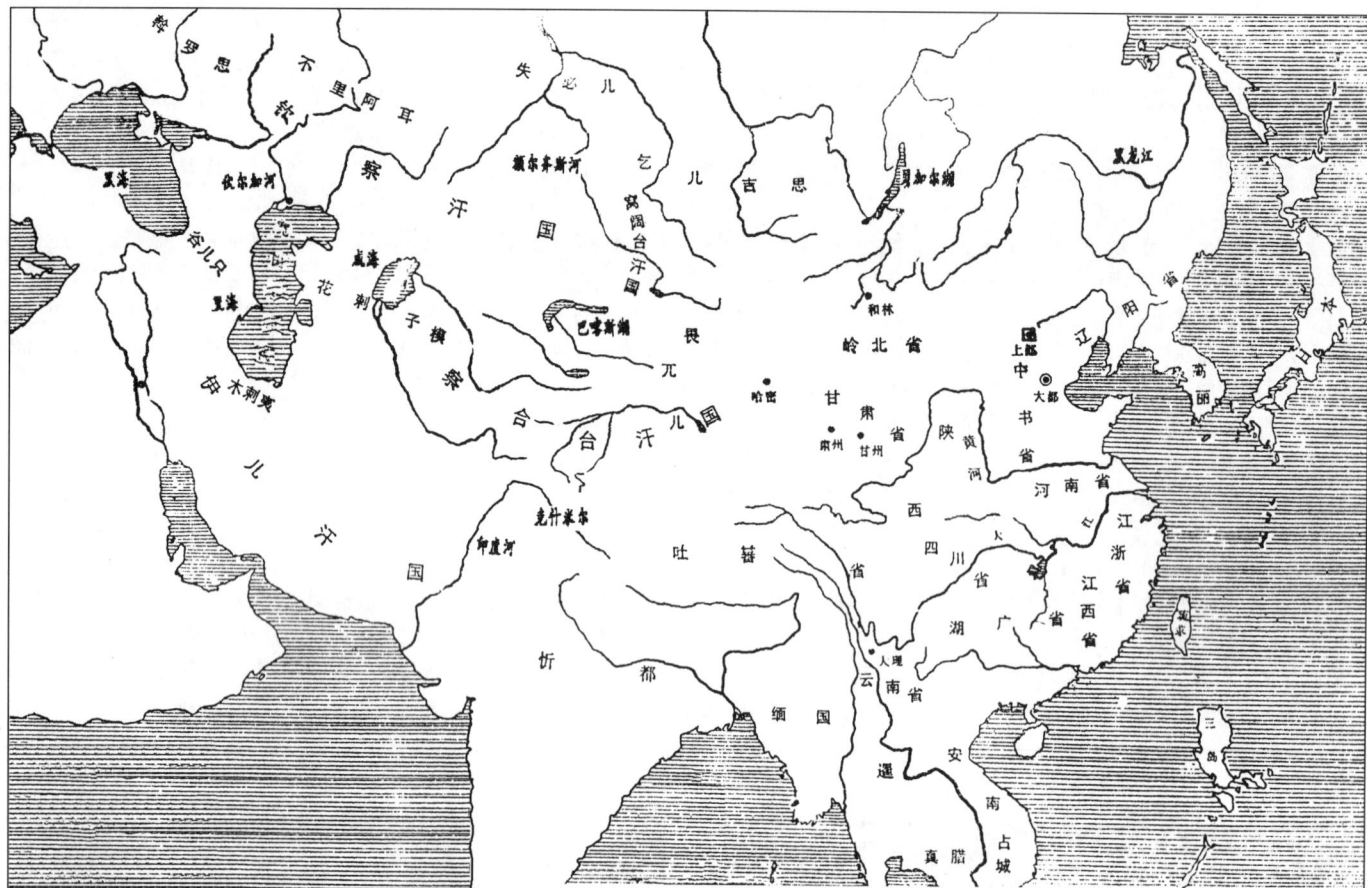

蒙古元朝及各汗国位置示意图

土地面积110万平方公里,有人口2 083万,其中蒙族有230万人。如连东北、西北各地蒙族共有340余万人。

1984年8月我从长江三峡回来,为参加建筑学会活动来到内蒙。到呼和浩特后先去武川锡拉木伦召,北行60公里。过大青山到乌兰察布大草原,这里景色与万里长江完全不同,在略有起伏的原野上,遍地是短短的牧草,有些坡地间杂一些莜麦,几乎没有什么树木,好像无边的绿色地毯,视野可以望得极远。在小山高处有堡垒状堆积突起,蒙古同志告诉我们,那就是在蒙古民歌中歌唱的敖包;我们急忙爬坡赶到近前,原来是3米高的两层石堆,插在上面树枝挂满纸幡彩布,旁边竖着一块石雕神龛,这是喇嘛祭神的地方。周围还有五堆土堆,用以辩别方向。草原上建筑不多,大都是孤立的3~5间单座土平房,也有坡顶砖房;旁边用土坯砌羊圈;火炕前砌炉灶;用乾牛粪作燃料。我们走走停停,将近召庙,有旗长率乌兰察布演队,在召外相迎,奏着乐,唱着歌,先献哈达后向每人敬新鲜马奶酒,我虽

不饮酒,为了礼貌也不得不喝一口,酒淡而有清香味。到公社略事休息又去看演出队骑骆驼、跑马、摔跤。午餐主人献全羊,演出队又逐桌唱歌劝酒,别有一番民族风情。饭后我利用空隙拍锡拉木伦召内外景,长方形大殿分佛堂与经堂两部分,在带女儿墙的平顶上覆以歇山大屋顶,建筑四周有柱廊,为汉藏混合形式。下午演节目,几个人又唱又跳又奏乐,都是多面手。结束后再饮酒告别,归途见牧者放牧,羊群好像从天空降落在绿色草原上的大片白云,从暮色中望去,显得格外神秘。

呼和浩特北依大青山,南濒黄河,辽金名丰州,明俺答筑城赐名归化,清更增新城,改名绥远,自治区成立后恢复原名,意为青色的城,现有城市人口50余万。席力图召明建,康熙在寺内立征噶尔丹纪功碑,因此地位居各寺之首。召西有小塔高15米。大召汉名弘慈寺,亦为俺答所建,清重修,有过殿、经堂、佛堂与九间楼——藏经楼。经堂前有铁吼,佛堂中有银制高2.55米的佛像。出大召东过小召,殿堂已毁,只余牌坊。再东

为金刚宝座舍利塔,俗名五塔,原有慈灯寺已毁。塔通高16.7米,金刚座7层,下部用蒙、藏、梵文刻金刚经,上部雕出1,119尊鎏金小佛像。门内为半圆砖拱的中厅及东西耳室,由东耳室登石阶上至方亭,金刚座上有五座小塔,千佛龛上塑444尊小佛。五塔后墙嵌有三幅石刻图,东面为著名蒙文天文图,星辰坐标上标出28宿及1 550可见星,表示24节气,12生肖及12宫,为珍贵的科学文物。五塔饰面主要使用雕砖,琉璃只用在挑檐和塔刹上,因此外观比较朴素。在呼市东17公里,有万部华严经塔俗名白塔,原为辽圣宗时所建宣教寺的藏经塔,为楼阁式八角七层砖筑,高约45米,每层设腰檐及平座,可登高眺远,塔上悬有风铃。塔身除1~2层有佛像浮雕外,全为素面,平圆塔顶,整体富有浑厚雄壮气势。塔内游人题记有汉、蒙、藏、契丹、西夏、女真、八思巴等文字,为各民族友好往来的象征。在市内我又参观了大清真寺及耶稣教礼拜寺。在博物馆见馆长,他是宝昌人,旁边有人说现在是"上有天堂,下有苏杭,除了北京,就是宝昌",馆长回答过去产

是"牛屁股是能源，鸡屁股是银行"。民间顺口溜也体现出改革前后地方经济的实情。行前又出呼市南行10公里到昭君墓，汉王昭君与匈奴呼韩邪和亲的故事，久已流传全国，因而墓地格外吸引游人。墓在大黑河南岸，为高30米的土丘，现经整修护以草皮。围以松柏，满目清新景象。1993年6月我又来内蒙，抢时间去大青山下的乌素图召，此召由庆缘、法禧等五寺组成，依山面水，杏柳环绕，环境优美。其中以明建庆缘寺最大，而法禧寺因藏有3,455块藏文经版而著称。有赵长城从此经过，遗址清楚可见。

二十四　五当召、包头及河套

建筑会议结束，前内蒙军区政委廷懋约我同去包头及伊克昭盟，9月3日从呼市出发，车行98公里到土默特右旗的美岱召。美岱召是1575年俺答汗最早修建城寺合一的喇嘛庙，明赐名福化城。城以石筑，上有城楼角楼，内有大殿、三佛殿、达赖庙、太后庙，占地4公顷。建成后俺答迎请西藏黄教高僧来蒙古传教。俺答孙云丹加措成为达赖四世后去西藏坐床，1606年西藏派麦达力·呼图克图来寺掌教，俺答孙媳五兰姚吉修召城泰和门和大殿，在门匾上记下修建经过，并在大殿墙壁绘出著名的供养人壁画。壁画高10米，长60米，画出大小人物62人，据考证全图主题为著名的三娘子宴饮场面，右面1.2米高的老妇人为三娘子老年像，左面1.2米高的少妇为三娘子青年像，也有人认为是她的孙媳五兰姚吉而那丰髯酋长是她的孙子扯力克。壁画内容充分表现当时蒙古民族的历史文化、服装饰物、生活风情，三百多年历经劫难而保存至今，实为难得的珍稀文物。

出美岱召西行70公里到包头老区，包钢新区距此还有20公里。次日车过新区再东北入固阳境行70公里到吉忽伦图山下的五当召。召原为伊盟准格尔旗王公所创建，康熙乾隆时大加扩充，成为内蒙西部最有影响的喇嘛庙。它由六座大殿，三座活佛府，一座陵堂及其他附属建筑组成，占地20余公顷。全部殿宇均为独立的藏式建筑，不规则分布于主峰两侧，总体仿西藏扎什伦布，相互错落而又和谐统一，虽不如青海塔儿寺及甘肃拉卜楞寺恢宏绚丽，但在内蒙草

原中也是巍然卓立的建筑群。佛殿外墙用巨石垒砌，厚达60厘米，每年用石灰水喷洒，白色粗糙的表面，使建筑物显得清新而又稳重。墙的上部有一米宽的土红色边麻装饰。正面屋顶有鎏金的法轮和卧鹿，象征佛在鹿苑说法；也有装鎏金铜塔，旁有两力士扶持锁链；铸有佛八宝的巨大铜幢和三叉戟耸立在四周；这些铜饰均为吉祥压胜之物，造型奇特，金光闪烁，使建筑充满生气。五当召、多伦召、席力图召在内蒙有特殊地位，他们有自己庙产，不受盟旗管辖。然五当召更为著名的是他的佛学地位。一般大喇嘛寺都有供喇嘛学习的经院，五当召的经院有四大部，即宗教哲学，时轮天文数学，密宗医学和教义戒律。顺山势由下而上，由南而北，最前面的是苏古沁独宫，建于乾隆时期，三层高22米。底层前部为大经堂又全召集会的场所。大门两侧绘四大天王像，中间64根方柱包着彩色绒毯，顶上飘着经幡和帛画，地上陈设数十排座椅。四壁满绘34组佛相故事，画高2米长150米，后面端坐弥勒佛像，侧立藏经橱。整个经堂气氛庄严肃穆。二楼有三世佛及十八罗汉，壁上绘西藏、五台及五当召寺庙鸟瞰图。三楼供奉上有宫殿下有云水城墙的两座铜城，乃佛教密宗修法观想用的法坛名曼陀罗。却伊拉独宫位于苏古沁独的西侧，内供10米高的铜制弥勒佛，是召内最大经院宗教哲学经院所在，有2/3的喇嘛参加，学期为21年，期满成绩优秀者可获得学位。洞阔尔独宫在却伊拉独之上，亦乾隆时建，前廊门上悬汉满蒙藏四种文字写的"广觉寺"匾额，宫内供五当召第一代活佛。这里是时轮天文、数学经院所在，参加人数不多，无固定期限，考取学位后享特殊待遇，集会时可穿锦缎戴金冠。坎希德独宫在洞阔尔独之西，是不大的二层楼，殿内排列9尊护法金刚，个个脚踏恶鬼，狰狞可怖，俗称驯服殿。其西北巍然峙立于小山头者为日木伦独宫，建于光绪时期，内奉9米高的宗喀巴铜像，沿墙排列千佛龛，内盛宗喀巴小像，为教义戒律经院所在，学期9年，取得学位后可独立钻研或翻译佛经。在日木伦独之东为活佛府，正面为藏式二层楼，两旁有厢房，均布置华丽。以后为接待章嘉及甘珠尔活佛，又在府之南北，各建一座活佛府。在三活佛府之上有阿会独宫，系嘉庆时建，宫内有六道轮回壁画及泥塑须弥山佛像。此宫乃密宗与医学经院所在，学期10年，期满不授学位。山外4公里有别寺称庚毗，为经院毕

业后修行之所。召内事务由大喇嘛组成的"索干代"管理，活佛是最高首领，他不直接参与管理但可以干涉一切。正因为五当召以佛学著称，外地甚至西藏许多喇嘛都来此学习，而召内亦以此自重，如召内从不举行打鬼活动，认为是媚俗。我们出五当召去石拐吃午饭，饭后看赵长城。

回包头，当晚及次日上午有雨，原计划去乌梁素海，不能成行。看地区材料知古人类文化遗址在包头续有发现，新石器时代已有十余处，多集中在大青山南麓台地上，阿善的石筑围墙长达千余米，为国内已发现同时代的最大工程。麻城战国遗址中发现安阳布币。较大的汉城遗址已发现7处，以麻池城规模最大。下午天少晴，我们去参观麻池遗址。见城分南北，北城周长2 800米，南城周长2 600米，城墙残高4米，有的高至8米，底厚15米；城内残破砖瓦陶片，到处皆是，据考证麻池为汉五原郡县城。麻池附近召湾汉墓发掘出"单于和亲"瓦当及昭明铜镜等，对汉与匈奴历史的研究颇有价值。

1993年我再过包头，拟访乌梁素海，又未成。7月3日上午参观包钢，午间乘火车去银川，下午拟从火车上看内蒙黄河北岸的河套。以包钢为基础建成的包头新区，完全按规划进行。包钢从北到南按着选矿、炼铁、炼钢、轧钢工序排列，有煤气管道通连，一系列建筑布局十分整齐、色调非常谐调。

五当召阿会独宫

美岱召

固阳赵长城

五当召活佛宫

包钢

有宽阔的林带隔离工厂区与生活区，建筑一般为5～6层，道路比较宽敞，新区面貌很有现代特色。登车后边观景拍照，边记笔记。大青山从呼市过包头一直到乌拉山全长160公里，三千年来他经历了多少次民族战争，现在又好似一条长城保护着铁路。过乌拉山到乌拉特前旗，远望乌梁素海，进入河套地区。原来设想"黄河百害，唯富一

套"，河套可能像江南那样水网纵横，绿野无边，但我看到的却是盐碱地、荒野不时出现。一直望过五原到临河才看见号称二黄河的灌渠，庄稼开始露出丰盛景象，但面积不大。火车顺河势由西转南行，渠边多种柳树。到磴口车过黄河沿东岸行驶，进入杭锦旗沙漠地区，完全是另外一番景象。这时天色由阴转晴，夕阳露头，远处黄澄澄一片沙

漠，没有一点绿色。靠铁路线才见草丛，有网状挡沙草栏，但看来防沙、固沙都十分无力，好像狂风随时都能把铁路埋没似的，远望沙漠深处浑茫茫与天际混同，看不到生命迹象，大自然显出无限神秘。近乌海市渐有树木，远望桌子山横障沙漠，人们似乎慢慢恢复了安全感。车从乌海再回黄河西，天已昏黑，稍歇，11时到银川。

美岱召壁画线描图

二黄河的灌渠

杭锦旗沙漠

1.苏古沁独宫　　8.甘珠尔府
2.却伊拉独宫　　9.阿会独宫
3.洞阔尔独宫　　10.苏卜盖陵
4.当坎希德独宫　11.赏盖院三楼
5.日木伦独宫　　12.洞阔尔扎巴
6.洞阔尔活佛府　13.大厨房
7.章嘉府

北

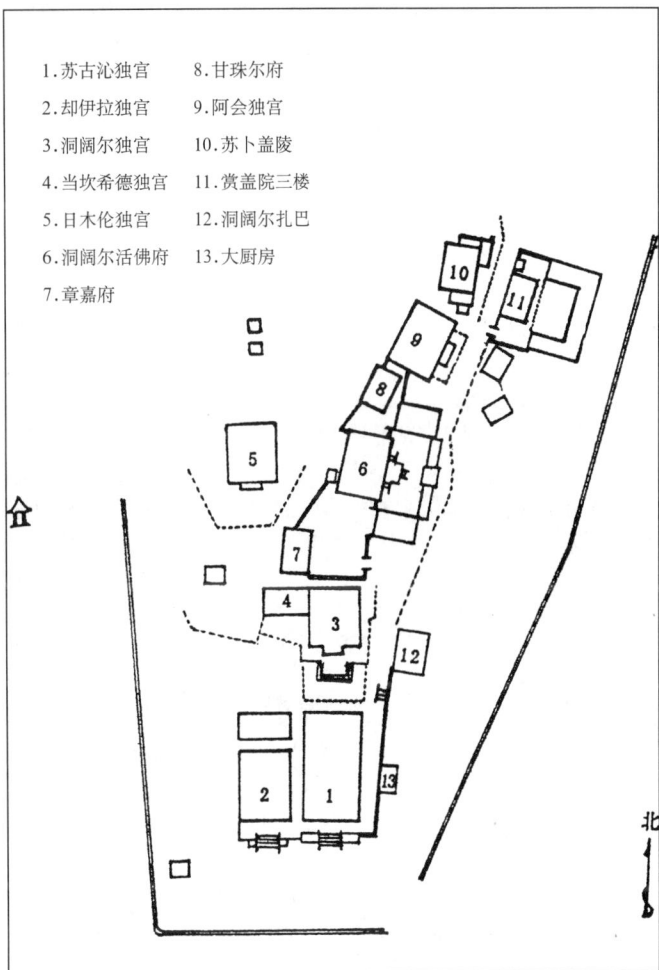

五当召平面图

二十五　成陵、毛素乌沙漠、匈奴遗址

1984年9月6日我们离开包头前往伊克昭盟。车东南行30公里到黄河边,遥望平丘无际,河水微黄,波光粼粼。这里原是古

渡口,几千年的人马货运,全靠船只。直到去年宽达500米的大桥终于建成,使我们今天能幸运地走到桥上,边看黄河,边谈历史。过河即进入伊克昭盟,伊盟地处鄂尔多斯高原,海拔在1000~1500米之间,这里是河套文化发祥地,历史上有匈奴、鲜卑、敕勒、突厥、党项、蒙古等民族在此生息繁衍。现有面积8.6万平方公里,沙漠占其大

部;人口百余万,民族17个,以汉族最多,蒙古占12%。车过树林召,开始看到沙漠也看到居民和沙漠的斗争,路旁遍地是一丛丛、一行行的沙蒿,用它来固沙、积土、蓄水。有些沙丘地势较高,顶上露着洁白的石英沙,但下面却已沙蒿成片。车过达拉特旗到东胜,从黄河边到这里共行100公里。东胜市是盟的所在地,市区有人口5万。我

们匆匆吃过午饭即前往成吉思汗陵。陵在伊金霍洛旗南部草原上，北距东胜70公里。1227年成吉思汗在攻取西夏时病死于军中。死后按蒙古贵族秘葬习惯，不起坟茔，葬后以马践踏使如平地，或上植草木人莫能识，因此成吉思汗的葬处从此失传。其子孙乃在阿尔泰山及肯特山之间的高原上建起八座白色蒙古包，名为"八白室"，以祭祀成吉思汗。明朝额尔多斯进入伊克昭盟，把八白室随之迁来，1613年万历时期鄂尔多斯博硕克图济农在达拉特北建喇嘛庙，八白室即设在庙的附近。清将额尔多斯编为6旗，设伊克昭盟，蒙语意为大庙。当时额林臣为盟长，又将其迁到现今位置，并改称伊金霍洛，意为帝王陵墓。清代蒙汉间贸易发展，成陵日益成为蒙汉经济文化交流的中心。抗战时期，为防止日寇劫掠陵寝，曾先后将成陵迁往甘肃青海，胜利后又迁回原处。现今伊金霍洛旗距东胜44公里，几乎都是新建房屋，宽宽的道路两旁种了许多草花，我们走过正是花开季节，和荒漠对比，给人以特别清新的印象。

出旗再南行26公里，到成吉思汗陵园，路上有时涉水过小沙溪，有时奔驰在坝上，这坝与陕北的塬相类似，高原似乎更和天接近。陵园占地5.5公顷，远远即可看见它的三座相互通联的蒙古包式建筑。纪念堂

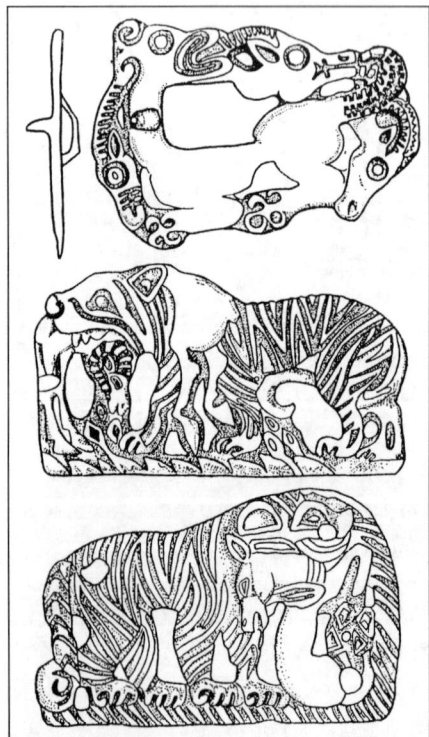

匈奴动物咬斗纹饰图

在中间，高26米，穹窿宝顶满铺金黄色琉璃瓦，镶嵌云头及重檐用蓝琉璃，下部为八角形，红柱红门窗，黄色带白条的墙壁；两旁形式相同，维因单檐而略低些。这奇特的形式和灿烂的颜色很吸引游人。整个陵园全为解放后新建，直到现在工程大部未完。现纪念堂正中置成吉思汗坐像，堂后寝宫有四座蒙古包，内置成吉思汗夫妇及其孙贵由夫妇空灵柩，四周壁画有成吉思汗的辉煌史迹。每年自治区里都来这举行公祭，有各族人民盛大集会。我们离开后，听说在附近又修了行宫，这里将随旅游事业的开展而更为繁华。傍晚回东胜，听伊盟书记介绍经济计划，他们想开发煤、硝、碱、石膏、石英沙、天然气，要"扬煤吐气"。次日天大晴，但因昨晚降中雨，土路不好走，乃取消去准格尔计划，改为参观羊毛厂，入厂见羊毛、羊绒质量极佳，羊毛衫已远销美国。全建盟7旗1市工农总产值，1949为4 000万，1983增至52 000万，其中牧业占45%居首。

中午决定绕道乌审旗去探毛素乌沙漠，于是下午重过伊金霍洛，再往南行，正值修西安至包头公路，车子只好绕行。现在修建的西包公路，大体和秦始皇修的直道平行，秦直道从云阳开始北走淳化、旬邑、华池的子午岭到定边再东北过鄂尔多斯草原转向乌审旗至东胜，越黄河至包头，全长800公里。车到新街回归公路，远望产鱼的红碱淖已临近内蒙和陕西交界线了。不久即转向西驶，进入乌审旗和毛乌素沙漠。绿色的树木不见了，遍地是黄沙间杂些沙丘和草丛，极少的洼地中闪烁着水光，有的水泊积水已变成铁锈色。车在沙漠中走的不快。我们走了20公里到查汗淖看见沙山，有水草，有牛羊，赶快拍些照片再前进。沿途景色不断变化，有些沙包生长沙柳和矮柏，有些地方无树无草只有沙漠，偶而也出现小的草原。天色渐渐暗下来，但沙漠返光强，我们摸黑赶路，在毛素乌沙漠中奔驰了120公里，用去五个半小时，晚11时才到乌审旗。

萨拉乌苏河名红柳河横贯乌审旗南部，其下游折向东南名无定河，经陕西米脂清涧入黄河。1922年国外考古学家在萨拉乌苏河谷发现古人的牙齿，以后陆续发现顶骨、额骨、椎骨、股骨等23件，经测定距今3.7~5万年，被命名为"河套人"，七十年来早已闻名于世。红柳河上有白城子，地处内蒙与陕西交界，在十六国时期名统万城，是匈奴赫连勃勃建立的夏国国都。这座古城

遗址历经1 500年的风雨，迄今尚屹立在沙漠中，其西北角24米高的敌楼，远远即可望见。夏建国时这一带还是水草丰美，风景诱人的地方，正如赫连勃勃所说"美哉斯阜，临广泽而带清流。吾行地多矣，未有若斯之美"。至唐"长庆二年夏州大风，堆沙高及城堞"（《横山县志》），四百年后，流沙已威胁统万城了。北宋时城已深陷沙中，994年宋朝下令废夏州城。鄂尔多斯的古代文明毁于沙漠，这是人类惨痛的历史。现在乌审旗面积2万平方公里，只有8万人口，他们的主要生活就是与流沙作斗争。

8日早晨去女镇长山丹家作客，奶茶钦后又有新鲜玉米，饭后上路去鄂托克旗。鄂旗地势较低，沿途多沙丘，丘上除沙蒿外还生长沙柳、沙打旺和带刺尖叶的沙米；远望高处草原好像一脉青山；农田、草原多，放牧牲畜也多些。车行100公里到鄂托克旗，下午北行10公里看乾旱草原，这里打深井需打进千多米才能见水。在这里见到牛马喜欢吃的矮草佐巴草、兔儿草。然后下坡去看海勃湾，有柏油公路通乌海市仅120公里。随后走进一所牧民住宅，同他们在三根标志贵族的"马尼杆"前合影。看深300米的深井，有马在井台拉盛水的羊皮桶。回旗吃过晚饭和旗的书记谈情况，全旗沙漠占40%，半固定沙占30%，草原占6%~7%；旗所在地有9 000人，用电由无定河上自行发电供应。牧民家多用风力发电，每台电机700~800元，政府补助150元，能发50~100瓦电，可满足照明及电视使用。鄂旗的喇嘛寺全毁，乌旗只余两个小寺。

9日早起赶路，到四十里梁进入杭锦旗，开始摆脱沙漠，风光自有不同。我们在乌尔都淖野餐然后继续上路，下午三时到东胜。次日经包头回呼市，当晚回北京。杭锦旗至准格尔一线也是鄂尔多斯古代文化重要发源地。据考古发掘准格尔沿黄河，北起托克托，南至河曲有一系列新石器遗址。在北方早期活动的部落集团有鬼方等，以后称之为狄，再后为匈奴。商周时期以青铜短剑及铜刀为代表的鄂尔多斯青铜文化即匈奴早期文化。匈奴为中国早期独立发展的草原游牧民族，他们勇武善骑，驰骋欧亚，对于中国及世界历史有重要的影响。过去我们对匈奴文化了解极少，七十年代伊克昭盟先后在杭锦旗的桃红巴拉发现春秋晚期的匈奴墓葬群，在桃红巴拉和准格尔旗的玉隆太及西沟发现战国晚期的匈奴墓葬，在西沟及东胜补洞发现汉代匈奴墓葬，发掘出大

批匈奴文化的珍贵资料。从春秋的铁器及丝织品证明匈奴早与中原有密切的联系，从兵器、马具及大批牲畜殉葬可以看到他们尚武习俗，而贵妇的头饰和塑造优美精细的动物纹饰都是难得的艺术珍品。

二十六　内外长城与清水河、准格尔

在我国古代历史中，以修筑长城为军事防御手段，从春秋的楚国开始到明末止，前后延续2 400年。其中秦、汉、明三代长城均在万里以上，称万里长城。 战国时期楚最早于河南修方城。魏筑长城有两道，河西长城御秦，始自陕西华县过米脂、府谷进入内蒙准格尔及达拉特旗越黄河抵包头，全长550公里；河南长城起自原阳，经郑州至密县，长300公里，用于防齐。赵长城始于河北宣化，经集宁、呼和浩特、固阳止于临河北之高阙，长约800公里，用以防御林胡等北方民族。 此外在河北临漳、磁县还修了一段防秦魏的长城。秦昭王长城从甘肃岷县经陕西安塞至横山分为两支，一经绥德止于榆林，一进内蒙经伊金霍洛抵准格尔十二连城，全长1 150公里，用于防御西戎。燕筑南北长城，北长城主干为秦开却东胡后，西起张家口经围场过内蒙赤峰、入辽宁阜新，开原转而南下抵丹东，再过鸭绿江止于平壤，全长近1 400公里。此外还有内长城，从围场经赤峰至阜新长300公里。南长城起于易县燕下都东南经徐水、任邱到文安，长250公里，以防秦赵。

秦始皇统一六国后修筑长城，一面利用秦赵燕三国旧线加以修缮整理，一面增筑及延长新线，西起甘肃临洮经宁夏固原北过黄河沿贺兰山进入内蒙阿拉善旗，再由狼山转向东方，插进大青山北麓与南麓的赵长城平行，至武川又回山南与赵长城合线，然后过多伦至围场与燕长城汇合，出辽东鸭绿江再至平壤。秦长城内外合计可有5 000公里。西汉初匈奴势力强大，与汉战事不断， 汉武帝为防御匈奴除修缮秦长城外，又在边远地区修亭障、列城、烽堠建墩台长城，东起辽东、过内蒙宁城、集宁进入大青山，横过乌、巴、阿三盟，在五原筑光禄城，在额济纳旗北筑居延城然后连通河西长城至酒泉，又从敦煌伸入新疆西域地区；全长万余公里，为中国历代最长的长城。北魏为防御柔然及契丹在大青山北修筑长城，起自包头终于赤城，长千余公里。此外为保卫首都平城又修畿上塞围，北从居庸关经山西进内蒙至丰镇、 和林、清水河抵黄河边；南从居庸关，经山西平型关、雁门关、宁武关、至偏关与外塞衔接；总长亦近千公里。北齐长城起自清水河的老牛湾，经和

盛乐城故址

刘大城墕旱井

口子上外长城

内外长城交界处

遥望托克托准格尔沙地

林、丰镇、赤城、蓟县至山海关；以后又加修南北线，由离石经五寨、神池至偏关；总长为1 500公里。隋为防突厥而筑的新长城有两条，一自宁夏灵武黄河东岸至陕西绥德，一自内蒙托克托的喇嘛湾经清水河至山西右玉杀虎口，共长450公里。金长城两道，一道横亘呼伦贝尔北部，一道从嫩江西岸莫力达瓦沿大兴安岭南下经过甘南、乌兰浩特、巴林左旗、锡林浩特、四王子旗而止于包头黄河边，全长近5 000公里。明最初建次边，长城从清水河起经杀虎口至兴和，两道土墙并行。后建大边，为外长城，西起嘉峪关，东至山海关，再接辽东长城，全长

7 300公里，即现存的万里长城。再后建内边，为内长城，乃在北魏北齐及隋长城旧线上增补而成，从延庆起经内外三关至清水河南口子上村又与外长城汇合，长1 000公里。从战国起历经十个朝代长城集中于内蒙沿黄河各盟特别是呼和浩特周围说明中原与北方民族频繁的战争使这些地区始终处于历代人们注意的焦点（参考高旺：《内蒙古长城史话》)。

1993年7月我去宁夏前再去内蒙专访清水河。1日我们从呼和浩特出发，经昭君墓进入呼南草原，开阔的原野中大部为荒地，只长些蒿草、灌木。车行40公里到上土

城子村，西北有盛乐城故址乃拓跋氏建立北魏王朝的最初都城。现土城的轮廓还清晰可辨，东南角有残存土堡。盛乐之北为唐单于都护府，亦有府城遗址。从此往南进入起伏的山区，续行14公里到和林格尔，再30公里到大红城。在大红城北有明建镇虏卫城，纵横各1 500米，现在浑河北山坡上还残留城墙及城门遗迹。从大红城南行不远即可望见附近山梁东西排列着一列敌台，这是明的次边。绕过山继续走了53公里，近午抵清水河。城镇依山面水，沿河布置成带状，有人口16 000。午后看内外长城。车出城即爬上山头，起伏蜿蜒，都在山之高处驰行。附近的山都是光秃秃的，因水土流失招致地下水位下降，吃水极为困难。地方同志领我们看旱井，乃沿山沟挖成的十余米深井，内用三合土夯实，降雨时先将雨水导至过滤坑，待水澄清后储入井中，据说清水河有1/3的人家靠旱井吃水。看完旱井后拐进山村，村名刘大城墕有20多户，共筑两排窑洞。我们走进一户两孔窑的家里，除一套组合家具外，没有别的陈设。

从清水河南行50公里至暖泉，南有公路通山西偏关，又东行十余公里到五眼堡即今口子上村，乃明内外长城交接处。偏关为蒙古攻袭明朝的主要进出口，嘉靖在位44年中俺答汗17次攻入偏关。因此明朝为保卫京师，不得不先修次边后修内外长城，并重点加强偏关的防御工事。通常外长城为土石，独京北及偏关60公里地带为砖石构筑。偏关北山先后建城四道，并有水门、暗门、隧道等设施。原在次边已有三座卫城，后在外长城内又建老牛湾、五眼井等5座砖石城堡。只老牛湾40公里长城即有86座

遥望内长城

城湾黄河东岸

巡台和197座高大敌台,构成多层次的防御工事。京北长城有喜峰口,古北口,杀虎口三口,民间小调走西口就是指的杀虎口。杀虎口不仅在关口有几座坚固城堡,而且在两山之间有3 300米长的狭长山谷通道,形势极为险要。明朝沿呼和浩特经杀虎口去大同的大道上又修夹道墩台,以保护行军安全。黄河从平坦的土默川进入晋陕峡谷,到山西偏关的老牛湾,山河形势突变,黄河仅宽200~300米,两岸山岩壁立,悬流激浪,水声如雷。明朝防御偏关,就充分利用这里的险要形势,在老牛湾修望河楼及城堡。明长城九镇中山西镇总兵即驻守偏关。

我们从暖泉向东绕过两个山头,老远就看见南面群山一溜外长城的敌台,可惜天阴,虽有气势而不显明。车下到沟底过北堡到口子上村,我们把车停在村外,顺村西丫角山的坡度擦着长城遗址向上爬,爬高约30米,到五眼井堡,堡原为方形,堡墙长91米,宽4.5米,四角有炮台,具相当规模,可惜现在城堡已毁只余部分残墙。我们继续向上爬行,见长城已遭受严重破坏,山下敌台砖将剥光,山上还能看见整砖和条石。爬了一个半小时,升高四五百米,登上一个有山头,见20多米高的敌台还雄伟地耸立着。遥望内长城逶迤由南北来与外长城汇合,极为清晰,因为这一带是防御重点,内外烽火台就有30座,城墙有七八重,俗称二十六口长城就横亘在丫角山的山腰。可惜我们所在的地方离汇合点还隔几个山头,要爬上相当高度,加上天又下起小雨,我只好坐在敌台下尽量仔细地欣赏这长城纵横,台堡林立的壮丽景色。不久雨下大了,我不得不匆匆下山。跑到山脚下,雨又停了,村

里正为求雨演戏,我站在五眼井堡的残墙上为群众和东山长城拍照,然后乘车返回清水河,晚宿窑洞中。

2日提前早饭,六时半出发,计划到城湾过黄河经准格尔赶往包头。清水河西南地区与陕北相似,沟沟坎坎,荒原少树,我们走了一路只见两三个村子。走50 公里到城湾,黄河水宽而平,除东岸的山略有气势外,没有峡谷风景。看长城与黄河的险要形势,须到老牛湾,距此尚有五六十公里。过黄河公路桥,西岸为准格尔煤矿区,我们在公路上跑了十多公里,见路上不断洒着煤的粉末,准格尔比河东更显得荒凉。车行30公里到大饭铺,有路标注明去东胜,去呼和浩特都是135公里,我们计划去包头,司机选取去呼市的路,乃折向北行。从三岔口到薛家湾14公里满地都是粉状乾细黄土且土层极厚,有一段正在修路,车子要绕到黄土地中行走,大风吹过一阵黄土将车子完全包围,关上车窗既看不见路,车里也闷热的不行,风过去还得赶快打开车窗。如此走走停停,费去好多时间才上了路,人和车都弄得十分狼狈。我们正暗自埋怨司机选错了路,车到了薛家湾新开发区,有一条新修成的清洁而宽阔的柏油路直通呼和浩特。司机掸去车身上的土,重新开动,刚才一路作响的车再也无声息而如飞的跑开了。奔驰44公里,转眼就到了喇嘛湾。这里的黄河也是又宽又平,过了河有周长4公里的汉代祯陵古城,再北行40公里到托克托,隔河遥望准格尔沙地,有沿河绿地和黄河作衬托,金色的沙带,飘在天地之间,似乎又绚丽又神秘,荒凉的沙漠终于最后给我们留下美好的倩影。随后我们沿公路经呼市西郊转土默特公路,

过午赶到包头。

二十七 蒙古包与
内蒙民居

蒙古包为适应蒙古民族的游牧需要而搭造的活动毡棚。一般形式,上为伞状毡盖,下为圆筒型墙,用毛绳从四面系紧,顶中留天窗通风、采光及排烟。先以柳木杆为骨架编成带有网眼的壁块,包的大小随壁块的头数而伸缩。包内地下铺毛毯,中间生火炉,人们在其中生活。牧地转换时,人们便将包拆卸驮走,到新的牧地再重新搭盖。不仅平时,在行军作战时蒙古骑兵亦常常使用。近数百年来蒙古特别是内蒙古人民过着长期和平与定居生活,现在内蒙地区已难找着蒙古包了。我在内蒙转了许多地方,只能在武川拍下一张为旅游而搭盖的蒙古包。

内蒙大部地区都是蒙汉杂居,蒙族人

武川蒙古包

鄂托克带羊圈民居

东胜民居

呼和浩特新民居

鄂托克带马尼杆民居

民的民居直接受北方汉族民居影响，现在内蒙草原及乡村地区的蒙族民居多数为平顶或一面坡顶的土平房，并且以单幢或多户联接的带满面明窗的正房为主，少数为两坡但坡度不大的砖瓦房，盖厢房的不多，但大都用土墙围成院子而不盖门楼。这是为了防避常来的北风和吸取更充足的阳光。室内有带锅灶的火炕。住房之外常用土墙另围成羊圈。用风力发电和使用太阳能的人家相当多。草原上个别院子外面有三叉戟式的"马尼杆"，不知是否全是贵族？靠近山西地区也有一些窑洞。

二十八　重返冀西抗日根据地（补）

1998年秋，我虽已年迈且值肠部大手术后，但得高速公路及高级路面之便，竟能从北京寓所当日往返车行千余公里，两次重访抗战时活动过的冀西抗日根据地。初次我沿京石高速公路从高碑店西经涞水过易县至涞源，然后下太行山坡至走马驿。再次我又过高碑店经徐水至保定参观一个半小时后，由保定经望都至定州，下高速公路经曲阳，进入山地西抵晋察冀中心区阜平。抗战时期晋察冀冀西抗日根据地包括24个县，这两次我行经及造访13个市县，连同以前到过的9个，除井陉、获鹿外我算是都到过了。这样闪电式的采访，虽然浮光掠影，看的极为表面，但六十年来城乡面貌巨大的变化仍给我极深刻的印象，山关长城风貌、重要文物遗存，又使我有丰富的收获。

10月4日我从高碑店下高速公路车行

18公里至涞水。继续西行见公路两旁各有一座小山有似双阙，开始进入易县县境。行19公里至易县城，公路从城北越过，未进城里，随后经清西陵南面向西北行38公里至紫荆关。沿路山形颇佳，山麓树木亦多，中途在泥瓦堡停车，街道一侧引河水成渠，民居门前建跨渠拱形通道。易县城东民居为平顶，上囤玉米，城西直到涞源则多为坡顶。这个山村，院落瓦顶叠落，门前绿树成荫，渠中流水鸣响，别有一番活泼气派。紫荆关北与居庸关，南与倒马关并称长城京西三关。汉时名五阮关，马援曾出此击乌桓，为太行八陉之第七陉。我初进村西只见北山坡蜿蜒而下的长城与拒马河，后转回村东大桥旁，才看见位于河南的紫荆关口，长城亦沿河西行与北山衔接，现村落建于关内的山坡上。我从桥上走到桥下接近关口，见门额下刻紫荆关，上刻"河山带砺"为明万历丁亥夏刻。出紫荆关西至涞源城58公里，沿途有王安镇、浮图峪都是抗战时期著名战场。在浮图峪和涞源之间有我们1938年歼灭日寇运输队的二道河子，重临故地尚需仔细辨认部队的部署位置。中午抵涞源城，见城墙已拆毁，满街新式楼房，面目已彻底改变。饭后参观阁院寺，有辽代的面阔三间的文殊殿和铁钟及明代的藏经阁、天王殿。出寺南行去阜平方向，走15公里到插箭岭，村庄东山留有长城遗址，现已开发成为白石山及十瀑峡风景区。民居虽仍以块石及卵石垒墙，但屋面却为两坡瓦顶。从此继续南行16公里至走马驿，一路是太行山的大下坡，公路在此分界，东过倒马关至唐县、保定，南行山路去阜平。走马驿是山中大村，唐河从此经过，1937年我们部队驻扎时有200～300户，现在已增加

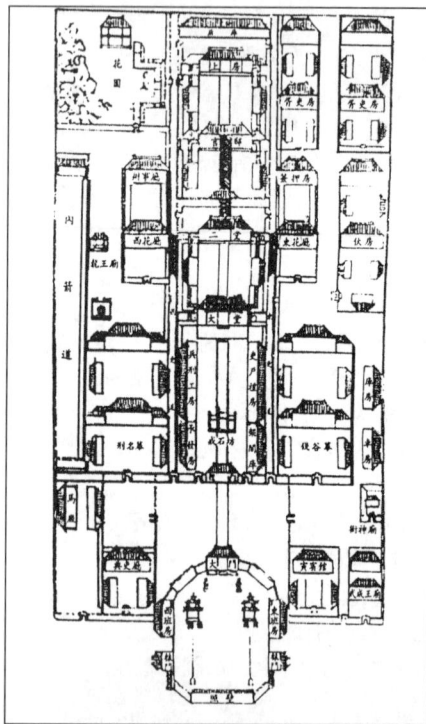

保定直隶总督府图

保定鼓楼

到670户。因去阜平路未铺油，恐来回不及，乃折返来路。车近紫荆关又见长城，时夕阳西下，光照秋田，一片金黄；透过丛林，明暗相间；悬崖岩石面上，斜阳阴影竟形成人的面孔。霎时奇景，似在展示老区的辉煌。

再来根据地，重过高碑店，因黎明出发，车在公路上高速行驶，天上满布朝霞。行程160公里，途经定兴、固安、徐水，一个半小时到达保定。西山远影，一路追随，心情无比宽畅。进城先看古莲花池。莲花池元初为私人园第，名雪香园。明属官府，称水鉴公署。清康熙时1724年，保定成为直隶省会，官署升为总督部院。雍正时1733年总督李卫奉旨办莲池书院，并设宾馆。乾隆时他前后三次大修建，构成莲花池十二景，并亲自题咏"宴罢不知游上谷，几疑城市有蓬莱"。他改宾馆为行宫并六次来此游赏。此后嘉庆、光绪亦陆续巡幸。1900年八国联军攻陷北京，英法德意军队进占保定，在劫掠财宝文物后将莲花池建筑放火

焚烧。以后慈禧回京，又下令重修。北洋军阀时期，曹锟以此为大本营，园林迭遭摧残。现全园占地两公顷，北门楼三楹，门额为徐世昌书题"古莲花池"。入门迎面为假山，南坡有"春午坡"刻石，两旁树乾隆题咏碣石四块，正面立五斗彩绘牌楼。过牌楼西南为"濯锦亭"，东联原直隶图书馆。再南为"水东楼"，面向园中最大水面——南塘，与水中"水心亭"，对岸"君子长生馆"相对。北塘南隔大岛与较小的南塘相通。岛上有"观澜亭"与"篇留洞"所在的假山和"藻咏厅"。南塘之南有"六幢亭"和博物馆等建筑。绕池巡行至北岸，则为一溜碑刻长廊，联接过去的莲湖书院和行宫。碑刻长廊中主要部分为"莲池书院法帖"，园藏珍贵文物有"大清三藏圣教真经"7240卷及明清曲阳石雕仙女造像等。古莲花池虽历经战乱破坏，但基本保持古代园林传统布局，整体清新雅致，益以文化内涵，不失为北方名园。

出莲花池接连去鼓楼及大慈阁拍照，然后到莲花池对面的直隶总督府。清代中期全国设直隶、东三省、两江、湖广、闽浙、陕甘、四川、云贵、两广九总督。这是全国保存至今唯一完好的总督府遗址。直隶自雍正设置总督，历经8帝160年，先后有总督74人99任次，而以李鸿章三任24年最长，并卒于任所。现遗址东西130米，南北220米，总面积三公顷，分中东西三路，以更道相隔。中路大门之外有东西班房、左右辕门、照壁、旗杆、石狮、和乐亭、鼓亭，形成封闭空间。黑色三开间大门，位于高台上，上悬"直隶总督部院"匾额。大门内为仪门，乃迎送宾客所在。仪门内60米甬道两旁遍植桧柏，树令已有460年，参天古木，冬季常有数百猫头鹰栖息其间。尽头为大堂，前有露台，左右各九间科房，东属吏、户、礼，西属兵、刑、工。大堂与仪门中间有四柱三顶木牌坊，上书"公生明"即"公生明，偏生暗"的官箴，北向又刻黄庭坚手书"尔俸

紫荆关

紫荆关内长城

涞源阁院寺

插箭岭

尔禄，民膏民脂，下民易虐，上天难欺。"因名此坊为戒石坊。大堂为举行重大典礼的地方，堂内两侧摆放肃静、回避牌及职衔牌。职衔牌又称云牌鸾驾，长方木牌，每衔一牌。现大堂按李鸿章任内布置，他的职衔是钦定、兵部尚书、都察院右都御史、总督直隶军务粮饷、兼管直隶巡抚事、奉旨管理河道、管理长芦盐政、钦差北洋通商大臣、文华殿大学士、敕封、太子太傅、武英殿总裁、头品顶戴、一等肃毅伯、赏带三眼花翎、赏穿方龙补服、紫禁城骑马、赏用紫缰，共16种，用牌18块。由大堂两侧绕便门北进为二堂院。二堂5间，是接见外地官员和复审案件的地方，东西厢房各3间，有走廊相联。厢房中间为穿堂门通东西更道和东西花厅。三堂又称官邸，为总督平时读书办公的地方，前有花墙与宅院门和二堂分开，以合前衙后寝体制。四堂称上房乃家眷居住之所，西北穿过更道与花园联系。此外西路前有箭道、龙神庙，东路前有武成王庙、寅

宾馆，后有胥吏房。

出保定再上高速公路行63公里，经望都至定州下公路进城望见料敌塔仍修缮未完，乃穿过长街，迳去曲阳，行车30公里，从平川望见一座凿得赤裸裸的小山，到了县城。曲阳顺公路修建新街而不动南面的旧城，是改造城镇一种好办法。北岳庙在旧城西关，为古代遥祭北岳真君之地，始建于北魏宣武帝，历代沿袭，至清始废而改祭在浑源。原庙南北长542米，东西宽139米，由南而北为登岳桥、神门、牌坊、朝岳门、御香亭、凌霄门、三山门、钟鼓楼、飞石殿、德宁门、后宰门。现只有大门、御香亭、三山门及元建的德宁殿。殿面宽9间，进深6间，高25米，方形月台栏板望柱有99头各种姿态的石狮。殿内东壁绘天宫云行雨施图，西壁绘万国咸宁诸天神图，布局严整，形态生动。庙内保存北魏、唐、宋、元、明各体碑碣200余通。

从曲阳西去阜平69公里，过去崎岖山

路，今成宽阔的柏油公路，沿途运煤卡车甚多，各村空地多成堆煤场所，过路问询，均从晋陕转运，已成为当地副业。过午至阜平午饭，见东西长街都是新建楼房，街上满是摊贩和公交汽车，六十年前窄狭街道，成片土平房和受过敌机轰炸的残破大院，全都一扫而光，真是覆地翻天的变化。饭后探询城南温泉、城南庄、和灵寿一带情况，知道还是土路，来回时间不及，只有回头北返。路过城东10公里我们部队曾经住过的西庄，让司机树下小歇片刻，我进村访问。进70多岁老人贾金乾家，他有三女两儿，均已分居，现老两口和一子同住一院，砖墙抹灰平房五间，各住两间。玻璃门窗，大门内影壁贴满花纹瓷砖。据他谈改革开放实行家庭责任制后，生活有很大改善。日常饮食除玉米外就是白面。家有14吋彩电，但只能收县城的，别的地方收不到。副业除跑运输外，村里没有工业。随后原路回京，来回650公里，共用12小时。

阜平城

保定直隶总督府

保定莲花池

曲阳北岳庙

中华古代文明中心

　　甘东、关中和豫北，即黄河中上游是中华民族古代文明发生与起源的中心。人类的产生和古代文明的发源在我国虽属多元，但这块地区从蓝田猿人起到仰韶文化、马家窑文化的新旧石器时代；从郑州商城、安阳殷墟到周原、沣镐的铜器时代，一直是我国上古文明的发展中心。进入封建社会后，从秦都咸阳、汉都长安、洛阳到唐都长安、宋都开封的千余年间，即封建社会前期两度繁荣时代，我国的政治、经济、文化中心也在这块地区。而丝绸之路的开辟，使埃及、中亚、印度和希腊罗马欧亚非的古国文明和中国交流，促进整个人类社会的共同进步，曾起重大作用。陕甘宁青新及豫北共有面积300万平方公里，占全国领土将近1/3，包括绝大部分的沙漠和黄土地区，有世界屋脊之称的帕米尔高山高原，大部地区属大陆性干旱气候，为信仰伊斯兰教的回、维吾尔等民族集中居住的地区，有丰富的古代文化遗存，有显著地方特色的自然风景。

　　我在文化大革命前曾于1957年春最初去洛阳与西安，1960年从桂林到郑州然后经兰州去青海，去新疆。文化大革命中下放到豫北新乡地区，在干校劳动将近三年。文化大革命后因工作于1978年去开封郑州。离休后1983年因参加敦煌会议回来顺路访河西走廊及甘南，过西安又去韩城及华山。1987年参加郑州会议利用空隙访中岳、洛阳、宋陵及开封，后去鸡公山及襄樊。1991年为西安建工学院讲学得便访问关中、陕北及汉中。1993年及1994年为补充资料专访宁夏并再访新疆。1996年再访青海二十余年中我前后十一次接触西北与豫北，来去匆匆，所得资料虽极为有限，但这块地区风景的特殊魅力，却给我印象至深。

一　周秦沣镐、咸阳和始皇陵

　　号称八百里秦川的陕西关中地区是中国古代文明发育与成长的中心。它东起潼关西至宝鸡长达300余公里，南对层峦高耸的秦岭，北接陕北黄土高原，中有渭河南北挟带洛、泾、灞、沣八水冲积而成的盆地平原。关中地区气候温和，雨量适宜，物产丰富，司马迁称为"膏壤沃野"，东方朔名之"天府"。军事上关中东有函谷，西有散关，南有武关，北有萧关，关塞四围，进可以攻，退可以守，班固说"防御之阻，则天下之奥区焉"。1978年在大荔发现20万年前的完整古人头骨后可与前期发现的50～60万年前的蓝田猿人相衔接，充分证明关中是人类发源的重要地区。新石器时代母系氏族的仰韶文化以西安半坡、临潼姜寨及渭南史家聚落为代表，出土房基百余座及窖穴、墓葬、界沟、防卫沟等还有石骨角陶器两万余件。半坡分居住、陶场、墓地三区，住房有草泥、木料构造的地上与半地下的方或圆形不同式样，居住区中间有公共活动场所大房子。姜寨村落中心为广场，周围有若干大房子，每所大房子周围又有几所小房子，而所有的房门都朝向广场。这时人们生产以农业为主兼事渔猎畜牧。学会使用矿物原料制作彩陶，如半坡出土的人面鱼纹盆，姜寨出土的鱼蛙陶盆，形象古朴生动。此外在彩陶钵口刻划一些符号应是我国文字的起源。长安客省庄二期文化与龙山文化相

半坡遗址

沣镐象尊

当，距今4 000年左右，已进入父系氏族社会，祖先崇拜，占卜兴起，出土礼教器皿增多。

周人原居泾河流域为殷之属国，因避薰育（匈奴）侵扰，文王祖父迁往岐山南之周原而筑城邑。近年考古在周原发现占地1 500平方米的宗庙遗址，有大门、影壁、回廊及前后院，为我国现在发现的最完整商周建筑。同时发现一批卜骨文字，有"衣王田，至于帛"记载殷王狩猎，说明周已开始注意东方。文王当政时乃首先东征灭崇，随之迁都沣河西建沣京。武王伐纣灭殷商，班师西归后，在沣河东距沣京12公里又建镐京。西周以沣镐二京为国都前后352年中（公元前770年～公元1122年）分封诸侯，发展了奴隶社会经济。周京遗址现已毁灭，但据考古发掘与现存丰镐村、镐池、灵囿等名称相印证，其范围大致可以判断。周原

及周京出土青铜器种类数量繁多，如扶风庄白两处窖藏即有108件，其中二十余种青铜器，重达725公斤。周的青铜器如毛公鼎等造型端庄朴素与殷之花纹繁丽不同且有大段铭文，庄白出土的墙盘记载文王至穆王六代周王的赞语共270字，为研究古代历史的重要佐证。

秦人最初活动在甘肃天水一带，后随周向东11次迁都，以在雍（今凤翔）时间最长，春秋时秦穆公即在此称霸。三国分晋后，秦孝公为了中原逐鹿乃迁都咸阳，用商鞅变法图强，至秦始皇终于统一六国，建立了北至燕，东南至海，西南至今之滇桂，空前的中央集权封建帝国。秦划全国为36郡，修驰道，设驿站，筑长城，征发租赋和兵徭，统一文字、货币、度量衡，迁六国强宗富豪12万户到咸阳，收天下兵器铸成金人十二，采取了种种统一集权的有力措施。秦的声威

远及欧亚，印度古时称中国为震旦，世界各国至今称中国为china，都是秦的译音，秦始皇的事业对中华民族有重要的贡献。但他即皇帝位后却不惜民力大肆修筑宫殿与陵墓。当时人口近百万的咸阳已矗立着雄伟的冀阙和富丽的咸阳宫，北坂上有六国宫室特色的宏伟建筑，在渭河南兴建了信宫，扩充了甘泉宫和上林苑，他还要役使70万役夫和刑徒修筑渭南的阿房宫和骊山的始皇陵。杜牧《阿房宫赋》描写这些宫殿"覆压三百余里，隔离天日。骊山北构而西折，直走咸阳。二川溶溶，流入宫墙。五步一楼，十步一阁；...蜂房水涡，矗不知乎几千万落"。司马迁《史记》写阿房宫"东西五百步，南北五十丈，上可以坐万人，下可以建五丈旗"，如此奢侈无度，导致民怨沸腾，二世而秦亡。项羽烧咸阳，秦宫大火，三月不熄，至今西安西15公里的古城附近尚有

周公庙

始皇陵

兵马俑

歧山宋塔

兵马俑

法门寺

东西2.5公里,南北1公里的阿房宫夯土遗址。

始皇陵南倚骊山,北临渭水,在西安东36.5公里,至今完好。据最近勘测,陵园分内外两城,内城方形,周2 525米,有城门5,外城长方形,周6 294米,有城门 4;陵在陵园南部,高47米,底485米×515米。据史记载:墓建成前后用时36年,墓底铸铜,上置棺椁,墓中建有宫殿及百官位次,放满珠玉珍宝;内灌注水银,机械转动时如江湖河海川流不息。1974年发现距始皇陵1.5公里的兵马俑坑,经发掘第一号俑坑东西230米,宽62米,深5米,内有长廊及11条过洞,排满38路纵队的陶制武士与车马俑,战车每乘4马,马高1.5米,俑高1.8米,配有各种实战武器,共发掘俑及马达6 000件。二号俑坑曲尺形,面积6 000平方米,为骑兵、战车、步兵混合编组,约有俑马1 000件。三号俑坑面积500平方米,似为一二号俑阵指挥部。这些兵马俑不但造像生动有很高艺术水平,而且为研究秦代历史提供极为珍贵的资料。因此兵马俑公开展出以来,不论在国内或国外,一直受到世界各界人士的极端重视 。

1991年10月我由汉中回西安,特意下秦岭出大散关过渭河,从渭北看周秦故地。在宝鸡金台观参观元末窑洞时,曾见后稷母姜嫄祠。后去凤翔参观秦之雍都,只有东湖介绍苏轼,不见秦代史迹。乃转入歧山北

行7.5公里访周公庙,展望平畴沃野的周原,才引起对古代的联想,但在歧山小学校中找到宋塔,又为它的遭遇感到惋惜。傍晚赶到扶风参观东汉创建的法门寺,原有木塔内藏佛指骨,因名真身宝塔。唐代皇帝每30年迎奉佛骨出墓一次,法门寺为当时著名的大寺。明代木塔倒毁,塔底深数丈,水银为池,内泛金船,函藏佛骨,乃改筑砖塔,八角13层,高47米。1987年重建佛塔清理地宫时发现一批珍贵文物及四枚佛骨,经考证均为唐皇奉迎之物,佛骨之一由金银八层宝函保护的为灵骨,其余为影骨,均为当今世界罕见的宝物。我进入地宫时见一些展品已用现代装备陈列出来,因时间不足,只能在明亮灯光中匆匆浏览一过。天黑经乾县、礼泉、咸阳回城。

二 汉唐长安城

汉高祖在长安建都后延至汉惠帝时才开始筑城,历时五年完工,城周长 26公里,版筑土墙,高8米,底宽16米,有12门,160个里巷,9个市,盛时人口达50万。城内道路为"方轨十二""三途并列",中为驰道只供皇帝行走,路旁植树,环城有护城河。长乐宫在城内东南,原为秦之兴乐宫,汉高祖整修后,有宣德殿等14座宫殿, 周长10

公里,为汉初临朝所在。未央宫在城内西南亦高祖建,内有承明宫等宫殿台阁 40余座,周长11公里,为西汉、西晋及以后朝代相继临朝听政之处。此两宫连同较小的明光宫、北宫、桂宫共占全城2/3的面积。汉武帝在上林苑修建章宫,周长 15公里,和未央宫有跨城飞阁相通。古代帝王园囿商纣有鹿台、沙丘,周有灵囿、灵台、 灵沼,秦始皇经营兰池、上林苑。汉武帝在长安南面利用秦苑基础扩建新的上林苑,地跨今之西安及咸宁、周至、户县、兰田四县,苑墙长达130~160公里,关中八水尽在其中,是中国历史上空前绝后的大园囿。据史籍载上林苑中有面积达150公顷的昆明池;有乐游苑等36苑,建章宫、长杨宫等12宫,白鹿观、走马观等21观,充以各种奇异动植物;有宦官奴婢三万,养马30万匹。

汉朝是我国封建社会初期最繁荣的时代,长安是西汉200年中全国的政治、经济、文化中心。东汉虽迁都洛阳,但长安仍以京兆名义得到保护。东汉末年董卓部将攻掠焚烧,汉城宫苑,尽成瓦砾。王粲七哀诗"西京乱无象,豺虎方遭患"、"出门无所见,白骨蔽平原",正是当时的写照。现汉城址大部夷为平地, 只霸城门尚有 3米多高西城墙。汉陵,除文帝霸陵在西安,宣帝杜陵在长安外,都在咸阳五陵原由东往西绵延50公里,为景帝阳陵,高祖长陵,惠帝安陵,哀帝义陵,元帝渭陵,平帝康陵,成帝延陵,昭帝平

东汉画像碑

陵,武帝茂陵。汉墓为覆斗形,旁设祭殿,周有围墙。附近为皇亲功臣的陪葬区。1983年我去参观汉武帝茂陵,现高46.5米,占地5公顷,陵园周长1700米。霍去病因讨伐匈奴有功,汉武帝在他自己墓旁为其建造象征祁连山的墓冢,雕刻各种石人石兽,这些石雕成为遗留至今的最宝贵艺术杰作。我在展廊中看到马踏匈奴,跃马,石人等,深深为其造型的自然、质朴,线条的简单、明朗所感动。

中国历史中声名卓著的唐长安城实际是因袭隋建大兴城。隋文帝即位后,因汉城凋残日久,屡为战场,宫室狭小,水皆咸卤,乃选龙首原南部由宇文恺主持另建新都。唐代隋后,高宗重修外郭城,增设罗城及门楼。现经实测城周长35.5公里,面积84方公里,为汉长安的2.4倍,隋唐洛阳,元大都,明南京的1.7~1.9倍,明清北京的1.4倍,拜占庭的7倍,巴格达的6.2倍,为古今中外最大的城。全城为方形,每面3门,有

东西14条,南北11条大街,彼此平行交叉将全城划为网格状单元—里坊。全城除去东西两市及曲江池共有104个里坊,正如白居易形容"百千家似围棋局,十二街如种菜畦"。宫城及皇城在北部正中,皇城内东建太庙,西建社稷坛,四郊建圆丘、方丘、日、月、太乙、先农、九宫贵神等祭坛。宫殿除改隋之大兴宫为太极宫外又相继修了大明宫和兴庆宫。宫城面积4.2方公里,太极宫居中,依周礼三朝制度,在城南承天门举行改元、阅兵、受俘等国家大典为外朝;在太极殿日常接见群臣是为中朝,殿前设门下省、中书省、弘文馆、舍人院为近臣办公处所。在两仪殿与少数大臣议事为内朝。周围有甘露、武德等宫殿,都属于外朝内寝的生活用房,其北为玄武门。宫城之南为皇城,面积为5.2方公里,内设尚书省、太仆寺、御史台、鸿胪寺、左右千牛卫等百官衙署,其南为朱雀门。从承天门经朱雀门至郭城明德门为全城的中轴线,现残留遗址朱雀大

汉武帝茂陵

茂陵跃马

东汉石兽

化觉巷清真寺

街宽达 150~155 米，可以想见当时的宏伟规模。唐高宗以后皇帝临朝移到新建的大明宫，其面积为 3.3 方公里，有 26 门，40 殿，7 阁，4 省，10 院及 1.6 公顷的太液池。其主要殿堂－含元殿基高出地面 15.6 米，面阔 60 余米，两侧"左翔鸾而右栖凤，翘两阙而为翼"，百官朝见的阶道长达 70 米，具有非凡的气势。兴庆宫为玄宗利用原住藩邸扩建，面积 1.35 方公里，富有园林特色。李白清平调，白居易长恨歌描写的玄宗和杨贵妃故事，都出在这个宫里。唐朝皇家园囿在宫城附近有东西内苑，其范围最大的为禁苑，位于城之北郊，包括汉城，周长不过 60 公里，比汉之上林苑缩小极多。此外还有曲江池、乐游原、樊川、昆明池、骊山华清宫等市郊风景区。

　　长安里坊是封建统治的典型，里坊面积在皇城南为 500 米×600 米，只开东西两门，在东西侧为 500 米×1 000 米，开四门，街旁有曲或巷均绕以围墙，坊门开关昼夜由门吏掌管。住宅建造有严格等级规定，平民堂舍不得超过三间四架，官员五品以下限五间七架，王公以下限五间九架。除三品以上可向坊外临街开门外，其他只能向坊内开。唐诗"大宅满六街""穷巷掩双扉"就是长安街景的写实。工商业在城内有东西二市，各占两坊面积并围有市墙，实行夜禁及严格管理制度。唐盛时人口曾达百万，工商业极为繁荣，只东市工商店铺即多达 220 行。西市还有国际贸易市场，除高丽、百济、新罗、日本商人外还有波斯、大食的胡商，李白少年行中写"五陵少年金市东""笑入胡姬酒肆中"，唐中期胡商曾达数千之多。西汉时长安早与西南亚及地中海沿岸有商业往来，汉武帝击败匈奴后设武威等四郡，筑长城，设西域都护，屯田积谷，建立起东西方贸易丝绸之路。从长安出发，经河西走廊到新疆塔克拉玛干大沙漠分南北两路，从鄯善至莎车为南路，越葱岭通今之伊朗、印度；从车师沿天山塔里木河至疏勒为北路，越葱

小雁塔

昭陵六骏——青骓

章怀太子墓礼宾图

骊山华清池

西安碑林

乾陵石雕像

岭通大宛、康居、至黑海，这两条路对中西文化与经济交流曾起重大作用。唐代进一步发展丝绸之路，开辟走伊犁经今吉尔吉斯通东罗马的新路，在安西都护府外更设北庭都护府。于是丝绸路上欧亚胡人络绎于途，陆续出现一些较大城市。如武威人口已有50万，河西走廊已成为全国富庶地区，岑参诗："凉州七里十万家"，胡人半解弹琵琶，《资治通鉴》载"自开远门西尽唐境，凡万二千里，闾阎相望，桑麻翳野，天下称富庶者，无如陇右"。此外唐代又开展海上贸易，经广州港远通南洋各地。当时与唐交往最多的有波斯、印度、日本等国，景教、祆教、摩尼教的传入，玄奘取佛经，鉴真去日本以及从唐乾陵"王宾使臣像"，章怀太子墓"礼宾图"中处处可以看出当时广泛发展的中外关系。

唐末朱温强迫昭宗迁都洛阳，"毁长安宫室百司民间庐舍，取其材，浮渭沿河而下"，使长安遭受彻底破坏，长安作为唐代首都前后286年终于随唐的灭亡而结束。现唐长安城所存遗址虽然不多，解放后对大明宫含元殿、鳞德殿等建筑遗址进行发掘，大体还可以证实古籍对唐长安城的记载。唐朝19个皇帝的陵墓除昭宗在河南外，其余均分布在渭北，计蒲城有睿宗桥陵、玄宗泰陵、宪宗景陵、穆宗光陵，富平有中宗定陵、代宗元陵、顺宗丰陵、懿宗简陵、文宗章陵，泾阳有德宗崇陵、宣宗贞陵，三原有高祖献陵、敬宗庄陵、武宗端陵，礼泉有太宗昭陵、肃宗建陵，乾县有高宗和武则天乾陵、僖宗靖陵，大都依山为陵并在墓前树立多尊石雕像。1983年我曾参观昭陵及乾陵，唐太宗生时选山造陵，于九峻山半腰建地宫，因山势悬绝，修栈道联系上下。山下四周绕墙垣，建楼阁，北有祭坛、司马门，南

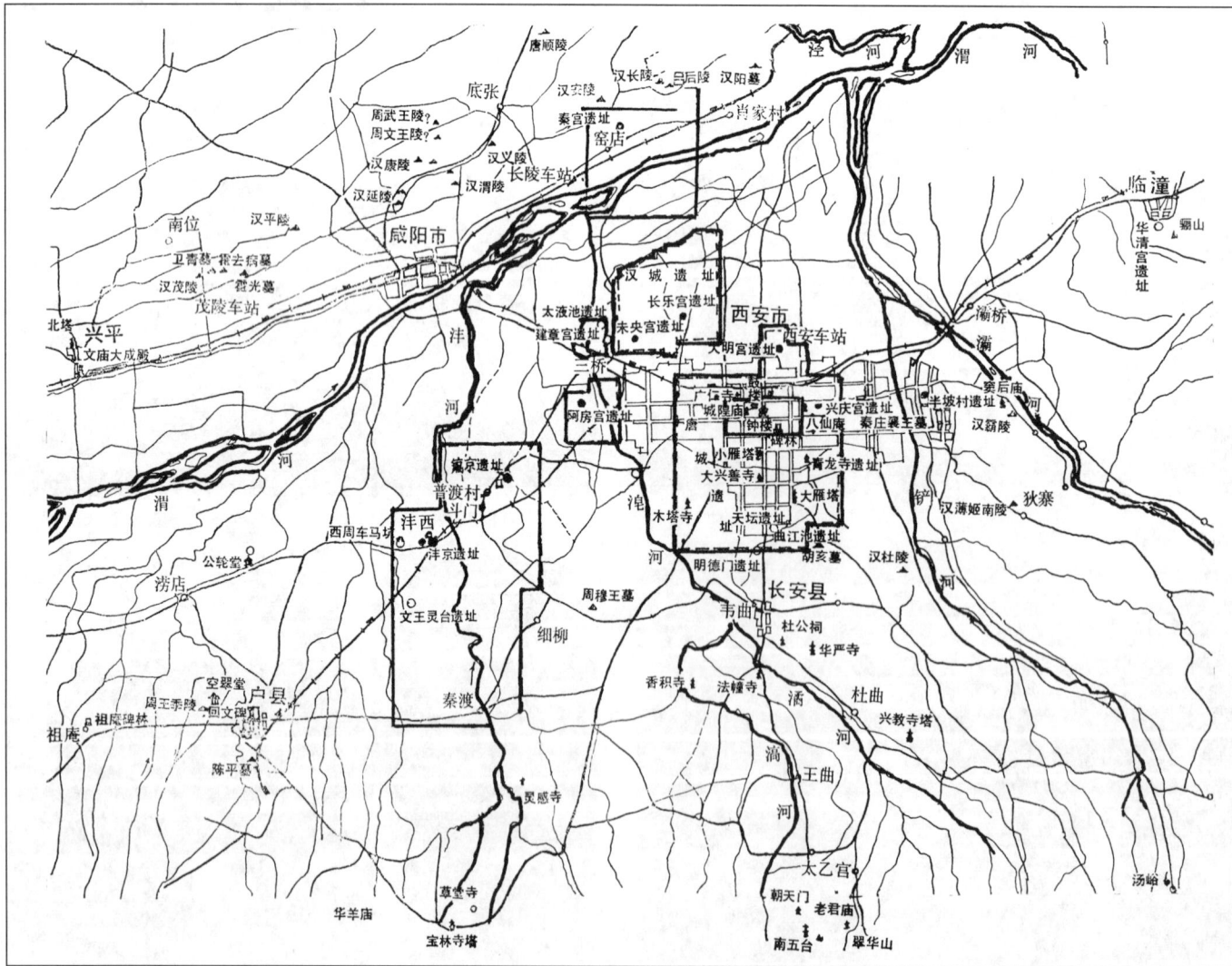

西安、咸阳古迹分布图——选自《古都西安》

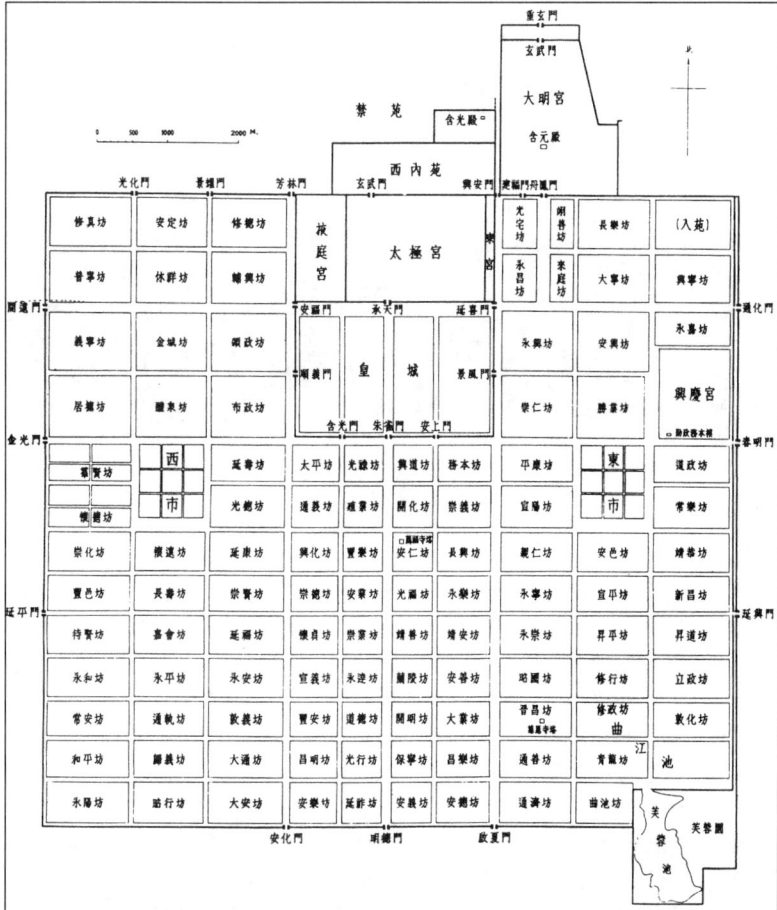

唐长安城复原图——选自《中国古代建筑史》

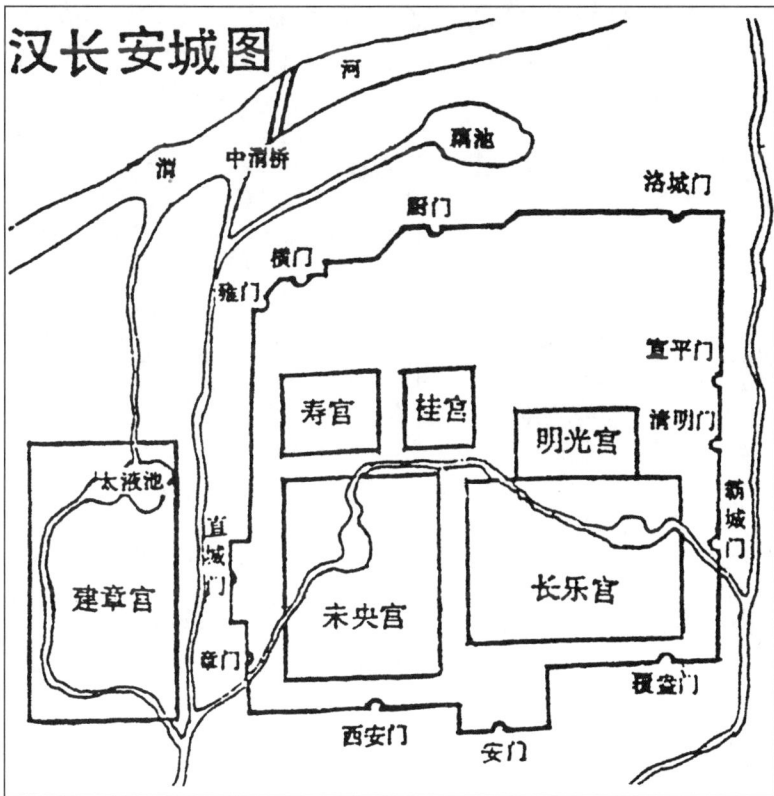

汉长安城图

汉长安城图

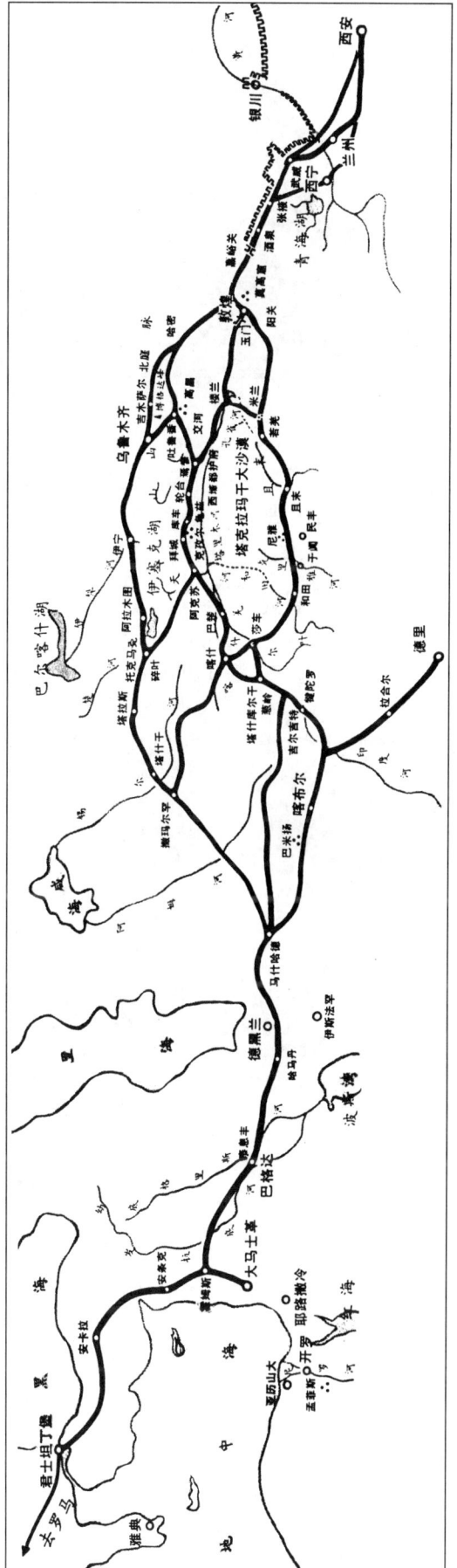

汉唐丝绸之路示意图

西安西城门楼

鼓楼

有献殿、朱雀门，旁有下宫，并在陵前圈入周长60公里的大片土地为陪葬区，有功臣贵戚如魏征、李绩、尉迟敬德等墓126座。但昭陵建筑早已湮没，现残存文物保留于博物馆者只有六骏及碑碣石刻。乾陵保存较好，它位于梁山而以面对山峰为天然双阙。陵墓原有内外城及地面建筑300余间，现建筑全毁，但陵前保存大批石雕象。从最南的土阙起有成对的华表、飞马、朱雀，带鞍的石马5对，佩剑的石人10对，然后是6.3米高的述圣纪碑和无字碑，司马道尽头朱雀门内有排列成行而服饰各异的61个参加葬礼的外国使节和少数民族首领石像，有的还刻有木俱罕国王、吐火罗王子等名称。陵口用39层石条砌筑，石条间用铁栓板嵌拉，用铁棍穿连，锡铁合金浇灌，封闭极其坚固，是汉唐诸陵唯一未被盗掘的陵墓。在陵区周围40公里范围内，东南有17座陪葬墓，1960年后我们曾陆续发掘永泰公主、章怀及懿德太子等5座墓，出土大批文物而百多幅的壁画如客使图、马球图、建筑图等具有重要艺术与历史价值，尤为珍贵。

隋唐是我国宗教发展时期，据史书载唐盛时长安有佛寺90，尼庵28，道观36，波斯寺2，胡祆祠4，其遗留至今者只有以下几处。(1)慈恩寺与大雁塔　寺创建于隋，唐玄奘在寺译佛经，创慈恩宗。武则天于701年建大雁塔，为方锥形高64米7层砖塔，各层有拱门可眺望四方，底层门楣有石刻建筑图式，壁上嵌有褚遂良书写的大唐三藏圣教序碑。塔在明代经过修缮，但结构未动，寺的规模却大为缩小。(2)荐福寺与小雁塔　寺创于684年，唐睿宗为高宗祈福而建，唐末并入塔院，乃高僧义净译经之处，清时曾将金代万余公斤铁钟移入寺内。塔为707～

709年，中宗时由宫人出资建造的，为方形15级密檐砖塔，底层亦有精美雕刻，明代地震，塔顶毁两级，塔身从顶至底，裂开30～40厘米；后再次地震，塔又重新复合，显示我国高超建筑技术。现塔残存13级高43.3米。(3)兴善寺　始建于晋，隋唐时占全坊面积，规模宏伟，内有大士阁、转轮经藏阁、大兴佛殿、行香院；印度高僧达摩笈多等先后来寺译经并传授密宗，海内僧尼慕名而来者竟达20余万。高宗时寺遭火焚，武宗更灭佛法从此衰落，今寺又重修唯园林与古寺不大协调而已。(4)青龙寺　位于乐游原高冈上，为密宗传播之地，德宗时日本学问僧入唐求法，空海在此取得经文，归国后创东洋密宗。朱庆余诗"青山当佛阁，红叶满僧廊；竹色连平地，虫声在上方"；李商隐诗"向晚意不适，驱车登古原。夕阳无限好，只是近黄昏"；均在寺作。现寺已全毁，1981年在遗址建空海纪念碑。

明太祖封次子为秦王，在西安以唐皇城为基础向东北略为扩大而建新城，周长13.7公里，面积仅为唐长安城1/10。原为土筑，后用砖包砌。护城河内有闸楼，城门外有箭楼和瓮城，墙外每隔120米有伸出12米的马面上筑敌楼，城之四角有角楼，构成严密的防御体系。解放后我国拆毁古城成风，西安不但保存城墙而且在1983年拨款并发动群众进行大规模整修。现西安已成我国为数不多的保存最完整的古城。和它相呼应的还有明代同时兴建的钟鼓楼。钟楼位于城市中心，方形，高36米，外三层而内两层，悬挂唐制景云钟，高2米，重6吨，有睿宗撰写的铭文。鼓楼在钟楼西，长方形，两层歇山顶，通高34米。鼓楼旁化觉巷内有创于唐而重建于明清的大清真寺，布局严紧，装修

别致，院内有雍正时代的阿拉伯文回教碑。陕西博物馆在南城，号称西安碑林，收藏历代名碑2300件。城郊古风景区大都湮灭，只有骊山华清池得到保存，双十二事变又赋予它新的历史意义，现在整修中。

三　华山北峰

1983年9月我参观咸阳汉唐诸陵后东来访韩城及华山，9日晚在小雨中由韩城经渭南赶到华山脚下玉泉院。夜间雨停，次日清早我和省文管会何老便抓紧时间登山。以前我多次乘火车过华阴，远望华山雄险形势，倾慕已久，现在走进山沟，两旁石崖裸露，脚下乱石杂陈，并无正式道路，到五里关踏着圆石头过河竟达十次之多。五里关虽由块石简单砌就，但山谷两面险峻的形势使其得名为华山第一关。前面的石门也是山崩乱石架成的三角空隙。又五里到莎罗坪已浑身汗出。休息饮水再上到毛女洞、药王洞。路上有卖酩糟的又吃了一碗，然后继续登山。虽开始有石阶，但此处号称十八盘，坡度较陡，年老气短只得走走停停。看两侧大片灰白岩石缝隙中生出绿色灌木，将山体织成无数网格，使这石头世界略添文采。到青柯坪共行10公里已上到北峰之半，此处海拔1 120米，相对高度有800余米，地势比较开阔，建有道观。我们进观时已汗流浃背，足足爬了4个小时，午饭后不得不略事休息。下午出观到回心石，山路已尽，再上全是险峻陡坡，只有一条人工开凿的路，难上难回，游者到此应慎重考虑，体力不行应及时回头，故

名回心石。我们虽略感疲劳但无回意，乃开始攀登千尺幢。千尺幢乃在石山裂缝中凿出的窄路，斜角为60度，宽只容一人，共有370多石阶，仰视直插云霄，俯视如临深渊。幸亏两旁全为石壁，并有铁索可挽，尽头有方洞，下视幢底深不可测，名天井，上有"太华咽喉"题刻。 明李东阳曾为此作

歌"天门重重隔烟雾，铁锁悬崖引长路，抠衣欲进苦不前，十步行时九回顾"。过了这道险关，接着又来到百尺峡，在壁立崖石的一面凿石级80余，攀登时需拉紧铁索，手脚并用，韩愈称之为杀气见棱角，别有悬空处。"将至尽头，崖缝间有两块巨石，下刻惊心石，上刻平心石，预示险境已过。登

上崖顶，眼界略微开展，过谷间条石架成的二仙桥，爬上小山平台，已可望见渭水，山顶上在绿树与飞云中漂浮着群仙观，华山为我们展开了第一幅风景画。于是我们顺山坡慢慢走上去，见道观依崖建楼，俯临周围峰谷，极有气势。我利用饮茶空隙去厕所，在悬崖上用条石圆木出挑一米多

华山千尺幢

百尺峡

华山游览图

183

华山五里关

莎罗坪

青柯坪

群仙观

为便池，上面架棚，解手时可从石缝中望见百尺崖底，胆小者绝不敢在此方便。茶后出观，爬老君犁沟，路傍山谷较为开阔，坡度与千尺幢相当，凿有570级石磴，传说为老君犁出，乃华山另一险地。登上山脊，眼界骤开，华山五峰一目了然。北峰巍然雄峙于左，其他四峰丛集于右，山体大都成锥形，灰白岩石面为阳光与阴影所衬托，有类朵朵花苞，华山得名信为不诬。为了更好观察整体风景，我们首先攀登北峰。北峰顶上有真武阁、聚仙台、老君挂犁处，上得峰顶，时间已是下午四时半，何老和我商议，回京车票已定，必须尽早赶回西安，今上西峰，明日下山，都很紧张，西岳庙将看不成，我望了望南部诸峰，虽不能亲临而有些遗憾，但各峰形势已清晰可见，乃同意不再南行。这样我们就有了充裕时间用来欣赏风景。

华山乃秦岭东延分支，为古老花冈岩构成的断块山，北峰名云台峰居北，海拔1 615米；其他四峰居南，前为中峰名玉女峰，海拔2 045米，有玉女祠、品箫台；南峰与东西峰相联，海拔2 161米，名落雁峰，上有炼丹炉、仰天池、避诏崖、传为陈抟隐居之处；东峰名朝阳峰，海拔2 100米，有巨岩斜倾名仙掌岩，去铁瓦亭寻铁棋盘，需由悬崖间攀缘铁索渡过，名鹞子翻身；西峰名莲花峰，海拔2 083米，有翠云宫、莲花洞。这些景点在北峰虽无法观赏，但群峰争雄，东西俯仰的整体气势已令人久望不厌。环顾北峰周围，洛渭黄河萦绕如带，关中平原广阔无垠，而附近山体蕴藏大自然地层变化的无穷奥秘，华山奇险而又生气勃勃，在五岳中最具特色。我们在北峰往返流连约一小时，然后慢慢走下山，再过猢狲愁，南行接近擦耳崖观看上天梯与苍

龙岭这些华山的险中之险。当地民谣"千尺幢，百尺峡，老君犁沟向上爬。擦耳崖，上天梯，苍龙岭上惊倒人。鹞子翻身去搏台，手攀铁索空中来。长空栈道险中险，升表台上观飞燕"。擦耳崖依崖行走，明袁宏道诗："欲知悬崖欹危甚，看我青苔一面痕"。上天梯直上直下，需两手紧握铁索，逐磴攀登。苍龙岭为石峰脊背，宽不及一米，两侧悬崖陡壁万丈深谷，现在脊上立铁柱，悬铁索，凿石350级，人行其上犹胆战心惊。龙口崖上刻"韩退之投书处"，传昔日韩愈走到这里张慌失措，写下遗书投入山谷，当时没有安全设备，这种惊慌也是可能的。天近黄昏在北峰下吃汤面，晚回群仙观，楼上有30～40人的铺，只睡我们4个，在松涛声中，享一夜清福。

次日下山，中午到玉泉院，午饭后去西岳庙。庙在华山北5公里的岳镇东，西距华

华山北峰聚仙台

西岳庙牌坊雕刻

玉泉院

西岳庙灏灵门

阴城2.5公里，创于汉，北魏时移今址，历代均有修缮。据我购得的乾隆敕建西岳庙碑拓片展示，庙分外垣与内城，规模十分宏伟。灏灵门为外垣正门，前有影壁及左右牌坊。入内有天安门式的五凤楼，为内城前门，再经宽7间的棂星门，进入宽广的内院，中有3间殿堂，左右为灵官及冥王殿，院内松柏间分布碑亭。正面为5间琉璃瓦顶的金城门。进金城门过金水桥面对月台上7间的灏灵殿乃西岳正殿，正殿之后为寝殿及配殿，有穿堂连接。再北出内城有万岁阁与望河楼。可惜我们参观时外垣及大部建筑在清末被毁，文革中佛像文物又遭破坏，满目残迹令人叹息。及登高台，远望华山，见青峰列阵，斗奇竞秀，西岳远景之美，又为五岳独尊。我想西岳庙选址远离山麓和其他岳庙不同者，盖由于此。晚宿玉泉院，随后回西安转北京。

北峰附近山峰

四 司马迁祠和韩城

著名的历史学家、文学家司马迁的祠和墓在韩城，是国家重点文物保护单位。司马迁纪元前145年，生于韩城龙门寨，为汉武帝太史令司马谈之子，青年时期已博览群书并周游国内各地，36岁继任太史令，42岁开始作史记，不久因王陵降匈奴事受累，被处宫刑，更发愤著述，终于在55岁时完成这部巨著。《史记》写自黄帝迄汉武帝三千年间的大事，体例宏伟，资料丰富，论述明确，文字优美，开我国传记体记史的先河，历代相因而成今日25史，使我国能保存五千余年系统的完整的历史记录，对中华文化作出卓越的贡献。班固称其"善序事理，辩而不华，质而不俚，其文直，其事核，不虚美，不隐恶，故谓之实录"；鲁迅誉之"文不拘于史法，不囿于字句，发于情，肆于心，而为文"，"史家之绝唱，无韵之离骚"；郭沫若尊为"学识空千古，文章百代雄""功业追尼父，千秋太史公"。

1983年9月我从渭南乘汽车冒倾盆大雨，在陕北沥青公路上，奔驰于黄土塬中，傍晚经大荔、合阳赶到韩城。次日雨停先访司马迁祠。司马迁祠和墓建于韩城南10公里芝川镇的小山梁上，东临黄河，西枕梁山，有涺水横前，芝水环绕，北侧壁立高约150米，南据深沟，水萦山回，形势天成。芝水上有芝阳桥，公路从此穿过。过桥有300米石路通祠下，名司马坡，然后登上四段99级石阶到祠前。最前为题额高山仰止的方形建筑，上到第一座平台有较大的门楼，第二座平台有题额"河山之阳"的牌坊，最后到祠的正门，上题"太史祠"。院内植花木，献殿与寝殿相距极近，殿内只有司马迁泥塑像，殿后为墓冢，高2米，径5米，上生古柏，前有清毕沅题的"汉太史公墓"石碑。司马迁墓原在武帝茂陵，西晋在韩城建祠迁于此处，宋明继续有修补，整个建筑规模不大，但周围自然形势极好，在平台上眺望黄河

司马迁祠眺望黄河塬

韩城城隍庙大殿

司马迁墓

蒲城南寺唐塔

蒲城北寺宋塔

韩城司马迁祠

及黄土塬，在芝阳桥旁回顾太史祠都有极佳风景。据同来何老考证前坊、祠门、寝殿均存宋代结构，有历史文物价值。司马迁家龙门寨为今嵬东乡高门村，但他的后代却住在相距1公里的徐村，据说司马迁受刑后，为避免株连，他的长子改姓同，次子改姓冯，均迁到邻村，今日徐村9/10为同冯两姓，皆如是说，并有祠堂及碑文为证。现在村中成立司马迁研究小组，广泛搜集资料。省文物部门正计划将附近零散古建筑集中在司马祠旁。

韩城为省城以外古建筑最多的市县。从司马祠回韩城路过魏长城，韩城原为韩国故地，战国时属魏，为防秦而建河西长城，现韩城境内尚有高5米，宽8米的遗址。在城北黄河边与山西河津共有龙门，西安经韩城至侯马的铁路由此穿过。在司马祠北有汉武帝挟荔宫遗址，在200米×300米的面积内到处有瓦当、陶水管残片。午饭后在城外看普照寺，法王寺与党家村民居。普照寺只存元代大殿，但附近有土堡，登高眺望黄河，与芝川有相似的风景。回城内又匆匆看过九郎庙，留下时间看文庙和城隍庙。文庙元建经明初重修，整个面积0.8公顷，为省内保存最完整的古建筑，前后四进，形制虽不大，但布局严谨，气势轩昂。过牌坊最前为琉璃五龙壁，长17米，高4.2米，雕制精美，壁后为棂星门，上悬文庙匾额，院内过泮池有碑亭古柏；跨过戟门，正面石台上为大成殿，两侧有东西庑；穿过花墙角门进入第三

进院，中为明伦堂，两旁为碑林、典酒及掌库司；后院在3.5米高台上建尊经阁，可登高眺望。城隍庙规模与文庙相当，亦有牌坊、琉璃影壁、大殿，维建筑较晚。市里规划拟将两处联合成文化公园，征集1 000个石狮陈列在内。出韩城回渭南，改走蒲城，沿路又参观蒲城文庙及南北塔。文庙有明建的六龙壁。南塔唐建，为方形11层砖塔，明代地震，崩断两层，现高36米。北塔宋建，为方形密檐式砖塔，共13层，高38米。

五　秦岭——终南山　与五丈原

1991年9月我来西安建筑学院讲学，和空隙时间由学院安排去汉中和陕北，在西安我又得以三进终南山。从西安南行去长安县，车行一路下坡。屏障秦川绵延360公里的秦岭也显得格外触目。沿潏河行近杜曲，在少陵原畔有纪念杜甫的祠和杨虎城陵园。再前为樊川八大名寺中的兴教寺，高踞原上，俯视樊川，乃唐朝名僧玄奘遗骨迁葬地。玄奘（公元602～664年）河南偃师人，13岁出家，28岁从长安出发去印度，前后17年历经艰险，游历西域中亚诸国，跋涉5万公里，在印度名寺研究佛教经论，并著书立说，宣讲佛义，于当地佛教徒中享有很高威信。归国时驮回657部佛经。以后19年中与当代名

僧、学者译出梵文经典74部，1 335卷。创立法相宗，主张万法唯识，心外无法，对佛教对中印文化交流作出卓越贡献。此外他还写出《大唐西域记》12卷，记载他经历过的各国历史、地理、物产、风俗等，为研究中亚及印巴的重要著作。玄奘死后原葬白鹿原，唐高宗将其迁于现址并建五层灵塔及寺院，肃宗亲题塔额为"兴教"。清末寺为兵火所毁，现全为新建。寺内三院，中院五间大殿供元铸毗卢铜佛，后有五间释迦法堂，四壁镶金刚经刻石，与僧房围成四合院。东院有藏经楼，内藏明清版佛经及珍贵的贝叶经。西院在松柏丛中立品字形三灵塔，中为玄奘方锥形楼阁式舍利塔，高23米，底层镶"唐三藏大遍觉法师塔铭"，有玄奘塑像。其余为玄奘弟子窥基及圆测灵塔，均三级。塔北亭内陈玄奘负笈图。在兴教寺纵望樊川，青翠终南山耸峙于南，逶迤神禾原起伏于西，潏河蜿蜒，村落棋布，风景绝佳。

下少陵原，过河进入樊川，向南直往终南之翠华山，抵山麓太乙谷口，距西安34公里，有汉武帝创建的太乙宫。王维诗"太乙近天都，连山到海隅。白云回望合，青霭入看无。分野中峰变，阴晴众壑殊。欲投人处宿，隔水问樵夫"，就是写的这里。进谷口3公里，渐闻水声，走近时雨雾扑面，有瀑布从高处来，已到山下水库。从此登山，有十八盘，此来西安正患腿痛，因雇马上行，马无鞍蹬只有攀手，路石杂乱，马常失蹄，歪歪扭扭地上到海拔1 300米的翠华庙，颇有几分冒险。登上庙前平台，山景豁然展现。群峰四围中有七八公顷湖面的太乙湫，水色翠蓝而清澈，山坡间却堆满大小块石。原来东晋时这里山体因地震崩裂，残峰断崖，落石重叠，积水而成堰塞湖，成风洞冰洞。我欣赏一会这大自然造成的特殊风景，因周围无可去处就走下山来。午饭后出山谷西去五台镇，从石砭峪入口再进终南山寻南五台。此处因山顶有五峰，并与渭北之北五台相对而得名。现山上设林场，满山树木已郁郁葱葱，有盘山公路通山上。山下有观音寺，半山有五佛殿与圣寿寺，寺内有隋建七级方塔，高23米，形制和大雁塔相似。山路上行10公里到大顶，海拔2 389米，有隋建国光寺遗址，现建有别墅，已开放。从眺台上，可仰望诸台山景，可俯瞰秦川风光，松涛鸟语，格外幽静。稍停沿原路出山，再西过子午镇、沣峪口，有大片的平畴沃野，在金黄色庄稼陪衬下越发显得秦岭的峭拔耸翠，使人觉得这秦川的天然屏障既亲切又

翠华山堰塞湖

秦川望秦岭

草堂寺

五丈原诸葛庙

兴教寺玄奘舍利塔

神秘。赶到祥峪口再从高冠峪三进终南山，离峪口不远有著名的高冠瀑布，现周围已经地方整修，走近瀑布旁才发现这里看瀑布和别的地方不同，我们的位置在瀑布上方，只能看溪水怎样从岩石间流下去，听得下面有雷般水声而不见水潭，另有一番情趣。留连些时，天色已近黄昏，我们所在户县地区距西安尚有六七十公里，只好适可而止走回头路。沿路看草堂寺，寺为十六国前秦逍遥园故址，为名僧鸠摩罗什译讲佛经的场所。鸠摩罗什西域龟兹人为天竺高僧，受聘来华，与沙门3 000人，为我国最早译出佛经97部，并创佛教"成实"与"三论"宗，主张罪福报应。他死后葬于寺中，建8角12层高2.3米的舍利石塔，外面用五色大理石镶嵌。寺虽不大，殿堂均新建，但周围群峰暮霭，烟树笼照，却显得十分幽静。尽兴归时，西安路上已见灯光。

10月7日学院安排去陕南，司机想在当天上下秦岭跑450公里赶到汉中。因此秦川西部风景点不能看多。西出西安去户县路过新塑丝绸之路驼队群雕、阿房宫及三桥、斗门沣镐二京遗址，均匆匆一瞥。北过户县到终南镇，离开公路南去楼观台。这里为古代有名道教圣地，所谓"关中河山百二，以终南为最胜。终南千峰耸翠，以楼观为最名"。相传周函谷关令尹喜在此结草为庐，迎老子讲德经，穆王开始在此建宫室，秦皇汉武继之，晋惠帝植树十万，迁民户三百；唐更认老子为祖，尊崇道教，建宗圣宫，以后历代续有建设，清末始渐荒芜。我们到时经过浓绿的橡树和竹林，先到楼观台的前坪。山门前有两个亭子，左亭前有小池，内有赵孟頫写的"上善池"碑石。走进山门，两旁列六间碑廊，存各代碑刻70余座，比较著名的有欧阳询、苏灵芝笔迹。然后顺山

高冠瀑布

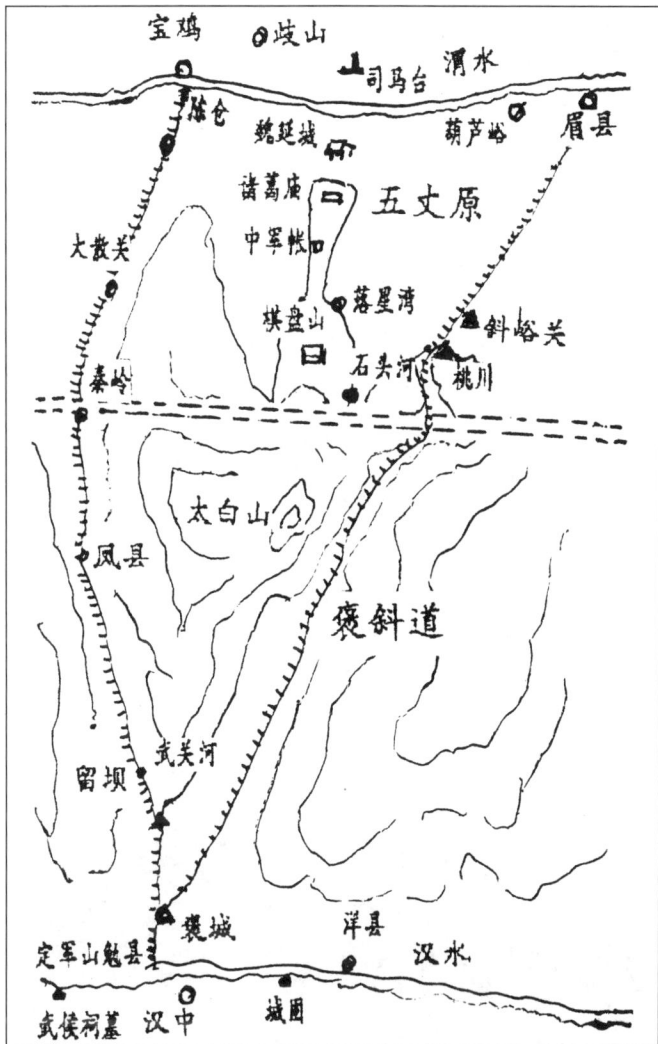

五丈原与褒斜道示意图

坡嶝道曲折爬上说经台,台顶有老子祠,门内分列篆及楷书道德经刻石四通,碑阴有米芾书"第一山"。正殿即说经台,院内有明代铁香炉,四周古柏森森,从正殿后出祠至藏经阁,内藏道教文物。出阁外北望田野,许多历史陈迹都在虚无缥渺中,苏轼诗"此台一览秦川小,不待传经意已空",确有此意境。西南远眺,秦岭层峦,掩映海拔3 767米的太白高峰。游太白需由谷口行百公里,在此可望而不可见。环顾周围,无数古代风景名胜,均已荒废, 如宗圣宫当年宫殿重重今已荡然无存,只有银杏数株与楼观台及山下老子墓遥相呼应。

中午到周至用饭,饭后过眉县直趋歧山寻五丈原。 我国历史英雄诸葛亮与魏争夺关中,曾多次由汉中过秦岭进军陕甘。最后一次于公元234年,兵出褒斜道,夺取五丈原,与司马懿隔渭河对阵 ,相持百余日。

诸葛亮修整栈道,用木牛流马从后方运输物资,在石头河分兵屯田,作持久作战准备;又用奇兵在葫芦峪火烧司马父子,但突降大雨将火浇灭,使诸葛长叹"谋事在人,成事在天"。最后诸葛鞠躬尽瘁,病死军中,年仅54岁。我们因路不熟.经几度往返才找到上坡路,登上五丈原。这块隆起的台地南北长3.5公里,东西最宽1公里,南部狭窄处只有五丈宽,形状有如琵琶,五丈原高百余米,四围崖壁陡直险峻,南仰接秦岭,北俯临渭河,为极佳军事要地。现诸葛庙在原之最北端,南端有诸葛建的中军帐所在地豁落城遗址。为纪念诸葛之死,原有落星湾,村名落星堡,石头河附近田亩至今犹称诸葛田。诸葛庙前有开阔的广场可纵观渭河两岸。山门内有献殿,四壁下围岳飞手书诸葛亮"前后出师表"共42块青石,字体遒劲飘洒。明太祖有"纯正不曲,书如其人"评语亦刻

楼观台八卦鼎

189

石前。献殿后有八卦亭，亭后为大殿，有诸葛亮泥塑像，庙内各处更有许多蜀国文官武将。唐温庭筠过五丈原有诗"铁马云雕共绝尘，柳营高压汉宫春。天清杀气屯关右，夜半妖星照渭滨。下国卧龙空痗主，中原得鹿不由人。象床宝帐无言语，从此谯周是老臣"。《三国演义》为我国流行极广的小说，我缅其中故事，在庙前审视周围山川形势，徘徊许久，不忍离去，下原后又屡屡回顾，小说给人影响至深。今后风景建设事业如与历史故事相结合，还会有更多文章可做。

六　汉中诸葛墓、留坝张良庙

　　10月7日下午我们离开五丈原，直奔宝鸡，经古陈仓地进峪口，过大散关，登上秦岭。因赶路车行甚速，天气晴和，两旁奇峰掠过，满眼苍绿，心情十分怡悦。不料车近岭上，遇上修路，必须停一会，我只好下车。在缓步登坡时见周围树木葱茏，峰石斑驳，铁路白桥高悬山中，岭下川河隐约可辨，又庆幸风景难得。追登上山梁，有四面山峰攒簇，南北云烟分起，使我想起李白的诗"太白与我语，为我开天关。愿乘冷风去，直出浮云间。举手可近月，前行若无山"，身心都有些缥缈升华的感觉。同行邀我在秦岭碑前留影似乎证实我们当真到了这座楚汉三国纷争的名山。岭南山坡比山北平缓的多，车至凤县公路分叉，西过嘉陵江经剑阁去成都，我们则东去汉中。车行不远，公路堵塞，前面的车已停了四个小时，我们等一阵，天渐渐黑下来，我们只好找个小饭铺吃面条。饭后车队才慢慢移动，磨蹭好一会才有了空子，于是我们尽量向前钻，等过出事点才知道是两车相撞，等公路段来人验看，这样繁忙的公路交通竟断了六个小时。我们到汉中已是深夜十一点，急忙找到宾馆，上床就寝。

　　早起在小摊上吃早点，然后乘车过城固顺汉水直去洋县看学院测过的一家地主庄园。到时人不在门已上锁，乃在附近参观，民居规模都不大，最多两套院子，楼房居多，质量不高。随即原路返回，两县有蔡伦及张骞墓未及看，在城固为汉水拍照，往返120公里，傍午回到汉中。汉中北为秦岭，南为大巴山，地扼汉水上游，处于盆地中，气候属亚热带。这里远古即有人类活动，楚汉相争时期，项羽把刘邦赶到汉中，刘邦用萧何计，经过四个月的养精蓄锐，拜韩信为大将，明修栈道，暗渡陈仓，终于击败项王取得全国的胜利。现汉中有古汉台及拜将台，汉台在市内，面积4 869平方米，周围有墙围绕，上有清建的三层望江楼。拜将台在市南，现存两座土台。

　　午后西去40公里，过褒城到勉县定军

秦岭北坡

城固汉水

诸葛墓前殿

山下看诸葛武侯墓。当地山环水抱，地势开阔，陵园占地3.5公顷，并立三院，门前有广场及戏台，门内则古松古柏气象森严。现存建筑均属明清时代。献殿之后为大殿，诸葛亮像鹤氅纶巾手持羽扇，旁有关兴、张苞侍立，匾联有"日月同悬出师表，风云常护定军山""已知天定三分鼎，犹竭人谋六出师"等。殿后墓冢为复斗形，高6米，周60米，前有墓亭，碑石上刻"汉诸葛忠武侯之墓"，墓后有两株古桂，高耸翠盖，浓阴蔽日，名为双桂护墓。武侯墓北有蜀汉为诸葛创建的祠，今为明清建筑，7个院落占地近2公顷。石刻文物极多，有诸葛"琴吟自叙"碑及自用石琴。祠内有直径一米的古柏18株和稀有的10米高旱莲。周围还有马超的祠墓，黄忠在定军山刀劈夏侯渊等三国史迹。

我们离开勉县再转回褒城，循来时路北过石门水库。秦汉时从长安西120公里之眉县斜谷至汉中北17公里之褒城褒谷，

全长250公里称褒斜道。早在周原时起，周人即从褒斜道过秦岭与巴蜀江汉地区交往。前汉时更成为关中至汉中交通的主要栈道，维爬山越岭道路崎岖难行，东汉初在南北两端开凿石门隧道。褒谷石门约长15米，宽4米，高3米，采用火焚水激法凿通，内壁平整光滑。在隧道两壁和石门附近10公里长的崖面上有汉魏及后代刻石百余方，包括有汉魏鄐君开通褒斜道碑，李君表，石门颂，杨怀表记，李苞碑和北魏的石门铭等；不仅记述当时开凿工程的历史而且反映隶书书法的演变过程。现在褒斜道两端石门均建有水库，褒谷石门刻石已淹没在水中，幸文物部门将其中珍品，包括汉魏十三品，凿下20余方，陈列于博物馆中保存。我们沿水库婉转绕行时，只有青绿水面再不见石门踪影。回来车过褒河山谷，有大片红叶盖满山坡，清新鲜艳胜过北京香山。天近黄昏我们止宿于留坝张良庙旁的新建宾馆。

昨夜山居早睡，今破晓即醒，起身在山边游荡，张良庙初开，我们即首先进入。汉初三杰之一张良在辅汉建国后立即急流勇退，相传这里为张良修行辟谷之所在，张良老庙原在紫柏山顶，晚明移至山下。现庙占地1.4公顷，共分六院，砖砌山门横额标汉张留侯祠，旁立石碑刻紫柏山汉张留侯辟谷处。大门内有带亭长桥通二门名进履桥，二门内有钟鼓楼及灵官殿、三清殿，随后北转进入祭祀张良的大殿，有联"收秦关百二山河，奇谋独运；辅汉家统一事业，功成不居"。殿西为方丈院再西为南花园，有五云楼及辟谷亭。殿东为南花园，有拜石亭，亭内嵌明刻怀山歌，亭左有方亭名回云，由此登山经六层盘道至草亭再经十层盘道至授书楼。楼距地平百余米，用南阳玉砌筑，登高远望，在葱笼峰峦间，有触目的秦岭山路蜿蜒北上，从神仙地指向尘世间，似乎尘缘难断。车行至秦岭山脊，天阴多云，未再停留，逐过渭河去宝鸡。

诸葛墓双桂护墓

秦岭南山坡

张良庙

勉县定军山武侯墓大门

七 米脂、延安、黄帝陵

1991年国庆过后,学院安排人陪我去陕北。原计划只去延安,但陪我去的侯继尧教授想让我看看他书中介绍的米脂窑洞,这样350公里加240公里,司机老宋又要一天赶到,计划因而改订。3日早起,昨晚大雨,今已全晴,7时发车,踏上久已向往的陕北途程,心情极为兴奋。车过咸阳上一级公路直抵三原,经耀县至铜川路虽差而车不多,通过也很顺利。驶车在高塬上,纵目了望无际,与平原旷野并无区别,但临近崖边则见深谷黄土壁立,又是一层天下,对面呼应虽近,而上下通路则远。平行观察与飞机俯视相印证我才对陕北高原有更多的了解。我们匆匆在黄陵午餐后,经洛川、富县、甘泉、

过延安东在水泥厂附近加油,近安塞时天已昏黑,吃些点心然后在夜间摸黑赶200公里路到米脂。

次日早起在小摊上吃面条,然后乘车去县城东北20多公里的刘家峁看姜家窑洞。姜家利用山坡建成一片崖窑,外围高墙,组成城寨。我们在这流连很久,才回到县城去参观李自成行宫。1643年李自成建立大顺国后,派人回米脂,就真武庙的山势,加以改造建为行宫。山下有乐楼,楼前广场四周有两层看戏平台,台上正对乐楼为梅花亭,亭后为高16米的捧圣楼乃祭天的处所。从此登山到二天门,再上36级石阶到山顶行宫,前有揽胜楼,旁有钟鼓楼后为启祥殿及兆庆宫。整个行宫因山就势,异常威武。后因李自成进军北京而未来米脂,现用作陈列李自成史迹及米脂文物,最近米脂街心又立起李自成扬剑跃马铜像,使这

李自成像

米脂李自成行宫

米脂县城

瓦窑堡延河桥

延安宝塔山

枣园毛泽东旧居土窑

黄帝陵轩辕庙

延安清凉山石牌坊

黄帝陵

位农民领袖更加活跃在后代子弟心中。我们离开米脂，到绥德吃午饭，饭后去延安，路过清涧及瓦窑堡，这都是陕北北部著名地方，民谣"米脂的婆姨绥德的汉，清涧的石板瓦窑堡的炭"而各有其特色。

延安以中国革命首都著称，抗日与解放战争中前后13年它一直是领导中国革命的中心。1937年1月毛泽东和党中央由保安移住延安，最初在凤凰山，1938年11月迁往杨家岭，1944年迁往枣园。此外军委所在地王家坪、新华社所在地清凉山、鲁艺所在地桥儿沟、党校所在地小沟坪以及359旅开展大生产的南泥湾等地都是万千革命干部最熟悉的地方。我们到达延安的第二

天因为参观时间有限，早起先去枣园。在前院看过礼堂及任弼时、刘少奇住过窑洞后，即沿土坡上岗，经过一座小门洞走进院子，在枣树掩映下迎面就是毛泽东同志住的五孔新开窑洞，依次为会客室、办公室、卧室、家属室、工作人员室。卧室中有硬板床和书架，小圆桌上摆着一架老式留声机。毛泽东窑洞之东为朱德西为洛甫、周恩来住的窑洞。岗上为农田枣林，周围环境十分幽静。从枣园回来经过延安革命纪念馆到杨家岭，先看中央领导同志居住的窑洞，虽同在山坡上，但地势局促，环境远不如枣园。下山参观文艺座谈会会址和七大开会的小礼堂，现在看来都很简陋，但

人杰地灵，卓越的革命业迹使人们在这些地方久久不愿离去。出杨家岭登清凉山，山下有题额万佛寺的石牌坊，山上有宋及明开凿的石窟四座，登临眺望，河水环绕，宝塔遥峙，延安风景，汇集于此。下山出市，路过宝塔山，延安自古为边防城寨，此山乃寨之要塞，宝塔为明建八角九层高44米的楼阁式砖塔，在上可俯视延安全市，人们常用它为代表延安的徽志。

离开延安赶到黄陵午饭。饭后登桥山谒黄帝陵。五千年前黄帝与炎帝结成部落联盟击败九黎部落蚩尤，以后黄帝又击败炎帝统一中原地区，逐渐孕育发展形成华夏族，再后和周围种族相互融合构成汉族。

司马迁史记从黄帝开始，演化至于今日黄帝陵成为中华各民族共同顶礼膜拜的先祖圣地。史记载"黄帝崩，葬桥山"，桥山有沮水从前迂回流过，山居水中如桥，由于历代朝廷对黄陵的重视与保护，现在满山古柏，郁郁苍苍，据县志载桥山柏林面积已达4平方公里，共63 000株。 黄帝陵位于山顶，我们走上山时在陵门前见一座土筑20米高台，有碑石标汉仙台，相传为汉武帝祭陵时建，我急忙攀上台顶，四望山水林木，均一目了然，黄帝陵不大也不高，但位于山头与山体柏林结成一体，以河为界墙，似无限雄伟、无限宽广而又切合原始社会的生活环境。因此我极不赞成在山林中硬加一道黄琉璃瓦红墙并在陵中修建明清式高大献殿的作法。即使耗费很大财力修一座明清式陵墓，也不如现今的格局；假如效法明清而远不及明清则是彻底的失误。下了汉台，走进陵园，冢前祭亭有郭沫若书黄帝陵三个大字。其后有明"桥山龙驭"碑，冢高3.6米，周长 48米，四周有砖墙围护，参天古柏，浓荫满地。整个环境虽简朴而幽深邃密、庄严肃穆。下山至轩辕庙，建筑比较简陋，大殿悬"人文初祖"匾额，内立"轩辕黄帝之位"木牌。但院内古柏甚多，一株名黄帝手植柏，树高19米，下围10米多，尺寸虽有碑石记载，但柏树至今仍在生长，俗谚"七搂八扎半、疙里疙瘩不上算"，现为国内柏树之王。还有一株高大柏树，满身斑痕，柏油从孔中溢出，闪闪发光，传说汉武帝曾在此树挂甲因名挂甲柏。出庙后天色已近黄昏，领略陕北山川历史、文物风情后，在黄土塬上纵车飞驰，无名愉悦充满心胸，车行190公里，黑夜回到西安。

八 洛阳、白马寺 和龙门石窟

河南洛阳是中国封建社会前期与长安并驾齐驱的两大古都。长安经过西周、秦、西汉、隋、唐、前赵、前秦、后秦、西魏、北周十个朝代，建都历史达 1 159年。洛阳经过东周、东汉、曹魏、西晋、北魏、后唐六个朝代，建都历史达977年。 洛阳地处黄河中游南岸，北依邙山，南临伊水，西扼潼关，东据虎牢；群山环抱，地势平坦，为古代中原逐鹿，兵家必争之地。洛阳气候

龙门潜溪寺菩萨

温和，河流纵横，土地肥沃，又是从原始公社到奴隶社会中国古文化遗址集中之地。六七千年前母系氏族仰韶文化发现于洛阳的仰韶村。登封告城王城岗传为禹都阳城。二里头可能是汤都西亳，商周文化遗址遍布附近。西周定都镐京，周公仍经营洛邑，迁入象征王权的九鼎，并建王城及成周二城，迁殷顽民于成周，实之以为东都。东周500余年洛阳已是"商满天下，富冠海内"。东汉在成周营建国都，曹魏、西晋因之，北魏扩大城垣至东西10公里，南北7.5公里，创建里坊制度，城内居民已达109 000户，城内外佛寺达1 367所，并开凿龙门石窟。汉魏四朝洛阳科学文化发达，人才辈出，经济繁荣，城外有大市，城内"千金比屋，层楼对出"。北魏末年战乱迭起，洛都荒废。隋唐在周王城东新建洛阳城，周长35公里，设3市103坊，人口曾达百万，所谓"宛洛盛皇居，规模穷壮大...飞观紫云中，层台碧云上"，是洛阳历史上最繁盛时期。北宋建都开封尚以洛阳为西京，花木园林之盛仍为世称，金以洛阳为中京因旧城已毁在唐城西北另建新城，周长只4.5公里，即经元明清传至今日的老城。

现存洛阳古文化遗址极多。仰韶发掘

龙门看经寺罗汉

面积已达30公顷，文化层广泛分布于黄河中下游。王湾遗址提供龙山文化和仰韶文化的承袭关系。二里头各期文化相当夏商两个时代。北窑冶铜遗址为研究西周冶铸青铜技术的重要基地。登封阳城城墙残高8米余，有许多印有阳城字样的陶器。汉魏故城尚有三面夯土残迹，洛阳八关有后世碑石可辨；东汉太学在5万平方米遗址中有成排的建筑，当时三万太学生的规模，今宛然可见；作为天文观测的灵台，作为天子太庙的明堂，在偃师均留有遗址。隋唐东都、粮仓及三彩窑址亦有遗迹可寻。此外还有东汉、西晋、北魏帝王陵；苏秦、吕不韦、玄奘、杜甫、二程故里或坟墓；赵匡胤的夹马营、邵康节的安乐窝等。其中最为重要的首推白马寺与龙门石窟。

东汉明帝于公元64年遣郎中蔡愔西去天竺求佛法。三年后蔡愔天竺高僧摄摩腾、竺法兰以白马驮贝叶佛经回国。因在城西建白马寺，首译佛经，从此佛教开始流传于中国，白马寺被称为中国佛教的祖庭。汉后白马寺与洛阳共盛衰而屡经兴废，今日规模乃1555年明嘉靖重修时所奠定，共占地4公顷，中轴线上依次为天王殿、大佛

殿、大雄殿、接引殿、清凉台和毗卢阁。山门券石为东汉遗物,门前石马从宋太师太保魏咸信墓移来。门内有元代洛京白马寺祖庭记碑。天王殿有明代夹苎干漆弥勒造像及清木雕多龙佛龛。大佛殿为明代建筑,内供七佛。大雄殿的佛、天将及18罗汉均元代夹苎干漆的优秀作品,形像多样,神态各异,性格突出,有较高的艺术水平。殿外东壁嵌"摩腾入汉灵异记",书法精美。殿前有明"重修祖庭释源大白马禅寺佛殿记",原文"盖儒以正设教,道以尊设教,佛以大设教,观其好生恶杀,同一义也;惩忿窒欲,同一守也。由是观之,天下之理二;善与恶而已矣....。一而三,三而一,不可得而亲疏焉。三教如鼎,缺一不可也"。清雍正帝也曾主张佛以治心,道

以治身,儒以治世。三教归一思想历代都有。清凉台高6米,面积1 388平方米,上建毗卢阁内奉华严三圣,殿之两侧置大经柜,后壁刻42章经,乃白马寺最早译出的第一部佛经。1957年我首次来寺,老方丈引导我参观藏经后曾在这里和我谈论佛经要义。毗卢阁两旁为印度高僧殿。山门内有摄、竺二人墓。齐云塔院在寺之东南,汉塔早废,宋初曾仿原形建九层木塔,百余年后亦毁,1175年金大定时重建,保存至今。塔为13层方形密檐叠涩砖构,通高25米,塔旁有金修塔记石碑并存六枚巨大石础,系古塔原物。四面距塔20米处用力鼓掌,可以听到塔身发出类似蛙鸣的回声。距塔不远有狄仁杰墓。

龙门石窟与敦煌、云冈石窟并称中国

白马寺齐云塔

白马寺大门

洛阳古墓博物馆

龙门奉先寺大佛

龙门宾阳中洞佛像

龙门石窟寺礼佛图

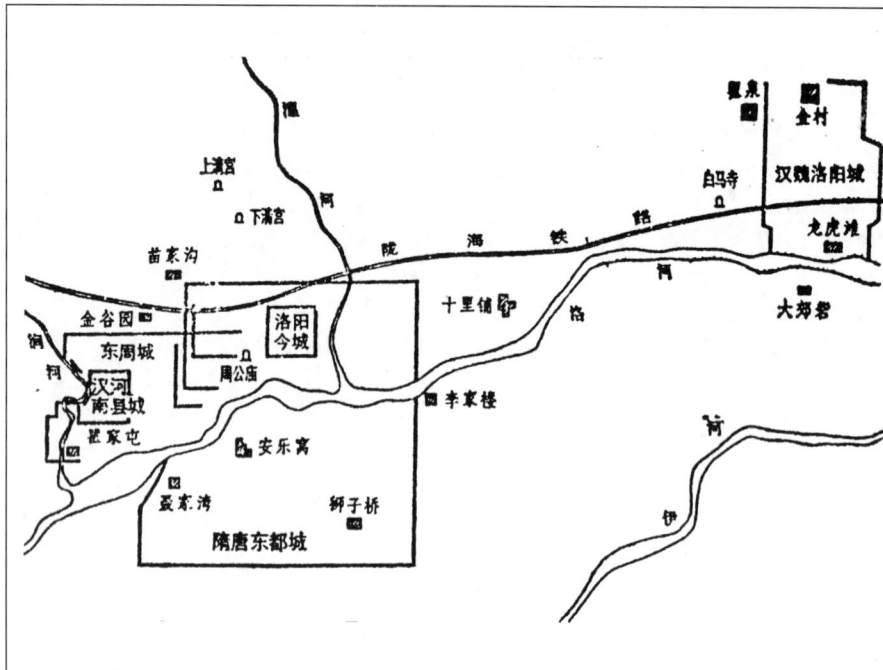

洛阳历代城址变迁图

古代三大石窟，它位于洛阳南 13公里的伊河两岸，长达一公里的山崖石壁，其南龙门与香山隔河对峙，有如天生双阙，号称伊阙。石窟主要开凿于北魏及唐代，据最近统计共有窟龛 2 100，造像十万尊，但千余年来风雨侵蚀，人为破坏严重，特别近代各帝国主义与奸商勾结盗窃珍品甚多。现国家已确定为重点文物保护单位，积极加以保护。龙门石窟是皇室贵族发愿造像最集中的地方，北魏沙门法果提出天子即如来，许多大窟都是秉承皇室意志而开凿的，如古阳洞就是支持孝文帝迁洛的贵族们开龛造像而成的，宾阳洞是宣武帝为其父母做功德而造的，武则天指使造摩崖三佛龛又因她病逝而中止。龙门窟形比较简单，没有云冈中心柱与前后室之分；题材比较集中，不像敦煌那样有过多佛传、本生故事的壁画浮雕，只突出主佛像。造像有更多民族特色与生活实感，以圆刀代替平直刀法，北魏衣饰由偏袒右肩及通肩改为汉化褒衣博带，唐代造像突出丰满圆润特色。洞内碑刻题记多，代表魏碑的龙门20品，字体端正刚健，介于隶楷之间，为书法精品。现存比较完整的大型石窟在西山北部有北魏宾阳中洞佛及菩萨形态生动。北魏莲花洞龛额构图精美。唐初潜溪寺菩萨体态丰满，面目传神，衣纹流畅。唐万佛洞壁上刻一万五千小佛，舞乐伎姿态优美。位于西山南部的北魏古阳洞

图案纹饰丰富多采，龙门二十品有十九品在此洞内。北魏石窟寺的帝后礼佛图，为宾阳中洞礼佛图被盗后仅有的珍品。唐极南洞坐佛手法简洁，个性突出。东山看经寺洞内29尊罗汉，生动逼真，个性鲜明。在所有石窟中最惹人注目的当推唐高宗开凿的奉先寺，卢舍那大佛高17.14米，丰颐秀目，凝视含笑，端庄宁静，虽属神仙，俨然有帝王之像；两旁有虔诚阿难，肃穆迦叶，而菩萨矜持，天王怒目，力士骠悍，神态各不相同。整个场面宏伟壮丽，实为艺术佳作，传世之宝（参考龙门文管所：《龙门石窟》）。

龙门对面，伊水东岸有香山寺，寺旁有白居易墓，现建成白园，采用一些传统优秀手法，颇为成功。来龙门路上有关林，相传为曹操埋关羽首级处，有舞楼、拜殿及大、二、三殿多明清时建；冢高 20 米，前有碑亭、仪门、华表、石坊，甬道两侧雕石狮百余；陵园有古柏千株，将环境点缀得郁郁苍苍。城内周公庙、文庙均为明代建筑，周王城已建成公园，特植牡丹，力争恢复往昔盛誉。洛阳市最值得称道的是古墓博物馆的创建，阙门内有地下四围建筑，四角有通风采光楼台。地下室中依次排列22座古墓，计汉10，晋3，北魏2，唐2，北宋5；代表各种类型，有的是从各地迁来原墓，有的是复制，参观时使人免去跋涉之苦而大开眼界。

九 宋陵、嵩山及少林寺

1987年4月我在郑州开会，利用空隙去嵩山，会后到洛阳转去宋陵，初步接触洛阳东南风景。从洛阳东出偃师至巩县回郭镇，其建筑顺公路绵延数公里，工商业收入可观，巩县为全省最富的县。镇东不远有宋真宗永定陵在公路北，西距洛阳50余公里。北宋九个皇帝除钦徽宗被金兵掠去死于东北外，其余七帝都葬于巩县，共占地30平方公里。各陵坐北朝南体制大致相同，均由上宫、宫城、地宫、下宫四部分组成。上宫最前为鹊台又称阙台，次为乳门。门北为神道，两旁分列望柱、象及驯象人、瑞禽、角端、马及马倌、虎、羊、客使、武将、文臣；宫城南神门外有立狮、镇陵将军及宫人。宫城四面有门，四角有角楼，城内灵台为覆斗形，底边长 60米，下为地宫安放灵柩。宫北附有后陵，旁为下宫内有正殿、影殿和寝殿并住宿守陵人员。太祖永昌陵，太宗永熙陵与太祖父安陵在西村。真宗永定陵，仁宗永昭陵和英宗永厚陵在芝田与孝义。神宗永裕陵和哲宗永泰陵在回郭。现宋陵经过历代战乱建筑已完全毁灭，只有墓土与石雕尚存。永定陵保存较好旁有寇准及包拯陪葬墓。宋陵石雕都具有很高的艺术水

平,人物眼帘下垂表示哀悼,客使的异族面目与服装均如实刻划。离永定陵东北行25公里,路经康百万庄园,过伊洛水到巩县石窟寺。石窟开凿于北魏,后延至东西魏、北齐、隋唐、北宋,现存5窟7 743尊佛像,在国内石窟中浮雕比较完整。石窟方形有中心柱,窟顶雕支条分格或平棋,一号窟内有帝后礼佛图,简练生动。黄昏后赶回洛阳。

随后我从郑州出发去中岳嵩山,先到密县,路上见民居多红砖红瓦用灰瓦砌脊砌边,墙有山花,比一般民居多些变化。到打虎亭参观东汉画像墓,墓主可能是宏农太守张伯雅,两墓间距30米,用巨石及大青砖砌券,规模宏伟,气势轩昂。画像石墓长26.6米,宽20.7米,中室顶高6.3米;壁画墓长19.8米,规模略小些。画像石墓由前、中、后室及东、南、北耳室组成,除中、后室外其他内壁、甬道与石门均有瑰丽多采的画像石刻。墓门中央浮雕铺首衔环,四周阴刻云纹、禽兽、人物,四边有朱雀、玄武、青龙、白虎。甬道及前室有迎宾图刻大型人物作抬壶、执物、迎宾状。中室凹槽有木痕,可能当时装壁板。因壁画墓中室有猎骑图,相扑图,车马出行图,宴饮百戏图、侍女图等七幅壁画,则此墓中室当有更辉煌的作品。后室放置棺椁。 南耳室及甬道刻有车马图、收租图,东耳室刻庖厨图,北耳室刻

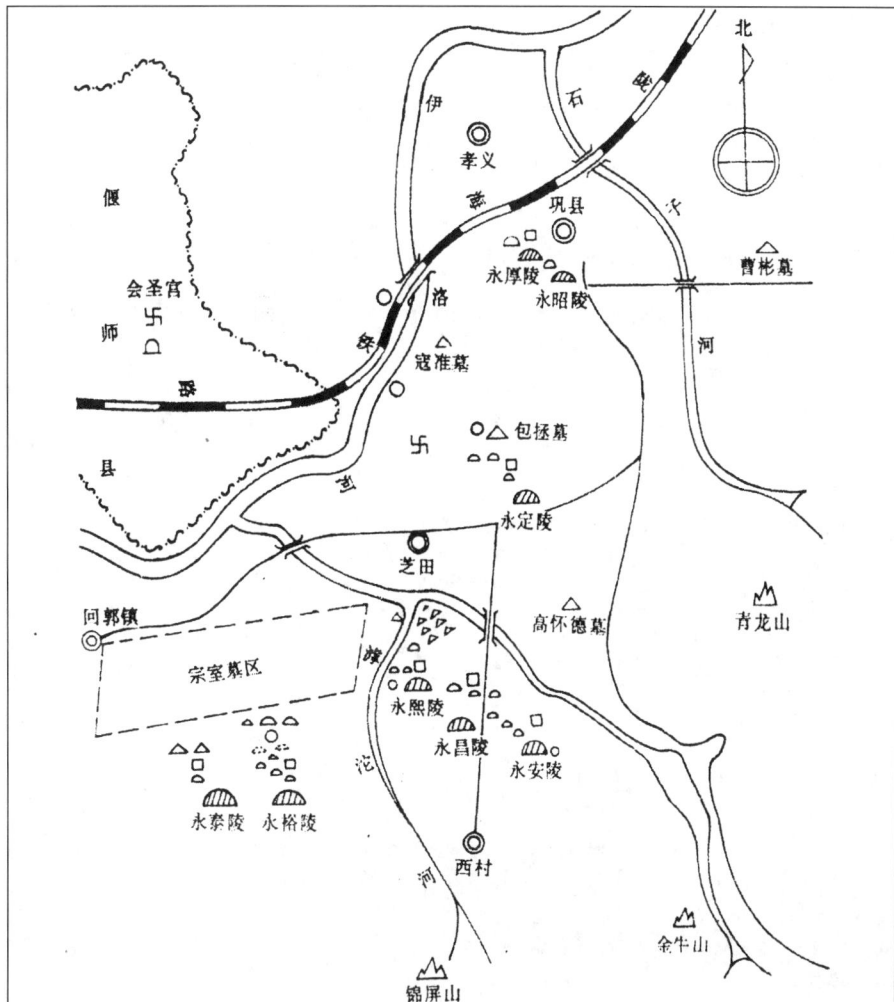

宋陵分布示意图

宋陵石雕牵马人

登封观星台

嵩岳寺塔

宋陵真宗永定陵

宋陵角端

巩县石窟寺佛像

密县打虎亭汉墓画像石

宴饮图。这些壁画的题材和技法与山东沂南画像石墓相似，都有极高的艺术水平。

出打虎亭入登封境车转向南到告成镇看有名的观星台。这是我国现存最古的天文台，也是世界重要的天文遗迹。元初实行历法改革，郭守敬在全国设27所观测点进行天文观测，以阳城(今告成)为地中，经过四年，终于完成"授时历"而颁布天下。据史书记载，周在阳城测影，唐立测景台纪念石表，元重建观星台，明增建台上小室。现台身形类覆斗，有回旋踏道上至台顶，台高9.64米，连小室高12.62米，北壁垂直正中有凹槽，面对平铺的石圭。凹槽直壁是测影的高表。直壁与石圭间有36厘米的间隙为横梁下垂悬球的地方。石圭、直壁与横梁是一组观测日影的仪器，梁影投在圭上可量表影的长度，因此石圭又称量天尺。石圭36方，长31.196米，其方位与今测子午方向相符。圭面刻双股水道通南北水池，刻有尺度，以测水准。

从告成镇西去登封进入嵩山山区。嵩山属伏牛山脉，东西绵延60公里，东周时定名为五岳之中岳，其主体在登封西北，由太室山、少室山组成，嵩顶峻极峰海拔1 440米，有峻极于天之说。中岳庙在黄盖峰下，西距登封城4公里，秦汉时有太室祠，地址屡有变迁，唐中叶定于今址后曾盛极一时，有飞甍映日，杰阁联云之称。现存为清乾隆按皇宫体制重建，庙坐北朝南，从中华门至御书楼共11进院落，长650米，宽166米，面积10公顷；中轴甬道全用磨光条石砌成，从南至北山势高差37米；有各种建筑400间，红墙黄瓦，青松翠柏，规模宏伟，气象庄严，乃河南最大寺院。中岳庙正南500米有太室阙。诗经"挑兮达兮，在城阙兮"证明阙在周代已有，阙有城阙、宫阙、庙阙、墓阙之分。118年汉安帝在太室祠前建太室阙，与少室阙、启母阙并称中岳三

阙。太室阙高4.1米，用长方块石砌成，上部雕成四阿顶，正付二阙相距6.75米，南面刻有"中岳太室阳城"六篆字，另有汉隶及篆隶参半的铭文，都是研究书法的重要资料。阙身四面平雕车骑、人物、马伎、禽兽、建筑等画象50余幅，可供研究汉代社会参考。从太室阙北行距庙20米处，在神道两侧方亭内有与太室阙同时雕就的守庙武士翁仲石像，高约一米，平头方脸，古朴大方。庙前原为木构"天下第一坊"，近改为砖券庑殿式牌坊并改名中华门，坊上分别书额嵩峻、天中、依嵩、带颖。入内过遥参亭到庙之正门天中阁，阁明建，形制仿天安门，重檐歇山绿琉璃瓦顶，高20米。走进天中阁，满目是葱郁的古柏，据调查庙内现有树令在1 300～2 900年的47株，850年以上的58株，200年以上的230株，处中原战乱之地能保存如此众多古树，实为难得。清诗咏天中阁"建阁高天地，乾坤入卷帘。窗含秋日

中岳庙

少林寺毗卢殿

少林寺塔林

嵩阳书院古柏

暮，槛湿细云峦。石径皆成豁，长松欲拂檐。时时起烟雾，风雨出山尖"，写出几分特色。天中阁北为配天作镇坊，过坊为崇圣门及化三门。崇圣门内有二方亭，西亭为无字碑亭，东亭为神库，因宋时曾将旧神象埋在地下，以后又铸身高2.6米的四铁人守护，现铁人仍然完好。亭之两旁东西华门内有宋金名碑。过化三门甬道两边有4米高的砖石平台，清时上有殿堂，象征东西南北四岳，日伪时期拆毁。台旁有"中岳嵩高灵庙之碑"乃北魏道教立碑之始，为历代金石家所推重。台北为峻极门，建于金而重建于清，门前铁狮为金代所铸，门东八棱石幢上刻宋真宗醮告文，石幢本佛教之物，竟出现于岳庙，实为罕见。此外还有五岳图等碑碣甚多。过峻极门为嵩高峻极坊，坊后即是中岳大殿。大殿位于3米高的平台上，面阔9间，进深5间，重檐庑殿黄琉璃瓦顶，宋建金重修，明毁于火清再修，日寇炮火击毁一角，最

近又再度整修。殿内供天中王像。从大殿后登石阶上至寝殿与庙之最后建筑御书楼。楼内贮道教经符及木刻原版。

登封午饭后西行15公里至少林寺。寺在嵩山西麓五乳峰下面对少室山，495年北魏孝文帝创建，527年印度僧人菩提达摩在此首创禅宗，因此成为祖庭。唐初少林寺僧人佐太宗开国有功，从此钻研拳术以少林拳著称国内。佛寺经历代兴废至唐宋间有地30余公顷，房5 000间，容僧众2 000人，拥有土地800余公顷，为极盛时代。现存规模为清雍正时期重建，1928年石友三在内战中又放火将寺的前部建筑烧光。我们参观时见两座石坊间，有三间不大的山门，上刻康熙亲题"少林寺"，东坊有联"地在天中，四海名山为第一；心传言外，十方法教是初元"。山门内甬道两旁有数十通碑碣，号称少林碑林，其著者有大唐天后御制诗书碑，少室山36峰赋，米芾书"第一山"，赵孟頫裕公之碑及日僧邵

元撰文碑等。天王殿后为大殿及法堂，两侧有钟鼓楼、龙王、阎王、六祖、紧那罗殿已全被焚毁。从法堂遗址登上高台阶为方丈室，再上为立雪亭，亭内有元棍术名僧紧那罗铁像。院之最后为毗卢殿，三面墙壁有明绘500罗汉朝毗卢大壁画，殿内砖地凹坑为僧众练拳脚踏遗迹名站椿坑。毗卢殿东为白衣殿，两壁绘少林武术锤谱。少林寺西有塔林为少林历代主持和尚墓，高1～7层，形式多样，计唐塔2，宋塔3，金塔6，元塔40，明塔138，清塔10，共250座，为我国最大的塔林。少林寺西北2公里山上有初祖庵，内有宋建大殿，四周碑刻有黄庭坚的《达摩颂》及蔡卞的《达摩面壁之庵》，有明刻达摩像及碑阴梵文陀罗尼经。庵后山上有天然石洞，传说达摩曾在此面壁十年。从少林寺返回路上又到嵩岳寺看塔，塔始建于530年北魏时期，为我国现存最古老的砖塔。塔高39.5米，有叠涩檐15层，平面为12角，整体轮廓呈秀丽

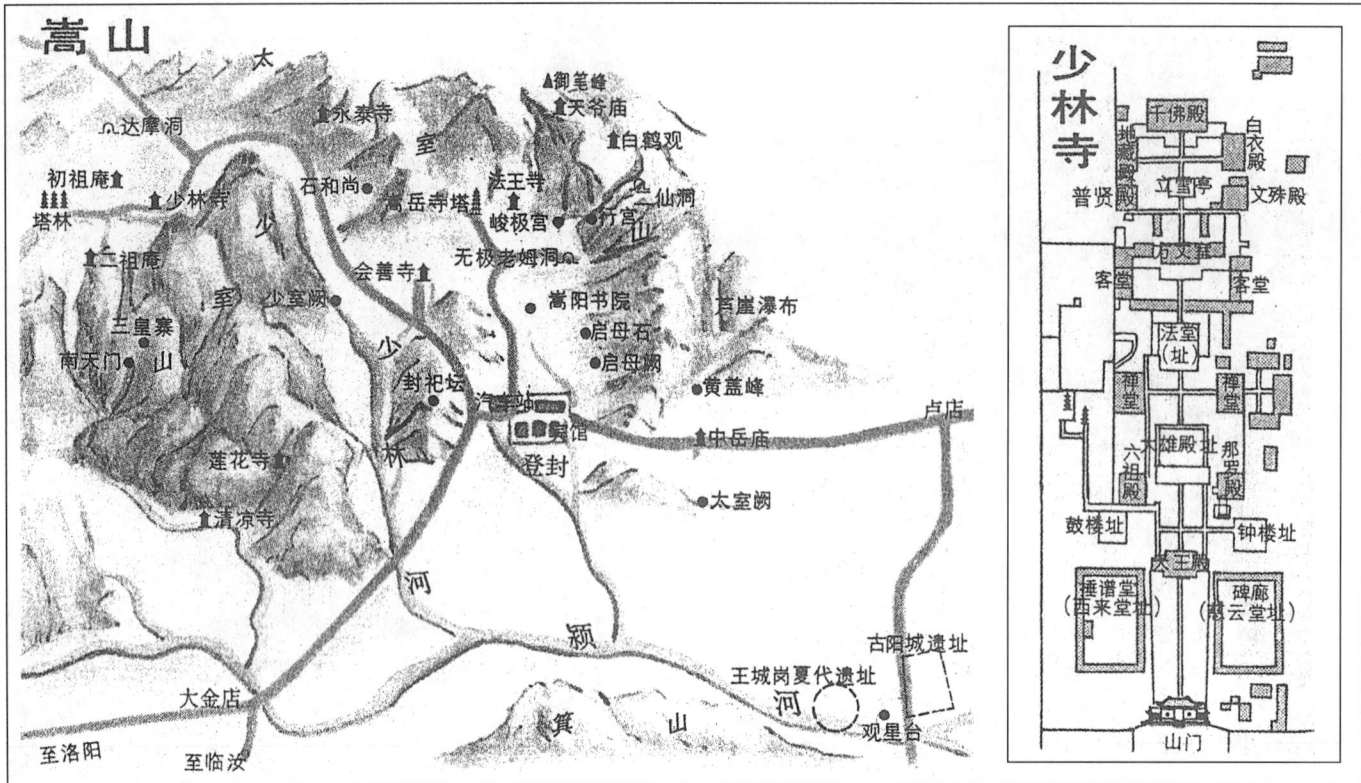

嵩山及少林寺图

的抛物线形。最后看宋代四大书院之一的嵩阳书院，北宋程颢、程颐曾在此讲学，院外有唐嵩阳观纪圣德感应颂碑，高达8米，为嵩山最大的碑。院内有古柏三株，经汉武帝封为将军，现只存两株，大将军树冠15米。我们回到郑州时已满城灯火。

十　偃师夏、汤都、郑州商城、安阳殷墟与汤阴岳庙(注)

根据最近有关夏商周断代的专题研究，刘庆柱在2000年1月14日的《光明日报》上发表《夏商周时期考古发现与研究》一文，内称在河南"偃师二里头遗址发掘的两座各自逾万平方米的大型殿堂建筑遗址、铸铜遗址、多座包括丰富陪葬品并含朱砂的墓葬以及大量房址、窖穴、水井、灰坑、祭礼遗迹、中小型墓葬出土的一些青铜容器、大型玉器和陶质礼器等。"同时参照河南登封王城岗、晋南壤汾陶寺遗址、墓地的发掘与研究，"表明了该遗址为夏王朝都城遗址。"

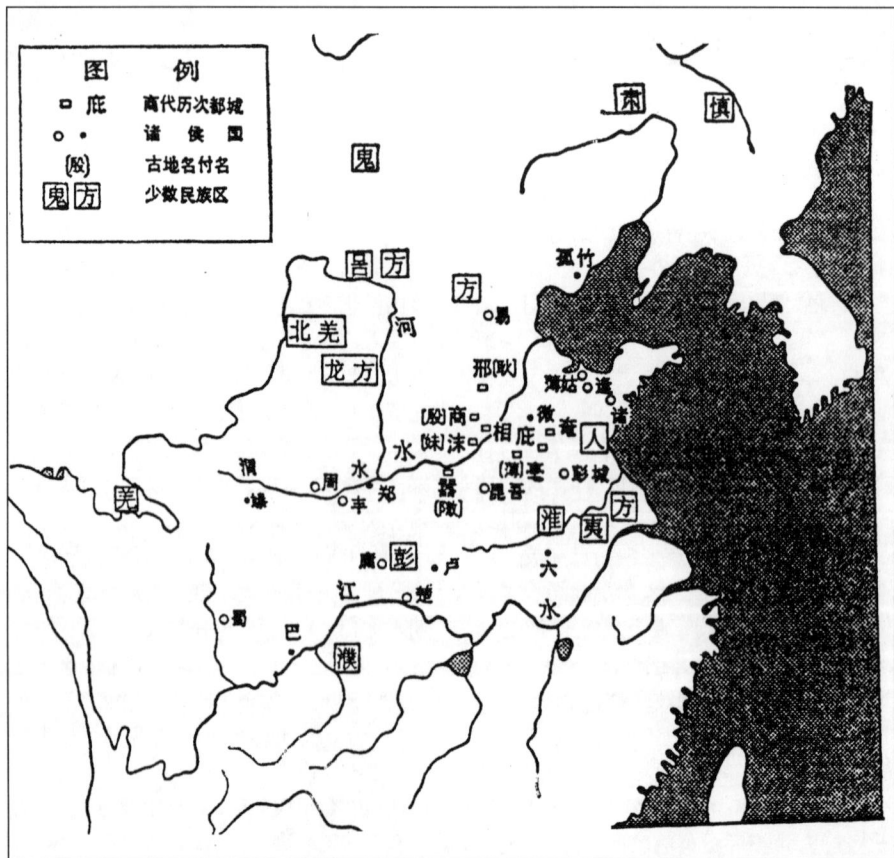

商代地域图

该文同时报导"偃师商城由郭城和宫城组成。宫城的南部分有布局整齐的8座宫殿,北部为池苑,学术界已基本取得了关于偃师商城即汤都"西亳"的共识,从而为夏商王朝的年代分界线找到了界标。"(注:1999年焦作府城村已发现商代城址,为300米×300米的夯土方城)。

郑州有古老的文化,北郊大河村曾发现仰韶与龙山文化遗址。它又是商代重要都邑,市内曾发现周长近7公里的商城,掘出大量房基、地窖、水井及冶铸青铜器遗址。郑州附近小双桥又发掘出大型商代建筑基址,与属于东夷文化的鲁中豫东的岳石文化和赤峰地区的夏家店下层文化的田野工作相结合,使有关商代前期文化的研究增加了内容。但在漫长的封建社会中,郑州只是普通的小城,只有现代交通兴起,郑州才发展成为百万人口的大都市。现在市中心耸立的七层双塔,就是为纪念1923年

京汉铁路"二七"大罢工而建的。郑州黄河的花园口因国民党政府在抗战初期掘开黄河大堤,淹没三省农村,以洪水迟滞日军前进而著名。1960年我初到郑州曾看到当地上万群众为重堵花园口而紧张热烈的劳动。今日郑州却利用黄河与南岸邙山的优越形势建起黄河游览区。这是大城市向现代化迈进的重要一着。1987年4月我趁郑州开会之便前往参观,当时游览区虽属初创,但给我印象颇深。从铁路桥往西走进游览区,过新建牌坊,便看见黄河岸边的浅水沙滩,正靠船只、骆驼、马匹展开游乐活动。待我一层一层爬上邙山,黄河面就一段一段展开,铁路公路桥像两根飘带似的浮在东方,北岸平川渐渐收入视野,那是我曾在干校劳动过的地方,不要回忆古代历史,就是当前经历已够我怀念了!接着我沿着山头依次走过新建的依山亭、极目阁、畅怀与开襟亭,黄河母亲和巨象的雕塑,这才逐渐看清

黄河游览区哺育雕像

郑州商城遗址

郑州重堵花园口

黄河游览区

汤阴岳庙精忠坊牌楼

201

安阳殷墟博物苑

羑里文王庙

邙山群峰的伟大气势。虽因时间关系使我不能东过山洞去探悬索桥，西去广武看刘邦、项羽对峙的鸿沟和汉楚王城遗址。但设计图已令人相信这个游览区会有宽广前途。

豫北安阳地区在中国上古史中曾占重要地位。安阳县小南海发现两万五千年前原始人的洞穴，出土石器7 000余件。安阳后冈发掘出三层叠压的文化层，解决了仰韶、龙山及小屯文化的先后次序。史书载四千年来前的五帝颛顼、帝喾曾在帝丘和毫即今之内黄建都，至今当地尚有二帝陵。商朝自汤后传31王，20代至盘庚起，改国号为殷，迁都安阳，历时273年再未有过变动。现经50多年的考古发掘，业已澄清殷代宫殿区在洹河南和小屯一带，防护河道南北长1 000米，东西长600米，中心区周围有密集的居民点、墓葬及作坊。业已发现53座的王宫基址，屋顶为重檐四阿，石柱础位于夯土台上。奠基及落成都举行过祭祀并杀牲畜和奴隶为牺牲。殷人迷信鬼神，遇事烧烤龟甲牛骨占卜吉凶，然后将卜辞刻或写在甲骨上。在小屯宫区发现两个最大甲骨文储藏库，加上其他地方，殷墟已出土带字甲骨16万片，所使用的单字有4 500多个，能认识和隶定的有1 700个。在洹河北有殷王陵区，已先后发掘11座殷王大墓，都有殉葬奴隶、禽兽和器皿。1939年出土司母戊大方鼎，高133厘米，长110厘米，重875公斤，腹内有司母戊三字铭，可能为祭祀用，上刻龙纹，下刻雷纹，造型庄重典雅，经分析乃用铜铝锡合金溶铸而成，为世界出土最大最重的青铜器，也是世界最珍贵的艺术品。在墓区东部发现一座大型祭祀场，在191个祭祀坑中杀殉奴隶达1 178人。1976年在小屯发现23代

殷王武丁之妻妇好墓，据卜辞记载她多次率兵出征，军队多达13 000人；墓中有殉葬人16，狗6，随葬品分6层埋入有青铜器468件，玉器755件，加上宝石象牙、蚌骨石器共1 928件，还有货币6 800枚。最近安阳市为殷墟修建了殷墟博物苑，建筑仿殷代形式，布局亦很有特色(参考：《古都安阳》)。

1993年我为补充资料专来冀南，从邯郸顺访安阳、汤阴。参观殷墟后又看安阳几个点。袁世凯经营的府第墓穴不仅政治上要从反面看，就是建筑上也只能从反面看，不帝而帝，不中不洋，没有杂烩出象样东西。文峰塔建于952年北周时期。塔身立于圆形莲花座上，五层出檐由下而上逐级扩大如伞状，八角檐头系有铜铃。由塔内盘旋至塔顶，上有带女儿墙的平台，可容200人登临眺望，台中树立10米高的喇嘛塔顶。全塔通高38.65米，周长40米，塔型奇特为国内罕见。昼锦堂为宋韩琦任相州知府时所建，后在旁建韩琦庙内藏昼锦堂记碑，欧阳修文，记韩琦事，由蔡襄书丹，号称三绝。汤阴距安阳22公里，为岳飞家乡。1450年明景泰时为岳飞在县城建庙，文革中遭受破坏，现经地方集资整修又重新开放。庙有六个院落，占地4 300平方米，精忠坊及东大门分立山门前。精忠坊为三间木构多层斗拱八角形牌楼，横额书宋岳忠武王庙，左右书忠孝两个大字，庄重肃穆，令人起敬。进入牌楼，立刻见到有五个反缚双手面向山门跪在地下的铁人，这就是谋害岳飞的奸佞秦桧夫妇、万俟卨、张俊、王俊，他们后面是向秦桧行刺的施全祠，内塑他举鞭怒视五贼像，后书尽忠报国四个大字，他的前面有联"蓬头垢面跪阶前，想想当年宰相；端冕垂旒临座上，看看今日将军"；充

分反映广大人民推翻民族英雄冤案的痛快心情。山门内有200余碑碣，林立两旁，其中最惹人注目的是吴仲英碑，上刻"文官不爱线，武官不惜死，不患天下不太平"又是叩响广大人民心声。过碑林前为仪门，东院有肃瞻亭，西院有观光亭。仪门内为御碑亭为大殿，正面门额悬乃武乃文匾，殿内塑岳飞像，上悬岳飞字还我河山。大殿后为岳母祠，四壁满刻岳飞《出师表》、《满江红》、《宝刀歌》等文词。周围有岳云、张宪祠堂。最近地方又在县城内立岳飞铜像，整修岳飞故里岳家庄纪念文物。从汤阴回安阳路上又拜访了羑里，这是纣王囚禁周文王的地方，明代在这里建文王庙，现建筑物已毁只余演易台，庙址在台地上，前为明建演易石坊，旁有屼嵲文禹碑，登石级进庙左侧有明刻文王易碑，上列64卦及卦辞，右侧为乾隆诗碑，后为演易台高13米，相传为文王被囚拘演周易的地方。我们去时里面在修复殿堂，外面摆着好几处卦摊，托文王的福，卦能否算得灵些？豫北辉县百泉有北魏石刻造像及历代350块碑刻，我在干校时曾去造访，而滑县瓦岗寨虽为民间熟知，但我还未曾拜望(注：本节前段乃出版时根据最新材料重新补写的)。

十一 魏大梁与宋东京
——开封

开封位于河南中部的黄河冲积平原，战国时称大梁，韩赵魏三国击败楚国后，魏将国都由安邑迁此，前后六代历时140年，纪元前225年为秦灌城攻灭。北周时称梁地

开封铁塔细部

开封大相国寺

为汴州，隋炀帝疏通汴渠开运河连接黄河及淮河，因地处运河中心而逐渐兴盛。唐安史乱后长安、洛阳遭受严重破坏，朱温乃利用汴州经济及军事优势而在此建后梁，并改名为东京开封府，后晋、后汉、后周继之，前后共达42年。至北宋统一中国，才在周世宗规划基础上把东京建成全国最壮丽的城市，历代相传168年始为金所灭亡。金攻占宋都后，收括文物珍宝，掳掠皇族百工，随所俘徽软二帝而北去，东京宫室毁坏，汴河阻塞，其繁华时代亦随之结束。然开封终以350年六朝建都的历史跻身于我国六大古都之列。元代黄河南迁入开封境，灌溉渠

道遭受严重破坏。明初以开封为其子孙王城，曾有畸形发展。明末李自成围开封，周王掘开黄河以水护城，全城37万人口存者不过两万。清初城内仍一片黄沙，人烟稀少，虽经重建，道光时黄河决口又大水围城八个月，周围村庄大都被沙土淤没，城墙亦多毁坏。宋东京原为三重城，外城周19公里为后周所扩建，设马面、敌楼、瓮城及城楼。内城为唐汴州外城，周9公里。宫城原为节度使衙署，后改建宫室。宋代因工商业发达，取消里坊与集中市场，使店铺、作坊都面向街道。城内有汴、蔡四条河道通过，建33座桥梁，有名的"清明上河图"就是

描绘汴河的虹桥及附近的街道情景。北宋宫殿规模虽不如隋唐，但规整中有灵活精巧特点。至于园林外城虽有金明池，仍在内城修建艮岳，以人工造成峰峦池沼，点缀以亭台楼榭，培置奇花名木，并从太湖取山石，名花石纲，穷奢极欲以至民怨沸腾，终至灭亡。

开封现存明清砖砌城墙为宋之内墙，已残破不堪，东北角淤沙将城墙埋没大部，有的已与城平。1932年上海抗战，我所在学校在河大借读，我曾从城头向积沙上跳过，55年后再来看时，积沙依然如故，人们还是爬沙坡进出城。唯与宋建铁塔同时建造的开

开封城墙沙与城平

开封铁塔

繁塔

宝寺大殿业已恢复，周围经过整修，在鸟语花香，绿草如茵的陪衬下，铁塔显得更加秀丽。塔为八角形13层楼阁式，全身用28种褐色琉璃砖砌成，远看近似铁色，因通称铁塔。砖上雕有飞天、降龙、麒麟、雄狮、坐佛、立僧、伎乐、花卉等50多种图案，为宋雕艺术杰作。塔内通过磴道与中心柱联系，900年来历经地震、洪水而仍巍然屹立，成为北宋东京的不朽标志。至于宋代皇宫早已堙没，明周王府也剩下一座土山。清康熙在上建亭置皇帝牌位，每逢大典，官员在此朝拜，因名龙亭。雍正、乾隆改为万寿观，现为面阔九间，重檐歇山琉璃瓦顶的大殿，有雕栏石阶70余，颇有气势。1980年又重建围墙、大门、掖门。龙亭大门外甬道两侧，东为潘家湖，西为杨家湖，甬道尽头有午朝门。龙亭周围整个面积的60公顷，其中水陆各半。登龙亭眺望全城，水陆空明，眼界开朗，惜绿化不足，尚需多栽树木。为纪念廉洁正直的开封府尹包拯，在城西南改建包

公祠扩充包公湖，面积已达47公顷。此外城内名胜还有大相国寺，原为战国魏信陵君故宅，北齐时建寺，唐睿宗赐今名《东京梦华录》称："唐时寺内壁画塑像，精工妙技为古今绝手"。宋初寺分八院广达30公顷，帝王游幸，名僧往来，定期集市，十分热闹。明末淹毁，清又重修，现规模为2公顷。寺门为三间牌楼，门内庭院宽敞，左右廊房各50间，天王殿前方亭内悬万斤巨钟，后为大殿，重檐歇山黄绿琉璃顶，面阔7间，高14.6米。三进为八角琉璃殿，外廊高9.8米，中心亭高16.9米，天井内供木雕四面千手千眼观音巨像，高约7米，为乾隆时雕刻的艺术精品，最后一进为藏经楼。

1987年我由洛阳再来开封，先在城内参观延庆观和陕甘会馆。延庆观原为开封著名道观，清末仅存玉皇阁，又为泥沙淤埋。1973年掘去泥沙，才露出全貌。阁方形三层高13米，底层用砖砌券，顶为八角攒尖，碧色琉璃，铜顶，造型奇巧，内供白

开封禹王台

相国寺大殿

陕甘会馆

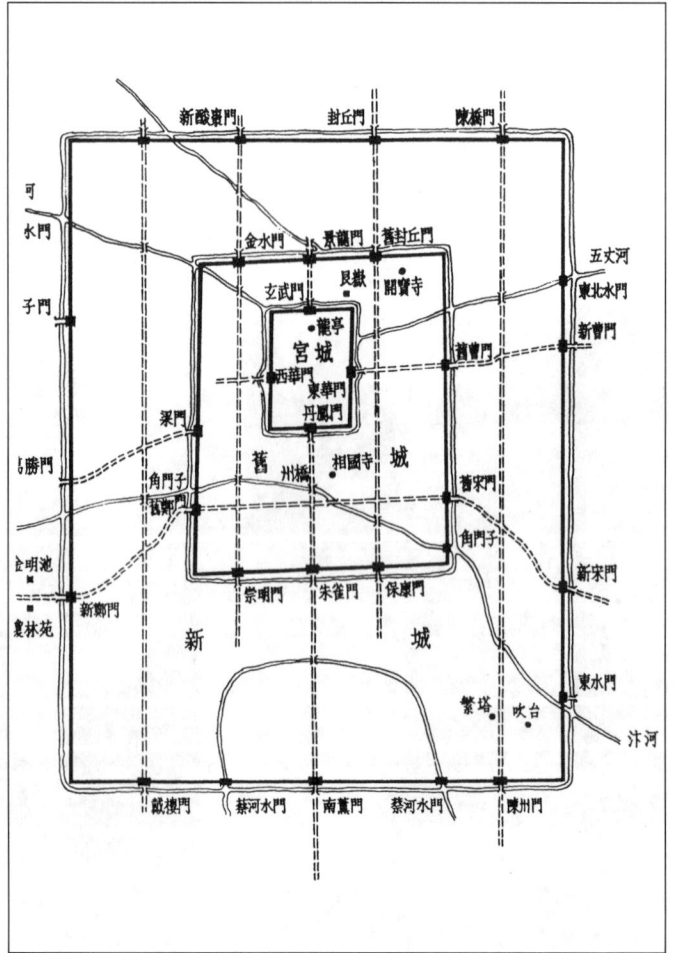
北宋东京示意图

玉的玉皇像。陕甘会馆清建，照壁、牌楼、殿堂均以雕刻精美见称。随后我在城外看繁塔和禹王台，繁塔于977年建于宋天清寺内，原为9层，比铁塔高，明初只遗3层，后在顶上加7层小塔，形成独特的造型，现通高31.67米。繁塔原为六角楼阁式砖塔，外壁镶有不同姿态的佛像雕砖，为宋代的艺术精品。内壁镶有宋代刻石200余方。禹王台原名吹台，相传为春秋盲音乐家师旷演奏的地方。西汉梁孝王曾在此建规模宏大的园林，时称梁园。明因开封屡遭河患而建禹王庙遂呼禹王台。现大殿后壁有四块颂禹功德的岣嵝碑，系清光绪时河南巡抚从衡山摹刻的，字体古拙难辨，传为禹治水时所刻。大殿南有御书楼，楼上有康熙题功存河洛匾额。台东有三贤祠纪念李白、杜甫及高适在汴留下梁园吟，古大梁行等诗篇。现禹王台已扩建为24公顷的公园。随后我又北去9公里到黄河名渡柳园口，这里虽无高山，但多小岛，也在筹划建设黄河游览

区。南去开封22.5公里到岳飞大破金兵的朱仙镇，它在明清与广东佛山，江西景德，湖北汉口合称四大名镇，内有岳王庙已残破，现在修复中。

十二　金城兰州

我于1960年从郑州去新疆，1983年从敦煌走河西，两过兰州。甘肃为山地高原，处于青藏、内蒙与黄土高原的结合部，从西北到东南长1655公里，地貌复杂，气候悬殊，号称'三山三草两沙一林一分田'。陇南属长江水系的白龙江、西汉水流域，地势较低，年降雨量450～850毫米，为暖温及亚热带湿润区。陇中为黄土高原，土层厚达百米以上，受河水浸蚀而成塬、梁、峁、坪、川、沟多级阶状地貌，南部为温带半湿润区，北部为半干旱区。甘南属青藏高原东部

边缘，海拔3 500～4 000米，高寒阴湿，牧草茂密。至于绵延千公里的河西走廊之南部为祁连山，最高团结峰海拔5 808米，山顶终年积年积雪，发育着现状冰川，成为河西走廊的天然水库，也是内流疏勒河、黑河的发源地。其北有腾格里、巴丹吉林沙漠。走廊东部为高寒半干旱区、西部邻接辽阔的戈壁滩，气温高，降雨量在50以下，干燥度却在15度以上，为温暖带干旱区。根据陇东及河西发掘出的旧石器遗址，证明甘肃十万年前已有原始人群活动。母系氏族社会时期有秦安大地湾600平方米会堂式的建筑群。父系氏族社会有以彩陶著称的临洮马家窑文化和发现红铜工具及用品的广河刘家坪文化。河西火烧沟遗址发现青铜器、金玉器及口含海贝的殉葬人遗骨，证明纪元前3 700年奴隶出现及商业发生。夏商至春秋战国陇东一直为西戎诸部落所有，至秦始设陇西、北地、上郡。河西原为月氏、乌孙游牧地区，秦汉之际匈奴将其逼

兰州五泉山

白塔山

黄河铁桥

兰州西河桥

兰州风车

动过多，应作适当调整。

从甘南回来我特意绕道永靖去看刘家峡，刘家峡为黄河主要水电站之一，库容57亿立方米，装机容量122.5万千瓦。车出临夏即走出高塬，不久绕到山上，见周围山际云屯，谷间树拥，视野开阔，令人心旷神怡。临近峡口突现蔚蓝清水顺渠流淌，及近水库更是碧波荡漾，这些天看惯黄土黄山与黄水，骤然变了色调真似换了人间，归途心情更为舒畅。到河口有直径近十米的大风车一个接着一个，造成他处少见的奇特的风景。这种水车又名天车、翻车，为东汉毕岚发明，每年大车可浇地40～50公顷，小车可浇地10～20公顷，据1952年统计兰州共有252轮水库(参考：程兆生《金城漫话》)。

迫西迁，河西遂成为匈奴沟通西域，控制青海的基地。汉武帝两次出兵迫使匈奴一部降顺，一部远遁，乃在河西置敦煌、酒泉、张掖、武威四郡。十六国时期这里有汉族前凉、西凉，氐族后凉，鲜卑南凉及西秦号称五凉。唐安史乱后吐蕃北上占据整个甘肃，与唐进行20年的拉锯战，才会盟讲和。后沙州人张义潮独立附唐，号归义军，前后存在80年。相继甘州回鹘崛起，百余年后又为辽，西夏攻破。此后甘肃乃成为宋、夏、吐蕃相互争夺的场所。元明清以来甘肃始终在中央政权控制下成为边疆要地。现甘肃有人口2 100万，分属41个民族，有回族近百万，藏族30余万，东乡族近20万(参考赵养廷等：《陇原物华》)。

1960年5月我首次乘火车来兰州，车出宝鸡西溯渭河过秦岭到天水，在这155公里的甘肃境内火车接连穿过110个山洞，看到的都是光秃秃的黄土山，几乎看不见青草和绿树，山体被雨水冲刷的一条条深沟。为了防晒保苗，山坡农田都摆布着石片。兰州附近也好不了多少，年降雨量为324，而年蒸发量却为1 408，我在白塔山上看周围的山都是裸露无树。兰州市为黄河穿过的河谷，东西绵延近百公里，随地壳不断上升河水不断下切而形成阶地，中有河口、西固、兰州三块谷地平原。4000年前阶地上已有原始人群活动。汉时置金城郡，开通丝绸之路时，在山河窄处今白塔山下，设金城津与金城关，唐岑参诗"古戍依重险，高楼接五凉。山根盘驿道，河水浸城墙"。当时黄河过渡都是靠木船和羊皮筏子，民谣"黄

河害，黄河险，凌洪不能渡，大水难行船，隔河如隔天，渡河如过鬼门关"。明初在今铁桥位置浮桥，用船25～28只，以石鳌为锚，船间架木板并以栏保护，两岸各立铁柱二、木柱六，以铁索贯通，名镇远桥。1910年清廷在此建钢桁架公路桥与郑州大桥，济南大桥并称黄河三大桥。兰州铁桥长233米，宽8米，两端有"九曲安澜""三边利济"石坊。解放后至1982年黄河已有桥56座，只兰州上下即有14座，和过去相比已不可同日而语。

五泉山与白塔山隔黄河南北对峙，为兰州现有的两大风景名胜。元代先在白塔山上建寺与塔，以后寺废塔残明又重建，清代庙宇续有增多，但解放前已大部荒芜。现存白塔八角七级高17米，因地处山头，仍然十分壮观。解放后政府在两处阶地修建了8 000平方米的亭台廊阁，发动群众，夏担水、冬背冰，成活树木十余万株，使秃山绿树成林，博得各界好评。五泉山位于皋兰山北端，海拔1 600米，因山之东的龙口有五股泉水，清流飞瀑，景色天成而得名。相传霍去病西征曾屯兵于此。现存明建崇庆寺有金代铸造的高3米重5 000公斤的铁钟，金刚殿内有明铸高5米重5 000公斤的钢接引佛。此外千佛阁、嘛尼寺、地藏寺、三教洞均为清末建筑。二十年代初当地曾进行一次较大整修，添牌楼，迁万源阁，建太吴宫、小蓬莱、八卦台并依山就势筑长廊，立坊表，为五泉山增添许多诗情画意。解放后更进行全面整理并大量植树造林，使风景又生色不少。惜目前商业及游乐活

十三　敦煌与莫高窟

敦煌为内陆盆地位于河西走廊西端，四周为沙漠及戈壁所包围，南部横卧三危山、鸣沙山，有党河、疏勒河从中流过而形成绿洲。此地虽气候干旱，年降雨量平均40而年蒸发量平均2 486，相差60倍，但有河渠灌溉及祁连山雪水补给，居然在粮棉生产之外有胡杨、红柳林带和草地，有含糖量高的各种瓜果。正如县志所描绘"周围绣壤簇如茵，翠色平铺处处新。南陌风和青欲遍，西畴日暖绿初匀"，有塞外江南之称。上古敦煌为三危之地，玉门出土的陶器证明四千年前即有羌、戎族祖先三苗族在此生息繁衍。春秋战国时期这里是月氏，乌孙的牧区，后为匈奴所有。汉逐匈奴在此列四郡据两关，敦煌郡有人口四万，汉为防匈奴及控西域，乃移民屯垦，修长城，设亭障，于今之新疆台设西域都护府。此后中原王朝更迭，与西域及河西关系时断时续，忽分忽合而敦煌始终于关键地位。

莫高窟俗称千佛洞在敦煌东南25公里鸣沙山东麓，上下五层，高低相间，长达1 600米，它以丰富的壁画、雕塑、及收藏的书画写本闻名于世。石窟开凿于东晋(353年)，至今已有1 600多年的历史，虽经长期自然风化与兵火破坏，至今尚保存洞窟491个，计十六国7，北魏西魏21，北周15，隋94，唐279，五代26，宋15，西夏17，元9，清2，不明6。石窟寺在印度有参拜用的马蹄形带小塔的"支提'和住宿

用的方形四壁带小龛的"毗诃罗",传到中国演变成为中有中心柱与四壁小佛龛两种式样。隋代取消方柱把佛龛移到后壁,唐更把人字屋顶改为覆斗藻井以扩大室内空洞。宋初将窟凿成扇形,佛基座移到中央,空出后壁作画。此外中国匠师又将木结构与石窟巧妙结合发展成窟檐与廊道,使石窟建筑艺术更加完美,敦煌至今保存六座唐末宋初的窟檐,其中彩画颜色仍然鲜艳。

莫高窟崖壁为河水冲积的砾岩层,平均高17米,地质松软,不能像云冈、龙门那样进行大石雕刻,但敦煌塑像仍然数量大而水平高,现存塑像仍有2,415尊,其中北西魏318,隋350,唐670,五代24,宋西夏74,元7,清972。北魏塑像额阔鼻高,发成波状,体格雄壮,衣着半袒与内地不同。隋代人像面目已汉化但头大腿短身材还不均称。至唐代造型艺术始趋完善,塑像不仅身体丰满,衣饰流畅,而且面目传神,

性格显露。至于壁画敦煌更有突出成就,现今敦煌尚保存元以前486个洞窟壁画,如将其展开长度可达30公里。这些壁画的内容主要是经变即佛经的图像,每个变里又包括许多品,各有独自的内容。魏画比较原始,但手法简洁,形像夸张而粗犷有力。隋代开始追求丰满华丽至唐而更加发展。如描写西方极乐世界的西方净土变,名画家吴道子、尉迟乙僧等都画过,只敦煌就有百多壁。其中释迦左右为观音、势至,周围有无数菩萨力士圣众,前有伎乐活动,后有楼台殿阁,天空有飞天回翔,宝池有珍禽莲花。东方净土变有药师及弥勒,敦煌亦有50多壁。61窟有宋画五台山图,里面寺院楼塔,客店行旅,人物驼马,莫不齐备。本生故事描写释迦一生善行,北魏着重宣传自我牺牲,唐后这类故事逐渐减少,尊像图包括佛、菩萨、罗汉、小千佛和说法图,所占份量也很大。其中菩萨作俗家装束的女像

盛于唐代。至于供养人则多不可数,从天子贵族到仆役妓女,为研究各代社会的极好资料。比如服饰北魏男子穿裤褶,妇女窄衣大袖,腰细面瘦而折领外衣则为胡服。隋唐之间男穿袍服,女则窄袖长裙,肩搭帔帛。唐中期男则宽衣博带,女尚体肥姿丽;至晚期男戴硬脚幞头,女则大髻宽衣。156窟唐张议潮夫妇出行图可以看到各种人物的各种形态。至于社会生活场面就更多反映历史,如胡商被劫图即表现当时东西贸易的发展。

1980年莫高窟有个王道士无意中发现西夏兵乱时有人用沙土掩埋了900年的岩洞,内藏书画写本等珍贵文物约六万件,由于当事人的无知和官吏的昏庸,英国斯坦因于1907~1914年前后五次盗走其中绝大部分,共装34大木箱,运往英国。1908年法国伯希和又盗走经卷画卷6 000余卷。1911年日本大谷光瑞的探险队盗走近500

敦煌鸣沙山上

敦煌莫高窟

石窟前河流

莫高窟牌坊

敦煌土塔

大方盘城遗址——选自《长城》

临摹菩萨塑像

唐张议潮夫妇出行图

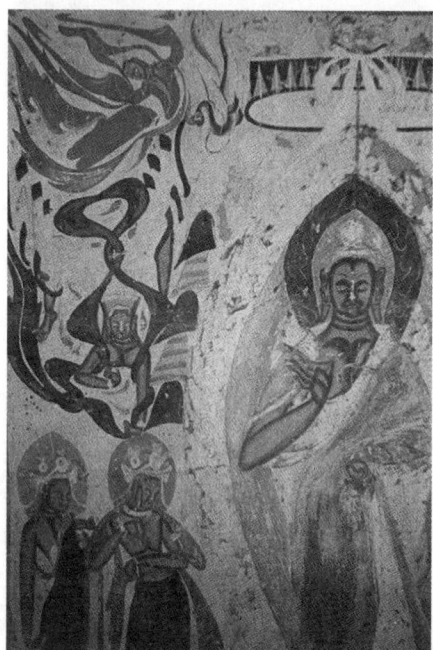

飞天

卷的写经和两尊塑像。1924 年美国华尔纲用胶布卷走五个洞窟精美壁画 26 方，带走唐代塑像数尊。残存 8 000 余卷，经各界呼吁最后始运进北京图书馆保存。这些珍贵文物现难作最后的估价，只就查明部分已显露出其极端重要的历史文化与艺术价值。从北魏到宋初约有两万卷的写本，少数的刊印本和上千件的艺术品这么大量的学术发现是中国历史上汉代孔壁遗文，晋代汲冢竹书与近年的西陲汉简、殷墟甲骨所无法比拟的。其内容只写本就包括佛经、道经、摩尼经、景教经、经史子集、诗词小说、通俗文学以至户籍、账簿、医卜、历书、契据、信札、状牒、祭文等；文字则有汉文、梵文、康居文、于田文、龟兹文、回鹘文、

藏文、突厥文等。其中有许多是早已失传的文献如大乘四法经论，古本隶书尚书，沙州志，韦庄长诗秦妇吟等等。

1983 年 8 月 16 日我由北京到敦煌，参加建筑理论座谈会。曾三去莫高窟，看了 40 多个窟。开始进入敦煌东南广阔沙地感觉十分新鲜，远山也好，旷野也好都是黄澄澄一片。临近莫高窟土色变深些，看见几座形式别致的土塔。过石窟宝藏牌坊和莫高窟牌坊，为沙土所掩盖的石窟就在眼前。爬上去看，石窟群的气势并不雄险，走进窟里，看壁画其保存之完好，颜色之新鲜远远胜过其他石窟，而内容之丰富，表现之技巧，更令人惊喜不已。离开石窟参观展室中大量临摹作品更使人得到充分的艺术享受，

随后我漫步于九层楼前的小溪旁，往返流连，总感觉这一片沙山中还会有未发掘出的无穷宝藏。回城后又利用会间空隙看沙州故城和阳关遗址。古代敦煌称沙州，玉门关在其西北，阳关在其西南，相距 80 公里，分别联系丝绸之路的北南两线，许多历史名人为中西文化交流在这里留下痕迹。长期任西域都护的班超有"臣不敢望到酒泉郡，但愿生入玉门关"的乡思；西域高僧鸠摩罗什为他死马在敦煌修白马塔；安息王子安息高、意大利的马可·波罗、晋法显、唐玄奘从此东来西往；这里有西晋筑就的河仓城，有西凉维修的南北二围。我去参观时沙州故城尚留有 718 米×1132 米的遗迹和道光重修高 12 米 9 层的白马塔。阳关墩

墩山上尚有汉代烽燧一座。玉门关有24米×26.5米小方盘城今尚完好。清雍正时因故城为党水冲毁,乃于城东另建新城,即今之县城。离敦煌前夕,我们又集体去鸣沙山,整个山脉东西长40公里,南北宽20公里,林立沙丘通高数十至百米。我们去的是月牙泉沙山,在城南6公里,丘前有马车和骆驼,游业正在开始。近百米高的沙山都是纯净黄白色的细沙,太阳斜照显出的光与影,好象素描的几何画,似天工堆就而非自然生成,给人以原始、单纯、洁净的感觉。望了望陡峭的沙坡不到70度也有60度的仰角,我斜对沙坡的曲折盘旋而上,因坡度太陡,只得爬一段停一会,每走一步脚在沙里陷一个坑,凉鞋虽轻也觉得脚的负担重,索性脱了鞋用手提着,光脚插进沙子,全身神经得到刺激,好像整个沙山在抚摸着你,心情格外熨贴。这样走走停停大约二三十分钟终于爬上峰线,赶快坐下喘喘气,才沿着峰线走到峰顶和同来的人们汇合。这时纵目望去见山北还有许多人分散着向上爬,远处有几头骆驼悠闲地蹲卧休息;山南则是另一种风景,远处沙山和我们所在沙山

合围着一湾清水,周围丛生水草,这就是有名的月牙泉。在沙丘丛中积存长118米宽54米的清水潭,实属罕见。日暮下山,因无心脏负担,正面顺坡直下,两脚滑冲,沙裹半身并带响声,其势如风卷残云,抵达山麓只用时8分钟。

十四 汉长城、嘉峪关、酒泉

8月20日上午乘汽车东北行114公里至古之瓜州安西,然后东南行142公里到今石油地基玉门市午餐。这二百多公里绝大部份是沙地和戈壁,沙砾一望无边,地面十分坚硬,到处都是天然公路,汽车可以任意奔驰,只有电杆可作路标,否则容易迷失方向。沙漠中常常出现沙市蜃楼,也容易引起人们错觉,我第二次去莫高窟时,回来是中午,就在公路边看见祁连山下出现一条云带,里面朦胧地现出村舍树木,我们下车看了好一阵,还未散去。戈壁略低的地方是河

床,平时都是干的,雨季集中降雨,河水漫流,时常造成灾害。我们快到安西时有处桥梁被冲断,农民存的几万斤粮食被刮走,幸亏我们到时路刚垫好,不然就得绕道。敦煌到安西除了甜水井村,路上几乎看不到人烟牲畜,满目是沉寂荒凉的景色。可是戈壁滩中却不断出现高耸的烽燧土堡和积沙掩没的起伏残墙,这就是我国西段的汉代长城。匈奴被逐出河西走廊后,悲歌"亡我祁连山,使我六畜不蕃息。失我焉支山,使我妇女无颜色",时刻想着回来。因而汉筑长城西至蒲昌海(今新疆罗布泊)经敦煌,安西抵酒泉,然后北上到居延海,控制匈奴从单于庭通往河西走廊的要道,再沿今内外蒙边境与秦长城汇合,最后东入辽东,逶迤一万公里,长度超过秦及明代长城。

在玉门饭后东行60公里到嘉峪关。嘉峪关是明长城西端的起点,南接祁连山的文殊山,下有托来河,北依黑山峡谷。关城建在两山相联,地势平坦,水源充沛,有大片良田与牧场的嘉峪塬上。五代时在此曾设天门关,明初陆续建防御工事,先筑城堡后筑罗城及关楼,最后修长城。内城是关的

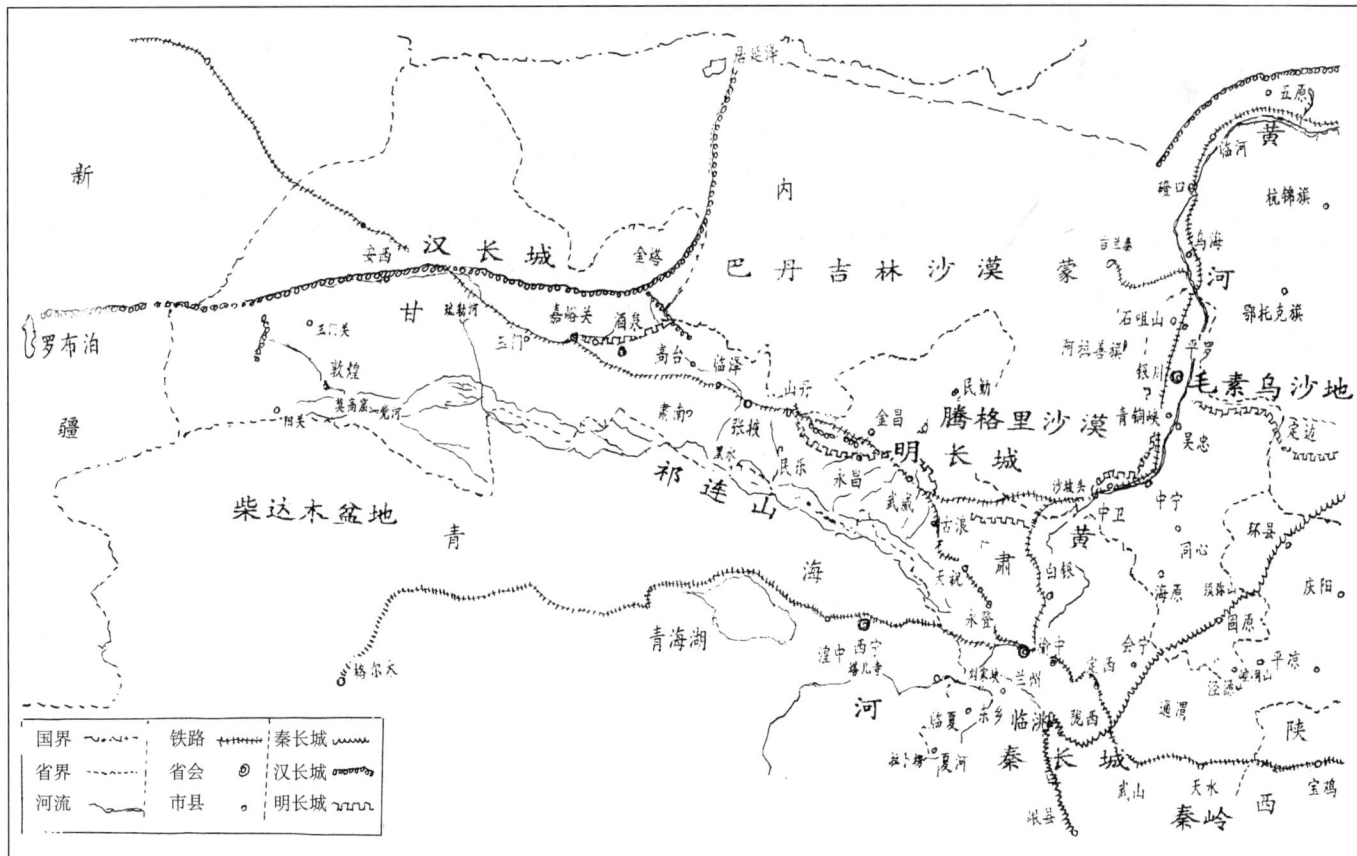

河西走廊周围形势图

主体周长640米，城墙用黄土夯筑及土坯垒砌，外侧有砖砌1.7米高的垛墙，通高11米；有门二，东名光化，西名柔远；门上有高17米的三层城楼；门外有瓮城围护。在西瓮城之西加建200米长的罗城，门上题嘉峪关，为关之正门。门外160米处存有清"天下雄关"石碑。罗城两端箭楼，内城四角角楼与墙上敌楼构成空中交叉的杀伤网。在南北东三面与罗城相接又建1 000米的外城，四周有深宽各2米的护城河，河外还有一道土堰。这种层层设防的严密防御，为他处所少见。此外内城里建有游击将军府，瓮城间有营房，东瓮城外有文昌阁、关帝庙、戏台，明代关上经常驻军约有千人。嘉峪关建筑所用黄土据说都经过筛选处理并掺入丝麻、灰浆、米汁，因此结构异常坚固。林则徐写嘉峪关雄伟形势："严关百尺界天西，万里征人驻马蹄。飞阁遥连秦树直，缭垣斜压陇云低。天山峰削摩肩立，瀚海苍茫入望迷。谁道崤函千古险，回头只看一丸泥"。"东西尉侯往来通，博望星槎笑凿空。

阳关遗址——选自《长城》

玉门关汉代长城遗址——选自《长城》

玉门关汉烽火台——选自《长城》

嘉峪关全貌

外城东闸门

嘉峪关文昌阁与关帝庙

塞上传笳歌敕勒，楼头倚剑接崆峒。长城饮马寒霄月，古戍盘雕大漠风。除是卢龙山海险，东南谁比此关雄"。

傍晚离关，东行20公里到酒泉止宿。次日上午参观酒泉展览馆，看居延汉简后，又看1977年出土的十六国时期丁家闸大型古墓壁画，墓为砖砌双室，墓门有砖雕门楼，

墓道长33米；前室为覆斗顶，壁上先涂泥层然后满绘彩画。画分三界，天上绘日月王公，飞马羽人，人间绘主人燕居行乐，出游驾车。画风上承汉魏，下启南北朝，对石窟艺术渊源的探讨有重要参考。此外馆中还有唐代用银粉写的"降伏大千记"，记文成公主故事。下午去酒泉公园，过木牌坊，入

口有三行葡萄架组成的绿荫道直通酒泉，颇为别致；公园规划，挖湖设亭，都很得体。酒泉仍在喷涌如沸，现用短墙围起，旁刻李白诗"天若不爱酒，酒星不在天；地若不爱酒，地应无酒泉"。晚饭前独自走街串巷，先在鼓楼眺望全城土平房的总面貌，树木不多但很清洁整齐。下楼见四门题额为"西接

嘉峪关东瓮城朝宗门

从城上回望东门

西南角远望祁连山

嘉峪关西正门

酒泉公园之酒泉

酒泉清真寺

东门望西门

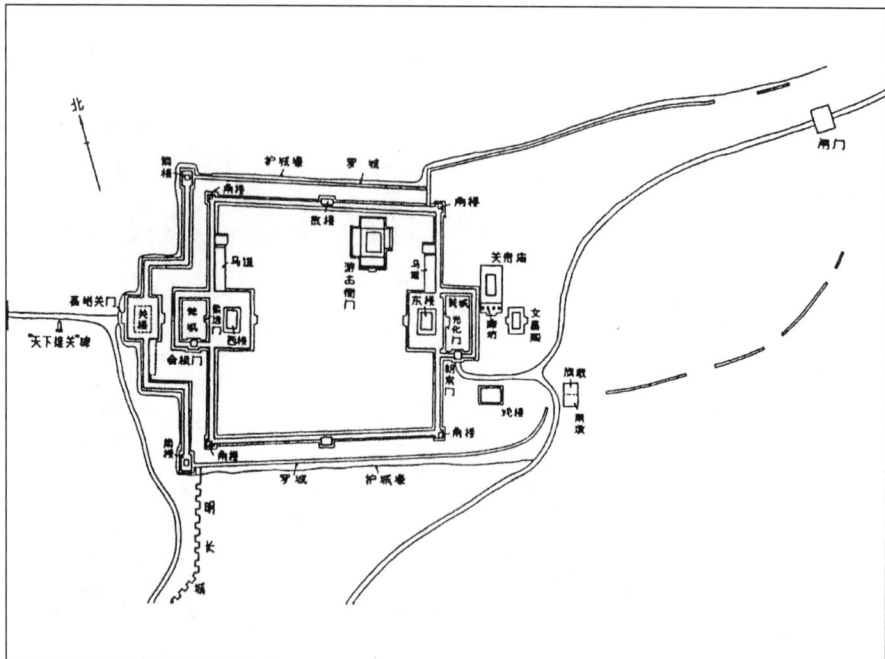

嘉峪关平面图

昆吾，南望祁连，东迎华岳，北连沙漠"也写出酒泉的地理特点。遛了几条巷子，终于碰到一位阿訇，经他引导参观了清真寺，拜访了有百年历史的一家回民住宅。22日上午整理材料，下午去张掖。

十五 金张掖、黑水国、明长城

我仓促离开酒泉，火车硬席无座又无茶水，幸亏遇到几位热心青年，在卧铺中给我让个座，使我在200公里旅途中能浏览风景并读些材料。火车进入张掖境后见周围全是绿色的田野，和敦煌酒泉的黄土地有明显的变化。傍晚抵张掖，夜间听地方同志介绍县城规划。张掖位于河西走廊中部，有发源于祁连山的黑水流经县境然后北越沙漠注入内蒙的居延海。此水北段古名弱水，其河谷为匈奴从单于王庭通往河西走廊的交通要道，号称居延古道。汉武帝设郡时取名张掖意在张中国之臂掖以断匈奴之交通。当地傍祁连雪山，有充足水利灌溉，故农业发达，因有"金张掖，银武威"之称。张掖唐为甘州与敦煌沙州、安西瓜州、酒泉肃州、武威凉州并称，甘肃省即由此得名。现在城市虽小，人口仅有6万，但遗存古代文物甚多，已列入国家第二批历史文化名城。8月23日上午我先参观山西会馆，虽为土木平房但前有牌坊，后有戏台厅堂，造型轻巧别致。随后到大佛寺，这是1098年西夏创建的如来寺，后历经修缮，现有面积1.3公顷，为附近有名的大寺，元帝忽必烈曾在此诞生。大殿为清乾隆时重修，重檐青瓦歇山顶，面阔48米，高20米，面积1，370平方米。檐下额枋雕狮虎走兽，门之两侧有祇园演法及西方圣境的大幅砖雕。殿内有彩塑卧佛，身长34.5米为我国现存最大的泥

张掖山西会馆

张掖大佛寺土塔

塑卧佛像，后有十大弟子，旁有十八罗汉，四壁绘有佛经故事。殿后土塔因地震将塔顶震落，现只存塔身。出寺后连续看玉泉庙、陕西会馆、民勤会馆及地毯厂然后转到钟鼓楼。楼名镇远在市中心，方形底座有四门十字贯通，台上有攒尖顶重檐两层楼，四方匾额分题"金城春雨"，"玉关晓丹"，"祁连积雪"，"居延古牧"。楼前有唐铸铜钟高1.3米，上铸飞天，朱雀等图案。离开鼓楼去看一座很好的四合院，惜为木具厂所占用陷于无人维护状态。去张掖中学看正在修缮的木塔，塔隋建原属万寿寺，共15层，后为大风所毁，1926年重建，现为八角9层砖塔，木构外檐，高32.8米。

下午去县城西北15公里的黑水国。黑水国之名不见于正史，据甘州府志载该地唐为巩笔驿，元为西城驿，明为小沙河驿，当地俗称老甘州或黑水国。这是一块神秘的地方，其范围纵横各约十余公里为平坦之荒漠地带，现在有为积沙所埋没的南北

两城址高出地面，周围汉墓丛集，灰陶红陶绳纹瓦片、子母砖散布地面，俯拾皆是。

经过勘察有人认为这是大面积的新石器文化遗址还可能有古城及村落。地方传说汉前黑匈奴曾在此建黑水国。真相如何有待于今后发掘。我们来到附近，下车费力走过一段沙滩，才爬上城头。只见杂草丛生，沙城四围，旷野莽莽，了无人迹，加上浓阴天气，更使古城增添许多神秘气氛。我怀着好奇心情，绕着城围捡了一些陶片，慢慢又爬上城头。方城不大，各边约200余米，土墙质地坚固，残留墙体成各种形状，无异天然雕塑品。我正要走向东北角楼，忽然黑云密布，远外有沙尘旋起如柱升天，顷刻狂风骤起，雷鸣电闪，大雨倾盆而降。我们赶快躲进车里，雨点击车如擂鼓，水流如倾盆，加上风声雷声，似乎古城的天地都在震动。可是没有多久突然雨止风停，天近晴而沙地如洗，令人胸襟顿开。于是重登城头，选拍几幅照片，尽兴而回。雨后沙地不见存

张掖鼓楼

山丹博物馆

山丹明长城

山丹至永昌烽燧

山丹长城汉塞

水。回城内又看西来寺和一所民居，均无人照管；府衙又为军队占用。我在张掖虽仅一天，但收获却极为丰富，入夜和专员谈文物保护，深得他的赞同。

24日有行署汽车送往永昌，上午出发，先到山丹参观艾黎捐赠物品展览馆，后上公路，有明长城与路平行，山丹以东城墙保存较好，使我得以充分了解平地长城的情况。明长城在河西段属于九边的甘肃镇，西起嘉峪关东至兰州，全长800公里，总兵驻张掖，辖官兵91 000人。车近山丹明长城尚在北部龙首山，过山丹明长城已转入南部平原，我在长城与公路交叉处停车，见明长城都是夯土建筑，现存土墙底宽5米，高6米。明长城外有汉长城遗迹，现存绵长的壕沟即当时的"塞"。上车继续东行，山丹至永昌80余公里，长城和烽燧基本完好，有行署的文化局长引导，路上几次停车查看长城结构，还到了军工驻扎处，当时挖掘的水井，尚完好如初。

十六 银武威、汉简 与奔马

24日下午四时我从山丹抵永昌，武威已有车来接，本想在永昌略作参观即去武威，但当地领导十分热心，坚持要我去北海子并看圣容寺塔，我只好同意。随后看一所清建四合院，接着参观明建鼓楼，楼面宽22米，高25米，台上两层楼三重檐，五踩斗拱，屋脊置宝顶，整个造型秀丽精巧。下楼出北门看北海子，这里南临湖水，北靠武当山并通金川河，周围绿柳成荫，唐时为永昌八景之"柳池漾月"。原有观河楼、火神宫、魁星阁、雷坛均无存，现仅有清建五佛殿、观音坛及书状堂。旁面土台上有唐建明重修的观河楼塔，台高9米，塔高21米，六角七级砖构，塔座东西有"光东阙""定西戎"砖雕匾额。此处条件极好，园林建设大

有前途。出北海子沿金川河北行转西，去访圣容寺塔。过水库车需在河滩中绕行，路不大好走，出河滩车子靠近长城，路有时出长城外，有时回长城里，长城外是山，长城里是河，水光山色在多云间阴的天气里浓淡多变，只有一线金黄色长城始终横在中间。司机路不熟在人迹稀少的荒滩上左盘右旋了很久，找到到金川西大队几户人家，经过指点，才绕过山头，寻见北山坡上的塔。急忙下车上山，左右山石，孔穴累累，颇具特殊风致。塔七级方形砖筑，塔刹已颓，虽仅余十余米高，但远远望去雄姿俨然似西安的小雁塔，真不虚此行！因天色将晚，云层渐厚，恐有暴风雨，未及细看即匆匆下山，山下原有寺观均废，将登车见对面南山还有小塔。车行不久，风雨果然来到。司机抄近路，走河滩，虽速度不快，但风雨无碍。雨不甚大，下了一阵就停了。车在河滩中遇着羊群，司机向牧羊人问路，我下车看天，突然喜出望外，在浓厚的云层里太阳从空

永昌鼓楼

永昌海子

永昌圣容寺塔

武威尊经阁

隙中透出一线光辉，照耀近处的田埂、羊群、草丛、河水，连长城也有反射光，上面和远处依然是浓云笼罩四野的阴暗天空，但天空竟然出现两条彩虹。这彩虹是怎样反射出现的？是金川水库的作用？还是山后腾格里大沙漠的作用？我深深为这原始大自然中的罕见奇景所吸引。顾不得多想它是怎么出现的，留恋好一阵，匆匆拍两张照，才继续上车赶路。离城10公里的距离我们竟绕了21公里，天黑才到招待所。饭后赶57公里夜路，十一点一刻到武威。

武威汉唐时为姑藏、为凉州，位于河西走廊东部，乃丝绸之路的重要枢纽，所谓"通一线于广漠，控五郡之喉襟"，东晋时有前凉、后凉、南凉、北凉四个小国在此建都先后达141年。现在城区有人口9万，和张掖5万酒泉3万敦煌1万相比仍是最大的城市，为我国第二批公布的历史文化名城。武威西南接祁连山，中为平原，东北与巴丹吉林沙漠和腾格里沙漠相连。农业生产因有

出于祁连山的石羊河山系灌溉，盛产粮食瓜果及经济作物而有银武威之美称。武威现存历史文物也极为丰富，我到后先看文庙和文昌宫，这是两所并联多进的四合院，创建于1437年明正统时期，现占地1.5公顷。文庙在西，前为泮池，依次为棂星门、左乡贤祠、右名宦祠、戟门、东西庑、大成殿，最后为尊经阁。文昌宫大门内依次为山门、过殿、戏楼、东西廊、牌坊、文昌祠、崇圣祠。文庙中珍藏西夏碑与高昌碑。西夏碑即重修护国寺感应塔碑，为1094年西夏所立，高2.6米，正面刻西夏文楷书28行，叙述佛塔灵异及西夏皇帝修塔事，背刻汉文，为我国现在保存最好最大的西夏文碑。高昌碑即都护高昌王世勋碑，现仅残存中段，正面汉文，背面回鹘文叙述回鹘人的起源及流派。相继我们去城东北角看大云寺，寺为前凉所建，已为地震所毁，残余钟楼内保存高2.4米的铜钟。现县里计划将明建山西会馆春秋阁及火神庙大殿移到钟楼旁构

成一组古建筑群。随后我们出东北郊约一公里到雷台，台为黄土垒筑，高8.5米，南北长106米，东西宽60米。相传前凉建灵均台时亦于此台上建宫殿，明改为雷祖庙，因名雷台。台下多泉水，汇集成湖。我们去时见湖边杨柳飘摇，台上松柏叠翠，有河西罕见的风景。现台上有过殿、雷祖殿、三星殿，登高眺望，眼界极为开阔。1969年在过殿后发现东汉晚期大型砖室墓，出土金铜铁玉，骨石陶漆器231件，其中铜器172件。最优秀的是一套铜制车马仪仗队，包括俑45，车14，牛1，马39。武士骑俑手举兵器骑在马上，马皆仰首翘尾，姿态活跃而又各不相同，整个场面十分威武壮观。其中一匹奔马昂首扬尾，头微向左，三足腾空，左后足踏一飞鸟而飞奔向前。造型既富想像力而又合乎力学平衡原理，现已成为举世闻名的艺术珍品，甘肃常用它作为古代地方文化的标志。

武威汉墓除雷台外尚有旱滩坡、磨咀

武威钟楼

武威灵均台

武威火神庙

武威雷台

居延汉简——酒泉博物馆

永登满城

奔马

武威前凉铜钟

子等，均以出土汉简著称。甘肃汉简据初步统计已达35 000板，其数量众多内容丰富为全国之冠，在考古学中占重要地位。居延、敦煌、武威及甘谷汉简早已闻名于世。甘肃北部额济纳河流域古称居延，汉为防匈奴在该地建有大量的城障烽塞，留下无数简牍。1930～1931年考古工作者曾在该地发现汉代木简一万枚，当即轰动世界。1972～1976年再对该进行发掘，又出土两万枚汉简，其中绝大部分为木简，竹简极少。初步整理出70多簿册，有诏书、律令、品约、牒书、军纪、赏罚、名籍、兵器，钱粮等涉及汉代社会各个领域，记录居延屯戍活动的历史。武威汉简包括1959年磨咀子出土的简本仪礼、王杖十简，1972年旱滩坡出土的医药简，

1981年磨咀子出土的王杖诏书令简，共597枚。仪礼简469枚题页完整，墨色如新，保存最为完好，对研究汉代经学有重要的贡献。医药简列中医药方30多，药物100余种，引起国内外医学界极大注意。敦煌汉简四十年代前曾出土830余枚；1979年在马圈湾又出土简牍1217枚，其中有100余枚是与西域有关的奏记抄件为研究西域重要史料。1981年在敦煌党河乡汉烽燧遗址发现汉简74枚，内有汉边塞守御器品的不同规格，有击匈奴降者赏令，都是珍贵史料。1971年在甘谷渭阳乡汉墓出土汉简33枚，为东汉桓帝卫护宗室发布的诏令。

出雷台西去海藏寺，寺始建于前凉，现前院大殿为清代建筑。后院灵均台高20米，

上有无量殿为明代建筑。最近当地将沙河大庙移到灵均台前。在不破坏原建筑及其历史环境的条件下，将分散的孤立的古建筑作适当的调整与集中是可行的，但需致密计划，不可盲目乱迁。离海藏寺不远有皇娘娘台遗址，属4 000年前齐家文化，发现方形房基9座，墓葬88座，已进入铜石工具并用阶段。下午得空去看罗什塔，据传因葬鸠摩罗什的舍利得名。从石碣刻字证实为唐初所建，1934年重修。现塔8角12层高32米，平砖叠涩，空心至顶，造型高耸秀丽。武威文物，一日所见，较之张掖尤为丰富，河西走廊开展旅游，只历史文物已令人目不暇接。26日回兰州，路程300公里，过古浪到乌鞘岭，从海拔1 500米升到3 000

米,车停在山顶上,已到河西走廊的东端。我们下车眺望,最触目的是祁连山冷龙岭,当地称为马牙雪山,锯齿山峰,皑皑白雪和绿草平铺的乌鞘岭相映照,色彩丰富,生机盎然。从乌鞘岭到兰州近200公里虽是一路下坡,但山的绿色却渐渐少了。午间车到永登吃牛肉面,饭后南行4公里过满城,土城高筑,气势威严,清代在西北,西南修了不少这样城堡。下午四时到兰州。

十七　临夏与甘南拉卜楞寺

我从河西回兰州只停留一天即起身去甘南访有名藏寺拉卜楞。车出兰州爬祁连山的七道梁,盘旋上升约六七百米,过梁到临洮,河谷间树木渐多。今临洮为古之陇西,古临洮为今之岷县即秦长城的起点。这

里的土质全是沙地到处有瓜田,在广河的三河集买几个西瓜和同行者尝尝鲜,口味不如河西。从广河起进入临夏回族自治州,这里男人戴小白帽,妇女戴黑披肩,各村几乎都有带圆顶塔形邦克楼的清真寺。过和政山梁下坡即到临夏,这一带不仅树多,水也丰富。到市后有地方同志领着在街上饭馆吃牛肉面,包子,喝冰糖桂圆窝窝茶号称三炮台的三香,别有风味。饭后参观建筑。清代以来临夏为回民集中之地,现全州有清真寺1 700余座,而临夏市虽只有人口七万却得小麦加之称,我们先看马步芳公馆的三个大院, 回族建筑的砖雕颇有声誉,但他们只雕花木图案不雕生物而自具特色。然后看几个清真寺和大拱北博物馆,内有金墓。晚宿临夏。

30日上午去夏河,路过土门关有高大方形白色藏塔,已进入甘南藏族自治州。车行92公里,十时到夏河,未多停留,立即转往附近的拉卜楞寺。 拉卜楞地处大夏河上游,

西联青海东接四川,为黄土高原与甘南高原过渡地带,海拔2 000米以上,气候寒冷,七月平均温度12.8℃,基本无夏天。年降水量444毫米,农产以青稞麦为主 ,畜牧以小尾藏羊及牦牛为主。这里古代为羌人所居,后与吐蕃合为甘青藏族。清初青海和硕特蒙古亲王察罕丹津邀请西藏高僧嘉木祥于1709年创建拉卜楞寺。以后陆续发展,乃与青海塔尔寺、西藏哲蚌寺、色拉寺、噶登寺、扎什仑布寺并称黄教的六大寺院。喇嘛寺根据活佛学位、宗教设备、规模人数的不同而分为宗寺、支寺、小寺。拉卜楞是宗寺,附属于它的寺,在夏河境内有47所,在甘肃、青海、西藏东、四川、山西、内蒙、北京尚有61所。有些村落中不能立寺,则设念经的嘛呢房,内置可旋转的经筒"嘛呢"。喇嘛大寺除佛殿外尚有学习的经院,藏名"扎仓",活佛住的"昂欠"和普通喇嘛住的僧舍。拉卜楞自建寺以来先后建了经堂6座,佛殿84座,活佛府30所,普通僧舍500

临夏乡村邦克楼

临夏公园博物馆

拉卜楞寺全景

拉卜楞寺时轮院

夏河上门关白塔

所。拉卜楞共有六大经院，最主要的是闻思院"却伊拉"，学习显宗规章教律，研究三藏、三学、四大教义，学制15年，它有全寺最大的经堂名大经堂，在此举行全寺性的活动。其前殿二层供松赞干布像，后面大庭院为辩经场，两侧厢房30余间满绘释迦应化史。正殿面阔14间，进深11间，可容3 000僧众诵经，内设嘉木祥及法台宝座，僧侣坐垫，宝座两旁供释迦、宗喀巴、八大圣者及历代嘉木祥塑像。后殿供弥勒大铜佛及八大菩萨，左有历代嘉木祥及活佛舍利塔14座，右为护法殿。经堂柱有绒套，顶级缎幕，室内悬五彩幢幡宝盖，四壁绘护法佛像，香烟缭绕，灯火辉煌。大经堂结构为藏式，屋顶有鎏金铜法轮、幡幢、宝瓶，四楼为歇山鎏金铜瓦顶，整体为汉藏结合式。殿西大厨房有大铜锅四口、大铁锅一口，直径三米，每次做饭用米一千斤、牛两头、酥油五六百斤以供千僧斋用。

大经堂之东北有续部下院"居迈巴扎仓"，正殿面宽5间，进深11间，供集密、怖畏、胜乐三大金刚及六臂法王，为密宗院。大经堂之东南有医药院"曼巴扎仓"正殿阔5间，深6间，供药师佛、药神，研究医疗及药物学。大经堂之西北有时轮院"丁科扎仓"正殿阔5间，深11间，供丁科铜佛及释迦像，研究天文历算。此外还有续部上院"居多巴扎仓"内容与下院同。喜金刚院"吉多尔扎仓"亦密宗院，20世纪五十年代被焚现修复中。佛殿以大金瓦寺即六层弥勒佛殿，小金瓦寺即三层释迦佛殿，寿安寺，宗喀巴殿，千手千眼观音殿较为著称。塔以大经堂左侧的大白塔为主，此外还有五层方形底座的花塔。拉卜楞寺虽因建筑有先后而缺乏整体规划，但其高层经堂佛殿都集中建在山坡高地，而大量僧舍分布在周围低地，以500多间的"嘛呢噶拉廊"把这些白色平房围起，终于形成总体的完整气势。藏族建筑善于用色彩、材料和造型的对比以达到艺术效果。如大金瓦寺体量不大却用前后凹凸四

拉卜楞续部上院

小金瓦寺

活佛府

转经

层，上下跌落五层，做假门窗使四层楼外部貌似六层以加其高大雄伟形象。如用黑红与黄白色彩的对比，大片石墙与木廊对比，金瓦、绿琉璃、镏金法物与石墙的对比，赤褐色的边麻层与白石墙、黑窗框的对比等等。拉卜楞寺经过不断的扩充发展，占地已达60公顷，盛时喇嘛最多曾达3 000人，连同外地属寺喇嘛共有两万多，除寺庙外还管辖附近六个部落，藏书达六万五千卷。在文化大革命中寺院曾受到相当严重的破坏，现已列入国家级文物单位加以保护(参考甘南州政协：《拉卜楞寺概况》)。

十八 西夏、贺兰山 与银川

贺兰山与黄河之间，灵武水洞沟发现三万年前新石器文化遗址，证明这一带自古即有人类活动。春秋战国时期秦由内地向这里移民与原有戎、羌民族杂居并开渠引黄河水灌溉农田。汉续修汉渠进一步发展农业。唐后期党项人又纷纷来此建大夏国与辽宋三分天下。党项原为羌族之一支与吐蕃关系密切，唐太宗时拓跋赤归唐受封赐姓李以松州为都督府，后因平黄巢有功封夏国公。宋初李继迁附辽抗宋受封为西平王，定都于西平(灵武)，为西夏建国奠定基础。传至其子李德明认为灵州地居四塞，宋之游骑数日可至，乃迁都怀远(银川)，以其"西有贺兰之固，黄河绕其东南，西平为其障蔽，形势便利，询为万世之业也"。再传至李元昊党项经济已转入封建社会，国势益强，乃于1038年即皇帝位，国号大夏，改怀远为兴庆府，史家因其位于中原西部通称西夏，其疆域"东尽黄河，西界玉门，南接萧关，北控大漠，地方万余里"。以后金灭辽，宋南迁，夏均与之保持和睦关系。对内采用宋朝官制并不分党项及汉族一律任用。下

秃发令，造西夏文字，兴建都城、宫室。元昊以后下传九代，至1227年为元灭亡，建国共189年。兴庆府城为长方形，南北与东西之比为1:1.6，恰合人身宽与长之比，因称人城，周围共9公里。元昊兴佛教，规定每季元日为圣节，官民共同礼佛；在城内建"连云之塔"后，即在东郊黄河岸建著名的高台寺，地当去辽上京要路及去宋东京渡口，比做人城之头脑。而将贺兰山拜寺口的双塔比之为人城两足。在城内则利用西北角洼地仿唐兴庆宫、曲江池建以水景为主的避暑宫；在各贺兰山口南起小滚钟口、拜寺口、贺兰口、北至西番口、大水口延伸几十公里，离宫及寺院星罗棋布，当时有"云锁空山夏寺多"之称。以后更在贺兰山南北10公里的冲积扇中建规模宏伟的陵园。可惜这座经营200余年，人口达20余万，已成为西夏政治经济文化中心的名城，在成吉思汗病死军中后为蒙古攻破，人遭屠戮，建筑亦被彻底毁灭。

银川鼓楼

玉皇阁

西夏王陵

贺兰山岩画

银川西塔

银川北塔

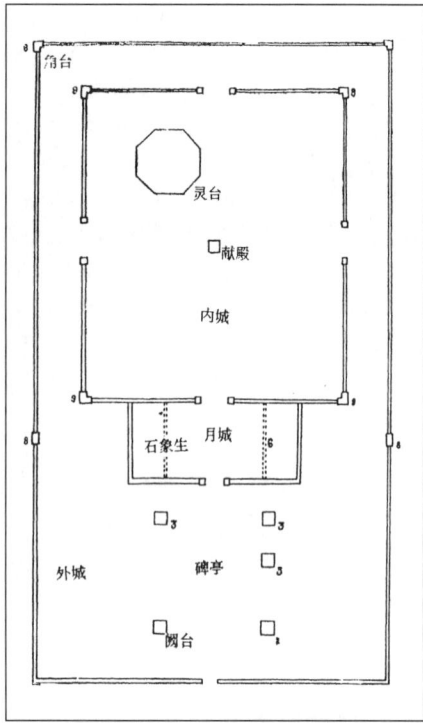

西夏李元昊陵平面图

　　元朝宁夏由于中亚各民族与蒙古人大批屯戍，逐渐形成回族集聚之地。回族源于唐宋回鹘及中亚各民族，至明朝已形成民族共同体，通称回回，信伊斯兰教。伊斯兰教由穆罕默德于七世纪在阿拉伯半岛创立，十世纪由南疆传入中国，现信伊斯兰教除回族外还有维吾尔、哈萨克、乌孜别克、柯尔克孜、塔吉克、塔塔尔、东乡、撒拉、保安九个民族，在世界中与佛教、基督教并称三大宗教，信徒占世界14%人口。伊斯兰教信仰真主为唯一的神，穆罕默德是真主的使者，古兰经是真主的启示，世界一切都由真主前定。教徒要遵守五种功课，即念——念经祈祷，礼——每日五次礼拜，周五去寺礼拜，斋——教历九月封斋，课——交教税，朝——朝麦加。此外逢开斋节、肉孜节、古尔邦节还有宗教活动。回民戴白帽，喜欢穿白色衣服，家有汤瓶、吊罐用于小净、大净，男孩割包皮，禁食死物及猪肉。丧葬实行土葬、速葬、薄葬。1990年统计全国9 120万少数民族中回族占860万，位于僮族、满族之下，居第三位。宁夏回族自治区集中全国回民1/5，以银川为首府。

　　贺兰山屏障我国西北，阻止腾格里沙漠及北冰洋寒风南下，匈奴、鲜卑、羌、柔然、突厥、党项、吐蕃、蒙古等民族先后在此游牧狩猎，自古即名闻国内，后岳飞《满江红》写"驾长车，踏破贺兰山阙"，名乃益著。贺兰山原为海洋槽地，经多次海陆变迁，距今一亿年左右始突然崛起于内蒙草原及宁夏平原之间。现贺兰山脉绵延200余公里，最高峰海拔3 556米，比银川相对高度为2 000米。从银川仰望贺兰山，巍峨高耸，正如清胡秉正所形容"西北天谁补，此山作柱擎。蟠根横远塞，设险压长城。俯瞰黄河小，高悬白雪清。曾从绝顶望，灏气接蓬瀛"。明金幼孜赞为"贺兰之山五百里，极目长空高插天。断峰迤逦烟云阔，古塞微茫紫翠连"。贺兰山为历代军事要地，东晋十六国时期，入塞的匈奴赫连勃勃在统万城（陕北靖边）建立夏国，在今之银川建饮汗城，修丽子园。隋唐时期为对付突厥，在贺兰山住重兵，王维诗"贺兰山下阵如云，羽檄交驰日夕闻"，卢汝弼诗"半夜火来知有敌，一时齐保贺兰山"，都是真实反映当时情况。西夏"以贺兰山为固，料兵设险，五万人驻贺兰山"。成吉思汗及元兵六次伐夏，其中三次出贺兰山。明清贺兰山西及鄂尔多斯高原为蒙古活动地区，贺兰山山口大小40余，为对付蒙骑入侵而修筑长城，也是"一声羌笛吹关柳，万卒雕戈拥贺兰"。

　　1993年7月3日夜我由包头乘火车到银川，对宁夏进行考察。次日上午先访旧城北面海宝塔（北塔），塔建于夏前，原为楼阁式13级砖塔，7级以上从外盘旋至顶。清康熙时将外楼梯取消并减少两层，现连天盘及塔座共11层，通高53.9米。塔身方形，四壁少有出轩，带拱券壁龛，平面呈亚字形，叠涩挑檐，整个外观玲珑透别，造型独特。塔内有楼梯通顶上。我登高眺望，见西有巍巍贺兰如天马奔驰，东卧洋洋黄河似虬龙蜿蜒，而银川平原灌渠纵横，水稻成片，满目塞外江南景色。出北塔本拟去承天寺塔（西塔）因雨大改去新建清真寺。下午雨停遂去西塔。银川现存西夏遗迹很多但完整极少。承天寺及塔系元昊没藏皇后为福庇幼子，役兵数万历时数年建成的，当时与张掖卧佛寺、武威护国寺齐名。以后几毁几修，至明只存一塔，现塔为8角11层，高64.5米，清秀挺拔，造型古朴。寺为清建，两进院落现辟为区博物馆，陈列西夏文物及贺兰山岩画，内容颇引人入胜。出寺后参观始建于西夏而经清重修的南门——南薰楼，楼高20.5米立于6.9米台基上，飞檐起翘，四面开窗，面对广场，极为雄壮。随后又到城中心清建的玉皇阁，高19米的台座上，有重檐歇山九脊22米高的大殿，左右为三重檐十字脊角亭，整个结构玲珑空透，檐角高高翘起，造型生动活泼。西行不远又有清建鼓楼，在方形基座上有十字歇山顶的三层楼，四角配以卷棚建筑，檐角略微卷起，外观比较坚实

贺兰山

十九 长城、石咀、沙湖

宁夏境内南有秦长城北有明长城，历代为军事重要设防区。秦长城由甘肃静宁进入宁夏西吉，经固原过清水河，再东去甘肃镇原，长百余公里，均就黄土高原取土夯筑而成。在交通要道和险要山口共修边城四处，沿长城内侧分布着方形城障和烽火台。明亦在同心、海原一带修300余公里的内边墙并将倾颓的秦长城加以整修利用。明曾沿长城设九镇而宁夏有其二。宁夏镇总兵驻银川，辖长城东起盐池西至靖远全长1 000公里。固原镇总兵驻固原，辖长城东起靖边西至靖远全长470 公里。明长城主线由靖远进中卫过黄河上接贺兰山南端，然后沿腾格里沙漠边缘及贺兰山南坡至胜金关，直抵黄河，再沿贺兰山东麓，经中宁、青铜峡、永宁到三关口，东北过大武口、红果子口抵石咀，此段贺兰山面向银川平原多悬崖断层，因之常利用天险代替筑墙。此外在平罗北修了25公里的边防北关门墙，在陶乐修了50 公里的长堤。又在黄河东修灵武至定边的头道边，长180公里，二道边长190公里，其宽阔壕沟与高大门墙均能有效地防御蒙古骑兵的入侵，如盐池北关楼"高台层楼，雕革虎视。凭栏远眺，朔方形势毕呈于下"，现在仍有当时的威武气势。

石咀位于贺兰山北端，地接黄河，有似巨龙伸头入水，形势非常险要，古有"欲固宁夏，必守石咀"之说。现为我国重要煤炭基地，1960年设市辖石咀山、大武口、石炭井三区，有人口30余万，市机关在大武口，附近治沙有成效，街道已绿树成阴。7月10日我车行300公里从同心赶到大武口，次日上午看康熙时建的寿福寺，因它地处武当山口又与湖北著名武当寺相区别，俗称北武当庙。这是一座有四进院落的宏大寺院，周围林木清幽，泉水铮淙，原为道观现已成为汉蒙信徒每年春季集会的佛寺。山门二层，观音殿前有钟鼓楼与宝塔，两旁有五佛殿、五蕃殿。塔为五层20米高楼阁式方形多角砖塔，外形端庄古朴有类银川海宝塔。寺院建筑高低错落，布局紧凑和谐。出寺东行22公里到平罗，看宁夏最大道观玉皇阁。阁建于清末，三十年代扩建，有前低后高的台座，老玉皇阁是歇山九脊两层楼，位于寺之中心，新玉皇阁是两个并列的十

稳重。今日银川有此四座古建遗存，对于保持历史文化名城特色极为有利。

到银川第二天过新城参观西夏王陵及贺兰山。夏陵距银川老城30公里，在贺兰山东麓40方公里范围内，由南向北排列，有9座帝陵和140余座勋戚陪葬墓。每座陵园各自独立，最大面积可达10公顷，布局大致相同，以最南的李继迁的裕陵为例，长方形外墙四角筑有角台，南端神道两侧有高大的阙门为陵园入口。北过碑亭进月城，在神道两侧列石像生。内城四角亦有角楼，四面有四门，城中前为献殿，其后偏西为高大的灵台(现为残高20米圆锥形土丘)原为7~8层塔形建筑，有覆瓦出檐痕迹。有人称之为东方金字塔。现夏陵已遭严重破坏，只有琉璃残瓦尚可流露昔日辉煌，高耸的土塔土墙犹能震动人心。我在李元昊陵的城垣和灵台遗址中，往返徘徊，回顾贺兰山近在眼前，远望黄河平野无边，在这与明十三陵面积相当的陵区中，不能不引起亿古思今的情思。车出陵区在广漠的沙石滩中，竟然走进一条十公里长的林阴路，开到贺兰山小滚钟口，贺兰山大部无水，不长草木，为这一条路前后经营十多年。园林局设点植树，更是长期艰苦事业。各处山口尚有20余处古建筑遗址，如滚钟口小清真寺有16世纪也门克伦马丁长老归真的墓亭，拜寺

口有双塔等更是急需保护。为寻双塔我们在沙石滩上绕了好几个圈子。双塔位于拜寺沟口南山坡上，东西并峙，相距百米，为李元昊在口内建行宫与佛寺时修建的。现宫殿及佛寺全废，只余双塔及口内另一方锥形高41米的13层砖塔。双塔均为8角密檐式砖筑，东塔13层，西塔14层，高45米，外面壁龛有佛像，内为空心木板楼层，清姿秀丽，矗立在贺兰山下，与大理三塔有异曲同工之妙。

古代贺兰山森林茂密，水草繁盛，各游牧民族长期在此生活，1983~1984 年在贺兰山东麓的苏峪口、贺兰口、插旗口、西蕃口、黑石峁、树林口等十余处，从山坡岩石面上，从河滩乱石丛中发现大量古代岩画。这些岩画内容或为人首及动物图形或为放牧、狩猎各种活动，时间至晚在西夏以前，其数量之多，内容之广，为国内少见；它记录了贺兰山古代生态和游牧民族的生产方式，反映了他们的生活习俗，社会形态，宗教信仰，为我们研究古代民族提供极为珍贵的资料。西夏文字系采用汉字偏旁部首结构创制而成，与汉字并用，出版"同音""文海""蕃汉合时掌中珠"。西夏的雕版印刷在中国出版史上有重要地位，1991 年在贺兰山出土西夏文雕版印刷品十分精美堪称文物珍品。

221

石咀北武当庙

平罗平房

中宁石空寺

中宁石空寺与石窟

北武当庙塔

中卫高庙

平罗钟鼓楼

字歇山顶的三层楼,前后呼应,形制奇特。阁之两侧有配殿及亭式钟鼓楼,前后有回廊、过洞及带八角亭的飞桥。整个建筑群高达30米,姿态飘逸,秀丽喜人。登临其上,远眺黄河与贺兰山,近览平罗一片土平房,不闻金马鼙鼓,到处安宁景象。正殿西北有斗母宫。市中心有两层十字脊带出厦的钟鼓楼,耸起飞檐无数,风吹铃声不断。平罗小城如充分利用这些古建筑,可为今后发展生色不少。

下午我去新开发的沙湖风景旅游区。沙湖位于平罗西大滩火车站附近,北距石咀30余公里,南距银川50余公里,原为前进农场养鱼场,湖面广600公顷,南北长2 700米,东西宽1 800~3 800米,细沙底,平均水深1,3米。湖之东南有两个小岛常年栖息野鸭,春秋有大量候鸟过境,湖之南岸有高27~30米的沙丘绵延湖边。沙丘之南还有300公顷沙地,我们从东岸进湖,风大有浪,差幸湖中芦苇甚多,分散成块,船行其中,能避风浪。到南岸后立即攀上沙丘,仰望大面积沙坡上人们三五成群在活动,马与骆驼或立或卧,都很悠闲自在;回顾湖面,中心因风无船,近岸则绿苇环集,岸上搭盖各式帐篷,人们休歇嬉戏其间。待我慢慢爬上沙丘山顶,向南纵目见环形沙丘之外,金沙细浪

姚伏田州塔

无际,有双鹰上下盘旋,现出塞外苍凉本色。向北遥望有贺兰山起伏蜿蜒,青紫相间,下临水田明灭,极富江南风采。这里以沙与湖为基础,有灿烂的阳光,有开阔的视野,有大山的屏障,有绿色的藩篱,有鱼鸟的天趣,是国内极富特色的风景区,有极大的发展前途。从石咀回银川路上在平罗姚伏乡访初建于唐的田州塔。现存塔身系清代重修,建在3米高的台基上,为8层6角楼阁式砖塔,高38米。塔底层门楣上刻"田州古塔"匾额及"一柱撑天东带黄河明献瑞,孤标拔地西屏兰岳秀争辉"对联。

二十 青铜峡黄灌、沙坡头治沙

九曲黄河从甘肃浩浩荡荡泻入宁夏中卫中宁平原,然后过青铜峡北上银川平原,从石咀山进入内蒙古。宁夏境内黄河全长400公里,两岸土地所谓河套地区,自秦汉以来靠引黄灌溉者多时达20万公顷,居黄河流域灌溉面积之首而有"天下黄河富宁夏"之称。宁夏河套稻米丰盛,风光秀丽,与浙江杭嘉湖平原,四川都江堰灌区,广东三角洲合称中国东西南北四大明珠,有塞外江南之雅号。秦始皇北却匈奴后,即在黄河东吴忠灵武一

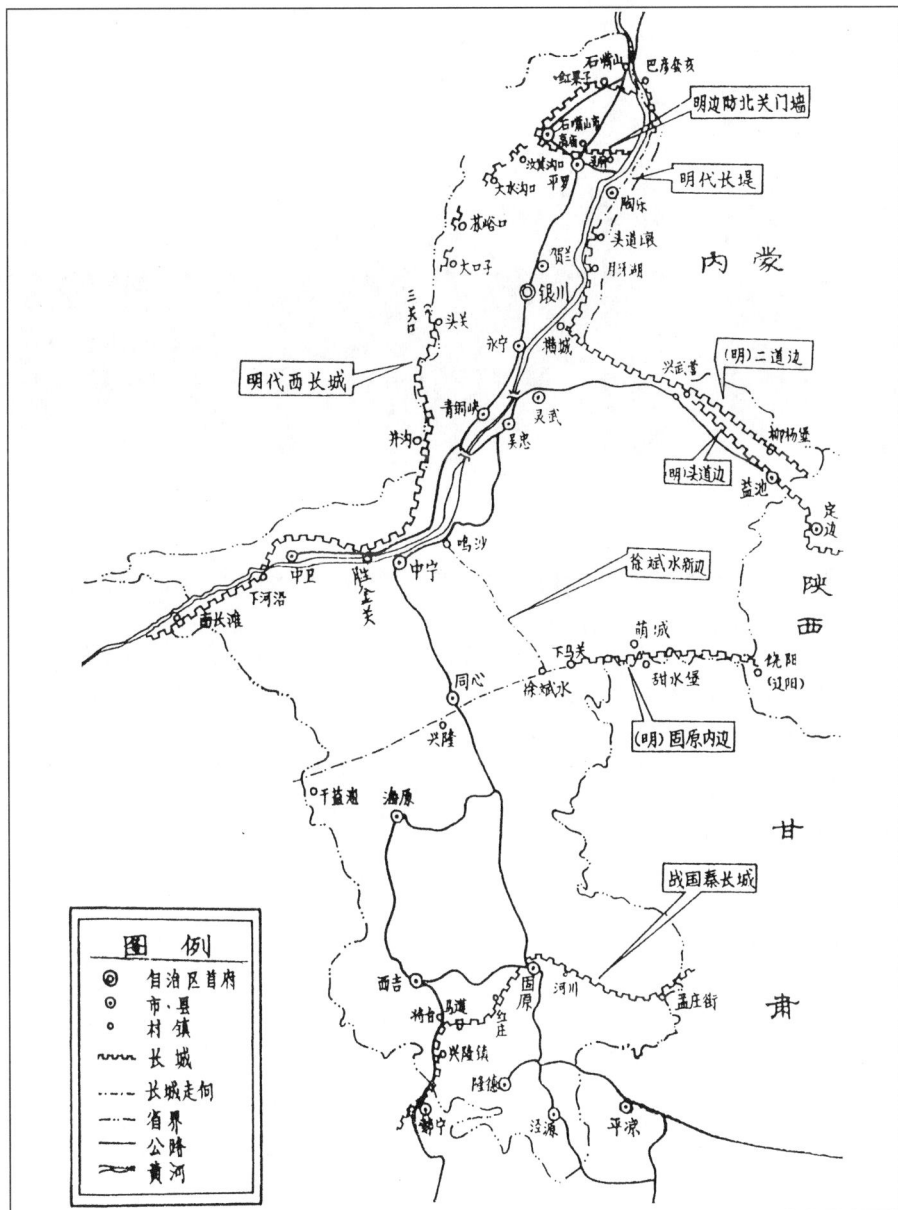

图 例
◎ 自治区首府
⊙ 市·县镇
○ 村镇
⌇⌇⌇ 长城
···· 长城走向
—·— 省界
═══ 公路
═══ 黄河

宁夏长城分布图

青铜峡

百八塔

黄河灌渠

沙坡头黄河羊皮筏

带修北地东渠。汉武帝相继在秦渠上游青铜峡口修引水坝，凿汉伯渠即今之汉渠。唐灵州刺史李昕疏浚汉光禄渠延伸为今之最长干渠－唐徕渠。元郭守敬筑堰浚渠，整修灌溉系统。解放前灌渠遭受严重破坏，只余灌区12万公顷，亩产粮食只有100～200斤。解放后除整修古渠道外，又开东西干渠，1958～1960年建成青铜峡水利枢纽工程，使黄灌水田面积比解放前增加到三倍，亩产小麦增加到700～800斤，水稻过千斤。在这干旱少雨，蒸发量超过降雨量八九倍的地区，创造以全区1/4耕地供应80%食粮的奇迹。但宁夏人民并不满足于现状，改革开放以来同心、盐池两县又修起扬水工程，将黄河水引上干旱山区，黄灌正向新的领域扩展。

1993年7月6日我由银川去中卫，上午车行100公里到青铜峡，雨中路过永宁看明总兵李俊所建砖塔。塔为8角12层楼阁式，叠涩出檐，有券形门窗，高42米。现孤塔在

摊贩市场包围之中，急待保护与整修。到青铜峡雨停，过黄河大桥见两岸干渠支渠纵横交错，满眼草木田禾一片绿色。靠近峡口干渠竟有野浴设施，开始经营旅游事业。青铜峡水库西岸有108喇嘛塔，为佛教纪念性建筑，佛教认为人生有108种烦恼，所以念佛、敲钟、挂念珠都按108数。此塔群背山面水，坐西朝东，由上而下，按135奇数排列12层，成等边三角形。塔的结构为实心土坯外砌砖再涂粉绘彩。最上单塔较大，高3.5米，覆钵式塔身；其余各列均高2.5米，塔身2～4层，为八角鼓尖锥体，5～8层为葫芦形，7～12层为宝瓶式。建筑年代不详，因塔中发现西夏文帛书，至迟应为西夏。青铜峡北山有禹王庙，传说古代黄河流至宁夏为牛首山所阻，大禹用神斧劈开，黄河得以顺畅流出，当时晚霞满天，山呈古铜色，禹王乃书青铜峡三字于石壁上，至今字迹仍在，但是否禹王所书那就不得而知了。

下午离青铜峡沿黄河北岸西行60公里到中宁石空寺石窟，这寺与石窟早年为流沙所埋没，最近方从积沙中清理出来。双龙山原名石空山，下有石窟13座，不知何年在窟前建寺。最大洞窟在万佛寺，宽12.3米，深7.3米，内佛像已残破，只存壁画。我们去时寺庙正在整修，其他洞窟还在清理流沙，我们亲自看到流沙的破坏威力。从中宁到中卫时，天已放晴，北面一路和我们相随的贺兰山终于到了尽头，大沙漠的黄亮影子远远可以望到，近处夕阳斜照，成片稻田在密排的杨树林中显得格外清润苍翠，黄灌效果令人十分兴奋。

次日早饭后从中卫乘车西去18公里看沙漠与黄河接壤的沙坡头。路上我们到处看到沙漠肆虐和人们与流沙作斗争的痕迹。车平行到沙坡头的鸣沙山顶，我们下车俯视黄河蜿蜒，对面南岸高山下积满沙丘，只有岸边尚保留一条绿色农田、一片村庄和窄窄的

中卫黄河沙坡头

林带。河北沙丘下则是宽阔的浓密的丛林和周围沙漠相比完全是另一世界。从鸣沙山上向下滑，高有百米，坡度甚陡，滑行时沙粒相互摩擦发出嗡嗡声。盛夏沙面温度甚高，在沙中翻滚滑爬常致汗水淋漓，为最好的沙浴沙疗。山下有一湾清泉，深可及膝，洗脚冲沙，其乐无穷。黄河岸上还有号称沙漠之舟的骆驼和黄河独特渡水工具羊皮筏。骆驼因为扁平的蹄子上生着厚厚的肉垫不易陷入沙中，眼睛有双重的眼皮，鼻孔有瓣膜可防御风沙，背上有驼峰储存20～30公斤脂肪，一次能饮百公升水，具十天半月不食不食等生理特性，适合沙漠中长途跋涉。用完整的羊或牛皮灌满空气藉以泅渡者名"革囊"或"浑脱"，将许多革囊连木架捆绑在一起名"皮筏"为黄河上游渡河所普遍使用。我从鸣沙山顶奔驰滑下，走到岸边，想去河中拍照，正好有皮筏出租，河又水势平稳，乃大胆坐上去。水手在筏子前面，用短而宽的桨两面划水前进。我坐在后面用手数数革囊共14个，行进时虽有些摇晃但还算平稳。到了江心洲，我吃力地站起来，到洲上观赏风景，这时水手竟把皮筏竖起来抗往上游。我原以为筏子很重，因而吃了一惊，问水手却只有30～40公斤。沙坡头风景虽然美丽动人，但我当时念念于衷的是这流沙荒漠怎样变成绿林？听说科学院兰州沙漠研究所就在附近，急趋车往访。

在花木扶疏的一所清静大院里，承张继贤研究员热心介绍治沙经过并赠送几册资料，使我大致了解这伟大工程的一些情况。原来包兰铁路计划兴建时，横在眼前最大困难是流沙问题。沙坡头处于腾格里大沙漠的东南边缘，有16公里流沙地段。这里黄河海拔1 200米而沙丘高达1 500米，年降雨量为186毫米而年蒸发量却为3 000毫米，风向主要为西北风，年平均风速为2.8米/秒，最大风速为19米/秒，沙丘颗粒90%为0.025～0.05毫米的细沙。据观测勘察沙丘每年向东南移动2～4米，沙丘下面发现河道及鱼类化石，证明附近沙丘原来都是田园村舍，年年沙暴不仅将它们埋葬而且使黄河改道。在这种清况下修铁路不仅经常要出事故而且不要多久铁路将为流沙覆盖。经研究所一系列的研究实验，终于摸索出以固为主，固阻结合的人工防护体系。经过三十多年的实践证明已达到固定流沙，防治沙害的目的，保证铁路的畅通。他们采用的方法是先用'草方格沙障'固定流沙，将麦秸铺在沙面上用锹将两端埋在沙中，纵横组成一米的方格，提高地表的粗糙度400～600倍使地表风不再吹动流沙，大气中的积尘降落地面，降雨后形成结皮，微生物和一些孢子植物滋生繁衍，使结皮有机质含量为流沙的35倍，促进沙土转化，丰富植物营养条件，逐渐形成土壤并不断向上增厚。与此同时在流沙前

沿设置高立式栅栏并在其朝铁路方向栽植固沙植物如油蒿、花棒、柠条等。这种防护带的宽度在铁路北为500米，铁路南为200米。经过多年的人工植被试验，沙丘土壤发育使沙丘形态趋于平缓，植物群落从人工系统向自然系统演变。沙坡头终于在著名的流沙区造成40公里绿化带，为世界治沙作出重要贡献，因而受到世界的赞誉。

从沙坡头回到中卫，下午先参观三层十字屋顶的钟鼓楼，后去北街高庙，这是一所集佛道儒三教，合天堂人间地狱于一起的建筑，楼阁重叠，飞檐高耸，其结构奇巧尤胜银川、平罗。庙始建于明初只有大庙与正殿，清末增建飞桥与转角楼，现面积为1.5万平方米。前为佛寺，大殿供三世佛，两侧为地藏宫与三霄宫供六方佛及24天神。寺后上高台阶入南天门有朱陵宫及砖雕牌坊。再登台阶进入三层主庙，底层为五岳庙，三官殿及祖师殿；二层前供玉皇后祀孔子；三层中为瑶池宫侧为三教宫。两侧有文武楼分别为骑四不象的文昌和骑赤兔马的关公，楼下祀四海龙王。正面还有三层三顶小阁，上塑太白金星，中塑观音，下绘28宿。大殿砖牌坊的地下为地狱。地上神像虽五花八门，但建筑精致，登临其上可以开扩心胸。维地狱地道纵横，灯光昏暗，塑像丑陋不堪，看后令人作呕，可是经营者却另门售票，正藉此大搞经济效益，至于社会效益和文化效益如何那只有天晓得了！

二十一 六盘山、崆峒山与须弥山

1993年7月7日下午我由中卫返回石空镇，然后过黄河大桥到中宁县，河南灌渠密布仍属河套富庶地区。至同心地势渐高，秃山沙地起伏，回族民居多大院。到县城后即往西郊参观著名的清真大寺。寺初建年代不详，寺门额刻有明万历、清乾隆年号，至少当在400年以上。大寺坐落在高大的砖砌台基上，分内外两院。外院前有砖砌照壁，上雕月挂松柏图，刀法洗练有较高艺术水平，后为朝西的三个砖券门，装饰有砖雕阿拉伯文及花卉图案，门额中书清真寺，两旁分书洗心及忍耐，券门上有二层攒尖顶的邦克楼，整个庭院清疏爽朗。从深厚的门洞内拾级入内院，礼拜大殿反向朝东由一个卷棚两个歇山顶联成一体的进深9间，面阔

5间的厅堂所组成。南北两侧为阿訇住房及满拉学堂。这所建筑融和汉族木构及回族装饰艺术并有限面积内以高耸造型形成雄伟气势，颇为成功，已列为国家文物保护单位。下午离开同心去固原，路过海原李旺乡拍杨山小学教师田家住宅，再南进遇前方修路，须绕行土路，车也出了些毛病，晚7时才到固原，一天只走300公里。古代固原"左控五原，右带兰会，黄流绕北，崆峒南阻"，地理位置极为重要，为丝绸之路北线回的中道重镇，又是兵家必争之地。秦昭王绕城修长城以拒胡，秦始皇从咸阳经泾川、平凉巡行至此，建回中宫。汉武帝去崆峒曾沿此线路六次巡幸。明朝以之为延绥、甘肃、宁夏的"三边总镇"。固原城开始建于北魏524年，至明万历时期扩建为内外城。我到固原的第二天上午参观固原博物馆，见所藏文物内容极为丰富。北周刺史李贤墓，明内外城模型及波斯萨珊王朝鎏金银壶等都有重要历史价值。

出固原南赴泾源开始即进入六盘山区，这里降雨量为500～1000毫米，满目青山绿水，即使有裸露石山也是灰色的横断层和宁夏北部中部地区的沙土黄调子大不相同。山路行90公里很快即到泾源。有年青的城建局赫局长已备好车在等候，他是风景事业的热心人，听说我们来，准备好几个的地方，希望我们尽可能去看，他的愿望很合我的心意。于是午饭后立即开车去六盘山和老龙潭，车沿公路南行15公里到泾河源，后离开公路向东南爬山约三四公里，停在老龙潭的山顶上。六盘山体为灰色片岩，山势平缓，难于出现奇岩怪石的风景，从山头下视，夹峙的灰岩并不险峻，一汪碧潭水流平稳，山间无瀑布亦无声势可言。乃下坡转入山路，车行不远有自然保护区木竿栏截，经联系后始放行。进山约五公里有叉路通来王坟，车未停，再向上爬七八公里到附近六盘山之最高处，这里虽然通隆德2928米的六盘山最高峰还有很长距离，但地方同志告我此山南面

为甘肃庄浪，山岗上的爬山路，是昔日红军北上走过的路。我听了后不由得坐在山顶的石头上，细细品味毛主席《六盘山》词"红旗漫卷西风，屈指行程二万"红军进行艰苦卓绝长征后来到这里，即将叶落生根，手持长缨去缚国外国内两条苍龙的豪情壮志。再仔细看看这条南来北往万千红军走过的小路，心潮起落，觉得六盘山上的天地远远联系着黄河长江而格外宽展。

如此我们在山上流连好一阵才下山，因时间尚早我本想去看另外的景点，但赫局长千方百计又把我们领回老龙潭，他说这是《西游记》魏徵梦斩泾河老龙的地方，下面有一二三四潭绝妙风景，说着就把我们领到深谷底下的河滩，要汽车回到下游水库的坝上等我们。然后他领着我们钻进沿河的树丛，林中虽有小路但少有人走，有的地方树枝很密，只好折根粗枝去拨开，走到尽处要下个小坡到河边过河，河水不大，在当地同志帮助下我们踏着石头过了河。但平路只走了一

六盘山红军路

崆峒山雷声峰

须弥山大佛

同心清真大寺

崆峒山上天梯

崆峒山轩辕问道处

崆峒山太和宫

须弥山石窟

段就断了，必须爬上很陡的崖坡再去找路，于是我们爬着拉着，费力地爬到崖顶，还是无路，我们再艰难地滑下陡峭的崖底，走了不远还得爬过一个更高的陡坡，爬过后我的老年同行者已累得不行。再前河水分成几股，我们为了避免爬坡只能涉水过去，一位青年同志背我过了一股水，我看他太辛苦兼有同行者需要照顾，就干脆脱了鞋袜，自己赤脚过其余的几股水。如此这般再过了两次河，水大不能涉渡，只有再爬坡，山谷渐深，天色也阴暗许多，走了近一个小时，山谷中还未找到真正的路，我们不仅十分疲劳而且逐

渐增加一些不安的心情，最后远远看见水库大坝的轮廓，就高声叫起来，希望有人指指路，但毫无反映。深谷中前有水阻，后无退路，只能从岸旁石崖中找出路。赫局长最早爬上去，但无回音，接着又上去两个爬到一个较低的崖头一个往前探路，一个蹲在那里招呼我们上去。我们两个年纪大的虽然不愿轻举妄动，但也不能上去。这个石崖太险以至于我的同伴爬到半坡就不敢动弹了，只好我在下面托，上面的人用手搂，才拉上去。不巧，我们坐在崖头喘气时候，天竟下起雨来。我们今晚能否走出山谷，人人心里

都在怀疑。幸亏这时山下探路的人在喊我们，大家才忘却疲劳与危险几乎从崖头上直滑下来，冒着雨拐过山角找到大堤下侧防水墙，爬了上去走上平平的墙头，最后到了水闸，像得救一般上了汽车，赫局长在回泾源的路上谈起一二三四潭，大家只记得有几个水面略宽的河道，人们在急躁心态中，从深谷里实在看不出什么风景来。

次日清早去崆峒山，崆峒山属六盘山系，"北依山关，南望太统，背负笄头，面临泾水"，海拔2 123米，相对高度为673米，西距泾源35公里，东距平凉 15公里，

现属甘肃平凉管辖。史书载黄帝涉泾水登
笄头，在崆峒问道于广成子，秦皇、汉武慕
黄帝事，先后登临崆峒。崆峒有奇峰怪石，
林海流云，风景区域达14方公里。南北朝
以至明清历代均有建筑，唐建潇沱寺、轩辕
宫、问道宫，凿通上天梯，宋建法轮寺，元
建宝庆寺，明在绝顶修太和宫，中台前修
七级凌空塔，雷声峰上修重重的楼阁，全

山有八台九宫十八院，寺观四十二处，号
称全国道教第一山。今尚存唐潇沱寺盘龙
石柱，宋法轮寺经幢，元重修问道宫碑记，
明塔，清重修太和宫等。我们去时，泾源到
崆峒的公路刚刚修通，我们车出泾源便在
朝雾笼罩下，从山脚清新的小村旁飞速驰
过，在山间转来转去，没有多久就望见崆
峒为绿色灌木所覆盖微带赤红并多洞穴的

山体。车到胭脂川的桃花坪有新建爬山公
路直通中台下的山间台地。北向仰望紫霄
宫与中台峰，南过明塔可下寻法轮寺与望
驾山，中间平地颇广，摊贩甚多，有胡耀邦
所题"崆峒山"石碑立于玉皇阁下。我们绕
过玉皇阁拾级登山到中台再北上到朝天门。
面对石峡中凿成的高80米陡坡有370级的
高台阶，下立"上天梯"石碑，我们商定把
那位年纪大的同伴留在下面，由我和另一
位青年继续攀登。石阶是笔直的修上去，老
年心脏活动能力差，不得不走走停停，中
间到磨针观，塑像虽粗陋，但这有名铁杵
磨成针的故事终于又找到出处。我们继续
向上爬一段到轩辕问道处和秦皇汉武巡狩
处，从这里可以望见山下的水库、对面的
群山和远处的平凉城。从这里还可以转到
后山最高峰的香山寺，因为还要爬两公里
的山，时间不允许我们再去，只好看看附
近的菩萨寺，然后爬上太和宫，宫的建筑
比较简易，只有三间硬山小殿。出宫后再
西下雷声峰，走过山脊有一系列小建筑，布
置颇富匠心，外观亦玲珑别致。崆峒虽未
遍游已可从中窥见其丰富的自然与文化内
涵，不愧为我国西部名山。下山回泾源，午
饭后即北返同心。

车过固原，北到二营转新修公路西去须
弥山，山居六盘山之北端，从南北朝起各朝
代均在此开凿石窟，惟因破坏严重，现残存
石窟132窟，分布于南北1800米的五座山
崖中。其中保存比较完整的只有20窟的大
佛。解放后已列为国家文物保护单位，并于
1984~1988年进行整修。我们到时首先在
管理区外参观大佛，这座大佛是武则天崇
信佛教时下令各州普建大佛时所建，坐像
为一块完整巨石，高20.6米，比云冈19窟
和龙门奉先寺的大佛都高，雕刻精美，面目
慈祥，今已成为须弥山石窟的代表作。我登
高拍照时除为大佛的艺术形象所吸引外同
时吸引我的还有须弥山赤红的山体和山川
的风景。进管理区后除北部桃花洞、相国寺
两区外，我连续上下走过圆光寺、子孙宫、
大佛楼三区，可惜因破坏严重，窟门封锁，
缺乏照明，都无法参观。北魏的洞窟少而北
周较多，当时宇文泰依靠固原李贤家族，以
原州为发迹之地而特别重视，石窟为方形
平面有带多层佛龛的中心柱。其中唐代洞
窟数量最多，为方形平面，正面及左右壁设
马蹄形宝坛，无中心柱，造像为一佛二弟子
二菩萨二天王七身一铺，面目较为丰满。是
我国石窟的一个重要遗存。

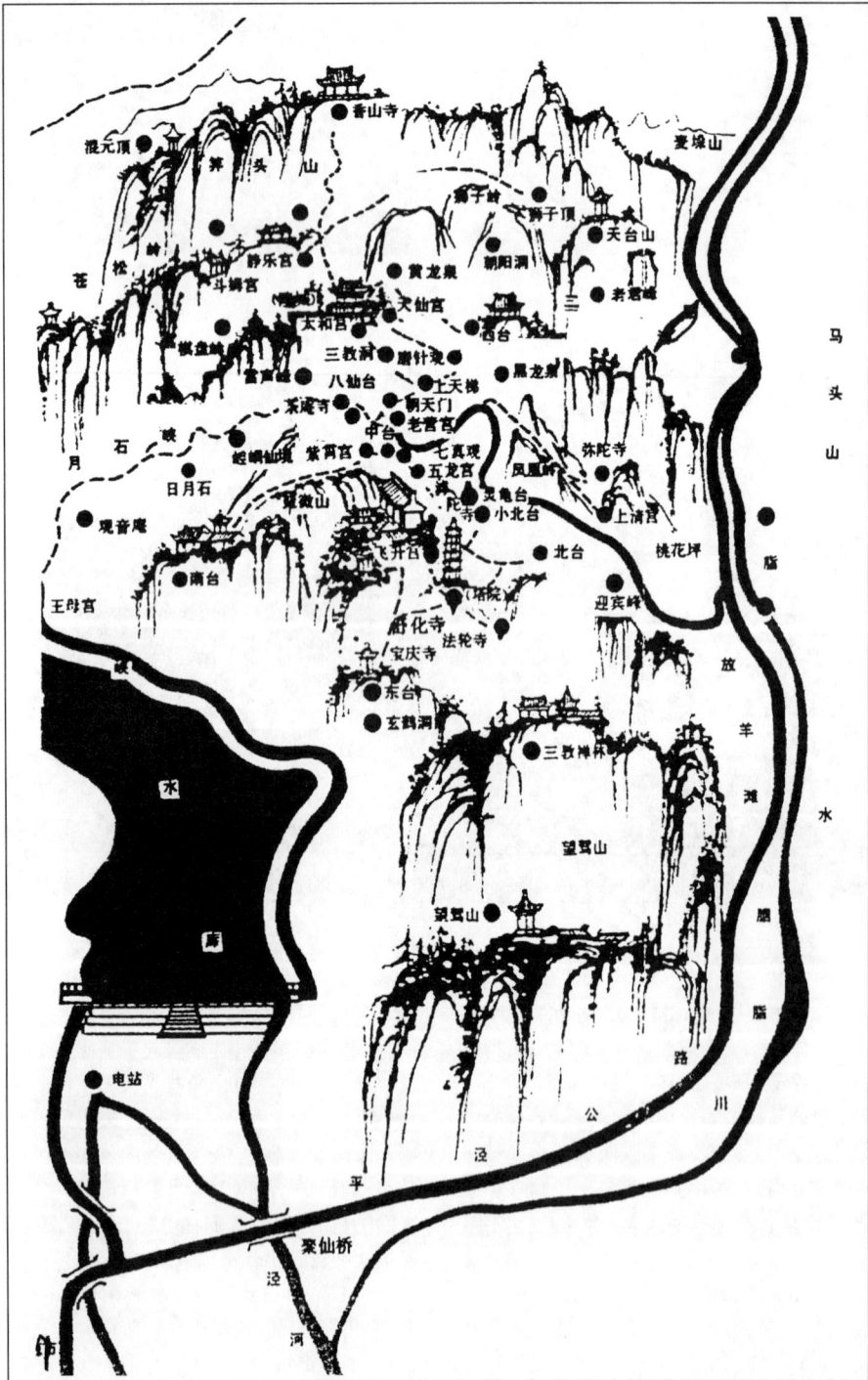

崆峒山浏览图

二十二　窑洞和套院

　　陕甘宁及豫西北民居以单座及合院的土平房为主。屋顶多用土平顶，一面坡顶。关中地区为防夏晒、储存雨水等需要缩短两厢间距并伸长屋檐，构成窄院建筑。甘南藏族聚集地区建藏式建筑。如以空间布局为中心适当结合其他因素，西北民居有显著特点值得介绍的有两种类型：

　　(一)窑洞　在陇东、陕北、晋东南、豫西黄土地区，窑洞是最普遍的传统民居。如庆阳、米脂、阳曲等县窑洞占当地民居80%以上。根据黄土特性，地势起伏，或傍崖挖洞成靠崖的"崖窑"，或就地深挖成下沉式的"地窑"。拱形土窑或上下重叠，或横向扩展，均视土质情况而定。窑洞通常宽3～4米，高3～4米，进深5～9米。窑与窑之间的"窑腿"2.5～3米，上面覆土最

宁夏海原田家大门

蒲城民居

酒泉街道

武威县城

武威地主大院

武威土平房

宁夏海原田家内院

西安韩城窑院

乾陵下沉窑洞

米脂姜家大院大门

姜家大院二门

少3米。为保护窑面及洞壁可用砖石砌门券及洞券。火炕多砌在洞口附近以利于采光及通风，洞内深处常用于储存物品。凡用砖石土坯砌成1～2层拱券式人工窑洞称"锢窑"。为使用方便，住户常在土窑前修几所房屋或锢窑以组成院落。因黄土层隔热保温性能好，窑洞冬暖夏凉，可节省能源。挖土或砌筑圆拱券式窑洞，不另建屋面及承重墙体，又可节约造价。如注意保养，窑洞寿命能保持很久，宝鸡金台观张三丰住过的土窑为元朝所建，至今已有700年的历史。当然土窑有夏季潮湿，通风不良等

姜家大院前影壁

姜家大院前院

缺点,需加改进。新疆吐鲁番为抵抗夏季炎热盛行土拱式楼房,先就地取土打坯,再利用洼地建半地下券式锢窑,窑上建密肋式楼房,这种构造既坚固又有防热功能。利用山坡建成窑洞大院,如米脂姜家,在建筑艺术上有其独特成就。

(二)套院 在西北土地较多而回族集中地区,多在居住用房之外,将饲养牲畜、停放车辆用地及菜地、林地用更大范围的土墙将其围起,形成大院套小院的特殊形式。最近我去宁夏在同心海原一带见到这种大院极多,一般小院内只建曲尺形或三合院的住宅建筑围以大院护墙及林地的众多树木,从外面看几乎是一片绿带。我亲自访问的海原杨山小学教师田家只有三口人,在宽阔的住宅院内建一溜五间的住房,还养鸡打自来水井又用土墙圈起菜园,在住宅院外再用土墙围起两块林地,至少占用1 200平方米的宅地。北方四合院后面留有小片空地设仓库、种菜蔬,间或有之。如此套院东北达斡尔族大院与此相近,而青海循化撒拉族的庄寨大院将内院置于一角,旁为饲养房,前为菜园,后为果园,当属同一类型。

二十三 青藏高原、青海与西宁

我国西南的青藏高原是两亿年前地球造山运动中,欧亚板块和印度板块相撞使古地中海隆起而形成的世界最高山区,号称地球之巅,世界屋脊。青海位于高原的东北部,从帕米尔东来的莽莽昆仑山,至青海分为三支,北为祁连山,中为巴颜喀喇山,南为唐古拉山,都在海拔5 000～7 000米以上。我国最大的两支水系,黄河发源于巴颜喀拉山北麓海拔4 600米的孔雀河,注入星宿海后汇成扎陵湖与鄂陵湖,然后流至玛多(字义为河源),再进入四川松潘草地为岷山所阻北折经甘肃玛曲草原,绕过阿尼玛卿山即大积石山又流回青海,到龙羊峡复转而东流去兰州。长江发源于唐古拉山北麓海拔6 620米的各拉丹冬冰川融合而成的沱沱河,河沿是源头的第一个小镇,再下为通天河,金沙江,流入西藏,四川与云南。著名国际河流澜沧江发源于唐古拉山北麓玉树杂多海拔5 200米的群果扎西滩湖泊汇成的杂曲河,流经西藏,云南出国为湄公河。青海东北部有我国最大的内陆高原咸水湖－青海湖,西北部有"八百里瀚海无人烟"的柴达木盆地,那里到处是盐湖,储盐500亿吨并有丰富的石油和钾铁铅锌石棉等各种矿产。

根据考古发掘,青海东部河湟地区在新石器时代已有人类活动,乐都柳湾1 700座墓葬,出土文物35 000件,分别属于马家窑与齐家文化,其中各式各样的彩陶器皿即有15 000件。大通孙家寨出土距今5 000年的有舞蹈花纹的彩陶盆。西周时期羌族在这里活动,湟中卡约墓葬中出土大量青铜器。柴达木都兰诺木洪也发现属于青铜晚

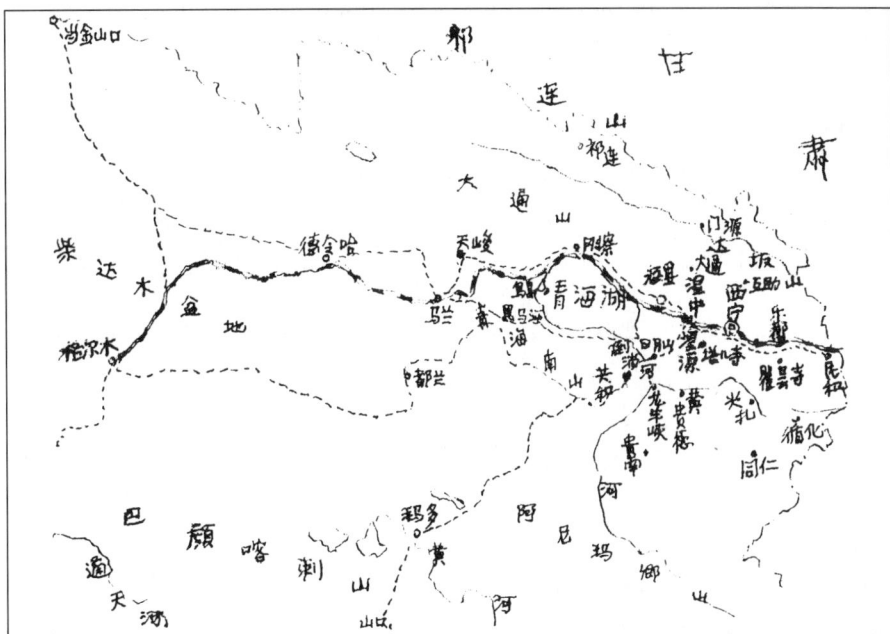

青海东北部示意图

西宁东大寺宣礼塔

湟水和礼拜堂

期的狩猎工具。汉武帝时期霍去病北击匈奴同时进军湟水流域，使小月氏归附，羌人西迁，霍在今西宁修西平亭。以后再命李息击羌，在东部地区设护羌校尉，中原先民大量进入河湟流域，促使农业迅速发展。汉宣帝时赵充国在该地实行军垦屯田，羌汉关系融洽。王莽在青海湖北置西海郡，郡城在今海晏三角城。魏晋南北朝时期，鲜卑慕容部吐谷浑及其后代率众南下立国，在青海湖西岸建伏俟城，盛时疆域东至甘肃，西至新疆，北至祁连，南至四川，前后350年为吐蕃灭亡，其民族亦逐渐融化于藏族。吐谷浑时期河西走廊丝绸之路不通，商人乃走青海去南疆，吐谷浑贵族因而获得丰厚的收入。隋炀帝亲征吐谷浑，曾大宴群臣于今大通金蛾山。唐高宗时吐蕃灭吐谷浑，此后继续统治青海172年。唐太宗对吐蕃采取和亲政策，将宗室文成公主嫁给吐蕃首领松赞干布，后唐中宗又将宗室金城公主嫁给吐蕃赞普。唐与吐蕃在634～846年的212年间，互派使者竟达191次之多，因此跨越陕甘青修整3 000公里的官道，以利交通。所谓唐蕃古道大部地段在青海，从西宁到湟源越过日月山，南经玛多至玉树，再西转唐古拉山口入藏。宋朝吐蕃王朝崩溃，浑末人在今西宁建立 厮罗政权，联宋以对抗西夏，前后近百年，河湟地区相对稳定。明清在青海实行土司流官制度，直接由朝廷控制。北伐战争后始在青海设省。现青海总面积72 万平方公里，1982 年统计全省人口389.6万，地广人稀每平方公里仅为5人。其中藏族占全省人口19.7%，分布于全省大部地区，回族占13.7%，与汉族大都集中在河湟地区，此外土族占3%，蒙族与撒拉族各占1%(参考人民日报社：《青海掠影》)。

1960年5月我由兰州乘汽车初来西宁，出市过河口到湟水入黄河处，溯湟水西上，入青海境后于大通河与湟水汇合之民和享堂午餐。到西宁全程230公里，车行6小时。一路看到的都是光秃秃的黄土山，有的因含有矿物质而略带红色，山上山下寸草不生，连湟水也和黄河一样，全是黄澄澄的，只是青海路边和川里的树比甘肃多些。我到西宁的第二天先去看塔尔寺，回来看市里的文庙和东大寺，感觉西宁很荒凉好像中原的一个普通县城。据说西宁解放时人口不足5万，城区不足3平方公里，满街土平房，全城只有一座楼，白天道路尘土飞扬，入夜一片黑暗，仅有200 千瓦的电力只供权贵使用。解放十年变化还是不大，我去时只有西大街一条柏油路。1996年10月我再来，简直是出现翻天覆地的变化。我在湟水北岸出了飞机场，要走40公里才能进市，一路上都是绿杨夹持，房舍不断。进了市区就有新建的清真寺绿色园顶的邦克楼迎接我们，接着连绵不断的新建楼房与柏油马路，走过一段又接一段，似乎到了市中心，却沿着湟水边又走了很长的路，最后到了小岛文教基地，这条带状市至少有15公里长，我的感觉好似又一个兰州，旧的西宁模样一点也没有了。现在西宁市区面积已有50多平方公里，水泥柏油马路超过200公里，人口已超过60万，正走向现代的大城市。西宁的发展当然和青海分不开，随着经济的发展，青海铁路东通兰州西到格尔木，公路四通八达，从1982年到1990年，全省人口从389.万增到445.7万。我在抵达西宁的当天再访塔尔寺之后，重临东大寺。这是明太祖封回族将领沐英为西平王镇守甘青地区时兴建的，寺占地2.8公顷，有大殿及两个宣礼塔，以后屡经破坏及重修，始终保持原来格局。

北山和北禅寺

宣礼塔在大门两端,三层高16米,上有镏金小经筒。大殿面积1 100平方米,柱廊两侧有砖雕九扇屏,院内有青石铺地的广场。大寺以完整的经堂和经学研究闻名于省内外。次日远摄南凉王阅兵的虎台后,登北山访北禅寺。我们到了北山脚下,望见山的陡立断层和三座突出岩层外像宝塔又像佛身的岩体非常引人入胜。北禅寺建在山的半腰高近百米横向的岩层中,据史书记载"北魏孝明帝时(516-528年),佛教盛行于鄯州,曾作佛龛于土楼山断层之间,藻井绘画。"号称"九窟十八洞"。今年久失修,壁画已荡然无存,但洞窟建筑残迹仍随处可见。现直通半山有300多陡直的高石阶,全高约80米,我休息七八次,才爬上去。上有泉水树木,建筑比较分散,只有北禅寺即土楼寺比较集中,僧尼总计近百。从半山了望市区,湟水横流,远山隐现,历历如画。此地如善自经营, 今后将成为西宁重要风景区。

二十四 黄教大寺塔尔寺

我于1960年及1996年两度到塔尔寺。塔儿寺位于西宁西南25公里湟中县鲁沙尔镇,是藏传黄教的六大佛寺之一,也是黄教创始人宗喀巴的出生地。初建于1560~1677年明喜靖至万历时期,以后续有增建,全盛时占地40公顷,有大小殿堂52座,经堂僧舍9 300余间,寺僧多达3 600人。它的建筑依山傍塬,融合汉藏,形成喇嘛寺院的独特风格。主要建筑为大金瓦寺和大经堂。大金瓦寺为汉式三层檐歇山顶,面积近450平方米,位于全寺条状地带的中心。相传宗喺喀巴母亲最初为他修了一座小塔,后人将小塔改建成11米高的大银塔,1560年信徒们开始在塔前建寺,固名塔尔寺。1711年康熙时蒙古王公将屋顶改为鎏金铜瓦。乾隆时藏王在檐口装鎏金云头、滴水、莲瓣,正脊安宝塔和火焰掌,屋角装金套兽和铜铃;殿内塔前陈设金银铜灯、象牙、古瓶;莲台上塑铸佛像;墙壁、天花绘佛的故事。乾隆钦赐"梵教法幢"匾额。殿内珍藏大藏经及数百数藏蒙文佛经。大金瓦寺左右各有弥勒殿一座,均明建,左殿供数米高的鎏金宗喀巴铜质坐像,后面有一组成德金刚力士欢喜佛像。

大经堂为全寺喇嘛集会念经的大礼堂,也是全寺最高权力机构所在地。建筑为藏式平顶,面宽13间,进深11间,面积1,981平方米,有柱子168根(60根在墙内)。堂内108根头雕刻图案,外面裹以彩色毛毯并缀上刺绣的飘带、幢、幡。经堂内除壁画外又

塔尔寺小金瓦寺

塔尔寺天文学院

祈祷殿

大方丈室

塔尔寺菩提塔

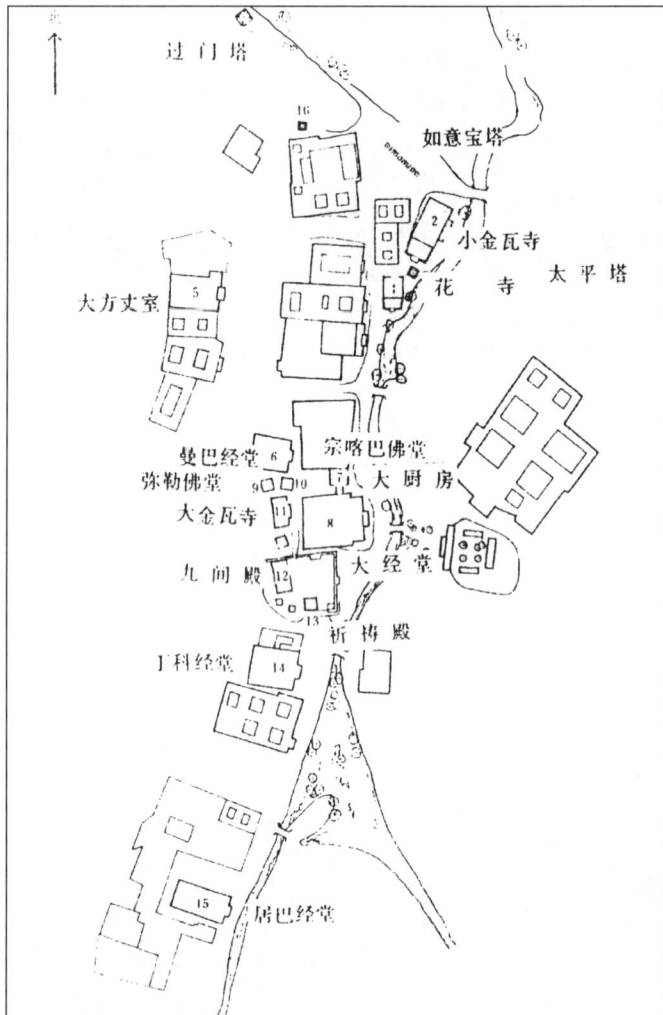

塔尔寺平面图

是悬挂各种堆绣的佛像、佛教故事、宗教生活图。经堂正中有两个宝座为达赖及班禅讲经时所用，地面放有许多毡垫可供数千喇嘛打坐诵经，四面墙壁除经书外在神龛中尚有千尊鎏金小铜佛。大经堂二层为四合建筑，屋顶装有鎏金经幢、宝塔、法轮、宝伞、倒钟、宝瓶和金鹿，此外还有座小亭，均光彩灿烂与对面大金瓦寺交相辉映。大经堂下设四个学院：一为参尼扎仓研究显宗教义，二为居巴扎仓研究密宗教义，三为丁科扎仓研究天文历算，四曼巴扎仓研究医药。大经堂兼参尼扎仓，其余分布在学经堂的两侧，

明建九间殿，为九间硬山式建筑。北三间供五方如来佛，造像优美有较高艺术水平，殿内有宗喀巴脚印石备受信徒崇拜。中三间供三菩萨。南三间中为泥塑宗喀巴坐像，旁为一群带红黄帽子的红教黄教喇嘛辩经会塑像。殿前大院为喇嘛讲辩经典、观

塔尔寺大经堂

经法会和跳法王舞的场所。大院右侧为祈祷殿，内置达赖三世遗骨灵塔。小金瓦寺是护法神殿，明末建时为琉璃瓦顶，清嘉庆时改为鎏金铜瓦并在藏式平顶上增建汉式歇山翘角小亭，殿脊有宝瓶，四角有套兽；立面用横带蜈蚣墙，梯形砖框窗，挑出二三重短椽，墙石边麻装饰并加铜镜，既竖固又美观，充分表现藏式建筑艺术的特色。边麻是生长在青藏地区的灌木，收获后捆捆晒干铡齐，在黑色或赭色漆中浸煮后用以砌墙，坚如石料。殿内十余奇形怪状的金刚力士、小佛像、宝塔、跳法王舞的各种用具及神马象，楼上还有野牛、野羊、狗熊标本。寺内墙壁、院内两侧及寺前两层画廊均绘满藏式壁画。清建大方丈室位于全寺的最高处，进入山门、牌坊有两层的藏式平顶建筑，下为经堂、上为总法台的居住笔，达赖、班禅都在里面住过。清建大厨房有直径为1.65～2.6米的大铁锅五口，用于供应法会的茶水饭食。清建花寺为小巧的宫殿建筑有绿琉璃

瓦顶及砖雕围墙、门楼，内供佛、罗汉，盛夏时院内菩提树浓蔽日，花满枝头。此外全寺还有大小宝塔数十座，其著者北端有过门塔，为青砖砌成，上刻藏文"唵嘛呢吧咪吽"六字真言。依次向直有菩提塔、如意塔、太平塔等。如意塔为上圆下方尖顶的并列八座塔，系1776年为纪念佛祖平生大事而建的；八邦塔降生七步，四谛塔初转四谛法轮，和平塔平卢诸僧争论，菩提塔成正觉大行，神变塔降伏外道，降凡塔重返人间，胜利塔胜妖魔，涅槃塔不生不灭。

酥油花、壁画及堆绣艺术号称塔儿寺三绝。酥油花相传创自文成公主来藏时，已有重年历史。每年春节前艺人将纯白酥油掺以各色染料，塑成各种人物、佛像、花树、鸟兽、器皿等，然后拼成宗教故事，于藏历正十五日灯节会上展出。壁画绘于墙壁、梁架上或绘于布幔上，多用黄红蓝主色，用彩浓重，对比强烈，颜料多矿物质可经久不变。堆绣乃用各色绸缎剪成需要的人物、花

卉等形状，以棉花、羊毛充实其内，再绣在布幔上，组成佛经故事，富有立体感。引导我们参观的是从小当喇嘛的25岁藏族青年曲成尖措。

二十五　青海湖、龙羊峡、瞿昙寺

1996年10月8日，天气连阴之后突然放晴，上午八时半我由西宁出发去青海湖，无向导，只有路熟的司机开车，我看过资料，想多去些地方，可是究竟能到那里，只好根据实际情况决定。车行50公里到湟源，附近山谷树木较多，两侧山坡虽然秋叶脱落，而枝干森森，仍有特殊景色。至湟源城有叉路，北线去海晏有汉西海郡三角城遗址，城650米×600米，出土西海郡虎符石匮，原拟参观，因绕路司机建议不去，我因为还要去伏俟

青海湖牦牛群

青海湖羊群

青海湖土围

龙羊峡群山

城所以也同意放弃。乃沿南线直去日月山。刚出南关公路两旁有十多米高的杨树整齐地排出几公里，我们在中间驶车十分惬意，我估计树龄有20~30年，司机说有50年，这里雨水少，长这麽高真不容易。车又走出30多公里，去日月山有两股道，北上为唐蕃古道，南走山下为新开青藏公路。我们走北线刚转过山角就望见东北达坂山上的积雪。日月山坡度平缓，山顶相对高度也不高，我下车拍雪山景色后很快到了山顶，我再度下车瞭望新建的日月亭和拍照，啊！为什么这么冷？风不大可是很有劲，刚才在山坡拍照未感觉冷，现在山上居然冻的手发麻。这里十几万年前原是喜马拉雅海的东部出口，造山运动隆起成山，西部将海隔断成内海，东部余水流成湟水，这山也成了气候的分界线，山东湟水谷地比山西青海湖周围低千余米，山西降雪，山东成雨，山西牧场牧草已黄，山东田里庄稼尚绿。唐代这里是唐和吐蕃的分界线，两国在此设市易马，因山土发红而名为"赤岭交马"，公元734年两国在此立

界碑，上刻"不以兵强而害义，不以为利而弃信"。传说唐文成公主嫁吐蕃至此，回望故国，不胜依依，随手将太宗所赐宝镜抛下，因成日月二峰，赤岭改名为日月山。车从日月山走下，景色大不相同，四周全是枯黄的草原牧场。有倒淌河藏名原义为有文化女人之河，传说为文成公主泪水汇成，由东往西流入青海，一脉清水静静流出，蜿蜒40多公里。

将近青海湖有倒淌河镇，可以望见蓝天下一条青色的湖水，车近湖边，湖水越来越宽，到了青海湖的东南角，看见湖边的子湖和东北的达坂雪山，向西望去湖水远远融入天际。昆仑山与青海湖在我国古代先民的心目中具有无穷的魅力，因而产生了西部昆仑青海系统的神话，谓昆仑为神山，上与天接，山中住着中央大帝，有不死之药；青海为瑶池，住着神女王母娘娘；以后更演义出王母蟠桃会，白娘子昆仑盗仙草等等故事。昆仑余脉北延阴山，南迄五岭，远及长白、泰山、舟山群岛，遍及中国；两

大水系，滋润南北；因此数千年来，神话故事源远流长，历代视昆仑为万山之宗，中华民族的象征。青海湖四周为高山所环绕，湖面海拔3 196米，周长360公里，面积1 583平方公里，有两个太湖那么大，为我国最大的咸水湖，平均水深32.8米，湖区有大小河流近30条，湖东有两个子湖，尕海面积10平方公里为咸水，耳海面积4平方公里为淡水。湖之中心有海心山长2.3公里，宽0.8公里，以产良种马著称。湖之西北，近岸有0.8平方公里的鸟岛，每年春夏之交我国南方和东南亚的斑头雁、鱼鸥、黑颈鹤等十余种候鸟来此产卵孵雏，多达10万只，岛上遍地鸟卵鸟窠几无人插足之处。湖中又盛产无鳞湟鱼，味道鲜美。我们车到湖东南岸距西宁151公里处，开放以来旅行社在此设点。但我们去时不仅饭馆旅馆关门，连公共厕所也上了锁，似乎旅游旺季已完全过去。我们只好敞开一家回民饭铺胡乱吃一点，便继续沿南海岸向西赶路。南海岸全长约百公里，有青藏柏油公路通过，新建到格尔

瞿昙寺山门

乐都小村

镇熬佛塔

隆国殿

碑亭

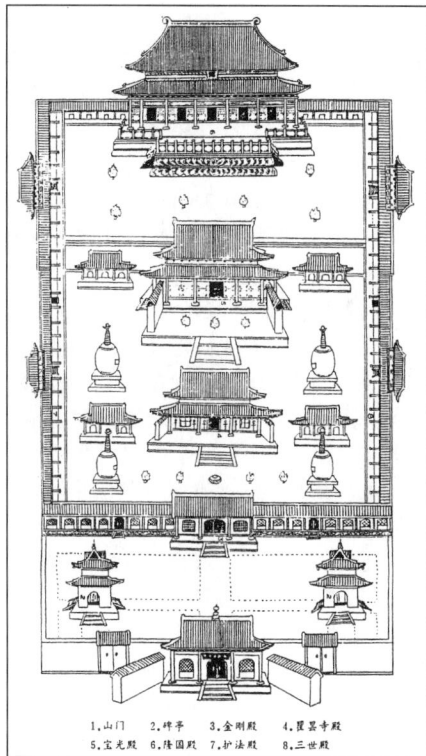

1.山门　2.碑亭　3.金刚殿　4.瞿昙寺殿
5.宝光殿　6.隆国殿　7.护法殿　8.三世殿

瞿昙寺平面图

木的铁路走湖的北面。按说交通如此便利，旅游业应该很快发展起来。但这湖的周围全是牧场，草青时放牧，到处搭起临时帐篷，草黄时撤了帐篷回到定居点。我们沿路看到许多土坑矮墙帐篷遗址，但很少居民点。在倒淌河和初近青海湖时我不时下车拍雪山草原放牧牦牛，到了西段，因为没有新景，我就根本不下车。车以百公里的速度急驰在宽阔、笔直而又车少的公路上，可是这蓝天青海黄色草原无穷无尽的三色一线自然风景，却使我深深地体验到我们祖国的地域多么宽广，我们祖国的山川多么壮丽，我们祖国的发展潜力多么雄厚，过去我们只是在这里放牧，今后不要多久我们将使青海成为万千人们长年向往的世界旅游胜地。车很快到了青海西南角的黑马河，下车打听伏俟城，这是吐谷浑建都120年带有外郭王城，是我想参观的重点，但是无人知道，这里离鸟岛还有70公里，我想青海湖已从东看到西，无需再赶远路，乃决定回返，争取时间去距离也是70公里的龙羊峡。

归途天气转多云，达坂雪山已不可见，车到日月山下分路南行，连过几道山，南山一带也到处是牧场，人烟稀少，见不到村落。夕阳斜照，对面山在光影中层次多而连绵不断。近龙羊峡山谷转深，上下近千米。水库面广，阳光反射如镜。下至水库，坡度

很陡，未找到大坝，车下到水库内湾，走到岸边，遍地红色花草，库内水极清而色靛蓝，这里离黄河源已有1 684公里，绝无黄浊模样，与下游迥然不同。龙羊峡水电站位于共和与贵南交界，为黄河上游第一座水电站，坝高178米，库容量247亿立方米，装机容量128万千瓦，年发电量60亿度，兼有防洪、灌溉作用，为全国葛洲坝外第二大水电站。从电站回到西宁已晚八时半，今天紧张活动了12小时。

9日下午乘飞机回京，上午挤空去乐都看瞿昙寺，西宁至乐都走西兰公路过平安共70公里，路很好走。瞿昙寺在乐都南26公里之碾伯镇，有公路可通，背依山而面临湟水，并有莽莽雪山相映照，风景绝佳。西藏佛教原有宁玛红教，萨迦花教，噶举白教之分，后宗喀巴又创格鲁派黄教。瞿昙寺创始人为三罗喇嘛出生早于宗喀巴，信奉萨迦花教，明太祖为扶持当地上层，安抚边疆，连结西藏封他为西宁卫僧纲司都纲，主管该地宗教事务并赐寺名佛祖族姓瞿昙（今译乔达摩），以后又有六代皇帝颁诏赐封并增建佛寺。现寺院座西朝东有土墙围绕，占地3.6公顷，中轴线上山门两侧有照壁，内有洪熙及宣德两碑亭，院内苍松翠柏外还有旃檀树，迎面为金刚殿及两侧走廊，均雕有直棂板壁及斜方格纹窗，原木本色配以青瓦红墙，显得

十分古老而雅致。走进院内正中前为明洪武御赐匾额的瞿昙寺大殿，后为永乐竣工的宝光殿，均歇山重檐，面广三间，前有斗拱廊柱栅栏门。周围有四座镇煞佛塔，左右小经堂，大小钟鼓楼。殿内佛像．铜灯等今已不存，只余大理石座。瞿昙寺殿的右侧有密宗佛殿护法殿，今存"锄邪护正"等匾额三方。后院高处在宽大月台上建有面阔五间，双檐斗拱庑殿式的隆国殿。殿里除佛像外又利用名泉瞿昙池盖起三米高的泉神堂，水从两侧厢廊输出，因此厢廊又名七十二间走水厅。廊内绘有400平方米的佛本生壁画，构思奇妙，神态生动，表现浓厚的生活气息。 寺中著名文物有宣德铜钟，高1.8米，重达1吨，钟声远扬，当地民谚"角仓的钟响，巴燕的马惊"。有象背云鼓，石象座高1米，雕琢精美，造型奇巧，为艺术珍品。

二十六　新疆空中祖国情

1960年和1994年我两次来新疆，虽然看过几个地方，读了一些资料，但使我感触最深的还是几次在空中飞行。1960年6月我乘小飞机从兰州飞乌鲁木齐，开始在云层中颠簸很历害，乘客们不得不躺在走道上，

237

以后降落在酒泉见了戈壁，在哈密见了沙漠，临近乌鲁木齐又看见天山的积雪河流与绿洲。不久从乌鲁木齐往返喀什两次横越天山，过博斯腾湖及南疆的绿洲，远望塔里木河及塔克拉玛干大沙漠的侧影，都给我留下深刻的印象。1994年9月我从乌鲁木齐飞伊犁，从云的缝隙中看到戈壁、伊犁河、绿洲和沙漠的交错以及伊宁城坐落在河谷的姿态。而今我最为振奋的是我从闷热而又阴霾的北京飞到凉爽而又晴朗的乌鲁木齐看到这个城市如何在戈壁滩中以绿化求发展以及我飞返北京时得到两个小时的好天气使我充分欣赏新疆东部千多公里的沙浪、沙湖、层层雪山的雄伟气势。我通过舷窗拍下几张照片，虽反映不出广阔而又神奇的新疆全貌，但它却引起我对祖国的无限崇敬与热爱之情。

首先，新疆地处欧亚非大陆的中心，在它160多万方平方公里，比英法西意合起还大的辽阔领域中，有三条平行的山脉和两大盆地。南边昆仑山系，包括阿尔金山、昆仑山、喀喇昆仑山和号称世界屋脊的帕米尔高原，是世界最高的地区，山势崔巍，山脊线平均超过6 000米，乔戈里峰海拔8 611米，仅次于珠穆朗玛峰，海拔在7 000米以上的山峰还有十几座。天山山脉横亘新疆中部，由三列并行的褶皱山组成，东西绵延2 500公里，西段伸入哈萨克斯坦境内，国境线上托木尔峰最高为海拔7 435米。在乌鲁木齐东北之博格达山三峰并立高达5 445米，控制新疆中心地带。天山之南有全国最大的塔里木盆地，面积53万平方公里，天山之北有全国第二的准格尔盆地面积38万平方公里。天山山脉之间也有一系列的盆地如哈密、焉耆、伊犁、巴里坤、吐鲁番等。北部的阿尔泰山主体在外蒙古，有500公里在新疆境内。

其次，新疆有沙漠42万方公里，戈壁29万方公里，分别占全国59%和51%。塔克拉玛干面积33.7万方公里，东西长达千余，南北亦有四百公里，为全国最大的沙漠，内部流动沙丘起伏，一般高60～70米，最高可至250米，大都干旱无水，草木不生，大风起时，飞沙蔽空，人畜尽为淹没。晋法显佛国记写："上无飞鸟，下无走兽，遍望极目，欲求度处，则莫知所拟，唯以死人枯骨为标帜耳"因而号称死亡之海。此外在准噶尔盆地还有5万平方公里的古尔班通古特沙漠，罗布泊东南有2 万平方公里的库姆塔格沙漠等。新疆戈壁集中在东部地区，天山以北满布砾石为砾质戈壁，天山以南基岩裸露

为剥蚀戈壁。瀚海沙丘中有许多奇异的自然景观并保存大量古代文明遗迹。如石英沙丘因热能与摩擦而造成的鸣沙山，因热气蒸腾反射而形成的海市蜃楼，因狂风吹塑而造成类人肖物的雅丹地貌和貌似城廓宫阙的魔鬼城。准格尔有各种的恐龙化石和大量的硅化木。只塔克拉玛干已发现埋藏的古城遗址竟达40余处。

第三，新疆远离海洋，湿空气被高山阻隔，全区平均降水量150，南疆仅有50毫米，自由水面蒸发量却极大，北疆为1 200～1 400，南疆为1 600～2 000 毫米为典型大陆干旱区，有干旱王国之称。气温变化剧烈，昼夜温差达10～20℃，早穿皮袄午穿纱为当地的真实写照。高山与盆地温差更大，如博格达峰终年积雪而吐鲁番盆地夏季赤日炎炎，气温竟有30多天超过40℃。日照时间长，全年日照时数达2 600～3 000，由于热能丰富在高纬度地区竟能生产水稻与长绒棉花，瓜果亦增加糖分。高度干旱地区对于保存古代历史文物有特殊贡献，新疆已发现保存3 800年的干尸，毛发皮肤仍然完好。

第四，新疆高山是冰雪世界，冰川面积2.3万平方公里，储水量约2万亿立方米，这种固体水库为各地提供重要水源。天山为全国最大的现代冰川区，有冰川6 800条，昆仑山乔戈里峰音苏盖提冰川长达40公里。全区有河流320条除额尔齐斯河流入北冰洋外如塔里木河、伊犁河均为内陆河；有湖泊百余大都位于河流终点，著名的有罗布泊、博斯腾湖、乌伦古湖、天池等，全区水资源虽比较丰富，人平均占有水量高于全国平均水平，但广大地区仍需展开与沙漠夺水的斗争。

第五，新疆从世界屋脊极高极冷地带到盆地沙漠极低极热地带，从乔戈里峰到艾丁湖海拔−154米，绝对高差竟达8 765米，为自然垂直景观创造良好条件。由山脊到盆底呈同心环状依次分布着高山冰雪、高山荒漠、亚高山草甸、森林草原、低山草原、荒漠草原戈壁砾漠、绿洲、沙漠和泥漠。气候、地质、地貌、林木，均有悬殊差别的而且常常相互交错衔接，沙漠常与绿洲比邻，冰峰能和火洲共存。新疆是我国自然风景最雄伟壮观、最神奇奥秘、最丰富多采的博览区。

第六，新疆是中华各民族在几千年中相互交往流动，融合共处的场所。新石器时期已有人类活动，秦汉时的西域居住着许多民族，北有坚昆和塞种人，中有车师、月氏和乌孙人，南有羌和大夏人。当时城廓之国从36增至50多，其著者有且末、精绝、于阗、龟

兹、姑墨、焉耆、车师、乌孙、大宛、楼兰、若羌等。以后匈奴兴起开始统治西域诸国，汉武帝派张骞出使西域，然后出兵大破匈奴，纪元前60年在今轮台附近设西域都护府，汉之管辖地区包括现今中亚巴尔喀什湖和帕米尔，同时开辟中、南两线丝绸之路通罗马、波斯、印度诸国。隋唐在西域设郡设州，唐中期设西域都护府于高昌，设北庭都护府于庭州，又开辟北线丝绸之路，使中外贸易更趋繁荣。纪元744年高车后裔回纥汗国在漠北鄂尔浑成立；以后逐渐迁入西域，866年回纥改称回鹘，破吐蕃夺取西州、北庭、轮台建高昌王国。宋初西域西部出现哈拉汗国和于阗黑汗国均和中原保持联系。辽为金攻破后残部在中亚建西辽，西域曾一度为其控制。成吉思汗征服欧亚后，元将新疆改为行省与内地同等待遇，明因之。1514年蒙古后裔在叶尔羌建立汉国，维吾尔族及新疆蒙古大部信仰伊斯兰教。清乾隆时期出兵平定准噶尔及南疆大小和卓的叛乱，在伊犁设将军府统管新疆军事及行政。清末中亚浩罕汗国入侵南疆，光绪派左宗棠击溃之，乃改新疆为行省，取消军府、伯克及扎萨克世袭制代以府、州、县制。新中国成立后实行民族自治，新疆改为维吾尔自治区，1990年统计全区人口为1 515万，其中维吾尔族719万占47%，汉族570万占38%，哈萨克族111万占7%，此外还有回、克尔克孜、蒙古、锡伯、俄罗斯、塔吉克、乌孜别克、塔塔尔、满族、达斡尔等共47个民族。

第七，丝绸之路横贯欧亚大陆总长7 000公里，是人类古代社会东西文化交流的大动脉。通过它中国和印度、西亚、埃及、希腊罗马的古代文明得以沟通，通过它中国的火药、指南针、造纸、活版印刷、冶铜、蚕桑等技术传到欧亚，丝绸、茶叶、陶瓷等大量输出国外；而西方葡萄、核桃、黄瓜、胡椒、棉花也输入中国，良马、宝石、玻璃、香料成为对我贸易的交换品，更为重要的是佛教、景教、伊斯兰教传到中国后发生重大影响。唐宋之际回纥维吾尔马牛骆驼商队最为活跃。丝绸路上繁荣了许多城镇，增添了许多寺庙石窟。现在新疆保存的古城遗址及有关文物可为当时中外文化与贸易关系提供有力佐证。

第八，新疆解放后从荒凉的沙漠和戈壁中发现石油，克拉玛依开辟于前，最近又发现塔里木沙漠是我国最大的油盆，外国专家誉为又一个中东，政府已从各大油田调25 000各类人员，展开夺油大战。我在飞

机上看到雄伟雪山和广漠沙丘笼罩下的新疆竟是包括这些内容，使我联想到毛主席写词在千里冰封，万里雪飘中纵论古今人物，把莽莽昆仑裁为三截分别赠与欧美亚的伟大气概，因而引发我对祖国怀念之情又怎能是其他地方可以比拟的呢！

二十七　天山与天池、乌鲁木齐与伊犁

天山由三列褶皱山及陷落盆地组成，西段宽而高，东段窄而低。北天山紧靠准

噶尔盆地，山峰海拔多在 4 000～5 500 米之间，位于迎风侧，降水量比南天山多，北坡多丘陵形成许多冲积扇及一系列绿洲。东段为断裂谷地分隔形成达坂城、七角井、巴里坤等通道。西段很少低矮垭口，故国际铁路须绕道通行。中天山多断陷盆地，伊犁是天山最大的山间谷地，三面环山而向西开敞，得潮湿气流使降水量达到 300～500 毫米，因而有干旱王国的湿岛之称。南天山山势高峻，盆谷地小，南部气候特别干旱，风化强烈，切割程度深，地区最为破碎。

乌鲁木齐位于天山北部之冲积扇中，海拔 680～920 米，通过昌吉回族自治州北与准格尔相接，南则三面有天山及戈壁环绕，东

北斜对博格达山及著名风景区天池，西南为 4 562 米高的天格尔峰。有乌鲁木齐等河流过形成连续的大片绿洲，自古为天然牧场，汉始移民拓荒，唐驻军屯垦，明曾筑城后毁，清乾隆展筑新城名迪化，以之为建省的省城，解放时只有人口 8 万，现在已是几十万人的大城市了。1960 年我初来乌市，登上市中心的红山，山上只有座清建的不高的砖塔，城市土平房比较杂乱，礼拜寺也没有特别触目的建筑。外部交通只有汽车、小飞机。34 年后我再来乌市，重新登上红山，不仅红山古建恢复，绿化满山，辟为公园；而全市范围扩大，楼房四起，设施现代，树木增多，面目已根本改观。现兰州至乌鲁木齐，吐鲁番至

霍尔果斯国境口岸

伊犁将军府

乌鲁木齐红山砖塔

惠远钟鼓楼

突厥石刻形像

库尔勒铁路早已通车，乌鲁木齐经阿拉山口的国际列又已接轨，而飞机则直航北京、哈尔滨、上海、厦门、广州、桂林、成都、敦煌、伊宁、喀什、且末、塔什干等地。市内外新建、整修与开辟人民会堂、博物馆、展览馆、科技馆、地质馆、人民公园、烈士陵园、文庙、清真寺、水磨沟、柴窝铺湖、乌拉泊古城等使文化、风景建设与经济建设同步发展。此外又和昌吉回族自治州协同整修天池及开发阜康博格达雪峰、吉木萨尔北庭都护府遗址、奇台汉代石城子古城遗址与诺敏风城即有奇特地貌、林湖幻景、古堡风啸的魔鬼城等具有雄厚潜力的风景资源。

天池位于博格达山腰距乌鲁木齐110公里，以高山湖泊杉林及雪山景观为特色，

有大小天池，石门，顶天石等景点。天池海拔1 980米，水面呈半月形，长3 400米，平均深40米，面积4.9平方公里，为天然冰蚀冰碛湖。就自然景观与长白山天池相比较，一个似天空俯视宇宙，一个如奥谷探求仙境，它不如东天池雄伟、浑厚、神奇，但它却比东天池幽深、雅静、亲切。我第一次来天池，几乎没有游人，我在池边爬上没人看管的船，放开眼界只见洁白的雪山，清冷的池水和荒凉的小屋。周围那么静，听不见任何音响，人似乎到了世界的极地，身心得到最大限度的放松。这回第二次来，上山路上搭了许多毡房，添了无数游人，池边也修了一些和环境不太协调的黄琉璃瓦建筑，但我走进内山坡，从铁瓦寺遗址看天池，最吸

引我的还是层次重叠的山峰、雪杉林中的草坡和深蓝色的平静池水，天池仍具有无穷的清幽魅力。 自古以来一直流传西王母在此宴请周穆王，即席而歌"白云在天，山陵自出。道里悠远，山川间之。将子无死，尚能复来！"；唐李商隐因而作诗 "瑶池阿母绮窗开，黄竹歌声动地哀，八骏日行三万里，穆王何事不重来"。博格达的天池更因西王母之山而名传千载。

乌鲁木齐南山风景区位于天山支脉喀拉乌成山北坡，有东西白杨沟、干沟菊花台、水西沟照壁山、庙儿沟、大西沟等处，北距乌市60～70公里。这里有雪峰、冰川，山谷幽深，林木葱郁，花草满坡，瀑泉充沛，空气清凉，历来以牧场著称。清纪晓岚有

伊宁清真寺

伊犁河

天山小天池

天山天池雪水

乌市南山半截沟

乌鲁木齐南山天然牧场

乌鲁木齐南山

诗:"牧场芳草绿萋萋,养得骅骝十万蹄。只有明驼千里足,水销山足卧长嘶"。大西沟源头号称冰川王国,有五条冰川,最长达2.4公里,晶莹冰面,齿形刃脊,塔般角峰,喧腾冰河,风景奇妙。西白杨沟谷口宽阔,草平林密,谷内石陡峡深,既有石门天井,又多跌水瀑布,而两旁火成岩塑成的怪石状人肖物宛然神话世界。现毡房处处,马羊满坡,已成为避暑旅游胜地。此次回京前区设计院安排去南山半截沟野餐,前夜天山降雪,去时满目银色世界,从北京闷热中来,能享半日清凉之福,实为难得。归途在戈壁滩上眺望乌鲁木齐,在皑皑博格达雪山下只是一条绿线,经过空中影象印证,越发对新疆人与自然斗争的气概增加敬佩之情。

伊犁哈萨克自治州地处祖国西北边疆,西北与哈萨克共和国,东北与蒙古共和国接壤,全州人口300万汉族占34%,维吾尔族占28%,哈萨克族占23%,回族占10%。地区首府伊宁市有人口25万。因西来温湿气流贯串整个河谷,白杨遍地,森林覆盖率达6.5%,为全新疆的6倍,有丰富的水果、鱼类及矿产资源,伊犁马种全国知名。新疆建设兵团1.7万人对伊犁现代经济建设作出了重要贡献。汉代乌孙国在巴尔哈什湖以东与汉友好,汉先将细君公主远嫁乌孙王,留下有名的思乡歌"吾家嫁我兮天一方,远托异国兮乌孙王。穹庐为室兮毡为墙,以肉为食兮酪为浆。居长思土兮心内伤,愿为黄鹄兮归故乡"。后将解忧公主再嫁乌孙王,她位居国母和她的使女冯夫人团结乌孙、龟兹、莎车各国成为汉的友好属国,曾起重大作用。唐初西突厥据乌孙故地设牙帐,称雄中亚,后归于唐。唐在境内设

都督府,开辟北线丝绸之路,使经济有极大发展。明代有臣属之西蒙古厄鲁特各部在此活动。清平定准噶尔后在惠远城设伊犁将军府统辖新疆及中亚各地。清朝末年沙俄侵略新疆,曾通过不平等条约强占我新疆西部54万平方公里土地。

我于1994年9月2日再来乌市的第二天乘飞机到伊宁,下午先看伊犁河,水势汹涌,流量颇大,两岸树木茂密,不愧有塞外江南之称。相继参观维族民居及市内两个清真寺。4日从伊宁西去百公里到中哈边境霍尔果斯口岸,这里曾是古丝绸之路的驿站,现为中国与原苏联的中亚各国的重要贸易通道。在口岸附近眺望天山西段颇为清晰。在口岸东北十余公里有吐虎鲁铁木儿墓(麻扎),墓的规模不大,墓门用紫白蓝三色琉璃砖砌成几何纹案。但他是成吉思汗七世孙,是第一个信奉伊斯兰教的蒙古汗并强迫所属16万蒙人皈依伊斯兰教,因而受到后人的尊重。回伊宁市途中绕道参观霍城及惠远新城,清初设伊犁将军府时,曾建惠远及八个卫星城,号称伊犁九城。清末沙俄侵入伊犁将九城全行毁坏,1882年于旧城北重建新城及将军府,并在城中心建钟鼓楼。现存钟鼓楼两层,通高20米。将军府大院已残破,大门前有亭上书将军府匾额,再前立石狮二,不知为何与一般衙门建筑体制不合。伊宁东郊原有金顶寺,盛时可容喇嘛6 000人,后毁于战火。伊宁南昭苏等地古突厥人墓前多用石刻死者形像,河谷间有岩画。此外古城遗址尚有多处。唐布拉草原出伊犁马、细毛羊,与果子沟同有忧美风景。我因急于赶回乌市均不得见。

二十八 火州吐鲁番、高昌和交河古城

吐鲁番地区位于新疆中部,为天山南麓的山间盆地,四面环山,总面积7万平方公里,盆底低于海面的有4 000平方公里,最低处的艾丁湖面低于海面154米,为世界仅次于死海的第二低地。盆地中心是我国最热的地区,日最高气温高于35℃在100天以上,高于40℃竟达35~40天,因此曾名火州。由于边缘没有中心地区炎热,春夏又多大风,在风口地带飞沙走石,树木斜生,形成风蚀地貌。吐鲁番市年降雨量为16.6毫米而蒸发量却为2 684.5毫米。天山水系河流出口大部渗入地下,从山北进入山南平原,有的形成湖泊,有的成为地下潜流,靠坎儿井提供灌溉。农业除粮食、棉花外盛产葡萄,全区种植面积达9万亩。吐鲁番古称姑师,汉代为西域车师前国,前凉置高昌郡隶属沙州,北魏柔然立高昌国,唐称西州,宋为高昌回鹘,元明清置省设县,现辖吐鲁番市及鄯善,托克逊县,有人口40多万,维族占73%,汉族占20%。古代文物遗存较多,有著名的高昌及交河遗址。由于以上奇特自然条件和丰富历史文化,加上便利的交通,吐鲁番将会成为新疆旅游的热点。

1994年9月6日我从乌鲁木齐乘汽车来吐鲁番,出市东南行40公里过柴窝铺见路旁成行立杆带旋轮式的风力发电设备,又10公里,遥见路南波光粼粼,到盐湖下车,走近湖边,盐渍土石黑白相间,湖水随山远去,附近并无盐场,返身回顾有博格达雪山赫然在

昌吉魔鬼城

达坂城

高昌古城遗址

高昌古城遗址

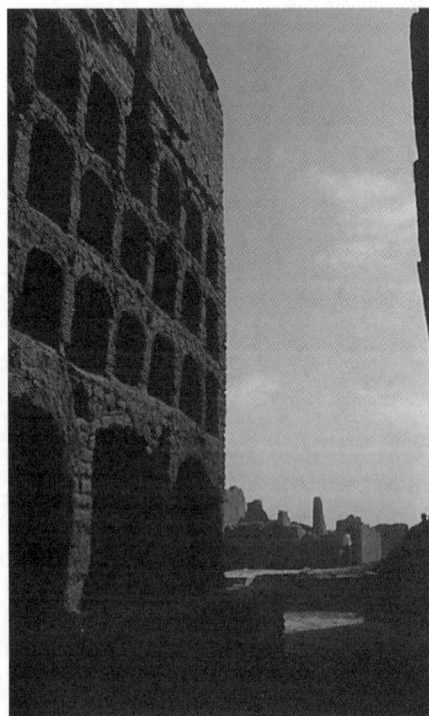

高昌遗址佛寺

目。再前行18公里到达坂城，南进白杨沟有天山豁口，自古以来为南北疆交通要道。现公路过托克逊去库尔勒，铁路也从此分叉北去乌鲁木齐南去库尔勒。进山后气温渐高，出山转东下至盆地，一路浓云散尽，车中燥热，不得不脱去外衣。盆地中满眼是空旷的戈壁滩，公路似无界限，车子可以到处奔驰，只以电线杆为标志，笔直地跑了百多公里到吐鲁番市。中途未停，续行46公里径抵高昌古城。

高昌城始建于纪元前一世纪称高昌壁，为汉代丝绸之路的重镇，后经高昌王国、回鹘高昌于14世纪毁于战火，前后1 300年。现古城遗址保存完好，城垣分内外三层，外城大体为正方形，夯土板筑，墙厚12米，高11.5米，周长5.4公里，四面各开两门，有瓮城及马面。内城居中周长3公里。宫城长方形在北部内外城之间。城市布局模仿长安有市场、作坊、寺院、居民区，盛时有人口3万僧侣3千，唐玄奘曾在此为高昌王讲经。现遗址中建筑密布，街道纵横，身临其

境，尚能回味当时景象。我们在内城北看到高达15米的土坯方塔、双层宫殿遗址及西南角的大型寺院遗迹。由于这里干旱少雨，土墙得以长期保存，倘徉其间，灾难似乎为时不久。国内古城遗址很多但保存如高昌、交河者极少。距高昌古城6公里有阿斯塔那－哈拉和卓古墓群埋葬西晋到唐朝的官员、贵族和平民，包括高昌王国名将张雄夫妇，在10平方公里范围内已发掘500多号墓葬。这些墓葬以砾石分区，有斜坡墓道及土洞墓室，因为这里气候炎热干燥，墓穴形成天然无菌环境，墓内尸身均经历千年而不腐烂，形成比埃及木乃伊还要完整的干尸，有的连皮肤和黑白眼珠眼睫毛都清楚可见。至于殉葬的物品如绘画、泥俑更鲜艳如新，甚至唐代水饺馅也完好如初，这真是世界的奇迹。出土晋唐珍贵文物种类繁多，有卢文、粟特文、龟兹文、梵文、突厥文、回鹘文文书，有带骆驼商旅图案的丝棉织品，有西域各民族彩绘泥俑，有死者口含的古波斯银币，有伏羲女娲人首蛇身互

高昌古城游览车

柏孜克里克千佛洞

葡萄沟葡萄晾棚

交河古城

相抱持图等，具有明显的时代与地方特色。

出高昌古城朝东北方向去火焰山，这是通过《西游记》的描写而全国知名的地方。火焰山东西横亘吐鲁番长达100公里，为平均500米高度的褶皱山，山势起伏，山体多沟壑，红色沙岩裸露，山上寸草不生，在强烈太阳光照下，山体热浪蒸腾，周围烟云缭绕，恰似团团大火在燃烧。唐岑参诗"火山突兀赤亭口，火山五月火云厚。火云满山凝未开，飞鸟千里不敢来"。当地称火焰山为红山，我们东行抵火焰山麓再沿山北转木头沟也是有无数沟壑的褶皱山，通常只以面对柏孜克里克千佛洞一段山体为火焰山代表。但千佛洞背后的火焰山都是无褶皱的浑圆山体，只是气势各有不同。不过火焰山虽高热干旱而其山下却是天然的地下大水库，沟谷内水源充足、林木郁郁葱葱，生机一片，山上山下出现人们意料之外的悬殊对比。柏孜克里克千佛洞西距吐鲁番市60公里，开始于唐代在阶地崖壁中穿凿而成，回鹘高昌国时期改建为王家贵族寺

院，一直为吐鲁番的佛教圣地。窟内壁画各种供养人的不同形态反映古代维吾尔族的生活情景，其汉、回鹘、波罗密等文的题记又为研究民族历史提供重要资料。现洞窟编号77个，经外人盗劫后尚残存壁画40幅，33窟的弟子及比丘举哀图，形象生动，为难得的艺术佳作。17窟地狱变亦为我国佛窟所罕见。

我们出木头沟回吐鲁番市，进市北15公里的葡萄沟。这里景象和东部地区完全不同，茂密葡萄棚满山遍谷，溪流泉水到处作响，住宅区里，葡萄晾棚高高突起。长约8公里的山谷，居住维汉回三族6 000人口，耕种400公顷土地，其中220 公顷葡萄田每年生产鲜葡萄600万公斤，葡萄干300吨，主要品种为无核白葡萄即国际间卓著声誉的"绿珍珠"。最近居民为旅游者建葡萄乐园，里面绿荫蔽日，流水潺潺，葡萄多种，瓜果清香，乃避暑极佳去处。我们在沟内匆匆午餐后进入吐鲁番市，见市容在改革开放后有很大变化，新建筑很注意保持地方与民

苏公塔

243

交河古城

交河古城大佛寺

交河古城大街

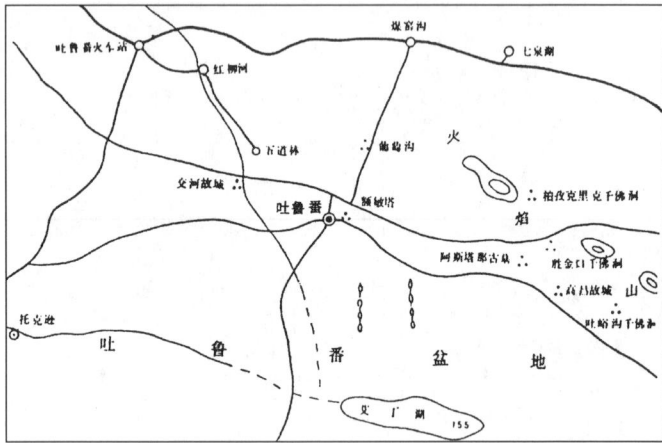

吐鲁番地区示意图

族特色，市中心有一条用葡萄棚覆盖的街道为国内所罕见。出市2公里专访苏公塔。塔为44米高的上细下粗圆柱体，全用浅黄色砖砌筑，但外部逐层砌出15种几何花纹，远观简洁明快，近看丰富典雅；内部修螺旋状中心柱既能联系外围结构，又可做为楼梯上下。塔旁建筑可容千人的清真寺，外观亦清新朴素。苏公塔无论结构、用料及艺术造型均为我国古建筑罕见的杰作。该塔乃乾隆时期吐鲁番郡王苏来满为纪念其父额敏和卓在协助清朝平定大小和卓叛乱的功勋而建的，因之又名额敏塔。

离苏公塔西行13公里到交河古城遗址。

左卫大将军张雄干尸

古城位于雅尔乃孜沟的江心洲上。洲下两河相交，崖岸如削高达30余米，因之古城以崖为城不另筑墙。全城长约1 000米设东南二门，城内有建筑遗址22万平方米，进南门有一条长350米宽10米的干道北通最大佛寺，寺前有佛塔，东南为衙署区，内有带砖瓦的两层大型建筑为唐安西都护府所在地。交河因地势高亢，多挖地为院，掏洞成室，上下两层，临街不见门窗，入巷方见大门。走街串巷，登堂入室，为典型唐代建筑风格。西汉设交河壁，北魏为交河郡，唐始设都护府，后为吐蕃所据，回鹘高昌时为下属州，元朝毁于内战兵火。现交河及高昌古城均列入国家文物保护单位。我们返回乌市途中见坎儿井，井由竖井、地下渠道、地上渠道和蓄水池——"涝坝"组成，用以引地下潜流灌溉农田。吐鲁番有坎儿井千条全长约5，000公里，与长城、运河并称中国古代三大工程。

二十九　喀什与帕米尔高原

喀什地处新疆西南与塔吉克斯坦、阿富汗、巴基斯坦、印度接壤；西接万山之宗帕米尔高原，北联天山，南面是莽莽昆仑山，为亚洲各大山脉及世界著名高峰汇集之地；古代欧亚交通著名丝绸之路的中线及南线均从此通过。喀什古名疏勒，汉武帝通西域时归附西汉，东汉时为班超经营西域的大本营。唐朝设疏勒都督府为军事要地安西四镇之一。哈拉汗王朝以此为首都。成吉思汗西征后为察合台汗的封地。改省后清代为喀什噶尔参赞大臣驻地。喀什地区现辖喀什市与疏附、疏勒、莎车、叶城和塔什库尔干等11县，有人口230万，其中维族占93%，汉族占6%，塔吉克占1%。喀什市有人口 20 多万，维族占 75%，汉族占 24%。全区地形复杂，气候差异大。喀什市为平原区，年平均气温 11.7℃。年降雨量为 27 毫米，夏季炎热干旱，但全区有叶尔羌河及喀什噶尔河却水量丰富。

1960 年 6 月我由乌鲁木齐乘飞机来喀什，给我第一个深刻印象的是我中午到喀什后听到的市中心艾提尕尔清真寺不间断的唢呐与手鼓声。那时天气炎热，人们都有点昏昏然，静悄悄的街道中却始终聚集着许多人在大清真寺的周围，有的闲坐，有的门前出入，吹唢呐的和打大小鼓的几个奏乐者高高坐在寺门上面。我又是初见这样古老的伊斯兰寺院建筑，高 12 米黄砖砌成的长方门面带着浅蓝色尖拱门洞，边上雕刻与大门同样式的图案，两旁接低墙再接高达 18 米的两座圆柱形邦克楼，楼柱外加彩砖逐层砌就不

同的几何图案。因为伊斯兰教建筑装饰从不用人与动物做图案更增加了静的气氛，唢呐吹出的悠扬曲调成了小城的主旋律。艾提尕尔清真寺是我国最大的清真寺，创建于 1442 年，以后 1769 年，1876 年陆续扩充成为今日规模。它南北长 140 米，东西长 120 米，大门内有一个带花木和水池的庭院，南北墙各有一排教经堂共 36 间，圆顶的礼拜堂分内外殿，座落在西部高台上，屋顶由 158 根浅蓝立柱承托着，顶棚及木柱都有彩绘和雕刻的精美图案。平日来做礼拜总有两三千人，节日则多达两三万人。

喀什给我第二个深刻印象的是阿帕霍加墓。明清的伊斯兰教建筑大体有两个系统，一是回族的礼拜寺和教长墓，可以西安化觉巷清真寺为代表。一是维吾尔族的礼拜寺和陵墓(马扎)，可以阿帕霍加墓为代表。

香妃墓主墓室

香妃墓大门

慕士塔格冰山

香妃墓外廊

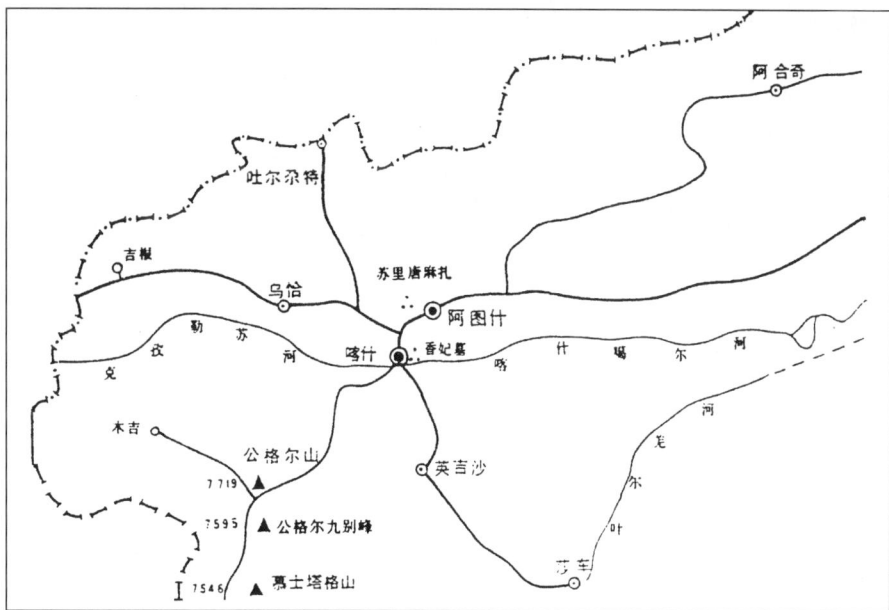

喀什地区示意图

245

这座陵墓在喀什东郊5公里处，始建于1640年，墓内前后埋葬五代七十余人，以著名的第二代白山派首领阿帕霍名命名。此墓俗称香妃墓，其实香妃葬于清东陵，墓并不在此处。整个陵墓前面是大门、高低礼拜寺、教经堂的组群，造型高低错落，高礼拜寺和大门的塔楼相呼应，白地蓝花与彩色琉璃图案和开敞外廊的华丽装修，构成非常美丽的画面。后面东北角是主墓，用黄绿琉璃砖装饰的四围墙面、塔楼和中间圆拱墓室，显出异常光辉的色调。主墓室平面为长方形，底宽35米，进深29米，高30米，屋顶圆拱直径17米，室内平台上排列10个琉璃贴面的墓丘。西北角是大礼拜寺的漫长柱廊和相邻的绿顶又有不同的气氛。中亚建筑形式随伊斯兰教传入新疆与本地木柱密梁平顶和土坯相结合，构成今日中国伊斯兰建筑的特色。它的不对称平面、塔楼、柱廊、圆拱、壁龛、重点装饰、几何图案、石膏和琉璃材料以及庭院绿化都在中国古建筑中独树一帜。

喀什南行150公里到帕米尔高原的7 719米的公格尔山，再60公里到7 540米的慕士塔格山，有乌孜别里山口通塔吉克斯坦；又70公里到塔什库尔干塔吉克自治县，再130公里到红其拉甫口岸，越喀喇昆仑山通巴基斯坦与印度。塔什库尔干为塔吉克语石头城之意，地处帕米尔高原东部，天山、兴都库什山、喀喇昆仑山、昆仑山四大山系在此汇合，境内五六千米以上终年积雪的高山有几十座，山谷也在3 000米以上，县城为海拔3 200米。属寒温带干旱气候，年平均气温3.2℃，有4个月气温在0℃以下。降水量年平均为67.9毫米。全县5.2万平方公里，只有2万人口，其中塔吉克占82%，维吾尔占8%，柯尔克孜占6%，只有70%定居，其他尚过游牧生活。在县城附近有唐代石头城遗址，为古代丝绸之路有战略地位的城堡。帕米尔高山是世界登山探险和科学考察的集中地。公格尔山以峻峭难攀著称。慕士塔格山号称冰山之父有16条冰川流向四方，但它因雪深冰厚，山体雄伟，气候温和，山下有深30米，面积10余方公里的高山冰蚀冰碛湖——黑湖，为绝妙的高山营地。喀喇昆仑山乔格里及附近诸峰更是登山者的热区，夏季高山苔藓植物毕露，繁花似锦，高山蝴蝶、野牛、黄羊、雪鸡等珍稀动物纷纷出现，又是旅游绝好季节。

三十　维族密肋地铺民居

南疆维吾尔及其他少数民族比较集中，群众的服装饮食，生活习俗，宗教建筑有显著特色，维族密肋地铺民居亦为一种独立的类型。我在喀什几天正赶上伊斯兰教的古尔邦节，街上来往的人很多，晚间大礼拜寺前面广场，人山人海，载歌载舞，非常热闹。我得空参观几个小礼拜寺，巴扎(市场)和一些民居并到政协副主席家作客。所见所闻处处感觉新奇，男人们留着胡须，穿绣花衬衫和长靴，头戴小花帽。花帽除花色鲜艳者外有用纯白仿巴达母杏仁形状绣成比较朴素的样式颇为中老年人所喜爱。妇女们穿宽袖连衣裙外加对襟背心，姑娘们梳着几十条小发辫。街上不时可见高个的维族老人骑着矮小的毛驴，两脚几乎着地，从人群中穿过。吃的是烤馕、手抓羊肉，极多的瓜果。

喀什和田地区气候干燥而夏季炎热，维族民居为土木结构，木柱包在土墙内，上承矩形小梁，梁上密排半圆木肋用草泥抹屋顶、楼面及顶棚。用压实土块砌花墙、拱形过梁及楼梯。夯土拍平抹泥做地面。土就用的非常广泛，砖只用于基础、楼梯、勒脚

及装饰。芦苇用于天棚及墙体。南疆盛产石膏，普遍用作壁龛、顶棚、门窗的花饰。维族民居多用天窗采光及我。整个布局比较自由，外观则平房楼房相互穿插，天窗突出平顶之上，室外有列拱的宽廊及靠门1米高2米宽供休息用的土台"苏坡"，满院葡萄成架外围以花墙，别有其艺术特色。室内布局通常平面为长方形，伊斯兰教面向麦加以西为尊，客房在西间，相接为外间、餐室兼厨房，淋浴及储藏则从外间面积中挤出两小间。卧室用草席、毛毯、地毯铺满整个房间地面，人们席地起居睡眠。四壁雕满尖拱壁龛并以石膏花装饰，用以盛什物。客房西墙壁炉之上的壁龛最大，装饰最精，我面罩以花毯布帘用以盛被褥并面向祈祷者称"窑龛"。冬季用壁炉烧茶炉烧茶取暖，炉旁招待客人。一般房屋进深较浅，不过3~4米，而面宽则倍之。夏天将炉灶移到外面，人们在廊下起居、睡眠、会客。

和田民居布置比较疏朗而自由。喀什居住区建筑密集，多二层楼围成小院，各户土墙相连，街道上修限多过街楼，夏季人们多在下面乘凉。北疆民居因汉人较多，气候亦较为寒冷，形式接近西院，用火炕才多，但维族民居用宽廊，铺地毯，挂壁毯仍保留许多民族特色。吐鲁番民居为避高温，底层多挖半地下室砌窑洞，楼层仍为密肋平顶。

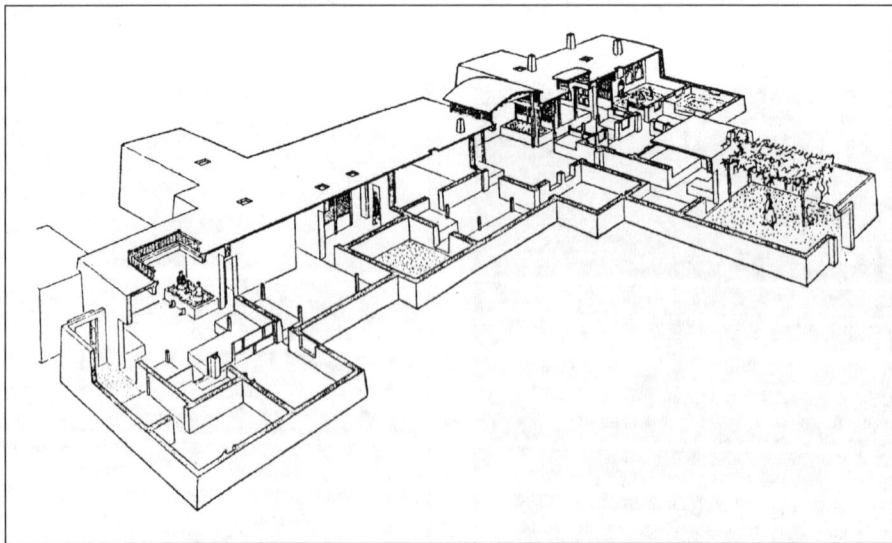

和田维吾尔族住宅剖视图——选自《中国古代简史》

江南乡镇建筑新格局

江南指以长江三角洲为中心的江苏、浙江两省,唐宋以来由于经济文化发展已成为我国富庶繁荣地区。社会主义建设进入改革开放新时期后,江浙两省以乡镇企业为中心的非国有经济急剧发展促使整个国民经济上升,与广东、福建并驾齐驱,成为我国经济发展速度最快的省份,提前8~9年完成生产总值翻两番的任务。

江南风景资源调查表

	1980生产总值	1993年生产总值	平均增长速度	翻两番的年份
广　东	245.7亿	3 140.0亿	14.1%	1991
浙　江	178.5亿	1 645.0亿	13.0%	1991
福　建	85.9亿	953.0亿	12.6%	1992
江　苏	321.8亿	2 550.0亿	12.1%	1992

(参考:熊映梧:《论非国有经济》——《学术交流》95/1)

正由于经济的迅速发展,人民生活的普遍提高而电力电讯供应、上下水道设置、公路的普及、工商金融企业的建设、公共文化教育福利娱乐设施的增加和村镇住宅的普遍改建使得江南地区,特别是太湖流域、长江三角洲的建筑格局发生极大的变化。我在常熟、苏州、宜兴、泰州、余杭、富阳、湖州的探访中都有所介绍。其主要表现是河道的填塞,宅地面积的控制和有计划的安排,因而导致行列式单幢小楼新民居的大量出现。虽然这些民居楼房有平顶坡顶,有无凹廊、晒台,高低层结合等变化,但大体整齐划一形成乡镇住宅的单一化。乡镇全局往往由其他地形地貌及公共建筑的安排来决定。过去江南水乡河道纵横住宅分散的面貌日益改变,而乡村城市化则日益增强。这种变化不仅对江南地区而且对于全国的乡镇建筑格局也有重大影响。如何促使个体与群体更好结合,因而得到更合理与健康发展实为当前建设的重要课题。

泰州新民居

永嘉柳市新民居

富阳新民居

一　江南古代文明与良渚文化

二十世纪八十年代以来我国长江流域考古事业获得许多新的进展,1985~1986年三峡巫山大庙发现巨猿化石和距今204~180万年的猿人化石,与我国过去发现的云南、广西、湖北古猿化石和云南元谋、辽宁营口、安徽和县、湖北郧县、南京汤山、广东封开、海南三亚的猿人、古人化石相互印证,充分说明我国南北各地都是人类的重要发源地。1973年在湖北大冶石龙头发现用砾石制作的粗大砍砸器、尖刃器和手斧,1985年在太湖吴县三山岛,又发现5 000余件刮削器、尖状器,连同近期在湖北郧县、襄樊,湖南沅沣流域,安徽安庆、巢湖、宣城以及江苏、江西、各地的发现,具有南方特色的旧石器已遍布秦岭、淮河以南广大地区。

过去史书长期认为黄河中下游是中华民族文明诞生的摇篮,但近十数年来考古发掘越来越充分地证明中华民族古代文明的产生是多元而绝非单元的。就是黄河地区华夏族图腾崇拜的龙,也于1983~1986年在辽宁喀左女神庙发现玉制猪龙,1987年在河南濮阳西水坡的墓葬中发现人骨两旁有白色蚌壳摆成的龙和虎,1993年在湖北黄梅发现距今6 000年用卵石摆成身长1.7米

良渚文化博物馆

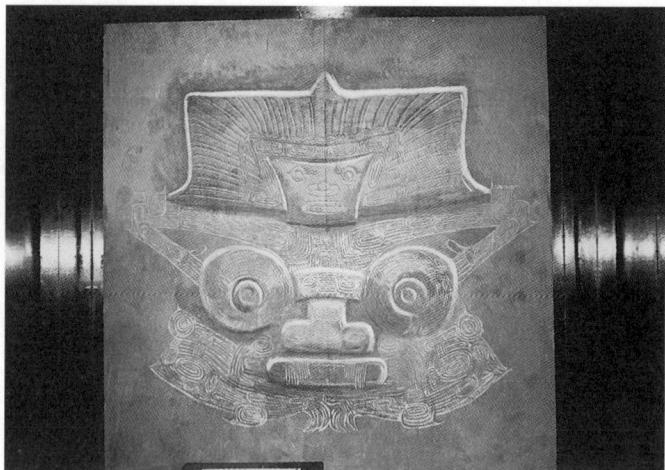

玉琮

的龙。至于文字1983年河南舞阳出土的甲骨上有契刻符号与安阳甲骨文相似而时间则远在7 000年前,1981年湖北宜昌出土74件陶片刻有70种符号,笔划转折接近甲骨文,时间为6 000年前,1993年在江苏高邮龙虬庄的陶盆残片上发现有4行8个符号,可视为最早的文字。关于城址,20世纪三十年代章丘和安阳发现龙山文化城址,五十年代郑州发现商城。八十年代从河南淮阳平粮台发现古城以来全国各地相继发现30多处古城遗址,如1991年湖南沣县城头山掘出屈家岭文化城址,夯土墙高达3米,有城门及护城河,时间距今4 700年,为我国最古的城址。至于体现我国古代文明最为辉煌的青铜器,八十年代出土范围已遍于全国。1986 年四川广汉三星堆出土有类扶桑的铜树两株及三具特大的铜面像,以后又发现商代城址,尤为重要。1989年江西新干大洋洲商墓出土480件青铜器,造型奇特,纹饰精巧,具有南方特色,被称为青铜王国而震惊世界。这些考古发现极大的丰富我国特别是南方古代文明的内容。

中国古代文明以北方的黄河中下游为中心,龙山文化以农业为基础,因地处黄土高原与平原,气候干旱寒冷,主要农作物为粟与黍,经营比较粗放。交通方便有利于对外物资交换和文化交流,容易发育统一的社会意识和宗教意识,产生政治实体。随着经济发展,青铜器及文字产生,阶级出现,部落之间经常发生战争,游牧民族与农业民族战争更为频繁,乃构筑以城为中心的防御工事,并使部落联盟逐渐发展为国家。南方主要是长江中下游也曾产生古代文明众多文化,据最近的考古发掘,长

江中游可以石家河文化为代表,长江下游则以良渚文化为代表。产生良渚文化的地区南起杭州湾北至江苏北部,而以太湖平原为中心;据已发掘的30 余处遗址考察其年代当在纪元前2 800年左右。南方的地理环境为丘陵和盆地,气候属于亚热带温润森林地区,雨量充沛,河流纵横,湖泊密布,土壤为红壤和黄壤,有机质含量及天然肥力高。社会以稻作农业为基础,需要精耕细作,磨制石器的精细程度超过北方。在铁器普遍使用及学会人工灌溉之前,耕种只能限于有限的低洼地,为砍伐森林,平整土地,畜力必不可少。正是人们受自然条件限制,交往不便,因而形成范围不大而种类较多的文化龛。由于生活资料比较容易获得,原始社会解体有部落酋邦即可满足需要。南方狩猎采集业中鱼蚌水生动物多于北方,有纺织、编织与农业结合,房屋以竹木结构的干阑式为主,住地比较分散,没有北方氏族聚居那么大的村社。但据1995,1,6.文汇报载,最近武进寺墩遗址发掘出距今4 500年前的良渚文化古城,面积为90多公顷,以河道代替城墙,内城中心为祭坛,河道外台地为贵族区,再隔河道为平民区,江南古代社会的实际情况尚待进一步探索(参考1994/1/25人民日报,周庆:改写历史的考古新发现;参考中国社会科学1994/5童恩正:中国北方与南方古代文明发展轨迹之异同)。

1989,1991,1993年良渚文化遗址连续被评为全国当年考古的十大发现,1994年5月余杭市建成良渚文化博物馆,良渚文化成为长江下游进入文明时期的代表文化已逐渐为学术界所认同。江浙地区古代文化

的区分现在探索之中。江苏将全省分为苏北鲁南,太湖,宁镇三文化区,在太湖区新石器文化系统命名为马家浜文化、崧泽文化、良渚文化。浙江认为马家浜文化和河姆渡文化为良渚文化前的两支文化,经济形态都是以稻作为主的粗耕农业,以养猪为主的饲养业和以鹿科为主的狩猎业,居住为榫卯木构干阑式及平地立柱,但在生产及生活用具上却有明显的不同。良渚文化的社会生产单位是家庭而非氏族。北方氏族崇拜祖先有强烈的排他性"神不歆非类,民不祀非族",礼乐用于区分尊卑等级,维护社会秩序。良渚文化没有发展到地区神灵崇拜,没有祖先崇拜,只有落后的动物和鬼神崇拜"信巫鬼,重淫祀"。政治思想以山海经、楚辞、道德经为代表,反映宗教信仰的落后和小国寡民弃智绝圣思想,这当然和南方分散的家庭经济密切相关。最反映良渚文化社会意识和社会制度的是建筑在土台之上的大墓和随葬的玉器。如江苏武进寺墩的大墓出土随葬品100余件,其中有玉琮33件置于人体四周,玉璧24件置于头前脚后。良渚之反山、瑶山等地大墓有内棺与外椁双重葬具,有与祭坛复合的墓地,出土数以千计的玉器,器形种类多达20余;可分为组装件、穿缀件及镶嵌件;其数量之多,纹样之丰富,雕琢之精美,都令人叹为观止。在众多玉器中体积最大,工艺最精者为刻有神人兽面象的玉琮。玉琮外圆内方分柱形与镯形,上刻一组或多组神人纹,纹有繁简之别,均圆目巨嘴,张口露齿,形象介于人与兽之间,这种神人兽面神显然是良渚人诸神崇拜中最主要的神。说文:"以玉事神者谓巫",巫是神在人间代表,以玉

事神，玉是神的物质体现。以玉的神化为特征正是长江下游中华文明曙光的出现时期（参考《文物考古十年》1979～1989年的江苏、浙江部分）。

二　龙蟠虎踞的南京

山入城中，水出城外，山水城相互穿插，相互渗透，而树木森森，遍地苍翠，风景形势最称优胜的大城市，全国首推南京。南京之山根出浙江天目山，两枝北上，东北入句容为茅山又分为三支西来，北沿长江为宝华山、栖霞山、幕府山、狮子山；中为射鸟山、灵山、钟山，入城为小九华山、鸡笼山、清凉山；南由汤山至方山。西北枝从江苏与安徽交界北上为祖堂山、牛首山、马鞍山至雨花台，入城为凤台山。南京之水外有浩瀚之长江绵延于西北，内有百公里的秦淮河横穿过城南。

紫金山与玄武湖扼南京风景形势之枢纽，居山水之中心，虽位于南京城外之东北但山高水近，在南京任何地点都能望见紫金山，而从外地乘火车，出站便面对玄武湖。我在南京西城读书近五年，每日早起都要瞻望一番晨霭中紫金山的雄姿，而逢节假日我总喜欢花上一角五分钱租只独桨小划子在玄武湖里荡上一整天。在紫金山和古城墙的倒影里或莲荷芦苇丛中，静静地读读书或深思与遐想人生与国事，于无人处又可跳进水里游它几圈。青年时代大自然给我的无限情趣使我终身难忘。紫金山因紫色页岩得名，又名钟山、蒋山，东西长7公里，南北宽3公里，有三峰鼎峙，主峰居中高468米，西南天堡山上有著名的天文台，东南山下为中山陵。紫金山为六朝佛教盛行时期名胜集中之地，唐杜牧描写建康"南朝四百八十寺，尽在楼台烟雨中"只紫金山上即有法云寺等寺院70余所。以后历经战争破坏至今仍残存许多古迹，中山陵西有明太祖孝陵及徐达、常遇春之墓。西南梅花

山上有东吴孙权墓。半山园为王安石隐居及埋葬之处，他写诗"终日看山不厌山，买山终待老山间。山花落尽山常在，山水空流山自闲"，表示对紫金山的深情依恋。南京城的绿化和满植梧桐的林阴大道早已闻名全国，而紫金山又有两千公顷的松柏梧桐，无涯的密林常年郁郁苍苍，游人倘佯其中可以享受无穷的天然清新之趣。

紫金山天文台1934年建，是我国解放前唯一的天文台，它保存我国古代的一些珍贵仪器并拥有现代化设备，可对天体进行观测与研究。太平天国时在天堡山上建天堡城，山下建地堡城，与清军作战时曾发挥重大作用。明孝陵葬明太祖，22.5公里长的围墙内，曾植松万株，养鹿千头，守陵军户多达5 500户。从大金门北进四方城有功德碑，折向西北过金水桥，石象生依次排列为狮子、獬豸、骆驼、象、麒麟、马各立卧式两对，再北有望柱一对，武将文官各两对。过棂星门到陵园正门，经御河桥入中门。中门外有宰牲亭、具服厂，内有焚帛炉及30

紫金山

鸡鸣寺

小九华山三藏塔

扫叶楼

莫愁湖荷花厅

秦淮河入长江口

间左右庑，清末在此改建碑亭。碑亭之北为享殿乃陵中主要建筑已毁，其北原有三道门，现仅余一。最后跨过越谷飞架的57米大石桥即到明楼与宝城，现明楼已毁只余16.25米高的宝城。明孝陵在梁武帝时建有宝善寺与玩珠塔，公主曾葬宝志法师于此，画家张僧繇绘有宝志像。唐吴道子重绘宝志像，李白作诗，颜真卿作书同刻碑上，号称三绝。元初赵孟頫又作志公十二时歌刻于塔前。明太祖建陵前将寺塔碑迁于紫金山东部改名为灵谷寺，"殿庑规制，仿佛大内"，山门至佛殿长达2.5公里。清末寺为战火破坏，同治时重建，规模大为缩小。寺中有明建无梁殿，高22米，内为砖砌五孔券洞，外为飞檐翘角琉璃顶。原供三世佛及24诸天像，国民党时期改作北伐阵亡将士祭堂，并建八角九级高60余米的混凝土塔。灵谷寺环境清幽现仍为游人乐游之处。

紫金山余脉西入城内，初为小九华山，北临玄武湖，高百余米，六朝时属帝王乐游苑。1944年山上建五级方塔藏唐三藏遗骨。再西为北极阁亦属乐游苑、梁建规模颇大的同泰寺，后为雷火所毁，明在其遗址上建鸡鸣寺，有观音楼、豁蒙楼，面积缩小很多。山之南麓曾建有台城为东吴后苑，六朝时仍为豪华游乐之地，陈后主建临春、结绮、望仙三阁，连续数十间饰以香木、金玉，内设宝帐，终日与嫔妃饮酒作乐，歌唱艳词，隋兵来时只得藏入胭脂井。唐诗讽他"台城六代竞繁华，结绮临春事最奢，万户千门成野草，只缘一曲后庭花"。鸡鸣寺规模虽小，但地居市中，每日善男信女烧香拜佛不断。其豁蒙楼和小九华山都是观赏紫金山与玄武湖绝佳之处。从北极阁西过鼓楼高地即到清凉山，又名石头山，高只有63.7米，面积不过1平方公里，但它却和紫金山齐名。相传诸葛亮来到东吴观察秣陵形势誉为"钟阜龙盘，石头虎踞"。清凉山呈椭圆形有大小山丘十余，宋前长江紧靠山西流过，长年冲刷山体，形成陡崖峭壁，历代倚为守卫屏障。东吴曾在山上建石头城，唐诗写西晋伐吴"王浚楼船下益州，金陵王气黯然收，千寻铁索沉江底，一片降幡出石头"。现长江已北移3公里，石头城早已不存，但明城仍利用山崖城基，依山而筑，现清凉门北有一块突出沙岩，赭红色表面凹凸不平名鬼脸石，即为古石头城遗迹。从五台山西过龙盘里与虎踞关可到清凉山之扫叶楼，为明末爱国诗人兼画家龚贤的住所，他自己写楼景"登台而观，大江横于前，钟阜枕于后；左有莫愁，勺水如镜，右有狮岭，撮土若眉"。写心情"登眺伤心处，台城与石城，雄关迷虎踞，破寺闻鸡鸣。一夕金笳引，无边秋草生。橐驼尔何物，驱入汉家营"。扫叶楼后有善庆寺，寺后佛殿为古清凉寺遗址，附近有南唐水井。

秦淮河至通济门分为两支，入城者为内秦淮河，南护城河为外秦淮河，二者在水西门外汇合北入长江。六朝时期内秦淮河东段为商业繁华之地，附近住的都是名门大族，正如唐刘禹锡追忆"朱雀桥边野草花，乌衣巷口夕阳斜，旧时王谢堂前燕，飞入寻常百姓家"。明代这里仍是"倚窗丝幛，

燕子矶

白鹭洲

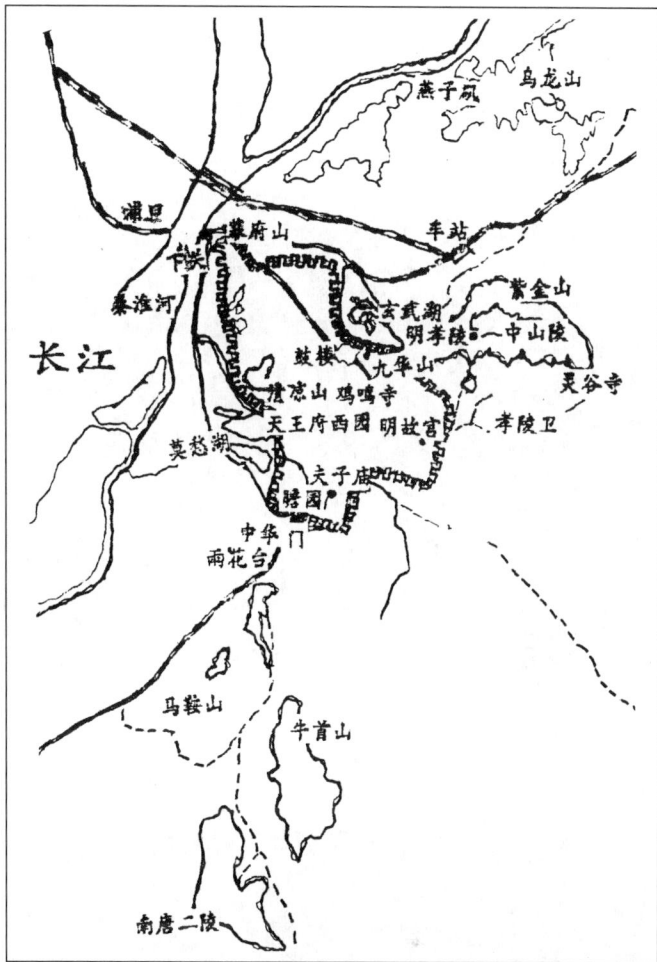

南京风景分布图

十里珠帘,灯船之盛,甲于天下"。唐杜牧描写的"烟笼寒月水笼沙,夜泊秦淮近酒家,商女不知亡国恨,隔江犹唱后庭花"的畸形景象一直延续到解放前。解放后为提高运输与排洪的能力,于秦淮入江段新开辟11公里长的河道,1987年我沿河走到入江口见货运往来木排满河,一片繁忙景象。三国时吴在今水西门外曾沿长江筑堤,以后江流改道,秦淮北迁,横塘河道留下湖泊与沙洲而有莫愁湖。明初朱元璋在此筑楼阁,传说朱与徐达曾在胜棋楼下棋。清乾隆时建郁金堂、湖心亭,道光时建六宜亭以曲榭联接长廊,号称金陵第一名胜。惜这些建筑均为炮火所毁,现存者为同治重建,解放后大力整修,广植树木,将面积扩至50公顷,乃与玄武湖东西交辉,再现辉煌。至于莫愁之名现已采用梁武帝河中之水歌洛阳女儿莫愁卖身葬父远嫁建康的故事,并在湖边为之塑像。此外湖泊风景还有李白诗中"三山半落青天外,二水中分白鹭洲",其地因江水改动已不可考。现名白鹭洲者为明徐达后

代的东花园,年久荒废,解放后经修葺始辟为公园。

南京眺望长江之最佳处应为燕子矶,它是东北外郭岩山的一座小山,高仅36米,但平地拔起,矶石三面悬出江中,近观如狻猊,远望若飞燕,形势奇险。长江流至南京于江心淤成八卦洲而主流却从岩山前流过,每逢春夏水涨,汹涌江流扑向石矶,惊涛骇浪卷起千堆白雪,泻出万斛珠玉,洄旋激荡,声若雷鸣。登上矶头,西望长江大桥有如飞虹,古代号称长江为天险,20世纪三十年代我初来南京由浦口乘火车轮渡过江到下关,已觉得比古代交通进步很多,六十年代建筑科学院曾参加南京工学院主持的长江大桥设计,九十年代火车已通过大桥直达玄武湖北岸新车站,祖国的飞速发展使我对面前的宽阔江水与青绿洲渚倍感亲切。矶头上有碑亭,乾隆于碑之正面书燕子矶,背面留诗"当年闻说绕江澜,撼地洪涛足下看。却喜涨沙成绿野,烟村耕凿久相安",当时江流主道北移,故作此说,今幸江道回归

得以恢复往昔风景。燕子矶西通幕府山,在这6公里中间成为天然屏障的岩山峭壁间有一系列的石灰石溶洞,较为曲折幽深者有观音洞及头二三台洞,洞虽不大,但可增加江岸游兴。幕府山亦有仙人洞。再西为狮子山在挹江门外,山麓有静海寺,为英侵略者迫清订南京条约的地方。总之,长江半绕,绿树遍布,连绵的低山,纵横的河湖,大自然为南京创造了极为优越的风景。

三 九代古都金陵城

南京地区发现新石器遗址已有200余处,人类活动历史可追溯到6000年前。春秋战国时期,吴王夫差曾在朝天宫冶铜,越范蠡在中华门外长干里筑越城,后楚夺越地,在石头山筑金陵邑而有金陵之名。秦始皇南巡会稽,开驰道通丹徒,往返从此经过。三国时东吴于222年在此建都,称建业,

南唐二陵

栖霞山三藏塔细部

梁萧景墓表

梁萧融墓

明孝陵石象生——夏祖华摄

筑周长 3 公里的石头城，西面利用山崖陡壁，今清凉门尚有 330 米的遗址。同时修建都城周长 10 公里许，后东晋及南朝建都均以此城为基础。280 年吴灭于西晋，在其存在 60 余年中修治秦淮河，提高农耕技术，开辟对外贸易，使江南经济文化有迅速的发展。以后东晋(317-420 年)偏安于此，改建业为建康，南朝宋(420-479 年)，齐(479-502 年)，梁(502-557 年)，陈(557-589 年)继之共272 年，合东吴称六朝。南朝时期文化科学有较大发展，许多重要著作如世说新语、文心雕龙、诗品、文选、后汉书、宋书、南齐书等均成于建康，涌现出祖冲之、葛洪、范缜、王羲之、顾恺之、法显等著名人物，组成我国最初的科学研究机构——总明观。但建康又是一个纸醉金迷的城市，密集着140 万人口，有佛寺 500 余所。隋唐压制南朝贵族世家，将建康的"城邑宫阙，并荡农垦"，昔日繁华顿成为废墟。五代时李昇复修金

陵，周扩至 20 公里，"高坚甲于天下"，于937 年成为南唐国都。南唐历史虽短(937-975 年)，但在文学艺术史中却有重要地位，出现李璟、李煜、徐铉、徐锴、董源、徐熙、周文矩、顾闳中一批名家。南宋时金陵为抗金的前线，岳飞、韩世忠击败金兵于牛首山，1130 年金兵放火烧了建康城。元萨都拉金陵怀古"六代豪华，春去也，更无消息。空怅望，山川形胜，已非畴昔。王谢堂前双燕子，乌衣巷口曾相识。听夜深，寂寞打孤城，春潮急。思往事，愁如织，怀故国，空陈迹。但荒烟衰草，乱鸦斜日。玉树歌残秋露冷，胭脂井坏寒蛩泣。到如今只有蒋山青，秦淮碧"。如实地写出当时的情况。

东晋在宫城东西筑陵，东陵五帝在富贵山，西陵四帝在鼓楼岗。附近还有阮籍、谢安、郭璞墓。宋刘裕的初宁陵在钟山南。齐梁两朝帝葬故乡，墓在今丹阳县。梁朝皇族萧秀、萧恢等墓分布在江宁、句容及市

区。我们在栖霞公路北看见石兽的为梁萧融墓。陈霸先万安陵在江宁，陈倩永宁陵在栖霞。南朝陵墓地上均有石兽、石柱、石碑。石兽独角为麒麟，双角为天禄，无角为辟邪，都是神化了的狮类；大都身体硕大，用长宽各 4 米，重达 15 吨的整块巨石雕成，昂首挺胸，张口吐舌，曲身垂尾作行进姿态，显得活泼生动，矫健有力，其雕刻技术上承两汉的粗犷，下开隋唐的精细，均为我国的艺术珍品。金陵南郊牛首山有明代重修八角七层高 25 米的宏觉寺唐塔。其分支祖堂山下有南唐二陵，为后主李煜的祖父李昇及父李璟之墓。李昇陵上部圆形堆土周 170 米，高 12米；地宫长 21 米，宽 10 米，高 5 米，前后 3 个主室，10 个侧室，穹窿顶用砖砌成木构形式，室内多彩绘，中室石门楣上有双龙戏珠，两侧有披甲武士浮雕；石结构的后室盛李昇夫妇棺木，宝顶石有彩绘天文图，铺地石凿地理图。栖霞山在金陵东北 22 公里，北临长

南京中华门

瓮城

藏兵洞

朝天宫

鼓楼

明故宫午门

天王府

天王府西花园

江，虽高只286米，却巍然独峙，有龙虎之态。山中多枫树，至秋满山红遍，当地游览有春牛首，秋栖霞之说，乾隆称为金陵第一明秀。宋齐间隐士明僧绍捐宅为寺名栖霞，其子为县令始凿大佛阁，以后当地贵族纷纷出资刻石造像，上下三层，成像五百，号千佛岩，极一时之胜。唐高祖时梵宇增至49所与山东灵岩、荆州玉泉、天台国清合称四大丛林。清末全寺毁于战火，民初主持若舜用水泥涂抹石佛，将千佛岩弄得面目全非。20世纪六十年代我去参观时，水泥厂的黑烟又将山西弥漫。只有寺中的南唐舍利塔尚为完好，塔5级8角用白石构成，角柱雕力士及立龙，基坛雕释迦生平八相，颇为精美。山门外唐高宗的明征君碑虽残损仍不失为书法精品。

明太祖攻取金陵后采纳"高筑墙，广积粮，不称王"的建议，于称帝前二年即1366年开始建宫城与都城，称帝时改金陵为南京，宫城已完而都城却用时21年。宫城原为燕雀湖，填石打桩将其垫平，建成后南北长2.5公里，东西宽2公里。洪武门内有御道通外五龙桥与紫金城，两旁为吏户各部和都督府；午门外左祖右社，午门内前朝后寝及御花园，北京故宫完全仿照南京格局。现在宫城已为兵火所毁，只有午门券门，外五龙桥，御花园假山尚存，现将午门内辟为明故宫公园。明城东北括进小九华诸山直抵长江，周长32.9公里，城墙高6～18米，有垛口13 616个，藏兵窝铺200座，为我国现存最大的古城。原有城门13依今名为中华、水西、汉西、清凉、定淮、兴中、钟阜、金川、和平、太平、中山、光华、通济；以后续开草厂、玄武、挹江、武定、汉中、中央、解放7门。1390年明太祖又下令筑外郭城将紫金山及雨花台包括在内，周长60公里，其中有20公里砖筑，有门18，现郭城早已毁坏，只有一些门名如尧化、仙鹤、麒麟、沧波、安德、江东、上元、观音尚存。内城各门都是重要的军事工事，以中华门为例，东西128米，南北129米，高达20.45米，均用长条石及特制砖砌筑；有三道瓮城及四道带千斤闸的拱门，瓮城内外共有藏兵洞27个，最大的可容纳千人。鼓楼在鼓楼岗上，为两层城阙式建筑，岗高40米，楼高30米，登临其上全城一览无余。楼上原有报时大鼓两面，小鼓24面。明亡楼毁，现存为清重建。鼓楼西原有钟楼，毁后未再建，所余23吨重的铜钟清末建亭保存。朝天宫在水西门内，东晋时丞相王导曾于此建西园，南朝刘宋于此设科学艺术研究机构－总明观。唐改为太清宫，北宋改为孔庙，明改为朝天宫用为官家子弟学习礼仪之所。清初为道观，同治时重建文庙，东为府学，西为卞公祠，现宫墙牌坊、殿台亭阁大部保存，仍为南京较大的古建筑群。夫子庙在中华门内秦淮河北岸。晋始设宣尼庙，宋建文宣王庙及府学、贡院，明初为国子监后改府学至清为县学。庙以秦淮河为泮池，南岸建照壁，跨河为文德桥，庙前有元碑亭，庙内有大成殿，日寇占领时曾将许多建筑焚毁。以往夫子庙之著名非因祀孔与府学而由于它是奢侈繁华金粉销魂的所在，

瞻园

夫子庙

中山陵

南京大屠杀纪念馆

明清秦淮两岸是珠帘暗卷，歌舞声喧的青楼世界。解放前夕这里已成罪恶渊薮，建筑环境更破烂不堪。最近我去南京见夫子庙附近正在改造，新的市场建筑既继承传统又满足现代功能需要，为南京风景生色甚多。

明清南京随江南经济发展而地位日益重要。1842年鸦片战争后清与英军在狮子山静海寺内订立了第一个丧权辱国的不平等条约。1853年洪秀全的太平军横扫半个中国，在南京建立太平天国，称天京。清军在扬州设江北大营在孝陵卫设江南大营，与太平军往返争夺前后11年，终于在1864年攻陷天京，南京的建筑与文物再遭浩劫。洪秀全利用两江总督府改建成内外两重规模巨大的天王府，内为金龙城，外为太阳城，前有照壁、天台、天朝牌楼、五龙桥、荣光门，内有金龙殿、后宫、后苑，清军入城后放火将其烧毁。同治重修两江总督府，有房屋1 100余间，清亡后孙中山在此就任临时大总统，国民党时期为蒋介石的总

统府。现府中太平天国遗物只有西花园中的水池及石舫。东王府原为明徐达府第，清之藩司衙门，现将邻接的明建瞻园合并建成太平天国历史展览馆。农民起义立国时间虽短，但革命的天京在九代古都中具有特殊意义。孙中山是伟大的中国民主革命先行者，值得人民永远怀念。中山陵建于紫金山下，其规划与建筑对我国建筑的发展亦有重要贡献。设计师吕彦直摸索创造具有中国特色的现代建筑，使中山陵既满足现代功能需要又具有雄伟气势，淡雅色调与浓厚的中国气息。他利用高差73米的坡度简洁地安排广场、石坊、墓道、碑亭、祭堂及墓室，用两旁宽阔的绿带代替传统的石像生，在山下设计音乐台、光化亭、流徽榭等风景建筑，都获得成功。此外雨花台烈士陵园和长江大桥也给南京增添了现代风景。雨花台原为隆起的长江沉积物，高100米，东西绵延3.5公里，山峦起伏，风景秀丽。盛产水磨石英玛瑙五彩斑斓石子。南京是血染的城市，是英雄的城市。雨花台

为兵家必争之地，岳飞曾在此痛击金兵，李秀成与曾国荃血战经年，抗金英雄杨邦义在此剖心。蒋介石以此为刑场先后处决恽代英、邓中夏、罗登贤等共产党领导人及群众十余万人，今在此造林建烈士陵园以永志纪念。1937年12月日本侵略军进入南京，在一个多月内屠杀南京居民30余万，焚毁房屋占全市的1/3。他们进行杀人比赛，以活人当射击和刺杀靶子，火烧活埋，剖开孕妇挑出胎儿取笑，造成震惊世界的南京大屠杀。现南京已建成纪念馆以永记这个血腥惨案。长江大桥为公路铁路双层两用桥，于1960年动工，1968～1969年通车。下层铁路桥长1 570米，连引桥共6 760米，可两列火车对开；上层公路桥长4 680米，除人行外可容四辆卡车并行。日间22孔双曲拱桥有如天上飞虹，夜里1 930盏玉兰灯亮，真似江中银星。最近南京制定城市规划使市、郊、城、乡、镇，由内向外分五个层次，建筑群与绿化带相间，每个居民可有10平方米的绿化面积，使具有丰富自然风景，

历史文化内涵与革命传统的古都发展成为有中国特色的现代化的大城市。

四 镇江金、焦、北固山

镇江位于长江南岸，西距南京68公里，东至吴淞口280公里，水深江阔凡进上海港的外轮均可来此；北乘渡船经瓜州只20公里即到扬州；南有京沪铁路横越；京杭大运河与长江在此交会，号称"十字黄金水道"。镇江现只有人口40余万，然自古即为水陆交通要道，有"九省通衢"之称。秦始皇曾驱三千赭衣囚徒开驰道抵此因地名丹徒，

孙权依北固筑城又称京口，北宋因其背山面江改为镇江。南宋词人陈亮谓镇江"一水横陈，连冈三面，做出争雄势"，自古即为兵家必争之地。陆游称镇江为"江左形胜地"，临江有金山之秀，焦山之雄，北固之险；南山有鹤林、招隐、竹林三寺入城，被誉为城市山林。

金山高仅44米，原为江中孤岛，与瓜州西津渡相呼应为南北江行要道，久以"崒然天立镇中流，雄跨东南二百州"著称，直到清道光时长江北移，始与陆地相连。金山号称"寺裹山"而焦山为"山裹寺"，金山寺借用山势，上下错落，巧妙安排，又在山之高处，矗立宝塔，造成浑然一体的雄伟气势，为设计之杰作。寺始建于东晋，唐时僧侣曾

达万人，清代与普陀、文殊、大明并称国中四大名寺。现山门迎江西开，入内为天王殿，大殿毁于火最近修复。其后有夕照阁藏乾隆碑七通，山上有观音阁、楞迦台，登山须过三层楼阁，迂回曲折，引人入胜，至台上豁然开朗，远望晴空万里，江流无涯。山上有建于齐梁的慈寿塔及唐宋双塔，明重建后均毁，现塔为清光绪时建，8角7级高30米砖木结构，各级均有门廊可近观焦山，远眺瓜州，连同北固南山尽收眼底，王安石诗："数重楼枕层层石，四壁窗开面面风。忽见鸟飞平地上，始惊身在半空中"。山之高处有康熙题名江天一览亭。妙高台在大殿后为宋佛印凿崖而成，传苏东坡在此成《水调歌头》"明月几时有"词，梁红玉在此击

金山寺

甘露寺唐铁塔

金山寺山门

定慧寺

金山天下第一泉

北固山北望长江

鼓破金兵。山中法海洞、白龙洞与水漫金山的民间故事相联，金山亦因《白蛇传》而益著名。我在辽宁海王九岛为黑白石取用黑白蛇故事亦是与此相呼应。金山西有中冷泉，唐陆羽评为天下第一泉，现种荷栽柳，周围拓地近三公顷，为品茶之极佳去处。

北固山在金山东，三面临江，石壁陡峭，山势险要，北峰虽高仅53米，但登上峰顶凌云亭，北望长江烟波浩渺，金焦二山，分列两侧，唐塔直插半山，有流传诗"长江好似砚池波，提起金焦当墨磨，铁塔一支堪作笔，青天够写几行多"生动说出北固气概；辛弃疾满怀国事写登北固亭词"何处望神州？满眼风光北固楼。千古兴亡多少事，悠悠。不尽长江滚滚流。年少万兜鍪，坐断东南战未休。天下英雄谁敌手？曹刘。生子当如孙仲谋"。孙权曾在北峰建甘露寺，后几兴几废，现为清光绪时重建，抗战时再为日寇所毁，仅存山门和大殿。最近修复多景楼，米芾曾题"天下江山第一楼"，曾巩有诗"欲收佳景此楼中，徒倚栏杆四望通。云乱水光浮紫翠，天含山气入青红。一川钟呗淮南月，万里帆樯海外风。老去衣襟尘土在，只将心目羡冥鸿"。唐塔宋重建为8角9层铁铸再为雷击，明复制缩为7层，清再受雷击仅余宋建基座及一二层，1961年再接成四层，形式颇为别致。此山多三国故事，除刘备招亲外相传孙刘在此共议赤壁之战，现留有狠石。

焦山因东汉焦光在此隐居得名，居三山之东，孤悬江中，高71米，广36公顷，满山树木葱郁，竹林茂密，宛如翠玉浮江，寺院楼阁掩映其中。焦山以古寺、碑刻瘗鹤铭及古炮台著称。由渡口登上焦山迎面即千年古刹定慧寺，山门额题"海不扬波"，寺内

在800年树龄的银杏树下，墙间嵌有"横海大航"四字，将游人登岛意境引向大海。寺中多银杏，1961年我去时寺僧即以白果待客。寺始建于东汉，明重建，清康熙亲书："香林"，乾隆制《游焦山记》。从定慧寺过枫林有乾隆行宫名观澜阁，以前江涛拍岸，波

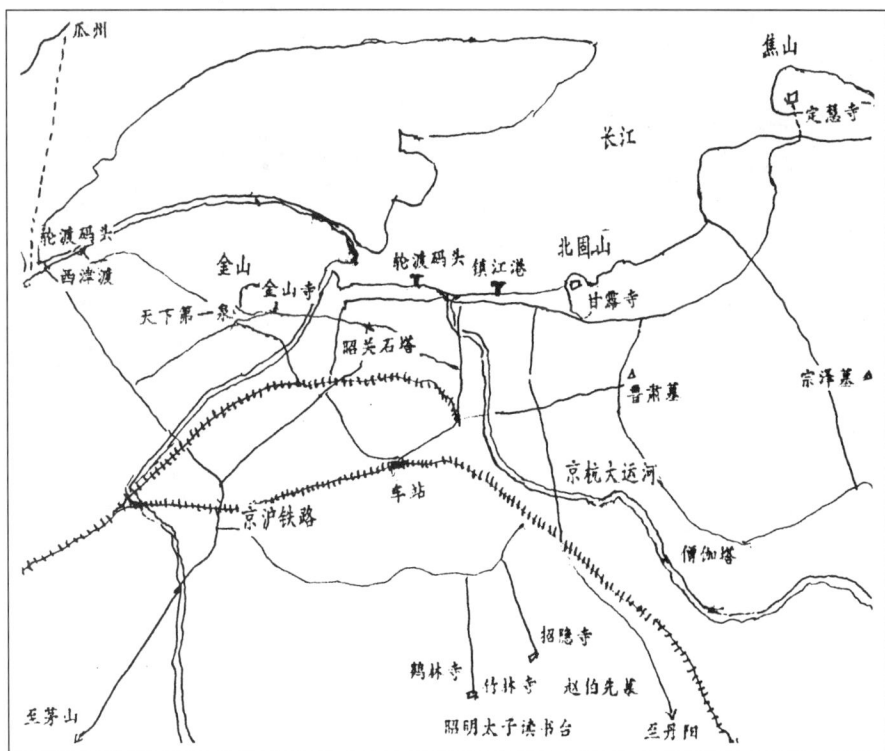

镇江风景分布图

澜映日，景色变化万千。东行到墨宝轩为我国之著名碑林，珍藏历代碑刻400余块，其中珍品有初唐魏法师碑、王羲之破邪论序、颜真卿题多宝塔诗30首、米芾城市山林题额、黄庭坚菴狸说、苏东坡题墨竹、赵子昂小楷、成亲王归去来辞等，而最称名贵者为黄庭坚盛赞的王羲之瘗鹤铭，历代推为大字之祖，原刻曾崩落江中，康熙时捞出断石仅余77字。焦山东山脚下古炮台系1840年与象山、圌山炮台同时建立的，共八座暗堡，1842年英军入侵，守军1500人，面对50余艘军舰，英勇抵抗，全部牺牲。寺之西南有华严阁与安隐岩，岩内刻苏东坡像和焦山16景诗。由此登山，西麓陡岩峭壁间，有六朝以后各代书法诗文摩崖题刻，琳琅满目，美不胜收。半山有焦公洞，内有焦光塑像，因汉献帝三次降诏不去，又名三诏洞。再上有明建壮观亭，柱联"砥柱镇中流，此处好穷千里目。海门吞夜月，何人领取大江秋"。焦山东峰绝顶原有吸江亭已颓，最近改建为楼，登高四望，视野更为辽阔。东西双峰间有别峰庵，为郑板桥读书处，郑画墨竹自题"静室焦山十五家，家家有竹与蓠笆。画来出纸飞腾上，欲向天边扫暮霞"。庵下有百寿亭，四块条石上刻形状不同的一百个篆体寿字。

镇江多古迹，通扬州的古渡口，六朝称西津，唐名金陵，张祜诗"金陵津渡小山楼，一宿行人自可愁。潮落夜江斜月里，两三星火是瓜州"。小码头街尚存清重建元超岸寺之大殿、藏经楼及陆润庠题字的山门。屹立于古街中央有江南唯一的喇嘛过街塔，高5米，有券门4，名昭关石塔。伯先公园后山有绍宗藏书楼原为文宗阁乃珍藏乾隆四部全书七阁之一，现有古籍8万册。新修复的梦溪园为北宋科学家沈括写《梦溪笔谈》的故宅。鼎石山有8角7层高32.5米的僧伽塔，造型别致。南郊群山中招隐山松柏苍郁，泉水铮淙，逢秋则"灿烂霜枫浅深红，楼台如在万花丛"，米芾称为"城市山林"。山中招隐寺原为东晋音乐家戴颙隐居之所，他"斗酒双柑听鹂声"，创作游弦、广陵等传世名曲。梁昭明太子在此建读书台，编成30卷的昭明文选。竹林寺创于晋，清代几度整修，以万竿修竹，景色清幽著称。鹤林寺在唐代以杜鹃花驰名，寺之西南有名书画家米芾墓。远郊有始建于唐的绍隆寺及明建报恩塔。丹阳有十余处齐梁皇帝陵。南去60公里到句容的大茅山，其中道院及溶洞知名于全国，抗战时又是苏南抗日根据地。宝华

山隆昌寺为有名的佛教圣地，有1400年的历史，伽蓝千间，石砌广场可容千人，因戒律严明，被称为"律宗第一山"，每年有大批僧侣来此受戒。山势奇秀，古树参天，北亚热带生物资源丰富，现已辟为自然保护区。

五 扬州蜀冈与瘦西湖

扬州与镇江隔江相望，在蜀冈平山堂远眺江南，可见"两点金焦随眼到，六朝粉本荡胸开"。现市区人口有20余万。古代扬州是我国历史名城，战争中虽屡遭破坏，但均能迅速恢复。春秋末年吴为进窥中原曾开邗沟以通江淮，并在蜀冈建邗城，楚名为广陵。六朝时江南经济发展"扬都有全吴之沃，鱼盐杞梓之利，充仞八方，丝绵布之饶，覆衣天下"（宋书）。隋炀帝开大运河后扬州成为南北水路交通枢纽，运销米粮盐铁工艺品于全国各地，与东南亚、波斯、大食、

日本等国贸易往来，经济文化乃迅速繁荣起来。唐在蜀岗建牙城集中衙署，于冈下建周33公里的罗城为居民区，有春风十里的繁华闹市，时人称"腰缠十万贯，骑鹤下扬州"。当时名人写扬州者极多，如张祜诗"十里长街市井连，月明桥上望神仙；人生只合扬州死，禅智山光好墓田"，杜牧诗"青山隐隐水迢迢，秋尽江南草木凋，二十四桥明月夜，玉人何处教吹箫"。北宋亡，金兵南下屠扬州城，逃生者仅有数千。明末史可法抗清，城破慷慨就义，清军入城屠杀军民80余万。扬州虽两遭劫难但至清乾隆六下江南时，又成为南北盐业漕运的咽喉，市中商业茂盛，店铺作坊、酒楼花肆，鳞次栉比，文化艺术及建筑园林亦随之发展，所谓"广陵繁华今胜昔"。清末太平军与清军在此激烈争夺六年，清军三进三出，太平天国遵王赖文光壮烈战死，扬州从此衰微。

扬州古城以蜀冈扼形势之要，瘦西湖居风景之首。蜀冈位于扬州西北，三峰突起，松柏葱郁，南朝刘宋在中峰建大明寺，规

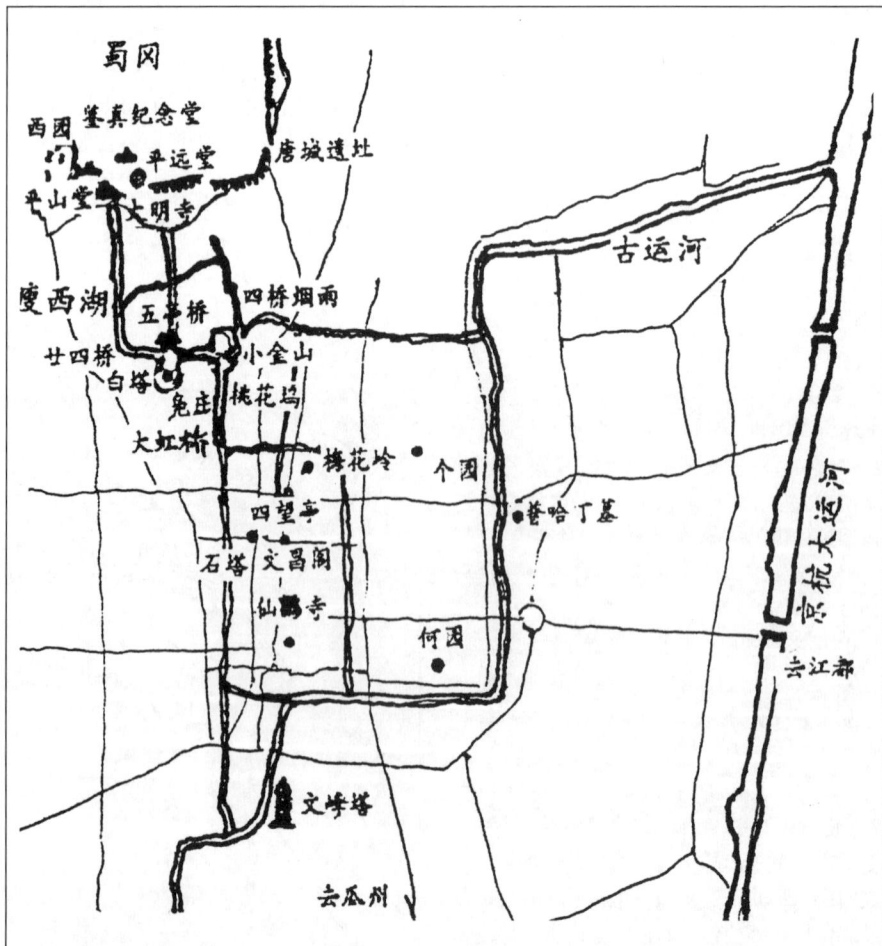

扬州风景分布图

模宏伟；隋炀帝又在寺中建九层栖灵塔，高耸天际。李白曾作秋日登塔诗写其气势"宝塔凌苍苍，登攀览四荒。顶高元气合，标出海云长。万象分空界，三天接画梁。水摇金刹影，日动火珠光。鸟拂琼檐度，霞连绣拱张。目随征路断，心逐去帆扬。露洗梧楸白，霜催桔柚黄。玉毫如可见，于此照迷方"。后塔毁，宋代再造七级多宝塔又毁。现寺之天王殿、大殿为同治时重建，塔之遗址尚存。大明寺在中日文化交流史中占重要地位。盛唐时日本派大批遣唐使及留学生来中国，有在中国研究佛学十年的荣睿、普照于742年来大明寺邀请著名高僧鉴真去日本传法。经鉴真首肯后，在12年中6次东渡，5次失败，牺牲36人，鉴真也双目失明，终于在753年到达日本奈良。这时鉴真已66岁，他仍和随行弟子无保留地把佛教经典以及中国的医药、文学、绘画、雕塑、书法、手工艺传给日本，连续10年，一直到死。日本人民怀念他的功绩，尊他为圣僧，文化恩人，律宗之祖，将他安葬在招提寺内，墓地一直保存

至今。1963年中日在大明寺共同举办鉴真逝世120周年纪念，1980年日本将鉴真干漆夹纻像送到大明寺，在新建仿唐建筑鉴真纪念堂中展览。大明寺西侧有北宋欧阳修任扬州太守时所建的敞厅，面阔5间，进深3间，堂前平台，绕以石栏，展望江南诸山均拱揖阶前，故名平山堂。欧阳修有词"平山栏槛倚晴空，山色有无中，手种堂前杨柳，别来几度春风"。以后苏轼知扬州在平山堂后建谷林堂并写怀念欧阳修词"三过平山堂下，半生弹指声中，十年不见老仙翁，壁上龙蛇飞动。欲吊文章太守，仍歌杨柳春风，休言万事转头空，未转头时皆梦"。秦观亦有平山堂诗"栋宇高开古寺间，尽收佳处入雕栏。山浮海上青螺远，天转江南碧玉宽。雨槛幽花滋浅泪，风卮清酒涨微澜。游人若论登临美，须作淮东第一观"。平山堂屡有兴废，现存为清同治时建。平山堂后有六一祠系后人为纪念欧阳修而建。清雍正时在平山堂东南建平远楼，院内有湖石假山及著名的琼花。隋唐宋代扬州琼花号

称天下无双，流传许多故事。其实琼花别名木绣球，江浙皖两湖均产(参考中国花经)，1961年我去扬州时曾见到新植的琼花，洁白朵大如拳头，着实可爱。乾隆时于平山堂西侧建西园，顺冈间起伏之势，起黄石假山而不显其做作，蓄谷间深池愈衬出其自然，亭台错落，竹木茂密，乱石散置成趣，山泽气势深厚，在扬州园林中别具一格。

瘦西湖原名保障河是蜀冈通向运河的自然河道，隋唐时期栽竹植柳，因水为园，两岸渐成风景佳地，清初乾隆几次南巡，当时河之两岸有私家园林60余，连绵十余公里，大红桥以北尤为密集，所谓"两岸花柳全依水，一路楼台直到山"，著名景点号称廿四，其景色连续展开有如一幅山水长卷，"往往夕阳返照，箫鼓灯船，如入汉宫图画"。当时舆论"杭州以湖山胜，苏州以市肆胜，扬州以亭园胜"。清钱塘诗人汪沆诗："垂杨不断接残芜，雁齿虹桥俨画图，也是销金一锅子，故应唤作瘦西湖"；瘦西湖之名亦出于此时。清末扬州园林衰落，苏州园林继之

扬州大明寺

平山堂西园

鉴真纪念堂

瘦西湖吹台

而起, 解放前瘦西湖已残破不堪, 旧日园林大都不存。解放后经过恢复及改造, 游览面积尚有46公顷。现由南往北入口为虹桥, 此桥原为明建木桥, 南有冶春园及西园曲水, 乾隆时改为带亭拱形石桥。春夏之交, 游人云集, 所谓"红桥飞跨水当中, 一字栏杆九曲红。日午画舫桥下过, 衣香人影太匆匆"(王渔洋)。现在虹桥又加宽加长, 过桥往北有数百米长堤, 西面低冈为花圃, 沿河两岸植柳, 尽头有月亮门, 门内为荷花池, 两旁翠篁修竹合围听鹂馆, 馆内陈放两个南梁镇水铁镬, 高与肩齐, 内种红莲, 颇有风趣。西出疏峰馆, 内多石峰。由此过河为小金山, 系用挖河泥土堆成, 四面环水, 地处湖之中心, 山上有风亭、月观、吹台、琴室悉取南朝宋徐湛之雷陂造园意境。南岸琴室在二分竹, 三分水中有琴韵幽远, 月桂飘香。风亭需曲径登高以了望湖中全景。东岸月观, 望日清赏水月交辉。雨日远眺四桥烟雨。而最引起游兴者为西岸面对湖中的吹台, 台为重檐方亭, 可以三面临水的圆洞门为景框, 分别观赏五亭桥、白塔及桂花厅, 乃造园中绝妙借景手法。从小金山西行过凫庄到五亭桥。当时为迎接乾隆南下, 在挖通蜀冈水道后, 又于湖体转折处建桥与白塔以便和小金山相互呼应共同控制全湖的制高点, 把全湖狭长的风景带紧密结合在一起, 这是瘦西湖整体规划最为成功之处。五亭桥长55.3米, 全用青石砌筑。桥身中间拱圈跨度为7.13米, 两侧为半拱, 桥墩下列四翼, 每翼各有三拱圈, 共15孔可以相互通连。桥上建五亭, 中亭为重檐较高, 四翼之亭以廊相联。各亭顶用黄琉璃瓦, 灰瓦漏空脊饰吻兽, 柱为朱红色。桥身结构复杂, 造型奇特, 外观秀丽, 为我国桥梁之杰作。桥南有堤通光绪时重建的莲性寺, 四周环湖植莲藕, 寺中白塔全仿北京北海喇嘛塔建成。

蜀冈东为观音山, 传隋炀帝在此建迷宫, "凡役夫数万, 经岁而成。楼阁高下, 轩帘掩映, 幽房曲室, 玉栏朱楯, 互相连属。炀帝大喜, 顾左右曰: 使真仙游其中, 亦当自迷也"(南部烟花录)。帝死宫废, 后人重建'鉴楼', 现经整修开放。观音山下有一组古建筑: "繁花石塔一条路, 入夜烟月掩华树, 唐塔宋亭明时阁, 留与诗人话今古"。唐塔5层6面, 现为街中绿岛, 宋亭名四望, 3层8角攒尖顶; 明阁名文昌, 亦3层8角但为攒尖圆顶, 三座建筑相互呼应, 为市内风景生色不少。唐城遗址北有隋炀帝陵, 地名雷陂,

群众传说他葬在哪里雷劈在哪里。城北梅花岭有史可法祠, 有宝藏扬州八怪金农、郑燮等人书画的博物馆。有创建于东晋的天宁寺, 清康熙乾隆曾驻跸寺内, 誉为江南诸寺之冠。市南有明代重修的南宋仙鹤寺, 与广州怀圣寺、泉州麒麟寺、杭州凤凰寺并称全国四大清真寺。有曾在扬州传教十年的阿拉伯传教士普哈丁的墓地。在城南运河东岸有明万历时修建的7级8角砖塔-文峰塔, 为江河出入必经之对景。南到瓜州古渡, 新筑船闸与江都水利工程共同控制运河水位, 保证航运畅通。市区现存园林北有个

园, 南有何园。个园为清嘉庆时建, 园内植竹万竿"堂皇翼翼, 曲廊邃宇。周以虚栏, 敞以层楼。叠石为小山, 通泉为平地。"《个园记》其假山黄石叠成曲折磴道盘旋至顶者为北派; 湖石叠成, 透漏皱瘦流泉倒影者为南派。南北兼用, 叠出四季为个园假山独特手法。翠竹峰石似雨后新笋, 石涡水纹如徐来微风为春山, 檐前梧桐蔽日, 山荫芭蕉风凉为夏山, 黄石丹枫, 峻岭云亭, 飞梁石室为秋山, 宣石如雪, 万木萧疏, 音洞风啸为冬山。此外建筑小品因时命名, 花草树木随季配置, 均环绕造园之主题。何园原名寄

瘦西湖小金山

小金山假山

五亭桥

啸山庄为清光绪时建,东部以船厅为主,有联"月作主人梅作客,花为四壁船为家";西部有水心亭。四周以复廊及串楼连接,全园组织紧密,处处有景可观,造园手法高超,为清代园林杰作。园之紧邻片石山房遗存一座太湖石山,传为石涛所作,有飞梁、石洞、古朴自然,奇峭天成,为我国叠石珍品。此外还有以小巧见称的小盘谷,临湖的后冶春园都是难得的劫余之物。

六 太湖和无锡

经三山岛古文化遗址发掘已证明太湖流域一万年前即有人类活动,六七千年前这里出现马家浜文化以后又产生良渚文化。进入阶级社会后太湖有颛顼部落人称荆蛮或东夷,地属九州之扬州。据史记载殷商时代周太伯及仲雍为让国奔荆蛮,建勾吴,国都梅里即今之无锡梅村,至纪元前560年阖闾迁都苏州。太湖周围地区秦汉属会稽郡,隋唐五代已成为'赋出天下十九'的富庶地区。太湖又称震泽、具区、五湖,湖面广2 250平方公里,湖岸长393公里,西岸平直,东岸曲折,形如胎儿,平均水深2.27米,属碟形浅水湖为新生界疏松沉积物所覆盖。湖岸及湖中有山号称 72峰,有岛屿48最大者为洞庭西山面积21.4平方公里。太湖属吞吐性湖泊,入湖迳流量为52亿立方米,蓄水量为47亿立方米,流域面积3.6万平方公里,湖港224条。 太湖地处亚热带,气候温和,雨量充沛,日照充足。湖内水位稳定,周围平原江河交织,,湖荡通连,构成江南地区极为便利的水上运输网,我曾多

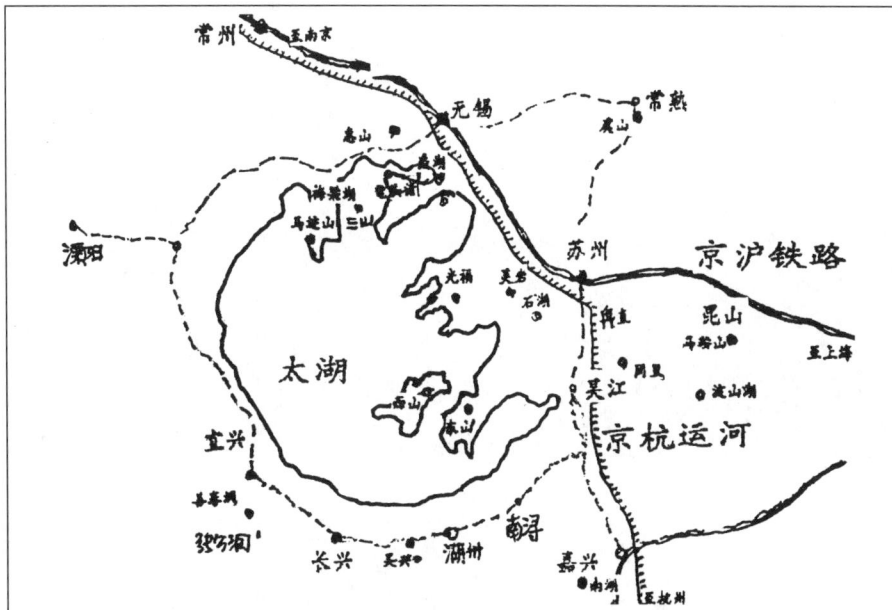

太湖周围风景区位置图

次在京沪车上远望挂帆船只行驶在河汊中竟似陆地行舟般使人惊奇。太湖沿岸因湖岸曲折,港湾众多,山峰连绵,形成湖中有湖,山外有山,山重水复,山环水绕,山水交错的空间构图与风景层次,加上六代繁华与江南文采,因而出现许多著名的风景名胜:如无锡的惠山、蠡湖、鼋头渚、马迹山,宜兴的阳羡,湖州的吴兴,嘉兴的南湖,吴江的同里,青浦的淀山湖,常熟的虞山,昆山的马鞍山,吴县的甪直、洞庭东山、西山,苏州的虎丘、石湖、灵岩、光福等。

太湖沿岸山水形势应以无锡为最佳,它西有马迹山,东有 军嶂山,有如双鳌将太湖西北围成大港湾;港内又有鼋头渚、大箕山与三山岛围成的梅梁湖湾,湾内直通幽深的蠡湖,山水交融,远近皆景。蠡湖之名来自

范蠡挟西施游五湖的传说, 湖东西长6公里,最宽处达1.8公里。自市区乘船经梁溪河入湖,两岸柳堤渔塘,桑林农舍,风光清丽;西南有群峰叠翠,屏障太湖,水面平铺如镜。民国以来当地曾在湖北建蠡园,建渔庄,湖中建宝界桥,湖西建植物园,解放后又新建锦园。蠡湖西口有中犊山中流蠡立,过此则豁然开朗进入梅梁湖,湖南北18公里,东西7~10公里,东南为湖东十二渚,有乌云、军嶂、大浮诸峰;西南为湖西十八湾,有闾江、石埠、青龙诸峰。其东岸有巨石伸入湖中,如巨鼋飘浮于水,名鼋头渚,距市区18公里,渚后充山、鹿顶均为观赏太湖最佳地点。明清曾留下"天开峭壁""源头一勺""包孕吴越"等刻石,解放前已辟为公园,1961年我曾看过新的规划设计,曾建议

无锡蠡湖

蠡园

无锡鹿顶山上

太湖

太伯墓

马迹山

将景区扩大，1995年我重来这里，见规划已基本实现，十大景区陆续建成，面积扩大到301公顷。今游鼋头渚辄先登鹿顶山，在新建的舒天阁上眺望太湖与梅梁湾整个形势，然后走进鼋头渚。从大门乘高架小火车环游山麓；或走太湖绝佳坊登上鼋头再去澄澜堂；或从飞云阁上至光明亭，下至72峰山馆，或上至充山隐秀；或乘轮渡游览三山，处处景色不同。三山距鼋头渚2.6公里，总面积11公顷，前望太湖，后顾梅梁，明文徵明有诗："岛屿纵横一镜中，湿银盘紫浸芙蓉。谁能胸贮三万顷，我欲身游七十酂。天远洪涛翻日月，春寒泽国隐鱼龙。中流仿佛闻鸡犬，何处堪追范蠡踪。"

马迹山距无锡市30公里，为太湖第二大岛，面积34平方公里，有57个山峰，41条河浜，38处湖湾，72个自然村，人口9 000，山林耕地人均3.7亩，环境清幽，风光秀丽。据发掘考证汉前此岛曾与陆地相连，传吴王夫差曾在此击败越王勾践，当时名夫椒山，后秦始皇骑马至此留下蹄痕改为马迹山，1972年围湖造田，现又成为半岛。岛上最高为265米的冠嶂峰，上有太湖游击队抗日烈士纪念碑，山北有春秋古墓葬，越坡有檀溪三泉，色渌味甘，秦履峰有唐建祥符寺，明清时香火极盛与无锡惠山、常州天宁齐名，明诗"湖中得幽寺，四围皆乱峰，二三千亩地，六百万株松。"今废。仙鹤嘴有南宋名医许叔微的三檀老屋，三檀现存其二，有千年柞树八百年银杏与之为伍。1961年我由鼋头渚乘船来马迹山，村中白墙虽写着大跃进的标语，但岛上却十分安静。黄昏归来，晚霞映波，金光闪闪，船在湖中飘荡，真有些脱尘出世的感觉。最近军嶂山下留存拍摄三国演义影片的大量布景，为附近风景生色不少，这个经验可以吸取。

太伯立吴后，周武王封太伯五世孙周章为吴王，下传十九世至寿梦，其幼子季札再让王位，儒家誉为至德，太伯庙有联："志异征诛三让两家天下，功同开辟一杯万古江南。"但其孙阖闾却派专诸刺杀王僚夺位，用伍子胥为将，后夫差伐齐略楚灭越，开凿北通长江的运河，成为一时强国。从梅村到市古迹甚多，如楚春申君因浚湖而留名的黄埠墩，汉梁鸿孟光隐居的梁溪，南朝宋建七层妙高塔，东晋创建的崇安寺，北宋创建的孔庙及明朝以"风声雨声读书声声声入耳，家事国事天下事事事关心"议论朝政闻名的东林书院和高攀龙的高子水居等。但最著名的还是绵延20公里，包括锡山及头二三茅峰的惠山。锡山为75米高的孤峰，巨石棋布，树木苍翠，有明建实心石造8角7层的龙光塔。近年广植花树，建亭开洞，已辟为游乐场所。惠山又名九龙山，九峰九坞处处有景，第七峰下有陡石危峙，老藤缠绕的石门，上下石路名72摇车湾，下至珠帘泉笼罩的水帘洞，上登三茅峰，明刻"三吴第一山"，海拔329米为无锡诸山之冠，远望蠡湖太湖碧波万顷，鳞光浩荡，七十二峰烟云雾霭，翠螺点点。而头茅峰下更是风景

无锡惠山寺第二泉

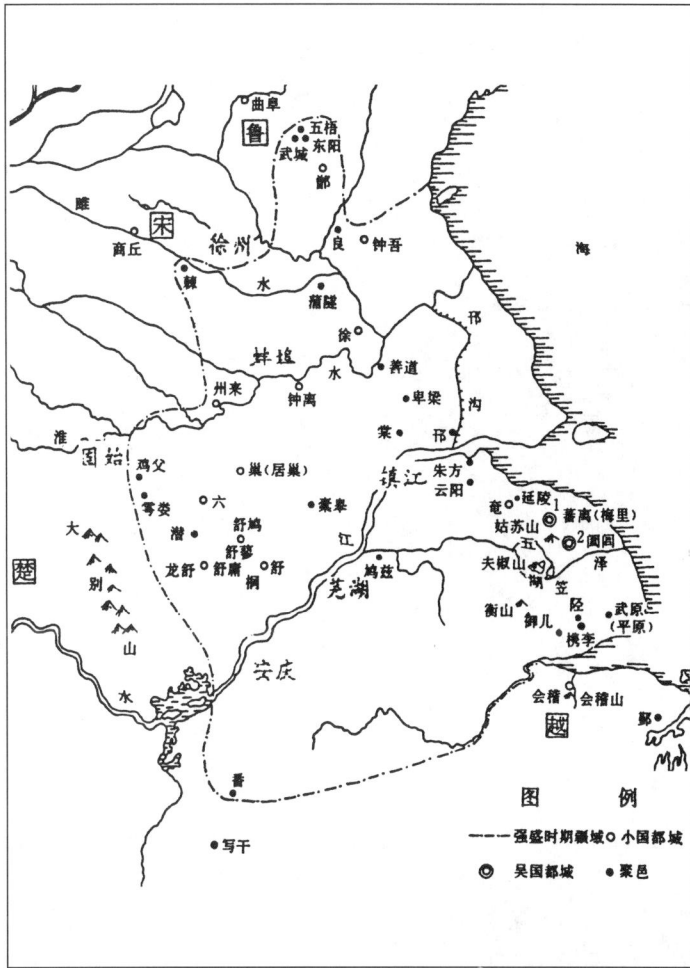

吴国盛时疆域图

名胜荟萃之地，南朝的惠山寺，唐代第二泉，明朝寄畅园和愚公谷外，还有明清以来即名扬中外的泥塑人物惠山街。

惠山寺在南梁为慧山寺，宋称普利院，清康熙、乾隆多次至此，题额惠山寺，清末毁于炮火，解放后全面整修。现有古华山门斜对龙光塔，旁有唐宋经幢及清建吴越王钱镠祠。山门内有明建天王殿及南朝的日月桥。二山门内有南朝的金莲方池及宋建金莲桥。两株六朝松下有两米长的天然石床，唐李阳冰篆书"听松"，皮日休作诗"千叶莲花旧有香，半山金刹照方塘；殿前日暮高风起，松子声声打石床"。南朝大殿及左右殿，清末改为昭忠祠，解放后又改为名人及民俗馆。旁有清建云起楼，下有幽静的竹炉山房和玉皇殿，仰观九龙雄姿，俯察二泉胜概，为一组极好观景建筑。惠山九龙有十三泉，以二泉最负盛名。惠山为乌桐沙岩，水经过滤颜色清明，甘洌爽口，为煮茶珍品。唐陆羽研究茶的起源、采制、烹煮、水品，著有茶经三

杜鹃园

寄畅园八音洞

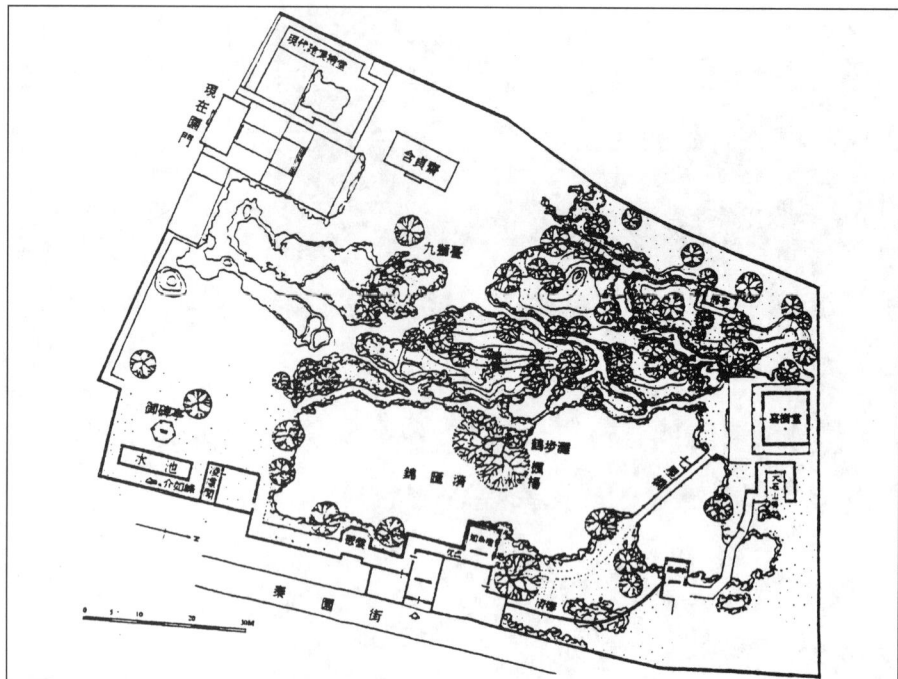

寄畅园平面图

卷，后人誉为茶神。他品定天下泉水 20 种以庐山康王谷洞帘水为第一，惠山石泉为第二，兰溪石下水为第三。二泉分上中下三池，诗人李绅在二泉旁读书 30 年，诗誉"晴沙见底空无色，青石潜流暗有声，微动竹风涵渐沥，细浮松月透轻盈。桂凝秋露添灵液，茗折春芽泛玉英，应是梵居联洞府，浴池今化醴泉清。"宋苏轼亦有名诗"踏遍江南南岸山，逢山不觉更流连。独携天上小团月，来试人间第二泉。石路紫回九龙脊，水光翻动五湖天。孙登无语空归去，半岭松风万壑传"。在元赵子昂书天下第二泉刻石旁有景徽堂原为陆羽祠，上接垂虹廊，两端分别为南宋尤袤的万卷楼和锡麓书堂。出惠山寺有新建杜鹃园，李正设计，黄石散叠简炼自然，建筑亦曲折有致。

寄畅园面积仅 1 公顷，却以擅山水之胜，得借景之妙而列入国家文物。明正德年间秦观后代秦金在惠山寺旁辟僧舍为园林，苍凉廓落，一派自然，他自写"名山投老住，卜筑有行窝。曲径盘幽石，长松䆗碧萝。峰高看鸟度，径僻少人过。清梦泉声里，何缘听玉珂。"后子孙续加修建名为寄畅园。清康熙时其后裔秦德藻请著名叠石家张南垣之子张杋为园叠假山。乾隆曾仿此园在北京清漪园中建谐趣园。寄畅园山石林木、亭榭廊桥均环绕一池泓水。整个水池汇有园外山影、塔影，天空的云影，园

中的石影、树影及亭堂廊榭的倒影，因名锦漪汇。鹤步滩前有石矶平铺水面，内有岩石环抱，水出似泉若渊。假山北为土积，南为黄石，构成重岩复岭；上植乔木灌丛，树起青峦翠嶂；西借惠山，内外结成一体，东望锡山塔影高标，更无限扩展胸怀，园虽小而觉其大。七星桥、知鱼槛突出水中，听泉观鱼，处处舒展胸怀。八音洞长 36 米，引二泉水入园，来无影去无踪，深谷开合，石径曲折，人行其中，上有茂林，下有清溪，或傍山崖顺沟壑，或坠涧底入石罅，忽隐忽现，忽高忽低，忽急忽缓，忽聚忽散，时而骤响，时而细语，有金石丝竹匏土革木八音齐奏高山流水之曲，为我国叠石艺术的杰作。至于九狮台用太湖石仿倪云林画意堆成雄狮，细看狮体又包括许多活跃的小狮；美人石却是三米高的整块太湖石远望如美女梳妆，又见选石叠砌的高超技巧。明万历时邹迪先效愚公移山精神，今叠一石，明治一沼，依山取势，使景点处处有山并与溪涧沼池相映成趣，辛劳十余年使愚公谷成为吴中绝胜。他得意自吟"为山直割云头石，凿沼频偷地底泉。清梵自无投宝篆，疏钟挟雨答朱弦。生平不少娥眉妒，剩有烟霞与作缘。"但他死后不久园即荒废。解放后将其与春申涧和映山湖同加修筑使成新景(参考邵忠：《太湖风光》；许辉：《无锡市旅游志》)。

七 陶都——宜兴

宜兴秦名阳羡，位于太湖西岸，除西南有来自天目的石灰岩山谷外，大部为低山丘陵与平原，湖泊密布，物产丰富。县城在宜城，有人口 3 万，城中有周处祠建于西晋，存王羲之书晋周孝侯碑和唐宋明清碑 28 方。在县城以南 15 公里的丁山与蜀山之间有丁蜀古镇，附近有丰富的陶土资源，早在上古时期即开始制做陶器，商周已有几何印纹硬陶和原始青瓷，秦汉普遍烧制釉陶，宋代紫砂新品问世，以后继续发展，解放后乃臻全盛，因而历代号称陶都。现全镇 4.5 万人口中有陶瓷企业 30 余家，陶瓷工人 2 万，镇郊还有大量农民从事陶坯加工，年产紫砂陶、彩陶、均陶、精陶、日用陶、美术陶、工业陶及青瓷等 6 500 种产品 7 000 万件，出口 1 000 万件，盛名誉满中外，已成为我国品种多，技术全，生产结构完整的陶瓷生产基地。蜀山南麓有明建东坡书院。苏东坡曾四到阳羡，写下诗词十余首，其菩萨蛮写"买田阳羡吾将老，从初只为溪山好，来往一虚舟，聊徒造物游"。并留有传世不朽的桔颂帖碑。

宜兴石灰岩山谷多溶洞，善卷洞在县城西南 25 公里之螺岩山，开发历史较久，历

宜兴陶瓷博物馆

陶瓷展品

代均有题咏。解放后加以大规模整修,现洞之游览路线长800米,有上下三层。从中洞进入登石级至上洞,再沿隧道至石门,听瀑布奔腾之声而至下洞之水洞。地下河宽4.5~6米,长120米,有船可航游。洞外有亭内存碧鲜庵唐碑,亭后有墓,碑石上刻"晋祝英台琴剑之冢",南有祝陵村,传为祝英台埋葬之处,过去有观蝶节,春初飞蝶丛集,成双成对,游人视为梁祝化身。去善卷洞路上,有南齐创建的南岳寺后殿,涧谷幽深,古木交柯,风景颇佳。传说岳飞追金兵到此写下《满江红》词。张公洞在县城南20公里,传汉张道陵曾在此修炼,洞分上下,有石级1 500,游程约千米。下洞有海屋大厅可容千人,循石阶至上洞,海王厅面积更大,滴水成池,顶上开敞, 天光云影映入池中,周围水雾空濛,钟乳悬垂,左弯右回,洞穴四通,从厅中出天洞即到孟峰山顶可眺望太湖沿岸风光,崖壁有元杨维桢题"海内奇观"。1986年在张公洞后部开发玉泉洞,地下涌泉从山中通过有如善卷,游程长300米,内有四厅,钟乳洁白完整。近莲子山中有玉女潭,游览面积15公顷,水深难测,三面崖石环立,一面幽洞深邃。中午日光照射,水清见底,游鱼历历可数。此处自古即为幽之地,唐时誉为阳羡山水之首,明在此建玉光阁,清刻玉女碑记称为"更奇、更怪、更仙、更灵"。潭水溢流,绵延至龙游洞,两岸冈上,怪石百出,竞奇斗胜。潭西有灵谷洞自古即作为神仙居所,

但未开通,1979~1981年动工将上下两洞打开,内有六厅,游程1 200米,洞内钟乳奇异,长26米的石幔有几十万年的生长史。玉女潭西有新开的西施洞,游程700米,慕蠡洞游程可步行者640米,可行船者1 750米。从近年开发情况看来, 宜兴丰富溶洞资源在我国沿海地带是少有的,如适当开发并不断提高设计与经营质量,将有更广阔的发展

前途(参考邵忠:《太湖风光》)。

八 常熟和虞山

常熟位于无锡与苏州之东北,相距各40余公里,北枕长江,南濒太湖,境内河道纵

常熟虞山言子"道启东南"石坊

米芾手书

常熟尚湖

虞山仲雍墓

横，湖泊密布，历代为江南鱼米富庶之区，改革开放以来，乡镇工业迅速发展更使长江三角洲成为全国先进的经济地带。常熟市最触目的风景是"十里青山半入城"的虞山，虞山东西长6.5公里，南北宽2.5公里，主峰高259米，在绿野平畴中巍然突起，山为砂岩构成，多奇石断崖。虞山南麓有尚湖与之平行，水面1 300公顷，湖中风帆逐浪，盛产鱼虾，湖边河港回环，稻菽千顷。常熟古城始建于唐，元初仍为土筑，明为防倭寇加筑砖城并将虞山东部扩入，使虞山与市镇更加溶为一体。1986年我从桂林来此参加乡村建设会议，住在虞山下，曾利用朝夕多次攀登。虞山圈入城内之东端为辛峰，高仅79米。其东麓有仲雍、周章与言子墓。仲雍墓之头道石坊面北大街，二三道坊在山坡上，有联"一时逊国难为弟，千载名山还属虞"，墓碑书"商逸民虞仲之墓"。言偃字子游为孔子弟子，墓在仲雍墓北，顺墓道石坊循山而上，过影娥池上文学桥为二道坊，乾隆题道启东南。再上有半山亭康熙书文开吴会，三道坊后为言子墓。其北有周章墓。在仲雍墓西南有明建高台方亭，传为梁昭明太子萧统读书处。辛峰北麓有辛峰公园，顶上有重檐六角辛峰亭，登其上远望长江，近观尚湖，有城墙蜿蜒于西，常熟全市尽在眼下。从辛峰西上虞山有始建于宋的维摩寺，清末重修现存，寺北有石屋洞，附近多梅与桃。虞山中部有剑门及报国院，现存山门及千年古柏，旁有瞿式耜墓。虞山西麓有小石洞、老石洞与秦坡涧，雨后飞瀑直泻，势如天注，声若雷鸣。旁有黄公望及翁同和墓。

虞山北麓有兴福寺，又名破山寺，周围山石环抱，溪涧萦回，古木森森。寺始建于南齐，唐时已成江南名寺；常建有诗："清晨入古寺，初日明高林。竹径通幽处，禅房花木深。山光悦鸟性，潭影空人心。万籁此皆寂，惟闻钟磬音。"现寺东祇园有空心潭，亭内珍藏米芾手书常建诗碑。寺外有唐石幢两座及四高僧墓。寺西有翁同和的印心书屋可通君子泉，再西有联珠洞，泉水均佳。市内琴川河东有1130年南宋崇教兴福寺遗存的9层方塔，塔高67米，砖木结构，各层翼角微翘，上悬铜铃，四周有围栏供人眺望，盔形塔顶用合金制成。方塔造型清秀，高耸于市区中心与虞山尚湖相呼应，成为市的自然标志。市内园林有燕园、曾园与赵园。燕园不大，曾延请名造山家戈裕良用黄石以虞山为蓝本叠成假山，山脉水源，凝炼自然，为国内不多的名作。曾园与赵园相邻，均清代私家园林，现两园已打通正通盘整修中。

九 吴都水城苏州

春秋末年吴国强盛，寿梦子诸樊将王都由无锡迁往苏州，三传至王僚，阖闾夺位，用楚亡臣伍子胥筑大城，周长23公里，有陆门8，水门8，内有小城周5公里，外有外廓

苏州盘门外视全景

盘门内拱桥

周38公里。各门因地命名为阊、蛇、胥、盘、娄、匠、齐、平门。于城西诸山又建数以百计的烽燧直抵太湖。公元前506年阖闾用著名军事家孙武为帅，伍子胥副之，率吴军3万于十日内攻下楚都，夺取大片土地，吴乃益强。后阖闾攻越为越所败，因伤致死，子夫差继位，命伍子胥再率水师攻越，于夫椒山大败越军。越王勾践重赂吴相，贡美女西施，并屈身为奴亲事吴王，吴乃与越和并于三年后放回勾践。夫差骄奢，为西施筑馆娃宫与姑苏台，杀伍子胥。勾践归国后十年生聚，十年教训，终于在公元前473年一举灭吴。苏州为吴都前后67年，秦汉至唐宋一直保存伍子胥筑城的轮廓，但先后开挖纵横河道及城内外两条长濠与郊区阳澄湖、金鸡湖、独墅湖、澄湖、石湖等如玉带明珠般环绕在周围，因此历代称苏州为水城。正如唐诗所写"君到姑苏见，人家尽枕河；古宫闲地少，水港小桥多"(杜荀鹤)，"烟水吴都郭，阊门驾碧流。绿杨深浅巷，青翰往来

舟。朱户千门室，丹楹百处楼"(李绅)。据南宋刻石平江府图，苏州以三横四直的大河为骨干，六纵十四横分流为脉络，有水巷南北七条，东西十四条；城内河道总长82公里，有桥梁325座。民居前门面街，后门临河，满城小桥流水人家。白居易任苏州刺史时从阊门开山塘河直通虎丘，他写苏州"远近高低寺间出，东西南北桥相望。水道脉分棹鳞次，里闾棋布城册方。人烟树色无隙罅，十里一片青茫茫。""黄鹂巷口莺欲语，乌鹊河头冰欲消；绿浪东西南北水，红栏三百九十桥。"以后韦应物、刘禹锡相继为苏州太守，苏州之名益著。

公元898年唐末钱镠建吴越国于苏州，将城改为高达8米的砖墙，辟金谷园，建虎丘塔。吴越疆土虽小但经济发展，社会稳定。南宋初金兵南下，苏州曾受严重破坏，以后逐渐恢复，集市贸易发达，城内285座桥梁均改木为石，寺观多达139所。元代开辟刘家港与国外通贸易。明初围困张士诚

于苏州前后达十个月，子城及唐宋建筑均被焚毁。以后经济恢复，丝织业有巨大发展，嘉靖以后自阊门至枫桥列市10公里，郑和六次出使西洋，刘家港内建有宏大的天妃行宫。苏州城经两次大修，周围17公里，比过去虽有缩小，然布局仍依宋元之旧。开阊、胥、盘、葑、齐、娄六门，除胥门外均有水门，上有画楼，周循雉堞，每隔37米建士兵铺舍一座，长壕吊桥，定时启闭。城内街巷300余，大小河道119条，作坊店铺林立，人口激增。文征明诗"长洲茂苑古通津，风土清嘉百姓训。小巷十家三酒店，豪门五日一尝新。市河到处堪摇橹，街巷通宵不绝人。四百万粮充岁办，供输何处似吴民？"唐寅诗"世间乐土是吴中，中有阊门更擅雄。翠袖三千楼上下，黄金百万水西东。五更市贾何曾绝，四远方言总不同。若使画师描作画，画师应道画难工"。清初苏州再遭兵火，康熙时改筑城垣，恢复宋元周长46公里规模，建驻兵窝铺157，敌台57座。现

盘门陆门

双塔

城西南盘门仍保留水陆两门的原样。陆门内外两重，内宽 4 米砖筑，外宽 3 米石筑；水城亦内外两重，城及拱门全为石筑，可容两船并进，水陆城均有闸门。城上有重檐歇山城楼，城外运河有高大的吴门拱桥，城内有宋代重修 8 角 7 级 44 米高楼阁式的瑞光塔，共同组成盘门周围绝妙风景画面。清代苏州为江苏省会所在，经济文化为东南之冠，民谚"上有天堂，下有苏杭"，城内居民至少

有 50 万，盛时阊门内外"居货山积，行人水流，列市招牌，灿若云锦"。上自帝京，远连交广，每年出海贸易的船只即达千余艘。

虎丘距阊门 3 公里，有山塘河接繁华市区，为来苏州游人必去之处。虎丘山体不大，高只 34 米，然平地崛起，形势雄奇，远自吴王阖闾经营墓穴，历代遗留古迹甚多。现游虎丘从山门隔环山溪即望见墙上"海涌流辉"四个大字。海涌反映虎丘远古为海洋

的历史。过海涌桥有单檐歇山三开间的二门名断梁殿，系明嘉靖重建，殿中选用两根分开的梁，结构较为奇特。由此登山路西有南梁所凿憨憨泉，水质极佳。其北为拥翠山庄，有山居园林。路东有火成岩带裂缝的试剑石，传说为吴王试剑所劈。其北有两亭：居下者为古真娘墓，居上者为孙武子亭。再上为虎丘山之中心千人石"大石盘陀，平坦如砥，高下如切削，宽数亩可容千人"（新

玄妙观

虎丘千人石

虎丘环山溪

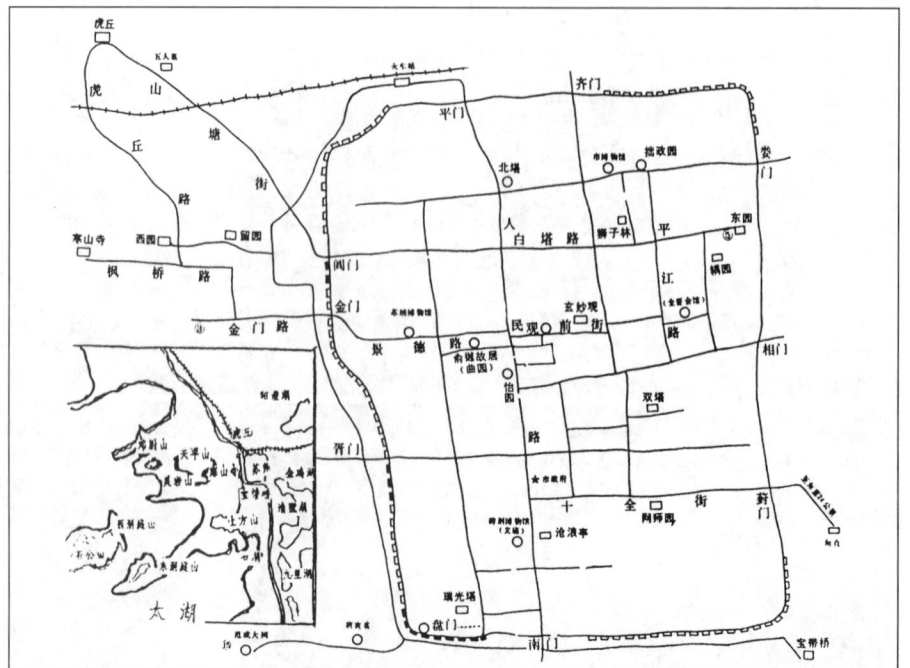

苏州风景点分布图

志）。其北"生公讲台"，下有点头石，志书载晋有鸠摩罗什弟子生公在此讲经说法，千人列坐环听，精彩之处，顽石为之点头。讲台西有二仙亭，刻陈抟及吕洞宾像。石壁上刻"虎丘"及"剑池"四字传为颜真卿书。从此入剑池，两面悬崖夹峙，中涵狭长池水，石壁上铺满青苔，藤萝下垂如飘带，仰望半空，透过石拱桥可见宝塔高耸，俯视斜阳射入剑池，冷光使人遍体生凉。石壁上刻有元周伯琦篆书"剑池"及相传米芾书"风壑云泉"。据志书载"阖闾葬其下，以扁诸、鱼肠等剑三千殉葬，故以剑池名"；明高启诗"水银为海接黄泉，一穴曾劳万卒穿，漫说深机防盗贼，难令朽骨化神仙。空山虎去秋风浚，废榭乌啼夜月边，地下应知无敌国，何须深瘞剑三千"。1955年清理剑池，池壁平整显系人开，对虎丘塔方向有长10米三角形石胡同，尽头为三块青石板封土，符合春秋时的墓制，可能阖闾墓即在塔下。从剑池循石级上山过可中亭至别名双吊桶的石拱桥，西为塔院。云岩寺塔建于五代899年，从南宋至清经过七次火焚，解放后再度整修。塔为8角7层高47.7米楼阁式砖木结构，逐层收缩而中间微凸，造型美观。塔西南之海涌峰为虎丘绝顶，下有致爽阁远望西南诸山，爽气四来。从塔东行过悟石轩到宋代著名的云岩禅寺，现已荒芜，只存大佛殿。殿东有小吴轩、望苏台。下山再过千人石西有第三泉，冷香阁内植大片梅花。虎

丘附近盛产窨茶香花如茉莉、白兰、玳玳等。明钱希言诗"斗花时节买花忙，只选头多与干长，花价渐增茶渐减，南风十月满帘香。楼台簇簇虎丘山，斟酌的桥边柳一湾，三月绿波吹晓市，荡河船子载花还"。虎丘山下新辟万景山庄，占地1.5公顷，陈列苏州盆景。

玄妙观在市中心其三清殿是我国东南现存南宋规模最大的木结构大殿，原址相传为吴阖闾王宫所在，唐为开元宫，宋建天庆观后为金兵所毁，南宋1179年再建，元改称玄妙观，清末有殿阁24座除大殿外均为清建。三清殿重檐歇山顶，出檐深远，斗拱宏大，面阔9间44米，进深6间25米，东西山墙有8角石柱30根，6面外露，每面刻一天尊圣号，殿外四周有走廊及石栏，其结构均与营造法式相合在建筑史中占重要地位。北寺在平门内，三国时孙权母舍宅为寺，南朝建11层塔，北宋时毁，现存砖木结构楼阁式塔体为南宋时所建，8角9层高76米，宏伟壮丽有江南第一塔之称。阊门外西园戒律禅寺创于元代，明嘉靖徐泰构筑东园（留园）时将寺改为西园，明末又改寺为戒幢律院后成为江南名寺，清末毁于兵火，现复建，所塑500罗汉仿自常州天宁寺。寒山寺在阊门西5公里的枫桥镇，始建于南梁，以唐张继《枫桥夜泊》诗"月落乌啼霜满天，江枫渔火对愁眠，姑苏城外寒山寺，夜半钟声到客船"著称。寺屡废屡建，现存大殿及藏经楼均为

清末新建。寺内有新铸铜钟及清俞越书写的张继诗碑。枫桥在寺北为清建单孔石桥，东有铁铃关控制运河，在抗倭中曾起作用。此外城内还有宋建8角7层砖筑，檐角反翘的罗汉院双塔，有重建于清的文庙，建于明的开元寺无梁殿等。

十　苏州周围湖山

苏州西南临太湖多低山，木渎距苏州12公里，为联系诸山之交通枢纽。灵岩山南距太湖5公里，高虽182米，但多奇石而有气势。吴王夫差曾为西施在此建馆娃宫，至今山上尚有吴王井、浣花池、琴台、玩月池等遗址，山下采香泾亦为吴王往太湖采集香花香草而开。高启有讽吴王诗"馆娃宫中馆娃阁，画栋侵云峰顶开，犹恨当年高未极，不能望见越兵来"。灵岩前有由姑岭，阖闾曾在此建姑苏台以检阅太湖水兵，后为越兵所毁。登上灵岩半坡可见巨石如人静坐，上刻"妙高寂定"名醉僧石。在此瞭望太湖绿野平铺，山川如画。再沿御道过落红亭，上百步阶，小平台上有高低二石鼓及马牛等象形石，石幢南有石鼍突前，背刻"望佛来"。山顶殿阁参差，东晋末年建寺，梁建佛塔，唐称灵岩寺，明代寺塔俱焚，清初重建后又毁于战火，抗战前再度恢复成为大

灵岩寺

灵岩多宝塔

天平山

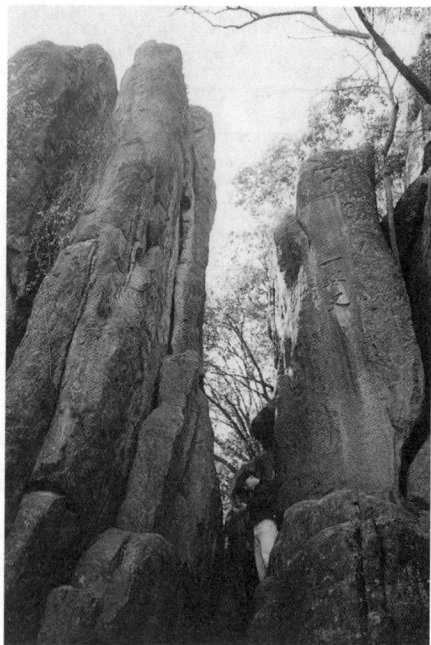

一线天

丛林。现佛塔8角7层高34米，仍存南宋塔身。灵岩西麓韩世忠墓有国内罕见10米高的石碑，上刻宋孝宗亲书"中兴佐命定国元勋之碑"和他撰就的长篇碑文。

天平山在灵岩北，山多原生花岗岩分裂成的壁立石柱结构，"如扦如插，似卧似立，若搏若噬，蟠拿撑柱，不可名状"（高启：《游天平山记》），唐寅咏天平"天平之山何其高，岩岩突兀凌青霄，风回松翠烟涛绿，飞泉漱石穿平桥。千峰万峰如乘笏，凌凌噌噌相壁立，范公祠前映夕辉，盘空翠黛寒云湿"。从"登天平路"的砖门开始登山，过鸳鸯石，经九步三弯的三陟阪到云泉精舍，有白云泉旁刻白居易诗"天平山上白云泉，云自无心水自闲，何必奔冲山下去，更添波浪向人间"。由此东向爬行到卓笔峰有十余米高的笋石卓然独立，周围怪石环护如众星拱月。范成大诗"卓笔峰前树作团，天平岭上石成关"。由精舍向西过白云双亭，有高耸入云的峭壁并峙，中有窄缝可通，内凿石磴29级，人须侧身斜行，仰望青天只余一线，因名龙门。出龙门放眼望去满山都是直立的石笋，此处即万笋朝天。从龙门上行到飞来峰，石高8米，前临崖谷，若接若离，似随时可飞走。继续攀登到望枫台，上有中白云亭及石屋，再上经二线天、白云洞到高221米的山顶，地平坦可容纳数百人观赏太湖，在茫茫烟水中飘浮着七十二座青峰。山下有400余年的枫林，霜降后红霞一片。乾隆敕建高义园，在唐白云庵旧址，房屋依山建筑，前后四进。园东有范参议祠，祠东有鱼乐园，窬言堂与来燕榭，堂联"门前绿水飞奔下，屋里青山跳出来"信笔成趣。

邓尉山在光福镇旁，东北距苏州30公里，为斜向太湖的半岛，山重水复，气势幽深。邓尉号称香雪海以梅闻名天下，据地方志载东汉时此地以植梅为业者已十中有七，历代相传山前山后尽为梅林。梅花铁骨冰肌，龙干玉鳞，花朵冷艳，傲霜雪，浮暗香，居二十四番花信风之首。每年春初梅汛时节满山一片银海，香气弥漫，四方来赏者络绎于途。"入山尽花枝，芬芳令人醉""花外见晴雪，花里闻香风"，古人赏梅"贵稀不贵繁，贵老不贵嫩，贵瘦不贵肥，贵含不贵开"，吾家山为最佳观赏处，山之半山有闻梅馆，山上有梅花亭，亭南有乾隆碑和"香雪海"三字石刻。邓尉山坞有司徒庙，内祀东汉太尉邓禹，有古柏奇形异状，乾隆名为清、奇、古、怪，清孔原湘诗"司徒庙中柏四株，但有骨干无皮层；一株参天鹤立孤，倔强不用旁枝扶；一枝卧地龙垂胡，翠叶却在苍苔铺；一空其腹如剖瓠，生气欲尽神不枯；其一横裂纹萦行，瘦蛟势欲腾天衢"。此外还有千年黄杨树及明代石刻楞严经，宝塔金刚经，唐塑铜观音等珍贵文物。

上方山高93米，距苏州7公里，东临石湖。山上有北宋重建的楞伽寺隋塔8角7层砖筑，叠涩出檐，垂脊反翘，有吴筑的罔如城及藏军洞遗址。塔下有五通庙，元明时巫教盛行，五通为南方信奉的巫神。面临石湖有石雕5米高的观音像，旁为明建潮音寺，山林野趣有小天台之称。寺北为范公祠，内有宋孝宗赐范成大'石湖'二字碑，范为南宋著名田园诗人，官参知政事，后归隐石湖，建园林别墅，祠内有明刻范之田园诗20首。石湖为太湖出水分支，长4.5公里，宽2公里，湖周围有溪、口、塘、荡、港、泾、娄、湾、浜、渚各种水景。"落日淡烟消，平湖碧玉摇""小阁巢新燕，湖田放野凫"诗文赞赏极多，现别墅已废，遗址建有近代庄园。

洞庭东山原为太湖岛屿后成为半岛，东北距苏州42公里，全岛面积63平方公里，主峰高293米，四季花果满山，而以红桔、枇杷、春茶著称。镇中有大量明清民居。紫金庵创建于唐，现为晚清建筑，大殿有三世佛，十六尊者，四大天王和二十诸天及望海观音塑像均极精美，据府志载大士及罗汉像为南宋名雕塑艺人雷潮所塑。大殿后有乾隆时楠木建筑净因堂，环境清幽。明建轩辕宫为杨湾庙的正殿，亦楠木结构，地濒太湖而多桔林，白居易描绘此地风景"水天向晚碧沉沉，树影霞光重叠深；浸月冷波千顷雪，苞霜新桔万株金"。

洞庭西山面积165平方公里为太湖第一大岛，太湖72峰西山有41，缥缈峰海拔336.5米为太湖之最高峰，包括周围小岛，共有居民43 000人。历代名士在此隐居游赏，唐刘禹锡诗"遥望洞庭山秋色，白银盘里一青螺"；明文征明诗"岛屿纵横一镜中，湿

天平山范仲淹牌坊

邓尉山司徒庙古柏

银盘紫漫芙蓉"。以前去西山需乘船摆渡，现由北岸开发区建起联接西山主要岛屿的五座长达4 000米的大桥。因此1995年3～4月我再访太湖时得以驱车进岛。进岛后先去参观东岸林屋洞，洞旁有灵佑观，洞门刻"天下第九洞天"，洞内有六厅，入洞后见顶部为平阔的岩板，溶岩如断毁石柱，布满在水湿地上，与一般溶洞不同，因洞内积水未深入。相继去南岸石公山，这里以出产太湖石闻名。"石有聚族，太湖为甲"，北宋花石纲即采于此处。半山有石崖嵌石级53，按佛经名53参，侧身攀登，举首一线天，形势险要。西行有来鹤亭傍崖而筑，凭栏可见吴山越水，沿石磴下有断山亭刻王鏊联"山与人相见，天将水共浮"，再下为夕光洞、蟠龙洞。临湖有古建筑浮玉北堂、烟雨山房等，归云洞中有摩崖石雕送子观音像。于此可见太湖翻云覆雪，水鸟盘旋。附近明月湾为古老村庄，自唐代形成的棋盘式格局至今未变，现存清代三进院落颇多。用4 560条花岗石砌成的1 140米街道，已保存220余年，尚为完好。

苏州东部湖泊密布，其著者有阳澄湖、金鸡湖、黄天荡、清墅湖、尹山湖、九里湖等，而大运河从东南来沿城穿过，水乡风光更为浓郁。唐代为适应漕运需要，817－819年苏州刺史王仲舒捐宝带筹款，在大运河与澹台河之间的玳玳河上建宝带桥，桥长250米连引桥317米，桥面宽4.1米，共53孔，跨径除14～16孔高达7.5 米外平均为4.6米，两端有石狮，北端还有石塔。这种平坦宽阔的长桥不仅使湖水便于宣泄，桥体便于保存而且使航行便于拉纤。桥在明代经过重修至今保存完好。元诗"借得他山石，将石作为梁，直从堤上去，横跨水中央。白鹭下秋色，苍龙浮夕阳，涛声当夜起，并入榜歌长"(参考胡镜清等:《苏州旅游手册》)。

十一 苏州私家古典园林

明清江南经济发展，私家建园盛于扬苏杭一带，而今遗存较多则首推苏州。刘敦桢教授及中国建筑研究室曾于20世纪五十年代对苏州大小私家园林进行调查，当时有名可记者有百数十，比较完整者尚有四五十处，我在他们引导下看过25处，其中保存较好而造园水平较高的有拙政园、留园、网师园、怡园、狮子林、沧浪亭、耦园、艺圃、环秀山庄、壶园、残粒园等。这些园林几乎都是和住宅相结合，大型的有相对独立性，小型不过百十平方米，实属庭园之范围。在狭小地段内要山水林木俱备并有雄险幽深的自然气势，就必须熟习中国造园的理论与方法，具备中国建筑艺术与绘画的修养和选石堆山理水配植花木的技巧。明清时代的苏州园林继承我国数千年的优秀造园传统而遗留至今，实为我国风景园林文化难得的瑰宝。

中国造园既科学地保护人类生态环境

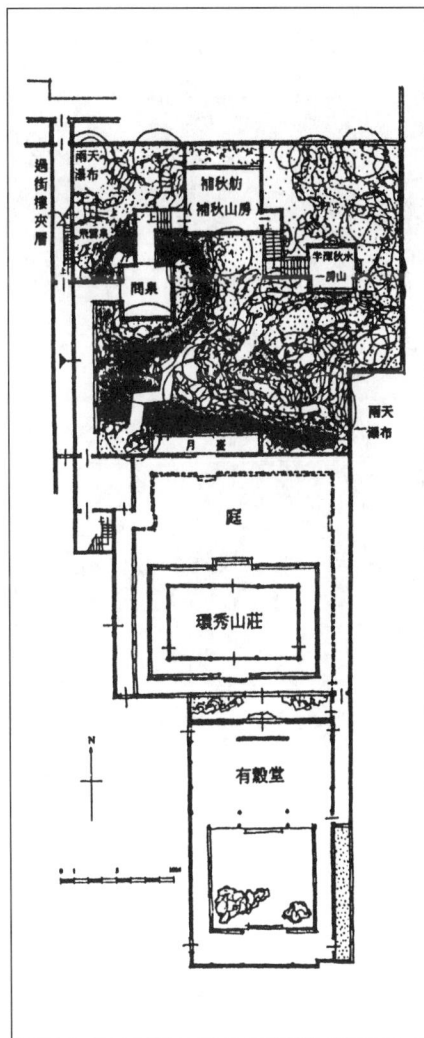

环秀山庄平面图——选自杨鸿勋《江南古典园林论》

网师园冷泉亭

环秀山庄

沧浪亭

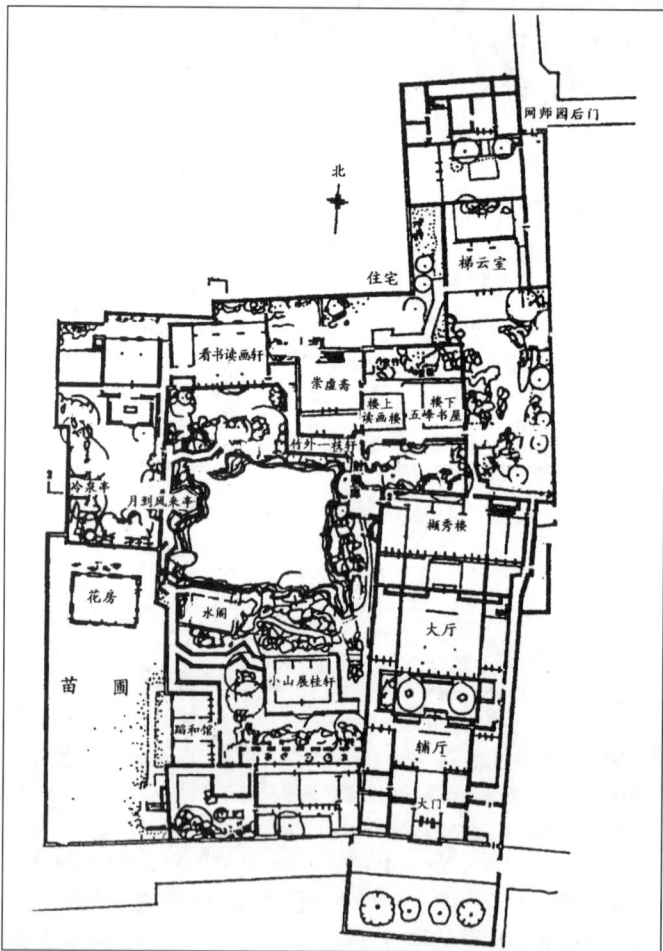

网师园平面图

又艺术地将真善美思想与自然景物相融合而表现如下特征。(1)外师造化,再现自然。从大自然中吸取精华,集中典型。(2)因地制宜,突出特色。'俗则屏之,嘉则收之',发挥本地优势,突出特异景观。(3)立意造景,情景交融。人在自然中托灵性,寄情赏,净化身心。(4)因借对比,扩大空间。挖池堆山,

改变地貌。利用阻隔迂回丰富空间。利用小尺度对比,小中见大。借用外景,扩大景区。利用渗透流通联系整体。(5)组织丰富序列。利用空间开合、收放、大小、长短、横竖、宽窄、高低、起伏、虚实与光度明暗、色彩冷暖形成有次序、韵律、对比与重点的空间序列。利用多方位、多角度、多视点达到步

移景异。利用欲扬先抑、欲高先低、由收到放、由虚到实、以暗求明、以险求夷,强化美感。(6)合理布置风景建筑。使建筑物与山水林木经营得体、虚实互应、疏密相间、曲折尽至、高下相称、形神兼备。(7)充分运用综合艺术。利用诗文、题词、匾额、楹联、图画、雕塑等强化风景意境及历史文化联

狮子林大假山

留园入口

拙政园见山楼

拙政园小沧浪

拙政园绣绮亭

想，增加风景艺术感染力。

现选取几个大小不同的苏州园林略作分析。残粒园建于清末，位于住宅东侧，仅占地140平方米。入口额题"锦窠"，周围作叠石山，背靠马头山墙建观赏亭，下有石洞，中间地带为石山环绕的深潭，设计构思巧妙。壶园占地300平方米，以湖泊型水体为

主。两端为赏景的厅堂和轿厅，湖面置石版折桥及石梁；湖泊背后为带有漏窗的高墙，上附攀缘植物，下布湖石花木成山林背景；对面设置半廊半亭。水园虽小但各种水景具备，各体建筑纷呈，布局精致严密。环秀山庄原为五代金谷园旧址，乾隆时归尚书毕沅，道光时为汪氏宗祠附园称汪义庄，占

地800平方米，其主景石山为著名叠石家戈裕良的作品。山为石构复之以土，主峰高于水面7.2米，内有12米长的石洞，两侧各有岩洞，山上植朴柏青枫，浓荫笼罩，山谷幽深。溪水环绕西北，两端各跨石梁，中有小岛建问泉亭，似可去溪流尽处寻源。石山纹理衔接自然，山体气势浑厚，山洞构造得

体，亭桥阁道配置适宜。半潭秋水一房山下的小潭和西北半山小坂，均有独特成就。而叠山之整体气势及溪谷崚岩之塑造是我见过假山中最为成功之作。网师园乾隆时建，道光时改建，解放后将冷泉亭并入，共面积5 500平方米。园以湖泊型水面为主景，有石矶、钓台、曲折的石版桥，西侧以濯缨水阁为观赏点，北岸看书读画轩从岸边略向后退以扩大湖面深远的感觉。此外各组建筑都与湖面保持相当距离而形成园中有园的趣味。怡园建于光绪，因时间较晚得以利用各园之长，全园占地6 000平方米，亦采用主要厅堂面向湖山的格局。全园山势贯通，水体从湖泊转为溪涧。坡仙琴馆的太湖石仿佛两个俯首听琴的老翁，题为"石听琴室"绝妙。沧浪亭五代时为吴越广陵王花园，北宋苏舜钦建沧浪亭，南宋成为韩世忠府邸，康熙时始建成如今的规模。全园因借高地以山林为主景，西部用湖石叠筑形成渊潭环绕半山的景色，共占地9 400平方米，自西而东向南流去的河流绕园大半周。临山观水，面向城市，用大量漏窗透景是其特色。

狮子林为宋之废园元代改为佛寺，因园中"有竹万个，竹下多怪石"，经倪云林等画家之手形成江南泉石奇观，名狮子林。清乾隆来游极为欣赏，亲题匾额并在圆明园及避暑山庄仿制。惜1918年园归贝氏，将宗祠合并使面积扩至一公顷，然后穷九年之力进行改造，掺加西洋迷宫手法，叠石追求象形，殿堂重彩施金，建筑与山林配合不当，因而严重破坏了原来面貌。留园和拙政园是保留传统造园优秀手法最多的两座大型园林。留园占地两公顷，建于明嘉靖年间，内有造园家周秉忠创作的石屏山，清乾嘉时代改建，现基本保持原貌，全园以建筑为中心分4个景区，中部寒碧山庄是全园精华，西面以山池为主环以楼台廊桥，东部厅堂曲折中穿插石屏，北面富有田野趣味。曲折入园走廊带天井之设计已为杰作，而古木交柯小院之树石点缀及亦轩亦廊的建筑配以漏窗透景的构思尤为巧妙。濠涧尽端飞泉流瀑，半坡山地和高大林木形成浓厚的山林意境。湖东曲溪楼一列建筑以其丰富的形体构成湖面美丽的背景。涵碧山房西侧云墙建在土石假山半腰，将上截隔在墙外作为西部主景，下截留在墙内有高低、曲直、明暗变化的爬山廊与之若合若离，假山兼顾水陆两面。五峰仙馆前十二峰石搴拟庐山五老峰，林泉耆硕之馆北有6.5米高

留园华步小筑

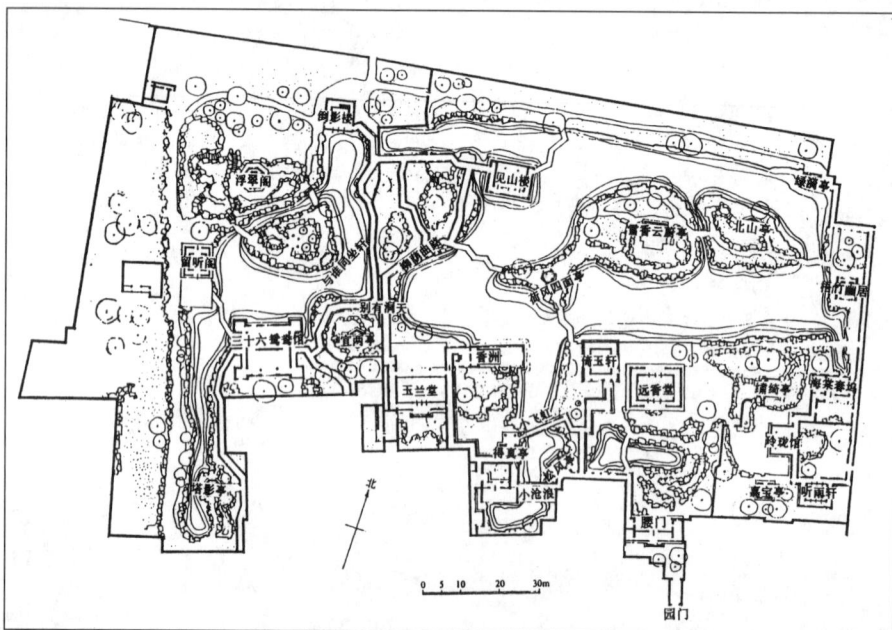
拙政园图

的冠云峰，都有"雨后静观山意思，风前闲看月精神"的雅趣。拙政园建于明嘉靖年间历时16年始成，文征明曾参予其事并为之作记。以后园主屡易，太平天国忠王李秀成曾治王府，解放后综合加以整修。现中部为园之主要部分，建筑虽为清代但水池丘壑仍为明之格局。西部补园清代有较大改变，然水石尚与中部协调。东部水田园居原已荒芜今又重建。三部合计共占地4公顷。拙政园中部面积1.3公顷，湖泊型水面占三分之一，自腰门入园有黄石山为障景，山北越水池即为园中主要观景点远香堂，隔湖眺望山岛亭榭。江南园林主要观景厅堂多面朝

北，以便欣赏受光充分的对景。湖中用黄石抱土砌水平结构的三座岛山，相互以短堤、小桥联结，山上建三座小亭。从远香堂望去有平岗小坡的平远山水，从东岸向西望又有深远意境，走到山麓向上仰望还有高远气势，为明代造山极为成功之作。远香堂的西水面收缩转折，先用曲桥分隔，后用拱桥映罩，林木选植松竹，题名沧浪、听松风处、别有洞天，使疏朗辽阔的景色变为深邃清幽的环境。园之西侧沿墙为曲折起伏的波状回廊直通见山楼。园之北侧为一片山村风光，东至梧竹幽居有文征明书写对联"爽借清风明借月，动观流水静观

山"，最后过绣绮亭南入枇杷园而结束游程。园西通过回廊之月亮门及漏窗与中部联系，其山湖岛屿、林木建筑均配置合宜并有独到之处。整个拙政园以水为中心，在完整布局中既艺术地利用山水林石、亭阁廊桥组成极为丰富的景观而又表现出十分清幽旷达、朴素自然的情调，是我们研究与学习中国园林最好的楷模(参考刘敦桢：《苏州古典园林》；杨鸿勋：《江南园林论》)。

十二　上海豫园及附近园林

上海豫园建于明嘉靖后期，位于今城隍庙旁，占地5公顷，有造园名家张南阳为之叠山，一时成为江南名园。明末衰落，清中叶东部划归城隍庙建为内园，以后又归同业公所，小刀会起义时曾以园内点春堂为指挥部。清末九狮轩、湖心亭的西部地区沦为市肆，园内有些建筑被修改得庸俗不堪，但张南阳砌就的大假山及附近布局尚保存完好，解放后已逐渐整修开放。从仰山堂观赏湖山为全园主景。假山用浙江武康黄石堆成，主峰高达12米，石壁、飞梁、平桥上下错落，气势雄伟浑厚，上有望江亭，过去可了望黄浦江。山下一湾泓水环抱半山，从东南角渐入佳境进园可以看见幽深水面及溪流转入山中的景色。九曲桥、湖心亭一带原为另一中心景区。内园厅堂山池布置紧密，点春堂中展览1853年小刀会夺取县城坚持斗争17个月的纪念文物。玉华堂院内有玉玲珑石相传为宋花石纲遗物，高3米许，上下孔洞相通，清陈维城有歌"石峰面面滴空翠，春阴云气犹蒙蒙。一霎神游造化外，恍疑坐我缥渺峰。耳边滚滚太湖水，洪涛激石相撞春。庭中荒甃开奁镜，插此一朵青芙蓉"。

上海为新兴大都市周围遗存古建园林不多，除豫园外我看到比较完好的有松江兴圣教寺方塔。寺建于五代。塔建于北宋元佑年间，为9级砖木结构，现高48.5米，斗拱券门为宋遗存，腰檐、平座及底层围廊等则为1975～1977年重修时增补。塔之北侧有明城隍庙砖照壁，高4.75米，宽6.1米，壁面砖雕鹿角狮尾牛蹄龙鳞的怪兽狻，传说它口中含金钱，脚踏珠宝，妄想吞食海边太阳，最后坠海淹死，其内容颇令人深思。镇内还有公元859年唐代石经幢，高9.3米，上下华盖、束腰、托座、基座均有花纹雕刻，中为2.5米高的8角幢身，上刻尊胜陀罗尼经全文。龙华镇有创建于北宋的龙华寺与塔。现寺之殿堂为清光绪时按宋禅宗迦蓝五堂重建。塔虽几经修补但塔身及基座仍是原物，现高40.4米，为8角7层楼阁式砖木结构。寺内有百年牡丹，塔旁有占地8公顷的公园，遍植桃树，国民党的警备司令部曾在此驻扎，许多革命者如澎湃、何孟雄、柔石等均在此牺牲，为纪念死者，现建有烈士陵园。

豫园快楼

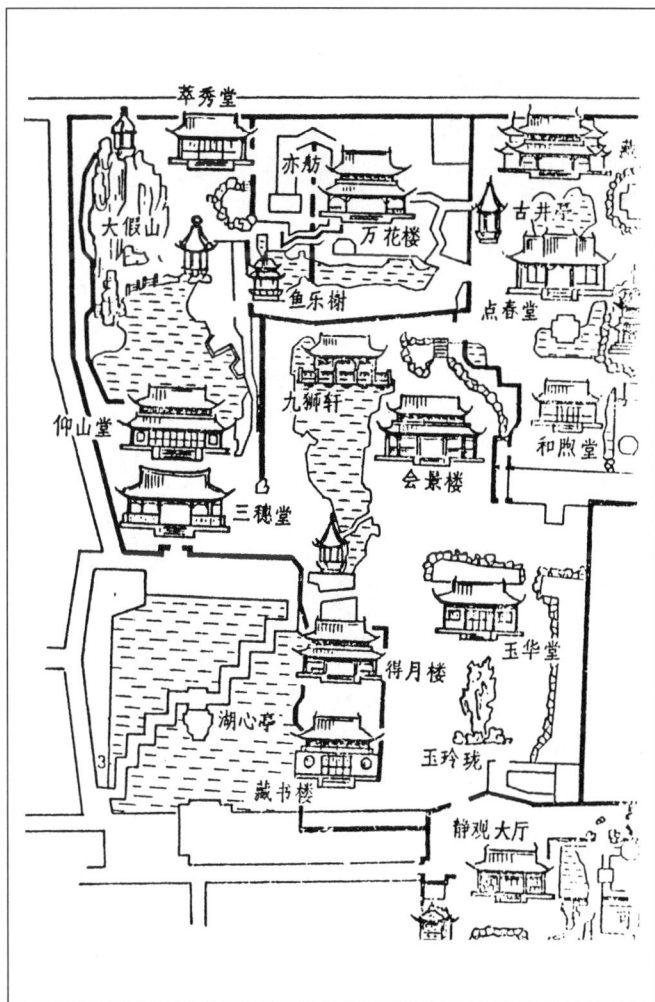

豫园平面图——选自童寯《江南园林志》

豫园仰山堂

九曲桥

松江方塔

嘉定也是古建较多的地区，1983年6月我趁会议之便曾略作参观。秋霞圃原为明筑的私家花园，山池清幽，董其昌题额"十亩之间"，后毁于战火，清同治重建。全园水池居中带曲岸石矶，北岸叠黄石假山有洞壑峭壁，南岸为参天林木，亭榭轩堂则隐蔽于山石间。孔庙始建于南宋，元明清多次改建，现有门前三坊、泮池、明伦堂、大成殿，为江南较大的建筑，现用为县的博物馆并与汇龙潭公园合成风景小区。汇龙潭位于5条小河的汇合点，小山上有凌云亭结构精巧。潭东有魁星阁与顶部绘有446只小鸟的打唱台。当年小刀会起义失败，曾有1 600名将士在此慷慨就义。

十三　湖州莲花庄、嘉兴南湖

湖州在春秋时属吴，三国时名吴兴，隋称湖州，唐始筑城，现市区有人口94万。湖州北濒太湖，除西部丘陵山地外，大部为水网地区，境内有23条主干河流，34条娄港，124个蓄水的湖漾和无数的小荡，元诗"吴兴水为州，诸山若浮萍"。湖州水陆交通发达，盛产鱼米蚕丝，历代文人荟萃，王羲之、谢安、颜真卿、苏轼等先后来任郡守。1995年4月为进一步考察太湖我由苏州乘车过吴江、平望于南浔进入浙江境，首先参观清末刘墉经营的小莲庄。其东为园林，西为家庙。园分内外，外园以半公顷的荷花池为中心，布置建筑。池南有厅名"净香诗窟"，屋顶呈斗笠状，旁有水榭，夏日观荷清香诱人。池东有退休小榭亦为极好观景处。内园有假山，西廊刻名人墨迹。紧邻小莲庄有刘承干著名藏书楼嘉业堂，方楼两进，前进东为宋四史斋，西为诗萃室，后进为嘉业楼。藏书号称百万卷，内有宋元以来善

南浔小莲庄

净香诗窟

湖州飞英塔

塔内之塔

潜园莲花峰

本230多种及永乐大典。解放后大部运往浙江图书馆，现尚存书11万册，地方志1 600种，书版3万片。

出南浔沿河西行50公里到湖州。午饭后先看城北珍藏舍利的飞英塔，塔始建于唐，北宋时外建木塔罩护，因而形成塔内有塔的特殊格局。南宋时塔遭雷击内外俱毁，公元1155年重修石塔，1236年重修木塔，高度减为7层，现石塔残高12.8米，木塔残高35.5米，内有楼梯，外有平座。咏塔诗句有苏轼"卞峰照城郭，震泽浮云天"，赵子昂"梯飙直上九百尺，俯视层空鸟背过"。出塔院南去莲花庄，庄为赵孟頫祖父于南宋时创

建，至赵孟頫时仍为名儒俊彦活动场所，号称"城傍秋水古横塘，四面莲花学士庄"。清末庄毁，1986年当地重建并将潜园遗址划入，面积扩至7公顷。现西门石碑刻赵孟頫的吴兴赋，园中临莲花池按原址建松雪斋、鸥波亭、印水山房，旁立莲花石均与赵之笔墨生涯有关。印水山房四围空敞，山石入室，溪水环绕，上与题山楼呼应，东山后曲廊回环，涧流潺潺，环境极为清幽。北通金石家陆心源的潜园，园曾为日军破坏，仅存假山及五石草堂。铁佛寺为唐建古刹，鉴真曾来讲经，宋铸铁观音，造像风姿秀丽，神采奕奕，历时千年而无蚀锈，充分表现宋代

冶铸及雕塑才能。最近寺内移入唐武宗时用长兴灰岩的古化石雕成的经幢，内含煤山扁体鱼、中华旋齿鲨、槐坎阳公鱼及其他贝类，极为珍贵。

嘉兴位于杭嘉湖平原东部，南临杭州湾，春秋时为吴越争霸之地，从六朝到唐代"嘉禾一穰，江淮为之康；嘉禾一歉，江淮为之俭"嘉兴的经济地位关系江南大局。明清时期杭嘉湖合成全国的丝绸生产中心。此次来湖州本计划顺路过嘉兴，因时间太迟未果。1999年4月我来杭州，时沪杭高速公路已通，我利用一个下午时间，专访嘉兴南湖。现嘉兴市区有人口67万，城市面貌

莲花庄印水山房

嘉兴南湖牌坊

嘉兴南湖乾隆诗碑亭

仿中共一大开会船只

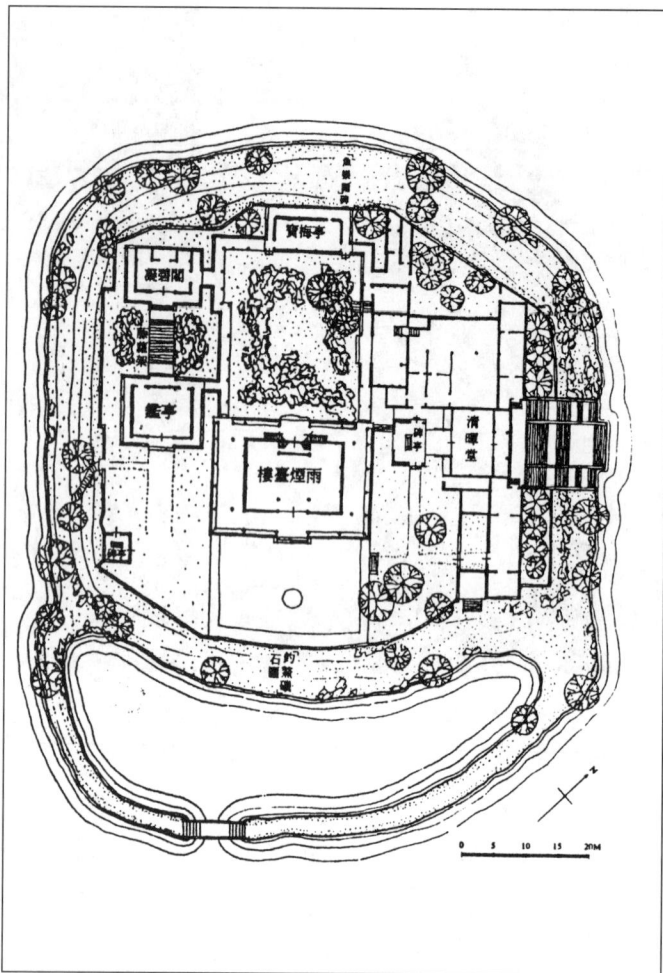

嘉兴南湖烟雨楼平面图

有极大改变，而南湖轮廓依然。南湖位于城南，由东西两湖合成，共面积42 公顷，五代时烟雨楼建于南湖岸边，明嘉靖开市河将淤泥堆于湖中成岛，1549年移楼于岛上。现有建筑为1918年重建，四面长堤回环，中有短墙围绕。入口清辉堂有烟雨楼刻石，堂后有乾隆诗碑亭两座及菱香水榭。登上正楼可环望湖之四面，上有董必武题额"烟雨楼"，楼内藏苏轼、苏辙、黄庭坚、米芾、吴镇、吴昌硕书画及石刻。现以中国共产党召开第一次代表大会的纪念地著称，有仿当时开会船只模样停于岸边。

十四　杭州与西湖

　　杭州之存在与发展离不开西湖，而西湖之成名除自然条件外亦与杭州先后成为吴越和南宋首都及唐宋以来海内外贸易有密切关系。远古时期西湖和杭州都是一片浅海湾，西湖三面环山，西南天竺山高450米向南依次为龙井、南高峰、玉皇、凤凰、吴山；向北依次为灵隐、北高峰、葛岭、宝石山。后因泥沙淤积，南北沙角逐渐联接，内侧成为泻湖，外侧成为平陆。杭州西北20公里的良渚有新石器时期文化，相传禹王治水在此舍杭(舟)登陆，因名禹航后音转余杭，当时地属九州中之扬州。春秋战国时期杭州市区仍为海水出没的沙洲，秦汉始在今灵隐山下设钱唐县治，属会稽郡，秦始皇南巡时曾过此处，相传宝石山下大佛即用秦始皇系缆石琢成。汉郡议曹毕信筑防潮大塘，北起宝石山南至万松岭，使西湖与钱塘江隔断，泥沙日益涨远，是为西湖之最初治理。隋置杭州，依凤凰山筑州城，隋炀帝开凿大运河，贯通南北，全长 1 782公里，杭州乃发展成为江南重要都邑。唐中叶李泌任刺史，以州城受潮汐浸淫，饮水苦咸，乃开阴窦引湖水，挖六口大井，开元时期杭州人口已达40余万。后白居易继任刺史，因湖水短缺"始筑堤捍钱塘湖，钟泄其水，溉田千顷"(新唐书)，后人为了记念他除称其筑堤为白公堤并称断桥的白沙堤为白堤。五代十国时期，852年钱镠在杭州建吴越国，筑罗城与子城，罗城范围大于今日市区。为制止钱塘江潮的长期侵害，筑泥塘加石堤的捍海塘，从此潮害得免。北宋时苏东坡任杭州太守，先整治运河，后疏浚西湖，将葑草淤泥在湖中堆成贯通南北的长堤，中筑六桥，行植桃柳，人称为苏堤。柳永有望海潮写当时杭州："东南形胜，江吴都会，钱塘自古繁华。烟柳画桥，风帘翠幕，参差十万人家。云树绕堤沙，怒涛卷霜雪，天堑无涯。市列珠玑，户盈绮罗，竞豪奢。重湖叠巘清嘉，有三秋桂子，十里荷花。羌管弄晴，菱歌泛夜，嬉嬉钓叟莲娃。千骑拥高牙，乘醉听萧鼓，吟赏烟霞。异日图将好景，归去凤池夸"。南宋改杭州为临安，偏都150年，经济发展，城市繁华　，人口激增至124万。凤凰山麓修

杭州断桥及保俶塔

平湖秋月

湖心亭

三潭印月

起豪华的宫城，楼台园林遍布西湖周围，君嬉臣戏，无意复土。林升有诗："山外青山楼外楼，西湖歌舞几时休？暖风薰得游人醉，直把杭州作汴州！"刻划极深。元朝和明朝初期以南宋亡于逸乐，对西湖弃而不治，以致湖岸坍塌，湖中长满葑草，苏堤以西变成水田桑埭为官吏豪绅所分占；而外湖大部亦无法行船；运河严重淤塞；下游农田不得灌溉。1508年杨孟瑛来任知府上开湖条议得准，乃动用民工数千，历时五月，毁占田三千余亩，湖面略复唐宋旧观。但杨亦因触犯豪贵而受弹劾。清代因杭州为东南财赋之地，对西湖曾多次整治，使风景再新，康熙重题西湖十景。清末太平军进驻杭州，清军和英法洋枪队围攻五个月，破城后屠杀军民17万余。抗战时期，日寇统治八年，杭州再遭到蹂躏，人口从57万降到38万。解放后杭州和西湖才得到新生，现已发展成为百万人口的大城市。

西湖的优越条件是地处江海之间，气候温暖湿润，山环水抱面向城市，有二百多年国都历史与江南先进经济文化。西湖山高仅二三百米而湖之长宽不过四五公里，倘佯湖中或沿岸观赏总是感觉山水和谐而又亲切，处处相映成趣。湖水有一定深度与广度，风景随风雨朝夕阴晴气候的变化而变化，正如苏东坡所形容"水光潋滟晴偏好，山色空蒙雨亦奇。欲把西湖比西子，淡妆浓抹也相宜。"湖内有苏堤白堤分划，孤山高峙，点缀以三潭、湖心诸岛；湖北竖清秀的保俶塔于低山上，湖南置粗壮的雷峰塔在高峰下；湖岸用花木廊榭造成美丽的观景环带；使湖面结构丰富，情趣变换；人工奇巧和自然山水相结合而相得益彰。宋元以来西湖盛传十景：苏堤春晓，柳浪闻莺，花港观鱼，曲院风荷，双峰插云，三潭印月，平湖秋月，南屏晚钟，断桥残雪，雷峰夕照。解放后经过整修与建设，西湖风景的内涵与范围是更加丰富与广阔了。

从断桥经白堤进入孤山是西湖游览的

西泠

杭州岳庙

岳坟

苏堤

柳浪闻莺

玉皇山

核心，在这"草绿裙腰一道斜"的两公里堤路上，明朝曾建望湖亭，锦带桥，垂露亭，现在又修石磴，铺草皮，间植桃柳。沿湖第一景是平湖秋月，清建御书楼，前有平台，两翼为九曲石桥，短栏画槛，三面临水，所谓"渺渺澄波一镜开，碧山秋波入杯来；小舟撑出丹枫里，落叶轻风扫绿台"。依次向西为博物馆、文澜阁、省图书馆，我1956冬初访此地，曾在博物馆看喷水鱼洗，文澜阁中珍藏江南唯一残存的四库全书。山之西端原为清之行宫，1913年以吴昌硕为会长的西泠印社在此成立。山巅四照阁可远眺湖山，可近观文泉、闲泉、华严经塔与保存东汉"三老讳字忌日碑"的三老石室等组成的园景。山之北面有人工砌成的叠山石，东北有梅林及放鹤亭为北宋诗人林和靖结庐隐居之处，他号称梅妻鹤子，其《咏梅》诗："众芳摇落独喧研，占尽风情向小园。疏影横斜水清浅，暗香浮动月黄昏。霜禽欲下先偷眼，粉蝶如知合断魂。幸有微吟可相狎，

不须檀板共金樽。"广为世人传诵。山与北山联接处有西泠桥，周围有武松、秋瑾等人之墓。孤山高只38米，面积只20公顷，唐张祜写它"楼台耸碧岑，一径入湖心。不雨山常润，无云水自阴。断桥荒藓合，空院落花深，犹忆西窗月，钟声出北林。"孤山不仅居风景之中心又是历史文物荟萃之地。

西湖中央有岛名小瀛洲，通称三潭印月，环形堤岸围成内湖，其中更有小岛，中间连以九曲栏桥，建三角亭、万字亭、迎翠轩、一寄楼，水陆交错，别具风情。楼前望湖，水中有三座亭亭玉立的石制灯塔似随水波荡漾而漂浮。小瀛洲之北还有明筑湖心亭与清筑阮公墩两小岛合成鼎足之势。西湖沿岸苏堤北端为著名的岳庙，在栖霞岭下古柏森森和高大殿宇中祭祀和埋葬着抗金英雄岳飞。岳庙前金沙港围成岳湖，其中遍植荷花是为曲院风荷。苏堤六桥现均改宽加固以青石为栏，2 800米大堤全铺柏油路面，岸边遍植花树。苏堤南端在小南湖

玉泉观鱼

植物园

灵隐摩崖

虎跑石雕

北伸出之半岛面向堤上烟柳,背依西山松林,为花港观鱼,解放后增建牡丹园和鱼乐园,扩充面积至十余公顷,建成西湖沿岸最宏伟的园林。西湖南岸夕照山畔吴越建立的雷峰塔经历950年的风雨战火终于在1924年倒塌,传说中的白娘子虽得解放,但西湖却失去一个重要景观。所幸对面与塔同时兴建的净慈寺,经历代整修今尚保持昔日壮观,大殿前的钟楼上悬挂着明洪武铸造万公斤重的铜钟仍然能敲出'南屏晚钟'的洪亮声音。过夕照山到湖之东南岸,今皆划入柳浪闻莺范围。柳浪闻莺原在涌金门外,旁有钱王祠祀吴越王钱缪,历代为柳暗花明所在,解放后整湖岸,植花木,栽种雪松林,旁铺大面积草皮,形成极有特色的游人休憩场所。湖东岸亦分段建湖滨公园。环湖的大量绿化和湖水浚深使解放后的西湖面目焕然一新。

环湖之山,东北从宝石山起有吴越建造的九级砖构保俶塔,宋改七级现恢复原

貌,全塔成垂直抛物线,造型极其挺拔秀丽。塔西为葛岭初阳台高166米,可看日出与钱塘江。葛岭西通栖霞岭上紫云洞有摩崖佛像,岭后黄龙洞有楼阁流泉。在栖霞与灵隐山谷间为著名泉涌地区玉泉所在,宋代造池养鱼,明董其昌题为鱼乐园,玉泉观鱼乃成为西湖一景,20世纪六十年代建筑科学院曾为其建筑重新设计。当地更将周围泉水因势利导,建成风景佳地。同时开辟广250公顷的植物园,分区种植花树,现已蔚然成林,繁花似锦,而兰花及盆景尤为著称。盆景园中有湖石'皱云峰',形同云立,纹比波摇,与苏州'瑞云峰',上海'玉玲珑'号称江南三大名石。 园南洪春桥为看南北高峰的双峰插云处,从桥头起到下天竺的灵隐路上,唐开元时期曾密植松林,苍翠如云,号称'九里云松',至清已名存实亡。1962年重新沿路植50米宽松林带,现已浓荫匝地,备受游人赞誉。灵隐寺位于灵隐山下,326年东晋印僧慧理创建,吴越时寺

净慈寺

281

净慈寺钟楼

内有 72 座殿堂,僧众 3 000 余人。后历经兵火,现存为清代建筑,解放后有两次大修。寺前天王殿悬康熙题"云林禅寺"匾额,两旁有北宋石经幢。大殿三层檐高 33.6 米,内有 19.6 米高的香樟木佛像,四壁环列 20 天,12 圆觉塑像,外有两座五代八角石塔。此寺属全国著名禅宗十刹,香火极盛。寺前飞来峰为石灰岩蚀残孤山,怪石峥嵘,岩洞幽深,林木苍郁,崖壁上保存五代、宋元完好造像 336 尊,其中金光洞口卢舍那佛会、春宗亭旁弥勒讲经群像,呼猿洞口阿弥陀佛与观音、大势至菩萨像尤为精绝。唐宋之问有写灵隐诗"鹫岭郁岧峣,龙宫锁寂寥。楼观沧海日,门对浙江潮。桂子月中落,天香云外飘。扪萝登塔远,刳木取泉遥。霜薄花更发,冰轻叶互凋。夙龄尚遐异,搜对涤烦嚣。待入天台路,看余度石桥。"

从花港南至虎跑,从洪春桥南至龙井,均为与玉泉齐名的西湖名泉。虎跑泉在古

灵山洞

钱塘江大桥

梅家坞茶场

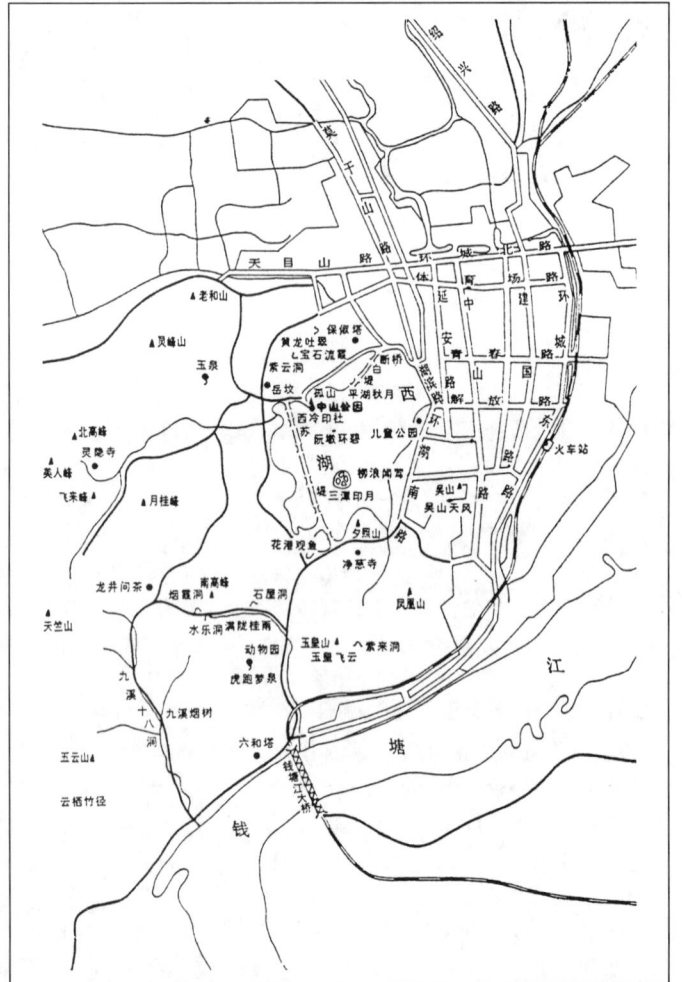

杭州风景分布图

寺内，周围石壁刻有苏东坡诗及500罗汉。龙井附近遍山种茶，色翠味醇，名闻天下。虎跑去龙井经过烟霞、水乐、石屋三洞：烟霞有北宋观音、大势至及五代16尊罗汉石雕像。南山主峰玉皇山高237米，可以观赏钱塘江和西湖，山上竹林茂密，半山有紫来洞。其东为凤凰山，山麓南宋大内禁苑遗迹已无存。吴山为南山东角，山虽不高而伸入市区，为市民纳凉品茶之极好去处，山头有一簇怪石名十二生肖石，山间多古樟，姿态雄伟可供清赏。从虎跑至钱塘江桥西转可到月轮山麓六和塔，塔始建于吴越，1153～1163年南宋重建，清光绪时大修，现7级8角砖构，外观木檐13层，轮廓和谐稳重。登临其上眺望钱塘江及1 453米的大桥，景色壮丽。塔后山坡新建古塔缩微景区，颇受游人欢迎。由此溯江西上可至九溪十八涧、云栖、及灵山洞。从龙井到九溪茶场的山谷两旁全为茶场，许多溪涧从山沟中流出，柳暗花明，山回路转，极富诗情画意。清俞樾诗"重重叠叠山，丁丁东东水，高高下下树，弯弯曲曲路"。梅家坞内有吴越创建的云栖寺，距市10公里，云栖谷石径清幽，泉流铮淙，高竹成林，满山青翠，所谓"万竿绿竹影参天，九曲山溪咽细泉"，杭州竹趣以此为最浓。灵山洞距市20公里，过去曾是湖埠风景地带。洞上"云泉灵洞"为宋朝篆刻，洞口'大块一窍'乃明汤沐题字。周围溶洞甚多，最长游径在千米以上，是杭州市区最大的溶洞群，附近还有23公顷的盆地大坞，如经营得体，将为杭州增色不少。解放以来市政府除大力恢复西湖原有景观外还建设一些新的景点在继承我国园林的优秀传统基础上有所发展（参考明田汝成：《西湖游览志》；郑云山等：《杭州与西湖史话》）。

十五 古会稽绍兴

1985年7月我为审议城市规划二次去绍兴，对当地作比较细致的参观，会后得杭州市设计院的支持又在浙江东部进行环形考察，虽天气十分炎热，行程近两千公里，身体比较疲劳但收获甚多。古代绍兴为从山到海的阶梯地形，西南有绵延百公里的会稽山脉，山北为丘陵、山谷盆地冲积扇、河漫滩与杭州湾沼泽平原相联接。古时称杭州湾为后海，当时海水回流，平原每日受潮汐侵蚀，断发文身的古越人类只能在

丘陵与山麓间活动。这里温暖多雨，森林茂密，大禹来此治水并大会诸侯，取山名为会稽；不久他病死在这里，即葬在山下。于越部族最初的酋长为夏少康的支系，他们过着"随陵陆而耕种""逐禽鹿以给食"的生活。纪元前505年越王允常趁吴王阖闾间进攻楚国的机会攻入吴国，以后他的儿子勾践继位，为图霸主之业，将酋长驻地由山中迁到冲积扇。自此吴越战争不断，阖闾因伤致死，其子夫差用伍子胥于纪元前492

年击破越国，勾践求和入质。三年后被释回国，乃利用今绍兴的八个孤丘建大小城，大城周围10公里，从此"十年生聚十年教训"，扩充部队，发展生产。冶金以铸剑著称，越绝书载欧冶子曾铸成湛卢、纯钩、胜邪、鱼肠、巨阙名剑。终于在纪元前473年灭了吴国，越乃称雄于江淮之间。秦统一中国后于吴县置会稽郡，辖江南及浙江中部26县，于绍兴设山阴县。纪元前210年秦始皇南巡在今富阳过钱塘江，至山阴登会稽山立碑

大禹陵

宛石亭

舜庙石雕

舜庙石刻西湖景

禹庙大殿

王右军祠

兰亭鹅池

兰亭

绍兴越王台

而还,后人名其所登之山为秦望山。会稽为当时名山乃四大镇山之南镇。后汉因地区经济发展乃于吴县置吴郡而于山阴置会稽郡,辖钱塘江附近13县。会稽郡守马臻兴建著名的鉴湖水利工程,东起曹娥江,西迄钱清江包括会稽山冲积扇以下洼地、河漫滩。筑大堤围成107方公里的东湖与99方公里的西湖,沿堤设斗门、闸、堰、阴沟等排灌设备,既用于排洪也用于拒咸,使鉴湖以北56 000公顷耕地保持丰收。东晋至南北朝,由于战乱北人大量南迁,会稽与建康成为当时江南两大都会。鉴湖建成后,为整治平原,需要建海塘以抗拒潮汐,整河网以利排水灌溉及航运养殖。晋会稽内史贺循于纪元300年主持疏凿西兴运河,从郡城西郭经柯桥、钱清、萧山通钱塘江,东经鉴湖、曹娥江、东运河到宁波。当时因钱塘江口水浅滩多水流变化无常,所以这条航线的运输极为繁忙。南陈将山阴郡城分为两县,西为山阴,东为会稽。唐宋先后在海岸

绍兴青藤书屋

柯桥

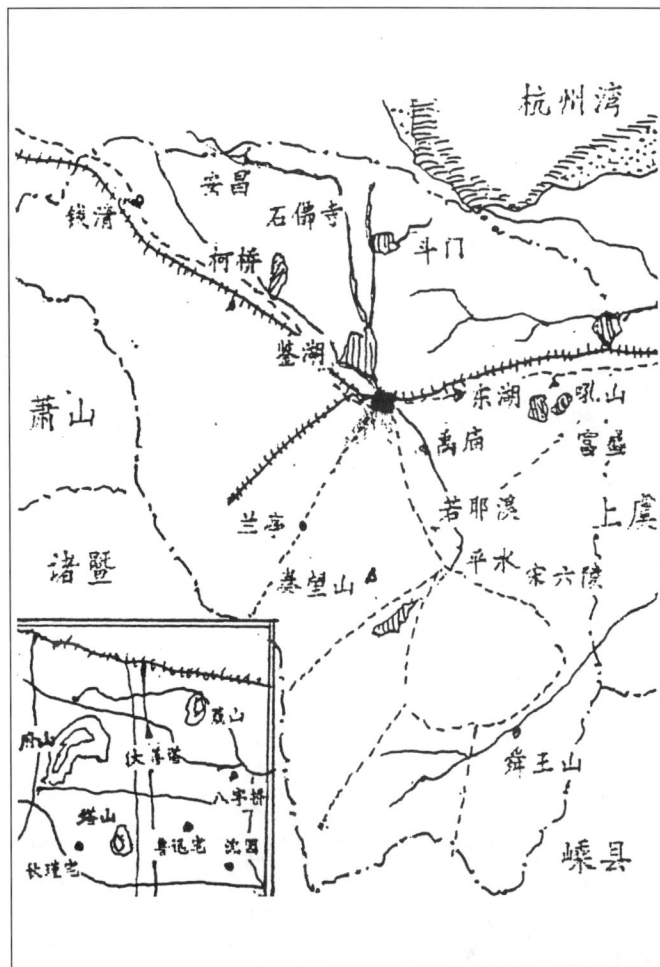

绍兴风景分布图

修筑海塘，平原不再受海潮影响，随后农民开始围垦湖田，南宋初垦田达 12 000 公顷，鉴湖乃逐渐湮没。1131 年南宋改元绍兴并将会稽改为绍兴府，以为临安之陪都。随后又把皇陵建在这里，现在绍兴东南上皋山下埋葬高宗等六代皇帝称宋六陵。这时绍兴已是 5 厢 91 坊人口超过万户的城市，王十朋描写"栋宇峥嵘，舟车旁午，壮百雉之巍垣，镇六州而开府"，经济发达，竹纸被称"越纸滑如苔，更加一千杵；自封翰墨乡，一书当千户"；青瓷被陆羽形容如玉如冰，评为上品。绫罗、绿茶和黄酒也是驰誉全国。

禹陵和禹庙在市东南 6 公里的会稽山下，古越绝书写禹陵"穿圹深七尺，上无泻泄，下无邸水，坛高三尺，土阶三等，周方一亩。"现存明南大吉书"大禹陵"石碑，周围古槐与松竹环抱，两旁有"禹穴"及"禹穴辨"碑亭。禹庙在陵之右侧为南梁创建，现存建筑除大殿为新建外均为清雍正时重建。从西门进庙迎面为岣嵝碑亭，字体有类金

文，系后人为纪念禹之功德所作，原刻在衡山云密峰，明摹刻勒石置庙中。由碑亭北转，过棂星门上百步金阶至祭厅，左右两庑存历代碑刻。再上为正殿，重檐歇山顶，高 24 米，殿中平台新塑禹王立像，两旁楹联写"江淮河汉思明德，精一危微见道心"。殿东有窆石亭，内立两米高顶端有孔的石灰石，为古代刻石。石上篆文经鲁迅考证认为是三国东吴所刻。禹庙建筑虽不多，但高低错落色调和谐而有气势。舜王庙在市东南 43 公里的双江溪，从小舜江岸登百余石阶至舜王山，庙前有两株古扁柏，一株古香樟，浓荫笼罩周围，溪山风景均佳。庙内南有重檐的戏台，北有宽 13 米进深 23 米的大殿，内祀虞舜。庙建于清末，建筑之砖雕、石雕与木雕均具较高水平。越王台原在城内府山南麓的越王勾践小城内，南宋在附近重建，并傍山建越王殿，历代兴废，解放后连同府山又重新建设。现殿内有勾践、文种、范蠡像及卧薪尝胆匾额。登上府山顶峰望

东湖仙桃洞

海亭可望绍兴全城和城外运河与鉴湖。亭北有文种墓。城东五云门外有西施山为越王教西施歌舞的地方；城南有投醪河，勾践伐吴前在此誓师，投酒与将士共饮。

东晋著名书法家王羲之为会稽内史，曾与亲友在兰亭饮宴，当场撰书'兰亭集序'为我国书法传世之宝。兰亭原址早废。现在兰亭为明嘉靖迁建，在城西南12.5公里兰渚山下，整个环境尚有序中所写"崇山峻岭，茂林修竹，清流激湍"的气氛。我于1983年6月初次走进竹林小径，迎面先见"鹅池"碑，两三只白鹅在小溪岸边闲步，顺溪水前进，空间豁然开朗，在绿树环绕中有三所亭阁鼎立。流觞亭四围长窗，外引山溪成流觞曲水。亭左为小兰亭内有康熙书兰亭的石碑。亭前为御碑亭有康熙摹写的兰亭集序及乾隆的七律。亭右另设院落者为右军祠，建筑形式典雅，庭院储水名墨池，中有方亭以桥联系两端，四周围廊为历代书法家临摹书圣的遗墨。城内蕺山脚下戒珠寺相传为王羲之住所，院内有鹅池与砚池。城南塔山有晋末创建的应天塔6角7层高30米，经历代修葺，今尚保持空心砖体。与之并立市中的还有建于南梁的大善塔，砖石结构，6角7层高40米。从汉代起由于各种建筑工程需要而开山取石因而造成奇特形状的岩壁、岩洞、水塘风景，城东3.5公里的东湖就是突出的实例。东湖以堤为界，外河内湖，湖中有带桥小堤与山角相连，山水交融，洞壁高直，风景为他处所无。我乘小船初入陶公洞周围全是二三十米的垂直石壁，水暗黛阴凉，仰望真似坐井观天，人在其中极清极静，恍惚有超尘出世的感觉。穿过霞川桥经饮渌亭到仙桃洞则为展开的石壁，中有余石分割如墙，墙上有孔如桃，旁有联"洞五百尺不见底，桃三千年一开花"为洞景别添情趣。过此北进为桂岭，内有亭树。东登堤上柳荫漫步，山水相间中石壁如削。与东湖相类的风景还有城东15公里的吼山，城北15公里的石佛寺，城西12公里的柯岩。南宋以来鉴湖虽大部围垦成田，但绍兴四周仍河湖交叉，在江南地区最富水乡风光。1985年我二次去绍兴，曾乘船访问过柯桥、新昌、鉴湖和沈家坂，真是"人在镜中，舟行画里"，船滑行在极为平稳的水面上，让绿色的田野和青瓦白墙的民居慢慢移向后面，穿过各种形式的高架石桥，看见人们悠然的用脚划着乌篷船，使我充分领略水乡特色。鉴湖的三山和快阁是南宋诗人陆游的故里，城里还有他为

被迫分离的原妻写钗头凤的沈园。园北有当时建造的著名八字桥。至于近现代名人遗留下来的史迹，如徐渭的青藤书屋，鲁迅、秋瑾的故居，周恩来的百岁堂等，则为数更多(参考陈桥驿:《绍兴史话》)。

十六 曹娥江、宁波和奉化

1985年7月4日我从绍兴乘车东沿铁路直抵上虞城关，然后溯曹娥江南进会稽山

与四明山交界的山谷。四明山西连会稽，东接天台，为曹娥江与甬江分水岭，主峰海拔1010米，周围230平方公里，有谢安、黄宗羲墓及河姆渡文化遗址，战争时期这里是浙东革命根据地。沿曹娥江边民居新旧杂处，青红并举，说明水乡在急剧变化中。曹娥镇有孝女曹娥庙和墓。我们在章镇拍江景后进嵊县三界镇，参观竹编厂，再南过新昌县城，车未停迳去城西三溪村。这是全省十个电气化村庄之一。接着我们进南明山看大佛，先到始建于南齐的千佛院，有石窟二，一窟有1020龛小佛及菩萨罗汉像，一窟有较大佛像35尊，然近来均乱施彩绘，无

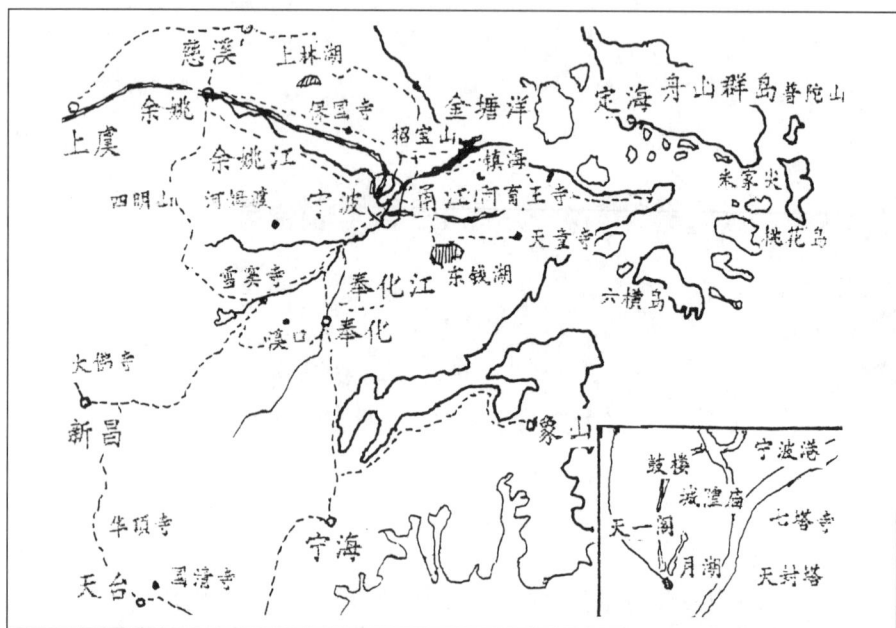

宁波舟山风景分布图

曹娥江

报国寺

宁波天一阁大门

奉化溪口蒋宅过厅

镇海招宝山

法看到原貌，殊为可惜。随后到大佛寺，寺始建于东晋，大殿始建于唐，1979年重建，现为7间5层；石佛始凿于南齐成于南梁，用时30年(486～516年)，高13.74米，头高4.87米，耳长2.7米，号称江南第一大佛。寺中有刘勰"梁建安王造剡山石城寺石像碑"记。归途走山路去舜王庙，过会稽山海拔800米之高处。

我曾于1977年，1985年和1994年三次来宁波。宁波是我国东南沿海著名商港。唐宋时即与扬州、广州并称对外贸易三大港。它外有舟山群岛为其屏障内有甬江出海，及铁路公路与内地联系，而擅交通之利。解放后在镇海小招宝山建新港，于其东建北仑港，更扩大了吞吐能力，现为我国最早开放的14个沿海城市之一。这里山明水秀，经济文化发达，有全国文物保护单位天一阁、保国寺与天童寺。天一阁为明嘉靖兵部侍郎范钦还乡后创建，他博学多识，亲自设计藏书楼，取天一地六之义，楼上为大

统间，楼下为六开间，注意防潮防火。阁中藏书多达七万卷，内有许多孤本与珍本。乾隆编四库全书时他献书最多，共638种。乾隆采用天一阁式样而建造《四库全书》的七阁。现天一阁藏书已达30余万卷，善本8万册，地方志书尤为丰富。后范之曾孙在藏书楼前后建设园林，现当地又收集各地古碑80余成明州碑林。阁外有月湖，唐贺知章曾弃官在此归隐。宋王安石为县令时曾在此修读书台，自叙"收功无路去无田，窃食穷城度两年，更作世间儿女态，乱栽花竹养风烟。"以后经几任太守整治，月湖更成为学者集会之所。陆象山几位大师在此讲学，形成"四明学派"。清全祖望在此设书院，名著浙东。今时过境迁，月湖已改成儿童公园。天封塔为市内最高标志，传为唐武后时建造，现存为元代重建，清嘉庆失火焚去外檐，只存60米高的七层塔身。江东有七塔寺因清康熙建小塔七座得名，现大殿供千手观音像，寺内存唐造舍利塔，宋铸铜钟。

市中心有明建清重修的老城隍庙和明南城门楼上清建的鼓楼。

镇海为甬江出海处，有招宝山雄踞海口，1560年明嘉靖为抵御倭寇侵扰在山上筑威远城，至今遗迹尚存。报国寺位于市西北15公里的灵山，寺始建于唐，现存大殿为宋大中祥符1013年所建，为江南最古老的木结构建筑。寺院有群山环绕，从山下叠锦台登数百石级到天王殿，过荷花池即为大殿。殿进深大于面宽，斗拱粗大，气势浑厚。天童寺在宁波东25公里的太白山下，为明代禅宗名寺，732年唐开元时创建，现存为清代建筑，1979年全面整修。全寺顺山中轴线依次为外万工池、七塔苑、内万工池、天王殿、大殿、法堂、藏经楼。全寺规模宏大，盛时房舍达999间，现在尚存730间。王安石诗称"山山桑柘绿浮空，春日莺啼谷口风，二十里松行欲尽，青山捧出梵王宫。"南宋时日僧荣西等来寺求法，归国后创立日本曹洞宗，信徒多至800万人，因尊天童寺

287

为祖庭。日本名画家雪舟曾渡海来此，十分欣赏这里风光，自号"天童第一座"他的画以后也就深受浙派影响。禅宗另一名寺阿育王寺在天童寺北，以佛舍利著称。西晋时建塔，南梁武帝建寺，现存多为明代建筑，有天王殿、大殿、舍利殿、藏经楼、法堂、宸奎阁等660间。舍利殿有宋高宗写的"佛顶光明之塔"，清乾隆写的"善狮子吼"等匾额，舍利塔安放在七级石塔中，后有3.7米的卧佛。此外还有唐建元修的上下两塔，现上塔已残，下塔6角7层高36米，每层壁龛内有陶制佛像；五代僧贯休画的16王子石刻；苏轼撰写的宸奎阁记等文物。寺之周围风景优美，山峦在平原中突起又多林木洞泉，号称"八吉祥六殊圣地"，鉴真东渡时曾在此休息。距市15公里有东钱湖，面积22方公里，用于灌溉及养殖，人称万金湖。元袁士元写其景色"一百五十客舟过，七十二溪春水流。白鸟影边霞屿寺，翠微深处月波楼。"

溪口在奉化西，距宁波只37公里，为蒋介石故乡，乃四明山古镇，下有剡溪上有武岭头，山上多古老樟柏，山腰有乐亭，山顶有文昌阁，风景秀丽。蒋家在镇中街名丰镐房。溪口西北3.5公里有风景胜地雪窦山，号称四明第一山。山下碑亭有宋碑刻"应梦名山"反映宋仁宗梦游的故事。雪窦寺唐初建，清重修亦为禅宗名寺，四周有群山环围，山上有奇特的五峰，峰下有石窦喷泉，涌流如雪。千丈岩上有妙高台，登台可四望太白、天台、天姥与四明诸山。台下绝壁如削，溪水直泻，形成瀑布奇观。王安石诗"拔地万里青嶂立，悬空千丈素流分。共看玉女织丝挂，映日还成五色纹。"西安事变后蒋曾囚张学良于雪窦寺旁。

十七　海天佛国——普陀山

十数年来，四大佛山我已访其三，而独缺普陀，深以为憾。1994年春我由广东过杭州，特下决心专去探访。3月30日清晨匆匆购得火车硬座票，立即登车，中午赶到宁波；下午二时即乘客运船从宁波码头出发，待船驶出甬江，心才最后稳定下来。江之两岸都是田野河汊，绝少工厂烟囱，也看不到商运繁忙景象。在甬江航行一小时后到镇海，新码头虽停泊着轮船，矗立着吊车，但周围却很很安静。船出港口我回头望见招宝山上的威远城炮台，想到以往我们曾与倭寇和英法侵略者在海口的炮战，心头才有些波动。船进入海域，舟山南部群岛陆续出现。海面上除了破浪前进的客轮在哗哗作响并使平静的海面引起不断的波动外，整个浅蓝的海洋，深青的岛屿和淡青的天空，全都静静地环绕在周围。我在船上除了看看资料记点笔记外，大部时间都是望着外面和都市迥然不同的世界。航行4个半小时，驶出50海里，傍晚才到普陀码头。我们人地生疏，急忙找辆车去宁波介绍的"息耒小筑"。晚上热浴后不久，就在山树环绕

新昌石佛寺大殿

殿内大佛

宁波天一阁

宁波天封塔

的房间中睡熟。

普陀山为舟山群岛东南的一个小岛，全岛南北长8.8公里，东西宽3.5公里，面积12.5平方公里，最高峰佛顶山海拔300米，有登山石阶1 014级。普陀与著名渔港舟山岛沈家门隔海相望，附近洋面是鱼群洄游必经之路，冬春鱼汛我国沿海各省市渔船汇集，千帆竞捕，场面极为热闹。洛珈山灯塔为国际航道的重要航标，唐代以来日本来中国都先停靠普陀以俟风信。普陀为温带海洋性气候，夏日气温白昼最高30度而晚则转凉，冬少见冰雪。满山树木，四季常青，只巨大古樟树即有1 170株。佛顶山上鹅耳枥为东南亚珍贵树木。根据出土文物，4000年前岛上即有人居住。九世纪日僧惠萼从五台山求观音像回国在海上遇阻，乃建"不肯去观音院"，是为岛上建佛寺之始，延至宋代寺院增多此岛乃逐渐成佛教圣地。高宗曾将全岛700户渔民全部迁出并将岛内各寺统一为禅宗。以后又指定此岛重点宣扬观音并免去全部租税。明初实行海禁，曾焚寺遣民，明末再恢复寺院。清初荷兰入侵，将寺院大部焚毁，康熙两度修复并赐匾额。乾隆在佛顶山修圆通殿，扩庵为慧济寺，与普济、法雨合称三大寺。解放前普陀盛时寺院庵堂茅蓬曾达 218所，僧尼二千余人，每逢阴历2、6、8月的19日(观音的诞生、入山及得道日)，进香朝拜者络绎不绝。解放后的1963年最多一日仍达5 000人。文化大革命中岛内寺庙遭受严重破坏，佛像被毁竟达万余。改革开放后才逐渐恢复。我们抵岛的次日清早即雇车直上全岛最高峰。在佛顶山遥见西海舟山岛巍然横列，朱家、桃花诸岛与普陀海岸盐田，相互呼应，风景如画。东海海岸正对远处开阔的洋面伸出三只似鳌的海角，似乎为出入远洋的舰船，敞开着大门。

慧济寺位于山顶盆地，远望树木幽深，临近始见黄墙黄琉璃瓦红门窗的寺院，寺内有4殿7堂共3 000平方米建筑，因地制宜，大殿，藏经楼和大悲阁均在一条横线上。建筑与塑像水平不高，但朝拜者甚多。下山千级石阶名香云路，路旁有巨石耸立名云扶石，周围岩石刻有许多文字，其最触目者为抗倭名将侯继高所书"佛天海国"四个大字。下至半山有香云亭，至山麓见绿树掩映一片黄琉璃瓦为法雨寺。寺背山起势，前后六重。前为天王殿、玉佛殿，中为祀观音的圆通殿，殿顶有九龙盘拱，琉璃瓦系奉康熙旨意拆明故宫从南京运来。殿带月台通高

22米，栏版刻24孝图，前有姿态雄伟的古柏和银杏。后为御碑亭、佛殿、方丈室。门前有新建九龙壁。全寺建筑200余间，布局严整，气势轩昂。出寺走到海边有石室三间名净土堂，有六角石亭名望海亭。其南为千步沙，有黄如金屑长千余米的细沙带绵延在东

海岸。其南还有百步沙、金沙，都是极好的浴场。我们在这里乘车北去梵音洞，从青鼓垒下数十级陡峭石阶到近海的洞口，两壁直立如门，高数十米，中嵌巨石有如老蚌含珠，海潮涌入洞内冲击岩石，声若龙吟虎啸。清孙渭诗"洞门直下百千尺，望之杳冥

普陀山"海天佛国"石刻

梵音洞

多宝塔

紫竹林望洛迦山

佛顶山望舟山群岛

慧济寺

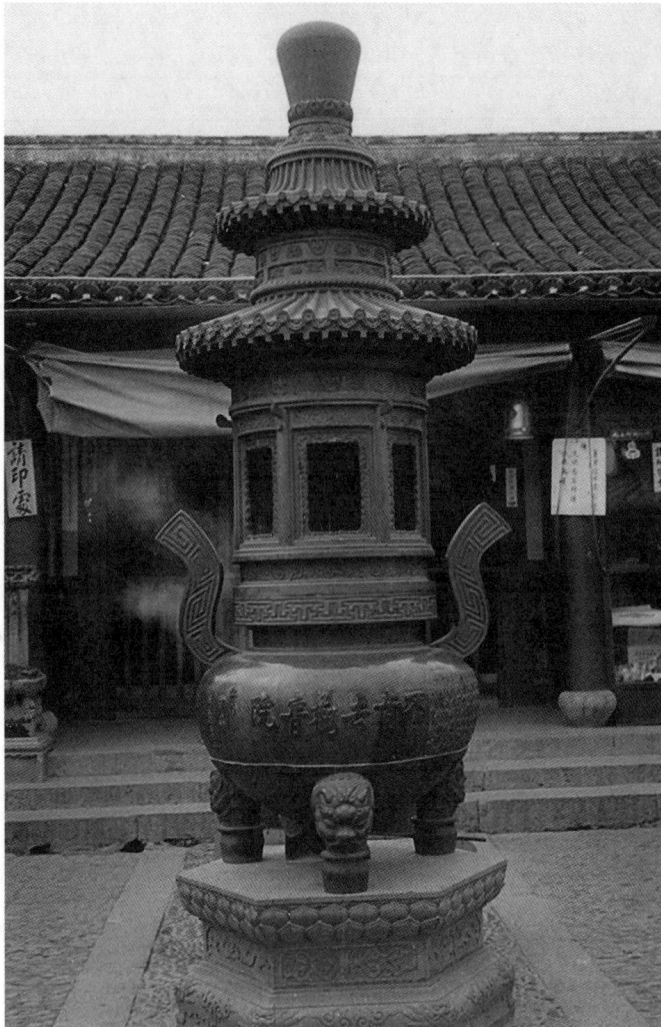

紫竹林观音殿

生寒阴"水石搏击无昼夜,不断轰雷成古今。何年斧劈两壁分,日暮风雨蛟龙吟。"洞上有梵音庵,黄墙上大书六字真言。我们返回时顺进香路去大乘庵,有从缅甸迎来千尊小玉佛,文革时毁。有9米长的卧佛毁后重塑。继续到百步沙的朝阳洞,小山上有新建楼阁,可了望东海葫芦岛的东主航道。相继我们在玉堂街上午饭后又参观多宝塔,塔为元建,方形5层高32米,全用太湖石垒就有台无檐,上三层四面各雕佛像一尊。

下午步行登山走朝山进香的妙庄严路,路为明建,长1.5公里全用石板铺砌,两旁绿树成阴,现因公路有车通行,游人多不走此路,因此十分清静。我们先过正趣亭,有篆文"海上仙山"碑。下山有侯继高书"白华山"碑,再下白华庵有董其昌书"入三摩地"碑而到海码头。在100米长8米宽的条石道尽头,有1919年建造的9米高三门四

柱混凝土牌坊,旁楹联写"一日两度潮可听其自来自去,千山万重石莫笑他无觉无知"。牌坊前有回澜亭,为光绪时仿庙宇形式建起供行人休息的处所。道头两侧有各种形状的岩石露出水面,其中一块刻"短姑古迹"反映观音为小姑送饭故事。我们离码头再乘车东行到南天门,从金沙滩登上罗汉岩过环龙桥即到孤悬海中的南山。这里危岩耸峙,错立如门,清总兵蓝理曾在此抗倭,书有"山海大观"四字。然后车过金沙滩到观音跳,石上脚印相传为观音从洛珈山跳到普陀的地方。其东即潮音洞、紫竹林、不肯去观音院。潮音洞在龙湾沙冈下,与梵音洞同为海蚀形成,崖壁高数十米,有上下二门,洞内深邃莫测,海浪冲激,飞沫从上喷出,阳光折射化为五彩虹影,忽散忽现,"来惊瀑布飞,回骇明珠弄"蔚为奇观。崖上刻"现身处"元明时代信徒在此祈求观音

现身,甚至有舍身投海者。洞上小亭石壁刻"明嘉靖癸丑季秋副使李文进参将俞大猷都司刘恩至督兵灭倭于此"是役歼敌200余。洞上为成片竹杂以亭榭池桥,内为雕栏玉砌的殿宇,铜香炉上刻着"不肯去观音院",海岸各处以此最为清幽。院外隔海远望对面小岛有如卧佛者即落珈山,传为观音修行之地。岛之四周均为嶙峋礁石,在南北西三面建道头,船视风向停靠。山上原有四座茅篷现只余一座。王安石咏洛迦诗"山势欲压海,禅宫向此开;鱼龙腥不到,日月影先来。树色秋擎出,钟声浪答回,何期乘吏役,暂此拂尘埃。"东山原有天灯台现改为国际航标灯塔,其下洛迦门为日本与亚洲各国往来必经航道。出紫竹林驱车去西天门,此处望舟山岛更为亲切。西山坡度较陡且多怪石,其著者有底窄如浮置的磐陀石,有"危石若悬,庋石若举,坠石若扶,

普济寺

古樟树

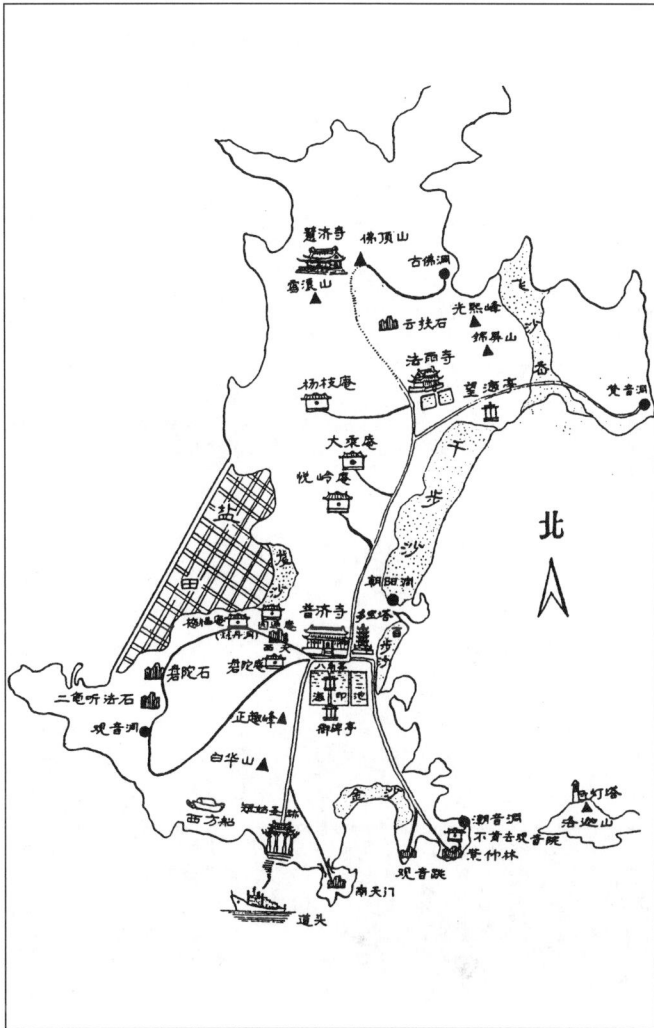

普陀山风景点分布图

崩石若斧"比为罗汉的53参石及二龟听法石等因时间有限不及遍访。下山归来将车放走,徒步漫游普济寺。此寺和陆上大寺相比不算恢宏但寺前布局却极有气势。寺东南有多宝塔,西南有石坊,寺前横亘莲花池,池岸影壁上书南无观世音菩萨七个大字,跨越池中前有重檐御碑亭,后有八角亭。池之周围树密荫浓,景物相互渗透。山门内前为天王殿,钟鼓楼、藏经楼、方丈殿,内坛大殿名圆通宝殿,康熙、雍正两度重建,殿中供奉毗卢观音像高8.8米,四周端坐观音各种面貌姿态的32应化身,均为1981年新塑。 出寺日尚未落,乃登西山坡去普惠庵看古樟树,树围7.5米,树龄800年。下山日落,兴尽而归,次日早起仍乘渡轮回宁波。游佛岛虽仅一日但飘尘出世之感已溢出心怀。陆游有诗"碧海无风镜面平,潮来忽作雪山倾。金桥化作三千丈,闲把松枝引鹤行。海上乘云满袖风,醉扪星斗蹑虚空。要知壮观非尘世,半夜鲸波浴日红。"

十八 天台山

东晋以来天台雁荡成为浙东著名风景胜地。1985年7月10日我在近午的高温天气中从宁波起身过奉化前往天台。车经宁海、三门在象山港与三门湾见海,至高视向西转进山区过天台县,晚宿国清寺宾馆。次日清早乘车北上20公里爬至天台最高峰海拔1138米的华顶山上,山下虽炎热难当,山上却凉风阵阵,衣单不宜久留。天台北接四明,南连雁荡,西通括苍而东临东海;为甬江、曹娥江、灵江的分水岭,其风景特色是山峦层叠,溪水纵横,悬崖孤峙,瀑布四泻。所谓"山有八重,四面如一"(南齐陶弘景),"苍苍耸极天,伏眺尽山川;叠峰如积浪,分崖若断烟"(南梁李巨仁),"碧玉连环八面山"(唐李白),"上尽峥嵘万仞巅,四山环绕洞中天"(唐孟浩然),"溪回山合,水石森立""翠壁穿崖,层累曲折"(明徐霞客),佛教道教常比附为天宫仙府。华顶可以观山观海观日出观云雾,但山形无奇险特异处,原有智者拜经、李白读书遗址现已了无痕迹。下到华顶寺,现驻有军队,门额题"华顶讲寺",王右军墨池已埋在地下, 72座茅蓬只留下一座。出寺下山北去著名风景点飞瀑石梁,车近瀑布,我们寻着响声走进溪谷,望到飞瀑,立即为其奇异景色所吸引。正如徐霞客所写"水瀑从石门泻下,旋转三曲;上层为断桥,两石斜合,水碎进石间,汇转入潭;中层两石对峙如门,水为门束,势甚怒;下层潭口

天台山华顶寺

下方广寺

飞瀑石梁

颇阔,泻处如阈,水从坳中斜下"阔若素练,高约40米。石梁在瀑布顶端两山崖之间,天生横石似特意为截流而设,远望与瀑布结为一体,实为自然之奇观。我们驻足良久,乃缓缓走近瀑前,下面圆石中只有青绿小潭,水趁陡势已急流入溪,上面悬瀑激石,飞沫四溅如雨,不能久停。乃出谷至下方广寺与中方广寺,均依山凹建起,面积逼窄,殿二层有类民居。中方广寺有联"风声、水声、虫声、鸟声、梵呗声,总合三百六十击钟鼓声,无声不寂。月色、山色、草色、树色、云霞色更兼四万八千丈峰峦色,有色皆空"颇为写实。然后登上方广寺从水源处看石梁,瀑布原为两股溪流汇合而成,石梁长7米,宽20～50厘米,上窄下宽,中间微凸,号称龟背龙身,溪水从石梁下奔腾而出直泻深谷。石上生有青苔,令人望而却步。徐霞客写'余从梁上行,下瞰深潭,毛骨俱悚'。同行浙大女讲师洪亚华竟走过去又返

回,勇气令人钦佩。石梁旁有昙华亭,我们进去喝茶并欣赏附近石刻,有米芾"第一奇观",康有为"石梁飞瀑"。宋陈知柔写此地"巨石横空岂偶然,万雷奔壑有飞泉。好山雄压三千界,幽处常栖五百仙。云际楼台深夜现,雨中钟鼓隔溪传。我来不作声闻想,聊试茶瓯一味禅。",元曹文晦诗"山北山南尽白云,云中有水接天津。两龙争壑哪知夜,一石横空不渡人。潭底怒雷生雨雹,松头飞雾湿衣巾。昙华亭上茶初试,一滴曹溪恐未真。"石梁东还有"铜壶滴漏",因赶往上方广寺用饭,未去。

下午归路看位于金地岭的智者塔院,岭高560米,清潘耒诗"九里松风十里泉,徐徐送客上青天。不知华顶高多少,已觉群峰贴地眠。"塔在松竹掩映的真觉寺中,大殿额题'智者肉身塔',内供奉高7米,6角2层,用青石刻就的天台宗祖师智者的肉身塔,两旁绘有天台宗17位法师像。575

年南陈智顗入天台建草庵讲经十年,创天台宗,隋杨广时为扬州总督,赐号大师。现存塔院为明代建筑。寺外有唐代碑亭及隋唐明三代宗师墓。寺之对面高明寺为智者开创十二古刹之一,有三尊高3米重8吨的铁佛和明铸3.5吨重的铁钟.相传"国清的松,塔头的风,华顶的雾,万年的柱,高明的钟"为天台各寺突出特色。下山过县城去西北3.5公里的赤城山,山高337米,火山石色微赤,层列井然如城堡,山多浅洞,著者上有玉京,下有紫云。山顶有南梁为岳阳王妃所建七级宝塔。我们到时天色已晚,抢拍全景后即登上紫云洞,洞前靠崖有两层长方形建筑,黄墙上书佛号,洞口石岩刻有"赤城霞"三个大字。赤城北有桃源洞即传说汉刘晨、阮肇误入,在山中半载,世上已传七代的仙洞;西有石奇谷幽的寒岩、明岩,均属天台八景,因无时间未去。

天台山上方广寺

赤城山七级宝塔

国清寺隋塔

次日上午专访国清寺，据《九域志》载寺与齐州灵岩，润州栖霞，荆州玉泉并称天下四绝。智者入天台，在国清寺创天台宗，前后建寺36处，度僧14 000人，遗著法华玄义等30余部。后鉴真渡海宣扬的即天台教义。唐804年日僧最澄来国清寺，受业于天台七祖道邃，学成回国，在日本比睿山仿国清建延历寺，开创日本天台宗。至今日本佛教尚奉国清寺为天台宗的发源地。来寺前在路旁先见石筑的寒拾亭，悬五峰胜境匾额，纪念高僧寒山和拾得。再前为丰干桥直跨寺前溪水，纪念高僧丰干。桥左有"一行到此水西流"碑，纪念密宗祖师天文学家一行禅师为编制"大衍历法"而来国清。登东山有黄褐色的隋建古塔，6角9级，砖构空心无檐，高59.3米。国清寺在群山环抱之中，有西北双溪流经寺前，共占地7公顷，现存清雍正时期重建的600多间房屋，分布在山坡的四条轴线上，整体和谐，错落有致，

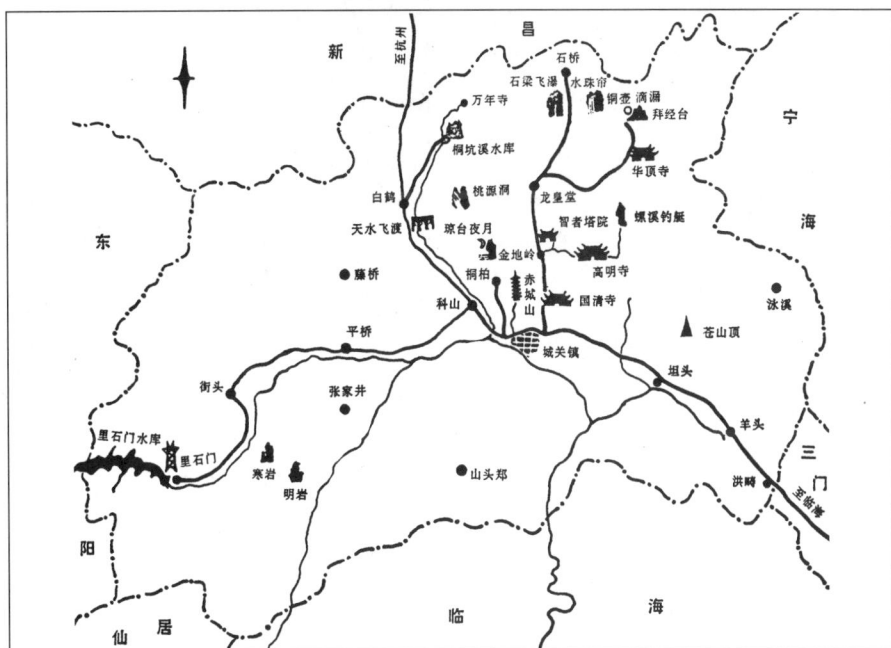

天台山风景分布图

国清寺前丰干桥

国清寺山门

林木满山,环境清幽。宋洪适诗"物外千年寺,人间四绝名。两廊诸岳色,九里乱松声。海气标僧院,秋钟彻县城。夜来疏磬断,月影遍楼清。"天台寺院几乎都是小式建筑与民居十分接近,殿堂多为单檐灰瓦三五开间,加上山水林木的环境,因而格外显得朴素、清幽、亲切。国清寺山门有"国清讲寺"匾额及"古刹著域中,创六代,盛三唐,宗风远播;名山传海外,倚五峰,临二涧,胜迹常新"楹联。门内前为弥勒殿,天王殿,后为大殿内供重13吨的青铜释迦佛,两旁为元代楠木雕成的18罗汉。大殿左侧为藏经阁及妙法堂,阁内藏妙法莲华经及大乘经。右侧有锡杖泉及鹅字碑。弥勒殿之西有鱼乐国,观鱼自乐;大殿右侧有隋代梅树,苍颜虬姿,均为寺内一景。寺东北石壁上隋唐建寺原址刻有柳公权书"大中国清之寺"(参考周荣初:《天台山导游》及《天台山诗选》)。

十九　雁荡山

雁荡山为括苍山支脉,面积450平方公里,地质属流纹岩为主的火成岩。一亿年前为火山地带,3 000~4 000万年前沉于海中,2 000万年前露出海面,后历经洪水冰川侵蚀而成今日之奇特地貌。雁荡层峦叠嶂,溪涧纵横与天台同,但山峰耸拔,气势磅礴;奇石怪岩,类人肖物;悬崖夹持如石门,衔接成高洞,或围绕似天井;瀑布高悬或上有石梁,或中经三折,或直泻若珠帘,或飞散如烟雨却胜过天台。宋沈括《梦溪笔谈》

称雁荡山为"天下奇秀""皆峭拔险怪,上耸千尺,穿崖巨谷,不类他山。"清龚思诗"山外看山亦等夷,入山始觉众山低。奇峰拔地争雄长,怪石随人自品题。放眼直穷天内外,回头不辨谷东西。赏心最是灵湫水,万丈晴虹饮雪溪。"我于1985年7月12日下午由天台赴雁荡,路过临海和以蜜橘闻名全国的黄岩,在山根下参观民居,到处都有橘林。到了乐清湾的白溪就远远的看见雁荡群山的雄伟身影。当晚住在管理局,听地方介绍情况。雁荡知名于唐初,杜甫祖父杜审言曾在大龙湫刻石,四川高僧诺矩那率弟

子300来此建寺讲经,至北宋而声誉渐著,雁山志所载10院18刹16亭大部建于此时,相传能仁寺就食游客曾日达千人。南宋建都临安,雁荡为去温台驿路必经之处,"贵游辐辏,梵刹增新"发展至于全盛。明唐寅画有雁荡长卷,徐霞客有两次游记;清袁枚、阮元等诗文更多。雁荡风景名胜多不可数,人们分为灵峰、灵岩、大龙湫、雁湖、显胜门五区而称前三者为雁荡三绝。

13日早我由管理局去群山包围中的灵峰寺宾馆,略事安排后即走到庭院中观看周围山势,因峰峻岩高,仰角过大,不得不

黄岩橘林

走出宾馆到远远的公路上,这才看清甚麽老鹰、金鸡、犀牛、双笋,这些形象都由整个山峰构成,特别雄伟浑厚,气势夺人。随后顺路走到鸣玉溪,见小潭幽暗,溪水浓绿,周围十分宁静。 接着北返到观音洞,洞由鹰峰和倚天峰夹持而成,深广各 40 米,高约 100 米。唐代有高僧善孜独居,宋人刘允升搜剔沙石加以扩充,先祀 300 罗汉,后祀观音。现在洞内建九层楼台,仍供奉佛像,满洞烛影摇红,香烟燎绕。洞壁石刻无法欣赏,洞外观景亦受干扰。如此国内罕见的高洞,内部许多见光空间,若布置多层休息观赏厅,欣赏洞壁肖生造型、洞上一线天、三股泉、洗心池和洞外山树明灭诸般景色,发展前途实为无量。 邓拓有诗"两峰合掌即仙乡,九叠危楼洞里藏。玉液一泓天一线,此中莫问甚炎凉。"出观音洞去西北之北斗洞,洞开敞如奋斗,内建四层楼阁的道观,

悬朱熹、董其昌的楹联。顶上赭黑色石岩有如虬曲的卧龙,洞左有珠帘水、玉液池。下山乘车去三折瀑,这是一股水流经三处悬崖而成上中下三折,我从山路爬上中折瀑。见圆形石壁下大上小成倒漏斗形,溪水从崖顶冲下成抛物线,飘在空中如飞雨。我绕到瀑布后面向外看,青山绿树为水珠交织的帘幕所笼罩,琉璃颤动,格外绚丽。下山过下折瀑,气势则远逊矣。

下午乘车访灵岩寺,正值天柱展旗两峰间表演飞渡。飞渡为此地传统技巧,解放后已多年不演,最近才恢复。雁荡山峰一般比天台为高,最高百冈尖海拔 1 150 米。灵岩寺背靠屏霞嶂,前面有高二三百米的天柱、展旗两峰,相互峙立号称南天门。当地在两山峰间系粗索,人们缘索在空中做各种表演。我们坐进寺院中,见艺人先从高空坠落再爬上悬崖,然后倒挂在绳索上爬到

中间或立或卧或行走或翻筋斗并三次点燃鞭炮,因距离既高且远,人成黑点,火光与响声仅及耳目。随后离寺去小龙湫,沿路多奇峰怪石,小龙湫的百米瀑布紧贴岩石倾泻而下,崖壁及水潭多参差黑石,激流冲击,白沫四溅,声响震耳。潭中湍流回旋从乱石中穿出几股水流合成卧龙溪流走。大雨后水量增加,瀑布狂飞,声喧如雷,气势更为雄壮。从小龙湫回来又攀上 390 个台阶到龙鼻洞,洞虽无景可观但附近古代石刻甚多。归途又访龙峰的净名坑,这里有游丝嶂与铁城嶂两侧悬崖壁立,高耸入云,长约 200 米, 仰望天空有如蛾眉名"初月天"。雁荡 14 嶂以此处最为雄伟。嶂下有洞,水从洞上下注如屋檐滴雨,名水帘洞。洞之右侧有形如树桩的黑石名梅花桩。我进洞口闻内有奇臭,同行者怀疑是否有死尸。嶂内晦暗荒凉,我们去时又值阴天,乃匆匆退出返

雁荡山灵峰

观音洞外望

回。

次日上午去大龙湫，往返路程22公里，有一半路程须步行爬山，去时上700级，下500级台阶，来回2 400级，地方原未作安排，因我希望去，临时派车送我们到上龙岩。这里地形比较开阔，山峰挺拔秀丽和昨天看过的地区不同。车到马鞍岭我们开始爬山，边爬边欣赏周围风景，岭上有路亭，我们坐下休息并买西瓜吃，这里的瓜又甜又便宜。过岭风景又有变化，山峰的层次多，陡立的峰石多，山谷的树木多，老年人下山也比上山省力。我悠然地边看风景边下山，不知觉地转过一座十几米高的直立石峰，骤然看见大龙湫，啊呀！这瀑布太高了，相距二三十米，吃力地仰着脖子还看不清瀑布的顶端，只好退到山坡斜着相机拍全景，瀑布下面的人小得像火柴。接着我慢慢走近瀑布，下边坚硬岩石面上积着浅浅的碧绿池水，并无深潭，头顶上飘洒着飞散雨珠而不是远处看到的白练洪流。原来大龙湫从连云嶂飞下高达190米，其宽度虽不如国内黄果树，但高度则远过之，其景色又随季节、晴雨、风力的变化而不同；秋冬雨水稀少瀑布始如珠帘下垂，相继化为水雾，阳光映照绚

中折瀑

空中飞渡

铁城嶂

大龙湫前之峰石

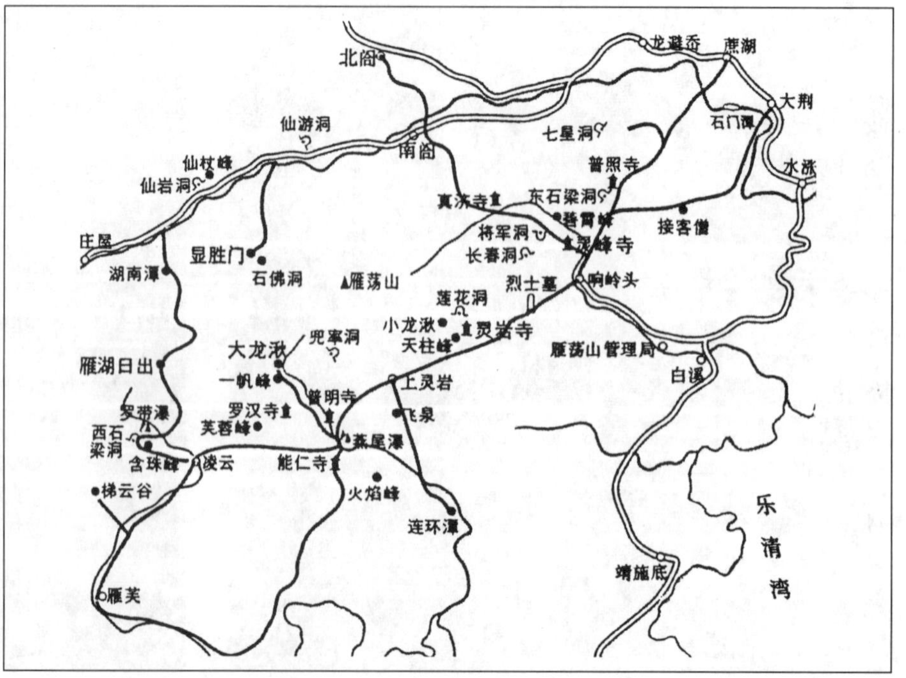

雁荡山风景分布图

大龙湫

雁荡山南阁

丽如长虹，山风吹动，飞舞戏水似银龙；春雨如丝时雾与之交织忽成棉絮，忽化青烟，伸缩飞舞，极尽轻柔婀娜姿态；盛夏雷雨，百壑奔腾，激流怒号而下，轰然捣石，声震天地，潭水反溅，再成飞雨。宋晁端彦诗"万丈龙湫水，飞流翠壁开。泻疑银汉落，涌若海潮来。飘洒四时雪，喧阗万壑雷。庐山吾未到，气象胜天台。"清袁枚长诗有句"龙湫山高势绝天，一线瀑走兜罗棉，五丈以上尚是水，十丈以下全为烟，况复百丈至千丈，水云烟雾难分焉。""分明合并忽分散，业已坠下还迁延。有时软舞工作态，如让如慢如盘旋；有时日光来照耀，非青非红五色宣。""更怪人立百步外，忽然满面喷寒泉；及至逼近龙湫侧，转复发爆神悠然。"阮元长诗有句"眼前无石不卓立，天上有水皆飞空""飒然乘飙更挥霍，随意所向无西东。""云烟雨雪银河虹，玉尘冰縠珠帘栊；万象变幻那足比，若涉拟议皆非工。"大龙湫的奇异景色应居我国巨瀑前列（参考谢军：《雁荡山导游》，《雁荡山诗选》）。

下午乘车去北山，车开动后即降大雨，上到九老山、荆山，巨雷接连劈下。似开山辟石，声震魂魄。下山到大荆、蔗湖、龙皮吞雨始停。前行为一片平原，全程约20公里到南阁，回望雁荡山风景仍十分吸人，南阁为章纶故里。人村后中街有牌坊九座，现存五座，坊额依次为"世进士""恩光""方佰""尚书""会魁"直抵章宅，文革中牌坊及宅第均未毁坏不知是否与全村章姓有关？归途在水涨的海湾略事停留。离雁荡时管理局同志索字力推不得，留词"巩固与发扬山南雄山奇石、层峦悬瀑的优势；开发山北，增添海湾山溪与古建筑的风景。注意多层次、多品种的绿化，充分利用冬暖夏

凉的气候条件，把雁荡山建设成内涵丰富的国内外知名风景区。"

二十　温州到东阳、清秀的仙都

1985年7月15日我由雁荡山乘车去温州，沿途最为触目的是富裕农户新建的大量多层楼房住宅。最为集中的柳市镇楼房有高至5～6层的，已变为新建的小城市，曾被中央工作组称为资本主义的典型，最近才得以平反。我走进一家200平方米的小院中，在三层小楼里面，住着一对青年夫妇带两个小孩，屋里正在油漆，二楼摆着床铺沙发，桌上装有电话，三层堆满木器家具。据他讲这里发家，大都靠电器加工。温州人最富创业精神，他们的足迹不仅走遍全国，而且世界各地的华侨也有十几万。中午我们赶到温州，这个人口仅有50余万的城市，地处瓯江入海口，是我国南方重要的海运港口，自西汉建东瓯国起已有2 000多年的历史。下午乘船入瓯江参观江心屿，全屿面积70公顷，历来和长沙桔子洲、镇江焦山、厦门鼓浪屿并称我国四大岛屿。岛上两峰对峙，中间原有小河，宋代为人填塞，两山各有一塔，东塔869年唐建，西塔969年北宋建，南宋将两寺合并，名江心寺，以后屡毁屡建，现存为明末规模。后陆续增建文天祥祠及博物馆，岛上林木笼罩，云水低迷，一株樟树抱榕树已树高枝繁。

次日清早溯瓯江北返，据说海水涨潮可入江40公里，车到青田温溪，江水才转

清。温州市内人烟辐辏，喧闹烦热；这里却是山水清幽，田野宁静，恍然两个世界。丽水行署来人带我们游石门洞。洞在青田西北35公里的括苍山中，瓯江上游大溪西岸，自南朝谢灵运起始知名于世，道教命名为12洞天。谷内有松溪流出，钟鼓二山夹持两旁，号称石门。入内不远见洞口瀑布自40米高的绝壁上流下，弥洒半空，四时不竭，李白石门飞瀑诗称"瀑布挂北斗，莫穷此水端，喷壁洒素雪，空蒙生昼寒。"瀑布左壁有历代名人如南朝谢灵运、唐郭密之、宋沈括等刻石78处。附近有积银潭、观瀑台、刘基祠、灵佑寺等古迹，今多荒芜。出谷口前行40公里去丽水午饭，饭后急赴缙云看仙都。

仙都在国内虽不太知名，但我游览后却深深为其秀丽景色所感动。起伏山峦中遍布造型奇特和色彩斑斓的岩石，一条曲折的好溪蜿蜒在开阔的山谷，谷内是水田、浅滩、树丛和石筑的长短桥、小村舍。青山绿水间充满清新恬静的天籁和悠然自得的生趣。从缙云县城东行8公里到周村即望见前山上两块岩石象伛偻的老妇和亭亭玉立的少女，前行不远到下洋村又望见两块岩石像个背着包袱的男子后面停着一顶轿子，当地为它们命名姑妇岩与舅轿岩，并解释为"慈母望子妻望夫，肝肠欲断苦难诉，远念亲人久征战，相对无语泪如注。"下洋对面有一座屏风般的石山，山中横嵌60～70米长的天然石廊，号称小赤壁。内有明御史郑汝壁隐居的丹室和宋小蓬莱歌，明小赤壁题字及清袁枚游仙都峰记等刻石。壁下潭中堆石错落名小蓬莱，王诰诗称"一峰缥渺翠云开，海色天风万壑低，借问蓬莱仙岛石，何年飞入五云溪"。再前至初扬谷，山上

温州清水埠

温州江心寺

青田石门洞

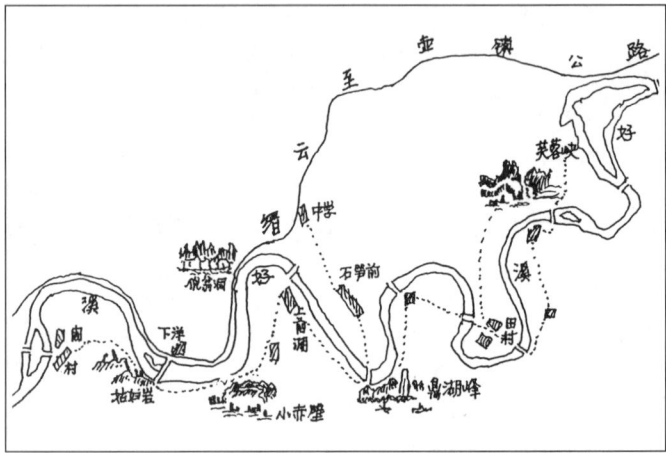

仙都风景区示意图

三洞并联,唐李阳冰为隐者篆书"倪翁洞",后世建凭虚阁加以保护。石壁上还有"旭山""斗山"题字亦系明人隐居而刻。洞前有问渔亭、独角亭及朱熹讲学的独峰书院。明汤显祖写此处景色"西望云霞近括苍,层峦洞壑拱朝阳。天衣炫碧摇晴色,丹灶流珠饮日光。"出洞过中学南至石笋前村即望见山前拔地而起的石笋即鼎湖峰。这座"秀拔山川清气上,直冲星斗夜光寒"的孤峰高168米,顶上有湖水,多奇花异草,传说黄帝曾在此炼丹,唐白居易诗"黄帝旌旗去不回,片云孤石独崔嵬,有时风激鼎湖浪,散作晴天雨点来。"峰壁有"鼎湖胜迹"刻字,旁依小石笋名童子峰,意境甚妙。鼎湖峰后面为步虚山,多石洞及怪石,号称道家第29洞天;山顶有飞瀑、天桥、及状如玉笋、笔架、牧童诸峰;山下有唐玉虚宫遗址。我离开鼎湖峰,傍着山角的矮树丛,走过石板竖一块横一块搭起的长桥进入开阔的田野。边了望两旁山岩和村舍,边踏上田埂,走过

浅滩。有时看看别致的民居和遇到的乡人聊上几句,如此悠闲地东行二三公里到芙蓉峡。两面耸立的石壁长达数十米,参差嶙峋,奇形异状,壁上刻有"铁城"二字。溪水从中流过,峡内极为清凉寂静。明李键有诗"两山高并敞云门,天壁飞泉吐欲吞。朝霞出洞扶桑色,古峡飞泉宿雨声。"附近有紫芝坞、仙掌岩及铁城书院遗址。仙都风景区东西仅10公里,但其山水岩石历史文化内涵之丰富,在浙应与天台、雁荡并列而各具特色。 解放后一些着重风光的影片如《摩雅泰》、《阿诗玛》、《凤凰之歌》等均选此为外景,绝非偶然。晚饭后与县里告别时应约题词"兀直挺秀的石峰与奔放开阔的山溪相结合;山溪与绿色无边的田野相结合;田野与丰富石筑村舍相结合是仙都绝妙处。"离温州当日傍晚赶到东阳,17日上午参观卢宅,竹编厂,木雕厂,和两厂相约将来整修圆明园他们可出些力。下午回杭州,浙东之行8天,行程1 150公里。

二十一 富春江与千岛湖

我于1989年10~11月参加义乌民居会议前后两次游富春江,会前由杭州溯江,经富阳至桐庐,会后由江山返杭走兰溪去建德,看千岛湖,然后顺江归来。钱塘江上游兰溪以上为衢江,兰溪以下经梅城、桐庐、富阳至萧山称富春江。新安江发源于安徽经浙江淳安、建德于梅城与富春江会合,1960年在淳安建大型水库通称千岛湖。古代富春江水清山秀,人文荟萃,备受诗人骚客赞誉。10月29日我趁会议空隙乘车过云栖到富阳鹳山,山角直廊过于呆板,但登山至半,迎面古樟却引人入胜。山上有同治重建的春江第一楼及为郁达夫兄弟新建的双郁亭,远眺江上,山岚云水,色青碧而形缥渺。富春江下游多沙洲,其中以王洲对面的瓜江埠为孙权故里,天子冈为其家族葬地

富阳鹳山

富阳石牌坊

桐君山塔

而最著名。出富阳境相继到桐庐附近的桐君山，山位于分水江与富春江交汇处，高约60米，因玲珑秀丽临江而立，又名浮玉山。桐君为我国古代医药学者，据李时珍本草纲目记载桐君黄帝时人。黄帝命桐君与巫彭采药求道，止于桐庐东山，结庐桐树下，识草木金石性味，定三品药物，以为君、臣、佐、使，有《桐君采药录》，后被隋书和旧唐书列为典籍。车到山前有新建石坊，额题桐君山，路旁摩崖石刻有明孙纲诗"以桐为姓为庐名，世世相传是隐君，夺得一江风月处，至今不许别人分。"上山共300余石级。半山有六角小亭可眺望凤凰山因名凤凰亭。山顶有一道红墙中开圆门，内为三间的桐君祠，桐君老人像前有联"大药几时成？漫拨炉中丹火，先生何处去？试问松下仙童。"祠内墙上绘25米宽的汉药溯源图，从桐君开始下接扁鹊，张仲景，华陀，葛洪，孙思邈以至李时珍等。祠旁有两层楼的中药房，销售著名中药及陈列地方文物。

祠后有6角7层高约20米的古砖塔，清代重修塔身全涂白色。塔旁有重檐红柱的四望亭。塔东有江天极目阁，这里观赏江景比鹳山更为丰富。元名画家黄公望曾在此潜居数年画成7米长的《富春山居图》，势清秀而意简远，历代视为艺术绝品。清王修玉曾叹"今日已无黄子久，谁人能画富春山"，现代画家叶浅予深入写生苦心摹画，用四季景色将六和塔至梅城的山乡巨变画成富春江山水长卷。当地已在附近建成富春画苑，古今名画连同山南唐宋刻石聚会于此，为期当不在远。午后回杭。

11月7日我由江山乘汽车回杭州，过兰溪北去建德，公路旁有以江南悬空寺著称的大慈岩、有五洞相联的灵栖洞和发现五万年前建德智人化石的乌龟洞均因赶路未去。跨过新安江新建362米长的白沙大桥迳抵建德午饭。饭后参观水库，这是解放后由我国自行设计、施工与装备的第一个大型水利工程。水库在淳安建德间拦截新安江，

水域辽阔长达150公里，总面积为580平方公里，有104个西湖大，蓄水量为178亿立方米，装机容量65万千瓦，大坝在建德附近铜官峡，高115米，长476米。水库淹没群山成为岛屿409个，水位下降时可有大小岛屿1 078个，因此称为千岛湖。湖水清澈如镜，绿岛飘浮似珠，龙山岛秀立湖心，上有海瑞祠、书院及观音洞。密山岛有清泉、僧塔。湖的周围溶洞甚多。方腊洞及陈硕真遗址记念唐宋农民起义更有历史意义。今后开发建设前途极为宽广。新安江由建德下流35公里至梅城与兰江汇合入富春江，梅城三面环山如屏如嶂，一面临江如带如镜；城东南三江合流，有唐初所建七级砖塔两座，隔江相望。这里是古代严州府治，陈硕真在此称帝，方腊在此设元帅府。清查慎行诗"过城滩更急，直下汇分流，树色衔双塔，山形豁一州"。从梅城到桐庐芦茨埠距离24公里，两岸峭壁悬崖名"七里泷"号称小三峡，查慎行诗"泷中乱峰高插天，泷中急水折

新安江水库大坝

复旋，泷中竹树青如烟。白龙倒垂尾蜿蜒，泄云喷雾为飞泉。晴光一线忽射穿，两点白昼打客船。船行无风七十里，一日看山柁楼底。"七里泷沿江名胜有子胥渡为伍子胥由楚逃吴渡江之处；有百米高的葫芦瀑；有富春山腰的两磐石，相传为东汉严子陵的钓台和南宋谢翱哭文天祥台。用时半日终于完成富春江未了之游。

1999 年 4 月我趁来杭州之便，于 15 日专游瑶琳仙境，这是解放后开发较早的岩洞。开始走去富阳、桐庐老路，路面已有很大改善。待西北转去天目山，新建路面更为平整，车行百余公里到瑶琳仙境。岩洞全长千米，于山脚下布置展室、蜡像馆，并通小火车，风景建筑及园林均有相当水平。惟洞

瑶琳仙境

建德白沙大桥

瑶琳仙境钟乳石

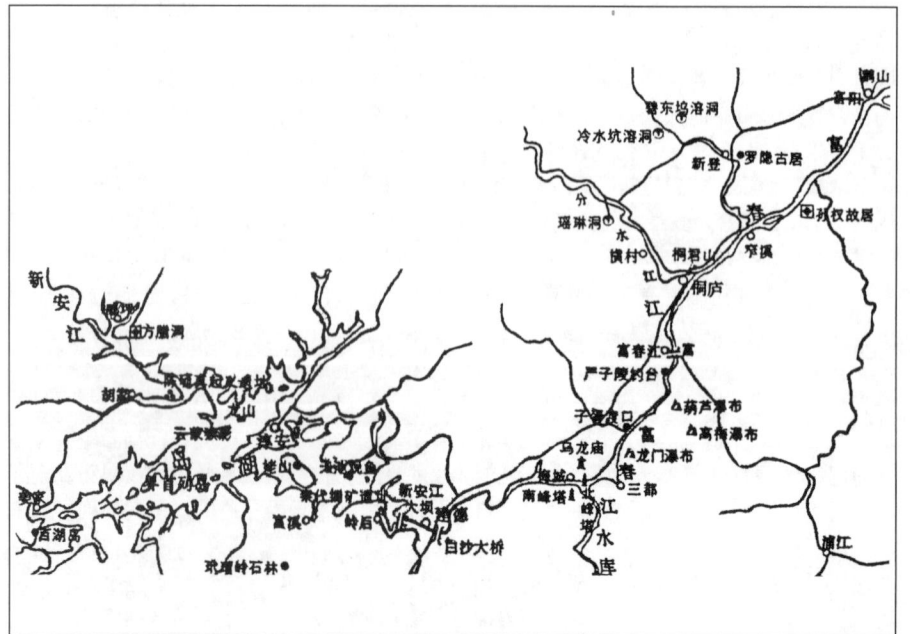

富春江与千岛湖风景示意图

内空间比较局促，钟乳石变化不多，略嫌简单。在近出口的水洞旁用条石建神仙世界的游乐宫，是否得体有待实践证明。出洞后车去天目溪漂流处的红灯笼度假村午饭，归途选拍几个处新民居。

二十二　金华、衢州、江郎山与仙霞关

1989年10月31日至11月3日我参加义乌传统民居会议，参观对象是义乌、龙游的古镇和传统民居，但顺路也看了金华湖镇的舍利白塔，塔六角七层砖筑，叠涩出

檐，造型秀丽，建造年代较为久远。傍晚抵金华市在婺江边参观始建于宋而重修于元明的天宁寺，现只存元建的大殿，深广各三间，顶为单檐九脊，内部结构尚保留一些唐代手法。出寺沿江东去不远到八咏楼，楼为南齐诗人沈约任东阳太守时所建。沈咏楼诗"登楼望秋月，会圃临春风。岁暮愍衰草，霜来悲落桐。夕行闻夜鹤，晨征听晓鸿。解佩去朝市，被褐守山东。"后又将诗之每句写成长歌一篇，因名八咏。以后历代文人学士在此会文赋诗，留下名篇甚多，如李清照题八咏楼"千古风流八咏楼，江山留于后人愁。水通南国三千里，气压江城十四州"。楼北为太平天国李世贤的侍王府，大门对面有石雕团龙照壁，门内正中有三进议事厅堂，

旁院为住宅，后面为花园，靠近花园有容纳军队演习的大操场。府内建筑大部完好并保存一些有关太平军的壁画，极有历史价值。

会议结束我特地由杭州去江山，11月5日下午参观须江及对岸公园，次日天阴乘车走新建浙闽公路去看古镇廿八都。廿八都是北宋所建四十四都中，地处浙闽赣三省交界有800户人家的一座古镇。它隐藏在深山大谷中，到处是青瓦白墙的明清建筑群，四周有青绿山水围绕，中间一条小溪穿过。古镇的四门已废，只镇南尚存"枫溪锁钥"门额。公共建筑有孔庙、大王庙、文昌宫、万寿宫、真武庙、忠义祠、观音阁、老衙门、新兴社等。其中以大王庙规模最大，

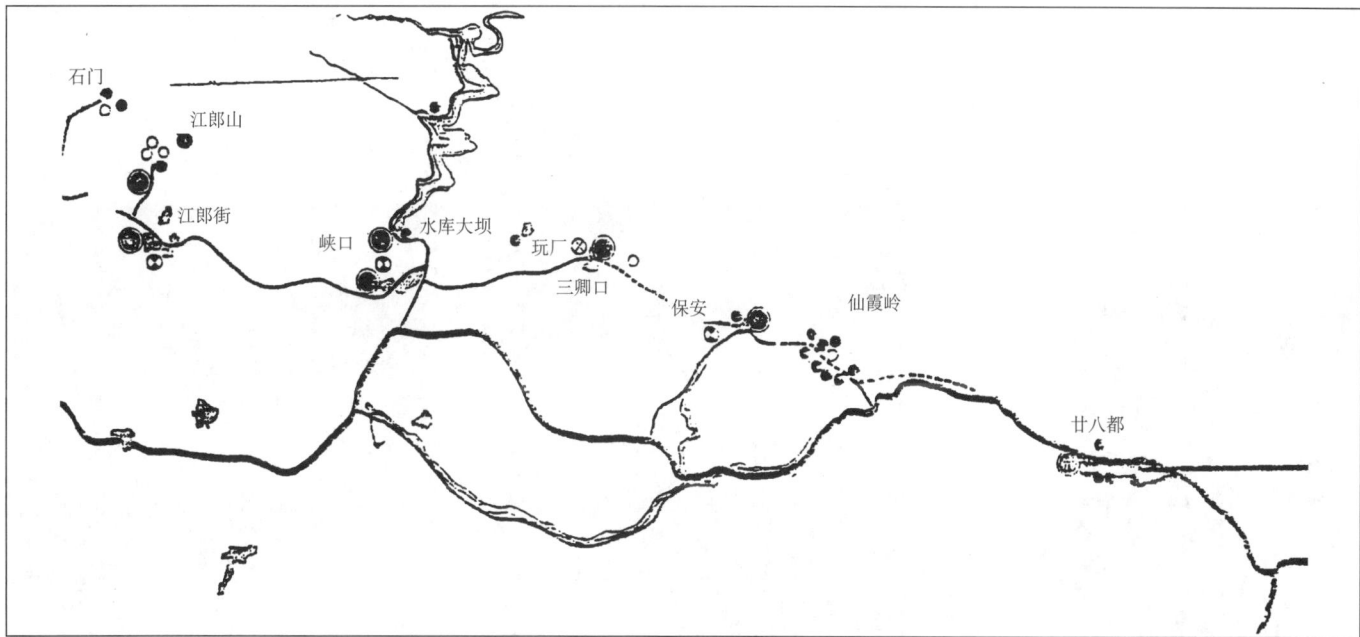

江郎山、仙霞关、廿八都风景区图

金华侍王府大门

侍王府议事厅

孔庙最为雄伟。孔庙清末建，三进殿堂两天井，里面有精湛的木雕与彩画。文昌宫、万寿宫的内部装修亦同样精美。与枫溪平行的是一条店铺作坊栉次鳞比的卵石街道，马头墙、木排门、腰壁、牛腿充满明清建筑的古趣，镇南还有一座横跨溪水的石拱桥，上建九开间重檐歇山顶的桥亭，名水安桥。如此完整的古镇既有山水林木的浓郁野趣，又有建筑艺术的清雅风格，实为我国现存古代传统民居中难得的瑰宝。明末郑芝龙镇守仙霞关，即在此驻扎，郑成功幼年随父在附近狩猎，当地以其处名"狩山"。历年夏季大寺庙会，三省游客曾多达数千人。下午回返时天色愈阴，这时我们已发现路上

有风景绝佳的仙霞关和江郎山，为了看仙霞关，须先到保安村。村中有特务头子戴笠的家，新建小楼除前楼梯外还有隐蔽的后楼梯，平时如此防范最后他还是死于飞机失事。

仙霞山脉位于衢州地区的南部，西南与武夷山脉衔接，仙霞岭在仙霞山脉西南端，距江山市42公里，为赣浙闽交通咽喉之地，方圆百里，山高谷深，一夫当关，万夫莫开，自古以来为兵家所必争。汉武帝对东越、闽越用兵，始开仙霞古道，后"诏军吏哲将其民徙处江淮间，东越地遂虚。"仙霞岭亦"人迹所绝，车道不通"。唐黄巢起义从浙东攻取福建各州，再开衢州至建瓯

路七百里，于仙霞岭以石铺路，迂回盘旋，极为艰险。宋节度使史浩又"募人以石甃路"而"稍作宽平"。同时于险要处设六道关隘并各以条石筑成两道拱门，仙霞关为第一道关特设四门，高3.4米，宽2.7米.《方舆纪要》称"仙霞隘处，仅容一马，至关岭益陡峻。拾级而升，驾阁凌虚，登临奇旷，蹊径回曲，函关剑阁，仿佛可拟，诚天下之雄关也。"关岭总长5公里，有碎石铺砌台阶360级，路宽4米，阶宽2米，以便于大部队运动。但岭上有24曲，五步一上岭，三步一转弯。郁达夫说"这里山的高，水的深，弯的多，路的险比杭州九溪十八涧起码超过三百多倍"。仙霞关曾是南宋将亡义兵拒

金华湖舍利白塔

廿八都商业街

廿八都万寿宫

江山须江大桥

廿八都文昌宫木雕

廿八都枫溪桥畔

廿八都文昌阁

仙霞关

衢州南孔庙

元，南明将亡郑军抗清，日军侵华我军护闽的最后关口；也是明代叶宗留、邓茂七率领矿工起义转战五年，清末太平军李世贤击溃清兵，国内革命战争时红军挺进的根据地。古代诗人描写仙霞岭有"暂听朝鸡双阙下，又骑羸马万山中。重裘不敌晨霜力，老木争号夜谷风。"（陆游），"山险全无路，溪晴半是沙。岭云逢宿处，斜月带栖鸦。"（高翥），"独步青云最上梯，八闽如井眼中低。泉鸣万鼓动深壑，山饮双虹垂远溪。"（张以宁），"虎啸猿啼万壑哀，北风吹雨过山来。人从井底盘旋上，天向关门豁达开。"（查慎行），"乱竹扶云上，蒙茸但见烟。千盘难度鸟，万岭欲藏天。古树拿云健，重门铸铁坚。分明两戒外，别自一山川。"（袁枚），等佳作。

我们从保安村去仙霞关登山路迂回曲折，竹林邃密，我们爬高百多米才到了仙霞第一关。这时阴云密布，望不见周围险峻的山势，关城也显不出那么雄伟，但看一看关前"福建路建宁府....砌此路"的石碑和黄巢义军走过的古道，摸一摸块石砌就的关门

和卡断隘口的关城，联想到历代战争的往事，似乎这关前的空场还隐藏着无穷的奥秘。走下山沿路过三卿口有元明时代的制瓷作坊，窑岭有明青花窑址，峡口有新建水库，傍晚到江郎山。

江郎山俗称三爿石，位于江山市南25公里，属仙霞山脉，山高824米，山巅有三座石峰，高260余米，骈立如笋，上插云天，色彩斑斓，气势雄伟。徐霞客曾三度造访，他在游九鲤湖日记中写"悬望东支尽处，其南一峰特耸，摩云插天，势欲飞动。问之，西郎山也。望而趋，二十里，过石门街，渐趋渐近，忽裂而为二，转而为三。已复半歧其首，根直剖下，迫之则又上锐下敛，若断而复连者，移步换形，与云同幻矣！夫雁宕灵峰，黄山石笋，森立峭拔，已为瑰观，然俱在深谷中，诸峰互相掩映反失其奇；即缙云鼎湖，穿然独起，势更伟峻，但步虚山即峙于旁，各不相降，远望若与为一，不若此峰特出众山之上，自为变幻，而各尽其奇也。"去江郎山可沿公路至双涧口，下车步行，先上

十八曲，高差120米，有石阶500，登山时两旁林木茂密，左右均有山涧流响，潺潺悦耳，是为"一磴盘空"属江郎十景之一。上至半山有开明寺遗址，现正建山上招待所，取名吐月山庄。从此继续上山前进125米到会仙岩，再160米到郎峰脚下的烟霞洞，这里是唐朝隐士祝东山和三衢刺史周美结庐而白居易诗称"与君来往醉烟霞"的地方，也是江郎十景的"烟霞楼台"。更前80米至郎峰断壁处有高大宽敞的钟鼓洞，下临峭壁悬崖，上负巍巍郎峰，风吹洞壁，声如钟鼓，是为十景中的"洞岩钟鼓"。三爿石成川字形排列，十景称"三峰列汉"，岩层以集块岩、次流纹岩及沙砾岩为主，堆层浑厚，色丹如霞。清尤侗诗"石者白为云，云者青为石，云石不可知，一片空蒙色。三峰豁复开，中有君子室，室中何所有？片片芙蓉出，天半卓奇文，千古江郎笔。"三石中东为郎峰最为高大，周围达2 000余米，绝顶上面宽数公顷，常年积水，夏溢飞瀑，树木丛生并产名贵药材。中为亚峰比较扁平陡削。西为灵

江郎山

衢州周王庙雕刻

峰顶险峻而腰婉约，壁光洁呈白色。郎峰与亚峰间的峡谷称大弄，长390米高差98米。从烟霞亭随步道至咫尺桥攀登坎坷岭365级石阶到登天坪，这是三峰登临的汇合口。灵峰与亚峰中间的峡谷称小弄，两峰间距离均匀，平均5米，弄长300米成弧形，人行其间，抬头望天，有似如钩残月，名一字天。宋柴随亨诗"移来渤海三山石，界断银河一字天。云卷前川龙挂雨，风生阴洞虎跑泉。"登天坪为一片草坪，眺远山，观石峰，是江郎风景精华所在，属十景之"灵石回风"，宋辛弃疾诗"三峰一一青如削，卓立千寻不可干。正直相扶无依傍，撑持天地与人看。"陆游诗"奇峰迎马骇衰翁，蜀岭吴山一洗空。拔地青苍五千仞，劳渠蟠居小诗中。"三爿石附近的北峰原有江郎书院及砖塔，均为唐祝东山之子为其父建，后毁，宋王尧臣写北塔碑记，苏辙写重修江郎书院记，珠玑文字，传诵至今。西峰不高却与北峰遥相对峙如三爿石的左右手。其东南为漫长的山涧名新塘坑，溪水明净，瀑布众多，现于峡口修筑水库，山水相映，更增无限佳趣。

我们抵达江郎山时，不料山前大雾，车在雾中爬至半山，我们下车，自己再走二三百米，原希望到山顶能云开雾散，但走到三爿石脚下雾反而更浓，两米以外不能见人。大弄小弄在雾中只见模糊黑影，进还是不进？我们毫不游移地走进小弄，石缝中的路还算好走只是光线太暗，藉一字天的朦胧光只能看见眼前的路，我们似乎走进

神秘的仙境，只有用手摸到光滑而潮湿的石壁或听到互相招呼的声音时才感到自己真实的存在。出了一身透汗终于爬出石缝到了登天坪，坐下休息，四周为雾所笼罩，甚么也看不见。下山走大弄，路宽并有石级，比较省力。这一行江郎虽未露面但我仍然深深为它的雄伟和神秘所震撼。回来坚信从江郎山经仙霞关到廿八都这45公里的风景带经过适当建设与发展，完全有条件和浙东天台、雁荡并列成为国家级的风景区，有条件和周围黄山、武夷山、三清山、千岛湖并驾齐驱(参考江山市政协：《江山揽胜》)。

7日由江山乘汽车回杭，路过衢州看南孔庙，这是金兵南侵时孔子48代子孙背负孔子楷木像来此由南宋朝廷敕建的。其体制仿曲阜而规模逊之，元代被兵火所毁，明又重建，清朝再多次修缮，现存大门及石坊，仪门、额题泗浙同源的大成殿、思鲁阁。西邻额题尼山嫡派的孔府。顺路又参观周王庙及北城门，然后重过龙游走兰溪去建德。

二十三　浙江传统民居

如北京单座平房和四合院可以代表北方传统民居的主要类型，则浙江单座楼房和天井院可以代表南方传统民居的主要类

型。南方气候炎热多雨夏季温度常达30℃以上，年降水量常多于2 000毫米。因此民居构造比较轻薄，构架用穿斗式，屋面在檩檐苇箔望板之上直接铺瓦，围护结构除土木砖石墙体外也广泛应用树枝竹苇等纤维材料。由于结构灵活，用料轻巧，单座建筑可以加大进深及纵向分隔，或顺势出檐增加披屋，或曲尺变化形成转角。浙江民居进深有多至15米，内部包括多间卧室及厅堂、厨房。建筑物理要求是防晒、防热而非取暖，因此设披屋、转角、内部分间，开窗小而少甚至不开窗，都是为了增加阴凉。取向虽仍朝东南其目的却在于通风。南方民居多设楼层做卧室用，但较低楼层也常用于储藏。单座楼房一般不筑围墙其外观造型因地貌、体量、构造、用料的不同而千变万化。南方单座楼房随屋顶的高低错落，屋脊檐角的起翘装饰，山墙楼层的加披加檐，出挑凹廊的进退，门窗、隔扇、山尖与墙体的虚实对比，墙体材料质感与色彩的变化，常年的绿化与周围环境的巧妙利用，而具有丰富多彩的地方特色和艺术感染力。

为适应南方湿热天气避雨防晒及乘凉的需要将北方正厢房联成一体，将宽大的庭院缩为狭小的天井，内部分为厅堂及侧室，再以通廊联系而组成天井院，也是南方民居最普遍的类型。将小院纵横并联可组成大家族多股聚居的大院。厅堂分正厅、门厅、过厅及后厅、侧厅。正厅是家庭日常生活中心及接待宾客的地方。建筑尺度高大

宽敞,用料考究,装饰集中。两侧多有楼层而厅堂独单层到顶。天井面积不大,一般要求从厅堂内部能望见天空即可。屋面相互联接而出檐深远,使宽阔的回廊成为内外的过渡空间,既敞亮又阴凉。正厅前装活动隔扇门,夏季开敞,后金柱装固定隔扇旁留

小门,所谓隔而不断。通常正厅前后都有天井使空气流动保持良好通风。天井地面多用石板铺砌供蓄水、排水、洗涤使用。厅堂周围房间多做楼层并分成小间用做寝居及储藏。天井院的外观有开敞与封闭不同形式。浙江、安徽、江西多用高大外墙将内

部建筑遮挡,墙面开小窗或不开窗大门亦为很小的随墙门。外墙墙头覆盖青瓦,呈折线或曲线变化,墙面刷白灰,名封火墙或马头墙。全村绿树、青瓦、白墙的淡雅色调和各种形式墙头形成高低起伏的天际线,给人以心泰神清而又充满生机的情趣。广东、

绍兴鲁迅故居穿堂

鲁迅三味书屋大门

秋瑾故居

绍兴安昌

天台山村

黄岩民居

东阳卢府

俞源民居门前望山

武义俞源星象村口

俞源街道

俞源声远堂浮雕

俞源长石桥

义乌佛堂古镇

武义俞源声远堂

义乌八面厅雀替

义乌三门源戏台

三门源叶宅大门

福建的天井院多数没有这种围墙而将内部屋顶显露在外，则另有一种风味。

浙江地区地貌复杂，建筑材料丰富，经济发达，技术力量雄厚，传统民居有多方面的优秀成就：如依山傍水，巧于利用地形地貌；如就地取材，充分利用地方材料；如防热通风，合理组织流动空间；如利用空隙，争取更多使用空间；如重点装饰，运用多种艺术手段；如结合功能，灵活处理建筑形式；如经济节约，注意整体综合效果等等。20世纪六十年代建筑科学研究院和浙江省建设部门共同进行专门的调查并出版浙江民居专著，已引起国内外的重视。我在八十

年代前后两次探访，于绍兴一带侧重水乡，于温州侧重新民居对传统的继承，于浙西侧重古镇及大院，在专著之外做些补充的了解。

二十四 重要拾遗——武义俞源村（补）

1999年4月我有浙江之行，经地方介绍，我特意去参观一个非常重要的古代民居村——武义俞源星象村。俞源在武义城

西南20公里，四面环山，中有溪流通过。据俞氏宗谱记载，明初青石的刘伯温与俞源的俞涞友善，为其按天上星象规划全村。将村口溪流改曲成直径为320米的阴阳鱼太极图，阳鱼植禾，阴鱼栽树，现已古木参天。以溪流为黄道，太极图为双鱼宫，连同周围11座山合为12宫。将全村住宅划分星区，选出28座堂楼代表28宿，以七口水塘为北斗七星，俞氏宗祠正位于北斗的斗内。这种星象布置正和1974年在河北宣化辽代砖墓出土的古代星象图完全一致。俞源世代书香，文化底蕴深厚，文人辈出；当地山环水抱，风景秀丽，成为名人荟萃之地。苏平仲

所写《江山息兴图卷序》、《孝思庵记》、《皆山楼记》均载入四库全书。

俞源现有 700 多户,2 000 多人口,其中有宋代创建的洞主庙,元代的利涉桥,明代的戏台及明清古建筑390多幢。其中主要有(1)声远堂 92 间,1 466 平方米,清康熙二年建,后堂明万历十年建,厅堂桁条充满浮雕,沿口三根雕天地水中不同动物。(2)裕后堂 现存 120 间,2 560 平方米,乾隆 50 年建。道光时主人绰号金狗,进入厅堂要经过曲道九重门,六七重门之间上设岗楼,下设陷井。厅堂号称五无,即无灰尘、无蝇蚊、无蛛网、无鸟雀与清凉无夏。当地流传" 上坦溪口,不如俞源金狗",两村不如一家富。(3)高座楼 26 间,1 092 平方米,清嘉庆 10 年建,走廊用精选石子铺地,每颗石子都用竹筒套过,人称"五斤石子,十五里溪"。(4)精深楼 40 间,2 772 平方米,清道光 25 年建。园内有花园、藏花厅、书房,进出也有九重门。(5)俞氏宗祠 51 间 3 176 平方米,明洪武7年建,称孝思庵。祠内有雕花戏台及六大厅两小厅。(6)洞主庙原为二庙合一,既供治水李冰又供传说救母的沉香,旧历正月、六月有圆梦节,每年为圆好梦而来者达数千人。一个村庄有如此众多的古老建筑,实不多见。而距村不远又有十里丹霞胜境——刘秀垄,奇峰异石,号称"十里画廊",彼此相得益彰。

俞源村梦仙桥

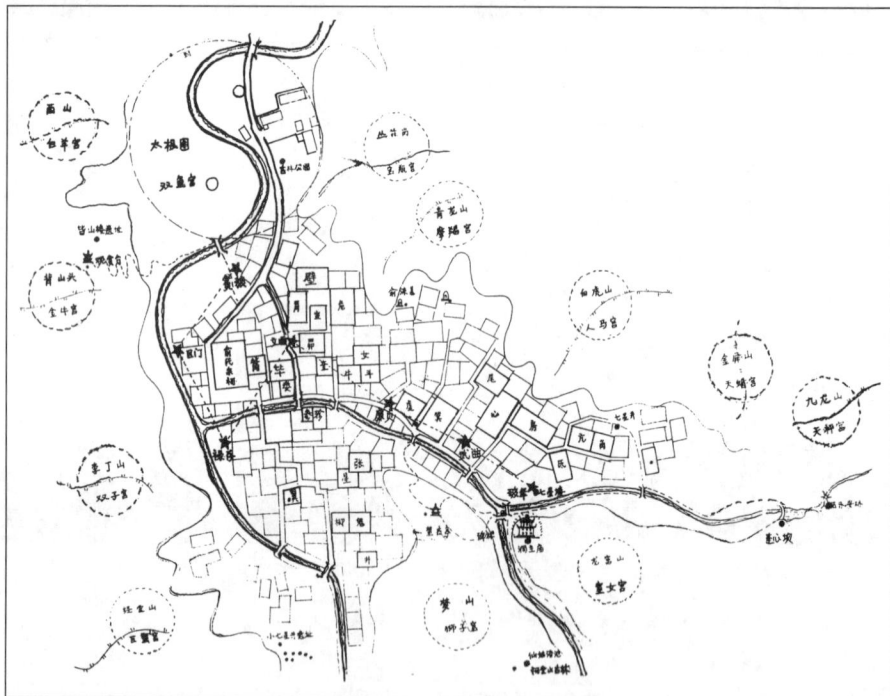

俞源太极星象村平面示意图

长江古文化,楚,红色革命根据地

　　近二三十年来考古发掘及历史研究的进展,业已充分证明长江中游及下游是中国古人类活动及古代文明的发源地。1980年在安徽和县陶店发现24～28万年前的晚期猿人头盖骨,以后又在巢县银山发现早期智人遗址,皖南水阳江发现多处旧石器遗址。湖北继长阳赵家堰发现长阳人化石后,建始高坪发现巨猿牙齿,郧县梅铺、郧西神雾岭发现猿人牙齿,大冶、丹江口、房县、宜都等地发现旧石器遗址。湖南在流入洞庭湖的四大水系中陆续发现旧石器遗址60余处。长江中游的旧石器遗址主要集中在武当山至武陵山一线的东部山区,场江下游,这是中国古人类及古文化由西南地区向黄河流域及北方地区迁移及传播的通道。到了新石器时期长江流域的经济与文化的发展和黄河流域大体相当而略早些,其所不同的是长江以稻作经济文化为主而黄河以粟作经济文化为主。距今8 000～5 000年间长江中游从彭头山文化、石门皂市文化、城背溪文化经大溪文化到屈家岭文化;长江下游从马家浜文化、河姆渡文化到良渚文化;从以种植水稻为主的早期锄耕农业阶段,到发达的锄耕农业或犁耕农业阶段。距今7 500～4 700年前黄河流域从老官台文化、磁山文化、裴李岗文化、北辛文化早期;经仰韶文化早中期到仰韶文化晚期、庙底沟二期文化;从以栽培粟黍为主的早期锄耕农业阶段到发达锄耕农业阶段。黄河及长江的新石器文化是互相影响、互相渗透的,黄河流域仰、庙底沟文化扩展到江汉流域,长江流域的大溪文化、屈家岭文化和良渚文化扩展到黄河中下游。新石器晚期长江流域文明萌芽中心在中游为洞庭湖平原和江汉平原在下游为太湖流域。迄今为止两湖平原发现天门石家河、石首走马岭、江陵阴湘、沣县城头山等五座古城,其时代属5 000～4 500年前的屈家岭至石家河文化,城垣周长1 000～2 000米,与黄河流域古城相比时代早而规模大。五座古城中有四座设置水门并将护城河与外面河湖沟通,城之周围又环绕许多小聚落。在长江下游太湖周围也出现中心聚落和聚落群(参考光明日报1995年10月16日张之恒:长江流域在中国文明起源中的地位和作用)。

　　战国时代七国中以楚最大,自西周以来吞并五十多小国。楚威王取越国浙江以西土地并派兵入云南以滇池为中心扩地数千里,其领域包括今湖北、湖南、安徽及江西大部、河南南部的长江中游及淮河、汉水流域,西与秦、巴,南与百粤为邻,东至海滨。战国七国当时有人口二千万,楚国即有五百万。国内有华族、苗族和其他,产生以巫文化融合华夏文化为基本的楚文化。楚国存在前后八百余年,旧都郢即今之江陵纪南城,前后经历四百多年,现在其周围发现不少城址及上千座楚墓。以后楚迁都到若(今湖北宜城),到陈(今河南淮阳),最后到寿春(今安徽寿县)。现淮阳发掘出大型楚墓及车马坑,寿县发现有26平方公里的楚城并廓墙、城壕、水道遗址。湖南临沣亦发现近百座楚墓,其中最大一座有二椁三棺,应是封君身分。战国时期楚之东南原有的越文化已逐渐与楚文化融合(参考:《文物考古工作十年》安徽、河南、江西、湖北、湖南部分)。

　　自从1927年10月毛泽东率领起义部队进入井冈山开辟第一块革命根据地起到1934年10月中央红军退出中央革命根据地开始长征止,中国共产党在华中及其周围地区发展红军、建立革命根据地、进行土地革命。前后粉碎国民党军队四次围剿,全国红军总数已达30万人,中央革命根据地跨湘赣闽粤并与闽浙赣连成一片,长征开始红一方面军带走1,3,5,8,9军团八万人出发。湘赣与湘鄂赣地区红军西去湘鄂革命根据地组成二方面军开始长征。红四方面军原在鄂豫皖根据地后转入川陕创立新的革命根据地,人员亦发展到八万。全国革命根据地在这个时期为革命培养了大批干部和建立了有坚强战斗力的武装,为以后取得抗日战争胜利及建立新中国奠定巩固的基础。我从1979年起到1995年先后十二次走访这片地区,除对江西进行系统查考并参加景德镇、庐山、少华山规划外,其他地方了解不多。但长江中游是中华各民族活动频繁,自然条件优越,历史文化资料积累丰富的地区,可资记载者极多,最近考古新的发现尤堪重视。

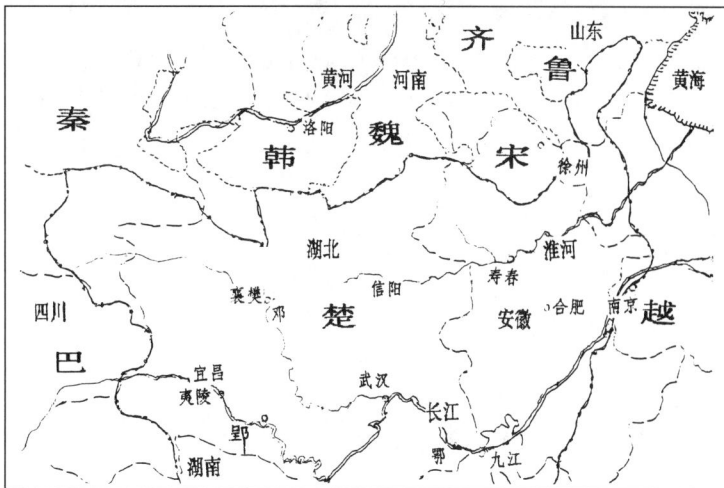

一　淮河平原与蚌埠周围

安徽北有淮河横穿省境入江苏洪泽湖，曾为黄河故道，两岸无数支流汇成广阔平原。南有长江由江西斜向东北经安庆、芜湖、流往南京、上海入海。江淮之间大别山纵贯西部，中为起伏绵延的丘陵，有我国五大淡水湖之一的巢湖。江南为九华、黄山、天柱耸峦叠翠的山区。安徽气候温和湿润，四季分明，淮北属半湿润的暖温带，淮南属湿润的北亚热带。粮食、茶叶、水产丰富，淮南、淮北的煤，铜官的铜，马鞍山的钢铁全国知名。联接南北，交通便利，在14万平方公里中人口已发展近6000万。安徽处于黄河与长江两大文化区的交错地带，古有东夷氏族方国，春秋后期属于楚，楚都也迁至寿春。唐将其分属河南、淮南、江南三道，划为13州。清初因当时政治中心在安庆，经济重镇在徽州，乃定省名为安徽。

蚌埠是二十世纪初津浦铁路建成后新兴的中等城市。自古以来淮河常成为我国分划南北的界河，苏鲁豫皖流域面积达27万平方公里，气候温和，物产丰富，民谚"走千走万，不如淮河两岸"。古代淮夷氏族曾建当涂国，禹王治水，楚汉相争均留下许多史迹。隋唐五代沿河形成集镇，宋始称渡口为蚌埠。淮河1000公里的干流中，蚌埠有港岸10公里，为第一大港。明太祖于风阳建中都，在淮河边设长淮卫，是淮盐及皖北粮油集散地。铁路建成后，蚌埠位于南北大动脉的中段，又成为津沪工业品的转销市场。近年来铁路西联阜阳南过合肥、芜湖直贯皖南去江西、福建由厦门出海，转运作用更为突出。现在随城市的发展，张公山正整修为风景园林区。龙子湖有335公顷水面及明将汤和墓，亦开始进行建设。

怀远城在蚌埠西十余公里，有涡河、淮河两水汇流，荆涂两山对峙，林泉清幽，风光秀丽，有淮北江南之称。据史书记载禹王治水，在涂山大会诸侯，并娶涂山女为妻，今怀远县城东隔淮河之涂山上有禹王宫、启母石，其西南有禹会村。宋黄庭坚诗"涂山绝顶忆神功，亘古情形一览中。启母石迎新月白，防风冢映夕阳红。洪流匝地曾拘兽，老树参天欲化龙。有径直通霄汉外，登临无不是仙踪。"荆山在城内隔河与涂山相对，传说二山原相联属，禹王开山导淮始分为二。1987年10月我由宿县回蚌埠过怀远登荆山，山顶高258米，上有禹子启庙遗址，旁有采玉坑，传为卞和得玉处，坑中白石晶莹耀目，远望如群羊。其西有凤凰池周围残存一段巨石砌就的城墙，为南北朝时所筑的荆山城。荆山濒河突起，旁无附丽，涡河西来，淮河北去在此相会，俯览全城，两山

蚌埠龙子湖

淮河大桥

蚌埠张公山

如虎踞，双水似龙蟠，远山一抹青，浮波映照明，风景秀丽不啻淮河中的一颗明珠。尤为吸人的是山东北角的卞和洞，不仅因为卞和献玉被诬为石，两次受刖刑，最终剖得和氏璧的故事动人，还因为这里有浑圆的岩石横嵌叠架，危悬凌空，姿态万状所构成的特异景色。有说卞和采玉在湖北武当，但认定此处已为时甚久，唐胡曾咏荆山"抱璞岩前桂叶稠，碧溪寒水至今流。空山落日猿声叫，疑是荆人哭未休。"此外荆山下有自古著名的白乳泉，苏东坡曾誉为"天下第七泉"，有诗称"荆山碧相照，楚水清可乱。刖人有余坑，美石肖温瓒。龟泉木杪出，牛乳石池漫⋯⋯"，但我们去时，白乳泉块石乱堆，芜物杂陈，望淮楼虽然开放，却极少游人，整个白乳泉似急需整顿。

我由蚌埠去宿县过固镇，其县城东30公里之濠城古名垓下，乃楚汉决战的古战场。土城遗址周围整齐分布无数土丘，民谚

凤阳龙兴寺

怀远荆山

凤阳皇陵

凤阳紫禁城午门

凤阳皇陵

311

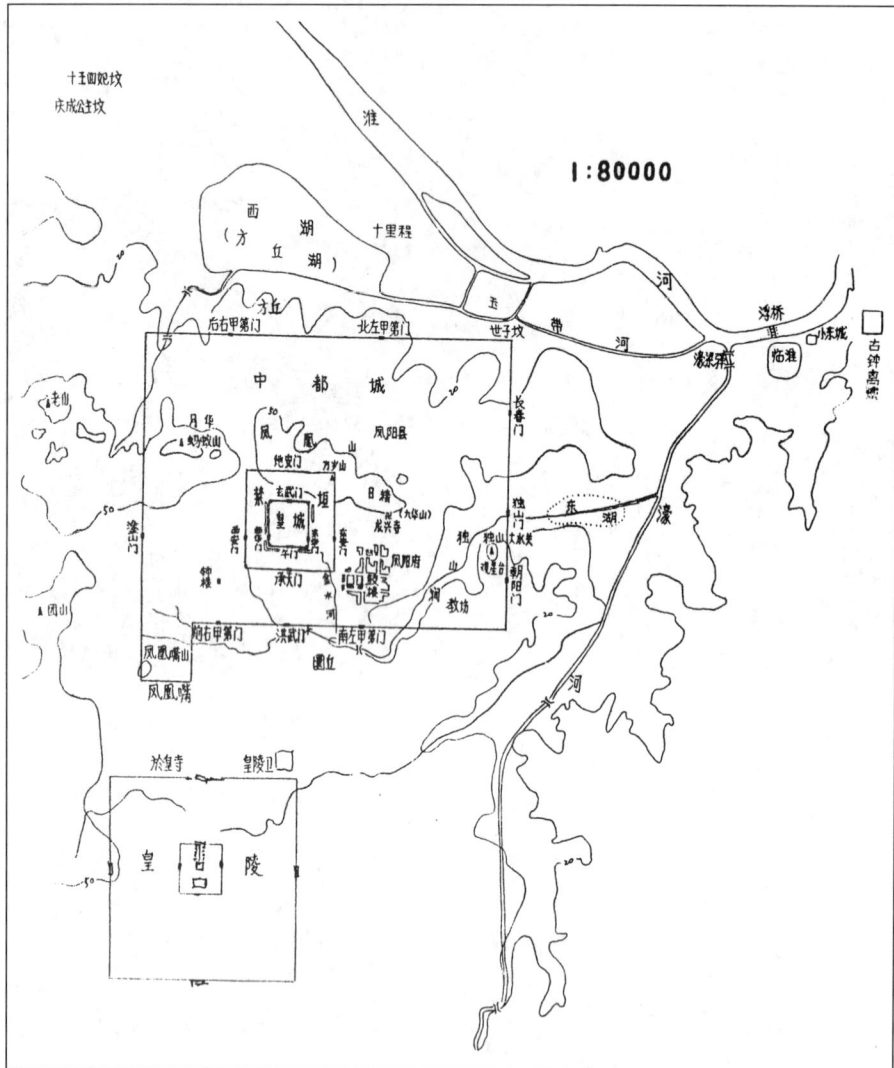

凤阳明中都图

碑的内容为罕见史料，其文"大明皇陵之碑孝子皇帝元璋谨述..况皇陵碑记，皆儒臣粉饰之文，恐不足为后世子孙戒。特述艰难，明昌运，..昔我父皇，寓居是方，农业艰辛，朝夕彷徨。俄而天灾流行，眷属罹殃，..殡无棺椁，被体恶裳。浮掩三尺，莫何肴浆...值天无雨，遗蝗腾翔...各度凶荒，..空门礼佛，出入僧房。居未两月，寺主封仓。众各为计，云水飘扬。"这位皇帝不避讳贫苦出身并告子孙勿忘，在帝王之中颇为难得。

二 合肥包公祠与 巢湖中庙

1995年春我从太湖回京，中途特访合肥并瞻望巢湖。合肥地处安徽中部，西依蜀山，南临巢湖，有南淝河与东淝河于此汇流；明清时为庐州府治，解放后为安徽省会，现已发展成为人口近90万的大城市。合肥绿化在国内著称，蜀山林木葱郁与新建水库相呼应，山光水色已是秀丽风景。老城水系经过扩充，更广植花树，建堤桥亭树，构成四周水木围廊。我们到后首先参观城南绿带包河段的包公祠和包公墓。包拯合肥人，任北宋开封府尹、礼部侍郎，为官清正不阿，执法严明，千余年来一直为后世称颂。现存包公祠为明建清重修的青瓦粉墙三合院，享堂内端坐古铜色的包公塑像，周围有"高风岳立"匾额及"理冤狱，关节不通自是阎罗气象；赈灾黎，慈悲无量，依然菩萨心肠。"楹联。堂右石碑刻包公家训"后世子孙仕宦有犯赃滥者，不得放归本家；亡殁之后不得葬于大茔之中。"祠旁古井名廉泉，传说贪污者饮此辄头痛。包公墓在祠西。祠堂周围有29公顷水面，"蒲苇数重，鱼凫上下，长桥径度，竹树阴翳"环境清幽。出包公墓转向城东北角之教弩台。三国时合肥是曹操控制的战略要地，他在这里筑土台教弓弩手以御吴师。台高五米，面积3700平方米。台上有井，井口高出台下平房，称屋上井，圈石上有晋泰始五年字样，距今已1700年。南朝梁武帝在台上建寺，唐称明教寺。以前松林蔽日，听松亭上可俯瞰全城"登临收楚豫，吞吐尽江淮"为庐阳八景之一。下台后转至逍遥津，三国时魏将张辽以守军七千战败吴师十万而著名于世。现建成公园纳入环城水系有面积31公顷。宋朱服有过庐州诗"昔年吴

"濠城古堆三千三"，即楚军的营垒。项羽在四面楚歌声中作"力拔山兮气盖世，时不利兮骓不逝。"歌，最后自刎而死。宿县周围也是决定蒋家王朝命运的淮海战役的战场。

凤阳古淮夷地，夏少康后于今临淮关建钟离子国，春秋时处于吴头楚尾，隋唐以后称濠州。元朝辖钟离、定远、怀远三县。明太祖朱元璋出生于此，即位后洪武二年，公元1369年在凤凰山建中都称凤阳，洪武七年撤中都改凤阳府，永乐后直属南京辖5州12县。明末李自成、张献忠义军攻破府城并焚皇陵。清凤阳属安徽辖四县，二州，民国时期道、专署及敌占时期之省府均在凤阳(今蚌埠地)，1947年始将蚌埠从凤阳分出设市。中都前后用时六年基本建成，体制大致与南京、北京相同。外城周长30.45公里，北临淮河设两门，东南面濠河各设三门，西通涂山设一门，共九门。城外北有方丘，南有圜丘。皇城周长7.74公里，四门，城外西有钟楼与月坛，东南有鼓楼与府城，东北有万岁山、日坛、龙兴寺与县城。紫禁城周长3.7公里，外围护城河，内通金水河，前为社稷坛、太庙和中书省、都督府，午门内为宫殿。中都城于明末焚毁，遗址在文革中再遭破坏，现只存一段紫禁城墙，午门洞砖雕，后宫龙蟠柱础。中都停建后明太祖为其父母在城南五公里建壮丽的皇陵。外土城周长约10公里，遍植松柏，内砖城周3.5公里，有具服殿、神厨，最内为皇城周275米，北门神道两旁为石像生计独角兽两对，石狮八对，华表两对，石马与牵马者人六对，均为明雕珍品。再前为皇陵碑、无字碑和享殿，其后为皇陵。现殿堂城垣已毁，但皇陵及中都遗址仍列为国家级文物保护单位。皇陵

包公祠

包公墓

巢湖中庙前殿

巢湖姥山文峰塔

合肥教弩台明教寺

魏交兵地，今日承平会府开。沃壤欲包淮甸尽，坚城犹抱蜀山回。柳塘春水藏舟浦，兰若秋风教弩台。独有无情原上草，青青还入烧痕来"于古于今均为切合。

巢湖地跨一市三县，广袤800平方公里，沿岸山岭环绕，四周河道有360多条，为我国五大淡水湖之一。根据考古发掘，数千年前已有人沿湖居住，商周时期此地属巢伯国，春秋战国楚吴争霸，三国又有孙曹相斗，南宋刘锜于湖之北岸大破金兵拐子马，元末巢湖水师曾助朱元璋夺取天下。巢湖风景于湖北有四望山、中庙与湖中姥山相对；于湖东有王乔洞、亚父山和浮丘钓台；于湖南有银屏山、和吹箫唱楚歌而散项羽之兵的散兵。我来合肥后用一天的时间造访巢湖中庙。车沿南淝河东南行18公里到肥东撮镇，再转向正南约十余公里即望见唐罗隐诗中所谓"一山分四顶，三面瞰平湖"

的四望山，然后车子慢慢爬上山坡。山上原有宋建朝霞寺与明建朝霞书院均废。但巢湖及湖中姥山塔已可望见，共行53公里到中庙，村庄不大约百十人家。中庙在巢湖北岸，为红色沙岩构成的半岛，西北与合肥东南与巢湖距离相当。庙宇建在突出水面高十余米的石矶凤凰台上，面对湖中姥山，两翼有石嘴拱卫，为商船停泊的良港及香客不断的古镇。中庙始建于汉唐，现前后三进，内祀碧霞元君。殿阁高踞台顶，形势巍峨，远望姥山，湖光塔影，周围风景如画。明袁兆有诗"古庙横湖岸，凌空映碧流。楼台承月近，宫殿压云高。壁峭栖仙凤，潭深隐巨鳌"。姥山距中庙4公里，面积86公顷，位于湖之中心，上有三山九峰，最高仅104米，岸曲岩陡，林木茂密。山上高耸明建文峰塔，因农民起义只修了四层，清末又续建三层，总高51米，八角砖构，内有砖雕佛像，外部飞檐悬铃。岛上有层层梯田及成片果林，90余户居民以渔林为生。中庙常遭火灾，1948年大殿被焚，我们去时凤凰台上庙门高峙，檐头悬"巢湖中庙"匾额，旁立石狮，尚有雄伟气势。但庙内只余前后殿等24间房屋，加上没有游人而显得空旷。傍晚湖中渔船不多，港中亦不见商船，我在清新宁静气氛中得以充分欣赏自然景色。正如明程汝璞所写"日暮湖光敛，山浮数点苍。风高千帆急，雨洗万峰凉。波阔鱼龙静，天空雁鹜翔。闲心似秋色，随意寄沧浪。"

三　江埠芜湖与佛国九华山

1979年11月我由南京乘火车去芜湖参加建筑理论与历史会。车绕过紫金山溯长江西行，先到以钢铁著称的马鞍山，有采石矶绝壁凌空，突出江中，与南京燕子矶、岳阳城陵矶并称长江三矶，南宋虞允文曾在此击破金兵数十万。相继车过当涂，有李白墓在谢朓故里之青山。到芜湖住铁山，距市中心风景赭山、广济寺及镜湖极近。芜湖位于青弋江与长江汇合处，地扼长江中段，为历代兵家攻守之地，春秋以来在此进行的较大战役竟达50余次。芜湖又是古老的贸易中心，唐刘秩诗"百里芜湖县，封侯自汉朝。荻林秋带雨，沙浦晚生潮。近海鱼盐富，濒淮粟麦饶。相逢白头叟，击壤颂唐尧。"宋以后芜湖成为江淮流域米盐、木材及手工制品的集散地，清朝更居全国四大米市(九江、长沙、无锡)之首。现在航运之外又是铁路公路中心，这个有50多万人口的城市更显出"长江运埠"的特色。赭山石殷红，虽不高而突起市中"右控大江，舳舻连云，俯瞰城郭，历历如绘"。广济寺在赭山南麓，清建殿堂四进，随山升起，依次为天王殿、药师殿、大殿、地藏殿。地藏殿旁有"青幢碧盖俨天成，湿翠蒙蒙滴画楹"的

滴翠轩为宋黄庭坚被贬时的读书处，其后有宋建五层残塔。镜湖原为宋爱国词人张孝祥私园，后荒芜，解放后扩至15公顷，筑阁建岛，成为市中水上公园。青弋江入口处有明清整修的八角六层高35米的中江塔。江口受大小荆山两座断岩所阻，矗矗天开，怪石嶙峋，上有明书"寒壁"二字。长江对岸亦有兀立蟂矶，岸壁如削，人称"日照山如画，云浓水似烟"。这两处孤岩与江塔呼应，形成绝妙的江岸风景。明张汝蕴诗"胜地孤岑秀，诸天阁道开。白云迷古树，玄鹤舞空台。当槛涛声入，隔林帆影来。振衣聊眺望，人在小蓬莱"。市东北郊有神山传说古干将曾在此造炉铸剑，峰峦秀丽，林木葱郁，上有李靖祠，亦为芜湖胜境。

会后游九华与黄山。九华山地属青阳，北临长江，与黄山同出一脉。总面积为334方公里，属风景区者100方公里，著名山峰有天台、天柱、十王、莲花、罗汉、芙蓉等九峰，山体为花岗岩，多奇峰怪石，最高十王峰海拔1 342米。水有五溪，气候温和，年降雨量平均1 900毫米，植被覆盖面积60%以上，有两千多种植物，百多种花卉。九华山唐前称九子山，魏晋时代建有道观，唐开元年间有新罗王族金乔觉来九华山佛前苦修75年，死后僧徒以其肉身为地藏菩萨化身，建地藏塔。此后佛教兴起，推衍成为四大佛教名山，并以九华属地藏。唐末九华有佛寺13座，其中有朝廷赐名的

巢湖中庙山门

九华山祇园寺

即有化城寺、九子寺、海会寺等7座。宋代太宗办译经院，真宗复活天台宗，寺庙增至29座，清朝盛时佛寺多达300座，僧尼5 000余人，其中化城寺、百岁宫、祇园寺、甘露寺规模较大，号称四大禅林。而在海拔610米的芙蓉峰下，面积只有4平方公里的开阔地，建成寺庙集中的九华街号称佛国仙城。这座风景奇秀的佛教圣地备受历代诗人称誉，李白诗"妙有分二气，灵山开九华""天河挂绿水，秀出九芙蓉"，王安石诗"楚越千万山，雄奇此山兼"，刘禹锡歌颂"奇峰一见惊魂魄..疑是九龙夭矫欲攀天...自是造化一尤物，焉能籍甚乎人间。"

我从芜湖出发途经繁昌、南陵到青阳，约140公里，已可远远望见九华山形。再西行10公里到五溪桥，此处为历代从北路进山的入口，上可纵观九华高峰骈立的雄姿，下能俯视五条溪水汇入长江的倩影，所谓"九华云外耸，五溪座中来"，游者多在此摄取最初美景。元文宗到此作诗"昔见九华图，曾问江南有也无？今日五溪桥上望，画师犹自欠功夫！"附近有二圣殿、六泉口景点，由此登山过永丰桥到碧桃岩，下有几十米长的飞瀑从危岩上倾泻而下，称碧岩悬水。再上过大小桥庵，经一天门到甘露寺，顺山势建前后殿，出寺经定心石、二天门到龙池，有九华溪、千尺泉两水相激，水花四溅。上过三天门至百岁宫下院而进入九华街。此段山路长20公里，通长要走一天，现公路修通，到招待所仅几十分钟。我们到时天已傍晚，客房利用僧寮，街道在山谷中，环境阴暗局促。晚上逛街，因这里清末以来屡遭破坏，文革灾难又刚过去，建筑多简陋

平房，残败景象到处皆是。去旃檀林看佛事，佛堂狭小，香烟弥漫，印象亦不佳。这一切远不能和五台山相比，佛国之名颇感不称。次日晨起就近转入祇园寺，大殿为两层檐黄琉璃瓦顶，在与大殿斜交的三层楼前开三层翘角琉璃檐的八字山门。寺原为茅庵，经1919年和1929年两次扩建才有今日规模，充分利用山地的有限面积，突破传统规整布局，各种寮房，回环曲折，栉次鳞比，占地不多，竟容千僧食宿，是其特色。早饭后去化城寺。九华现存寺庙70余所仍集中在九华街及闽园，并以化城为主寺。化城创建于唐为金乔觉布道之所，明重建，现存除藏经楼外均为清光绪时建。寺前有广场，殿宇四进为不对称布局，依山势逐级升高，佛像已毁，清铸千余公斤的大钟尚在。藏经楼中有明万历御赐6 777卷涅槃经、无瑕和尚华严血经和印度梵文贝叶经。出寺向西登神光岭，先过净土庵，后过上禅堂，即望见陡峭山岭上有八十多石阶直通的肉身殿。这就是金乔觉99岁坐逝后，依教规钙以瓦缸，上建小塔，明万历赐圖"护国肉身宝塔"的地方。宋陈岩诗"八十四级山头石，风撼塔铃天半语。五百余年地藏坟，众人都向梦中闻"。现塔在大殿中为七级木制，每层有八间小阁内有百余地藏像，塔之前后各有地藏塑像，旁为十殿阎罗，殿后书地藏誓愿"众生度尽方证菩提，地狱未空誓不成佛"。

下山复经九华街祇园寺登东峰，峰顶有万年寺，东临悬崖，西瞰峡谷，随通天拔地之山势建起99.5间的庙宇，因明无瑕禅师在此苦修活至百余岁，其坐化肉身成为木乃伊保存至今，我们去时尚能见到，故人通称百岁

宫。九华山的寺庙建筑大都利用山石自然形势灵活布局并充分利用石材，构造虽简单，但层层叠起，屋顶平铺，仍有雄伟气势，内部空间开合通阻，曲折变化，使人生出寻幽探胜的无穷乐趣。出寺南行至明清所建东岩精舍，现上院已毁，只余钟楼。岩顶有黑色巨石突起如龙探首，人踞其上有龙溪环绕于下，远近山峰，俯仰进退，拱卫左右，传说金乔觉在此宴坐修炼。明王阳明有岩头闲坐诗"尽日岩头坐落花，不知何处是吾家。静听谷鸟迁乔木，闲看林蜂散午衙。翠壁泉声穿乱石，碧潭云影透晴沙。痴儿公事真难了，风信吾生自有涯。"并有"云深处"及"船舫"刻字。我继续沿东岩山路走到南端的回香阁旁有顶平如伞的迎客松，我坐在那里近看龙溪旁的闽园，在一片松林竹海中汇集二十多座僧寺尼庵；远望则是九华主峰的正面，天台、十王、腊烛诸峰耸峙眼前，笔架山一带天柱等峰隐约于远后方。层峦叠翠，山水浮屠，九华精萃汇集于此，目睹奇景尽扫山谷中郁闷之情，流连甚久不忍离去。但下午赶往黄山行程已定，不得不怅然回返，遂此未了之愿，只好俟诸来日。

四　秀超五岳的黄山

黄山地踞皖南太平、歙县、黟县、休宁四县，南北40公里，东西30公里，共面积200平方公里，划入风景区约为154平方公里。因峰岩青黑古名黝山，唐玄宗崇道教以此山为黄帝栖真之处，因敕令改为黄山。黄山处于江南古陆与下扬子台坳的接触带，

九华山慈光寺

九华山莲蕊峰

黄山玉屏楼巨石横卧

天都峰

迎客松

其主体部分由花岗岩类组成，前山地貌属黄山岩，断层和节理发育，岩体峻峭，峰林耸立，怪石密布；后山属太平岩体为丘陵低岗。黄山山峰难以数计，清代先后命名72峰，而未名者仍居多数，新志选出名峰82座，其中千米以上竟有77座。最高之莲花峰为海拔1 864米，平旷的光明顶和险峻的天都峰均在1 800米以上与莲花峰鼎足峙立于景区中心。太平御览描写黄山峰林"诸峰悉是积石，有如削成，烟岚无际，雷雨在下。其霞城、洞室、府窦、瀑泉，则无峰不有。"黄山怪石星罗棋布，成列组景，状人类物，鬼斧神工，维妙维肖，志书选名者即达120余。黄山奇松盘根危岩峭壁，破石而生，苍劲挺拔，虬枝曲结，表现顽强生命力，为植物之独立品种。黄山云多雨多，年降水量为2 395毫米，降水日为183天。雨后初晴，低温高压，谷底水气凝成云雾，弥漫山谷形成云海，动若浪翻，浩瀚无涯，峰巅如岛，时隐时现，风起松涛，呼啸似潮。玉屏

楼观南海，清凉台观北海，排云亭观西海，白鹅岭观东海，光明顶观天海，全山云海各有特色；日出日落，霞光映照，涌金流银，织缎铺锦，色彩绚丽，更为夺目。黄山温泉为含重碳酸盐的淡温泉，除治疗外并可饮用。黄山是动植物的宝库，高山上下气候悬殊，植物垂直分布，山顶有寒带植物黄山杜鹃、天女花；山腰有温带植物交壤木、牛鼻栓；山下有亚热带植物紫楠、木莲等名贵花木。珍禽异兽有音乐鸟、白鹇、相思鸟、玉面狐狸、短尾猴等(参考黄山书社出版：《新黄山志》)。

黄山虽有此优越条件，但古代地处僻壤，游人罕至，唐宋以后始为国人注目，其开发晚于五岳近千年。李白游黄山，留有名句"黄山四千仞，三十二莲峰。丹岩夹石柱，菡萏金芙蓉"。以后僧寺增多，游者日众，明建慈光寺与文殊院等大小庵寺60余座并开山修路进行较大规模建设。明清名家评论黄山，徐霞客两次游览后，叹为"生平奇

览"。明杨补在游记中写"他山以形胜，观可穷；黄山以变胜，云霞有无，一瞬万变，观不可穷。"清魏源诗称"峰奇石奇松更奇，云飞水飞山亦飞。"旧志有文合评华山与黄山均有奇骨，华雄而黄秀。赵吉士论"江南之奇，信在黄山；黄山之奇，信在诸峰；诸峰之奇，信在松石；松石之奇，信在拙古；云雾之奇，信在铺海。"后人乃以怪石、奇松、云海为三奇，加温泉为四绝。狮子峰精舍门前有联"岂有此理，说也不信，真正妙绝，到此方知"。都是备加赞誉。黄山与五岳相比，峰林云海另有其佳妙处。

1979年11月下旬我从九华山来黄山，路过青阳东南行50多公里抵太平县陈村，意外地乘船驶进一座新建的大水库，它的南岸紧接黄山，从公路到黄山宾馆只有60公里，在两座名山之间出现这么一大片清秀的湖水，既可将两个风景区联成一体，又因山水结合而极大丰富风景的内涵，其发展远景使我异常兴奋。这个水库 1972 年建

蓬莱三岛

西海群峰

成,东属泾县,西属太平,名太平湖。水面近8平方公里,拦水坝长400余米,蓄水量28亿立方米,年发电量三亿度。船行湖中遥望湖区曲折幽深,四周青山围绕,林木茂密,湖岛十余,形状各异,几乎到处都有建设风景点的优越条件。大坝附近万村桃花潭即李白赠汪伦诗篇"李白乘舟将欲行,忽闻岸上踏歌声,桃花潭水深千尺,不及汪伦送我情"的所在地;李白写当地风景"观鱼碧潭上,木落潭水清。日暮紫鳞跃,圆波处处生,凉烟浮竹层,秋月照沙明。何必沧浪去,兹焉可濯缨。"我们在湖南登岸后,车绕黄山东麓走太平至屯溪公路,经苦竹溪、汤口,傍晚上黄山止宿于海拔600米的温泉宾馆。到达后粗略地看看附近的建筑与溪水,环境比九华街开朗但无特异景色,初冬季节游人亦不多。

次日清晨开始步行登上前山,从温泉至山上玉屏楼路程7.5公里。开始上山景面不宽,到慈光寺,明万历时建大殿,有七层

万佛像;清康熙时建百间藏经阁,寺院曾辉煌一时;乾隆时遭火焚毁,解放后仅存山门及后殿,附近环境尚为清幽。 由此上二百多石阶到金沙岭,初冬季节,天晴少云,登上立马、朱砂两峰间的立马桥可以望见天都峰和桃花峰,景面骤然开朗,立马峰上有石刻"立马空东海,登高望太平"直径9米的大字。再上行有1958年重建,刘伯承题额的半山寺。从这里望天都峰,山腰有石形如金鸡,头向天门坎,背后有石如苍鹰,名"金鸡叫天门"和"老鹰抓鸡"。随后上至龙蟠坡观莲蕊峰有石名"姐妹放羊",而天都峰上的金鸡却变成五个老人,名为"五老上天都"了。半山寺有茶水,寺人告知山上无水,上山要从这里带水。继续上行至天门坎有叉路可去天都峰,我们因赶路未去,仍走正路到蒲团石,石面平铺径约4米,登其上观游人攀登天都峰鲫鱼背全貌,正似清许全治诗所写"游人尽是批鳞客,竹杖芒鞋脊上行。"惊险姿态尽入目中。随后爬过

笔陡的小心坡,钻进宽仅一米左右的峰石夹缝,内有石级80余,上窥天只一线名一线天,清李雯诗"云里石头开锦缝,从来不许嵌斜阳。何人仰见通霄路,一尺青天万丈长。"越过这座石巷,回头望去却有三座参差的石峰,顶上奇松挺拔,名蓬莱三岛。路上费力地爬过一个又一个陡坡,走到玉屏楼的迎客松前,看见她张着伞盖伸出枝臂的姿态,不由得你不停下来,先看看石刻的诗句,再回过头望望周围的山峰,自对自说终于到顶了!玉屏楼在天都峰与莲花峰之间,背倚玉屏峰,海拔1,680米,为前山去北海必经之路。楼前有文殊台、天池,左右有狮象二石及迎客、送客二松;在此观赏前山峰林、云海及"松鼠跳天都",徐霞客称为黄山绝胜处。明代曾在此建文殊院,后废,1955年建玉屏楼,舆论反映不佳,正在拟议改造。我在山上略事休息后沿莲花峰西坡绕行向北去光明顶,过龟蛇二石即百步云梯,左临绝涧,右依悬崖,十分惊险。过此

屯溪老桥

屯溪老街

黄山游览示意图

棠樾

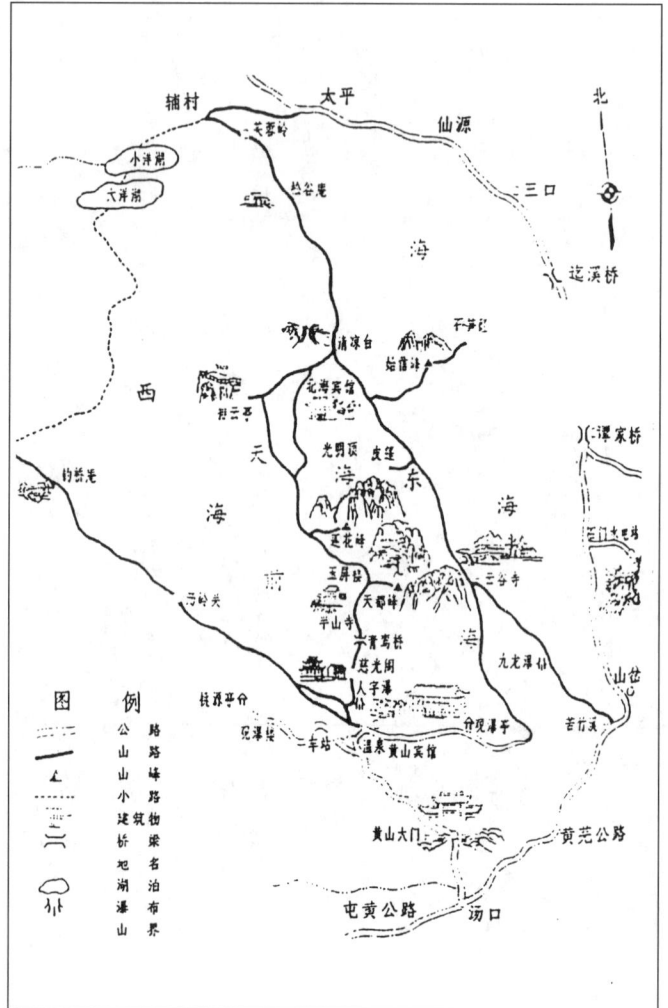
棠樾

即到鳌鱼峰,山顶有巨石横卧,酷似巨鳌,下有鳌鱼洞,额刻"天造"二字,游人过山须从洞中穿过。鳌首前有小石数块,鳌上有大石如龟,名为"鳌鱼吃螺蛳""鳌鱼驮金龟",

峰下有凤凰松。再前到平天矼,海拔1 805米,长1 000米,西接仙桃、石柱峰,东连光明顶,前山后山在此分界。我们过矼由此下山阴坡已见积雪,路上雪窝有的深可没

膝,不远到北海宾馆,海拔1 700米,气温比温泉宾馆低得多,从前山到后山上下共走了15公里山路。

次日未游西海及狮子峰,径从北海东

318

去散花坞沿后山返回。散花坞有精舍可观北海周围风景，在松海里有石峰矗立如柱，其上生出一株古松，名"梦笔生花"，旁有一峰顶分五叉，名"笔架峰"。出坞东行至黑虎松，有叉路向左可去始信峰，我们沿右路登上光明顶东侧的白鹅岭，下岭有七巧石、飞来鼓、双猫扑鼠等景，中途过皮蓬为清雪庄和尚幽居30年作黄山图42幅的地方。再过仙人指路、天狗望月绕到莲花峰、天都峰的东侧，很快到云谷寺。这里南北距温泉及北海均为7.5公里相当山上玉屏楼的中转位置，周围山峦秀丽，林木清幽，但房舍屡遭火焚，均残破不堪，又似无人管理，到处粪便，臭气熏天。我们过寺未停，急

忙沿山坡西去，因为是下坡省力，又因走出峰林范围，眼界比较开阔，悠然举步走过百丈瀑回到宾馆。此行仓卒，虽有晴朗天气能看到更多峰林奇石，但未登几座名峰，未得欣赏云海，引以为憾，

1999年5月我由南京再来黄山，转眼已是二十年。随着我国社会主义建设大发展，在原徽州地区已设黄山市，统辖黄山风景区、屯溪区、徽州区、歙县、黟县、祁门、休宁；黄山已列入世界文化与自然遗产，山上普遍绿化并添设三条索道，开发道教齐云山，屯溪老街及黟县西递、宏村古民居，歙县历史文化名城及棠樾、潜口古民居等风景点。近来连日阴雨，来时居然放晴一

天半，机会真是难得。21日清晨乘车到慈光寺，爬过二三十个台阶才登上缆车，索道长2804米，近莲花峰时坡度极陡，到站后原以为可平行到玉屏楼，虽知还要爬百多石级的好汉坡，半路歇了好几次，又略感恶心，这才认识心脏不行，终究86岁的人确实老了。因而放弃爬上北海绕到后山索道的设想，干脆改为下山去看民居。于是心身放松坐下来喝茶，静静地欣赏黄山中心的莲花峰和天都峰。莲花峰腹内蕴藏无限奥秘，天都峰岩顶似走来七十二路神仙，此外还有许多浑圆兀立的石头和躬身探枝的迎客松，都容人慢慢去捉摸。茶足兴尽，仍乘缆车回温泉，下午去黟县。

黟县西递街道

黟县西递街门

黟县西递庭院

黟县西递祠堂

黟县西递木雕

五　明清徽州与徽州民居

明清徽州包括歙县、绩溪、休宁、黟县、祁门、婺源六县，北有黄山，南有号称白岳的齐云山，新安江上游水系从中流过，然后经浙江钱塘江入海。全境十之九为山地与丘陵，盛产茶叶、木材，明中叶以后外出经商致富者多，足迹遍天下。五杂姐称"富室之称雄者，江南则推新安，江北则推山右"，三四百年间，全国金融大都由南之徽商北之晋商操纵。旧县志载明清二代经营盐茶木材，浙江地区有"无徽不成镇"之谚"两

淮盐商八总，歙占其四"。经济繁荣促进文化发达，"十家之村，不废诵读"，徽州号称东南邹鲁，文风昌盛，以才入仕，以文传世者多。仅清康熙至道光百余年间，休宁出状元12人，歙县有学社书院126所。在文学、艺术、医学方面人才辈出，形成新安经学、新安画派、新安医学以及有特色的徽派版画、徽派雕刻、徽州民居、徽州盆景、徽州菜系等构成的新安文化。徽州特产除名茶祁红、屯绿、毛峰、猴魁外还有著名的徽墨、歙砚、宣纸以及竹编、漆器。明代著名戏剧家汤显祖为未来徽州而感叹"欲识金银气，多从黄白游，一生痴绝处，无梦到徽州。"

歙县现为3万人口的小城，但它自隋开

始成为历代徽州首府已千三百余年，遗留文物古迹极多，只明代民居、祠堂、牌坊即有170处，因而列入国家的历史文化名城。现城西有千余米的残存府城及西门月城、东南两谯楼。南谯楼始建于隋，三重三开间高约20米，门阙内尚保留宋前土墙26根立柱。东谯楼建于南宋，又名阳和门，街道从中穿过，现存为清末式样。明万历为次辅许国修建的大学士方形石坊，矗立于古城中心，八根11.4米高的石柱上用石梁石枋相联，下有十二个石狮夹固，其构造与雕刻均为我国建筑杰作。斗山街明清住宅尚保存古老风貌。明建县城在府城东，沿山脊尚有防倭残迹。从城西流过的练江上有明建16

歙县阳和门

许国牌坊

婺源黄村明代祠堂外观

黄村祠堂院内

黄村祠堂正面

黄村祠堂穿斗梁架

婺源里坑门罩

里坑民居木雕

孔长268米的太平桥,桥头有清代重建的太白楼,唐时为酒店,李白访许宣平未遇于此成诗:"天台国清寺,天下称四绝。我来兴唐游,与中更无别。卉木划断云,高峰顶参雪。槛外一条溪,几回流碎月"。楼东披云峰麓有新建新安碑园,内藏225块历来代名人书法碑刻,以明吴廷收藏晋唐名家中的余清斋、清鉴堂两帖,最为著称。西干山下有宋建长庆寺塔,新洲有新石器遗址及南宋石塔,棠樾有明清石牌坊群,潜口有明代山庄,呈坎有宝纶阁及百余座明清建筑,岩寺有新四军军部所在地。自然风景有新安江40多公里的青山绿水、深潭浅滩,南宋沈约诗称"洞澈随深浅,皎镜无冬春。千仞写乔树,百丈见游鳞。"著名农民领袖方腊在歙县起义,曾攻占徽杭52县,至今到处留有洞寨遗址。改革开放后为加强风景区领导在屯溪设黄山市,包括黄山及原徽州四县,如此将山地风景和徽州古代文化与民居相结合,旅游之发展前途当更为宽广。

1979年我曾从黄山下来,到歙县、绩溪后经旌德、泾县、宣城回芜湖,1980年又由景德镇回杭州路经祁门、休宁、屯溪沿天目山南去临安,1981年再由景德镇去婺源考察。1999年5月21日再游黄山玉屏峰,下午下山西南行往黟县参观西递。这是我四来徽州。西递是胡家历经宋元明清四朝聚居的村落,清乾嘉徽商盛时全村曾有600宅院,店铺百家以上,人口达万人。全村沿三条小溪规划成船形。现保存明清民居120幢。出村后天开始降雨,乃南下渔亭,东去齐云山,在山下登封桥畔暂停后,才进入黄山市,全程近百公里。22日北返南京,天继续降雨。乃冒雨去新安江边看屯溪老桥,桥名镇海,有七孔石拱,长130米。随后去老街,街口有新建牌坊,老街原由明初徽商程维宗建47间店铺开始,以后不断发展,成为明清徽州商业贸易中心。现老街长1273米,街道全用浅赭色大块条石铺成,两三层门面,都是精细木雕,各式招牌鎏金溢彩;内部

多进厅堂充满文化气息,仍然保持古代风貌。随后离市北去歙县, 在大雨中过棠樾拍鲍家忠孝节义七牌坊,到县城拍许国牌坊及阳和门。午间在泾县用饭,下午回到南京。

从这几次调查中可看出徽州民居是我国南方民居封闭式天井院的典型代表,它在当地富裕经济与发达文化的基础上取得多方面的成就:(1) 注意村落的选址布局和整体规划,大都依山傍水,在村口树标志如门楼、路亭、庙宇、牌楼等并植树木,修筑石板路,适当安排公共建筑与住宅。有的街坊组成某种图形象一定含义,如黟县宏村仿牛饮水,西递仿舟船形,更予规划以丰富内涵。(2) 滨水村落常在村口外溪水下游设置水口,除种竹植树外,还建筑庙宇、石桥等,以荫蔽村舍,防御山风,并可设岗瞭望或供行人休息。有的水口和入口统一。(3) 由于富商显宦有财力与权力居大家族中主导地位,村中常有数目较多的祠堂与牌坊

婺源里坑民居柱础

里坑街道

控制村落的重要位置，并丰富全村的外貌。(4)明清之际朝廷对民间住宅有许多限制，如"庶民庐舍定制不过三间五架，不许用斗拱，饰色彩"，"不许构亭馆，开池塘"。徽商虽富而不贵，因此徽州民居多为三间楼房的三合四合天井院。人口多时则纵向或横向扩充，组成多进或多列的大院。在空间组合中采取扩大厅堂体积，加强走廊过渡空间等措施，以更好满足使用及艺术的功能要求。为加强安全及防火，普遍提高外墙，使其超过屋顶，名为封火墙，墙顶覆瓦并有折线或曲线的变化，外墙高处开小窗或不开窗，门多为随墙小门。(5)因有构造的法令限制，将富裕财力和文化需求重点转向选材用料与装修装饰。如厅堂梁柱选用粗壮贵重木料，有的前檐柱直径达60厘米，竟然超过明宫的钦安殿，前额枋中段直径更大于前檐柱，两端急刹有棱形收分，起拱高呈月梁形，如此梁柱结合构成威严的正面。再配以精致雕刻、丰富文饰的丁头拱、雀替、梁垫及刻花的平盘斗、曲率的月梁、轩顶的前廊、出挑的飞椽和没有天花的彻上明造梁架，以构成整体的雄伟气势。徽州木雕用于梁枋门窗，砖雕用于门楼、门罩，石雕用于照壁漏窗，不仅技术精巧而且选题典雅，内容丰富。徽州民居外观青瓦白墙，马头起伏，色调淡雅而造型生动；内部阴凉开敞，雕刻丰富，安祥素净而文采充实，在我国民居中占有特别重要地位。

六 英雄城市南昌和 云山群岛湖

有些地方因历史突出事件、人物、诗文而声名卓著，江西与南昌便是一例。江西处于长江中下游，水路通东西，陆路联南北，气候温和，物产丰富，山水风景秀丽，历史名人辈出。然王勃滕王阁序："豫章故郡，洪都新府；星分翼轸，地接衡庐。襟三江而带五湖，控蛮荆而引瓯越。物华天宝，龙光射牛斗之墟；人杰地灵，徐孺下陈蕃之榻。""云销雨霁，彩彻区明。落霞与孤鹜齐飞，秋水共长天一色。渔舟唱晚，响穷彭蠡之滨；雁阵惊寒，声断衡阳之浦。"却使南昌名扬天下。而南昌起义，上下井岗山，瑞金建立苏维埃又使江西的名字永远铭刻在现代中国历史中。商周时期江西为百越族杂居之地，汉初灌婴在南昌建城，经过唐宋两次扩充，城周已达十余公里，当时南昌手工业以瓷器、造船、竹木、兵器最为著名，盐茶粮食贸易亦较发达。唐韦庄诗"南昌城廓枕江烟，章水悠悠浪拍天。芳草绿遮仙尉宅，落霞红衬贾人船。"清初城中尚有三湖九津及滕王阁、南浦亭等名胜古迹429处(《江城名迹记》)。但南昌为兵家必争之地，文物在战乱中屡遭毁灭，如滕王阁前后被毁竟达26次之多，最后于1926年被焚。解放时仅有古代建筑123处，至文化大革命又遭受彻底破坏，如有名的万寿寺、佑民寺均被拆毁；号称南昌三宝，民谚"南昌穷是穷，还有三万六千斤铜"的五米多高铜佛被毁；南唐所铸重二十万斤的普贤铁像也被割成碎块，再行熔化。

1981年10月我来江西，这是我脱离公职后进行风景资源系统考察的第一个省份，承蒙省政府的大力支持，由城市规划研究所

南昌八一起义纪念馆

南昌西山万寿宫

西山万寿宫侧殿

永修柘林水库

修水景色

和文物工作队配合,用时35天,行程3 300公里,访问了32个市县。当时全国旅游事业尚未开展,风景资源遭受严重破坏,探访时困难较多,但仍有丰富的收获。到南昌的第二天我们先看青山湖, 路过八一大道。1958年我初过南昌,当时人们对修这么宽的路很引起议论,现在城市发展路也不显得宽了。我们在青山湖口发现电厂对赣江的污染,然后过赣江铁路桥,越沙洲到江的西岸看昌北新区。现在南昌市区面积比解放前已扩大几倍,除老城三湖已建成八一公园外,向东扩进城外的贤士湖并发展到青山湖边。下午看西山万寿宫,西山南至高安北抵修水,绵延百余公里,有梅岭、桃花岭、梦山等胜境。万寿宫祀晋朝南昌人许逊,许在四川旌阳为县令,治政治灾治疫卓著声誉,当地民谚"人无盗窃,吏无奸欺,我君活人,病无能为",以后辞官回乡,又兴修水利,制止水患。人们传说他最终得道,全家连同鸡犬升天。宋王安石、曾巩有重修许

旌阳祠记,宋徽宗敕封为"玉隆万寿宫"。后建筑屡毁屡建,现存明清五座殿堂及八角古井。南昌寺院百余,今只有此略成规模。第三天我去南郊看青云浦,门前湖水荡漾,院内建筑淡雅,园林清幽,有目前南昌最佳风景。往昔汉尉梅福曾在此隐居,许逊开为道场,唐宋相沿为道观。清顺治时明宁王之后朱耷即当时著名四大画僧(他和石涛、石溪、渐江)之一,又号八大山人在这里创青云浦道院, 与其弟朱石慧隐居二十多年。他是写意画派大师,多画残山败水,动物白眼看天以寓亡国之恨;在孔雀图题诗"孔雀名花两竹屏,竹梢强半墨生成;如何了得论三耳,恰似逢春坐二更。"讽刺降清明官带三眼花翎,长着三只耳朵,晨起二更即去候朝。现青云浦已辟为八大山人纪念馆。回城看绳金塔,塔初建于唐,重建于清,现为七层八角高59米的砖塔,塔顶有镇火鼎,各层有回廊, 可眺望全城并与滕王阁相呼应。塔下寺废,现周围住满居民,看来南昌保护

与整修文物的任务既急迫又繁重。下午看八一公园,过去章江门外有南浦亭为登船送别的地方, 城内东湖三洲也是游人的好去处,唐陆龟蒙曲中写"妾住东湖下,郎居南浦边,闲临烟水望,认得采菱船。"清代整修三湖,于沙洲上立冠鳌亭,刻石名百花洲;现划入公园,百花洲对面有澹台灭明墓,他字子羽是孔子弟子,因面目不雅为孔子轻视,后在江西讲学出名,孔子说"以貌取人, 失之子羽"。随后参观八一起义总指挥部,原为江西大旅社现改展览馆。参与周恩来指挥起义的朱德、贺龙、叶挺、刘伯承的指挥所及抗战时新四军成立所在地现均保留为纪念场所。1979年又在人民广场竖起45.5米高的方形南昌起义纪念塔,南昌城的革命意义就更为突出。

1982年8月我参加庐山风景区规划会议后,永修同志特邀去九岭山北端的云山,车沿公路到永修西48公里的柘林新建水库。这水库沿云山北麓截断修水,从永修经

南昌绳金塔

云山乌龙潭

武宁到修水县境绵延 60 公里，淹没近 30 000 公顷土地，最大库容量70亿立方米。我们从 630 米长的拦水坝望去，库中无数岛屿，紧密相连。据地方同志谈，水浅时永修境内有岛屿 205，武宁境内亦有百余。我们乘船去库中游览，边谈今后开发岛屿设想，边欣赏云山桃花尖、乱柴尖的山景。显然这里有山水林木的优越条件，今后发展绝不次于浙江的千岛湖。随后乘车上四五百米高的云山坳，谷间地势开阔并有水田，我们走进著名的云居寺，方丈以自产的白果来款待我们。寺始建于唐，现存为 1957 年全国佛教协会名誉副主席虚云法师主持大修的。寺内有前后殿及藏经楼。寺外有苏东坡与佛印谈心石。此寺在东南亚影响颇大，常有各国僧人来访，我在这里看见第一部国外捐赠的寺庙专有的汽车。云山距南昌与九江各为70公里，除文物古迹外还有温泉、瀑布、古木、怪石，山上夏季气温不

过 20℃，如与柘林水库联合建设，可以成为南昌周围庐山之外第二旅游避暑圣地。

七 初登庐山

庐山位于江西北部，北临长江，东依鄱阳湖；山体从西南走向东北，长29公里，宽16公里。地质形成约 8 000 万年，经历了第四纪的冰川期，为中生代沉积岩形成的断块构造。山峰多在千米以上，大汉阳峰海拔 1 543 米，周围断崖深谷都有很大落差，如剪刀峡910米，石门涧820米，因而也形成许多大瀑布。但山上诸峰竞雄斗势，明乔桑认为"山无主峰..各为尊高，不相揖让，异于武当、泰华诸名岳"，峰间起伏不大而多宽衍盆地。鄱阳湖面积洪水季节达5 100平方公里，为我国第一大湖，夏季与长江蒸

发出大量水气和高山气体对流，形成庐山夏季气候凉爽、多雨、多云雾的特点。庐山因交通便利，开发较早，史记载司马迁"南登庐山观禹疏九江"，今汉阳峰上有禹王崖的勒石。东晋时名僧慧远在庐山下建东林寺，创净土宗，与长安并列为南北佛教中心。陆修静建简寂观，有道教的最大经库。王羲之镇守江州在玉帘泉附近营建别墅。陶渊明不为五斗米折腰，赋归去来辞，归隐玉京山下，创作大量诗篇。唐李白三来庐山，隐居屏风叠，为庐山写下名诗十余首。白居易为江州刺史在香炉峰下修筑草堂，自记"仰观山，俯听泉，旁睨竹树云石"。宋周敦颐、朱熹先后在庐山办濂溪、白鹿书院，欧阳修、苏轼、陆游均在庐山留下诗文。其地位已与五岳并肩。近代帝国主义侵入我国，在牯岭圈建别墅，此后山上清凉地成为洋人、买办、官僚的避暑特区。

1981年10月我来江西考察，出南昌先

庐山玉帘泉

山南望庐山

白鹿书院清碑

从庐山开始，27日过安义万家埠到永修虬津，见西面云山绿树重重，越修水则山坡起伏，遍地红色土壤。后经德安东入星子，远远即望见庐山浑厚雄伟的身影，至隘口已抵山麓，汉阳峰以东山峰轮廓更为清楚，雾霭暗蓝的山上有青天白云，树丛浓绿的山下接嫩黄稻田，清秀的景色使人心开神爽。东行片刻拐过一片村舍迳到秀峰寺，简朴别致的山门题洪朋诗"山瀑两道泻，木叶四时春。日瞑不知去，鱼鸟会留人。"上午共行142公里。下午星子来人引去看县城，直抵鄱阳湖边。28日清晨早起在秀峰寺林中漫步。秀峰包括汉阳峰东庐山南部诸峰，风景绝佳，民谚"庐山风景在山南，山南风景数秀峰"。清刘爵谌写秀峰"曲径随流水，飞泉隐绿烟。有山皆入画，无树不参天。亭废饥鸟集，台空夜月悬。春风苔草碧，人立白云边。"秀峰寺在南山坡上，北走山南公路至牯岭50公里，南去鄱阳湖边星子县城只

白鹿书院

有7公里，秀峰寺原为南唐李璟读书台，后舍宅为开先寺。 清康熙来此亲题秀峰寺，乃改为今名。现寺存唐宋石刻有吴道子画的铁线观音，颜真卿写的大唐中兴颂序，黄庭坚写的七佛偈。早饭后登山，先到寺后龙潭，这里是鹤鸣峰和双剑峰中间青玉峡的谷口，有350平方米的清潭及十多米高的瀑布，苏东坡诗"高岩蔽赤日，深谷来悲风。掰开青玉峡，飞出两白龙。乱沫散霜雪，古潭摇清空。"周围石壁有米芾"第一山"等题刻。从此上行千米的石阶山路，可抵著名的开先瀑布。沿路溪流宛转，巨石横陈，崖缝间小瀑布甚多，水声激响不绝于耳。进入峡口即可望见远处的双剑峰、香炉峰和白练高悬的开先瀑布。瀑布源出汉阳峰在双剑峰与鹤鸣峰之间分两股流下。我们经几度休息爬到山上，最先看到的一股名马尾水，上宽下窄，银丝千缕；再前才看到这高约百米声如雷鸣极为壮观的黄岩瀑布，即李白诗篇所写的开先瀑布，"日照香炉生紫烟，遥看瀑布挂前川。飞流直下三千尺，疑似银河落九天。""西登香炉峰，南见瀑布水。挂流三百丈，喷壑数十里。欻如飞来电，隐若白虹起。初惊河汉落，半洒云天里。仰观势转雄，壮哉造化功。海风吹不断，江月照还空。空中乱潈射，左右洗青壁。飞珠散轻霞，流沫拂穹石。而我乐名山，对之心益闲。无论漱琼玉，且得洗尘颜。且谐宿所好。永愿辞人间。"

下山后休息片刻又登车沿来时路西行5公里，看玉帘泉。谷口有著名归宗寺遗址，旁有古樟数株及晋铸铜鼎，清造铁钟。寺侧有池，水呈黑色，相传为王羲之洗墨处，山内有潭是他的养鹅池，旁有黄庭坚等石刻题字。沿新建小路上行一公里在金轮峰下看见从70米高空飞驰而下的玉帘瀑布与崖上突出岩石碰撞，碎成无数水珠，满天飞落，阳光旁射五彩缤纷，然后结成缕缕银丝随风飘下，潭中有丈宽圆石表面为瀑布冲刷如

庐山芦林桥

金竹坪禅师塔

大天池

小天池

五老峰

镜，名石镜石。瀑布西崖有十余米高的珍稀大树名猴欢喜。潭边有洞传为王羲之坐卧之处。清笪重光诗咏玉帘泉"谁识银河水作帘，金轮峰下影长悬。和烟笼月时开卷，带雨迎风有正偏。海燕春寒窥复去，石萝秋老断还牵。游人莫羡康王谷，陆羽茶经久失传。"出玉帘泉过路南温泉至隘口转观口村入康王谷，距离10公里，中有简寂观遗址。康王谷得名于秦灭六国楚康王隐藏谷中的故事，位于大汉阳峰西南，为张性断层，长7公里，谷涧开阔，山青水秀，田园如画。谷中盛产竹笋、香菇、猕猴桃。接近谷底有著名的谷帘泉，高近百米，宽二十米，有几十条细流整齐流下，水质甘洌清甜，陆羽茶经品为天下第一。

下午天阴有小雨，我们绕庐山东侧上山，过观音桥及海会寺未停，只到白鹿书院，院在星子城北10公里的后屏峰下，原为唐李渤兄弟读书处，宋扩为书院与睢阳、石鼓、岳麓并称四大书院。朱熹为南康郡守时在此讲学，主张"博学、审问、慎思、明辨、笃行"声名大振。现存牌坊、礼圣殿、白鹿洞、御书阁、伦明堂等建筑。院内山溪流过，古松数百，有宋明清碑145块，"声来枕上千年鹤，影落杯中五老峰"，环境极为幽静。出书院车沿鄱阳湖边北抵韦家，然后从北山公路登山，庐山北面山势平缓可观景点不多，东线途程58公里，下午四时至牯岭东

谷宾馆。略事安排即就近看芦林湖，这是1955年新建的水库，面积13万平方米，牯岭海拔1 164米，真是高峡出平湖，为庐山增色不少。附近有毛主席的住处，现改友谊俱乐部，看过深感大而不当，当时一些相类建筑追求气派，也都有同样毛病。随后看三宝树，两颗柳杉一棵银杏，高达40余米，旁有斑驳石碑刻"晋僧昙铣手植"树龄应有千年。树北原有黄龙寺，今只余偏殿。寺东北有石构赐经亭，载明万历母赐经事。三宝树西有黄龙潭及乌龙潭。这一片山谷林木长得浓荫蔽日，绿浪接天，为著名的林区。接着驱车看小天池，这是庐山著名景点，其西为剪刀峡，怪石峥嵘，峭壁千仞，有东林寺登小天池的山路，之字盘行，长9 000米，一路竹林清泉、鸟道天梯、奇险风景不断；将近山顶，两峰夹持，窄径既陡且险，青天仅存一线，有如攀登天梯，名为好汉坡。庐山云雾到处成景，然以小天池的瀑布云最为有名。登上小天池1 213米的山顶常见云雾从剪刀峡升起，缘崖漫谷，团团衔接，布队成群，转瞬间村舍迷茫，峰谷潜形而四壁弥合；有时从东方大月山上，涌出一股奔腾的云流，似澎湃的江河，一泻千丈直下山谷，听似有声，望似瀑布。黄黎州庐山游记写"庐山之奇莫若云，或听之有声，或嗅之欲醉，团团然若絮，蓬蓬然如海"。但我去时见天池径不过三米，登上山顶小亭虽可

望见山下村落，但天阴无云海，更谈不上瀑布云，而更令人气愤的是文革中拆了山路的块石，上下山一片狼藉，行走十分不便。

29日早起独自爬山，一层一层都是红铁瓦灰石墙的小洋房，满山林木。一直走到"月照松林"等日出，七点太阳露头但不成景，西谷开始广播，东谷回声响应，倒是一绝。饭后游锦绣谷这是从花径去仙人洞中间的幽深山谷，谷内花树茂密，怪石错落。中有天桥，两面峭壁高达60余米，溪水从中飞落，似天门对峙。谷底有从东林寺来的登山小道，人称九十九盘道，路上石刻甚多。谷中盛产瑞香花，诗人张祠部颂为"曾向庐山睡里闻，香风占断世间春。"谷内如有云雾为阳光注射有时出现五彩光环。我们过时谷内尚无阳光，乃径去仙人洞。洞在苍岩翠壁间，内有纯阳殿，殿后有浮空泉水，叮咚下落，常年不竭，号一滴泉。洞侧有老君殿，造像拙劣。洞旁石刻竹林寺，徐霞客称之为匡庐幻景，有名无寺。西南锦绣峰上有御碑亭载明太祖周颠仙人传。附近山石林木风景颇好，但下水通至半山，臭味四溢，有类黄山云谷寺，看来风景区的厕所管理还是个大问题。接着去大天池，慧远于山上建峰顶寺，宋改天池院，明称护国寺今废，现有两个十米见方水池。寺西有半月形石台名文殊台，登其上极目三楚平川，隐约千里，逶迤澄江，风帆点点。明王阳明《夜宿天池》诗"昨夜月明山顶宿，隐隐雷声震山麓。晓来却问山下人，风雨三更卷茅屋。"山上山下气候悬殊如此。从大天池西南下行不远至龙首崖，拔地千尺，下临绝谷，崖头虚空如龙首，登其上眺望铁船峰似乘云破雾，而石门涧瀑布水声尚隐隐可闻。铁船峰山顶有石色黑似船，实为冰川时期的冰斗，壁立千仞，与天池山互相对峙如门。石门涧水从中泻出，有落差百米的瀑布水似从天飞落，奔雷急鼓之声震动山谷。涧中有平滑大石可坐数十人；但崖间逼窄石门，仅容单人通过。洞名最早见于后汉书，南朝谢灵运在附近建石门精舍，李白写《庐山谣》"金阙前开二峰长，银河倒挂三石梁"，石门瀑布与开先、三叠齐名。

下午去含鄱口登五老峰。含鄱口海拔1 211米，五老峰海拔1 358米，相对高差只百余米，这比上山爬千米好汉坡当然省力得多。含鄱岭状如鱼脊，南端有石坊，岭上建亭可了望五老峰与鄱阳湖可观云海与日出。明方文有诗"侵晨独出含鄱口，千里鄱湖一岭函。但使短藤穷碧巘，何妨细雨湿青衫。

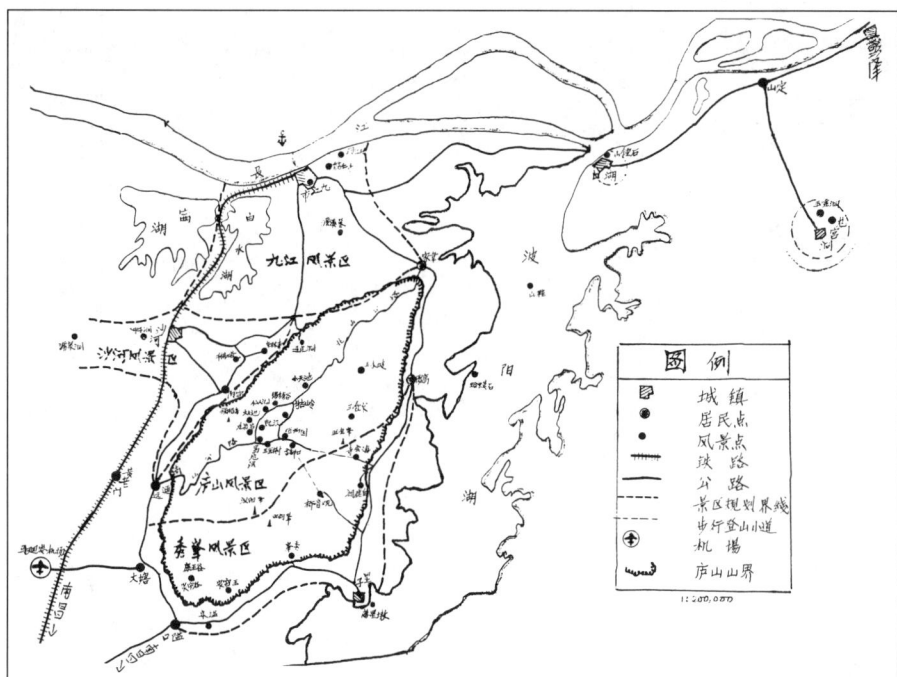

庐山风景分布图

林中暗淡高低树，雾里微茫上下帆。不是探奇索隐者，谁能踏雪履峻岩。"五老峰为沙页岩形成参差险峻的五座石峰，从南面山脚仰观，悬崖高耸有如五个姿态各异的老人并坐，如有云雾冰雪相衬托则更为生动；从侧面看则变为狮、船、等其他形状；从北面登山的冈地上望去又是仰天的灵芝。李白对五老峰极为欣赏，曾谓"予行天下，所览山水甚富，俊伟诡特，鲜有过之者，真天下之壮观也"；并写诗称"庐山东南五老峰，青天削出金芙蓉。九江秀色可揽结，吾将此地巢云松"，以后果然在附近筑室隐居。我们从含鄱口平平走去，松林侧立，片云横飘，五老峰显得格外秀丽。走近山麓我们开始攀登中间山峰，接着连续爬上两座更高的山峰，使我最心动神驰的，是侧视五老层岩叠落的暗黑实体与陡峭雄姿和远处山峦田野的淡蓝明空与蕴藉缥缈相对比，是俯视满眼绿色山谷中无数山峰矗立，恰似出土新

笋的活泼生态。苏东坡名诗"横看成岭侧成峰，远近高低各不同。不识庐山真面目，只缘身在此山中。"而在此观山又别有一番情趣。我在峰顶坐了很久极力窥视这宇宙的奥秘不忍离去。上下庐山三日，南山看山体，五老看山势，还看了几处有名瀑布是我最大收获。三叠泉因路难行又时间短促未去。

八 庐山外围——星子、
九江、湖口、龙宫洞

现代旅游事业兴起，我国原有风景名胜大都不能适应旅游者大量增加的新形势。因此制定风景区规划时必需考虑，在可能条件下扩大风景区的范围，增加新的景点，分散旅游者的住宿地与出发点，合理组织旅

游路线，平衡车流与人流。否则就会在游览高潮中出现不应有的拥挤与混乱。庐山牯岭在20世纪八十年代初业已开始出现这种情况，1982年8月我第二次上庐山参加审议庐山风景区规划，它就恰当地解决了这个问题。庐山以扩充山上景点为核心，整修和开发山下景点，并加强和外围九江市县、湖口、彭泽、星子景点的联系，全区共包括37个景点，景区面积42平方公里，保护区面积282平方公里。但星子县城及鄱阳湖东岸尚未包括在内，我已建议扩大。原山下景点分属市县，与山上矛盾很多，我曾建议统一领导，现已实现。

1981年10月我初访庐山抵秀峰后即去星子，先参观城内点将台，台高7米花岗岩石砌成，上有门楼，相传为周瑜练水军之处，现存建筑为清代重修。后去鄱阳湖边乘船登上落星墩浏览湖光帆影，上有百平方米的沉积岩石墩，开发鄱阳湖边风景将会配

星子点将台

庐山观音桥结构

东林寺

东林寺神运殿

合庐山而相得益彰。我二次上庐山,补游观音桥及海会寺。观音桥位于三峡涧上,三峡涧发源于九奇峰与五老峰,有许多溪流汇合而成庐山东南的最大山涧,从千多米的高山下降到百多米的峡谷,急流汹涌,声如雷鸣,气势如长江三峡。从谷口进来迎面即可望见秀丽的五老峰,周围丘陵梯田一片绿色。过观音桥牌坊,松林下有陆羽品定的第六泉,其旁即观音桥,桥建于宋祥符时期(1014年),长20.45米宽4.1米,单孔为七排花岗岩块石相互扣锁而成,结构奇巧,在我国桥梁史中占有地位。桥下水潭现已扩成水库。欧阳玄咏桥诗"百尺悬潭万道山,一虹横枕翠微间。半天云锦开青峡,几地轰雷撼玉关。"从桥溯流而上可到南齐兴建的栖贤寺遗址,涧中诸溪合流,有一连串水潭而以玉渊最大,中有巨石横卧,上刻玉渊二字。苏轼诗"吾闻泰山石,积日穿线溜。况此百雷霆,万世与石斗。深行九地底,险出

三峡右。长输不尽溪,欲满无底窦。跳波翻潜鱼,震响落飞狖。清寒入山骨,草木尽坚瘦。空蒙烟霭间,颎洞金石奏。弯弯飞桥出,激激半月觳。玉渊神龙近,雨霜乱晴昼。垂瓶得清甘,可咽不可漱。"清屈大均诗"二十四潭争一桥,惊泉喷薄几时消。一山瀑布归三峡,小小天风作海潮。"均道出三峡涧的气势。由此去含鄱口有爬山小路可通。海会寺在海会镇通五老峰的半山上,始建于明,与归宗、秀峰、栖贤、万杉合称庐山五大丛林,盛时可纳僧五千。仰观五老峰,俯视鄱阳湖,周围千亩松林,万竿翠竹,风景清幽。惜今寺院残破,有待修整。

我初上庐山游览三日后,于30日离牯岭走山南公路去九江。 下山先去东林寺,寺院一列红墙横陈在收割后的黄色田野上,后有浓绿山树屏障,前有虎溪清流围绕,环境十分清幽。我们在虎溪桥前下车,古树拂照下有一对石虎踞坐。相传慧远影不出山,

迹不入俗,平时送客从不过虎溪,但一次送陶潜和陆修静,因畅谈义理不觉走过虎溪,他驯养的虎吼叫示警,三人相顾而笑。宋李伯时绘白莲社图,石恪绘三笑图,晁补之为之作记,苏东坡为之作赞,虽故事不合史实,但仍流传千古。寺内建筑唐代曾有300余间,历代兴废,现为解放后重修。 今过虎溪山门约百米之遥,有二道门上写南无阿弥陀佛,其内护法殿旁有古罗汉松传为慧远手植。正殿有唐裴休写神运殿匾额,旁为三笑堂与十八高贤堂,嵌有隐居庐山名士浮雕像,颇为生动。殿后有聪明泉,唐皮日休诗"一勺如琼液,将愚拟圣贤。欲知心不变,还拟饮贪泉。"寺内虽保存有唐经幢及历代碑刻,但文革破坏残迹到处皆是,仓促塑就的虎和白鹿洞的鹿,黄龙寺的龙都很拙劣。东林寺西一公里有西林寺遗址,现存唐建千佛塔,经明清两代重修,为六面七层,每层均有题额。塔旁山坡上有慧远墓。

东林寺三笑堂

九江锁江楼宝塔

九江能仁寺

能仁寺大胜砖塔

星子鄱阳湖

庐山三峡涧

东林寺十八高贤堂

东林寺唐经幢

西林寺千佛塔

石钟山天灯塔

我二次来庐山，从云山归来过路看陶潜墓。陶为柴桑(今九江县)人，晚年归隐，死后在面阳北山建墓立祠，明重修，墓碑刻"晋征士陶公靖节先生之墓"，旁刻五柳先生传及归去来辞。祠内两殿，内部在文革时已洗劫一空。附近新开发两座钟乳石洞，狮子洞游程300余米，涌泉洞游程1300余米，内有300米的地下河。

从牯岭走山北公路到九江只有37公里，我们走山南经东林寺到九江却走了60公里。九江古为柴桑又称浔阳，原为江湖之地，后淤积成洲因名江州；素称江西门户为兵家必争之地，所谓据三江之口，当四达之衢，七省通连，商贾云至，又为沿江重要商埠，乃我国近代三大米市与茶市之一。我们到后先参观在建的长江大桥，将来我国京广线外另一条南北干线修通，现有58万人口的市区当有更大发展。顺江东行有锁

江楼宝塔，六面七层高约35米，日寇侵略时有数处遭受炮火，现塔基又为江水浸蚀，如不及时保护将有倾覆之虞。九江市外沿江有七里湖，市内有甘棠湖与南门湖，中有唐李渤所建长堤。著名能仁寺在市区，始建于南梁，明重修，现存为清末复建。前后三进有天王殿、大殿、铁佛殿、藏经楼为江西保存较好的佛寺之一。寺之东南侧有唐大历年间建造的大胜砖塔，六面七级高42.3米，

石钟山

湖口太平楼

彭泽龙宫洞

九江烟水亭之浸月亭

内有石梯可登高眺望。烟水亭位于甘棠湖北为全市风景中心。唐白居易贬为江州司马,最初在湖中建亭,后人因其《琵琶行》中有"别时茫茫江浸月"句而名为浸月亭。宋周敦颐于其旁又建烟水亭。后两亭俱废,明万历时重建,晚清再建仍存明之风格与布局。现亭在湖中有桥通北岸,共为东西三院,中院船厅有供奉陶渊明、白居易、李渤、周敦颐、王阳明的五贤阁及水阁幽房。东西院为庭园建筑,花木相间,错落有致。亭中有许多书画碑刻。烟水亭不仅向外眺望有极佳对景而从湖堤观赏水中建筑,参差有如蓬莱仙阁,尤为动人。清崔伦奇有诗"数楹再构碧湖间,不负登临一水闲。秋按盆城同落叶,云来匡岳似登山。清波欲引江声入,

小艇时依塔影还。在昔清风犹未远,好将樽酒更开颜。"

31日早起赶路,六时出车,因大雾走了一个半小时才到鄱阳湖口,渡船因雾不开又等了两小时过江到湖口市,匆匆用过早点即东行40公里去彭泽县属乌龙山麓的龙宫洞。此洞为最近两三年中开发,灯光、道路刚刚完工。洞全长1 900米,为寒武纪条带状泥质灰岩,属地下水位洞穴。洞内地幔较多,悬垂钟乳较少,空间宽阔,水晶宫长70米宽与高各35米,自有其特色。从后洞出去可转入相邻的玉壶洞,内有300米旱洞,800米水洞,我们泛舟300米出洞。两洞之间的狮子山上还有仙真岩,洞内曾有庙宇。现洞的周围正在建设,惜服务设施离洞口

过近,装修亦过于花哨。庐山山水之外有此岩洞,如适当经营,可使风景区生色不少。傍晚回湖口,次日上石钟山,山分上下,位于鄱阳湖与长江汇合处,两山对峙如倒扣双钟,风景重点在江边之下的钟山,下多石穴,风吹浪卷,水石相击,发声如洪钟。登上山顶江天一览亭,尽收江湖山色,使人心神开畅,苏轼曾写《石钟山记》,历代名人留下许多诗文,明张治诗"三月江头花乱红,楚吴天阔水云空。万峰搔首东林远,独上青山扣石钟。""庐岳亭亭翠万重,悬泉千尺挂飞龙。石钟山下江如镜,映出青天五老峰。"山上新建碑廊甚好,有些新式装修如五彩磨石地面与环境不大协调。石钟山地锁江湖为历代兵家所必争,清末太平军在

331

此与清军相持五年，大小战斗数十次。现存太平军炮垒遗址，今建太平楼以资纪念。

九 瓷都景德镇、明代民居、婺源灵岩洞

瓷器是中国古代人民的伟大发明，流传世界各地影响极大，甚至以瓷（china）名中国。我国烧瓷名窑甚多而以景德镇最为著称，它是历史悠久声名卓著的瓷都。早在汉代这里已发现陶土开始烧制陶瓷器，唐瓷技术进步，质量提高，取代铜器，用途日益广泛。宋景德年间设立景德官窑并发展民窑，技艺益精，独创青白花瓷，远销世界各地。以后宋室南迁北方窑工大批南下，景德镇白昼窑烟蔽空，夜间红焰烧天，"陶舍重重倚岸开，舟帆日日蔽江来"真正成为全国制瓷中心，地名亦由此定。明朝又在镇设御器厂，只为宫廷专用的官窑就有58座，民窑则多达数百，创造更为秀丽的青花和彩釉，"列肆广袤十三里，主客无虑十万余"，每年产瓷数十万件，与汉口、佛山、朱仙镇并称全国工商四大名镇。清代技术空前发展，色彩更为富丽，缕空、薄胎等工艺巧夺天工，形成"白如玉，明如镜，薄如纸，声如磬"的声誉。产量激增，仅1866年出口瓷器即达60万担。鸦片战争后，帝国主义侵略中国，清廷衰微，瓷都一落千丈，直至解放后始逐渐恢复。今景德镇保存着千余年的各代废瓷积层和窑址，可供我们考察古代生产及开展今后旅游资源。据调查只黄泥头即有数千平方米遗瓷堆积，其中有五代的压胎青釉器白胎白釉器，北宋影青瓷。湖田有40万平方米从五代到明的堆积及马蹄窑、葫

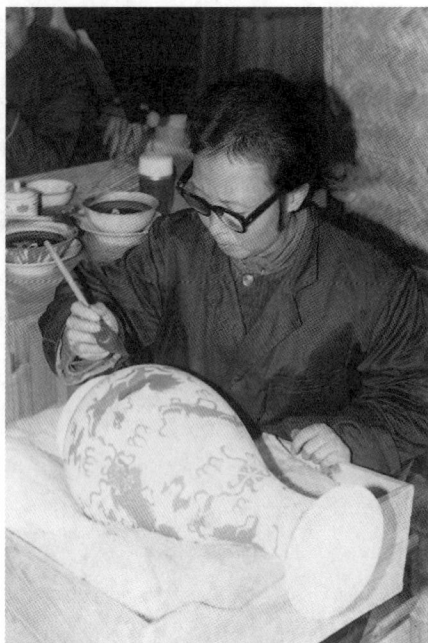

彩绘

景德镇古窑棚

景德镇黄宅外观

桃墅汪氏祠堂正厅

三间庙明清街道

芦窑、龙窑的遗物。鹅湖有著名的高岭土产地。此外还有五代4处、宋代19处、元代3处古窑址，明清则集中于御器厂。此外还保存古代制瓷作坊与窑房。典型作坊为14间穿斗式，上有五层穿枋搁坯板，下可容纳30工人操作。窑房也分上下两层，上层装坯柴，下层装坯储匣，柱子用木质密实的香樟或槠树，走进里面枝杈互交有如森林。

明代景德镇为大商富贾集中之地，其住宅均用料精良，装修富丽。以后因地处偏远山区少受战祸，得以长期保存。只1980年即查出明代住宅62、祠堂15、瓷行等12处，市区三间庙整个街道都是明清原貌。我于1980年特意去参观这些建筑，大都继续在使用并保存完好。1981年普查时明代建筑数目已达130多，在国内已可与安徽徽州、山西丁村、苏州洞庭相媲美。景德镇明代住宅基本和徽州相类似，属封闭式天井院。唯

厅堂之上多加一二层楼房，并以楼上堂屋为祖堂，侧屋为卧室，楼层栏杆成为装饰重点。有的不遵守朝廷三开间限制，在厅堂两旁附加一二开间。

1981年11月1日我由湖口冒雨乘车赶120公里再到景德镇，参加建筑历史与理论会议。开会期间协助地方规划陶瓷博览区。博览区占地53公顷，包括古窑场、陶瓷历史博物馆和由各地迁来的明清民居。会议结束后，8日阴而未雨，乃出发去婺源。东行40公里到甲路，见一路亭为景德镇所少有。后再行50公里到婺源县城，相继参观博物馆、市街、及龙尾砚厂。《一统志》称：砚品有五。一曰眉子石七种，二曰外山罗纹十三种，三曰里山罗纹一种，四曰金星三种，五曰驴坑一种，总谓之龙尾石。苏东坡作龙尾砚歌"黄琼白玉天不惜，顾恐贫夫死怀璧。君看龙尾宝石材，玉德金声寓于石。"

婺源灵岩卿云洞石台外塑洞口鲁迅像

灵岩卿云洞百鸟争鸣

桃墅汪宅柱礎

婺源甲路路亭

桃墅汪宅梁架

龙尾砚即歙砚产于婺源龙尾山麓的芙蓉溪和武溪，初唐开始采制，南唐设砚官督制官砚，宋后龙尾砚列为贡品，生产更进一步得到发展。

9日从县城出发去县西北与景德镇交界的古坦公社看通源村灵岩洞。北行34公里到清华，西过甲椿水库，附近风景绝佳。参观黄村明代祠堂后又走了27公里始到古坦。这时气象预报本是有雨，天却突然放晴，真是格外照顾我们。车沿新整修的路再

前进五六公里到篁村停下。于是我们步行爬山到通源。这是一座偏僻幽静的山村。我们只在村里略微了解些情况，就去爬北山上的莲花洞，洞口内有伏石如狮如象，顶上悬垂的钟乳石似莲荷纷披，扣之声如洪钟。稍进洞内，略微宽广，地坪上有方台名丹炉，台面列十数小圆石子润如丹丸。再前折向左方，有高五六米的老人趺坐，身有蟠龙，膝前丹炉，背依两山石名老君台。进到洞之深处顶端有露天空隙，下有石如

老僧仰望，光照头上，秃顶触目。东过石门有水，传为郑真人逐鹿见其父撑铁船处。更前扪崖侧过，内有仙田、仙棋、仙人书堂。然后从后洞走出，回村午饭。据当地介绍通源全村六十余户均汪姓，饭前出示家谱，内载"姬氏鲁伯禽之裔，成公里肱次子手纹类汪字，因封汪侯，食邑颍川。以后子孙居沛、扶风、淮阳、广平。南渡后分居庐阳。睦州、遂安、饶州、宣城而新安、休、歙、绩、婺最为众多。明正统传75世，清

灵岩洞朱熹题字

明历观唐宋游题字

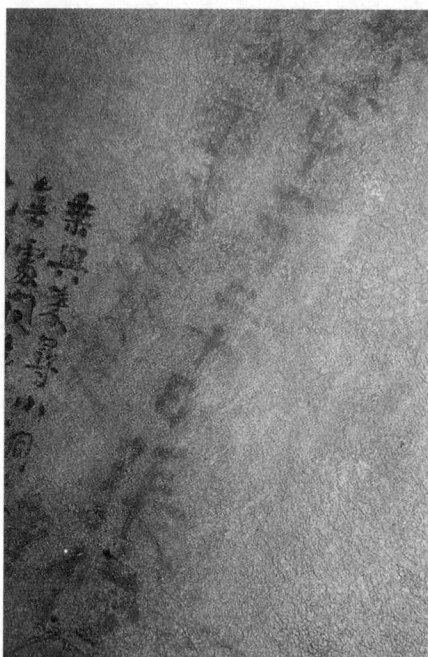

宋张俊字

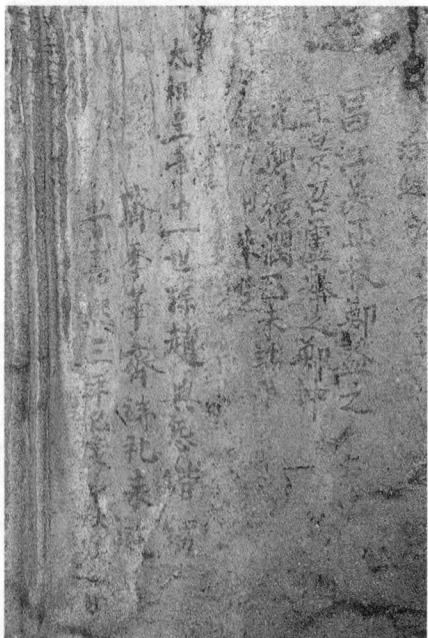

宋太祖12世孙题字

嘉泰题字

找岳飞的字

道光传94世。"汪氏之源不意在此寻出。下午东去卿云洞，洞门高十余米有古柏生根石上，中有溪水，可通小船。洞门内侧有聚仙台，高八九米，广可容十数人，我们攀至台上，回望洞口我不禁脱口喊出"鲁迅"，原来钟乳石受洞外阳光照射居然形成短发浓髭的鲁迅头部黑影，同行者众口称是。仰视岩洞上部，石乳凝成无数鸟雀，头皆倒悬，阳光照射小溪，水影在鸟群中浮动，水声成为鸟鸣，唧唧吱吱，洞中充满生机。台上石壁有宋以下各代题刻，粗略浏览后下台入洞，洞中有芝田平铺名绣墩；有两石对峙，水声如雷，名雷公洞；有众石丛立，名千佛岩；深处暖气扑人名拥春台。由后山出洞，俯视石门小村前临清溪，周环竹树，极为清幽。再上岭至琼芝洞，入内见有题字，多漫漶难识只有朱熹的"晦翁"，尚可认出，因天色已晚乃出洞。暮色中了望远山，层层相接，有不尽之感。下山又步行至古坦夜宿。

10日再去通源，从山下过含虚下洞出水处，水势很旺无法入洞，乃绕道上山至含虚上洞。入口逼窄，内行数十米有丹炉、仙厨、仙童，石乳洁白，下有洗砚池。更下有平坦石廊，到处为墨书题刻，我们首先看见飞白大字"张较彦直"其侧另有"伯成质夫"四字。接着见宋绍兴壬申(1150年)十月二十日张俊书的题字。县文物馆长说洞内有岳飞题字，后见明嘉靖"第一东南洞，历观唐宋游"

及"椽笔何人刻上方，文奇字古接苍茫。叮咛神物长呵护，旗上精忠想鄂王"的题字，知明清时代确有人见过岳飞题字，于是我们下洞的人分擎电筒去找岳飞的字，只十多分钟即在一个龙字下发现用铁器刻出"岳飞游此"四个刚劲的字，是真是伪不知，总归是找着了。此外宋代题字不少，如嘉泰(1202年)，宋太祖12世孙题字。接着我们下含虚下洞，村里为我们准备了长梯、短梯和绳索，我们缘梯直下十多米到第三层，这里空间开阔，所留墨迹更多，只宋代我们见到的就有何少连庆历五年(1045年)，王琰熙宁七年(1074年)，胡道亨绍兴乙丑(1145年)，胡康国绍兴庚午(1150年)，赵爱嘉熙三年(1239年)，至于明清就更多。据馆长谈他看到唐会昌四年(844年)，天复九年(901年)的题字。下洞还有四五层，因移动悬梯过于费时，未再下去。出洞后与当地同志座谈，一致认为灵岩洞有重要开发价值。通源村早在南宋绍兴的即建有通元观，当时周围山水岩洞号称36景，灵岩有三岩九洞之称，游人云集，胜极一时。群众反映还有一个早年有意堵塞内容更丰富的洞。只在今日造访的四洞，已是各具特色，而遗存唐宋遗墨如此众多，国内罕觏，均属我国文物之珍宝。益以婺源现存明清民居和歙砚等极有价值的风景资源。如将北面衔接瑶里二三十里的公路修通与景德镇联成一片。西与庐山，东与黄山相呼应，则发展更有远大前途。

十　南北两探少华山（三清山）

"江南何处是仙家，孤柱擎空见少华"——(明胡靖)。1981年11月12日我由婺源南行60公里赶到德兴畈大公社，与上饶专区建设局长、德兴县长会合，他们已组成20多人的队伍，准备和我一起冒险攀登江西第二高山－少华山。据县里介绍，少华山绵亘浙赣两省五县，位于赣东北怀玉山脉的东端，山之北属德兴，南属玉山，南北狭长约56公里，总面积220平方公里，最高山峰玉京峰1817米。少华山史书虽有记载，但因山险地僻，人迹罕至，而鲜为世人所知。明景泰时德兴王佑开山施田以膳羽士，并在山上建三清宫，因之又名三清山。因天气预报明日可能有雨，乃急忙用过中饭，11时即出发上山，车行几公里到山麓停下。谷口清波荡漾，我们登上林间小路，绕着山坡漫步向谷内走去。两旁树木参天，鸟雀众多，画眉叫声十分欢畅，使我们情绪顿时高昂。行进50分钟到下分水村口的几户人家，再向上走可到上分水及分水关过岭入玉山界。畈大公社在解放前是血吸虫病严重地区，除分水王姓外，人都几乎死光了，现有万余人口是新从外地迁来的。分水王家为王佑后代，清代与玉山徐姓争山权，经官府判归王家。现山上仍由分水大队

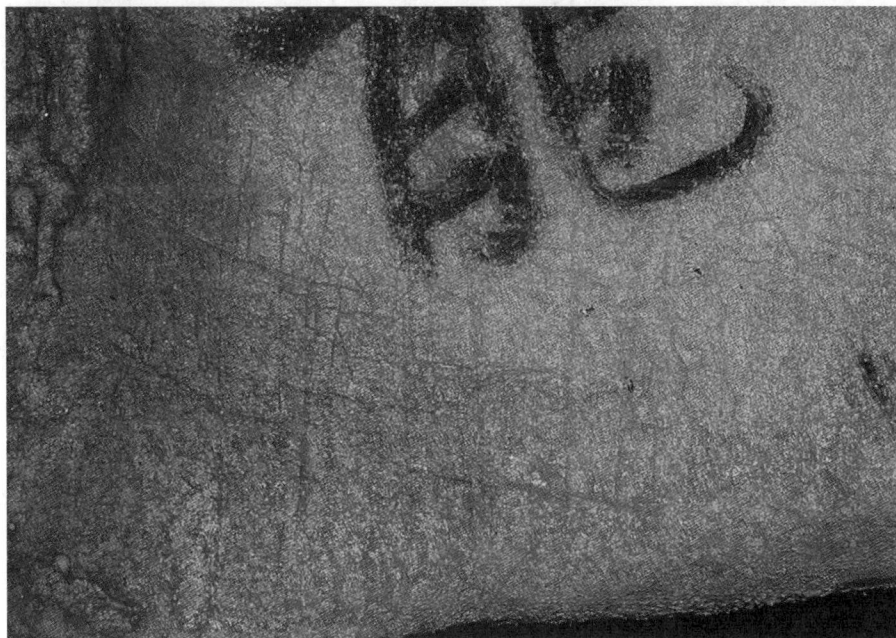

岳飞游此题字

少华山西华塔

派人轮流当值看山守观。过去每年虽有庙会，但迄今山上三清宫只有九条被子，留宿的只得几人合租一条。我们告别主人即走上步云桥，这才开始爬山。山路均用青石砌造，坡度较陡，我因在婺源爬山曾眩晕恶心，此后不敢快爬。县台办小叶是我们这伙唯一上过此山的人，他就一面照顾我一面给我讲解，爬上三公里到西华台，这里有粗花岗岩干垒起来的六边七层高十余米的透空石塔，造形古朴别致，石上刻西华台三字。路旁有宽三十余米的绝壁，夏日降雨，满壁悬流，名瀑布壁。继续上行2.5公里，路旁有两块对立的石崖，左面碧玉岩可容纳二三十游人在此避雨，周围松涛作响，虫鸟低鸣，已远离尘嚣。拾级再上过石砌登汗桥，有1 500个陡峭石阶，仰望似登天云梯，当地民谣"只有好汉，敢登此路"，路中一段无岩壁遮挡，有山风通过，行人正汗流浃背，风来时遍体清凉，因称该地为清风。行至1公里处到风门，此地

有玉山金沙登山之路来此汇合，我们从步云桥起已爬了6 000米的山路，从海拔420米上升到1 180米，用了三个小时，已疲惫不堪，休息时吃带来的煮玉米，真是香甜无比。

风门是少华山的头道关口，三面环岩，一面临谷，中间小水池刻天水一池，路口上两座小庙供关马二元帅，向东遥望有石峰上竖石笋，人称观音现指。这里形势险要，四面通风。上行约800米过清都吊桥、挂冠石到遮羞岩，悬空突出有如凉亭，传说有进香女子在此分娩得名。周围地势比较开阔，四季花草茂盛，云锦杜鹃尤为著名。附近石峰多景有如仙桃、蛤蟆、葫芦。续行过摄云岭到泸泉井、锯解石，这一段山形开阔有大片华东黄杉与多种杜鹃。华东黄杉本产于浙皖，已濒灭绝，为国家一级保护树种；1978年突然在此发现，竟有千亩之多，有的高达40米成为树王。 山上杜鹃除最多的猴头杜鹃外还有鹿角、云锦、丁香杜鹃等等。锯解

少华山锯解石

风门

观音现指

百步门

山顶玉京峰

凤雷塔

猿猴观海

飞仙岩

三清宫

九天应元府

石为板状竖立的花岗岩亦为岩石成形中所罕见。再上百米到众妙千步门，为山上第二道关口，此处海拔1 490米，又爬上2 500米山路，天色已暗下来。千步门之上为冲虚百步门，中间经过五个天门，路从东天门入，掠过北天门、中天门、西天门至百步门再到南天门。从千步门到南天门路距226米有石级643，升高150米，既陡且高的石阶一面靠着峭壁，一面下临深谷，有的地段建在山脊上，是上少华山最难走的路。我们刚过千步门看见石壁上挂着维妙维肖的琵琶石，以后因石级坍塌，走时十分危险，就顾不得看风景了。走了还不到一半路，天就完全黑

了，我们只得用电筒照着，一步一步地往上挪。这次爬山比我爬黄山、泰山艰险得多，我们跌跌撞撞就这样摸着爬着，到了百步门夜已深了。我们又累又饿，汗浸透了衣服，坐时稍长山风吹来又觉得冷，只得站起身，闷着头，一个一个地再向上爬这一百个更陡的台阶。到了南天门已是夜里十一点，总归到了山顶，我们都长出一口气，逐次地瘫卧在地不肯再移动了。过了十几分钟，有人喊"来接我们了"，大家一拥而起看远处有着灯光慢慢向我们接近，于是我们走下山坡和先到的人会合，虽然在漆黑的夜里还走很长一段路，但人多气壮又是下坡，大

家说着话很快到了三清宫。登上石牌坊的几步台阶便看见一所石头房子里面燃着一堆熊熊大火，这火照亮了世界，烤暖了一切。我们立刻跑到火旁烤身体连烤衣服并叙说路上惊险遭遇，等会饭好了又蹲在火边吃饭，饭后我们挤在铺着山草的地上，铺一层被，上面再几个人合盖一床被，为优待我这老年人特意给了一床。这些被子和吃的饭菜用的锅碗都是从山下挑上来的。我们用草帘把门遮住，用山草把墙缝堵死，然后拉上被子盖上衣服很快就都睡熟了。

第二天早起在周围巡视。三清宫和我们住的偏房全是用块石垒成三开间建筑，

姐妹松

金猫峰

玉山七一水库

梯云岭

三清宫内前供三清后奉观音，造像粗劣。宫前有石香炉、石龛、石牌坊，坊额题三清宫，联为"殿开白昼风来扫，门到黄昏云自封"乃明景泰时兵部尚书孙原贞题。下几磴台阶跨溪水有排云桥。周围是小块平地，海拔1 552米，有松林环绕，泉流铮琮，颇为清幽。过桥左有少华三池及鸳鸯松、貔貅松，右有最初主持道观的詹碧云墓，墓后高地有七层小石塔，可眺望三清宫周围景色。墓旁去龙首山小路上有石筑小庙－纠察府，内外石刻神像八尊。三清宫后山坡有演教殿内供神像十八尊。宫前半公里左右建在山头上的聚仙台，结构同西华楼，今只余塔座。这里有"极目树云无际处，千山紫气入斜阳"的风景，相传神仙聚会时在此停留。紫烟石为紫色巨岩亦为眺望群山最佳处。右有龙首山之龙虎殿，殿中有十个供神石龛，殿前就山岩刻成极为生动的半蹲石虎和昂首蟠龙。春夏成片杜鹃，红满山坡，面

对造型雄伟的风雷塔，侧视千步门通往天门的山脊，棱线在晴空映照下非常清楚，山路距离似不太长，而回想起昨夜摸黑爬行的狼狈状态则恍如隔世。早饭后结队去攀登顶峰，走过茂密的森林，枯黄的松针厚厚的铺满小路，绕过两个山头，坡度都比较缓和，大家走起来心情潇洒，话就多了。城建所研究植物的同志讲少华山原是植物保护区，森林覆盖率为80%，有花木79科308品种，除前面提到的华东黄杉和杜鹃外，天门上下的台湾松呈平顶旗形，多双株并生，长于峭壁岩缝中，不畏风雪，傲然挺拔。奇异花卉有天女、厚朴、木莲、水晶、鹅掌掀、十大功劳等。南行700米爬上个小山坡，路旁有座石雕小道观名九天应元府，里面立着十几座小菩萨。再前过郁松岭，跨鹤桥到登真台距三清宫1 340米，已到玉京、玉华、玉虚三峰面前。回头西望猿猴观海，孤峰在远山环绕下四面俱是深谷，满山的红花油茶

长的郁郁葱葱。再前只攀登几十米即到玉京峰顶，块石重叠，最高处横刻玉京峰三字，展望四方尽是笋峰联属，云雾缭绕，到处都似神仙世界。因山风强劲不能久停，乃循原路下山，回到住处午餐。十一时半下山，在天门附近游览。天门石坊只三米多高，有孙元贞题额"少华山"，门联"少华云涛卷四海之福地，香炉烟紫凝三境之灵坛"。坊侧有枝桠相联的两株三百年树龄的古松，高6.5米，冠幅6米，姿态舒展，名姊妹松。附近天门峰上晴日能眺望玉京三峰。王佑墓在门侧山坡上，旁有高2.1米的七层飞雷塔。少华山的建筑几乎全用块石，并多为干砌，有突出特色。下山步伐快，顺便将五个天门逐个看看，这一带果然险要。下午四点回到下分水，晚上在公社座谈，一致认为少华山在许多方面不次于黄山，极有开发价值。14日到县，借工厂浴池洗个痛快澡。17日我到贵溪，德兴来人索字，为之留

言"奇峰异石，云海变灭，有类黄山。但原始森林，黄杉成片，老松结发，益以花木珍贵；飞泉流响，石屋茅庵，古朴野趣，是黄山所不及。愿为社会主义现代化风景区建设，在保护森林与建筑特色条件下开发少华山。"

1983年6月16日我参加武夷山风景区会议后，同华郁乘车经上饶行160公里来玉山，应县的邀请勘察少华山南部，他们已作了相当准备。到后当天下午即参观县城北16公里的七一水库。水库系1958年建成，长88公里，北距少华山东麓的金沙38公里，蓄水量1.87亿立方米，我们乘船在水坝附近游览，湖光山影，两岸曲折有致，可作为少华山外围景区。17日我们随同玉山副县长率领的勘察队伍北沿玉耶溪行约二十公里至坪溪。少华山山南只有三条小路进山，东从金沙，南从梯云岭，西从二桥墩，并无正式道路。因此午后由公社书记带路溯坪溪水爬山进梯云岭。约2～3公里经外双溪到内双溪，公社早已在溪旁山坡用树枝和雨布搭起十多米长的帐篷，这就是我们在山里进行勘察的住处。他们搬来铁床、被褥并在外间搭起锅灶，因为是夏天勿需保温，条件显然比三清宫好多了。傍晚我们在山谷间察看将来建设用地，回来在帐棚外吃山居晚饭，然后早早入睡。18日天阴我们首次登峰，顺溪上行不远见水源从两处来，左谷通梯云岩，右谷通玉台，都可瞭望少华三峰的南面。我们先进右谷，山势比较陡峭，我们随着向导慢慢向上爬，因在谷中无法瞭望，只能在树丛里穿行，有些郁闷，爬上2～3公里的山坡到梯云岭上，视野才比较开展，路也好走些。又一公里至玉台南的观景台，待我们攀到台上，少华三峰突然展开，奇异山景令人目瞪口呆，山间云雾浮动更增加无穷的神秘感。白云中骈立的石峰真似根根碧玉簪，而这里的石峰顶上大都生长一些曲干虬枝的不老松，在黄山中特别为人称赞的秀峰，在少华则多不可数。至于肖物类人的景观，我在这里云雾中看见的高80米的拈花微笑神女和高126米的昂头望人的神蟒已给我极深刻的印象，以后县里赠我以晴日近照，我再见到神女披发的面部与膝前的丛松和神蟒上粗下细的身段与深色的头部，又可肯定这是我所见过的最逼真最有生气的象形石。我们坐在山岗上久久不愿离去，一直等到云雾渐浓，山雨欲来才不得不下山。回到半路果然下起小雨。下午又继续下雨。我们预计明日如无雨即绕道

北望玉台峰

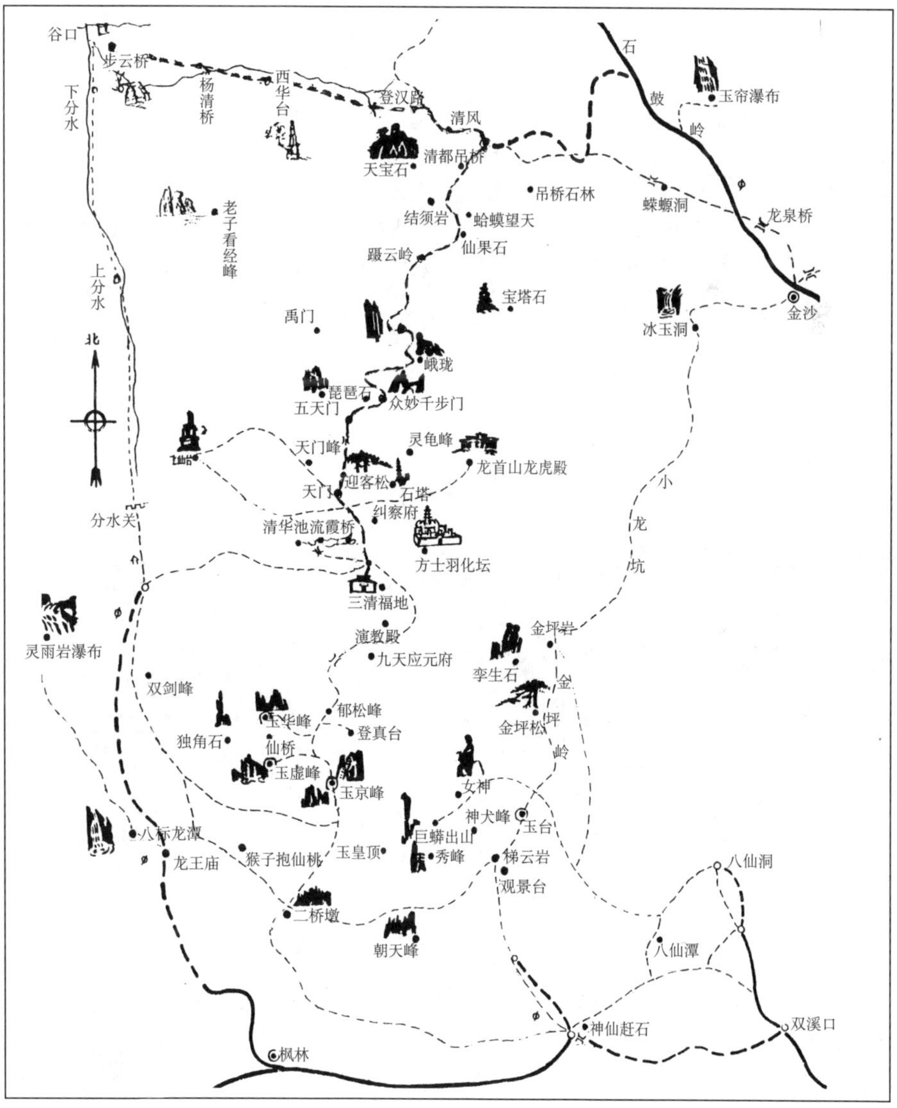

三清山风景点分布图

怀玉山八际瀑布

玉山阎立本墓

十一　圭峰、天师府、龙虎山与崖墓

　　1981年11月15日我由德兴南行40公里到乐平。路中参观洪源洞，内部景观不多。下午经弋阳行80公里到圭峰。我因感冒服药后早睡。次日起迟，走出室外，眼睛突然一亮，正对我的是大面积丹岩景观。以前我乘火车过广东韶关曾见过赤红色的丹岩，但绝没有这样的雄伟气势。在暗绿的树林上方，满目红褐色的岩石面到处都显出古老海洋千万年冲刷激荡所造成的蜂窝式黑色孔洞，无数的鸟雀在啁啾飞鸣，进进出出，显出无限生机。这就是圭峰的展旗峰，下面山洞是疗养所的大门。我顺这70米长的山洞钻到外面，回头望这圭峰，先看见仙狗，后看见老婆婆。这一带全是红壤赤岩的丹霞地貌，山峰平地拔起，高不过二三百米，但山形多曲线，不像云南石林那么尖锐，岩石像人肖物特别逼真。周围面积纵横不过2公里，却号称8景36峰，唐宋温庭筠、陈康伯、朱熹留下许多诗词。上午在群山包围的院内参观。院西有偏着身子的老者面向重叠的双龟，换个角度双龟变成方印，旁边的石峰成为圭版，当地就此衍绎成许多故事。转到院东又见锦屏峰上有金线吊蛤蟆。院内小桥流水，树木茂密，环境十分清雅幽静。下午上山，东登振衣台眺望点，然后绕过无声泉至双剑峰，有三巨石直立半空名天然

　　进入少华三峰下看是否有路可以攀登。但当晚整夜倾盆大雨，山水流进我们床下。第二天我们出去看水，山洪齐发，溪水暴涨，山凹到处都有瀑布，周围水声震耳，我们和山下交通完全断绝。如此时雨时停连续三天，不但打破我们继续探山的设想，连我们带来的食粮也发生了问题，最后因山水不断冲刷，棚子下面出现水沟，安全也出现危险。幸亏21日雨停了一天，水势小些，公社书记冒险游过溪水，22日中午带人帮助我们

过河出山。　我们从西口二桥墩外上车，到八标龙潭过怀玉山绕行回县。23日在县座谈并参观县城附近的武安山、阎立本墓及玉山塔。24日下午乘火车到上海参加嘉定会议。玉山之行虽未完成勘察计划，但得窥山南奥秘使我对少华山有完整的认识，所获至多。当时两县关于山名有不同主张，德兴称少华，玉山称三清。看来少华风景不可分割，经营开发以统一为是，因此山名应为少华山(三清山)。

圭峰展旗峰

龙虎山水岩

圭峰老人与金龟峰

圭峰双剑峰

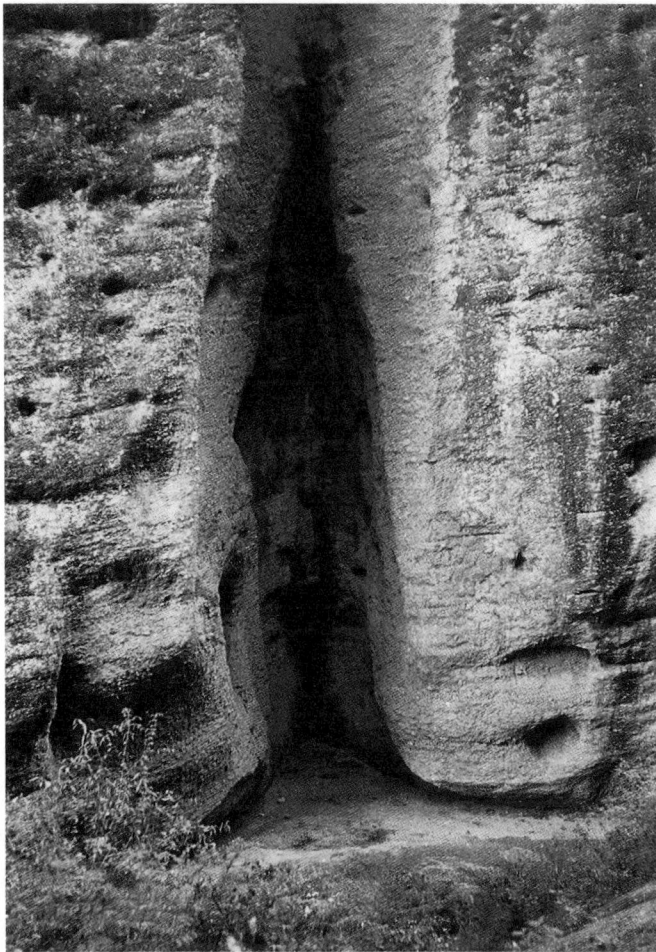

龙虎山水岩石壁

三叠,过双崖一线天,上刻"渊默雷声"。再绕龟峰经将军庙到回声谷,此处放声高呼四谷响应,旁有乾隆年刻"玩啸"二字,远望画壁峰高宽各数十米的大石壁绚丽如画,壁下雨花岩方志敏曾在此坚持革命斗争。后循香炉峰小路下山再西行绕出狮子峰,回顾此山真似蹲坐的雄狮。至此山尽乃回转到金钟峰,这是周围较高的山,在顶上可了望信江灯火。巡回圭峰一周不过两三小时,然景观丰富而多变化,岩石构造、形态及色彩都有显著特点,给人以美的享受。在此建设,投资不多而便于经营管理,极有发展前途。

17日天气转晴,西行17公里到贵溪,县里为我提供许多资料,使我概括地了解道教张天师子孙相传千数百年,一直受历代皇帝尊崇的历史情况。第一代天师张道陵生于东汉,在龙虎山炼丹传录36年后,从嵩山入巴蜀,创五斗米道(天师道)。其孙张鲁踞汉中30年,为曹操封为镇南将军,死后子张

盛回龙虎山建传录坛。以后东晋安帝,北魏道武帝均信奉道教,隋予十代天师官爵。唐朝奉道教为国教,玄宗为15代天师在京设授录院,封张道陵为太师。唐武宗兴道灭佛,为20代天师在龙虎山建道院赐名真仙观。宋真宗改真仙观为上清观,赐24代天师号真静先生。徽宗自号"教主道君皇帝"于今上清镇另建上清观,不久升为"上清正一宫"。南宋理宗扩建上清宫至6殿2阁3馆2堂,敕令35代天师提举龙虎、门皂、茅山三山符录。元忽必烈统一中国除信奉北方新创的全真道也优待南方的天师道,修葺上清宫,封36代天师为元静真人给二品印,主江南道教事。元武宗再修上清宫,改名为"大上清正一万寿宫",封38代天师为正一教主,嗣汉38代天师,视一品秩。明太祖为42代天师建天师府,令其永掌天下道教事,奖励43代天师在四年中完成上清宫的扩建。明成祖、武宗均资助修建工程,世宗给两代天师下诏多达41次,神宗赐50代

天师金印,视一品秩。清初顺治因天师曾与南明有联系视清为异族,虽承认52代天师袭掌天师道,但严令"务使异端方术不得惑乱愚民"。雍正继位始大降恩宠,赐帑十万扩建上清宫,赐田3 400亩。乾隆17年56代天师受弹劾,降级为正五品。至57 代历经恳请始恢复至正三品。但乾隆以后朝廷从未赏赐过银两,更谈不上拨款修建,挥霍成性的天师后代只得变卖土地,乃日趋没落。上清宫供奉的神祇有教主老子。有神化的三清——玉清元始天尊,上清灵宝天尊,太清太上老君。有神界皇帝玉皇,有五岳神,有三皇、后土、雷祖、女神斗姆、魁星、文昌、真武;有星官紫微、南斗、北斗、四渎等。此外还供奉张道陵又因张道陵自认为张良的九世孙而建留侯家庙。北宗全真教奉有五祖及七真,南宗正一教亦奉有南七真。道士们为镇宅、安龙、保胎、催生、驱邪、治病,辄着法衣,披发仗剑,敲锣击鼓,登坛召神,用朱砂墨水混合药物,画云录、

崖墓之棺木

龙虎山仙岩崖墓

棺内尸骨

符字、玉录、龙章、凤文。我们18日到上清镇，见镇东的上清宫业已毁灭，遗址中只余福地门、下马亭、钟楼等个别建筑，文革时又将午朝门拆除。天师府在镇内，现为师范学校占用，保存比较完好。大门悬康熙题"嗣汉天师府"匾额，有联"麒麟世上神仙客，龙虎山中宰相家"为明董其昌手笔。现有五百余间平房，质量不高，西院保存古代罗汉松及元代大铜钟(参考贵溪周沐熙：《龙虎山上清宫沿革初探》)。

下午去龙虎山，1980年我初来景德镇时曾在鹰潭下车从北面绕过此山，当时对这弧形红石山有许多神秘憧憬，现在看过天师府和上清宫觉得它远不如孔府与孔庙，再看龙虎山也不那么神秘了。龙虎山以两峰有类龙虎得名，张道陵在此炼丹，南唐为其立庙，宋称演法观，明改正一观，宋元之际附近道观曾达百数十座，现均不存。山下有信江支流上清河流过，悬崖临水，怪石出入，山青水秀，西段仙岩、水岩有24岩如莲花、

仙桃等，均以风景著称。山之北端有排衙石，钝角山头一字排列，造型独特。在仙岩中最有历史与文物价值的是崖墓。据1980年的勘察，仙岩现有春秋战国时期的崖墓70余座，在已发掘清理的13座崖墓中有各种型制的棺木，有精美的陶瓷竹木玉器，有丝麻织品，还有两把古琴和一套纺织工具。年代测定远达2 600年。这些崖墓的主人是长期在这里生活的古越族先民，为了让死者在幽冥中得到安息，他们选择向阳通风干燥的崖壁洞穴作为安葬处所。墓室用墓板封闭墓门，少数宽大洞穴中还有椁室，也有大家族合葬的洞穴群。棺木均用整料挖空，上下合口用子母榫，形式有长方、椭圆和两面起翘下部悬空的干栏住宅屋脊形。朱维京写龙虎山"龙虎山岩寺，蓬莱兜率天。向来青玉杖，曾扣翠微巅。岩有千年骨，梯悬万仞船。夜间仙乐动，缥缈五云边。"刘应秋诗"叠嶂重峦锁碧烟，玉宫虚阁柱青天。上方甲第神仙宅，家世传书道

德篇。松桧鳞残时怒鬣，鲸鲵石坼有飞泉。赤松黄石何曾问，白雪青溪且放船。"当晚返贵溪来回70公里。19日西行17里到鹰潭，这里本是数千人口的小镇，解放后浙赣、皖赣、鹰厦铁路在此交汇，业已成为有11万城市人口的赣东交通、经济中心。他们在街道建绿化带，在江岸建公园，很注意环境，但过于装饰公园大门并在红壤地区用白石头堆不伦不类的假山这是败笔，应加纠正(参考贵溪崖墓发掘简报)。

十二 赤都瑞金

自1929年1~10月毛泽东、朱德率领红四军从井岗山进入赣南、闽西先后解放兴国、宁都、广昌、吉安、吉水、于都、瑞金、南丰、会昌、及长汀、武平、宁洋、漳平、上杭、连城、永定、龙岩等17个县，到

1934年10月中央红军开始长征，将近六年的时间里，中国共产党领导人民，在这片地区实行土地革命，扩大红军，建立工农兵苏维埃的中央政府，因此人们通称这里为中央苏区，称瑞金为赤都。我于1981年11月由鹰潭开始前往访问，20日经金溪行100公里到南城，进城前先参观万年桥和桥头的聚星塔。桥横跨　江为明建19孔长500米石构拱桥，　塔七层为乾隆时重建。在南城午饭后又去城西南5公里的麻姑山，此山为道教著名的洞天福地，唐邓紫阳在山上立麻姑庙，颜真卿写《麻姑仙坛记》，刘禹锡、白居易、朱熹、陆游、杨万里等留下诗篇。山涧上原有两道飞瀑，带有长廊的龙门桥横跨其上，桥下有水帘洞，洞外怪石四布

石城通天岩

南城万年桥

瑞金叶坪苏维埃政府

南丰橘林远望

石城 宝福院塔

叶坪烈士塔

名伏狮潭。唐代于桥西建仙都观,当时山上有近百座庵庙,十三名泉,物产以茶米酒著称。我们去时山上已在文革中遭受严重破坏,不但有许多住户搬进去并在山上办了一个酒厂,因此寺观全废,树木伐尽,涧水断流,瀑布全无,实无风景可供欣赏。21日行56公里到南丰,参观南门残余城墙及橘林。江对岸有文革毁后的古塔塔基,看来江西在文革中破坏历史文物最为彻底。南丰蜜橘个小皮薄味甘,全国知名。产地在县城附近三个公社,仍为集体经营,现上交任务已完,开始允许自由出售。下午行20公里到白舍,宋朝在这片红土岗中,置官烧瓷,有窑数十,瓷洁白而釉晶莹,现已久废,瓷片堆积如山。随后入广昌境,公路质量较好,尽管

叶坪毛泽东故居

沙洲坝大礼堂

沙洲坝毛泽东故居

沙洲坝红井

罗田岩毛主席故居

沙洲坝白塔

山多弯路，天将黑仍能赶130公里到石城。这里地处武夷山，接近宁都、瑞金、宁化，已属中央苏区。招待所里有回乡的老红军，连带我也似乎有点寻根的感觉。22日清早走了很长一段山路去通天岩，这里山水清旷，丛岩成景，土楼民居，别有风味。城内有宋代六角七层宝福院塔，砖上刻徽宗崇宁壬午年号即1102年，为山中珍稀的古建筑。

午后行71公里去瑞金，沿路地势逐渐开阔，心情随之敞朗，但路边看到的山几乎全是光秃秃的红岩土，很少见到树木，越走近瑞金裸露越显著。本来我进入抚州地区已开始注意到树木滥伐的现象，但瑞金远比抚州严重的多，我真为我们革命老区担忧。到瑞金正赶上省里召开全国苏维埃政府成立50周年纪念会。23日阴雨上午我们去城东北5公里的叶坪，在参观革命历史博物馆后即到全国苏维埃政府所在地。这是一所三进的旧祠堂，1931年11月全国工农兵代表大会在此召开，通过《宪法大纲》、《土地法》、《劳动法》、《婚姻法》，成立全国苏维埃政府并选毛泽东为主席、朱德为总司令。接着我们又看毛、朱及周恩来、任弼时、王稼祥住处，毛主席在叶坪住了一年七个月。随后参观大草坪内的烈士塔，塔为钱壮飞设计，基础为五角星，塔身为炮弹形，寓意党指挥枪。草坪东有朱德题额的博生堡纪念赵博生，北有彭德怀题额的公略亭纪念黄公略。下午去城西南4公里的沙洲坝参观后期全国苏维埃政府所在地、大礼堂及中共中央旧址。大礼堂由袁福钦设计，八角形平面外加一个偏厦，象征红军军帽。当时建筑造型多模仿或象征革命实物，如红旗、红五星、火炬等。这种设计思想到文革

时期再度得到发展。随后去红井参观毛主席的故居，他在这里住了一年三个月。回来看新建烈士纪念馆，厅内用蓝色白花表示哀悼，在主席台位置竖混凝土碑，周围是木地板。馆旁有明代九层白塔。城内文庙旁亦有九层塔，均为方形。

24日由瑞金西行17公里到云石山，这是红壤地带中的青石山，1934年毛主席从瑞金来这里住了七个月。从云石山续行75公里到于都。下午去城南两公里的罗田岩，渡过贡水进入双峰夹持的谷口，石壁上刻"于阳一览"，入内松竹交映，循石级上至观音阁及濂溪阁，在两株古柏旁有大片岩石面上刻岳飞、文天祥、周敦颐、王阳明、朱耷等名家诗词。岳飞诗为罗洪先手笔，原文为"手持竹杖访黄龙，旧穴只余虎子踪。深锁白云无觅处，半山松竹撼西风。"回来去西门外看重光宝塔，塔七层六面，始建于1055年宋代，最后重建于明，文革时造纸厂用砖将其拆除。25日早饭前看毛主席长征前夕的住处何屋。

十三　中原通往闽粤咽喉
——赣州

赣州位于江西南部，地当赣江上游章、贡二水的汇合口。秦统一中国后为进入五岭以南地区，开辟沿赣江溯章水翻越大庾岭的道路；汉高祖命灌婴在赣县立城；东晋将南康郡治由于都迁往赣县并另建新的郡城；南北朝时期由广州通建业以大庾道最为便捷；唐代海外贸易发展，玄宗命张九龄

重修大庾岭通道开辟进入汀州、建州驿道；宋高宗正式定名赣州，以石加固城墙。千余年来赣州一直是中原及长江流域通往闽粤的主要交通道路。明清实行海禁，只以广州为开放贸易港，海运货物必需走大庾岭，赣州地位乃益形重要，经济迅速发展，清嘉庆时代人口曾达39万户（《江西通志》），是为极盛时期。但帝国主义入侵后，打破海禁，迫使沿海各口岸开放，海运分散各地，赣州地位随之急剧衰落。以后粤汉铁路通车，赣南成为闭塞之地，大庾陆运与赣江水运只能解决省内需要，外部货运几乎断绝，解放前赣州人口只有5万6千人，解放后工农生产提高，至1980年也不过增加到16万7千人。改革开放以来我国经济建设迅速发展，全国第三条南北大动脉京九铁路今已建成，赣州成为华北、华中联系闽粤的铁路枢纽，恢复或超过往昔盛况，当指日可待。

赣州城自汉起经三次迁移，至南梁始定今址，其地理环境十分优越，周围有闽赣武夷山，粤赣九连山、大庾岭，湘赣诸广山等千米高山环抱；中间章贡二水汇成赣江直通长江，附近南有1 016米的崆峒山，高标云际；北傍三阳低山为其依托，低山丘陵下为坦平山谷，深得山水之胜。赣州地处亚热带红壤地区，夏热冬温，雨量充沛，植被生长条件优越。赣州城墙经1 068～1 174年宋代扩建，周达6.5公里，高10米，除东面临江两门外其他四门均有瓮城，所谓"楼橹饬备，陴堞完新，廉隅峻整，内壮保厘之形势，外耸望走观瞻，风动万山之中。"城市建筑与山水配置有极佳景观。东南笔架山上有光孝寺和濂溪书院，下有溪流湖塘，面对慈云寺、慈云塔与县学。城北郁孤台为城

赣州城

赣州文庙

郁孤台

通天岩雕像

通天岩

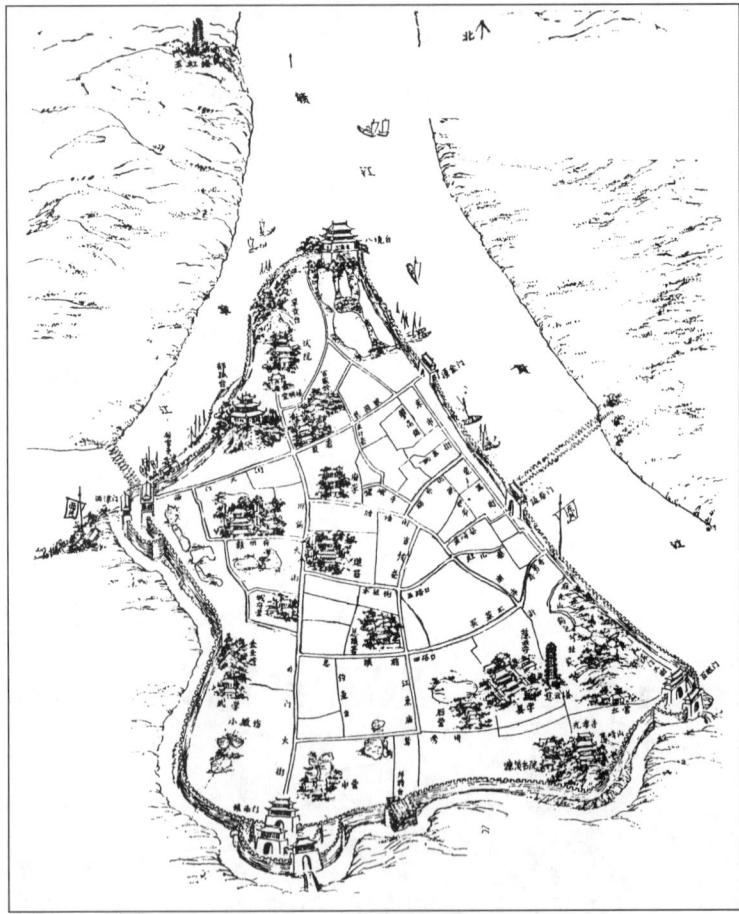

赣州风景鸟瞰图——选自谢凝高:《古城景观》

内最高峰,其相邻的八境台,位于三江会合点,苏东坡在《图序》中说"东望七闽,南望五岭,览群山之参差,俯章贡之奔流。云烟出没,草木蕃丽,邑屋相望,鸡犬之声相闻"。11月25日我从于都来赣州的第二天首先去看城墙,出涌金门走到三江会合口,然后爬上城墙登上八境台,周围形势确如苏东坡所说十分雄壮。看城砖年号证实这段城墙确为宋建,虽然赣州城已有部分拆毁,然能保存北段宋建城墙,实为难能可贵。八境台的建筑已为火焚,需按古代式样重建,瓮城内外是风景最好的空间,现堆满木材,应尽快清理开放。下城参观文庙及舍利塔,塔又名慈云塔建于北宋,虽屡经明清修建然塔身仍为原物,六角九层高约40余米。随后上郁孤台,台在小山上为唐中叶创建,因四面受风,屡圮屡建,现存为1871年重建,三层高14.5米,四周有围墙回护。历代名人题咏极多,辛弃疾的《菩萨蛮》最为著名:"郁孤台下清江水,中间多少行人泪。西北望长安,可怜无数山。青山遮不住,毕竟东流去,

干州通天岩地貌

干州通天岩宋代石刻

江晚正愁余，山深闻鹧鸪。"此外名句有"江城尘土日喧喧，中有苍然一点山。日暖蜃楼浮海上，花深蓬岛在人间。""石面层滩似虎牢，盘涡束峡见周遭。背城二水合流远，隔岸五峰相对高"。

下午出东门沿贡江至七里窑，窑址范围遍及数公里，瓷片堆积十余座，产品种类有刻花和印花的影青白釉，青釉和褐黑色釉，其中以褐黑色釉的鼓钉点釉最为突出，按其工艺当属唐代，大量影青瓷又为宋代产品。回城又参观点将台及民居，有魏家容纳三百口人的几套院落。27日去城西十公里的通天岩，这是四座红石小山谷，分别名为忘归、同心、通天、翠微岩，岩内刻满古代题

字与造像。据最近调查现存题刻97品内宋代33，明代36，其余为清及时代不明的。石龛279座有造像348尊。我们到后看红色圆顶石山有类罗田岩，但面积大气势雄则远过之，红岩绿树，低山平铺，只此地貌已使人纵目骋怀，流连忘返。走入岩中众多雕像的活泼神态，尤为引人入胜。可惜这些造像全都被油漆涂过，大部清洗不净十分难看。通天岩中北宋慈云寺僧人为个人施主造像甚多。宋阳孝本曾在此隐居二十年，苏东坡与其会晤于廉泉的夜话亭。明王阳明在忘归岩题壁"青山随地佳，岂必故园好。但得此身闲，尘寰亦蓬岛。西林日初暮，明月何来早。醉卧石床凉，洞云秋未扫。"和者甚

多，清陈隽题"我归心不归，心与境俱好。狂歌问古人，寻胜入空岛。自笑出山云，竟比诸君早。何日共梅花，静把蓬门扫。"

十四　红军最初根据地 ——井冈山

井冈山地跨江西湖南两省位于罗霄山中段。1927年10月毛泽东率秋收起义部队挺进井冈山，创立第一个农村革命根据地。1928年4月朱德、陈毅率领南昌起义保存下来的部队上山和毛泽东会合成立中国工

遂川革命活动遗址

井冈山茨坪民居

遂川水边人家

遂川桥头市场

井冈山风景图

小井红军营房

黄洋界

农红军第四军。根据地全盛时期包括宁冈、永新、莲花三县和吉安、安福、遂川、酃县一部,方圆275方公里。红军在井冈山上设医院、被服厂、军械处,在山之周围修筑五大哨所。井冈山的斗争开辟了一条农村包围城市最后夺取城市的革命道路。

11月28日久阴之后天突放晴,上午我乘车从赣州西北行90公里到遂川,进入井冈山区范围,江水从城边流过,水边人家,桥头篷船,给人以清新安宁之感。参观革命活动遗址及民居,知城内居民有70%是广东迁来的客家。下午又走90公里到井冈山上海拔840米的茨坪,路上经过井冈山五大哨所之一朱沙坪(此外有西南双马石,西北八面山,北黄洋界,东北桐木岭),一面悬崖,一面深谷,地势险要。次日上午乘车去茨坪西北6公里之小井,1928年建有红军医院,敌人围攻时曾惨杀百余伤病员,现建有烈士墓。然后到正在整修的龙潭瀑布,瀑布共有六级现已整修了四级,第一级瀑布最高为67米,总高程为500米。我顺着新建小路在崖壁树丛间下到第四层,然后再爬上来,同去者都认为有开发价值。离开瀑布回茨坪参观革命博物馆, 午饭后未休息,过茨坪中间大片洼地,原为稻田现已改为水塘并筹建大体育场,登上西坡的新华书店及百货大楼,建筑虽宏伟但楼中顾客寥寥,市建委主任说"买东西的不如卖东西的多"。按计划周围山坡还有些大型建筑要建,但茨坪全镇只有5 600人,其中机关又占许多。

相继去南山公园,沿山建有五座亭子,顶上分别塑长矛、步枪、五星、红旗,中间平了广场原计划建毛主席像现改为工农兵群雕。离开南山又去茨坪北部看民居及红军营房。

下午参观大井毛主席初上井冈山的居处,后去黄洋界,此处距茨坪17公里,山高1 558米,为宁冈及湖南酃县通往井冈山的隘口;在山顶上俯视两省,群山起伏,云海翻腾。我们上山先爬过通往宁冈的哨所,有颗30多米高的木荷树枝叶繁密,红军挑粮常在此休息;再爬到最高处,有更大的工事和瞭望哨。周围山势险峻,易守难攻,回忆黄洋界保卫战,我不足一营的守军粉碎四团敌人的进攻,毛主席写《西江月》"敌军围困万千重,我自岿然不动",倍增钦仰之情。文革时在工事旁一块平地上准备修建一座高大的灯塔使山下百里周围夜里都能望见革命的灯火，林彪死后改为纪念碑，上有朱德题的"黄洋界"。下山时山上起雾，但模糊中仍可看到西部高山上用树栽成的"毛主席万岁"五个大字。井冈山除以革命史迹吸引游人外，它地处亚热湿润气候带，七月平均气温为24℃，是避暑的好地方。自然风景除龙潭瀑布外还有水口高96米宽10米的大瀑布，金狮面高82米的白龙间歇瀑布，桃子园及及主峰高达130～150米的瀑布等多达32座。梨坪有深达千米的石燕溶洞。热水洲有81℃高温的温泉。周围森林茂密，面积广达450平方公里，有植物3 800余种，垂直分布丰富，形成热、亚热、暖温、温带生物区系。珍稀动植物有白鹇、黄腹角雉、大灵猫、白豆杉、红豆杉、铁杉、台湾松等。

十五　樟树赣江商墓

我于11月30日离开茨坪，出桐木岭哨所时再爬上一个小岭，最后望望井冈山。然后下山过泰和走100公里到吉安的永阳。这里过去营商者多，民居都是砖瓦房，有许多明清建筑，房门上端贴房檐留一条天窗，屋内有个方形凹顶是当地特色。随后又走30公里，中午到吉安。下午三时东过赣江去青原山，地方志载公元705～707年唐代在此建安隐寺，玄宗时佛教南宗七祖在此设道场，后玄宗敕建七祖禅师归真塔。鉴真东渡受阻后曾在此下榻。宋代寺中香火繁盛，徽宗赐额为净居寺，明清发展成为千人大

寺。青原山不仅以佛教著称同时又是文化中心，宋代青原书院与白鹭、鹅湖、白鹿同为江西著名书院，文天祥、刘辰翁、杨万里等都在这里求过学。明代王阳明在此讲学，传心堂成为著名理学讲坛。"名山幽古寺，钟声伴书声。""山原七祖开，地以名贤重。"历代名人如杜甫、苏轼、黄庭坚、李纲、周必大、文天祥、杨万里、王阳明等对青原山均有题咏。附近人才辈出民间有五里一状元，隔河两宰相，一门三进士之说。土地革命时期青原山是游击根据地。解放时这里还保存许多文物古迹，可惜文化大革命的浩劫，毁灭文物，拆除建筑，砍伐树木，截断泉流，使著名风景文化圣地变成荒山破庙。我们去时见青原山"山起平壤，回冈相抱"，净居寺前有溪水盘旋，后有山冈环绕，外围象山遥为遮护，形势十分优越。寺前建有青原亭、圣域和颜真卿题写的"祖关"。文天祥题写的"青原山"门额尚在，大殿佛像被毁，殿角塌落露天，唯外墙镶嵌黄庭坚八块诗碑尚存。殿后毗卢阁已无房顶，七祖塔全毁。大殿左侧老斋堂李纲亲书诗碑41块，王守仁书"曹溪宗派"碑及掖门旁高30余米的"倒栽荆"均在。这里文革时期先有部队驻扎，后有采石队饲猪养羊，现虽宣布为省级文物但尚无保护措施。12月1日上午我先去白鹭洲，洲在赣江中流，面积1.2平方公里，南宋设白鹭书院，程颐、程颢曾在此讲学，有运章阁、风月楼等建筑，因水患时毁时修，现洲上广植树木，为游人常去之处。回来看古南塔及钟楼。塔九层在赣江西岸，传为东吴创建。钟楼高三层北宋建，原名古青原台，明悬巨钟改名钟楼，清末重修，现在烈士公园内，登其上青原雄姿，赣水波

澜，尽收眼底。

十多年来赣江中下游及鄱阳湖附近不断有新的考古发现，1989年在新干县大洋乡发现晚商大墓，取得赣江考古的最大突破。墓内一棺一椁，棺长2.34米椁长8.22米，墓内随葬品只铜器就包括礼乐重器、兵器、农具480余件，此外还有300多件陶器，100多件玉器。某些器物造型和纹饰具有中原痕迹，但器物的带状燕尾纹饰及虎形雕塑为中原青铜器中所无。此外短剑、手斧亦北方商墓所未见，而青铜犁的发现将我国犁耕历史从西周提到商代。我国不少史学家过去长期认为江南是南蛮荒服之地，谈不上文明的贡献，近二三十年的考古发现证明赣江流域自四五万年前有人类活动以来，到新石器晚期有筑卫城文化与山背文化的稻作文化，到商代有吴城文化与万年角山文化。这商代大墓属于吴城文化，其殉葬品数量之多，品类之全为全国商墓之冠，墓主可能是方国的统治者。江南的古代文明历史不能不重新改写，中华文明的起源愈加证明是多元而非一元(参考1989年11月18日《人民日报》)。

下午北行120公里到清江(现改樟树市)。2日天气骤寒，着棉大衣过赣江，西看吴城商代遗址，往返40公里。过西门上有鹿江酒楼颇为别致。回城看府治大门的三层大观楼，很有气派，府内现为荣誉军人疗养院，下午看府学书院和钟楼，看晚清建筑通慧寺，寺内住有30多民户。看药王宫，大门内有戏台，里面也挤住二十多民户并堆放大量木材，人们就在旁边烤火，一旦失火将难于扑救。樟树镇是全国著名的药都，每年一度在此举行药材交流大会，1980年

吉安永阳民居

青原山文天祥题额

吉安白鹭洲

有三千多人参加。药都对药宫竟如此不重视，实令人不解。3日上午去江东门皂山，山的范围很大但树木采伐严重，寺庙全毁，文物只余宋桥，恢复这个风景区要费很大力气。相继看新石器晚期遗址筑卫城，遗址还正在发掘，到处都是陶片。下午北行约100公里回到南昌。这次是我对各地风景第一次系统考察，在省地市县大力帮助下，前后47天，乘汽车及步行3 300公里，经过36个市县，考察了136个点，收获极多。

十六　豫鄂交界的鸡公山

1987年5月5日我完成豫北考察之后由开封乘火车去豫鄂交界的鸡公山。下午二时半到信阳，未遇着来接的人，乃乘公共汽

青原山净居寺天王殿

净居寺大殿

清江府治大门

清江西门鹿江酒楼

鸡公山报晓峰(陈越提供)

鸡公山别墅区(陈越提供)

车南下40公里到鸡公山下。离山上还有10公里山路，足足等了两个半小时才碰到军队一辆拉砖的卡车，于是坐在砖上摇摇晃晃地天黑赶到管理局。鸡公山为大别山的支脉，山峦重叠，地势险要，南有武胜关、平靖关、九里关号称义阳三关，为南北相争的军事要地。主峰报晓峰海拔814米有似鸡头，两侧灵华山和长岭有如雄鸡两翼，因名鸡公山。这里处于亚热带与暖温带的交接地区年降雨量为1 000～1 300毫米，年平均温度12.4℃，即使三伏天气也是凉风习习，当地通称"三伏盛夏，午前如春，午后如秋，夜如初冬"。这里是保护森林生态为主的综合性多功能的自然保护区，有天然林1 817公顷，人工林1 100公顷，南北植物区系相互渗透，全区有植物251科2 269种；动物也是南北并存，只陆栖脊椎动物就有63科170种。这里水源丰富，溪泉遍布，瀑布成群，春夏多云雾，忽聚忽散，群山常为云雾笼罩，因有云中公园之称。解放前国内外先后在山上建了300多幢别墅。抗战前流亡的东北中学曾设在这里，有不少教师、学生从这里出来参加抗日救亡活动。

6日清晨我登上报晓峰，浓绿的松柏和淡绿的杂树都清新如洗，生气勃勃。接着我绕到别墅区，据统计别墅主人以教会最多，外商次之，所谓"十里风飘九国旗"。也有我国军阀政客的，其中以当时十四师师长靳云鹏的"颐楼"最为特出。随后我沿山脊走去，各处建筑分散，人口不多，据称常住人口仅800，流动人口200，总计千人；旅游季节也不过数千。周围林木茂密，污染极轻。7日起身赶火车去武汉转襄樊，汽车送到信阳后，改乘火车过武胜关，铁路筑在山坡上。

下面是公路通往关口，山谷非常狭窄，形势确是十分险要。

十七　武汉三镇和黄鹤楼

我于1960～1987年间四次在武汉过路，但因时间短促，每次只能参观一二景点。武汉为汉水与长江汇合点之武昌、汉口、汉阳三镇的总称，城区有面积874平方公里，人口三百多万；位于长江中游我国东部发达地区的中心。为古扬子海经过多次地壳运动形成的残丘性冲积平原，到处是湖塘港汊。长江水运自古即有九省通衢之称，上游从武汉到重庆全年可通行2 500吨轮船，下游从武汉到上海全年可通行5 000吨轮船。清代末期，辟为商埠，兴起现代工业，现有341个码头泊位，货物吞吐量仅次于上海。贯通南北的京广铁路以武汉为中心。汉口以北黄陂盘龙有3 500年前的长江流域第一座殷商古城，南北290米，东西260米，城内有宫殿、贵族墓葬、手工作坊遗址并出土青铜器。春秋战国时期武汉属楚，屈原曾被放逐于此地，他行吟"乘鄂渚而顾返兮，秋冬之绪风"(九章)，鄂渚即武昌沙洲。古夏水经汉水入长江因而将入江口称为夏口，又名夏江，东汉时夏口已成为"南援三州，北集京都，上控陇坂，下接江湖，导财运货，懋通有无"(蔡邕：《汉津赋》)的港埠。三国时争夺夏口战事激烈，最后归于东吴。东吴建夏口城，前后经营60年。南齐建汉口城。唐时武昌发达，鱼玄机诗"大江横抱武昌斜，鹦鹉洲前万户家"，825年节度使牛

僧孺将城改为砖墙，面积达六平方公里。宋代更为繁华，南宋胡寅写汉阳南市"平时十万户，鸳瓦百贾区。夜半车击毂，差鳞衔轴轳"。明初扩建武昌城，周达8公里，汉阳同时改筑新治。1474年汉水改道，汉口与汉阳分开，独立发展成为"泽国舟为市，人家竹起楼"的新兴商埠，成为全国四大名镇。明设武昌、汉阳两府，此后乃开始合称武汉。

解放后为适应经济与交通发展的需要，于1955～1957年兴建第一座长江大桥——武汉铁路公路两用桥。我于1960年由桂林去新疆初次过武汉，参观刚完工的大桥，桥从武昌的蛇山到汉阳的龟山全长1 670米。正桥8墩9孔，分上下两层，上为公路桥，路宽18米；下为双轨铁路桥；水位高时仍保留净空18米，可过万吨巨轮。两岸建有35米高4楼8层的桥头堡，在武昌引桥南侧立纪念碑，上刻毛泽东写的《水调歌头》"风樯动，龟蛇静，起宏图。一桥飞架南北，天堑变通途。更立西江石壁，截断巫山云雨，高峡出平湖。神女应无恙，当惊世界殊。"

1982年8月我参加庐山风景规划会议后，由九江乘船来武汉，约300公里的航程走了六七个小时。出九江抵武穴，江北已属湖北之黄梅，江南过瑞昌境亦入湖北。黄梅以戏曲著称，东西山有禅宗四祖、五祖的道场。过武穴江北为蕲春有明本草纲目作者李时珍的墓，江南为阳新沿江有半壁山与对岸田家镇孤峰悬崖形成天然关隘，太平天国曾夹岸结营，于江面横贯铁索三道，葭缆七道，以阻清军。后阵地失陷，将士壮烈牺牲，现山麓有千人冢，石壁上有"楚江锁钥""铁锁沉江"等石刻。再前至黄石、鄂州与

黄州，江北为浠水江南为大冶。黄石临江有险峻的西塞山，晋王浚率船队东下灭吴。古黄州今黄冈沿江有赤鼻矶，苏轼贬黄州时曾在此写下前后赤壁赋及念奴娇词赤壁怀古等名作。清康熙时重修纪念建筑定名为东坡赤壁，现有二赋堂、坡仙亭等为1922年改建，碑阁中嵌有摹刻苏体的《景苏园帖》。大冶自古即为矿冶基地，铜绿山有春秋至汉的采铜矿井。船到这一带见远处烟雾缭绕，已进入武汉工业区。下午船靠码头，晚宿汉口旅馆。次日上午漫步汉阳龟山，在禹功矶旁与黄鹤楼相对的晴川阁正待修复，现只存禹庙，山之周围有鲁肃与向警予墓。随后走入月湖畔的琴台，台始建于宋，为纪念俞伯牙与钟子期知音友谊而筑。门额书古琴台内有印心石屋照壁和曲折的琴台碑廊。主体建筑高山流水堂前有方形石台，传为俞伯牙弹琴处。琴台之旁为工人文化宫，我们去时许多老人在操琴清唱，十分热闹。出琴台南行至归元寺，属清初四

大丛林。有天王、韦驮、地藏殿、大殿、罗汉堂、大士阁及藏经阁。罗汉堂有五百罗汉，藏经阁有贝叶经，香火颇盛。下午回京。

1984年8月我由重庆乘船经三峡过武汉回京。三峡之瞿塘峡在四川，巫峡地跨川鄂两省，西陵峡在湖北，其南为巴东，其北为兴山、秭归。兴山直通神农架，其西北有清初李来亨率领农民起义坚持斗争十三年的白羊寨，城南有昭君故里。秭归东北乐平里传为屈原故里，有屈原庙、读书洞、吟诗台、照面井等遗址。傍晚过宜昌葛洲坝，船过闸门水位跌落20米，前后用去两小时。驶过大坝即见绵延江北的宜昌市区及高达42米的七层砖造天然塔。宜昌古称夷陵，春秋时为楚地，三国长坂坡、走麦城、火烧连营七百里等许多有名的战役都发生在这附近，至清设宜昌府。现宜昌地区辖枝江市及当阳、长阳等八县，人口共300余万，有土、苗等12个少数民族.市区人口35万。交通除长江航运外，新建焦作至柳州南北铁路

干线经过这里。我们沿江至少航行20公里才脱离市区，天色渐渐黑下来。夜里过枝江、江陵、沙市、石首、监利。江陵即古代著名的荆州，春秋战国立国411年的楚国都城，也在梦中过去。夜间航行都在湖北境内，拂晓江南始与湖南接壤，日出后也只能远远地瞭望洞庭湖口的岳阳。过了岳阳长江连续转湾折向东北，江面逐渐开阔，在一片缓缓流动的黄色江流映照下，遥望两岸平原只是两条绿带，天空浮云时有时无，岸边村舍忽隐忽现，景色空旷变幻不定。过洪湖有红二方面军的湘鄂西革命根据地。过蒲圻有孙刘联合火烧曹操百万大军的赤壁，江边三山，嶙峋石壁，气势磅礴，矶头题刻甚多，周围有拜凤台、凤雏庵、翼江亭。下午四时到武汉。次日去东湖，从大门进去先到多景台，草坪与湖面相接，附近多游乐设备。北有三层的行吟阁，高22.5米，为湖滨突出的建筑。再北为85米长的画廊和屈原纪念馆。过长天楼有九女墩纪念太平军九

汉阳归元寺

琴台

晴川阁

武汉珞珈山

武汉东湖行吟阁

九女墩

名殉难女兵。这一带是东湖的主要游览区。整个东湖的规划面积为87平方公里，其中湖面为33平方公里，湖岸曲折有99湾之称，湖南有洪山、珞珈山、风都山、磨山，虽山水相间，风景有致，但水域辽阔，风浪近于太湖，而含蓄则不如西湖。

1987年5月我由鸡公山去襄樊，过武汉转车有半日闲，乃专门参观新落成的黄鹤楼。黄鹤楼为我国千古名楼与岳阳楼、滕王阁号称江南三大楼阁。黄鹤楼始建于公元223年三国东吴时期，讫今1 700余年，屡毁屡建，历代不绝。黄鹤楼建在蛇山七个连接小山西边临江的黄鹄山上，位于汉水与长江汇合点，面对汉阳的龟山，地势雄险，视野广阔。东吴初建，用为观察瞭望，至唐成为宴客、会友、吟诗、作画的场所，宋代已楼台轩廊，群踞江东。历代名人诗文词画写黄鹤楼者不可胜数。其中推为千古绝唱者为唐崔颢诗"昔人已乘黄鹤去，此地空余黄鹤楼。黄鹤一去不复返，白云千载空悠悠。晴川历历汉阳树，芳草萋萋鹦鹉洲。日暮乡关何处是？烟波江上使人愁！"宋游仪诗亦备受推崇"长江巨浪拍天浮，城廓相望万景收。汉水北吞云梦入，蜀江西带洞庭流。角声交送千家月，帆影中分两岸秋。黄鹤楼高人不见，欲随鹦鹉过汀洲。"岳飞登黄鹤楼有感调寄《满江红》"遥望中原，荒烟外，许多城郭。想当年，花遮柳护，凤楼龙阁。万岁山前珠翠绕，蓬壶殿里笙歌作。

到而今铁骑满郊畿，风尘恶。兵安在？膏锋锷。民安在？填沟壑。叹江山如故，千村寥落。何日请缨提锐旅，一鞭直渡清河洛。却归来再续汉阳游。跨黄鹤。"明清时代黄鹤楼延续千余年已成为武汉的标志，光绪十年即1884年最后遭火焚毁，清廷衰微，再无力恢复。黄遵宪登临故址，感慨时事，写"矶头黄鹄日东流，又此阑干又几秋。鼾睡他人同卧榻，婆娑老子自登楼。能言鹦鹉悲名士，折翼天鹏慨督州。洒尽新亭楚囚泪，烟波风景总生愁。"1927年春毛泽东来此写下《菩萨蛮》"茫茫九派流中国，沉沉一线穿南北。烟雨莽苍苍，龟蛇锁大江。黄鹤知何去？剩有游人处。把酒酹滔滔，心潮逐浪高。"1981～1984年在蛇山的高观山西坡三层台地上，重新建起高51米的五层黄鹤新楼。第一层平台上有胜象宝塔，第二层平台有题额为"三楚一楼"的牌坊，曲廊通南北两亭，廊前有古黄鹤楼铜顶及黄鹤铜雕。主楼建在第三层平台上，平面为方形再纵横叠以长方，四隅各有三折角的多边体，有72根大柱，60个翘角，黄琉璃瓦五顶并立的奇特造型。底层大厅迎面有彩瓷壁画白云黄鹤图，正门楹联为"对江楼阁参天立，全楚山河缩地来"。二楼有"孙权筑城"及"周瑜设宴"壁画。三楼有长卷历代诗人绣像画，这些人是杜牧、贾岛、白居易、刘禹锡、王维、宋之问、李白、孟浩然、崔颢、岳飞、范成大和陆游，均附有本人诗句。四楼有当

代书画作品。五楼有十幅长江万里图卷。在五楼外廊远眺东西绵延的山脉与南北穿行的长江十字交叉；近观长江大桥将龟蛇二山联成一起，武汉三镇尽收眼底。西面龟山上有220米高的电视塔，下有88米高的晴川饭店和古迹禹功矶、晴川阁。远处南有鹦鹉洲，北有武汉钢铁厂。东面蛇山一带，山岭起伏，湖泊棋布；有首义公园辛亥革命纪念碑；有洪山元建45米高的灵济塔，庚子及北伐烈士墓；有东湖和文教区；有紫阳湖武昌首义门。武汉风景汇集一楼。此楼设计为与长江大桥取得协调，加大体量是必要的，但全部使用黄琉璃，在号称长江三大火炉的武汉，市内建筑又多红砖红瓦的环境中，是否改用清凉色调更为相宜(参考曾宪均：《黄鹤楼》)。

十八　汉水襄樊与诸葛隆中

襄阳与樊城隔汉江南北相对，合称襄樊，地居汉水中游，倚山环水，龙蟠虎踞，北通河洛，西联川陕，东南下长江，自古为兵家必争之地。春秋时为三楚腹地，秦以樊城属南阳郡，襄阳属南郡。汉末刘表为荆州牧，以襄阳为州府，时诸葛亮居襄阳西13公里之隆中，刘备三顾茅庐，诸葛献策孙刘

襄阳城门

襄阳城

夫人城

米公祠

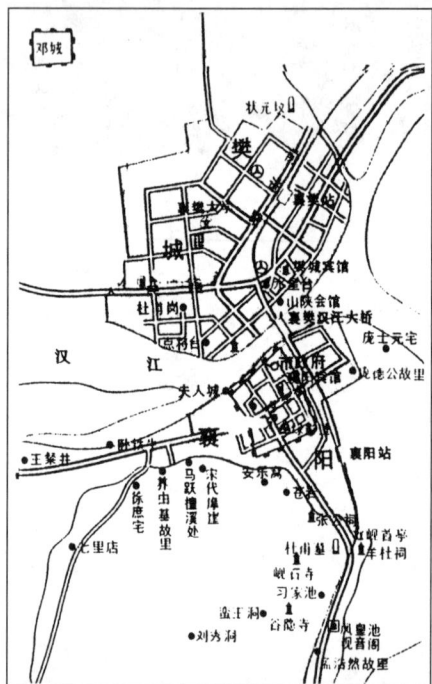
襄樊风景分布图

联合拒曹三分天下,是为隆中对。此后襄樊、江陵与武汉中间的江汉平原演出无数的英雄故事,如火烧赤壁、水淹七军、借荆州等,通过罗贯中的小说而名扬天下。迨曹操得荆州,始设襄阳郡。从东吴、东晋起荆州州府移至江陵,史书乃以江陵称荆州。襄阳于唐称襄州,宋明清称襄阳府,解放后始成立襄樊市。襄樊为历史重镇,经济繁荣,文化发达,人才辈出,只各省在襄樊设立的商业会馆就有19处之多。然至清代末期城市随国运而衰落,人口只余54 600人。解放后又随社会主义建设的发展而发展,汉丹、焦柳、襄渝三条铁路在此交汇,工业成为体系,产品远销国外,城区人口已达44万。

襄阳城三面环水,一面靠山,城始建于汉,改筑于唐宋,增补于明清。城墙高8.5米,外砖内土,周长7.6公里,有6门均带瓮城及城楼,东南及西南还有三座角楼,城北临汉水与樊城相望,其他三面掘有180～250米我国最宽的护城河,易守难攻,有"铁打襄阳"之称。1987年5月7日我从武汉乘火车来襄阳,路过汉川、孝感、应城、云梦、安陆,都是水网地区,遍地湖泊,民居多临湖分散。傍晚过随县,城关擂鼓墩发现战国早期曾国王曾侯乙墓,出土大量兵、礼、乐、车马器,金玉漆木竹器及竹简七千余件。其中以九鼎为中心的铜礼器和种类繁多,排列有序的钟、磬、鼓、瑟、琴、笙、

蛸、笛等古乐器尤为珍贵。其中一套64件编钟,铸造精致,音色优美,出土时尚完整悬挂在钟架之上,更为稀世珍宝。天黑抵襄阳。次早出城西去隆中,沿路看刘备马跃檀溪处、徐庶宅址及宋代摩崖。明建广德寺有高17米的多宝佛塔。隆中群山环抱,溪流宛转,林木茂密。诸葛亮17～27岁随叔父来此耕读。晋有纪念诸葛的碑铭,唐始建武侯庙,此后各代建筑屡有兴毁。明襄简王毁诸葛故宅建自己的陵墓,后为李自成掘灭,解放后1952～1955年重新修复草庐和抱膝亭,修整武侯祠、三顾堂、野云庵和牌坊,连同躬耕田、六角井、老龙洞、半月溪、梁父岩、小虹桥构成12景。石坊额刻"古隆

中"，联刻杜甫诗"三顾频繁天下计，两朝开济老臣心"。河南南阳城外有卧龙岗，相传也是诸葛亮耕读的地方，唐宋建有武侯祠，清康熙时南阳郡守发现前人题咏卧龙岗十景，按景建了三顾堂、躬耕亭等十所建筑几乎和隆中相同。诸葛究竟在南阳还是在襄阳，自元代起即有争论。清末南阳知府顾家衡在卧龙岗写了一副对联"心在汉室，原无分先主后主；名高天下，何必辩襄阳南阳"，今以考古著称的郭沫若也在南阳和襄阳都题了词，看来这问题还要争论下去。

从隆中回来即参观襄阳城，明代城墙大体完好，唯城楼塌毁，只存清代重修的小北门城楼，重檐九脊气势雄壮。我们登临其上，北望汉水萦回，南望岘山、楚山连绵。唐杜审言诗"旅客三秋至，层城四望开。楚山横地出，汉水接天回。冠盖非新里，章华即旧台。习池风景异，归路满尘埃。"现城墙还在继续修补，并标明汉城与明城。沿东城墙新辟两个公园，还计划恢复东南角楼，我登上阳春门公园的四层塔楼，瞭望周围风光，景致颇佳，但沿城墙栽种一排珍贵的水杉把城墙完全遮住，在古城旁展览飞机，太不协调。从武当回来补看老城西北角的夫人城，这是东晋梁州刺史朱序母韩夫人击退前秦之兵所筑角城。明初扩建子城，上嵌"夫人城"现均完好。当日下午进城看明襄王府的绿影壁，长25米分为三段，中段高7米，壁面用绿色沙岩块雕成海水云龙，中为二龙戏珠，周围环以姿态各异的99条纹龙。北宋名画家米芾号襄阳居士，清初得米氏故里碑，因在樊城西南汉水北岸建米公祠，内藏雍正时摹刻的

米氏法帖34碣。出祠去二中看山陕会馆及钟鼓楼。钟鼓楼初建于唐，明改建称镇南楼，清重建名昭明台。

十九　真武道场武当山

武当山又名太和山位于湖北西北，地属今十堰市。武当山北依浩瀚的丹江水库，南联著名的神农架风景区，有汉水及襄渝铁路从中通过。方圆400公里中层峦叠嶂，森林茂密，云雾缭绕，气象万千，有72峰24涧山水之胜，而以海拔1612米的天柱主峰突出众山之上，号称"一柱擎天"。20世纪七十年代在郧县、郧西先后发现50万年前的猿人牙齿化石，证明这里是古人类的发生地。周朝山上已是修仙炼丹场所，东汉被尊为道教仙山，唐建五龙祠，此后历代续有建筑。然武当山大规模的建设主要完成于明成祖，成祖常以真武大帝自托，于1412~1425的13年中役使军民工匠30万人，从均州城至天柱峰70公里间，为真武及道教诸神，修了8宫2观36庵堂72岩庙，嘉靖续有扩充，终于完成"五里一庵十里宫，丹墙翠瓦望玲珑"的规模宏伟、艺术精湛与工程艰巨的160万平方米建筑群。现经六七百年中无数次天灾人祸，已有许多被毁，但原有轮廓仍基本保持。

山之最前建筑为均州城内净乐宫，地占州城之半，共分三路，有殿阁楼台520间。清初两度失火，再未恢复，现修丹江水库已将遗址及州城淹没。从均州经望岳门、草店、

至玄岳门、玉虚宫共30公里，均用大石板铺砌路面。玄岳门在武当山麓，为四柱三间五楼高20米的石坊，雕刻精致，造型优美。沿山麓北行一公里为遇真宫，系成祖为张三丰所建，共殿堂房舍296间，左右有望仙台与黑虎洞。再北行3公里为玄天玉虚宫，因明末李自成曾在此扎营，通称老营。原为五进三路有殿堂祠庙2200余间，崇台高砌，院落重叠，有金水河流过，为武当最大宫城。乾隆时大部被毁，现只存碑亭红墙，遗址规模尚在。元和观距玄岳门2公里为老路登山必经之处，方形院内主殿有铜铸灵官像。登山约10公里，有磨针井小院，殿内供青年真武坐像，殿前立碗粗的铁杵两根，旁有井亭及老妇磨针像。据道书称：净乐国王太子在武当修道无聊，想下山弃道，路见老妇在井旁磨铁杵，问之，答磨针，责以何时可成？答："铁杵磨成针，功到自然成"，太子悔悟，回山续修，直至道成。这所磨针井和崆峒山相比当然壮丽得多。再上5公里至太子修道的太子坡，丹墙环绕，复道曲折，临岩筑台，木构高耸，有五层楼一柱支撑十二梁枋，结构甚为奇特。续行7.5公里到剑河桥到紫霄宫，殿堂层层，紫霄殿重檐九脊，富丽堂皇，周围松杉挺秀，丛竹掩映，极为清幽。宫内有建筑860间，明清不断修缮，现在尚称完整。1931年贺龙曾率红三军在此驻扎。再西上2.5公里到南岩，山峰奇峭，下临绝壁，云雾飞动，植物丛翠，为36岩风景最佳处。元代曾在此建天乙真庆万寿宫，后大部被毁。明成祖重建殿宇640余间，清末又被毁。现仅存元建石殿及明建两仪、元君等殿。石殿系在悬崖旁用

武当山金顶

金殿前龟蛇像

金殿

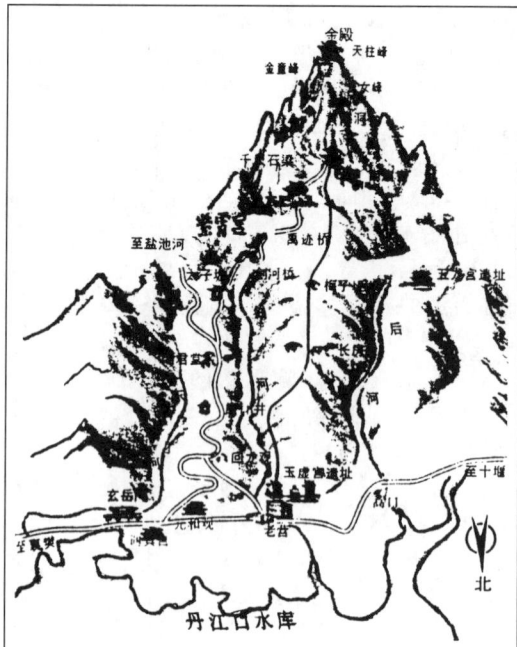

武当山图

石材仿木构雕琢垒砌而成，内有500铁铸灵官。伫立殿前廊道上，仰观危崖遮天，俯视深涧千丈。崖前有2.9米长石梁伸出栏外，前端龙头置小香炉，香客冒险膝行烧龙头香，间有坠涧者。由南岩经天门过太和宫到绝顶金殿还有10公里山路。武当不仅以风景宗教著称，其内家拳术以柔克刚亦名传海内，山上珍稀植物有松萝、金钗、榔梅等，本草纲目列1800种药材，武当山就有800种，因有药库之称。

我于1987年5月9日乘公共汽车由襄阳去武当，九时二十分开车，一路顺汉江南岸西行，里程近200公里。在襄阳境内因修路走地慢些，入谷城路就好走多了，北近均州遥远即望见丹江水库，水波映照，面积广阔。一路顺汉江南岸西行，。到老营前在丁营吃午饭，车过玄岳门、遇真宫、元和观、老营、磨针井、太子坡、紫霄宫，均匆匆瞥见身影，因赶路未停。下午四时半车到南岩，路上用去七个小时。明日何时回返尚不能定，乃找司机交涉，答应暂定为正午十二时。于是我们赶快买点干粮抢时间上山，先过两山通道千尺石梁，再经榔梅祠、金仙洞，两边都是参天石壁，天阴路陡，树木森森，周围没有行人，在这幽深寂静的深山里，只有我和同伴两个寻路上行，颇有探险求仙的味道。过黄龙洞钻进满是参天老树的山谷，走了好一阵，转过几座断崖忽然豁然开朗，前面耸立一座陡峭的山峰，这就是

天柱峰下的金童、玉女两峰中的金童峰。再向上走，天渐渐黑了，又开始下起小雨，我们正在着急，转过山头忽然看见头上山脊密密一排房子，我们要找的太和宫终于到了，兴奋得忘记雨的大小，急忙鼓起劲爬上山，赶快钻进房子来结束这十公里山路的悬念和疲劳。次早六时天微明我即起床，想争取时间多看些风景，但满天大雾，我只好爬上金顶再说。太和宫正殿额题"太岳太和宫"，成祖取名太岳意在尊武当居五岳之上。明初宫内有房510间，现大部被毁。对面小莲峰上转展殿内尚存地方集资铸造的铜殿。天柱峰俗称金顶，在山顶小块平地上建金殿，周围根据明成祖旨意，依山就势建1500米紫金城，共有四门，其中三门下为悬崖，只有南门可上可下通行。从太和宫上南门，需爬上陡立的120级九转石阶名九连磴。我在雾中走走停停爬上南门，有小道士把门售票，票价不低且态度蛮横，看样子初入市场经济，只有见钱眼红，还不懂得和气生财。山上雾浓风大，无法瞭望，拍两张外景后急急下山。用过早饭，未走原路，从一二三天门下山，路更陡些。至南岩雾尚未散尽。原车未走，不见司机，恰好有他车11时开襄阳，急上车，人多了又提前20分开，下午5时到襄阳。雾窥武当未得佳妙处，不知他日能否再来？次日下午乘焦柳路火车回北京，车过南阳平原，想到卧龙隆中之争。再北过伏牛山在鲁山前连过山洞，出

宝丰又是平原。列车走孟津过黄河经济源、焦作、获嘉至新乡，重见干校劳动时常走的老地方。

二十 长沙马王堆、岳麓山和湘江

春秋战国时长沙属楚，秦置长沙郡，汉初封吴芮为长沙王始建城。景帝封庶子刘发续为长沙王。晋仍复长沙郡，唐称潭州，五代时马殷曾建楚国，宋仍为潭州长沙郡。明几度封藩，清为长沙府治。长沙位于湖南东北湘江下游之丘陵地带，属亚热带季风湿润气候，年降雨量为1422毫米，市区人口约110万。1983年10月我参加中国科学院老干部局组织的参观团，14日上午由北京飞抵郑州，次日上午十点到长沙，住岳麓山下的枫林宾馆。下午过湘江去市东北郊省博物馆看震动世界的马王堆汉墓展览。马王堆原有两个大土堆相传为五代楚王马殷之墓，因以为名。1972年正式发掘，实有三墓。据出土文物考证，二号墓为汉景帝所封长沙国的丞相軑侯利苍之墓，他在位八年死于吕后二年，即纪元前186年。三号墓为利苍的儿子，死于纪元前168年。一号墓是利苍的妻子辛追，比她儿子晚死一两年。三座汉墓规模巨大，一号墓为有四级台阶长

长沙马王堆一号汉墓棺椁

岳麓书院

岳麓山爱晚亭

方土坑竖穴,坑口长19.5米,宽17.8米,从封顶到墓底深 20.5米。墓中两椁四棺,椁室为井字结构,外椁长6.73米,宽4.81米,板厚41厘米。全椁用优质杉木板70块。椁中有套棺四层外三层漆绘花纹图案,外二层漆绘云气纹和百多神怪禽兽,内棺饰起绒锦和羽毛贴花绢。 二号墓由于多次被盗,棺椁尸骨腐朽,随葬物破损。三号墓规格较小,三级台阶三层棺,因密封差,只存尸骨。汉墓出土使举世震惊的是经过2 100多年而仍保存完好的辛追尸体,身长1.54米,重34.3公斤,体形完整,皮肤润泽,软组织有弹性,部分关节尚能弯曲,大部毛发存在,

内脏外形完整纤维性结缔保存,全身细胞大部解体但软骨细胞还能看到细胞膜与核,从血块测出血型为A型,经多方诊察可以断定死者生前患全身性动脉粥状硬化等疾病,胃肠内有甜瓜子138颗半,可能由于胆绞痛急性发作引起冠状动脉痉挛而死。总之两千年后仍如死后不久的尸体,和干尸木乃伊不同,在世界范围内是十分罕见的。对古尸保存方法进行初步探讨认为辛追死后进行过浴尸,用二十层衣衾严密包裹,及时入殓封棺,然后深埋密封,棺椁外用白膏泥堵塞,隔绝氧气及光照,内部保持恒温恒湿,随葬物产生沼气及弱酸性棺液使腐败

过程完全停止,说明我国两千年前即有如此高超防腐技术。墓中出土的随葬品异常丰富。一、三号墓的棺盖上都覆盖着一张T形帛画,是用以引魂升天的旗幡,从上到下是天上人间地下的景象,上面画日月星、扶桑、天神、守门神,中间画墓主人出行及祭祀场面,下面画巨人站在两条鳌鱼背上手托着大地,布局精妙,手法熟练,为罕见的艺术杰作。三号墓出土十多万字帛书,有包括八种古佚书的老子甲乙本,春秋事语, 战国纵横家书及五星占、相马经、医书、导引图等二十余种,都是研究我国古代历史、哲学、科学的重要发现。五星占中

赫曦台

文庙

所载金星会合周期为584.4日比现代测值只大0.48日,土星的恒星周期为30年,比现代测值只大0.54年,反映我国古代天文学的高度水平。 帛书中还有三幅地图,标示长沙国的山脉、河流、城镇基本符合实际。一号、三号墓出土竹木简牍922支,木俑266个及精美的漆器,带簧片的乐器,兵器,名目繁多的丝织品等1 400件。一个食禄仅七百户侯的妻子随葬品如此豪华奢侈,反映当时阶级社会的真实情况(参考湖南博物馆:《长沙马王堆汉墓》)。

16日上午我们参观岳麓书院,书院在岳麓山东麓 ,宋代理学家朱熹、张拭在此讲学,学生曾达千人,为当时有名四大书院之一,宋后屡毁屡修,现有建筑为清建。书院院门五间,额题"岳麓书院",门联"惟楚有材,于斯为盛"。院内乔木森森。讲堂东向五间,次间两壁有石刻朱熹手书"忠孝廉

长沙湘江大桥

麓山寺

天心阁

清水塘

长沙第一师范

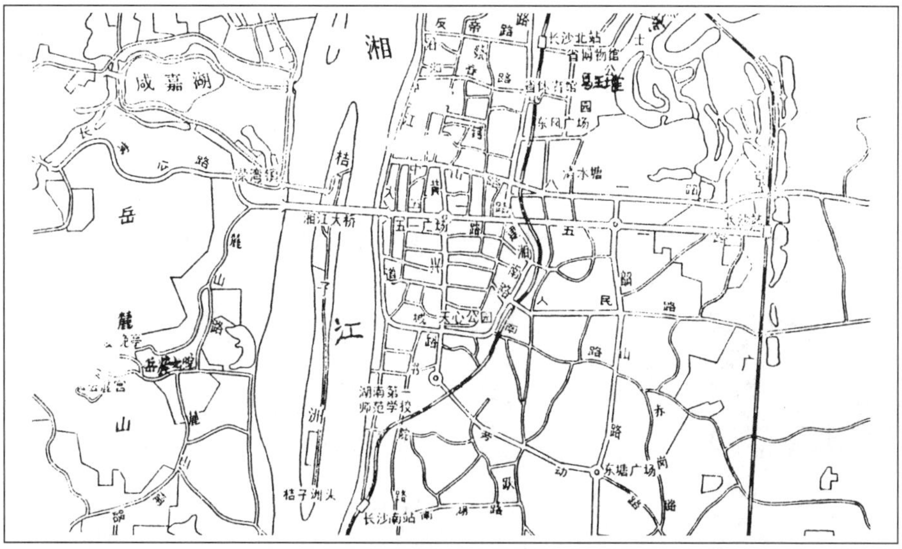

长沙风景分布图

节”四字及学规、读书法等。堂北有湘水校经堂。堂后有崇道祠祀朱熹、张拭，六君子堂祀周侗等，四箴亭祀程颐、程颢，濂溪祠祀周敦颐，船山祠祀王夫之。正对大门有石木结构赫曦台，原在山顶，朱熹取名，意在观日，乾隆时重建于书院前，左右壁书福寿两大字。书院之旁有文庙， 规模甚小而又残破。离书院后乘车上至岳麓山顶，山不高仅海拔295米，但远望南岳，近览湘江，山川形胜而树木葱郁，仍为长沙眺望风景佳地。 山巅原有道院现已改的面目全非。步行下山，瞻望创建共和反袁帝制的英雄黄兴、蔡锷墓，后到古麓山寺。这是湖南最早的佛寺，号称汉魏最初名胜，湖湘第一道场，杜甫有“寺门高开洞庭野，殿角插入赤沙湖”的诗句。晋至唐建寺传法的盛况，麓山寺碑均有记述，明清多次兴废。抗战中前殿被焚，寺僧移居后殿观音阁。解放后对阁加以整修并恢复山门，前殿遗址仍保存玉泉池、六朝松。麓山寺碑，由唐著名文学家书法家李邕撰写，加以刻工精湛，号称李北海三绝碑，现保存在湖南大学。出寺下至爱晚亭，为毛泽东早年频临场所，现重新修整，有他亲笔题额。出岳麓山经过无遮拦的湖南大学见新建的图书馆和我们住的枫林宾馆同岳麓山体比似乎体量都大了些。出山顺湘江南下橘子洲，洲在湘江中流长约5公里，宽40～140米，宋时上有水陆寺，今已不存，惟橘林相沿不断。毛泽东读书时常来此游泳，1925年写下《沁园春》词，“独立寒秋，湘江北去。橘子洲头看万山红遍，层林尽染；漫江碧透，百舸争流。鹰击长空，鱼翔浅底，万类霜天竞自由。怅寥廓，问苍茫大地谁主沉浮？”

下午去旧城东南角的天心阁，阁三层清初建于角城上，清末为防太平军攻取长沙，在上加设炮台，下挖地道埋地雷。今正重建并增加两辅阁 ，周围辟为园林，已成为城内重要景点。下阁去船山学社，乃民国初年为研究王夫之学说而建，后毛泽东等曾在此办自修大学，1938年长沙大火被焚，1954年按原貌重建。随后去清水塘毛泽东创建中共湘区委所在地，这里原是荒郊的三间平房，现按原样恢复并在旁边修起湖南革命纪念馆。其北有烈士陵园，纪念塔和陈列厅合成一体，高38.6米。最后去开福寺，此地原为楚王马殷之会春园，后改为寺院，内有三圣殿、大佛殿与毗卢殿，大殿有对联“斋鱼敲落碧湖月，觉觉觉觉，先觉后觉无非觉觉；清钟撞破麓峰云，空空空空，色空相空总是空空。”文革时佛像全毁，房屋残破且为纺织厂所占用，急待修整。17日上午去毛泽东就读的第一师范，校址在城南妙高峰下，原为城南书院，清末改学堂。建筑于长沙大火时焚毁，现按原样重建，为清末流行的洋楼式。除宿舍上下铺较为拥挤外，教室二三十人一班，阅览室分成小间，校舍比较宽裕。学校隔湘江与岳麓山相对环境优雅清静。出校参观湘绣厂，湘绣与苏绣、粤绣、蜀绣并称中国民间四大名绣，有70多种针法。下午与地方座谈。18日天晴早起独自游览湘江，先到湘江大桥眺望，然后走下桥头顺湘江西岸走近橘子洲再返回。 周围行人稀少，市声未起，在橘子洲附近拍摄晨雾笼罩中的山、桥、江、船，颇有飘然世外之感。大桥1972年建成，全长1 500米，桥面高出河水30多米，有18座桥墩托起70多米的曲拱，通过3 700米的五一大道联接火车站，是改变长沙古老城市面貌的关键工程。

二十一　花明楼与韶山

10月18日我们离开长沙拜访刘少奇故乡宁乡花明楼和毛泽东故乡湘潭韶山。连日阴天，今出太阳，天气骤热。从长沙西行60

宁乡农村

公里过望城到宁乡再南下30公里至花明楼。随后折回一段路继续南下过韶山车站至韶山冲又 50 公里。这一带民居多单幢或数幢分散在田野池塘边，没有围墙，平面成曲尺或凹字形。除望城、湘潭少数地区用砖瓦外大部为土坯墙。刘少奇故居为土木结构，泥砖墙面涂糠壳泥，屋面半茅草半青瓦，门前池塘，门后山峦。毛泽东故居为泥砖墙，小青瓦的土木结构，为一明两次两梢间，左右辅以厢房，后有杂屋。住宅内有牛圈、猪圈、舂米碓、风车、烧水的吊壶敞火坑。附近有水田、禾场、池塘。1929 年故居遭国民党破坏，1950 年按原貌修复。自 1954 年起在韶山冲西 4 公里的滴水洞山谷内陆续修了三栋别墅，1966年毛主席在这里写钟馗打鬼的信，准备发动文化大革命。我去参观他住的一号楼，房间大而空旷但周围环境却很逼仄，雨季气候郁闷，不大利于休养。从滴水洞回来看两个毛氏宗祠，内有小戏台外有马头墙。新建毛主席纪念馆，内部布局灵活而有变化。广场周围的建筑也还轻巧。下午东

宁乡花明楼刘少奇故居

韶山冲民居

韶山毛泽东故居正面

毛氏宗祠

毛泽东故居背面

滴水洞

南行 60 公里，晚宿湘潭。

二十二 南岳衡山的飞云

1983 年 10 月 19 日我由湘潭乘汽车沿湘江西岸公路行 84 公里直抵衡山县，车未停续行 14 公里到南岳镇并顺新建公路立即开始上衡山。时山下雾起，愈上愈浓，上行 7.5 公里至整个山路之半的半山亭，西转磨镜台，投宿南岳山庄。午饭后，下午二时我们继续开车上山，重过半山亭爬向南天门。这段山路坡陡且多转弯，开始即需调转车身转锐角硬弯，在这浓雾里，我真为安全担心。爬上南天门，突然钻出雾海，山上一片晴天，遥望衡山的最高峰，海拔 1 290 米的祝融峰，远远地耸立在前面，精神为之大振。车又爬完 7.5 公里路程，一直开到祝融峰顶佛寺前石阶，这是我平生首次乘车从

山麓直开千米以上高山顶。快是快，可是心里总觉得失掉一些什么。衡山属五岭支脉，位于湖南的中南部，蜿蜒在湘江与资水之间，地域宽广，六朝徐灵期南岳记说"南岳周回八百里，回雁为首，岳麓为足。"南岳号称七十二峰，古人将其比为朱鸟，以祝融为头，芙蓉十六峰为身，南岣嵝、回雁二十峰和北紫盖、香炉十六峰为两翼。杜甫望岳诗首句即为"南岳配朱鸟，秩礼自百王"。南岳山体为花岗岩，多断层，群峰耸立，危岩峻拔。土壤为酸性土，由山下至山上依次为红壤、黄壤、黄棕壤、草甸土，加上到处都有的白垩土而五色俱备。由于土层深厚适于植物生长，山里盛产楠竹、药材，只木本植物即有千余种。气候属亚热带的过渡地带，山中垂直变化明显，上下温差相当水平二千公里。山下年降雨量 1 439 毫米，相对湿度 80%，山上年降雨量 2 153 毫米，相对湿度 90%。山上七级以上大风常年达 126 天，瞬息风速每秒 50 米以上。我下车后急步

登上祝融殿，周围眼界豁然开朗，东望湘江时断时续，西顾雪峰，沅、资环流，北眺洞庭水天一色，南瞻五岭骈立如屏。山顶原有石龛，明建祠，清改殿，现在建筑为光绪重建。以岩石为墙，铁瓦为顶，门联"寅宾日出，峻极于天"，殿后孤岩名望月台，上刻"天根月窟""山蠚天止，云起峰流""惟我最高，尊峙寰中"。史记载重黎为帝喾火正，因功取名祝融，后世相传为火神赤帝。祝融峰顶有风穴、雷池。池旁太阳泉水终年不断。峰下有罗汉洞、会仙桥、舍身崖。黄庭坚咏祝融峰有句"万丈祝融插紫霄，路当穷处架仙桥。上观碧落星辰近，下视红尘世界遥"。

祝融北临悬崖而南为绵长的缓坡，坡下有上封寺，原名光天观为道教 22 福地，隋炀帝南巡改观为寺乃名上封，我从牌坊进寺，共三进院，建筑均石墙铁瓦，有数百米石视从太阳泉引水到寺。寺右有日台，宋佛印诗"秋高气怒上封寺，碧落浮云放欲收。

祝融峰

南岳祝融寺

祝融殿

上封寺

上封寺牌坊

高台寺

狮子岩

南天门

万顷苍波澄玉鉴，一轮红日滚金球。远观西北几千里，近视东南数百州。"上封寺下有高台寺，范围不大，周围怪石嶙峋，虬松苍劲。乃观云海佳地。路口有开云亭传为韩愈祈晴云开之处。

我出寺下行至狮子岩，东去芙蓉峰下有清初修葺的广济寺，对面有禹王城碑。传说禹王治水来到这里，发现黄帝遗留的金简玉书，以后治水成功，在岣嵝山上刻碑记载治水经过。禹王碑最初见于韩愈诗"岣嵝山尖神禹碑，字青石赤形模奇。蝌蚪拳身薤叶披，鸾飘凤泊拿虎螭。"但他未得亲自目睹。最初发现禹碑的为南宋何致，他把拓印碑文刻在岳麓山碑石上，至明代他重刻的碑文被发现，于是到处摹刻，先后有金陵、扬州、安宁、成都、汤阴、绍兴、西安等地。这碑高一丈，宽五尺，石上刻字77，非籀非篆，前人谓之虫书鸟迹，明代研究专家考译之文多重杨慎，其辞为：

承帝曰咨，翼辅佐卿，洲渚与登，鸟兽之门。参身洪流，而明发尔兴。

久旅忘家，宿岳麓庭，智营形折，心冈弗辰！往求平定，华岳泰衡，

宗疏事衰，劳余神裡，郁塞昏徙，南渎衍亨。衣制食备，万国其宁。窜舞永奔！

禹王城周围为南岳著名的风景林，有香果树、绒毛皂荚等国家重点保护树种。因地处深谷，屯云积雾，盛产云雾茶，唐宋即是贡品。我走回狮子岩再下行往南天门，路上风起云涌，瞬息万变。过皇帝岩，上有宋徽宗"寿岳"二大字。南天门石坊全为花岗岩砌成，中额刻南天门，旁额刻"行云"与"施雨"，门联为"门可通天，仰观碧落星辰近；路承绝顶，俯瞰翠微峦屿低"。南天门为前后山的分水岭，在南岳镇只能望见南天门，登上南天门才可见到祝融峰。我一路下坡，快步奔跑到天门，回头望去，朵朵行云正在紫盖、祝融、天柱峰间由东往西飞

去，有时大团的浓云把山完全遮住，有时稀薄的片云露出部分山体，有时高云在山顶上追逐。有时低云在山谷中打旋。云洁白得像轻纱像棉絮，飞动得像海浪像天马。远处蔚蓝的山峦飘浮在淡青的天空里，近处暗绿的林木隐藏在夕阳的阴影中。这飘忽不定顷刻万变的宇宙景色，使我在山梁上往返徘徊，久久不想离开。

有顷车开藏经殿，我乃随车西去，殿处于赤帝峰下的密林幽谷中，相传为南陈天台宗三祖慧思创建。陈后主的妃子曾在此学佛。现存绿琉璃大殿及铁瓦石墙复壁的古华居，均为三十年代重建。藏经殿周围有亚热带山地常绿阔叶混交的原始植被，包括大量的湘椴、杜英、猴欢喜等珍稀树木。殿前有摇钱树(金钱柳)，山毛榉和青枫同根的同根生和号称连理枝的短柄青枫。相继车回南天门，周围云已散尽，只祝融峰上还有几片残云，但车至半山亭，周围却仍为雾气笼罩。晚在山庄休息，仍不时回味南天门所观飞云，时间虽短但给我印象至深。清魏

磨镜台

南岳镇牌坊

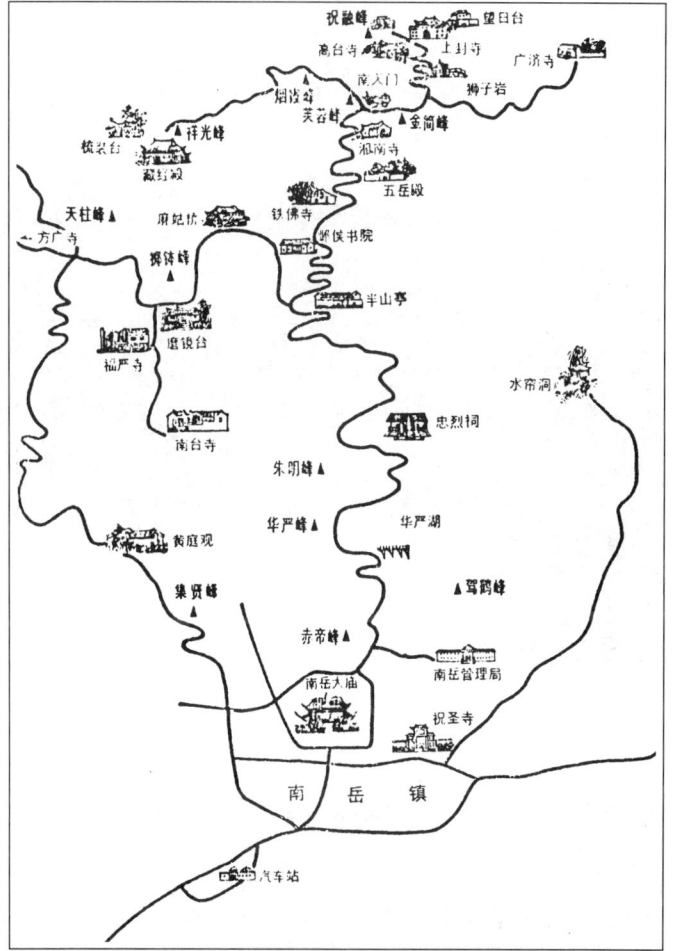

衡山风景分布图

源的衡岳吟写南岳山川，十分精辟：

"恒山如行，岱山如坐，华山如立，嵩
山如卧。惟有南岳独如飞，朱鸟展翅垂云
大。四旁各展百十里，环伺主峰如辅佐。遍
巡辅佐陟主峰，坐受众朝如受贺。旷莫旷于
祝融之上峰，剖元气兮参洪蒙。云外之足万
尘世，云中之身万顷胸。奥莫奥于莲峰左右
之涧谷，四围无见，但见蔽日苍崖森古木。
瀑雷日夕鸣哀玉，岳所翁发为泉石，一草一
木仙灵肃。窈窕奇丽不可名，光气所酣非耳
目。或疑三苗何足烦南巡，九嶷苍梧事杳
冥。岂知中原四岳各千里，楚地五千曷独一
岳镇其坤。古称灊霍元白岳，并此而五如弟
昆。始知南条别自有五岳，气敌岱华嵩岍
恒。大断大起大回转，屹然祝融天柱尊。回
顾九嶷如负扆，贺郴庚桂皆藩屏。北戒南戒
岳各五，衡则五岭岳主人。至今风雨明月
夜，群真杂*纷云*。灵均湘灵光怪气，皆
是此山万古魂。杜韩游山太草草，谁与经纬
穷九能。请一挥斥扩万古，凿破浑沌惊山

南岳庙奎星阁及戏台

西川门

南岳庙大殿

棂星门

灵。安得以此镌岳顶，远掐岣嵝文赤青"(参考湖南美术出版社：《古城长沙》)。

他论南岳之飞指的是山岳形势，而我认为南岳之飞还要包括云的飞行。

20日早起仍有雾气，我散步至禅宗七祖怀让墓。据说唐玄宗时禅宗北宗僧人马道一在此坐禅修真，一日见怀让在大石盘上磨砖，问其何为？答磨砖作镜。再问。砖何能成镜？答坐禅何能成佛？马由此领悟，乃拜怀让为师，改学南宗，后成名为马祖。磨镜台同此得名。这里地势平坦，环境幽静，南陈天台宗二祖慧思在此建福严寺，规模宏大为南岳五大丛林之一，后为七祖道场。原有万斤铜佛，现已不存。早饭后下山路过忠烈祠系1943年为纪念抗日烈士而建，纪念碑上塑五颗炮弹，式样特殊。车开到南岳庙北门停下，我从后门走到前门，往返两次，仔细看过两遍，南岳庙规模宏伟，前后七进，占地9.85公顷，与东岳岱庙、嵩山中岳庙并称于世。正门棂星门为石砌牌楼式，左右各有便门。二进为奎星阁及戏台左右有钟鼓楼。三进正川门，左右有东西川门，城门楼已毁，门内有康熙的御碑亭。四进为嘉应门，门内直至寝宫，左右各有53间住房，现为文物管理所。五进为御书楼。六进为祀岳神的大殿，位于17级石阶的平台上，重檐歇山，高22米，面阔7间，内外立72根石柱，象征72峰，殿顶覆盖黄琉璃瓦。

岳神受历代封号，唐封"司天霍王""南岳真君"，宋封"司天昭圣帝"。七进为寝宫。北门东有注生宫，西有辖神祠。庙平面为长方形，四周红墙有角楼，墙内东有八观，西有八寺。唐后经过六次大火，现有建筑为光绪时重建。出寺后迳赴衡山午饭，还有清帝行宫祝圣寺，道教圣地黄庭观，禅宗八祖道场南台寺，李泌三万卷藏书的邺侯书院，张栻和朱熹会诗的方广寺和以瀑布著称的水帘洞，都不能去看。下午走湘江东线经株州回长沙。21日中午乘火车去贵阳，路过湘潭、湘阴、娄底、涟源、冷水江，沿途景色尚可领略，至新化天黑始入睡。

二十三 武陵源峰林
与土家族

1994年10月我趁去湘西开会之便拜访业已列入联合国世界文化遗产的武陵源。17日下午登上去长沙的飞机，近长沙时，飞入浓云层，飞机冒险降落。在浓阴天气中进城，找到旅馆休息。次日清晨我们走进长途汽车站，旅馆说去武陵源六点半上车，行程400公里，但七点才放我们进站，却找不到车，验票员说车什么时候到，他也不知道。我们在站里徘徊了一个小时才见一辆满是

尘土的车进站，我们跟着人群上去，找不到号，于是我挤在最后长排靠车窗的角落里。停一会车子出站，大街上车子正相互穿插乱成一团，直到九点才过湘江大桥出了长沙。车是旧客车，内部脏乱而外窗满是尘土，出市后我用手纸把我眼前的两块玻璃擦净，以便向外瞭望。宁乡、益阳一带都是丘陵，顺地势开成阶梯水塘和稻田，红墙青瓦的独立民居分散在四处。解放前流行歌曲唱的桃花江，就在益阳南的桃江县，有资水流经这里入洞庭湖。至常德的石门桥因修路堵车停了一个多小时，路通后至常德。常德为湖南西北中心城市，辖10个市县。有武陵山脉横亘于西北；有湖南四大水系中1 022公里长的沅江在南，388公里长的沣水在北，共同流入洞庭湖；西部地貌为石灰岩山地；东部为滨湖阶地，有些地方是鸟足状的沉溺湖，有些地方是浑圆的丘陵。常德古称武陵，赤壁之战后三国瓜分荆州，南郡、零陵、武陵属蜀；江夏、桂阳、长沙属吴；南阳、襄阳、南乡属魏。明清为常德府辖一州七县。我们车进市区连过沅江三座大桥，东西街道很长，出城不远即进入山地，山中种茶者极多。西南桃源县有陶潜《桃花源记》所写的桃花源。车近慈利天黑，到慈利下雨，走100公里夜路到索溪，进宾馆赶快吃碗方便面，十二时就寝。

武陵源位于湖南西北武陵山脉的北端，

包括大庸的张家界国家森林公园、慈利的索溪峪自然保护区和桑植的天子山自然保护区共面积376平方公里。20世纪八十年代定为国家级风景名胜区，1992年联合国科教文组织认为此文化自然景区具有特别的和世界性的价值而列入世界遗产名录。现已成立武陵源区政府统一管理并隶属于新成立的张家界市。武陵源原为古代海浸地区以后经过造山与构造运动，加以外营力长期作用因而形成很厚的石英沙层与石英沙岩峰林地貌，它不同于广西、云南喀斯特岩溶石林，不同于南京玄武岩石林与广东丹霞地貌。峰林中大的孤峰如金鞭岩高达300余米，仍如石柱插天旁无连延；小的

有如竹笋到处丛生在山坡上，其所处地势高低悬殊，水绕四门仅海拔300米，而西海则千米以上。武陵源雨量充沛，温度适宜，有完好的生态环境与原始次生林，植物覆盖率高达97%，动植物种类极多，红豆杉、香果树、雪豹、大鲵等珍稀品种，亦复不少。溪涧、泉瀑、洞穴均以幽深为特色。武陵源地处湘西土家族苗族自治州，与鄂西土家族苗族自治州，川黔有土家族的县份接壤，为我国少数民族中人口较多的(1990年达570万)土家族的集中地。19日我们和武汉、香港两教授趁广东李经理车游张家界。从索溪军地坪出发，天尚有小雨，经吴家峪入风景区，车沿山坡南行不久即望见山上耸

立的石峰，我下车拍照，天突然雨止放晴，同车的都欢呼起来，原来他们早来几天，一直下雨不能出来。车行16公里到水绕四门，周围群峰壁立，中有一公顷方圆的盆地，四面溪流在峰林周围纡回宛转，满目天然图画。溪水西北通天子洲、万岁牌，宋代末年当地农民领袖向大坤在此起义称向王，现水绕四门附近有张良及向王墓。重新上车后我以为要顺金鞭溪下去，但车却爬上山坡走骆驼峰旁山间的路到梓木岗，又走16公里绕到张家界国家公园的大门停下。

张家界古名青岩山，有面积130平方公里，地处索溪上游之金鞭溪，两旁有两座高山寨，西为黄狮寨，东为腰子寨。金鞭溪由

张家界水绕四门

夫妻岩

望郎峰

黄狮寨陡壁

黄狮寨南天门

黄狮寨岩石

天子山东天台望西海

天子山十里画廊

天子山十里画廊

南往北流至紫草潭有沙刀沟水西来，共同东流至水绕四门。我们在公园门口重新买票，步行走到老磨湾，四面峰林奇岩已展现在眼前。北有闺门岩夹持金鞭溪，西有金鸡报晓，东有群猴沐浴，南面近有夫妻岩远有望郎峰。我在周围拍摄后，见山根有驯大

蟒者，乃捧过套颈上拍照留念，蟒体微凉，重可十余公斤。这时我们找了一位读过书的土家族姑娘导游，据她介绍游览路线可有两条，省力走金鞭溪，爬黄狮寨要上3 870个台阶。我们选择了黄狮寨，并决定从后山上前山下。于是我们走过清风亭开始爬

山，新建的台阶不高又比较宽，隔一段台阶有一段平台，路挺好走。进入杉林幽谷内，两旁林木茂密。半路上李经理揽了两副爬竿用来照顾我这八十多岁和同来的七十多岁老薄，老薄身体弱一路坐上，给我准备的那副大部时间空着，有时他们轮流坐。路上

张家界定海神针

黄狮寨观景台

索溪

索溪土家族住宅

我们在大岩屋一家土家族饭馆用饭，然后继续上行，至高约30多米的南天门与面前的铜墙铁壁，峰林风景才逐渐展开。我好久没有爬高山了，到黄狮寨前这段山路比较陡，我只好走走停停，前后用了两个小时，终于爬上海拔1 200米的黄狮寨观景台。这

黄狮寨在笋岩孤峰包围之中，山顶有6公顷左右的平地，上有茶场及泉水，周围都是悬崖陡壁， 只有前后卡门两条通路，形势极为险要。我们登上观景台略事喘息并合影留念时，太阳突然从云层中钻出，大家再度欢呼，赶快去到平台观景。啊！这自然奇观

一下子把我震住了！眼前一排排高达数百米粗细不等，疏密不均，满布树丛间有裸露赤白岩石面的石峰真像森林般充满山谷。在淡蓝的远山和微红的岩壁陪衬下，峰林显得十分幽暗、阴森而神秘；但阳光斜照到处洒着光和影，又使峰林表现无穷的活泼、

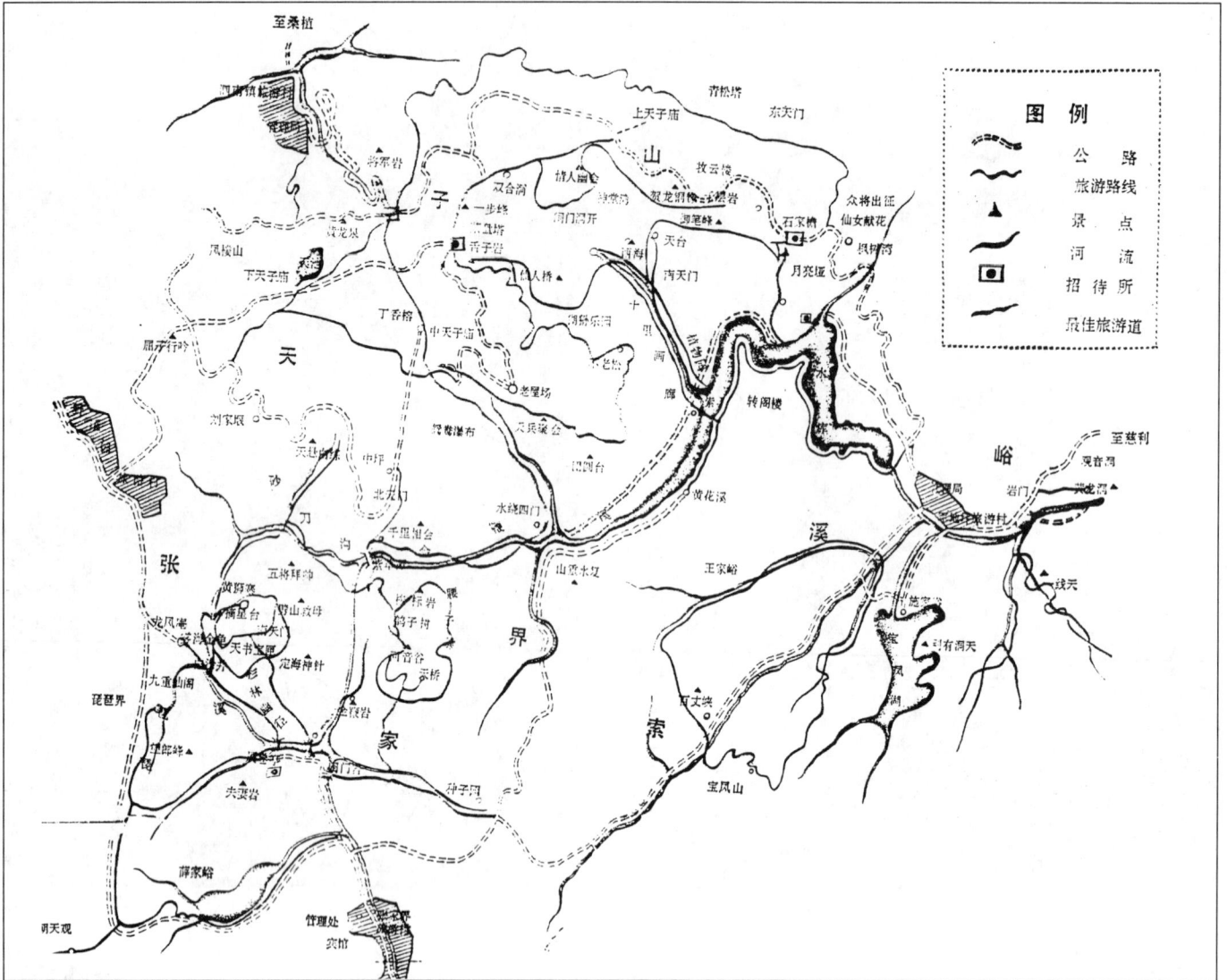

武陵源风景分布图

天子山南天门

张家界黄石台

生发与跳动。我深深感觉宇宙艺术塑造的技巧不逊人类，但它惊天动地的能力却为人类所无法攀比。随后我们走进观景楼听土家族姑娘唱土家小调，再去另外的观景台看景，在山上走了一段路然后从前卡门下山。路上拍200米高的孤岩——南天一柱。天傍晚下到金鞭溪出景区用饭，饭后沿梓木岗、插旗峪、百丈峡的路回索溪。晚上会见东北工学院采暖通风专业早期毕业学生，现在都是五六十岁并取得相当成就的人了。

20日雇三轮看索溪，索溪为娄水上游其上有金鞭溪通张家界，有十里画廊通天子山，从水绕四门起东经水库到黄龙洞前之岩门十余公里段为索溪风景区，有面积147平方公里。娄水从索溪下流80余公里至慈利与沣水会合流入洞庭湖。慈利秦名慈姑属黔中郡，汉名零阳属武陵郡，为湘西重镇。

在娄水段有金银滩、九溪镇、娄江渡、饮马溪等景点。我在游索溪前先拜访溪南的土家族住宅，土家族自称"毕兹卡"（意为本地人），古为巴人，周初曾封巴子国，建立郡县后与内地接触频繁，原有自己语言属藏缅语族，现已普遍操汉语用汉文。其瓦顶石墙三合院木门窗的住宅和生活服装大都与汉人类似。接着我们去宝峰湖，这是建在高山上的小水库，上到湖坝须登331级台阶。我未上坝，只在附近观赏百丈峡一带山峰，笋石嵌空，绿林如带，景色十分清秀。明夏子云诗"寻常山里数青峰，玉笋成群插楚封。洞道冻云隐斜日，寺门长阪度晓钟。古苔一望迷幽径，峭壁千年挂老松。玉垒匡庐曾浪迹，巨灵移岳此重逢。"下午沿索溪行3公里至黄龙洞。武陵源的东部地质为石灰岩，因而溶洞较多，其中以黄龙洞最为著称，洞内有13个大厅，共长十余公里，钟乳石种类繁多并有地下河水。可惜我进洞不远即因腹痛退出，洞口宽大但无景观。洞内如何，不得窥知，甚为遗憾。

21日随会议大车去天子山。天子山属桑植，为大面积峰林风景区，有一座天桥、两口天池、三座古庙、四个天门、五处飞泉、七个景区、八十四所观景台、九千九百九十九座山峰之新民谣。武陵源只三处峰林即有三千、两千、九千之说，都是象征数。天子山面积65平方公里，比其他两处小但峰林数多；天子峰海拔1 256米亦最高。我们乘车重进索溪吴家峪绕过转阁楼停在叶家岗绿喝山庄。乃开始爬山，先参观猴园，据说只索溪即有猕猴千只以上。随后雇了两副爬竿，老薄体弱必坐，我因腹痛未愈不得不坐，这是我平生无数次游山的第一遭，心里总有点别扭。到南天门休息，我近看山坡

石峰，简直就像地下长出一般，远望金龟探海活灵活现。约一小时到天台，抬爬竿的休息午饭，我们步行爬向贺龙公园。坡不陡但攀登半小时才到山顶，急忙赶到观景台，这辽阔的西海景色全部展现在眼前，真正是峰林的海洋，比黄狮寨峰林宽广的多。我们好似从高空俯视，周围蓝天白云下的远山像一列古城墙，谷中的一座座山好似一座座府第，山上数不清的直立峰石好像无数的天兵神将在不同角度光照下都精神抖擞在接受检阅。天子山是宋代向王的山，对面的神堂湾和四十八大将军岩是向王和他的将军们奋斗多年最后失败跳崖的地方，这些大自然转化的神军将永远为他们英勇事迹作证。回头瞻望1986年为贺龙将军新塑6.5米高的铜像，他面对着神堂湾，身旁依偎战马，在向王千余年后又为祖国创造了新的英雄业绩。贺龙桑植洪家关人，1916年带十八个青年用两把菜刀打开盐局杀了县官起义上山。1928年南昌起义后他再度回湘鄂西组织部队建立革命根据地。现在把他的铜像塑在这里使革命英雄人物和他进行斗争的地区密切结合，对风景区建设有特殊意义，这个经验值得他处效法。从贺龙公园回天台，路上从两处观景台再度看西海，然后从卧龙岭下山。天子山雾多，以云海取胜，可以想见在这样大面积峰林低谷中，俯视云之浮动、开合、倾泻、翻滚以及聚散姿态和千变万化的朝夕霞光，绝非三山五岳所能比拟。路上看裸面充满阳光的宝塔峰，在暗绿峰林中独具特色。下山至十里画廊改为步行，沿路峰石虽有向王观书、寿星迎宾等景。但画廊水源有季节性，现逢水枯而路多被水冲坏，难以观赏风景，直到转阁楼候车处有索溪流出，才有景可观。有人品

评风景，好简单类比，其实各地都有自己特色，难定上下，据我三日来的观察，武陵源的大面积峰林风景，是他地所无法比拟的，但山水结合不如桂林，云山烘托不如黄山，不加分析地强说谁超过谁，难以令人信服。武陵源不仅本地风景卓绝而且周围风景资源雄厚，东有桃花源，南有天门山外，西去百余公里还有神秘的猛峒河、土司城和王村古镇，可以进一步考察土家族历史文化。22日回长沙，路上因车祸、堵车走了十一个半小时。23日回京。

二十四　华中的单座楼房

遍布于皖赣湘鄂各省，特别是河湖水网地区，为了便利田间作业，多靠近自己的田地分散安置住宅。并在经济及宅地限制下多建单幢楼房。为适应南方炎热多雨气候，构架用穿斗式，坡屋面上铺薄瓦，围护结构除大量使用土坯外亦用纤维材料。由于结构灵活材料轻薄，单座建筑可以加大进深及纵向分隔，也可顺势出檐增加披屋或转角成曲尺形。为增加荫凉多开小窗甚至有门无窗。多数民居采用楼房或至少保持较低的楼层以存储粮食杂物。由于屋顶的高低错落，屋脊檐角的起翘，山墙的加披加檐，出挑与凹廊，门窗、山尖与墙体的虚实对比，墙体材料质感与色彩的变化，地形与绿化的巧妙利用，使这种类型的民居具有更为丰富的地方特色和艺术感染力。江西地区土的应用最为普遍，安徽地区受徽州民居影响单幢民居也有增加门面装饰与风火墙而实际并无功能需要。

安庆民居

石城土楼民居

庐东民居

石城土楼民居

江西玉山民居

湘西村寨

云贵川高原和少数民族

　　四川西部高原和云贵高原海拔1 000~2 000米，是我国青藏高原以下的第二阶梯地貌。各地区海拔高度如贵阳为1 250米，安顺龙宫为1 150米，九寨沟为2 000~3 000米，西昌为1 820米，昆明滇池为1 886米，大理洱海为1966米，丽江为2 406米，均有独特的高原风光。四川西南与云南西部山脉和全国多数山脉走向相反为南北走向的横断山脉。一些主要河流如怒江及其下游萨尔温江，澜沧江及其下游湄公河，元江及其下游红河，金沙江上游及其支流雅砻江、大渡河都是北向南流。高原中山高谷深，如著名的金沙江虎跳峡和长江三峡都有特殊的峡谷风景。横断山脉中的大峡谷更深更长，其具体情况有待今后勘察。四川的大部地区为高山围绕的盆地。贵州西南和云南东部有发育的岩溶地貌构成的瀑布、溶洞、石林风景。云贵川的山区居住着我国数目最多的少数民族。据1990年人口调查，全国百万人口以上的少数民族有18个，其中全部或大部在云贵川的有8个，百万人以下15万人以上的少数民族有12个，全部或大部在云贵川的有7个。其具体分布是在川西北有羌族，在四川西昌和云南宁蒗地区有彝族，在丽江地区有纳西族，在怒江地区有傈僳族，在大理地区有白族，在昆明附近的楚雄、路南等地区有彝族，耿马、沧源有佤族，澜沧、孟连有拉祜族，西双版纳和德宏有傣族，元江、红河有哈尼族，黔西南镇宁等地有布依族，黔东南和云南文山有苗族，贵州三都有水族，玉屏有侗族，道真有仡佬族，四川黔江，贵州印江有土家族。我在1983~1985年除参加大理风景区规划外，比较有系统的对这三省进行一次粗略的考察；1996 年冬又特意访问贵州东南的苗族侗族自治州；但我对这片高原异常丰富的自然风景资源和众多少数民族的历史文化，还远远不能窥其内幕。

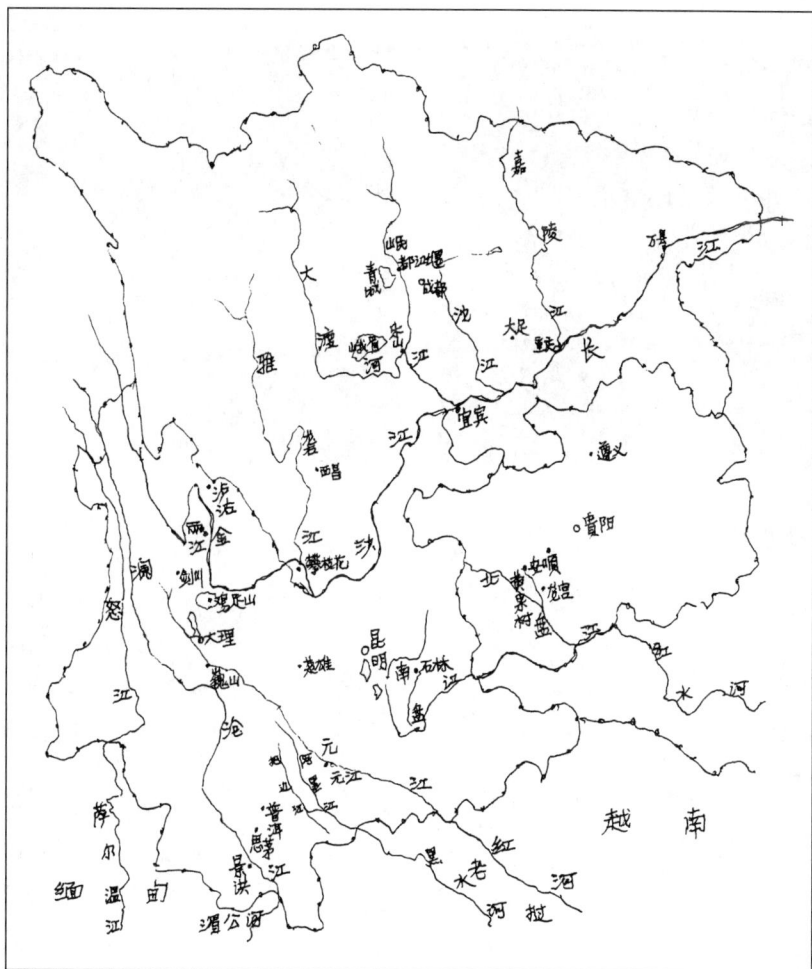

云贵川水系图

371

一 四川盆地和锦城成都

李白写《蜀道难》："蜀道难，难于上青天。…尔来四万八千岁，不与秦塞通人烟。西当太白有鸟道，可以横绝峨眉巅。地崩山摧壮士死，然后天梯石栈相钩连。上有六龙回日之高标，下有冲波逆折之回川。黄鹤之飞尚不得过，猿猱欲渡愁攀援。…剑阁峥嵘而崔嵬，一夫当关，万夫莫开。…锦城虽云乐，不如早还家。…"四川号'天府之国'，久为中原人士所向往。但四川为高原盆地，周围为高山环绕，北有秦岭和大巴山，欲进四川正如李白所说难于登天。四川省总面积57万平方公里，为我国内地最大省份，有1亿多人口，居全国省区之冠。其西部为高原山地属青藏高原的东延部分，现为阿坝藏族、羌族，甘孜藏族，凉山彝族三个自治州，属高寒大陆性气候。东部盆地属温暖湿润的亚热带季风气候。四川历史文化开发较早，远在万年前的旧石器时代，即有资阳人在这里生活。在成都平原上活动的蜀族名称见于商代的甲骨文中，源出黄河上游羌族中的氏族，最早蚕丛称王，活动在灌县一带，至开明迁往成都(注: 2000年对广汉三星堆进一步发掘，证明这一带是三千年到五千年前古蜀文化遗址，有龙山时代至夏、商、西周早期三期文化。其中心城市面积十二平方公里，确凿证明三星堆古蜀国的存在，再次说明中华文明起源的多元性)。

商周时期四川有蜀、巴两国，秦统一中国后设蜀、巴两郡，并越过秦岭、大巴山开凿栈道。三国鼎立时诸葛亮辅佐刘备在成都建立蜀汉，唐末至五代王建及孟知祥先后建前蜀及后蜀，宋明农民起义军也在成都建大蜀及大西政权。

解放后四川的对外交通状况有了根本的改变，只铁路即有宝成、成昆、川黔、襄渝、成渝线，除西部高原外已能四通八达。我在1958年初乘刚刚开通的宝成铁路进四川时，火车在海拔一千米的秦岭高山峻岭中转来转去，平均爬百分之三的坡度，在直线只有6公里的距离内要转27公里的弯子，几乎是隧道连着隧道，人坐在车里常常能看到自己的三段车身。我们停在海拔1 200米高的青石岩车站，列车悬在300 米高的岩壁间，头和尾都藏在隧洞里，只有中间的车身露出来。从陕南宁强到四川广元穿过大巴山，再沿着峡谷进入剑门山区，眼前几十把利剑般的山峰是著名的'剑门七十二峰'。广元峡谷中有古栈道的遗迹和南北朝以来的石窟造像7 000余尊，剑门关有姜维屯兵城址，这条路就是邓艾偷渡阴平灭蜀，因山陡路险以致前锋将士哭泣不前的地方。铁路工程异常艰难，在摩天岭11公里地段内，地面高差200米，需削高山，平深谷，开隧道，土石方量有百万立方米，坡度仍达17%以上，不得不用双机车牵引。我们亲自走

成都武侯祠

杜甫草堂红墙

杜甫草堂柴门

望江楼吟诗楼

薛涛井

王建墓

过后才对李白蜀道难于上青天之说有切身的体会。

四川物产丰富，稻米、蚕丝、柑桔等全国著称。秦设蜀郡时曾顺山水之势在成都筑大小相连的城，周12里，墙高7丈，内分街巷与衙署。汉在城外建锦官城，任命锦官管理织锦作坊。蜀汉建车官城，唐建周达25里的罗城。因蜀锦名扬天下，唐宋诗人多以锦城呼成都。五代后蜀孟昶好芙蓉树，遍植于城上街头，九月花开，全城聚观，因此成都又名蓉城。明重修罗城，清在西南隔隔出满城，用为八旗官兵及家属驻地。成都为国家历史文化名城，现存古代遗址极多。武侯祠始建于西晋，秦州李雄率农民起义军在成都建大成国后，在刘备昭烈庙旁为诸葛亮建祠，以后历代奉祀，唐杜甫诗"丞相祠堂何处寻，锦官城外柏森森。映阶碧草自春色，隔叶黄鹂空好音。三顾频烦天下计，两朝开济老臣心。出师未捷身先死，长使英雄泪满襟。"明将武侯祠与刘备合在一起，现建筑为康熙时重建，共占地3.7公顷。大门周围古柏荫浓，两旁有碑亭六座，最大的为唐宪宗永和四年（809年）的蜀丞相祠堂碑，由裴度撰文，柳公绰书写，鲁建镌刻，号称三绝。二进正殿祀刘备，旁殿祀关羽和张飞，两廊塑28尊文臣武将，殿内悬挂木刻隆中对和岳飞所书出师表。由正殿过穿堂即到武侯殿，门悬名垂宇宙匾额，内有十余副古今楹联，清赵藩联"能攻心则反侧自消，从古知兵非好战；不审势即宽严皆误，后来治蜀要深思。"最为人所称道。殿内有铜鼓三面，殿前左右有钟鼓楼。殿西有荷池、琴亭、桂楼再西为刘备墓及文物陈列室。附近红墙曲径，竹树幽深。杜甫草堂在浣花溪畔。伟大诗人杜甫终生宦途失志，年近五十流亡四川，五十二在成都任检校工部员外郎，只四年即为生活所迫东去夔州，五十八死于湘江船上。他流传至今的1 400余首诗篇有271首如《茅屋为秋风所破歌》等都是在成都写的。他描写自己的草堂"背郭堂成荫白茅，缘江路熟俯青郊。楷林碍日吟风叶，笼竹和烟滴露稍。"北宋时在他的故居建祠，历代相传，解放后已扩充至24公顷。草堂正门有两株大榕树和一片梅林，中间为横跨溪水的石拱桥，过桥为大廨，里面介绍诗人生平，有清顾复初长联"异代不同时，问如此江山，龙蜷虎卧几诗客；先生亦流寓，有长留天地，月白风清一草堂。"过大廨为诗史堂内有杜甫立像及陈毅集杜诗"新松恨不高千丈，恶竹应须斩万竿。"堂后柴门有溪水通水槛与花径。柴门内为工部祠有清塑杜甫像，石刻少陵草堂图及配祀黄庭坚、陆游像。

西门外有1942年发掘的五代前蜀王建陵墓，地面起拱前后三室，出土文物以棺座石刻最受人重视。24个伎乐浮雕所用乐器包括周秦传统的笙、筝、排箫、笛、篪，汉唐少数民族的羯鼓、腰鼓、吹叶、竽篥和外国传来的铜钹、箜篌、琵琶。东门外锦江西岸望江楼公园有唐代著名女诗人薛涛墓及清建崇丽阁、濯锦楼、吟诗楼等。阁南有井明代曾取井水制薛涛笺，清建牌坊命名薛涛井。最近更仿薛涛故居建枇杷门巷。全园广植名竹，面积十余公顷，多达二百五十余种：其著者有成都的琴丝竹、凤尾竹，邛崃的筇竹，江安的鸡爪竹，昆明的实心竹，叙永的大节竹，广西的甜竹，厦门的泰国竹，海南的藤竹，菲律宾的毛笋竹以及人面竹、佛肚竹、胡琴竹、烟杆竹、月月竹、麦竹、方竹等，真个是荫蔽日、影婆娑、一片绿色世界。此外成都还有清代重建三重殿堂的佛寺文殊院，明代重修的道观青羊宫。我初来成都有许多神秘感，除了蜀道难外，在半阴的天空里看见朦胧的太阳，就想到蜀犬吠日的典故，对饭铺里成碗的红辣椒面，剧院中齐声的川剧帮腔，也处处觉得新奇。二十年后我去过云南贵州，再来成都，天空虽然还是多云，但我对城市的印象却晴朗得多了。不仅市中心开阔而繁华就是我特意走访的满城和小巷中也是熙熙攘攘，生气勃勃。我对四川已经完全没有过去的神秘感了。

二　都江堰、青城山、宝光寺

古代岷江自山地流向平原，水速骤减，经常造成淤涝之灾。秦昭襄王命李冰为蜀郡太守，他采取"引水灌田，分洪减灾"的方针，兴修中外驰名的水利工程－都江堰。使成都平原14个市县20多万公顷稻田2,200年来旱涝保收，成为天府之国。都江堰位于成都西北57公里，岷江中游的灌县玉垒山下。全部工程分为三部分：鱼嘴为江心中分水堤坝，位于弯曲环流的江面上，将水流分为灌溉的内江和灌溉兼排洪的外江。飞沙堰是分水堤坝中段金刚堤与人字堤间的泻洪道，洪水期泻洪并将内江沙石排入外江。宝瓶口为玉垒山角凿开的内江进水口，左侧有标尺，根据需要控制进水流

都江堰

鱼嘴

二王庙牌坊

青城山

二王庙山门

二王庙治水三字经

量。冬春水落时江水经弯道将六成水量流入内江，夏秋水涨时洪水经飞沙堰流往外江，内江水量只余四成。都江堰工程就地取材用当地盛产的竹子编成笼箅，内装江中卵石用以筑堤护岸。用两岸出产的木材制成杩槎截流拦水。都江堰工程体现出我国古代科学与技术的伟大成就，解放后我们将原有工程加以扩充现在灌溉面积已推广到60万公顷。在都江堰工程周围历代修建了一些与山水结合的优秀建筑。安澜桥为长280米的悬索桥，横跨在内外江与鱼嘴之上，清嘉庆重建时以石墩木排为桩，用竹篾扭成缆绳横架江上，再铺木板为桥面，两旁牵竹缆为桥栏，远远望去轻飘飘悬在江上。1958年我初过索桥，行走在高空，木板和缆绳上下左右摆动，下望是滔滔江水奔流，任谁也得把心悬起来。1984年我再来时竹缆已换成钢丝缆，桥墩也改为混凝土，桥头新建桥头堡，我们来时正值水涨，洪水已漫过飞沙堰，但过桥时感觉比过去稳定多了。东

青城山天师洞

青城山常道观

新都宝光寺大殿

桂湖

岸桥头傍玉垒山有二王庙，系纪念李冰父子治水功绩而建的庙宇，因他们在宋代被敕封为王故称二王。现存庙宇为清代建筑，依山就势，布局高低错落，不拘常套。庙门前壁绘有清都江堰灌区图，观澜亭下刻"深掏滩，低作堰""遇弯截角，逢正抽心"及治水三字经。殿内有李冰父子塑像，四周古木参天，遍地清凉。宝瓶口旁离堆北有伏龙观为清代重修的三重殿宇，顺地势上升，至离堆最高处可眺望周围形势，殿内陈列有1974年在江心发现东汉雕刻的李冰2.9米高石像。

1984年我再来都江堰，过桥至岷江西岸南行十余公里访青城山，汉末张道陵曾在此创天师教，历代为道教圣地，名著海内。山上林木丛密，风景以清幽胜。建福宫在丈人峰下，有清建两院三殿，旁为青城山入口牌坊。我们循石级登山，一路古树交柯，草木翁郁，山路虽陡，然沿途利用树干搭起简易凉亭，游人可随处休息。上行不远有天然图画阁楼，周围石笋卓立，山鸟呼鸣，泉流铮

淙，山趣渐多。再上一公里到天师洞，有道观始建于隋，名延庆观，唐后改为常道观。洞观三面环山，下临深涧，自山门层叠而上至院内豁然开朗，满悬匾额的七间两层正殿，和两厢侧殿构成宽大庭院，周围群山壁立，显得十分幽静。观中有20多米高的银杏树传为张天师手植，已有两千多年的历史，此外还有唐代双干并立的歧棕、宋代九棵松等古树甚多。殿内有唐代三皇石刻像，形态生动；明代木刻浮雕屏风，玲珑精致；石刻岳飞写的出师表；木刻董其昌写的醉翁亭记等。而唐玄宗诏敕碑，令观还道家，寺归旧所，为我国宗教史中重要史料。出观看刻有"降魔"二字的三岛石然后下山，未去山上的祖师殿和上清宫。

宝光寺创建于东汉，在成都北18公里的新都城郊。唐僖宗避难至此曾建有行宫，并重修庙宇将木塔改为砖筑。宋代僧徒曾达三千人。明末寺毁于兵火，清康熙延至同治进行重建，将木柱改为石柱，现有规模、

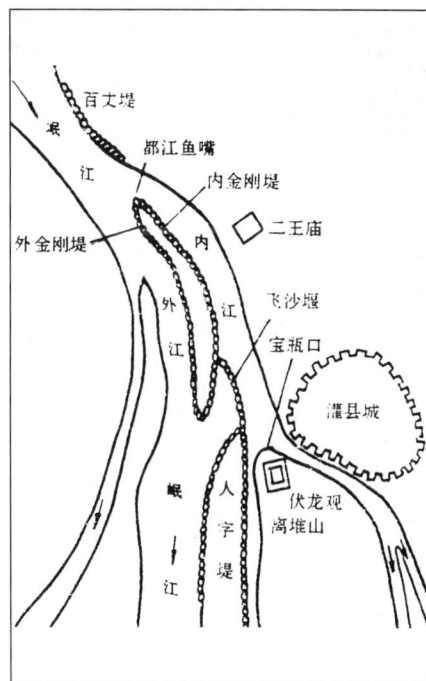

都江堰风景图

僧徒及文物均为四川佛寺之冠。寺之中轴依次为山门、天王殿、七佛殿、大殿、藏经楼五重，周围共16个院落，配置疏朗。寺院殿堂充满人物、动物雕塑。舍利塔在天王殿和七佛殿之间，左右有钟鼓楼，体现唐代寺院的典型布局。塔方形13层高30米。罗汉堂内有清代泥塑500罗汉，比较生动。珍藏文物有梁武帝时期千佛碑，碑身方形，高1.45米，除正中龛内一佛二菩萨外，四周刻千个5厘米高的小佛及清光绪5.5米高的石刻舍利塔等。 新都城西南有桂湖为明学者杨升庵故居，杨曾为友人写《桂湖曲》。现有面积近5公顷，植桂4 000余株，每逢金秋，成都往游者络绎不绝。

三　乐山与大佛

乐山古名嘉州，在成都南165公里，位于岷江与大渡河、青衣江的汇合点，面对有九个山峰的凌云山，山灵水秀，自古以风景著称，当地有"天下山水在蜀，蜀之山水在嘉州，嘉州山水在凌云"之说。乐山历史悠久，远在三千年前的巴蜀时代曾是蜀王开明的故都，现存万座以上汉代岩墓。唐开元初期海通和尚因三江汇合处江流湍急，经常覆舟死人，乃在凌云山栖鸾峰下就崖壁开凿大佛，从公元713年动工，募集江淮人力物力并得朝廷税款之助，但工程未完而海通死。迟至贞元时代韦皋任西川节度使始继续营建，公元803年竣工，前后延续达90年。大佛为弥勒坐像，坐东面西，正对三江，通高71米，头高14.7米，肩宽24米，脚背长11米宽9米可围坐百人以上，人称山是一尊佛，佛是一座山，为世界最高的大佛，比阿富汗巴米扬的53米大佛还高18米。

我三来四川，20世纪五十年代只走成都、重庆，1984年我带病由女儿陪伴参加西南年会后始过乐山、峨眉去西昌。8月10日下午车出成都南过双流、新津一带平原，在微黄稻田里和竹丛掩映中，不时出现单座或数座瓦顶土墙民居，有时还有一两株高过竹林的乔木冠插入天际，构成格外清新的田园风景。过彭县到眉山、夹江则进入山区，眉山为苏东坡的故乡，有三苏祠。晚宿乐山江边旅馆，人虽挤些，但江风吹来，尚为凉爽。次日乘船游岷江和大渡河，欣赏三江汇合口的景色并为大佛拍全身照。然后傍乌尤山登陆。乌尤山原与凌云山相连，秦李冰治水时为减缓大渡河洪水冲击乃在两山之间凿出水道以分洪减势、乌尤山乃成为有名的"离堆"。唐天宝时僧人惠净在山结茅十年，岑参时为嘉州刺史曾赠诗"诸岭一何小，三江奔茫茫。兰若向西开，峨眉正相当。猿鸟乐钟磬，松萝泛天香。"山上乌尤寺乃唐代创建，今之殿堂均为晚清及近代所建。我们登上山顶，由天王殿进入寺内，门联集李杜句"寺门高开洞庭野，苍崖半入云涛堆"。内有弥勒殿、大殿、如来殿，原罗汉堂内有五百罗汉，文革时毁。寺前临崖有尔雅台为汉文学家郭舍人注释尔雅的地方。

乐山岷江

凌云寺大殿

乐山大佛头

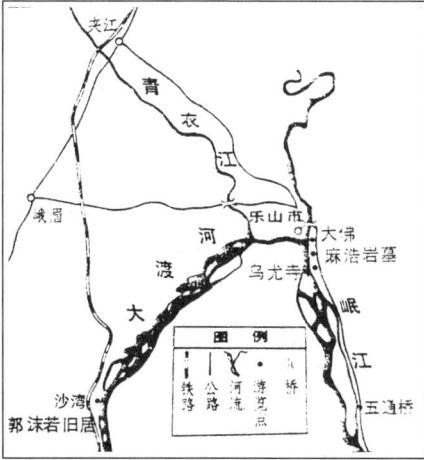

乐山地区游览示意图

宋苏辙有嘉州诗"云有古郭生，此地苦笺注。洗砚去残墨，遍水如黑雾。至今江上鱼，顶有遗墨处。"台旁有旷冶亭，至山顶有独好亭，均为观景佳处。

从乌尤山去凌云山须过索桥，在两山之间的崖壁上，仅500米的范围内就有岩

乐山三江汇合口

凌云寺灵宝塔

乌尤寺

墓数百座。岩墓是东汉至南北朝在四川流行的一种墓葬，就岩壁凿穴常达七八层。铁索桥旁有东汉麻浩崖墓，为前堂三穴的大型墓，墓门宽11米，高2.42米，深30.69米；三穴各有侧室、耳室；墓内浮雕及壁画有牧马图、宴乐图、荆轲刺秦王图等，均为珍贵历史资料。走上凌云山最先看见壁津楼，这是依山就势以长廊联结的三层楼房小院，临崖远眺峨眉，近观乌尤，江水如碧玉闪烁，东坡钓鱼台和乌尤古渡，有秀色入目；楼额题"闲听秋声，静眠凉月"点出风景佳趣。再前为明建东坡楼有清刻东坡画的梅菊四幅。楼前山下为大佛，从上可以细看大佛头部，及佛体后面的有完善排水系统，佛体前曾有保护佛像的13层的重檐高阁。佛像右侧凿出盘旋九折的栈道，顶端建长廊式亭阁。现只残存栈道，第一折的西方极乐图雕刻尚完好，而护佛高阁

已在元末全毁。山顶有海师洞，内塑海通手捧平盘盛其双目像，表现当时郡吏勒索钱财，海通答以"自目可挖，佛财难得"的故事。东坡楼东为凌云寺，东山门有石刻弥勒像及清人草书龙虎大字。在原雨花台旧址新建载酒亭，取意范成大诗"聊为东坡载酒游，万龛迎我到峰头。江摇九顶风雷过，云抹三峨日夜浮。"凌云寺盛时有殿阁200余间，现仅有天王殿、大殿及藏经阁，均为清初重建。寺之东北角有灵宝塔，为唐建密檐式砖筑方塔，13级高40米，塔体中空，可盘旋至顶向各级窗外了望。塔体于明嘉靖时维修，现存碑记。塔之外貌有类西安小雁塔，登临其上远眺三江如在天际，峨眉飘浮云端，乐山似彩凤俯卧。清朱云焕诗"秘开灵宝擘云根，三水交投万马奔。光影婆萝坪外见，诸峰罗列此峰尊"。下山由岷江大桥回乐山市。下午乘车行35

公里，去峨眉山下沙湾镇看郭沫若故居。故居为四进四合院，有大小36间房屋，花园内绥山馆为郭家私塾。

四　普贤道场——巍峨奇秀的峨眉山

峨眉山为我国四大佛山之普贤道场，在成都南160公里，介于邛崃山与凉山之间，为悬崖峭壁众多的断块山，面积纵横200余公里。大峨万佛顶海拔3 099米，远远高过著名的五岳；气候垂直分布明显，山上山下温差常达摄氏15度以上；全山1 500米以上属寒温带，1 000米以下属亚热带，中间为温带；气候潮湿，每年雾日平均达323天。范成大诗"峰顶四时如大冬，芳草芳花春自

峨眉山伏虎寺

峨眉山雷洞坪望雾中金顶

金顶日落

峨眉县隋唐残寺

融。苔痕新晞六月雪，石势旧偃千年松。"植物多达3 000余种，只遍地生长的杜鹃即有60余种。珍稀树木有珙桐、喜树、冷杉、桢楠、水青、木瓜红等。珍稀动物有苏门羚、岩鸽、白鹇鸡、弹琴蛙、胡子蛙、枯叶蝶等。正因为峨眉有层峦耸峙的山峰，岩间垂练的流水，茂密丛集的林木，雾卷云飞的气候，自古即享有风景巍峨奇秀的声名。李白诗"蜀国多仙山，峨眉邈难匹；周流试登览，绝怪安可悉。"明方孝孺诗"峨眉山高气磅礴，万朵莲开青插天。天高地远望无极，海东日出扶桑赤。"相传楚儒生陆通曾在山上隐居号楚狂。东汉山上开始建道观，逐渐成为道教圣地。唐后佛教兴起，盛时山上佛寺曾达151所，乃演变而成普贤道场之佛山。我于1984年8月11日在乐山参观郭沫若故居后径入峨眉山，晚宿伏虎寺。寺初建于宋，清重建，在楠杉榛柏密林中，有双溪围

绕，环境十分清幽。大殿左有御书亭，右有宝塔亭。铜塔为元代制造，高5.8米，13层塔身铸佛像4 700余尊，刻全部华严经。次早有地方同志陪同乘旅游车走山下脚盆坝，然后顺东山公路爬山，沿路看峨眉，充分显现层峦叠翠之美。车到双水井因修路停下，否则可通接引殿。金顶海拔3 077米，双水井2 400米，从山下算起，已爬高2 000米。此行幸亏有车接应，否则我这痼疾刚停的身体恐怕难以登上金顶。我们步行4 公里到雷洞坪，有车把我们接到接引殿，这段路比较平坦可以尽情欣赏山景，可惜金顶有云雾，只能看到半掩半露的姿态。

接引殿已毁，我们匆匆用饭后，即爬高度还有537米的金顶，山路较陡号称 84盘，我身体不好，只好走走停停。经过梳妆台、七里坡到太子坪，再过五里坪到天门石。据说下午三至四点能看见佛光，我怕赶不上，

洗象池之猴

息心所

万年寺

清音阁

报国寺大门

让采天和小刘先行。等我赶到金顶，见山顶悬崖边已是人山人海，卧着的站着的人太多，采天她们根本挤不进去。小樊给我挤个位置，我卧下去，他怕我掉下去，在后面拉着我的脚。我看见悬崖下面云层里有大半个光圈，这时我才明白，所谓佛光就是太阳照射在云层里形成的光圈，人卧在悬崖上阳光在能直射的角度里把人影罩入光圈。当时时间还早，光圈还不完整。于是我站起来看金顶，金顶古有华严寺，内建铜殿，太阳照射，金光闪烁；现仅有一所石建筑正在修理。在金顶上西可远眺大雪山红军长征跨越的险区，东可以近观岷江成都平原的绿色沃野。金顶上行为千佛顶、万佛顶，我略为浏览周围形势后急返回舍身崖，这时不在山上住宿的人已开始下山，崖边的人少了许多，我们都能躺在崖边，他们已在下面卧云庵租了睡铺并带来棉大衣铺在崖边

岩石上，人多胆子大，我就一点一点地向前挪，终于把头整个伸出去，这时阳光虽不强烈，而角度正好，云中光圈和圈中人影完全显出，我在上面招手，影子也在下面招手；我们相邻两个人同时动作，下面也是两个人动，并不是像传说那样光圈只容纳一个人。我躺了一些时并为佛光拍了照，才起身去住处。走了十几公里山路实在累的不行，吃完饭躺在床上休息，忽然从窗子里看见日落，她悬在浓云和淡青与粉红的条状晚霞里，光线柔和，毫不刺目，露出带着笑容的圆圆红脸庞，久久不肯落下，真是难得的美的享受。天黑我累的不想动，但采天她们又躺到白天躺过的崖边去看圣灯，果然看见一些飘浮不定的火光，但使她们兴奋的却是峨眉山上特别大特别亮的明月，把全山照得像白天一样，这十分清幽而又无限神秘的琉璃世界是白天见不到的。短短半

天中，我们能连续看到山雾、佛光、日落、圣火、月出，实在是幸运，睡前大家互嘱明早再看日出和云海。

为看日出我半夜看错表，把大家轰起来又睡下，五时半再起床，披着大衣站在几百人中间等，等了半小时，开头还有点影子，以后雾愈来愈浓，晨风很冷，日出无望，拖到最后一批用饭下山。从金顶到接引殿台阶不太陡，路又走过，下的比较快，过雷洞坪连下连望坡与好汉坡，山势陡，台阶高达30厘米，比较吃力。抵洗象池已下降1 000米，这里是峨眉山猴子集中活动的一个点，猴子因为吃惯游客施舍的食物，便成群结队在几处路口等。我们只在洗象池后楼喊了两声就有两只猴子出来，看你手里拿着东西，便跳近你，一点也不怕人。从此下山有两条路，我怕体力不支并为赶时间，决定不走洪椿坪99道拐而直奔万年寺，这

黑龙江白龙江合流处

峨眉山风景图

也要下1 000米陡坡。果然过钻天坡还要爬100米的坡上华严顶。华岩顶在峨眉山中孤峰耸立，南隔白龙江与仙峰寺相望，北越北石河和鹿颈岭对峙，登临其上可眺望金顶与四周群峰，有小金顶之称。过初殿，过骆驼岭，到长老坪，到息心所；每走一段，都要休息。幸亏过午天气热了山上的大蝴蝶纷纷落在山路上，有黑的有花的，俯身可捉，据说山中枯叶蝶长的和枯叶一般，极为名贵，可惜我们路上没有捉到。到息心所休息，山坳小庵，极为幽静，明丁文灿诗"观心坡上息心庵，朵朵云飞情自清；万籁无声心自息，一身无物月春"写出这山里的静趣。晚七点半到万年寺，用木桶冲了澡，睡在内殿旁的二楼上，听和尚念晚经和早经。14日早起腿痛，下楼都困难，昨天设想绕道去洪椿坪的计划只好放弃。饭后我们参观万年寺。寺始建于晋，唐名白水寺，明将大

殿改为砖砌无梁殿，并赐名圣寿万年寺。原有七殿，现仅存大殿和毗卢、接引殿。我们走进大殿，先看到宋太宗于980年，用铜62吨铸就的6.8米高的普贤骑白象神像，神态肃穆，雕刻精致，为全国重点保护文物。殿顶穹窿有六道横龛，供奉240尊小佛，均古朴生动。毗卢殿相传为李白与广浚和尚弹琴处，附近山涧有弹琴蛙，其鸣如琴声。

出寺不远到白龙洞，明洪济和尚在此植樟楠乔木五万九千株，名古德林，惜今已砍伐殆尽。在寺内饮茶，山上三日我在此处与万年寺饮得两次好茶，对解除疲劳大有益处。下行300米到清音阁，阁前黑龙江与白龙江在此交汇，周围树木风响，水声激荡，亦为峨眉之胜地。两水交汇处名凤凰嘴，跨黑白二水建双飞桥与双飞亭。两水汇合后汹涌激荡冲向一块黑色巨石，散玉碎珠，轰响如雷。石椭圆名牛心石。刘光第题"双飞两

虹影，万古一牛心"。我在桥上休息，采天她们去黑龙江栈道，栈道危岩壁立，天仅一线，她们走了一段回来，一同下山到五显岭车场。然后乘车参观报国寺。寺创建于明万历年间，内祀普贤、广成子与楚狂，取佛道儒会宗之义，清康熙扩建弥勒殿、大殿、七佛殿、藏经阁三重院落。大殿平台有明铸7米高的紫铜塔，藏经楼下有明永乐制3.7米高的瓷佛，寺外新亭悬明嘉靖铸2,3米高12吨重的铜钟。出寺回县。15日去西昌，行前同峨眉应副县长看隋唐创建的残寺。

五　凉山彝族和西昌邛海

1984年8月15日我们由峨眉乘成昆线火车走400公里于下午6时到西昌。火车在

峨边大渡河

西昌贡院

西昌邛海边

西昌民居

西昌民居

西昌白塔

峨边有一段沿大渡河岸行驶然后向南转入越西河谷，沿途虽山洞较多，但山水相间风景颇佳。从成都经西昌到昆明是我国古代西南交通要道。据史书记载汉武帝任司马相如为中郎将在汉源、越西、西昌一带凿山开路，以南通印度。诸葛亮五月渡泸，深入不毛之地，七擒七纵孟获；元忽必烈渡大渡河、金沙江深入云南，征服大理、安南，都是走的这条路。清朝"策马渡悬崖，弯弓射胡月"名震当时的太平天国石达开，率兵十万过金沙江，经冕宁到大渡河边的安顺场，因迟渡被围，奋战竟月而壮烈牺牲。但万里长征的中央红军走同一路线，却经400公里强行军，由火力掩护17勇士奇袭开路，从安顺场强渡大渡河，胜利完成北上抗日的任务。现在西昌成为四川凉山彝族自治州1市16县的首府。成昆铁路通车，两千多年的艰险道路已成通途。彝族是古羌人南下与当地土著昆明、濮及僚人不断融合而形成的民族。隋唐彝族有乌蛮、白蛮之分，乌蛮出自昆明部落；白蛮系濮与叟及汉及其他民族融合而成。彝族长期活动中心是云南昭通、会泽及其周围的云贵川毗联地区(参考胡庆钧：《凉山彝族奴隶制社会形态》)。

据1990年人口统计，全国彝族人口为660万，是我国少数民族中除僮满回苗维外的第六大民族。四川南部的凉山西起西昌东至雷波，北抵大渡河，南接金沙江，纵横35 000平方公里内，居住着最集中的一支彝族居民。他们的氏族没有统一组织，各户以血统关系隶属一个家支。家支与家支相互独立，每个家支都有自己的头人，大的家支有几千户，小的有几十户，据调查大小凉山有大小家支 800多。他们在山内有肥沃的土地、丰富的水源、茂密的森林等独立生活的条件。历代王朝由于地区偏远，山高沟深，地势险要，统治势力进不到山里去。但由于不时发生外部战争，内部家支与家支间打冤家的械斗几乎连年不断，此外还经常流行疟疾等严重的传染病，使得他们两千多年来一直以刀耕火种的原始农业及畜牧狩猎为生，始终保持奴隶社会生活，没有工业、手工业、商业和交通运输业，极少和外面来往。凉山彝族属于奴隶主的有少数受朝廷封赠的土司(兹莫)及大多数的黑彝(诺黑)，约占人口百分之七。属于奴隶的有白彝或称百姓娃子(曲诺)虽有基本独立的家庭经济但他所隶属的奴隶主仍有转让、买卖、打骂、屠杀权，性质属于半奴隶，约占人口百分之五十。此外有分居奴隶或称安家娃子(安家)，分开居住负担田间劳动，约占人口百分之三十三；家内奴隶或锅庄娃子(呷西)负担家内劳动，约占人口百分之十。解放后在政府主持下，于1956年以和平方式进行民主改革，除保留奴隶主的房屋、牲畜、粮食、底财外，奴隶解放，土地平分，特权废除。民主改革后接着开展互助合作运动，解放了的奴隶纷纷组成互助组，独立生产，成家立业；修通西昌至宜宾的山间公路，自治州全面发展经济与文化。凉山彝族延续两千余年的奴隶社会，竟然跃进到社会主义社会，成为人间奇迹。

西昌古名建昌处于西南驿道的要津，明清以来为东通昭觉联系凉山彝族，西接安宁河流域汉彝杂居区之枢纽，解放后成为自治州首府，经济发展，铁路开通，人口已有十余万。现卫星发射中心设于北郊，凉山彝族奴隶社会博物馆设于南郊。我到西昌后即向地方探询凉山情况，据说走西宜公路须绕道乐山，因太费时间我不得不放弃进山的打算。16日上午参观市内，下午我们去城南5公里的邛海，登上泸山山坡眺望周围景色，使我感受最为突出的是西昌极为明朗的天空和极为清新的山水。这里海拔1 820米，地势高，纬度低，全年日照多达320天，没有现代工业污染，气候温和，四季如春。到了这里好像到了云南，乍从四川盆地的云雾中出来，格外令人兴奋。西昌风景佳地除附近泸山邛海外，城西南30公里有螺髻山，主峰高4 359米，南北绵延100公里，风景号称七绝。有以奇险怪石胜的72峰、色彩斑斓的36个湖泊五彩海子、杜鹃林、温泉瀑布及长达10公里的仙人洞。有面积为两平方公里的黄联土林和规模宏大、地貌齐全的古冰川遗址。邛海面积31平方公里，平均水深14米，周围群山环抱，水质清澈碧透。我们登船环游时，游人极少，船行海上，十分安静，上面蓝天白云，阳光灿烂，下面风平浪静，水波不兴。北岸为城郊海滨公园，水榭长廊，船坞栈桥，近岸有三五游船漂浮海上。南部海面深远，遥望山林与倒影绿成一片。我们静静的沿岸绕行，驶往南山，大自然的美丽景色使人神驰心醉，美的享受正和游船过处海面上拖出的水纹一样，一波一波的涌起，一环一环的扩大。上岸后又向泸山高处爬了一段，因下峨眉的腿痛还未过去，只能适可而止。泸山海拔2 317米，树木繁盛。光福寺创建于唐，现有飞梁寺、千佛殿、文武宫、大殿、望海楼等建筑。寺前汉柏据年轮推算，树龄已达2 175年。还有以植物活化石著称的西昌黄杉。最为难得的寺内有百余通记载明清地震史料的石碑。归途特意参观西昌的民居，这里除有类成都平原的大草顶平房外，新建多为土墙瓦顶带二层，有正房、厢房外筑围墙。门窗采光，使用合理，比过去有很大改进。

六　山城重庆

重庆在四川东南嘉陵江与长江汇合口，为两水夹持的低山半岛。城依山筑，号称山城，西北上城与东南下城高差60米。重庆因纬度低并在北部有岷山、大巴山阻挡寒流，冬季不冷，季节温差不大。雨量充沛，多集中在5～10月，并常日晴夜雨，巴山夜雨早著称于唐诗。由于湿度大雾日常在半年左右，因而又有雾重庆之称。周武王封巴国都重庆，当时四川蜀巴并称。秦置巴郡，张仪筑巴城。隋文帝、唐高祖两度改巴郡为渝州。宋真宗建益、梓、利、夔四路，始称四川。后渝州改恭州，南宋光宗又改恭州为重庆。明初因旧址砌石城，周约3公里，门开17，9开8闭以象征9宫8卦，东北之朝天门位于两江汇合处，为城之正门，门额上嵌"古渝雄关"城内分29坊，多依门取名。抗

日战争时期重庆曾为国民党政府战时首都。解放后重庆有极大的发展，只铁路即有成都到重庆的成渝线，襄阳到重庆的襄渝线，贵阳到重庆的川黔线，现城区有人口300余万，已成为长江上游的经济中心。

重庆地处群山与两江之间多峡谷风景，北有嘉陵江之小三峡沥鼻峡、温塘峡、观音峡。南有长江小三峡之猫儿峡、铜锣峡、明月峡。陈子昂诗"路转青山合，峰回白日曛。奔涛上漫漫，积浪下云云。"王维诗"水国舟中市，山桥树秒行。登高万井出，眺迥二流明。"；清张问陶诗"石斓文章出，横空半壁蹲。山容留禹凿，峡意仿夔门。"重庆附近有温泉五处，以市北60公里缙云山下嘉陵江边的北温泉最为著称。温泉寺创于南北朝，明清重建，现有明建大佛殿，带铁瓦的观音殿，周围已辟为公园，温泉游泳池水温32度。1957年我初来重庆由北温泉登上缙云山。山有九峰，最高海拔1 040米，缙云寺位于山上狮子峰与聚云峰之间，始建于

重庆长江大桥

望龙江边吊脚楼民居

沿江缆车

北温泉嘉陵江上

重庆枇杷山新建两江亭

南温泉仙女洞石猪

缙云山石牌坊

南朝宋代,明重建,现为清初建筑,庙前有石寨门、牌坊、照壁。山上树木参天,翠竹成林,有亚热带常绿阔叶植物1 700种,面积千余公顷。珍稀树种有水杉、凉楠、冠梨、飞蛾树、猴欢喜等。南温泉在长江南距市26公里,泉傍花溪,常温38度,水含弱碱性碳酸钙,我1957,1960年两次来渝均投身入池游泳。花溪西有仙女洞深达千米,洞下阴簋伏流自岩缝涌出,直泻花溪,高达30余米。荡舟溪中,两侧高岩壁立,花木笼罩,极为幽静。长江南岸新辟南山公园包括黄山、汪山、袁山、蒋山,面积500多公顷。黄山、汪山在抗战时期为国民党要人别墅区,黄山有马歇尔之草亭,蒋介石之云岫;汪山有富翁汪代玺的梅园与兰园,名花荟萃号称"山城花冠"。黄山下有涂山传为禹娶涂氏之处。《华阳国志》载"禹娶涂山辛壬癸甲而去,生子启,呱呱啼,不及视,三过其门而不入室,务在救时"。此涂山与淮河涂山并列,孰真孰伪,有待今后考证。涂山西北有老君洞,清末依山建老君庙有五层殿阁,林木葱郁,环境清寂。从市区南行过大坪在待漏山下有华岩寺,号称川东第一大寺,1957年我去造访时先见壁间木雕500罗汉,后见罗汉堂内500罗汉塑像,观音殿内三大士及18罗汉均有相当水平。

重庆市有抗战时期红岩中共南方局驻渝办事处等革命遗址和歌乐山中美合作所、白公馆、渣滓洞等国民党屠杀杨虎臣、车耀先等革命烈士的遗址。解放以后重庆市陆续兴

建了许多重大工程,初来重庆我参观1953年完工的人民大礼堂,总面积2.5万平方米,高达55米的礼堂可容纳4 000人,因模仿北京天坛和天安门,采用琉璃瓦大屋顶,曾为当时报刊引为批判的典型。以后参观体育场、剧场、学校及枇杷山、鹅岭等地园林建设均有不少成就。1984年我再来时,1 121米的长江大桥,长740米高差30米的嘉陵江空中索道已于1980~1981年建成。这座山城正随着祖国发展而日新月异地变化着。

七　南宋瑰宝大足宝顶石刻

构成中国艺术的一个重要方面石窟和摩崖的石刻造像最早盛于南北朝,其次为盛唐,均以北方地区为主。残唐五代后,中原战乱频仍,独四川相对稳定,因而两宋时代四川地区兴起石刻艺术新的高潮。现在广元、蒲江、夹江、安岳、大足、通江

大足宝顶山华严三圣

等地分布着一百多处的石窟群。其中以大足石刻规模宏伟、内容丰富、手法精致、保存完整、居各地之首。大足于唐朝后期至南宋灭亡的四百年间为昌州治所，经济文化繁荣，先后在四十余处摩崖造像五万余尊，其著者佛教首推宝顶山和北山，道教

有南山和舒成岩，北宋晚期出现儒、释、道三教兼容的石窟如石门山与石篆山。宋代商业经济发展，石刻与南北朝及盛唐不同，美术思想随社会意识演变而发生变化，出现连续画面描绘生与死、天堂与地狱、承恩与报恩、修心与圆觉、苦行与成

佛等。大足石刻以宝顶山和北山规模最大，内容丰富而位置集中。北山造像开凿于唐末昌州刺史韦君靖建永昌寨时期，以后陆续增添，总数达万尊，其中半数为宋代作品，造像多集中在佛湾两千平方米的崖壁上，现编号264窟。北山宋代石刻已

大足大佛湾

大足万岁楼

吹笛女道士

北崖纵观

哺乳

抬棺送终

开始接近生活，许多菩萨造像已女性化，刻意追求安祥清秀柔和之美。宝顶山的造像完成于南宋孝宗淳熙至理宗淳佑年间（1174－1252年），由赵智风主持历时七十余年，与北山相比又有新的发展。赵智风承持唐末四川瑜珈本尊教初祖柳本尊的教统，在宝顶山开宗传教，称六代祖师，按密教经典要求，在大小佛湾造结界像的密教道场。"大小佛湾约万余，喜怒皆有生气"；包括佛教天上、人间、地狱的宇宙观和苦难的人生观。如果说北山石刻表现的是封建上层审美意识，那么宝顶山石刻已进入民间，表现的是一幅幅社会风俗画。南宋宝顶山石刻是我国艺术的瑰宝，川谚"上朝峨眉，下朝宝顶"，也是四川的名胜（参考文物出版社：《大足石刻》）。

1984年8月我三来重庆，21日早起去大足，出发时满天大雾，过歌乐山、青石关至璧山，雾仍未散，高悬在天空中的太阳白

得好似月亮，反而不如水池中的倒影还有些红晕。车在朦胧中奔驰闪过无数绿色的河流、稻田、山丘，走了162公里经铜梁到大足县城，雾才开始散去。县文物所长领着我们绕过南山、北山一直北行14公里到宝顶山。先吃豆花面条用过午餐，后参观清代重建的圣寿寺和明建的四层八角的万岁楼。然后从修好的路走近石窟。窟名大佛湾，为U字形的山谷，长500米，崖壁高15～30米，共有窟龛31个。造像以北崖14窟毗卢道场为中心，左面为佛菩萨说法圣迹变，右面刻经变图，前后衔接，内容及造像无一重复。我们由南崖顶上中部道场入口下至谷内，然后东行至毗卢道场，沿途各窟为护法神、六道轮回、广大宝楼阁、华严三圣、千手千眼观世音、释迦降生至涅槃圣迹图、大孔雀明王像。六道轮回刻蓝面巨人转轮王口衔六趣轮，分别天、人、神、畜生、饿鬼、地狱六道。千手千眼观音身后刻出

1 007只手，每只手中有只慧眼，刻工极为精细。11窟的佛涅槃像在国内同类像中最为出色，31米长的佛身仅为膝盖以上部分，其余没入岩中，十余弟子也是只刻出上半身，这些极为传神的群像好像都是从地下涌现出来似的。降生图又名九龙浴太子，引岩上池水入龙口喷出沐浴，生动自然。毗卢道场在深4.7米的窟内，密教始祖大日如来结珈跌坐八角亭中，为数十佛菩萨弟子说法。道场以西在120米长的崖面上，连续雕出父母恩重经变像、云雷音图、大方便佛报恩经变像、观无量寿佛经变像、六贼图、地狱变像、柳本尊十炼图、十大明王像、圆觉洞、牧牛图。父母恩重经变题偈"三千条律令，不孝最为先"然后用11组雕刻连续描写父母养育子女十大恩德，从求子、怀胎、生产、哺乳、推干就湿到远行忆念，充分反映宋代家庭生活。地狱变图分三层上刻十方诸佛，中为十王地藏，下为十八层地狱，图中有养

放鸡

牧牛图

千手千眼观音

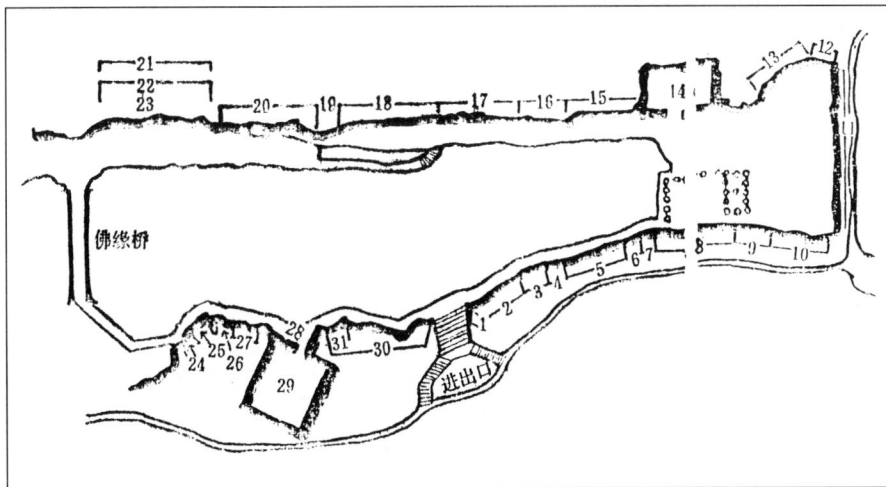

大足宝顶山大佛湾石刻图——选自《大足石刻》

鸡女放鸡出笼，神态极为生动，为艺术精品。六师外道谤佛中的女外道吹笛声，其抿嘴送气的姿态，使人似乎听到笛声。圆觉洞为深12米的平顶窟，造像雕刻，技法纯熟细腻，有高度艺术水平。至于牧牛图通幅以山岩林泉为背景表现牧人与牛群的各种生活姿态，更有浓郁的乡土气息，是大足石刻中最深入民间的代表作。

整个宝顶山大佛湾的造像不仅内容结合地形有整体的构思、布局和规划而且每幅每窟的造像都先做出小样，合格后才正式动工。现在小佛湾还保存着许多小样。窟中有的佛像尚未完工从中可研究当时雕刻的刀法和技术。整个石窟不仅在艺术与内容表现划时代的成就，而且在防止自然侵害方面也有特殊的技术处理。如在崖顶凿出深达6米的崖檐，在佛像前凿出冒香烟的香炉代替支撑岩顶的立柱，在洞口上方凿出采光的高窗。大足大佛湾石窟和国内其他石窟相比，有许多独特成就，我在窟内徘徊欣赏达三小时，最后因为要回去安排行程，才不得不怅然离开。

八　长江三峡

从大足回来，出我意外，建工学院乐院长为我买到去武汉的船票，久久思念的三峡终于能够和我相见，使我十分高兴。长江发源于青海唐古拉主峰各拉丹东雪山群西南侧冰川，汇流成沱沱河，全长375公里，宽19～2 300米，深半米至2米，其下游直达玉树为通天河长810公里。从玉树南下进入四

川西藏交界，再东过云南北部复进四川至宜宾，名金沙江，全长2 308公里。从宜宾经湖北、湖南、江西、安徽、江苏、上海、东流入海，始名长江，全长2 884公里。整个长江经近年查清源头后实长6 300公里，为世界亚马逊河及尼罗河外的第三条最长的河。它汇集700多条支流，流域达180多万公里，居住着3亿人口，有4亿亩耕地，出产水稻占全国70%。入海水量年达9 000亿立方米，相当黄河的20倍。全区通航里程7万公里有3万公里可通机动船。重庆以下2 495公里可驶大型客轮。长江黄河是中华民族赖以生长发育壮大的源泉。过去我多次在长江下游过渡，近年又从九江航行至武汉并在丽江地区跨过金沙江，这次能在川东三峡和两湖平原远航八九百公里，当可使我对长江有更多的了解。8月22日晚7点半

我登上东方红37号船头的二等舱，既安静又便于眺望。　来四川后身体不好又连日奔波，江轮上可以好好休息，于是完全放松地睡了一宿觉。次早七时一刻在蒙蒙晨雾中船离开重庆，上午先经长寿过涪陵，这里地处乌江的入江口，为古代巴国祖陵所在，江中有著名江石白鹤梁侧面的三组石鱼，号称水底碑林，上面有古代300多人的题刻。可惜不是枯水季节无法见到。相继到以有阴曹地府寺庙著称的鬼城丰都。两岸风景虽比较平淡但我还是一直坐在舱外。过了丰都才进舱休息并补写笔记。下午船过忠县，在北岸远远望见有一座似塔非塔似阁非阁的奇特建筑，乃石宝寨。乾隆时曾在四面陡立的方印形山上建兰若殿，嘉庆时在靠江一面，傍山修八层木构的亭楼，直达山顶与寺相接。从江中遥望楼寺一体极有气势。　唐杜甫晚年由成都迁奉节，曾在忠州住了两个月，写下旅夜书怀：

细草微风岸　危樯独夜舟　星垂平野阔　月涌大江流

名岂文章著　官应老病休　飘飘何所似　天地一沙鸥

傍晚船抵川东门户万县，古城为群山环抱，船靠江边我们上岸参观，沿街灰尘大，气味刺鼻，匆匆回到船上，夜间停宿江中。

第三天过三峡，早4时40分开船，天气夹阴，看不见日出。云阳藏有汉唐宋代碑刻及周朝编钟铜剑的张飞庙也在雾霭中驶过。早餐后船抵江北奉节城停泊。这里位于瞿唐峡口是春秋战国时代夔国的都城，杜甫晚年在这里住了将近两年，写了430首诗

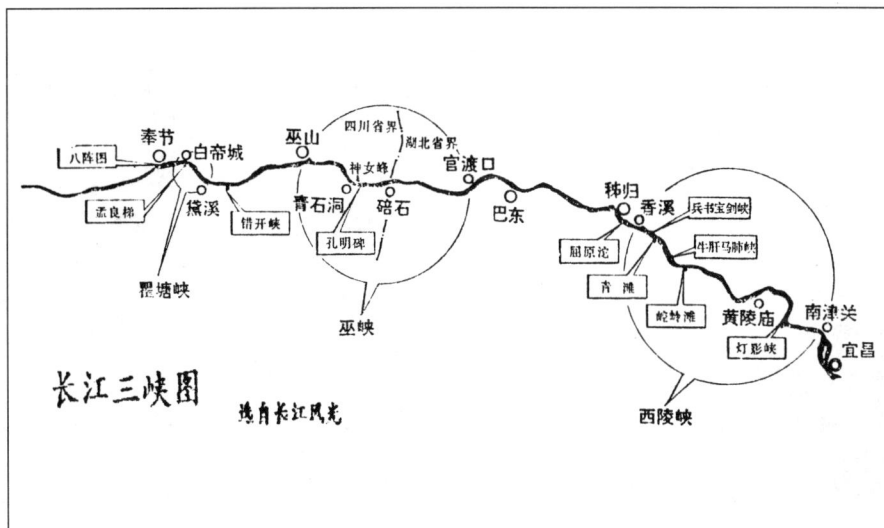

长江三峡图——选自《长江风光》

奉节依斗门

篇。现位于半山的古城及城门尚完好。城里有刘备托孤的永安宫和甘夫人墓,有《红岩》中所写江姐的爱人彭咏梧墓。我登岸后爬上高高的石阶路走到城门前,门额书依斗门三字,周围形势雄伟。城东梅溪河入江口有八阵图传说孔明为阻吴军用江石布成,即杜甫诗所指"功盖三分国,名成八阵图,江流石不转,遗恨失吞吴。"实为新石器时代人们为祭祀所陈设,现为修整河道已清除。船东开4公里过白帝城,为西汉末年公孙述割据四川自称白帝时创建,刘备兵败后病死于此。明清将公孙祠改祀刘备与孔明。长江三峡以这里为起点东至宜昌南津关全长193公里,两岸高峰入云,悬崖夹持;瞿唐峡雄伟险峻,巫峡幽深神秘,西陵峡滩险水急;所谓三里一湾,五里一滩,行船经常遇险失事,历代舟子视为畏途。瞿唐峡从白帝城至巫山黛溪镇长仅8公里,但"西控巴渝收万壑,东连荆楚压群山"镇全

川之水,控两省咽喉,位置极为险要。峡内两岸山峰拔地而起,高达1 000~1 500米,而江身仅宽100~150米,行船江中,两壁如城墙,谷中如内廊。入峡处绝壁悬削,名为夔门或瞿唐关,激流翻滚,惊涛拍岸,峰与天关接,舟从地窟行,水势汹涌,云天一线,号称天下雄。白帝城下有巨石长30米宽20米高40米横亘江中,冬季水枯全露水面,夏季则大部淹没,名滟预堆。民谚"滟预大如马,瞿唐不可下;滟预大如象,瞿唐不可上;滟预大如龟,瞿唐不可窥;滟预大如鳖,瞿唐行人绝。"滟预回澜为船工拼命的场所。峡中名胜有孟良梯,风箱峡,错开峡等。陈子昂白帝城诗"日落沧江晚,停桡问土风。城临巴子国,台设汉王宫。荒服仍周甸,深山尚禹功。岩悬青壁断,地险碧流通。古木升云际,归帆出雾中。川途去无限,客思坐无穷。"白居易瞿唐峡诗"见说瞿唐峡,斜横滟预堆。难于寻鸟道,险过上

万县

瞿唐峡口

瞿唐峡

巫峡

龙门。"

巫峡地跨川鄂两省，西起巫山大宁河，东至巴东官渡口，全长40公里，为长江最整齐的峡谷地段，迂回曲折宛如一条长长的画廊，"山塞疑无路，湾回别有天"（郭沫若）。著名的秀丽巫山十二峰，为传说中西王母的女儿，在江中可见到九座，其中最美丽的为神女峰。人们称道巫峡不论寒暑四季、阴晴雾雨均有独特的景色。巫山是长江流域著名的暴雨中心，巫峡山高谷深，峡中少见阳光，空间封闭，云雾经久不散，因而形成巫山云雨的特殊气象。楚宋玉作《高唐赋》及《神女赋》，谓楚王梦会巫山之女，自谓"妾在巫山之阳，高丘之阻，旦为朝云，暮为行雨，朝朝暮暮，阳台之下"。基于自然，演为神话，名乃益彰。巫峡内风景有金盔银甲峡、错开峡等。李白《上三峡》诗"巫山夹青天，巴水流若兹。巴水忽可尽，青天无到时。三朝上黄

牛，三暮行太迟。三朝又三暮，不觉鬓成丝。"杜甫《秋兴诗》"玉露凋伤枫树林，巫山巫峡气萧森。江间波浪兼天涌，塞上风云接地阴。丛菊两开他日泪，孤舟一系故园心。寒衣处处催刀尺，白帝城高急暮砧。"大宁河今名小三峡，风景亦佳。

长江进入湖北为巴东、从香溪起至南津关为西陵峡，全长76公里，滩多水急，礁石林立，航道弯曲，有兵书宝剑峡、牛肝马肺峡、灯影峡、青滩、泄滩、崆岭滩等著名危险地带。青滩长120米，枯水时江水流速7秒米，中有跌水两米，江流如箭离弦般冲击滩头礁石，造成巨大漩涡和激浪，所谓"大船倒舵推官漕，小船直上龙门高。十丈悬流万堆雪，惊天如看广陵潮"。沉船事故，层出不穷，以致岸边堆有白骨塔。现经整治，流速已降至3米／秒，数千吨拖船能一次上滩。崆岭滩为长江最险之滩，乱石林立，大珠长200米纵卧江心，将水流分成南

葛洲坝闸门

秭归

西陵峡

西陵峡

葛洲坝

小三峡入口

小三峡内

北两槽。江心有礁名"对我来",水势险恶，行船要躲开它必定触礁，只有对着它开，水势回冲，才能避开。 民谣"青滩泄滩不算滩，崆岭才是鬼门关"，据1898～1945年统计，已发生17次重大事故。经几次整治，炸毁一万多方礁石，今始成为坦途。我们船过白帝城，滟预堆已彻底炸掉， 昔日风险今已全无。进夔门江岸高山骤然紧缩，微黄江流始见波浪，使人感觉进入深谷。从瞿唐到巫峡空间更为深邃，水绕山转，景随船移。入西陵峡两岸开阔许多，远山重叠，层次更为丰富，岸边虽屡见礁石，但行船并未过一处险滩。我从入峡起，凭借古诗文介绍，不断在船头探望奇险，结果大失所望，船行竟日不仅看不到危石险滩，连著名的巫山十二峰也远没有龙虎、少华、雁荡的姿态，所谓神女只是宋玉在云雾中对几块山石的想像。确实三峡险恶时代业已过去，峡中之美当从另一角度去欣赏了。

葛洲坝为长江三峡枢纽工程的一个组成部分，有目前我国最大的水电站。长江水面过南津关由300米增宽至2 200米，葛洲坝工程跨越江中两岛由拦江坝、电站、船闸、泄洪闸、冲沙闸、和鱼道组成，全长2 561米。电站两座容量261万千瓦，年平均发电138亿度。船闸三座，两座宽34米，长280米，可通万吨客货轮。大坝完工后100公里内水位平均提高20米。坝顶有公路及铁路无异一座长江大桥。我们从船闸

通过时亲自观看闸顶升起与闸门打开，亲自体会水位与船体下落，然后冲出闸门视野豁然开朗，得到一种完全崭新的感受。1994年12月14日伟大的长江三峡水利工程经过半个多世纪的论证终于正式开工。这是全世界兼有防洪、发电、航运综合效益的最大工程。汉代以来长江特大洪水肆虐至少有200次，只1931年，1935年两次大水，即夺去28.7万人的生命。三峡水库防洪库容达222亿立方米，基本可以解除洪水大患。三峡电站装机容量1820万千瓦，年发电量846亿千瓦时；输电范围东南至海，北抵天津，西达西宁、昆明，远及一千公里。大坝位于葛洲坝西30公里，水库回水西至重庆，水位提高后改善川江650公里航道，万吨级船队可由上海直抵重庆。整个工程预计1997年实现大江截流，2009年全部完工。那时将如毛泽东同志三十多年前词中预言"更立西江石壁，截断巫山云雨，高峡出平湖。神女应无恙，当惊世界殊。"三峡风景将出现新的气象。

九 贵州高原与贵阳

位于祖国西南云贵高原东面的贵州，山地占87%，丘陵占10%，盆地和河谷坝子仅占3%。乌蒙山由云南入境斜贯威宁、毕节

西部各县，大娄山北由四川南趋遵义，武陵山东北由四川进至松桃、印江梵净山。苗岭则横亘于中南成为长江水系乌江、赤水河、清水江和珠江水系柳江、南、北盘江、红水河的分水岭。全省地势由西向东南倾斜，威宁之韭菜坪海拔2 900米，黎平柳江河口仅海拔137米。气候属华中中亚热带季风气候湿润区，大部地区年降雨量为1 000～1 200毫米，年平均温度14～16℃，冬无严寒，夏无酷暑，惟因受海洋暖湿气流影响，阴雨天气多，光照少，湿度大。贵州为中国古人类重要活动地区，20世纪六七十年代先后在桐梓发现古人牙齿及黔西观音洞、水城硝灰洞、兴义猫猫洞发现旧石器文化遗址及古人向新人过渡的人类化石。战国时黔西地区西南夷各国夜郎最大，汉武帝曾封夜郎与滇为王。诸葛亮南征后于贵州西南置郡守，南抚夷越。隋唐对西南少数民族实行羁縻政策，元创立土司制度，明改土归流。1652～1658年明末永历皇帝曾流亡至安龙县据以抗清。 解放前人们多视贵州为穷乡僻壤，号称"天无三日晴，地无三尺平，人无三分银。"解放后，特别改革开放以来，贵州政治、经济与社会发生根本变化。现在省城贵阳已成为川黔、湘黔、黔桂、贵昆铁路枢纽，加上公路与航线，交通四通八达，人口由解放时21万增至130万。全省岩溶地貌风景，珍稀动植王国，过去山中秘藏的资源逐渐得到开放，人口占全省35%的少数民族，人

贵阳弘福寺

丁激增，生活有了极大改善，绚丽多采的民族风情为新中国的文化面貌作出重要贡献。

贵州山区峰谷相间，溪流密布，加上气候温和湿润，垂直差异明显而有宜林山国之称。全省有高等植物 6 800 种，其中有药用植物 1 500 种，油质及芳香油植物 500 种，列为国家重点保护植物 55 种，有沙椤、银杉、秃杉、珙桐、马尾树、鹅掌楸、观光木等。野生动只陆生脊椎动物就有 700 多种，属于国家重点保护的有金丝猴、华南虎、黑颈鹤、黑叶猴、云豹、水鹿、灵猫、大鲵、白鹇、苏门羚等。黔东南杉木林高度为全国之冠。油桐面积 400 万亩，生漆年产百万斤，黔桐方漆享有国际声誉。茶叶、烤烟、刺梨、猕猴桃、黑糯、苡仁、食用菌均为名产。大方有百里杜鹃林。赤水楠竹有 28 万亩，竹制用品充满生活各个角落，远古居民以竹为图腾，不少地方崇拜竹王。明在贵州建省设贵竹长官属贵阳府，清时贵竹改为贵筑县，后并入贵阳市，乃简称贵阳为筑。

我于 1983 年 10 月 21 日乘湘黔线火车由长沙来贵阳，先到株州，后过湘潭、湘乡、娄底，到新化时已天黑。22 日早到贵州凯里，七点天才亮，沿路看到的都是山，山顶大都成圆丘形，铁路选线都是直穿山腹，因此山洞特多。我约略过数，凯里到马场坪距离不过 50 公里，山洞却有 42 个。一般山洞较长，最长竟达 4～5 公里，幸亏是内燃机车

头，否则烟气真受不了。上午十时车近贵阳，周围满目青山，我站在最后一节卧车里尽情欣赏。到贵阳共走了 22 小时，住进贵阳南 17 公里的花溪。下午进市过南明公园看甲秀楼。楼矗立在南明河的鳌矶石上，明万历时(1597 年)创建，解放后整修，仍保持三层檐攒尖顶的原楼样，底层檐下有 12 根石柱，周围有雕空石栏。楼与南堤浮玉桥及涵碧亭相连接，水漾清波，绿树婆娑，极有风致。楼中悬清刘蕴良长联：

"五百年稳占鳌矶，独掌天宇，让我一层更上，眼界拓开。看东枕衡湘，西襟滇诏，南屏粤峤，北带巴夔，迢递关河。喜雄跨两岸，支持岩疆半壁。应识马乃涧嶍，乌蒙箐扫，艰难缔造，装点成锦绣湖山。漫云筑国偏荒，莫与神州争胜概。

数千仞高踞牛渚，永镇边隅，问谁双柱重镌，颓波挽住。想秦通僰道，汉置牂柯，唐定矩州，宋封罗甸，凄迷风雨。叹名流几辈，留得旧迹多端。对此象岭霞生，螺峰云涌，缓步登临，领略些画阁烟景。恍觉蓬莱咫尺，拟邀仙侣话仟踪。"

联中悬双柱系指嘉庆鄂尔泰镇压苗族及布依人民起义，将收缴武器铸成两根纪功铁柱立于甲秀楼前，现已移走。23 日我们先去距市 7 公里的南郊公园看白龙洞，洞长 587 米，有地下河，钟乳石虽多污黑，但内部很紧凑并有天光。后去黔灵山，贵阳地处云贵高原的东斜坡，平均海拔 1 250 米，周围有群山环绕，西北之黔灵山与东面栖霞岭遥遥相对，风景最佳。我们登上 380 石阶拐 24 道弯，到象王岭清康熙时创建的弘福寺。路上有清刻第一山、虎及佛字。寺分三进，石坊上刻黔南第一山，佛殿后坝立诗碑四块，其中

白龙洞

花溪

一首题"翠嶂清溪跨白牛，乐眼水草已忘忧。横吹铁笛无腔调，水月松风一韵收。"从宏福寺再登象王岭上之瞰筑亭，贵阳全城尽收眼底。黔灵山下有面积20公顷的水库名黔灵湖，为附近风景生色不少。

下午回到花溪散步。花溪位于南明河上游，有溪水与水库，有不高的凤、鳞、龟、蛇小山，周围树木葱郁，繁花似锦，当地彩蝶多达200余种。清道光时周姓开始经营，解放后建成花园，虽有楼阁亭台，但仍以自然取胜。1996年11月我再来贵阳，城市及风景建设已有较大发展，按规划花溪风景区包括六个风景小区，三个水库，规模浩大，现业已建成开放的有四个，即十里河滩、天河潭、青岩古镇及高坡景区。原花溪划为十里河滩景区，面积20余平方公里，各类宾馆已有床位3 000。天河潭景区距花溪13公里，包括花溪水库总面积为14平方公里，我因时间限制，只参观了天河潭。天河潭在小山上，水从山间水洞中流出，周围为杂树丛生、岩色斑斓的陡岩石壁所环绕，潭深水碧，经东口黄石滩流往山下，在山谷中形成多级叠水。出水洞不长，小船可以划进，其对面有旱洞，直通另一山头，可俯瞰水库风景。周围自然景色极佳，现园林部门将潭水从另一渠道引出设置古老的水车、水碾、水磨，在主流湖水中设置跳石，在山谷周围增添风景建筑，更使风景生色。维天河潭周围堆积建筑过多，体量过大，湖中跳石过长中间缺少停歇，是其缺点。同行者谓，风景点堆积过多建筑，其动机为商业利益所驱使，不知是否如此？

花溪原名花仡佬，因此处少数民族以仡佬最多，据1990年统计全国仡佬族人口43万，都分散在贵州各地。古代仡佬先民在西南夷中曾建夜郎国，男女盘顶椎发，身着筒裙，居住在干栏建筑中，善于采朱砂制汞及打制铁器，后因与各民族杂居，生活渐趋汉化。

十 革命历史名城遵义

1983年10月24日早我和科学院大队同伴乘大客车由花溪北行90公里，下午1时半到遵义。遵义位于贵州高原北部，北倚娄山，南濒乌江，为川黔交通要冲。周围平坝断续相联，田畴交错，土壤肥沃。城池建自南宋，市区为山间狭长地带，北有凤凰山、雷台山，南有回龙山，湘江从中流过，以红军

于长征路上在此召开有名的历史性会议而著称。1934年12月中央根据地的红军长征至贵州黎平，政治局决定接受毛泽东意见，放弃北与二军团会合计划而改进入贵州。1935年元旦红军从江界河口渡过乌江，一举攻克遵义，占领娄山关。1月15日～1月17日中共中央在遵义召开政治局扩大会议，

确立毛泽东在党和红军中的领导地位，改变反五次围剿以来的错误军事路线。1～3月间红军相继在遵义西北茅台至土城间往返四渡赤水河，最终胜利完成长征。因此国家现已定遵义为历史文化名城。我们到了遵义首先参观遵义会议遗址，这原是黔军一个师长的私宅，进门穿过厅迎面有个牌坊，

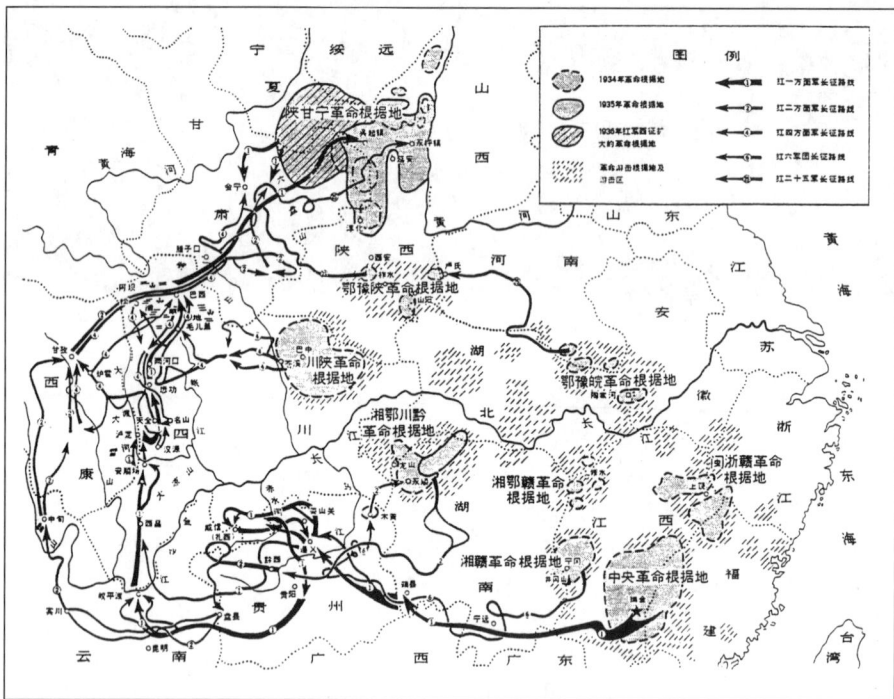

中国红军长征路线示意图——选自《回忆长征》

贵阳华家楼

遵义马家湾石碑坊

遵义湘水河

乌江支流

遵义会议遗址

息烽山石

里面小天井正面为中西合壁的两层主楼，上下均有围廊，赭色门窗配彩色玻璃，面积500平方米为当时城中最宏伟建筑。会议室在楼上，现陈列各种历史展品。

第二天本计划去娄山关，因雨未去成。我独自逛街，打着伞从红军烈士陵园出来，顺着湘水河走个来回。遵义是贵北政治经济中心，解放后城市发展，人口由老区4万增加到34万，新老城隔河相对，很有特色。饭后换乘小面包车回贵阳，天虽阴雨，但有条件沿途停车。先在遵义南郊马家湾看石牌坊，后过乌江支流，两岸人烟辐辏，新桥平铺，此处并无险要形势。相继再过息烽三元街小镇，虽户数不多，但两层楼房齐列，石块铺路，却十分整洁。路上有一段青色岩石丛集裸露，虽不成石林，亦有景致可观。将近贵阳参观华家楼，说是住宅，可是院里有七层九角塔，是否寺庙，匆促过路，未及问清。

十一　安顺和布依石头寨

我们从遵义回贵阳的第二天，10月26日早集体乘车去安顺。安顺位于贵阳西105公里，为长江及珠江分水岭中的一块山间盆地，素有'黔之腹，滇之喉'之称。战国至汉这里属夜郎国，明设安顺州，清为安顺府，当时，汉与布依、苗等民族杂居，人烟稠密，手工业相当发达，生产土布、剪刀颇为有名。解放后经济发展逐渐成为新兴工业城市，人口增至20余万。我们从花溪出发，公路与贵昆铁路并行，过石板哨，遍地岩石均成片状，所有民居坡面屋面全用石板，有的还用石板围墙，甚至垒墙也是石板。石材应用的普遍，远远超过太行山。

近午到安顺，住虹山宾馆，对面为群山围绕的大水库，满眼青绿，风景绝佳。下午

游黄果树，归来挤时间参观宾馆附近的贵州重要文物文庙。庙始建于明初，后几度复修扩建。现大门前有石坊三座，前院内有泮池，棂星门为三门四柱的白石坊，坊柱中部有八仙圆雕，栏版上刻科举功名图。中院有奎文阁及尊经阁东西对峙，进大成门后院正中为大成殿，有雕龙石柱，两旁为忠义祠、启圣祠，殿后天子台上有古桂亭亭如盖，可登高望远。次日早起看日出，我走近水库，天空略现红色，水库边已是人影憧憧，开始我以为同是游人，待接近岸边，才看见水里有人游泳。当时已是秋末，我身着羽绒服还觉出黎明的寒气，库中水凉可想而知，而贵州山里竟有人冬泳，实出我意外。于是我坐在山坡上一面看日出一面看游泳。天上朝霞愈来愈鲜艳，岸边的泳者愈来愈多，天色大亮时我看许多老年妇女成群结队在岸边铺好浴巾，放好外衣，整整泳帽，相互招呼着下水。这时有些人已游出很

安顺附近群山

石板镇

安顺晨泳

贵阳石板镇石板房

羊湾寨

镇宁石头寨

远。显然这里群众性的冬泳一定有相当长的时间了，看到人们浴朝阳，吸晨风，倘佯在青山绿水中，令我们这些外来的观众十分振奋。

上午看龙宫，中途挤时间参观布依和苗族住的镇宁马头公社石头寨。路上和几位布依族农民攀谈；又访问苗族杨忠文家，他能熟练用汉语谈话，汉文写字。全村均用石板为瓦，石块砌墙。1996年我再来贵州，专们参观贵阳花溪北的石板镇，这是用当地出产石板为主要建筑材料的古镇，有人家700多户，住宅、店铺几乎都用石板为瓦，多数立大片石板为墙，少数平叠石板垒墙，因为石板的 普遍使用，镇亦以石板为名。我看过清代中叶平垒的墙，年久石片表层几乎溶化在一起。也量过窗下的石板墙，尺寸竟达2米×3米。相继我再去黄果树走新建高速公路，在安顺南过布依羊湾寨，也都是石头建筑。过清镇路北有新建水库名红枫湖，距贵阳30公里，面积57.2方公里，水面广阔，湖岸曲折。湖内有百余小岛和周围青山绿树相呼应，有优越的风景建设条件。1996年湖边已建起苗、瑶及布依三个寨子，红枫湖已成为贵阳假日的旅游胜地。入平坝县境为石灰岩岩溶地貌，多层次的山峰骈立，富有桂林阳朔情调。

据1990年统计全国布依族人数250万，在少数民族中居第十位，都居住在贵州南部。其来源为古代的濮越人，以南北盘江及红水河为发祥地，其先民乃古夜郎国的主体。自东汉至南北朝被称为僚，唐宋称西南番。明清时称为仲家，常与苗族并称仲苗，语言属汉藏语系壮侗语族，通常使用汉语。村寨依山傍水，山居多与苗寨相同为吊角楼式。在安顺、镇宁地区则普遍采用石头建筑。服饰多用青蓝白色，男子穿对襟短衣或大襟长衫及长裤。妇女则式样繁杂，都为大批为大襟短衣，领肩袖及衣角均用织锦或蜡染图案镶边，下穿白底蓝色蜡染的百褶长裙。节日穿多层上衣和裙子。头饰婚前盘发辫戴绣花巾，有的拢高髻起拱，上插长银簪；婚后改用竹笋壳作架，梳成"更考"。解放后男装多汉化。

十二　黄果树瀑布与龙宫暗河

在石灰岩、白云岩、泥灰岩等碳酸盐岩地层中，长期受水的溶蚀而形成的岩溶地貌(喀斯特地貌)。地面上岩石嶙峋，奇峰林立。地表常见石芽、石林、溶沟、漏斗、落水洞、溶蚀洼地、坡立谷、盲谷、峰林等岩溶状态。地下则发育着地下河、溶洞等洞穴系统。我国碳酸盐岩分布面积约130万平方公里而集中于广西、贵州、云南。贵州是我国岩溶高原发育的典型省份，岩溶面积12万平方公里，占全省地域的7/10。其突出的景观为高原瀑布群和溶洞群。

黄果树瀑布在贵阳西150公里，珠江水系北盘江支流打邦河上游的白水河上，早已声名卓著，号称中国第一瀑布。我们于10月26日中午从安顺出发，西南行50公里，进入镇宁布依苗族自治县，沿途见到许多布依人，老妇人头扎黑布带起翘的尾部，他们的住房几乎全是石头建筑。快到黄果树村，远处有瀑布身影，近处听到瀑布响声，我心已怦怦然跳动；车开到黄果树宾馆，主人招待大家吃茶，我实在坐不下去，偷偷拉着地化所的陈摄影师作向导，从山上亭子顺着石阶往下跑。天公作美，连日阴雨这时却突然放晴并且出了太阳。最先看见瀑上瀑宏伟的姿态已使人吃惊，而瀑布落潭的水声越来越响，像几千面的战鼓敲得我心剧跳。一直跑到崖边，看见大瀑布壮丽奇妙的全貌，使我即刻立定在那里，全神贯注地观赏这从未见过的奇景。现在是枯水季节，

黄果树民居

黄果树村

黄果树瀑布全貌

瀑布侧面

黄果树瀑布水帘洞内外视

龙宫漩塘

龙宫出口

龙宫入口

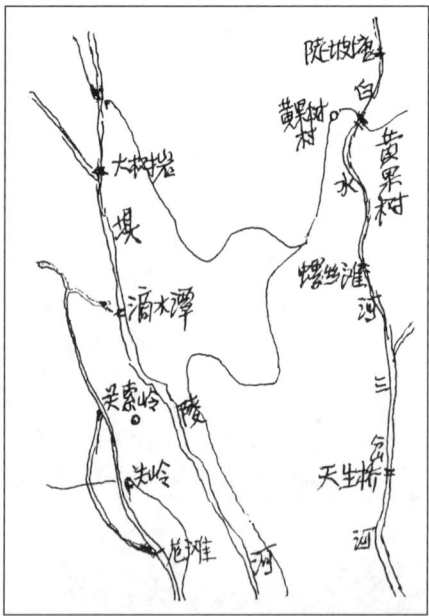

黄果树瀑布群分布图

水分四道下泻，宽窄雄秀不一，总宽81米，总高连瀑上瀑5米共74米。瀑前为箱性峡谷，左为悬崖峭壁，古木阴森，右为连绵山峰，繁花似锦，中间为水深17米的犀牛潭，下接三道滩、马蹄潭等滩潭相联。瀑布降落潭中，声响如雷，溅珠散射似雨，激沫升腾如雾，晴日阳光获得适当角度时，水雾辄出现七色彩虹。这天下午我们正逢最好时机，美丽的彩虹始终随我们上下而升降。我凝视瀑布，任凭我如何前后左右变换位置，瀑布姿态总是不脱雄伟壮丽。徐霞客至此叹为"奇景至矣"，"捣珠崩玉，飞沫反涌，如烟雾腾空，势甚雄厉，所谓'珠帘钩不卷，匹练挂遥川'，俱不足以拟其壮也。盖余所见瀑布，高峻数倍者有之，而从无此阔而大者。"我在瀑前足足流连一小时，最后因为集体活动时间限制，不得不怅然离开。上到村中拍摄民居，又抢时间顺山转到瀑布近处拍侧面。相继车转到黄果树上游一公里的陡坡塘。这里瀑布又是一种局面，瀑布虽高只有21米但宽却达105米，在平缓的河床中有面积15 000平方米的溶潭，河水沿着百余米的钙华滩下泻，有如天然特大的织布机在纺织洁白的锦缎。

据最近调查黄果树周围瀑布成群，仅白水河就有九级瀑布。黄果树瀑布的形成在五万年前，由于白水河道上古溶洞顶板塌落，落水洞潜入地下的伏流变为地表水而形成瀑布及箱形谷，三次后退250米而固定于今之坚固岩石层，至今瀑布后面尚保留长达134米的水帘洞。我们初去时尚难进洞，1996年我再去时经修整后已对游人开放，我由新建游览路线进洞，内有5个洞厅，6个洞窗，可从洞中向外看到汹涌奔流的瀑布。由于黄果树地处高原，瀑布流速快，落差大，流量多；夏季涨水季节可达一千多个流量，汹涌澎湃，水珠喷沫高过百米，常飞溅至村内，当地称为银雨洒金街。黄果树下游有螺丝滩瀑布，滩面长达350米，瀑流有似千丈白发。距黄果树6公里至天生桥，这里有瀑布、石林、伏流、落水洞、冒水潭和溶洞为岩溶地貌各种典型的集中区。位于白水河西7公里的灞陵河上，有滴水潭三级瀑布，在大坡岭与关索岭夹持中有如天降银龙，长达1 000米，落差410米，顶宽3.5米而尾宽45米。此外还有大树岩、蜘蛛洞、塔山、落叶等瀑布。关索岭以关羽子关索命名。打邦河汇合白水、灞陵、王二、断桥等河，在距黄果树30多公里的关脚，两岸山谷收紧，峭壁对出，峡谷深切达700余米，河水陡然跌落，形成落差120米的关脚峡三级瀑布。河谷中滩潭相连，满是冲坑、壶穴，水势如惊涛骇浪，奔腾激烈，最为雄壮。瀑布两侧有关岭县的大关和镇宁县的关脚两个寨子，河中有碧绿深潭名孔明塘，山上坪地有屋基、水井遗迹，名孟获屯，这些名字均与诸葛亮南征有关。这一带榕树成林和岩石盘根错节，布依和苗族风情独特，更使黄果树瀑布增加无穷魅力。黄果树在世界瀑布中非以高度、宽度取胜，而在450平方公里内，集中如此众多不同姿态的瀑布群，实为其他地区所罕见。

贵州岩溶地貌另一奇特景观为溶洞，近年经勘查开放的出名溶洞为安顺南27公里马头乡龙潭寨的龙宫。根据20世纪八十年代的规划，龙宫风景区建设分为两期，第二期包括油菜湖、龙宫、玛璜箐共60方公里的地区。第一期为龙宫景区，将打邦河支流王二河上游之油菜河，北从马头寨起南至三岔河之龙潭寨，长约7公里，面积24公里的地段，分为小油菜湖、漩塘、小漩塘、旱溶洞及龙潭5个景区。现今开发的只有龙潭景区。这个景区中油菜河水潜入地下，有溶洞暗河共长4 000余米，穿越20多山头，通连90多洞穴，现经开放可供游览的只有一进龙宫840米。我们于27日上午由安顺去龙宫，先乘大车至公路边，后换小面包车爬

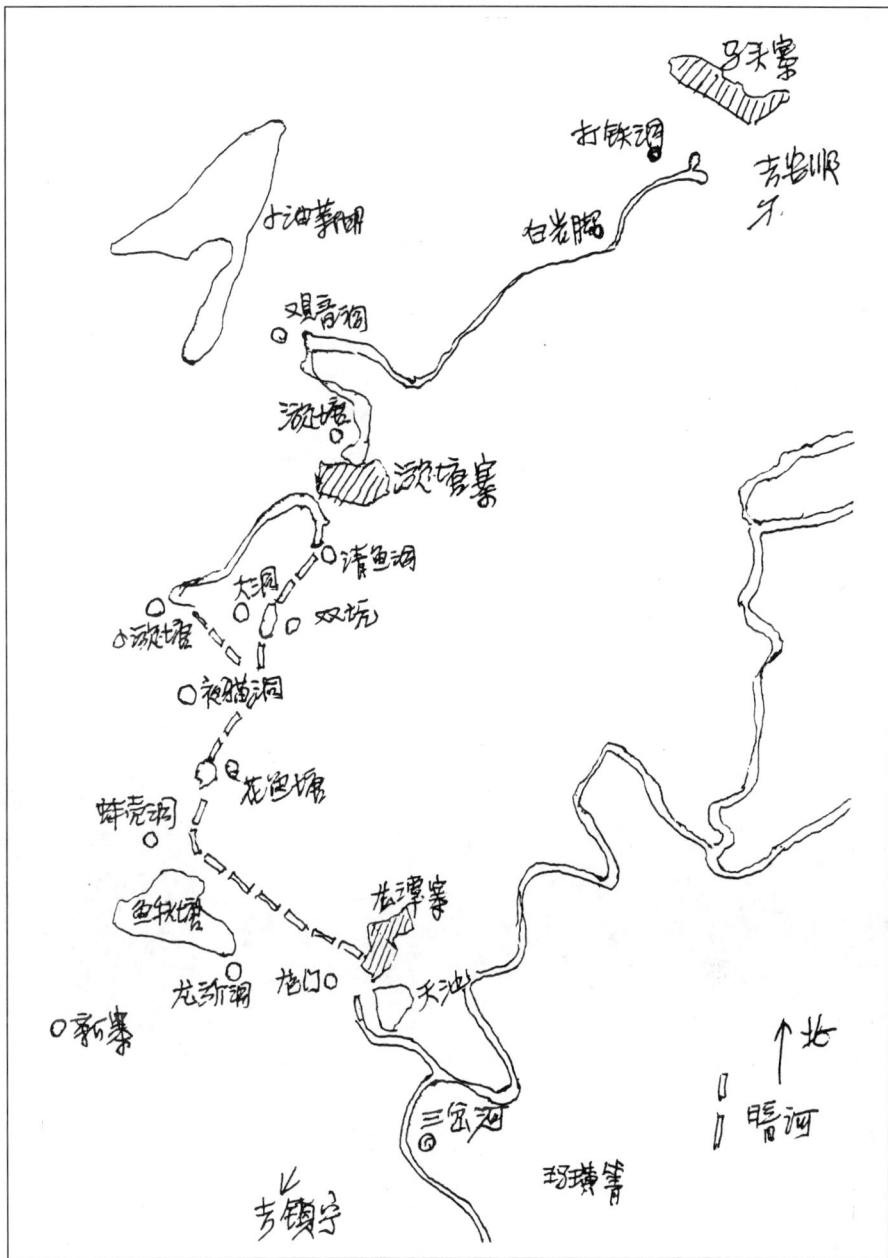

安顺龙宫溶河分布图

山，走9公里到龙潭寨下的龙潭，我们下车立即为周围美丽的风景所吸引。在长满灌木、藤萝与竹丛的峭壁环绕中，长220米，宽75米，深17的大潭，水清澈碧绿，平静如镜。湾里笼着五六只船，岸边石头上有布依族妇女在洗衣服。我们都悄悄地散在周围欣赏这难得看到的景色。隔了一会，船手划过船来载我们进洞。从龙潭平望龙宫，洞口半没潭水。洞口左侧有宽25米，落差33米的洞外瀑布，从龙潭的裂口倾盆而下，水声怒吼，喧声震耳。进弧形岩洞时，水向外流，船向里划，有点跳龙门的味道，里面虽有

灯光还是很黑暗。溶洞内部高达数十米，构造规整，顶棚有纵深裂沟，古老钟乳石，呈暗黑色，水量虽大而流速平稳。洞中景色和桂林芦笛岩完全不同，船行在黑暗高空的水洞中地下感极强而缺乏钟乳变化与色彩之美。一进龙宫出口为蚌壳洞，出洞须弃舟登高，费力爬向天空。我们钻出洞口，周围一片光明，眼界豁然开朗，似乎重新回到人间，而最令人兴奋的是洞外为山间谷地，周围花草长满山坡。龙潭水位为海拔1 150米，进洞逆流而上，爬出天洞，谷地至少高出200～300米，又无异来到天上，使人心情格

外舒畅。还有更为奇特的是洞中暗河在山坡下略为露头又钻进另一洞口，再溯流进洞是为二进龙宫。上游暗河还有 3/4 未开发，究竟还有几个龙宫，现在无法最后确定。而山间谷地却因为与新的景点相联又增加了它的价值。这种洞中洞的奇特风景尚为国内所罕见。1996 年我从黄果树归来，由高速公路旁再度拐进龙宫，风景区已修建了道路、牌坊和一些建筑。傍晚我从龙宫西去漩塘，乘船游过一湾小溪，再登岸游观音洞下的竹林。贵州溶洞成群，只因地区偏僻，过去鲜为人知，现在业已查明的只织金地区就有 200 多，其中最著称的为打鸡洞，面积达 30 多万平方米。在黄果树附近也有者斗洞、观音洞、天星洞等溶洞群。此外镇宁

有犀牛洞，兴义有飞龙洞等等，均有待于今后不断开发。

十三　黔东南与雷山苗寨

全国苗族 740 万，为少数民族中壮、满、回族外人数最多的民族，集中在贵州的有 368 万，主要分布在南部的三个自治州中。苗族起源于黄帝时的九黎，与黄帝作战失败后由黄河中下游退到长江中下游，尧舜时称三苗，商周称荆楚蛮夷。后楚族建立楚国，其他部分则分布于西南山区，唐宋时期

居汉淮流域者已汉化，元明清时湘鄂西及川东亦渐趋汉化，贵州乃成为今日研究苗族的典型地区。苗族聚居村寨多在山上，住房为木构的吊脚楼。男子服装包头巾，上穿对襟短衣或带披肩，下着长裤，多为兰黑色。女装则式样近百。上身多着窄袖大领对襟短衣，下身着百褶裙，头绾发髻包花巾饰垂链，有的带华贵的银饰。芦笙、唢呐为其传统乐器。芦笙舞外鼓舞亦著名。挑花、刺绣、织锦、蜡染、银饰工艺均丰富多采。

1996 年冬初我再来贵州，有省设计院院长陪同重点访问苗寨。11 月 4 日我们从贵阳乘车沿湘黔公路东去黔东南苗族侗族自治州首府凯里。自治州位于云贵高原的东南边缘，苗岭山脉向湘桂丘陵盆地过渡地段，

麻江苗寨

雷山西江千户苗寨

凯里侗族鼓楼

雷山西江苗寨近照

现辖1市15县,有人口331万,其中苗族123万,汉族108万,侗族80万。大部地区海拔800～1 200米,由西向东、东南急降,全区水系发达,河网稠密,大小河流有2 900条,以雷公山为分水岭,山北无漪阳河、清水河水系注入湖南之沅江,山南都柳江水系注入广西之融江、柳江。山地多峡谷、溶洞,水边多泉眼、地下河。属中亚热带湿润季风气候,四季温和,无酷暑严寒,雨量充沛,空气湿润,阴雨时多,年日照时数仅为1 070～1 320小时。植物茂盛,种类繁多,有宜林山国之称。我们车过龙里,行80公里至贵定午饭,再前又行65公里,经福泉县境抵麻江。有清水江上游龙头江流过,山谷略为开阔,青山绿水和黑瓦木舍相

配合,风景较为秀丽。下午三时抵凯里,车子一直开到小山顶上看从外地侗寨移来的鼓楼,总行程为195公里。凯里原为小镇,解放后以其地位适中,交通便利,乃将领导机构由镇远移到这里,遂发展成为新兴城市。1956年自治州正式成立,凯里定为首府,湘黔铁路通车后,地位更为重要,现市区人口已有十余万人。

我们到凯里的第二天,即去苗族人口占80%的雷山看苗寨,先溯清水江上游南行42公里到雷山县城,然后转向东北行37公里去看西江千户苗寨。过陶尧、黄里爬上雷公山海拔2 178米最高峰北面的山顶。近来连续阴天,这时略现晴意,远处有白云缭绕,眺望附近诸山,皆在足下。雷公坪是苗

族农民多次起义的根据地,有清代咸同起义领袖张秀眉的故居和练马道。下山后陆续出现较大的山寨,及抵西江对面的西山,太阳突然露出,把西江两个百米多高的山头从上到下盖满住宅的大寨,照得清清楚楚,山上是暗灰色调的村寨,山下是黄绿色的稻田和江水。这罕见的雄伟而秀丽的景色,使我们同行者异常兴奋,急忙四处拍照。等我们枪拍得差不多,太阳又隐藏到云层里去了。我们下山进寨,山下一条商业大街是交通的主干道,我顺着寨子边缘向山上爬,见道路系统比较凌乱,一般住宅建筑在山坡上,底层内依山岩,外以木柱撑起悬空,因称半边吊角楼。木楼多为三或四间,分为三层,下层楼脚悬空或围棚立圈,用以

雷山苗寨半吊脚楼

客堂

粮仓

吊脚楼构造

郎德苗寨寨门

雷山苗寨儿童

郎德苗寨风雨桥

堆放杂物或喂养牲畜，中层住人，上层存储粮食及物品。二楼中间为客堂，两旁为卧室。火塘或炉灶设在客堂，其正面全部开敞，在前檐下装靠背栏杆，既可凭高望远，又有充足光线从事日常活动。建筑材料使用当地盛产的松木、杉木，成排的木柱由底至顶，再以横木穿斗交插，构成整体框架，然后在屋顶铺瓦及安装木板墙壁、门窗，由于整体受力，很少用特制的柱础。住宅楼外往往有单独存粮的粮仓和小木板房的厕所。

从西江回雷山用饭后，顺来路回到雷山与凯里交界处之报德附近，向西转出 1 公里，看郎德苗寨。这是个小寨，全寨只有 108 户人家，但全寨建筑极有规划，寨外有风雨桥，寨之东西有上下两寨门，门旁植树挖井。道路有纵干道和横联道，均用石板铺砌，往返畅通。寨中有公共活动的铜鼓坪，面对多开间的公用楼房，为 20 米×30 米的广场，下铺块石并砌成花纹图案，乃跳舞、聚会场所。多数住宅比较讲究，门窗檐柱带有雕刻。此寨已列入地方文物保护单位，可惜因天色已晚又兼阴雨，不能多看为憾。回凯里路上碰到回家的新娘子，征得同意后为她和相随的女伴拍照。

十四　碧绿的潕阳河谷

潕阳河是湖南四大水系沅江的支流，它发源于贵州的瓮安，流经黄平、施秉.镇远、芩巩、玉屏而入湘西，至黔阳汇于沅江。潕阳河古名潕水、潕溪、五溪之一也。古代诗人吟咏五溪甚多，然均指湘西，贵州山川被视为蛮荒之地，极少道之。潕阳河风景佳

雷山梯田

妙之处，西起施秉沙坪之瓮蓬洞东至镇远板滩之吴王洞，主水道全长 35 公里。明代贵州建省以来，交通运输开始利用潕阳水道，其奇异风景渐为人知，因其地处镇远以西，以西峡名之。"贵州图经"称"西峡诸山，自镇远勇溪西至偏桥(施秉城东)，两岸山多，如楼台，如鼓角。其崖黑白相兼，如银墙，如铁壁。其势上下相承，如神工鬼斧砌筑而成。有瀑数处，挂崖石而下，其状如轻绡，如薄雾，如撒珠玑。其近瀑崖石，如倒肝，如悬胆，怪奇特甚。"后人将其中峡谷名为西峡、龙王峡、诸葛峡，号称潕阳三峡。1971 年在西峡与龙王峡之间修建红旗水库，1980 年峻工，使上游水位提高 50 米，形成狭长多汊的人工湖。

我于 1996 年 11 月 6 日从凯里北来镇远，开始走一段去雷山老路，至挂丁与清水江相遇，分路东行，沿江有纸厂，纸浆漂满江中，绵延十余公里，污染严重，令人不堪目睹。车连续爬过三座山，行 65 公里到台江，午饭后继续北行到施洞，又遇清水江，已不见纸浆，心始安定下来。我们在施洞村边见三座木板房，内盛 20 余米长的三只独木龙船。每年阴历五月从施秉的平寨到台江的施洞有四天的苗族龙船节，到时除龙船比赛外，还有斗牛、赛马、踩鼓、游方、跳芦笙等活动。此外苗族节日还有芦笙会、爬坡节、吃新节和十月的苗年。这里的苗族妇女头缠白色头围和雷山盘髻插花略有不同，但多数女青年已穿毛衣，紧身裤的现代服

镇远祝圣桥魁星阁

戏楼

藏经楼

青龙洞

相见河

装。下午三时许到镇远，首先引起我注意的是碧绿的㵲阳河水，在县政府招待所找到住处后，立即开车去㵲阳河上的祝圣桥，看青龙洞的古建筑群。河东中河山麓有中元、青龙两浅石洞，明清在中间长约500米而宽仅50米的地带，紧贴崖壁，跨越洞穴，凌空修建中元洞、万寿宫、文昌阁、香炉岩、青龙洞百余间亭台楼阁，形成高低错落，形式多样而又相互联系，有整体的气势，实为难能可贵。镇远在当时是东南亚各国使臣、商旅进入我国中原必经之路。祝圣桥魁星阁上清代楹联曾写"扫尽五溪烟，汉使浮槎撑斗出；劈开重驿路，缅人骑象过桥来"。过桥由北往南，首为中元洞，有大殿、藏经楼、望星楼、独立亭、朱文公祠，均以灵巧见长。

望星楼两层三檐，六角攒尖顶，高踞岩巅，俯视古城。藏经楼18扇木窗满是精美雕刻。万寿宫中有戏楼，周围有看戏的看台和庭院。青龙洞有玉皇阁、老君殿、三官殿等建筑。有些楼台探出山外，下面由十几根巨杉支撑，远望如腾空飞起。在绿树丛中，不时露出建筑物的雕梁画栋，飞檐斗拱，形成河岸的绝妙风景。河之对岸有许多单开间大进深的三层民居，高低相接，和广东茶阳多层高密度的民居类型相似，亦别有风味。㵲阳河水既平稳而又碧绿再度给我深刻印象。

7日我从镇远西行15公里至㵲阳风景区的入口涌溪，这里虽开放十数年，但我们去时尚无人游览，导游图也无处可买。进门为相见坡，有相见河通㵲水。在数百米充满

奇峰怪石的峡谷里，环境幽僻，林木葱郁，有凤尾竹夹道相迎。岩石或如白鸽，或如猿猴，不一而足。山坡上花树岩石倒影，映入河中，在多层次的绿色中杂着深红、浅黄和赭石，真似长卷的油画。行至深处，见对面山口有天生桥，桥下悬空如满月。右面山头正视如军舰，侧视如雄狮。拐过崖口有碧绿清潭，小屋石台旁停着三五只汽艇，这就是相见河的码头。明施武相见坡诗说"上坡面在山，下坡山在面，相见令人愁，何如不相见。"我们一路下坡，高高兴兴登上汽艇，然后慢慢驶出石门，进入相见河口的孟获谷。谷内山石，三峰如剑，一柱插天，有的像罗汉，有的像城堡，几折几曲，便进入㵲阳河的龙王峡。

潕阳河擎天一柱

大瀑布

山峰及山洞

两叠瀑

空明洞

　　船西行不远见有高五六十米飞流直下的三折大瀑布，因河水过深，船从旁驶过只看见雄伟的气势，听不见冲激的水声。再前忽然水面开阔，群山面目显露，忽然峡口收缩，似乎无路可通，水转山绕又是一番天地。转了几个湾，突然出现孔雀石，这就是潕阳河的常用标志，前面岩石是孔雀伸长的头部，后面岩石是半开的尾屏，真是活灵活现。石下还有飞瀑两股，更增加无限生机。河流到此已临水库电站，船乃折回，开头虽走原路，但因方向调转，景面有所变化。随后我们撇开大瀑布而驶入另条水道，山重水复，或岩溶凝聚，晶莹夺目，端庄成珍珠宝鼎；或群峰环聚，四壁围合，仰望似坐

井观天；或高瀑喷薄，崖石叠彩，山峦若神窟仙阙。盘桓几转，忽然峡口闭合，湖水阴暗，是为一线天。出峡口又豁然开朗，山开水阔，岸边可见梯田，是为高碑湖。出高碑湖为诸葛峡，远处有象面山，近处有水帘洞。接连两处瀑布，一从山顶下降，断断续续，忽隐忽现，形成多级流下。一在崖之上端露头，中为树丛掩盖，下成巨流喷出。迎面山形不断变化，有的前趋如奔马，有的横陈如方砚，有的骈立如笔架。间有临水崖壁，在丛集的乳白钟乳群中有黝黑洞穴，杂以虬曲矮树，垂络花草，附壁青苔，不仅崖壁成为绝妙画面，即水中倒影亦泼彩流金，余韵无穷。我们乘船在诸葛峡一个水湾看

龟石后即返回码头。匆匆一个半小时，两峡多汉风景未能全睹。大坝下游之西峡，古诗所称"溪洞入玲珑，寻山半是空。松篁山鬼路，烟雨水仙宫。人立红尘外，马行绿水中。"的风景未及游览，仅就我们游过这段主水道而论，潕阳河谷不仅有山石林木、瀑布岩穴与峡谷开合高低曲折变化之妙，其最特殊处为绵长河谷夹持中的幽深、碧绿而宁静的河水。水面无波纹浪花，平滑似镜面；水流无急流险滩，无喧嚣响声；水体深邃清净，水色晶明碧绿。这里山水兼有长江三峡之气势与桂林阳朔之秀丽，而景观集中，游程不长，有如祖国深藏内府的翡翠。游人在这里可以脱尘出俗，清心宁神，充分

黄平飞云崖

享受自然之美。

　　出涌溪至施秉午饭，附近云台山之森林河水，亦多风景。饭后去黄平飞云崖，该地距镇远80公里，处于湘黔交通要道，有秀水河环绕，溶洞内钟乳洁白，石幔如云，古人题"云根""云停水立"，王阳明誉为"天下之山聚于云贵，云贵之秀萃于斯岩"，明正统(1443年)于此建月潭寺。过黄平马场，当地举行斗牛，虽未开始，已有许多围观群众，苗族斗牛为牛与牛斗，非若西班牙之人与牛斗。此地苗族妇女头缠红头箍，和合江又有不同。车入福泉境与来时柏油公路汇合，乃加速行驶。傍晚至贵定，西天突然出现夕阳，晚霞红成一片，这是我们来贵州七天中首次看到的一阵晴天。不久天黑，走近贵阳时前面堵车，停了一个半小时，公路警来后始得疏通，到宾馆就寝已过夜半。8日晨回京(参考贵州人民出版社：《贵州风物志》)。

十五　云南高原和春城昆明

　　云南地势北高南低，西北青藏高原南延，有高黎贡山、怒山、云岭等高而窄的山脉和怒江、澜沧江、金沙江深切的河谷，南下构成横断山脉。北部山地平均海拔4 000～5 000米，峡谷深过千米。南部河谷平均海拔只有500米。云南东部为云贵高原，起伏面和缓，平均海拔2 000米，广泛分布石灰岩，发育着岩溶地貌，路南石林早已名著中外。云南全省皆山，坝子仅占6%，但河流有六大水系，水力资源丰富，湖泊蓄水量大，滇池、洱海、抚仙湖面积均有200～300平方公里。因断裂构造多，温泉普遍，地震时有发生。云南为高原型季风气候受低纬度及垂直高差双重影响，大部地区四季如春，一雨成秋。云南为少数民族集中地区，据1990年人口统计，全省3 697万人口中，少数民族为1 234万人占33%，其中主要集中在云南的有彝族、白族、哈尼族、傣族、傈僳族、拉祜族、纳西族等。云南是世界人类重要发源地，是发现腊玛古猿和早期人类化石最丰富的地方。根据已获得资料，说明云南从猿到人的进化序列应为1 400万年前的开远腊玛古猿——800万年前的禄丰腊玛古猿——400万年前的元谋腊玛古猿——250万年前的东方猿人——170万年的元谋猿人。云南各地发展则极不平衡。商朝末年剑川海门口文化已开始出现阶级分化，而汉晋保山濮人"犹知其母，不别其父"，唐宋德宏一些种族尚"散居山谷、无君长""无农田、无衣服"，明清怒江西还有人"野宿于树巅""无酋长约束"。战国末年楚将军庄蹻进入云南滇池地区征服"靡莫之属"各部落。后因秦兵攻占川贵，隔断其归路，乃留在该地为滇王，前后150年中形成滇部族。秦汉时期统称云贵川地区的民族为西南夷。汉武帝先在该地区置牂牁、犍为、越西三郡，后在滇池置益州郡，移民屯田，发展农业。滇西地区巂、昆明、哀牢等部族发展较迟，东汉建永昌郡后始进入阶级社会。在郡属德宏、红河、西双版纳地区居住着的滇越、鸠僚、僚、濮等部族成为今之傣族、壮族的祖先。三国时诸葛亮南征

昆明翠湖

昆明文庙

圆通寺牌坊

圆通胜境门

圆通寺大殿

后为加强政府的控制,改四郡为七郡,但对地方仍采取安抚政策。爨氏为云南大姓,两晋、南北朝直至唐初始终为地方统治势力,直至南诏将其覆灭。唐宋时期彝族的南诏,白族的大理相继立国,元灭大理在云南设行省,治所设昆明,明清因之(参考云南省博物馆:《十年来云南文物考古新发现及研究》)。

昆明地区原为滇黔古海,后因造山运动,地堑积水而成滇池,断层裸露而成西山,现滇池海拔1 886米,面积300平方公里;西山顶峰高2 511米。自庄蹻在此建国,昆明城已有2000年的历史,1955年曾在滇池东南石寨山发现"滇王之印"的金印。公元764年南诏在此建拓东城,大理改为鄯阐城,元始成为云南政治经济中心,明筑砖城,设六门,周长4.6公里。解放后不断发展,1983年城区面积达23平方公里,有人口58万连同郊区人口共104万。现昆明已列为国家的历史文化名城。我于1959年初来昆明,

给我最深刻的印象是蓝天特别晴朗,白云格外清新;1983~1985年因在大理搞规划又三次路过,使我对"冬不祁寒.夏不剧暑"的气候又有切身的体会。昆明除有滇池及西山优越条件外,城区遗存历史建筑及风景名胜亦为数众多。五华山高据市之中心,南有东西寺塔及金马、碧鸡坊,北有圆通寺及翠湖,东郊有金殿、昙华寺,北郊有黑龙潭,西北有筇竹寺,西南有大观楼、海埂和草海,建设园林城市具备特别的优越条件。东西寺塔均为南诏丰祐(公元824-859年)所建,与大理崇圣寺主塔相似,为方形13层密檐空心砖塔,高36米,砖上有汉梵文经咒和窑户印模。西塔在原慧光寺内,虽经多次修补仍未失去原来形制。东塔在原常乐寺内,清代地震时塌毁,光绪时仿西塔重建。金马、碧鸡坊源于昆明南部东有金马、西有碧鸡二山,明初在市内建坊时,为纪念元赛典赤治滇功绩又建忠爱坊,成鼎立之势。后1657及1857年三坊两度被毁,清末1884年

地方重修,我于1959年曾拍得照片,现三坊于文革时再度被毁, 不知何日能够恢复。拓东路之地藏寺有大理国经幢,上刻梵文经文。翠湖元代为菜海子,明沐英清吴三桂先后在湖旁建府,湖水历经两代经营,修堤筑亭,解放后又不断建设,已成为城市中心花园。圆通山因山色深碧,巨石盘结如螺髻,曾名螺峰山,元代在山南建圆通寺,始改圆通山。明筑新城将其圈入城内,清于崖上建纳霞亭,解放后拆除城墙扩大园址,增建亭阁台榭,大量栽植樱花,饲养动物,成为城内最好的登高赏景去处。元代改建的圆通寺,原为南诏的补陀罗寺,明清又多次整修。 现前有圆通胜境坊,寺内有八角亭、大殿及石桥、水榭、回廊,布置紧密。建筑全用黄琉璃瓦顶与红墙白石栏杆、拱桥相配合,倒影映入池水,气象异常壮丽。殿中有元塑佛像及明塑青黄龙柱。寺后有潮音洞,清诗人孙髯翁曾隐居于此。

在市区东北7公里的鸣凤山上有明建

金殿棂星门

金殿之铜殿

黑龙潭

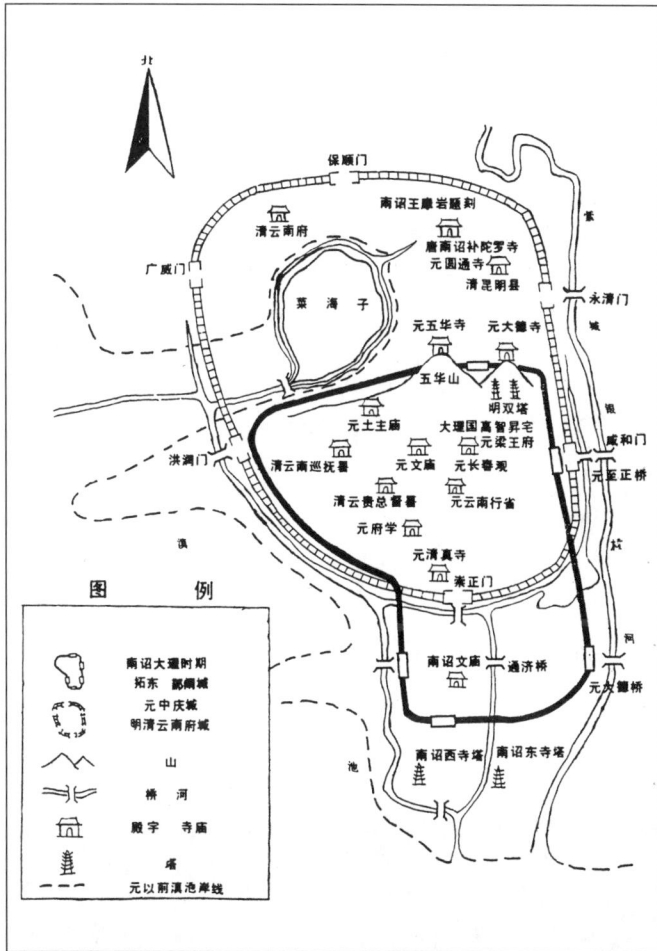

昆明城池沿革草图——选自汪骅:《保持昆明风貌》

昙华寺

太和宫,俗称金殿。1602年明万历时云南巡抚陈用宾在山上仿湖北武当山金殿,用青铜铸造同式样的金殿,并建宫门、城楼命名太和宫。崇祯(1637年)金殿被移往宾川鸡足山。清吴三桂于1671年重新仿建,现存金殿边长6.2米,高6.7米,梁柱、围墙、匾联、佛像均为铜铸。殿旁有小铜亭,石级、围栏均用大理石镶砌,造型精致。金殿右侧为环翠室,左侧为霞绮宫,陈用宾题有对联"春梦惯迷人,一品朝衣误了九宵仙骨,鸡鸣紫陌,马踏红尘,教弟子向那里跳出?空山曾约伴,七闽片语相邀六诏杯茶,剑影横天,笛声吹海,问先生从何处飞来!"。进殿须从山下过三座天门及棂星门。金殿后的明代茶花为有名的蝶翅品种。东郊距城5公里的官渡街上有1458年明建藏式喇嘛金刚塔,高15米,方座上有石栏,下有券洞,雕力士、动物象,四角有小塔。昙华寺在市东3公里的金马山下,原为明施家别墅,崇祯时捐献为寺,寺内有优昙树因以为名。清末住持映空以艺花名闻滇中,旁院花木亭亭,四时不谢。1922年朱德离滇时,曾有韵文诗赠映空,现存碑刻。黑龙潭在北郊14公里的龙泉山麓,传为汉益州郡的黑水祠,元为道教的龙泉观。山下有碧潭,明代于潭西建黑龙宫,因名黑龙潭。观在山上有殿宇三重,现以唐梅、宋柏、明山茶花著称,号三异木。筇竹寺在市西北十余公里的玉案山上,三层殿堂依山而建。大殿正中为元塑三世佛,殿角有元延佑的蒙汉文圣旨碑。此寺为中原佛教禅宗传入云南的第一寺,明宣德重建,清续有整修。筇竹寺内500罗汉塑像全国知名,为清光绪1883~1890年四川民间雕塑家黎广修率徒塑造的。像高1米,綮以彩泥,分布在大殿两壁及梵音阁、天台来阁中。造型有怒目金刚,慈悲菩萨,赤足行者,袒腹头陀,沉思比丘,欣喜尊者,形态不同,神情各异,表现手法已倾向世俗,接近现代,被誉为"东方雕塑艺术宝库中的一颗明珠"。

十六 滇池与西山

云南高原东有滇池西有洱海,几千年来依托这两个面积广阔的湖泊,形成昆明与大理两个政治、经济与文化中心。滇池古称滇南泽,南北长达40公里,东西平均宽8公里,面积297平方公里,水深平均5.5米,现水平为海拔1 886米,为滇中高原断层的陷落湖。有盘龙江二十多条河水汇集池中,再从海口西流经螳螂川、普渡河注入金沙江。滇池东北部因多条河流冲积形成鸟爪形三角洲,其中有一沙堤横亘池中名海埂,现埂北部又称草海。滇池周围峰峦起伏,沿岸多名山胜景及古文化遗址。草海有大观楼、海梗公园。整个西岸有高尧山、罗汉山、华亭山、太华山等山峰绵延40公里,最高峰海拔2 511米,统名西山,内含华亭、太华、三清等寺院及龙门、观音山、白鱼口、海口等名胜之地。西山之西安宁地区有著名的温泉和曹溪寺。滇池南端晋宁地区有郑和公园及石寨山遗址。

大观楼位于市西南4公里之滇池北岸,面对太华山,原名近华浦。清康熙时僧人乾印在此建观音寺、涌月亭、大观楼及碧澄堂。大观楼前,曲堤烟柳,四面环水,登楼遥望滇池,尽收山水园林之胜。诗人孙髯翁撰有长联:

五百里滇池,奔来眼底。披襟岸帻,喜茫茫空阔无边。看东骧神骏,西翥灵仪,北走蜿蜒,南翔缟素;高人韵士,何妨选胜登临,趁蟹屿螺洲,梳裹就风鬟雾鬓,更苹天苇地,点缀些翠羽丹霞,莫辜负四围香稻,万顷晴沙,九夏芙蓉,三春杨柳。

数千年往事,注到心头。把酒凌虚,叹滚滚英雄谁在。想汉习楼船,唐标铁柱,宋挥玉斧,元跨革囊;伟烈丰功,费尽移山心

滇池边市区

滇池大观楼

龙门三清观石门

滇池海埂

力，尽珠帘画栋，卷不及暮雨朝云，便断碣残碑，都付与苍烟落照；只赢得几杵疏钟，半江渔火，两行秋雁，一枕清霜。

写景写史，人称古今第一长联，原联毁于火，现存为光绪时重刻。今大观楼为三层檐，解放后将附近别墅花园扩进，大量植树种花，风景更为清秀。我初来昆明时曾在此隔堤观水拍得极佳风景照，惜文革时期附近填海造田使风景遭受极大破坏。

出城乍见渔船在滇池进出已使人振奋，而远眺西山雾霭笼罩中太华山宛然妇人仰卧，长发浸入池中，两腿拳曲，曲线毕露，通称"睡美人"，尤为令人神驰。我两度攀登西山均直上龙门。在罗汉峰的悬崖峭壁上，元朝梁王曾依山凿石建避暑行宫，后改为道观，原有九层殿宇上下联通，现历经修葺仅存11座建筑。登千步崖上罗汉寺，门题"古郁罗台"，再上为清建三清阁，其左为飞云阁有联"半壁起危楼，岭如屏，海如镜，舟

如叶，城廓村落如画，况四时风月，朝暮晴阴，试问古今游人，谁领略万千气象。九秋临绝顶，洞有云，崖有泉，松有涛，花鸟林壑有情，忆八载星霜，关河奔走，难得栖迟故里，来啸傲金碧湖山。"沿石级上至吕祖阁、凌霄阁越石门为七圣殿。再上有巨石上刻"别有洞天"，两壁摩崖题咏甚多。然后入石穴走曲折旋转的石路，而后豁然开朗有上下两洞，上供老君像，下置石桌，两壁刻"云海"及"石林"四大字。继续向上，慈云洞有坐观音像，联题"凿石观普陀，将五百里滇池，都归佛海。援人登彼岸，愿千双圣手，尽化慈航"。上至最高处为题额"龙门"的达天阁，傍山隧道称云华洞。达天阁石室宽大内有1米高的魁星像，外有3米宽带石栏的月台。整个龙门从三清阁至达天阁均就悬崖石壁雕琢而成。三清阁到慈云洞，当地吴来清道士在乾隆时(1781～1795年)苦凿了14年。云华洞隧道，是杨汝兰于

滇池周围风景点分布图

太华寺

华亭寺

滇池海口

呈贡滇池南端

道光(1840～1848年)完成的。而达天阁工程则是杨际泰于1848～1853年招工凿成的。前后经三代人之手，历时72年。龙门是西山观赏滇池风景最佳位置，达天阁壁联写"仰笑宛离天尺五，凭临恰在水中央"。我初登龙门即为附近滇池的景色所迷惑，水色虽是苍茫一片，但周围衬托有近山、近村、近埂，有远山、远林、远天，蓝紫青绿，色调深浅、清浊不同而显出许多层次，蕴藏无限奥秘。归来洗出的彩照是我最珍藏的作品。可惜这幅彩照在文革中遗失。20世纪八十年代再来，因天色不同，原貌竟不能再得。

离开龙门，归途访聂耳墓。聂耳24岁溺死于日本海边，1938年将其骨灰安葬西山。青年音乐家得此胜地为归宿亦可安息。再前至太华寺，寺建于元，清重修，大殿及飘渺楼依山势升高，内置铜佛19尊。院落开敞，花木繁茂，有千年银杏和朱砂玉兰。华亭寺原为大理部阐侯高智升别墅，元改为寺院，大殿内除三世佛外塑有500罗汉，寺内以山茶、牡丹、杜鹃著称。海埂东部现建有公园。每年遇到少数民族节日，西山都有对歌、赛马、斗牛等活动。观赏西山南部须绕行至山外公路，我初次只到白鱼口，二次来访才到观音山及海口，三去大理时才顺路访问日流量有6 000吨的安宁温泉。白鱼口及观音山濒临滇池，均为疗养区。观音山耸立岸边，上有小塔，下围稻田，风景较多。海口曾于明代挖深以排泄滇池水，现两岸

有围堤仍不失空旷平明景色。我南下去西双版纳时曾在呈贡的滇池东岸回顾昆明与西山，水平瞭望更显得滇池汪洋无际，在重重高山中有此一片水面实为大自然最宝贵的赐予。

十七　路南石林

路南石林位于昆明东119公里的路南彝族自治县，现经初步勘察，可开发建设的面积约有12平方公里；其中业已开放地区仅有大石林、小石林、剑峰池等40％的面积。远古时代这里原是海洋，二亿七千万年前海底上升为陆地，沉淀积成的石灰岩像无数灰黑色的长剑，拔地而起，刺向天空，远望有如密密的森林。万千年中历经风雨侵蚀，岩林形成奇峰怪石，类人肖物，构成特异景观；岩下曲径通幽，峰回路转，有石洞石室可供休息，有积聚池水深藏奥秘。这里原称李子箐，明末清初先后有人为之作《石林歌》，形容它"芙蓉乱插山之坞，千枝玉笋难为数。"20世纪三十年代地方建亭刻字开始修整。解放后才着手经营建设。五十年代末我从桂林初来石林，途中过宜良阳宗海，从路边高坡遥望，晴朗天空映照下，湖水闪闪发光，真似高原中的一颗明珠。到路南石林湖乍见水中耸立石丛，更觉新奇。

在新建的石林小招待所略事休息，急步走向大石林。迎面一片密密麻麻黑灰色的石林，下有间杂绿草丛的红褐色土壤，上为浮着几朵白云的湛湛蓝天，气势既浩瀚宏伟而又无限神秘。我们先到石屏风，见耸立石林顶部有如各种姿态相互招呼的兽头，地下分散的卧石又象奔趋的百兽。进入林丛，湾内立石刻有石林二字，是为石林胜境。再向里转过几道湾，来到一个水潭边，周围更觉清幽。爬过一条窄路，接连看到名为双鸟度食，孔雀回望，象踞石台的形象，都不太像，可能距离太近达不到黄山石的效果。等我登上望峰亭，俯视整体石林，只见这莽苍苍不能尽观、不能胜数的鬼斧神工雕就的大自然艺术世界，自然山水无此精细雕凿，溶洞钟乳的造型色彩虽更优秀；但不能在青天白日中展露其瑰丽全貌，这才是石林风景的独特优势。搞石林规划应以选择、建设观景点及组织游览路线为重点。

八十年代我第二次来石林时，旅游事兴，宾馆建成，道路通达，街道两旁撒尼妇女已成列设摊，出卖手工艺品。老石林区命名为大石林，里面游人如织，拍照成群，完全失去往昔安静的山野景象。新辟的小石林是我这次游览的重点。阿诗玛等确是更优秀的景观。如能按此方针细致物色评选，石林全区当有更多收获。据当地介绍今石林北还有一片石林，石林之外路南有奇特溶洞如间歇性喷出冷风的奇风洞，有长3公

石林胜境

新区石林

宜良县城

石林撒尼民居

里的岩溶长湖，有落差88米宽20余米的大叠水瀑布。如适当加以组织联系，今后石林可能发展成为内涵更为丰富的大风景区。撒尼属彝族，当地民居已汉化，木构架，瓦面坡屋顶，砖或土墙。

十八　元江、思茅、哈尼族和土掌房

　　1983年10月29日我由贵州到昆明的第二天，即与老干团告别，在省卫生厅的主持下南去西双版纳，西去大理。30日由昆明沿滇池东岸南行26公里到呈贡，再45公里到滇池的南端晋宁，1955～1960年曾在岸边石寨山发掘出新石器遗址及春秋至东汉墓葬50余座，出土金质滇王之印。在昆阳城

月山坡上有明航海家郑和为其父马哈只立的墓碑，现已将月山辟为郑和公园。继续南行，路东澄江境内有云南第三大湖抚仙湖，湖水北向注入南盘江，面积204平方公里，湖之最深处达151米，为我国有名的深水湖泊。又40公里到玉溪，饭前在街上参观，沿街民居为两层带檐，廊檐及窗棂多带雕刻。玉溪号称云烟之乡，卷烟厂产量为全国第一。饭后南行，开始爬山，已脱离滇池周围平坝区，进入南北走向的山脉和越出国境的南流水系。过峨山至化念天色转晴，左旋右转，车子始终盘行在高山顶部。车临元江，阳光正好，在满是绿色的山谷里，元江像一条赤红色的缎带铺在中间。元江上游源于哀牢山之扎社江，下游为越南北部之主要河流红河，因沿途流经红壤土地带故河水均为赤红色。元江是云南最热地区，最高气温达42.3℃，盛产剑麻、芭蕉、甘蔗等

亚热带植物。元江为哈尼族彝族傣族自治县，居民居住多在山腰建寨，住宅都是土掌房，即木楞上铺草抹泥的平顶式房屋，有一层和二层。这种房屋就地取材，造价低廉，结构简单，因覆土厚而冬暖夏凉，平顶用作晾晒及存放谷物，因而采用地区广泛。元江地区无内院，红河地区多有内院。车从元江城穿过，街中心有湖水及新建亭园。车未停继续赶路，从山谷中爬行至山顶，正好看晚霞，再下山时天已昏黑。晚七时半抵墨江，今日全程398公里，山行287公里。

　　早起赶路，计划赶到思茅共220公里山路，上午到普洱吃中饭需走160公里，时间紧些。上到高山，阳光灿烂，车在山头间绕行，起伏坡度不大，山谷间藏着白云，人好像坐着车在天上游行，这是云南高原的特有景色，为国内他处所罕见。路上先过阿墨江后过把边江，这都是无量山与哀牢山间

峨山——元江土掌房

元江城

阿墨江

把边江

通关山村

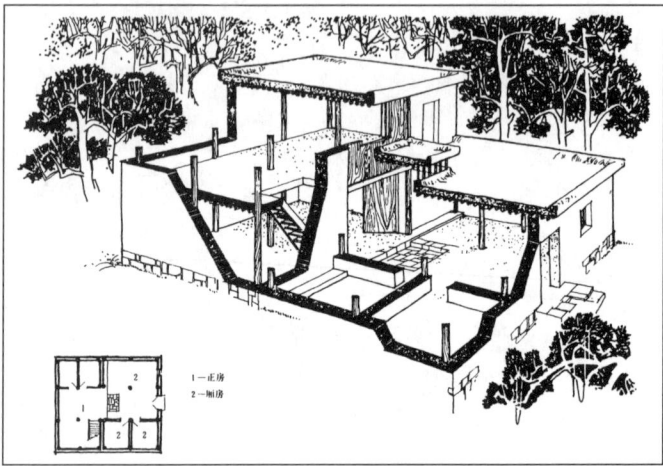

无庭院土掌房剖视图——选自《云南民居》

1—正房
2—厢房

的河流，入越南境为沱江(黑水河)，也是越南北部主要河流。在把边江边的通关参观一个中心卫生院，是一座新建的小楼，附近民居虽仍以红土为墙，但已多用盖瓦的坡屋顶。快到普洱遇上修路，一点半赶到普洱。这里是云南茶的聚散地，云南的大叶茶已有1 700年的悠久历史，普洱茶汤浓味厚，耐冲泡，有甜味，知名于国际，此外红茶，沱茶等亦深受国内外欢迎。下午抵思茅，未休息，立即参观城市规划和一些主要建筑。自清朝起思茅为我国与缅甸、越南通商要地，盛时人口曾达数万，1919年起当地流行恶性疟疾，延续30年，坝区37个自然村几乎人口灭绝。解放时仅存有998人，解放后根治疾病，恢复生产，我去时已有3.4万人口。但终究还是小城市，建议他们不要脱离具体环境盲目追求大体量建筑，可适当改为小体量的多幢轻巧建筑；不要毁坏大量农田修公园，可将绿化融合在建筑中，组成花园城市。当时国内贪大之风甚盛，建

议能否被采纳，不得而知。11月3日从景洪回昆明再宿思茅。次日宿于元江，气候不像想像的那么热。清早参观新建公园，面积虽不大，但布置比较精巧。

据1990年统计全国哈尼族人口130万其中105万在云南的红河哈尼彝族自治州和我们走过的元江、墨江、普洱和思茅地区。哈尼族与彝族同出于古代羌人，隋唐时与彝族先民同称乌蛮，公元十世纪哀牢山区各部落进入封建领主社会其中因远部落最强自称罗槃国。元明时期以和尼领主为土官隶属云南省。明中叶以后各地陆续转向地主经济。哈尼民族富有革命传统，清代哀牢山曾爆发田政领导的三千人起义，红河爆发女青年卢梅贝领导的起义，大革命后墨江曾是滇南我地下党的主要活动地区。哈尼语属汉藏语系藏彝语族彝语支。服饰男子用自制藏青土布做对襟上衣及长裤，用青黑白布包头。妇女穿右襟无领上衣以银币为扣，下着长裤，盛装时披坎肩，系绣

花腰带，打花绑腿。婚姻社交自由。节日栽秧后有六月节，成群结队串寨跳扇子舞、竹棍舞、玩旋转横木"骑磨秋"。

十九　亚热带生物王国 西双版纳

西双版纳傣族自治州位于云南省南端与缅甸和老挝接壤，除首府景洪市外辖勐海与勐腊两县；地理位置为北纬21°～23°之间，处于亚热带，气候温暖、湿润，年平均温度为21℃，平均雨量为1 400毫米，有旱季和雨季的区别而无明显四季之分。澜沧江及其支流纵贯全州，怒山余脉遍布境内，但山势平缓，最高孔明山仅为海拔2 300米，而丘陵起伏，山地占全州的96%。平坝34块，以勐遮坝1 500公顷为最大。稻谷每年二三熟，山区生产茶素丰富的大叶普洱茶，

澜沧江

思茅山村

景洪新建文化宫

勐海傣村

山丘平坝，村前寨边生产橡胶、樟脑、依兰香、金鸡纳、安息香、砂仁、大枫子、咖啡、可可、龙血树、嘉兰、椰子、菠萝、香蕉、芒果等经济、药用植物和水果。全国三万种植物生长在西双版纳的就有五千种，号称植物王国。在热带原始森林和绵延的山谷中繁殖着野象、野牛、虎、豹、熊、鹿、野猪、蟒、犀鸟、孔雀、金丝猴、长臂猿、大灵猫、食蟹蒙等珍禽异兽，因而又有天然动物园之称。据1990年统计全国傣族人口为102万人，有83万人在云南，他们世代聚居在西双版纳及德宏两州和耿马、孟连、新平、元江、景谷、双江、金平等自治县的亚热带山区的平坝上，西双版纳有人口7万人，主要为傣族，此外还有汉、哈尼、布朗、拉祜等十几个民族。

傣族先民为百越的一支，汉称滇越，魏晋称僚、鸠僚，唐宋称黑齿、白衣，元明称白夷，清称摆夷，自称为傣，意为自由和平的人。东汉时曾接受汉之封号，后受南诏及大理管辖，元在景洪设彻里军民总管府，明改设车里军民宣慰使司。1570年车里宣慰刀应勐将所辖地区分为12个行政单位名西双版纳，傣语西双为12，版纳为一千田之意。17～18世纪外国两次侵略使田园荒芜，村舍为墟。解放前西双版纳为封建农奴社会。封建领主"召片领"下设30多"召勐"(召为主，勐为行政区)，分管各勐。所有山川田野归领主所有，他们把14%的土地划为私庄田、薪俸田，农奴自带种子、农具，无偿为他们耕种；把86%的土地划为份地，向农奴收租。农村除极少数自由农民外，占总户数55%的农奴租种土地，39%为家奴。傣族人民为反抗残暴的迫害，明代先后两次将车里宣慰绞死及驱逐。清末及国民党统治时期先后杀死召勐县长，攻入勐龙城，并英勇抵抗帝国主义侵略。解放后于1953年1月成立西双版纳傣族自治州，1956年进行民主改革，分配土地，发展生产，社会面貌始焕然一新。

1983年11月1日我由思茅来景洪，南行45公里到普文，有边防哨所，过此为边防地区。这里是开阔的小平坝，三季稻正在成熟，穿筒裙的妇女正在黄色田野里收割。热带的阔叶植物长满山谷，藤子缠绕着麻栗好像大树长满须根，高高挺立的竹丛和宽厚叶片的香蕉林，各具不同姿态，五颜六色的蝴蝶在灌木丛上飞来飞去。再前过官坪、小勐养，一共走了170公里到澜沧江边，过桥就是景洪。澜沧江是世界第七大河，发源于青海，流经西藏于怒山与无量山之间南下云南，再出国境改名湄公河，流过缅甸、老挝、泰国边界经柬埔寨从越南南部入南海，全长4 500公里，流域面积810平方公里。到景洪宾馆，路旁是高高的棕榈，平房地面高起，周围绿树森森，窗户洞开，家具大都竹制，这里似乎永远过着夏天。景洪傣语黎明之意，允景洪为黎明之城，过去曾名景兰、车里，已有800年的历史。清末以来因不断遭受外国侵略，战乱频仍，疟疾流行，解放前人口不过300,街道长仅百米。解放后杜绝传染病,发展生产,现城区已扩至16方公里,人口已增至5万人。

2日早晨天仍降雨,乘车西行53公里直去勐海,县街道路和建筑大都新建。下车雨停,街上正在上市,傣族集市,六点开始,中午下市。赶市售卖农产品的都是妇女,她们穿着筒裙和鲜艳上衣,头上包着白头巾,讲话极为文静,市场上绝少大声吵嚷。接着我们参观县医院,然后出街西行16公里到景真山上看八角亭。傣族信仰小乘佛教,封建主实行政教合一,凡有村寨必建佛寺。村中一切公共活动都在佛寺中进行。男孩七八岁时要去寺里当和尚,在那里学习傣文及佛经。一生中经过这段宗教生活,成人后才有社会地位,否则被视为野人。1957年全州有佛寺594座,文革时大部被毁,1987年恢复到485座,有1 545名学龄和尚在寺。他们早晚念经和劳动,白天可以回家。但6~9月从关门节到开门节的静居斋期,不能外

出。小乘佛教允许和尚还俗及娶妻生子。傣族佛寺无围墙,寺门为敞亭,内有大殿,殿后为僧舍。重要寺院有戒堂及佛塔。建筑接近缅甸有傣族的独特风格。景真八角亭为佛寺戒堂,始建于1701年,文革被毁后于1978年重修。亭高15.42米,宽8,6米,由亭身、屋檐、刹顶三部组成,12根横梁承托8角10层楼阁,层层屋面覆盖着鱼鳞式琉璃缅瓦,顶上为铝制伞盖。楼阁上雕龙画凤并有陶制装饰,角上有金鸡,各层悬铜铃数十。室内面积36平方米,4门24面墙,正面供有铜佛。正门两侧有狮有龙。多边多角外形奇特美观,为傣族建筑的精品。八角亭大殿内挂满经幡,梁柱和四壁也有彩色纸花、纸伞和藏寺相似。出寺又西行6公里到勐遮,看村头的一座佛寺,然后在街上午饭。天又降雨,饭后去公社医院休息,看见许多妇女来院进行结扎避孕手术。傣族妇女对计划生育比较积极,今年医院已结扎 400多人。下午一时半返景洪,路过榕树林,见

一颗母树串根相连,旁及范围不能究其终止。拜访曼列一家傣宅后在曼恩又参观一所佛寺,规模虽不大但为因老寺较为正规,佛像周围陈设辉煌。晚在傣族私人家中吃傣族饭。3日上午去傣族医药研究所研究规划,该所主楼采用傣族建筑形式,颇有成就。附近有曼飞龙砖塔由一座母塔和八座子塔组成,母塔高16.3米,以群笋式的奇特造型著称。下午由景洪起程回昆明。

二十　傣族干阑竹楼和泼水节

元代以后傣族由于和汉族接触开始有所分化,德宏地区生活接近汉族,称"傣那"俗名旱傣；西双版纳及德宏瑞丽地区与汉族接触少个生活仍保留历史的独特习惯,称"傣泐"俗名水傣。西双版纳和瑞丽傣族的

曼恩佛寺

景洪傣族医药研究所

勐海市场

传统民居形式为干阑建筑，俗称竹楼，以竹或木为梁柱搭成楼房，上层住人，下层养牲畜及堆放东西。干阑建筑由古代巢居演变而成。西双版纳竹楼的典型布置：楼上内部分里外间。里间为卧室，外间为堂屋；外部由楼梯上至前廊，延伸为晒台。堂屋待客，中置火塘，上有铁三角架供烹饪、烧水之用。主客围塘环坐，主人在内侧，靠墙有碗架炊具。卧室为通间，无床桌，被褥铺在竹编地板上，挂蚊帐，数代家人同宿。前廊无窗，仅有屋檐伸出以遮阳避雨，故明亮通风，外檐设靠或铺席供人休息、乘凉、进餐、待客及进行家务活动。晒台有栏或无栏，在此洗濯，晾晒衣物。底层架空有数十根立柱支承楼层，四周无墙，在内存放粮食、农具、杂物或碓米、喂养牲畜。竹楼规模常以柱数表示，通常为5～6排40～80根，柱距1.5米，排距3米。结构用料最早只是竹架草顶，以后竹木兼用。屋面用草排。近代开始挂瓦。过去统治者对一般民房有

许多限制，如房高不能超过头人，屋架只限三楹，楼梯不准分段，前廊只限两间，不准挂瓦、用石柱础、用床、坐椅及雕刻花饰等等。架空的干阑竹楼在亚热带潮湿多雨地区能通风散湿散热，并可防虫兽，防洪水，有许多优越性。但它缺少单独厨房厕所，室内烟熏火燎，光线不足，人畜同居，草顶腐烂快，也存在许多缺点。解放后随着社会及人民生活的根本变化，竹楼的结构、用料及功能分间亦在不断的改进之中。在蕉林、竹丛、棕榈、椰树等繁茂的热带植物环绕中，傣村竹楼依然纤巧多姿构成我国独特的南部风光。

西双版纳傣族服饰，男子一般穿对襟或大襟小袖衫和长管裤，用白或蓝布包头，有纹身的习俗。妇女上身穿浅绯色紧身小背心外罩对襟或大襟圆领窄袖短衫，下身穿花色长统裙，结发于顶，插梳戴花。傣历6月的泼水节为傣族的新年，是最隆重的节日，通常在公历4月中旬，持续三四天。第

一天为除夕举行放高升、划龙船和丢包活动。丢包时男女对面分站两排，相互用装有棉籽的布包对掷，接不住时要向丢者送花送礼。玩到一定时候，相互中意的一对就退出场地找僻静处去谈情说爱。第二天为"腕脑"，意为鬼尸腐烂的日子，可在家静养或出猎。第三天为元旦，早起人们在佛寺院内用沙堆成几座佛塔，上插用红绿布缠绕的竹枝，然后人们跪在塔前聆听和尚诵经。中午妇女们纷纷挑水来给佛像洗尘，进而向过路人泼洒，用以祝福对方平安、幸福。这时人们开始互相追逐，到处水花飞溅，形成一场水战。下午那些未婚男女又在坝上进行丢包活动。解放后的泼水节更增加文艺、体育项目和物资交流活动。1961年周总理曾来西双版纳同傣族人民一起欢度泼水节。此外傣族还有关门节与开门节。傣历9月15日(公历7月)为关门节，节后要集中精力搞生产，不串亲访友，不谈情说爱。开门节为傣历12月15日(公历10月)，庆祝农

景洪竹楼

景洪竹楼

傣妇们早市归来

在建竹楼

田收获,进行各种娱乐活动,恢复社交,开放恋爱婚姻之门。

1983年我去西双版纳从勐遮回景洪的路上,走进曼列的一所普通傣家竹楼。主人岩苏63岁,有2子2媳3孙,共9口人,现种10亩稻,8分茶,有水牛、黄牛各1头,猪5口,鸡30,鸭14只,竹楼为典型式样。我为这所傣宅的各部分和岩苏的大儿媳两个孙子拍了照。当晚去赤脚医生岩叫家吃傣饭,系州里以每人3.5元的代价请他为州里专门招待客人而准备的。到他家后,搬来竹桌椅,我们便坐在前廊,由他家儿媳操作备餐。主食为装在香竹筒里烧成的糯米饭,用手捏着吃,菜有猪牛肉、凉鸡、鳝鱼,吃起来别有风味。傣族本来喜欢喝酒并嗜酸,征求我的意见后都免了。岩叫家也是新建的典型傣宅,我补拍了顶部结构,然后致谢告别。

二十一 南诏国与大理国

南诏和大理在云南发展史中占有特别重要地位。秦汉时期西南诸少数民族统称西南夷。属羌语各族的有四川灌县的冉駹,雅安的笮都,西昌的邛都和宜宾的僰人,云南昆明的滇,大理的昆明。属越语各族的有贵州安顺的夜郎和云贵边的漏卧、句町、进桑,有云南腾冲的滇越。西汉于其地设蜀郡、越巂郡、犍为郡、牂牁郡及益州郡。在澜沧江西部广大地区有哀牢各族闽濮、鸠僚等,东汉设永昌郡。三国两晋时期滇池以东,夷汉混合成为爨人,后发展成为今之彝族。唐代云南及临近四川各族有乌蛮白蛮之分,爨人地区东爨为乌蛮西爨为白蛮;洱海地区西北部从事游牧为乌蛮,东南部从

岩苏家外观

火塘

卧室

傣族典型干阑竹楼剖面图——选自《云南民居》

事农业,多为由东迁来的汉姓和爨人为白蛮;西昌地区以大姓为黑彝,衣黑长及地,小姓为白彝,衣白不过膝。唐初洱海乌蛮有六大酋邦称六诏,均有兵数万,白蛮大邦有白子国。当时唐朝与吐蕃争夺西南,西洱河有通吐蕃要道,洱海的得失,关系至为重要。唐高宗时期六诏中最南端之蒙舍诏的细奴罗兴起于巍山,652年在唐军支持下灭白子国,尽有洱海东南富有之地,唐任为巍州刺史。唐玄宗时细奴罗三传至皮罗阁,在唐军先后从吐蕃手中收复昆明(今四川盐源)安戎(今四川茂汶)的配合下,蒙舍诏于730~738年兼并了其他五诏,唐正式册封皮罗阁为云南王。于是唐朝为了抗击吐蕃在姚州都督府统辖下建立统一的地方政权的目的终于达到。随后又在滇池西修筑安宁城,以加强唐朝和安南都护府(今越南河内)、戎州都护府(今宜宾)、爨州都护府(今西

昌)和姚州都护府(今姚安),郎州都护府(今曲靖)的联系。不久当地爨氏作乱又为皮罗阁迅速扑灭。

南诏进占爨地后,势力日益强大,逐渐与唐发生争执。皮罗阁死,其子阁罗凤,于公元750年攻取唐之姚州,第二年联合吐蕃于洱海覆灭鲜于仲通所率唐军6万。755年唐李宓率新军20万第三次征讨南诏,兵及都城太和,南诏坚壁清野闭城不战,唐军死于瘴疫饥饿十之七八,后吐蕃来援,唐军溃败,乃开城出击,李宓沉江,唐军无一生还。759年吐蕃册封阁罗凤为"赞普钟南国大诏"意为吐蕃之弟云南之王,从此南诏臣服吐蕃。763年吐蕃大举寇唐,尽取河西陇右之地,攻入长安,剑南诸州皆归其所有;南诏利用时机进次昆川(今昆明),观察滇东形势,自谓"河山可以作蕃屏,川陆可以养人民",乃于765年置拓东城为别都,使其长子

居之,称东西二诏,从此东爨悉归.步头(今元江)已成为内地"。然后南诏更向西、南、北部扩充,南诏边界北抵大渡河,东至今之遵义、贵阳,东南至今之河口与越南为邻。南扩入今之老挝、缅甸部分地区,西南至恒河南岸与天竺接壤。879年南诏除直属的阳苴咩(今大理)地区外,分全国为六节度:即丽水(今缅甸密支那南)、永昌(今保山)、剑川、拓东(善鄯府今昆明)、银生(今景东)、弄栋(今姚安);二都督即会川(今会理)、通海。云南统一后封建领主制已成为主导生产关系,经济有很大发展,冶铁、炼铜、煮盐业尤为发达。因实行兵农合一的乡兵制,军队有相当的战斗力。

779年阁罗凤死,其孙异牟寻继位,联合吐蕃入侵剑南,为唐李晟所败,死八九万,唐收复一些失地。吐蕃将战败罪南诏,将兄弟之邦改为藩属,并课以重赋,南诏重臣清平官汉人郑回从中力促归唐。于是异牟寻开始计谋与唐联系。正在此时唐德宗确定北联回纥,南通云南,西结天竺、大食以对付吐蕃的战略,785年以韦皋为剑南西川节度使,他与吐蕃作战时曾多次通款南诏。异牟寻终于在792年派遣三个使团去长安表示弃蕃归唐。793年韦皋派崔佐时携德宗诏书在点苍山与异牟寻会盟,异牟寻率文武大臣发誓:归附汉朝,永不离贰。随后南诏兵袭吐蕃,得其降卒十余万,唐封异牟寻为云南王,并设云南安抚使由剑南西川节度使兼任。此后南诏农田水利更为发展,洱海地区日益成为唐与南亚的贸易中心。808年异牟寻死,政局动荡,丰祐继位,唐敬宗无道,杜元预弄权,南诏兵临成都,劫掠大批工匠、青年及财物而还。唐派人整饬西川,南诏上表谢罪,再派使入贡。859年丰祐死世隆继位,唐不册封,南诏乃自称皇帝,进犯播州(贵阳),攻取安南,863年一度下交趾城。此后两国在西川兵戎不断。877年世隆死隆舜继立,重新与唐和好,唐僖宗与之和亲。902年郑回之后郑买嗣发动政变,斩杀蒙氏家族,建立大长和国,南诏遂亡,前后共传13代,247年。

南诏统一云南时期由于社会经济发展,各民族往来迁移,加快了民族间的同化与融合。洱海地区原有的昆明人与从澜沧江西迁来的哀牢夷,从滇东移来的白夷,从西川南来的汉人等民族融合而成白族。滇池东部各蛮族融合而成云南的彝族。西昌地区东蛮各部融合而成凉山的彝族。其他德宏、西双版纳地区之金齿、银齿等蛮成为傣族;保山、临沧地区的茫蛮成为德昂族;伊洛瓦底江上

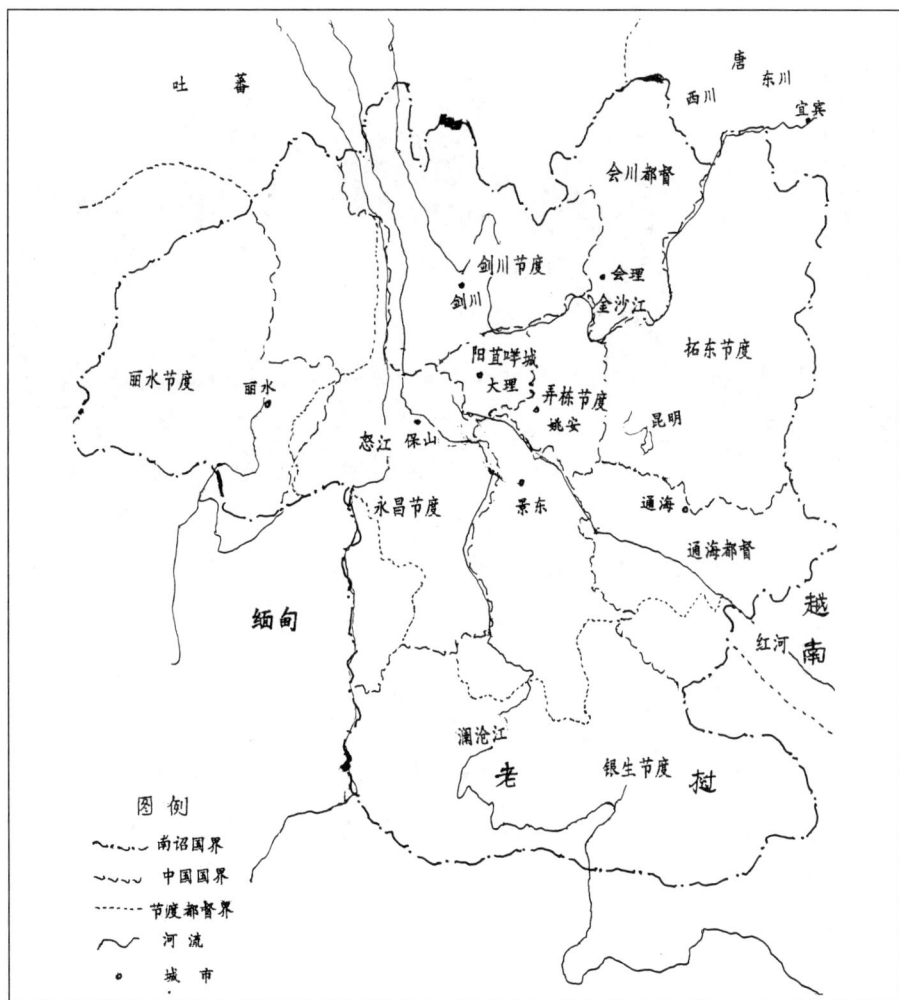

南诏地域图

游之寻传蛮成为景颇；金沙江上游麼些蛮成为纳西族；永昌的朴子蛮成为景颇族；思茅的望蛮成为佤族；红河上游的和蛮成为哈尼族。南诏开始即接受汉文化，通用汉字。宗教先有原始宗教后有佛教、道教。

郑氏夺取南诏政权后不久，唐亡，进入五代十国时期。郑氏仅传三代，928年又为东川节度使杨干贞夺位，自立大义宁国。但为时不久，杨氏又为南诏贵族世家段思平于937年所灭亡，段氏自立为大理国王仍都大理。段氏几传后至1063年洱海杨氏叛乱，召滇池高智升平乱，从此高氏专权，几度废立王位。1094年高升泰曾自立为王，仅二年又回归段氏，但实权仍在高氏手中。大理国疆域大致与南诏相同，改都督为节度共八节度，又称云南八国。大理经济较南诏有较大发展，输入内地有马、羊、兵器、漆器、牛黄、麝香等，对外与缅甸、越南、印度、马来亚、波斯均有往来。大理始终奉宋朝正朔，使用宋朝历法，宋太宗封段氏为云南八

国郡王，宋徽宗又封为云南节度使大理王。汉族文化在大理得到普遍推广，佛教瑜珈密宗亦为盛行，大理段氏22传竟有8人避位为僧。大理描工张胜温描绘的梵画长卷，有628幅佛像，辉煌夺目，在宗教艺术上有极高的价值。后大理为元灭亡，自937至1253年，大理国共存在316年(参考民族出版社:《中国民族史》)。

二十二　彝州楚雄和一颗印民居

1983年11月7日我由昆明起程赴大理，距离共405公里。上午九时起身，绕过西山到安宁温泉，然后爬大山去禄丰，一路上公路尽和铁路并行，有时看见火车在山洞中进出，有时吉普车穿过铁路桥下。禄丰山中很荒凉，和昆明相比几乎是两个世界。到平

浪煤矿接近楚雄盆地，人家才渐渐多了起来，树木也茂密了。下午一时半到楚雄，开始看见白族那种曲脊重檐硬山带檐下短墙的民居样式，颇感新奇。而进街便是园林，更增加对城市的好感。楚雄东距昆明185公里，西距大理220公里，为云南高原中的盆地，海拔1 773米。楚雄自古为昆明人所居，乃人类及古文化发祥地。除禄丰、元谋发现古猿、猿人外，楚雄万家坝出土大量青铜器。姚安先为唐控制云南的前哨据点，后为南诏时期东西两诏的交通枢纽，现大姚有唐时番僧所造18米高的白塔，姚安有兴宝寺德化铭碑，书文并茂，为研究大理高氏世系的重要史料。楚雄各县为彝族比较集中的地区，解放后成立了彝族自治州，成昆铁路通过全州后，更大力兴修小型水利及电站使经济不断发展。楚雄改市后人口已由5万增至7万，今后昆明至大理铁路建成，当有更大发展。我们去大理路过南华，见新建西山水库风景颇佳。

楚雄民居

楚雄龙江公园

楚雄毕家

昆明一颗印民居

一颗印民居剖视图——选自《云南民居》

云、巍山、南涧、永平11县，地处横断山脉南端，西北高而东南低，具有高原湖盆与高山纵谷两种地貌，是金沙江、红河、澜沧江三条水系的分水岭。苍洱地质构造以洱海大断裂为界，西属滇藏地槽褶皱系，东为扬子准地台。第四纪构造运动使苍山急剧上升，河谷下切深达1 500米形成洱海断层湖。苍山西北海拔在3 000米以上，山高谷深，河流湍急，地势险峻；东南地势平缓，中有洱海、茈碧湖、西湖、剑湖等高原湖泊及占全州面积51%的大小41个坝子。点苍山南北长50公里，东西宽20公里，19个山峰都在3 500米以上，最高的马龙峰4 122米比洱海海面1 966米相对高度为2 156米。大理虽处于低纬度地区，但苍山顶上虽在夏天亦积雪不化，与山麓花红柳绿相对形成奇异景观。山中充分的水源积储凹地形成许多锦石碧潭，流过峭壁形成无数叠水飞瀑，18条山溪灌溉山下缓坡就成为著名的稻谷高产田。十万年前的冰川运动使马耳峰到莲花峰150平方公里内到处都有冰斗和冰碛湖，湖的周围是遮天蔽日的原始森林，里面有冷杉、云杉、蒲团松、双龙松等珍贵树种。苍山竖向分布的植物类型相当南北万里水平地带的植被变化，有3 000种以上的植物为我国西南植物资源的宝库。苍山山石如玉，文彩斑驳，为著名的大理石产地。

唐以后在昆明附近地区汉族的居民中流行一颗印式民居，以后彝族中亦为广泛采用。典型的一颗印民居，为正房双层三间，两坡瓦顶，重檐带抱厦；左右厢房一间或两间，双坡顶内长外短亦两层重檐吊厦；正房高于厢房，均为硬山式，厢房双层前檐插在正房前檐之下，称为"三间两耳"或"三间四耳"。以房屋后墙为外墙，前面正中开大门设门廊或倒座，四面屋檐相接留有长方天井，前墙高过厢房上檐口，四面外墙合围，多用厚层土筑，通常密闭无窗，有的仅在上面开小窗，外观有如一颗方印。在厢房廊子间设单跑楼梯直通正厢房楼上，正房底层为客厅，厢房底层堆放柴草饲养牲畜，楼上住人。这种建筑来自汉族合院，植根于云南特殊地方条件及独门独户生活习惯，占地面积节约而使用功能齐备，既安全又经济。云南地震多而春季风大，一颗印为木构架有利防震，密闭的厚土高墙又能防风防寒。

二十三　银苍玉洱和大理城

大理白族自治州包括大理市及剑川、洱源、鹤庆、云龙、漾濞、宾川、弥渡、祥

洱海长41公里，宽3～9公里，水深10～15米，西岸为起伏的点苍山，东岸为平缓的大黑山，山下曲折的海岸线旁有三岛四洲回环其间。远望苍山，水影山光，紫云戴雪，无限风光。大理现未受污染，高原日照充足，蓝天白云格外清新；夏秋之际，雨后初晴"玉带云"洁白如锦缎，横亘山腰长达

楚雄民居

凤仪古寺

417

下关鼓楼与龙尾街

十数公里。冬季玉局峰上有时出现高山旗云，俗称"望夫云"，则狂风突起，洱海怒涛汹涌，罗荃寺下名为"石骡"的礁石忽隐忽现，为此民间有爱情悲剧的神话。大理和北面西昌，东面昆明都属印度洋季风控制区，冬无严寒，夏无酷暑。大理全年有309天相当春天的气候，最热月份平均气温19.9℃，最冷月份平均9.1℃，温差比昆明还低。国际规定最佳疗养温度，庐山有30天，大理有126天，比昆明和日内瓦都多。明冯时《滇行纪略》写大理十奇：(1)六月尚深秋，(2)严冬不服裘，(3)地高无霉湿，(4)花木高且大，(5)日月加倍明，(6)花卉多异品，(7)望后月犹满，(8)冬日天不短(9)温泉处处有，(10)岩洞深奇绝。地方民谚大理风景有"下关风，上关花，苍山雪，洱海月。"

1983年11月7日我初来大理，下午过楚雄爬过西山到云南驿入祥云境即为大理州的范围。这一带坝子开阔，村里整齐的白族民居，灰瓦顶红土墙腰檐上下有白色条纹，非常雅致、和谐，与正在收割晚稻的黄色田野和山边绿树相配合，环境优美令人心醉神驰。到海坝庄入弥渡境，再爬山天色渐暗，但青天白云仍然明媚动人。下山过凤仪到下关即大理州府所在地，夕阳已隐在苍山背后。止宿于新建带大玻璃窗的洱海宾馆二楼，晚补看近一月的报纸，夜间从西洱河送来阵阵大风，吹的玻璃窗时时作响。早起天阴，但苍山南端仍清润地展现在眼前。上午先去医学院及卫校，后去洱海南端新建公园，建筑不多但很精巧，乘车登上团山观海楼，上有吴作人题"玉洱银苍"，坐观洱海苍山，天空与山水连成一片朦胧的兰色世界，只有苍山顶上露出一条曲折的雪线，近海渔船作出各种活动的身影。除了梦幻般漓江可与比拟外，我在国内是少见这样清润、安静、美丽如画的山水。下午降雨，由市规划局长陪同，看喜州民居和蝴蝶泉，我向他建议蝴蝶泉

洱海公园入口

洱海罗荃寺

金梭岛

挖色

应抓紧绿化,已有石坊,大门可迟修;是否建水池需勘察蓄水能力后再定。9 日仍降雨,上午冒雨匆匆扫视太和城、一塔、三塔,下午返楚雄,未能仔细参观。

1984 年 3 月云南省建设厅搞大理风景区规划,电邀我去协助,23 日我和建设部规划设计院几位专家一同乘飞机由北京飞抵昆明,然后乘汽车再来大理。在半月规划工作期间我两度游大理。1985 年 4 月自治州聘请全国专家审定风景区规划,我三次来大理,又专访白族民居并参加三月节。苍山洱海构成大理风景区的中心,洱海南端的下关与团山称龙尾,为观赏苍洱风景的起点,洱海北端上关与江尾称龙首,是观赏苍洱风景的终点。洱海古名叶榆泽、西洱河、昆弥川,其南端之团山原为南诏之养鹿场,当时山上有珠海阁。1976 年辟为公园于山上植青松、山茶、杜鹃、樱桃,现已蔚然成林。我们由此登船环游洱海,先沿东岸驶往金

梭岛。此岛位于东海湾内,南北长 800 米东西宽 100 米,南诏王曾在岛上建舍利水城为避暑宫,现废为村落,但宫殿残砖断瓦尚俯拾可取。岛北与之相对的海角上有罗荃寺,寺下礁石即望夫云传说中的"石骡"。北行 10 公里到玉儿岛,面积仅 40 平方米,上建观音阁,整个形状有如一颗玉印,又称小普陀。岛之东岸为挖色,可建公路直通宾川鸡足山。再前为双廊,有赤文岛和天生营,如双鳌夹持,构成美丽的港湾风景。 海之尽头为上游弥苴江、罗苲江入海之三角洲名江尾,物产丰腴,风光秀丽,可建洱海北公园。船沿海西岸回返,仅在喜洲港之海舌略为停泊,然后冒风浪回到洱海公园。海中观赏苍山,西岸不如东岸,因为东岸视距远,山体与倒影更为开阔与丰富,沿岸又有港岛穿插,航线上趣味变化较多

大理的历史文物主要在苍山东麓。苍山十九峰下有十八条川,灌溉 200 平方公

里的良田沃野。风景由南往北可分下关、大理、喜州、上关四区。南诏王依山傍海建下关与上关城,命名龙尾与龙首,以拱卫国都。下关城临洱海出口西洱河, 今因公路从城东穿过,鼓楼与龙尾街尚得保存,鼓楼上有"六诏雄关""百二山河"匾额,由河岸爬坡入城,两旁街道依稀有旧时模样。解放后下关设市,新建筑已连街成片,1984 年人口增至 12 万。 西洱河从下关西点苍山和哀牢山之间的深堑狭谷中流过,有石梁跨河成天生桥,桥畔立有诸葛武侯七擒孟获处石碑。这里也是下关有名的风口。顺河西行三公里有著名的温泉。西洱河水西入漾濞江再归澜沧江,水流峻急,利于发电,我们去时已设四级电站,有三级发电 20.5 万千瓦。 下关北有万人冢与将军洞,系唐天宝年间鲜于仲通,李宓先后率兵 30 万覆灭于南诏后,南诏为死亡将士建的墓,现封土已毁,仅存明碑,上有诗"唯有苍山公道雪,

太和城遗址

太和城纵观洱海西岸

德化碑

杜文秀帅府

年年披白吊忠魂"。群众又在斜阳峰下为李宓立祠，祠前云树交辉，祠后飞瀑流泉，下瞰南洱风光，如建成文化公园，当为下关生色不少。我沿山麓继续往北，在佛顶峰下参观蛇骨塔，塔南诏时建，为高30.3米的13级密檐空心砖塔。据传龙尾城有大蟒吞食人畜，赤城怀双刀赴之，蟒吞入腹，赤城刀出蟒背，蟒与人均死。当地为赤城建塔并以蟒骨灰垩之。再北即太和城遗址，太和城为南诏初建国时，738～779年的都城，位于佛顶峰和马耳峰山麓间，南北1公里，东西3公里。蛮书载"太和城巷陌皆垒石为之，高丈余连延数里不断。"城中金刚城与金梭岛之避暑宫同为全国文物保护单位。现存高2米厚4米的北墙遗址。从遗址上纵观洱海田野及大理城，形势极为壮丽。有名的南诏德化碑即立于城下，碑为南诏王阁罗凤记述南诏政治经济制度，各民族融合情况及与唐友好失和经过。内称"我上世世奉中国，累封赏，后嗣容归之。若唐使至，可指

碑澡被吾罪也。"充分表明对唐友好愿望，为我国重要民族史料。史书全文5 000余字，今碑中仅存800字。碑为国家文物，现已立亭保护。

今大理城西之阳苴咩城为南诏、大理500多年的都城。1382年明洪武废旧城改建今之大理城，一直为明清的府治，是我国现存少数完整古城之一。城不大方圆6公里，墙高8.5米，厚6.8米，四门均有城楼，城角有角楼，城中街坊为棋盘式布局。大理除地据苍山洱海十分优越自然条件外，周围古代文物亦极为丰富。我们走进大理南门，紧靠南城墙即为杜文秀的大帅府。杜为保山回民，清末于1856年率汉白彝回各族人民起义，连续攻占云南53座城市，提出"遥奉太平天国南京之号召，革命满清"的口号，建立大理政权自任总统兵马大元帅，前后活动18年，失败后自杀。群众在城东南为之建墓，一直保存至今。我去参观紫禁城时，前照壁及东城墙还在。随后参观天主堂

并访问几户民居，这里居民养花很普遍，许多墙头爬满攀缘植物，每年花季家家把优良品种摆到街上以争强斗胜。相继我出城西北行一公里在应乐峰下看著名的崇圣寺三塔，修长洁白的身影在青山绿水中显得异常秀丽。寺为南诏大理时期的名寺，现已荒废，仅有塔存。大塔名千寻塔高69.13米，为16层密檐式方形砖塔，中空有楼梯供攀登，各层正面有券龛置白大理石佛像，整个造型有类西安小雁塔，一般认为是南诏时代唐之工匠建造。现塔前有明碑刻'永镇山川'四大字。二小塔高43米为8角10层实心砖塔，各层分雕佛像、莲花、瑞云等，推测为大理时期建造。三塔之南在龙泉峰下有弘圣寺塔，又名一塔，现亦寺毁塔存。塔高40米为16级密檐空心方形砖塔，各层叠涩出檐，四面均有佛像。形状类千寻塔，建造时间可能比三塔略晚些。塔砖小并印有汉文及梵文。塔旁有明李元阳及杨升庵碑文。塔院附近有元世祖平云南碑，其南即为

大理天主堂

蝴蝶泉

大理苍洱中心区风景分布图

大理三塔之大塔

小塔

下关李将军庙

三月街广场。其南即为观音塘,有大石庵,依巨石建阁,内刻石观音像,周围林木茂密。由此西登苍山,圣应峰下有感通寺,为南诏时建,原有36院为滇西名刹,明太祖曾赐诗18章,嘉靖时杨慎被贬曾在此著音韵学书,李元阳题其住处为"写韵楼",现古建均已颓败,我去时正在修复。再上为青碧溪,在马龙峰与圣应峰间溪水倾泻成瀑,积成三个水潭,徐霞客写潭水"漾光浮黛,照耀崖谷"。可惜我为时间限制不能登上苍山诸峰,亲自体会徐霞客所描绘之景色,略窥山中奥秘,实为憾事。

出大理北去为喜州风景区以白族民居及白族风情为特色。上关风景区有蝴蝶泉距大理城20公里,在云弄峰下,有古老的合欢树一株,横卧泉池上其叶如蝴蝶,俗称蝴蝶树。周围长满合欢、酸香、黄连木等芳香树种,在遮天蔽日的林阴下又有山茶、杜鹃、曼陀萝、月月红等花木。每年四月各种彩蝶来此聚会,品种繁多,五彩缤纷,漫天飞舞。有的联须钩足,成串倒挂枝头,有的直落水面。白族人民将阴历4月15日定为蝴蝶会,到时游人如织,十分热闹。上关在云弄峰与罗莳江入洱海的交汇处,因地势先伏后起有如游龙翘首,故名龙首关。现存伸向海边的关城遗址,最高处尚有5米。所谓上关花指元代附近和山寺内高20米的花树,每逢春季开数百朵的大如拳头的白花,现已绝种。关于苍洱中心区规划,我曾提出

有几个重要问题必须明确解决:(1) 不安排带有污染的工业项目,(2)大量植树保护苍山林木水源,(3)控制洱海最低水位。未雨绸缪,应充分接受昆明滇池已往教训。大理风景区除苍洱中心区外周围还有洱源温泉、剑川石宝山、巍山南诏遗迹、宾川鸡足山各风景区。大理州外北面又与丽江古城,凉山泸沽湖紧相连。这一片是我国历史文化、民族风情与自然风景资源最为丰富而少受污染的地区,如能适当规划,正确开发,面向东南亚与世界,发展前途实不可限量。

二十四 白族和白族民居

据1990年统计全国白族人口160万,居少数民族的14位,其中112万在云南。云南境内又有80%集中在大理白族自治州之大理、洱源、剑川、云龙、鹤庆等市县。大理地区为云南最早的文化发祥地之一,宾川出土3 800年前的石器、房屋及墓地;剑川海门口发现3 100年前商代末期的红铜器物;祥云大波发掘出铜棺及家畜、房屋模型等一百多件青铜器。南诏统治虽为乌蛮蒙氏,但经济文化却在白蛮贵族手里,最后夺取了政权建立大理国,并形成了新的民族共同体—白族。白族既产生于汉族与昆明、白夷、哀牢夷的融合,语言文化及生活受汉

族影响至深。大多数白族人通晓汉语习用汉文,白语中有许多的汉语词汇,白文则用汉文标白语。解放前白族社会经济高于其他少数民族。在现代革命斗争中白族儿女也作出贡献,杜文秀抗清之前,滇西北游击军在共产党领导下争取全国解放之后。两广军委书记张伯简,河北省委书记施滉,东北抗日联军二路总指挥周保中,都是著名的白族革命家。

白族服饰崇尚白色,大理男子多穿白色对襟衣,外套黑领褂,或麂皮领褂,腰系麂皮或绣花兜肚,下着蓝或黑色长裤。女子多穿白上衣,红坎肩或浅蓝上衣外套黑丝绒领褂,右衽结纽处挂三须、五须银饰,腰系绣花短围腰,下着蓝色宽裤,穿绣花百节鞋。女孩盘独辫于顶,出嫁后改为挽髻,用绣花巾或黑布包头。白族宗教除佛教、道教外信仰"本主",本主为自然神、神话人物、民族英雄、节义妇女等,且不限一人,大理各村共有62神。民族节日除与汉族同度端午、中秋、春节,与彝族同过火把节外,其独特节日有:(1)三月街 过去为观音庙会后演变为物资交流会,1985年我曾参加州的三月街大会,广场内有赛马及民族舞蹈,市场中有商品交流。(2)绕山林 起源于南诏前之社祭,每年夏4月23~25日白族男女着节日盛装,在吹奏乐伴奏下,载歌载舞,唱大本曲,耍霸王鞭,从洱海边绕苍山脚再回到洱海边这是宗教集会也是社交活动。男女青年经过

喜州民居大门

春游、对歌、连夜狂欢而结成伴侣。(3) 耍海节 夏历 8 月 8～12 日沿海各村青年纷纷乘着装饰一新的船只，奏着乐，唱着歌，竞游洱海。白族能歌善舞，民歌包括白族调、对口山歌、小调、本子曲，都采用三七一五格律，讲求押韵。有歌舞结合的蹈歌如霸王鞭、八角鼓、龙灯舞、狮子舞等。狮子舞在南诏时期即传入中原。南诏奉圣乐为唐朝 14 部乐曲之一。大本曲始于明代，分三腔九板十八调，汉白语夹用，以三弦伴奏，音乐随唱词而变化，辅以表情与手势。解放后在大本曲和吹吹腔基础上创造成新的剧种——白剧。美术方面名作有王奉宗《南诏中兴国史画卷》和张胜温《大理画卷》。

白族民居具有浓厚民族特色，适应依山面海地形及风大、地震频繁等自然条件，就地取材，因地制宜地创造了既典雅朴实又绚丽多姿的建筑风格，在我国各种优秀民居中占有突出的地位。其平面的基本形式为独坊屋，通常为三间楼房，中间客厅，两旁卧室，楼上置杂物，厨房、畜厩附在山墙侧。立面有三种形式：底层出一步廊，上覆瓦顶重檐者为出厦；无重檐的挑檐为吊厦；无廊或只明间略向后退成凹廊，窗洞小而墙面大，外观有如库房者为倒座，或称土库房、石库房。大型住宅的典型平面为"三坊一照壁"和"四合五天井"。三坊一照壁为白族惯用的形式，正厢房各为三间楼房，照壁亦占用三间位置，共同围成三间平方的宽大院落。大理的正厢房大小进深相同，剑川的厢房略小些。房屋因地形及风向朝向为东及东北，大门位置在东北角，厨房设在漏角天井内。四合五天井以房屋代替照壁，组成严密的四合院。四个漏角天井加上中间庭院合称五天井。在两坊相交上下屋檐间添方形或六角形封火墙，使各坊之间联系更为密切。民居结构为木构架，屋角有生起，曲线屋脊和凹曲屋面使外形柔和而活泼。外墙多用土墙先砌块石勒脚上铺石板，然后夯土为墙，外侧夹杂石子瓦渣，剑川更在

祥云白族民居

洱海金梭岛民居

大理石库房

喜州北门

横缝内砌入薄竹墙筋，楼层用土坯。近山地区有用条石砌墙，近河也有用卵石垒墙，"大风吹不进屋，卵石砌墙不倒"是大理三宝之一。屋顶除少数用草外普遍用瓦，明代住宅还有瓦衣，以竹蒉铺在椽子上填苦背泥再铺瓦。硬山式封火檐是白族民居的特色，用特制的薄石板为封火石封住后檐和山墙悬出部分，使外观整洁而又防风。主房屋脊翘起鼻子，而耳房外墙则高出屋面造成鞍形或折角。白族民居对于防震有许多措施如：层高低矮，五柱落地，扣榫认真，土墙厚实，多用串枋，多用合柱等。民居装饰的重点为大门、照壁、墙面、门窗、梁柱、天花、地坪。大门分有厦及无厦，普通民居多为三叠水有厦大门以薄砖镶砌门头，过去富户争奇斗胜，采用斗拱等复杂结构，着色贴金，使门楼富丽堂皇，有悖于白族民居的简洁朴素传统。照壁在三合院中处于艺术欣赏的中心位置，通常在微曲的顶檐下用斗栱或两三重挂坊，薄砖砌成边框，中间镶

大理石或题诗词书画或塑人物山水翎毛花卉。照壁前通常设花坛，为摆花之用。墙面装饰最普通的办法是在微红的土墙的檐下、山尖、窗口位置涂刷白灰，后檐用砖砌框，以黑灰钩出线脚，涂抹白灰泥打底，然后在上面作画。山墙一般都有腰带厦，既保护墙体又有装饰的作用。厦以上全部山尖用彩画装饰，有的描绘大山花配以砖块图案。我曾在凤仪路上遇到一所民居，只是采用错落的凹曲屋脊，山墙配腰带厦的外形，和红土墙用白粉刷上一条横带，我认为这是用最简单的手法却达到最好的艺术效果，极为成功的实例。至于内廊的格扇门窗、廊头围屏、天花、地坪更发挥木雕、砖雕、石雕的技巧，其水平和浙江、福建都在伯仲之间。在我们拜访过的喜州、周村等村镇中，常以本主庙和庙前戏台组成方形广场，作为集市和公共活动的地方。有的还有城门和照壁。因为苍山有溪水流出，许多村镇就引溪入村，因有家家流水，户户养花的美称。

喜州民居内门

喜州白族民居

喜州照壁

喜州四合五天井民居

周城广场

423

周城民居大门及外影壁

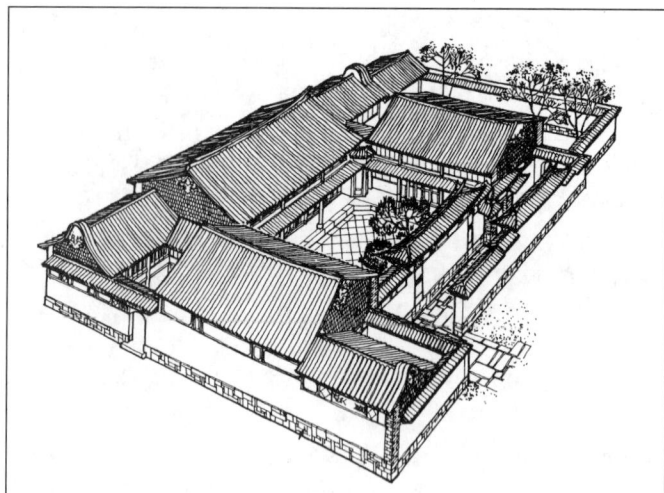

白族民居三坊一照壁剖视图——选自《云南民居》

二十五 南诏发祥地 巍宝山

巍山地处大理南端，哀牢山与无量山交汇，红河上游西河流经全境，澜沧江上游漾江流过西边与漾濞、昌宁、凤庆分界。全县山多坝少，位于西河中游的县城有长40公里宽仅4公里的长坝。唐初乌蛮蒙舍诏第一代王细奴罗由哀牢山东迁今县城西北庙街附近之峣岈图山建都城。附近有火把山相传为皮逻阁火烧五诏王子松明楼故地。过去都城南山，庙宇辉煌，古木参天，今皆不存，但古城遗址尚依稀可辨。1958年曾出土南诏瓦当、字瓦等文物。县城南十余公里的巍宝山原为细奴罗耕牧发迹之地，辟为

名胜，始于唐代而盛于明清，道佛巫三教并存，寺观多达十余处。巡山殿为南诏王家庙，内有身穿彝服的细奴罗像，每年农历二月，来此朝山甚多。元灭大理国后巍山改称蒙化府，明清因之。三代中陆续有汉人南移，元代有回回军和回民从中亚、西亚迁来。全国解放后据1982年统计巍山全县45万人口中，汉族占59%，彝族占32%，回族占7%。因此1959年改为巍山彝族回族自治县。

1984年3月我二次来大理，31日由大理来巍山。从市区南过西洱河口进入哀牢山区走新建南北公路，爬过一道山梁，即进入西河河谷，亦即40公里长的平坝子，路上所见，耕地不多，公路不宽，车从城镇通过，商贩略多即发生堵塞。行程60公里于中午到巍山城。城虽不大，但迎面城楼高耸，给

人以历史久远的印象。下午即参观这座古城。据《蒙化府志》载，明洪武23年建蒙化城，四门均有城楼，东曰忠武，南曰迎薰，西曰威远，北曰拱辰，北门并建有月城。城周围2公里，墙高近8米，方整如印，于城中心建文笔楼以为印柄。1937年后为扩大城市，先后拆除东南西三城楼，现只余北城楼及文笔楼。北城楼三间两层，连城墙通高23.4米，额匾北题"万里瞻天"，南题"魁雄六诏，"城下瓮城区已辟为小花园。文笔楼单开间在城中心，造型比城楼高耸而秀丽。登楼眺望，灰瓦白墙的民居和远处青山相映照，巍山虽小仍保存浓厚古城特色。下楼参观民居及公园，有一条街，双坡灰瓦中为白粉墨画，下为黄土墙，虽无腰带檐但有封火短墙，或山墙面有一段装饰性的腰带檐，都是白族民居模样。晚由文化馆介绍当地

巍山北城楼

巍山灰瓦白墙的民居

巍山圆觉寺

玄龙寺

巍山围埂回族礼拜寺教堂

大理市郊彝族家庭

彝族火把节情况并听彝族踏歌音乐。

4月1日上午去城南3公里的灵应山看圆觉寺。寺为明正统年间土知府为其母所建，以后陆续增加，清时已有20余幢殿阁。我去时见山上树木苍翠，寺前有两座方形九层白塔，高20米，颇有气势。寺内有四个院落，大殿有明杨慎撰写的对联"一水抱孤城，烟渺有无，拄杖僧归苍茫外。群峰朝叠阁，雨晴浓淡，倚阑人在画图中"。玄龙寺与圆觉寺隔溪相望，系道教寺观，因规模不如圆觉寺又称小寺，对前者称大寺。相传玄龙寺创建于南诏，我们去时建筑已多毁坏，现正重建。新建山门外八字墙绘大幅图画，颇为别致。巍宝山上的建筑在文革期间遭受严重破坏，无法参观，因而下午转回大理。路过小围埂参观回族教堂，屋脊微曲仍有大理风味。回到大理南郊参观彝族家庭，虽为南诏后代，现生活已汉化。

二十六　佛教名山宾川
鸡足山

宾川鸡足山位于县城西北33公里，西南距洱海，东北距金沙江，直线距离不过三四十公里。总面积约50平方公里。主峰天柱山海拔3 240米，悬崖峻岭傲立群山之中，前列三峰，后拖一岭，宛如鸡足，因名鸡足山。鸡足自古即为佛教圣地，据云南通志载"七十二寺，仙灵所居，林樾雄深，梯登险绝，世传佛弟子大迦叶守衣以待弥勒之所，盖洞天也...以鸡足与峨眉、牛首、天目、五台..后世称天下五大名山，鸡足居其一也"。鸡足山佛寺兴于唐而盛于明，名寺石钟寺创建于唐而重修于明初，金顶寺、寂光寺、圣峰寺、传衣寺、大觉寺、悉檀寺、

龙华寺、祝圣寺、放光寺等都建于明朝。洪武赐诗，嘉靖赐经，万历免税。据《鸡足山志》记载盛时有三百六十寺，金殿空中香雾迷，十里松风吹不断。历代高僧云集，不仅国内朝拜者络绎不断，国外缅泰僧侣亦有往来。山景有奇峰十三，绝壁三十四，瀑布、溪泉、岩洞数十处。林木茂密，花树繁多，通草茶花、龙爪杜鹃、冷杉、红豆杉等珍奇植物，尤为著称。清代山上仍有庵庙108所，僧尼5 000人。解放后尚存寺庙28座，大小铜佛444尊，泥塑佛像近800尊，僧尼83人。但在文化大革命的浩劫中，所有寺庙几乎全部被毁，所有僧尼全部被赶下山。当时云南毁灭国家文物不次于江西。劫后面目全非，仅存残破不堪寺庙6座，大殿两幢，房屋87间及楞严塔，现虽极积抢修，短期难复昔日盛况。

1984年我二次来大理，于4月2日起身

宾川祝圣寺

祝圣寺八角亭

来访鸡足山，车从凤仪路上北折参观洱海东岸白族民居，其规模虽不及喜州、周村，但亦淡雅可亲。过华营、石头村爬上海拔2 700米的妙高山，即进入宾川境。宾川全县26万人口，占80%的汉族多从四川迁来，有如福建的客家，因名宾川。宾川地面大部海拔1 400米，比大理低，常年有干热风，气温较高，年降雨量仅为577毫米，苦于干旱，曾有近借洱海之议。车行70公里，于中午到县城。下午去鸡足山，车行十余公里到山麓二庙。再上为大庙，内塑鸡足大王像，传说他与迦叶尊者斗法失败，让出鸡足山，成了沙址村的本主。县里与部队借得马三匹使我们三个老者骑马上山，战争结束后我已三十多年未骑马，这次殊遇，等于重温战时生活。鸡足山相对高度为1 800米，骑马走了一段比较陡峭的路，使我节省不少力气。但山间多树难于向外瞭望。傍晚到祝圣寺。祝圣寺为明之钵盂庵，清末虚云和尚十年建起寺院，慈禧赐名护国祝圣禅寺。文革中部分被毁，现重加修复。我们到时天色已晚，止宿于三楼客房，颇为清净。次日早起走出寺前，纵观全寺，依山就势，规模宏大，布局严整。寺前入口为左右两座新建重檐山门，分题"退后一步想""能有几回来"。入寺正面照壁题"宏开觉路"四大字，后为半月形池塘，内筑八角亭。过桥亭，拾级而上为天王殿，殿前有两株30多米高的孔雀杉，殿后为宽大的天井，中立1 500公斤重的铜鼎，两旁为钟鼓楼。正面大殿内有五百罗汉。大殿后为藏经楼，里面珍藏清朝赐与的鸾驾、玉印、如意等物。我从天王殿走

进左跨院，内有水井，从下向上侧望层层叠起的爬山廊和殿堂屋角，气势轩昂。我再顺着廊子慢慢爬上去，穿过藏经楼前廊，逐段欣赏这清静佛山的晨景，直到我走出后门从树丛中远远地望见金顶白塔，似乎找到佛门的禅机，要看鸡足的妙处，还得赶快登山。

早饭后上山，计划到铜瓦殿午饭，然后登顶，晚上回到铜瓦殿住宿。从祝圣寺出发，山路比较平缓，我们又骑马走了一段路，到了迦叶殿上面全是陡坡，不便再骑，才将马送还部队，开始步行爬坡。爬了一个小时到铜瓦殿，地方不大没有现成饭吃，我们吃些点心就抢时间登顶。因为山上风大未走前坡，绕着背坡上去，路陡攀登要格外小心，加上山外有雾气，瞭望不远，沿路收获不多。吃力地爬上山顶，走到金顶寺三间起拱牌楼式山门前，白塔就在门后，因为背光，印象不突出。走进山门见明末从昆明太和宫移来的铜制金殿已无，唯存1933年重修的楞严白塔，颇感荒凉。在寺内背风处略事喘息，即绕过寺的后门走到山顶背面，沿着山坡有一大片高大盛开的杜鹃花，我进入花丛，回顾阳光普照洁白如玉的13级方形楞严塔，顿时心胸开朗，精神为之大振，想不到三千多米的高山上竟有这般繁花似锦一片光明的神仙世界。于是我慢慢沿着山棱走去，找到可以瞭望四方的岩头坐下，来寻觅古人标榜的天柱峰四观，"东观日出、南观彩云、西观洱海、北观雪山"。徐霞客的《鸡足山志》写"观之有四分于张直指，而实开辟以来，即罗而致之。四之中，海内得其一已为奇绝，而况全备者耶？此不特

首鸡山实首海内矣。"他又作《四观》诗"芙蓉万仞削中天，抟 完乾坤面面悬。势压东溟日半夜，天连北极雪千年。晴光西洱摇金镜，瑞色南云列彩筵。奇观尽收古今胜，帝庭呼吸独为偏。"清大错和尚的《鸡山赋》写"若夫天柱山顶，四观峰山，星没而朝旭光浮，明霞散羽于六合，高嗷升彩于九州。岛屿螺点而出没，舴艇萍散而飘浮。惟点苍山环峙，展图画于春秋，回首北眺，丽江雪山，连峰九叠，万仞莫攀，耸晶白于天半，耀银晶于云间。纵目南观，佛光隐现，白云布宽，五彩晕绚，上下太虚，光华变炫。集万众以同瞻，惟各身之自见。在礼拜而蹈舞，毕肖像于对面。箕踞下视，八荒咫尺，河汉平临，星平可摘。思凭虚而御风，期补天而御日。"可是现在远处云雾缭绕，四望什么也看不见。近处南山全是悬崖陡壁，险有余而景不足，加上大风劲吹不能久停，急忙走回山背，在花树中仰视山之棱线，不时发现峭壁苍石墨绿苔藓间，挺出几株虬曲的短树在不畏强暴，抗拒狂风。回到寺里见有长联还是"记录金江围带、玉洱作镜、银苍书案、雪岭屏风"，四观既无，只好循原路下山，迅速赶回铜瓦殿。

到铜瓦殿后立即去看著名的华首门、太子阁，这是在绝高的石壁间凿出栈道石门，周围没有任何附着物。迎面隔着深谷是陡峭的山峰，下视悬崖百丈，我们沿着狭窄的栈道小心走进石门，山谷中风势未减，阵阵呼啸而来，我们只好把身子缩进凹处。不时探头一望，望什么？除了天空就是石壁，凹门深不及尺，没有文物可看。我站在门口除了风声什么也听不到，真是四大皆

鸡足山金顶寺

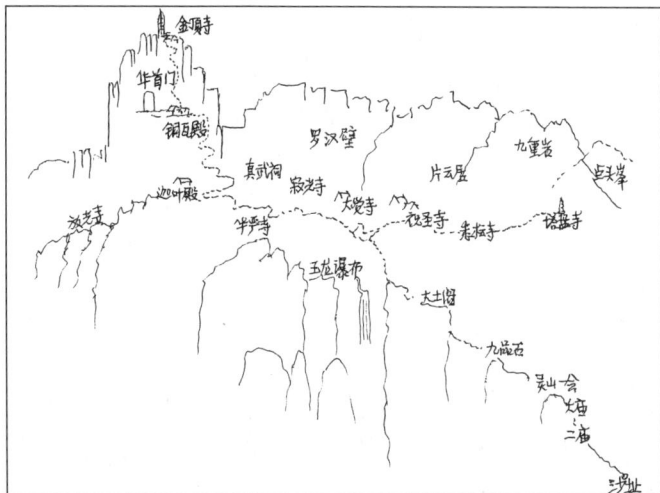

鸡足山景点位置示意图

空。我在国内游历多处难得遇到这样境界。看来除了不食人间烟火的神仙太子，凡人是难住下去的。回到铜瓦殿，殿里已在地下为我们设好地铺并开始准备晚饭。但天色还早，同来者怂恿我下山，我考虑一会决定我和年青的下山，把两位年长者留下来。当我和殿里当事者告别时，他们估计七八公里山路要走两个半小时，天黑才能到祝圣寺。我暗下决心争取一个半小时赶到，就和县里罗同志带头往下冲，因为下坡无心脏负担，只需腿力，我不要人招呼，一路上充分利用我骑马节省下来的体力，看准位置，连跑带跳，越快越少危险，结果我们两人用时一点零五分到祝圣寺，其他人晚十分也赶到了。多年来没有这么痛快跑过路，晚上腿又酸又痛，睡前用热水烫烫脚，一宿熟睡。第二天在禅堂座谈，午间老方丈专门为我们做水豆腐。饭后人齐，又加一把劲走下山。路上遇见一株鸡足山有名的空心树学名高山栲，高18米，树直径2.29米，中空内径2.27米，树洞高3.5米，树龄已近千年，据志载曾有广西高僧在树内居住，置有床佛龛及炉灶。下至二庙，乘车去县晚返下关。

二十七 剑川石钟山 南诏石窟

1984年月3月26日，我由大理北出洱源、剑川去丽江，从下关出发后经上庄到邓川，行程50公里，苍山已尽，两侧山脉逐渐接近，周围全为红土。再前行15公里入洱源境，地形逐渐开阔，又出现平坝子。洱海上游弥苴河在此分为二岔，我们绕道走西岔进到温泉区。洱源城附近的九气台遍地涌出温泉，当地无冷水，饮用都得晾凉。本地人从无皮肤病，我看到光脚的妇女小孩，小腿又黑又亮。水池中到处是破瓦罐乃人们利用温泉制硝。洱源盛产牛奶制品，成百吨奶粉外销。再前过茈碧湖，现为疗养区。车子绕回去剑川的大路，过三营及牛街，爬山入剑川界。此后一路上行，地势逐渐升高。过玉华有小水库，过甸南见到面积为7.5平方公里的剑湖。过湖即到剑川，剑川至大理公路为126公里，我们绕行多走8公里。我们在剑川街上午饭后，即转去丽江。剑川坝子海拔2 216米，山区在3 000米以上。

28日中午由丽江赶回剑川，县城现在为金华镇。南诏时剑川设节度，曾为北部

剑川孔庙

石钟山牌坊

剑川灵宝塔

宝相寺

重镇，内接吐蕃与唐之西川，外通西南亚。解放前金华镇曾遭火焚，1951年大地震，1960年水肿病流行，文化大革命再受摧残，因而人口锐减，市面萧条，现虽开始恢复，但人口仅有7 000，一切处于百废待兴状态。午饭后先参观城内在整修的景风阁公园。阁内有来薰阁、八角亭、灵宝塔，阁外有孔庙、关岳庙、财神庙等古建筑。城西金华山有6米高多闻天王造像，人称石将军，浮雕下部深，上部浅，有凌空飞舞的动感。旁边还有一尊睡佛造像，长4米宽2米，面色微红，身下金颗银颗都用彩石雕成，手法精巧，均为南诏大理时代雕刻的杰作。可惜我为赶去石钟山，未得登山造访。随后我们乘车出剑川南行8公里回到甸南，然后转而西去到石宝山的海云居，这里本来可以瞭望玉龙雪山，我们去时因有云雾遮挡，未能看到。随后转到另一山头看宝相寺，寺背靠片状岩石层的崖壁前，其下层为大

石钟寺山门

石质

狮子关7号窟

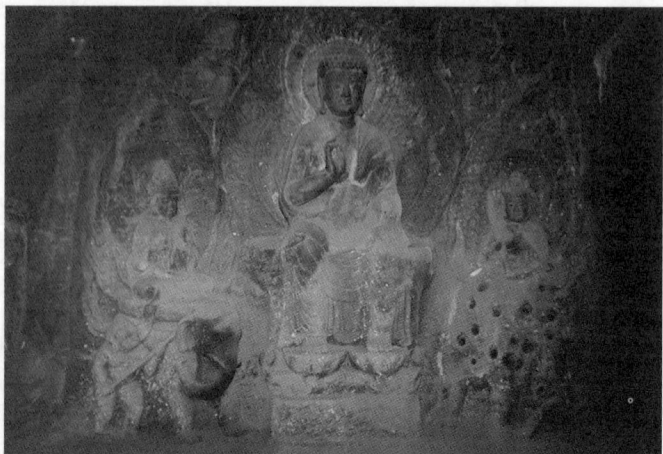

狮子关8号窟

殿、二殿，上层为弥勒殿、玉皇阁凌空建在深凹的窟内，凿石抬梁，悬空搭在阁楼上的天梯是爬进岩洞的通道。寺之周围空旷幽静，金秋八月当地白族赛歌会常在此地举行。下山后步行走山路去石钟寺，爬山路共5公里，景色平淡。待爬到半山走过石坊，望见石钟山建筑侧面的高翘檐角和洁白山墙，我的精神才开始振奋，于是加快了脚步，天黑前赶到山门。很久没有走山路当然有些累。这里大殿正在修整，山上没有电，我们在门洞里点油灯吃了晚饭，然后露天便溺关上山门睡在门洞上，等于在野营中度过一晚。

29日晨起，登山回顾全寺，见山门内一座孤岩耸立，上有小的石庙，颇为少见。然后看附近石窟佛像，再下山到对面狮子关看三处有关南诏王室石窟，最后又从山上走到山下沙登村看多闻天王与增长天王像和其余石窟。石钟山为距剑川西南25公里风景奇丽石宝山之南支，东临富饶的沙溪坝子，海拔2 600米，石质为红色沙岩，有类辽宁金石滩海岸龟背石的方格纹而颗粒突起，宛如紫色的葡萄，极为美丽动人。山上石窟迄今已发现17座，造像139驱，题记44则。最早纪年为南诏十世王劝丰佑天启11年，相当唐宣宗时代（850年），延续至大理国时代前后300余年。石窟造像中有的佛像雕刻细致，造型优美，如2号的甘露观音宛然善良的典型白族妇女。有的反映南诏与大理时代的生活气息，如1号窟上下两层正中三佛像，莲花座上雕女子生殖器为朝拜者涂油抚摸已漆黑锃亮，表示对母系的崇拜。狮子关7号窟以南诏五世王阁罗风为中心，他带圆锥形的头囊，身着圆领左衽宽袖直缝长袍，背衬日月流云纹屏幛，两旁侍者分立，左右簇拥着羽仪长及功臣战将。右侧伞下结跏趺坐着大袖僧衣手持念珠的王弟阁陂和尚。两清平官对坐两侧。整个布局层次分明，神态逼真，达到很高的艺术境界。8号窟是南诏六世王异牟寻，两旁对坐清平官，一侍者短发齐耳手捧文书，一侍者结髻于顶，身背斗笠，执巾扶杖似从远处归来，表现亦生动活泼。11窟通称全家福，雕有王子、王妃及其子女、侍从，表现王室的日常生活。此外还有酒醉鬼和波斯人的特别雕像，都具有研究南诏与大理的历史与文化价值，为此国家已将石钟山石窟列为文物保护单位。云南省与剑川县正在建设包括海云居、宝相寺在内的整个石宝山风景区。当日下午我们由沙登乘车回到甸南再南归大理。

二十八　玉龙雪山、丽江古城和纳西族

"玉垒千年存古雪，金沙万里走波澜"1984年月3月我特意从大理来访问的丽江纳西族自治县是一个很特殊的地方。丽江处于青藏高原南部横断山地向云贵高原过渡的衔接地段，主要山脉为云岭所属的玉龙雪山和老君山。"只许星斗照其顶，鲲鹏欲度不敢飞"的玉龙雪山，南北走向共13座山峰，长35公里，宽12公里，和中甸的哈巴雪山夹着金沙江相对而立，主峰扇子陡海拔5 596米，与山脚下的丽江坝子相对高度为3 190米，是长江沿岸最高的山峰。老君山在玉龙西，为云岭主脉，在金沙江与澜沧江之间从丽江、维西伸向剑川、洱源，主峰海拔4 240米。玉龙雪山的余脉斜向伸往东北及东南包围着面积200平方公里的丽江坝子。金沙江从西北中甸南来到丽江石鼓，突然北折，在玉龙与哈巴雪山间夺路而出，形成世界著名的虎跳峡谷。这峡谷共长18公里，江水落差170米，沿路有18座险滩，两岸为高不可攀的悬崖绝壁，从江岸到雪顶高差3 600米，江面最狭处仅30米，传说有虎曾从此跃过江去。汹涌江水在此狭谷险滩中曲折宛转奔腾

而下，白浪如山，水声如雷；如遇雨季，四处山水形成无数瀑布坠入江中，与江流相互激宕，泡沫翻腾，水雾迷茫，实为天下奇观。出峡北流水势渐缓，至三江口地处丽江、宁蒗、中甸及四川木里交界，是鸡鸣唤四县的地方，折向南流。至鸡足山附近转向东流至四川宜宾。丽江坝子就处在这447公里长的金沙江所环绕的河套中。虽地近亚热带但地势高属低纬高原季风气候区，全年温差小，只有干季雨季，而无明显四季。坝子年降雨量700～1 200毫米，年日照数为2 530小时。丽江兼有寒温热三带植被，玉龙及老君山为植物、动物、药材之乡又是花卉世界，有山茶、杜鹃、报春、兰花、牡丹、水仙、梅花、而贴梗海棠更名闻国内外（参考：《丽江纳西族自治县概况》）。

20世纪五六十年代丽江南部漾西木家桥发现10万年前的人类股骨、头盖骨和古生物化石，考古界称为"丽江人"。近年来又在金沙江边的大东发现数十件新石器，在巨甸发现红铜斧，在大具、红岩等地发现青铜器，证明丽江是人类发源地之一。战国时代丽江属秦之蜀郡，汉属越巂郡，蜀汉属云南郡，唐初属姚州都督府，后一度归吐蕃，最后属南诏。大理国时期名义属大理但丽江牟西牟磋和蒙醋醋两系强盛"段氏虽盛，亦莫能有"。元设丽江路军民总管府，丽江之名自此始。明清改丽江府，实际由元至清初470年间始终为木氏土司世袭统治。雍

白沙大宝积宫

丽江四方街

正改土归流降土司为土通判。民国时丽江设专署，解放后1961年成立丽江纳西族自治县，仍保留专署。丽江是纳西族集中的地区，据1990年统计全国纳西族人口28万，23万在云南，而其中近20万在丽江。纳西语属汉藏语系藏缅语族彝语支。纳西族渊源于西北羌族，汉代称旄牛夷，晋后称么些、么梭，唐初由北向南迁居到盐源、木里、宁蒗、宾川、中甸、丽江一带。丽江是唐、吐蕃、南诏相互争夺的地区，纳西族备遭战祸之苦。大理时么些族的奴隶主始逐渐强大，元忽必烈在奉良三江口以革囊渡江，纳西蒙醋醋系因抵抗受损，叶古年系因助元而受重用，其子孙直至明朝仍世袭丽江知府，并赐姓为木。土司制度属封建领主经济，明土司有官庄14处，庄奴2 400多人，并规定官姓木，民姓和。木氏土司经常出兵协助明军作战，成为滇川藏边境的重大势力。至清改土归流，始演变成为封建地主经济。纳西族不守旧、不排外，善于向先进民族学习。

明代木氏土府有万卷藏书楼，出刊汉文诗集，徐霞客称木增"世著风雅，交满天下。"清末以诗文传世者50余人。纳西族在一千多年前创造出一种古老的象形文字，用这种文字写下的书多用在道场朗诵因名东巴经。据不完全统计现存东巴经约有两万多册，为研究纳西历史文化和古文字学的重要资料。纳西族有许多神话传说诗歌故事，有大型古典乐曲如白沙细乐、丽江古乐，有独具风格的东巴舞，还有东巴画如恒丁神路图描写天上、人间和地狱，人物繁多，故事离奇。纳西族很早即为一妻一夫制的父系家族，恋爱虽可自由但婚姻须父母作主。丧葬原为火葬现流行土葬。服装古今变化较大，现男子已与汉族相同，妇女穿宽腰大袖前短后长的镶边女袄，外加紫或藏青坎肩，下着长裤，系多折围腰，背上系羊皮上缀七星为七个圆布圈，圈内用彩线绣成图案，下有垂穗七对，俗名披星戴月。已婚妇女盘髻于顶，戴圆形沙帕。住宅山区为木楞

丽江北岳庙高山栲

玉峰寺

黑龙潭

五凤楼

房,坝区为三合一照壁,四合五天井等合院建筑。

我由剑川来丽江,路上车子连坏两次,又碰上堵车,耽误了5个小时。幸亏这里经度比北京少14度,我们到时天还未黑。第二天上午乘丽江车出城西北,行17公里,直去玉龙雪山下的玉峰寺。路上看雪山因多云山体不明亮,但积雪闪烁仍清晰可见。寺创建于乾隆时代为丽江七座喇嘛寺之一,现存建筑比较简陋,寺以万朵茶花著称,号山茶王。相传花树植于明永乐,原为两株并立,后主干合一,分出许多枝杈,经花匠精心编织,现已成为高3米宽4米的花棚。每年立春开花,立夏花尽,百多天内先后20余批,每批有花千余朵,最大并蒂花直径达20厘米,花蕊九丛,花瓣十八,名照殿红。每逢花期火树霞棚,美艳绝伦,呈现"树头万朵齐吞火,残雪烧红半个天"的奇景。我们去时茶花已近尾期,但仍一片眩红傲绿,使人流连不已。寺之外围有十里香园,十里香花白,味

清香,冬至开至暮春。下山不远有北岳庙,为南诏封玉龙为北岳时建,又名三多庙,纳西以三多为保护神,每年二月、八月羊日聚此拜祭。此庙在文革中受严重破坏,现庙前有古老高山榉。白沙村在玉龙山麓,原为明代木氏知府所在地,经济繁荣时修建了许多寺庙,成为宗教活动中心,现存明代兴建的大宝积宫及琉璃殿、大定阁、文昌宫、福国寺、大觉宫及清建普济寺等部分建筑。其中有些寺院保存丽江木氏土司时代的壁画,颇为著名。他们糅合汉藏艺术,突破宗教题材,表现对生活的热情和敏锐的观察力;如大宝积宫佛传画中的织布、捕鱼、舞蹈,具有地方特色。普门品经故事画中的官吏、差役、刽子手、旅人、罪犯更是明代社会的写照。大定阁的四个媚态观音画得极有人情味。龙泉村数处泉水涌出,村中青瓦粉墙,绿柳拂水,十分清幽。普济寺有两株云南樱花,虬枝交互扭曲,整个庭院为其遮满,花开季节,一片粉红,与周围白色梨花相映照,可

与玉峰寺万朵山茶相媲美。

从玉龙山下归来看城北黑龙潭,潭在象山脚下,又名玉泉,潭面开阔,水清见底,为观赏玉龙雪山倒影最佳地点。清乾隆时曾建玉泉龙神祠,解放后大加扩充,翻修得月楼,新辟百花洲,沿堤岸栽种一树海棠一树柳,最近又将福国寺的五凤楼迁来北岸,使黑龙潭正如郭沫若所题楹联"龙潭倒映十三峰,潜龙在天,飞龙在地。玉水纵横半里许,墨玉为体,苍玉为神。"风景愈益完美。五凤楼明万历时建(1601年),楼方形三层高20米,每层飞檐八角共24个啄天飞檐,从任何角度都可见五个飞角有如五支彩凤。楼顶玲珑多节宝塔金光四射,结构复杂、雕刻华丽,造型宏伟。从黑龙潭回来看古城。我于1985年4月三来大理,再到丽江,首先登上狮子山眺望丽江,古城全部历历在目。丽江城原为大研镇,元忽必烈渡江后曾在此屯兵,明代木氏由白沙迁此,在狮子山东麓营建宫室。徐霞客过此曾写"民房群

丽江沿水民居

丽江街道

沿水民居

土司家大门

落，瓦屋栉比"而木氏官署"宫室之丽，拟于王者"。清初改土归流时开始筑城。解放后城墙已毁而古城基本保存。古城西依狮子山北对象山，远眺北有玉龙雪山，南有文笔峰。丽江虽地处海拔2 400米的高原，却有水乡之称，水源来自玉泉，至双拱桥分为西、中、东河三股，穿过全城。街道、房屋随河道曲折而建。建筑利用地形起伏，高低错落，道路随同水流宛转，主街傍河，小巷沿溪；外向的街道和内向的合院民居相结合；层数高低，体量大小，适应人的尺度并与周围环境相谐调。居民保护水源，防止污染，数百年来始终保持"家家流水，户户垂杨"的优美环境和清洁用水。纳西居民又有养鸟养花习惯，鸟语花香更使生活美化。城中道路全用五彩块石砌成，降雨或流水冲洗后既清洁又美观。古城中心有小广场名四方街，为经常的贸易市场。木氏府第在狮子山，原来规模宏大，后毁于火，重修

已不及从前，文革中再遭浩劫，连木府正门忠义石坊亦遭拆毁。现存光碧楼已迁到黑龙潭，我们去时只有住宅可以参观。城中劫余寺庙现大都为学校、工厂占用。总之丽江古城虽经破坏，但因新区在另地发展古城基本得到保存，为我国极为难得的历史文化遗产，应该列入国家重要文物保护单位以期得到有效的保护。

二十九　金沙江、泸沽湖和摩梭阿注婚

1985年我再次来丽江主要想访问神秘的泸沽湖和摩梭族，顺便看看金沙江。4月28日早起出发去永胜，虽天降小雨，但沿途穿民族服装的妇女甚多。东行18公里爬坡到龙山，再前为金沙江漫长而陡的北坡，虽

永胜灵源洞

龙山之云

永胜民居

纳西族民居

红桥坝子纳西民居

金沙江

经雨淋湿的黑色岩石有些阴森，但满山金黄和绿色植物却使周围生气勃勃。我因雨忙着赶路，过金沙江未停，至二郎坡山势平缓些，到永胜雨住天晴，共走100公里。午饭后立即起身赶往宁蒗。出永胜境即爬大山，此地属小凉山一脉，宁蒗为彝族自治县，所见彝族妇女都穿民族服装，头戴扇式大帽，上身在彩色短衫外罩黑坎肩，下着不同颜色分段长裙。男子衣着与汉人同，唯多带黑色斗篷，在山中披以御寒，或席地铺坐。住房为适应放牧需要，比较分散。据同行者介绍，彝人盖木楞房必须在当天盖好，否则认为不吉利。平时从不锁门，无人偷盗，如有犯者，必受重责。沿路林木毁坏严重，山坡一片赤红。下午4时到宁蒗县，共行115公里。晚上宿于县招待所，这里北距泸沽湖尚有70公里。29日上午连过三座山和红桥、黄腊老两个平坝子到泸沽湖南山。途中天气帮忙由阴转多云，到泸沽竟不时露出太阳。

泸沽湖地处宁蒗和四川盐源交界，湖面海拔2 685米，面积50.2平方公里，平均水深40米，为川滇著名高原深水湖泊。泸沽湖南北长9.5公里，东西宽6公里，东岸有细长半岛伸入湖中，半岛前端还有个小岛，川滇两省即以此为分界线。湖之周围有群山环抱，湖面与山峰相对高差1 100米，山高湖广，气势雄伟。"泸沽"摩梭语"落水"之意，湖水从海门桥东注雅砻江。北面最高的狮子山，海拔4 000米，为附近最高山峰。在湖的周围居住着一个奇特的民族，纳西族的一个支系叫摩梭人，他们长期居住在这个交通闭塞的偏远山区，过着自给自足的生活，很少与外面往来，因而保存着原始母系家庭和初期对偶婚的生活，被学者称为古代人类社会的活化石，也有人戏称为女儿国。他们把狮子山称为众山之首的"干木"女神，她不仅主宰人口兴衰、农业丰歉、牲

小凉山彝族木楞房

泸沽湖西岸

泸沽湖南山

落水乡

433

畜增减也管妇女的健美、生育和婚姻。每年农历3月15日和7月25日，摩梭男女都身着盛装到狮子山祭祀女神并举行耍山、耍海子活动。

我们到达南山后让车子停在山路上，我爬上山梁，眼前立刻一亮。啊！多么美的泸沽湖！和天空一样蔚蓝的湖水，把天上所有的白云都装进湖里，周围的群山好像一条深蓝色的缎带横在中间。狮子山雄峙在对面，湖里一只小船上站着一个人是这蓝色世界中唯一活动的机体，但在这广阔的湖心里也似一动不动的定在那里。啊！这真是一幅朦胧、神秘而诱人的画！于是我离开车而慢步走下山，以尽情欣赏这无穷的景色。周围异常清新与安静，我在享受这无限恬静美的时候似乎还尝到一点探险的味道。走到湖边周围没有人家，我急于到狮子山，便再坐上车沿湖西岸赶路，土路平坦，车上能浏览沿湖风光。到了湖的西北角，有几处人家，地名李格，车子停下，狮子山就近在面前。湖西又有小湖，在山峦环绕中，松柏苍翠。湖水深碧，沙滩半绕，绿岛突出，别有清幽韵味。车路出山通往摩梭人较大集居点永宁。狮子山高不及攀登，南顾泸沽，山势和缓，平视湖面，开阔空荡，与南

山俯视大不相同。东望更为辽阔，半岛那边情况如何？只有待今后环湖路通，再窥奥秘。下午两点车转回南岸落水乡，我们在路边小饭馆吃饭，我下车在湖边漫步，见湖中独木舟中有两个小孩玩耍，不远有一个高个姑娘沿岸走来，我迎上去和她攀谈，带川音的普通话居然说得很好。她是东岸盐源摩梭人，来这里串亲戚。我给她们拍了照并趁空拍下附近圆木架成井干式的木楼房。用饭时商定晚上赶回永胜，有百多公里山路要跑，因此不能去访问摩梭家庭。同行的徐天策工程师曾在这里下放，饭间他把亲自了解的情况告诉我们。摩梭家庭以母亲为中心，所有她的子女都跟她一起生活。女子长大便有单间房屋，找到对象后，男的晚上来女家住，白天再回到自己家去，这称为阿注婚。双方如不满意可随时分离，但不能同时有两个阿注。比如永宁斯布家有正房厢房及门房的四合院，她有三个姐姐，大姐、二姐分出去只有三姐与她同住。一般女家长或老年妇女带未成年的小孩住正房，厢房常用以堆放东西或作畜厩、磨房等杂用，而在门房楼上辟出单间为成年妇女接待男阿注，这种房屋叫"花骨"。成年男子因为走婚住在女家，故在本家没有住处。本家老年

男子住正房。斯布家有住人的房子9间，上下有20几口，这只算个中等家庭。正房正中为火塘，左右两根柱子。以右为尊，右柱为女柱，女家长坐首席，左柱为男柱，也依辈份排坐。解放后这种阿注婚的家庭也在变化中，有些男阿注长期住在女家，也有分居单过的。

车行6小时天黑到永胜。30日上午去城东8公里的观音箐，清泉幽谷中有明清建筑的观音阁、真武阁等。文革被破坏现在重建。观音阁石壁上有题名吴道子刻的观音像。下午返丽江再过金沙江，天气晴和时间充裕，我在山间及岸边下车仔细观察，这里虽非虎跳峡，然江流汹涌依然震撼人心。蛋青色江水与大片金黄的远近山相对比，江水下落露出一条浓黑的岩石带，走近时可以看到江面皱起洁白晶莹如丝线的光纹和悬在空中的索桥。就是这条金沙江汇流成浩荡的长江养育着几亿中华儿女，就是这条金沙江为我们几路红军往返穿过去争取新中国的诞生。我怀着回忆心情慢慢走过大桥然后乘车爬上陡峻而漫长的北坡，回到地势更高的丽江坝子。

泸沽湖西北湾

南顾泸沽湖

珠江与南海的热带风景

华南包括广西、广东、福建、台湾、香港、澳门、海南及南海诸岛，位于我国之最南部，囊括整个南海，外与越南、菲律宾、马来西亚、印度尼西亚等国为邻。南岭是我国地理的重要分界线，南岭以北的气候为中亚热带，福州、赣州、昆明一线以南一月平均温度在8℃以上。南岭以南的气候为南亚热带及热带，广州至南宁以南的一月平均温度在12℃以上，雷州半岛南部，台湾的东南海岸及海南岛的一月平均温度在16℃以上，海南和台湾岛的最南端更达到20℃以上。由于我国热带面积很小，通常把南亚热带看作热带，于是华南乃成为我国热带地区的代表。华南地表起伏不平，山丘与谷地错综复杂，海岸曲折，港湾极多。南岭花岗岩山地分布在湘桂粤赣边界，有越城、都庞、萌渚、骑田、大庾五岭，虽平均海拔为1 000米左右，但能阻滞南北气流运行并成为长江与珠江水系的分水岭。武夷山脉绵亘于闽赣边境，长500余公里，平均海拔1 000~1 500米，为福建西北部的天然屏障。南岭和武夷多红层盆地和丹霞地貌，如福建崇安，广东乐昌、仁化均为丹崖碧水的风景区。台湾由阿里山、玉山几条平行山脉组成，海拔多达3 000米以上，日月潭面积900公顷为有名的风景区。

华南河流水系多，密度大，珠江和闽江是两条最大的河流。珠江上游为西江、东江、北江。西江为珠江主干，发源于云南东部，全长2 197公里，为我国第五大河，但流量却仅次于长江而为黄河的8倍。珠江三角洲面积为11 000平方公里，与长江三角洲同为最密的水网地带。闽江为福建最大河流，源出武夷山，全长577公里。华南地层复杂，花岗岩中有岩浆侵入，台湾处于欧亚和太平洋板块接触带，有平行断裂，为全国温泉与地热资源丰富地区，广东露出温泉有230处，福建有150处，台湾有100处，福州温泉占全市面积1/7，为济南以外泉水最多的城市。华南海岸线长达10 000公里，曲率为1:4.33，福建为1:6.2。山地或台地直临大海有的成为海蚀岬湾海岸，密布奇岩怪石，如台湾野柳岬48景；有的海崖前有孤丘沙滩，如海南天涯海角；有的断崖临海如台湾东海岸海深4 500米，岸壁高1 800米，成为世界最高的断崖。华南有红树林和珊瑚礁。有与大陆相连的大陆岛如台湾、海南、厦门、香港等。也有珊瑚礁生成的海洋岛如东沙、西沙、中沙、南沙200多座岛屿、沙洲、礁滩等。华南大部地区年降雨量为1 400~2 000毫米，雨量充沛并常降暴雨。全国80％的台风于5~11月间在华南登陆。植被为终年常绿的热带季风雨林和亚热带常绿阔叶林。作物生长季节长，水稻等大都一年三熟。

从秦汉时期起广州即是我国对外交往的要地，以后福州、泉州、厦门、汕头、湛江陆续开放，我与东南亚各国并远至地中海与非洲沿海的海上交通日益发展，贸易往来逐渐增加。华南沿海是我国华侨最多的地区，改革开放以来也是沿海开放城市和特区的重点，十多年来对于我国社会主义建设作出重要的贡献。香港及澳门已经回归，待统一台湾后，华南在祖国现代化的社会主义建设中将起更大的作用。

一　山水甲天下的桂林

"桂林山水甲天下"之说盛于唐宋，南宋诗人范成大《桂海虞衡志》写的最为详尽，"余生东吴而北抚幽燕，南宅交广，西使岷峨之下，三方皆走万里，所至无不登览。太行常山衡岳庐阜，皆崇高雄厚，虽有诸峰之名，政尔魁然大山峰云者，盖强名之。其最号奇秀，莫如池之九华，歙之黄山，括之仙都，温之雁荡，夔之巫峡，此天下同称之者，然皆数峰而止耳"。"且所以能拔乎其萃者，必因重阁复岭之势，盘亘而起，其发也有自来。桂之千峰，皆旁无延缘，悉自平地窿然峭立，玉笋瑶簪，森列天际，其怪且多如此，诚为天下

第一。韩退之诗云"水作青罗带，山如碧玉簪"。柳子厚訾家洲记云"桂州多灵山，发地峭竖，林立四野"。黄鲁直诗云"桂岭环城如雁荡，平地苍玉忽嵯峨"。观三子语意，则桂山之奇固在目中，不徒余言之赘。"后代游人均以为定评。桂林地质为几千万年前的海底石灰岩经地壳上升运动形成岩溶槽谷平原，丛立石山相对高度不超过150米，断岩陡壁，独峰耸立，孤峰冲天向上，群山凌空飞驰，造成类人肖生的千姿百态。漓江有许多支流，水量丰富而异常清洁，游鱼卵石，历历可数。而最佳风景多出在江山会景处，峰峦倒立山浮水，益以渔村竹丛，红帆白云，清画家罗辰说"人间老画家，到此寸心折"。桂林石山几乎到处有溶洞，因地壳不断上升而形成多层次，水沿着岩层或裂缝渗透成地下

河湖及地下厅堂，洞内石灰岩受水溶化凝固而形成石钟乳、石笋、石幔、石花，玲珑透剔，五彩缤纷，成为大自然的艺术宝库。纪元前214年，秦置桂林郡，当时桂林已是南连海域，北达中原的重镇，以后历代是郡府的首府，行省的省会。抗日战争中又是大后方的重要都市，人口曾达60多万。不幸日寇进犯，全市为大火焚烧，解放后人口仅余13万。清金石家叶昌炽曾说"唐宋题名之渊薮，以桂林为甲"，现在桂林残存石刻仍在国内占有重要地位。据最近调查现存摩崖及碑碣尚有千二百件，其著者如唐贯休十六尊者像、宋元佑党籍碑、米芾自画像等。

我和建筑科学研究院有关科技人员从1959年起到1962年止与广西和桂林的有关部门共同进行风景资源调查、风景区规划

桂林叠彩山

叠彩山南望

叠彩山东望

叠彩山西望

设计、开发芦笛岩、兴建月牙楼。我们在工作中逐渐明确几项原则。第一，树立风景区观念。为适应现代社会生活及旅游事业不断发展，桂林风景区应突破原有的狭小范围，要以石山所及地区桂林、灵川、临桂、阳朔境内方圆3 000平方公里为中心，以龙胜森林、民居，兴安灵渠为外围，开发建设更多风景点。桂林市应有市中心、七星岩、朝阳山、芦笛岩及桃花江、南溪山、隐山西湖、尧山七个风景小区。漓江应有大圩、草坪光岩、画山兴坪、阳朔、福利、玉龙河、葡萄、雁山八个风景小区。如此旅游者可有更多的进出点，以平衡车流与人流并控制老区的扩展，开发新区。第二，坚持城市以风景旅游为中心的建设方针。大跃进时期曾在市区区办钢铁厂、电厂并筹建水泥工业，经规划后，才明确桂林为风景城市。但文革中又认为风景园林为资产阶级享乐处所，乃肆意破坏风景，以致漓江水枯并严重

污染。文革后各界发出拯救桂林呼声，我也著文呼吁桂林应以风景旅游带动其他建设事业，风景区应实行统一领导，旅游事业应实行企业化。终于国务院发出指示，要求"尽早恢复并很好保持桂林山水甲天下的风貌"。第三，发扬我国传统风景园林的优秀传统。五六十年代我们曾建议停止七星山在真山真水面前搞西洋喷泉花坛的工程而制定新的园林规划设计，兴建月牙楼和小广寒等风景建筑。20世纪八十年代全国兴起高楼热，当地又计划在叠彩山下的漓江中修高层宾馆，我们认为在桂林石山区建体量过大和层数过高的楼房是对桂林风景的破坏，而在漓江中建高楼简直就是毁灭漓江。以后在各方反对下高楼计划作罢。

桂林是石山林立，江河交叉，湖塘遍布的城市。沿漓江可以观赏叠彩山、伏波山、象鼻山、南溪山、穿山，在市中心可以看见老人山，如环城水系修通，可以从漓江北段

乘船驶到壕塘看独秀峰，折回市中游榕湖、杉湖再南入燕塘转桃花江去西湖看隐山，进黑山看芦笛岩然后返回漓江南段。如登高纵览最好先游叠彩山。叠彩山下山门上写"到清谅境，生欢喜心"，门外有唐篆刻元晦"四望山记"，明刻"江山会景处"，门内有明末抗清英雄瞿式耜和张同敞就义碑。山门上新建桂厅，厅后为叠彩岩，石壁凹处除佛像外，刻元晦《叠彩山记》及历代诗文，内有通往山上的石洞，山风吹过，令人遍体生凉，当地称为风洞。过风洞为北牖洞，内有石卧佛与铁罗汉，壁上有宋曾布，清袁枚等题刻。绕盘道至半山有望江亭，再登三百石级即到明月峰绝顶。峰顶有五代时楚王马殷所建石坛——马王台及后建的拿云亭。亭上四望，南见漓江环绕市区，一片绿树青瓦中有伏波与独秀挺立；漓江中穿山月岩空透团圆，确如一轮明月。而整体穿山正如一只雄鸡与西岸的斗鸡山引颈相对。江中宝塔山又似一只

月牙楼

月牙楼望西山

独秀峰

象鼻山

军舰迎面驶来，形象逼真令人怦然心动。东望则一线青苍远山，此起彼伏，似无数奔驰的天马。北望木山下江面停泊渔船一片，旁有洞内溪水铮淙似奏韶音的虞山，远处还有清李秉礼诗中所指"鹭鸶飞去落前滩，夹岸菰芦湾复湾；云断遥空青一抹，舟人指点是尧山"。西望秀峰绵延，犹如万朵青莲捧至目前。登一山而见如此丰富如此生动的景色，非桂林山水，不能得此。

叠彩山南有伏波山以山麓还珠洞著称。洞内开敞厅堂下与江水相通，临江处有三四米高的石柱下垂距地平仅十厘米名试剑石，传说为汉马援南征时试剑处。旭日东升时江面阳光反照，洞内金碧辉煌，有如水晶宫殿。洞壁上刻有唐大中（公元852年）佛龛和宋米芾自画像。榕湖、杉湖原为唐之护城河，今城废，只在榕湖北岸遗存古榕树，已有800年的历史。独秀峰位于市中心明静江王府内，岩壁上榜书"南天一柱""紫袍金

带""介然独立"及唐《独秀山新开石室记》、元刻孔子像。山北有月牙池。循沿江路南行至象鼻山，山上有十余米高的普贤塔，山腰有左右对穿的象眼岩，山下有高广各十余米的水月洞，外壁悬岩有如象鼻深入江中吸水。洞内石刻有范成大"复水月洞铭"及陆游诗和手扎。山西有唐建开元寺已废，残存后建的舍利塔。由此再南为南溪山、斗鸡山与江中宝塔山、江东的穿山，即叠彩山上遥望的一组对景。南溪山石呈五彩，洞口众多，我曾深入山腹，内有地下河及二三十米高的洞穴，裂缝坠石甚多，现在不宜开放。岩壁间图刻有刘仙岩形胜全图，二十四岩洞歌等。宝塔山有七层八角实心砖塔。穿山月岩南北贯通，洞内可坐百人。

过漓江的解放桥，即抵漓江支流小东江的花桥，隔桥可望见七星山。山之北面四峰为北斗之斗魁名普陀山，南面三峰为北斗之斗柄名月牙山。著名的七星岩在普陀天

玑峰的半山上。过花桥左转到普陀山麓，前有绿柳垂拂的灵剑江，山门内左有唐颜真卿书逍遥楼碑及《宋湘南楼记》、《明广西省城碑记》；右有元风洞。然后沿石级上山至超尘静处右转为博望坪，下有抗战八百壮士墓；左转为普陀精舍，舍后石室刻多心经，舍旁小蓬莱有小石林。再经普陀岩下30多石级入玄武阁，阁内石壁上有明代龟蛇石雕。出阁到七星岩洞口，左右有栖霞、碧虚二亭从口上盘旋下洞为高近20米的敞厅。内游览干路长800米，分六个洞天两个洞府，类人像形，命名刘三姐歌台等百多景点。唯因开放时间过久，烟熏火燎，钟乳石大都变黑。出洞口至山后现辟为花园，盆景雕石，花木缤纷。将转回博望坡，附近有20多米高的石山，像一只活脱脱昂首蹲卧的骆驼，名骆驼山。过山角到月牙楼，南为月牙山三峰，通常过小广寒去龙隐岩。小东江从岩下穿过内有龙隐洞，其轮廓似象鼻

小广寒

龙隐洞石刻

龙隐洞石刻

山之水月洞而宽广过之。中有钓台，江水从旁流过，每逢阳光照射，水波反映入洞，清楚可见洞顶正中有条蜿蜒的石槽，相传为潜龙出洞所留。洞及附近龙隐寺为桂林石刻最丰富的地方，有全国知名的宋徽宗《元佑党籍碑》，中列司马光等309名党人姓名，此碑为1198年重刻，写刻极工，有重要历史及书法价值。此外还有唐"杜鹃花诗"。宋"宋颂""龙隐""破壁而飞"大字摩崖，曾布等人题刻，米芾唱和诗等。七星岩东朝阳山有洞为观赏东山及田野风光极佳位置。东北数公里外有桂林最大的土山——尧山，山下有龙池、祝圣庵、靖江王妃墓，半山有寿佛庵和白云观，相传为秦之尧帝庙，庙前有旱涝保收的几亩水田名天赐田。据当地人说尧山云雾起，桂林必下雨。冬季山顶常有积雪，明严震直诗"朔风从东来，吹坠遥空雪；洒向尧山顶，相看最奇绝"。

　　沿桃花江西行可到隐山与西山。隐山原为西湖之岛，唐李渤加以开发建设，至明湖已淤积成田。现山前为华盖庵，门上刻"隐山六洞"，殿内壁嵌有唐高僧贯休绘十六尊者像的石刻，外壁嵌有清刻金刚经。出寺有朝阳亭及石林，西入龙泉洞底有水池，再前雾气笼照石乳，泉水滴答作响，是为龙宫。北行到嘉莲洞，有范成大篆书大字"招隐山"，内石乳繁多，左下通夕阳洞，出洞右转为北牖洞，洞内外有吴道子刻观音石像，李渤《新开隐山石室记》，陆游书"诗境"，阮元《隐山铭》。其右为高隐洞，有黑石琴台，可坐听清泉叮咚作响。最后登高上朝阳洞，内有石乳凝成的老君像和石雕卧佛。西山中有石林及唐代摩崖石刻佛像数百尊。山凹中有烈士墓葬来华协助抗日的苏联中校巴布什金。现隐山及西山比较荒芜，如按规划恢复西湖，面目当大为改观。隐山西出二塘为城市发展用地，沿路有中隐山、琴潭等景点。如逆桃花江北去，可直达新开发的

芦笛岩。芦笛岩位于桃花江西岸一个名茅茅头的小山上，现经整修开放游程已达500米。洞内有唐高僧怀信等五人于元和十二年同游留记及宋嘉定九年的诗句。说明当时虽非游览之所但确有人进过洞，元明以后群众只在战乱时躲反，此洞早已湮没无闻。徐霞客虽曾到了七星岩和阳朔，但从未提及茅茅头。1959～1960年我们为了编制风景区的规划，不能不认真而细致地调查风景资源。因此我们几乎爬遍了桂林周围的主要岩洞。芦笛岩就是在这种情况下发现的。我们经过勘查后认为芦笛岩整体构造及钟乳石色彩姿态的观赏价值远远超过老化并污染了的七星岩。于是经区市领导同意后便迅速投入设计与施工，并在最短时间内开放。　我们在建设中保持洞口狭小平凡的原形并在适当距离外建不大的出入兼展览的门厅，保留相邻山峰间的爬坡山路而在缝隙间建飞桥，把招待游人的服务厅建在山

桃花江

芦笛岩下

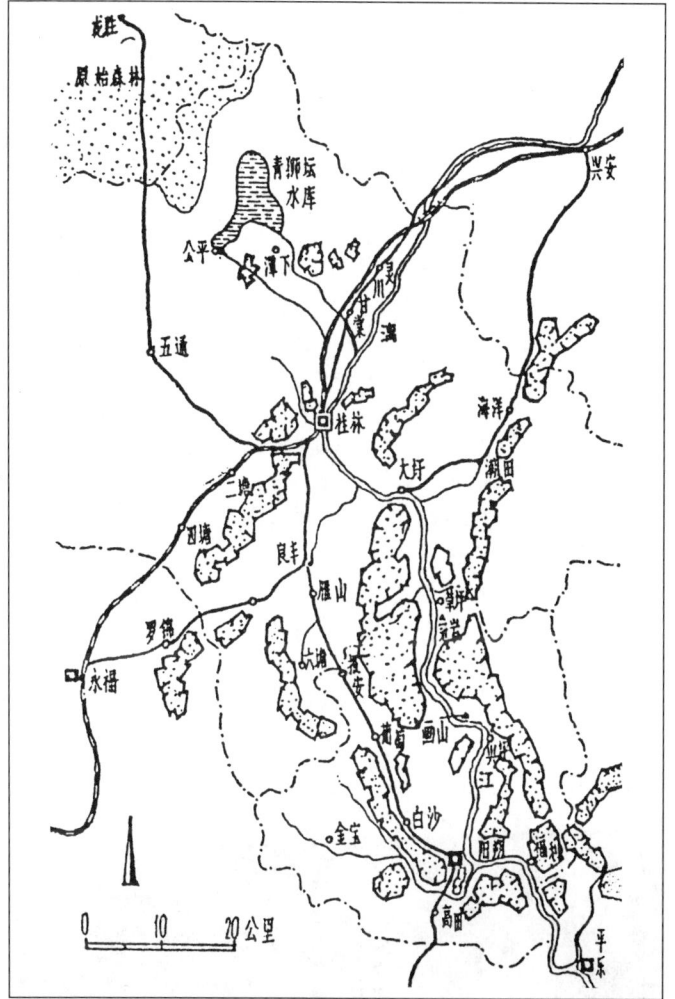

桂林风景区位置图

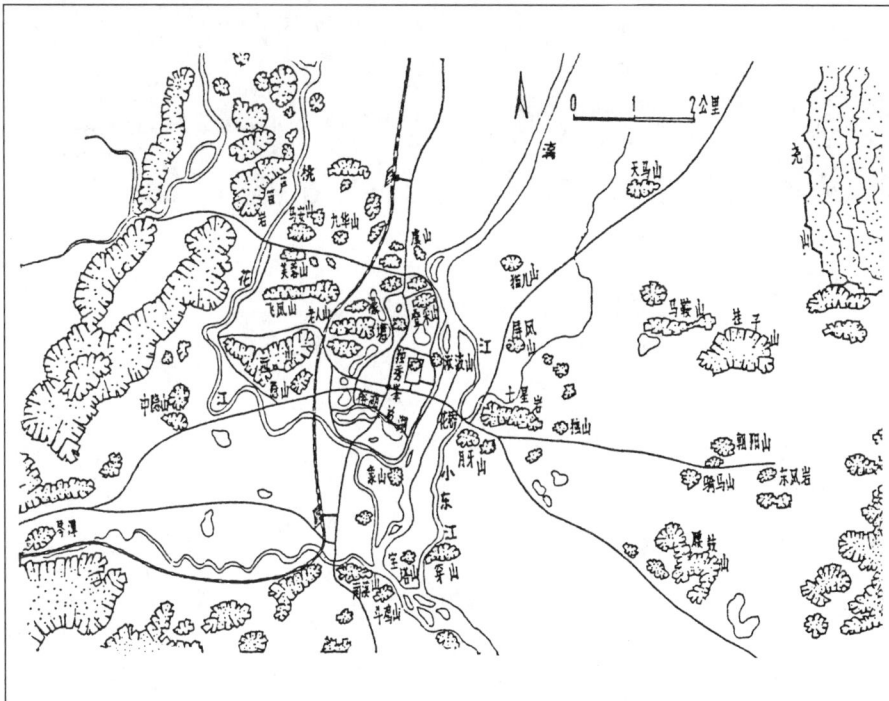

桂林市风景点分布图

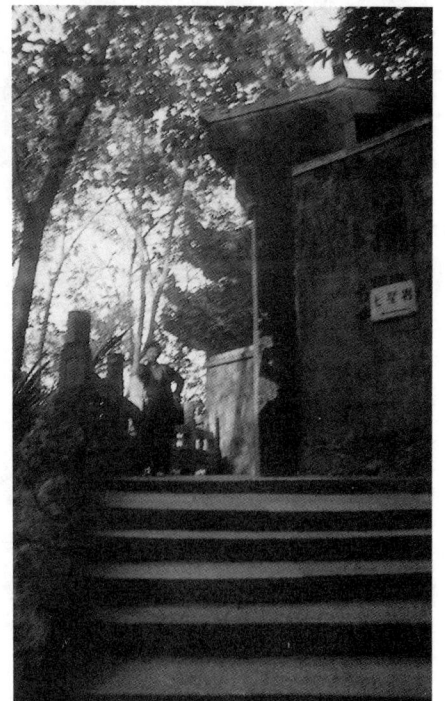

七星岩

脚和对面山腰，以增强并保护洞口的自然本色。引桃花江水到山下扩成游览兼养鱼的湖泊。洞内装分段、隐蔽的自然光灯，选择最优游览路线，编写艺术而接近历史与科学的解说词，分批控制进洞人数。风景建筑提倡小巧玲珑，形式多样但风格要协调。1962年3月11日人民日报社长邓拓参观刚开放的芦笛岩后发表文章题为"一个新发现的神话世界"。开头即景诗称"举世无双芦笛岩，彩云宫阙久沉埋。元和题壁名犹在；嘉定留诗句亦佳。梦入太虚游幻境，神驰仙苑拥裙钗。天开洞府工奇巧，炼石何须问女娲。"接着写"走进洞里…满目琳琅的红、绿、黄、白各种颜色的钟乳石构成了这个神话世界的万般奇景""走进岩口…面前耸立着一座巍峨的台阁。周围奇峰突出衬以浅红色和橙黄色的岩壁像晚霞和夕照掩映在乱山疏林之间。正面出现一组乳白色的石雕…一位端庄美丽的瑶池仙女…含情脉脉…站在这宝石花的景色与人物面前真

要使游客如醉如痴了""沿着马蹄形的通道前进有时要钻过又低又窄的石门，有时要经历一段羊肠小道。…有时平地突起一丛一丛的石笋，有时路边石室挂着一层一层的珠帘。""接近水潭的地方，有一个广场…四周有许多顶天立地的石柱…大约可容两三千人，正面像一座大宫殿…中间地面上，几十道石埂纵横交错…很像城郊稻田的缩影""匆匆两三个小时内尽是光怪陆离，目不暇接…联想到千年古史和天上地下的传说与科学珍闻…直到出洞下山大家还是赞不绝口。我自己真的做了一场美梦，永远不能忘记这神话世界的迷人景色"。

二 漓江与阳朔、兴安灵渠

桂江为西江支流全长437公里，上游发源于兴安，经灵川、桂林、临桂至阳朔为漓江，阳朔以下经平乐、昭平至梧州始称桂江。漓江中风景最佳处为桂林至阳朔百余公里的石山区。我在1958～1962年曾五来桂林，改革开放后又三来桂林，几乎每来必游漓江。过去游漓江从市内登船现因水浅改在市南15公里的大圩竹山码头，大圩为明代广西四大圩场之一。桂林南部石山从这里奇峰镇开始"几程漓水曲，万点桂山头"，在相思江入口有父子岩，冷水岩有寡妇桥，斗米滩有仙人石与望夫石，都流传有劳动人民遭受迫害的故事。从大宝滩起，石滩迭见，水流湍急，明诗"广西下来滩复滩，三百六十长短湾"，过最长的丈滩，就到了距市30公里的草坪与著名景点冠岩。冠岩洞口开阔，外有带状沙滩，内部钟乳倒垂，有水外流，阳光射入洞内，经水波反映到顶部石乳，闪烁着五光十色。从洞内石台上坐观洞外，青山绿水如画。1958年冬我初来冠岩，洞内出水的小洞口半浸在水中，仅容小船通过。我们把头俯卧在船上钻进

大圩——草坪

冠岩内

大圩——草坪

冠岩——画山

洞内，里面是高大的穹窿，前面仍有出水洞口但大部为水淹没不能进船。右转到另一洞口，进入一个不高的封闭岩洞，突然发现洞下水里有青天白云、赭石绿树，露出一片光明，不知景从何处来？1990年再探冠岩，这时江水已下落3～4米，洞内虽有流水，亦十分淤浅。我们乘竹筏进入第四洞，内长数十米，遇石丘不能再前，据说此水通安吉岩。明田汝成非常欣赏这里，他说"大抵桂林岩洞，爽朗莫如龙隐，幽邃莫如栖霞，而寒冽寂寥兼山水之奇者，莫如冠岩之胜"。

出冠岩顺流而下有半边渡，高崖隔断沿岸通路需用船过渡；有闹滩，江流响彻峡谷；有羊笔角，两岸万峰并列，倒影千重。至羊角山双峰并立，岸旁飞瀑撒落江中，江流成直角转弯，右岸石峰矗立似如椽大笔，附近翠竹丛集，花树杂陈，风景绝佳，地名杨堤。船行40公里到画山，从船上了望有九个山头团聚在一起，面江石壁高广各约百米，平直如削，文彩斑驳，经纬成章，仔细观察则现

出九匹马形，或立或卧，或俯或仰，栩栩如生，观者莫不叹为神造。有时"山从人面起，云傍马头生"山岚涌出，九马更增无限生气。邹浩诗"扫成屏幛几千春，雨洗风吹转更明；应是天公醉时笔，重重粉墨尚纵横。"徐云诗"自古山如画，而今画似山；马图呈几首，奇物在人间。"清阮元在山下饮马泉旁大书"清漓石壁图"，并作长诗称"天成半壁丹青画，幡然高向青天挂。…古绢依稀染淡黄，巍头重叠分青碧。""清漓一曲绕山流，来往何人不举头。六年久识奇峰面，五度来乘读画舟。"过画山不远即到漓江重镇兴坪。隋代曾在这里设熙平县，至今尚遗存当时栽种的榕树。河边榕潭为往来船只停泊之所，潭上白庙阁为观赏周围风景之眺望点。兴坪下行有孤岩，石纹回旋向上，名螺蛳山，不远又有头尾俱全的鲤鱼山。

船行80公里到阳朔，历代通称"桂林山水甲天下，阳朔山水甲桂林"。江上首先见到的是碧莲峰，葱笼俊秀似朵含苞待放的

莲花，它既是游船登岸的码头又是县城南门的屏障。多少年来它一直被人视为阳朔的标志。唐沈彬诗"陶潜彭泽五株柳，潘岳河阳一县花。两处怎如阳朔好，碧莲峰里住人家。"碧莲峰又名鉴山，唐在山之东麓面江建寺，经历代修葺，民国初年改为鉴山楼与迎江阁，日寇来时被毁解放后重建。在阁内观赏阳朔山水，八面窗格如取景框，名为画阁。北望龙头山气势峥嵘与寿星峰隔江相对形似门户；东望土岗绵延，朝阳映照一片红霞，傍晚岸边白沙渔火点点。江中沙洲名金鳌，唐曹邺诗"江城隔岸是东洲，浑似金鳌水上浮，万顷颓波分泻去，一洲千古砥中流"。出阁下行，南山崖壁有"江山锁钥""山高水长"大字刻石，江边石壁有清吴德征草书"带"字，径可三米，内含"少年努力"四字，石台旁有巨石刻"钓台"二字及曹邺诗"扫叶煎茶摘叶书，心闲无梦夜窗虚；只因光武恩波晚，岂是严光恋钓台。"如重新登船游江，首先看见碧莲峰的倒影，明

兴坪——阳朔

兴坪——阳朔

阳朔城与西郎山

大榕树

人称为"峰峦倒立山浮水，如此江山画不如。"旁边还有卓笔峰，清诗称"东方何事吐豪光，霜颖千寻插碧苍"。下行不远有巨石挺立江中，从白沙滩缔视，似书生在捧书诵读，名书童山。过此到雪狮岭，有宽阔的坡地供人漫步，有不高的山头可瞭望三狮相对、凤凰展翅、仙人坐车等周围山形，看大自然的杰作。从此直到福利接近平乐始结束石山地带。从碧莲峰下登岸爬坡进南门入城，城区不大仍为群山围绕，六十年代城内只有4 700居民。近山地区规划为公园，内有屏风山，顶上卧云亭可俯视全城，山腰六角亭旁有孤石躬身作揖名为西郎，对面有玉姑山和小姑山亦各有石如人，在福利近郊远隔漓江亦有石如人名东郎。传说西郎与东郎向小姑与玉姑求爱，她们害羞向前奔跑，西郎跑得快，眼看追到小姑，小姑急了，拔出头上金簪就地一划，出现一条大江，西郎腿快过了江而东郎却隔在江那边。听完故事再看看西郎乞求，小姑低头，

玉姑回首东望的姿态，就不能不相信这故事是真的了。

出阳朔城沿公路西南行见到一片广阔的稻田，阳朔西部遇龙河与金宝河在此汇合名田家河从稻田中流过入漓江。从陆地上看阳朔山水，双峰突起的龙角山对着一匹单峰骆驼，东面柚子甘蔗果木成林，西面是绿色稻田和油茶林，蜿蜒的河水在有疏有密的竹丛掩映下像一条发光的丝带，其中有无数的水车日夜呷呀呀的叫着。过龙岩门村到遇龙和金宝两河的汇合口，有桥及渡口名青崆渡，从这里看河口，近处竹树杂生，捕鱼人正在张网，远处青山重叠，色调浓淡。过桥前有榕荫古渡和穿岩。大榕树广可十围，盘根错节，枝叶茂密。据说与兴坪古榕同为隋代所栽，已有千余年的历史。穿岩山势不高，洞通三面，岩下二穴，中空流泉。金宝河从此流过。我对青崆渡景色十分迷恋，初来阳朔曾在此拍出构图美妙的照片，以后几度想入内探视，都因时间不足

而作罢。1986年我们终于要车停在渡口，然后顺路走了进去。果然这漓江支流另有风味，水更清静，山更亲切，倒影更为清楚，虽无漓江动的声势和变的速度但有更多脱尘出世的感觉，能更深领略自然平和安宁之美。我从江口到水岩底村来回走4～5公里，再顺公路回桂林，北行9公里至白沙镇午饭，饭后又向西步行1公里到遇龙村再看遇龙江内的北部形势。遇龙江发源于临桂六塘，至遇龙村38公里，由村至青崆渡11公里。这里风景与江口又有不同，土坯房建在山坡及河边，黄牛悠然走过跨河的石拱桥，鸡群在桥边分散觅食，桥下石码头伸入河中，孩子们在奔跑嬉笑。一个最普通的小村在山水之间却显得非常和谐、清净与优美。到处都是清丽的画面，我们久居都市，高楼成林，噪音聒耳，烟尘充塞，见了生养我们的大自然，不能不产生浓厚的迷恋之情。北行40公里过雁山，因山头如雁得名，清末唐氏兴建园林后转售两广总督岑春煊，

遇龙江口

遇龙江的北部

遇龙桥

兴安灵渠拦水坝

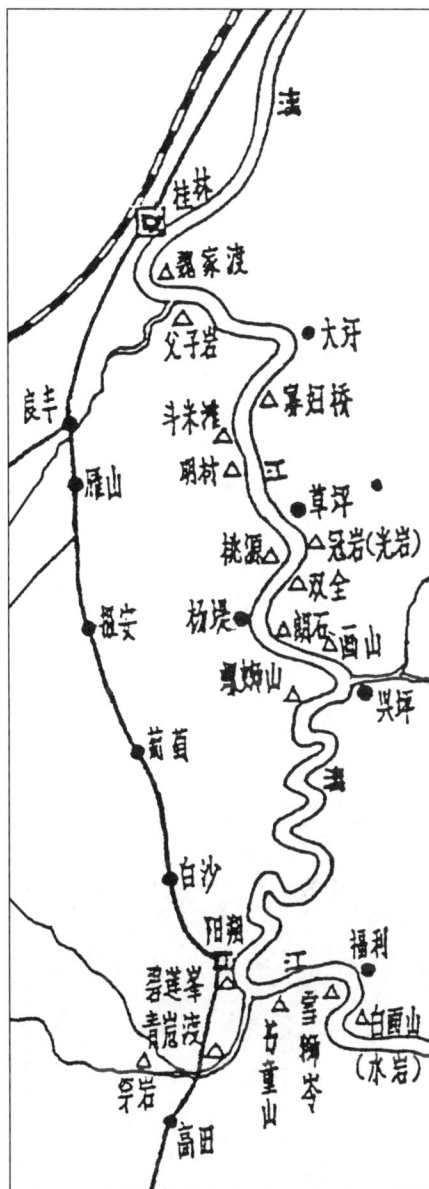

漓江风景点分布图

冠岩洞口

兴坪

兴安灵渠两江分水

广西大学及农学院曾先后设此，相思江支流从中穿过，园中多桂与梅树。杨梅山下有株古红豆树，即王维诗"红豆生南国，春来发几枝；愿君多采撷，此物最相思"所指的相思豆。初来过此正逢冬季，曾拾得不少。再行25公里返回桂林。

兴安在桂林北70公里，秦堤与灵渠在县城北，为秦始皇设桂林郡后命史禄修凿，以沟通湘漓二江便利漕运，迄今已有两千余年的历史，是我国最古老的运河。湘江分水塘之拦水堤高3米多，长约250米，全用大石砌成。潭中筑石坛，前有铧嘴将水分注南北两渠，南渠受水十分之三注入漓江，北渠受水十分之七注入湘江，因有"三分漓水七分

湘"之说。湘漓本非同源，湘江发源于县东南之海阳山，漓江发源于县西南之螺蛳岭，灵渠利用漓江支流灵河水凿通湘漓二江，全长34公里，在水浅急流处筑陡门以提高水位，全渠陡门32扇，是世界船闸的先导。

三 龙胜壮族与三江侗族的干阑木楼

壮族为我国人口最多的少数民族，据1990年统计全国共1 949万人，其中90%集中在广西，占广西总人口4 225万的36%。

壮语属汉藏语系壮侗语族壮傣语支。壮族为我国岭南的土著，周秦时称骆越，汉唐时称僚，宋后称僮，1958年成立广西僮族自治区，后改僮为壮。侗族全国人口为215万，在少数民族中占第11位，主要分布在贵州东南榕江、黎平一带和接壤的广西三江、湖南芷江地区。侗族亦源于骆越，自称为峒僚，清时常与苗族混称峒苗。语言与壮同族为侗水语支。两族居住在山区多为干阑木楼当地称为麻栏。壮族与汉族接触较久，相互通婚较多，生活接近汉族。男子服饰穿青布对襟上衣，以布帕包头，女服则丰富多采，因地而异，多穿无领斜襟绣花滚边上衣，下着花边宽脚裤或蜡染褶裙，束花围

龙胜壮族金竹寨过街楼，石板路

壮族干阑木楼楼梯与前廊

腰，穿绣花鞋。婚姻自主，恋爱自由，不限制与异族通婚。侗族男子穿右衽无领短上衣，长裤，包大头帕；妇女有的着对襟衣，衬胸布，围褶裙，系围腰，着脚套或裹绑腿，发髻插银锥；有的着宽袖大襟绣边上衣，裙长过膝，盘发；好银饰以重为佳。婚姻多在恋爱基础上托媒合婚。节日除与汉族相同外，"三月三"对歌会同为两族所重视，时间常延至三四天，小的歌圩一二千人，大的可达万人。男女青年在歌舞中选择情人，两族都善于用诗歌表示情感，如请歌、对歌、盘歌、情歌、送歌等等，真似诗的世界，歌的海洋。

龙胜、三江地处桂北高原，山岳连绵，河流纵横，温湿多雨，林木茂密。1978年划定的花坪自然保护区处于龙胜临桂交界，原始森林面积139平方公里。植物多达1 300种，银杉成片，猕猴桃、杨梅年产一二百吨。青猴、白鹇、飞虎、岩羊等珍禽异兽随处栖息。山谷落差大而瀑布多。1986

红军石

矮山温泉

金竹寨

金竹寨上下楼层

年10月我北经五通行100公里到龙胜访干阑木楼，曾进入深山止宿于龙胜北32公里，桑江上游之矮山温泉。当时有新落成的木楼和三阶梯的浴池，睡前及晨起，冒山中秋寒，露天入浴，温池水从山上来，水温达60℃，旁有冷泉可以调节，在氤氲气雾中泡在温水里，仰观天空白云、山岩绿树，别有自然野趣。归途见一横出岩外的巨石，红军行军曾在此休息，现名红军石。过龙胜25公里从公路下山坡绕行8公里到壮族聚居的和平乡金江村之金竹寨。桂北为高原丘陵地貌，平均海拔700米，35度以上斜坡占土地一半以上，15～35度斜坡占35%，村寨选址多在山坡半腰，周围是层层的梯田，干阑木楼随山势起伏沿等高线自由嵌入，村寨形状虽千变万化但就等高线而重重叠叠，与梯田韵律协调，却又十分整齐。寨在田间，生产管理极为方便。利用山上水源顺坡引下，灌溉农田；并以竹管导水分至各户，供生活使用。建寨多选阳坡安全地带，藉以防风防洪，充分吸取阳光；并修筑村寨门墙，以御外侮。房屋层层高起，户户都能纵览眺望，尽收远近风景。我们沿山路进寨，都是平铺的石板随地势而自然弯曲，有的石板下就是山水下泄的沟渠；有的路从住宅通过，则修过街楼，住户不碍使用，行人却可纳阴乘凉。干路两旁沿等高线分成支路，通往各户。桂北山区气候湿润，特别适合杉树、毛竹生长，杉木产量高，生长快，树干笔直，防腐性强，为桂北民居普遍采用的材料。壮族生活多为小家庭，一般干阑木楼为二三层，五柱排架，穿斗结构，3～5开间，3～5架进深，有前后廊及大出檐，并带披厦，二三楼层间开楼井以解决通风采光。底层半靠崖坡或全部悬空，半封闭或不封闭，用以饲养牲畜或堆放农具。登楼梯过前廊进入堂屋。前廊有自然光可从事家务活动及夏日纳凉眺望之用。堂屋以神龛为尊而以火塘为活动中心，用餐待客均围绕火塘。卧室与堂屋

大芦望

三江侗族程阳寨

平岩桥

平岩寨

马安寨鼓楼前广场

445

程阳寨戏台

程阳寨侗族儿童

相联，内设矮床或直接睡在楼板上。前廊外常伸出竹架凉棚，供洗漱及晾晒衣物用，三层或阁楼用为储藏。整个木结构均用榫卯联接，转折曲伸，空间处理，极为灵活。普遍采用悬挑、吊脚、透空、廊台等手法，立面极富变化，幢幢建筑很少雷同。房屋前后栽竹种树，前对远山梯田，下有流水淙淙，处处接近自然。

1990年9月各地参加编辑《中国传统民居建筑》的同志在桂林集会，特意参观龙胜壮族及三江侗族的干阑木楼。11日从桂林起身仍走五通到龙胜县城的老路，先参观金竹寨，后过龙胜经瓢里、斗江行64公里到三江县城。三江是侗族自治县，侗族占全县人口53%，我们住在房间有卫生间的招待所，据说这是为迎接每年三月三来的国际客人而建的，我们也吃了泡有不同果品的几道茶和有侗族风味的晚餐。12日北行20公里参观林溪乡联在一起的四个侗寨。侗族寨子多在山脚下河水边，干阑木楼的建筑大体与壮族相同，唯寨子内建有鼓楼，河边建有风雨桥，是其特点。鼓楼起源于古之罗汉堂与聚堂。鼓楼及广场是侗族村寨的多功能的聚落中心。侗族按族姓聚居，鼓楼就是这个族姓的标志和集会议事，举行庆典，公共娱乐，报知火灾匪情场所。鼓楼有塔式与阁式两种。塔式鼓楼吸收汉式木塔的经验以四根巨柱直立中央用穿柱连接构成井筒式内柱环，再以横梁连接外围边柱，逐渐收分，形成双筒体系。风雨桥在建筑史上称为廊桥，乃下为桥墩上为长廊的木桥，形式多样，散布于我国各地，而以侗族风雨桥最为宏伟。三

江全县400多侗寨中仅独峒、八江、林溪三乡就有风雨桥112座，几乎逢河必有，它不仅供行人休歇避雨又可满足人们集会交往、贸易娱乐等其他功能需要，也是侗寨的标志。我们上午九时赶到程阳侗寨，首先看到的就是国家重点文物保护单位程阳桥，这座桥始建于1912年，以后历经修葺，现桥长77.76米，桥廊宽3.75米，桥顶高11.52米，有两台三墩四孔，墩台上建五座五层檐桥亭和19间桥廊，桥与亭廊联成一体，气势十分雄伟。我为摄取全寨整体形势，远远走到田间，近取水车，远括鼓楼，程阳桥连马安寨，山水相间构成一幅绝妙风景画。接着我走近桥头见郭沫若诗及额题程阳桥。五座桥亭形式不一，中央方形重檐六角攒尖顶高7.8米，次间方形重檐攒尖顶高7米，两边方形歇山重檐顶高6.5米。廊内宽敞明亮，地面全铺方正青石板，亭廊选用上好木料，两旁置有长条木凳，可坐在凳上欣赏桥旁风景。过桥右转登上山坡石板路进入马安寨，新建塔式七层鼓楼在冈地高处，旁有戏台在建，广场中侗族老人在吹芦笙，同行者从鼓楼中搬出两人高的大芦笙学吹。然后从左侧出下冈再过两孔风雨桥北去平岩寨，入内水道渐宽，船只往来颇有内湖风味，河之对面为程阳寨，居民较多，木楼层层叠叠，上为浓密树丛，下有平铺稻田，在多姿山水中有整齐的韵律。从平岩寨通平寨，寨内鼓楼为阁式。再过两孔有三层檐桥亭的风雨桥到西岸的程阳寨然后绕回程阳桥。回三江路上又看两个沿河的侗寨，有类普通村庄，与山寨气势大不相同(参考李长杰等：《桂北民间建筑》)。

四 南宁、柳州与北海

文革前我路过南宁三次，查看过市的周围地区。文革后我从广州乘汽车去北海经南宁飞回北京，抽空看武鸣灵水和伊岭岩。广西开发较早，秦置桂林郡，后属南越王国，汉武帝置苍梧、郁林、合浦三郡隶交州，唐设岭南道下分东西，岭南西道治邕州(今南宁)，宋易道为路，广南西路简称广西。明清省会在桂林，1913年曾迁南宁，1936年再回桂林。解放后成立广西壮族自治区，首府再设南宁。广西与广东同属丘陵地带，为亚热带季风湿润气候，夏长而湿热，冬短而干暖，有台风与寒潮，干湿季分明。自然条件优越，植物种类繁多。热带海洋生物丰富，珍珠驰名中外。有色金属种类多，产量大。南宁处于邕江上游左右江汇合处，有铁路通湖南、贵州、广东和本省的北海、钦州与防城港市通越南的谅山。市内博物馆以收藏铜鼓最具特色，铜鼓制造于2 700年前，古时用于指挥作战、祭祀、歌舞，是研究古代南方社会的重要资料。现馆内收藏铜鼓320具，其中有铜鼓王，面径165厘米，高67.5厘米，重300多公斤，平面曲腰，鼓面有八道阳光纹，外围五层晕圈，满布云纹和菱形套叠雷纹，制作精细，堪称青铜文化杰作。馆内还藏有梁思成介绍过的真武庙悬柱结构的模型。伊岭岩在灵水南，有岩洞内分三层，游程长1 100米。灵水位于武鸣城西南，距南宁46公里，由九股清泉汇集而成，水温常在18~22℃之间，面积3 000平方米，为极

好的天然游泳场。岸边山岩错落，风景秀丽。

1960 年我在桂林搞规划曾抽空一天来柳州。柳州是人类早期活动遗址，1956 年在市郊柳城县发现巨猿下颚骨三个和一千个牙齿是世界迄今发现巨猿化石最多之处。1958 年又在柳江发现中年男性完整人类头骨及部分体骨和肢骨，为距今五万年前最早的现代人化石，称为"柳江人"。先秦时期这里是百越之地，汉开始建城，唐后始有柳州之称。唐柳宗元因参加新政改革，被贬永州(零陵)司马，后迁柳州刺史，在任四年半为地方做了许多有益的事，终于死在任上。后人为他建祠于罗池旁，今祠内有柳的手迹"龙城石刻"，韩愈著文苏轼手书的"荔子碑"和元刻柳宗元像。我去柳州时政府正突出抓工业，建筑科学研究院曾帮助完成柳江预应力混凝土大桥。现在柳州已成为湘桂、黔桂、焦柳三大铁路干线的交汇点，加上原有内河航运的便利条件，素有桂中商埠之称的柳州当有更大发展。

北海市位于广西南海北部湾的东北岸，1984 年列为我国首次开放的 14 个沿海城市，是我国南方重要海港。清末北海仅为合浦的一个镇， 解放后始发展成为十余万人口的城市。内港泊船 3 000 吨级，外港可停泊万吨。1993 年 6 月我由广州乘汽车来北海，5 日止宿于吴川，6 日过湛江在粤桂交界处合浦的山口小镇避雨并吃午饭。饭后上广西新建公路，这一带都是丘陵，切山填沟，路修的又宽又平，两旁为绿化带，沿路人家不多，过往车辆也少，车子可以快跑。西行80 公里到合浦，于城南拍得文峰塔像，塔七层八角，建筑年代不详。再ራ转去北海还有30 公里，因修路，堵车，傍晚始抵北海，到宾馆后登楼瞭望，见市内多为新建房屋，有两个螺旋形大楼特别触目，街道不大整齐。7 日上午去城南白虎头海滩，现称银滩，位于海港东岸，沙白粒细，水质清洁，绵延十余公里，为极好的海滨浴场。海滨小市场内满

合浦文峰塔

南宁博物馆

真武阁模型

武鸣灵水

伊岭岩

是珍珠项链和海螺壳。合浦自古即盛产珍珠，南珠早已名闻中外，现合浦南尚存明珍珠城遗址。 下午过钦州城去南宁。钦州市在北海西北147公里，距南宁108公里，秦属象郡，至隋名钦州，为天然深水良港，新港工程建成后可停泊5～10万吨级船只。将来南海经济发展，它与西南防城港口及东南之北海形成我国北部湾的金三角，现都在迅速发展之中。防城西南69公里到我国南部边界东兴，对面即越南之芒街。钦州有刘永福故居和冯子材墓，二人均为清末援越抗法名将。

五　祖国的南大门
——广州

广东位于我国南部，北依南岭，南临南海，北回归线从中穿过，年平均温度22℃，年降水量平均1 500毫米，属热带、亚热带季风气候。除粤北山地外终年不见冰雪，农作物一年三熟，水果以香蕉、甘蔗、荔枝、菠萝著称。秦在广东设南海郡，唐设岭南道，宋设广南道，明清设广东行省。1990年统计全省人口6 582万。 广州为历代郡府省会，有2 800年的历史，为我国著名的历史文化名城。秦始筑番禺城，汉初赵佗于此建南越国，三国时吴将交州东部划出，始称广州。北宋用砖筑三城，明将三城合一并加以扩充。民国初年拆城筑路，只留下镇海楼。广州地处东、西、北江汇流入海处。腹地深广，既是河港又是海港。早在汉代即与南洋各国有贸易往来，船只远达印度南部。晋代国外僧人来此传教。唐宋时期广州有海上丝绸之路，已是世界著名商港，政府先后设市舶使、司，开我国管理对外贸易海关的先河。明清两代实行海禁，只有广州是唯一对外开放的口岸。近百年来广州是革命的英雄城市，鸦片战争中广州人民抗英斗争揭开近代史的序幕，辛亥革命发轫于此，国共合作，北伐战争这里是革命活动的中心，广州起义为大革命的退兵一战。广州工业基础雄厚，文化发达，铁路有粤汉、京九，航空及海洋航线远通世界各国， 城市人口已近300万，地联港澳，改革开放后处于全国经济发展的领先地位。

1983年6月在象冈山发现南越王墓，南越共传五世立国93年，此墓有"文帝行玺"金印证明为第二代王赵眜之墓。墓长10.85米，前后七室，用石砌墙，上盖石板。 墓主身着玉衣，有姬妾及奴仆殉葬，出土文物甚多。镇海楼为北城遗存之市内最高建筑，坐落在越秀山顶，为明洪武(1380年)时建，楼高28米，面宽31米，进深16米，一二层用红岩石块砌筑，三层以上用砖，外墙逐层收分，朱墙绿瓦，飞檐重叠，气势雄伟。登楼环视，江山市容尽在眼底。楼上有清末联"万千劫危楼尚存，问谁摘斗摩霄，目空今

广州农民讲习所

黄花岗烈士陵园

中山纪念堂

光孝寺大殿

古；五百年初故侯安在，使我倚栏看剑，泪洒英雄。"珠江为东西北三江汇合后的总称，古代江面开阔，通称小海，当时流经市内江中有一石岛，岛上红棉似火名海珠岛，1931年建新堤始将岛与堤联成一体，今辟为公园。出市15公里江中有小岛琶琶洲，扼出海要津，明万历时（1597-1600年）在岛上建外9内17层青砖八角海鳌塔，顺江东行至黄埔在珠江与东江合流处有隋代创建的南海神庙。这里是广州的外港，进出广州的海船都在此停泊。唐代盛时每年停泊船只达4 000艘，韩愈诗"盖海旗幢出，连天观阁开，货通狮子国，乐奏越王台。"神庙建筑巍峨，布局宽敞，船舶出海必往祭祀以祈求平安。杨万里有诗"南来若不到东庙，西京未睹建章宫"。唐宋以来历代都有朝廷大员到此祭祀南海神祝融，累积古碑曾达300余，现尚存30余方，有著名的韩愈"南海神广利王庙碑"。庙内还藏有直径为1.38米的唐代大铜鼓，庙的仪门外奉祀来

自波萝国的商人达奚，他给中国带来菠萝蜜的种子。广州西北15公里小北江入珠江处两山对峙如门名石门，为汉武帝命杨仆灭南越时的战场，附近有贪泉，传说人饮其水，顿生贪念。晋刺史吴隐之到任后畅饮其水而清廉自守，作诗"古人云此水，一歃怀千金，纵使夷齐饮，终当不易心。"后世为吴建祠并立贪泉碑。

光孝寺为广州最早的佛寺。寺址原为南越王赵佗玄孙故宅，三国时施为寺，晋名王园寺，唐名法性寺，南宋始名光孝寺。东晋克什米尔法师昙摩耶舍最先来此奉敕译经，南朝梁代印度和尚智药来此讲经并带来菩提树苗，达摩带来释迦衣钵，传授禅宗，唐西域僧人般剌密缔在此译楞严径。今寺规模宏大，建筑壮观，文物众多，均为广州之冠。大殿重檐歇山七开间，面宽35.36米，进深24.8米，屋脊有海兽天神塑像，殿之四周全用通花木窗，虽经多次修建仍保持一些唐宋风格。六祖殿为纪念禅

怀圣寺光塔

六榕寺

陈家祠堂砖雕

白云山庄

矿泉别墅

宗六祖唐之慧能，由北宋兴建清重修的五间单檐歇山建筑。瘞发塔里埋慧能头发，八角七层，高7.8米，旁有六祖和达摩像碑。大悲幢建于唐（826年）高2.19米，柱身八面刻梵文及楷书大悲咒。大殿前有两铁塔，均为南汉遗物。东塔四角七层，有900多佛龛，遍身贴金，967年造；西塔形式同东塔，比东塔早建四年。六榕寺在光孝寺东侧，殿堂及塔原建于南朝梁代（537年），后毁于火，北宋重建名净慧寺，苏东坡曾题"六榕"二字，后世因以为名。塔为砖木结构，高57米，八角9层，有回廊可以眺望。塔顶有元铸千佛铜柱，造型华丽，因而又称花塔。过去登塔可以瞭望全市及北面的镇海楼，现在有高楼阻挡，镇海楼已不能望见，

实为大煞风景。塔南菩提树下六祖堂有北宋（989年）铸造重达千斤的慧能铜像，垂目坐禅，神态栩栩如生，为杰出的艺术作品。禅宗初祖达摩来广州曾建西来庵，清顺治（1654年）于其旧址建西林寺，现仅存罗汉堂及龙天常住。罗汉堂内有五百罗汉，姿态各异，表情生动，其中有马可波罗塑像，可惜这些塑像在文革中全被捣毁。寺前原有7米高的6面7级星岩石塔也于1965年移至兰圃。广州别名羊城，源出北宋《光州重建五仙祠记》五仙乘羊来广之说，五仙观几经迁移明初始定于六榕寺南，今存山门及大殿，门前有石雕麒麟，殿后有岭南第一楼，高17.5米，楼上重檐方亭中悬巨钟，钟下开方形井口与券门形成共鸣"扣之声

闻十里"。钟为明初用青铜制造，高3.04米，口径2.1米，重约5吨，为广东现有最大铜钟。怀圣寺在五仙观旁，为伊斯兰教传入中国后，唐代外商在聚居的蕃坊集资兴建的清真寺，现存唐代的光塔，明代看月楼和1935年新建的礼拜堂。圆柱形光塔状如银笔，高38米，全用青砖砌筑，内实心只有两条磴道可盘旋而上，塔顶原有金鸡随风旋转以示风向。过去塔近珠江，商船进港以塔为导航标志。海幢寺在珠江南岸，为广州五大丛林之一。原为南汉千秋寺故址，明末建寺，清康熙时扩为大寺，殿阁全覆以尚可喜拟造王府的琉璃瓦"望若天半彩霞"极为华丽。寺内有鹰爪兰树，终年花发，清香远溢。民国初年为修马路将寺拆开，残

东方宾馆庭园

东方宾馆木雕

文化公园园中园

白天鹅宾馆

白天鹅宾馆故乡水

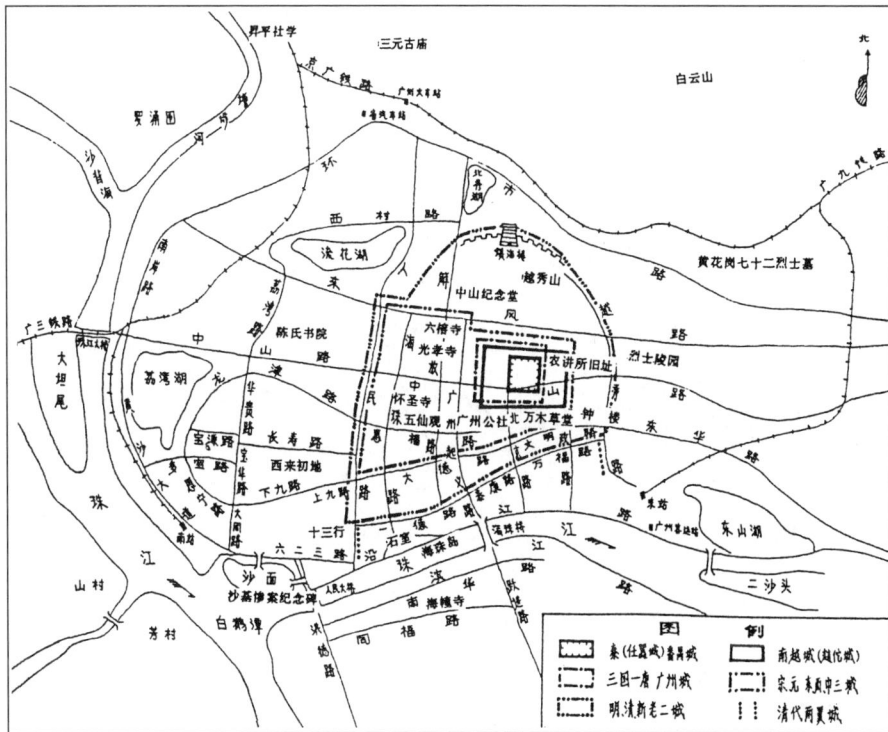

广州城址变迁及风景点分布图

余面貌今已远非昔比。萝峰寺坐落在郊区萝峰山腰，原为南宋钟启初讲学之所，改为寺院后仍擅园林文物之胜。正如寺中楹联所题"古柏秀萝峰，文坛艺苑无双品；大川迎颖水，别派分流共一源。"这里有"千年古荔""百年九里香"等古树名花，也有山高水长亭、催诗岩等文化胜地。而最使人重视的是文天祥留下的四首七绝诗"江黑云台闭水城，饥兵守堞夜频惊，此时自在茅檐下，风雨安眠听柝声。"忧国伤神的心情令人钦敬。近代天主教建筑有石室，为1857年英法军攻陷广州强占总督衙门，用20年的时间，修建这座完全以花岗岩砌筑的双尖塔哥特式的大教堂，前部塔尖高57.9米，后部礼拜堂长78.7米，共占地近三公顷，这是帝国主义赤裸裸侵略的铁证。陈家书院俗称陈家祠，清光绪(1890-1894年)时建，三进六院九堂，通过巷廊庑联成有空有实的整体。建筑的上下内外充满木雕、砖雕、石雕、灰批、陶塑及铸铁的工艺品，集广东民间雕塑工艺的大成，为国内罕见的艺术建筑(参考文物出版社：《广州文物与古迹》)。

鸦片战争掀开中国人民反帝反封建近代历史的序幕，从此广州就成为革命的策源地。北郊三元里古庙和纪念碑反映三元里人民用大刀长矛歼灭英军200余的英勇

斗争。升平社学是80余乡群众火烧洋馆，驱逐知府，迫使英军订立《南京条约》后仍不敢进广州城的指挥所。花县是洪秀全的故居。长兴里万木草堂是康有为宣传维新的阵地。至于现代革命活动的纪念建筑为数更多。如黄花岗72烈士墓埋葬1911年反清起义的殉难者。烈士陵园纪念广州起义牺牲的烈士。沙基惨案纪念碑纪念1925年声援"五卅"惨案为英法军枪杀的广州群众。此外广州钟楼作为国民党第一次代表大会会址，黄埔陆军小学堂作为黄埔军官学校校址，惠州会馆作为全国总工会会址，公安局作为广州公社遗址而保留。特别值得重视的是原番禺学宫成为毛泽东主持的农民讲习所。越秀山上的中山纪念碑和山下的中山纪念堂都是为纪念孙中山这个伟大历史人物而建的。纪念堂为面积12 000平方米，高49米的蓝琉璃瓦大屋顶的建筑，在探索我国传统建筑的民族形式与现代功能相结合方面有其历史意义。当我国进入大规模社会主义建设时期，如何将我国建筑的优秀传统运用到现代化建筑中去，如何在现代建筑中配置传统园林，从20世纪五十年代到八十年代，从白云山庄、矿泉别墅、东方宾馆到白天鹅宾馆、花园酒店；从越秀山，流花湖到荔枝湾、白云山，广东的建筑工作者曾作出多方面的贡献。

六 珠江三角洲——佛山、顺德、中山

珠江三角洲地势低平、丘岗错落、河网交织，因江水携带泥沙淤积而成为不断扩展的沙田平原。这里地居回归线南有三冬无雪四季常花的高温多雨气候，盛产稻谷、鱼虾、蚕丝、水果与花卉，为农业经济发达的商品基地。佛山位于广州西南20公里，为珠江三角洲之心脏，它西过中山联结珠海与澳门；东入海口经东莞联结深圳与香港。当地陶泥丰富，制陶历史悠久，附近出土汉代陶瓷已相当精美，宋代窑址也发现多处，石湾久以艺术陶瓷著称，历代称为广窑。明清两代佛山与汉口、景德镇、朱仙镇合称四大名镇。解放后石湾有更大发展，只美术陶瓷即有人物、动物、器皿、盆景及建筑装饰，色彩多至70余种。佛山祖庙始建于北宋，祀玄武大帝，明洪武(1372年)重新扩建，现存前殿、后殿、庆真楼、锦香池、万福台五进，面积3 000平方米，建筑设计精巧，布局亦有特色，建筑物上充满各种雕塑及当地生产的美术陶瓷。庙内陈设铜钟、铜镜、铁鼎和重2.5吨的北帝大铜像，均为精湛的工艺品。

顺德大良镇的清晖园与佛山的梁园、番禺的余荫山房、东莞的可园并称清代广东四大名园。其中规模较大、内容丰富、保存完好首推清晖园。清晖园建于清嘉庆(1800年),占地1.2公顷,仿照苏州园林而自有岭南的特色。建筑有假山与池塘衬托,辅以当地雕塑工艺及南方植物。船厅为舫屋与楼厅结合,主体像楼,楼下池塘水波荡漾,又像船上,配以蕉林竹丛,俨然珠江水乡。南海为康有为故乡,有南粤名山西樵,距广州56公里,因火山喷发而形成的地貌有奇峰怪石,飞瀑流泉, 景点有白云洞、响水岩、天湖、飞流千尺等及玉楼书院等建筑。

中山原为香山县,位于珠江三角洲南部,北距广州86公里,南距澳门陆路58公里,距香港水路54海里,是重要的对外贸易口岸。中山南部有五桂山的丘陵台地,沿海有现代化的港口,市内有南宋设置的古镇。街道的骑楼,大门外的短栅栏门,妇女背小孩用的花包袱这里兼而有之。中山在国外有华侨20多万, 在港澳寄居的有30多万,乃著名的侨乡。翠亨村在市南29公里,为孙中山的诞生地。故居为七个穹形门的二层小楼,于1892年由中山先生亲自设计建成的。院内花木有孙中山从檀香山移植的酸子树。市内有1983年建成的中山纪念堂。温泉在城南36公里,南距澳门仅24公里,泉水水温高达90℃,有较高医疗价值。现于温泉旁建现代园林化宾馆,包括罗仙姑庙及石牛、石景等古迹。

清晖园归寄庐

清晖园澄漪亭

中山县城

中山温泉宾馆

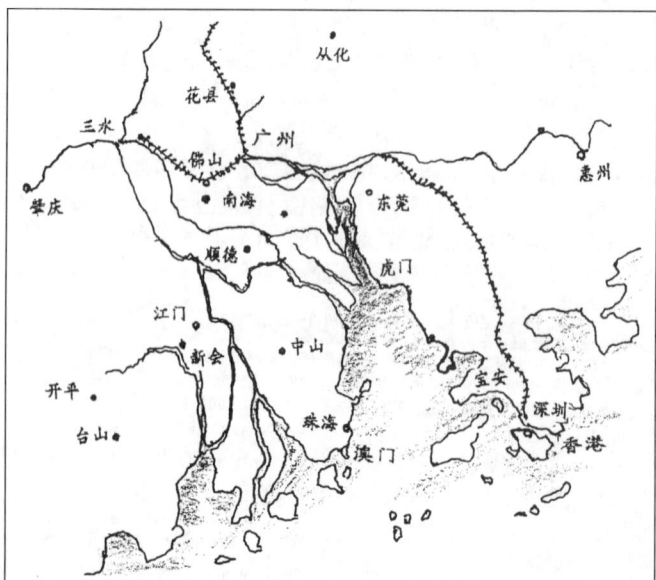

珠江三角洲位置图

七 端州肇庆、星湖 七星岩

肇庆位于西江中游，东南距广州104公里，为粤西的政治、经济与文化中心。秦统一中国后肇庆已是军事要地，汉武帝置高要县，隋设端州，宋改称肇庆府，唐宋古城至今尚有5米高的遗址。远古肇庆原为浅水海湾，由于西江泥沙不断淤积而成平原，肇庆以北有一系列石灰岩构成的石山，为著名的七星岩风景地带。西江出三榕峡原分两支，以后北支淤积，除农田外只余串珠式的水泊，雨季成为沥湖，即今之肇庆城北的星湖。晋代星岩已有文字记载，隋书称

为定山，唐宋称为石室，至明而声名卓著。解放后建设范围扩至鼎湖山，已列入国家风景区。

1962年3月我参加广州知识分子会议后，匆匆来肇庆星湖参观，见江城湖山紧密溶合，相互成景，颇具特色。叶剑英写星湖"借的西湖水一圜，更移阳朔七堆山。堤边添上丝丝柳，画幅长留天地间。"七星岩指两列条状分布的七座石山，中间有土山杂缀。岩下星湖，经过整修面积已达6.3平方公里，由堤坝分割为六湖。中心湖面积144公顷，面对仙掌与蟾蜍岩，盛产荸荠和鲤鱼。湖光湖与青莲湖间有两公里多的长堤南接七星岩入口牌坊及市区，北止于有17孔的水月桥，堤之两侧为主要的游览湖面。有水月堤将天柱及石室岩围成内湖，以保

持主要岩洞的稳定水位。阆风岩和玉屏岩东西相连，合称屏风岩，有"奇石尽含千古秀，异花常占四时春"之名。阆风岩不仅发育石沟、石芽、落水洞，而且脚洞也多。上阆风岩有登山石磴，路旁古木参天，峭壁上生长三棱剑和鸡蛋花，经十友亭过三仙观上南天门，旁有上宽下窄的神仙鞋，人人都能试脚，石孔已摩得光亮。再上，有两米多长的盾形石，一半探出崖外，扣之发出不同音响，名八音石；石上明刻"扶啸台"，登其上可临空远眺。继续上行过小千尺峡到玉皇殿，有一对精致雕龙木柱。殿西一片石林，类人肖物，奇形异状，内有架空横卧的醉石，及南明三碑。从殿东循石级登上开阔的环翠台是为屏风岩之鞍部，台基有明刻"霄关"二字。由此处可东去阆风岩西去玉

中山西江

肇庆七星岩摩崖(余秀明摄)

七星岩水月岩(余秀明摄)

星湖夕照(余秀明摄)

飞水潭瀑布(余秀明摄)

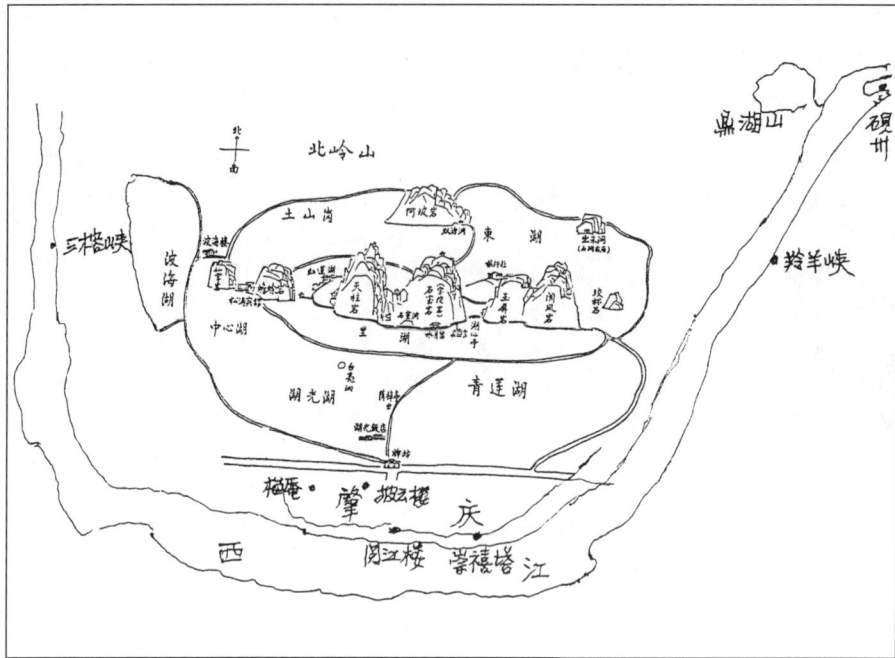

肇庆星湖风景区位置图

屏岩。台上新建廊亭,我在亭中眺望东湖及远处的鼎湖山,风景如画。唯山风过大最近曾将多年老榕连根拔起。崖之东坡有双珠峡为著名白玉石产地,研石为粉,名端州干粉与惠州眉笔、始兴石墨同为清代妇女著名化桩品。

石室岩与天柱岩为七星岩游览中心,石室岩开辟最早,由于岩内有一个高大幽深、终年积水的岩洞,1 700 年前即名闻国内。历代在岩洞内外刻字题诗者多至 270 余则。唐之李邕最早写出"嵩台月照啼猿曙,石室烟含古桂秋。"的名句。有唐李邕写《端州石室记》并以书法著称,此外名人还有唐李绅、宋之问、宋包拯、周敦颐,明清俞大猷、汤显祖、王士禛、朱彝尊、袁枚、黄遵宪等。袁枚游七星岩长诗:

"端州近海海风厉,天上七星吹落地。冷翠凝为精铁横,绵延尚作台垣系。

月有广殿星有宫,果然一洞形穹隆。纡曲布覆渺难测,白日吹霎来阴风。

滴下石乳又渐乾,铸成形怪千百般,恍似山灵握肺肝,教人一一张眸看。

时当四月春流满,山脚沉埋截其半。赖有当中甬道高,行人免作望洋叹。

片片青山顶倒垂,时时仙鼠声相唤。宋唐碑碣镌纷纷,龙蛇健笔拿烟云。

想见古来好名者,恨不将身化石人。天门三重辟云表,一重一重登更好。

打头白鸟飞不高,出树行人看渐小。只缘康乐好搜奇,未免修期常讳老。

归饮群公酒一杯,杳然不觉笑口开。自指脚下双麻鞋,曾踏青天北斗来。"

石室岩南口上刻"七星岩"三字,右侧为李邕《石室记》碑亭,入门跨过石桥立即见到洞内的高大穹隆,原来水洞等脚洞在下,上面有 20 多米高的高位洞,以后下洞顶板塌落,二洞合一,乃成今日之石室厅堂。堂内钟乳光怪陆离,奇形异状,正如李邕所写"伏虎奔象,浮梁抗柱"。有石扣之如战鼓隆隆,吹之如螺角鸣鸣。岩溜滴沥,石燕啁啾,恍然置身童话宫殿中。俯视水、浸、脚洞有三,而以水洞为主,过去夏季水涨,洞口淹没不能进去,解放后筑堤控制水位,四季均可游览。水洞南面入口低平北面出口高敞,山之北坡阴凉,南坡闷热,不同温度的空气经过岩洞流动成风,因而洞内清凉湿润。水洞钟乳清新多姿,而以蜿蜒石龙最为生色。游艇靠岸登石阶上至露天洞口,有大石上刻明人题字"璇玑台",旁有石象石凤,从平台四望,豁然开朗,西有天柱岩乍然孤峙,重现人间景色。

水月宫在石室洞前右侧,面临荷塘,背依嵩台,为明嘉靖创建,1957 年重建,红墙绿瓦的楼阁峙立于峰岩平湖之间,湖中又增设多孔桥与五座湖心亭,使景观更为丰富。石室岩(宝陀岩)及天柱岩上也都新辟登山小

路,在山顶建观景亭,天柱岩半坡建三层的天柱阁用以观赏湖山。郭沫若宿天柱阁留诗"七星落地上,天柱立中流。山多红豆树,窗对白鼍洲。月下开菱镜,云间结彩楼。勾留过一宿,灯火是端州。"概括了周围的风景。肇庆古城有明崇祯创建解放后重修的阅江楼,原址在汉为鹊巢亭,宋为石头庵,明为嵩台学院。现高踞石头岗上,有回廊联系前后两楼,1925 年叶挺曾在此组成独立团,于北伐中屡建奇功,被称为铁军。北门有披云楼, 均可眺望全城。临江有明建崇禧塔,高 57.5 米,砖石仿木构楼阁,出短檐带围栏,八角九级,与后建两塔隔江相对,合成塔群风景。城西庵岗有梅庵,保留禅宗六祖手植梅树。端州制砚有悠久的历史,端砚、宣纸、徽墨、湖笔号称文房四宝,端砚细腻、滋润、密实,备受唐柳公权、刘禹锡,宋欧阳修、苏东坡等名书法家的称誉。李贺诗"端州石工巧如神,踏天磨刀割紫云"。端砚产于羚羊峡南端端溪水一带,开采极为艰辛,苏轼砚铭说"千夫挽绠,百夫运斤,篝火下缒,以出斯珍"。新的肇庆风景区规划包括鼎湖山,山在肇庆东 19 公里,海拔 1008 米,传说黄帝曾在此铸鼎,唐智常禅师建白云寺,明梁小川建莲花庵后改庆云寺,山上有许多小湖及瀑布,自古即为名胜之地。惜我因时间限制,未得登览。

八 沿海炮楼侨居和
阳江海陵岛

广东建筑气候属华南湿热区，民居多通过狭小的天井解决防晒、避雨、通风及采光的需要。建筑类型大致分为粤中、粤西、珠江三角洲和粤东潮汕、客家两大地区。中、西部和珠江三角洲的民居最简单的形式为单开间的竹筒屋和双开间的明字屋，进深有的深达20米，天井留在中间。复杂的形式有三间两廊的三合或上三下三的四合形式，有向高发展的楼房。比较特殊的形式有沿海侨民集中地区的炮楼民居和低层高密度的村落。1983年我初去中山开始见到这种民居，1993年我由广州去北海，沿公路过鹤山、江门、新会、开平、恩平、阳江在路上又见到这种民居。炮楼民居兴起于清末侨乡，源于归国华侨经常成为盗匪劫掠的对象，为了自保在居室旁修筑炮楼，无事时在家，有事就住进炮楼。有时匪警频繁不得不较长时间住在里面，于是演化而成炮楼式民居。这种民居形式多样而以洋式为多并使用钢筋混凝土。以后更从个别户向集体发展，华侨最集中的开平、台山一带出现有计划建设的村落，例如开平三江乡宝源坊，前有池塘、晒场及饲养场，后有竹林和炮楼，中间为行列式低层密集住宅群。这些住宅为三间两廊式。前后墙相连只留下纵向狭窄交通巷道，建筑密度高达50～70%。

我国改革开放以来，农村住宅变化极大，沿海一带尤其显著。长江三角洲的根本改变已如前述，珠江三角洲及沿海地区亦复如此。不要说1958年我去过的江门、新会和1993年相比，从清静的农村变成繁华的城镇，几十公里几乎房屋连着房屋，车子走走停停，竟有十几处卡子在收公路费、建桥费。就是我1983年去过的中山，当我1994年再去时，他们的郊区已有现代化的办公大楼，新式宾馆和梦巴黎游艺厅，晚间的卡拉OK可以吼到半夜。

来中山前我们为了研究风景区规划专门访问阳江市的海陵岛。阳江东距广州250公里，西距湛江225公里，溯阳江北上55公里有以阳江石山溶洞著称的阳春风景区。1994年3月21日，我们从海口乘船过琼州海峡到雷州半岛之徐闻，然后乘汽车经湛江夜里到阳江进岛。海陵岛面积102方公里，西部闸坡镇北距阳江48公里，中有长4 600米，宽9米的海陵大堤与大陆相连。南宋末年元兵追宋帝至新会南珠江出海西口崖门，陆秀夫背负九岁的皇帝投海殉国。太傅张世杰率兵突围至螺岛遇台风蒙难。后世为之建海陵墓与太傅庙并改螺岛为海陵岛。我国实行改革开放后，有银海集团投资开发此岛，业已购得闸坡至大角湾岛间面海30方公里地段，并在十里银滩开工建筑宋城和民族区。我们住在闸坡新区，第二天先去参观开发区，车到堤上看泻湖和红树林，

中山炮楼民居

中山炮楼民居

开平炮楼民居

北海十里银滩

阳江海陵岛冯湖和红树

海陵岛闸坡码头

开平炮楼民居

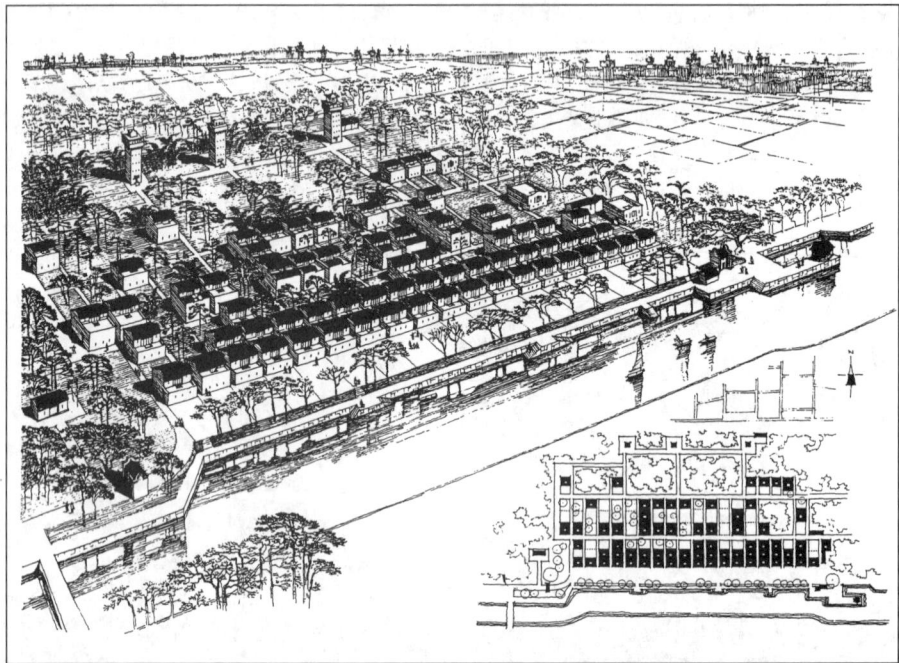
开平三江宝源坊透视图——选自《闽粤民宅》

林，这种树在含盐的海水中生长不怕潮水淹没。银滩海岸坡度缓和，沙滩广阔，沙质细净，似比三亚更优越。宋城拟建成商业街。民族区计划选取各主要民族，各建一幢，已建蒙藏回满四幢，等距行列安置，每幢4～6层。前面有用椰树皮为瓦盖的木板小屋作为临时度假房。这些设计都有新意，唯缺乏环境设计，只是建筑堆积则有似陈列展览。下午参观闸坡古镇，码头街道都很古老，但船中载运货物，门面陈列海鲜，却一派现代生活。23日上午登上闸坡附近山岗，见冈峦起伏，热带植物生长茂密，银滩一线白沙之外便是无边大海，风景十分秀丽。预祝海岛有成功的开发，切勿变为炒房地

产者盲目投入的牺牲品。归途访古老民居，下午在闸坡登上直升飞机去广州。

九 湛江港和雷州半岛

湛江位于北纬21度，我国大陆南端雷州半岛的东北，隔琼州海峡与海南岛相望。地貌为台地平原，有1 300公里的曲折海岸线，多港湾、岛屿和礁石。属热带季风气候，长夏无冬，春秋极短，年平均温度为21℃，极端低温为2.8℃，年平均降雨量为1 534毫米。汉置徐闻县，唐初

设雷州辖徐闻、海康、遂溪等县，当时的湛江分属遂溪和吴川。清光绪时(1898年)法国入侵，强划广州湾为租界，先后占领45年，1943年为日本夺取，抗日战争胜利，中国将其收复，改为湛江市。现有黎湛铁路通广西黎塘与华中及西南各地联系并有空中与海上航线通往国内各地及港澳，为我国南方对外贸易的重要港口。改革开放后已列为对外开放的沿海城市，经济正在迅速发展，现辖徐闻、海康(雷州市)、遂溪、吴川、廉江五县，城市人口已超过30万。

我曾于1958年、1962年两度由广州去桂林，均在湛江转车。1980年在此开会，

湛江街道绿化

湖光岩

湖光岩楞严寺

青年水库

会后乘汽车到雷州半岛南端的徐闻,再乘船渡海去海南岛。1994 由海口去阳江再次纵穿雷州半岛,走过湛江。1958 年冬我从严寒的北方初到炎热的湛江给我印象最深的是气候的变化和街旁的绿化。我住的宾馆紧靠海湾,午间的气候居然使我能到海中去游泳。临街植树至少三层,从低的灌木到高的乔木不用绿篱而自然形成绿色屏障。市区分两部分,南为霞山属新区,原为法国租借地,北为赤坎属老区。赤坎有桥,解放后为纪念当地人民抗法斗争迫使法国扩大租借地至此为止而名"寸金桥",现在附近建 44 公顷的公园,遍植亚热带植物并有三个连接的人工湖,门前广场树抗法纪念塑像。霞山有新建 38.4 公顷的海滨公园,椰林沙滩之外,散植葵、竹、密枣、槟榔。湖光岩在市之西南距霞山 20 公里,有数十万年前火山爆发留下的陷湖,今湖面为 2.24 平方公里,最深处达 25 米,西南还有火山灰岩,周围树木环绕,湛蓝湖水与青

天白云相映照,风景清丽明快。湖旁有楞严寺,宋代僧人将宰相李纲书"湖光岩"三字刻于石上。湖光岩北华南热带作物研究站有从各地引种的珍奇花卉 300 余种,果木和棕榈 1 000 余种。

雷州半岛从徐闻海安港口算起北经海康至湛江 150 公里,至遂溪 160 公里.至廉江 190 公里,西为北部湾,东有湛江港与雷州湾。半岛南部多丘陵,地广人稀。徐闻有明戏曲家汤显祖创办的贵生书院遗址。海康有明万历(1613 年)建造的三元塔,砖木结构,8 角 9 级高 57.4 米,为南粤名塔。城内西湖广 4.6 公顷,内有宋园的十贤祠,祀寇准、苏轼、苏辙、秦观、李纲、李光、赵鼎、胡铨、王岩叟与任伯雨,这些人都贬在雷州或海南曾路过雷州。雷州半岛海上养殖业极为发达, 湛江适于养殖的滩涂 4 万多公顷,已利用 1.4 万公顷,是南珠的著名产地。雷州半岛的西海岸有 20 个珍珠养殖场,有白蝶贝育的大珠和黑珍

珠。半岛沿岸的许多内港是养蚝,养对虾的理想海区。湛江市郊、卤洲岛和徐闻灯楼角是鲍鱼产区,徐闻西堤以养海参著称。湛江和东海岛有数百公里的防风林带。特呈岛有近百公顷的红树林,红树又名"海揽",高 2～4 米,根干虬曲如龙,涨潮时没于水中,落潮时露出水面。廉江东北距湛江 60 公里,有鹤地水库,库容量 12 亿立方米,水库下游是雷州青年运河,灌溉一市五县,在湛江至遂溪中间有 1 206 米长的渡槽－东海河新桥天桥。

十 特区珠海与环岛
    看澳门

珠海市位于珠江口西南,距广州 137 公里,南与澳门陆地相连,东距珠江口东岸之香港仅 36 海里。1979 年我国实行改革开

珠海烈士陵园

海滨公园

珠海渔民新村

海滨渔女

放政策，立即将珠海县改市并将斗门县划入，1980年又改为特区，建设迅速发展，至1990年，全市人口已达60余万。市区分内陆和岛屿两大部份，陆地多为丘陵，岛屿140余满布珠江口，直抵香港以南，著名的有万山群岛、担杆列岛等。珠海属南亚热带海洋性气候，年平均温度为22.3℃，夏多暴雨有台风，年平均降雨量为1989毫米。因气候宜人，树木常青，海域辽阔，环境清新，不仅经济贸易成为对外的窗口，风景旅游也是极佳地带。

为了把珠海建成为风景旅游城市，市政当局在城市建设和大型建筑方面，特别着重园林化与保持本国本地特色。我于1983年冬去珠海，各种建设虽刚刚开始，已清楚看到当地在这方面的努力。如在市北风波山上烈士陵园沿山坡搞北伐战争的红石浮雕，在市中烟墩山建海滨公园，在石景山苍绿圆石奇特构造的背景下建低层的旅游中心和珠海宾馆。设计者对于宾馆的庭园与周围环境，巧妙构思，完成有关中

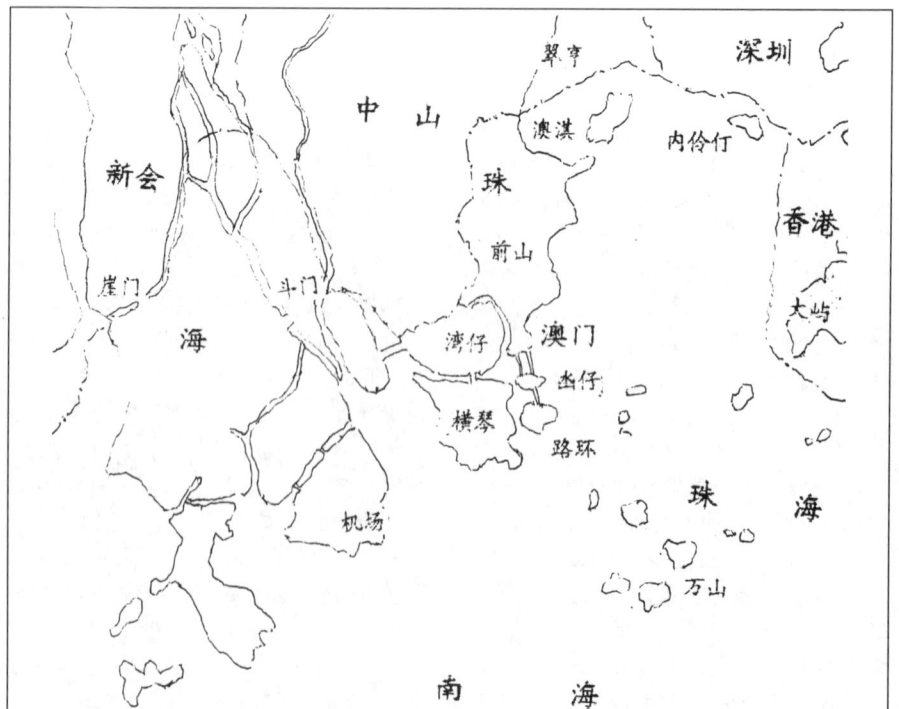
珠海及澳门形势图

458

澳门跨海大桥

澳门妈阁庙

澳门南岸建筑

澳门友谊桥

国传说故事的艺术创作，或活用中国园林的传统手法，以满足现代功能需要。如大门前的铜铸九龙大鼎，沿石山脚下凿成40米长6米高的石壁，雕塑唐僧取经故事；在宾馆内墙上有壁画，庭院有亭榭水石，曲折变化错落有致。市南拱北正在建设带有琉璃瓦的多层建筑，虽黄琉璃瓦使用过多值得考虑，但他们探索在现代建筑中如何保持中国特色的精神还是可取的。在海岸线上力求保留能瞭望澳门的地带以增强我们回归的愿望。湾仔渔民新村的建设也是重要的一着。

1999年5月我再度来珠海，城市面貌已有极大改变，人口已达100万，新的风景点增加许多。我匆忙参观过圆明新园、望海楼、海滨渔女等地后，于17日在湾仔乘游船作澳门环岛游。澳门位于珠江口西岸，北接珠海，与香港隔海相望。1553年明嘉靖时，葡萄牙强行租占，迄今已有400余年，两国经谈判1999年12月20日将澳门回归中国。前次来珠海只能

隔海远望，这次能环岛目睹七个月后即将回归祖国的失地，当然十分兴奋。澳门由澳门、凼仔与路环三岛组成，面积共22.5平方公里，为香港的2%；人口43万，华人占97%，仅为香港的6%。澳门与凼仔有两条跨海大桥相连，其中友谊大桥长4公里，宽为4车道。国际机场在凼仔。凼仔与路环亦有海桥相连并在桥西修了大面积的填海区。主要市区在澳门岛，著名景点有大三巴牌坊、妈阁庙、西望洋山圣堂，东望洋山堡垒及澳门税收主要进项赌博业的中心赌场——葡京饭店。我们的游船从澳门西岸出发，可以遥望望洋山和妈阁庙，然后船绕到南面。最先遇到的是妈祖阁所在的山景，然后穿过总督大桥而逐渐望见整个澳门南岸的主要街道及建筑，葡京饭店赫然在焉。船待驶近友谊大桥始转回原路返凼仔。此行时间虽短，但将澳门总的形势了然于胸，远胜艰辛在闹市寻访。香港回归，继之澳门，让我们翘首以待台湾！

十一 东莞与通连香港的特区深圳

1983年1月25日我离广州去深圳，上午走63公里到东莞。东莞可园属广东清代四大名园，占地2 200平方米，有厅堂19座，主体建筑为四层可楼，下有曲尺形水池，今可楼尚存，其他大部荒废。东莞沿河民居十分轻巧，我们路过时正是金桔丰收季节，田里船里一片金黄。下午去深圳行程90公里，我在半路停车于虎门，参观这鸦片战争中有名的战场。虎门扼广州进出海之咽喉。晚清林则徐，关天培为防止英国侵略军的进犯，在珠江口的两岸及江中岛屿设置三道防线，修炮台11座，配备大炮300多门，在鸦片战争中屡挫英军，并在虎门焚毁英美商人交出的鸦片两万箱。以后战争虽因清廷妥协而失败，但我军的英勇事迹却长留人间。现炮台遗址均已修整并在山上建立虎门人民

东莞东江

虎门

东莞可园可楼

深圳东湖宾馆

东莞沿河民居

深圳渔民新村

抗英纪念碑。

深圳及香港地区晋为宝安县，宋为东莞县，明为新安县。今香港地区包括九龙、香港、新界三部分，有土地面积1 068平方公里，人口586万(1993年)，于鸦片战争后的1842年被英国强占，我国将在1997年7月1日收回。深圳与珠海同时建市及改为特区，它西起蛇口的深圳湾，东至大鹏湾，整个地区南与香港相连。我到深圳时大规模的市政建设正在展开，新的高楼不断涌现，到处有工地，随时可遇到修路机在滚动。我在新建的市政府大楼里看到市的发展规划，短短三四年内人口已从两万发展到常住人口15万，流动人口15万，远景规划的人口数为80～100万。随后我又去参观渔民新村，由大队统建共32栋，每栋一户，底层三房一厅，楼层两房一厅，内部陈设据他们自称已超过一般领导干部。改革开放以来，渔民是

深港分界线

沙头角

得利最快的阶层。到深圳的第三天上午随地方同志乘车东行15公里去沙头角,这是内地与香港在大鹏湾港汉里交界的地方。一路上看到香港当局为防止有人越境偷渡,沿深港交界架铁丝网,修炮台,构筑封锁线。我回味过去被侵略的历史和即将收复的未来,心中交织着复杂的情感。到镇听镇长介绍情况后就走上街头。沙头角原为一个滨海城镇,英国强占香港后将镇一分为二,在中间街道(原为小河)立界碑,现在称为中英街的北边为中国店铺,南边为香港店铺,只要你有港币,就可以买香港店铺中的商品。我走到港口看看海湾的形势和附近的新建的民居,很快即回到深圳。下午离开深圳去汕头,晚宿于惠东。

一带骑单车(广东对自行车的称呼)驮东西的极多,因为路上抢车,经常出事故。前两天一辆载中央民革成员的车和海军汽车相撞,死1伤12,车的残骸还在路上。我们在路上眼见一辆单车压扁了,一辆面包车翻在沟里,车灯还在闪闪发光。这一带民居多为平房三合院,房脊成方形,墙面刷白,山墙画上两道黑红线。耕地不多平均每人一分田,但新房都盖在田里,要房不要田比较普遍。过普宁到潮阳沿路不断看见海。傍晚抵汕头。29日午去汕头东北20公里澄海隆都公社前美大队看三十年代华侨修建的几个大

院,其平面布局为三院并列,前厅后楼,石门石柱,非承重墙用贝壳灰沙砖,装饰用瓷砖。下午回市里看民国以来各时期的城市住宅及中山公园。汕头对面有石岩以石峰著称,因无时间未去。30日去潮州。

古时潮州濒临南海,因潮水往返得名。东晋义熙九年(413年)将南海郡东部划为义安郡,辖粤东及闽西,郡治即在潮州,隋初改称潮州,宋元明清均为潮州府治,古城迄今已有1 580多年的历史。中原几次战乱北人南下,潮州有大量客家移民,带来中原文化与生产技术,乃迅速发展成为粤东经

十二 潮州、汕头与茶阳多层高密度民居

1983年1月28日我继续昨天从深圳到惠东的路线从惠东又赶到汕头,共走了380公里,跑遍了广东东部海岸。沿途土地比较贫瘠,惠阳惠东虽开始种树,但到海丰树几乎砍光了,丘陵连着低山,全是光秃秃的,地面呈圆弧形的起伏;再前到陆丰山冈又都植上树,路边也有成行的木麻黄,甘蔗田边还有荔枝树;同样的土地,不同县份却有不同面貌。这一带走私的不少,从香港运出三汽车面粉就可赚4~5万元。过海陆丰使我想起澎湃在这里搞过轰轰烈烈的农民运动,但沿路看不到任何纪念物。在陆丰午饭后车入惠来、普宁境,有两车宽的沥青路,这

澄海朱家西宅内门

潮州凤凰塔

汕头港口

澄海朱家中院正门

潮州东城门

潮州湘子桥

开元寺木雕

济、文化的中心。唐建开元寺为岭南四大丛林之一，宋建湘子桥为全国四大古桥之一，瓷器、雕刻、刺绣亦知名海内。潮州地处韩江下游，西距广州480公里，东距漳州240公里，属亚热带温湿气候，年平均温度为21.4℃，年平均降雨量为1 631毫米。韩江由于水土保持差，冲积严重，海岸逐年南移，现韩江入海口已移至汕头，距潮州已推出40公里，潮州对外贸易及海运地位乃日益为汕头所取代。现汕头于1980年辟为特区后，建设突飞猛进，九十年代初城区人口已达61万，而潮州只有十余万人。但潮州与汕头同为华侨密集的故乡，关系十分密切，海内外都以潮汕并称。我到潮州的当天上午看开元寺，寺为唐开元（738年）在全国创建的十寺之一，现存为四进院，中间为金刚殿、天王殿、大殿、藏经楼；东侧为地藏阁、知客堂、神农堂、韦陀庙；西侧为观音阁、初祖堂、六祖堂、方丈室，门前有刻"梵天香界"的照壁。全寺占地6.7公顷，规

模不小，但殿堂不起高台，布局比较紧密，气氛与北方大寺不同，更加接近民居。大殿前有唐代刻准提咒和尊生咒的石经幢。四围石栏版有48块唐代石刻。寺内还保存北宋铸造的大铜钟，元代雕刻的陨石香炉，明末木雕千佛塔等文物。大殿内佛像在文革中全被捣毁，今又重塑，神态生动，说明当地工匠仍有相当技术水平。

潮州现存清代以前的民居及古建筑占全市建筑总面积的37%，明洪武（1370年）所建古城轮廓清晰可辨。古城有城门7个，我在下午看面向韩江的东城门，城门高3.62米，宽2.9米，上有三层出檐歇山顶的城门楼，底层面宽31.5米，进深19.55米。面江的东城墙因兼有防洪作用，尚保存完好。我从城门楼上走下，走到长达500米的湘子桥，漫步欣赏广阔的韩江风景。现在通行的大桥为1958年在旧桥之上套建的混凝土19孔新桥。旧桥湘子桥又名广济桥，始建于南宋乾道6年（1170

湘子桥铁牛

潮州开元寺大殿

西湖湖心亭

西湖普同塔

年)历时57年始告完成。东西两段各9墩花岗石桥墩,中间因江水湍急不能合拢,乃用船摆渡。明正德(1513年)于中间再加一石墩改用18艘浮船联成浮桥,能开能合随潮升降,为我国最早的开关式石桥。以后又将桥增至24墩并在上修建了各种式样的望楼,成为"十八梭船廿四洲",清代在浮桥两端各置铁牛一只,上刻"镇桥御水"四字,清末洪水毁东岸桥墩,一只铁牛坠入江中。建新桥时除加固旧桥墩外,新建19孔钢筋混凝土T形梁及中间三孔钢桁架和台式梁。1976年再度扩宽桥面至11米,1980年重塑铁牛一只置桥上。过桥在对面笔架山麓有宋建韩愈祠,顺山取势,前后两进,青砖小屋,规模不大而绿树婆娑,却十分清静。 祠内有明重刻苏轼写"潮州昌黎伯韩文公庙碑'等石碑36块。桥北有古渡口鳄渡,传为韩愈读告鳄鱼文处。桥旁新建观景楼,轻巧别致,在此看韩江正如清郑兰枝所写"韩江春晓水迢迢,十

八梭船锁画桥。漱石雪飞梁上鹭,惊涛声彻海门潮。鸦洲涨起翻桃浪,鳄渚烟深濯柳条。一带长虹三月好,风光几拟到层霄。"笔架山为宋代陶瓷业集中地,两公里内有陶瓷窑99处,号称百窑村。桥南凤凰洲旁有凤凰台,明万历(1585-1600年)于台上建7层8角48米高的砖塔,有石阶供登临眺望,塔门镶石匾刻凤凰塔三字,"云锁湘桥疑海市,烟迷笔顶忆蓬莱",为观赏潮州城与韩江风景最佳处。

31日上午我参观城内古建筑,有学宫创建于南宋 ,明重建,现为潮安农机局等单位乱拆乱建,已面目全非。已略黄公祠,清末建,石刻木雕极为精巧,现为潮安花纱布公司仓库。叩齿庵原为唐之大隐庵,宋改建,南昌起义部队来潮时之师部,现为市日用化工厂占用。许驸马府北宋(1064年)建,黄尚书府明崇祯(1630年)建,现为其子孙居住。清虎门水师提督卓兴府第,有花园及戏台,现住二十余户居民。外江戏梨园公所现为合作家

潮州民居石雕

463

茶阳沿江多层高密度民居透视图——选自《闽粤民宅》

具商店，尚存石碑六块。清初李氏宗祠大革命时周恩来曾在此办黄埔分校，现尚完好。潮州现存如此众多古建筑实为难得，但急需很好保护。随后我登上城东北角之北阁金山，眺望北面江山，然后下山走进西湖。西湖原为韩江支流，唐代筑堤将其隔断，湖现宽40～139米。湖内有寿安寺、莲花池、景韩亭及新建湖心亭等景点，景韩亭内有清摹刻韩愈书王维白鹦鹉赋。湖内葫芦山上有历代石刻共200余，大都为唐宋明代，文革中因取石被毁甚多。涵碧楼原为湖中宴集场所。南昌起义部队到此作为指挥所，抗日战争中为日寇所毁，解放后1964年重建。中午座谈，我建议市里保护这座国内为数不多的古城，放弃原定改造一条街，建44栋 4～6层楼的计划，把钱用去开辟新区。饭后赶到陆丰，次日过惠州回广州。

潮汕民居单座的有单开间的竹竿厝，双开间的单佩剑，三开间的双佩剑。复合的有三合式的爬狮、下山虎，四合式的四点金，还有三厅连串的三座落，五开间的五间过，大都是外墙不高的开敞式的天井院。由这些组合形式横向竖向联合成为大院。也有来自福建的围垅。在空间组合的类型方面比较特殊的为韩江上游大埔的茶阳，大麻一带在竹竿厝的基础上发展成的单双开间大进深密集的多层楼群。通常为 5～6层，间宽3～5米，进深8～20米。结构用简支木架。两坡青瓦屋顶，顶层设阁楼。装修极为朴素。各栋建筑，临街立面有合有断，陡坡屋顶此高彼低，出挑平台或有或无，下面柱廊联通的骑楼又凹凸分明。整街楼群有联系、有变化、有对比、有韵律形成引人入胜的奇异景观。

十三 八闽福建和 榕城福州

福建临东海及南海与台湾隔海相对，境内多山，号称八山一水一分田，主要山脉武夷、戴云等由西北向东南起伏下降。全省面积12.14万平方公里，福州、莆仙、泉州、漳州平原仅占 1.57%，海岸线长达3 300公里，岛屿有平潭、金门、东山、厦门等 1 400多。为热带温润季风气候，年平均温度17～21℃，年平均降雨量1 000毫米以上。福建历史悠久，文化发达，从闽江流域发掘出贝壳堆积的新石器时代遗址证明，原始社会时期人类已在这里繁衍生息。我国古代江南越族居住在福建者为东越与为楚所灭之吴越遗族结合而称闽越。秦始皇在福建设闽中郡。说文解字“闽，为东南越蛇种”乃当地氏族之图腾崇拜。汉曾封有闽越王，晋设建安、晋安两郡，分别以建瓯、福州为郡治。唐中期设福、建、泉、漳、汀州，隶属福建节度使。五代时福建先后为闽、殷、南唐、吴越所割据。王审知的闽国前后统治达60年。南宋除唐之五州外增设南剑州及邵武、兴化二军，合称八闽。元兵破临安陆秀夫在福州拥立新帝仅60天又陷于元。元明清三代福建为行省，福州为省会。明末唐王曾在福州称帝共11个月又为清兵攻灭。台湾为我国最大的海岛，一度为荷兰侵占，1662年郑成功收复台湾，遥奉明桂王年号，改厦门为思明州，继续反清斗争前后达38年之久。福建是华侨出入的门户，

是著名的侨乡，以侨居东南亚者最多，据1990年统计福建全省人口为 3 009万，其在国外华侨和外籍华人约占本省人口的1/4。福建是我国主要林区，森林覆盖率39.5%，出产竹木、甘蔗、柑桔、龙眼、荔枝、香蕉、菠萝、橄榄、银耳、茶叶、花卉等，龙眼居全国第一。海产品占全国之半。各种雕刻、漆器全国知名。改革开放以来福建和广东又位于经济发展的前列。

福州自汉闽越王无诸在此筑冶城起迄今已 2 100年，后闽王扩建罗城及夹城，宋增筑外城，明重砌石城，今城虽不存但遗迹可寻。福州处于典型河口盆地，四周为600～1 000米的群山所环抱，中间由山地、丘陵到平原作层状分布，平原上有许多岛状花岗岩残丘如屏山、于山等。原来6 000年前闽江在闽侯白沙入海，当时福州平原是个大海湾。以后沧海变桑田，岛屿成了小山丘，闽江在福州南分为两股，至马尾港重新会合，再从东北穿过闽安大峡谷注入东海，由白沙至今之入海口已远至88公里。福州是断裂构造密集地区，隙缝到处有温泉涌出。福州自古即为我国东南沿海重要港口及造船基地。三国时孙权设典船校尉，宋高宗造海舟千艘。宋代福州曾大量植种榕树以致州城“绿荫满城，暑不张盖”，而别号榕城；当时海运繁忙商贾云集，正如宋诗所写“百货随潮船入市，万家沽酒户垂帘”，“两信潮生海涨天，鱼虾入市不论钱，户无酒禁人争醉，地少霜威花正然”。明郑和七下西洋都在闽江口五虎门泊舟，伺风开洋。清末左宗棠在马尾港设福州船政局和船政学堂。福州市内有三山，屏山居北，于山、乌

福州林则徐祠大门

灵源洞碑

鼓山涌泉寺

福州石塔会馆

乌塔

鼓山湧泉寺千佛陶塔

山居中；原有三湖，日久淤塞，现只有西湖汇集于城之西北。城市山环水绕，风景清丽，清孙致远诗"指点三山近，轻云护翠微；晓烟榕叶暗，春雨蔗田肥。"福州又是有革命历史的城市，福州人民于明嘉靖时曾协助戚继光歼灭进犯倭寇，清光绪时曾支援马尾水师打击入侵的法国舰队。

1982年末至1983年初，我和北京、天津几位大学教师共同担负建设部乡村建设局和建筑学会的委托对福建全省及广东沿海的新旧民居进行考查。我们在福建军区和两省建设部门的支援下进行近两个月的采访，出版了《闽粤民宅》一书。在采访民居的同时我也收集了有关当地风景的一些资料。12月14日我们到福州，15 日即去参观鼓山，鼓山距福州15公里，海拔969米，面积1 890公顷，是典型的断块山，因山巅有巨石，风雨时声响如鼓得名。风景以山川险秀、洞壑清幽、古刹宝藏、摩崖众多著称。涌泉寺位于山中，过去游山须由山麓廨院登上2 500石阶，过东际亭、仰止亭 、观瀑亭、乘云亭绕行 3～4 公里。我们去时已有车路直通山门。全寺占地1.5公顷，始建于五代闽王，现有建筑为明天启(1627)重建，寺内曾容千余僧众， 号称闽刹之冠。我们通过山门进到回龙阁，阁前有长宽各数十米的罗汉泉水池，在山水的陪衬中，层楼重阁的寺院显得十分幽深清静。转过水池绕到寺前，迎面为五间天王殿，单层硬山，前出偏厦，高台石柱，形式比较特殊。檐下有

西湖游廊

福州华林寺及省府大楼

华林寺梁架结构

戚公祠"誓雪国耻"

康熙亲题涌泉寺匾额。殿前有宋元丰(1082年)烧制的两座9层陶塔，陶外施釉作古铜色，高6.83米，仿木构八角楼阁式，分层烧造，然后拼装而成。塔壁共贴塑佛像1 078尊，檐角下悬有铃铎，塔座塑有狮子、力士图案并有题识记烧造时间、施主、工匠姓名，为我国罕见的珍贵文物。天王殿内为宽敞的院落，左右有钟鼓楼，歇山重檐顶五间大殿位于高台上，殿前竖立两铁幡。大殿后为圆通殿，内有1.15吨重的唐天宝时所铸铁佛三尊。藏经殿内保存2.79万册古版佛经，200册手抄血经，贝叶经及近万块经版。方丈堂前有三株铁树，树龄已逾千年，尚年年开花。出寺经回龙阁沿石阶东行至灵源洞，此处为两峰之间的一条枯涧，深达6～7米，石崖峭立，古树荫浓。相传五代时神晏祖师在此诵经，嫌涧水喧嚣，大喝一声，从此泉水改道。宋嘉佑(1061年)施长元题刻大

字"喝水岩"。宋徐锡之来游，惜涧无水，因在石上留诗"重峦复岭锁松关，只欠泉声入座间；我若当年侍师侧，不教喝水过他山。"清人王则锡续刻"水还前溪去，云仍岩下留。僧归啼鸟夕，声色未全休。"就是这样因景生情，你题我应，在这灵源胜处留下摩崖200余幅。宋蔡襄题"忘归岩"之外还有李纲、朱熹等留字。题刻集中，各体书法纷呈，无异西安之碑林。由此上行到望江亭眺望闽江，然后循石板路返回涌泉寺回城。此外鼓山西北尚有达摩洞、白云洞等风景点，因时间所限未及备览。

下午去西郊参观西禅寺。寺始建于唐咸通(867年)，规模宏伟，盛时可容僧众3 000人。现存建筑为清末微妙禅师在海内外募捐重建，占地6公顷，为当时福建五大禅林之一。与海外马来西亚双庆寺、新加坡双林寺、越南南普陀寺均有密切关系。玉佛

楼内藏有侨僧捐助的坐卧玉佛两尊。寺内园林清幽，自古即以数百株优种荔枝著称，法堂前几株宋荔尤为珍贵。每逢蝉鸣荔红季节，名人学士多来此聚会。1937年郁达夫诗"鸱雏腐鼠漫相猜，世事因人百念灰，陈紫方红供大嚼，此行真为荔枝来。"日寇侵略及文革时期，寺中殿宇多为损毁，现正整修中。16日去长乐。17日早起去西湖，湖在古代即为游览胜地，辛弃疾曾写"烟雨偏宜晴更好，约略西施未嫁。"来赞美它。现已建为公园，面积扩大到38公顷，湖中有开化屿、谢坪屿、窑角屿，以柳堤和玉带、飞虹、步云三桥相联系，湖边有低冈大梦山，满植松竹，全园长堤卧波，夹道垂柳，为市区增添无限清趣。省博物馆亦在园内，展出新石器时期的石器、陶器，馆前有5米高的林则徐铜像。屏山在西湖东北，高约50米，周围古迹已多泯灭，唯余石制七星缸及欧

福州西禅寺

林则徐祠内院甬道

鼓山忘归岩

鼓山涌泉寺天王殿

冶池旁石刻"欧冶子铸剑处"。访山前华林寺大殿，这是我国南方屈指可数的宋代木结构建筑，为国家的重点文物保护单位。我们进内参观，大殿面宽7间，进深8间，有16根大柱，重檐歇山顶，梁架斗拱还是宋乾德(964年)初建时原物，殿中顶棚有龙形图案30幅，殿后顶棚有15幅鸟形图案。可惜大殿后面就是新盖的省府大楼，如此珍贵古建筑却在省府汽车库环围之中，周围没有任何隔离带，看起来它在这群建筑中有些累赘，为何造成这样尴尬局面，很值得当时建筑决策者深思！

下午登于山，它位于市之中心，相传古于越族在此居住因以为名，面积11.9公顷，整个山形如鳌，最高处为鳌顶峰海拔80.5米。我们直上山顶，见山石丛立，树傍石生，长长的树根缠绕石上俨然天然盆景。周围有六鳌胜迹，石上摩崖从宋代起达百余幅。

大士殿是辛亥革命起义军指挥炮轰将军府的所在，殿内有乾隆御题大士出山图碑刻，记载观音由男变女的故事。再东有九仙道观，现辟为书画社、碑廊，以陈列文物。山之西有定光塔俗称白塔，为7层8角砖塔，高41米，建于唐天佑(904年)，初建时内为砖身外用木构成楼阁式，明嘉靖(1548年)重建，改为今式。塔南寺院为清代建筑。登塔了望可以"遥欲临三岛，高能瞰七城"。塔东有戚公祠，内有平远台、醉石亭、补山精舍等隐藏在苍松翠竹间。明嘉靖(1562年)戚继光在宁德、福清、莆田三地连续歼灭入侵的倭寇，当地为纪念他的功绩而建此祠。现存建筑为1933年新建，1936年郁达夫曾在石上刻下《满江红》词"三百年来，我华夏，威风久歇。有几个，如公成就，丰功伟烈。拔剑光寒倭寇胆，拔云手指天心月。至于今，遗饼纪东征，民怀切。会稽耻，终当雪；

楚三户，教秦灭。愿英灵永保，金瓯无缺。台畔班师酹醉石，亭边思子悲啼血。向长空，洒泪酹千杯，蓬莱阙。"下于山去乌山东麓的乌塔。塔名无垢净光塔为唐贞元(799年)创建，后为战火所毁，五代闽王于公元941年，全用黑色花岗石重新建造。塔8角7层高35米，叠涩出檐，每层塔壁有浮雕或石刻，内有梯道通塔顶。我登塔瞭望，市区及白塔均历历在目。乌山最高海拔86米，过去庙宇甚多，现已荒废，只剩怪石嶙峋及摩崖石刻，我们去时山之大部地区为电台占用，不能参观。进到塔下石塔会馆，见三家厨房在室内举火，古建存在严重隐患。后去西湖附近之林则徐祠，祠为林逝世后(1905年)子孙所建，林的故居在附近之文藻山，林墓在北郊马鞍村。祠门东向，二道牌楼门上书林文忠祠，内有石铺甬道通仪厅与碑亭；甬道两旁分列马虎狮羊及文武翁

涌泉寺罗汉泉

于山摩崖

仲,碑中刻有御赐祭文。祠厅在碑亭北侧,厅面宽三间,内供林则徐像,有道光御书福寿匾额,叶在崎题联"中原多难,在昔有人,湘淮未兴,独倚个臣以为命;天山之南,于今乃粒,水旱犹祭,夫岂故乡所得私。"厅右侧院亦用作展览,内有林则徐自书联"海纳百川,有容乃大。壁立千仞,无欲则刚。"

十四 闽江马尾港 与福州平原

闽江为福建第一大江,发源于武夷山,流经36个市县,总长2 872公里,流域 6.1万平方公里,面积虽仅有黄河的 1/12,但水量却超过黄河,水清沙少, 灌溉两岸丰腴土地。闽江下游横过福州,构成浩浩荡荡50公里风景线。福州西郊江中有小金山岛,上立宋建10米高的小石塔,元王翰赞它"胜地标孤塔,遥津集百船。岸回孤屿火,风渡隔村烟。树色迷芳渚,渔歌起暮天。"至福州江中 3 公顷的沙洲辟为江心公园。马尾港下游10公里处有岩石如人足下垂,名金刚腿,为江水与海水分界处,浪激腿脚,水声震耳。江口琅歧岛面积72平方公里与马祖列岛遥遥相望。 其北黄歧半岛有定海古城,为当时抗倭入侵的前沿阵地,数百年前的烽火台及石城今尚完好。南有梅花石城亦为滨海重镇。五虎门位于闽江入海处,五座

巨大礁石联成一线, 形势雄伟, 为海防锁钥。解放后根据闽江下游福州平原自然地理形势和经济发展的需要,先后将闽侯、福

清、罗源、连江、长乐、平潭、闽清、永泰八县划为福州市属,面积达 11 968 平方公里。

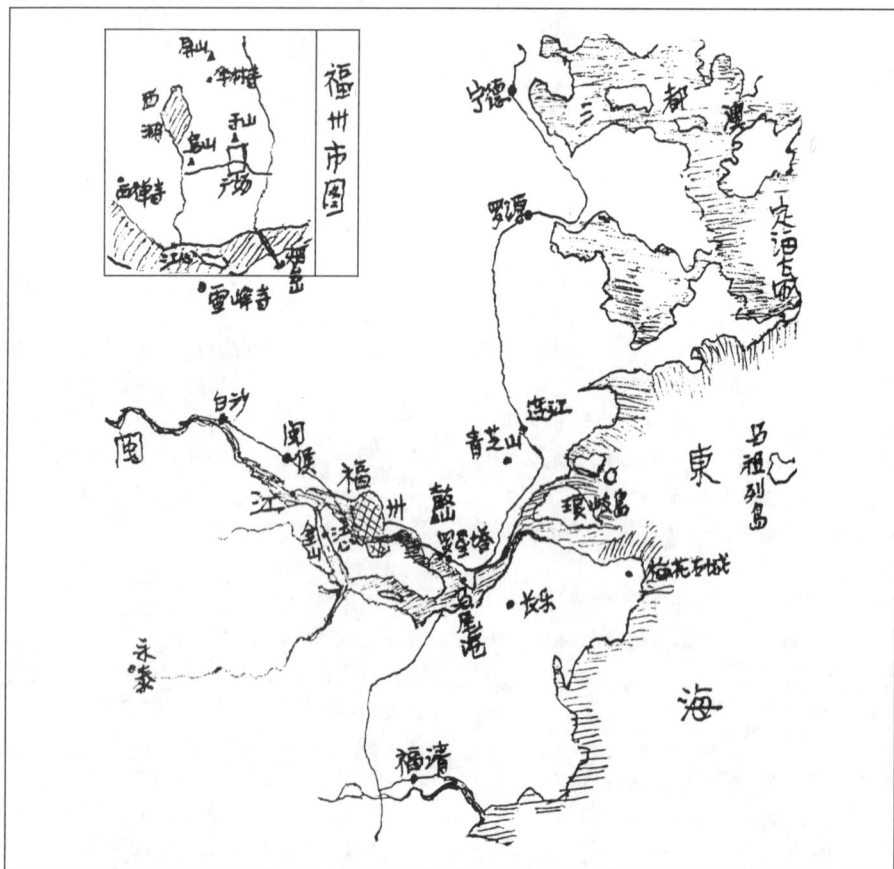

闽江下游风景分布图

长乐海星大队船队

长乐渔民旧住房

长乐竹田石建筑

长乐石棚

　　我于1982年先后四次走过这块平原，到福州第三天我先到长乐县看闽江口马尾港对面的海星渔业大队，他们除老式渔船外有机帆船22只。作业时两船一队，每船20人，合作拖网，一年间(1981年7月～1982年7月)捕鱼45万斤。我参观他们过去的破旧低矮住房和新建的宽敞二层楼房，新旧对比，变化极大。大队长林碧珍家，楼下是客厅、卧室和厨房，楼上是两间卧室和大阳台，地板和家具擦得和船舱里一样明亮。随后我们去县城看观察史陈见庵及司马巷的明代住宅和明宣德（1431年）所立天妃灵应之记碑。碑文记载三保太监郑和出洋船队历次航行时间、船数、人员、编制、装备，极有历史价值。相继又去竹田大队参观石建筑，这里用石头作柱子、墙板、楼板、屋顶，极为普遍。

　　12月18日我由福州去闽东北，先到福州东南21公里的马尾港罗星山，上有宋时创建的罗星塔，现存为明天启(1621-1627

年)重建，1963年大修，为7层8角高31.5米的石塔，塔尖为圆周近7米的铁球，登其上可眺望闽江出海处及营前港，两山夹持，三江合流，每逢潮涨时江流与海潮相激荡，形成怒涛奇观。明林世璧诗"连山喷雪何如此，好似钱塘八月中"。罗星塔西北马限山上有林则徐修建的炮台遗址，光绪(1884年)中法战争马江海战在罗星塔下展开，马江两岸万人请缨杀敌，山下有马江海战的烈士祠及墓。现马尾港已辟为开发区，正兴建可停靠万吨轮船的码头。

　　然后沿江北行50公里至连江的青芝山，山不高以岩洞多闻名，明在山上建寺并留下一些摩崖石刻。登山远可眺马祖，近可望马尾，清末陈宝琛于半山亭书联"莲岫耸奇观，喜百洞垒垒，从此振衣绝顶。虎门留战绩，叹大江滚滚，更谁击楫中流。"北至连江县10公里，再40公里到罗源。

　　30日由古田回福州，车过闽侯雪峰，距福州77公里。雪峰地跨闽侯．罗源．古田．

闽侯雪峰寺鼓楼

连江青芝山

闽清民居

闽清江边

马尾罗星塔

闽清四县，最高峰海拔800米，延衰30余公里，与旗山．鼓山合称福州三绝。古诗写此山"千仞岩峦积雪重，高寒六月气如冬"，"蹑棘穿萝百里程，空山尽日少人行"，"曲蹬迂回缘涧转，野田高下傍山耕"。远望悬崖瀑布，一泻百丈，上如白练，中似半壁，下成散丝，最后又合而为一，上下五叠，潭壑承转，奔腾而下。在群峰丛林环抱中，有唐咸通（871年）创建的雪峰崇圣寺，不久闽王捐资在今址扩建，殿宇成片兴起。现存建筑系清光绪时重建，为福州五大禅寺之一，名扬海内外。殿前古柽传为闽王手植，树龄逾千年，寺内藏有梵文贝叶经，全部频迦藏等万卷佛经；历代名僧辈出，义存为闽王导义法师，禅宗的云门及法眼两宗均出其下，涌泉寺开山祖师神晏为其高徒。我们去时新加坡华侨捐资，正在重新大修中。离

寺不远有枯木庵，枯木高3.2米，树围7.3米，南向开二窦如门，高2.05米，宽0.9米，树内可容十人，传说义存常在此坐禅。树腹内有唐宋元明题刻20余则，称为树腹碑，为国内罕见文物；最早为闽王捐资造庵及水池题记，用笔道劲，有较高书法价值。下山至闽清江边，见有四坡顶及山墙灵活处理的民居。

十五　闽东宁德，福安　与古田

　　闽东宁德地区辖宁德、古田、福安、福鼎、霞浦、周宁等9市县，南接福州，东濒东海有三都澳、沙埕港、三沙等港口，北

隔分水关与浙江为邻，西越洞宫山与鹫峰山通建阳地区。区内除西北连绵高山外多为丘陵、河谷、滨海港湾小平原。属中亚热带海洋性季风气候，一月平均气温$4.8\sim10℃$，七月平均气温$24\sim28.4℃$。年平均雨量$1\,506\sim2\,070$毫米，气候温暖湿润，四季分明。在少数民族中全国畲族主要集中在这里，有126个畲族村，人口达15万。公路南通福州北通温州。风景名胜支提山在宁德西北40公里，海拔800米，绵亘25公里，有峰岩洞壑，林木泉瀑，唐天宝时敕封天下名山36洞天，支提为第一洞天。宋在山上创建华岩寺，盛时僧人逾千，华严经载"不到华严枉为僧"，因此天下云游僧侣多来此朝谒。寺内藏有明永乐御赐"千圣天冠铁佛"千尊，高0.3米，重10公斤，各有独自神态。这一带又是土地革命时期的

宁德村落

福安白马三郎祠

福安狮峰寺

溪柄沿水民居

革命根据地，1934 年成立闽东红军独立师。

　　1982 年 12 月 18 日我由福州到宁德，次日上午参观城内民居，在白鹤岭下有园林岩洞，内塑陆游及戚继光像。陆游曾在此任宁德主簿，离任时留诗"霁色清和日已长，纶巾潇洒意差强。飞飞鸥鹭陂塘绿，郁郁桑麻风露香。南陌东村初过社，轻装小队似还乡。吟诗忘却登东去，枉是人言作吏忙。"下午因时间紧迫未去支提，急急赶往福安，路上过六都、乔村、红门里、化蛟，所见优秀的民居极多。因此决定在福安多留一天。20 日上午向来路回返 30 多公里到溪柄看狮峰寺，寺仅有前后两座建筑，但十分别致，应列入文物保护单位。闽东民居以福安为代表与浙江民居相类似，结构灵活，造型轻巧，就地取材，用料节约。有进深较大的三间灰瓦坡顶正房，用穿斗构架承重，悬山山墙多带披屋或加腰檐，山尖下漏空或用竹木编堵，有的更涂灰泥而露出构架。围墙以夯土

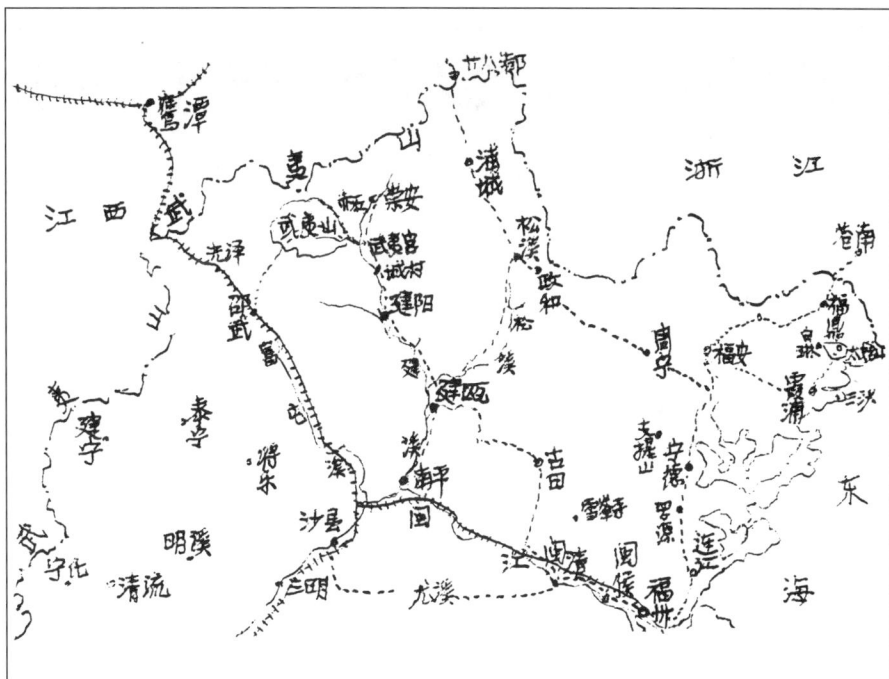

闽东北地区图

471

古田下洋民居

古田临水宫鸟瞰

古田山中小村

十六 福鼎太姥山、霞浦沿海石建筑

12月21日早起我由福安东北去福鼎，先在雾中爬山，下山到柘荣县县共行52公里，然后续行45公里到福鼎。这里海湾由东海沙埕港起，直抵福鼎，深入内地50公里，北至分水岭仅15公里，过岭可去浙江南雁荡山。清俞樾由浙入闽曾在此留诗"岭上严严分水关，令人回首故乡山。归途倘践山灵约，雁荡天台咫尺间。"我们十时赶到县城，未多休息即去城南玉塘村看城堡，这是明嘉靖年间村民为抵御倭寇侵略而集资修建的，全用块石，高约6~7米，沿海各县这类防倭城堡甚多。午饭后参观老寺新建的栖林寺。回来看城中民居，旧居开间不多但进深很大，有一家进深竟达25米，有类广东竹筒屋。新居则为单开间三层楼，5间进深，楼梯开在中间。22日上午去城南26公里的白琳公社再西行10公里访翠郊大队洋里大厝吴家三排三进大院，院落之间隔以代漏窗的檐廊，三个正院的两旁为厢房，厢房之外为附属房间。建筑除首进外均为两层。全国民居中这种大院以福建最多。

午间回公社，饭后东南行17公里，攀登917米高的太姥山覆盆峰。太姥山三面临海，层峰叠起，周围20余公里，以各种奇形异状的岩石著称，所谓"太姥无俗石，个个皆神工"，号称海上仙都。相传尧封太母，汉东方朔在白云寺手书"天下第一名山"，周围有朱熹草堂遗址，宋郑樵讲学处，明抗清英雄殉节处。附近为著名白琳工夫茶出产地，也是福建老革命根据地。我们乘车直上半山兴国寺遗址，兴国寺唐祥符(877年)时

为主，也用石材，外刷白灰或加黄色。建筑群依山就势，高低起伏，屋檐错落，色彩淡雅，形成轻盈活泼的特色。过城郊铁湖大队参观畲族民居，与汉族区别不大。下午看城内民居及森林公园。

29日下午我由武夷山回福州，过建瓯爬过千余米的鹫峰至古田下洋，这里民居接近赣东皖南，为密闭的天井院，四面有高大的围墙，墙头呈波浪式的起伏，墙面涂淡黄色灰泥。再到福田看一座带炮台的大院和带桥亭的瑞岩桥，晚宿于古田。30日上午出发回福州，先远摄吉祥寺塔，塔系宋建，元明两次重修，为8角9层实心石塔，高25米，原在旧城，1958年修水库淹没旧

城，将塔迁至新城松台山顶。然后去临水宫，这是名闻海外的道观，位于半山，殿阁密集，中建塔楼。所有建筑均屋角起翘，陡而且高，屋檐上下，满绘彩画，和红墙相配，显得十分花哨。然形式统一，轻巧别致，也另成一格。下山过明建清重修，今又重修的临水百花桥，为木构一跨。到中林大队罗寡妇家一个带炮台的大院，乃嘉庆5年(1800年)所建，中为三进院两旁带跨院，共120间房，有大小厅堂18个。大院外墙厚1.55米，高约6~7米，用好的塘泥掺碎石筑成，干后异常坚固，我们用铁器也难挖动，颇类今之混凝土。内部沿墙有回道，墙制高处设有枪眼。

福鼎栖林寺

福鼎白琳翠郊吴家大院

白琳翠郊吴家大院院内

白琳翠郊吴家大院梁架

建，毁于宋，尚有360余根石柱保存至今。我们爬向山顶，远远就望见山上的岩石奇景，背光看那些直立或平卧的圆顶石头构成类人肖物的种种形状，随着脚步的移动而不断变化。有一个老者和一个探头回望的乌龟在说话，十分逼真。太姥山号称54峰，45石，24洞，10岩，9泉，随处命名，多不可数。将近山顶有一线天，两面陡壁高60余米，中间石缝有宽有窄，其中一段约15米，须张开两手，扁着身子，慢慢挤过，有个卡口身子虽能挤过但头必须抬高并伸长脖子才能同时过去。我爬了许多山，过了不少一线天、夹扁岩，真正使人扁着身子而后艰难通过的以此为最。过一线天为五掌峰，岩石如五指朝天。旁有鸿雪洞及金龟抓壁，传为太姥在此炼丹，以后升天，金龟尾随未成坠落，现龟头外伸，前爪尚搭在升天岩上。太姥塔墓有唐元宗"敕封太姥舍利塔"题字。过三折腰洞有七星石及九鲤朝天石。我登上峰顶，远眺山下秦屿和远处牛栏岗、俞

福鼎玉塘城堡

太姥兴国寺遗址

福鼎白琳公社

太姥山山峰

福鼎瑞云寺

霞浦厚首民居

霞浦太师墓石翁仲

山岛,已暮色苍茫,乃从别的小路下山,到秦屿止宿。23日上午南行13公里到碞门,再转进10公里看瑞云寺,寺为晋时创建,现存为清光绪时重修,今只有7个僧人。附近为畲族聚居区,他们生活已汉化。

参观大队后我回碞门与福鼎县干部告别,然后继续沿海岸南行45公里到霞浦。下午去南面22公里半岛伸入海中的洪江城堡。这里民居比较低矮,但广用砖瓦,质量较高。屋顶多为四坡平顶,出檐极小且密封,檐瓦加厚,压瓦扁平固定,都是为防台风。据当地介绍洪江城堡为桃形,街道成寿字,显然事先有规划设计。在土堡城墙上看到一座高不到一米的新建小庙,庙内供奉孙悟空,塑像及供桌颇为精致。文革后福建新建佛庙极多,在这古城堡上居然也有供奉,说明民间宗教势力尚为雄厚。随后又去附近的厚首,建筑也有类似的特点,而整体比洪江更为封闭,晚回霞浦。24日上午东行32公

霞浦洪江民居

太姥山山峰

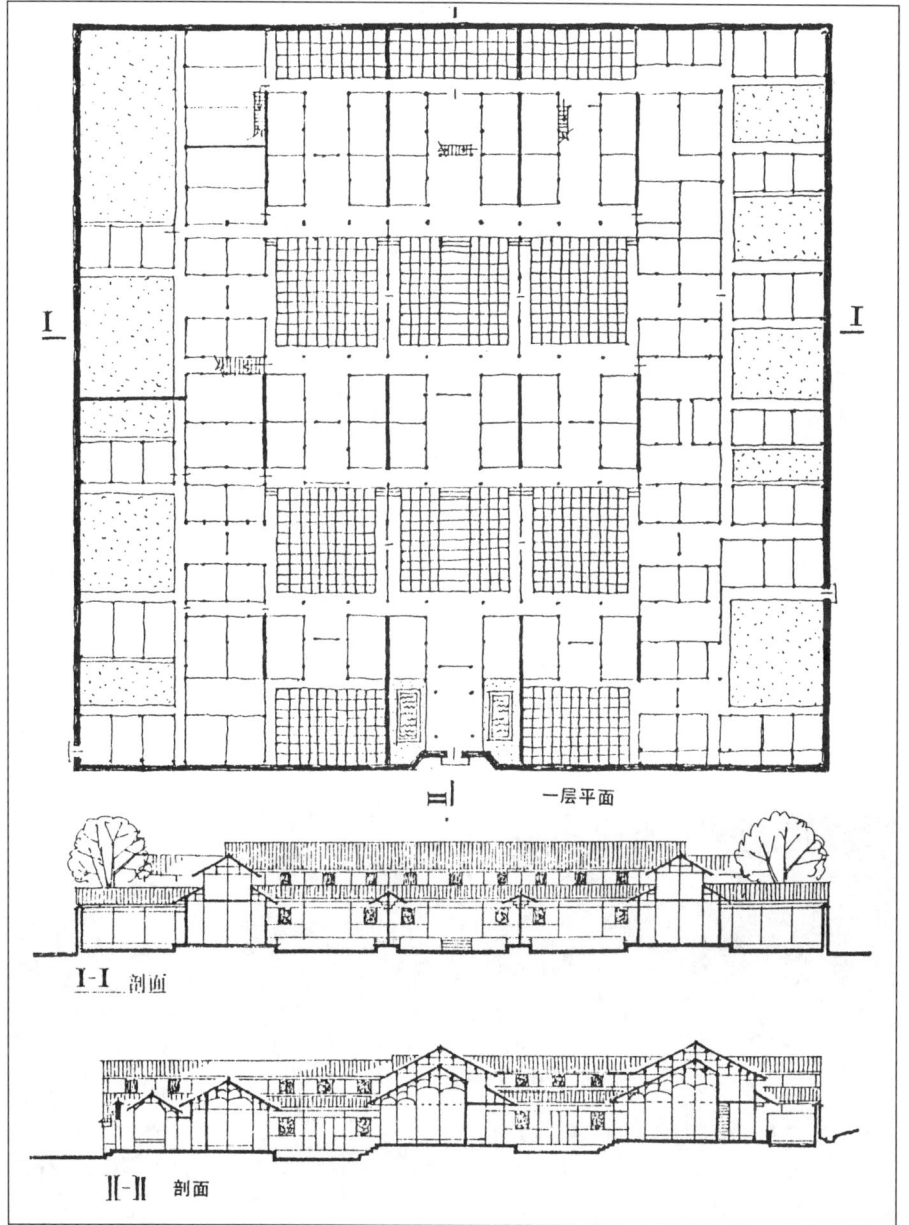

一层平面

I-I 剖面

II-II 剖面

福鼎翠郊吴宅平剖面图

霞浦三沙石头建筑

三沙石头建筑

里到三沙港看石头建筑,据地方介绍这里居民多从广东惠阳迁来,那里石建筑多,1966年三沙遭特大台风破坏,此后石建筑逐渐普及,我们去时整个三沙面海山坡全部为石建筑所覆盖。石头不仅用于墙体、梁柱、屋面,而且用于楼板甚至楼梯。石板厚度从40厘米降至10厘米。我问他们是否会出事故,他们回答,有事故出在灌浆前,灌了浆就不会出事了。但现代水泥已大量生产,我认为石头与其他材料混用为宜。下午过霞浦回福安,路过洲洋的青福有南宋太师孙翼凤墓,现存石像生文武官及石兽像。

十七　闽北革命老区与崇安汉城,城村

　　闽北即建阳地区,包括南平、邵武、崇安、浦城、建瓯、建阳、松溪、政和等10个市县。北有武夷山及仙霞岭山脉与江西上饶地区及浙江龙泉地区相接,黄岗峰高2 158米,有福建屋脊之称。南部为中低山及大片平原,有富屯溪发源于邵武成为闽江上游,有崇阳溪发源崇安,南浦溪发源浦城,松溪发源松溪,三溪汇合于建瓯称建溪于南平流入闽江。闽北森林茂密,水源丰富,年平均气温17～19℃,雨量1 750～1 900毫米,盛产粮食、木材、毛竹、茶叶、水果等。闽北为古越文化主要发源地,新石器时代即有古越族在此生息,西周时属七闽地,秦汉为闽中郡,东汉末改建安郡,治所设于建瓯,唐名建州,五代十国王仁政在此称帝为闽国,曾繁华一时。两宋时代,名贤辈出,柳永以慢词称,严羽著《沧浪诗话》,此外还有法医宋慈,史家袁枢,名相李纲等。至近现代闽北为著名的革命根据地,如1879年延平教案事件,1900年反洋教运动,1913破仓分粮斗争,1914年建瓯学生查抄日货等,早有革命活动。1926年北伐军六师由党代表萧劲光率领开进闽北,广泛开展革命活动。"4·12"后仍多次起义暴动,1929年成立红军55团。1930年成立崇安县苏维埃,建立闽北革命根据地,55团扩大到1 500人开进赣东北。1931年4月敌人进攻,为方志敏率红十军南下所粉碎。6月留在闽北的独立团攻下崇安,成立闽北苏维埃,地区扩大到邵武及上饶。1932年粉碎国民党三次围剿,解放浦城,独立团拥有2 000余人乃扩大为师,苏区纵横150公里,有人口60万人。年底独立师在邵武、光泽与朱德、周恩来率领的红一方面军会师。1933年2月组闽赣省委,黄立贵率独立师开赴黎川与中央红军合组红七军团,7月粉碎四次围剿。以后在敌人五次围剿期间,黄立贵又率58团挺进松溪、政和、建立苏维埃及独立营。中央红军被迫长征后,苏区大为缩小。从1935年起我兵分三路,挺进敌后,建立游击根据地。1936年建立闽赣省委。抗日战争爆发,1938年1月闽北红军1300人编入新四军,地方

崇安城门

商代船棺

崇安沿河吊角楼

赤石镇

改为闽北特委隶属福建省委,十余年来闽北一直是革命的老区。据统计十年内战时期当地被杀害群众达37 056人,被烧毁房屋16 174间,被毁灭自然村300余。即使遭受如此残酷迫害,50年后当地尚有老红军、老地下党员、老交通员、老接头户、老游击队员1 364人。

我于1982年12月25日由闽东来闽北,从福安出发时有小雨,走到周宁路上开始爬坡,雨此下彼停,赶到周宁、政和边界雨始全停,微露阳光。行105公里到赤岩有亭桥名虹桥,外观虽残破但看亭内装修及彩画,盛时亦颇壮丽。由此登洞宫山,开始遇雾,愈上愈浓,至山顶能见度只有3米,下至半山,才脱离雾区,上下山到政和只有54公里,却走了4个小时。在政和午饭后南行90公里过建瓯再北转又50公里到建阳。晚间天气很冷只有11度,看完材料洗脚,赶快钻进被窝。次日早起,因昨晚一夜大风,扫尽几日阴霾,天气全晴。北行64公里到崇安,

古城门尚存,城内新建筑不少,色调多白绿黄,用透窗及圆阳台,均为当地设计,很有特色。到文化馆看商代船棺,这是1978年清理武夷山白岩洞取出的,棺长4.89米,宽0.55米,高0.77米;全棺用整块闽楠木凿成,底盖用子母扣扣合,首尾翘起,内挖空如船篷,盛男性老年尸体,身高1.62米,下垫竹席,身着麻绢棉布衣,据棺木测定距今已有3 445年。出馆去崇阳溪沿岸看吊脚楼民居。然后沿来路回转7公里到赤石看烈士墓。1942年皖南事变,国民党囚禁新四军官兵700余人于上饶集中营,后因日寇进攻,他们将被囚人员向福建转移,路过赤石镇,我党地下支部组织群众,趁队伍过河之时,突然袭击敌人,夺取枪支,率领我被俘人员逃往武夷山。其中有60余不及逃出,为敌人全部枪杀。解放后当地收集遗骨,筑成烈士墓。离开赤石由专区王副专员引导去茶场品尝乌龙肉桂茶,我不懂茶,饮后但觉清香异常。清袁枚评武夷岩茶"令人释躁解

矜,怡情悦性。始觉龙井清而味薄矣,阳羡虽佳而韵逊矣,颇有水晶与玉不同之效"。午间去武夷山,流连一日半,28日起身赴崇安南25公里的兴田看汉城与城村。

兴田汉城从1958年开始发掘到1981年止已查出大部分城墙城门遗址和四处建筑群,五处冶铁作坊,一座西汉墓,大道,排水沟等。城呈不规整的长方形,周长2 555米,城墙由夯土筑成,现残高2~6米。城北发现大型房基一处,灰坑10个,出土文物41 817件,有陶铜铁器、盆钵、犁锄、刀矛及建筑材料、冶炼工具等。根据瓦当篆隶文字判断这是西汉中期的王城,废于东汉末年。我们在遗址上看见大量瓦片和陶水管,全城依山面水,形势极佳。在古城北面我们意外发现国内罕见有严密观赏规划的古镇——城村。这个镇只有百多户人家,崇阳溪环绕东西北三面,过去是水运繁忙的码头,镇内林李赵三大姓,有99家大户,99条街巷,99口井。全镇街道成十字交叉,有计划

崇安兴田汉王城

王城陶水管

建瓯悬索桥

建瓯城通济门

汉王城筒瓦文字

城村街亭

城村门面

建瓯东岳庙

邵武沧浪亭

配置公共建筑，以聚景及对景为中心，各户住宅讲求体量，门面与街道协调。镇之南门名古粤迎面有戏台广场及百岁坊、慈云阁、华光庙一组建筑。北大街通过过街楼直对聚景楼。东大街通过中井头的双门楼，余家亭直对东城门庆阳楼。聚景楼为八角的过街楼，是全镇的中心，东向通过新亭望降仙庵，西向通过神亭，北转望西门——封门，再北到大码头。现地方对古镇已加保护，凡新建住宅均在新区。我认为城村应连同汉城一起列入国家文物保护单位。

午间从城村赶到建阳，这里有考亭书院为宋朱熹晚年居住及讲学之地，有建窑旧址，为宋代八大名窑之一。下午赶往建

瓯，这里地处平原，物产丰富，有始建于唐的光孝寺，位居闽北寺院之冠；有异峰突起的归宗岩；有珍禽异树的万木林，都因不顺路未得亲往。我只参观城内东岳庙重檐大殿，古城通济门和城外徐墩公社。公社办公楼院内有水塘，对面有农技站、林业站、水电站三座楼房。新住宅为成排二层楼，楼前为打谷场，楼后有连廊的厨房和独家养猪种菜的小院。离建瓯后看东峰公社桂林大队，他们全村1 600口人，有四层楼的文化宫，一层礼堂，二层会议室，三层游艺厅，四层为八间客房，对面还有单独的图书室。最后我看到一个拖拉机手的家，只有三口人却占地约600平方米，前院二层住宅楼上下9

间，中院厨房4间，后院车库4间。他自购拖垃机跑运输，去年收入万元。据县规定房基地每家为150平方米，不知他为什么占这么多。

1983年6月中国建筑学会在武夷山开全国风景建设学术会议，8日晚我由杭州乘火车抵邵武，第二次来闽北。次日去城北水北村看富屯溪及溪畔沧浪阁，阁为纪念宋末诗人严羽而建，严曾著《沧浪诗话》及《沧浪吟》传世。后参观宝严寺历史博物馆，这里原为府治乃南平外闽北第二大城市，今鹰厦铁路由此通过，发展当更迅速。10日由邵武乘大汽车北行120公里到武夷宫，中间走黄坑横过武夷山自然保护区。保护

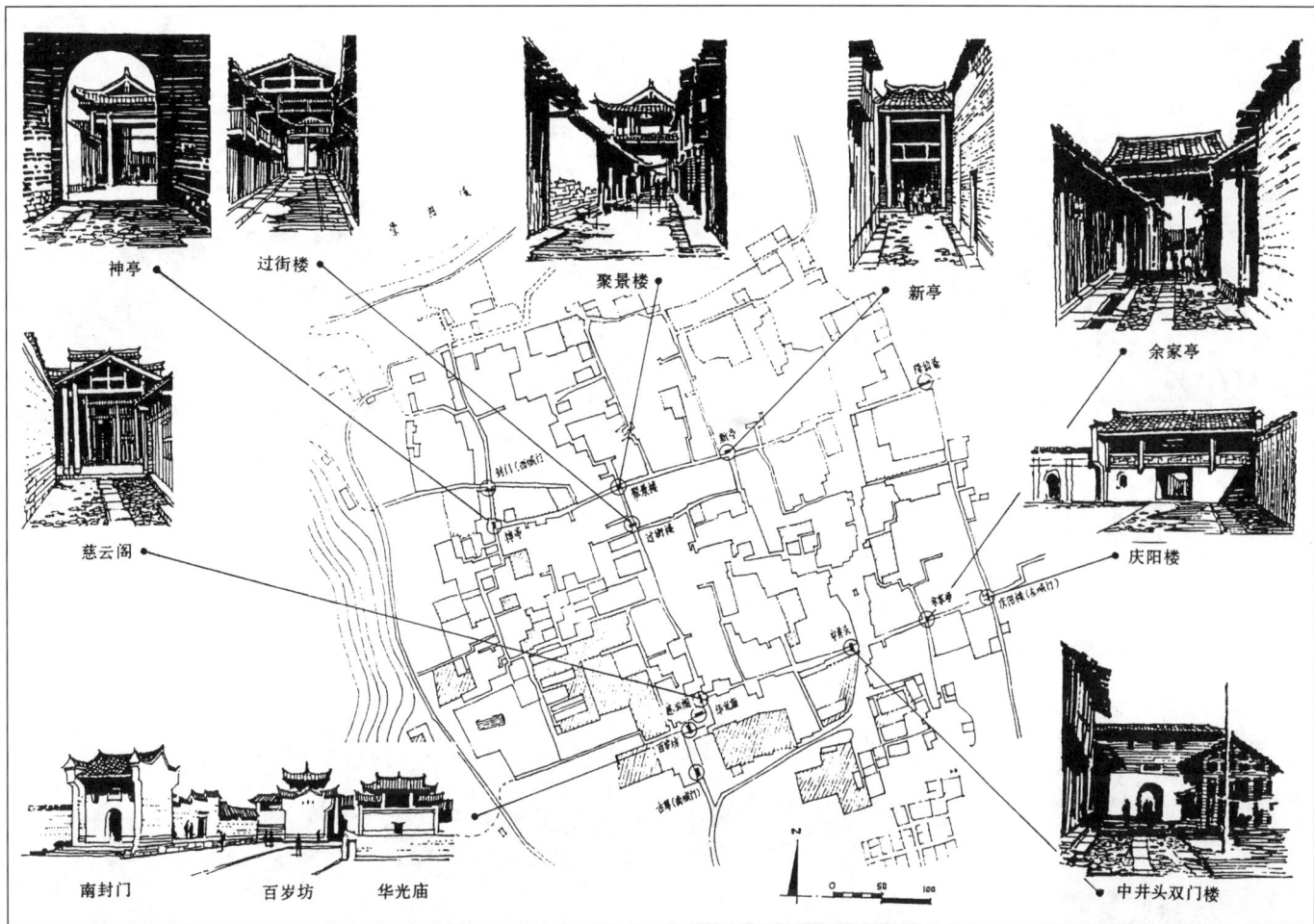

神亭　　　过街楼　　　　　　聚景楼　　　　新亭

余家亭

慈云阁

庆阳楼

南封门　　百岁坊　华光庙　　　　　　　　　　中井头双门楼

区位于崇安、光泽、建阳交界，面积576平方公里，平均海拔1 200米，地处亚热带，雨量充沛，动植物资源丰富，哺乳动物及鸟类分别占全国种类1/4及1/3，珍贵植物除银杏、水杉外有香榧、九节茶、三尖杉等，珍贵动物有华南虎、云豹、大灵猫、狒狒、悬蟾等，还有世界罕见的笔猴、蜂鸟、猴面鸟，为我国著名的生物研究基地。会后16日我乘汽车由武夷宫去玉山，再过崇安城，走大安参观这闽北革命根据地的中心地区，后入江西。

十八　丹霞碧水武夷山

自古以来在全国以风景著称的武夷山属武夷山脉，在崇安西南15公里，东西宽5公里，南北长12公里。一亿年前原为低洼盆地，以后经洪水冲积在热化环境中形成红色沙岩，构成绚丽的丹霞地貌。武夷山西傍断崖，东临崇阳溪，中有九曲溪起自星村，从西向东流入崇阳溪，盘旋宛转，一曲一滩，全长7.5公里，溪之两旁林立36奇峰，乃武夷风景之中心。此外还有北山、武夷宫、天游、三仰峰、虎啸岩、碧石岩等景区。武夷主峰三仰峰高717米，相对高度520米，一般山峰高仅3~400米，相对高度不过100~200米。有些山形上宽下窄，顶平路陡，山石千仞无纤土，色彩斑斓，层次分明，气势雄浑，松竹均沿石缝丛生。溪流石上，山映水中，山水相依，彼此环绕。九曲溪水浅石多，游览须乘竹筏。地处中亚热带气候，温暖湿润，林木茂盛，无环境污染。武夷山中至今尚存三千年前古越人的17具船棺，相传古代长寿彭祖曾在幔亭峰下养生，他的儿子彭武、彭夷开山治水。汉武帝派人以干鱼祀武夷君。唐玄宗封武夷为名山大川，五代列入36洞天。宋代杨时、朱熹、游九言等先后在此讲学，人称为三朝理学驻足之薮。陆游、辛弃疾亦在此任过提举。现在山中留有历代名人大量文物石刻。

我于1982年12月底初来武夷山，26日首游九曲溪。九曲次序系逆水排列，而我们为节省时间并适应景观由低到高潮，则顺水游览。乘车由武夷宫宾馆循山路到星村，在九曲尽头有古代石桥，旁为新建的轻巧码头建筑。溪北有灵峰，峭壁耸立，直穿云际，与一曲尽头之大王峰，护持九曲两端；在云关白云庵址的悬崖上有架壑船与虹桥板；在极乐国洞内徐霞客曾膝行蛇伏，登上山顶。溪南有嶂岩、仙岩、云岩相互倚扶。这一带山峰比较低平且距岸较远，山上广植岩茶，号称嶂茶；谷中有宋代遇林亭窑址。我登上竹筏，筏用十余根粗的毛竹扎成，头部烤弯翘起，排上放四把竹椅，船夫边用竹篙撑筏，边为游客解说。九曲空间开阔，至八曲两岸山峰开始收缩，滩渐高，水渐急，北岸有鼓子峰，形似浑圆双乳，下有唐建石鼓道院旧址，岸边鼓楼岩块石累累，

武夷九曲码头

九曲溪水

大藏峰

崇阳溪

远望如碧瓦红墙。岸边临水有各种奇形异状的山石水石，如紫芝峰的观音石、猫儿石、人面石；三教峰的品字石、香炉石；烟际岩的大小廪石。而我们竹筏从鼓楼岩下穿过时看水狮石和上下水龟石，尤为传神。七曲以峡谷著称，北岸有最高的三仰峰，东高西低，依次为大仰、中仰、小仰，如三剑插天，丹壁翠首，层层仰望东方。其南有三层峰，层岩峻叠，虽不如三仰之雄伟，但飞云聚散，以觇晴雨，有气象台之称。南岸有城高岩，临溪陡立，如巍峨石城。沿溪北岸绵延数百米，穹隆上覆如走廊者名北廊岩，其后有天壶峰。溪中滩险流急，水声轰鸣，竹筏飞驰而下，船夫用篙左撑右支，气氛颇为紧张。过北廊岩迎面为六曲苍屏峰，景色骤变，松鼠涧内为小桃源，在群山环绕中有平畦草舍，竹林桃园，石门有联"喜无樵子复观弈，怕有渔郎来问津"。溪南有响声岩，群峰环峙形成深圆空间，竹筏过此大声呼叫便有空谷回音，只需开口一笑，谷中就笑成

一片。再前为天游峰下，其西有巨崖，上柱青天，下浸碧水，高广达数十米，壁立崖面有无数被水冲刷出的棱痕，于青苔绿藓中往往露出赭红斑印如掌，名仙掌峰。天雨时水流顺凹棱倾泻而下，有如匹匹白绢高悬空中，极为壮观。

进入五曲，北岸有接笋峰，崖石如春笋破土，半腰横裂三痕，若断似连令人心骇目眩。峰前晨昏云雾迷漫，忽聚忽散，人称云窝，明陈省在此建幼溪草庐。穿过石门为景色奇绝的茶洞，周围有七座山峰环绕，置身其中如在井底，洞内非午不见日，无夏无暑，产茶"甲于武夷"。前行为平林洲，其深处有隐屏峰，拔地倚天而立有如翠屏，附近有黑洞可通云窝，下有朱熹讲学的"武夷精舍"旧址，人称为"道南理窟"为历代朝廷所重视。溪南有更衣台。天柱峰。晚对峰，层峦叠翠，丹石凝紫。四曲南有大藏峰，崛起溪畔，壁立千仞，顶部横空斜出，遮盖半天，水为之黑。半壁上有鸡巢岩，下有金

鸡洞内盛船棺二具，洞口有纵横虹桥板，靠壁有钓竿，下为卧龙潭。大藏峰旁有元代御茶园，曾盛极一时。溪北题诗岩有唐许碏题诗"阆苑花前是醉乡，踏翻王母九霞觞。群仙拍手嫌轻薄，谪向人间作酒狂。"此后陆续有人在此相和。岩西有一湾碧水在涧中左盘右旋，人称小九曲。顺流而下有仙钓台，水面渐宽。水流至三曲峰回溪转，岸西有小藏峰，在临水之峭石绝壁间有两具架壑船半悬空中，船体约长6.7米，历经数千年而仍保存完好。据考古研究架壑船为当地居民俗之葬棺，虹桥板用作支架。《武夷山志》载，此地原有船棺四只，明清各堕下一只，想古代为数当更多。溪北有升日峰、会仙岩与此遥相呼应，各呈风采。至二曲水绕山曲然后汇聚成潭，山峰横于西岸，则处处成景。虎啸岩悬崖拥翠，怪石崔嵬，李纲曾题诗"昔年雕虎啸幽谷，千里清风皱碧潭"。两岸仙榜岩与仙馆岩隔溪对峙，人过其间只有长空一线。而风景最为出色的为浴香

大王峰下

武夷宫

天游观

鹰嘴岩

潭上之玉女峰，潭中回顾宛然出水芙蓉。九曲溪口水分为两支，绕过中流洲渚再合流入崇阳溪，是为一曲，其中心景观为大王峰，轩昂威武，气势磅礴，左有丹壁环峙的幔亭峰，右有石崖层叠的铁板嶂，溪旁有水光石、仙猿石、儒巾石，溪南有狮子峰、兜鍪峰。山之南麓有武夷宫，溪口周围是一片开阔的平畴沃野。朱熹曾作九曲棹歌：

武夷山上有仙灵，山下寒流曲曲清；欲识个中奇绝处，棹歌闲听两三声。

一曲溪边上钓船，幔亭峰影蘸晴川；虹桥一断无消息，万壑千岩锁翠烟。

二曲亭亭玉女峰，插花临水为谁容；道人不作阳台梦，兴入前山翠几重。

三曲君看架壑船，不知停棹几何年；桑田海水今如许，泡沫风灯敢自怜。

四曲东西两石岩，岩花垂露碧㲯㲯；金鸡叫罢无人见，月满空山水满潭。

五曲山高云气深，长时阴雨暗平林；林间有客无人识，欸乃声中万古心。

六曲苍屏绕碧湾，茅茨终日掩柴关；客来倚棹岩花落，猿鸟不惊春意闲。

七曲移舟上碧滩，隐屏仙掌更回看；却怜昨夜峰头雨，添得飞泉几道寒。

八曲风烟势欲开，鼓楼岩下水潆洄；莫言此地无佳景，自是游人不上来。

九曲将穷眼豁然，桑麻雨露见平川；渔郎更觅桃源路，除是人间别有天。

游罢九曲来武夷宫，《史记·封禅》书载，古者祀武夷宫用干鱼。汉武帝始设祭坛，唐天宝创屋于洲渚，称天宝殿，南唐移至今址名会仙观，宋增设殿宇多达300余间，改名冲佑观，为当代九大名观之一，并设提举管理，陆游、朱熹、辛弃疾都任过此职。以后不断毁坏，今武夷宫仅存清代道院一座及宋植古桂两株。随后我又从武夷宫登上大王峰的半腰，大王峰顶高百余米，上宽下窄，底有台座，四壁陡峭，巍峨耸立，有若王冠，九曲36峰尽俯首环拱，因得大王之名。石峰仅中间有裂罅，由梯道盘旋上

攀，顶部平坦有水池。我因时间不足，只在山腰眺望，见九曲汇入崇阳溪后，逶迤南去，不远即与汉城遗址及城村相接，将来两处共同开发，旅游潜力当更雄厚。

次日上午访天游，天游位于九曲中心，溪水三面环绕，仙游、清隐、晒布三岩蟠结，高达海拔409米，但相对高度只有210米，登其上可以纵览九溪全景。我们从茶洞北沿新建陡坡磴道，笔直上爬，中途边休息边观赏，到了顶上前有新建的天游观，后有妙高台，周围有历代的石刻及宽阔幽静的空间。沿峰峦边缘俯视九溪则正如明钱秉镫诗所写"方知曲曲山回转，合使峰峰水抱流"，尽是千层丛翠，满目琉璃。

下午游北山，乘车由武夷宫北过幔亭山将近赤石西转入山谷，不远即到高广各数十米为赤岩环围的露天巨穴，岩顶上垂直抛下一束瀑布，下坠到浴龙池中，这就是有名的水帘洞。穴壁半敞，一片丹霞，穴内可容千人，穴外满谷青翠茶园，此景奇绝。有石磴

七曲

玉女峰

天游峰

水帘洞远景

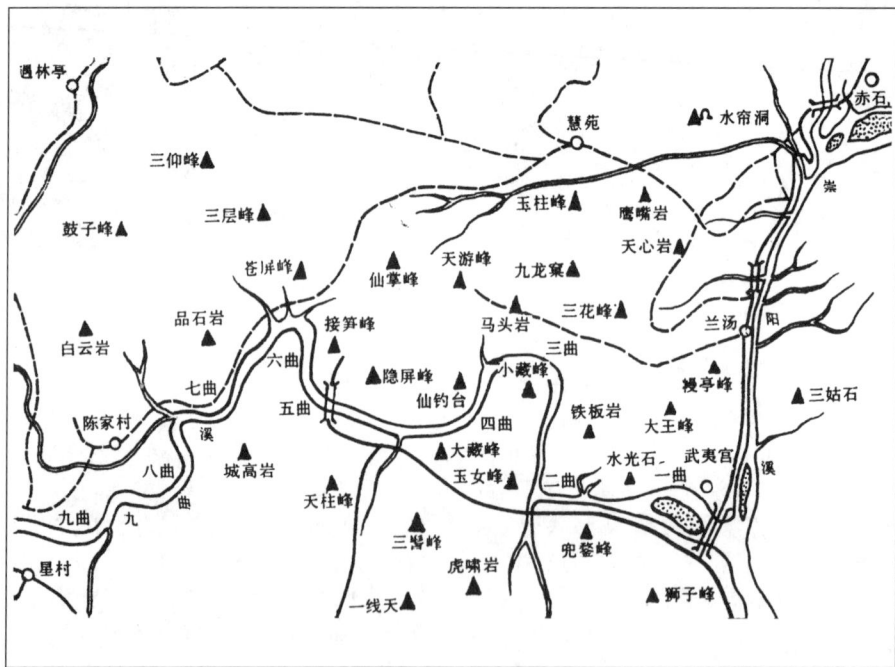

武夷山风景分布图

可攀登至瀑布后，岩壁间有三贤祠、三教堂遗址及"活源""今古重檐终日雨，春秋花月一帘珠""水帘千丈垂丹壑，晴雪长年舞翠檐，赤壁千仞晴拂雨，明珠万颗昼垂帘"等题刻。由水帘洞旁南行入深谷中之章台洞、慧苑岩，到处可见飞瀑流泉，此地为武夷岩茶著名产区，有著名的铁罗汉、白鸡冠、醉海棠等品种。天心岩北有一峭拔岩头，东端

突出如鸟喙，脊苍黑，胸微红，翘首向天为鹰嘴岩(参考陈天霖著：《武夷山水》)。

匆匆两日游罢，武夷主人索书留念，力辞不得，因题"风属人文，景来自然。我国幅员广大，历史悠久，建筑有独特体系，革命为重要基地。因之风景处处有，已著及未知之卓然超群风景区，东西南北比比皆是。凡称名胜均具特色，彼此有可比有不可比

者，强为排列，自称第一，多未全面观察，常以一足一尾代全身。规划与建设风景区之第一要旨为深入理解并力求保持与发扬当地特色。武夷地处亚热，林木茂密，四季常青，为恒太华嵩所不及，此其一。石山耸立，浑然一体，绝壁如削，难以仰视，气势与桂林、匡庐、黄山不同，此其二。山有幽涧深谷，水有急流浅滩，溪绕峰回，九曲宛

482

转，则和三峡、漓江、富春有别，此其三。闽北建筑以石胜，以木胜，以土胜，善于利用山坡，空间组织灵活，布局紧凑，雕刻精巧，正不必以红寺黄观取胜，此其四。至于数千年历史文化，闽浙赣革命斗争，则无从一一列举。武夷地方及南工同志根据这些特色规划及建设武夷山，业已取得一些成果，希望继续努力争取更大成就。"(1982年12月27日)。

十九　莆田木兰陂与惠安石建筑

1983新年过后，我由福州出发去闽南，1月2日赶113公里到莆田。路过福清的鱼溪、新厝，民居的瓦顶正脊都有不同程度的弯曲起翘，石基土墙外刷白灰，用砖砌门窗框，善于运用地方材料。中间屋面分层，下带凹廊，造型亦灵活轻巧。在莆田江口石东上林亭参观从香港回来的黄家新建三合院，正厢房各为三间的楼房，有回廊相互联接。中有13×13米的方形庭院直对大门。占地不多而使用效率高。3日上午参观著名的木兰陂。这个宋代拦截木兰溪洪水和排涝灌溉工程，前后施工三次。第一次由长乐林四娘集资建于木兰溪上游溪水面较窄处，大坝为洪水冲垮，林四娘以身殉。相继由长乐林从世选址在溪之下游，又为海潮冲毁。第三次侯官李宏总结过去经验，在木兰山下溪水与海潮汇流处选定坝址，终于在元丰6年(1064年)成功告竣。陂首用成吨的条石纵横钩锁叠筑成堰闸式滚水坝和导流池，全陂长113.37米，共有高7.5米的陂墩33座，陂门32孔，南北两端各建500米长的护坡石堤及回澜桥和万金陡门两水闸，然后修出南北干渠120公里。千百年来这个水利工程一直保证莆田及仙游成为鱼米花果之乡。陂旁有宋创建的协应庙祀林四娘、李宏等，及明清修陂碑。归途转至南门外凤凰山下看广化寺，它与鼓山涌泉寺、泉州开元寺、厦门南普陀寺并称福建四大禅林。寺始建于南陈(558年)，唐名灵岩寺有柳公权书匾额，宋改广化寺，至明扩为十大院，外辖120庵寺。以后建筑塌毁，清康熙重建，依山布局，中为山门、天王殿、大殿、法堂、藏经楼，全寺长386米，升高63米，占地3.2公顷。现大殿前有宋刻佛顶尊胜陀罗尼经咒石经幢两座。寺前原有宋建(1165年)东西塔，现只存东塔——释迦文佛塔，为空心石构楼阁式，5层8角高36米。雕刻罗汉观音及各种姿态的侏儒，颇为精美。

下午去城东15公里黄石镇，看木兰溪入海处之宁海桥，自元至清宁海桥六建六圮，终于在雍正十年(1732年)历时15载最终建成。桥全长225米，宽5.8米，为石梁式，桥墩间跨8.8～11.8米，桥面用长13米，厚1.2米的条石铺成，两旁有扶栏，两端有护桥石将军四座，其规模大于著名的五里桥和

福清新厝民居

莆田江口黄家

莆田木兰陂导流池

广化寺全貌

广化寺藏经阁

宁海桥

莆田北辰宫

熙宁桥

洛阳桥。可惜我们去时为修秀屿港通涵江的公路，在原桥上修混凝土新桥面，把桥将军已被打倒，只留下头颅还在桥头。随后去井后看华侨集资新建的北辰宫，内祀真武，建筑虽止数间，但屋顶装饰，室内外雕刻极为精巧，显示本地工匠，具有深厚的传统技术修养。路过采石场，就地掘下深坑，百数十人在内操作。过熙宁桥，形式类洛阳桥，桥旁有宋建桥碑及宋代双井。黄石南27公里至秀屿，入海为湄州湾，三个港湾，都有岛屿屏障，可泊万吨巨轮，是很有发展前途的良港。东南湄州岛有妈祖庙，妈祖原名林默为岛上渔民女儿，渔民遇急难时，林女辄舍身相救，死后人尊为神，历代朝廷封天后、天妃、海神。宋(987年)建天后宫湄州祖庙，现有大殿五座，每年阴历3月3日妈祖生日，各地群众纷往祭祀。4日上午我在城

内参观三清殿，为唐宋明玄妙观遗存的大殿。原面阔5间，后扩为7间，中间三间尚保存宋代风格。东厢有碑廊，记载宋代海外贸易史料，陈列宋徽宗赵佶神霄玉清万寿宫瘦金书及苏东坡.文天祥等人诗文书法。位于市中心的谯楼，原为宋兴化军子城门楼，后改为鼓楼，现存为清康熙时重建。门楼连门洞共三层，宽50米，高25米，门洞中置横梁不作券式。相继看两所明代民居，一为嘉靖太子洗马黄廷用宅已残破；一为万历礼部尚书陈经邦宅，三套院比较完整。下午去泉州路过仙游郊尾见一座三教祠建筑，两厢山墙面联接成门墙，上贴彩画瓷砖，形式别致。福建林兆恩倡儒道释三教合一，附近信者甚多。

惠安北接莆田，所属崇武与闽北霞浦三沙同以石建筑著称。我到泉州的第三天

特意北返50公里前去访问。崇武半岛三面临海，北与湄州湾南与泉州湾互为犄角，历代为海防要地。北宋在此设小兜巡司，明改守御崇武千户所，洪武(1387年)开始用块石建城，周长2455米，城墙高7米，有城垛1304个，东西北各设两道城门，南门有高33米的灯塔，入夜光射20海里。戚继光曾在此歼灭倭寇，明丁少鹤诗称"孤城三面鱼龙窟，大岞双峰虎豹关。"崇武与台湾一水之隔，航程只有12小时，郑成功收复台湾时，崇武子弟参军者极多，至今基隆尚有崇武会馆。我们走近崇武，远远即望见起伏雄峙的古城，登上城墙见城内为丁字街，几乎满城都是石头建筑。离城东行5公里到大岞，乃海角一座赤裸裸的石山，山坡上全是清一色的石头房屋。因为这里的男子都外出做石工，山间劳动的几乎全是妇女，这里

莆田华亭明山堂

崇武大岞石建筑

惠安石建筑

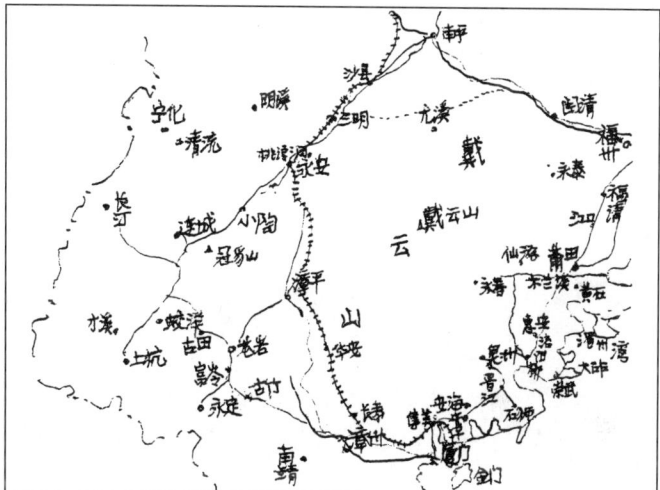

闽西南地区图

妇女服装非常奇特,上身穿很短的蓝色上衣,下身穿肥大的黑色敞腿裤,腰系宽腰带附有银饰,裸露肚皮有时还在上擦粉,头戴黄斗笠,插红花。

二十　海上丝绸之路与泉州

泉州位于福建东南,晋江入海口,隔海峡与台湾相望,在唐宋元明时期与广州同为我国最大商港,和海外百余个国家和地区有贸易往来,成为古代海上丝绸之路的起点。以后倭寇骚扰沿海,我国实行海禁,泉州开始衰落,大批居民出国,泉州又成为闽南华侨中心,据解放后统计泉州地区海外华侨已达220万人。泉州平原早在三四千年前新石器时期即有人类居住,以后成为古越族的聚居地,春秋战国属越,汉属闽越,唐置泉州,开元时筑城,五代时环城植刺桐,宋元城郭扩大,明易砖为石,新城形似鲤鱼因号鲤城。十六国、五代及金亡北宋时期,中原战乱频仍,带有先进生产技术的北人大量南下,促进泉州地区经济与文化繁荣。唐宋两代出现许多重大水利工程及无数的梁式石桥,建筑、造船、窑瓷、冶炼、纺织等发达工业。由于海外贸易发展,宋在泉州设市舶司,至元朝更为繁荣,统有出海船只15 000艘,从泉州出口陶瓷器、丝织品、茶叶、铜铁,进口胡椒、香料、珠贝等,船只东至日本,南抵东南亚,西达波斯、阿拉伯半岛以至东非。马可波罗把泉州与古埃及的亚历山大港相比拟,摩洛哥旅行家巴图塔来泉州见后渚港"大船百余,小船不可胜数"誉为世界第一大港。1974年在泉州掘出宋代海船,残长24.2米,宽9.15米,载重200吨,现在展览馆陈列。当时海外贸易给政府带来巨额关税收入,南宋绍兴时泉州、广州两市舶司收入占全国财政的1/20。许多外国商人、旅行者、传教士纷纷来华,亚非寓居泉州者数以万计,伊斯兰教、印度教、摩尼教、基督教等外国宗教亦陆续传入中国。宋时台湾为泉州属地,泉州、漳州移入台湾的居民日益增多,明末泉州郑成功驱逐荷兰收复台湾,率官兵及眷属数万入台垦殖,清施琅再度率兵入台,泉漳人乃成台湾居民的重要组成部分。

我于1983年1月4日下午由莆田去泉州,在泉州北10公里之洛阳江入海口,过洛阳桥。闽中入海河流众多,每遇风潮,水流漫溢，行人堵塞，后海上贸易发展，桥梁应运而兴，宋代百十年间，只泉州地区即筑成石桥70～80座。蔡襄建洛阳桥用时六年余（1053～1059年），后经历代变迁现测桥长834米，宽7米，残存桥墩31座，7亭9塔，两端有武士像及松柏林。蔡莆田人，两任泉州太守，桥成亲自撰书"万安桥记"刻碑，现桥旁有蔡襄祠。1932年桥中段冲毁，改用沉石混凝土，原型虽有改变，然仍全部保存，而另在西部架新桥。洛阳桥规模宏大，施工时因江阔水深，风大浪涌，首创筏型基础造桥墩，架梁时"激浪以涨舟，悬机以纤弦"，固基则种牡蛎。人们步上大桥海阔天高，心胸为之舒畅，明徐渤有诗"路尽平畴水色空，飞桥遥跨海西东。潮来直涌千寻雪，日落斜横百丈虹。郊野尚留棠树绿，岁时犹存荔枝红。行人幸不为鱼鳖，喜看丰碑利涉功。"5日阴雨，我先去旧城遗存的东门，有重檐门楼7间，气势雄伟。登其上纵观全城，

三面云山环绕，双溪汇成晋江，由西向东贯城入海，城中灰瓦一片，开元寺和东西塔耸立其间，仍存古时模样。后乘车过江去西南郊之亭店，参观13年前旅美华侨杨阿苗新建住宅。住宅中间为5开间的四合院，正房分前后间，院之两旁各有8间侧向房屋及两个窄长天井，中间为正门，两旁开侧门。住宅前面留7～8米宽的巷道围以短墙。整体布置紧凑而多变化，灰瓦加重，红砖墙白石基础，青石门窗框，雕刻彩画色彩协调，朴素典雅，做工考究，只红砖墙即有多种变化，整个建筑有较高的艺术水平。附近相似住宅尚多，以此为最佳。随后去城北之清源山，周围40公里奇峰异石，林木苍郁，涧幽泉清，文物众多，自古即为为风景名胜。我们先到老君岩，见宋代就天然岩石雕凿而成的老君巨石坐像，高5.1米，大耳长须，双目远视，右手凭几，左手置膝，体态肥胖而面目和蔼，神态雍容慈祥。俗谚"摸得老君

鼻，长寿一百二"游人不断攀趴，石像被磨得光亮。随后又过千手岩、一线天到弥陀岩，两边巨石壁立，前有啸台及石室，室内有元刻阿弥陀佛立像，高5米，头结球髻，足踏莲花，神态端庄，旁有元碑元塔。此外山中尚有赐恩岩、瑞像岩、南台岩等景点。

下午参观位于市中心，占地7公顷的开元寺。寺为唐武后时期（686年）始创，历经五代两宋，旁设支院120所，至元合并为一寺"寺僧食指常万"，元末毁于火，明洪武重建。我们走近山门，见寺的正面和西面有白石栅栏及刺桐围绕，门外为照壁紫云屏，门内为重檐的天王殿，上悬桑莲法界匾额，并紧联拜亭。里面是宽敞的石铺拜廷，周围有通往前后殿的回廊，廷中古榕交织成阴，有石幢、石塔、焚帛炉及两座宋造婆罗门教方形石塔。拜亭尽头宽大月台上为百根立柱的紫云大殿，现存为明崇祯时郑芝龙出资重建，面阔9间，进深6间，通高20米的重

泉州洛阳桥

洛阳桥头

泉州宋船

泉州开元寺天王殿

檐歇山建筑。殿内石柱及柱础形式多样，屋架结构，轻秀精巧，而最为人称赞的为斗栱间附雕的24尊的伎乐飞天，或凌空飞翔，手执书画笔墨，或边歌边舞，吹奏弹拉乐器，极为生动。所塑大佛及罗汉像亦有相当水平。月台周围镶嵌72幅狮身人面青石浮雕，殿后廊檐两根雕刻印度神话的石柱都是宋代婆罗门教寺的遗物，明代修殿时移来的。大殿后有唐代甘露井和宋初建明重建的戒坛。明末全国戒坛只有北京、杭州与泉州三处。戒坛后为藏经阁。大殿前东西两侧广场有两座宋代石塔为我国珍贵文物。我出寺前登上东面的镇国塔，此塔唐初建时为9层木塔，宋初改为13层，后遭火焚，于宋嘉熙至淳祐(1238-1250年)费时12载，建成5级8角高48.24米的石塔。塔顶为铜葫芦，中心为实柱围以空环，各层有门，外通檐廊。我登塔向外眺望，西塔与全寺面貌，一目了然。西塔名仁寿塔，初建于五代，亦为木塔，

宋绍定至嘉熙(1228-1237年)改为石塔，亦5层8角，高44,6米。两塔均为楼阁式，各有佛像80尊，须弥座上有浮雕，西塔为禽兽花卉，东塔则为39幅佛的一生连环画。开元寺原有许多附属建筑，现只余准提禅林、水陆寺等几所。西广场有座麒麟壁，上有琉璃烧制人物花鸟麒麟，原为北门城隍照壁，1974年移此。寺外有新建海外交通史博物馆，出土宋船在此展出。

离寺后去天后宫，此为南宋创建明清重修沿海规模较大的妈祖庙，现存大殿、后殿、亭子及东廊，全为工厂占用。相继去南城伊斯兰教清净寺，这是北宋大中祥符二年(1009年)，仿叙利亚礼拜堂，用青白花岗岩建造的，以后虽经元明重修，但仍保持原规制。大门高20米，宽4.5米，分内外三层，外为穹窿顶尖拱门，内为拱门，顶上为望月台，三面筑回形垛口有如城堞，北门刊阿拉伯文记寺沿革。门内还有明"永乐上谕"保

护教寺的题刻。寺内东侧原有祝圣亭已毁，现存方碑两块。寺内西侧为奉天坛即礼拜堂，屋盖早塌，仅存四壁石墙及残础。西墙中部有讲经坛及大壁龛，壁上有宋元古阿拉伯文石刻数方，前置石香炉，左右辟二门。北有后建的明善堂，为教徒礼拜处也。此寺为我国最古老的伊斯兰教堂，体现我国与阿拉伯各国文化交流源远流长，现已列为国家级文物保护单位。此外泉州有北宋创建乾隆重修的文庙。有明代著《焚书》《藏书》有名的进步思想家李贽故居。晋江上有白花岗岩垒成3米高的石笋，可能是原始图腾崇拜或印度教的遗物。

6日上午去晋江及石狮，在晋江看两所民居和泉州亭店杨家极为相似，青石雕刻精细，选材古雅，门前巷道，东建小楼，西有水井，比杨家更胜一筹。在高级住宅中竟能利用废砖石砌墙以为装饰，值得重视。石狮在前两年为走私的集中点，经过

泉州天后宫

泉州亭店杨家正面西部

亭店杨家正门

安平桥

泉州开元寺东塔

泉州清净寺大门

清净寺经文

泉州老君岩

亭店杨家雕窗

整顿，已建立有秩序的市场。下午去惠安。7日起身赴厦门，在90公里的路上过晋江、南安、同安三县，沿路看民居；看在晋江安海与南安水头相对的安海湾架起的安平桥。安海港处于东海与南海交汇点，港澳深曲，为天然避风良港；左右有泉州、厦门为支柱；周围有安海、东石、石井、水头四个侨乡；据《安海志》载"在宋全盛时期，东有旧市，西有新市，贸易繁盛，店肆栉比，明初实行海禁，商人贾行遍中国。北贾燕，南贾吴，东贾粤，西贾巴蜀，而且冲风破浪，争利于海岛绝域之区"，郑成功以石井行记，设五商十行，往返于东西两洋。安海镇附近有以雕刻工艺著称的龙山寺，有以摩尼教遗迹著称的元代草庵寺及摩尼石佛，有创于南宋的南天寺。南安水头与石井有郑成功的墓、祠与纪念馆。安平桥始建于南宋绍兴8年(1138年)，历时13年，为花岗岩和沙岩混合构筑的梁式石桥，桥上有5座桥亭，桥头有高22米5层6角空心白塔，桥之两侧有对称的方形石塔4座。桥长现测为2070米，宽3～3.6米，以巨型石板铺架桥面，根据水深浅选用方形、单边船形、双边船形三种桥墩，今存331座，为古代世界最长的石桥，当时有"天下无桥长此桥"之誉。此外桥畔尚有水心亭、修桥碑、武士像等文物。

二十一 东海明珠厦门岛

厦门水深港宽,水域面积275平方公里,东渡港出入5万吨巨轮不受潮水影响,年吞吐量达400万吨;近与泉州、漳州成小三角,远与台湾高雄相距165海里,香港292海里,成大三角。厦门岛位于港内,面积123平方公里。1953~1955年在岛上高崎镇与大陆集美村之间移石填海,筑起长2 200米,宽19米的海堤;以后鹰厦铁路即通过此堤进入岛上,厦门岛乃与大陆联成一体。从空中鸟瞰,厦门岛宛然海中一只白鹭,因之厦门又名鹭岛,而它与鼓浪屿相隔的水域亦名鹭江。厦门行政建制始于唐,隶属同安县,明建城称厦门,郑成功以之为抗清复明根据地,称思明州。清因海外贸易在此设海关,鸦片战争后,厦门成为五口通商口岸,现为福建第二大城市,有人口37万,乃我国对外开放四个特区之一。

1983年1月7日我在阴雨中由南安过集美海堤进入厦门。下午冒雨去南普陀寺。寺位于五老峰南侧,始建于唐名泗州寺,宋改普照寺,明毁,清康熙时重建,规模扩大,占地面积达3公顷,与浙江普陀相对应,改称南普陀,有天王殿、大殿、大悲殿、藏经阁数进院落,天虚法师在此创办闽南佛学院。我们去时有工艺学校在塑罗汉像,闽南一路行来,沿途修庙宇造佛像者极多,有些是修复文革中被破坏的残迹,有些则是新建,如莆田广化寺即新造500罗汉。青年妇女虔心拜佛者为数不少,此种情况值得注意。闽南庙宇装饰做工考究但比较繁琐,如檐柱透雕,屋角高起翘并多饰物等,南普陀新建殿堂即为典型。大悲殿亭式8角3重飞檐,混凝土柱而仍用斗栱叠架;殿内供奉一座旧塑双臂观音及三座48臂观音。归来在宾馆所在山麓散步,见青黛钝角巨石上下重叠,相互倚持,始知这种久经海水浸蚀最

厦门日光岩

南普陀寺天王殿

南普陀寺大殿

普陀寺钟鼓楼

鼓浪屿

鼓浪屿小巷

菽庄花园

后随地层上升而形成的巨石构造实为厦门岛的普遍景色。

8日小雨，预报下午有风，乃在上午过轮渡去鼓浪屿。这是面积仅为1.71平方公里的小岛，其西南有巨洞，每逢潮涨浪涌，冲击洞内，声如战鼓，因而得名。此岛于元末明初始有渔民定居，后随厦门的繁荣而开发，现在绵亘山下已是一片红砖碧瓦，林木青翠，繁花似锦的别墅区。因为岛上禁止车马入内，所以我们走进街巷小路时感觉既清雅而又十分安静。间或有一两处传出琴声似乎告诉人们，这里是音乐之乡曾出过几位著名音乐家。登上龙头山到处有郑成功的遗迹，其最高处为海拔90余米的日光岩。从岩根起便见怪石嶙峋，危崖壁立，迎面横刻"天风海涛"，竖刻"鹭江第一，鼓浪洞天"。上石阶过拱门为莲花庵，东出为旭日亭，有碑记日光岩山罗海绕，水光接天的景色。再上

为石门，巷中凉风袭人，刻"鹭江龙窟，九夏生寒"，门内绿草如茵，据称郑成功在此屯兵，名龙头山寨。寨门右侧宛在亭有巨石上刻郑延平水操台故址，后人于崖上摹刻郑成功手书"礼乐衣冠第"五言诗。上行有巨石斜交，隶书"古避暑洞"，再穿过百米高台，攀绝壁，登天梯，抵顶峰平台。纵目眺望，厦门及大担、二担岛近在目前，大小金门远影漂浮，港内碧波千顷，海船参差。日光岩下有1962年建成的郑成功纪念馆。郑1624年生于日本，7岁回安海读书，20岁入南京太学。不久清兵入关，明亡，1646年清兵南下，郑成功出走金门，海上誓师，与清兵鏖战江浙闽粤十余年。1661年又率战船百艘，官兵两万余，驱逐荷军，收复台湾。1662年病故于台湾，年仅39岁。下山后去滨海的菽庄花园，在不大面积内，树藏海补山之意境，布置亭榭桥廊，颇具匠心，唯着色过于

花哨，与周围环境不相协调。

下午去万石山，漫山皆石，无石不奇，成为厦门岛极有特色的风景。在狮山中有万石禅寺，虽规模不大但建在岩石间，颇为别致。山门前有月池，泉水从池中流入幽谷，或潜伏石隙，或露出浅滩，石上刻"渔问"、"锁云"，"一泓清浅沙为路，万窍玲珑石作天"，取意《桃花源记》。沿海会桥上行至中岩天竺寺，大殿旁有诗写万笏石"勾住闲云伴岫巅，干霄玉笋自朝天。嶙峋瘦骨棱层立，半类枯禅半类仙。"过中岩欢喜地去太平岩寺，中间有条宽敞石路，石刻"眼中沧海，海山云根"，进入山门便见迎面岩石似开口大笑，旁题"石笑"二字，并有诗刻"石不能言笑口开，读书深处有莓苔；草鸡莫问当年事，鲲海骑鲸去不回。"登上台阶到太平岩寺，楼阁回环，世尊殿前有放生池，流泉飞落，如雪似玉。殿后有海云洞八角亭刻

万石山万石莲寺

万石山石笑

集美建筑

鳌园陈嘉庚墓

"郑延平郡王读书处"。清俞成写万石岩"岛南历尽见奇峰,积翠横陈倚碧空。但觉风从天际下,不知人在海当中。云霞早出开岩窦,松桧齐号动梵宫。小饮未妨成薄醉,晚来归骑一灯红。"绕路至五老峰,风起,天开始见晴,再登南普陀后山望海,下山见寺后石崖上有光绪时人书高3.6米的大"佛"字(参考福建人民出版社:《厦门风光》)。

9日上午去漳州,路过集美,这里原是面对厦门岛的小镇,郑成功曾在此屯兵,今存寨门,石上刻有延平故垒字样,现因当地爱国华侨陈嘉庚而闻名全国。陈生于1874年,17岁随父去新加坡经商,兴办橡胶业成为著名的实业家。辛亥革命后热心在家乡办学,先后创办厦门大学、水产、师专、财经、归侨、体育、化工、轻工以及中小学、幼儿园等数十所学校,使集美成为学府。他早在辛亥革命前参加同盟会,资助孙中山革命活动,抗日战争时期组织慰劳视察团,冲破种种困难,亲往延安参观,解放后担任政府、人大、政协职务,1961年逝世,归葬集美鳌园。集美和鳌园在他经营下已成为优美的依山面海风景区,并在所有现代建筑中体现他力求保持中国特色的指导思想。

二十二 漳州、龙岩、上杭

漳州地处闽南平原,自唐代起即为府治所在,西接龙岩,东临厦门,现有鹰厦铁路通过,为闽南沿海与内地联结的交通要道。1983年1月9日我由厦门西行70公里来漳州,下午过江登丹霞山访南山寺。寺始建于唐开元时,现存为清光绪重修,中轴有天王殿 大殿及藏经阁。大殿内有元铸0.6吨重的铜钟 ,藏经殿藏有三藏经论及高2米重2吨的缅甸玉佛。大殿左侧净业堂内有唐代就原地石笋雕成 6米高的弥陀佛像,面部丰满,形态生动,有较高艺术水平。石柱上明代题联"石骨全身何处来,无始无终自在。慈云法雨从空下,亘天亘地悠然。"从山上下视漳州,多层歇山青瓦土墙的民居,逐渐增多。返回市内,见到处出售水仙。漳州不仅水仙有名而且盛产荔枝、芒果、芦柑、香蕉等水果,号称"花果之乡"。

10日上午我从漳州西北行150公里到闽西政治经济文化中心龙岩。 龙岩处于万山丛中,周围千米以上高山有百余座,虽属山区然地处亚热带,气候温润,雨量充沛,到处林木茂密,峰峦青翠。唐代置县,以后或属汀州,或属漳州,土地革命时期,龙岩为红军三次攻克,始终是属于中央苏区的

漳州南山寺大殿

漳州土墙瓦顶多层民居

闽西老革命根据地。现龙岩已改市，下属漳平、长汀、上杭、武平、永定、连城六县，有漳平至坎市铁路与鹰厦干线相联，公路四通八达，经济发展迅速。闽西民居以土为主，或多层错落，或围成大院，最富特色，在全国民居中占有重要地位。我初到龙岩

未停，当天下午南行70公里赶往永定。出龙岩过赤水看天后宫，高四层，连续收缩，逐层出檐，青瓦白墙，外观十分清秀，但内部破坏不堪。过黄冈林家，见小溪旁一排排青瓦白墙的平房和楼房组成典型的闽西村落。到永定当晚将考察组分为两组，其一去

广东梅县，我们这组在永定考察一天后，再从永定贪黑赶回龙岩。12日上午在市内参观锁龙塔、十八厅、凤凰隔的新住宅，7层塔已残破，小住宅设计尚新颖。 市内正在登高山建设公园，山下有红四军司令部及毛主席故居遗址，公园计划投资 2 000 万

龙岩天后宫

龙岩城

龙岩毛主席故居遗址

上杭古田

蛟洋文昌阁

上杭新建民居

元，设动物园、植物园和苗圃，在毛主席故居旁的山上已修了不少亭子，还要修带三个伞形亭的两层高阁，山下稻田修人工湖，有些项目需要仔细斟酌，我已向市里提了建议。市北虎岭有闽西革命烈士纪念碑，纪念半个世纪中牺牲的 17 000 名优秀儿女和他们的不朽业绩。

13日从龙岩出发西北行50公里去上杭古田，1929 年 12 月红四军曾在这里召开有名的古田会议，毛主席提出反不良倾向并确立红军建军路线。当时古田附近十几个村庄有前敌委员会和红四军驻在，是闽西革命根据地的中心，会址是清末廖家祠堂。离开古田又去附近的蛟洋文昌阁，阁建于乾隆时期(1741 年)，为古代文人集会的场所。主阁外观6层，1～4层为方形，5～6层为8角形，顶冠宝葫芦。内部为3层，底层为厅堂，2层为方形神殿，四周有回廊，顶层8面8窗，这种楼阁亭塔混为一体的建筑是闽西地区

特有类型。主阁之外左右有天后宫、五谷殿，均为平房。1929 年 7 月中共在这里召开闽西党的第一次代表大会，毛泽东曾亲自参加。在阁内外参观后，我北沿汀江去连城，路上见新建土平房的四合院，平面虽简单，然瓦屋顶却错落有致。

二十三 永定五凤楼、围垅和土楼

东晋，五代及北宋末年，中原战乱频仍，人民大批向南转移，由皖赣江浙入闽粤，成为明清时代的客家。他们为了自卫及互助，常以家族为基础，聚族群居，将江南的天井小院扩充发展成为带有坚固围墙的多种类型群居大院。最初增加两侧横屋及后厅堂的高度，三堂两横，由前至后，

永定土楼内部

永定民居

富岭王家五凤楼

永定傍水民居

永定山中土楼

小方楼

深远楼苏家圆楼

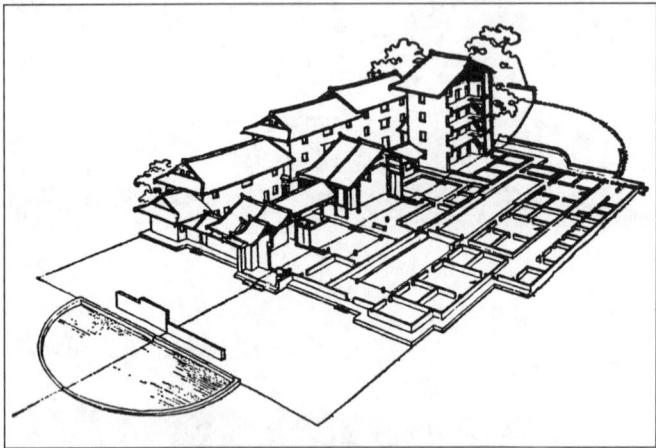

永定富岭艺槐第围垅平面图——选自《中国古代建筑史》

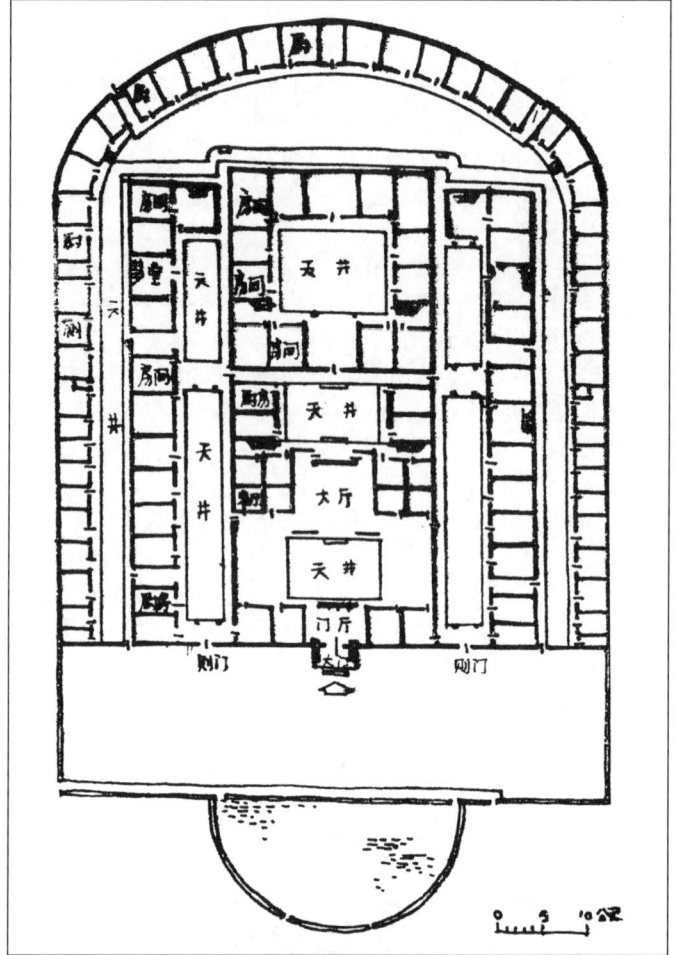

永定富岭王家五凤楼剖面图——选自《中国古代建筑史》

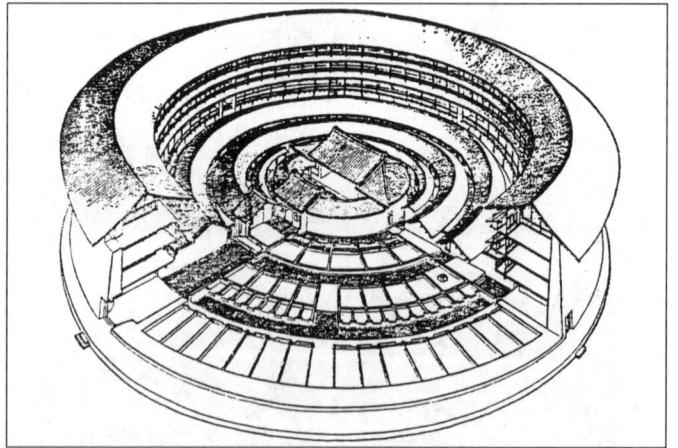

永定高头承启楼剖面图——选自《中国古代建筑史》

厅堂屋面与横屋山墙，层层叠起，形成展翅欲飞的生动姿态，通称为五凤楼。以后在厅堂与横屋的长方组合体之两侧及后方环以围屋，前面留有宽大的禾坪及半圆的水池，再在周围用黄泥、沙及贝壳灰合成的三合土夯筑厚达1米的坚固围墙，有的

还修炮台，只留禾坪两侧的斗门出入，以构成整体的防御体系，称为围垅。围垅多建在山坡上，前低后高，四周广植竹林果树，有极好的环境与气势。围垅前面的水塘可供灌溉、排水、养鱼、日用，后部的围屋可作饲养及杂务，基本满足垅内各户

独立生活的需要。

围垅和当地山寨结合，发展成为将堂屋横屋联成一体的方形和圆形土楼。早在20世纪五十年代中国建筑研究室曾在永定调查过这种独特类型的民居并编入建筑简史，八十年代福建同志又在漳州地区做更为

广泛的调查，查明只该地区即有数千土楼。其有年代可考者，最早为华安的齐云楼，建于明洪武4年(1371年)，迄今已有600多年的历史。最大为诏安遇田楼，直径90米，可容纳百数十户。通常圆土楼高3～4层，外墙下为石砌，上为三合土，墙体极厚，一般不开窗，只在上部留枪眼。外墙内整个楼层置环形走廊，分段设公共楼梯。各户用房，上下竖向划分单元。较大土楼外环内还添设1～2层内环，多为平房，并和外层对应房间连以短墙，分割成独立空间，中间取光天井名"透天厝"，其房间多作为厨房、仓库、饲养使用。内环正对土楼大门设祖堂，其中心为公共活动场所。

1983年1月10日我由漳州过龙岩来永定，至高陂富岭看王家的五凤楼，傍山面田，的确很有气势。王家从山西太原迁来，子孙已传到28代。次日东去40余公里看古竹土楼，天仍阴雨，土路难走，用了两个多小时才到古竹。本计划去高头北山看

最大的承启楼，走出一段黄泥路，不能再前，只好又退回古竹转到井头村看苏家深远楼。这是一座中型圆楼，靠外围墙为四层楼，每层有房69间，包括大门共276间，一二层不开窗，一层做厨房，二层做仓库，三四层住人，只开小窗，内宽外窄，便于做枪孔对外射击。中环两层，每层32间，内环为平房，外中环相对应房间有墙分割组成各户独立生活单元。内环为公共用房，中心空场现用于养猪。外墙下面厚1.5米，上面厚0.67米。厚重大门包以铁皮，门上留空缝，以便敌人放火烧门时，灌水灭火。随后走一段泥泞路看方形土楼东升楼，系1965年建成，外圈三层，每层连同四个楼梯及门厅共42间，每间宽3.3米，进深3.75米。现住23户，分别占用1～3间。外墙厚80～90厘米。旁边还有一座在建的小圆土楼，外墙已修完，里面只有一户从上到下修了一间的三层土楼，今后有新的户便可接着续修。可见土楼民居在当地至今尚有

顽强生命力。

二十四　连城、永安、三明、尤溪

1983年1月13日我从龙岩回福州，结束这为期一月的福建风景资源考察。上午连城同志在古田去连城的路上把我们引往壁州去看永龙桥。桥为明洪武10年造，在石础上纵横架方木，层层出挑，再铺圆木及卵石成纵长5跨的桥面，并搭起全长封闭的桥亭。过桥有和上杭蛟洋一模一样的文昌阁，有人说两阁为一人所造，有人说师弟造此阁在先，师兄造彼阁在后。到连城午饭，从城中望东山，青溪中前俯后仰，姿态生动，据地方介绍，此山距城3公里名冠豸山，乃武夷山之余脉，山上石笋林立，有高达数十米者名照天烛，林则徐题刻"江左风流"，风景极佳。

连城永龙桥

连城文昌阁

冠豸山

永安小陶围垅禾场

围垅围屋

永安桃源洞

尤溪祠堂

尤溪山间民居

下午车沿沙溪去永安，路过小陶下石村，我参观一座已有百余年历史的刘姓围垅。原有17户，现只余4户，其余都迁出外建。给我们引路的青年，他们兄弟三人迁出后就盖了三座四合院。到永安城遥望相距10公里的东山，地名桃源洞，在燕江溪畔，峰峦削立，危崖千尺，峡谷幽深，素有小武夷之称。风景以山中长达120米的一线天和山脚下十里棕榈清潭最为著名。徐霞客写"其隙仅分一线，上劈山顶，远透山北，中不能容肩，凿之乃受，累级斜上，直贯其中，余所见一线天数处，武夷、黄山、浮盖，皆未见若此之大而逼，远而整者。"夜7时到三明，从龙岩到连城144公里，连城到永安113公里，永安到三明56公里，共行313公里。

三明为新兴工业城市，钢铁.化肥.水泥等工业建设开始于第一五年计划，现辖沙县、永安、清流、尤溪等10县，地处武夷山与戴云山之间，大部地区为千米以上高山。14日早起赶路，计划从沙县进入尤

溪，在戴云山北走200多公里山路，然后到福清顺闽江回福州，总行程又是330公里。车过沙县东折进山后，人烟逐渐稀少，山峰陡峭险峻，车似穿行在山的隙缝间，到处是竹林树丛，泉水瀑布，周围十分幽静。西部接近三明不时出现洋房小水电。东部山谷开阔，山村渐多。福建民居各地变化较多，以屋面为例，屋脊弯曲起翘为普遍形式，但弯曲程度，起翘及装饰式样，几乎处处不同，县县有别，尤溪山内木材丰富，民居构架十分灵活。入闽清境在金沙、乾面出现四坡顶和带炮台的民居及抵闽江边乃沿岸回福州。

二十五 海南岛与海口市

海南岛位于我国南海，与雷州半岛遥遥相对，100万年前本与大陆相连，第四纪初由

于断层作用，形成琼州海峡，乃与雷州半岛分离。现全岛面积为3.4万平方公里，为我国台湾以外最大岛屿，因琼州海峡最窄处仅有19.4公里，比台湾距大陆近160公里。它地处北纬18～20℃，属于海洋性热带季风气候，年平均温度22～26℃，一月仍在19℃以上，年平均降雨量1600毫米。迄今为止海南考古只发现新石器遗址和石器地点200余处而未发现旧石器遗址，可以认为最早在海南岛活动的人类来自华南大陆。汉武帝开拓边疆，在岛上置"珠崖""儋耳"两郡，唐称琼山为琼州，宋名三亚为崖州，明以琼州为府辖三州13县。解放后海南岛为行政区隶属广东，1988年4月正式成立海南省，并划为开发特区。全省人口1982年为566万，1990年为655万。海南岛四周环海，有海洋面积200多万平方公里，海岸线长，岛屿港湾多，珊瑚礁宽广，滩涂2.8万公顷，内陆水域4.2万公顷，饵料丰富，光热充足，十分有利于鱼虾蟹贝藻类的繁殖生长。南海

海口北海滨

海口市区

琼台书院

冯白驹头像

鱼类千种以上,在海的中上层有金枪、鲔、鲣、马鲛、银鲳、鲱、鲐、青鳞、飞鱼等,底层有红鱼、金线、银米、海鳗等,珊瑚礁有石斑、青衣、雀鲷等。此外海珍特产有海龟、龙虾、海马、海参、鲍鱼、对虾、海贝、石花菜等。在海南绵亘不断的高山里,有原始森林30多万公顷,植物259科,其中木本植物达1 200种。经济作物有橡胶、甘蔗、椰子、咖啡、胡椒等;水果有菠萝、荔枝、芒果、菠萝密、杨桃、榴莲等;优质用材有子京、绿楠、花梨、乌柏、坡垒、油丹、母生、胭脂、苦梓等;药用植物有红壳松、沉香、降香、槟榔等千余种,油料林木有沙萝、梗核、卵叶樟70余种。珍奇动物有长臂猿、坡鹿、云豹、水鹿、猕猴、黑熊、大灵猫、孔雀雉、白鹭、天鹅、苍鹭、白鹇、蟒、玳瑁、鳗鲡、香鲸、砗磲、鲨鱼、珍珠、水獭等。矿藏有品位高达58%的富铁矿,有莺歌海、北部湾的石油。海南文化悠久,黎族是开发海南最早的居民,现有110万人,元

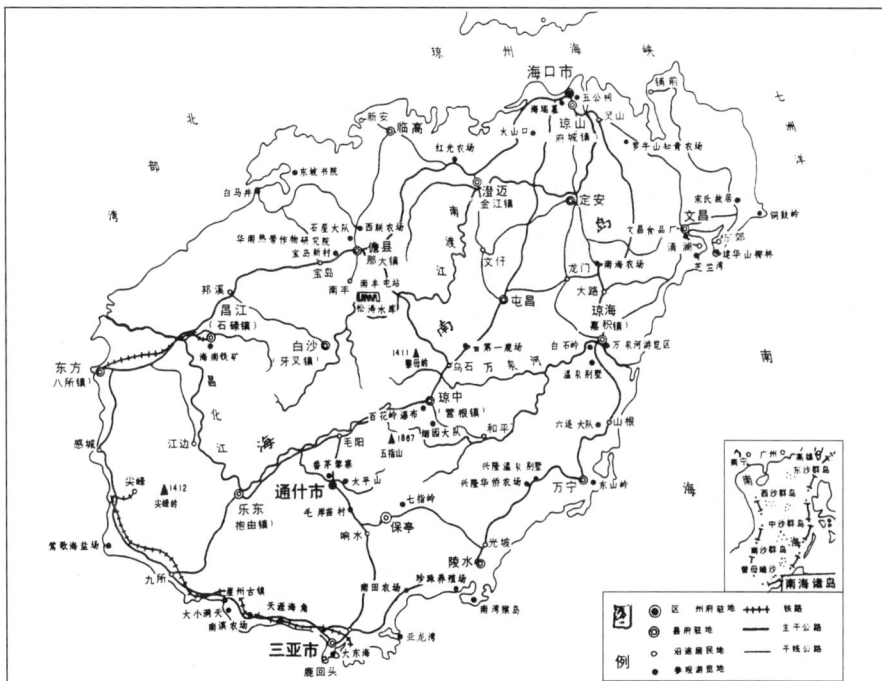

海南岛风景分布图

代劳动妇女黄道婆曾赴中原传播先进纺织技术，海瑞是明代著名的清官，苏东坡等曾谪居海南。海南是英雄岛，从1928年共产党在陵水建立第一个红色政权起，坚持八年抗日战争，直至1950年5月解放军解放全岛，23年红旗不倒。海南是著名的侨乡，从唐代起即有人远渡重洋创业谋生，现今全岛在世界各地的华侨已达120万人，孙中山夫人宋庆龄的原籍就是海南文昌(参考南海出版公司:《海南乡情揽胜》)。

我于1980年11月初来海南，从码头到市里走过一条漫长空旷两旁有椰子树的路，海口给我的印象是安静质朴，接近乡村的城市。海南开放为特区后，1992年我再来海口，情况发生根本变化，市区遍地是高楼和开发区，有的建成，有的在建，许多房地产经营者赚得大量资金后又投入更大规模的开发，老区道路狭窄，汽车拥挤不堪。1994年再来，经过一年的宏观调控，市里在建工程几乎都已停止，前年的表面繁荣像泡沫般地的消失了，但这几年的建设也确实给海口今后发展奠定了基础。海口虽远在清咸丰时期就开为商埠，但1980年往来海口的渡船很小，我挤在船长的驾驶舱内，风浪大，船在海峡里颠簸两三个小时才到，真似出海远航一般。1994年我再过琼州海峡，从新港起锚乘坐的客轮上下两层可容500渡

海瑞墓大门

苏公祠碑刻

海瑞墓石像生

海瑞墓

马鞍岭火山口

客，不到一小时就平稳地到了徐闻的海安港。

海口的风景点现在大都经过整修，琼台书院始建于康熙49年(1710年)，为当时海南最高学府，历经修茸，现为红砖绿瓦的两层楼。粤剧《搜书院》就是发生在这里的故事。位于东南郊5公里的巴伦河上，有苏公祠、五公祠、伏波祠一组园林建筑。苏轼晚年再贬琼州(1097年)，三年后获赦北归，次年死于常州。郡人将其居处名为东坡读书处，元在此设东坡书院，明改为苏公祠。祠之左侧有琼园，园内有浮粟泉、涧酌亭。东坡有诗"莫嫌琼雷隔云海，圣恩尚许遥相望。平生学道真实意，岂与穷达共存亡。天其以我为箕子，要使此意留要荒。他年谁作地舆志，海南万里真吾乡。"五公祠清光绪(1889年)建，五公为晚唐宰相李德裕及宋因抗金被贬的李纲、赵鼎、李光、胡诠。祠为两层红楼，上悬海南第一楼匾额，中有楹

联，上为"唐嗟末造，宋恨偏安，天地几人才置诸海外；道契前贤，教兴后学，乾坤有正气在此楼中。"下为"于东坡外，有此五贤，自唐宋迄今。公道千秋垂定论；处南海中，别为一郡，望云烟所聚，天涯万里见孤忠。"丘浚墓在北郊水头村，丘琼山人(1420-1495年)为明代理学重臣，曾任太子太保、文渊阁大学士，著作丰富，号称大儒，所编成语考《幼学故事琼林》成为全国通用启蒙课本。海瑞墓在市西滨涯村，在文革中被毁，现又重建。海亦琼山人(1514-1587年)曾任大理寺丞、右都御史、南京吏部右侍郎，一生惩治贪污，不畏权奸，犯颜直谏，民间称为再世包公，广泛流传的《大红袍》即是演绎他的故事。市区中心东湖、西湖旁海口公园内有解放纪念碑，卧石刻海南革命及抗战领导人冯白驹头像，造型别致，朴素生动。海南岛北部有许多死火山，在市区西南18公里有马鞍岭包括两座死火山

口，周围有大小几十个黑色熔岩凝固而成的火山岩洞。风炉岭火山口高225米，直径120米，深70米，内壁陡峭，我沿螺旋盘道慢慢走下去，底部为圆坑，有各种蜂窝状、绳头状、流纹状的凝固溶岩及其他火山喷发形成的碎屑。火山口内外长满茅草、野菠萝、蜈蚣草和各种热带无名野花。周围村舍有一片片荔枝树、龙眼树、柑橘树，我在山边一所独立家屋的树上系着的悬床躺下，周围异常安静，清风阵阵吹来，令人心安神怡，和海口闹区完全是两个世界。

二十六　东海岸的文昌、琼海与陵水

从海口经琼山、定安、文昌、琼海、万宁、陵水去三亚，这是海南目前游览的重

文昌清澜港东岸栈桥

椰子林

万宁民居

陵水民居

点，以前有公路直通，开放后兴建高速公路，截至1994年止公路已有半幅通车。海南第一大河南渡江从西南来至定安北转流55公里于海口入海。我在1992～1993 年两次来海南主要是协助定安以南30公里的黄竹农场搞开发区规划。因此对定安城、定安南丽湖与黄竹附近地区做过多次考察，定安有明代三坊及古塔，南丽湖及黄竹山水清秀，进行风景开发是有条件的。高速公路由海口至黄竹段已全面通车，因此我于1992年从黄竹下高速公路，东北行50公里去访文昌。一路都是林场新造的热带林，土质比较贫瘠，林木并不茂盛，沿途居民点很少，使人有些荒凉的感觉。文昌在海南岛的东北角，我们去时全县有人口52万，其中归

侨和侨眷就有31万，占全县人口60%，在外华侨总数达67万，为海南著名的侨乡。文昌河的出海口为清澜港。在港东北河海交汇的滩涂中有大片红树林，每逢潮落，红树的婀娜姿态便全部显露，形成特殊的风景，人称海底森林。清澜港东岸有椰林1 200公顷，占全岛椰树1/10，号称椰林之乡，为海南极为优越的风景区，乃避暑海浴、休憩疗养、品尝海鲜的胜地。文昌城位于文昌河口，北距海口73公里，南距琼海72公里，河水从城中穿过。 城中有始建于北宋的孔庙，历经各代整修，现存为清光绪年间重建，大成殿面阔5间，有清历代皇帝所题匾额，为海南唯一保存完好的孔庙。我们乘车到文昌参观后，即南行20公里到清澜港西

岸，再乘船驶过清澜港前往东岸。将抵岸边远远即望见岸上一片青绿，岸边布满竹木搭成的栈桥、竹棚和渡船。我们从渡船走上栈桥，桥面颤悠悠地在摆动，我们走进用饭的竹棚，虽然地面稳定多了，但棚里随人的走动到处都有些微的颤抖。我们坐在竹制桌椅的周围，喝着清茶，望着海面，海风从开敞竹棚四面吹过，这清新的海上世界已经使人陶醉。很快又有各种海味上桌， 使人品尝到任何城市都无法得到的新鲜味道。饭后上岸，钻进椰子林里，真是一望无边，只好又走出来，绕到新盖的度假木屋及海岸周围，然后回到西岸从北路回到海口。明邱浚有《椰林挺秀》诗"千树椰椰食素封，穹林遥望碧重重。腾空直上龙腰细，映日轻摇

定安南丽湖

定安古塔

陵水蔗田与牛群

万泉河河口

凤尾松。山雨时来青蔼合，火云张处翠荫浓。醉来笑吸琼浆味，不数仙家五粒松。"

我1980年去三亚，走旧公路从屯留到琼海，九十年代则走高速公路从定安到琼海。琼海为海南第二大城，北距海口117公里，全县有人口38万，为海南第二侨乡。万泉河为海南第三大河，发源于五指山，全长162公里，从琼海流过入海。城东北沙老港为石花菜又名琼脂的生产基地，石花菜是一种热带海洋红藻，生长在珊瑚礁上，有海底庄稼之称，为珍贵的海洋食品。万泉河西岸的椰林寨是红色娘子军的发源地，至今还有娘子军老战士住在那里。从琼海南行72公里至万宁，唐宋至明清为万州州治，港畔风景点有东山岭，海中有大洲岛，水清石秀，历享盛名。城南山尾岭上有清康熙兴建道光重建的青云塔，用火砖及石料砌成，8角7层高27米。1952年在兴隆温泉旁办起华侨农场，有归侨25 000人，10 000公顷土地，种植橡胶、咖啡、胡椒、剑麻、可可

等热带植物。我在这里初次看到在割的橡胶和胡椒、咖啡林。继续南行至陵水，北距万宁64公里，南距三亚 90公里。城南新村港有珍珠养殖场及南湾猴岛。

二十七 三亚市和 天涯海角

海南岛南端三亚市地处东经108°～109°，北纬18°，比美国夏威夷纬度略低些，全年平均气温25℃，一月平均气温20.7℃，七月平均气温28.3℃；依山面海，在180 公里长的海岸线上有大小19个海湾，阳光充足，沙滩细柔，水质洁净，空气清新，椰林掩映，海石磊落，南望南海群岛，北顾祖国大陆，为我国最赋有特殊自然和文化内涵的风景胜地。三亚镇为古崖州属地，崖州最早属珠崖郡。宋明始称崖州，因远处边疆，荒凉闭塞，遂

成为历代王朝流放被贬官吏的蛮荒之地。唐李德裕写被贬心情"独上高楼望帝京，鸟飞犹是半年程；青山似欲留人住，百匝千遭绕郡城。"我于1980年和1993～1994年三来三亚，十余年间三亚有巨大的变化，1994年海口大规模建设虽有停滞，但三亚许多项目还在进行，1980年我住过的鹿回头宾馆，已有极大的扩充，1993～1994年住的南中国大酒店，新的宾馆酒店即将把大东海滨海地区填满。三亚因建设地区分散， 预留绿地较多，但道路系统应接受海口老区的教训，要留足够宽度。 整个地区以风景分布为骨架进行建设，包括亚龙湾，大东海，鹿回头，三亚湾，天涯海角，大小洞天，崖州古城，落笔洞，是很有远见的。

1993～1994年我沿高速公路来三亚，因路段靠山，地面高，过岭到田独就看见榆林港。到了宾馆略事休息，第二天即在雨中登上鹿回头山，这里看三亚与大东海十分清晰。当地根据猎手追鹿，鹿变美女的传说，在

田独看榆林港

三亚亚龙湾

三亚大东海之晨

三亚海判南天

鹿回头塑像

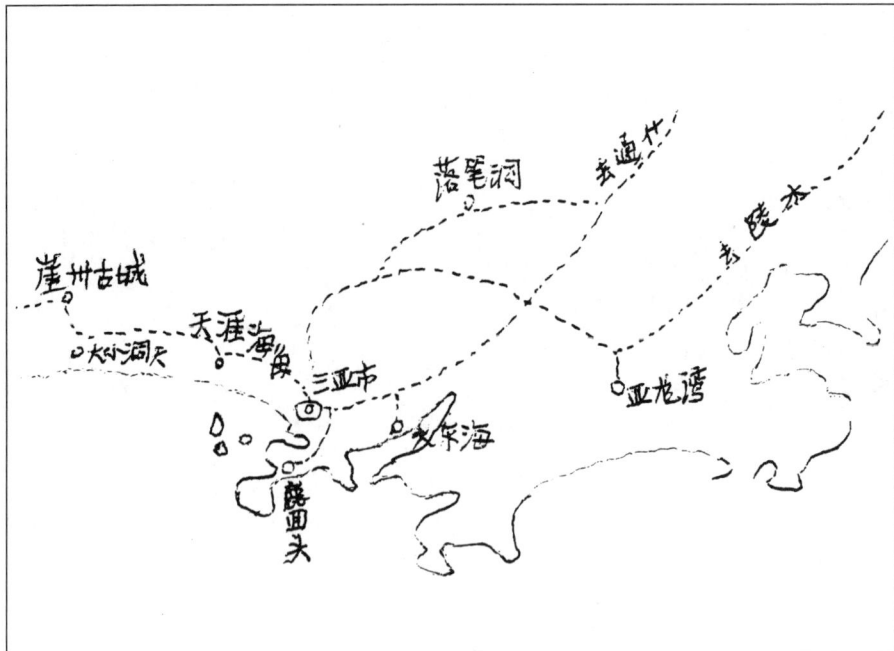

三亚风景位置图

山顶上立鹿回头的塑像。因为三亚市区建在海湾内三亚河的两条河汊中间，雨中从西坡眺望，三亚好似飘浮在海中的岛屿，极富神秘气氛。大东海现在建设中，街道比较杂乱，清晨早起至海边游泳，天阴潮涨风大浪高，稍作尝试即上岸，沿岸300～400米往返走一遭，尚未探得妙处。中午看亚龙湾，从大东海顺来路回到田独再南下海边，约计行程20公里。整个亚龙湾面积85平方公里。北面群峰环抱，云封雾绕，乱石穿空，林木幽深，生长山鹿、猕猴等各种热带珍稀动物。海岸长22公里，海口宽8公里并分布大小5个岛屿，盛产各种海珍，鲍鱼尤为著名。港内沙滩长8公里，宽50～60米，坡度平缓，沙质洁白细软，海水无旋涡，平均温度23℃，为最佳海水浴场，尤其适合冬泳。我们去时岸上已在兴建宾馆，沙滩上正在比赛排球，太阳高悬天上，我走下沙滩登上海中栈桥，看远处船浮岛影，近处阵阵海浪，轻轻推向岸边，显然在这里休养海浴，比大东海又胜一筹。

天涯海角在三亚西24公里的马岭山下，为山与海中间的沙滩地带，绵亘一条为多年海水冲刷形成的又圆又光的岩石群。从山冈台地下到海边，在椰子树掩映下，首先看到东面有岩石和杂树构成的海角伸进海里，海角虽不长但零星的石头却像天公作画一般，把墨点甩得老远。沿着海岸向西走去，一路上大大小小，有疏有密的钝角石

群，用不同态势分布在沙滩上和海水里。很自然地诱导人们去捉摸它们表现的意境。正当你开始沉思，前面突然出现两座六七米高的笋石，巍然耸峙，其最高者上刻"南天一柱"，使人们的精神为之一振。再向前走去有小船在石丛中挂起白帆，上书红字"一帆风顺"，似在招呼人们下海。继续前行，岸上有成堆体积较大的岩石横在去路。其中一块高10米的岩石上刻有"天涯"二字，为清雍正11年崖州守备程哲手书。以后有人续刻"海角"。凡从温带大陆来到热带海岛的人们，很容易从天涯海角的题词，联想到我们祖国的幅员辽阔与风景丰富而油然产生爱国之情。进入天涯石的背后，可见圆囵巨石相互垒成的巷道与幽谷，可登上凿就的石磴盘坐在岩石顶上，可绕到石巷开口窥视远处海景，真是另有一番天地。返回时可不走海岸而走山麓椰林，在婆婆树影中欣赏白沙黑石和蔚蓝海水与天空。回到台地上到处是吃海鲜的小饭铺，售海螺、珊瑚、珍珠的小摊和缠住你不放的小贩，新的宾馆饭店也在建设中。由天涯海角西行23公里到古崖州城，中途过鳌山，南宋起即有小洞天、石船、钓台等景，号称海山奇观。北距三亚15公里，在去通什的路旁有印岭落笔洞，数米长的钟乳石下垂如悬笔，滴水不断，壁上有元代题刻。此两景点多已残破，现在着手修复中。

二十八 通什、五指山和黎族

通什(za)位于海南岛五指山腹地西南部，北距海口223公里，南距三亚88公里，面积170平方公里，人口仅有4万。这里原名冲山，黎语山高水寒之意，通什为汉语注音，黎语原意为树下田，解放前是一片荒凉的瘴毒之区，解放后始发展成为全新的山城。1953年成立海南黎族苗族自治区以通什为首府，辖保亭、白沙、琼中、陵水、乐东、东方、昌江7县和三亚市，自海南建省后始予撤消。通什为海洋岛屿性气候，年平均温度为22℃，盛夏暑无酷暑，夜间凉爽，冬季平均温度仍有17℃。城区四周为群山环抱，南圣河从东向西流过，1980年我初来时还是土平房为主的小镇模样，1993年我再来时已是满街楼房，绿树成阴的新城市，新建海南民族博物馆，规模宏大，建筑新颖。在距市5公里的太平飞瀑风景区中建度假村，在入市南口建苗寨、黎寨风情展览，整个面貌有巨大的变化。

据1990年统计，海南全省人口655万，其中黎族有111万，占17%，为海南最大的少数民族，也是入居海南最早的居民。明清封建生产方式已在黎族中占主要地位，清代

通什黎族茅屋

黎族室外织布

大批内陆汉人迁入海南，生产技术又进一步提高，只有五指山中"不识耕法，亦无外间农具"。解放后成立自治区，黎族人民生活有极大改善，人口迅速增加。黎族大多数居住在丘陵、盆地、山麓，以血缘为基础聚居在一起，村落10～100户大小不等。住房为简陋的茅草房，以红白藤捆扎优质方木为构架，以椰叶竹笆木条编织后涂以草泥成墙。地面架空，屋顶则以茅草或椰叶，葵叶编织覆盖，从上散披及下，状如船篷，御寒隔热性能良好，唯易受火及风灾。门在两头开，无窗，室内生火做饭，光照及卫生条件差。"女子及笄，父母筑室以处"在茅屋旁建寮房，比茅屋低小但很精致。黎族服饰，妇女扎发髻，上衣绣花，缀贝壳，铜钱等装饰品，系头巾，穿筒裙。解放前妇女有纹身习惯。男子以黑红布缠头，腰间挂麻织吊裙。黎族妇女地位较高，男女自由恋爱但由父母主婚。新年至元宵，全村围猎，三月三，男女对歌。黎族能歌善舞，自制乐器如牛皮鼓、牛角号、椰胡、鼻箫、口弓等有三十余种，其独特的乐韵。"莫笑侬住深山窝，山窝乐器多又多；月下乐韵使人醉，黎寨无处不飞歌。"黎族嗜酒，能用糯米饭酿成"酒蜜"，民间工艺善于蜡染及针绣。

1980年我初来通什时，市内楼房极少，我在山上两间平房里看民族展览，到附近番茅黎寨看黎族茅屋。1993年我再来通什，未进市先看两个苗族和黎族风情园。我和服务的青年谈话，他们都是高中学生。见报载今年全国89所高等学校在海南录取的第一批大学生共1 243名，说明海南教育正在迅速发展。晚止宿于度假村，次日晨起看太

平瀑布，山谷虽略嫌狭窄，但风景尚好。上午参观新建民族博物馆，正面三层楼共8个展室，内容比较丰富。下午离市北行20多公里到瞭望五指山处，天阴山形只能看出一些轮廓。五指山位于海南岛中部，为几条河流的发源地，由西南向东北，五峰骈立如手掌，其中二最高，海拔1 879米，终年云雾笼罩，满山原始森林。 丘浚咏五指山诗"五峰如指翠相连，撑起炎黄半壁天。夜盟银河摘星斗，朝探碧落弄云烟。雨余玉笋空中现，月出明珠掌上悬。岂是巨灵伸一臂，遥从海外数中原。"近来旅游开展，地方在这里搭起两层的简易木棚，题名"观山亭"。旁边有人架着山雕供人照相。再前行过琼中，到屯昌连降两场大雨，过屯昌雨停，到定安居然露出太阳，好像当地没有下过雨。入琼山境，忽然浓云密布下起暴雨，车子冒雨前进，雨愈下愈猛，快到海口，接连打两阵响雷，雨瓢泼似的往下冲击车顶，公路上水像小河一般向山下流，我担心这急流随时会把车子冲走。好在接近市区雨终于小了。暴雨中这样冒险行车坚持20公里，在我多年旅行中还是首次。1980 年我从通什回海口是从琼中西转儋县走临高澄迈线，1992 年我从海口再去儋县，也看到不少变化。 原城西华南热带作物研究所已改为研究院及学院，在植物园中只从国外引进的热带植物就有1 500种。距城45公里的中和镇为苏东坡谪居三年之地，当时苏与地方建立深厚感情，他自称"我本儋耳人，寄生西蜀州"。因此他走后当地许多建筑都以东坡命名，所建东坡书院保存至今，载酒堂内壁刻"坡仙笠屐图"，明宋濂题"觉坡仙潇

洒出尘之致。数百年后，犹可想见。"

二十九 沦陷百年后回归祖国的香港（补）

从1842 年香港岛沦陷为英国殖民地起，至1997 年香港地区回归祖国止，前后155 年。这段时间包括中国备遭帝国主义侵略因而陷入半殖民地悲惨境地的百余年近代史和社会主义新中国开创的48 年现代史。从旧中国到新中国发生了翻天覆地的变化，香港的沦陷与回归就是最鲜明的标志。

香港地区有古老的百越文化，现已发掘出新石器中晚期与青铜器遗址 30 多处，秦曾移民来此实边，汉地属南海郡，唐宋以来沿海渔村除经营农业渔业外又以晒盐、采珠及香木著称，海外商船进入广州前多在屯门停留。清初顺治禁海，不许船只出入，沿海渔村一律内迁80里，康熙时始准复界回乡，至乾隆时代，北方移民增多，生产逐渐恢复与发展。英国初占香港岛，虽宣布为自由港，允许各国商人及货物自由进出，但远东贸易中心在印度，香港不过是个鸦片转运站。1856 年英国进占九龙半岛，1898 年强租新界后，地区扩大10 倍，加以内地战争频仍，富户纷纷迁港，而欧美亦随苏伊士运河的开通加紧争夺中国市场，仅我国苦力经香港被拐骗出国的即达200 万人，香港的经济才开始有所发展。第一次世界大战前后，1910 年建成广九铁路，1920 年兴建启

德机场，1921年展开填海工程，本地港商兴起，经济才逐渐走向繁荣。不久日本在中国发动侵略战争，1941年进攻东南亚并占领了香港。1945年日本战败投降，中国虽是战胜国，但软弱的国民党政府并未能收复香港。

第二次世界大战后，资本主义世界经济处于恢复时期，科学技术走向新的发展时代。新中国成立不久即发生朝鲜战争，英美严密封锁中国，香港就是在这样的时代背景中，从20世纪六十年代起迅速发展成为世界重要经济区，和南韩、台湾、新加坡并称东亚腾飞的四小龙。八十年代中国在邓小平理论指引下进入改革与开放新时期，国力迅速增强，香港与内地的联系日趋紧密。1984年中英经过谈判发表共同声明确定1997年香港回归中国。中国政府决定划香港为特别行政区，保存原有资本主义制度，实行一国两制，港人治港。

香港地区不大但人口却十分密集，全区面积1 092平方公里，有230个岛屿，日占香港前后人口由160万减至60万，1992年激增至590万人，平均每平方公里5 528人，新九龙有的地区每平方公里竟达16万人。从七十年代起香港制造业以纺织、成衣、电子、塑料为骨干走向多元化与国际化并成为世界金融、贸易、航运与信息中心。1996年香港人均生产总值为25 300美元，高出于英国。1992年香港有持牌银行169家，世界100家最大银行在港营业的有84家，外汇成交额每天达610亿美元，成为纽约、伦敦之外的世界第三金融中心。1992年对外贸易已占世界第十位，本埠出口2 341亿港元，转出口6 908亿港元，内地外贸有一半经过香港。此外香港航空货运居世界之首，客运年达2 000万人次，启德机场每5分钟即有一架飞机起落。香港有面积60平方公里的维多利亚深水港，有远洋货轮1 200艘，货

运仅次于新加坡，为纽约、鹿特丹之外的世界第三集装箱大港(参考世界知识出版社：《香港的昨天、今天和明天》)。

为了保持香的经济繁荣与稳定，为了继续发挥其内地外贸转口港与吸收国外投资、技术和先进管理经验的渠道作用，我国除采取一国两制的方针外并在其紧邻新建深圳市特区。从共同声明发表到香港回归的十余年中，英国最后一任总督彭定康虽尽干扰之能事，但香港终于结束英帝国百余年的殖民统治而顺利回归，并成立了中国地方港人自治的特区政府。香港政治经济不但未出现某些西方人士预计的混乱局势，反而人心振奋，市场稳定，人口增至631万。

我是在香港回归五个月后由美国到香港的。清晨当飞机因等候降落而在海岸盘旋时，我不只因为看到祖国沦陷百多年的故土而兴奋，同时也为散布在蔚蓝海面上

香港诸岛

湾仔海岸

浅水湾沙滩

海洋公园

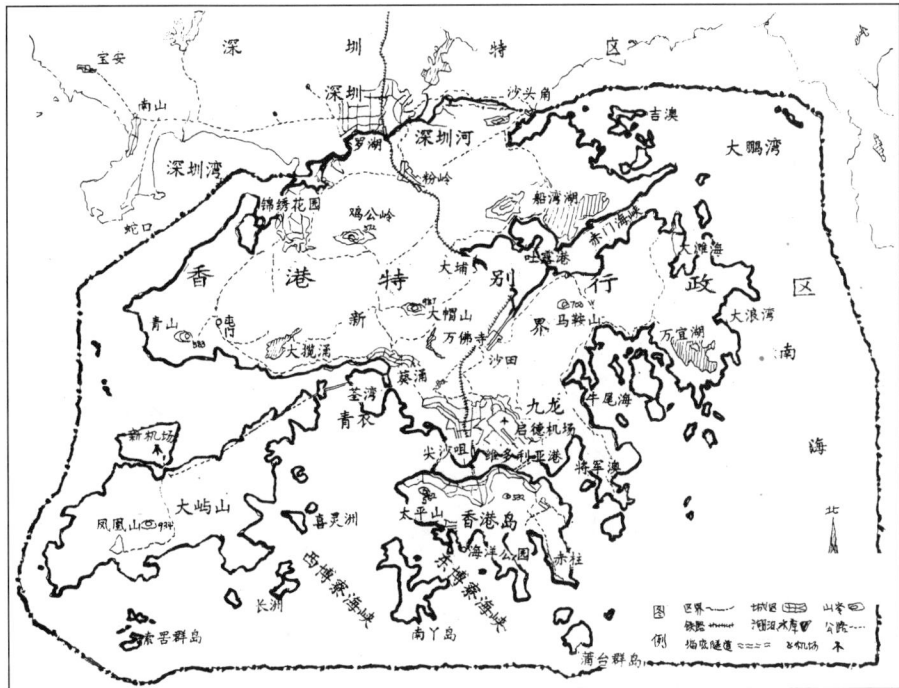

香港特别行政区图

跑马场

前总督府

青马大桥

的大小岛屿的美丽景色所吸引。我在香港前后停留五天(11月13～18日)，曾登上海洋公园的山顶眺望香港岛南部海面南丫岛、蒲台岛等南海诸岛，然后顺着海岸走过深水湾、浅水湾直到赤柱湾；曾在港九之间看维多利亚港的内外形势；曾从九龙去新界在青衣观景台远望并驶过跨海的青马大桥

直抵大屿山新建飞机场沿途近观往昔屯门湾的景色。我接触的景点虽然不多，却已感觉香港岛屿交错，港湾繁多，层次叠落，相互映照，内涵极为丰富。根据黄海海王九岛的规划经验，如对这 230 个岛屿进行风景的专门考察与规划，极可能发现许多新的自然景观。香港和九龙由于人口密度过大，

高层建筑像树林一般堆在城市中心，无数的窗口根本见不着太阳，应该说这是人类居住建筑在特殊条件下一种畸形发展。但香港城市的建设与管理却有许多好的经验值得借鉴，例如交通设施管理，公共屋村建设，解决充分就业等等。海洋公园的建设包括宏伟的海洋水族馆也有其独特的成就。

后 记 一

累计二十余年间，尤其最近的十七年，我之所以能顺利进行风景资源调查，主要依靠各省、市、自治区领导同志的支持和有关部门同志的协助。今当本书脱稿之际，谨向下列同志致以衷心的感谢：

辽宁及沈阳：
谢荒田　张树檀　连成智　鲍志强
戚相成　卢　冶　刘　清　陆钟武
王喜阳　高法本
本　溪：
王　甦　王玉波　许晏波　丛正龙
于国磐　马奎明　谷少文　沈瑞友
于宗扬　高作山　刘兴林　潘建民
王　潜　汪希文　王永春　宋自然
马成运
辽　阳：
宋德普　胡忠雄
海　城：高树成
大　连：
魏富海　薄熙来　季朝忠　卢　丹
张广兴　谭积斌　佟庆良　毛国庆
庄　河：
赵元洪　张天贵　高文秀　韩玉亭
赵玉琦
长　海：
冯宝录　李志胜　杨永勤　石天岭
徐永成　尹正茂
丹　东　王唯众　宋多峰　阳森丕
郑斯林　关裕宏　刘永明
凤　城：
申廉方　姚国钧
东　沟：解鹏翔
宽　甸：范玉琪
兴　城：
任贵友　秦　剑　赵万里　李文秀
高德一　杨春海　宋东生
锦　州：
孔庆维　张国伟　吴景信　孙喜久
北　镇：孙静华
绥　中：
李桂珊　奚成华

朝　阳：
杜永博　高殿魁　吕广生　王树章
阜　新：
邸百泉　刘永久
吉林及长春：
李培森　常炽堂
吉　林：
邱德昌　刘云龙　裴翔云
集　安：
常显玉　潘从校　马德新　耿铁华
黑龙江及哈尔滨：
李剑白　杨玉朝　侯幼彬　贺文章
高慧敏
阿　城：许子荣
牡丹江：冯喜贵
河北及石家庄：
邬天柱　郭振华　孟繁兴
邯　郸：
樊玉良　陈仁舜　刁洪斌　薛星明
高新成
秦皇岛：王立成
张家口：
郝万镒　胡树森　方铁林
承　德：田　野
山东及济南：
李宇超　邓辰西　许衍梁　李之超
董伯川　赖启东　夏祖高　贾祥云
崔镇轩
泰　安：
金益山　尹忠冯　杨文山
曲　阜：
崔绪贻　刘长厚　蒋秀中
青　岛：
赵　俭　林　真
烟　台：
虞鑫鹤　朱智　李建平　王鑫

长　岛：
葛长发　袁克业
蓬　莱：翟永淮
章　丘：
韦义长　刘希臻
山西及太原：
朱卫华　孟繁兴　洪发科　刘海清　田晋
清　徐：李友梅
太　谷：
王仁杰　马正江
介　休：
刘得胜　陈轩　师延龄
丁　村：
尹子贵　丁五序
平　遥：
张俊英　贾传德　李祖孝
霍　县：白鱼跃
临　汾：
李春芳　张在纲　赵承章　赵政萍
隰　县：
崔政峰　张颖　李双全
吉　县：
王进益　张怀珍
河　津：
赵瑞生　任致信　杜玉堂
绛　县：王立富
万　荣：
张　勤　王益民　张宝师　杨文池
张生光
运　城：
郑凯健　邓永堂　何京山
闻　喜：韩梦如
新　绛：
辛荣生　徐则安
阳　城：
王象恭　上官祯　吴守苏　常桂兴

王　奎
沁　水：
程万国　侯正良　成汉武　田文高
晋　城：
徐靠山　杨　森
平　顺：
杨相唐　刘明岗
晋东南地委：
白清才　赵　锐　孙舒松
定　襄：张惠祥
五　台：
郭培荣　张文成　王芝叶　席林库
浑　源：
陈建红　熊　祥
雁北地委：
白兴华　白效玉　刘文化　韩芳华
周永兴　董春山
大　同：
张建弟　李加林
内蒙及呼和浩特：
廷　懋　廉　皓　辛永福　杜景才
塔本塔拉
包　头：
金　申　郑　隆
伊　盟：
伊锡华　武占海
乌审旗：
白　福　山　丹
鄂　旗：
杨国华　于　珠　奇多福　齐振芳
云铁柱
陕西及西安：
王　真　孙达人　王继唐　刘端莱
何保康　何修龄　佟裕哲　李树涛
施淑文　高烈果
陕　北：侯继尧
陕　南：刘宝仲
渭　南：励天文
韩　城：
李录勋　李仲田
昭　陵：孙　迟
甘肃及兰州：
杨　跃　任震英　柴应龙　王国桢
董学奎
敦　煌：孙儒涧
酒　泉：柳涵收
张　掖：
党宗昌　曾永海　卢　晔
永　昌：

曹长庚　黄兴玉　刘保定
何好善
武　威：
范云谱　张文生　金玉治　邹悦忠
临　夏：
刘宗显　刘宗锡　唐继丰　田毓璋
宁夏及银川：
黄超雄　赵荣庆　白金波　裴建平
中　卫：
房生金　刘学录　陈宏文
同　心：
金自儒　马全忠
泾　源：
赫金广　于福俊
石　咀：
马世光　张福祥　李崇训　温天恩
青海及西宁：
彭景文　杨　跃　曲成尖错　莫　歧
新疆及乌鲁木齐：
徐鸿烈　周曾祚　金祖怡　雷佑康
陈震东　王小东
伊　犁：陈治国
喀　什：
白元兴　伊敏诺夫　张祖文　滕绍文
江苏及南京：
刘敦桢　杨廷宝　王化兴　齐　康
鲍加声　夏祖华　宋绍铭
苏　州：
王　纪　张百超　秦新东　时　匡
无　锡：
路盘新　建平韦　顾　涛
浙江及杭州：
余森文　胡理琛　程泰宁　唐葆亨
施奠东　宋云鹤　张延惠　余思鸿
张友良　洪亚华
宁　波：
邹梅英　范思德　郭尚鸣　沈汉云
普　陀：王铁民
天　台：
范昌运　曾跃华　袁克盛
雁　荡：
赵章培　谢　军
温　州：
马云博　丁俊清　叶文超　李凤霖
丽　水：高永祥
缙　云：李初恒
东　阳：
许秀堂　王玉涛　洪铁城　陆光正
仙　都：林　涛

绍　兴：
林正华　李天荣
建　德：施涌深
义　乌：
陈金礽　王益辉　孟贤沐
龙　游：
骆友心　蔡昌斌
衢　州：崔成实
江　山：徐东杰
上　海：
赵　深　陈　植　施　宜　汪定曾
陈从周　程绪柯　钟跃华　王宸庆
胡汇泉
河南及郑州：
孟伯臣　李连生
开　封：
仰正发　高华宾
洛　阳：
倪素芳　刘德寿　吴世民　马芝田
邱正友　吴玉范　刘公信
安　阳：任惠林
鸡公山：
陈　越　董友谊
安徽及合肥：莫　歧
江西及南昌：
付雨田　薛经犹　梁纯翔　刘长波
丁渭渔　李科友　沃祖全　余香荣
张广先　雷凤顺
庐　山：
周德谋　黄昌林　曹自键　花友起
星　子：
廖金水　龚平海　胡崇善　郭章槐
湖　口：
胡品章　王淑华　蔡雪生
景德镇：
陈锦章　周　淞　黄　浩　刘新园
上　饶：
刘海峰　黄水龙
婺　源：
张国华　汪中汉　刘　胜　齐启林
詹永萱　王元政
德　兴：
周天保　詹加禾　叶保福　余文森
叶樟雨　徐　旭
贵　溪：
叶永松　王锦祥　倪加谷　徐唯龙
许铁汉
南　丰：
何重亿　王中松　花兴如

南　城：胡定之
瑞　金：
林隆州　胡德春
井岗山：
王晓旺　陈开智　张明举
赣　州：
杜　昭　王　莹　曹俊树　李海根
刘芳义
吉　安：
肖　风　胡延寿　刘达榕　王水根
陈光咏　肖须知　符红涛　肖孟夏
彭　泽：
戴必安　胡鸿知
圭　峰：
李安林　彭新发
于　都：
孙子贤　易淑芳
湖北及武汉：张　浙
襄　樊：
李吉兴　邱正森　王友军　常晓才
湖南及长沙：
杨慎初　黄均德　蒋敬中
张家界：赵文德
四川及成都：
何郝矩　张哲民　徐尚志　刘昌诚
王永瑶
峨　眉：
吕明英　刘冀全　樊　川
西　昌：
刘先舟　张民兴
乐　山：
张廷凯　谢文冰
重　庆：
乐毅然　辜其一　叶　蔡　邵俊仪
黄光宇
贵州及贵阳：
程应良　罗德启
遵　义：
王道金　王恒昌
云南及昆明：
崔月犁　蒋家竹　郭方明　顾奇伟
熊汝成　蔡树藩　赵廷汉
思　茅：
朱永贤　顾品文　吴坤仪　吴传孝
西双版纳：
李声誉　王有柱　凡天秩　郭安国
剑　川：
徐大刚　欧根河
大　理：
钟振川　秦绍高　施中立　杜俊生

蒲正清　杨嗣蕃　赖克武　胡人虎
丽　江：
金人庆　杨克昌　李加庆　徐天策
刘祖荫　和尚勤
楚　雄：
马文精　戴宗贵　段永庆　吴丽华
谭学超
广西及南宁：
伍晋南　付雨田　林克武　牛连文
胡国雄
桂　林：
魏凌风　陈　亮　田　野　韦启彰
钟　灵　张国政　李树民　谭志民
李长杰　陆楚石　鲁愚力　唐清保
莫坤光　孙礼恭　魏敏如　马　骁
张国强　魏喜茹
三　江：陈永江
广东及广州：
朱　光　何　竺　林　西　林克明
杜长天　佘峻南　莫伯志　蔡德道
郑祖良　吴泽椿　王功贵　伦永谦
周作恒　祝其浩
顺　德：
于治大　古寿珠
珠　海：黄志明
中　山：陈仲昆
汕　头：
曾　洪　宋仕胜　谢西家
惠　东：
郑伟中　汪　平
潮　州：
李喜昭　翟振岳　蔡修国　许世冠
湛　江：
陈志群　王国强　梁　山　钟晋祥
陈立强
陆　丰：马鹏翔
阳　江：李　慧
深　圳：
徐光跃　卢　理　郭秉豪
福建及福州：
杨成武　朱跃华　赵华清　张梅心
袁肇义　周绍松　高齐龙　王绍兵
宁　德：
刘阿顺　王汉忠　林朝润
福　安：
江福顺　王吉安　林润祥　范祚其
霞　浦：
宋寿福　陈成树　刘金树
政　和：
何马焕　魏敦声　王锋敏　张陈江

武夷山：
林初寿　沈鑫美　陈建霖　王公经
建　阳：
张海先　王泽民　李道生　沈剑鸣
崇　安：
郑寿炎　赵大炎
建　瓯：
刘怀文　范家接　谢善同
莆　田：
裴风华　马振山　侯永光
泉　州：
袁自珍　陈秀太　奚奔流　许国雄
陈庆植
晋　江：张其戴
厦　门：
林　源　陈志汉　林家声
漳　州：
倪天林　李玉华
龙　岩：
张育奎　张治安　李如东　郭济平
刘长明
永　定：
邱　琴　戴乃凌　游圣文　吴永堤
福　鼎：
刘伦岩　高定旺
海南及海口：
邱升阶　杨碧森　林居国　莫　歧
定　安：过　毅
三　亚：
王永春　林华型
香　港：
林华型　罗明德
本书英文翻译　陆百平
此外尚有许多领导及各部门同志漏记或因故未及询问姓名，或只问姓而未问名者，不及列入，请加原谅。

后 记 二

风景考察旅程记录表

一

时　　间	文革前 1956~1962 年	文革中 1969~1972 年	文革后 1977~1999 年	共计
考察次数	16	7	76	99
考察日数	331	10	940	1 281
有效里程(公里)	16 976	400	90 420	107 796
内含铁路	8 206		2 390	10 596
内含航空			3 400	3 400

二

时　　间	各省考察过市县数 / 省的市县总数			考察日数	行程公里数
东北	辽宁 46/58	吉林 13/47	黑龙江 6/79	228	18 385
北京	北京 9/9	天津 5/6	冀北 34	63	7 044
华北	冀南 23	冀西 15	河北 72/149		
	山东 51/110	山西 66/96	内蒙古 25/88	153	13 729
西北	陕西 50/97	甘肃 29/80	宁夏 12/20		
	豫北 26	青海 7/40	新疆 8/87	119	15 751
江南	江苏 25/75	浙江 47/76	上海 5/8	156	8 494
华中	安徽 30/81	江西 52/90	湖北 35/78		
	湖南 35/104	豫南 28	河南 54/130	147	12 823
西南	四川 42/191	贵州 19/79	云南 28/125	132	14 182
华南	广东 52/98	广西 19/88	福建 41/70		
	海南 14/19(香港、澳门)(未计)			283	17 388
共计	29 省区市 897/2 278 市县(西藏、港、澳、台除外)			1 281	107 796

注：考察 897 市县中曾到达当地的 722 市县。

彩 图

沈阳北陵全景

旅顺港港口

长海海王九岛龙爪尖望黑白石

喀左女神头像(选自《人民画报》)

碣石宫东阙楼复原图(杨鸿勋绘)

积石冢玉雕猪龙(选自《人民画报》)

钍锚湾(选自《人民画报》)

义县万佛堂

绥中碣石门

朝阳佑顺寺

513

恒仁浑江

恒仁五女山

恒仁五女山上险道

桓仁水库

镜泊湖吊水楼瀑布

桓仁水库雾凇

镜泊湖

集安国内城

阿城渤海上京午门

集安丸都点将台

阿城金上京外城

集安将军坟

宁安兴隆寺

长城九边图——辽东

绥中西沟长城

千山一步登天

山海关老龙头

沈阳故宫文德坊

赫图阿拉城

故宫太庙大门

辽阳汉墓壁画

大政殿十王亭

努尔哈赤像

沈阳故宫崇政殿宝座

大政殿

保极宫及崇谟阁

凤凰楼

沈阳永安大桥

沈阳南塔

永陵启远门

永陵启运殿

新宾永陵大门

永陵四碑亭

永陵坟

东陵石牌坊

东陵隆恩殿前

北陵隆恩殿

东陵碑亭

北陵牌坊

锦州广济寺大殿

北陵棱恩门及角楼

兴城南门

锦西笔架山

兴城祖家牌坊

九门口长城

兴城鼓楼

太阳岛望哈尔滨

兴城海湾

太阳岛

旅顺电岩炮台

松花湖

旅顺监狱

松花湖五虎岛

旅顺望台炮台

人参花

小丰满水库大坝

北镇鹅头峰望医巫闾山

长白山下部森林

长白山苔原草花

长白山台风过后

长白山山顶附近

长白山天池西部

长白山林中池水

长白山天池东部

天地流动熔岩

朝界看雾下

雾满天地

海棠山古松

海棠山摩崖

阜新海棠山

本溪小市观音阁水库工地

本溪马家城

本溪水洞

本溪南阳岗子南山

英守堡子

本溪湖

赵甸子

富家楼子

东水洞出口

泉水

关门山大夹砬子天然皴法(一)

寨梨寨索桥

水洞回顾燕丹亭

天然皴法(二)

关门山水库

本溪小夹河口

凤城凤凰山

凤凰山箭眼峰下鹤影

关门山大夹砬子林木秋色

箭眼峰老牛背兔耳峰

凤凰山老牛背全景

攒云峰上看鸟骨城

老牛背险路

鸭绿江太平湾

三云台

鸭绿江上游集安

大孤山下寺大殿

大孤山上寺

大连老虎滩

旅顺港

围海养虾

电岩炮台望旅顺港

大连付家台

金石滩龟裂石

奥陶纪的鳌滩

小峪宏真莹

碧滩

小峪环谷

金石滩大鹏石

小峪河口

冰峪东口

冰岭回顾龙门

神猫将军

灯塔山

藩王夫妻反目

连岛坝

龟犬走告

元宝岛醉罗汉

大海王岛望九岛

老龙头

海上养殖

海石造型

黑白石

晚归

小海王岛沙滩

海红加工

海王九岛花石

岫岩满族民居室内火炕

531

天安门前华表

故宫乾清宫宫门之晨

承德须弥福寿之庙全景

天安门

毛主席纪念堂

天安门上检阅

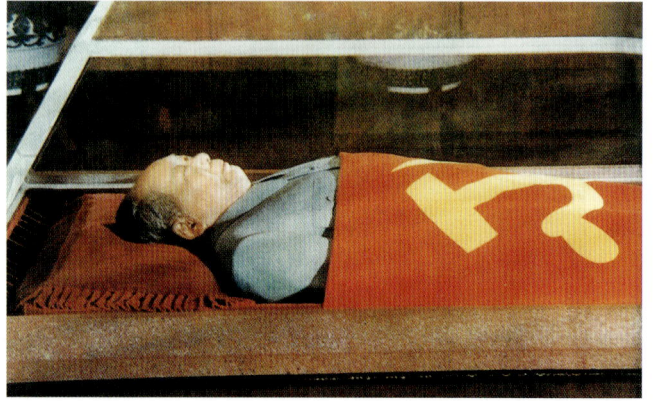

毛主席遗体

正阳门与纪念堂

太和门

午门

太和殿

太和殿宝座

乾清门

中和殿

乾清宫大殿

保和殿

乾清宫宝座

交泰殿

养心殿寝室

坤宁宫

雨花阁

养心门

御花园延辉阁

养心殿

万春亭藻井

铜壶滴漏

景山富览亭

景山望地安门

景山万春亭

景山望北海

景山辑芳亭

景山牌坊

鼓楼

天坛祈年殿

太庙大门

社稷坛

祈年殿内

兰亭八柱八角亭

成贤街牌坊

国子监牌楼

北海牌坊

国子监辟雍

北海白塔

什刹海

北海团城

北海仙人承露盘

孔庙大门

雍和宫永佑殿

北海西天梵境坊

雍和宫法轮殿

北海九龙壁

牛街清真寺

雍和宫牌坊

清真寺礼拜堂

白塔寺

八达岭长城一

八达岭长城二

大慧寺佛像

金山岭长城

金山岭长城

金山库房楼

定东陵(慈禧)隆恩殿

金山长城敌楼障墙

老龙头

清东陵孝陵龙凤门

山海关城楼

入海长城

颐和园仁寿殿

远望万寿山

宣化钟楼望鼓楼

德和戏楼

颐和园东门外牌坊

排云殿

颐和园排云殿与昆明湖

四大部州

众香界

四大部州全景

佛香阁

苏州街

后山香岩宗印之阁

十七孔桥

颐和园玉带桥

戒台寺大门

戒台寺九龙松

玉泉山华藏塔

戒台寺戒台

潭柘寺大殿

东灵山顶

卧佛寺大门牌坊

卧佛寺卧佛

香山琉璃塔

龙门涧

香山昭庙

上方山兜率寺西

云居寺塔

黑龙潭瀑布

避暑山庄门匾

烟波致爽殿

避暑山庄正门

承德普宁寺小殿塔

圆亭子

五塔门

大红台金顶

普陀宗乘牌坊

烟雨楼

大红台

国庆50周年天安门前

正定隆兴寺尼塑观音像

蓬莱水域全景

内蒙五当召全景

济南大明湖

大明湖牌坊

大明湖历下亭

趵突泉

龙虎塔

九顶塔

泰安岱庙天贶殿

泰安孔庙大成殿

泰山万仙阁

斗姆宫

五岳独尊

南天门

碧霞祠

孔府大门

蓬莱水门

邹县孟庙亚圣圣坊

北长山岛月亮湾

蓬莱仙阁

南长山港

水门附近

庙岛码头

庙岛海神庙

烟台芝罘

八仙塑像

玉皇顶大门

南北长山之连坝

刘公岛水师衙门

宝塔礁

刁斗辕门

青岛海滨(赵俭摄)

青岛浴场(赵俭摄)

正定隆兴寺慈氏阁

正定隆兴寺大悲阁

正定隆兴寺摩尼殿壁画

正定凌霄塔

晋祠宋塑圣母像

定县开元寺塔

晋祠宋塑女官像

邯郸赵武成王灵台

临漳金凤台前文昌阁

晋祠宋塑侍女像

平遥双林寺自在观音像

介休后土庙三清殿

介休北辛武琉璃坊

介休后土庙千佛堂一

北辛武琉璃坊顶部

介休事土庙千佛堂二

洪洞广胜寺飞虹塔

洪洞广胜寺元壁画一

洪洞广胜寺元壁画二

隰县小西天十大弟子

小西天彩塑极乐世界

隰县小西天彩塑药师

小西天彩塑乐伎菩萨

河津九龙头麟岛

永乐宫壁画显化图

稷山青龙寺元壁画

永乐宫壁画朝元图

万荣飞云楼

润城东岳庙献亭

永乐宫三清殿

阳城海会寺双塔

晋城玉皇庙佛像

五台南禅寺唐塑

晋城玉皇庙廿八宿

佛光寺前院

晋城玉皇庙十二生肖

佛光寺唐塑佛像一

五台山全景

佛光寺大殿

五台山钟楼

佛光寺唐塑佛像二

唐塑佛像四

唐塑佛像三

五台山显通寺大殿

五台山东台顶

显通寺无梁殿

浑源悬空寺

上菩萨顶

五台镇海寺佛像

浑源永安寺壁画

应县佛宫寺木塔

应县净土寺藻井

云冈二十窟大佛

大同云冈石窟

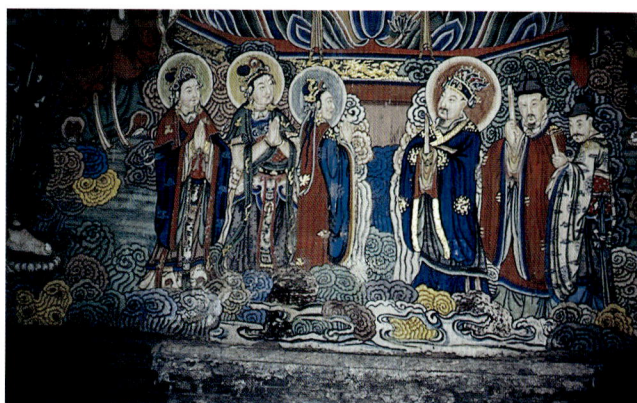

大同上华严寺壁画

大同九龙壁

大同观音堂三龙壁

下华严寺塑像

大同观音堂元塑

大同善化寺五龙壁

武川锡拉木轮召

武川草原敖包

朔县崇福寺金壁画

摔跤

武川草原羊群

武川草原民居

乌兰牧骑

呼和浩特苏古沁宫

呼和浩特大召经堂

席力图召牌坊

呼和浩特五塔寺

席力图召双耳喇嘛塔

清真寺望月楼

上京图

五当召洞阔尔宫前廊

美岱召壁画

当坎希德独宫

美岱召壁画三娘子

日木伦独宫

五当召洞阔尔独宫

伊克昭盟达拉特旗树林召

乌审旗初入沙地

毛素乌沙地

成吉思汗陵外观

清水河口子上村看内外长城

成陵内部

清水河湾黄河桥

保定大慈阁

青海塔尔寺九间房一财源仙女

永昌金川河滩彩虹

吐鲁番木头沟火焰山

姜寨鱼蛙盆

华山北峰

华山苍龙岭

大雁塔

西岳庙

永泰公主墓前室

西岳庙远望华山

韩城司马迁祠

延安杨家岭毛主席故居窑洞

韩城文庙五龙壁

黄帝陵及汉武仙台

大荔洛河湾

洛阳伊阙

蒲县六龙壁

洛阳龙门奉先寺大佛天王、力士像

中岳庙峻极坊

中岳庙天中阁

白马寺罗汉

安阳殷墟司母戊鼎

中岳庙遥参亭

开封铁塔及大殿

少林寺大门

开封龙亭望潘杨湖

少林寺锤谱壁画

兰州五泉山

开封龙亭

开封延庆观

刘家峡

敦煌石窟壁画—西域人

敦煌鸣沙山

敦煌千佛洞

敦煌石窟九层楼

敦煌壁画神像

敦煌净土变中建筑

鸣沙山月牙湾

酒泉鼓楼

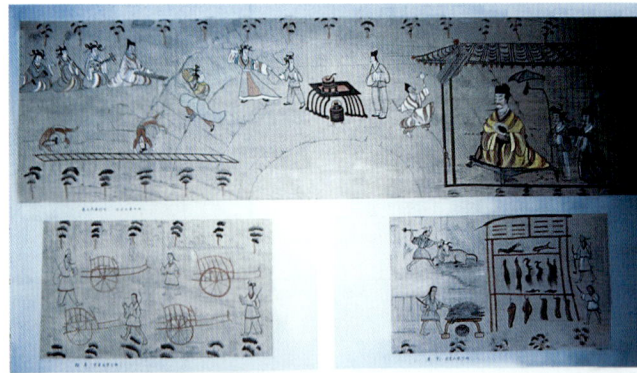

酒泉丁家闸晋壁画

敦煌北魏菩萨

永昌金川河滩彩虹

张掖古黑水国城一

乌鞘岭北坡看祁连山

张掖古黑水国城二

乌鞘岭南坡

张掖至山丹之明长城

拉卜楞寺白塔

武威文昌宫

花塔

拉卜楞寺大经堂

曼巴扎仓

大经堂佛像

屋顶金饰

大金瓦寺

大经堂顶部

续部下院

檐下彩画

拉卜楞寺嘛呢噶拉廊壁画

平罗沙湖

银川南门

中卫沙坡头

贺兰山双塔

中卫高庙

银川玉皇阁

崆峒山中台

泾源老龙潭

塔尔寺小金瓦寺内

拉卜楞藏式楼房

塔尔寺活佛府西望

塔尔寺如意宝塔

九间房与大金瓦寺

塔尔寺天文学院

酥油花—松赞干布像

密宗学院

青海日月山

大金瓦寺

达坂雪山与倒淌河

大经堂内

倒淌河拆走的窝铺

青海湖

青海湖边牦牛群

龙羊峡清的黄河水

瞿昙寺大殿

瞿昙寺壁画

新疆东部空中雪山(一)

新疆东部空中雪山(二)

新疆东部空中沙漠

铁瓦寺望天池

新疆东部山脉河流

铁瓦寺山坡

新疆东部沙浪与沙湖

乌鲁木齐南山

寂静的天地

霍尔果斯口岸望哈萨克

伊犁吐虎鲁贴木几墓

喀什艾提尕尔清真寺

乌鲁木齐南山

吐鲁番坎儿井

喀什香妃墓

吐鲁番木头沟外火焰山

苏州盘门水门

雁荡大龙湫瀑布下

龙游三门源村入口

苏州石湖新民居

扬州蜀冈大明寺大殿

浙江湖州新民居

扬州瘦西湖五亭桥及白塔

镇江金山寺塔

无锡太湖具区胜境

扬州瘦西湖莲性寺

无锡寄畅园

无锡太湖鼋头渚长春桥

无锡惠山寺全景

太湖鼋头渚灯塔

无锡寄畅园知鱼槛

常熟方塔

常熟虞山辛峰亭

常熟兴福寺二殿

苏州北寺塔

苏州盘门瑞光塔

苏州枫桥铁铃关

灵岩山

寒山寺瑞光塔

虎丘塔

虎丘剑池

苏州洞庭东山紫金庵罗汉

石湖

环秀山庄曲楼

上方山

沧浪亭外景

苏州宝带桥

苏州拙政园远香堂

网师园竹外一枝轩

拙政园小飞虹

591

拙政园梧竹幽居

留园冠云峰

拙政园与谁同坐轩

嘉定秋霞园

留园曲溪楼

上海龙华寺塔

留园可亭

湖州小莲庄荷花池

湖州莲花庄松雪斋

小莲庄嘉业藏书楼

湖州莲花庄鸥波亭

嘉兴南湖岛前景

小莲庄刘墉家庙石坊

嘉兴南湖烟雨楼

杭州西湖三潭印月

花港竹廊

西湖三潭印月之灯

花港观鱼

岳庙岳飞像

灵隐寺入口

灵隐寺前殿

杭州云栖竹林

灵隐寺后殿

绍兴禹陵全景

绍兴东湖全景

六和塔

绍兴八字桥

绍兴安昌

天台山知者塔院

普陀山法雨寺圆通殿

天台山国清寺山门

普陀山码头望舟山群岛

天台赤城山紫云洞

普陀山普济寺前

雁荡山灵岩寺

雁荡大龙湫

缙云仙都鼎湖峰

温州江心岛东塔

东阳木雕

富阳鹳山望富春江

千岛湖

绍兴柯桥

天目溪

绍兴沿水民居

义乌八面厅过厅

绍兴鉴湖

龙游三门源民居门雕

江西玉山少华山玉台神女

湖北荆州长江落日

湖南天子山南天门看西海

合肥包公祠

黄山登莲花峰险路

合肥教弩台

黄山梦笔生花

巢湖

婺源黄村祠堂梁架

婺源里坑村

南昌万寿宫正殿

南昌青云谱

庐山康王谷

庐山龙潭与秀峰

香炉峰与黄岩瀑布

桃墅汪宅明代梁架

三清福地南天门

婺源通源村外貌

三清山詹壁云墓

婺源灵岩石门近景

三清山龙虎殿之虎

少华山玉京峰望后山

玉台石峰一

玉京石峰二

三清山顶的原始森林

玉台神女近照

庐山乌龙潭

含鄱口

仙人洞

五老峰俯视

大天池龙首崖

五老峰上

庐山三叠泉

东林寺

九江烟水亭

五老峰下观音桥

东林寺外虎溪桥

景德镇桃墅汪宅

玉台神蟒

瑞金叶坪毛主席故居

龙虎山

宜昌天然塔

玉台神蟒近照

毛主席故居室内

赣州舍利塔

武汉琴台望汉水

黄鹤楼

赣州七星窑

武昌洪山宝塔

襄阳古隆中

襄阳广德寺多宝塔

长沙开福寺

湘绣

武当山玉虚宫

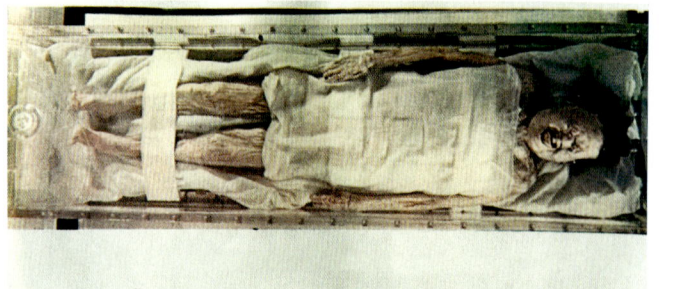

马王堆汉墓女尸

马王堆导引图帛画

飞云东来

马王堆引魂幡帛画

飞云过山(一)

飞云过山(二)

南岳飞云

飞云过祝融峰

天桥遗墩(一)

索溪望百丈峰

索溪

金龟探海

天桥遗墩(二)

南天门峰林

十里画廊

东天台望西海(一)

卧龙岭宝塔峰

东天台望西海(二)

天子山贺龙雕像

云南西双版纳曼飞龙塔

四川大足宝顶山圣迹图

贵州黄果树陡坡塘瀑布

成都望江楼崇丽阁

成都青羊宫八卦亭

都江堰索桥东岸

杜甫草堂杜甫像

都江堰安澜桥

二王庙字库

新都宝光寺影壁

灌县民居

宝光寺舍利塔

宝光寺大殿

乐山大佛

金顶佛光

峨眉山金顶

峨眉山万年寺

金顶看佛光人群

万年寺普贤铜像

西昌邛海

葛洲坝出闸

大足雾中朝阳

大足 11 窟卧佛

葛洲坝船闸

葛洲坝开闸

重庆长江桥头

贵阳甲秀楼

西昌邛海游船

贵阳花溪

贵阳群山

安顺水库黎明

长江三峡石宝寨

安顺龙宫

苗族伴娘

夜行苗族新娘子

龙宫入口

郎德苗寨铜鼓坪

黄果树瀑布全景

镇远潕阳河

镇宁布依妇女(选自《贵州少数民族》)

㵲阳河孔雀石

相见河内

㵲阳河岩石面

昆明东寺塔

昆明西寺塔

黄平马场坪斗牛观众

昆明碧鸡坊

筇竹寺大殿

圆通寺

筇竹寺塑像一

塑像二

塑像三

塑像四

华亭寺罗汉

滇池大观楼前

龙门远望滇池

龙门下视滇池

观音山下

大石林

小石林

石林石屏风

石林阿诗玛

元江红河

墨江山中白云

八角亭内部

曼恩佛寺内部

西双版纳景真八角亭

曼飞龙傣寺

西双版纳勐海竹楼

大理城北门

勐海少女

大理洱海公园望海楼

大理蛇骨塔

洱海五月

洱海玉儿岛

大理城民居

大理崇圣寺三塔

祥云白族民居

鸡足山金顶塔

弘圣寺一塔

巍山文笔楼

三月街市场

大理市郊彝妇

作者与三月街演出队

鸡足山祝圣寺

凤仪民居

周城白族少女

洱源九气台温泉

石宝山石钟寺

丽江玉龙雪山

石宝山狮子关岩石

丽江玉峰寺茶花王

石宝山 2 窟甘露观音

白沙大宝积宫壁画

白沙龙泉村

黑龙潭看玉龙雪山

永胜金沙江

丽江古城

金沙江悬索桥

丽江古城之晨

古城四方街

纳西人

宁蒗街头

宁蒗牧人

泸沽湖中摩梭女孩

泸沽湖南山

泸沽湖

四川盐源摩梭姑娘

桂林芦笛岩钟乳石

莆田木兰陂滚水坝

澳门跨海西桥

桂林叠彩山南望

伏波山还珠洞

叠彩山北望

花桥

远望穿山与宝塔山

七星岩骆驼山

南溪山与宝塔山

漓江——冠岩至画山

画山

阳朔山水

漓江——兴坪至阳朔

田家河

阳朔碧莲峰

遇龙河青庶渡

阳朔书童山

遇龙河口(一)

遇龙河口(二)

遇龙桥

遇龙桥附近(一)

遇龙桥附近(二)

阳朔西郎山之西郎

龙胜金竹寨对面山寨

金竹寨壮族木楼

三江侗族马安寨

程阳桥内部

马安寨新鼓楼

平岩寨鼓楼

马安寨程阳桥

北海银滩

程阳桥近景

北海珍珠市场

637

广州农民讲习所

南越王墓玉角杯

广州六榕塔

广州五层楼

广州中山堂

顺德清晖园

中山街关

珠海圆明新园远瀛观

深圳银湖

中山孙中山故居

珠海圆明新园方壶胜境

深圳沙头角交界街

东莞金橘田

潮州开元寺内殿

福州于山白塔

潮绣

开元寺大殿藻井

林则徐像

马尾闽江口

福安溪南大队

闽清雪峰寺

古田临水宫

福安内海

宁德祠堂

福安铁湖畲族妇女

太姥山

武夷山一曲大王峰

崇安城村南门

武夷山二曲

福鼎洪江土堡

武夷山三曲虹桥板架壑船

武夷山五曲

武夷山六曲

武夷山六曲仙掌峰

武夷山八曲

天游妙高台

武夷后山水帘洞

643

武夷山天游峰下

泉州东门

海口五公祠

泉州开元寺后殿

泉州南普陀大悲殿

开元寺大殿飞天

漳州南山寺石弥勒佛

海岸石

南天一柱

鹿回头山上看三亚

天涯刻石

天涯海角东部

天涯散石

通什苗族青年和竹楼

香港仔高楼群

黎族织锦